国家出版基金项目
NATIONAL PUBLICATION FOUNDATION

U0453458

國家出版基金項目

教育部哲學社會科學研究重大課題攻關項目

「十一五」國家重點圖書出版規劃項目・重大工程出版規劃

國家社會科學基金重大項目

北京大學「九八五工程」重點項目

儒藏

精華編六五册
經部禮類

儒藏

精華編

北京大學《儒藏》編纂與研究中心

《儒藏》精華編第六五册

首席總編纂　季羡林

項目首席專家　湯一介

總　編　纂　湯一介　龐　樸　孫欽善　安平秋（按年齡排序）

本册主編　彭　林

《儒藏》精華編凡例

一、中國傳統文化以儒家思想爲中心。《儒藏》爲儒家經典和反映儒家思想、體現儒家經世做人原則的典籍的叢編。收書時限自先秦至清代結束。

二、《儒藏》精華編爲《儒藏》的一部分，選收《儒藏》中的精要書籍。

三、《儒藏》精華編所收書籍，包括傳世文獻和出土文獻。傳世文獻按《四庫全書總目》經史子集四部分類法分類，大類、小類基本參照《中國叢書綜録》和《中國古籍善本書目》，於個别處略作調整。凡單書已收入入選的個人叢書或全集者，僅存目録，並注明互見。出土文獻單列爲一個部類，原件以古文字書寫者一律收其釋文文本。韓國、日本、越南儒學者用漢文寫作的儒學著作，編爲海外文獻部類。

四、所收書籍的篇目卷次，一仍底本原貌，不選編，不改編，保持原書的完整性和獨立性。

五、對入選書籍進行簡要校勘。以對校爲主，確定内容完足、精確率高的版本爲底本，精選有校勘價值的版本爲校本。出校堅持少而精，以校正誤爲主，酌校異同。校記力求規範、精煉。

六、根據現行標點符號用法，結合古籍標點通例，進行規範化標點。專名號除書名號用角號（《》）外，其他一律省略。

七、對較長的篇章，根據文字内容，適當劃分段落。正文原已分段者，不作改動。千字以内的短文一般不分段。

八、各書卷端由整理者撰寫《校點説明》，簡要介紹作者生平、該書成書背景、主要内容及影響，以及整理時所確定的底本、校本（舉全稱後括注簡稱）及其他有關情況。重複出現的作者，其生平事蹟按出現順序前詳後略。

九、本書用繁體漢字豎排，小注一律排爲單行。

《儒藏》精華編第六五册

經部禮類

通禮之屬

五禮通考卷第九十一

內廷供奉禮部右侍郎金匱秦蕙田編輯
太子太保總督直隸右都御史桐城方觀承同訂
兩淮都轉鹽運使德水盧見曾
按察司副使元和宋宗元 參校

吉禮九十一

宗廟時享

【《隋書·禮儀志》】高祖受命，置四親廟，各以孟月，享以太牢。

【《高祖本紀》】開皇四年春正月己巳，有事於太廟。　七年春正月癸巳，有事於太廟。　八年十月甲子，將伐陳，有事於太廟。　十二年十月壬午，有事於太廟。至太廟神主前，上流涕嗚咽，悲不自勝。　十七年九月庚寅，❶上謂侍臣曰：「禮主於敬，皆當盡心。黍稷非馨，貴在祇肅。廟廷設樂，本以迎神。齋祭之日，觸目多感。當此之際，何可爲心。在路奏樂，禮未爲允。羣公卿士，宜更詳之。」

【《音樂志》】故事，天子有事於太廟，備法駕，陳羽葆，以入於次。禮畢升車，而鼓吹並作。開皇十七年詔曰：「五帝異樂，三王殊禮，皆隨事而有損益，因情而立節文。仰惟祭享宗廟，瞻敬如在，罔極之感，情深茲日。而禮畢升路，鼓吹發音，還入宮門，金石振響。斯則哀樂同日，心事相違，情所不

❶「九月」，原脱，據庫本及《隋書·高祖本紀下》補。

安，理實未允。宜改兹往式，用弘禮教。自今以後，享廟日不須備鼓吹，殿庭勿設樂懸。」

隋太廟歌辭：

迎神歌辭　務本興教，尊神體國。霜露感心，享祀陳則。官聯式序，奔走在庭。几筵結慕，裸獻惟誠。嘉樂載合，神其降止。永言保之，錫以繁祉。

登歌辭　孝熙嚴祖，師象敬宗。惟皇肅事，有來雝雝。雕梁霞複，繡橑雲重。觀德自感，奉璋伊恭。彝斝盡飾，羽綴有容。升歌發藻，景福來從。

俎入歌辭郊丘社廟同。　祭本用初，祀由功舉。駿奔咸會，供神有序。明酌盈樽，豐犧實俎。幽金既薦，繢錯維旅。享由明德，香非稷黍。載流嘉慶，克固鴻緒。

皇高祖太原府君神室歌辭　締基發祥，肇源興慶。迺仁迺哲，克明克令。庸宣國圖，善流人詠。開我皇業，七百同盛。

皇曾祖康王神室歌辭　皇條俊茂，帝系靈長。豐功疊軌，厚利重光。福由善積，代以德彰。嚴恭盡禮，永錫無疆。

皇祖獻王神室歌辭　盛才必達，丕基增舊。涉渭同符，遷邠等構。弘風邁德，義高道富。神鑒孔昭，王猷克懋。

皇考太祖武元皇帝神室歌辭　深仁冥著，至道潛敷。皇矣太祖，耀名天衢。剪商隆祚，奄宅隋區。有命既集，誕開靈符。

飲福酒歌辭郊丘社廟同。　神道正直，祀事有融。肅雝備禮，莊敬在躬。羞燔已具，奠斝將終。降祥惟永，受福無窮。

送神歌辭　饗禮具，利事成。佇旒冕，肅簪纓。金奏終，玉俎撤。盡孝敬，窮嚴絜。人祇分，哀樂半。降景福，憑幽贊。

右隋廟享。

【《舊唐書・禮儀志》】唐四時以孟月享太廟，每室用太牢。季冬、蜡祭之後，以辰日臘享於太廟，用牲如時祭。又時享之日，修七祀於太廟西門内之道南。

【《唐書・太宗本紀》】貞觀三年正月戊午，享於太廟。

【《舊唐書・音樂志》】享太廟樂章十三首：貞觀中魏徵、褚亮等作。

迎神用《永和》黄鐘宫三成，大吕角二成，太簇商二成，應鐘羽二成，總九變同用。　於穆烈祖，弘此丕基。永言配命，子孫保之。百神既洽，萬國在兹。是用孝享，神其格思。

皇帝行用《太和》。詞同冬至圜丘。

登歌酌鬯用《肅和》：夾鐘均之黄鐘羽。　大哉至德，允兹明聖。格於上下，聿遵誠敬。喜樂斯登，鳴球以詠。神其降止，式降景命。

迎俎用《雍和》　崇兹享祀，誠敬兼至。樂以感靈，禮以昭事。粢盛豐潔，牲牷孔備。永言孝思，庶幾不匱。

皇祖宣簡公酌獻用《長發》無射宫。　濬哲惟唐，長發其祥。帝命斯祐，王業克昌。配天載德，就日重光。本枝百代，申錫無疆。

皇祖懿王酌獻用《長發》。同前詞，黄鐘宫。

太祖景皇帝酌獻用《大基》太簇宫。　猗歟祖業，皇矣帝先。翦商德厚，封唐慶延。在姬猶稷，方晉踰宣。基我鼎運，於萬斯年。

世祖元皇帝酌獻用《大成》姑洗宫。　周稱王季，晉美帝文。明明盛德，穆穆齊芬。藏用四履，屈道三分。鏗鏘鐘石，載紀鴻動。

高祖大武皇帝酌獻用《大明》蕤賓宮。　五紀更運，三正遞昇。勛華既没，禹湯勃興。神武命代，靈睠是膺。望雲彰德，察緯告徵。上紐天維，下安地軸。徵師涿野，萬國咸服。偃伯靈臺，九宮允穆。殊域委賮，懷生介福。大禮既飾，大樂已和。黑章擾囿，赤字浮河。功宣載籍，德被詠歌。克昌厥後，百禄是荷。

皇帝飲福用《壽和》　八音斯奏，三獻畢陳。寶祚惟永，暉光日新。

送文舞出，迎武舞入，用《舒和》　聖敬通神光七廟，靈心薦祚和萬方。嚴禋克配鴻基遠，明德惟馨鳳歷昌。

武舞用《凱安》。詞同冬至圜丘。

徹俎用《雍和》　於穆清廟，聿修嚴祀。四縣載陳，三獻斯止。籩豆徹薦，人祇介祉。神惟格思，錫祚不已。

送神用《永和》　肅肅清祀，蒸蒸孝思。薦享昭備，虔恭在兹。雍歌徹俎，祝嘏陳辭。用光武志，永固鴻基。

【《唐書·高宗本紀》】永徽六年十一月己巳，皇后見於太廟。

【《睿宗本紀》】先天元年正月辛未，享於太廟。

【《舊唐書·音樂志》】享太廟樂章五首：永徽已後續撰，不詳撰者。

太宗文皇帝酌獻用《崇德》夷則宮，永徽元年造。　五運改卜，千齡啟聖。彤雲曉聚，黃星夜暎。葉闡珠囊，基開玉鏡。後爲「圖開」。下臨萬宇，上齊七政。霧開三象，塵清九服。海溓星輝，遠安邇肅。天地交泰，華夷輯睦。翔泳歸仁，中外禔福。績踰黜夏，勳高翦商。武陳《七德》，刑設三章。祥禽巢閣，仁獸遊梁。卜年惟永，景福無疆。

高宗天皇大帝酌獻用《鈞天》黃鐘宮，光宅元年造。　承天撫籙，纂聖登皇。遐清萬宇，仰協三光。功成日用，道濟時康。璇圖載永，寶曆斯昌。日月揚暉，烟雲爛色。河岳修貢，神祇效職。舜風攸偃，堯曦先就。睿感通寰，孝思浹宙。奉揚先德，虔遵曩狩。展義天局，飛英雲岫。化逸王表，神凝帝先。乘雲厭俗，馭日登玄。

中宗孝和皇帝酌獻用《太和》太簇宮，景雲元年造。　廣樂既備，嘉薦既新。述先惟德，孝饗惟親。七獻具舉，五齊畢陳。錫兹祚福，於萬斯春。

睿宗大聖真皇帝酌獻用《景雲》黃鐘宮，開元四年造。　惟睿作聖，惟聖登皇。精感耀魄，時膺會昌。舜慙大孝，堯推讓王。能事斯極，振古誰方。文明履運，車書同軌。巍巍赫赫，盡善盡美。衢室凝旒，大庭端扆。釋負之寄，事光復子。脱屣高天，登遐上玄。龍湖超忽，象野芊綿。遊衣複道，薦果初年。新廟奕奕，明德配天。

皇祖宣皇帝酌獻用《光大》無射宮，舊樂章宣、光二宮同用《長發》，其詞亦同。開元十年，始定宣帝用《光大》，詞更別造。　大業龍祉，徽音駿尊。潛居皇德，赫嗣天昆。展儀宗祖，重誠孝孫。春秋無極，享奏存存。

又享太廟樂三首：太樂舊有此詞，不詳所起。

迎神黃鐘宮、大呂角、太簇徵、應鐘羽，並同此詞。

七廟觀德，百靈攸仰。俗荷財成，物資含養。道光執契，化籠提象。肅肅雍雍，神其來享。

金奏無射宫，次迎神。　肅肅清廟，巍巍盛唐。配天立極，累聖重光。樂和管磬，禮備烝嘗。永爲來格，降福無疆。

送神　五聲備奏，三獻終祠。車移鳳輦，旆轉紅旗。禮用籩豆，誠效虔祇。皇靈徙蹕，簪紳拜辭。

蕙田案：《舊唐書》此下有「則天享清廟樂章十首」，今特削之。人而不仁，如樂何？

中宗孝和皇帝神龍元年享太廟樂章二十首：不詳所撰。

迎神用《嚴和》黄鐘宫三成，大吕角三成，太簇徵三成，應鐘羽二成，同用此詞。　肅肅清廟，赫赫玄猷。功高萬古，化奄十洲。中興丕業，上荷天休。祇奉先構，禮被懷柔。

皇帝行用《昇和》黄鐘宫。　顧惟菲薄，纂歷應斯。❶　中外同軌，夷狄來思。樂用崇德，禮以陳詞。夕惕若厲，欽奉宏基。

登歌祼鬯用《虔和》大吕均之無射羽。　禮標薦鬯，肅事祠庭。敬申如在，敢託非馨。

送文舞出，迎武舞入，用《同和》太簇羽。❷

惟聖配天敷盛禮，惟天爲大闡洪名。恭禋展敬光先德，蘋藻申虔表志誠。

武舞用《寧和》林鐘徵。　炎馭失天綱，土德承天命。英猷被寰宇，懿躅隆邦政。七德已綏邊，九夷咸底定。景化覃遐邇，深仁洽翔泳。

徹俎用《恭和》大吕均之無射羽。　禮周三獻，樂閡九成。肅承靈福，悚惕兼盈。

送神用《通和》黄鐘宫。　祠容既畢，仙座

❶「斯」，聖環本作「期」，三家校云：「斯訛期。」《舊唐書·音樂志四》作「期」。

❷「羽」，原作「同」，據《舊唐書·音樂志四》改。

爰興。停停鳳舉，靄靄雲昇。長隆寶運，永錫休徵。福覃貽厥，恩被黎烝。

皇后助享，皇后行用《正和》。黄鐘宫，詞同貞觀中宫朝會《正和》。

登歌奠鬯用《昭和》大吕均之無射羽。　道洽二儀交泰，時休四宇和平。環珮肅於庭實，鐘石揚乎頌聲。

皇后酌獻飲福用《誠敬》黄鐘宫。　顧惟菲質，忝位椒宫。虔奉蘋藻，肅事神宗。敢申誠潔，庶罄深衷。睟容有裕，靈享無窮。

徹俎用《肅和》大吕均之無射羽。　月禮已周，雲和將變。爰獻其醑，載遷其奠。明德逾降，非馨是薦。澤霑動植，仁覃宇縣。

送神用《昭感》黄鐘羽。　鏗鏘《韶》、《濩》，肅穆神容。洪規赫赫，祠典雍雍。已周三獻，將乘六龍。虔誠有託，懇志無從。

蕙田案：題云「二十首」，今止十二，尚缺其八，豈「十二」誤寫爲「二十」耶？　又案郭茂倩《樂府》於「虔和」之後，「同和」之前，尚有歆和、承光舞、延和三章，❶覆檢《舊唐書·志》，乃圜丘配享樂章，而雜於太廟中，此郭氏之誤也。然則去此三章，亦止得十二章耳。此三章前已載入「郊丘」中，特附正其失於此。「二十」兩字，不敢遽改爲「十二」者，闕疑之意也。

【《唐書·玄宗本紀》】開元六年十一月辛卯，至自東都。丙申，享於太廟。

【《舊唐書·禮儀志》】開元五年，玄宗將行

❶「歆」，原作「顔」，據《樂府詩集》卷一〇改。

幸東都，而太廟屋壞。乃敕有司修太廟。明年，廟成，玄宗還京，行親祔之禮。時有司撰儀注，以祔祭之日車駕發宫中，玄宗謂宋璟、蘇頲曰：「祭必先齋，所以齊心也。據儀注，祭之日發大明宫，又以質明行事，縱使侵星而發，猶是移辰方到，質明之禮，其可及乎？又朕不宿齋宫，即安正殿，情所不安。宜於廟所設齋宫，五日赴行宫宿齋，六日質明行事，庶合於禮。」璟等稱聖情深至，即奉行。詔有司改定儀注。

【《唐會要》】開元六年十月，有司撰享太廟儀注，自大次至殿前施行褥。帝不許，但履地而行。六日，上自齋宫步詣太廟。十一月丙申，親詣太廟。

【《舊唐書·音樂志》】玄宗開元七年享太廟樂章十六首：左丞相、燕國公張説作。

迎神用《永和》三章　肅九室，諧八音。歌皇慕，動神心。禮宿設，樂妙尋。聲明備，祼奠臨。律迓氣，音入玄。依玉几，御黼筵。聆愾息，僾周旋。《九韶》遍，百福傳。信工祝，永頌聲。來祖考，聽和平。相百辟，貢九瀛。神休委，帝孝成。

皇帝行用《太和》一章　時文聖后，清廟肅雝。致誠勤薦，在貌思恭。玉節《肆夏》，金鏘五鐘。繩繩雲步，穆穆天容。

登歌酌瓚用《肅和》一章　天子孝享，工歌溥將。躬祼鬱鬯，乃焚膋薌。臭以達陰，聲以求陽。奉時烝嘗，永代不忘。

迎俎用《雍和》二章❶　在滌嘉豢，麗碑敬牲。角握之牡，色純之騂。火德陽燧，水溉陰精。太公胖俎，傅説和羹。　俎豆

❶「用」，原脱，據《舊唐書·音樂志四》補。

有馥，齊盛絜豐。亦有和羹，既戒既平。鼓鐘管磬，肅唱和鳴。皇皇后祖，賚我思成。

皇帝酌醴齊用《文舞》一章　聖謩九德，真言五千。慶集昌胄，符開帝先。高文杖鉞，克配彼天。三宗握鏡，六合煥然。帝其承祀，率禮罔愆。圖書霧出，日月清懸。舞形德類，詠諗功傳。黃龍蜿蟺，綵雲蹁躚。五行氣順，八佾風宣。介此百祿，於皇萬年。

獻祖宣皇帝室奠獻用《光大》之舞一章

肅肅藝祖，滔滔濬源。有雄玉劍，作鎮金門。玄王貽緒，后稷謀孫。肇禋九廟，四海來尊。

懿祖光皇帝室奠獻用《長發》之舞一章

具禮崇德，備樂承風。魏推幢主，周贈司空。不行而至，無成有終。神興王業，天歸帝功。

太祖景皇帝室奠獻用《大政》之舞一章

於赫元命，權輿帝文。天齊八柱，地半三分。宗廟觀德，笙鏞樂勳。封唐之兆，成天下君。

代祖元皇帝室奠獻用《大成》之舞一章

帝舞季歷，襲聖生昌。后歌有蟜，胎炎孕黃。天地合德，日月齊光。肅邕孝享，祚我萬方。

高祖神堯皇帝室奠獻用《大明》之舞一章

赤精亂德，四海困窮。黃旗舉義，三靈會同。旱望春雨，雲披大風。溥天來祭，高祖之功。

太宗文武聖皇帝室奠獻用《崇德》之舞一章　皇合一德，朝宗百神。削平天下，大拯生人。上帝配食，單于入臣。戎歌陳舞，曄曄震震。

高宗天皇大帝室奠獻用《鈞天》之舞一章

高皇邁道，端拱無爲。化懷獯鬻，兵戢勾驪。禮尊封禪，樂盛來儀。合位媧后，同稱伏羲。

中宗孝和皇帝室奠獻用《太和》之舞一章

退居江水，鬱起丹陵。禮物還舊，朝章中興。龍圖友及，駿命恭膺。嗚球秉瓚，❶大糦是承。

睿宗大聖皇帝室奠獻用《景雲》之舞一章

景雲霏爛，告我帝符。噫帝冲德，與天爲徒。笙鏞遥遠，俎豆虚無。春秋孝獻，迴復此都。

【《文獻通考》】唐明皇開元十五年，敕享宗廟，差左右丞相、尚書、嗣王、郡王攝三公行事。若人數不足，通取諸司三品已上長官。自餘祭享，差諸司長官及五品以下清官。

【《唐書·禮樂志》】蕭嵩奏起居舍人王仲丘撰定《大唐開元禮》。天子親祠者，孟春、孟夏、孟秋、孟冬、臘享於太廟。

【《開元禮》】皇帝時享于太廟儀：凡一歲五享，謂四孟月及臘。宗廟三年一祫，以孟冬，五年一禘，以孟夏。及諸享攝事並附。

齋戒：❷

將享，有司卜日，如常儀。皇帝散齋四日於別殿，致齋三日於太極殿。服通天冠，絳紗袍，結佩，並如圜丘儀。應享官齋具序例儀。祫禘儀同。

陳設：

前享三日，尚舍直長施大次於廟東門之外道北，南向。尚舍奉御鋪御座。守宮設文武侍臣次於大次之後，文官在左，武官在

❶「秉」，原作「香」，據《舊唐書·音樂志四》改。

❷「戒」，原作「戎」，據庫本及《大唐開元禮》卷三七、《文獻通考》卷九七改。

右，俱南向。設諸享官次於齋坊之內。攝事右校清掃内外，守宫設享官公卿以下次于齋坊。九廟子孫於齋坊内近南，西向北上，文官九品以上於齋坊之南，東方南方朝集使又於其南，東方南方蕃客又於其南，俱每等異位，重行，西向北上。介公、酅公於廟西門之外近南，武官九品以上於介公、酅公之南，西方北方朝集使於武官之南，西方北方蕃客又於其南，俱每等異位，重行，東向北上。其褒聖侯於文官三品之下。諸州使人分方各於朝集使之後。攝事無大次，及九廟子孫以下至此儀。前享二日，太樂令設宫懸之樂於廟庭，如圜丘儀。所異者，樹路鼓及設歌鐘、歌磬於廟堂上前楹間耳。右校清掃内外。前享一日，奉禮設御位於廟東陛東南，西向。攝事無御位，下倣此。設享官公卿位於東門之内道南，執事者位於其後，每等異位，俱重行，西面，以北爲上。攝則公卿位於道北，執事位於道南。設御史位於廟堂之下，一位於西南，東向；一位於東南，西向，令史各陪其後。設奉禮位於樂懸東北。贊者二人在南，差退，俱西面。設協律郎位於廟堂之上前楹之間，近西，東向。設太樂令位於北懸之南，北向。設從享之官位，九廟子孫於享官公卿之南，昭穆異位。雖有貴者，以齒。文官九品以上位於子孫之南，東方南方朝集使於文官之南，東方南方蕃客又於其南，俱每等異位，重行，西面北上。介公、酅公位於西門之内道南，武官九品以上於介公、酅公之南，少西，當文官，西方北方朝集使於武官之南，西方北方蕃客又於其南，俱每等異位，重行，東面北上。其褒聖侯於文官三品之下，諸州使人分方各位於朝集使之後。設門外位，享官公卿以下皆於東門之外道南，每等異位，重行，北面西上。子孫之位於享官公卿之東，少南。文官九品以上，於子孫之東，東方西方朝集使於文官之東，東方南方蕃客又於其東。俱每等異位，重行，北面西上。設介公、酅公位於西門之外道南。武官九品以上於介公、酅公之西，少南，西方北方朝集使於武官之西，西方北方蕃客又於其西。俱每等異位，重行，北面東上。其褒聖侯於文官三品之下，諸州使人分方位於朝集使之後。攝事無九廟子孫以下至此儀。設牲榜於東門之外，當門，西向，以南爲上。設廩犧令位於牲西南，史陪其後，俱北向。設諸太祝位於牲東，各當牲後，祝史各陪其後，俱西向。設太常卿省牲位於牲前近北，又設御史位於太常卿之西，俱南向。設罇彝之位於廟堂上前楹間，各於室户之左，北向。春、夏，每室雞彝一，鳥彝一，犧罇二，象罇二，山罍二。秋、冬，每室斝彝一，黄彝一，著罇二，壺罇二，山罍二。皆加勺冪，凡宗廟，冪皆以黼。皆西上，各有坫焉。祫享，設罇彝於廟堂上下。每座斝彝一，黄彝一，犧罇二，象罇二，著罇二，山罍二。在堂上，皆於神座之左，獻祖、太祖、高祖、高宗，罇彝在前楹間，北向。懿祖、代祖、太宗、中宗、睿宗，罇彝在户外，南向。其壺罇二，太罇二，山罍四，在堂下階間，北向西上。禘享則雞彝、鳥彝，餘同祫享。設簠簋鉶籩豆之位於廟堂之上，俱東側堦之北。每座四簋居前，四簠次之，次以六甄，次以六鉶，籩豆爲後。每座異之。祫禘攝事，簠簋甄鉶，與正數半之。皆以南爲上，屈陳而下。設御洗於東階東南，亞獻之洗又於東南，俱北向。罍水在洗東，篚在洗西，南肆。篚實以珪瓚巾爵。執罇、罍、篚、冪者，各位於罇、罍、篚、冪之後。祫禘儀：享日，未明五刻，太廟令服其服，布昭穆之座於户外。自西序以東，皇八代祖獻祖宣皇帝、皇六代祖太祖景皇帝、皇高祖高祖神堯皇帝、皇祖高宗天皇太帝，座皆北廂南向；皇七代祖懿祖光皇帝、皇五代祖元皇帝、❶皇曾祖太宗文武聖皇帝、皇伯考中宗孝和皇帝、皇考睿宗大聖真皇帝，座於南廂北向。每座皆設黼扆，莞席紛純，藻席畫純，次席黼純，左右几。

省牲器：

省牲之日，午後十刻，廟所禁斷行人。太廟令整拂神幄，祝史各取毛血，每座共實一豆。祝史又洗肝於鬱鬯，又取膟膋共實一豆，俱置饌所，餘並如圜丘儀。膟膋，腸間脂。祫禘，祝史洗肝於鬱鬯，餘並同圜丘儀。

鑾駕出宮：

前出宮三日，本司宣攝内外，各供其職。守宮設從享官五品以上次於承天門東西朝堂，如常儀。前二日，太樂令設宮懸之樂於殿庭，如常儀。駕出，懸而不作。享日，未明七刻，搥一鼓爲一嚴。三嚴時節，前一日，侍中奏裁。侍中奏開宮殿門及城門，餘並與圜丘儀同，唯祭官稱享爲異耳。

晨祼：

享日，未明四刻，諸享官各服其服。太廟令、良醖令各帥其屬入，實罇罍。雞彝、斝彝及犧罇、象罇、著罇、壺罇之上，罇皆實以明水。山罍之上，罇實以玄酒。鳥彝、黄彝，實以鬱鬯。犧罇、著罇，實以醴齊。象罇、壺罇，實以盎齊。山罍實以清酒。祫禘之罇、斝彝及五齊上罇，皆實明水。山罍上罇，實以玄酒。黄彝實以鬱鬯。犧罇實以汎齊。象罇實以醴齊。著罇實以盎齊。壺罇實以醍齊。太罇實以沈齊。山罍實以清酒。太官令帥進饌者實諸籩豆簠簋。未明三刻，奉禮帥贊引引御史、博士、太廟令史、太祝、宮闈令及令史、祝史與執罇、罍、篚、冪者，入自東門，當階間，重行，北面西向立

❶「皇五代祖元皇帝」，庫本重「代祖」二字，與前後文體例合，當是。案：此段引文當轉引自《文獻通考》卷九七，彼「代祖」亦不重。

定。奉禮曰「再拜」，贊者承傳，凡奉禮有詞，贊者皆承傳。御史以下皆再拜。訖，執罇、罍、篚、冪者，各就位。贊引引御史、諸太祝詣東陛，升堂，行掃除於上，令史、祝史行掃除於下。訖，引就位。祫禘，及太廟令帥其屬，陳瑞物於廟庭大階之西。上瑞爲前，中、下相次。及伐國所得寶器，上次先後亦然。俱藉以席。攝事不陳瑞物寶器。未明二刻，贊引引太廟令、太祝、宮闈令詣東陛，升堂，詣獻祖室。入，開埳室，太祝、宮闈令奉出神主，置於座。祫禘，則未明二刻陳腰輿於東陛之東，每室各二，皆西向北上。立定，贊引引太廟令、太祝、宮闈令帥內外執事者，以腰輿自東陛升，詣獻祖室。入，開埳室，太祝、宮闈令奉出神主，各置於輿，出詣座前。奉神座訖，以次奉出懿祖以下，如獻祖儀。訖，引太廟令以下，次奉出懿祖，次奉出太祖，次奉出代祖，次奉出高祖，次奉出太宗，次奉出高宗，次奉出中宗，次奉出睿宗神主，置於座，如獻祖之儀。皇祖妣以下神主，皆宮闈令奉出，俱並而處右。訖，引太廟令以下降還本位。攝事贊引，各引享官俱就門外位。無駕將至下至從享官位儀。駕將至，謁者、贊引引享官，通事舍人分引九廟子孫、從享羣官、諸方客使先至者，俱就門外位。駕至大次，門外迴輅，南向。將畢，降立於輅右。侍中進當鑾駕前，跪奏，稱「侍中臣某言，請降輅」，俛伏，興，還侍位。皇帝降輅，乘輿之大次，繖扇、華蓋、侍衛，如常儀。太廟令以祝版奉御署訖，近臣奉出，太廟令受，各奠於坫。通事舍人引文武五品以上從享之官，皆就門外位。太樂令帥工人二舞入就位，文舞入陳於懸內，武舞立於懸南道西。其升堂座者，皆脫履於下，降納如常。謁者引司空入就位，立定，奉禮曰「再拜」，司空再拜訖，謁者引司空請東陛升堂，行掃除於上。降，行樂懸於下。

訖，引復位。初，司空行樂懸，通事舍人、謁者、贊引，各引享官及九廟子孫、從享羣官、諸方客使次入就位。攝事無九廟子孫以下。至皇帝再拜儀，但享官再拜耳。皇帝停大次半刻頃，太常博士引太常卿立於大次門外，當門北向。侍中版奏「外辦」。皇帝出次，華蓋、侍衛，如常儀。侍中負寶，陪從如式。博士引太常卿，太常卿引皇帝，凡太常卿前導，皆博士先引。至廟門外。殿中監進鎮珪。皇帝執鎮珪，華蓋、仗衛停於門外，近侍者從入如常。皇帝至版位，西向立。每立定，太常卿與博士退位於左。太常卿前奏，稱「請再拜」，退復位。皇帝再拜，奉禮曰「衆官再拜」，在位者皆再拜。其先拜者不拜。太常卿前奏攝事，謁者進太尉之左白「請行事」。凡攝事，皆太尉初獻。「有司謹具，請行事」，退復位。協律郎跪，俛伏，舉麾，凡取物者，皆跪俛伏而取以興。奠物則跪奠訖，俛伏而後興。鼓柷，奏《永和》之樂，乃以黄鐘爲宫，大吕爲角，太簇爲徵，應鐘爲羽，作《文德》之舞，樂舞九成，黄鐘三奏，大吕、太簇、應鐘各再奏。偃麾戞敔，樂止。凡樂，皆協律郎舉麾，工鼓柷而後作，偃麾戞敔而後止。太常卿前奏，稱「請再拜」，退復位。皇帝再拜，奉禮曰「衆官再拜」，在位者皆再拜。太常卿引皇帝詣罍洗，《太和》之樂作。皇帝每行，皆如常樂。皇帝至罍洗，樂止。侍中跪取匜，興，沃水，又侍中跪取盤，興，承水。皇帝搢鎮珪。凡授物，則搢珪。奠訖，執珪，俛伏興。皇帝盥手，黄門侍郎跪取巾於篚，興，進。皇帝帨手訖，黄門侍郎受巾，跪奠於篚。黄門侍郎又取瓚於篚，興，進。皇帝受瓚，侍中酌罍水，又侍中奉盤。皇帝拭瓚訖，侍中奠盤匜，黄門侍郎受巾，奠於篚，皆如常。太常卿引皇帝，樂作。皇帝升自阼階，樂止。侍中、中書令以下及左右侍衛、量人從升。以下太尉皆如之。攝事皆升階盥洗酌獻。太常卿引皇帝詣獻祖鐏彝所，執鐏者舉冪，侍中贊酌鬱鬯。訖，登歌作《肅和》之樂，以圜鐘之均。自後登歌皆歌圜鐘。太常卿引皇帝入，詣獻祖神座前，北向跪，以鬯祼地奠之，俛伏，興。太常卿引皇帝出户，祫禘少同退攝事。北向再拜。訖，太常卿引皇帝次祼懿祖，次祼太祖，次祼代祖，次祼高祖，次祼太宗，次祼高宗，次祼中宗，次祼睿宗，並如上儀。訖，登歌止。太常卿引皇帝，樂作。皇帝降自阼階，還版位，西向立，樂止。初，羣官拜訖，祝史各奉毛血及肝膋之豆於東門外，齋郎奉爐炭、蕭稷黍各立於肝膋之後。於登歌止，祝史奉毛血肝膋與奉爐炭蕭稷黍者，以次入自正門，升自大階。諸太祝各迎取毛血肝膋於階上，俱入奠於神座前。祝史退立於鐏所，齋郎爐炭皆置於室户外之左，其蕭稷黍各置於爐炭下。降自阼階以出，諸太祝以取肝出户，燔於爐炭，還鐏所。

饋食：

皇帝既升祼，太官令出，帥進饋者奉饌，陳於東門之外，重行，西向，以南爲上。謁者引司徒出，詣饌所，司徒奉獻祖之俎。皇帝既至位，樂止，大官令引饌入自正門。俎初入門，《雍和》之樂作，以無射之均。自後接神之樂，堂下皆奏無射。饌至太階，樂止。祝史俱進，徹毛血之豆，降自阼階以出。饌升，諸太祝迎引於陛上，各設於神前。籩豆蓋冪，先徹乃升，簠簋既奠，却其蓋於下。設訖，謁者引司徒以下降自阼階，復位，諸太祝各取蕭稷黍濡於脂，燔於爐炭，還鐏所。太常卿引皇帝詣罍洗，樂作。皇帝至罍洗，樂止。皇帝盥手洗爵，侍中、黃門侍郎贊洗，如晨祼之儀。

訖，太常卿引皇帝，樂作。皇帝升自阼階，訖，樂止。太常卿引皇帝詣獻祖鐏彝所，執鐏者舉冪，侍郎贊酌醴齊訖，《光大》之舞作。太常卿引皇帝入，詣獻祖神座前，北向，跪奠爵，少東，俛伏，興。太常卿又引皇帝出，取爵於坫，酌醴齊訖，太常卿又引入諸神座前，北面跪奠爵，少西，興，太常卿引皇帝出户，北面立。樂止，祫享樂終八節止，諸座皆然。太祝持版，進於室户外之右，東面，跪讀祝文，曰：「維某年歲次月朔日，子孝曾孫開元神武皇帝諱，敢昭告于獻祖宣皇帝、攝事云「謹遣太尉、封臣名」，下倣此。祖妣宣莊皇后張氏，氣序流邁，惟時孟春。孟夏、孟秋、孟冬。永懷罔極，伏增遠感。謹以一元大武，柔毛剛鬣，明粢薌合，薌萁嘉蔬，❶嘉薦醴齊，恭修時享，以申追慕。尚饗！」讀訖，興，以下諸室祝文儀並同。祫饗，祝云：「晷度環周，歲序云及。永懷追慕，伏增遠感。謹以一元大武，柔毛剛鬣，明粢薌合，薌萁嘉蔬，嘉薦汎齊，肅雍明獻，恭備祫享。」餘字並同。禘享，祝云「祗薦禘事」，太祖以下稱臣。皇帝再拜，訖，又再拜。初讀祝文訖，樂作，太祝入奠版於神座，出還鐏所。皇帝拜訖，樂止。太常卿引皇帝詣懿祖鐏彝所，執鐏者舉冪，攝事，太尉詣鐏彝所，取爵于坫，執鐏者舉冪，太尉酌醴齊。他放此。侍中取爵於坫，進，皇帝受爵。侍中贊酌醴齊訖，《長發》之舞作。太常卿引皇帝入詣懿祖神座前，北向，跪奠爵，少東，俛伏，興，太常卿又引皇帝出取爵於坫，酌醴齊訖，太常卿引皇帝入詣神座前，北面，跪奠爵，少西，興，太常卿引皇帝出户，北向立，樂止。太祝持版，進於户之右，東向，跪讀祝文，曰：「維某年歲次月朔日，子孝曾

❶「萁」，原作「基」，據《大唐開元禮》卷三七、《文獻通考》卷九七改。注文中「萁」字同。

孫開元神武皇帝諱，敢昭告于懿祖光皇帝、祖妣光懿皇后賈氏。」讀祝文訖，奠版於神座，出還罇所。皇帝拜訖，樂止。太常卿引皇帝詣太祖罇彝所，如上儀，《大政》之舞作，祝文曰：「孝曾孫開元神武皇帝臣諱，敢昭告于太祖景皇帝、祖妣景烈皇后梁氏。」餘如上儀。次代祖，《大成》之舞作，祝文曰：「孝曾孫開元神武皇帝諱，敢昭告于代祖元皇帝祖妣、元貞皇后獨孤氏。」獻訖，太常卿引皇帝詣罇彝所，皇帝拜訖，樂止。太常卿引皇帝詣高祖罇彝所，如上儀，《大明》之舞作，祝文曰：「孝曾孫開元神武皇帝臣諱，敢昭告于皇高祖神堯皇帝祖、妣太穆皇后竇氏。」訖，次太常卿引皇帝詣太宗罇彝所，如上儀，《崇德》之舞作，祝文曰：「孝曾孫開元神武皇帝臣諱，敢昭告于皇曾祖太宗文武聖皇帝、曾祖妣文德聖皇后長孫氏。」訖，次太常卿引皇帝詣高宗罇彝所，如上儀，《均天》之舞作，祝文曰：「孝孫開元神武皇帝臣諱敢昭告于皇祖考高宗天皇大帝、皇祖妣太聖天后武氏。」訖，次太常卿引皇帝詣中宗罇彝所，如上儀，酌醴齊，《文和》之舞作，祝文曰：「孝姪開元神武皇帝臣諱，敢昭告于皇伯考中宗孝和皇帝、和思皇后趙氏。」訖，次太常卿引皇帝詣睿宗罇彝所，如上儀，《景雲》之舞作，祝文曰：「孝子開元神武皇帝臣諱，敢昭告于皇考睿宗大聖真皇帝、皇妣昭成皇后竇氏。」訖，興，皇帝再拜，又再拜。初，讀祝文訖，樂作，太祝入奠版於神座，出還罇所，皇帝拜訖，曲終樂止。太常卿引皇帝詣東序，西向立，《壽和》之樂作。皇帝獻將訖，謁者引司徒詣東階，升立於楹間，北面東上。皇帝獻訖，諸太祝各以爵酌上罇福酒，合置一爵。

一太祝持爵，授侍中，侍中受，北向，進，皇帝再拜，受爵，跪，祭酒，啐酒，奠爵，俛伏，興。諸太祝各帥齋郎持俎進，太祝減神座前三牲胙肉，各取前脚第二骨。加於俎。又以籩豆取稷黍還罇所，以胙肉各置一俎上，以飯共置一籩，以飯授司徒。司徒奉進，皇帝受，以授左右。太祝又以胙肉授司徒，司徒受俎，以次進。皇帝每受，以授左右。謁者引司徒降，復位，皇帝跪，取爵，遂飲，卒爵。侍中進受虛爵，以授太祝。太祝受爵，復於坫。皇帝俛伏，興，再拜，樂止。太常卿引皇帝，樂作。皇帝降自阼階，還版位，西向立，樂止。文舞出，鼓柷，作《舒和》之樂。出訖，戛敔樂止，武舞入，鼓柷作《舒和》之樂，立定，戛敔樂止。初，皇帝將復位，謁者引太尉詣罍洗，盥手洗爵訖，謁者引太尉升自阼階，攝事則太尉將復位，謁者引太常卿下放此。❶詣獻祖罇彝所。執罇者舉冪，太尉酌盎齊，武舞作，謁者引太尉入詣獻祖神座前，北向，跪奠爵，少東，興。謁者引太尉出户，北向，再拜。謁者又引太尉取爵於坫，酌盎齊訖，謁者引入，詣神座前，北向，跪奠爵，少西。訖，興，謁者引太尉出户北向，再拜。謁者引太尉次詣懿祖罇彝所，取爵於坫。執罇者舉冪，太尉酌盎齊。謁者引太尉入詣懿祖神座前，北向，跪奠爵，少東，興，謁者引太尉出户，北向再拜。謁者又引太尉取爵於坫，酌盎齊訖，謁者引入，詣神座前，北向，跪奠爵，少西，訖，興，謁者引太尉出户，北向，再拜訖。謁者引太尉次獻太祖，次獻代祖，次獻高祖，次獻太宗，次獻高宗，次獻中宗，次獻睿宗，並如上儀。訖，謁者

❶「卿下放」，《文獻通考》卷九七作「以下倣」。

引太尉詣東房，西向立，諸太祝各以爵酌罍福酒，合置一爵，一太祝持爵進太尉之左，北向立。太尉再拜受爵，跪，祭酒，遂飲，卒爵。太祝進受虚爵，復於坫。太尉興，再拜，謁者引太尉降復位。初，太尉獻將畢，謁者引光禄卿攝事同。詣罍洗，盥洗，升酌盎齊。終獻如亞獻之儀。訖，引光禄卿降復位，武舞止，登歌作《雍和》之樂。諸太祝各入室，徹豆，還鐏所，徹者，籩豆各一，少移於故處。登歌止，奉禮曰：「賜胙。」贊者唱，衆官再拜，在位者皆再拜，已飲福者不拜。《永和》之樂作。太常卿前奏，稱請「再拜」，退復位，皇帝再拜，奉禮曰「衆官再拜」，在位者皆再拜。樂一成止，太常卿前奏禮畢。太常卿引皇帝還大次，樂作，皇帝出門，樂止。殿中監受鎮珪，華蓋、侍衛如常儀。通事舍人、謁者、贊引各引享官及九廟子孫、從享羣官、諸方客使以次出，贊引引御史、太祝以下俱復執事位，立定，奉禮曰「再拜」，御史以下皆再拜。贊引引出，工人二舞以次出，太廟令與太祝、宫闈令納神主，如常儀。其祝版燔於齋坊。

鑾駕還宫。如圜丘儀。

【《文獻通考》】二十三年令：「今後有大祭，宜差丞相、特進、少保、少傅、尚書、賓客、御史大夫攝行。」

二十五年勅：「太廟每至五饗之日，應攝三公令中書門下及丞相、師傅、尚書、御史大夫、嗣王、郡王中揀擇德望高者通攝，餘司不在差限。」

二十七年制：「宗廟致敬，必先於如在；神人所依，無取於非族。其應太廟五享，宜於宗子及嗣郡王中揀擇有德望者，令攝三公行事，其異姓官更不須差攝。」

【《通典》】天寶三載詔：「頃四時有事於太廟，兩京同日告享，雖卜吉辰，俱遵上日，而義深如在，禮或有乖。自今以後，西京宜各別擇吉日告享。」

五載詔：「祭神如在，傳諸古訓，以多爲貴，著自禮經。膟膋之儀，蓋昔賢之尚質；甘旨之品，亦孝子之盡誠。既切因心，方資慶禮。其以後享太廟，每室加常食一牙盤，仍令所司務盡豐潔。」

【《唐書・玄宗本紀》】天寶六載正月丁亥，享於太廟。

【《舊唐書・禮儀志》】天寶九載十一月制：「承前宗廟，皆稱告享，自今已後，每親告獻太清、太微宮，改爲朝獻；有司行事爲薦獻。親告享宗廟，改爲朝享；有司行事爲薦享。諸事告宗廟，並改爲奏。」

【《唐書・玄宗本紀》】天寶十載正月壬辰，朝獻於太清宮。癸巳，朝享於太廟。十三載二月癸酉，朝享於太廟。

【《肅宗本紀》】至德二年九月，❶復京師，享於太廟，哭三日。乾元二年四月甲寅，朝享於太廟。

【《代宗本紀》】廣德二年二月甲戌，朝享於太廟。

【《德宗本紀》】貞元九年十一月甲申，朝享於太廟。

【《文獻通考》】貞元九年，太常博士韋彤、裴堪等議曰：「謹案禮經，前代故事，宗廟無朔望祭食之儀，園寢則有朔望上食之禮。國家自貞觀至開元，修定禮令，皆遵舊典。至天寶十一年閏三月，初別令尚食朔望進食於太廟，自太廟以下，每室奠饗。其進奠

❶「年」，庫本及《新唐書・肅宗本紀》作「載」。

之儀，内官主之。在臣禮司，並無著令。或云當時祀官王璵不本禮意，妄推緣生之義，請用宴私之饌，❶此則可薦於寢宫而不可瀆於太廟，一時之制，久未變更，至今論禮者貶王璵之議。伏奉今月八日進止『其朔望進食，令宗正與太常計會辦集』者。謹案：《禮·祭統》云：『夫祭者，非外至者也，自中出，生於心也，心怵而奉之以禮。』由是牲牢有定制，籩豆有常數，罄天生地長之物，極昆虫草木之異，苟可薦者，莫不咸在。先王以此饗宗廟，交神明，全孝敬也。若生之食飲膳羞，八珍百品，可嗜之饌，隨好所遷，美脆旨甘，皆爲褻味。先王以此宴賓客，接人情，示慈惠也。則知薦享宴會，於文已殊；聖人别之，以異爲敬。今若以熟食薦太廟，恐違禮本。又《祭義》曰：『祭不欲數，數則煩，煩則不敬。祭不欲疏，疏則怠，怠則忘。』是故礿、祠、烝、嘗，感時致饗，此聖人俯就之中制也。今陵寢每月二祭，❷不爲疏也；太廟每歲五享，不爲數也，則人臣執事在疏、數之間，得盡其忠也。若令牲牢俎豆之司，更備膳羞盤盂之饌，朔日、月半，將以爲常，環四時之中，雜五享之禮，爲數既甚，黷亦隨之，雖曰不然，臣不信也。夫聖王之制，必師於古訓，不敢以孝思之極而過於禮，不敢以肴饍之多而褻於味。伏願陛下遵開元萬代之則，省天寶權宜之制，陵寢之上得極珍羞，❸宗廟之中請依正禮。臣

❶「請」，原作「每」，據庫本及《文獻通考》卷九七、《唐會要》卷一八改。

❷「陵」，庫本及《文獻通考》卷九七、《唐會要》卷一八作「園」。

❸「陵」，庫本及《文獻通考》卷九七、《唐會要》卷一八作「園」。

等忝司禮職，敢罄愚衷。」上令宣示宰臣等，曰：「此禮已經先帝所定，朕未敢遽有改移。待更商量，期於允當。」至元和十四年，太常丞王涇上疏，請去太廟上食，曰：「伏以太廟之饗，籩豆牲牢，三代之通禮，是貴誠之義；陵寢之奠，❶改用常饌，秦漢之權制，乃食味之道也。今朔望上食於陵寢，循秦漢故事，斯爲可矣。若朔望上食於太廟，豈非用常褻味而貴多品乎？且非禮所謂至敬不饗味而貴氣臭也。况祭器不設俎豆，祭官不命三公執事者，唯宮闈令與宗正卿而已，謂之上食可也，安得以爲祭乎？且時饗於太廟，有司攝事，祝文曰：『孝曾孫皇帝臣某，謹遣太尉臣名，敢昭告於高祖神堯皇帝、祖妣太穆皇后竇氏：時維孟春，永懷罔極，謹以一元大武，柔毛剛鬣，明粢薌合，薌萁嘉蔬，嘉薦醴齊，敬修時饗，以申追慕。尚饗！』此祝詞也。前饗七日，質明，太尉誓百官於尚書省，曰『某月某日，時享於太廟』，各揚其職，不供其事。國有常刑，凡陪享之官，散齊四日，致齊三日，然後乃可以爲祭也。宗廟之禮，非敢擅議，雖有知者，其誰敢言？故六十餘年，行之不廢。今聖朝以弓矢既櫜，禮樂爲大，故下百僚，始得詳議。臣等以爲貞觀、開元禮並無太廟上食之禮，以禮斷情，罷之可也。至若陵寢上食，採《國語》、《禮記》日祭、月祭之詞，因秦漢之制，循而存之，以廣孝道也。如此則經義可據，故事不遺，大禮既明，永息異論。」中書舍人武儒衡議曰：「謹案《開元禮》，太廟九室，每年惟五饗六告，祭用牲牢

❶「陵」，庫本及《文獻通考》卷九七、《唐會要》卷一八作「園」。下「陵寢」同。

俎豆而已。劉歆《祭議》曰：『大禘則終王，壇墠則歲貢，二祧則時享，曾高則月祀，祖禰則日祭。』《國語》云：『王者日祭，月享，時類，歲祀。』此則往古之明徵，國朝之顯據。蓋日祭者，薦新也。言物有可薦則薦之，不必卜擇時也。故叔孫通云：『古有嘗果，今櫻桃方熟，可以爲獻。』由是惠帝取以薦宗廟。是不卜日矣。當叔孫通之言，且曰『有嘗果』，足明古禮，非漢制也。月享者，告朔也。《論語》子貢欲去告朔之餼羊，孔子以爲不可，則告朔必具牲牢明矣。《春秋》又譏閏月不告朔，猶朝於廟，此則月祭，殷周已降皆有之也。薦園寢者，始於秦代，漢氏因之，而又改人君三年之制，以日易月。喪紀既以二十七月而除，則朔望奠酹不復親執，故既葬之後，移之園陵，又諸陵祠殿月遊衣冠，取象平生，務從豐潔，所以陵寢朔望上食，與太廟日祭月享本旨不同。今王涇所引太廟同日時設祭，以爲越禮。臣竊謂王涇但宜論太廟陵寢朔望奠祭可廢之旨，不當以用日時爲議。何者？漢宗廟園陵一百六十七所，郡國祠祝，豈不與宗廟同日同時者乎？在禮，既祭於室，又繹於祊，蓋廣乎求神者也。則宗廟陵寢嘗礿同時，理固無害。又韓臯引《漢官儀》『古不墓祭』，臣據《周禮》冢人之職，凡祭墓則爲之尸，古亦墓祭，但與漢家陵寢不同耳，安得謂之無哉？臣以爲陵廟近也，親親也，朔望奠獻尚潔務豐，宜備常膳，以廣孝也。宗廟遠也，尊尊也，禘祫時享告朔薦新，宜從古制，以正禮也。唯太廟望祭無所本據，蓋異時有司因陵寢有朔祭望祭，以爲宗廟亦合行之，不知宗廟朔祭乃告朔也。臣以爲宜罷此耳。」事竟不行。

蕙田案：韋、裴議是。

【《唐書・憲宗本紀》】元和二年正月庚寅，朝享於太廟。

【《穆宗本紀》】長慶元年正月庚子，朝享於太廟。

【《册府元龜》】長慶元年正月己亥朔，備法駕，親薦獻於太清宫，遂齋於太廟。庚子，享太廟，至順宗、憲宗二室，上歔欷流涕，侍臣從官皆感動。禮畢，復齋於郊壇行宫。

【《舊唐書・音樂志》】享太廟樂章十四首：

玄宗至道大聖大明孝皇帝室奠獻，用《廣運》之舞一章司徒兼中書令、汾陽郡王郭子儀撰。

於赫皇祖，昭明有融。惟文之德，惟武之功。河海静謐，車書混同。虔恭孝饗，穆穆玄風。

肅宗文明武德大聖大宣孝皇帝室奠獻，用《惟新》之舞一章吏部尚書、平章事、彭城郡公劉晏撰。

漢祚惟永，神功中興。風驅氛祲，天覆黎烝。三光再朗，庶績其凝。重熙累葉，景命是膺。

皇帝飲福受脤，用《福和》一章《福和》以下八章，張説撰。

備禮用樂，崇親致尊。誠通慈降，敬徹愛存。獻懷稱壽，晬感承恩。皇帝孝德，子孫千億。大包天域，長亘不極。

送文舞出，迎武舞入，用《舒和》一章

六鐘翕協六變成，八佾倘佯八風生。樂九韶兮人神感，美七德兮天地清。

亞獻終獻行事武舞，用《凱安》四章

瑟彼瑶爵，亞惟上公。室如屏氣，門不容躬。禮殷其本，樂執其中。聖皇永慕，天地幽通。

禮匝三獻，樂遍九成。降循軒陛，仰欷皇情。福與仁合，德因孝明。百年神畏，四海風行。

緫緫干戚，填填

鼓鐘。奮揚增氣，坐作爲容。❶離若鷙鳥，合如戰龍。萬方觀德，肅肅邕邕。

烈祖順三靈，文宗威四海。黄鉞誅羣盗，朱旗掃多罪。戢兵天下安，約法人心改。大哉干羽意，長見風雲在。

徹豆登歌一章　止笙磬，❷徹豆籩。廓無響，窅八元。主在室，神在天。情餘慕，禮罔愆。喜黍稷，屢豐年。

送神，用《永和》一章　眇嘉樂，授靈爽。感若來，思如往。休氣散，迴風上。返寂寞，還惚恍。懷靈駕，結空想。

代宗睿文孝武皇帝室奠獻，用《保大》之舞一章尚父郭子儀撰。　於穆文考，聖神昭彰。《簫》、《勺》羣慝，含光遠方。萬物茂遂，九夷賓王。愔愔《雲》、《韶》，德音不忘。

德宗神武孝文皇帝室奠獻，用《文明》之舞一章尚書左丞平章事鄭餘慶撰。　開邸除暴，時邁勛尊。三元告命，四極駿奔。金枝翠葉，煇燭瑶琨。象德億載，貽慶湯孫。

順宗至德大聖大安孝皇帝室奠獻，用《大順》之舞一章中書侍郎、平章事鄭絪撰。　於穆時文，受天明命。允恭玄默，化成理定。出震嗣德，應乾傳聖。猗歟緝熙，千億流慶。

憲宗聖神章武孝皇帝室奠獻，用《象德》之舞一章中書侍郎、平章事段文昌撰。　肅肅清廟，登顯至德。澤周八荒，兵定四極。生物咸遂，羣盗滅息。明聖欽承，子孫千億。

❶「坐」，原作「望」，據《舊唐書·音樂志四》改。
❷「止」，原作「上」，據《舊唐書·音樂志四》改。

【郭茂倩《樂府》】唐享太廟樂章：

穆宗用《和寧》之舞牛僧孺造。　湜湜頎頎，融昭德輝。不紐不舒，貫成九圍。武烈文經，敷施當宜。纂堯付啟，億萬熙熙。

武宗用《大定》之舞李回造。　受天明命，敷佑下土。化時以儉，衛文以武。氛消夷夏，俗臻往古。億萬斯年，形於律呂。

宣宗舞有舞詞而名不傳，夏侯孜造。　於鑠令主，聖祚重昌。興起教義，申明典章。俗尚素樸，人皆樂康。積德可報，流慶無疆。

懿宗舞有舞詞而名不傳，蕭倣造。　聖祚無疆，慶傳樂章。金枝繁茂，玉葉延長。海瀆常晏，波濤不揚。汪汪美化，垂範今王。

昭宗用《咸寧》之舞　於鑠丕嗣，惟帝之光。羽籥象德，金石薦祥。聖系無極，景命永昌。神降上哲，惟天配長。

【《唐書·敬宗本紀》】寶曆元年正月庚戌，朝享于太廟。

【《文宗本紀》】太和三年十一月癸巳，朝享于太廟。

【《武宗本紀》】會昌元年正月庚辰，朝享于太廟。　五年正月庚戌，朝享於太廟。

【《宣宗本紀》】大中元年正月癸丑，朝享於太廟。

【《懿宗本紀》】咸通元年十一月丙子，朝享於太廟。

【《僖宗本紀》】乾符二年正月庚寅，❶朝享於太廟。

文德元年二月庚寅，謁於太廟。

❶「寅」，原作「辰」，據庫本及《新唐書·僖宗本紀》改。

【《禮樂志》】黄巢陷京師，❶焚毁宗廟，而僖宗出奔，神主法物從行，皆爲賊所掠。巢敗，復京師，素服哭於廟而後入。

右唐廟享。

【《五代史·梁本紀》】太祖開平三年正月庚寅，享於太廟。十月，享於太廟。

【《唐本紀》】莊宗同光二年正月丁卯，朝獻於太微宫。戊辰，享於太廟。明宗長興元年二月甲寅，享於太廟。

【《周本紀》】太祖廣順三年十二月乙亥，享於太廟。

右五代廟享。

五禮通考卷第九十一

淮陰吴玉搢校字

❶「黄」，原作「王」，據庫本及《新唐書·禮樂志三》改。

五禮通考卷第九十二

內廷供奉禮部右侍郎金匱秦蕙田編輯
太子太保總督直隸右都御史桐城方觀承同訂
兩淮都轉鹽運使德水盧見曾
按察司副使元和宋宗元 參校

吉禮九十二

宗廟時享

【《宋史·禮志》】宗廟之禮。每歲以四孟月及季冬，凡五享，朔望則上食、薦新。唯親郊、封祀。又有朝享、告謝及新主祔謁，皆大祀也。一薦，則行一獻禮。其祔祭，春祀司命及户，夏祀竈，季夏祀中霤，秋祀門及厲，冬祀行，惟臘享、禘祫則徧祀焉。

【《玉海》】太祖乾德元年十一月，帝以親郊，齋於崇元殿。翌日，服通天冠，絳紗袍，執鎮圭，乘玉輅，鹵簿前導，赴太廟宿齋。翌日，未明三刻，帝服袞冕，執鎮圭，行享禮於四室。自是每行郊祀前一日，朝享太廟，如儀。

蕙田案：因郊告廟，無享祭之禮，宋仍唐故事，遂以郊前朝享爲盛祭，失之矣。厥後更有景靈宮朝享，尤謬。

【《宋史·禮志》】太祖乾德六年，判太常寺和峴上言：「案《禮閣新儀》，唐天寶五年，詔享太廟，宜祭料外，每室加常食一牙盤。將來享廟，欲每室加牙盤食。禘祫時享亦準此制。」

【《文獻通考》】開寶初，上親享太廟，見所陳籩豆簠簋，問曰：「此何物也？」左右以禮器對。上曰：「吾祖宗寧識？」亟命徹去，進常膳，如平生。既而曰：「古禮不可廢也。」命復設之。於是和峴請如唐故事，别設牙盤食。

蕙田案：牙盤常食非禮之饌，和峴曲成之，諛矣。

【《宋史·禮志》】太宗太平興國六年十二月，太常禮院言：「今月二十三日臘享太廟。緣孟冬已行時享，冬至又嘗親祀。案禮，每歲五享，其禘祫之月即不行時享，慮成煩數，有爽恭虔。今請罷臘日薦享之禮，其孝惠别廟即如式。」從之。

蕙田案：時享，正祭也。禘祫，大祭也。義各不同，因此廢彼，何耶？所以典禮未善，自有不能行之處。

【《太宗本紀》】雍熙二年十一月壬午，狩於近郊，以所獲獻太廟，著爲令。

【《禮志》】宗正寺言：「準詔，送兔十頭，充享太廟。」

【《玉海》】端拱二年七月丁亥詔：「以八月二十四日親享太廟，有司詳定儀注。」辛丑，詔以彗孛停。

【《宋史·禮志》】淳化三年十月八日，太常禮院言：「今年冬至親祀南郊，前期朝享太廟及奏告宣祖、太祖室。常例，每遇親祀，設朔望兩祭，又行奏告之禮，煩則不恭。又十一月二十日皇帝朝享，去臘享，日月相隔未爲煩數，欲望權停是月朔望之祭，其臘享如常儀。」從之。

蕙田案：此奏近是。朔望之祭，原非正也。

【《真宗本紀》】咸平二年九月甲午，奉安太宗聖容於啓聖院新殿，帝拜而慟，左右皆掩泣。十一月乙酉，享太廟。

【《禮志》】咸平二年八月，太常禮院言：「今年冬祭晝日，以十月六日薦享太廟。案禮，三年一祫，以孟冬。又《疑義》云：『三年喪畢，遭禘則禘，遭祫則祫。』宜改孟冬薦享爲祫享。」

蕙田案：改時享爲祫，非。

【《真宗本紀》】咸平三年十二月戊申，狩近郊，以親獲禽獻太廟。

景德二年十一月丙辰，享太廟。　三年十一月乙酉，狩近郊，以親獲兔付有司薦廟。

大中祥符元年正月，大赦改元。九月甲子，奉天書，告太廟。十一月甲申，命王旦奉上太祖、太宗謚册，親享太廟。

【《禮志》】大中祥符元年十一月二十七日，帝於朝元殿備禮，奉祖宗尊謚册寶，再拜，授攝太尉王旦，奉之以出，安太祖册寶于玉輅，太宗册寶于金輅，詣太廟，親行朝廟之禮。

【《玉海》】大中祥符元年十一月二十三日庚辰，詔曰：「朕祗事上封，克成大典。二十七日上尊謚，禮畢，恭謝太廟。有司定儀注以聞。」二十五日壬午，詳定所上儀注，李宗諤上奠獻樂章二首。癸未，帝齋於長春殿。翌日甲申，帝服通天冠、絳紗袍，奉太祖、太宗尊謚册寶拜。攝太尉王旦持節奉册，升輅鸞駕詣廟，酌奠六室。

蕙田案：宗廟四時享祀之禮，竟宋之世，人主未嘗一行。所親行者，唯郊祀、朝享及告謝等。登之則失時享本義，削之則宋竟無時享矣。今據事直書而失自見，覽者詳之。

四年正月丁亥，謁啟聖院太宗神御殿、普安

院元德皇后聖容。

蕙田案：啟聖院神御殿、普安院皇后聖容，亦非禮。

七年二月辛未，享太廟。

【《禮志》】大中祥符八年，兼宗正卿趙安仁言：「準詔，以太廟朔望上食品味令臣詳定。望自今委御厨，取親享廟日所上牙盤例，參以四時珍膳，選上局食手十人，赴廟饌造。上副聖心，式表精慤。」詔：「所上食味，委宮闈令監造訖，安仁省視之。」

【《真宗本紀》】天禧元年正月壬寅，上聖祖寶册。己酉，上太廟謚册。庚戌，享六室。

【《禮志》】天禧元年正月九日，加上六室尊謚。禮畢，羣臣拜表稱賀。十一月，帝行朝享之禮。

【《玉海》】天禧元年正月三日癸卯，以朝享太廟，誓百官。八日戊申，奉寶册升輅。九日己酉，奉上六室寶册，百官陪列。十日庚戌，朝享六室。

【《宋史·真宗本紀》】天禧三年冬十一月己巳，謁景靈宮。庚午，享太廟。

蕙田案：謁、享，俱不是正祭。

【《樂志》】建隆以來祀享太廟一十六首：

迎神，《禮安》 肅肅清廟，奉祀來詣。格思之靈，如在之祭。克謹威儀，載嚴容衛。降福孔皆，以克永世。

皇帝行，《隆安》 工祝升階，賓尸在位。祇達孝思，允修毖祀。顯相有儀，克恭乃事。儼恪其容，通此精意。

奠瓚用《瑞木》 木符啟瑞，著象成文。於昭大號，協應明君。靈命有屬，鴻禧洞分。歌以升薦，休嘉洽聞。

又《馴象》 嘉彼馴象，來歸帝鄉。南州毓質，中區效祥。仁格巨獸，德柔遐荒。

有感斯應，神化無方。

又《玉烏》　素烏爰止，淳精允臧。名符瑞牒，色應金方。潔白容與，翹英奮揚。孝思攸感，皇德逾張。

奉俎，《豐安》　維犧維牲，以炮以烹。植其鞉鼓，潔彼鉶羹。孔碩茲俎，於穆厥聲。肅雍顯相，福禄來成。

酌獻僖祖室，《大善》　湯湯洪河，經啟長源。鬱鬱嘉木，挺生本根。大哉崇基，出乎慶門。發祥垂裕，永世貽孫。

順祖室，《大寧》　元鐘九千，生於仲吕。日臺九層，起於累土。赫日之升，《明夷》爲主。孝孫作帝，式由祖武。

翼祖室，《大順》　明明我祖，積德攸宜。肇繼瓜瓞，將隆本支。爰資慶緒，式昭帝基。於穆清廟，永洽重熙。

宣祖室，《大慶》　艱難積行，緜長鍾慶。同人之時，得主乃定。既敘宗祧，乃修舞詠。經武開先，永昭丕命。

太祖室，《大定》　猗歟太祖，受命于天！化行區宇，功溢簡編。武威震耀，文德昭宣。開基垂統，億萬斯年。

太宗室，《大盛》　赫赫皇運，明明太宗。四隩咸暨，一變時雍。睿文炳焕，聖德温恭。千齡萬祀，永播笙鏞。

飲福，《禧安》　嘉栗旨酒，博腯牲牷。神鑒孔昭，享茲吉蠲。夙夜毖祀，孝以奉先。永錫純嘏，功格于天。

亞獻，《正安》　已象文治，乃觀武成。進退可度，威儀克明。

終獻，《正安》　《常武》徂征，詩人所稱。總干山立，厥象伊凝。

徹豆，《豐安》　肥腯之牲，既析既薦。鬱

鬯之酒，已酌已獻。❶祝辭亦陳，和奏斯徧。享禮具舉，徹其有踐。

真宗御製二首：

奠瓚用《萬國朝天》 鴻源濬發，璿圖誕彰。高明錫羡，累洽延祥。巍巍藝祖，溥率賓王。煌煌文考，區宇大康。珍符昭顯，寶歷綿長。物性茂遂，民俗阜昌。甫田多稼，禾黍穰穰。含生嘉育，鳥獸蹌蹌。八紘統域，九服要荒。沐浴惠澤，祗畏典常。隔谷分壤，望斗辨方。並襲冠帶，來奉圭璋。峩峩雙闕，濟濟明堂。諸侯執帛，天后當陽。何以辨等？衮衣繡裳。何以褒德？輅車乘黃。聲明煥赫，雅頌汪洋。啟兹丕緒，佑我無疆。❷大統斯集，大樂斯揚。俯隆宗祏，仰繼穹蒼。

亞獻、終獻用《平晉樂》 五代衰替，六合携離。封疆竊據，兵甲競馳。天顧黎獻，塗炭可悲。帝啟靈命，濬哲應期。皇祖丕變，金鉞俄麾。率土執贄，獷俗來儀。瞻彼大鹵，竊此餘基。獨迷文告，莫畏天威。神宗繼統，璿圖有輝。尚安蠢爾，罔懷格思。六飛夙駕，萬旅奉辭。徯來發詠，❸不陣行師。雲旗先路，壺漿塞岐。天臨日照，宸慮通微。前歌後舞，人心悦隨。要領自得，智力何施。風移僭冒，政治淳熙。書文混一，盛德咸宜。干戈倒載，振振言歸。誕昭七德，永定九圍。

【《仁宗本紀》】天聖二年十一月丙申，享太廟。

四年閏五月乙酉，詔補太廟室長、齋郎。

❶「酌」，原作「配」，據《宋史·樂志九》改。
❷「佑」，《宋史·樂志九》作「祐」。
❸「發」，原作「廢」，據《宋史·樂志九》改。

五年十一月辛亥，朝享景靈宮。壬子享太廟。八年十一月丙寅，朝享景靈宮。丁卯享太廟。

明道二年正月乙巳，皇太后服衮衣、儀天冠，享太廟，皇太妃亞獻，皇后終獻。五月丙子，命宰臣張士遜撰《謝太廟記》，檢討宋祈言：「皇太后謁廟，非後世法。」乃止。

蕙田案：古有皇后助祭之禮，無皇太后謁廟之儀。

皇祐二年九月己酉，朝享景靈宮。庚戌，享太廟。

【《玉海》】皇祐二年九月，以大饗明堂，具大駕鹵簿，赴景靈宮，行薦享。禮畢，齊於太廟。翌日庚戌，詣七室，行朝享禮。降神，樂作，帝密諭樂卿，令備其音節。禮儀使請憩小次，帝拱立益莊。辛亥，卒享。

【《宋史·仁宗本紀》】嘉祐元年九月庚寅，命宰臣攝事於太廟。

蕙田案：攝事，正也。

七年九月庚戌，享太廟。

【《文獻通考》】仁宗慶曆時，四孟、臘時享太廟，攝事用羊豚各二，祈報象尊一，別廟增黃彝、壺尊二，親享則加犢。三年，御史蔡禀言：「周制，四時享親之禮有九。今寺觀則車駕一歲再臨，未嘗薦獻宗廟，非奉先教民意。」帝謂輔臣曰：「三歲一祠郊廟而賚及天下。若歲親行之，則人有覬賞之心。朕朝夕奉三聖御容於禁中，未嘗敢怠也。」

蕙田案：此條所記，最有關係，乃宋代廟享所由舛也。夫郊廟乃人君敬天尊祖之大誼，何與于臣民，而必賚及天下！甚至帑藏空虛，必俟以三年，乃竭物力而舉之，斯何理也？

觀仁宗語，亦以不克時享爲不安，而朝夕奉聖容以展敬，特阻于憚費而不得已耳。若使當時廟享之禮克正，宗廟之外，何必又有啟聖院、景靈宮、天章閣、欽先孝思殿也；木主之外，何必又有塑像、畫像也；時享之外，何必又有朝享、告謝、薦獻也。夫人之孝思無窮，而禮制之節制自定，所謂「賢者俯而就，不肖者企而及」，循乎禮則一正而無不正，違乎禮則一失而無不失。宋一切非禮，皆因不能親行時享而起，不能時享因賞賚不給而起，賞賚不給則因沿習前代舊例使然。嗚呼！稗政之害，一至是哉！

【《宋史·神宗本紀》】熙寧二年，帝親酌獻景靈宮。仍詔歲以十月望朝享。有期以上喪或災異，則命輔臣攝事。

五年正月己亥，詔太廟時享，以宗室使相以上攝事。

【《禮志》】初，國朝親享太廟，儀物有制。熙寧以來，率循舊典，元豐命官詳定，始多損益。元年，詳定郊廟禮文所言：「古者納牲之時，王親執鸞刀，啟其毛，而祝以血毛詔於室。今請改正儀注，諸太祝以毛血薦於神座訖，徹之而退。唐崔沔議曰：『毛血盛於盤。』開元、天寶《通禮》及今儀注皆盛以豆。禮以豆盛葅醢，其薦毛血當盛以盤。」又言：「三牲骨體俎外，當加牛羊腸胃、豕膚俎各一。又古者祭祀無迎神、送神之禮，其初祭及末，皆不當拜。又宜令户部陳歲貢以充庭實，如古禮，仍以龜爲前，金次之，玉帛又次之，餘居後。又《周禮》大宗伯之職，凡享，涖玉鬯。今以門下侍郎取瓚進皇帝，❶侍中酌鬯進瓚，皆未合禮。請命禮部尚書奉瓚臨鬯，禮部侍郎奉盤，以次進，皇帝酌鬯裸地訖，侍郎受瓚并槃而退。」又言：「皇帝至阼階，乃命太祝、宫闈令始奉神主置於坐，❷行禮畢，皇帝俟納神主，然後降階。」並從之。又言：「神坐當陳於室之奥東面。當行事時，皇帝立於户内，西向，即拜於户内。有司攝事，晨裸饋食，亦立於户内，西向，更不出户而拜。其堂上薦腥，則設神坐於扆前，南向，皇帝立於中堂，北向。有司攝事同此。」詔俟廟制成取旨。又請：「諸廟各設莞筵紛純，加繅席畫純，於户内之東，西面，皇帝行三獻禮畢，於此受嘏。」又言：「每室所用几席，當如《周禮》，改用『莞筵紛純，加繅席畫純，加次席黼純，左右玉几』。凡祭祀，皆繅次各加一重，❸并莞筵一重爲五重。」又言：「古者宗廟九獻，王及后各四，諸臣一。自漢以來爲三獻，后無入廟之事，沿襲至今。若時享則有事於室，而無事於堂；禘祫則有事於堂，而無事於室。室中神位不在奥，堂上神位不當扆，有饋食而無朝踐。度今之宜，以備古九獻之意，請室中設神位於奥東面，堂上設神位於户外之西南面，皇帝立於户内西面，裸鬯爲一獻；出户立於扆前，北向，行朝踐薦腥之禮爲再獻；皇帝立於户内西面，行饋食薦熟之禮爲三獻。」詔並俟廟制成取旨。又請：「三年親祠，并祫享及有司攝事，每室並用太牢及制幣。宗廟堂上焫蕭以求陽，而有司行事焫茅香，宜易用蕭。灌鬯於地

❶「取」，原作「所」，據《宋史·禮志十一》改。
❷「命」，《宋史·禮志十一》作「令」。
❸「加」，原脱，據《宋史·禮志十一》補。

以求陰，宜束茅沃酒以象神之飲。凡幣皆埋於西階東，册則藏有司之匱。」又請：「除去殿下板位及小次，而設皇帝板位於東階之上，西向。」又請：「凡奉告、祈禱、報謝，用牲牢祭饌，並出帝后神主，以明天地一體之義。又古者祭祀，兼薦上古、中古及當世之食，唐天寶中，始詔薦享每室加常食一牙盤，議者以爲宴私之饌可薦寢室，❶而不可瀆於太廟，宜罷之。古者吉祭必以其妃配，不特拜，請奠副爵無特拜。《儀禮》『嗣舉奠，盥，入』，❷請皇帝祭太廟，既灌之後，大祝以斝酌奠於鉶之南，俟正祭嘏訖，命皇子舉奠而飲。」又請：「命刑部尚書一員以奉大牲，兵部尚書一員奉魚十有五。仍合腥熟之薦，❸朝享、四孟及臘享，❹皆設神位於户内南向。其祼將於室，朝踐於堂，饋熟於室，則於奥設莞筵紛純，加繅席畫純，加次席黼純，左右玉几。當筵前，設饋食之豆八，加豆八，以南爲上。鉶三，設於豆之南。南陳，牛鉶居北，羊鉶在牛鉶之南，豕鉶在羊鉶之南。羞豆二，曰酏食、糝食，❺設於薦豆之北。大羹湆盛以登，設於羞豆之北。九俎設於豆之東，三三爲列，以南爲上。肵俎一，當腊俎之北，縱設之。牲首俎在北牖下，簠簋設于俎南，西上。籩十有八，設於簠簋之南，北上。户外之東設尊彝，西上，南肆。阼階之東設六罍，其三在西，以盛玄酒，其三在東，以盛三酒。堂下陳鼎之位，

❶「可」，原脱，據《宋史·禮志十一》補。「室」，《宋史·禮志十一》作「宫」。

❷「嗣」上，《宋史·禮志十一》有「曰」字。「盥入」，《宋史·禮志十一》無此二字。

❸「合」，《宋史·禮志十一》作「令」。

❹下「享」，原作「主」，據《宋史·禮志十一》改。

❺「酏」，原作「配」，據《宋史·禮志十一》改。

在東序之南，居洗之西，皆西面北上。匕皆加於鼎之東，俎皆設於鼎之西，西肆。肵俎在北，亦西肆。若廟門外，則陳鼎於東方，各當其鑊，而在其鑊之西，❶皆北面北上。」又請：「既晨祼，諸太祝入，以血毛奠神坐。太官令取肝，以鸞刀制之，洗於鬱鬯，貫以膋，燎於爐炭。祝以肝膋入，詔神於室，又出以隋祭於户外之左，三祭於茅葅。當饋熟之時，祝取葅擩於醢，祭於神坐前，豆間三。又取黍稷肺祭，祭如初，藉以白茅。既祭，宫闈令東而瘞之於西階東。若郊祀天地，則當進熟之時，祝取葅及黍稷肺，祭於正配神坐前，各三祭，畢，郊社令東茅葅而燔瘞之。祀天燔，祭地瘞，縮酒之茅，或燔或瘞，當與隋祭之葅同。」又言：「古者吉祭有配，皆一尸。其始祝洗酌奠，奠於鉶南，止有一爵。及主人獻尸，主婦亞獻，賓長三獻，亦止一爵。請罷諸室奠副爵。其祫享別廟皇后，自如常禮。應祠告天地、宗廟、社稷，並用牲幣。如唐制太廟局令，以宗正丞充，罷攝知廟少卿，而宫闈令不預祠事。」又言：「晨祼之時，皇帝先搢大圭，上香、祼鬯、復位，候作樂饋食畢，再搢大圭，執鎮圭，奠於繅藉。次奠幣、執爵，庶禮神並在降神之後。」從之。

蕙田案：元豐更定儀注，凡二十餘條，皆本《儀禮》節次，爲之損益，自唐以後議禮之臣無踰此者，較《開元禮》所修，益加精且詳矣。

觀承案：元豐更定儀注，一洗沿習之陋，允爲正當，所以朱子每嘆神宗爲大可有爲之君也。

❶「其」，原脱，據《宋史・禮志十一》補。

【《文獻通考》】神宗元豐三年，詳定郊廟奉祀禮文所言：「祠禴烝嘗之名，春夏則物未成而祭薄，秋冬則物盛而祭備，故許慎以品物少、文詞多爲祠，而王弼以禴爲祭之薄，何休謂：『祈穀成者非一，黍先熟可得薦，故曰嘗。冬萬物畢成，所薦衆多，故曰烝。』故《禮記》以嘗爲大嘗，《周禮》以烝爲大烝。孔安國亦以烝、嘗爲大享。今太廟四時雖有薦新，而孟享禮料無祠禴烝嘗之別，伏請春加韭、卵，夏加麥、魚，秋加黍、豚，冬加稻、雁。當饋熟之節，薦於神主。其籩豆於常數之外，別加時物之薦。豐約各因其時，以應古禮。」從之。又言：「《少牢饋食禮》『主人朝服，即位于阼階東，西面』，鄭氏曰：『爲將祭也。』即不言拜。及祝告禮成，主人出，立於阼階上，西面，亦不言拜。近代事神，拜而迎送，殊非禮意。聖王之事宗廟，禮如事生，故饌則薦四時之和氣與四海九州之美味，貢則陳金璧龜帛，以明共天下之材，其餘無常，必致國之所有，以明遠物無不至。自秦漢以來，奉宗廟者不本先王之經訓，有司奉行充其位而已，故天下常貢入王府者，未嘗陳於太廟，良爲闊略。」又言：「古者人君臨祭立于阼。阼者，主階，惟人君涖之行事，示繼體祖考，親親之義，且以尊別於臣庶也。今朝享太廟，設小次於殿下褥位之東，西向，設皇帝版位於廟東階之東南，西向，乃是古者大夫、士臨祭之位，殊失禮意。又《曾子問》曰『歛幣玉，藏諸兩階之間』，《聘禮》『卷幣埋于西階東』，舊制，宗廟燔其幣，未合於禮。」

【《宋會要》】元豐六年十月庚辰，太常丞呂升卿言：「禮重饗帝，不聞乃於致齋先享宗廟。獨唐立老子廟，號太清宮，每歲郊祀躬薦焉，終唐世行之，莫知其非。今郊宜罷饗廟，或止至太祖一室，告以侑神之意，繼令別修太廟躬祠之制，歲五大饗，乘輿親臨其一，則祀天、饗親兩得其當。」不行。

蕙田案：吕升卿此議，典而正，切中時弊，爲宋臣所少，惜乎其不行也。

【《宋史·禮志》】元豐六年十一月，帝親祀南郊。前期三日，奉仁宗、英宗徽號册寶於太廟。是日，齋於大慶殿。翌日，薦享於景靈宮。禮畢，帝服通天冠、絳紗袍，乘玉輅至太廟，宰臣、百官班迎於廟門。侍中跪請降輅，帝却乘輿，步太廟，趨至齋宮。翌日，帝服靴袍至大次。有司奏中嚴外辦，禮儀使跪奏請行事。帝服衮冕以出，至東門外，殿中監進大圭，帝執以入，宮架樂作，升東階，樂止。登歌樂作，至位，樂止。太祝、宮闈令奉諸室神主於坐，禮儀使贊曰：「有司謹具，請行事。」帝再拜，詣罍洗，登歌樂作，降階，樂止。宮架樂作，至洗南，北向，樂止。帝搢圭，盥帨，洗瓚、拭瓚訖，執圭。宮架樂作，升堂，樂止。登歌樂作，殿中監進鎮圭。帝搢大圭，執鎮圭，詣僖祖室，樂止。登歌奏《瑞安之曲》。至神坐前，北向跪，奠鎮圭於繅藉。執大圭跪，三上香，執瓚祼地，奠瓚，奉帛。❶奠訖，執圭，俛伏，興，出户外，北向再拜。内侍舉鎮圭以授殿中監。至次室行事，皆如前儀。帝還位，登歌樂作，至位，樂止。宮架《興安之樂》作，文舞九成，止。禮部、户部尚書以次官奉逐室俎豆，宮架《豐安之樂》作，奠訖，樂止。帝再詣罍洗，登歌樂作，降階，樂止。宮架樂作，

❶「帛」，《宋史·禮志十一》校勘記據《宋會要》、《文獻通考》改作「幣」。疑是。

至洗南，北向立，樂止。帝搢圭，盥帨，洗爵、拭爵訖，執圭。宫架樂作，帝升東階，樂止。登歌樂作，至僖祖室，樂止。宫架樂作，帝搢圭跪，授爵，祭酒，三奠爵，執圭，俛伏，興，出户外，北向立，樂止。太祝讀册文，帝再拜。詣次室，皆如前儀。帝還位，登歌樂作，至位，樂止。文舞退，武舞進，宫架《正安之樂》作，亞獻以次行事如前儀，樂止。帝詣飲福位，登歌樂作，至位，樂止。宫架《僖安之樂》作，帝再拜，搢圭跪，受爵，祭酒，三啐酒，奠爵，受俎，奠俎，受摶黍，❶奠黍豆，再受爵，飲福酒訖，奠爵，執圭，俛伏，興，再拜，樂止。帝還位，登歌樂作，至位，樂止。太常博士徧祭七祀、配享功臣。户部、禮部尚書徹俎豆，登歌《豐安之樂》作，徹訖，樂止。禮直官曰「賜胙」，行事、陪祀官皆再拜，宫架《興安之樂》作，一成，止。太祝、宫闈令奉神主入諸祏室。禮儀使跪奏禮畢，登歌樂作，帝降階，樂止。宫架樂作，出東門，殿中監受大圭，歸大次，樂止。有司奏解嚴，轉仗赴南郊。

【《文獻通考》】自元豐初命陳襄等詳定郊廟禮文，至是，始用新儀。

【《宋史・禮志》】八年，太常寺言：「故事，山陵前，宗廟輟祭享，朔望以内臣行薦食之禮，俟祔廟畢仍舊。今景靈宫神御殿已行上食，❷太廟朔望薦食自當請罷。」從之。

【《樂志》】景祐親享太廟二首：

迎神，《興安》　追養奉先，納孝練主。金奏鳳鳴，《關雎》樂舞。奠鬯恭神，肥腯展俎。積慶聰明，降景寰宇。

❶ 「摶」，原作「搏」，據《宋史・禮志十一》改。
❷ 「今」，原作「令」，據《宋史・禮志十一》改。

酌獻真宗室,《大明》　於穆真皇,宅心道粹。和戎偃革,焕乎文治。操瑞拜圖,封天祀地。盛德爲宗,烝嘗萬世。

熙寧以後享廟五首:

酌獻英宗室,《大英》　在宋五世,天子嗣昌。躬發英斷,若乾之剛。聲容浤浤,被于八荒。垂千萬年,永烈有光。

送神,《興安》　鐘鼓惟旅,籩豆孔時。衎我祖宗,既右享之。神亟來止,孝孫之喜。神保聿歸,孝孫之思。

禘祫、孟享、臘享,宗正卿升殿,《正安》　進退有容,服章有儀。匪亟匪遲,降登孔時。

祫享仁宗,❶《大和》　於穆仁廟,聖澤滂流。華夷用乂,❷動植蒙休。徽名冠古,奕世垂謀。帝躬祼獻,盛典昭修。

英宗,《大康》　赫赫英皇,總提邦紀。濬發神功,恢張聖理。仙馭雖遥,鴻徽不弭。永言孝思,竭誠躬祀。

常祀五享三首:

迎神,《興安》九變。　奕奕清廟,昭穆定位。霜露增感,粢盛潔祭。神靈來格,福祉攸暨。追孝奉先,本支百世。

太尉奠瓚,《嘉安》　有秩時祀,匪怠匪瀆。有來宗工,載祗載肅。厥作祼將,流黄瓚玉。是享是宜,永綏多福。

送神,《興安》　皇考皇祖,配帝配天。駿奔顯相,神保言旋。祝以孝告,❸嘏以慈宣。去來永慕,宗事惟虔。

【《禮志》】哲宗元祐二年,奉安神宗神御於

❶「祫享」二字,原脱,據《宋史·樂志九》補。
❷「乂」,原作「義」,據《宋史·樂志九》改。
❸「孝告」,原倒,據《宋史·樂志九》乙正。

景靈宮，如十一殿奉安之禮。舊制，車駕上元節以十一日詣興國寺、啟聖院，朝謁太祖、太宗、神宗神御，下元節謁景靈宮朝拜天興殿，朝謁真宗、仁宗、英宗、神宗神御。至是詔分每歲四孟月拜謁之所，自孟秋始，其不當親獻，則遣官分詣。初詣天興殿、保寧閣、天元殿、太始殿，次詣皇武殿、儷極殿、大定殿、輝德殿，次詣熙文殿、衍慶殿、美成殿，次詣治隆殿、宣光殿，仍自來年孟春爲始。

【《哲宗本紀》】元祐七年十一月辛卯，朝獻景靈宮。壬辰，享太廟。

【《禮志》】元祐七年，詔復用牙盤食。舊制，並於禮饌外設，元豐中罷之，禮官呂希純建議曰：「先王之祭，皆備上古、中古及今世之食。所設禮饌，即上古、中古之食，牙盤常食，即今世之食。議者乃以爲宗廟牙盤原於秦、漢陵寢上食，殊不知三代以來，自備古今之食。請依祖宗舊制，薦一牙盤。」從之，乃更其名曰薦羞。希純又請：「帝后各奠一爵，后爵謂之副爵。今帝后惟奠一爵共享，瀆禮莫甚，請設副爵，亦如其儀。」

蕙田案：牙盤常食，不可爲典要，而帝后共爵，則瀆甚矣，更正爲是。

【《哲宗本紀》】紹聖二年九月壬寅，告遷神宗神御於景靈宮顯成殿。癸卯，詣景靈宮，行奉安禮。己酉，朝獻景靈宮。庚戌，朝享太廟。

【《禮志》】元豐中，每歲四孟月，天子徧詣諸殿朝獻。元祐初，議者請以四孟分獻，一歲而徧，至是復用舊儀。詔自今四孟朝獻分二日，先日詣天興殿、保寧閣、天元、太始、皇武、儷極、大定、德輝諸殿，❶

❶「德輝」，《宋史·禮志十二》作「輝德」，疑是。

次日詣熙文、衍慶、美成、繼仁、治隆、徽音、顯承七殿。

【《哲宗本紀》】三年正月甲辰，酌獻景靈宮，徧詣諸殿，如元豐禮。四月丙子，詔「自今景靈宮四孟朝獻，分爲二日」。

【《禮志》】紹聖三年十月，帝詣天興諸殿朝獻。翼日，大雨，詔差已致齊官分獻熙文七殿，自是雨雪用爲例云。

【《徽宗本紀》】大觀四年十一月乙丑朔，朝景靈宮。丙寅，享太廟。

【《文獻通考》】徽宗大觀四年，議禮局言：「案《太廟儀注》，春夏用犧尊、象尊，秋冬用著尊、壺尊，各二，已應《周禮·司尊彝》之義。又每享各用大尊二，則是以追享、朝享之尊，施之於禴祠烝嘗矣。其爲失禮明甚。請自今四時享太廟不用大尊。《禮記·郊特牲》曰：『灌以圭璋，用玉氣也。』《周禮·典瑞》：『祼圭有瓚，以肆先王。』説者謂天地有禮神之玉而無鬱鬯，宗廟有鬱鬯而無禮神之玉，然則宗廟之玉，祼圭而已。圭瓚之制，以圭爲柄，其長尺有二寸，黄金爲勺，青金爲外，朱中央，其容五升，其徑八寸，其勺之鼻爲龍首，所以出鬱鬯也。其槃徑一尺，所以承瓚也。今親祀太廟，以塗金銀瓚，有司行事，以銅瓚。其大小長短之制，皆不如禮。請改製，以應古制。」

十一月，太常、光禄寺言：「禮制局新定太廟陳設之儀，盡依周制，籩豆各用二十有六，簠簋各八。以籩二十有六爲四行，以右爲上，羞籩二爲第一行，朝事籩八次之，饋食籩八又次之，加籩八又次之。豆二十有六爲四行，以左爲上，羞豆二爲第一行，朝事豆八次之，饋食豆八又次之，加豆八又次之。簠八爲二行，在籩之外，簋八爲二行，在豆之外。籩豆所實之物，悉如《周禮》籩人、醢人之制，惟籃以稻粱，簋以黍稷，而茅菹以蕁蚳，醢以蜂子代之。」

十二月，禮制局言：「太廟祭器，鉶用三，登用一。竊考鉶與登皆盛羹之器，祭祀亨牲於鼎，升肉於俎，其湆芼以醢，鹽蔬實之於鉶，則謂之鉶羹。不致五味，實之於登，則謂之大羹。《周官·饔人》『祭祀共大羹、鉶羹』是也。且宗廟之祭用太牢而三鉶，實牛、羊、豕之羹，固無可論者。至於大羹止設一登，以《少牢饋食禮》考之，則少牢者，羊、豕之牲也，佐食羞兩鉶，司士進湆，二豆三牲之祭。鉶既設三，則登亦如其數。請太廟設三登，實牛、羊、豕之湆，以爲大羹。明堂亦如之。」

【《宋史·禮志》】宣和元年，禮部奏：「太常寺參酌立到諸州府有祖宗御容所在，朔日諸節日降到御封香表，❶及下降香表行禮儀注：❷朔日諸節序奉香表行禮儀注。齋戒，朝拜前一日，朝拜官及讀表文官早赴齋所。俟禮備，禮生引讀表文官、齎香表官集朝拜官聽，執事者以香表呈視。禮生請讀表文官稍前習讀表，或密詞即讀封題，訖，禮生贊復位。次以御封香、禮饌等呈視訖，各復齋所。朝拜官用長吏，闕以次官充，讀表文亦以次官充，執事者以有服色者充。有司設香案、時果、牙盤食神御前，又設奠醪茗之器於香案前之左，置御封香表案上；設朝拜官位於殿下，西向，讀表文官位於殿之南，北向，陪位官位於其後；設焚表文位於殿庭東，南向。朝拜日，質明前，香火官先

❶ 下「日」，據《宋會要》及後文當作「序」。

❷ 「下」，《宋史》校勘記據《宋會要》以爲當作「不」。

詣殿下，北向，拜訖，升殿東向侍立。有司陳設訖，禮生先引陪位官入就位，北向，次引讀表文官入就位，次引朝拜官就位，西向立定。禮生贊有司謹具，請行事。禮生贊再拜，拜訖，引讀表文官先升殿，於香案之右東向立，次引朝拜官詣香案前，贊搢笏、上香、奠酒茗，拜，興，少立。禮生贊搢笏、跪、讀表文，或密詞即讀封題，執笏興，降復位。朝拜官再拜，降復位。禮生贊再拜訖，引朝拜官、讀表文官詣焚表文位南向立，焚訖，退。一遇旦望諸節序下降香表薦獻行禮儀注。❶一如上儀。惟禮生引獻官上香訖，跪，執事者以所薦之物授薦獻官，受獻訖，復授執事者，置於神御前，興、拜、退一如上儀。」詔頒行之。

【《徽宗本紀》】宣和七年十一月甲申，朝獻景靈宮。乙酉，享太廟。

【《高宗本紀》】建炎二年正月甲午，詣壽寧寺，謁祖宗神主。十一月庚子，詣壽寧寺，朝享祖宗神主。

【《文獻通考》】高宗建炎二年，上幸揚州，行南郊禮。時太廟神主奉于壽寧寺。前一日，上親詣寺，行朝享謝禮。禮成，恭謝如儀。時景靈宮神御奉安于温州，乃差官詣温州行禮。

三年，上幸杭州，太廟神主併奉安于温州，祭享皆差官攝事。以禮器未備，五享權用酒脯行禮。

紹興五年二月戊寅，遣權太常少卿張銖奉迎太廟神主於温州。己丑，詔建太廟。四月戊申，太廟神主至自温州。戊午，奉安太廟神主。丙寅，帝即射殿，行朝獻景靈宮之

❶「下」，《宋史》校勘記據《宋會要》以爲當作「不」。

禮。五月乙亥，初謁太廟。七年九月己卯，朝獻聖祖於常朝殿。庚辰，朝享太廟。

【《文獻通考》】紹興七年，上祀明堂于建康。時有徽宗之喪。先是，太常少卿吴表臣乞於大祀前二日朝獻景靈宫，前一日朝享太廟。及是，援熙寧元年故事，謂是時英宗喪未除，不廢景靈宫、太廟之禮，請如故事。翰林學士朱震以爲不然，謂《王制》喪三年不祭，唯天地社稷得越紼行事。監察御史趙涣言：「升祔以後，宗廟常祭皆不當廢，而當喪享廟，亦有顯據。《左氏傳》曰『烝嘗禘於廟』，《曾子問》曰『已葬而祭』，此不當廢也。《詩·頌》成王即位，諸侯來助祭，《春秋》文公四年十一月，成風薨，六年十月，猶朝于廟，此顯據也。」疏奏，詔侍從臺諫議。吏部尚書孫近等十五人言：「謹案《春秋》三十三年傳：『凡君薨，卒哭而祔，祔而作主，特祀於寢。烝嘗禘於廟。』杜預謂：『新主既特祀於寢，則宗廟四時常祀自當如舊。』又案景德三年明德皇后之喪，改易而服除，真宗遂享太廟，合祭天地於圜丘。熙寧元年，神宗居諒闇，復用景德故事，躬行郊廟之禮。則是攷古及今，居喪得見宗廟。將來明堂大禮，已在以日易月服除之後。前一日，皇帝合詣太廟朝享。」從之。　禮部太常寺言：「將來明堂大禮，依已降旨，前一日朝享太廟，檢照景德、熙、豐南郊故事，皆在諒闇之中。當時親行郊禮，除郊景靈宫合用樂外，所有鹵薄鼓吹及樓前宫架、諸軍音樂，皆備而不作，其逐處巡警塲，止鳴金鉦鼓角而已。今臣僚欲議罷宗祀奏樂、受胙故事，即無去奏樂受胙之文，兼祖宗故事，三載大饗明堂，蓋亦爲民祈福。奏樂、受胙，合依祖宗累朝已行故事。」從之。　先是，監察御史趙涣言：「《春秋》『有事于武宮。叔弓卒去樂卒事』。以卿佐之喪，而猶去樂，況天王后之喪，而可用備樂乎？戴《記》既殯、既葬而祭五祀，則尸入三飯，不侑不酢。以五祀之祭猶廢侑酢，況宗廟之祭，而可享受福釐乎？故晉制，國有大喪，天地、明堂皆去聲樂，且不受胙；有唐祭日遇忌，亦備樂而不奏，此皆得禮之體也。陛下雖在喪服而猶宗祀者，用《王制》之言，不敢以卑廢尊也。今唯聲樂受胙於未安者，蓋拜跪受釐既爲嘉慶之事，而虞祔既畢，則廟加先帝之坐，陛下薦祼饋奠，進詣徽室，必將想像平生，悲哀感愴，而乃金石絲竹雜然並奏，豈不違神靈之至意，而傷陛下之孝心哉？將來明堂大禮，前一日乞依列聖故事，躬詣宗廟，行朝享之禮。其奏樂、受胙二事，乞寢，庶合禮。」有旨，令本部、太常寺討論。

【《宋史・高宗本紀》】紹興十三年正月戊戌，加上徽宗尊號。己亥，親饗太廟。二月乙酉，建景靈宮，奉安累朝神御。

二十七年六月戊午，初命太廟冬享祭功臣，臘享祭七祀，祫享兼之。

三十一年九月庚午朔，命大臣朝享太廟。

【《孝宗本紀》】隆興二年十二月己酉，朝獻景靈宮。庚戌，朝享太廟。

【《禮志》】孝宗即位，擇日朝享太廟。禮部言：「牲牢、禮料、酒齊等物，並如五享行之。」

【《宋會要》】朝獻景靈宮，御製及宰執兩省官撰二十五曲。聖祖奉幣，《靈安》；酌獻，《祖安》，並御製。朝享太廟四十一曲，太祖酌獻，用《大定》，太宗同，徽宗用《承元》，並御製。

【《文獻通考》】孝宗淳熙十六年二月，光宗受禪，詔以四月六日親享太廟。光宗紹熙五年閏十月，時寧宗已即位。浙東提舉李大性言：「切觀紹興七年，侍從、臺諫、禮官詳定明堂典禮，其大略云：居喪皆得見宗廟。近者合宮展祀，陛下止詣明堂殿然。臣之愚，切謂與淳熙十五年事體不同，又況漢文以來，皆即位而謁廟。陛下龍飛已三越月，未嘗一至宗廟行禮，鑾輿屢出，過太廟門不入。揆之人情，似爲闕典。乞與二三大臣議之，早行擇日恭謝太廟，少見祗肅宗廟之意。」於是詔遵用三年之制，其朝謁太廟，委有妨礙。

馬氏曰：「案古者宗廟之祭，有正祭，有告祭，皆人主親行其禮。正祭則時享、禘、祫是也，告祭則國有大事，告于宗廟是也。自漢以來，禮制隳廢，郊廟之祭，人主多不親行。至唐中葉以後，始定制於三歲一郊祀之時，前二日朝享太清宮、太廟，次日方有事于南郊。宋因其制，於第一日朝享景靈宮，第二日朝享太廟，第三日於郊壇或明堂行禮。國史所書『親享太廟』，大率皆郊前之祭。然此乃告祭禮，所謂『卜郊受命于祖廟，作龜于禰宮』，所謂『魯人將有事於上帝，必先有事于泮宮』是也。若正祭則未嘗親行，雖禘、祫大禮，亦命有司攝事，累朝惟仁宗嘉祐四年十月親行祫祭禮一次而已。蓋法駕鹵簿，其鹵簿鄭重，裸薦升降，其禮節繁多，故三歲享帝之時，僅能舉一親祠。然告祭之事，亦有大於祀天者，如即位而告廟，則自舜、禹受終，以至太甲之見祖，成王之見廟，皆是也。雖西漢時人主每嗣位，亦必有見高廟之禮。而自唐以來，則人主未嘗躬謁宗廟致祭，以告嗣位。宋朝惟孝宗、光宗以親受内禪，特行此禮，而其它則皆以喪三年不祭之説爲拘，不復舉行。然自以日易月之制既定，諒闇之禮廢久矣，何獨於嗣位告祭一事以爲不可行乎？慶元間，李大性、李謙所言，可謂至論。要之，親享既不能頻舉，則合於禘、祫大祀行之，而嗣位告祭，則亦必合親行，如卜郊之祭，則三歲常行之事，又只爲將有事於上帝而告白，則本非宗廟之大祭，有司攝事足矣。」

孫氏洙曰：「漢四時車駕間出饗廟及八月飲酎，以盡孝思。唐禮有親饗之制，而一世不過再三。國家每歲四孟及季冬，凡五享，三年一祫，五年一禘，皆有司侍祠，天子未嘗親事。唯三歲親郊，一行告廟之禮，而神御殿酌獻，一歲偏焉。是失禮經之意，循近世之失也。」

蕙田案：歷代宗廟時享，自東漢建武中一歲五祠之制定，後世往往相循。雖三年、五年祫禘之説未爲合古，然較西漢之瀆褻，則相去遠矣。乃有不經之至者，莫如唐之郊祀朝享太清宫、太廟，不特玄元皇帝之祭貽誚古今，而享帝之前致齋之日，先享宗廟，固非所以尊祖，亦違敬天之義也。至宋景靈宫、太廟，一遵唐之陋習。終宋之世，宗廟時祭竟未一行，所存儀注，不過祠祀官攝事之儀，而禮之盛者反在郊祀前朝享一祭。其儀注，馬氏《通考》編在時享之前，蓋有所不得已者矣。今姑仍之而著其失云。

禮部太常寺修立郊祀大禮前一日朝享太廟行禮儀注：

陳設：

前享三日，儀鸞司設大次於太廟東神門外道北，南向，小次於阼階東稍南，西向。又設文武侍臣次於大次之前，行事助祭官、宗室及有司次於廟之内外，設東方南方客使，次於文官之後，西方北方客使，次於武官之後，各隨地之宜。設饌幔於南神門外。每室饌幔各一。又設七祀次於殿下横街之北道西，東向。又設配享功臣次於殿下横街之南，東西相向。每室功臣配享各爲一次。前享二日，宫闈令帥其屬掃除廟之内外，開瘞坎於殿西階之東南方，深取足容物，南出陛。太常設七祀燎柴於南神門外，光禄牽牲詣所，太常陳登歌之樂於殿上前楹間稍南，北向，設宫架於庭中，立舞表於酇綴之間。户部陳諸州歲貢於宫架之南神門外，隨地之宜，東西相向。前享一日，奉禮郎及禮直官設皇帝位版於阼階上，飲福位於東序，俱西向。贊者設亞、終獻位於小次南，稍東，助祭親王、宗室、使相在其南，進幣爵酒官、受爵酒官、奉幣官、薦牛俎官、薦羊俎官、實鑊水官、薦豕俎官、增沃鑊水官、受幣官、盥洗奉爵官、奉瓚槃官、進摶黍官、奉册官、七祀獻官，在助祭宗室、使相之南，並西向，北上。大禮使位於西階之西，稍南，與亞、終獻相對。行事光禄卿、讀册官、光禄丞、功臣獻官在其西，太常、光禄以下皆稍却。執事官位於其後，助祭宰臣、使相位在大禮使之南，執政官在其西。又設監察御史位二於西階下，俱東向，北上。奉禮郎、太祝、太官令於東階下，西向，北上。協律郎位二，一於殿上磬簴西北，一於宫架西北，俱東向。押樂太常丞於登歌樂簴北，押樂太常卿宮架之北，北向，良醞令位於尊彝所，俱北向。薦香燈官、宮闈令於室内，北向，西上。又設助祭文武羣臣、宗室位於横街之南，東西相向。諸方客位廟門之外，隨其方國。光禄陳牲於東神門外，當門西向，以南爲上。祝史各位於牲後。太常設省牲位於牲西。大禮使、進幣爵酒官、受爵酒官、奉幣官、盥洗奉爵官、奉瓚槃官位於道南，北向，西上，七祀配享功臣獻官在其後。監察御史二位在西，東向。薦牛俎官、眡滌濯官、實鑊水官、眡腥熟節官、增沃鑊水官、押樂太常卿、光禄卿、讀册舉册官、太常丞、光禄丞、奉禮協律郎、太祝、太官、宮闈令位在東，西向，北上。禮部帥其屬設祝册案於室户外之右，司尊彝帥其屬設幣篚於酌尊所次。設籩豆簠簋之位，每室左二十有六籩，右二十有六豆，俱爲四行。俎三，二在籩前，一在豆前。又設俎九，在豆右爲三重。登一，在籩豆間。鉶三，皆有柶，在登前。簠八簋八，在籩豆外三俎間，簠在左，簋在右，設爐炭於室户外，蕭蒿稷黍於其後。又設毛血盤、肝膋豆於室户外之左稍前，設尊彝位，每室斝彝一，黄彝一，皆有舟。著尊二，壺尊二，皆有罍，加勺冪。爲酌尊，太尊二，山尊二，犧尊二，皆有罍，加勺加冪，設而不酌，俱北向，西上。太常設七祀位於殿下横街之北次内，司命、户、竈、中霤、門、厲、行。又設配享功臣位於横街之南次内，韓王趙普、濟陽王曹彬位於横街之南，道西，東向。太師薛居正、太師石熙載、鄭王潘美位在其西。太師李沆、太師王旦、太師李繼隆位又在其西。太師王曾、吕夷簡、侍中曹瑋位又於其西。又設司徒韓琦、太師曾公亮位於横街之南，道東，西向。太師富弼位在其東，太師司馬光位又在其東，太師韓忠彦位又在其東，俱北上。皆設神席。太廟設神位版於座首。司尊彝設祭器，每左二籩，右二豆，俎一，在籩豆前。簠一，簋一，在俎前。簠在左，簋在右。爵一次之。象尊一，在籩前，加冪。又設俎三於南神門外。每室饌幔内設進盤匜、帨巾，内侍位於皇帝版位之後，分左右。奉盤者北向，奉匜及執巾者南向。又設亞、終獻盥洗、爵洗於其位之北，盥洗在東，爵洗在西。罍在洗東，加勺，篚在洗西，南肆，實以巾。若爵洗之篚，則又實以爵。太官令盥洗於西階下，七祀配享功臣獻官盥洗各於神位之前，七祀及配享功臣位前，盥洗各一。罍、勺、篚、巾，各設於左右，執罍、篚者位其後。享日，未行事前，宮闈令開室，帥其屬整拂神幄，如常儀。司尊彝入設祭器，太府卿帥其屬入陳幣於篚，幣以白。光禄卿帥其屬入實籩豆簠簋。籩四行，以右爲上。第一行糗餌在前，粉餈次之。第二行麷在前，蕡、白、黑、形鹽、膴、鮑魚、鱐次之。第三行乾棗在前，濕棗、栗、濕桃、乾桃、濕梅、乾䕩、榛實又次之。第四行菱在前，芡、栗、鹿脯次之。豆四行，以左爲上。第一行酏食在前，糝食次之。第二行韭菹在前，醓醢、昌本、麋臡、菁菹、鹿臡、茆菹、麇臡又次之。第三行葵菹在前，蠃醢、脾析、蠯醢、蜃、蚳醢、豚拍、魚醢又次之。第四行芹菹在前，兔醢、深蒲、醓醢、箈菹、鴈醢、筍菹、魚醢又次之。簠實以稻粱，❶粱在稻前；簋實以黍稷，稷在黍前。登實以大羹，鉶實以和羹、芼滑。太官令帥其屬入實俎，籩前之俎爲二重，以北爲上。第一重實以牛腥七體，兩

❶「粱」，原作「梁」，據《文獻通考》卷九八改。下同。

髀、兩肩、兩脅并脊，❶而兩髀在兩端，兩肩、兩脅次之，脊在中。第二重實以羊腥七體，其載如牛。豆前之俎實以豕腥七體，其載如羊。豆右之俎九，爲三重，以北爲上。第一重實以牛、羊、豕首各一，第二重實以牛腥，腸胃肺離，在上端，刌肺三次之，❷腸三、胃三又次之；一實以羊腥，腸胃肺，其載如牛；一實以豕腥，膚九，橫載。第三重一實以牛熟，腸胃肺；一實以羊熟，腸胃肺；一實以豕熟，膚，其載如腥，皆牛在左，羊在中，豕在右。良醞令帥其屬入，實彝及尊罍。斝彝實以明水，黄彝實以鬱鬯。著尊二，一實以玄酒，一實醴齊，皇帝酌之。壺尊二，一實玄酒，一實盎齊，亞、終獻酌之。太尊二，一實泛齊，一實醴齊。山尊二，一實盎齊，一實醍齊。犧尊二，一實沈齊，一實事酒。象尊二，一實昔酒，一實清酒。並設而不酌。凡罍之實，各視其尊。又實七祀及配享功臣位禮饌。每位左二籩，栗在前，鹿脯次之。右二豆，菁菹在前，鹿臡次之。俎實以羊豕腥肉，簠實以稷，簋實以黍。爵一、象尊一，實以清酒。太常設燭於神位前，設大禮使以下行事執事官揖位於東神門外，如省牲之位，設望瘞位於瘞坎之南，如省饌之位。儀鑾司設册幄於南神門外，隨地之宜。前朝享一日，學士院以祝册授通進司，進御書訖，降赴尚書禮部。

車駕詣太廟：

前享一日，皇帝於景靈宫朝獻畢，既還大次，禮部郎中奏解嚴訖，皇帝入齊殿，文武侍祠，行事執事助祭之官、非從駕者。宗室先詣太廟祠所。其日，禮直官、宣贊舍人引禮

❶「髀」，原作「脾」；「兩肩」，原脱，依上下文及禮例改補。

❷「刌」，原脱，據《文獻通考》卷九八補。

部侍郎詣大次前，奏請中嚴，少頃又奏外辦。皇帝服履袍，自齊殿詣大次，出行門，禁衛諸班親從等諸司祗應人員以下迎駕，奏聖躬萬福；次知客省事以下、樞密都承旨以下、知内侍省以下、帶御器械官應奉祗應通侍大夫以下、武功大夫以下，及幹辦庫務文臣一班迎駕，奏聖躬萬福。俟皇帝即御座，從駕宰執使相一班，次管軍臣寮，並奏聖躬萬福。皇帝乘輿出景靈宫櫺星門，將至太廟，御史臺、太常寺、閤門分引文武侍祠行事執事助祭之官、宗室于太廟櫺星門外立，横班，再拜奏迎訖，退。皇帝乘輿入櫺星門，至大次，降輿，以入簾降，侍衛如常儀。宣贊舍人、承旨敕羣臣及還次。

省牲器：

是日未後二刻，宫闈令帥其屬掃除廟之内外，司尊彝帥執事者以祭器入設於位。凡祭器皆藉以席，又加巾、蓋。太府卿入陳幣於篚。告潔畢，權徹。未後三刻，禮直官、贊者分引大禮使以下，並服常服，詣東神門外省牲位，光禄卿丞與執事者牽牲就位，禮直官贊揖贊者引押樂太常卿入行樂架，凡亞、終獻行事，皆禮直官、太常博士引大禮使、執政官。及申眡滌濯官、受爵酒官、進爵官行事，皆禮直官引，餘官皆贊者引。次引眡滌濯官，及升自西階眡滌濯。凡行事，執事官升降，皆自西階，内應奉官并執事隨應奉人，各隨應奉階升降。次引申視滌濯官申視滌濯，執事者皆舉冪，曰「潔」，俱退，復位。禮直官稍前，曰「告潔」，畢，請省牲。前引省牲官稍前，省牲訖，退復位。次引光禄卿出班，巡牲一匝，西向躬，曰「充」，曰「備」。次引光禄丞出班，巡牲一匝，西向躬，曰「腯」，俱復位。禮直官稍前，曰「省牲訖，請就省饌位」，揖訖，引大禮使以下各就位，禮直官贊揖有司省饌俱畢，禮直官贊省牲畢，揖訖，俱還齊所。光禄卿、丞及執事者以次牽牲詣厨，授太官令；次引省鼎鑊官詣厨，省鼎鑊視濯漑；次引實鑊水官詣厨，實鑊水；次引增沃鑊水官詣厨，增沃鑊水。協律郎展視樂器，乃還齋所。晡後一刻，太官令帥宰人以鸞刀割牲，祝史各取毛血，實於槃，又取膟膋實於登，俱置饌所，遂烹牲。宮闈令帥其屬掃除廟之内外。

晨祼：

享日丑前五刻，行事用丑時十刻。宮闈令開室，帥其屬掃除。禮部奠册於案，太府卿入陳幣，光禄卿入實籩豆簠簋，太官令入實俎，良醖令入實彝及尊罍，樂工帥工人二舞以次入，與執尊、罍、篚、冪者各就位，執事官各入就位。次御史臺、太常寺、閤門、宣贊舍人分引文武助祭官及宗室、客使，贊者引薦羊俎官以下宗室各入就位，禮直官贊者分引大禮使以下行事、執事官詣廟東門外揖位立。禮直官贊揖訖，先引監察御史案視殿之上下，糾察不如儀者，降階就位。次引大禮使以下各入就位。皇帝服通天冠，絳紗袍，至大次。禮儀使、樞密院官、太常卿、閤門官、太常博士、禮直官分立於大次外之左右，引禮部侍郎詣次前奏，請中嚴。少頃，又奏外辦。符寶郎奉寶，陳於宮架之側，隨地之宜。禮儀使當次前，俛伏跪奏：「禮儀使臣某言，請皇帝行事。」奏請俛伏，興，還侍立。禮儀使奏祀儀准此。簾捲，皇帝服衮冕以出，侍衛如常儀。禮儀使以下前導至東神門外，殿中監跪進大圭，禮儀使奏請執大圭。前導皇帝入自正門，侍御不應入者，止於門外。協律郎跪俛伏，舉麾，興，工鼓柷，宮架《乾安》之樂作，皇帝升降行止，皆奏《乾安》之樂。

至阼階下，偃麾戛敔樂止，升自阼階，大禮使從。凡樂，皆協律郎跪俛伏舉麾興，工鼓柷而後作，偃麾戛敔而後止。升自阼階，皇帝升降，大禮使皆從，左右侍衛之官，量人數從升。登歌樂作樂止，禮儀使以下分左右侍立。凡行禮，禮儀使、樞密院官、太常卿、閤門官、太常博士、禮直官前導，至位則分立於左右。次引奉瓚官升詣僖祖室，神位前西向立，奉瓚槃官升詣皇帝版位前，奉瓚槃，北向立。次引奉神主官詣皇帝版位前，俛伏，跪奏，奉神主，奏訖，俛伏，興，退。祠祭官於殿上承傳，曰「奉神主」。次引薦香燈官搢笏，於祏室内，奉帝尊主，設於座，奉神主詣神幄内，於几後啟匱，設于座及以白羅巾覆之，執笏退，復位。次引宮闈令奉后神主，如上儀，以青羅巾覆之。退，復位。次引奏奉神主官詣皇帝版位前，俛伏，跪奏，奉神主訖，奏訖，俛伏，興，退。禮儀使前奏：「有司謹具，請行事。」又奏請「再拜」，皇帝再拜。贊曰「再拜」，在位官皆再拜訖。次内侍各執槃、匜、帨巾以進，宮架樂作。禮儀使奏請皇帝搢大圭，盥手，内侍進槃匜沃水，皇帝盥手；又奏請帨手，内侍進巾，皇帝帨手訖；又奏請皇帝洗瓚，奉瓚槃官進瓚，内侍沃水，皇帝洗瓚；又奏請拭瓚，内侍進巾，皇帝拭瓚訖，樂止；又奏請執大圭，奉瓚槃官奉瓚槃，詣僖祖室尊彝所，西向立，以瓚涖鬯。執彝者舉冪，良醞令酌鬱鬯訖，先詣次室尊彝所，北向立。禮儀使前導，登歌樂作，皇帝入詣祖室，北向立，樂止。禮儀使奏請搢大圭跪奉瓚槃官奉瓚槃，西向，以瓚授奉瓚官，奉瓚官西向跪，以進。禮儀使奏請執瓚，皇帝執瓚，以鬯裸地。奉瓚官受瓚，以授奉瓚槃官。奉瓚槃官以槃受瓚訖，俱詣次室以俟。禮儀使奏請執大圭，俛伏，興，前導。皇帝出户外，北向立。又奏請再拜，皇帝再拜訖，禮儀使前導，皇帝詣翼祖室，次詣宣祖室，次詣太祖室，次詣太宗室，次詣真宗室，次詣仁宗室，次詣英宗室，次詣神宗室，次詣哲宗室，次詣徽宗室，祼鬯並如上儀。奉瓚官、奉瓚槃官俱降，復位，良醖令還尊所。禮儀使前導，皇帝還版位，登歌樂作，至位，西向立，樂止，宫架作《興安》之樂、《文德》之舞，九成止。太官令取肝，以鸞刀制之，洗於鬱鬯，貫之以膋，燎于爐炭。薦香燈官以肝膋入，詔神於室，又出以墮祭于室户之左，三祭於茅苴。俱降，詣盥洗位，盥手、帨手，升，復執事位。

饋饌：

享日，有司陳鼎三十有三於神厨，各在鑊右。太官令帥進饌者詣厨，以匕升牛於鑊，實于一鼎。肩、臂、臑、肫、胳、正脊一、直脊一、横脊一、長脅一、短脅一、代脅一、背二。骨以正。次升羊如牛，升豕如羊，各實于一鼎，每室牛、羊、豕各一鼎。皆設扃冪。祝史對舉，入設於每室饌幔内次。次引視腥熟節官詣饌所，視腥熟之節，俟皇帝晨祼畢，還位，樂止，祝史抽扃，委于鼎右，除冪，加匕，畢于鼎。太官令以匕升牛，載于一俎。肩、臂、臑在上端，肫、胳在下端，脊、脅在中。次升羊、豕，各載于俎，其載如牛。每室牛、羊、豕各一俎。次引薦牛、薦羊、薦豕俎官，搢笏奉俎以入。太官令引入正門，宫架《豐安》之樂作。由宫架東至横街，折方進行，陳於西階下，北向，北上。薦俎官搢笏奉俎以升，執事者各迎於階。薦俎官奉俎，詣僖祖室神位前，北向跪奠，先薦牛，次薦羊，次薦豕，各執笏，俛伏，興。有司設牛、羊、豕俎於腸、胃、膚之前。牛在左，羊在前，豕在右。詣次室奉奠，並如上儀。樂止，俱降，復位。內執事官降西側階，出西神門，入南門，歸執事班。次引薦香燈官取蕭合黍稷，擩於脂，燎於爐炭，又當饋熟之時，取菹擩於醢，祭于豆間三，又取黍稷肺祭如初，藉用茅，各還尊所。次引奉幣官、進幣官、受幣官、受爵酒官、進爵酒官升詣僖祖室。奉幣官、進幣官、受爵酒官、進爵酒官在東，西向，北上；受幣官在西，東向。次引奉爵酒官升殿，詣皇帝版位前，奉爵，北向立。內侍各執盤、匜、帨巾以進，宮架樂作。禮儀使奏請皇帝搢大圭，盥手，內侍進盤匜沃水，皇帝盥手；又奏請帨手，內侍進巾，皇帝帨手訖；又奏請皇帝洗爵，奉爵酒官進爵，內侍沃水，皇帝洗爵；又奏請拭爵，內侍進巾，皇帝拭爵訖，樂止；又奏請執大圭，奉爵酒官受爵，奉爵詣僖祖室酌尊所，西向立，執尊者舉冪，良醞令酌著尊之醴齊訖，先詣次室酌尊所，北向立。禮儀使前導，登歌樂作，殿中監進，跪進鎮圭。禮儀使奏請搢大圭，執鎮圭，前導皇帝，入詣僖祖室。樂止，宮架作《基命》之樂，翼祖室，《大順》之樂；宣祖室，《天元》之樂；太祖室，《皇武》之樂；太宗室，《大定》之樂；真宗室，《熙文》之樂；仁宗室，《美成》之樂；英宗室，《治隆》之樂；神宗室，《大明》之樂；哲宗室，《重光》之樂；徽宗室，《承元》之樂。文舞作。內侍先設繅藉於地，禮儀使奏請跪奠鎮圭於繅藉，執大圭，俛伏，興，又奏請搢大圭跪。次內侍跪取幣於篚，以授奉幣官，奉幣官授進幣官，進幣官西向跪以進。禮儀使奏請受幣，皇帝受奠訖，受幣官東向跪，受以興，進奠於僖祖神位前。次奉爵官以爵授受爵酒官，受爵酒官授進爵酒官，進爵酒官西向跪以進。禮儀使奏請執爵，皇帝執爵，祭酒，三祭於茅菹。奠爵，受爵官以爵復於坫。禮儀使奏請執大圭，俛伏，興，前導皇帝出户外，北向，又奏請少立。樂止，奉幣官、進幣官、受幣官、奉爵酒官、受爵酒官、進爵酒官俱詣次室，内侍舉鎮圭授殿中監，又以繅藉詣次室，先設於地。次舉册官搢笏跪，舉祝册。讀祝官搢笏，東向跪，讀册文。讀訖，奠册，各執笏興，先詣次室，户外東向立。禮儀使奏請「再拜」，皇帝再拜訖，禮儀使前導皇帝詣每室，奠圭幣酌獻，並如上儀。次奉幣官、進幣官、受幣官、奉爵酒官、受爵酒官、進爵酒官俱降，復位。内侍舉鎮圭繅藉，以鎮圭授殿中監，以授有司。讀册官以下俱降，復位。禮儀使前導皇帝還版位，登歌樂作，至位，西向立，樂止。禮儀使奏請還小次，登歌樂作，前導皇帝降自阼階，樂止，宫架樂作。將至小次，禮儀使奏請釋大圭，殿中監跪受大圭。皇帝入小次，簾降，樂止，文舞退，武舞進，宫架《正安》之樂作。舞者立定，樂止。

亞、終獻：

禮直官、太常博士引亞獻詣盥洗位，北向立，搢笏，盥手，執笏，詣爵洗位，北向立，搢笏，洗爵，拭爵，以爵授執事者。執笏升詣僖祖室酌尊所，西向立，宫架作《正安》之樂，《武功》之舞。執事者以爵授亞獻，亞獻搢笏，跪執爵。執尊者舉冪，太官令酌壺尊之盎齊訖，先詣次室酌尊所，北向立。亞獻以爵授執事者，執笏，興，入詣僖祖室神御前，北向立，搢笏跪。執事者以爵授亞獻，亞獻執爵祭酒，三祭於茅苴，奠爵，執笏，俛伏，興，出户外，北向再拜。次詣每室，酌獻並如上儀。樂止，降，復位。初，亞獻行禮將畢，禮直官、太常博士引終獻詣洗，及升殿，酌獻，並如亞獻之儀。降，復位。唯七祀先詣司命，立奠爵訖，興，少立，次引太祝進，諸位前北向跪，讀祝文訖，退，獻官再拜，復位。

皇帝飲福：

初，皇帝既晨祼，光禄以牛左臂一骨及長脅、短脅，俱二骨以並，載于胙俎，升設於僖祖室户外，俟終獻既升獻。次引進俎官、搏黍太祝、太官令詣飲福位，北向立，奉俎、豆、爵、酒者各立於其後。禮儀使奏請詣飲福位。簾捲，出次，宫架樂作。殿中監跪進大圭，禮儀使奏請執大圭，前導皇帝至阼階下。樂止，升自阼階，登歌樂作。將至飲福位，樂止，登歌《僖安》之樂作。皇帝至飲福位，西向立。尚醖、奉御執尊詣酌尊所，良醖令酌上尊福酒，合置一尊。尚醖、奉御奉尊詣飲福位。殿中監奉爵，尚醖奉御酌福酒，殿中監北向捧以立。禮儀使奏請再拜，皇帝再拜。殿中監跪，以爵酒進。禮儀使奏請搢大圭，跪受爵，祭酒，三祭于地。啐酒，奠爵。殿中監跪受爵以興。太祝帥執事者持胙俎進減神位前，正脊二骨，横脊加於俎上。内侍受俎以授進俎官，進俎官南向跪以進。皇帝受俎，奠之，進俎官受俎以興，以授内侍，退詣殿上稍西，東向立。太官令取黍于簋，搏以授搏黍太祝，太祝受以豆，北向跪以進。皇帝受訖，奠之，搏黍太祝受豆以興，降，復位。次殿中監再跪，以爵酒進。禮儀使奏請再受爵，飲福酒，奠爵。殿中監受虚爵，興，以授奉御。執事者俱降，復位。禮儀使奏請執大圭，俛伏，興，又奏請再拜。樂止，禮儀使前導皇帝還版位，登歌樂作。至版位，西向立，樂止。次引徹牛俎官徹籩豆及俎，籩、豆、俎各一，但少移故處。登歌《豐安》之樂作。卒徹，樂止，徹牛俎官降，復位。禮直官曰「賜胙」，行事助祭官拜，贊者承傳曰「賜胙，再拜」，在位官皆再拜。送神，宮架《興安》之樂作，一成止。

神主入室：

次引奏奉神主官詣皇帝版位前，俛伏，跪奏「奉神主入室」。奏訖，俛伏，興，退。祠祭官於殿上承傳，曰「奉神主入室」。次引薦香燈官搢笏，奉帝主入祏室訖，薦香燈官先捧匱於神座，納神主於匱訖，捧入祏室。執笏退，復位。次引宮闈令奉后主，如上儀，退，復位。次引奉神主官，詣皇帝版位前，俛伏，跪，奏奉神主入室訖，俛伏，興，退。禮儀使奏「禮畢」，前導皇帝降自阼階，登歌樂作，至阼階下，樂止，宮架樂作，出門，樂止。禮儀使奏請釋大圭，殿中監跪受大圭，以授有司。皇帝還大次。禮部郎中奏請「解嚴」，訖，皇帝入齋殿。宮闈令以黍稷肺祭，祭藉用白茅，束而埋之於西階東。有司各取幣，置於坎。大禮使以下就望瘞位，禮直官曰「可瘞」，寘土半坎，太廟、宮闈令監視。次引大禮使以下詣東神門外揖位立，禮直官贊禮畢，揖，訖，退，文武助祭官及宗室以次出。次引七祀獻官詣南神門外七祀望燎位，南向立。有司置祝版於燎柴，焚訖，退。太官令帥其屬徹禮饌。監察御史詣殿監視。收徹訖，宮闈令闔户，以降，乃退。太常藏祝册於匱。

【《樂志》】高宗郊祀前朝享太廟三十首：

皇帝入門，《乾安》後還前殿並同。　於皇我后，祗戒專精。假于有廟，祖考是承。趨進惟肅，僾思惟誠。神之聽之，來燕來寧。

皇帝升殿，《乾安》詣室、降殿並同。　皇皇大宮，丕顯於穆。休德昭清，元氣回復。芝葉蔓茂，桂華馮翼。孝孫假斯，受茲介福。

盥洗，《乾安》 維皇齊精，醆假于廟。觀盥之初，惟以潔告。衍承祖宗，恤祀昭孝。誠心有孚，介福斯報。

迎神，《興安》 秬鬯既將，黄鐘具奏。肅我祖考，祗栗以俟。❶ 監觀于兹，雲車來下。

尚書奉俎，《豐安》 有碩其牲，登于大房。肅展以享，庶幾迪嘗。匪腯是告，我民其康。保艾爾後，垂休無疆。

皇帝再盥洗，《乾安》 盥至于再，潔誠愈孚。帝用祗薦，靈咸嘉虞。騰歌臚歡，會于軒朱。觀厥顒若，受福之符。

僖祖室酌獻，《基命》 思文禧祖，基德之元。皇武大之，受命于天。積厚流光，不已其傳。曾孫篤之，於萬斯年。

翼祖室酌獻，《大順》 天命有開，維仁是依。迺睠冀邦，於以顧之。其顧伊何？發祥肇基。施于孫子，虔奉孝思。

宣祖室，《天元》 昭哉皇祖，源深流長！雕戈圭瓚，休有烈光。天祐潛德，繼世其昌。永懷積累，嘉薦令芳。

太祖室，《皇武》 爲民請命，皇祖赫臨。天地並貺，億萬同心。造邦以德，介福宜深。挹彼惟旨，真游居歆。

太宗室，《大定》 皇矣太宗，嗣服平成！益奮神旅，再征不庭。文武秉德，仁孝克明。以聖傳聖，對越紫清。

真宗室，《熙文》 思文真宗，體道之崇。憺威赫靈，遵制揚功。真符鼎來，告成登封。盛德百世，於昭無窮。

❶「祗栗以俟」下，《宋史·樂志》校勘記據《宋會要》以爲當有「於皇列聖在帝左右」八字，疑是。

仁宗室,《美成》徽宗御製。　仁德如天,徧覆無偏。功濟九有,恩涵八埏。齊民受康,朝野晏然。擊壤歌謡,四十二年。

英宗室,《治隆》　穆穆英宗,持盈守成。世德作求,是纘是承。齊家睦族,偃武恢文。於薦清酤,酌之欣欣。

神宗室,《大明》　烝哉維后,繼明體神。稽古行道,文物一新。潤色鴻業,垂裕後人。靈斿沛然,來燕來寧。

哲宗室,《重光》　明哲煌煌,照臨無疆。紹述先志,實宣重光。詒謀燕翼,率由舊章。苾芬孝祀,降福穰穰。

徽宗室,《承元》❶御製。　於皇烈考,道化聖神。堯聰舜孝,文恬武忻。命子出震,❷遺駿上賓。罔極之哀,有古莫倫。

降殿,《乾安》　明德惟馨,進止回復。裼襲安恭,嚴若惟谷。誠意昭融,羣工袂屬。成此祲容,生乎齊肅。

入小次,《乾安》　於皇我后,祗戒專精。躬製聲詩,文思聰明。雍容戾止,玉立端誠。神聽如在,福禄來寧。

文舞退,武舞進,《正安》　八音諧律,綴兆充庭。進旅退旅,肅恭和平。盛薦祖宗,靈監昭升。象功崇德,遹觀厥成。

亞獻,《正安》　威神在天,享于克誠。申以貳觴,式昭德馨。籩豆孔嘉,樂舞具陳。庶幾是聽,福禄來成。

終獻,《正安》　疏冪三舉,誠意一純。孰陪予祀,公族振振。神具醉止,燕娭窈冥。於萬斯年,綏我思成。

皇帝出小次,《乾安》　夙戒告備,禮節俯

❶「元」,原作「光」,據《宋史·樂志九》改。
❷「子」,原作「于」,據《宋史·樂志九》改。

成。妥侑惟乾，氛氳夜澄。有嚴有翼，列聖靈承。於穆清閟，肅肅無聲。

皇帝再升殿詣飲福位，❶《乾安》 維皇親享，至再至三。禮備樂奏，層陛森嚴。粢盛芳潔，酒醴旨甘。雲車風馬，從衛觀瞻。

飲福，《禧安》 赫赫明明，維祖維宗。鑒于文孫，維德之同。❷日靖四方，亦同其功。億萬斯年，以承家邦。

還位，《乾安》 帝既臨享，步武鳴鑾。陟降規矩，顒昂周旋。登歌一再，典禮莫愆。神之聽之，祉福緜綿。

尚書徹豆，《豐安》 熙事既成，嘉籩告徹。洋洋來臨，藹藹布列。配帝其功，在天對越。允集叢釐，萬邦和悦。

送神，《興安》 神之來游，風馬雲車。淹留彷彿，顧瞻欷歔。神之還歸，鈞天帝居。監觀于下，何福不除！

降殿，《乾安》 於皇上天，欽哉成命。集于冲人，丕承列聖。爰熙紫壇，于廟告慶。肹蠁潛通，休祥薦應。

還大次，《乾安》 盛德豐功，一祖六宗。欽翼燕詒，禋享是崇。厲意齊精，假廟惟恭。率禮周旋，福禄來同。

寧宗朝享三十五首：

皇帝入門，《乾安》 王假有廟，四極駿奔。鼎俎宵嚴，虡簨雲屯。積厚流廣，德隆慶蕃。是則是繩，保我子孫。

升殿，《乾安》 於穆清宮，奕奕孔碩。芝莖蔓秀，桂華馮翼。八簋登列，六瑚貢室。皇代擁慶，啟佑千億。

❶「位」，原脱，據《宋史·樂志九》補。

❷「之」，原爲注文「缺」字，據《宋史·樂志九》補。

盥洗，《乾安》　天一以清，地一以寧。維皇精專，承神明靈。娥御墮津，瀆祇揚溟。盥事允嚴，先祖是聽。

詣室，《乾安》　丹楹雲深，芬勺宵奠。樂華淳鬯，禮文炳絢。有容有儀，載肅載見。維時緝熙，世世以燕。

還位，《乾安》　旅楹有閑，人神允叶。福以德昭，饗以誠接。六樂宣揚，百禮煒燁。對越在天，流祚萬葉。

迎神，《興安》九變。　黃鐘爲宮：《咸》、《英》備樂，簠席列罘。詩歌安世，聲叶皇雅。翠旗羽蓋，❶雲車風馬。神其來兮，以燕以下。

大吕爲角：　勾陳旦闢，閶闔夜分。軫風挾月，車駟凌雲。瑞景晻靄，神光耀煴。神其來兮，以留以忻。

太簇爲徵：　穆穆紫幄，璜璜清宮。《旱麓》流詠，《鳧鷖》叶工。道閎詒燕，業綿垂鴻。❷神其來兮，以康以崇。

應鐘爲羽：　文以謨顯，武以烈承。聖訓之保，祖武之繩。有肅孝假，式嚴衎烝。❸神其來兮，以宜以寧。

捧俎，《豐安》　簠豆薦牲，鉶籩實饋。其俎孔庶，吉蠲爲饎。惟德達馨，以忱以貴。神既佑享，祉貺來暨。

再詣盥洗，《乾安》　精粹象天，明清鑒月。再御玆盥，益致其潔。齊容顒若，誠意洞徹。百禮允洽，率禮不越。

真宗室，《熙文》　天地熙泰，躋時昇平。闡符建壇，聲容文明。君臣賡載，夷夏肅

❶「翠」，原作「翼」，據《宋史·樂志九》改。
❷「綿」，原作「錦」，據《宋史·樂志九》改。
❸「式」，原作「武」，據《宋史·樂志九》改。

清。本支百世，持盈守成。

仁宗室，《美成》　在宋四世，天子聖神。用賢致治，約己裕民。海内富庶，裔夷肅賓。四十二年，堯、舜之仁。

英宗室，《治隆》　明明英后，仁孝儉恭。丕顯丕承，增光祖宗。繼志述事，遵制揚功。萬邦作孚，盛德形容。

神宗室，《大明》　厲精基治，大哉乾剛！信賞必罰，内修外攘。禮樂法理，號令文章。作新之功，度越百王。

哲宗室，《重光》　於皇我宋，世有哲明。元祐用人，遹駿有聲。紹述先志，思監于成。受天之祜，王配于京。

徽宗室，《承元》　帝撫熙運，晏粲協期。禮明樂備，文恬武嬉。道光授受，謀深燕詒。駿命不易，子孫保之。

欽宗室，《端慶》　顯顯令主，輝光日新。奉親以孝，綏下以仁。兢兢業業，誕保庶民。於穆不已，之德之純。

高宗室，《大德》　昊天有命，中興復古。治定功成，修文偃武。德隆商宗，業閎漢祖。付託得人，系堯之緒。

孝宗室，《大倫》　藝祖有孫，聰睿神武。紹興受禪，歸尊于父。行道襲爵，百度修舉。聖德曰孝，光于千古。

光宗室，《大和》　維宋洽熙，帝繼于理。萬姓厚生，三辰順軌。對時天休，以燕翼子。肅唱和聲，神其有喜。

還位，《乾安》　在周之庭，設業設虡。酒醴惟醹，爾殽伊脯。帝觴畢勺，天步旋舉。丕顯丕承，念兹皇祖。

降殿，《乾安》　黼幄蟬蜎，飈斿寧燕。❶

❶「寧燕」，原作「燕寧」，據《宋史·樂志九》改。

尊彝獻祼，瑚簋陳薦。睟儀天旋，淳音《韶》變。遹求厥寧，福禄流羡。

入小次，《乾安》　皇容肅祇，天步舒遲。對越惟恭，敬事不遺。陟降莅止，永言孝思。上帝臨女，日監于兹。

文舞退，武舞進，《正安》　明庭承神，鞉磬柷敔。玉梢飾歌，佾綴維旅。既肖厥文，復象乃武。祖德宗功，惟帝時舉。

亞獻，《正安》　尊斝星陳，罍冪雲舒。來貳鸞觴，玉佩瓊琚。相予嚴祀，秉德有初。對揚王休，何福不除！

終獻，《正安》　秉德翼翼，顯相肅雝。疏冪三舉，誠意益恭。光燭黼繡，和流笙鏞。子孫衆多，福禄來從。

出小次，《乾安》　廟楹邃嚴，夜景藻清。文物炳彪，禮儀熙成。帷宫載敞，珮珩有聲。帝復對越，將受厥明。

再升殿，《乾安》　明明維后，詒厥孫謀。系隆我漢，陳錫哉周。以孝以饗，世德作求。介以繁祉，萬邦咸休。

飲福，《乾安》　玉瓚黄流，有飶其香。來格來享，降福穰穰。我應受之，湯孫之將。有百斯男，福禄無疆。

還位，《乾安》　聖圖廣大，宗祊光輝。假于有廟，帝命不違。僾若有慕，夙夜畏威。嘉樂君子，福禄祁祁。

徹豆，《豐安》　升饌有章，卒食攸序。庭鏘金奏，凱收鉶筥。其獻惟成，其餕維旅。禮洽慶流，皇祖之祜。

送神，《興安》　珠幄煟黄，神既燕娱。❶監觀于下，福禄來宜。雲車風馬，神保聿

❶「娱」，《宋史·樂志九》作「娭」。

歸。啟佑我後，❶福禄來爲。

降殿，《乾安》 聖有謨訓，詒謀燕翼。奉天酌祖，萬世維則。維皇孝熙，乾乾夕惕。禮既式旋，惟福之錫。

還大次，《乾安》 王假有廟，對越在天。帷宫旋御，率禮不愆。泰畤展祠，雲陽奉瑄。齊居精明，益用告虔。

理宗朝享三首：

皇帝升降，《乾安》 於皇祖宗，清廟奕奕。威靈在天，不顯惟德。垂裕鴻延，詒謀燕翼。孝孫格斯，受祉罔極。

迎神，《興安》，九奏 秬鬯既將，黄鐘具奏。瞻望真游，僾若有慕。於皇列聖，在帝左右。雲車具來，以妥以侑。

寧宗室，《大安》❷ 帝德之休，恭儉淵懿。三十一年，謹終如始。升祔在宫，祖功並美。民懷有仁，何千萬世。

高宗祀明堂前朝享太廟二十一首：

皇帝入門，《乾安》 於皇我后，祗戒專精。齊肅有容，祖考是承。造次匪懈，孝思純誠。神聽有格，福禄來寧。

升殿，《乾安》 肅哉清宫，熉珠照幄！神之來思，八音振作。赤舄龍章，奉玉惟恪。匪今斯今，先民時若。

盥洗，《乾安》 於皇維后，觀盥之初。精意昭著，既順既愉。圭鬯承祀，卿士咸趨。目視心化，四方其孚。

迎神，《興安》 涓選休成，祖考是享。夙夜專精，求諸惚恍。洋洋在上，惟神之仰。鬯矣清明，應之如響。

捧俎，《豐安》 來相于庭，鳴錩鏘鏘。奉

❶「啟」，原作「尚」，據《宋史·樂志九》改。

❷「大」，原作「人」，據《宋史·樂志九》改。

牲而告，登彼雕房。非牲之備，民庶是康。神依民聽，上帝斯皇。

僖祖室酌獻，《基命》　何慶之長？實兆于商。由商太戊，子孫其昌。皇基成命，宋道用光。詒厥孫謀，膺受四方。

翼祖室，《大順》　上帝監觀，維仁是依。繼世修德，皇心顧之。其顧伊何？在彼冀方。施于子孫，降福穰穰。

宣祖室酌獻，《天元》　昭哉皇祖，駿發其祥！雕戈圭瓚，盛烈載揚。天錫寶符，俾熾而昌。神聖應期，赫然垂光。

太祖室，《皇武》　猗歟皇祖，下民攸歸！膺帝之命，龍翔太微。戎車雷動，天地清夷。峩峩奉璋，萬世無違。

太宗室，《大定》　煌煌神武，再御戎軒。時惠南土，旋定太原。車書混同，聲教布宣。維天佑之，億萬斯年。

真宗室，《熙文》　於皇真宗，體道之崇。游心物外，應迹寰中。四方既同，化民以躬。清浄無爲，盛德之容。

仁宗室曲同郊祀。送神亦同。

英宗室，《治隆》　噫我大君，嗣世修文！維文維武，諟繼虞勳。天錫丕祚，施于後昆。於薦清酤，酌之欣欣。

神宗室，《大明》　烝哉維后，繼明體神！憲章文武，宜民宜人。經世之道，功格于天。子孫嚴祀，無窮之傳。

哲宗室，《重光》　明哲煌煌，昭臨無疆。丕承先志，嘉靖多方。朝廷尊榮，民庶樂康。珍符來應，錫兹重光。

徽宗室，《承元》　聖孝巍巍，光照丕基。禮隆樂備，時維純熙。天仁兼覆，❶皇化

❶「覆」，原作「履」，據《宋史・樂志九》改。

無爲。功成弗處，心潛希夷。

文舞退，武舞進，《正安》 作樂合祖，簨簴在庭。衆奏具舉，肅雝和鳴。神靈來格，庶幾是聽。皦繹以終，永觀厥成。

亞獻，《正安》 威神在天，來格于誠。既載清酤，有聞無聲。相予熙事，時賴宗英。肅肅雝雝，允協思成。

終獻，《正安》 疏幕三舉，誠意一純。孰陪予祀，公族振振。明靈來娭，樂舞具陳。奉神所佑，昭孝息民。

飲福，《禧安》 赫赫明明，德與天通。施于孫子，福禄攸同。日靖四方，民和年豐。有秩斯祜，申錫無窮。

徹豆，《豐安》 歆我齊明，威德如存。牲牷是享，圭玉其温。羣公執事，亦既駿奔。禮成告徹，咸福黎元。

還大次，《乾安》 神明既交，恍若有承。欽翼齊莊，福禄具膺。王業是興，祖武是繩。佑我億年。以莫不增。

孝宗明堂前享太廟三首：

徽宗室酌獻，《承元》 明明徽祖，撫世升平。制禮作樂，發政施仁。聖靈在天，德澤在民。億萬斯年，保佑後人。

高宗室，《大德》 於皇時宋，自天保定。高宗受之，再僕景命。紹開中興，翼善傳聖。何千萬年，永綏厥慶。

還大次，《乾安》 禮既行矣，樂既成矣。維祖維妣，安且寧矣。皇舉玉趾，佩將鳴矣。拜貺總章，于厥明矣。

理宗明堂前朝享二首：

寧宗室奠幣，《定安》 皇矣昭考，聖靈在天！稱秩宗祀，有嚴恭先。奉幣以薦，見之僾然。仁深澤厚，厥光以延。

酌獻，《考安》 假哉皇考，必世後仁！

嘉靖我邦，與物皆春。之純之德，克配穹旻。餘慶淵如，佑我後人。

右宋廟享上。

五禮通考卷第九十二

淮陰吴玉搢校字

五禮通考卷第九十三

內廷供奉禮部右侍郎金匱秦蕙田編輯
太子太保總督直隸右都御史桐城方觀承同訂
兩淮都轉鹽運使德水盧見曾
按察司副使元和宋宗元 參校

吉禮九十三

宗廟時享

【《文獻通考》】宋親享太廟別廟行禮儀注：

誓戒：

如紹興修立郊祀誓戒儀注，惟不置郊社令。

誓文曰：「今年七月十四，皇帝爲登寶位，親行朝享太廟別廟，各揚其職。其或不恭，國有常刑。」

致齋：

皇帝散齋七日於別殿，致齋三日於齋殿。至行禮日，自齋殿詣太廟，餘如郊祀儀注。

陳設：

並同郊祀前一日朝享太廟禮，惟不設四方客使次及陳諸州歲貢，并實俎，不以牛，止用羊豕。

省牲器：

儀註如紹興十三年親享，唯舊用未後二刻，掃除廟內外陳設祭器幣篚，三刻，省牲饌、鼎鑊、樂器等，今用其日質明。

車駕自齋殿詣太廟：

其日，文武侍祠行事執事助祭官、宗室先詣太廟祠所，其從駕臣僚並服常服就次。有司進輦於齋殿，其從駕臣僚並俟從駕。次禮直官、宣贊舍人引禮部侍郎奏請中嚴，少頃，又奏外辦。皇帝自内服履袍詣齋殿，即御座，鳴鞭，行門禁衛諸班親從等諸司祗應人員以下各自贊常起居，次知客省事以下、樞密都承旨以下入内，内侍省都知以下、帶御器械官應奉祗應通侍大夫以下、武功大夫以下及幹辦庫務文臣一班常起居，宣贊舍人贊，從駕臣僚並常起居。凡起居者止奏「聖躬萬福」。次管軍臣僚並常起居，該宣名即宣名。若得旨免起居，更不起居。皇帝乘輦，降自西階，稱警蹕，侍衛如常儀。出和寧門，將至太廟，御史臺、閤門分引文武助祭官、宗室，禮直官、贊者引行事執事官，俱詣廟欞星門外，立班，再拜奉迎訖，退。内已奏起居，止奏「聖躬萬福」。皇帝乘輦入欞星門，至大次，侍衛如常儀。皇帝降輦，入大次，簾降，舍人承旨，敕羣臣各還次，以俟立班行禮。

晨祼：

並同郊祀前朝享太廟禮。但諸帝室既祼鬯後，禮儀使引皇帝至別廟后室前祼鬯，如上儀。

饋食。並同郊祀前朝享太廟禮，惟無牛鼎俎。

亞、終獻。

皇帝飲福。

神主入室：

並同紹興十三年儀注，唯飲福不用牛俎。

車駕還内：

臣僚禁衛等起居迎駕，奏「聖躬萬福」訖，以俟從駕還内，並如來儀。禮部郎中奏解嚴，宣贊舍人承旨敕羣官各還次，將士各還其所。

【《宋史·樂志》】紹興別廟樂歌五首：

升殿，《崇安》　新廟肅肅，蕆事以時。陟降階堿，雍容有儀。鞠躬周旋，罔敢不祇。祝史正辭，靈其格思。

奉俎，《肅安》 肇嚴廟祀，爰圖遺芳。物必稱德，或陳或將。有縟其儀，有苾其香。靈兮來下，割烹是嘗。

懿節皇后室酌獻，《明安》 曾沙表慶，正位椒庭。徽音杳邈，宮壼儀刑。虔修祀事，清酌惟馨。縮以包茅，昭格明靈。

亞、終獻，《嘉安》 霄漢月墮，郊原露稀。徽音如在，延佇來歸。有酒既清，累觴載祇。神具醉止，燕衎怡怡。

徹豆，《寧安》 仙馭弗返，眇邈清都。薦此嘉殽，既豐既腆。奠享有成，鼓樂愉愉。徹我豆籩，率禮無踰。

乾道別廟樂歌三首：

詣廟，《乾安》 涓選休辰，❶于秋之杪。既齊既戒，爰假祖廟。有侐儀坤，舊章是傚。享祀奚爲？天子純孝。

升殿，《乾安》 宗祀九筵，先薦閟宮。❷陟自東階，煌煌袞龍。於穆聖善，監兹禮容。是享是宜，介福無窮。

懿節皇后室酌獻，《歆安》 丕顯文母，厚德維坤。仙馭雖邈，徽音固存。瑟彼玉瓚，酌此鬱尊。簡簡穰穰，裕我後昆。

【《文獻通考》】太廟時享儀注：

時日：

太常寺預於隔季，以孟春擇日，享太廟別廟，關太史局。孟夏、孟秋、孟冬並准此。若臘享，則預於隔季以季冬臘月享太廟別廟。太史局擇日報太常寺，臘享則以其日報太常寺。太常寺參酌訖，具時告、散告。

齋戒：

❶「辰」，原作「展」，據庫本及《宋史·樂志九》改。

❷「閟」，原作「閼」，據《宋史·樂志九》改。

前享十日，受誓戒於尚書省。其日五鼓，贊者設位版於都堂下。初獻官在左，刑部尚書在右，並南向。亞、終獻位於其南，稍東，北向，西上；若冬享、臘享，則又設禮官位於終獻之東。其揖位、省牲位、省饌位，准此。監察御史位於其西，稍北，東向；兵部、工部尚書、押樂太常卿、光禄卿、押樂太常丞、光禄丞位於其南，稍西，北向，東上；凡設太常丞、光禄丞位，皆稍却。奉禮協律郎、太祝、太官、宮闈令位於其東，西向，北上；捧俎官、薦香燈官位其後。質明，贊者引行事執事官就位立定，禮直官引初獻降階就位，禮直官贊揖，在位者對揖。初獻搢笏，讀誓文，云：「某月某日孟春薦享太廟別廟，夏云孟夏，秋云孟秋，冬云孟冬，臘享云季冬臘享。各揚其職，不共其事，國有常刑。」讀訖，執笏，禮直官贊，奉禮協律郎、太祝、太官、宮闈令以下先退，餘官對拜乃退。散齋七日，治事如故，宿於正寢，不弔喪、問疾、作樂、判書刑殺文書、決罰罪人及與穢惡。致齋三日，光禄卿、丞、大官令，齋一日。二日於本司，宗室及睦親宅都廳如相妨，即於宗學，餘官無本司者，並於太廟齋坊，直明至齋所。唯享事得行，其餘悉禁。前享一日，質明，俱赴祠所，齋宮官給酒饌，享官已齋而闕者通攝行事。

陳設：

前享三日，儀鸞司設饌幔於東神門外，別廟饌幔于本廟。每室饌幔各一。若冬享，則設配享功臣次于殿下橫街之南，東西相向，每室配享功臣各爲一次。若臘享，則設七祀次一於橫街之北，道西，東向。前二日，有司牽牲詣祠所。前一日，宮闈令帥其屬掃除廟之內外，太常設祭器，凡設祭器，皆藉以席。籩豆又加巾蓋。以俟告潔，既畢權徹。有司陳牲於東神門外，當門，西向，祝史各位於牲後。太常設省牲位於牲西，三獻官在道南，北向。兵部、工部尚書、押樂太常卿、光禄卿、押樂太常丞、光禄丞、奉禮協律郎、太祝、太官、宫闈令在道北，南向，俱西上。凡設押樂，太常丞以下位皆稍却。若享日，則不設光禄卿、丞、宫闈令位。監察御史於兵部尚書之西，少北。太常陳禮饌於東神門外却東，道北，南向，設省饌位版於禮饌之南。三獻官在南，北向，❶西上。監察御史在西，東向。兵部尚書、押樂太常卿、光禄卿、押樂太常丞、光禄丞、奉禮協律郎、太祝、太官、宫闈令在東，西向，北上，捧俎官、薦香燈官在其後。太常設登歌之樂於太廟别廟殿上前楹間却南，北向，設宫架於太廟庭中，立舞表於酇綴之間。享日，丑前五刻，禮直官、贊者、諸司職掌各服其服，宫闈令入殿開室，整拂神幄，帥其屬掃除鋪筵，在室内北牖下，南向，几在筵上，如常儀。太常陳幣、篚，各於神位前之左，幣以白一。祝版各於神位之右，置於坫次，祭器實之。每室左二十有六籩，爲四行，以右爲上；右二十有六豆，爲四行，以左爲上；俎二，一在籩前，實以羊腥七體。一在豆前。實以豕腥七體，其載如羊。又俎六，在豆右，爲三重，以北爲上；第一重實以羊、豕首各一；第二重實以羊腥腸、胃、肺，离肺一在上端，刌肺三次之，腸三、胃三又次之，一實以豕腥膚九，横載；第三重，一實以羊熟腸、胃、肺，一實以豕熟膚，其載如腥，皆羊在左，豕在右。登一，在籩豆間；實以大羹。鉶三，在登前；實以羹加芼滑。簠八、簋八，在籩豆外二俎間，簠在左，簋在右；簠實以稻、粱，粱在稻前。簋實以黍、稷，稷在黍前。登一，在籩之左；實以肝膋。槃一，在室户外，稍東。實以毛血。爐炭於室户外之左，稍前。置蕭蒿於篚，設尊罍

❶「在」，庫本作「皆」。

於殿上，爲二重。著尊二，加勺冪，爲上尊；一實玄酒，一實醴齊，初獻酌之。壺尊二，加勺冪。一實玄酒，一實盎齊，亞、終獻酌之。春夏設雞彝一，并舟，在著尊之右，實以鬱鬯，初獻酌之。秋冬臘享，則設斝彝。加勺冪，又設雞彝一，并舟，在著罍之右。實以明水。秋冬臘享，則設黃彝。太尊二，一實泛齊，一實醴齊。山尊二，一實盎齊，一實醍齊。犧尊二，一實沈齊，一實事酒。象尊二，一實昔酒，一實清酒。罍皆實以明水，俱北向，西上，皆加冪，設而不酌。爵坫三，在尊之前。

太常設燭於神位前，若冬享，設配享功臣位於殿下橫街之南次內。若臘享，則設七祀，司命、户、竈、中霤、門、厲、行，於橫街之北次內，皆太常設神位席，本廟設神位版，太常設祭器實之。又設俎二於東神門外；每室饌幔內洗二，於東階下，直東霤，北向；盥洗在東，爵洗在西。罍在洗東，加勺，篚在洗西，南肆，實以巾，若爵洗之篚，則又實以圭瓚，及別廟，則實以璋瓚。執罍、篚者位其後；若冬、臘二享，則又設禮官盥洗一於從事神位前。又設揖位於東神門外，如省牲位；唯不設光禄卿、丞、捧俎官、薦香燈官、宮闈令位。開瘗坎於太廟別廟殿西階之東方，深取足容物，南出陛，設望瘗位於太廟瘗坎之南，如省饌之位；唯不設光禄卿、丞、太官令、奉俎官、薦香燈官、宮闈令位。若臘享，則積七祀燎柴於西神門外。又設三獻官席位於殿下東階之東南，西向，南上，若冬享、臘享，則又設禮官位於終獻之北。兵部、工部尚書於其南，西向，北上，監察御史、押樂太常丞席位於殿庭之南，北向，奉禮協律郎、太祝、太官令位其後，俱西上，光禄卿席位於監察御史之東，北向；又設監察御史位於殿上前楹西架，東向，奉禮郎、太祝在東，西向，北上，押樂太常丞於樂虡之北，太官令於酌尊所，俱北向，協律郎位二：一於太廟殿上前楹間稍西，一於宮架西北，俱東向，押樂太常卿位於宮架北，北向。

省牲器。同郊祀前朝享太廟禮。

晨祼：

享日，丑前五刻，行事，春冬用丑時七刻，夏秋用丑時一刻。祠祭官引宮闈令入詣殿庭，北向立，祠祭官曰「再拜」，宮闈令再拜，升殿，開室，整拂神幄，帥其屬掃除，退就執事位。次引薦香燈官入詣殿庭，北向立，凡宮闈令、薦香燈、捧俎官行事，皆祠祭官引。祠祭官曰「再拜」，薦香燈官再拜，升殿，各就執事位。次樂正帥工人、二舞入就位，太廟別廟登歌，工人俟監察御史點閱訖，升西階，各就位。次太官令、光祿丞帥其屬實饌具畢，光祿丞還齋所，次引光祿卿入詣殿庭席位，北向立，贊者曰「再拜」，光祿卿再拜，升殿，點視禮饌畢，次引監察御史升殿，點閱陳設，糾察不如儀者。凡點視及點閱，皆先詣僖祖室，以至次室及別廟。光祿卿還齋所，餘官各服祭服。次引行事執事官詣東神門外揖位，立定，禮直官贊揖，次引押樂太常卿、太常丞、協律郎，次引監察御史、奉禮郎、太祝、太官令入就殿下席位，北向立，次引初獻兵部、工部尚書、亞終獻入就殿下席位，西向立。若冬享、臘享，則引禮官。祠祭官於殿上贊奉神主，次引薦香燈官入室，搢笏，於祏室內奉帝主設於座，奉神主詣神幄內，於几後啟匱，設於座，以白羅巾覆之。執笏退，復執事位。次引宮闈令，奉后主奉別廟，宮闈令奉后主如上儀，以青羅巾覆之。退復執事位。祠祭官於殿上贊奉神主訖，禮直官稍前，贊有司謹具請行事，贊者曰「再拜」，在位者皆再拜。次引監察御史、押樂太常卿、太常丞、奉禮協律郎、太祝、太官令各就位，立定。太官令就僖祖位尊彝所。次引初獻詣盥洗位，北向立，搢笏，盥手，帨手，執笏，詣爵洗位，北向立，搢笏，洗瓚，授執事者。執笏升殿，詣僖祖室尊彝所，西向立，執事者以瓚授初獻，初獻搢笏，跪執瓚，執彝者舉冪，太常令酌鬱鬯，訖，先詣宣祖室尊彝所，北向立，初獻以瓚授，執事者執笏，興，詣僖祖室神位前，北向立，搢笏跪。次引奉禮郎搢笏，西向跪，執事者以瓚授奉禮郎，奉禮郎奉瓚授初獻，初獻執瓚，以鬯祼地，奠訖，以瓚授執事者。次執事者以幣授奉禮郎，奉禮郎奉幣授初獻，執笏，興，先詣宣祖室神位前，西向立，初獻受幣，奠訖，執笏，俛伏，興，出户外，北向再拜。次詣宣祖室、太祖室、太宗室、真宗室、仁宗室、英宗室、神宗室、哲宗室、徽宗室、欽宗室。次降西側階，詣别室，升西階，詣懿節皇后室、安穆皇后室、安恭皇后室，祼鬯奠幣，並如上儀。訖，降東側階，由東廊俱復位立。協律郎跪，俛伏，舉麾，興，工鼓柷，宮架作《興安》之樂，《孝熙昭德》之舞，九成，偃麾戛敔，樂止。凡樂，皆協律郎跪，俛伏，舉麾，興，工鼓柷而後作；偃麾戛敔而後止。

既晨祼，薦香燈官入，取毛血奠於神座前。别廟以太祝、太官令取肝，以鸞刀制之，洗於鬱鬯，貫之以膋，燎于爐炭。薦香燈官以肝膋入詔神於室，别廟以太祝，又出以隋祭于室户外之左，三祭于茅苴，退復位。

饋食：

享日，有司帥進饌者詣厨，以匕升羊，實于一俎。肩、臂、臑在上端，肫、胳在下端，正脊一，直脊一，橫脊一，長脅一，短脅一，代脅一，皆二骨以並在中。次升豕，如羊，實于一俎。每室羊、豕各一俎。入設於饌幔内，俟初獻既升祼訖，捧俎官及執事者捧俎，入詣西階下，北向，北上。次引兵部、工部尚書詣西階下，搢笏，捧俎，兵部奉羊，工部奉豕。升殿，宮架《豐安》之樂作。詣僖祖神位前，北向跪奠。先薦羊，次薦豕，各執笏，俛伏，興，有司入設於豆右腸、胃、膚之前。羊在左，豕在右。次詣每室，奉俎並如上儀。樂止，次詣別廟，奠俎如前太廟之儀。唯登歌作《肅安》之樂。降東側階，由東廊復位，初奠俎訖。次引薦香燈官取蕭合黍稷，擩於脂，燎於爐炭，當饋熟之時，薦香燈官取菹擩於醢，祭于豆間三，又取黍稷肺祭如初，俱藉以茅。別廟以太祝，退復位。次引太祝詣僖祖室前，東向立。次引初獻再詣盥洗位，宮架《正安》之樂作，初獻升降行止，❶皆作《正安》之樂。至位，北向立，搢笏，盥手，帨手，執笏，詣爵洗位，北向立，搢笏，洗爵，拭爵，以授執事者，執笏，升殿上，登歌樂作。詣僖祖室酌尊所，北向立，樂止，登歌《基命》之樂作。執事者以爵授初獻，初獻搢笏，跪，執爵，執尊者舉冪，太官令酌著尊之醴齊，訖，先詣宣祖室酌尊所，北向立。初獻以爵授執事者，執笏，興，入詣僖祖室神位前，北向立，搢笏。執事者以爵授初獻，初獻執爵祭酒，三祭于茅苴，奠爵，執笏，俛伏，興，出户，北向立，樂止。次太祝搢笏，跪，讀祝文。讀訖，執笏，興，先詣宣祖室，户外東向立，初獻再拜。次詣每室及詣別廟，行禮並如上儀。初獻詣別廟，升降，登歌作《崇安》之樂，酌獻行禮，登歌並作《歆安》之樂。初獻將降階，登歌作，降階，樂止，宮架樂作，復位，樂止，文舞退，武舞進，宮架作《正安》之樂，舞者立定，樂止。次引亞獻詣盥洗位，北向立，搢笏，盥手，帨手，執笏，詣爵洗位，北向立，搢笏，洗爵，拭爵，以授執事者。執笏，

❶「止」，庫本作「立」。

升殿，詣僖祖室酌尊所，西向立，宫架作《武安》之樂，《禮洽儲祥》之舞。執事者以爵授亞獻，搢笏，跪執爵，執尊者舉冪，太官令酌壺尊之盎齊，訖，先詣宣祖室酌尊所，北向立，亞獻以爵授執事者。執笏，興，詣僖祖室神位前，北向立，搢笏，跪，執事者以爵授亞獻，亞獻執爵祭酒，三祭于茅苴，奠爵，執笏，俛伏，興，出户外，北向再拜。次詣每室并別廟，行禮並如上儀。亞、終獻詣別廟酌獻，登歌並作《嘉安》之樂。初、亞獻既入太室，引終獻詣洗及升殿，行禮並如上獻之儀。訖，俱降復位。若冬享，則侯終獻將升次，引禮官詣盥洗位，搢笏，盥手，帨手，執笏，詣配享功臣神位前，搢笏，跪，執爵，三祭酒奠爵，執笏，俛伏，興，再拜。詣次位行禮，並如上儀，退復位。若臘享，則侯終獻將升次，引禮官詣盥洗位，搢笏，盥手，帨手，執笏，詣司命神位前，搢笏，跪，執爵三祭酒，奠爵，執笏，俛伏，興，少立。次引太祝進詣神位前，北向，搢笏，跪讀祝文，讀訖，執笏，興，退復位。禮官再拜，詣每位前行禮，並如分獻配享功臣之儀，退復位。次引太祝徹籩豆，籩豆各一，少移故處。登歌《恭安》之樂作，別廟，《寧安》之樂。卒徹，樂止。次引宫闈令束茅訖，俱復位，禮直官曰「賜胙」，贊者承傳，曰「賜胙再拜」，在位者皆再拜。送神，宫架《興安》之樂作，一成止，祠祭官於殿上贊，奉神主入祏室。次引薦香燈官搢笏，奉帝主入祏室，薦香燈官先捧匱，置於神座，納神主於匱訖，捧入祏室。執笏，退復位。次引宫闈令奉后主，并引別廟宫闈令奉后主入祏室，並如上儀，退復位。祠祭官於殿上贊，奉神主入祏室，訖，次引初獻兵部、刑部尚書。亞、終獻就望瘞位，若冬享、臘享，則又引禮官就望瘞位。有司詣室，取幣，束茅苴於坎。次引監察御史、押樂太常丞、奉禮協律郎、太祝就望瘞位立定，禮直官曰「可瘞」，實土半坎，本廟宮闈令監視。別廟，殿下宮闈令監視。次引初獻以下詣東神門外揖位立，禮直官贊禮畢，揖訖，退。若臘享，則次引禮官詣西神門外七望燎位立，有司置祝版於燎柴，焚訖退。太官令帥其屬徹禮饌。次引監察御史詣殿監視，收徹訖，還齋所。宮闈令闔户以降。太常藏祝版於匱。光禄卿以胙奉進，監察御史就位展視，光禄卿望闕再拜，乃退。

【《宋史·樂志》】攝事十三首：

降神，《理安》　肅肅清廟，昭事祖禰。粢盛苾芬，四海來祭。皇靈格思，令容有睟。降福孔皆，以克永世。

太尉行，《正安》　祼鬯溥將，賓尸在位。帝德升聞，孝思光被。公卿庶正，傅御師氏。至誠感神，福禄來暨。

奠瓚，《瑞安》　淳清育物，瑞木成文。元氣陶冶，非烟郁氛。玄貺昭格，至和所熏。登歌祼獻，肸蠁如聞。

奉祖，《豐安》　麗碑割牲，以炰以烹。博碩肥腯，薦羞神明。祖考來格，享于克誠。如聞謦欬，式燕以寧。

酌獻禧祖室，《大善》　肅肅藝祖，肇基鴻源。權輿光大，燕翼貽孫。載祀惟永，慶流後昆。威靈在天，顧我思存。

順祖室，《大寧》　思文聖祖，長發其祥。錫羨蕃衍，德厚流光。眷命自天，卜世聿昌。祇肅孝享，降福無疆。

翼祖室，《大順》　明明我祖，積德累仁。居晦匿耀，邁種惟勤。帝圖天錫，輝光日新。寢廟繹繹，昭事同寅。

宣祖室，《大慶》　洸洸我祖，時惟膺揚。潛德弗耀，發源靈長。肆類配天，永思不忘。來顧來享，百福是將。

太祖室，《大定》　赫赫太祖，受命于天。赤符啟運，威加八埏。神武戡難，功無間然。翼翼丕承，億萬斯年。

太宗室，《大盛》　穆穆太宗，與天合德。昧旦丕顯，乾乾翼翼。敷佑下民，時帝之力。永懷聖神，孝思罔極。

真宗室，《大明》　煌煌真宗，善繼善承。經武耀德，臻于治平。封祀禮樂，丕昭鴻名。陟配文廟，皇圖永寧。

徹豆，《豐安》　鼎俎既陳，籩豆既設。金石在庭，❶工師就列。❷備物有嚴，著誠致潔。孝維時思，禮以《雍》徹。

送神，《理安》　神之來兮風肅然，神之去兮升九天。排凌競兮還恍惚，羽旄紛兮蕭燔烟。

紹興以後時享二十五首：

迎神，《興安》　黃鐘爲宮：　奉先嚴祀，率禮大經。時思致享，肅薦芳馨。竭誠備物，樂奏和聲。真馭來止，熙事克成。

大呂爲角：　聖靈在天，九關崇深。風馬雲車，紛其顧臨。擁祥儲休，昭答孝心。孝孫受祉，萬福是膺。

太簇爲徵：　嘉承和平，秩祀爲先。乃練休辰，祝史告虔。內心齊明，祀具吉蠲。交際恍惚，如在後前。

應鐘爲羽：　道信於神，神靈燕娭。酒有嘉德，物惟其時。緩節安歌，樂奏具宜。欣欣樂康，福禄綏之。

奉俎，《豐安》　王假有廟，子孫保光。奉牲以告，玉俎膏香。專精厲意，神其迪嘗。休承靈意，申錫無疆。

❶「石」，原作「玉」，據《宋史・樂志九》改。
❷「工師」，原作「師工」，據《宋史・樂志九》改。

初獻盥洗，《正安》 恪恭祀典，涓選休成。設洗致潔，直於東榮。嘉觴祇薦，明德惟馨。祖考來格，享兹孝誠。

升殿，《正安》 冠佩雍容，時惟上公。亨于清廟，陟降彌恭。籩豆静嘉，粢盛潔豐。孝孫有慶，萬福來同。

僖祖室酌獻，❶《基命》 於穆文獻，自天發祥。肇基明命，錫羡無疆。子孫千億，宗社靈長。神之格思，如在洋洋。

宣祖室酌獻，《天元》 天啟炎歷，集我大命。長發其祥，篤生上聖。夷亂芟荒，乾坤以定。時祀聿修，孝孫有慶。

太祖室酌獻，《皇武》 赫赫藝祖，受天明命。威加八紘，德垂累聖。祀事孔明，有嚴笙磬。對越在天，延休錫慶。

太宗室酌獻，《大定》 明明在上，時維太宗。允武允文，丕基紹隆。於肅清廟，昭報是豐。皇靈格思，福禄來同。

真宗室酌獻，《熙文》 於穆真皇，維烈有光。丕承二后，奄奠萬方。威加戎狄，道格穹蒼。歆時禋祀，降福無疆。

仁宗室酌獻，《美成》 至哉帝德，乃聖乃神！恭已南面，天下歸仁。歷年長久，垂裕後人。祀修舊典，寶命維新。

英宗室酌獻，《治隆》 炎基克鞏，赫赫英宗。紹休前烈，仁化彌隆。篤生聖子，堯、湯比蹤。烝嘗萬世，福禄來崇。

神宗室酌獻，《大明》 於昭神祖，運撫明昌。肇新百度，克配三王。遐荒底績，聖武維揚。永言《執競》，上帝是皇。

哲宗室酌獻，《重光》 於皇濬哲，遹駿有聲。率時昭考，丕顯儀刑。功光大業，道

❶ 「僖」，原作「禧」，據庫本及《宋史·樂志九》改。

協三靈。永綏厥後，來燕來寧。

徽宗室酌獻，《承元》　天錫神聖，徽柔懿恭。垂衣拱手，遵制揚功。配天立極，體道居中。佑我烈考，萬福攸同。

欽宗室，《端慶》　於皇欽宗，道備德宏。允恭允儉，克類克明。孝遵前烈，仁翊函生。歆兹肆祀，永燕宗祊。

高宗室，《大德》　於皇時宋，自天保定。高宗受之，再僕景命。紹開中興，翼善傳聖。何千萬年，永綏厥慶。

孝宗室，《大倫》　聖人之德，無加於孝。思皇孝宗，履行立教。始終純誠，非曰笑貌。於萬斯年，是則是傚。

光宗室，《大和》　維宋洽熙，帝統于理。萬姓厚生，三辰順軌。對時天休，以燕翼子。肅唱和聲，神其有喜。

文舞退，武舞進，《正安》　肅肅清廟，於顯維德。我祀孔時，我奏有翼。秉翟載駿，有來干戚。神之燕娭，休祥允格。

亞、終獻，《文安》　觀德宗祏，奕世烈光。有嚴祀典，粤循舊章。樂諧九變，獻舉重觴。燕娭如在，戩穀穰穰。

徹豆，《恭安》　禮備樂成，物稱誠竭。相維辟公，神人以説。歌《雍》一章，諸宰斯徹。天子萬年，無競維烈。

送神，《興安》　霜露既降，時思展禋。在天之御，睠然顧歆。樂成禮備，言歸靡停。既安既樂，福禄來成。

上仁宗、英宗徽號一首：

入門升殿，《顯安》　於穆仁祖，寵綏萬方。執競英考，迄用成、康。圖徽寶册，有烈其光。庶幾億載，與天無疆。

上英宗尊號一首：

入門，《正安》　在宋五世，天子神明。羣

公奉册，廼揚鴻名。金書煌煌，遹昭厥成。思皇多祜，與天同聲。

增上神宗徽號一首：哲宗朝製。

升殿，《顯安》 於惟禰廟，乃聖乃神。秉文之士，作起惟新。建官稽古，一視同仁。庶幾備號，以享天人。

紹興十四年奉上徽宗册寶三首：❶

册寶入門，《顯安》 於鑠徽考，如天莫名。追兹丕揚，擬純粹精。温玉鏤文，來至於祊。有嚴奕奕，禮備樂成。

册寶升殿，《顯安》 金字煌煌，瑶光燦燦。羣工奉之，登此寶殿。對越祖宗，式遵成憲。威靈在天，來止來燕。

上徽號，《顯安》 惟精惟一，乃聖乃神。鴻名克揚，茂實斯賓。如禹之功，如堯之仁。孝思永慕，用詔無垠。

淳熙十五年上高宗徽號三首：

册寶入門，《顯安》 於穆高皇，功德兼隆。稱天以誄，初謚未崇。載稽禮典，揚徽垂鴻。涓日之良，登進廟宫。

册寶升殿，《顯安》 有瑑斯寶，有編斯册。導以麾仗，奏以金石。祲威盛容，煌煌赫赫。臣工奉之，高靈來格。

上徽號，《顯安》 中興之烈，高掩商宗。揖遜之美，放勳比隆。字十有六，擬諸形容。威靈在天，裕後無窮。

慶元三年奉上孝宗徽號三首：

册寶入門，《顯安》 巍巍孝廟，聖德天通。同符藝祖，克紹高宗。有儀有册，載推載崇。鏤玉繩金，登奉祏宫。

册寶升殿，《顯安》 文金晶熒，册玉輝潤。統紹乎堯，德全于舜。勤崇推高，子

❶「三」，原作「二」，據《宋史·樂志九》及下文改。

孝孫順。冠德百王，萬年垂訓。

上徽號，《顯安》 金石充庭，珩璜在列。繪畫乾坤，形容日月。巍巍功德，顯顯謨烈。垂億萬年，鴻徽昭揭。

【《文獻通考》】郊祀大禮前二日朝獻景靈宮行禮儀注：

陳設：

前朝獻三日，儀鸞司設大次於齋殿，又設文武侍臣次於大次之前，隨地之宜。行事助祭官、宗室及有司次于宮之内外，各隨地之宜。設東方、南方客使次於文官之後，西方、北方客使次于武官之後。又設饌幔於殿門外，隨地之宜。前二日，郊社令帥其屬掃除宮之内外。太常設燎爐於殿門之外，又陳登歌之樂於殿上前楹間稍南，北向，設宮架於殿門外，隨地之宜，立舞表於酇綴之間。前朝獻一日，奉禮郎、禮直官設皇帝位版於阼階上，西向；飲福位于聖像之西南，北向；望燎位于殿下之東，南向。贊者設亞、終獻位於阼階之東，稍南，西向；大禮使、左僕射於西階之西，稍南，東向；與亞、終獻班相對。行事户部、禮部、刑部尚書、吏部、刑部侍郎、光禄卿、讀册官、舉册官、光禄丞於其西；光禄丞稍却。執事官位又於其後。奉禮郎、摶黍太祝、太社、太官令位於亞獻之北，西向，稍却。監察御史位二，於大禮使之北，東向，俱稍却。又設協律郎位二，一於殿上磬虡之西北，一於宮架西北，俱東向。押樂太常丞於登歌樂虡北，押樂太常卿位於宮架之北，良醖令於酌尊所，俱北向。又設文武助祭官、宗室位於行事執事官之南，東西相向；諸方客使位於殿門之外，隨其方國；又設告潔位於殿門之外；設大禮使、左僕射位於道西，東向；行事吏部、户部、禮部、刑部尚書、吏部、刑部侍郎、押樂太常卿、光禄卿、讀册官、舉册官、押樂太常丞、光禄丞、奉禮協律郎、搏黍太祝、太社太官令位於道東，西向，北上；押樂太常丞以下，位稍却。監察御史位於尚書之右，異位，稍却。光禄陳禮饌於殿門内，在北，南向。❶太常設省饌位版於禮饌之南。大禮使、左僕射在南，北向，西上。監察御史位二，在西，東向。行事吏部、户部、禮部、刑部尚書、吏部、刑部侍郎、押樂太常卿、光禄卿、讀册官、舉册官、押樂太常丞、光禄丞、奉禮協律郎、搏黍太祝、太社太官令在東，西向，北上。禮部帥其屬設祝册案於殿上之西。司尊彝帥其屬設玉幣篚於酌尊所，次設籩豆簠簋之位於聖像前，左十有一籩，右十有一豆，俱爲三行；俎一，在籩前；簠一、簋一，在籩豆外，簠在左，簋在右。又設尊罍之位，著尊二，壺尊二，皆有罍，加勺冪，爲酌尊；太尊二、山尊二、犧尊二、象尊二，皆有罍，加冪，設而不酌，並在殿上，稍南，北向，西上。又設籩、豆、簠、簋、俎各一於饌幔内，設御盤匜於阼階上，并供進盤匜帨巾。内侍坐並於皇帝版位之後，分左右。奉盤者北向，奉匜及執巾者南向。又設亞、終獻盥洗、爵洗於其位之北，盥洗在東，爵洗在西。罍洗在東，加勺，篚在洗西，南肆，實以巾。若洗爵之篚，則又實以爵。執罍、篚者各位于其後。朝獻日，行事前，太常府卿帥其屬陳幣於篚。幣蒼。少府監帥其屬入陳禮神之玉，置於聖像前。玉以四圭，有邸。光禄卿帥其屬入實籩豆簠簋。籩三行，以右爲上，第一行形鹽在前，粢、糗餌次之，第二行榛實在前，乾桃、乾橑、乾棗次之，第三行菱在

❶「向」，原作「后」，據《文獻通考》卷九九改。

前，芡、栗、乾柹次之。豆三行，以左爲上，第一行芹菹在前，筍菹、菁菹、葵菹次之，第二行饐在前，麪筋、松脯、蘁脯次之，第三行飽食在前，瓜蘁醬次之。簠實以黍，簋實以稻。太官令帥其屬入實俎。籩前之俎，實以乳餅。良醞令帥其屬入實尊。著尊二，一實玄酒，一實醴齊，皇帝酌之。壺尊二，一實玄酒，一實盎齊，亞、終獻酌之。太尊二，一實泛齊，一實醴齊。山尊二，一實盎齊，一實醴齊。犧尊二，一實沈齊，一實事酒。象尊二，一實昔酒，一實清酒。並設而不酌。凡罍之實，各視其尊。

有司設神御殿禮饌及供奉之物，如常儀。太常設燭於聖像前，又設大禮使以下行事執事官揖位於殿門外，如告潔之位。儀鸞司設神位版幄，又設册幄於殿門外，各隨地之宜。

省饌：

前朝獻一日，質明，太社令帥其屬掃除宮之內外，訖，司尊彝帥執事者以祭器入，設於位，凡設祭器，皆籍以席，籩豆又設巾蓋。太府卿、少府監入陳玉幣。告潔畢，權徹。少頃，禮直官、贊者分引大禮使以下，並常服詣殿門外告潔位，禮直官贊揖。揖訖，贊者引押樂太常卿入行樂架。凡亞、終獻行事，皆禮直官、太常博士引，大禮使、執政官行事，皆禮直官引，餘官皆贊者引。次引禮部尚書入，升自西階，眡滌濯。凡行事執事官升降，皆自西階。內應奉官并執事應二人，各隨應奉階升降。次引左僕射申眡滌濯。執事皆舉冪，曰「潔」，俱退復位。禮直官稍前，曰「告潔畢，請就省饌位」，揖訖，引大禮使以下各就位，禮直官贊揖。有司省饌具畢，禮直官贊省饌畢，揖訖，俱還齋所。次引禮部尚書詣廚，眡濯溉，次引刑部尚書詣廚，實鑊水，刑部侍郎增沃鑊水。協律郎展祀樂器，乃還齋所。晡後，太社令帥其屬掃除宮之內外，學士院以祝册授通進司，進玉書訖，降付尚書禮部。

車駕自太慶殿詣景靈宮：

朝獻日，文武侍祠行事助祭之官、宗室，非從駕者。先詣景靈宮祠所，次禮直官、宣贊舍人引禮部侍郎詣大慶殿，奏請中嚴。少頃，又奏外辦。皇帝服履袍，詣大慶殿，鳴鞭行門，禁衛諸班親從等諸司祗應人員以下，各自贊常起居。次知客省事以下、樞密都承旨以下、知内侍省事以下、御帶器械官應奉祗應通侍大夫以下、武功大夫以下及幹辦庫務文官一班常起居。俟皇帝即御座，從駕宰執使相以下一班，次管軍臣僚，並常起居。若得旨免起居，更不起居。皇帝乘輿鳴鞭出行宮北門，將至景靈宮，御史臺、太常寺、閤門分引文武侍祠行事執事助祭之官、宗室于宮欞星門外，立班，再拜奏御訖，退。已起居者止奏「聖躬萬福」，皇帝乘輿將及門，從駕宰執侍從等繫行事前導者先退，各服祭服。皇帝乘輿入欞星門，至大次，降輿以入，簾降，侍衛如常儀，以俟行事。

奉玉幣：

朝獻日，未行事前，諸行事及助祭之官各服其服。大祝奠册於案，太府卿、少府監入陳玉幣，光禄卿入實籩豆簠簋，太官令入實俎，良醖令入實尊罍，樂正帥工人二舞以次入，與執尊罍篚冪者各就位。次御史臺、太常寺、閤門、宣贊舍人分引文武助祭官及宗室、客使入就位。次禮直官、贊者分引大禮使以下行事執事官，詣殿門外揖位立，禮直官贊揖。訖，先引監察御史案視殿之上下，糾察不如儀者，降階，就位；次引大禮使以下各入就位，次禮儀使、樞密院官、太常卿、閤門官、太常博士、禮直官分立於大次外左右；次引禮部侍郎詣次前，奏請中嚴，少頃，又奏外辦。符寶郎奉寶，陳於宮架之側，隨地之宜。禮儀使當次前，俛伏，跪奏：「禮儀使臣某言，請皇帝行事。」奏訖，俛伏，興，還侍立。禮儀使奏禮畢准此。簾捲，皇帝服衮冕以出，侍衛如常儀。禮儀使以下前導至殿門外。殿中監跪進大圭，禮儀使奏請執大圭，前導皇帝入自正門。侍衛不應入者，止於門外。協律郎跪，俛伏，舉麾，興，工鼓柷，宮架《乾安》之樂作，皇帝升降行止，皆奏《乾安》之樂。至阼階下，偃麾戛敔，樂止。凡樂，皆協律郎跪俛伏，舉麾，興，工鼓柷而後作，偃麾戛敔而後止。升自阼階，大禮使從，皇帝升降，大禮使皆從。登歌樂作，左右侍衛之官，量人數升降。至版位西向立，樂止，禮儀使以下分左右侍立。凡行禮，皆禮儀使、樞密院官、太常卿、閤門官、太常博士、禮直郎前導，至位，分立於左右。禮儀使前奏：「有司謹具，請行事。」宮架作《大安》之樂，《發祥流慶》之舞。俟樂作三成止，先引左僕射、吏部尚書、侍郎升詣聖祖座前立，左僕射、吏部尚書俱西向，北上，吏部侍郎東向，樂作六成，樂止。禮儀使奏請再拜，皇帝再拜，贊者曰「再拜」，在位官皆再拜。內侍取玉幣於篚，立於尊所。又內侍各執盤匜帨巾以進，宮駕樂作。禮儀使奏請皇帝搢大圭，盥手，內侍進盤匜沃水，皇帝盥手，內侍進巾，皇帝帨手。訖，又奏請皇帝執大圭，樂止。禮儀使前導，登歌《靈安》之樂作。殿中監跪進圭，禮儀使奏請搢大圭，執鎮圭，前導皇帝詣聖祖座前，北向立。內侍先設繅藉於地，禮儀使奏請跪奠鎮圭於繅席，執大圭，俛伏，興，又奏請搢大圭，跪。內侍加玉於幣，以授吏部尚書，吏部尚書以授左僕射，左僕射西向跪以進。禮儀使奏請授玉幣，皇帝受奠訖，吏部侍郎東向跪，受以興，進奠於聖像前。左僕射、吏部侍郎權於殿上稍西，東向立，吏部尚書降復位。禮儀使奏請執大圭，俛伏，興，又奏請再拜，皇帝再拜訖，樂止。禮儀使奏前導，皇帝還版位，登歌樂作，至位，西向立，樂止。内侍舉鎮圭繅藉，以鎮圭授殿中監，以授有司。

薦饌：

朝獻日，太官令以饌實於俎及籩豆簠簋，陳於饌幔内，東西相向。俎實以乳餅，籩實以粉餈，豆實以糝食，簠實以粱，簋實以黍稷。俟皇帝升奉玉幣訖，還位，樂止，次引禮部尚書詣饌所，執籩豆簠簋以入，户部尚書詣饌所，奉俎以入，太官令引入正門，宫架《吉安》之樂作，設於西階下，北向，北上，奉俎者在南。次引禮部尚書搢笏，執籩豆簠簋，户部尚書搢笏，奉俎以升，執事者各迎於階上。禮部尚書奉籩豆簠簋於聖像前，北向，跪奠訖，執笏，俛伏，興。有司設籩於糗餌前，豆於醬前，簠於稻前，簋於黍前。次户部尚書奉俎於聖像前，北向，跪奠訖，執笏，俛伏，興。有司設於豆前，樂止，俱降復位。次引左僕射、吏部侍郎詣聖祖座前立，左僕射西向，吏部侍郎東向。次引吏部侍郎奉爵升詣皇帝版位前，北向立。内侍各執盤匜帨巾以進，宫架樂作，禮儀使奏請皇帝搢大圭，盥手，内侍進盤匜沃水，皇帝盥手，内侍進巾，皇帝帨手訖。又奏請皇帝洗爵，吏部侍郎進爵，内侍進巾，皇帝拭爵訖，樂止。又奏請執大圭，登歌《祖安》之樂作。吏部侍郎受爵，奉爵詣酌尊所，東向立。執尊者舉冪，良醖令酌著尊之醴齊，禮儀使前導皇帝詣聖祖座前，北向立。禮儀使奏請搢大圭，跪，吏部侍郎以爵授左僕射，左僕射西向跪以進。禮儀使奏請執爵進酒，再進酒，三進酒，俱以爵授吏部侍郎，吏部侍郎東向跪受爵，置于聖祖座前。禮儀使奏請執大圭，俛伏，興，又奏請皇帝少立，樂止。左僕射以下俱復位。舉册官搢笏，跪，舉祝册。讀册官搢笏，東向跪，讀册文，讀訖，奠册。各執笏，興，俱降復位。禮儀使奏請再拜，皇帝再拜訖，禮儀使前導皇帝還版位，登歌樂作，至版位，西向立，樂止，文舞退，武舞進，宫架《正安》之樂作，舞者立定，樂止。禮直官、太常博士引亞獻詣盥洗位，北向立，搢笏，盥手，帨手，執笏。詣爵洗位，北向立，搢笏，洗爵，拭爵，以爵授執事。執笏，升詣酌尊所，東向立，宫架作《冲安》之樂，《降真觀德》之舞。執事者以爵授亞獻，亞獻搢笏，跪執爵，執爵者舉羃，太官令酌壺尊之盎齊，亞獻以爵授執事者，執笏，興，詣聖祖座前，北向，搢笏跪，執事者以爵授亞獻，亞獻執爵，三進酒，執笏，俛伏，興，少退，北向，再拜訖，樂止，降復位。初，亞獻行禮將畢，禮直官、太常博士引終獻詣洗及升殿酌獻，並如亞獻之儀。訖，降復位。初，終獻既升獻，户部、禮部尚書升詣殿西，東向立。次引殿中監、太祝、太官令詣飲福位，東向立，奉豆及爵酒者各立於其後。禮儀使奏請詣飲福位，前導皇帝，登歌樂作，將至位，樂止，又登歌《報安》之樂作。皇帝至飲福位，北向立，尚醖奉御執尊詣酌尊所，良醖令酌上尊福酒，合置一尊，尚醖奉御酌福酒，殿中監西向奉以立。禮儀使奏請再拜，殿中監跪，以爵酒進。禮儀使奏請搢大圭，跪受爵，祭酒三，祭於地。啐酒，奠爵。殿中監跪受爵以興。太官令取黍于簠，摶以授太祝，太祝受以豆，東向跪以進，皇帝受豆，奠之，太祝乃受以興，降復位。次殿中監再跪，以爵酒進。禮儀使奏請受爵，飲福酒，奠爵，殿中監受虚爵以興，以授尚醖奉御。執事者俱降復位。禮儀使奏請執大圭，俛伏，興，又奏請再拜，皇帝再拜，樂止。禮儀使前導皇帝還版位，登歌樂作，至版位，西向立，樂止。次引禮部尚書詣聖像前徹籩豆，次户部尚書徹俎，籩、豆、俎各一，俱少移故處。登歌《吉安》之樂作，卒徹，樂止。禮部、户部尚書降復位。禮直官曰「賜福酒」，行事助祭官拜，贊者承傳，曰「賜福酒，再拜」，在位官皆再拜。送神，宫架《太安》之樂作，一成止。

望燎：

《太安》之樂畢，禮儀使奏請詣望燎位。前導皇帝詣望燎位，登歌樂作，降自阼階，樂止，宫架樂作，至位，南向立，樂止。初賜福酒，再拜訖，吏部侍郎帥太祝執篚，進詣聖祖座前，取幣祝册，執事官以俎載黍稷飯及爵酒降階，置於柴上。禮直官曰「可燎」，東西各以炬燎半柴。禮儀使奏「禮畢」，前導皇帝還大次，宫架樂作，出門外。禮儀使奏請釋大圭，殿中監跪受大圭，以授有司。侍衛如常儀。皇帝至大次，樂止。禮部奏請解嚴。次引大禮使以下詣殿門外揖位立，禮直官贊禮畢，揖訖，退。宣贊舍人等分引文武助祭官及宗室、客使以次出，次引諸神御殿分獻官及太祝各入就位，太祝在南，北向，分獻官在東，西向。神御殿獻官、太祝俱常服。贊者曰「再拜」，在位官皆再拜。太祝升詣香案之西，東向立。次引分獻官升詣香案前，北向立，搢笏，三上香，跪執琖，奠茶，三奠酒，執笏，俛伏，興，少立。太祝跪讀祝文，讀訖以興，舉版置於案，降復位。分獻官再拜訖，降復位，退其後。南郊並如儀。

四孟朝獻景靈宫儀：

齋戒：

朝獻前一日，皇帝齊於内殿，御崇政殿視事如故，唯不弔喪、問疾、作樂，有司不奏刑殺文書。其行事前導官齊於本司，治事如故，唯不判書刑殺文書及行刑。

陳設：

前期，有司陳香案及供奉之物於聖祖天尊大帝、元天大聖后并諸帝、后位前。儀鸞司設御幄於殿東廡，西向，設皇帝褥位於殿下東階之東，西向，及鋪設黄道裀褥，并逐香案前褥位。內第二日上詣後殿行禮。

朝獻：

其日質明，皇帝服履袍出内，即御座，鳴鞭行門，禁衛諸班親從等諸司祗應人員已下於崇政殿，各自贊常起居。次從駕臣僚并應奉前導陪位官并管軍於崇政殿起居，如閤門儀。訖，先退以俟。從駕俟皇帝自崇政殿乘輦出行宫北門，將至景靈宫，侍臣前導及陪位官於景靈宫櫺星門外、殿門外迎駕起居，再拜，訖，次有司引陪位官先詣殿下，北向立。禮直官、太常博士、太常卿詣御幄前，北向立，禮直官引侍臣二員升殿，詣聖祖天尊大帝香案前，東西相向對立。諸帝、后御前，即引侍臣一員，於香案前西向立，候進接茶、酒畢，上於殿上，稍東西相向立。陪位文武官入，詣殿下，北向立定。俟皇帝乘輦入櫺星門，於東廊便門步至御幄。簾降，閤門官於東幄前相向立，閤門報班齊，禮直官、太常博士引太常卿於御幄前，俛伏，跪奏，稱「太常卿臣某言，請皇帝行朝獻之禮」奏訖，伏，興。奏禮畢，准此。簾捲，太常卿、閤門官、太常博士、禮直官前導皇帝詣殿下褥位，西向立。凡行禮，皆太常卿、閤門官、太常博士、禮直官前導，至位即分立於左右。太常卿奏請拜，皇帝再拜，贊者曰「拜」，在位官皆再拜。訖，前導官前導皇帝升自東階，詣聖祖天尊大帝位香案前褥位，北向立，内侍奉香，太常卿奏請上香，再上香，三上香。内侍以茶、酒授侍臣，侍臣西向跪以進。又奏請皇帝跪，進茶，進酒，再進酒，三進酒，以授侍臣，侍臣置於聖祖天尊大帝位。又奏請俛伏，興。又奏請拜，皇帝再拜，贊者曰「拜」，在位官皆再拜。訖，前導官前導皇帝降自東階，詣殿下褥位，西向立。奏請拜，皇帝再拜，贊者曰「拜」，在位官皆再拜。訖，前導官前導皇帝還御幄。簾降，太常卿奏禮畢訖，行事、前導、陪位官等先詣中殿，立班如前殿儀。俟皇帝詣中殿，御幄簾降，閤門報班齊，禮直官、太常博士引太常卿於御幄前，俛伏，跪奏，稱「太常卿臣某言，請皇帝行朝獻之禮」，奏訖，伏，興。奏禮畢，准此。簾捲，太常卿、閤門官、太常博士、禮直官前導皇帝詣殿下褥位，西向立。太常卿奏請拜，皇帝再拜，贊者曰「拜」，在位官皆再拜。前導官前導皇帝升殿，詣宣祖皇帝位香案前褥位，北向立。内侍奉香，太常卿奏請上香，再上香，三上香。内侍以茶、酒授侍臣，侍臣西向跪以進。又奏請皇帝跪，一奠茶，奠酒，再奠酒，三奠酒，俛伏，興。又奏請拜，皇帝再拜，贊者曰「拜」，在位官皆再拜。訖，次詣太祖皇帝、太宗皇帝、真宗皇帝、仁宗皇帝、英宗皇帝、神宗皇帝、哲宗皇帝、徽宗皇帝、欽宗皇帝神御、神案前，行禮並如上儀。訖，前導官前導皇帝降自東階殿下褥位，西向立。奏請拜，皇帝再拜，贊者曰「拜」，在位官皆再拜。訖，前導官前導皇帝還御幄。簾降，太常卿奏禮畢訖，陪位、行事、前導、應奉官以次退，皇帝歸齊殿，以俟還内，如來儀。次日，皇帝自内乘輦入櫺星門，將至宫門，就露幄降輦，步至齊殿，由後殿之後至後殿東廊御幄，以俟詣元天大聖后，次詣昭憲皇后、孝明皇后、懿德皇后、明德皇后、元德皇后、章穆皇后、章憲明肅皇后、章懿皇后、慈聖光獻皇后、宣仁聖烈皇后、欽聖憲肅皇后、欽成皇后、欽慈皇后、昭慈聖獻皇后、昭懷皇后、顯恭皇后、顯肅皇后神御，香案前行禮，並如前殿、中殿之儀。

第一日：

其日質明，皇帝服靴袍出内，即御座，鳴鞭行門，禁衛諸班親從等諸司祗應人員以下於後殿，各自贊起居。次從駕臣僚并應奉、前導、陪位官等先詣中殿，立班如前殿儀。俟皇帝詣中殿御幄，簾降，閤門報班齊，禮直官、太常博士引太常卿於御幄前，俛伏，跪奏，稱「太常卿臣某言，請皇帝行恭謝之禮」，奏訖，伏，興。奏禮畢，准此。簾捲，太常卿、閤門官、太常博士、禮直官前導皇帝升詣殿上褥位，西向立。太常卿奏請拜，皇帝再拜，贊者曰「拜」，在位官皆再拜。訖，前導官前導皇帝詣宣祖皇帝位香案前褥位，北向立。内侍奉香，太常卿奏請上香，再上香，三上香。内侍以茶、酒授侍臣，侍臣西向跪以進。又奏請皇帝跪奠茶、酒，再奠酒，三奠酒，俛伏，興。又奏請拜，皇帝再拜，贊者曰「拜」，在位官皆再拜。訖，次詣太祖皇帝、太宗皇帝、真宗皇帝、仁宗皇帝、英宗皇帝、神宗皇帝、哲宗皇帝、徽宗皇帝、欽宗皇帝神御香案前，行禮並如上儀。訖，前導官前導皇帝還褥位，西向立，奏請拜，皇帝再拜，贊者曰「拜」，在位官皆再拜。訖，前導官前導皇帝還御幄。簾降，太常卿奏禮畢訖，陪位、行事、前導、應奉官以次退。帝歸齊殿，以俟還內。依已降指揮，駕回入祥曦殿門。

第二日：淳熙九年，恭謝分作三日行禮，内第二日詣後殿元天大聖后，并昭憲皇后至慈聖光獻皇后，第三日詣後殿宣仁聖烈皇后以下神御。

皇帝自内乘輦入欞星門，至齊殿，降輦，步至後殿東廡御幄，以俟詣元天大聖后，次詣昭憲皇后、孝明皇后、懿德皇后、明德皇后、元德皇后、章穆皇后、章獻明肅皇后、慈聖光憲皇后、宣仁聖烈皇后、欽聖憲肅皇后、欽成皇后、欽慈皇后、昭慈聖獻皇后、昭懷皇后、顯恭皇后、顯肅皇后、顯仁皇后神御，香案前行禮，並如前殿、中殿之儀。

【《宋史·樂志》】真宗奉聖祖玉清昭應宫御製十一首：❶

降聖，《真安》 巍巍真宇，奕奕殊庭。規模大紫，炳焕丹青。元命祇答，大猷是經。多儀有踐，丕應無形。肆設金石，聲聞杳冥。佇迴飈馭，永祐基扃。

奉香，《靈安》 芳氣上浹，❷飈馭下臨。昭承丕緒，永勵精明。氤氲成霧，葱鬱垂陰。虔恭對越，介祉攸欽。

奉饌，《吉安》 發祥有自，介福無疆。紛綸丕應，保祐下方。揚。寅威洞達，監盻昭章。❸嘉薦斯備，雅奏具揚。

玉皇位酌獻，《慶安》 無體之體，强名之名。監觀萬宇，統治九清。❹真期保佑，

❶「昭應宫」下，《宋史·樂志十》校勘記據《文獻通考·樂考》以爲當有「景靈宫」三字，疑是。

❷「浹」，原爲小字注文「缺」，據庫本及《宋史·樂志十》補。

❸「盻」，《宋史·樂志十》作「眄」。

❹「統」，原作「繞」，據《宋史·樂志十》改。

瑞命昭明。乾乾翼翼，祇答財成。

聖祖位酌獻，《慶安》　於昭靈貺，誕啟鴻源。功濟庶彙，慶流後昆。蘭肴登俎，桂酒盈樽。俯迴飈駕，永庇雲孫。

太祖位酌獻，《慶安》　赫赫藝祖，受命高穹。威加海外，化浹區中。發祥宗祏，錫祐眇冲。欽承積德，❶勵翼精衷。

太宗位酌獻，《慶安》　明明文考，儲精上蒼。禮樂明備，溥率賓王。功德累洽，歷數會昌。孝思罔極，丕祐無疆。

亞、終獻，《冲安》　太初非有體，至道本無聲。降迹臨下土，成功陟上清。至仁敦動植，丕緒啟宗祊。紫禁承來格，鴻基保永寧。發祥垂誕告，致孝薦崇名。廣樂伸欽奉，儲休固太平。

飲福，《慶安》　明明始祖，誕啟慶基。翼翼後嗣，虔奉孝思。精潔斯達，祉福咸宜。于以報貺，于以受釐。

徹饌，《吉安》　雕俎在御，飈駕聞聲。真遊斯降，旨酒斯盈。大樂云闋，大禮云成。徹彼常薦，罄此明誠。

送神，《真安》　精心既達，真遊允臻。禮容斯舉，福應惟醇。將整僊馭，言還上旻。永存嘉貺，用泰烝民。

迎奉聖像四首：並用《慶安》。

玉皇位　玉虛上帝，金像睟容。宅真雲構，練日龜從。維皇對越，率禮寅恭。靈心丕應，福禄來崇。

聖祖位　總化在天，保昌厥緒。降格皇闈，瓊輪載御。藻仗星陳，睟容金鑄。佑我慶基，宅茲靈宇。

太祖位　烝哉大君，聿懷帝祖！　鎔範真

❶「承」，原作「成」，據《宋史·樂志十》改。

儀，奉尊靈宇。至感祥開，洪輝物覩。瞻謁盡恭，飛英率土。

太宗位　於顯神宗，德洽區中。祥金爍冶，範兹睟容。殊庭胥宇，備物致恭。明威有赫，降福來同。

玉清昭應宫上尊號三首：

奉告，《隆安》　登隆妙號，欽翼淵宗。茂宣德禮，有恪其容。奉璋升薦，垂佩彌恭。揚休詠美，以間笙鏞。

太初殿奉册寶，《登安》　皇靈垂祐，洪福彌隆。祇率綿宇，潔祀真容。嚴恭奉册，對越清躬。睟容肅穆，懿號尊崇。禮成樂舉，福禄來同。

二聖殿奉紗袍，《登安》　赫赫列聖，盛德巍然。彤彤靈宇，睟儀在焉。奉以龍衮，被之象天。重慶宗禋，億萬斯年。

太尉奉聖號册寶，《真安》❶　上旻降監，介祉實繁。邦家修報，妙道歸尊。增名宵極，奉册靈軒。茂宣聖典，永祐黎元。

寶册升殿，《大安》　圖書昭錫，典禮紹成。烝民何幸，教父儲靈。欽承景貺，祇奉崇名。致虔寶册，垂祐基扃。

降神，《真安》　猶龍之聖，降生厲鄉。教流清净，道符混茫。大君肅謁，盛儀允臧。森羅羽衛，躬薦蕭薌。簪紱濟濟，鐘石洋洋。高真至止，介福誕祥。

奉玉幣，《靈安》　琳宫奕奕，黼坐煌煌。玉帛成禮，飈馭延祥。鴻儀有則，景福無疆。嘉應昭協，丕猶誕揚。

奉饌，《吉安》　金奏以諧，飈遊斯格。靈監章明，皇心勵翼。肅奉雕俎，來升綵

❶《宋史》校勘記據《文獻通考·樂考》及上下文，以此題前原脱「朝謁太清宫九首」之標題。當是。

席。享德有孚，凝禧無斁。

酌獻，《大安》　欽崇至道，肅謁殊庭。順風而拜，明德唯馨。飈馭來格，尊酒斯盈。是酌是獻，心通杳冥。

飲福，《大安》　彼渦之壤，指李之區。❶千乘萬騎，來朝密都。躬陳芳薦，歆接仙輿。飲酒受福，永耀鴻圖。

亞、終獻，《正安》　邈矣道祖，冥幾惚恍！❷常德不離，至真無象。引位清穹，降祥神壤。酌醴薦誠，控飈來享。

送神，《真安》　醴醆在户，金奏在庭。籩豆有踐，黍稷非馨。義盡蠲潔，誠通杳冥。言旋風馭，祚我修齡。

太極觀奉册寶一首：

《登安》之曲　薦號穹冥，登名祖禰。陟配陽郊，協宣典禮。感電靈區，誕聖鴻懿。册寶斯陳，福禄來暨。

景靈宮奉册寶一首：

《登安》之曲　穆穆真宗，錫羡蕃昌。飈輪臨貺，諄誨洞彰。虔崇懿號，祗答景祥。至誠致享，降福無疆。

景祐元年親享景靈宮一首：

降真，《太安》　真館奉幣，潔齊致馨。靈因斯格，社稷慶寧。

送真，《太安》　椒漿尊享，珍饌精祈。睟容杳邈，瑶輅霞飛。

大觀三年朝獻景靈宮二首：

奉饌，《吉安》　威靈洋洋，靡有常饗。❸於惟欽承，來假來饗。博碩芬香，是烝是享。奉器有虔，載德無爽。　爾牲既充，

❶「指」，原作「捐」，據《宋史·樂志十》改。
❷「惚恍」，原作「恍惚」，據《宋史·樂志十》改。
❸「饗」，《宋史·樂志十》作「嚮」。

是烹是肆。爾肴既具，是羞是饋。非物之重，唯德之備。神之格思，歆我精意。

高宗郊前朝獻景靈宫二十一首：

皇帝入門，《乾安》　維皇齊居，承神其初。顒顒昂昂，龍步雲趨。景鐘鏗如，肅覲清都。肸蠁之交，❶神人用孚。

升殿，《乾安》　帝既臨享，罄兹精意。對越在天，爰升紫陛。孔容翼翼，保承丕緒。孝奏天儀，永錫爾類。

降聖，《太安》　惟德馨香，升聞八方。粤神臨之，來從帝鄉。萬靈景衛，有煒其光。監我精純，❷降福穰穰。❸

盥洗，《乾安》　齊居皇皇，瓊琚鏘鏘。承祭之初，其如在旁。挹彼注兹，儲禧迎祥。神之聽之，欣欣樂康。

聖祖位，《乾安》　涓選休辰，有事嘉薦。琅琅瓊佩，陟降巖殿。其陟伊何？幣玉斯奠。周旋中禮，千億儲羡。

聖祖位奉玉幣，《靈安》❹　上靈始祖，雲景元尊。嚴祀夙展，六樂朱軒。明玉之潔，豐帛之温。暢乃繼序，承德不愆。

還位，《乾安》　我后臨享，奠幣攸畢。式旋其趨，榘度有式。❺禮容齊莊，孝思純實。天休滋至，時萬時億。

奉饌，《吉安》　百職駿奔，來相於庭。奉聖以告，登兹芳馨。際天蟠地，默運三靈。❻神兮來歆，祚我休平。

再盥洗，《乾安》　有嚴大禮，對時休明。

❶「肸」，原作「盼」，據《宋史·樂志十》改。
❷「純」，原作「神」，據《宋史·樂志十》改。
❸「福」，原作「神」，據《宋史·樂志十》改。
❹「靈」，原作「臨」，據《宋史·樂志十》改。
❺「有」，原作「其」，據《宋史·樂志十》改。
❻「三」，原作「二」，據《宋史·樂志十》改。

情文則粲，蠲潔必清。再臨觀盥，以專以精。真游來格，永觀厥成。

再詣聖祖位，《乾安》 於赫炎宋，十葉華耀。屬兹郊報，陟降在廟。其降伊何？椒漿桂酒。再拜斟酌，永御九有。

聖祖位酌獻，《祖安》御製。 瑶源誕啟，玉牒肇榮。覆育群有，❶監觀圓清。酒醴既洽，登薦惟誠。無有後艱，駿惠雲仍。

還位，《乾安》 奠鬯告成，式旋厥位。天步雍容，神人燕喜。九廟觀德，百靈薦祉。子孫其昌，垂千萬祀。

文舞退，武舞進，《正安》 於皇樂舞，進旅退旅。一弛一張，笙磬具舉。豈惟翫聲，象德是似。神鑒孔昭，福禄來予。

亞、終獻，《冲安》 五音飭奏，❷神既億康。澹其容與，薦此嘉觴。有來顯相，鋗玉鏘鏘。奉承若宥，罔不齊莊。

飲福，《報安》 嘉薦既終，神貺斯復。賚我思成，靈光下燭。孝孫承之，載祇載肅。敷錫庶民，函蒙祉福。

還位，《乾安》 帝臨閟庭，逆釐上靈。❸神鵜安坐，肅若有承。嘉觴既申，德聞唯馨。靈光留俞，祚我億齡。

徹饌，《吉安》 普淖既薦，苾芬孔時。神嗜而顧，有來燕娭。饗矣將徹，載欽載祇。展詩以侑，益臻厥熙。

送真，《太安》 《雍》歌既徹，熙事備成。神夕奄虞，忽乘青冥。靈心回睠，監我精禋。誕降嘉祉，休德昭清。

降殿，《乾安》 我秩元祀，上推靈源。展

❶「群有」，原作「郡言」，據《宋史·樂志十》改。
❷「奏」，原爲小字注文「缺」，據庫本及《宋史·樂志十》補。
❸「釐」，原爲小字注文「缺」，據庫本及《宋史·樂志十》補。

事有侐，侵威肅然。丹堿既降，秉心益虔。荷天之休，于千萬年。

望燎，《乾安》 奕奕靈宫，有嚴毖祀。燔燎具揚，禮儀既備。帝心肅祗，天步旋止。對越在天，永膺蕃祉。

還大次，《乾安》 帝將於郊，昭事上祀。爰兹畢觴，復即于此。飈游載旋，容旌杳騎。唯皇嘉承，錫祚昌熾。

高宗明堂前朝獻景靈宫十首：

降聖，《大安》 德唯馨香，升聞八方。粤神之從，燦然有光。驂飛乘蒼，啾啾蹌蹌。消摇從容，顧予不忘。

升殿，《乾安》 帝既臨享，龍馭華耀。孝孫承之，陟降在廟。誠意上交，慶陰下冒。天休駢至，千億克紹。

聖祖位奠玉幣，《靈安》 玉氣如虹，豐繒充笥。既奉既將，亦奠在位。有永羣后，實相祀事。何以臨下？心意不貳。

奉饌，《吉安》 瓊琚鏘鏘，玄衣繡裳。薦嘉升香，粢盛芬芳。禮儀莫愆，鼓鐘喤喤。曾孫之常，綏福無疆。

聖祖位酌獻，《祖安》 裴回若留，靈其有喜。薦我馨香，挹兹酒醴。我祖在天，執道之紀。申佑無疆，奏神稱禮。

文舞退，武舞進，《正安》 進旅退旅，載執干戚。不愆於儀，容服有赫。式妥式侑，神保是格。靈鑒孔昭，孝思惟則。

亞、終獻，《冲安》。用舊辭。

飲福，《報安》 於赫大神，總司元化。監我純精，威光來下。延昌之貺，千億憑藉。曾孫保之，丕平是迓。

徹饌，《吉安》 洋洋降臨，肅肅布列。熙事既成，嘉籩告徹。九天儲慶，垂佑無缺。寖明寖昌，綿綿瓜瓞。

送真，《太安》　高飛安翔，持御陰陽。幽贊圓穹，監觀四方。元精回復，奄虞孔良。畢觴降嘏，偃蹇于驤。

望燎，《乾安》　奕奕原祠，有嚴毖祀。禮儀孔宣，燔燎斯暨。帝心肅祗，天步旋止。熙事既成，永膺蕃祉。

孝宗明堂前朝獻景靈宮八首：

盥洗，《乾安》　合宫之享，報本奉先。欽惟道祖，濬發璿源。駕言謁款，其盥惟虔。尚監精衷，錫祚綿綿。

聖祖，《乾安》　駿命有開，慶基無窮。祗率百辟，仰瞻睟容。鼓鐘斯和，黍稷斯豐。靈其居歆，福禄來崇。

還位，《乾安》　嘉玉既設，量幣既陳。髣髴靈游，來顧來寧。對越伊何？　厥惟一純。佑我熙事，❶以迄以成。❷

奉饌，《吉安》　發祥僊源，流澤萬世。曷其報之？　親饗三歲。相維列卿，潔粢是饋。匪物之尚，誠之爲至。

再詣盥洗，《乾安》　華燈熒煌，瑞烟氤氳。威神如在，蠲潔必親。再盥於罍，再帨於巾。皇心肅祗，其敢憚勤。

再詣聖祖位，《乾安》　歲逢有年，月旅無射。我將我饗，如幾如式。肅爾臣工，諧爾金石。本原休功，垂裕罔極。

還位，《乾安》　旨酒思柔，神其醉止。工祝既告，孝孫旋位。何以酢之？　純嘏來備。燕及雲來，蕃衍無已。

文舞退，武舞進，《正安》　象德之成，有

❶ 「佑」下，原有小字注文「缺」，據《宋史·樂志十》删。

❷ 上「以」字，原無，據《宋史·樂志十》補。下「以」字，《宋史·樂志十》作「于」，似是。

奕其舞。一弛一張，進旅退旅。嘒以管籥，和以鏞鼓。神其樂康，永錫多祜。

寧宗郊前朝獻景靈宮二十四首：

皇帝入門，《乾安》 閟幄邃深，雲景杳冥。天清日睟，展容玉庭。締基發祥，希夷降靈。神其來燕，是饗是聽。

升殿，《乾安》 帝居瑤圖，璇題玉京。日月經振，列宿上熒。❶ 桂篚飶芬，瑚器華晶。夤承禋祀，用戒昭明。

降神，《太安》六變。❷ 圜鐘爲宮：四靈晨耀，五緯夕明。風雲晏和，天地粹清。靈兮來迎，靈兮來寧。❸ 啟我子孫，饗于純精。

黄鐘爲角：芬枝揚烈，熉珠叶陶。閶珍闡符，展詩舞箾。神哉來下，神哉來翺。肅若有承，靈心招摇。

太簇爲徵：龍車既奏，鳳馭載翔。帝幄佇靈，天衢騰芳。神來留俞，神來蹇驤。禮罄樂明，奏假孔將。

姑洗爲羽：虹旌蜺旄，鸞旗翠蓋。星樞扶輪，月御叶衛。靈至陰陰，靈般裔裔。來格來饗，福流萬世。

盥洗，《乾安》 禮文有俶，祀事孔明。將以潔告，允唯齊精。自盥而往，聿觀厥成。靈監下臨，天德其清。

詣聖祖位，《乾安》 維宋肖德，欽天顧右。於皇道祖，丕釐靈祐。葛藟殖繁，瓜瓞孕茂。克昌厥後，世世孝奏。

聖祖位奉玉幣，《靈安》。高宗御製，見前。

皇帝還位，《乾安》 桂宮耽耽，藻儀穆

❶「熒」，原作「縈」，據《宋史·樂志十》改。
❷「六變」，原作大字正文，據《宋史·樂志十》改。
❸「寧」，原作「迎」，《宋史·樂志十》校勘記據《宋會要》改，是。今據改。

穆。天回衮彩，風韶璜玉。《咸》、《英》皦亮，容與炳煜。假我上靈，景命有僕。

奉饌，《吉安》 我簋斯盈，我簠斯實。或剥或烹，或燔或炙。有殽既將，爲俎孔碩。禮儀卒度，永錫爾極。

再盥洗，《乾安》 觴濟初勺，禮戒重盥。假廟以《萃》，取象于《觀》。清明外暢，精肅中貫。我儀圖之，三靈攸贊。

再詣聖祖位，《乾安》 肇基駿命，鞏右鴻業。鼎玉龜符，垂固萬葉。靈貺具臻，神光燁燁。暉祚無疆，規重矩疊。

聖祖位酌獻，《祖安》。高宗御製，見前。

還位，《乾安》 皇帝瑞慶，長發其祥。纂系悠遠，遡源靈長。德之克明，休烈有光。配天作極，孝享是將。

文舞退，武舞進，《正安》 持翟成象，秉朱就列。旄乘整溢，鳳儀諧節。揮舒皇文，歌蹈先烈。合好効懽，福流有截。

亞獻，《冲安》 光熉紫幄，神流玉房。秉文侑儀，嘉虞貳觴。震濟醉喜，彷彿迪嘗。璇源之休，地久天長。

終獻，《冲安》 靈輿蹇驤，畢觴泰筵。貳享允穆，祼將克竣。垂恩儲祉，錫羡永年。將以慶成，燕及皇天。

詣飲福位，《乾安》 若木露英，清雲流霞。蔓蔓芝秀，馮馮桂華。綿瑞無疆，産嘏孔奢。皇則受之，鞏我帝家。

飲福酒，《報安》 旨酒惟蘭，勺漿惟椒。福流瓚斝，光燭琨瑤。拜貺清宮，凝輝慶霄。神其如在，徘徊招搖。

還位，《乾安》 烝哉我皇，繼天毓聖！逆釐元都，對越靈慶。如天斯久，如日斯盛。瑶圖濬邈，永隆駿命。

徹饌，《吉安》 房鉶陳列，室簋登奉。告

享具歆，展徹惟拱。祥光奕奕，嘉氣懞懞。受嘏不訾，燕天之寵。

送真，《太安》 雲車風馬，靈其來游。天門軼蕩，神其莫留。遺慶陰陰，祉發祥流。康我有宋，與天匹休。

降殿，《乾安》 璇庭爛景，紫殿流光。禮洽乾回，福應日昌。聖系厖鴻，❶景命溥將。德茂功成，率祀無疆。

詣望燎位，《乾安》 厥初生民，淵濬唯祖。芳薦既輟，明燎具舉。德馨升聞，靈貺蕃詡。懷濡上禋，佑周之祜。

還大次，《乾安》 帝假於宮，彝承清祀。天暉臨幄，宸衛森峙。行蹏太室，旋趨紫時。率禮不違，式旉靈祉。

理宗明堂前朝獻景靈宮二首：餘用舊辭。

升殿，登歌《乾安》 我享我將，馨茲精意。陟降左右，維天與契。齊明乃心，祇肅在位。於萬斯年，百福來備。

亞獻，宮架《沖安》 慶雲郁郁，鳴璆琅琅。澹其容與，申薦貳觴。奉承若宥，神其樂康。錫以多祉，源深流長。

右宋廟享下。

五禮通考卷第九十三

淮陰吳玉搢校字

❶「厖」，原作「彪」，據《宋史·樂志十》改。

五禮通考卷第九十四

內廷供奉禮部右侍郎金匱秦蕙田編輯
太子太保總督直隸右都御史桐城方觀承同訂
兩淮都轉鹽運使德水盧見曾
按察司副使元和宋宗元參校

吉禮九十四

宗廟時享

【《遼史·太宗本紀》】天顯元年冬十一月壬戌，即皇帝位。癸亥，謁太祖廟。

【《禮志》】謁廟儀：至日昧爽，南北臣僚各具朝服，赴廟。車駕至，臣僚於門外依位序立，望駕鞠躬。班首不出班，奏「聖躬萬福」。舍人贊各祗候畢，皇帝降車，分引南北臣僚左右入，至丹墀褥位。合班定，皇帝升露臺褥位。宣徽贊皇帝再拜，殿上下臣僚陪位皆再拜。上香畢，退，復位，再拜。分引臣僚左右上殿位立，進御容酒依常禮。若即退，再拜。舍人贊「好去」，引退。禮畢。

【《太宗本紀》】天顯三年七月庚午，有事于太廟。十月己酉，謁太祖廟。　四年四月壬子，謁太祖廟。八月辛丑，至自涼陘，謁太祖廟。己酉，謁太祖廟。　五年四月乙未，詔人皇王先赴祖陵謁太廟。五月乙酉，謁太廟。丁巳，拜太祖御容於明殿。七月戊子，薦時果于太祖廟。九月丁亥，至自九層臺，謁太祖廟。　十一年四月戊辰，謁太祖廟。

【《穆宗本紀》】應曆五年十月丁亥，謁太宗廟。十二月乙丑朔，謁太祖廟。

【《景宗本紀》】保寧十年七月庚戌，享太祖廟。

【《聖宗本紀》】統和元年四月庚寅，謁太祖廟。壬寅，致享于凝神殿。九月庚申，謁宣簡皇帝廟。　四年十一月戊寅，日南至，上率羣臣祭酒景宗御容。　太平元年十一月庚申，幸通天觀。翌日，再幸，還，升玉輅，自內三門入萬壽殿，奠酒七廟御容。

【《道宗本紀》】清寧元年十一月壬申，有事于太宗、穆宗廟。戊寅冬至，有事于太祖、景宗、興宗廟，不受羣臣賀。　三年十月庚申，謁讓國皇帝及世宗廟。

太康七年六月甲子，詔月祭觀德殿。歲寒食，諸帝在時生辰及忌日，詣景宗御容殿致奠。

【《天祚帝本紀》】天慶二年十一月丁卯，謁太祖廟。

蕙田案：遼諸帝于宗廟，有新必薦，有事必告，有祭必親，奉先思孝，于是在矣。又令羣臣勿賀，何其卓也！較之宋朝之煩穢瀆數，奚啻逕庭！禮制所係于興衰，鉅矣！

右遼廟享。

【《金史·熙宗本紀》】天眷元年四月壬午，朝享于天元殿。十一月丙辰，以康宗以上畫像工畢，奠獻于天元殿。

天眷三年九月己酉，親饗太祖廟。皇統元年正月庚戌，羣臣上尊號。癸丑，謝太廟。

【《海陵本紀》】正隆二年二月辛丑，初定太廟時享牲牢禮儀。

【《世宗本紀》】大定三年十月甲子，大享于太廟。

【《禮志》】大定三年，有司言：「每歲太廟五享，若復薦新，似涉繁數。擬遇時享之月，以所薦物附于籩豆薦之，以合古者祭不欲數之義。」制可。

【《世宗本紀》】大定六年三月戊辰，至西京。庚午，朝謁太祖廟。九月，至自西京。十月甲申，朝享于太廟。

【《禮志》】皇帝恭謝儀：大定七年正月，世宗受尊號，禮畢，恭謝。前三日，太廟令帥其屬，灑掃廟庭之内外及陳設。尚舍于廟南門之西，設饌幔一十一室。殿中監帥尚舍視大次殿，又設皇帝拜位于始祖神位前，北向，又設飲福位于版位西南，少卻，又設隨室奠拜褥位于神座前。大樂令設登歌于殿上，宮縣于殿下。又設皇太子位于阼階東南，又設親王位于其南，稍東，宗室王、使相位于其後。又設太尉、司徒以下行事官位于殿西階之西，東向，每等異位。又設文武羣官位于橫階之南，東、西向。又設御洗位于阼階之東，又設太尉洗位于西階下橫階之南。又設齋郎位于東班羣官之後。又設盥洗等官、并奉禮、贊者、大司樂、協律郎、大樂令等位，各如祫享之儀。又設尊彝祭器等於殿之上下，如時享之儀。前一日，禮官、御史帥其屬省牲，視濯滌，如常儀。其日質明，禮官、御史帥太廟官、太祝官、宮闈令出神主，如時享儀。有司列黃麾仗二千人於應天門外。尚輦進金輅于應天門内。午後三刻，宣徽院奏請皇帝赴齋宿殿，文武羣官並齊宿于所司。次日質明，侯諸衞各勒所部屯門列仗。導駕官分左右侍立于殿階下，並朝服。通事舍人引侍中詣齋殿，俛伏，跪稱「臣某言，請中嚴」，俛伏，興。凡侍中奏請，准此。皇帝服通天冠，絳紗袍。少頃，侍中奏「外辦」，皇帝出齋殿，即御座，羣官起居訖，侍中奏「請升輦」，皇帝升輦以出，侍衛警蹕如常儀。導駕官前導，至應天門，侍中奏「請降輦升輅」皇帝升輅，門下侍郎俛伏，跪奏「請車駕進發」，俛伏，興。凡門下侍郎奏請，准此。車駕動，警蹕如常儀。至應天門外，門下侍郎奏「請車駕少駐，敕侍臣上馬」，侍中前承旨，退稱曰「制可」。門下侍郎退，傳制稱「侍臣上馬」，通事舍人承傳「敕侍臣上馬」。導駕官分左右前導，門下侍郎奏「請車駕進發」。車駕動，稱「警蹕」，不鳴鼓吹。典贊儀引皇太子常服乘馬至廟中幕次，更服遠遊冠，朱明衣，執圭。通事舍人、文武羣官並朝服。❶于廟門外班迎。車駕至廟門，侍中于輅前奏「請降輅」，導駕官步入廟門稍東，侍中奏「請升輦」，皇帝升輦，繖扇侍衛如常儀。至大次，侍中奏「請降輦，入就大次」，皇帝入大次。通事舍人分引文武羣官由南神東西偏門入廟庭，東西相向立。禮直官引太尉以下行事官詣横街，北向，再拜，訖，禮直官引太尉詣盥洗位，搢笏，盥手，帨手，執笏，詣爵洗位，北向立，搢笏，洗瓚，拭瓚，以瓚授執事者，執笏，由西階升殿，詣始祖尊彝所，西向立。執事者以瓚奉太尉，太尉搢笏，執瓚，酌鬯，詣神位前，以鬯祼地，訖，以虚瓚授執事者，執笏，俛伏，興，出户外，北向，再拜，訖。次詣隨室並如上儀。禮畢，降自西階，復位。禮直官引司徒出詣饌所，引薦俎齋郎、奉俎并薦籩豆簠簋官奉籩豆簠簋，及太官令，以序入自正門，宫縣樂作，至太階，樂止。諸太祝迎于階上，各設于神

❶「並朝服」，原作大字正文，據《金史·禮志四》改。

座前。先薦牛，次薦羊，次薦豕，訖，禮直官引司徒已下降階，復位。典贊儀引皇太子、通事舍人引親王，由南神東偏門入，詣褥位。禮直官引中書侍郎、舉册官等升自西階，詣始祖室前，東、西立。通事舍人引侍中詣大次前，奏「請中嚴」，皇帝服衮冕。少頃，侍中奏「外辦」。侍中詣廟庭本位立，皇帝將出大次，禮儀使與太常卿贊導。凡禮儀使與太常卿贊導，並博士前引，俛伏，跪稱「臣某贊導皇帝行禮」，俛伏，興。前導至東神門，撤繖扇，近侍者從入。殿中監跪進鎮圭，禮儀使奏「請執圭」，皇帝執圭，宮縣樂作。奏「請詣罍洗位」，至位，樂止。内侍跪取匜，興，沃水。又内侍跪取槃，承水。時寒，預備温水。禮儀使奏「請搢鎮圭」，皇帝搢鎮圭，盥手。内侍跪取巾於篚，興，進，皇帝洗手訖，奉爵官以爵跪進，皇帝受爵，内侍捧匜沃水，又内侍跪捧槃承水，皇帝洗爵訖，内侍跪奉巾以進，皇帝拭爵訖，内侍奠槃匜，又奠巾於篚。奉爵官受爵。禮儀使奏「請執鎮圭」，前導皇帝升殿，左右侍從量人數升，宮縣樂作。皇帝至阼階下，樂止。皇帝升自阼階，登歌樂作。禮儀使前導，皇帝至版位，樂止，奏「請再拜」。奉禮郎贊「皇太子以下在位羣官皆再拜」。贊者承傳，皆再拜。禮儀使前導，皇帝詣始祖尊彝所，樂作，至尊所，樂止。奉爵官以爵涖尊，執尊者舉冪，侍中跪酌犧尊之汎齊，訖，禮儀使導皇帝至版位，再拜，訖，禮儀使奏「請詣始祖神位前褥位」，登歌樂作。禮儀使奏「請搢圭」，跪，奉爵官以爵授奉爵酒官以進。禮儀使奏「請執爵」，皇帝執爵，三奠酒，訖，以虚爵授奉爵酒官。禮儀使奏「請執圭」，俛伏，興，樂止。奉爵酒官以爵授奉爵官。禮儀使奏「請詣隨室」，並如上儀。禮直官先引司徒升自西階，立于飲福位之側，酌獻將畢，奉胙，酌福酒。太祝從司徒立于其側，酌獻畢，侍中亦立于其側。禮儀使奏「請皇帝詣版位」，北向立，登歌樂作，至位，樂止。中書侍郎跪讀册，訖，舉册官奠訖，禮儀使奏「請皇帝再拜」，拜訖，禮儀使奏「請詣飲福位」，登歌樂作。至位，太祝酌福酒于爵。時寒，預備温酒。以奉侍中，侍中受爵奉以立。禮儀使奏「請搢圭」，跪，侍中以爵北向跪以進，禮儀使奏「請執爵」，三祭酒。禮儀使奏「請飲福」，飲福訖，以虚爵授侍中。禮儀使奏「請受胙」，司徒跪以黍稷飣籩進，皇帝受以授左右。司徒又跪以胙肉進，皇帝受以授左右。禮儀使「請執圭」，興，再拜訖，樂止。禮儀使前導，皇帝還版位，登歌樂作，至位，樂止。太祝各進徹籩豆，登歌樂作。卒徹，樂止。奉禮曰「賜胙」，贊「皇太子以下在位羣官皆再拜」。贊者承傳，皆再拜，宫縣作，一成止。禮儀使奏「請皇帝再拜」，奉禮郎贊「皇太子已下在位官皆再拜」。拜訖，禮儀使奏「禮畢」，前導皇帝降阼階，登歌樂作，至階下，樂止。宫縣作，前導皇帝出東神門，樂止。繖扇侍衛如常儀。禮儀使奏「請釋圭」，殿中監跪受鎮圭。至大次，轉仗衛于還途，如來儀。禮官、御史帥其屬，納神主、藏册如儀。少頃，通事舍人引侍中奏「請中嚴」，皇帝服通天冠，絳紗袍。少頃，侍中奏「外辦」。俟尚輦進輦，侍中奏「請降座升輦」。皇帝升輦，繖扇侍衛如常儀。至南神門稍東，侍中奏「請降輦步出廟門」。皇帝步出廟門，至輅，侍中奏「請升輅」，皇帝升輅。門下侍郎奏「請車駕少駐，敕侍臣上馬」，侍臣前承旨，退稱曰「制：可」，門下侍郎退，傳制稱「侍臣上馬」。通事舍人承傳「敕侍臣上馬」。車駕還内，鼓吹振作，至應天門外，百官班迎起居，宫縣奏《采茨》之曲。入應天門内，侍中奏「請降輅乘輦」。皇帝降輅乘輦以入，繖扇侍衛警蹕如常儀。皇帝入宫，至致齋殿，侍中奏「解嚴」。通事舍人承旨，敕「羣臣各還次，將士各還本所」。

【《世宗本紀》】大定九年十月辛丑，詔宗廟之祭以鹿代牛，著爲令。丙午，大享於太廟。

【《禮志》】大定十年正月，詔宰臣曰：「古禮殺牛以祭，後世有更者否？其檢討典故以聞。」有司謂：「自周以來，下逮唐宋，祫享無不用牛者。唐《開元禮》時享每室各用太牢一，至天寶六年始減牛數，太廟每享用一犢。宋《政和五禮新儀》時享太廟，親祠用牛，有司行事則不用。宋開寶二年詔，昊天上帝、皇地祇用犢，餘大祀皆以羊、豕代之。合二羊五豕足代一犢。今三年一祫乃爲親祀，其禮至重，每室一犢恐難省減。」遂命時享與祭社稷如舊，若親祀宗廟則共用一犢，有司行事則不用。

【《世宗本紀》】大定十一年十一月丙戌，朝享于太廟。

【《禮志》】大定十一年，尚書省奏：「案唐禮四時各以孟月享于太廟，年終又臘享，凡五祀。若依海陵時止兩享，非天子禮也。宜從典禮歲五享。」從之。享日並出神主前廊，序列昭穆。應圖功臣配享廟庭，各配所事之廟，以位次爲序。以太子爲亞獻，親王爲終獻，或並用親王。或以太尉爲亞獻，光禄卿爲終獻。其月則停時享。

朝享儀　享前三日，太廟令帥其屬，掃除廟

之内外。點檢司於廟之前約度，設兵衛旗幟。尚舍於南神門之西設饌幔十一，南向，以西爲上。❶殿中監帥尚舍陳設大次於殿。又設小次於阼階下稍南，西向。又設皇帝拜褥位殿上，版位稍西。又設黄道褥于廟門之内外，自玉輅至升輦之所，又自大次至東神門。又設七祀位一于殿下横街之北，西街之西，東向，配享功臣于殿下道東，横街之南，西向，北上。前二日，大樂令設宫縣之樂于庭中，四方各設編鐘三、編磬三。❷東方編鐘起北，編磬間之，東向。西方編磬起北，編鐘間之，西向。南方編磬起西，編鐘間之，北方編鐘起西，編磬間之，俱北向。設特磬、大鐘、鎛鐘共十二，於編縣之内，各依神位。樹路鼓、路鼗於北縣之内，道之左右。晉鼓一，在其後稍南。植建鼓、鞞鼓、應鼓于四隅，建鼓在中，鞞鼓在左，應鼓在右。置柷敔于縣内，柷一，在道東，敔一，在道西。立舞表于酇綴之間。設登歌之樂于殿上前楹間，金鐘一，在東，玉磬一，在西，俱北向。柷一，在金鐘北稍西，敔一，在玉磬北稍東。搏拊二，一在柷北，一在敔北，東西相向。琴瑟在前。其匏竹者立于堦間，重行，北向。諸工人各位於縣後。前一日，太廟令開室，奉禮郎帥其屬，設神位於每室内北墉下，各設斧扆一，莞席一，繅席二，次席二，紫綾厚褥一，紫綾蒙褥一，曲几一，直几一。又設皇帝版位于殿東間門内，西向。又設飲福位于東序，西向。又設亞、終獻位于殿下横街之北稍東，西向。助祭親王宗室、使相位在亞、終獻之後，助祭宗

❶「上」，原作「尚」，據《金史·禮志三》改。

❷「四」，原作「西」，據《金史·禮志三》改。

室位在横街之南，西向。奉瓚官、奉瓚盤官、進爵酒官、奉爵官等又在其南，奉匜、盤、巾、篚官位于其後。七祀獻官位在奉爵官之南，助奠、讀祝、奉罍洗、爵洗等官位于其後。司尊彝官位在七祀獻官之南，亞、終獻、司罍洗、爵洗、奉爵酒官等又在其南，並西向，北上。大禮使位于西階之西稍南，與亞、終獻相對。太尉、司徒、助祭宰相位在大禮使之南，侍中、執政官又在其南，禮部尚書、太常卿、太僕卿、光禄卿、功臣獻官在西，舉册、光禄丞、太常博士又在其西，功臣助奠罍洗、爵洗等官位于功臣獻官之後。又設監察御史位二于西階下，俱東向，北上。奉禮郎、太廟令、太官令、太祝、宮闈令、祝史位于亞獻、終獻、奉爵酒官之南，薦籩豆簠簋官、薦俎、齋郎又在太祝、奉禮郎之南。太廟丞、大官丞俱位于令後。協律郎位二，一在殿上前楹間，一于宮縣之西北，俱東向。大樂令于登歌樂縣之北，大司樂于宮縣之北，良醖令于酌尊所，俱北向。又設助祭文武羣官位于横街之南，東向，北上。又設光禄卿陳牲位于東神門外横街之東，西向，以南爲上。設廩犧令位于牲西南，北向。諸太祝位于牲東，各當牲後，祝史各陪其後，俱西向。設禮部尚書省牲位于牲前稍北，又設御史位于禮部尚書之西，俱西向。禮部帥其屬，設祝册案于室户外之右。司尊彝帥其屬，設尊彝之位于室户之左，每位斝彝一、黄彝一、犧尊二、象尊二、著尊二、山罍二，各加勺、羃、坫爲酌尊。又設瓚、盤、爵、坫于篚，置于始祖尊彝所。又設壺尊二、太尊二、山罍四，各有坫、羃，在殿下階間，北向，西上，設而不酌。七祀功臣，每位設壺尊二于座之左，皆加羃、坫于内，酌尊加勺，皆藉以席。奉禮郎設祭器，每位四簋在前，四簠次之，次以六瓶，次以六鉶，籩豆爲後。左十有二籩，右十有二豆，皆濯而陳之，藉以席。籩豆加以巾，蓋于内。籩一、豆一、簠一、簋一，并俎四，設于每室饌幔内。又設御洗二于東階之東。又設亞、終獻罍洗于東横街下東南，北向，罍在洗東，篚在洗西，南肆，實以巾。又設亞、終獻爵洗于罍洗之西，罍在洗東，篚在洗西，南肆，實以巾、爵并坫。執巾罍巾篚各位于其後。享日，丑前五刻，太常卿帥執事者，設燭于神位前及户外。光禄卿帥其屬，入實籩豆。籩之實，魚鱐、糗餌、粉餈、❶乾棗、形鹽、鹿脯、榛實、乾橑、桃、菱、芡、栗，以序爲次。豆之實，芹菹、筍菹、葵菹、菁菹、韭菹、酏食、魚醢、兔醢、豚拍、鹿臡、醓醢、糝食，以序爲次。又鉶實以羹，加芼滑，登實以太羹，簠實以稻粱，簋實以黍稷，粱在稻前，稷在黍前。良醖令入實尊彝。斝彝、黄彝實以鬱鬯，犧尊、象尊、著尊實以玄酒外，皆實以酒，各加坫、勺、幂。殿下之尊罍，壺尊、太尊、山罍，内除山罍上尊實以玄酒外，皆實以酒，加幂、坫。太廟令帥其屬，設七祀功臣席褥于其次，每位各設莞席一、碧鋪褥一，又各設版位于其座前，又籩豆簠簋各二，俎一。每位次各設壺尊二于神座之右，北向，玄酒在西。良醖令以法酒實尊如常，加勺、幂，置爵于尊下，加坫。光禄卿實饌。左二籩，栗在前，鹿脯次之；右二豆，菁菹在前，鹿臡次之。俎實以羊熟，簠簋實以黍稷。太廟令又設七祀燎柴，及開瘞坎于西神門外之北。太府監陳異寶、

❶「粉」，原脱，據《金史·禮志三》補。

嘉瑞、伐國之寶，户部陳諸州歲貢，金爲前列，玉帛次之，餘爲後，皆于宫縣之北，東西相向，各藉以席。凡祀神之物，當時所無者，則以時物代之。

前一日未後，廟所禁行人。司彝尊、奉禮郎及執事者，升自西階以俟。少頃，諸太祝與廩犧令，以牲就位。禮直官、贊者引禮部尚書、光禄卿丞詣省牲位，立定。禮直官引禮部尚書，贊引者引御史，入就西階升，徧視滌濯。訖，執事者皆舉冪，曰「潔」。俱降，就省牲位，禮直官稍前，曰：「告潔畢，請省牲。❶」次引禮部尚書、侍郎稍前，省牲訖，退，復位。次引光禄卿、丞出班，巡牲一匝，光禄丞西向，曰「充」，曰「備」。廩犧令帥諸太祝巡牲一匝，西向躬身曰「腯」。禮直官稍前，曰：「省牲畢，請就省饌位。」引禮部尚書以下各就位，立定。御史省饌具畢，禮直官贊省饌訖，俱還齋所。光禄卿、丞及太祝、廩犧令以次牽牲詣厨，授大官令。禮直官引禮部尚書詣厨，省鼎鑊，視濯溉，訖，還齋所。晡後一刻，大官令帥宰人執鸞刀割牲，祝史各取毛血，每座共實一豆，遂烹牲。祝史洗肝于鬱鬯，又取肝膋，每座共實一豆，俱還饌所。

前一日，有司設大駕鹵簿于應天門外，尚輦進玉輅于應天門内，南向。其日質明，侍臣直衛及導駕官，于致齋殿前，左右分班立俟。通事舍人引侍中俛伏，跪，奏「請中嚴」。皇帝服通天冠，絳紗袍。少頃，侍中奏「外辦」，皇帝出齋室，即御座，羣官起居訖，尚輦進輿。侍中奏「請皇帝升輿」，皇帝乘輿，侍衛警蹕如常儀。太僕卿先詣玉輅

❶「請」，原作「詣」，據《金史·禮志三》改。

所，攝衣而升，正立執轡。導駕官前導，皇帝至應天門内玉輅所，侍中進當輿前，奏「請皇帝降輿升輅」，皇帝升輅。太僕卿立授綏，導駕官分左右步導，以裹爲上。門下侍郎進當輅前，奏「請車駕進發」，奏訖，俛伏，興，退復位。侍衛儀物止于應天門内。車駕動，稱「警蹕」，至應天門。門下侍郎奏「請車駕少駐，敕侍臣上馬」，侍中奉旨退，稱曰「制：可」。門下侍郎退，傳制，稱「侍臣上馬」。贊者承傳「勅侍臣上馬」。導駕官分左右前導，門下侍郎奏「請車駕進發」。車駕動，稱「警蹕」，不鳴鼓吹。❶將至太廟，禮直官、贊者各引享官，通事舍人分引從享羣官、宗室子孫，❷於廟門外，立班奉迎。駕至廟門，迴輅南向，侍中於輅前奏稱「侍中臣某言，請皇帝降輅，步入廟門」。皇帝降輅，導駕官前導，皇帝步入廟門，稍東。侍中奏「請皇帝升輿」，尚輦奉輿，侍衛如常儀。皇帝升輿至大次，侍中奏「請皇帝降輿，入就大次」。皇帝入就次，簾降，繖扇侍衛如常儀。太常卿、太常博士各分立於大次左右。導駕官詣廟庭班位，立俟。

享日丑前五刻，諸享官及助祭官各服其服。太廟令、良醞令帥其屬，入實尊罍。光禄卿、大官令、進饌者實籩豆簠簋，並徹去蓋冪。奉禮郎、贊者先入，就位。贊者引御史、太廟令、太祝、宫闈令、祝史與執事官等，各自東偏門入，就位。未明二刻，禮直官引太常寺官屬并太祝、宫闈令升殿，開始祖祏室。太祝、宫闈令捧出帝后神主，設于座。以次，逐室神主各設于内黼扆前，置

❶「吹」，原作「次」，據《金史·禮志三》改。

❷「事」，原脱，據《金史·禮志三》補。

定。贊者引御史、太廟令、宫闈令、太祝、祝史與太常官屬于當階間，重行，北向立。奉禮郎于殿上贊奉神主訖，奉禮曰「再拜」，贊者承傳，御史以下皆再拜，訖，各就位。太樂令帥工人二舞入，就位。禮直官、贊者各引享官，通事舍人分引助祭文武羣官宗室入就位。符寶郎奉寶，陳于宫縣之北。皇帝入大次。少頃，侍中奏「請中嚴」，皇帝服衮冕。侍中奏「外辦」，太常卿俛伏，跪，奏稱「太常卿臣某言，請皇帝行事」，俛伏，興。簾捲，皇帝出次。太常卿、太常博士前導，繖扇侍衛如常儀，大禮使後從。至東神門外，殿中監跪進鎮圭，太常卿奏「請執圭」，皇帝執鎮圭。繖扇仗衛停於門外，近侍者從入。協律郎跪伏舉麾，興。工鼓柷，宫縣《昌寧》之樂作。至阼階下，偃麾，戛敔，樂止。升自阼階，登歌樂作，左右侍從量人數升，至版位，西向立，樂止。前導官分左右侍立。太常卿前奏「請再拜」，皇帝再拜。奉禮曰「衆官再拜」，贊者承傳，凡在位者皆再拜。奉禮又贊「諸執事者各就位」，禮直官、贊者分引執事者各就殿上下之位。太常卿奏「請皇帝詣罍洗位」，登歌樂作，至阼階，樂止，降自阼階，宫縣樂作，至洗位，樂止。内侍跪取匜，興，沃水。又内侍跪取盤，興，承水。太常卿奏「請搢鎮圭」，皇帝搢鎮圭，盥手訖，内侍跪取巾于篚，興，以進。帨手，訖。奉瓚盤官以瓚跪進，皇帝受瓚，内侍奉匜沃水，又内侍跪奉盤承水，洗瓚，訖。内侍跪奉巾以進，皇帝拭瓚，訖，内侍奠盤匜，又奠巾于篚。奉瓚槃官以槃受瓚。太常卿奏「請執鎮圭」，前導，皇帝升殿，宫縣樂作，至阼階下，樂止。皇帝升自阼階，登歌樂作，太常卿前導，詣始祖位酌尊所，樂止。奉瓚槃官以瓚莅鬯，執尊者舉冪，侍中跪酌鬱鬯，訖，太常卿前導，入詣始祖神位前，北向立。太常卿奏「請搢鎮圭」，跪。奉瓚槃官西向跪，以瓚授奉瓚官，奉瓚官西向，以瓚跪進。太常卿奏「請執瓚，以鬯裸地」。皇帝執瓚，以鬯裸地，訖，以瓚授奉瓚槃官。太常卿奏「請執鎮圭」，俛伏，興，前導出户外。太常卿奏「請再拜」，皇帝再拜。太常卿前導詣次位，並如上儀。裸畢，太常卿奏「請還版位」，登歌樂作，至版位，西向立，樂止。太常卿奏「請還小次」，前導，皇帝行，登歌樂作，降自阼階，登歌樂止，宫縣樂作。將至小次，太常卿奏「請釋鎮圭」，殿中監跪受鎮圭。皇帝入小次，簾降，樂止。少頃，宫縣奏《來寧》之曲，以黄鍾爲宫，大吕爲角，太簇爲徵，應鍾爲羽，作《仁風道洽》之舞，九成止。黄鍾三奏，大吕、太簇、應鍾各再奏。送神，通用《來寧》之曲。初，晨裸將畢，祝史各奉毛血及肝膋之豆，先于南神門外，齋郎奉爐炭、蕭蒿、黍稷，各立于肝膋之後。皇帝既晨裸畢，至樂作六成，皆入自正門，升自太階。諸太祝于階上，各迎毛血肝膋，進奠于神座前。祝史立于尊所，齋郎奉爐，置于室户外之左，其蕭蒿、黍稷各置于爐炭下。齋郎降自西階，諸太祝各取肝燔于爐，還尊所。

皇帝升裸，大官令帥進饌者，奉神于南神門外，諸饌幔内以西爲上。禮直官引司徒出詣饌所，與薦俎齋郎奉俎，并薦籩豆簠簋官奉籩豆簠簋，禮直官、大官令引以序入自正門，宫縣《豐寧》之樂作。徹豆通用。至太階，樂止。祝史俱進徹毛血之豆，降自西階，以出。饌升，諸太祝迎于階上，各設于神位前。先薦牛，次薦羊，次薦豕及魚。禮直官引司徒以下，降自西階，復位。諸太祝各取蕭蒿黍稷擩於脂，燎于爐炭，訖，還尊所。贊者引舉册官升自西階，詣始祖位之右，進取祝册，置于版位之西，置訖，于祝册案近南立。

太常卿跪奏「請詣罍洗位」。簾捲，出次，宫縣樂作。殿中監跪進鎮圭，太常卿奏「請執鎮圭」。前導，詣罍洗位，樂止。盥手、洗爵，並如晨祼之儀。盥洗訖，太常卿奏「請執鎮圭」，前導，升殿，宫縣樂作，至阼階下，樂止。升自阼階，登歌樂作。太常卿前導，詣始祖位尊彝所，登歌樂止，宫縣奏《大元》之樂，文舞進。奉爵官以爵莅尊，執尊者舉冪，侍中跪酌犧尊之泛齊，訖，太常卿前導，❶入詣始祖室神位前，北向立。太常卿奏「請搢鎮圭」，跪。奉爵官以爵授進爵酒官。進爵酒官西向，以爵跪進，太常卿奏「請執爵，三祭酒」。三祭酒於茅苴，訖，以爵授進爵官，進爵酒官以爵授奉爵官。太常卿奏「請執鎮圭」，興。前導，出户外。太常奏「請少立」，樂止。舉册官進舉祝册，中書侍郎搢笏，跪讀祝，舉祝官舉册奠訖，先詣次位。太常卿奏「請再拜」，再拜訖，太常卿前導，詣次位，行禮並如上儀。酌獻畢，太常卿前導還版位，登歌樂作，至位，西向立定，樂止。太常卿奏「請還小次」，登歌樂作。降自阼階，登歌樂止，宫縣樂作。將至小次，太常卿奏「請釋鎮圭」，殿中監跪受鎮圭。入小次，簾降，樂止，文舞退，武舞進，宫縣奏《肅寧》之樂，作《功成治定》之舞，舞者立定，樂止。

皇帝酌獻訖，將詣小次，禮直官引博士，博

❶「前」，原脱，據《金史·禮志三》補。

士引亞獻，詣盥洗位，北向立，搢圭，盥手，帨手，執圭。詣爵洗位，北向立，搢圭，洗爵，拭爵，以授執事者，執圭。升自西階，詣始祖位尊彝所，西向立。宫縣樂作。執事者以爵授亞獻，亞獻搢圭執爵，執尊者舉冪，大官令酌象尊之醴齊，訖，詣始祖神位前，搢圭，跪。執事者以爵授亞獻，亞獻執爵祭酒。三祭酒于茅苴，奠爵，執圭，俛伏，興，少退，再拜，訖，博士前導，亞獻詣次位，行禮並如上儀。禮畢，樂止。

終獻除本服執笏外，餘並如亞獻之儀。

七祀功臣獻官行禮畢，太常卿跪奏「詣飲福位」，簾捲，出次，宫縣樂作。殿中監跪進鎮圭，太常卿奏「請皇帝執鎮圭」，前導，至阼階下，樂止。升自阼階，登歌樂作，將至飲福位，樂止。初，皇帝既獻訖，太祝分神位前三牲肉，各取前脚第二骨加于俎，又以籩取黍稷飰共置一籩，又酌上尊福酒合置一尊。又禮直官引司徒升自西階，❶東行，立于阼階上前楹間，北向。皇帝既至飲福位，西向立，登歌《福寧》之樂作。太祝酌福酒于爵，以奉侍中，侍中受爵，捧以立。太常卿奏「請皇帝再拜」。訖，奏「請搢圭」，跪，侍中以爵北向跪以進，太常卿奏「請執爵」，三祭酒于沙池。又奏「請啐酒」，皇帝啐酒，訖，以爵授侍中。太常卿奏「請受胙」。太祝以黍稷飰籩授司徒，司徒跪奏進，皇帝受，以授左右。太祝又以胙肉俎跪授司徒，司徒受俎訖，跪進，皇帝受，以授左右。禮直官引司徒退立，侍中再以爵酒跪進。太常卿奏「請皇帝受爵飲福」，飲福訖，侍中跪受虚爵，興，以授太祝。太常卿奏「請執

❶「又」，原作「大」，據《金史·禮志三》改。

圭」，俛伏，興。又奏「請皇帝再拜」，再拜訖，樂止。太常卿前導，皇帝還版位，登歌樂作，俟至位，樂止。太祝各進徹籩豆，登歌《豐寧》之樂作。卒徹，樂止。奉禮曰：「賜胙行事，助祭官再拜。」贊者承傳，在位官皆再拜，宮縣《來寧》之樂作，一成止。太常卿奏「禮畢」，前導，降自阼階，登歌樂止，宮縣樂作，出門，宮縣樂止，繖扇仗衛如常儀。太常卿奏「請釋鎮圭」，殿中監跪受鎮圭。皇帝還大次，通事舍人、禮直官、贊者各引享官、宗室子孫及從享羣臣，以次出。及引導駕官東神門外大次前祇候，前導如來儀。贊者引御史以下，俱復執事位，立定。奉禮曰「再拜」，皆再拜。贊者引工人、舞人以次出。大禮使帥諸禮官、太廟令、太祝、宮闈令，升納神主如常儀。禮畢，禮直官引大禮使以下，降自西階，至橫街，再拜而退。其祝册藏於櫃。七祀功臣分奠，如祫享之儀。

【《樂志》】郊祀前朝享太廟樂歌：

皇帝入門，宮縣無射宮《昌寧》之曲　郊將升禋，廟當告虔。錫鑾戾止，孝實奉先。祀事斯舉，有序無愆。祗見祖考，神意懽然。

皇帝升殿，登歌夾鍾宮《昌寧》之曲　皇皇天子，升自阼階。奠見祖禰，肅然有懷。百禮已洽，八音克諧。既昌且寧，萬福沓來。

迎神，宮縣《來寧》之曲。黃鍾宮三奏，大吕角二奏，太簇徵二奏，應鍾羽二奏，詞同　以實應天，報本反始。潔粢豐盛，禮先肆祀。風馬雲車，神之弔矣。來止來宜，而燕翼子。

皇帝盥洗，宮縣無射宮《昌寧》之曲　有

水于罍，有巾于篚。帨手拭爵，圭衮有煒。玄酒太羹，德馨惟菲。萬年昌寧，皇皇負扆。

皇帝升階，宫縣無射宫《昌寧》之曲降階同。　巍巍京師，有嚴神宫。聖主扆止，多士雲從。來享來獻，肅肅其容。將昭大報，庸示推崇。

司徒捧俎，宫縣無射宫《豐寧》之曲　陳其犧牲，惟純與精。苾芬孝思，於昭克誠。不疾瘯蠡，或剥或亨。洋洋在上，以交神明。

始祖酌獻，宫縣《大元》之曲　猗歟初基，兆我王迹。其命維新，貽謀丕赫。綿綿瓜瓞，國步日闢。堂構之成，焜煌今昔。

獻祖，《大昭》之曲　以聖繼興，成王之孚。民從其化，咸奠攸居。清廟觀德，猗歟偉歟！金石備樂，以奉神娱。

昭祖，《大成》之曲　東夷不庭，皇祖震怒。神武削平，貽厥聖緒。猶室有基，垣墉乃樹。億萬斯年，天保孔固。

景祖，《大昌》之曲　於皇藝祖，其智如神。修法施令，百度維新。疆宇日廣，海隅咸賓。功高德厚，耀耀震震。

世祖，《大武》之曲　於皇先王，昭假于天。長驅遠馭，麾斥無前。王業猶生，孫謀有傳。圓壇展禮，敢先告虔。

肅宗，《大明》之曲　猗歟前人！簡惠照融。相我世祖，成兹伐功。敷佑來葉，帝圖其隆。將修熙事，先歆神宫。

穆宗，《大章》之曲　仁慈忠信，惟祖之休。功光岐下，迹掩商丘。言瞻清廟，懷想前修。神其來格，歆兹庶羞。

康宗，《大康》之曲　猗歟前王！惠我無疆。儀刑典法，日靖四方。永言孝思，於乎不忘。昭告大祀，祗率舊章。

太祖，《大定》之曲　天生聰明，俾乂蒸人。惟此二國，爲我驅民。❶撻彼威武，萬邦咸賓。明昭大報，推而配神。

太宗，《大惠》之曲　維清緝熙，於昭明德。我其牧之，駿奔萬國。南郊肇修，大典增飾。清廟吉蠲，純禧申錫。

睿宗，《大和》之曲　維時祖功，肇開神基。昭哉聖考，其德增輝。上動天監，明命攸歸。謀貽翼子，無疆之辭。

文舞退，武舞進，宮縣《肅寧》之曲　先皇開基，比迹殷湯。功加天下，武德彌光。容舞象成，干戈戚揚。於昭報本，懷哉不忘。

亞、終獻，宮縣《肅寧》之曲　於皇宗祊，朝獻維時。芬芬酒醴，棣棣威儀。誠則有餘，神之格思。神孫千億，神其相之。

皇帝飲福，登歌夾鍾宮《福寧》之曲❷　皇皇穆穆，丕承丕基。躬親于禋，載肅載祗。對越在天，神歆其誠。于以飲酒，如川之增。

徹豆，登歌夾鍾宮《豐寧》之曲　物維其時，既豐且旨。苾苾德馨，或將或肆。神之居歆，洽于百禮。於萬斯年，穰穰介祉。

送神，宮縣黃鍾宮《來寧》之曲　濟濟多儀，皇皇雅奏。獻終反爵，薦餘徹豆。神監昭回，有秩斯祜。無疆之福，神錫厥後。

【《世宗本紀》】大定二十六年十一月甲辰朔，定閔宗陵廟薦享禮。

❶「驅」，原作「毆」，據《金史·樂志下》改。

❷「宮」，原脱，據《金史·樂志下》補。

【《禮志》】大定二十六年，以内外祖廟不同，定擬「太廟每歲五享，山陵朔、望、忌辰及節辰祭奠並依前代典故外，❶衍慶宮自來車駕行幸，遇祖宗忌辰百官行禮，并諸京祖節辰、忌辰、朔、望拜奠，雖無典故參酌，擬合依舊，以盡崇奉之意」。從之。

章宗承安四年七月，朝獻于衍慶宮。

【《章宗本紀》】太和元年十二月，勑改原廟春秋祭祀稱朝獻。　二年正月乙卯，朝獻于衍慶宮。　五月，初薦新于太廟。　七月乙卯，朝獻于衍慶宮。　三年正月丁丑，朝獻于衍慶宮。　六年七月甲申，朝獻于衍慶宮。　七年正月甲申，朝獻于衍慶宮。　七月庚辰，朝獻于衍慶宮。　八年正月壬申，朝獻于衍慶宮。　七月乙巳，朝獻于衍慶宮。

【《宣宗本紀》】貞祐二年正月，以邊事未息，有司奏請權止今年朝獻原廟，從之。　三年九月癸酉，朝謁世祖、太祖御容於啟慶宮，行獻享禮，始用樂。　甲戌，朝謁太宗、熙宗、睿宗御容，行獻享禮。

興定元年六月乙卯，顯宗忌日，謁奠於啟慶宮。　八月，太祖忌日，謁奠於啟慶宮。　二年七月，以旱災享太廟。　四年十二月庚辰，臘享于太廟。　五年正月丁亥，世宗忌日，謁奠于啟慶宮。

【《哀宗本紀》】正大三年四月辛卯，親享於太廟。

【《禮志・時享》】有司行事。　前期，太常寺舉申禮部，關學士院、司天臺擇日，以其日報太常寺。　前七日，受誓戒於尚書省。　其日質明，禮直官設版位于都堂之下，依已定《誓戒圖》，禮直官引三獻官，并應行事執事

❶「節辰」，原作「節底」，據《金史・禮志六》改。

官等，各就位，立定，贊「揖」，在位官皆對揖，訖，禮直官以誓文奉初獻官，初獻官搢笏，讀誓文：「某月某日，孟春薦享太廟，各揚其職。不恭其事，國有常刑。」讀訖，執笏。七品以下官先退，餘官對拜訖乃退。散齋四日，治事如故，宿於正寢，惟不吊喪、問疾、作樂、判署刑殺文字決罰罪人及預穢惡。致齋，三日於本司，惟享事得行，其餘悉禁，一日於享所。已齋而缺者，通攝行事。

前三日，兵部量設兵衛，列於廟之四門。前一日，禁斷行人。儀鑾司設饌幔十一所於南神門外西，南向。又設七祀司命、户二位于横街之北，道西，東向。又設羣官齋宿次於廟門之東西舍。

前二日，太樂局設登歌之樂於殿上。太廟令帥其屬，掃除廟殿門之内外，於室内鋪設神位於北墉下，當户南向。設几于筵上。又設三獻官拜褥位二。一在室内，一在室外。學士院定撰祝文訖，計會通進司請御署，降付禮部，置于祝案。祠祭局濯滌祭器與尊彝訖，鋪設如儀。内太尊二、山罍二在室，❶犧尊五、象尊五、鳥彝一、雞彝一在室户外之左。爐炭稍前。著尊二、犧尊二在殿上，象尊二、壺尊六在下。俱北向，西上，加冪，皆設而不酌。并設獻官罍洗位。禮部設祝案于室户外之右。禮直官設位版并省牲位，❷如式。

前一日，諸太祝與廩犧令以牲就東神門外。司尊彝與禮直官及執事皆入，升自西階，以俟。禮直官引太常卿，贊者引御史，自西階

❶「罍」，原作「尊」，據庫本及《金史·禮志三》改。
❷「位版」，原作「版位」，據《金史·禮志三》改。

升，徧視滌濯。執尊者舉冪，告潔訖，引降就省牲位。廩犧令少前，❶曰「請省牲」，退復位。太常卿省牲，廩犧令及太祝巡牲告備，皆如郊社儀。既畢，太祝與廩牲令以次牽牲詣厨，授大官令。贊者引光禄卿詣厨，請省鼎鑊，申視滌溉。贊者引御史詣厨，省饌具，❷訖，與太常卿等各還齋所。太官令帥宰人以鸞刀割牲，祝史各取毛血，每室共實一豆，又取肝膋共實一豆，置饌所，遂烹牲。光禄卿帥其屬，入實祭器。良醖令入實尊彝。

享日質明，百官各服其品服。禮直官、贊者先引御史、博士、太廟令、太官令、諸太祝、祝史、司尊彝與執罍篚官等，入自南門，當階間，北向，西上，立定。奉禮曰「再拜」，贊者承傳，皆再拜。訖，贊者引太祝與宮闈令，升自西階，詣始祖室，開祏室，太祝捧出帝主，宮闈令捧出后主，置于座。帝主在西，后主在東。贊者引太祝與宮闈令，降自西階，俱復位。奉禮曰「再拜」，贊者承傳，在位官皆再拜，訖，俱各就執事位。大樂令帥工人入。禮直官、贊者分引三獻官與百官，俱自南東偏門入，至廟庭横街上，三獻官當中，北向，西上，應行事執事官并百官依品，重行立。奉禮曰「拜」，贊者承傳，應北向在位官皆再拜。其先拜者不拜。拜訖，贊者引三獻官詣廟殿東階下，西向立，其餘行事執事官與百官俱各就位。訖，禮官詣初獻官前，稱「請行事」。❸協律郎跪，俛伏，興，樂作。禮直官引初獻詣盥洗位，北向立定，樂止。搢

❶「少」，庫本作「稍」。
❷「具」，原作「俱」，據《金史・禮志三》改。
❸「稱」，原脱，據《金史・禮志三》補。

笏，盥手，帨手，執笏。詣爵洗位，北向立，搢笏，洗瓚，拭瓚，以瓚授執事者，執笏，升殿，樂作。至始祖室尊彝所，西向立，樂止。執事者以瓚奉初獻官，獻官搢笏，執瓚。執尊者舉冪，大官令酌鬱鬯，訖，初獻以瓚授執事者，執笏，詣始祖室神位前，樂作，北向立，搢笏，跪。執事者以瓚授初獻官。初獻官執瓚，以鬯祼地，訖，以瓚授執事者，執笏，俛伏，興，出户外，北向再拜，訖，樂止。每室行禮，並如上儀。禮直官引初獻降復位。初獻將升祼，祝史各奉毛血肝膋豆，及齋郎奉爐炭、蕭蒿、黍稷簠，各於饌幔内以俟。初獻晨祼訖，以次入自正門，陞自太階。諸太祝皆迎毛血肝膋豆於階上，俱入奠于神座前。齋郎所奉爐炭、蕭蒿簠，皆置于室户外之左，與祝史俱降，自西階以出。諸太祝取肝膋洗于鬱鬯，燔於爐炭，訖，還尊所。

享日，有司設羊鼎十一、豕鼎十一於神厨，各在鑊右。初獻既升祼，光禄卿帥齋郎詣厨，以匕升羊於鑊，實於一鼎，肩、臂、臑、肫、胳、正脊一、横脊一、長脅一、短脅一、代脅一，皆二骨以並。次升豕如羊，實于一鼎。每室羊、豕各一鼎，皆設扃冪。齋郎對舉，入鑊，放饌幔前。齋郎抽扃，委於鼎右，除冪。光禄卿帥大官令，以匕陞羊，載于一俎，肩、臂、臑在上端，肫、胳在下端，脊、脅在中。次升豕如羊，各載于一俎。每室羊、豕各一俎。齋郎即以扃舉鼎先退，置於神厨，訖，復還饌幔所。禮直官引司徒出詣饌幔前，立以俟。❶光禄卿帥其屬，實籩以粉餈，實豆以糝食，實簠以粱，實簋以稷。俟

❶「立」，原脱，據《金史·禮志三》補。

初獻祼畢，復位，祝史俱進徹毛血之豆，降自西階以出。禮直官引司徒，帥薦籩豆簠簋官、奉俎齋郎，各奉籩豆簠簋、羊豕俎，每室以序而進，立于南神門之外以俟，羊俎在前，豕俎次之，籩豆簠簋又次之。入自正門，樂作，升自太階，諸太祝迎引於階上，樂止。各設于神位前，訖，禮直官引司徒以下，降自西階，樂作，復位，樂止。諸太祝各取蕭蒿、黍稷擩於脂，燔於爐炭，還尊所。

禮直官引初獻詣罍洗位，樂作，至位，北向立，樂止。搢笏，盥手，帨手，執笏。詣爵洗位，北向立，搢笏，洗爵，拭爵，以爵授執事者，執笏，升殿，樂作，詣始祖室酌尊所，西向立，樂止。執事者以爵授初獻。初獻搢笏，執爵，執事者舉冪，大官令酌犧尊之汎齊，訖，次詣第二室酌尊所，如上儀。詣始祖神位前，樂作，北向立，搢笏，跪，執事者以爵授初獻，初獻執爵，三祭酒于茅苴，奠爵，執笏，俛伏，興，出室户外，北向立，樂止。贊者引太祝詣室户外，東向，搢笏，跪讀祝文。讀訖，執笏，興。次詣第二室。次詣每室行禮，並如上儀。初獻降階，樂作，復位，樂止。

禮直官引亞獻詣盥洗位，北向立，搢笏，盥手，帨手，執笏。詣爵洗位，北向立，搢笏，洗爵，拭爵，以授執事官。執笏，升殿，詣始祖酌尊所，西向立，執事者以爵授亞獻。亞獻搢笏，執爵，執尊者舉冪，大官令酌象尊之醴齊，訖，次詣第二室酌尊所，如上儀。詣始祖神位前，樂作，北向立，搢笏，跪，執事者以爵授亞獻。亞獻執爵，三祭酒於茅苴，奠爵，執笏，俛伏，興，出户外，北向再拜，訖，樂止。次詣每室行禮，並如上儀。降階，樂作，復位，樂止。

禮直官次引終獻詣盥洗及升殿行禮，並如亞獻之儀，降復位。次引太祝徹籩豆，少移故處。樂作，卒徹，樂止，俱復位。禮直官曰「賜胙」，贊者承傳，曰「賜胙，再拜」，在位者皆再拜。禮直官引太祝、宮闈令奉神主，太祝搢笏，納帝主於匱，奉入祏室，執笏，退復位。次引宮闈令納后主於匱，奉入祏室，並如上儀。禮直官、贊者引行事執事官各就位，奉禮曰「再拜」，贊者承傳，應在位官皆再拜。禮直官、贊者引百官次出，大樂令帥工人次出，大官令帥其屬，徹禮饌，次引監祭御史詣殿監視卒徹，訖，還齋所。太廟令闔户以降。太常藏祝版于櫃。光禄以胙奉進，監祭御史就位展視，光禄卿望闕再拜，乃退。

其七祀，春户，夏竈、中霤，秋門，冬行，❶鋪設祭器，入實酒饌，俟終獻將升獻，獻官行禮，并讀祝文。及每歲四孟月、臘五享，並如上儀。

【《樂志》】時享，攝事登歌樂章：

初獻盥洗，無射宮《肅寧》之曲　酌彼行潦，維挹其清。潔齊以祀，祀事昭明。顯允辟公，沃盥乃升。神之至止，歆于克誠。

初獻升殿，夾鍾宮《嘉寧》之曲餘同親祀，惟不用宮縣。　濟濟在庭，祇薦有序。雍容令儀，旋規折矩。爰徂于基，鳴佩接武。敬恭神明，來寧來處。

右金廟享。

五禮通考卷第九十四

淮陰吴玉搢校字

❶「行」，原作「井」，據《金史·禮志三》改。

五禮通考卷第九十五

内廷供奉禮部右侍郎金匱秦蕙田編輯
太子太保總督直隸右都御史桐城方觀承同訂
兩淮都轉鹽運使德水盧見曾
按察司副使元和宋宗元　參校

吉禮九十五

宗廟時享

【《元史·世祖本紀》】中統元年十二月乙巳，始制祭享太廟祭器、法服。

【《祭祀志》】元祖宗祭享之禮：割牲、奠馬湩，以蒙古巫祝致辭，蓋國俗也。世祖元年秋七月丁丑，設神位于中書省，用登歌樂，遣必闍赤致祭焉。必闍赤，譯典書記者。十二月，初命制太廟祭器、法服。

國俗，舊禮每歲太廟四祭，用司禋監官一員，名蒙古巫祝。當省牲時，法服，同三獻官升殿，詣室户告腯，還至牲所，以國語呼累朝帝后名諱而告之。明旦，三獻禮畢，獻官、御史、太常卿、博士復陞殿，分詣各室，蒙古博兒赤跪割牲，太僕卿以朱漆盂奉馬乳酌奠，巫祝以國語告神訖，太祝奉祝幣詣燎位，獻官以下復版位載拜，禮畢。

【《世祖本紀》】中統三年十二月癸亥，享太廟。

【《祭祀志》】即中書省，備三獻官、大禮使，司徒攝祀事，禮畢，神主復藏瑞像殿。四年三月癸卯，詔建太廟于燕京。十一月丙戌，仍寓祀事中書，以親王合丹、塔察兒、王盤、張文謙攝事。

攝祀儀，❶其目有九：

一曰齋戒。享前三日，三獻官以下凡與祭員，皆公服受誓戒于中書省。是日質明，有司設金椅于省庭，一人執紅羅繖立于其左。奉禮郎率儀鸞局陳設版位，獻官諸執事位，俱藉以席，仍加紫綾褥。設初獻太尉位於省階少西，南向；大禮使立於其東，少南，西向；監察御史位二，于通道之西，東向；監禮博士於通道之東，西向；俱北上。設司徒亞、終獻位於其南，北向，西上。次助奠七祀獻官，次太常卿、光禄卿、光禄丞、書祝官、讀祝官、太官令、良醞令、廩犧令、司尊彝、舉祝官、太官丞、廩犧丞、奉爵官、奉瓚官、盥爵官二、巾篚官、蒙古太祝、巫祝、點視儀衛、清道官及與祭官，依品級陳設，皆異位重行。太廟令、太樂令、郊社令、太祝位于通道之西，北向，東上。太廟丞、太樂丞、郊社丞、奉禮郎、協律郎、司天生位于通道之東，北向，西上。齋郎位于其後。贊者引行事等官，各就位，立定。次引初獻官立定。禮直官搢笏，讀誓文，曰：「某年某月某日，享於太廟，各揚其職。其或不敬，國有常刑。」散齋二日宿于正寢，致齋一日宿於祠所。散齋日，治事如故，不弔喪、問病，❷不作樂，不判署刑殺文字，不決罰罪人，不與穢惡事。致齋日惟享事得行，餘悉禁。凡與享之官，已齋而闕者，通攝行事。七品以下官先退，餘官再拜。禮直官贊鞠躬，拜，興，拜，興，平立，禮畢。守廟兵衛與太樂工人，俱清齋一宿。赴祝所之日，官給酒饌。

❶「祀」，原作「事」，據《元史·祭祀志四》改。
❷「病」，庫本作「疾」。

二曰陳設。享前二日，所司設兵衛于廟門，禁斷行人。儀鸞局設幄幔于饌殿，所司設三獻官以下行事執事官次于齋房之所。前一日，太樂令率其屬，設宫縣之樂於庭中。東方西方磬簴起北，鐘簴次之；南方北方磬簴起西，鐘簴次之。設十二鎛鐘于編縣之間。各依辰位，❶樹建鼓于四隅，置柷敔于北縣之内。柷一，在道東；敔一，在道西。路鼓一，在柷之東南，晉鼓一在其後，又路鼓一在柷之西南。諸工人各于其後。東方西方，以北爲上；南方北方，以西爲上。文舞在北，武舞在南，立舞表于酇綴之間。又設登歌之樂于殿上前楹間。玉磬一簴在西，金鐘一簴在東，柷一在金鐘北稍西，敔一在玉磬北稍東。搏拊二，一在敔北，一在柷北，東西相向。歌工次之，餘工各位于縣後。其匏竹者立於階間，重行，北向，相對爲首。享前一日，太廟令率其屬，掃除廟庭之内外；樞密院軍官一員，率軍人剗除草穢，平治道路。又設七祀燎柴于廟門之外。又于室内鋪設神位於北牖下，當户，南向。每位設黼扆一，紫綾厚褥一，薄褥一，莞席一，繅席二，虎皮次席二。時暄則用桃枝竹席，几在筵上。又設三獻官拜跪褥位二，一在室内，一在室外。學士院定撰祝册訖，書祝官於饌幕具公服書祝訖，請初獻官署御名訖，以授太廟令。又設祝案于室户外之右。又設三獻官位于殿下横街之南，稍西，東向；亞獻、終獻位稍却，助奠七祀獻官又於其南；書祝官、讀祝官、舉祝官、太廟令、太官令、良醖令、廩犧令、太廟丞、太官丞位又於其南；司尊彝、奉瓚

❶「辰」，原作「神」，據《元史·祭祀志四》改。

官、奉爵官、盥洗巾篚、爵洗巾篚、蒙古太祝、蒙古巫祝、太祝、宫闈令及七祀司尊彝、盥洗巾篚，以次而南。又設齋郎位於其後。每等異位，重行，東向，北上。又設大禮使位於南神門東偏門稍北，北向。又設司徒、太常卿等位於横街之南稍東，西向，與亞、終獻相對，司徒位在北，太常卿稍却；太常同知、光禄卿、僉院、同僉、院判、光禄丞、拱衛使，以次而南。又設監祭御史位二、監禮博士位二於横街之北，西向，以北爲上。又設協律郎位，在宫縣樂簴西北，東向，大樂丞在樂簴之間。又設大樂令、協律郎位于登歌樂簴之間。又設牲榜于東神門外，南向。設太常卿位於牲位，南向。監祭御史位在太常卿之左，太官令次之，光禄丞、太官丞又次之，廪犧令位在牲西南，廪犧丞稍却，俱北向，以右爲上。又設諸太祝位於牲東，西向，以北爲上。又設蒙古巫祝位于牲東南，北向。又設省饌位於省饌殿前，太常卿、光禄卿、光禄丞、太官令位于東，西向；監祭、監禮位于西，東向；皆北上。太廟令陳祝版於室右之祝案，又率祠祭局設籩豆簠簋。每室左十有二籩，右十有二豆，俱爲四行。登三，在籩豆之間，鉶三次之，簠二、簋二又次之，簠左簋右，俎七在簠簋之南，香案一次之，沙池又次之。又設每室尊罍於通廊，斝彝、黄彝各一，春夏用雞彝、鳥彝，犧尊二、象尊二；秋冬用著尊、壺尊、著尊二、山罍二，以次在本室南之左，皆加勺、冪。爲酌尊所，北向，西上。彝有舟、坫、冪。又設壺尊二、太尊二、山罍四，在殿下階間，俱北向，望室户之左，皆有坫加冪，設而不酌。凡祭器，皆藉以席。又設七祀位于横街之南道東，西向，以北爲上。席皆以莞。設神版位，各于座首。又設祭器，每位左二籩，右二豆，簠一、簋一，在籩豆間，俎一，在籩前，爵坫一次之，壺尊二，在神位之西，東向，以北爲上，皆有坫、勺、冪。又設三獻盥洗、爵洗，在通街之西，横街之南，北向。罍在洗西，加勺，篚在洗東，皆實以巾。爵洗仍實以瓚，爵加盤坫。執罍篚者各位於後。又設七祀獻官盥洗位於七祀神位前，稍北，罍在洗西，篚在洗東，實以巾。又實爵于坫。執罍篚者各位于後。

三曰習儀。享前二日，三獻以下諸執事官員赴太廟習儀。次日早，各具公服乘馬赴東華門，迎接御香至廟省牲。

四曰迎香。享前一日，有司告諭坊市，灑掃經行衢路，祗備香案。享前一日質明，三獻官以下及諸執事官，各具公服，六品以下官皆借紫服，詣崇天門下。太常禮儀院官一員奉御香，一員奉酒，二員奉馬湩，自内出；監祭、監禮、奉禮郎、太祝分兩班前導；控鶴五人，一人執繖，從者四人，執儀仗在前行。至大明門，由正門出，教坊大樂作。至崇天門外，奉香、酒、馬湩者，安置腰輿，導引如前。行至外垣欞星門外，百官上馬，分兩班行於儀仗之外，清道官行於儀衛之先，兵馬司巡兵夾道次之，金鼓又次之，京尹儀從又次之，教坊大樂爲一隊次之。控鶴弩手各服其服，執儀仗，左右成列次之，拱衛使居其中，儀鳳司細樂又次之。太常卿與博士、御史導於輿前，獻官、司徒、大禮使、助奠官從于輿後。至廟，入自南門。至神門外，百官及儀衛官止。❶太常卿、博士、御史導輿，三獻官、司徒、大禮使、助奠官從

❶「止」上，《元史·祭祀志四》有「皆」字。

入至殿下。獻官奉香、酒、馬湩，升自東階，❶入殿内通廊正位安置。禮直官引獻官降自東階，由東神門北偏門出，釋服。

五曰省牲器，見親祀儀。

六曰晨祼。祀日丑前五刻，太常卿、光禄卿、太廟令率其屬，設燭於神位，遂同三獻官、司徒、大禮使等，每室一人，分設御香酒醴，以金玉爵斝，酌馬湩、蒲萄，尚醞酒奠於神案。又陳籩豆之實。籩四行，以右爲上。第一行魚鱐在前，糗餌、粉餈次之，第二行乾橑在前，乾棗、形鹽次之，第三行鹿脯在前，榛實、乾桃次之，第四行菱在前，芡、栗次之。豆四行，以左爲上。第一行芹菹在前，筍菹、葵菹次之，第二行菁菹在前，韭菹、飽食次之，第三行魚醢在前，兔醢、豚拍次之，第四行鹿臡在前，醓醢、糝食次之。簠實以稻粱，簋實以黍稷，登實以大羹，鉶實以和羹，尊彝、斝彝實以明水，黄彝實以鬱鬯，犧尊實以泛齊，象尊實以醴齊，著尊實以盎齊，山罍實以三酒，壺尊實以醍齊，太尊實以沈齊。凡齊之上尊，實以明水；酒之上尊，實以玄酒，其酒齊皆以上醞代之。又實七祀之祭器，每位左二籩，栗在前，鹿脯次之；右二豆，菁菹在前，鹿臡次之。簠實以黍，簋實以稷，壺尊實以醍齊，其酒齊亦以上醞代之。陳設訖，獻官以下行事執事官各服其服，會于齊班廳。禮直官引太常卿、監祭、監禮、太廟令、太祝、宫闈令、諸執事官、齋郎，自南神門東偏門入就位，東西相向立定。候監祭、監禮案視殿之上下，徹去蓋、羃，糾察不如儀者，退復位。禮直官引太常卿、監祭、監禮、太廟令、

❶「東」，原作「泰」，據《元史·祭祀志四》改。

太祝、宫闈令陞自東階，詣太祖室。蒙古太祝起帝主神冪，宫闈令起后主神冪。次詣每室，並如常儀。畢，禮直官引太常卿以下諸執事官，當横街間，重行，以西爲上，北向立定。奉禮郎贊曰「奉神主訖，再拜」，禮直官承傳，太常卿以下皆再拜。訖，奉禮郎又贊曰「各就位」，禮直官引諸執事官各就位。次引太官令率齋郎由南神門東偏門以次出。贊者引三獻官、司徒、大禮使、七祀獻官、諸行事官，由南神門東偏門入，各就位，立定。禮直官進于初獻官之左，贊曰「有司謹具，請行事」，退復位。協律郎跪，俛伏，興，舉麾，興，工鼓柷，宫縣樂奏《思成》之曲，九成，文舞九變。奉禮郎贊「再拜」，在位者皆再拜。奉禮郎又贊「諸執事者各就位」，禮直官引奉瓚、奉爵、盥爵、洗巾篚執事官各就位，立定。禮直官引初獻官詣盥洗位，宫縣樂作無射宫《肅寧》之曲，至位，北向立定，搢笏，盥手，帨手，執笏。詣爵洗位，至位，北向立定，搢笏，執瓚，洗瓚，拭瓚，以瓚授執事者，執笏，樂止。登歌樂作，奏夾鐘宫《肅寧》之曲，升自東階，樂止。詣太祖酌尊所，西向立，搢笏，執事者以瓚授初獻官，執瓚。司尊彝跪舉冪，良醖令跪酌黄彝鬱鬯，初獻以瓚授執事者，執笏，詣太祖神位前，北向立，搢笏，跪，三上香。執事者以瓚授初獻，初獻執瓚，以鬯灌於沙池，以瓚授執事者，執笏俛伏，興，出室户外，北向立，再拜。訖，詣每室祼鬯，如上儀。俱畢，禮直官引初獻降自東階，登歌樂作，奏夾鐘宫《肅寧》之曲，復位，樂止。

七曰饋食。初獻既祼，如前進饌儀。

八曰酌獻。太祝立茅苴于盤。禮直官引初獻詣盥洗位，宫縣樂作，奏無射宫《肅寧》之曲，至位，北向立，搢笏，盥手，帨手，執笏。詣爵洗位，至位，搢笏，執爵，洗爵，拭爵，以爵授執事者，執笏，樂止。登歌樂作，奏夾鐘宮《肅寧》之曲，陞自東階，樂止。詣太祖酒尊所，西向立，搢笏，執爵。司尊彝搢笏，跪舉冪，良醖令搢笏，跪酌犧尊之泛齊，以爵授執事者，執笏。宮縣樂作，奏無射宮《開成》之曲，詣太祖神座前，北向立，稍前，搢笏，跪，三上香。執爵，三祭酒於茅苴，以爵授執事者，執笏，俛伏，興，平立。請出室户外，北向立，樂止，俟讀祝。舉祝官搢笏，跪，對舉祝版，讀祝官跪讀祝文，讀訖，舉祝官奠祝版於案，執笏，興，讀祝官俛伏，興，禮直官贊「再拜」。訖，次詣每室，酌獻如上儀，各奏本室之樂。獻畢，宮縣樂止，降自東階，登歌樂作，奏夾鐘宮《肅寧》之曲。初獻復位，立定。文舞退，武舞進，宮縣樂作，奏無射宮《肅寧》之曲，舞者立定，樂止。禮直官引亞獻詣盥洗位，至位，北向立，搢笏，執爵，洗爵，拭爵，以爵授執事者。陞自東階，詣太祖酌尊所，西向立，搢笏，執爵。司尊彝搢笏，跪舉冪，良醖令搢笏，跪，酌象尊之醴齊，以爵授執事者，執笏。宮縣樂作，奏無射宮《肅寧》之曲，詣太祖神座前，北向立，稍前，搢笏，跪，三上香。執爵，三祭酒於茅苴，以爵授執事者，執笏，俛伏，興，平立。請出室户外，北向立，再拜。訖，次詣每室，酌獻並如上儀。獻畢，樂止，降自東階，復位，立定。禮直官引終獻，如亞獻之儀，唯酌著尊之盎齊。禮畢，降復位。初終獻將行，贊者引七祀獻官詣盥洗位，搢笏，盥手，帨手，訖，執笏，詣酒尊所，搢笏，執爵，酌酒，以爵授執事者，執笏，詣首位神座前，東向立，稍前，搢笏，跪，執爵，三祭酒於沙池，奠爵于案，執笏，俛伏，興，少退立，再拜訖，每位並如上儀。俱畢，七祀獻官俟終獻官降復位，立定。

九曰祭馬湩。終獻酌獻將畢，禮直官分引初獻、亞獻官、司徒、大禮使、助奠官、七祀獻官、太常卿、監祭、監禮、太廟令丞、蒙古庖人、巫祝等升殿。每室獻官一員，各立於户外。太常卿、監祭、監禮以下，立於其後。禮直官引獻官詣神座前，蒙古庖人割牲體以授獻官。獻官搢笏，跪，奠於帝主神位前，次奠於后主神位前，訖，出笏退就拜位，搢笏，跪。太廟令取案上先設金玉爵斝、馬湩、蒲萄、尚醖酒，以次授獻官，獻官皆祭於沙池。蒙古巫祝致祠訖，宫縣樂作，同進饌之曲。初獻出笏就拜，興，請出室户外，北向立。俟衆獻官畢立，禮直官通贊曰「拜」，興，凡四拜。監祭、監禮以下從拜。皆作本朝跪禮。拜畢退，登歌樂作，降階，樂止。太祝徹籩豆，登歌樂作，奏夾鐘宫《豐寧》之曲。奉禮贊「賜胙」，贊者承傳，衆官再拜，興。送神樂作，奏黄鐘宫《保成》之曲，一成而止。太祝各奉每室祝版，降自太階望瘞位。禮直官引三獻、司徒、大禮使、助奠、七祀獻官、太常卿、光禄卿、監祭、監禮視燔祝版，至位坎北南向跪，以祝版奠于柴，就拜，興。俟半燎，禮直官贊「可瘞」。禮直官引三獻以下及諸執事者、齋郎等，由南神門東偏門出，至揖位，圓揖。樂工二舞以次從出。三獻之出也，禮直官分引太常卿、太廟令、監祭、監禮、蒙古太祝、宫闈令及各室太祝，陞自東階，詣太祖神座前，陞納神主，每室如儀。俱畢，降自東階，至横街南，北向，西上，立定。奉禮贊曰「陞納神主」，訖，再拜，贊者承傳，再拜訖，以次出。禮畢，三獻官、司徒、大禮使、太常禮儀院使、光禄卿等官，奉胙進于闕庭。駕幸上都，則以驛赴奉進。

攝行告謝儀：

告前三日，三獻官以下諸執事官，各具公服，赴中書省受誓戒。告前一日未正二刻，省牲器。至期質明，三獻官以下諸執事者各服法服，禮直官引太常卿、監祭御史、監禮博士、五令諸執事官，先入就位。禮直官引監祭、監禮點視陳設畢，復位。禮直官引太常卿、監祭、監禮、太廟令、太祝、宫闈令奉遷各室神主訖，降自横街，北向，立定。奉禮郎贊「再拜」，在位官皆再拜，訖，奉禮郎贊「各就位」，訖，太官令、齋郎出。禮直官引三獻、司徒、光禄卿、捧瓚、爵盥、爵洗官入就位，立定。禮直官贊「有司謹具，請行事」，降神，樂作，九成止。奉禮郎贊「再拜」，三獻以下再拜，訖，奉禮郎贊諸執事者各就位，立定。禮直官引初獻詣盥洗位，盥手；詣爵洗位，洗瓚；詣第一室酒尊所，酌鬱鬯；詣神座前，北向，跪，搢笏，三上香，奠幣，執瓚，以鬯灌於沙池，執笏，俛伏，興；出室户外，再拜，訖。次詣各室，並如上儀。俱畢，降復位。司徒率齋郎進饌，如常儀。奠畢，降復位。禮直官引初獻詣盥洗位，盥手；詣爵洗位，洗爵；詣第一室酒尊所，酌酒；詣神座前，北向，搢笏，跪，三上香，執爵，三祭酒於茅苴，以爵授執事者，執笏，俛伏，興；出室户外，北向立；俟讀祝官讀祝文訖，再拜。詣每室，並如上儀。俱畢，降復位。禮直官引亞獻官盥手、洗爵、酌獻，並如初獻儀，惟不讀祝。俱畢，降復位。禮直官引終獻，並如亞獻儀。俱畢，復位。太祝徹籩豆。奉禮郎贊「賜胙」，衆官再拜，在位官皆再拜。訖，禮直官引三獻官、司徒、太常卿、監祭、監禮視焚祝版、幣帛，禮直官贊「可瘞」。禮畢，太常卿、監祭、監禮升納神主。訖，降自横街，奉禮郎贊「再拜」，在位官皆再拜。訖，退。

凡大祭祀，尤貴馬湩。將有事，勑太僕司挏馬官，奉尚飲者革囊盛送焉。其馬牲既與三牲同登於俎，而割奠之祭品，與籩豆俱設。❶ 將奠牲盤酹馬湩，則蒙古太祝升詣第一座，呼帝后神諱，以致祭年月日數、牲齋品物，致其祝語。以次詣列室，皆如之。禮畢，則以割奠之餘，撒於南櫺星門外，名曰「抛撒茶飯」。蓋以國禮行事，尤其所重也。始至元初，金太祝魏友諒者仕於朝，詣中書言太常寺奉祀宗廟禮不備者數事。禮部移太常考前代典禮，以勘友諒所言，皆非是，由是禮官代有討論。割奠之禮，初惟太常卿設之。桑哥爲初獻，乃有三獻等官同設之儀。博士議曰：「凡陳設祭品、實罇罍等事，獻官皆不與也，獨此親設之，然後再升殿，恐非誠慤專一之道。且大禮使等官，尤非其職。」大樂署長言：「割奠之禮，宜别撰樂章。」博士議曰：「三獻之禮，實依古制。若割肉、奠葡萄酒、馬湩，别撰樂章，是又成一獻也。」又議：「燔膋膟與今燒飯禮合，不可廢。形鹽、糗餌、粉餈、酏食、糝食，非古。雷鼓、路鼓，與播鼗之制不同。❷ 攝祀大禮使終夕堅立，無其義。」知禮者皆有取於其言。

【《世祖本紀》】至元二年九月戊戌，以將有事太廟，取大樂工於東平，預習儀禮。冬十月己卯，享於太廟。

❶「與」上，《元史·祭祀志三》有「復」字。

❷「鼗」，原作「鼓」，據《元史·祭祀志三》改。

【《祭祀志》】二年九月，初命滌養犧牲。

【《禮樂志》】世祖中統四年至至元三年，七室樂章：《太常集禮藁》云：「此係卷牘所載。」

太祖第一室　天垂靈顧，地顯中方。帝力所拓，神武莫當。陽谿昧谷，咸服要荒。昭孝明禋，神祖皇皇。

太宗第二室　和林聖域，天邑地宮。闕。❶南北來同。闕。❷司分置，冑教肇崇。潤色祖業，德仰神宗。

睿宗第三室　珍符默授，疇昔自天。爰生聖武，寶祚開先。霓旌迴狩，龍駕遊僊。追遠如生，皇慕顒然。

皇伯考术赤第四室　威闕。鷹揚，❸冢位闕。❹當。從龍遠拓，千萬里疆。誕總虎旅，駐壓西方。航海梯山，東西來王。

皇伯考察合帶第五室　雄武軍威，滋多歷年。深謀遠略，協贊惟專。流沙西域，餞日東邊。百國畏服，英聲赫然。

定宗第六室　三朝承休，恭己優游。欽繩祖武，其德聿修。帝憖錫壽，德澤期周。黝饎惟薌，祈饗于幽。

憲宗第七室　龍躍潛居，風雲會通。知民病苦，軫念宸衷。夔門之旅，繼志圖功。俎豆敬祭，華儀孔隆。

【《世祖本紀》】至元四年十一月乙酉，享于太廟。　六年十二月己丑，作佛事于太廟七晝夜。

【《祭祀志》】命國師僧薦佛事，始造木質金表牌位十有六，設大榻金椅奉安祏室前，爲

❶「闕」字注文，庫本補「在庭感格」四字正文。
❷「闕」字注文，庫本補「典」字正文，屬下句。
❸「威」，原作「咸」，據《元史・禮樂志三》改。「闕」字注文，庫本補「武」字正文。
❹「闕」字注文，庫本補「允」字正文。

太廟薦佛事之始。　帝位于右，后位于左，題號其面，籠以銷金絳紗，其制如櫝。

【《世祖本紀》】至元七年十月癸酉，勅宗廟祭祀祝文書以國字。乙酉，享於太廟。己丑，勅來年太廟牲勿用豢豕，以野豕代之，時果勿市，取之内園。　八年九月丙子，敕今歲享太廟毋用犧牛。十月丁酉，享于太廟。　九年十月壬辰，享于太廟。　十年九月己丑，勅自今秋獵鹿豕，先薦太廟。十月乙卯，享于太廟。　十二年十月戊戌朔，享于太廟。❶　十三年四月庚辰，修太廟。八月，遣太常卿忽脱思以銅爵一、豆二，獻于太廟。九月己亥，享于太廟，常饌外，益野豕、鹿、羊、葡萄酒。

【《祭祀志》】十三年九月丙申，薦佛事于太廟，命即佛事處便大祭。　己亥，享于太廟，加薦羊、鹿、野豕。　是歲，改作金主。　太祖主題曰「成吉思皇帝」，睿宗題曰「太上皇也可那顔」，皇后皆題名諱。❷

【《世祖本紀》】十四年正月己未，以白玉、碧玉、水晶爵六獻於太廟。　十月己未，享於太廟。　十五年十月己未，享於太廟。常設牢醴外，益以羊、鹿、豕、葡萄酒。　十六年八月丁酉，以江南所獲玉爵及坫，凡四十九事，納于太廟。　十月乙卯，享於太廟。　十七年八月，納碧玉盞六、白玉盞十五於太廟。　十二月甲午，大都重建太廟成，自舊廟奉神主於祏室，遂行大享之禮。

【《禮樂志》】至元四年至十七年，八室樂章：《太常集禮》云：「周馭所藏《儀注》所録舞節同。」

❶「于」下，原衍「於」字，據庫本及《元史·世祖本紀五》删。

❷ 此處頁眉上，聖環本有「惠田案祭品用鹿豕等得因祭而獵之意」十六字。

迎神，奏《來成》之曲，九成　黃鐘宮三成：❶齊明盛服，翼翼靈眷。禮備多儀，樂成九變。烝烝孝心，若聞且見。肸蠁端臨，來寧來燕。

大吕角二成。詞同黃鐘。

太簇徵二成。詞同黃鐘。

應鐘羽二成。詞同黃鐘。

初獻盥洗，奏《肅成》之曲。再詣盥洗同。至大以後，名《順成》之曲，詞律同。無射宮：天德惟何？如水之清。維水内耀，配彼天明。以滌以濯，犧象光晶。孝思維則，式薦忱誠。

初獻升殿，登歌樂奏《肅成之曲》。降同。夾鐘宮：祀事有嚴，大宮有侐。陟降靡違，孔容翼翼。籩豆旅陳，鐘磬翕繹。於昭吉蠲，神保是格。

司徒捧俎，奏《嘉成》之曲。別本所録親祀樂章詞同。無射宮：色純體全，三犧五牲。鑾刀屢奏，❷毛炰胾羹。神具厭飫，聽我磬聲。居歆有永，胡考之寧。

烈祖第一室，奏《開成》之曲。無射宮：於皇烈祖，積厚流長。大勳未集，燮伐用張。篤生聖嗣，奄有多方。錫我景福，萬世無疆。❸

太祖第二室，奏《武成》之曲。無射宮：天扶昌運，混一中華。爰有真人，奮起龍沙。際天開宇，亘海爲家。肇修禋祀，萬世無涯。

太宗第三室，奏《文成》之曲。無射宮：纂成前烈，底定丕圖。禮文簡省，禁網寬

❶「三」，原作「二」，據《元史·禮樂志三》改。
❷「鑾」，庫本作「鸞」。
❸「世」，原作「福」，據庫本及《元史·禮樂志三》改。

蹤。還風太古，躋世華胥。三靈順協，四海無虞。

皇伯考术赤第四室，奏《弼成》之曲。❶無射宮：神支挺秀，右壤疏封。創業艱難，相我祖宗。敘親伊邇，論功亦崇。春秋祭祀，萬世攸同。

皇伯考察合帶第五室，奏《協成》之曲。無射宮：玉牒朞親，神支懿屬。論德疏封，展親分玉。相我祖宗，風櫛雨沐。昔同其勞，今共茲福。

睿宗第六室，奏《明成》之曲。無射宮：神祖創業，爰著戎衣。聖考撫軍，代行天威。河南底定，江北來歸。貽謀翼子，奕葉重輝。

定宗第七室，奏《熙成》之曲。無射宮：嗣承丕祚，累洽重熙。堂構既定，垂拱無爲。邊庭閑暇，田里安綏。歆茲禋祀，萬世攸宜。

憲宗第八室，奏《威成》之曲。無射宮：羲馭未出，螢爝騰光。大明麗天，羣陰披攘。百神受職，四海寧康。愔愔靈韶，德音不忘。

文舞退，武舞進，奏《和成》之曲。❷別本所録親祀樂章詞同。無射宮：天生五材，孰能去兵？恢張鴻業，我祖天聲。干戈曲盤，濯濯厥靈。於赫七德，展也大成。

亞獻行禮，奏《順成》之曲。終獻詞律同。無射宮：幽通神明，所重精禋。清宮肅肅，百禮具陳。九韶克諧，八佾兟兟。靈光昭答，天休日申。

❶「成」，原爲小字注文「闕」，據庫本及《元史·禮樂志三》補。

❷「曲」，原作「樂」，據庫本及《元史·禮樂志三》改。

徹籩豆，登歌樂奏《豐成》之曲。夾鐘宫：籩豆苾芬，金石鏘鏗。禮終三獻，樂奏九成。有嚴執事，進徹無聲。神保聿歸，萬福來寧。

送神，奏《來成》之曲。或作《保成》。黄鐘宫：神主在室，神靈在天。禮成樂闋，神返幽玄。降福冥冥，百順無愆。於皇孝思，于萬斯年。

【《世祖本紀》】至元二十年十月乙未，享於太廟。　二十一年十月丁未，享於太廟。　二十二年十月庚子，享於太廟。　二十三年十月丁酉，享於太廟。　二十四年十月甲子，享於太廟。　二十五年十月己未，享於太廟。

【《祭祀志》】二十五年冬享，制送白馬一。

【《世祖本紀》】三十年十月庚寅，享於太廟。

【《成宗本紀》】元貞元年冬十月癸卯，有事於太廟。中書省臣言：「去歲世祖、皇后、裕宗祔廟，以綾代玉册。今玉册、玉寶成，請納諸各室。」帝曰：「親享之禮，祖宗未嘗行之。其奉册以來，朕躬祝之。」命獻官迎導入廟。

大德元年十月丁酉，有事于太廟。十一月戊辰，增太廟牲用馬。

【《祭祀志》】大德二年正月，特祭太廟，用馬一、牛一、羊、鹿、野豕、天鵞各七，餘品如舊，爲特祭之始。

【《成宗本紀》】大德三年十月戊申朔，有事於太廟。　四年十月癸酉朔，有事於太廟。　六年六月辛未，享於太廟。　八年十月辛卯，有事於太廟。　九年十月辛巳，有事於太廟。　十年十月丁未，有事於太廟。

【《武宗本紀》】至大二年正月辛卯，皇太子、諸王、百官上尊號。乙未，恭謝太廟。

【《祭祀志》】爲親祀之始。

【《禮樂志》】至大二年，親享太廟。皇帝入門，奏《順成》之曲。盥洗、升殿，用至元中初獻升降《肅成》之曲，亦曰《順成》之曲。出入小次，奏《昌寧》之曲。迎神，用至元中《來成》之曲，改曰《思成》。初獻、攝太尉盥洗、升殿，奏《肅寧》之曲。酌獻太祖室，仍用舊曲，改名《開成》。睿宗室仍用舊曲，改名《武成》。皇帝飲福，登歌，奏《釐成》之曲。文舞退，武舞進，仍用舊曲，改名《肅寧》。亞、終獻、酌獻，仍用舊曲，改名《肅寧》。徹豆曰《豐寧》之曲。送神曰《保成》之曲。皇帝出廟廷，亦曰《昌寧》之曲。

【《祭祀志》】至大四年，翰林院移署舊尚書省，有旨月祭。中書平章完澤等言：「祭祀非小事，太廟歲一祭，執事諸臣受戒誓三日乃行事。今此輕易，非宜。舊置翰林院御容，春秋二祭，不必增益。」制若曰：可。

【《武宗本紀》】至大二年十二月己卯，親享太廟。

【《禮樂志》】皇慶二年秋九月，用登歌樂祀太上皇于真定玉華宫。自是歲用之。

【《祭祀志》】神御殿。命大司徒田忠良詣真定致祭，依歲例給御香、酒并犧牲、祭物，錢中統鈔一百錠。

【《仁宗本紀》】延祐三年十月壬申，有事於太廟。　四年十月甲午朔，有事於太廟。

【《祭祀志》】四年，始用登歌樂，行三獻禮。

【《仁宗本紀》】延祐五年十月甲午，有事於太廟。

【《英宗本紀》】七年二月庚寅，帝即位。四月庚戌，有事於太廟，告即位。八月丙辰，祔仁宗聖文欽孝皇帝、莊懿慈聖皇后於太廟。鐵木迭兒攝太尉，奉玉册行事。十月丁未，時享太廟。戊午，詔太常院臣曰：「朕將以四時躬祀太室，宜與羣臣集議其禮。此追遠報本之道，毋以朕勞於對越而有所損，其悉遵典禮。」丙寅，定恭謝太廟儀式。己巳，罷玉華宮祀睿宗登歌樂。十一月丙子朔，帝御齋宫。丁丑，恭謝太廟，至仁宗太室，即流涕，左右感動。辛巳，以親祀太廟禮成，御大明殿受朝賀。甲辰，太常禮儀院擬進時享太廟儀式。

至治元年正月丙戌，帝服衮冕，享太廟，以左丞相拜住亞獻，知樞密院事闊徹伯終獻。詔羣臣曰：「一歲惟四祀，使人代之，不能致如在之誠，實所未安。歲必親祀，以終朕身。」

【《祭祀志》】英宗至治元年正月丙戌，始以四孟月時享親祀太室。禮成，坐大次，謂羣臣曰：「朕纘承祖宗丕緒，夙夜祗慄，無以報稱。歲惟四祀，使人代之，不能致如在之誠，實所未安。自今以始，歲必親祀，以終朕身。」

【《拜住傳》】至元十四年，始建太廟於大都，至是四十年，親饗之禮未暇講肄。拜住奏曰：「古云禮樂百年而後興，郊廟祭享，此其時矣。」帝悦曰：「朕能行之。」預勑有司，以親享太室儀注禮節，一遵典故，毋擅增損。冬十月，始有事於太廟。二年春正月，孟饗，始備法駕，設黄麾大仗，帝服通天冠、絳紗袍，出自崇天門。拜住攝太尉以從。帝見羽衛文物之美，顧拜住曰：「朕用卿言舉行大禮，亦卿所共喜也。」對曰：「陛下以帝王之道化成天下，非獨臣之幸，實四海蒼生所共慶也。」致齋大次，行酌獻禮，升降周旋，儼若素習，中外肅然。明日還宫，鼓吹交作，萬姓聳觀，百年廢典，一旦復見，有感泣者。拜住率百僚稱賀于大明殿，執事之臣賜金帛有差。

觀承案：以唐太宗之爲君，而馬周疏中尚惜其後世無皇帝入廟之文，其餘之可紀者幾何？元英宗可謂有仁人孝子之心，卓然不惑於流俗者矣。

親祀時享儀，其目有八：

一曰齋戒。祀前七日，皇帝散齋四日於別殿，治事如故，不作樂，停奏刑名事，不行刑罰。致齋三日，惟專心祀事，其二日於大明殿，一日於大次。致齋前一日，尚舍監設御幄於大明殿西序，東向。致齋之日質明，諸衛勒所部屯列。晝漏下一刻，通事舍人引侍享執事文武四品以上官，俱公服詣別殿奉迎。二刻，侍中版奏「請中嚴」，皇帝服通天冠，絳紗袍。三刻，侍中版奏「外辦」，皇帝結佩出別殿，乘輿，華蓋繖扇侍衛，如常儀。奉引至大明殿御幄，東向坐，侍臣夾侍如常。一刻頃，侍中前跪奏，言「請降就齋」，俛伏，興，皇帝降座入室，侍享執事官各還所司，宿衛者如常。凡應祀官受誓戒於中書省，散齋四日，致齋三日。光禄卿取明水，燧取火，火以供爨，水以實尊。

二曰陳設。祀前三日，尚舍監陳大次於西神門外道北，南向。設小次於西階西，東向。設版位於西神門内横街南，東向。設飲福位於大室尊彝所，稍東，西向。設黄道裀褥於大次前，至西神門，至小次版位西階及殿門之外。設御洗位於御版位東，稍北，北向。設亞、終獻位於西神門内御版位稍南，東向，以北爲上，罍洗在其東北。設亞、終獻、飲福位於御飲福位後，稍南，西向。

陳設八寶黄羅案於西階西，❶隨地之宜。設享官宫縣樂、省牲位、諸執事公卿御史位，並如常儀。殿上下及各室，設簠、簋、籩、豆、尊、罍、彝、斝等器，並如常儀。

三曰車駕出宫。祀前一日，所司備法駕鹵簿於崇天門外。太僕卿率其屬，備玉輅於大明門外。千牛將軍執刀於輅前，北向。其日質明，諸侍享執事官，先詣太廟祀所。諸侍臣直衛及導駕官於致齋殿前，左右分班立。通事舍人引侍中跪奏「請中嚴」，俛伏，興，皇帝服通天冠，絳紗袍。少頃，侍中版奏「外辦」，皇帝出齋室，即御座。羣臣起居訖，尚輦進輿，侍中奏「請皇帝升輿」。皇帝升輿，華蓋、繖扇、侍衛如常儀。導駕官前導至大明門外，侍中進當輿前，跪奏「請皇帝降輿升輅」。皇帝升輅，太僕執御，導駕官分左右步導。門下侍郎進當輅前，跪奏「請車駕進發」。車駕動，稱「警蹕」。千牛將軍夾而趨，至崇天門外。門下侍郎跪奏「請車駕少駐，敕衆官上馬」，侍中承旨，退稱曰「制：可」，門下侍郎退傳制，稱「衆官上馬」，贊者承傳「敕衆官上馬」。上馬訖，門下侍郎奏「請敕車右升」，侍中前承制，退稱曰「制：可」。千牛將軍升訖，門下侍郎奏「請車駕進發」。車駕動，稱「警蹕」。符寶郎奉八寶與殿中監部從在黄鉞内，❷教坊樂前引，鼓吹振作。將至太廟，禮直官引諸侍享執事官於廟門外，左右立班，奉迎駕至廟門，回輅南向。將軍降，立於輅左，侍中於輅前奏稱：「侍中臣某請皇帝降輅，步

❶「八」，原脱，據《元史·祭祀志三》補。
❷「八」，原作「入」；「與」，原作「輿」，據《元史·祭祀志三》改。

入廟門。」皇帝降輅，導駕官前導，皇帝步入廟門，稍西。侍中奏「請皇帝升輿」，尚贊奉輿，華蓋、繖扇如常儀。皇帝乘輿至大次，侍中奏「請皇帝降輿，入就大次」。皇帝入就次，簾降，宿衛如式。尚食進饍如儀。禮儀使以祝版奏御署訖，奉出，太廟令受之，各奠於坫，置各室祝案上。通事舍人承旨，勑衆官各還齋次。

四曰省牲器。祀前一日未後三刻，廩犧令丞、大官令丞、太祝以牲就位。禮直官引太常卿、光禄卿丞、監祭禮等官就位。❶禮直官請太常、監祭、監禮由東神門北偏門入，升自東階。每位視滌祭器，司尊彝舉冪曰「潔」。俱畢，降自東階，由東神門北偏門出，復位，立定。禮直官稍前，曰「請省牲」，引太常卿視牲，退，復位。次引廩犧令出班，巡牲一匝，西向折身，曰「充」。諸太祝巡牲一匝，上一員出班，西向折身，曰「腯」。畢，俱復位。蒙古巫祝致詞訖，禮直官稍前，曰「請詣省饌位」，引太常卿、光禄卿、監祭、監禮、光禄丞、大官令丞詣省饌位，東西相向，立定，以北爲上。禮直官引太常卿還饌殿内省饌。視饌訖，禮直官引太常卿還齋所。次引廩犧令丞、諸太祝，以次牽牲詣厨，授大官令。次引光禄卿丞、監祭、監禮詣厨省鼎鑊，視滌溉訖，各還齋所。大官令帥宰人以鸞刀割牲，祝史各取牲之毛血，每位共實一豆，以肝洗於鬱鬯及取膟膋，每位共實一豆，置於各位。饌室内，庖人烹牲。

五曰晨祼。祀日丑前五刻，諸享陪位官各服其服。光禄卿、良醖令、大官令入實籩、豆、簠、簋、尊、罍，各如常儀。太樂令率工

❶「監祭禮」，案上下文當作「監祭監禮」。

人二舞以次入。奉禮郎、贊者先入就位，禮直官引御史、博士及執事者以次各入，就位，並如常儀。禮直官引司徒以下官升殿，分香設酒，如常儀。禮直官引太常官、御史、博士升殿，視陳設，就位。復與太廟令、太祝、宫闈令升殿。太祝出帝主，宫闈令出后主，訖，御史及以上升殿官於當陛近西，北向立。奉禮於殿上贊奉神主訖，奉禮曰「再拜」，贊者承傳，諸官及執事者皆再拜，各就位。禮直官引亞、終獻等官，由南神門東偏門入就位，立定。禮直官贊「有司謹具，請行事」。協律郎俛伏，興，舉麾，工鼓柷，宫縣樂作《思成》之曲，以黄鐘爲宫，大吕爲角，太簇爲徵，應鐘爲羽，作文舞，九成止。樂奏既終，通事舍人引侍中版奏「請中嚴」，皇帝服衮冕，坐少頃，禮直官引博士，博士引禮儀使，對立於大次門外，當門北向。侍中奏「外辦」，禮儀使跪奏「請皇帝行禮」，俛伏，興。簾捲，符寶郎奉寶，陳於西陛之西黄羅案上。皇帝出大次，博士、禮儀使前導，華蓋、繖扇如儀，大禮使後從。至西神門外，殿中監跪進鎮圭，皇帝執圭，華蓋、繖扇停於門外，近侍從入門。協律郎跪，俛伏，興，舉麾，工鼓柷，宫縣《順成》之樂作。至版位，東向，協律郎偃麾，工戛敔，樂止。引禮官分左右侍立，禮儀使前奏「請再拜」，皇帝再拜，奉禮曰「衆官再拜」，贊者承傳，凡在位者皆再拜。禮儀使奏「請皇帝詣盥洗位」，宫縣樂作，至洗位，樂止。内侍跪取匜，興，沃水，又内侍跪取盤，興，承水。禮儀使奏「請搢鎮圭」，皇帝搢圭，盥手。訖，内侍跪取巾於篚，興，以進，帨手。訖，皇帝詣爵洗位，奉瓚官以瓚跪進，皇帝受瓚，内侍奉匜，沃水，又内侍跪奉盤，承水，洗瓚。訖，内侍奉巾以進，皇帝拭瓚。訖，内侍奠盤匜，又奠巾於篚。奉瓚官跪受瓚。禮儀使奏「請執圭」，前導，皇帝升殿，宫縣樂作，至西階下，樂止。皇帝升自西階，登歌樂作。禮儀使前導，皇帝詣太祖室尊彝所，東向立，樂止。奉瓚官以瓚莅鬯，司尊者舉冪，侍中跪酌鬱鬯。訖，禮儀使前導，入詣太祖神座前，北向立。禮儀使奏「請搢鎮圭」，❶跪，奉瓚官西向立，以瓚跪進。禮儀使奏「請執瓚」，以鬯祼地，皇帝執瓚，以鬯祼地，以瓚授奉瓚官。禮儀使奏「請執鎮圭」，俛伏，興，皇帝俛伏，興。禮儀使前導，出户外褥位。禮儀使奏「請再拜」，皇帝再拜。訖，禮儀使前導，詣第二室以下，祼鬯並如上儀。祼訖，禮儀使奏「請還版位」，登歌樂作，皇帝降自西階，樂止。宫縣樂作，至版位，東向立，樂止。禮儀使奏「請還小次」，前導，皇帝行，宫縣樂作。將至小次，禮儀使奏「請釋鎮圭」，殿中監跪受。皇帝入小次，簾降，樂止。

六曰進饌。皇帝祼將畢，光禄卿詣饌殿視饌，復位。大官令率齋郎詣饌幕，以牲體設於盤，各對舉以行，自南神門入。司徒出迎饌，宫縣樂作，奏無射宫《嘉成》之曲。禮直官引司徒、齋郎奉饌，升自泰階，由正門入。諸太祝迎於階上，各跪奠於神座前。齋郎執笏，俛伏，興，徧奠訖，樂止。禮直官引司徒、大官令率齋郎，降自東階，各復位。饌之升殿也，大官丞率七祀齋郎奉饌，以序跪奠于七祀神座前，退從殿上齋郎，以次復位。諸大官令率割牲官詣各室，進割牲體，置俎上，皆退。

❶「奏」，原作「奉」，據《元史·祭祀志三》改。

七曰酌獻。禮直官於殿上贊太祝立茅苴，禮儀使奏「請詣盥洗位」。簾捲，出次，宮縣樂作。殿中監跪進鎮圭，皇帝執鎮圭，至盥洗位，樂止，北向立。禮儀使奏「請搢鎮圭」，執事者跪，取匜，興，沃水，又跪取盤，承水。禮儀使奏「請皇帝盥手」，執事者跪取巾於篚，興，進，帨手。訖，禮儀使奏「請執鎮圭，請詣爵洗位」，北向立。禮儀使奏「請搢鎮圭」，奉爵官以爵跪進，皇帝受爵。執事者奉匜，沃水，奉盤，承水，皇帝洗爵訖，執事者奉巾，跪進，皇帝拭爵，執事者奠盤匜，又奠巾於篚，奉爵官受爵。禮儀使奏「請執鎮圭」，升殿，宮縣樂作，至西階下，樂止。升自西階，登歌樂作，禮儀使前導，詣太祖室尊彝所，東向立，樂止。禮儀使奏「請搢鎮圭，執爵」，奉爵官以爵跪進，皇帝受爵，司尊者舉冪，良醞令跪酌犧尊之泛齊，以爵授執事者。❶禮儀使奏「請執鎮圭」，皇帝執圭，入詣太祖神位前，北向立。宮縣樂作，奏《開成》之曲。禮儀使跪，奏「請搢鎮圭」，跪，又奏「請三上香」，三上香訖，奉爵官以爵授進酒官，進酒官東向，以爵跪進。禮儀使奏「請執爵」，三祭酒於茅苴，以虛爵授進酒官，進酒官以授奉爵官，奉爵官退立尊彝所。進酒官進取神案前所奠玉爵馬湩，東向，跪進。禮儀使奏「請執爵祭馬湩」，祭訖，以虛爵授進酒官，進奠神案上，退。禮儀使奏「請執圭」，俛伏，興，司徒搢笏，跪於俎前，奉牲，西向以進。禮儀使奏「請搢鎮圭」，皇帝搢圭，俯受牲盤，北向，跪奠神案上。蒙古祝史致辭訖，禮儀使奏「請執鎮圭」，興，前導出户外褥位，北向

❶「授」，原作「受」，據庫本及《元史·祭祀志四》改。

立，樂止。舉祝官搢笏跪，對舉祝板，讀祝官北向跪，讀祝文訖，俛伏，興，舉祝官奠祝版訖，先詣次室。禮儀使奏「請再拜」，拜訖，禮儀使前導，詣各室，各奏本室之樂。其酌獻、進牲、祭馬湩，並如第一室之儀。既畢，禮儀使奏「請詣飲福位」，登歌樂作，至位，西向立，樂止。登歌《釐成》之樂作，禮直官引司徒立於飲福位側，太祝以爵酌上尊飲福酒，合置一爵，以奉侍中。侍中受爵，奉以立。禮儀使奏「請皇帝再拜」，拜訖，奏「請搢鎮圭」，跪，侍中東向以爵跪進，禮儀使奏「請執爵，三祭酒」，又奏「請啐酒」，訖，以爵授侍中。禮儀使奏「請受胙」，太祝以黍稷飯籩授司徒，司徒東向跪進。皇帝受，以授左右。太祝又以胙肉俎跪授司徒，司徒跪進。皇帝受，以授左右。禮直官引司徒退立。侍中再以爵酒跪進，禮儀使「請皇帝受爵飲福」，飲福訖，侍中受虛爵，興，授太祝。禮儀使奏「請執鎮圭」，俛伏，興，又奏「請再拜」，拜訖，樂止。禮儀使前導，還版位，登歌樂作，降自西階，樂止。宮縣樂作，至位，樂止。禮儀使奏「請還小次」，宮縣樂作，將至小次，禮儀使奏「請釋鎮圭」，殿中監跪受。入小次，簾降，樂止。文舞退，武舞進。先是，皇帝酌獻訖，將至小次，禮直官引亞獻官詣盥洗位。盥洗訖，陞自阼階，酌獻並如常儀。酌獻訖，禮直官引亞獻官詣東序，西向立。諸太祝各以酌罍福酒，合置一爵，一太祝捧爵進亞獻之左，❶北向立。亞獻再拜受爵，跪祭酒，遂啐飲。太祝進受爵，退，復于坫上。亞獻興，再拜，禮直官引亞獻官降，復位。終獻如亞

❶ 「一」，原脱，據《元史·祭祀志三》補。

獻之儀。初終獻既升，禮直官引七祀獻官，各詣盥洗位，搢笏、盥、帨訖，執笏，詣神位，搢笏，跪執爵，三祭酒，奠爵，執笏，俛伏，興，再拜訖，詣次位，如上儀。終獻畢，贊者唱「太祝徹籩豆」，諸太祝進徹籩豆，登歌《豐成》之樂作，卒徹，樂止。奉禮曰「賜胙」，贊者唱「衆官再拜」，在位者皆再拜。禮儀使奏「請詣版位」。簾捲，出次，殿中監跪進鎮圭，皇帝執圭行，宫縣樂作，至位，樂止。送神，《保成》之樂作，一成止。禮儀使奏「請皇帝再拜」，贊者承傳，凡在位者皆再拜。禮儀使前奏「禮畢」，前導，皇帝還大次，宫縣《昌寧》之樂作，出門，樂止。禮儀使奏「請釋鎮圭」，殿中監跪受，華蓋、繖扇引導如常儀。入大次，簾降。禮直官引太常卿、御史、太廟令、太祝、宫闈令升殿納神主，降就拜位，奉禮贊升納神主訖，再拜，御史以下諸執事者皆再拜，以次出。禮直官各引享官以次出。太樂令率工人二舞以次出。太廟令闔户以降，乃退。祝册藏於匱。

八曰車駕還宫。皇帝既還大次，侍中奏「請解嚴」。皇帝釋衮冕，停大次。五刻頃，尚食進饍。所司備法駕鹵簿，與侍祠官序立於太廟欞星門外，以北爲上。侍中版奏「請中嚴」，皇帝改服通天冠，絳紗袍。少頃，侍中版奏「皇帝出次升輿」，導駕官前導，華蓋、繖扇如儀。至廟門外，太僕卿率其屬，進金輅如式。侍中前奏「請皇帝降輿升輅」。升輅訖，太僕卿、門下侍郎奏「請車駕進發」，俛伏，興，退。車駕動，稱「警蹕」。至欞星門外，門下侍郎奏「請車駕權停，勅衆官上馬」，侍中承旨退，稱曰「制：可」，門下侍郎退，傳制，贊者承傳，衆官上馬。畢，門下侍郎奏「請勅車右升」，侍中承旨退，稱

「制：可」，千牛將軍升。訖，導駕官分左右前導，門下侍郎奏「請車駕進發」。車駕動，稱「警蹕」。符寶郎奉八寶與殿中監從，❶教坊樂鼓吹振作。駕至崇天門外垣欞星門外，門下侍郎奏「請車駕權停，勑衆官下馬」，贊者承傳，❷衆官下馬。車駕動，衆官前引入内石橋，與儀仗倒捲而北，駐立。駕入崇天門，至大明門外降輅，❸升輿以入。駕既入，通事舍人承旨，勑衆官皆退，宿衛官率衛士宿衛如式。

【《英宗本紀》】至治元年四月庚戌，享太廟。

十二月戊申，躬謝太廟。　二年正月丁丑，親祀太廟。　十月戊辰，享太廟。

【《祭祀志》】至治二年正月丁丑，始陳鹵簿，親享太廟。二月二十三日，以新作廟正殿，夏秋二祭權止。秋八月丙辰，太皇太后崩。太常院官奏：「國哀以日易月，旬有二日外，乃舉祀事。有司以十月戊辰，有事於太廟，取聖裁。」制曰：「太廟禮不可廢，迎香去樂可也。」又言：「太廟興工未畢，有妨陳宮懸，請止用登歌。」從之。

【《英宗本紀》】至治三年正月乙未，享太廟。壬寅，命太僕寺增給牝馬百匹，供世祖、仁宗御容殿祭祀馬湩。

【《泰定帝本紀》】至治三年十二月，太常院臣言：「世祖以來，太廟歲惟一享，先帝始復古制，一歲四祭，請裁擇之。」帝曰：「祭祀大事也，朕何敢簡其禮？」命仍四祭。

二年十月丁亥，享太廟。

【《祭祀志》】祖宗御容，至治三年遷置普慶

❶ 「八」、「與」，原作「入」、「輿」，據《元史·祭祀志三》改。
❷ 「者」，原脱，據《元史·祭祀志三》補。
❸ 「輅」，《元史·祭祀志三》作「駕」。

寺，祀禮廢。泰定二年八月，中書省臣言「當祭如故」，乃命承旨斡赤齎香、酒至大都，同省臣祭於寺。

【《泰定帝本紀》】三年二月甲申，祭太祖、太宗、睿宗御容於翰林國史院。　十月庚辰，享太廟。　四年二月甲戌，祭太祖、太宗、睿宗御容於大承華普慶寺，以翰林院官執事。七月丙午，享太廟。

致和元年正月甲戌，享太廟。乙亥，御史鄒惟亨言：「時享太廟，三獻官舊皆勳戚大臣，而近以户部尚書爲亞獻，人既疏遠，禮難嚴肅。請仍舊制，以省臺樞密宿衛重臣爲之。」六月丙午，遣使祀世祖神御殿。

明宗即位，遣中書平章政事哈八兒秃同翰林國史院官致祭太祖、太宗、睿宗三朝御容。

【《文宗本紀》】天曆元年，禮官言：「時享之禮，請改用仲月。」從之。十一月癸亥，帝宿齋宫。甲子，服衮冕，享於太廟。丁丑，以躬祀太廟禮成，御大明殿，受諸王、文武百官朝賀。十二月丙午，幸大崇恩福元寺，謁武宗神御殿。

二年正月甲子，時享於太廟。　二月丙申，命中書省、翰林國史院官祀太祖、太宗、睿宗御容於普慶寺。四月己丑，時享於太廟。五月，幸大聖壽萬安寺，作佛事於世祖神御殿，又於玉德殿及大天源延聖寺作佛事。十月甲申朔，帝服衮冕，享太廟。十一月，后八不沙請爲明宗資冥福，命帝師率羣僧作佛事七日於大天源延聖寺，道士建醮於玉虚、天寶、太乙、萬壽四宫，及武當、龍虎二山。十二月甲辰，以明年正月武宗忌辰，命高麗、漢僧三百四十人預誦佛經二藏於大崇恩福元寺。

至順元年正月辛酉，時享太廟。二月戊申，

命中書省及翰林國史院官祭太祖、太宗、睿宗三朝御容。四月甲申，時享太廟。十月己未，遣亞獻官、中書右丞相燕鐵木兒、終獻官帖木爾補花率諸執事告廟，❶請以太祖皇帝配享南郊。　二年正月乙酉，時享太廟。二月，祀太祖、太宗、睿宗御容。四月乙卯，時享太廟。五月甲辰，宣政院臣言：「舊制，列聖神御殿及諸寺所作佛事，每歲計二百十六，今汰其十六，爲定式。」制：可。十月己酉，時享於太廟。

至順三年正月己卯，時享太廟。八月丁未，有事於太廟。

【《禮樂志》】武宗至大以後親祀攝樂章：《太常集禮》云：「孔思逮本所録。」

皇帝入門，奏《順成》之曲。別本，親祀禘祫樂章，詞律同。

皇帝盥洗，奏《順成》之曲。至元四年，名《肅寧》之曲，詞律同。

皇帝升殿，登歌樂奏《順成》之曲。別本，親祀樂章，詞律同。

皇帝出入小次，奏《昌寧》之曲。《太常集禮》云：「此金曲，思逮取之。詳見《制樂始末》。」無射宮：於皇神宮，象天清明。肅肅來止，相惟公卿。威儀孔彰，君子攸寧。神之休之，綏我思成。

迎神，奏《思成》之曲。至元四年，名《來成》之曲，詞律同。黃鐘宮三成：齋明盛服，翼翼靈眷。禮備多儀，樂成九變。烝烝孝心，若聞且見。肸蠁端臨，來寧來燕。詞並同上。大吕角二成，太簇徵二成，應鐘羽二成。

初獻盥洗，奏《肅成》之曲。別本，親祀樂章，

❶「執」，原脱，據《元史·文宗本紀三》補。

名《順成》之曲，詞律同。

初獻升殿，降同。登歌樂奏《肅寧》之曲。至元四年，名《肅成》之曲，詞律同。

司徒捧俎，奏《嘉成》之曲。至元四年，曲名詞律同。

太祖第一室，奏《開成》之曲。至元四年，名《武成》之曲，詞同。

睿宗第二室，奏《武成》之曲。至元四年，名《明成》之曲，詞同。

世祖第三室，奏《混成》之曲。無射宮：於昭皇祖，體健乘乾。龍飛應運，盛德光前。神功耆定，澤被垓埏。詒厥孫謀，何千萬年。

裕宗第四室，奏《昭成》之曲。無射宮：天啟深仁，須世而昌。追惟顯考，敢後光揚。徽儀肇舉，禮備音鏘。皇靈監止，降釐無疆。

順宗第六室，奏《慶成》之曲。無射宮：龍潛於淵，德昭於天。承休基命，光被紘埏。洋洋如臨，籩豆牲牷。惟明惟馨，皇祚綿延。

成宗第七室，奏《守成》之曲。無射宮：天開神聖，繼世清寧。澤深仁溥，樂協《韶英》。宗枝嘉會，氣和惟馨。繁禧來格，永被皇靈。

武宗第八室，奏《威成》之曲。無射宮：紹天鴻業，繼世隆平。惠孚中國，威靖邊庭。厥功惟茂，清廟安靈。歆茲明祀，福禄來成。

仁宗第九室，奏《歆成》之曲。無射宮：紹隆前緒，運啟文明。深仁及物，至孝躬行。惟皇建極，盛德難名。居歆萬祀，福禄崇成。

英宗第十室，奏《獻成》之曲。無射宮：

神聖繼作，式是憲章。誕興禮樂，躬事烝嘗。翼翼清廟，燁有耿光。于千萬年，世仰明良。

皇帝飲福，登歌奏《釐成》之曲。夾鐘宫：穆穆天子，禋祀太宫。禮成樂備，敬徹誠通。神胥樂止，錫之醇醲。天子萬世，福禄無窮。

文舞退，武舞進，奏《肅成》孔本作《肅寧》。之曲。至元四年，名《和成》之曲，詞律同。

亞、終獻行禮，宫縣奏《肅成》之曲。至元四年，名《順成》之曲，詞律同。

徹籩豆，登歌樂，奏《豐寧》之曲。至元四年，名《豐成》之曲，詞律同。

送神，奏《保成》之曲。至元四年，名《來成》之曲，詞律同。

皇帝出廟廷，奏《昌寧》之曲。無射宫：緝熙惟清，吉蠲致誠。上儀具舉，明德薦馨。已事而竣，歡通三靈。先祖是皇，來燕來寧。

文宗天曆三年，明宗祔廟，酌獻奏《永成》之曲。無射宫：猗那皇明，世纘神武。敬天弗違，時潛時旅。龍旂在塗，言受率土。不遐有臨，永錫多嘏。

【《順帝本紀》】元統二年，罷夏季時享。七月辛卯，祭太祖、太宗、睿宗三朝御容，罷秋季時享。十月戊午，享於太廟。

至元元年七月丁亥，享於太廟。 二年十月己卯，享於太廟。 三年十二月己巳，享於太廟。 四年十月辛卯，享於太廟。

至元六年四月己丑，享於太廟。五月丙子，車駕時巡上都，置月祭各影堂香于大明殿，遇行禮時，令省臣就殿迎香祭之。七月戊午，享於太廟。

【《祭祀志》】至元六年六月，監察御史呈：

「嘗聞《五行傳》曰：『簡宗廟，廢祭祀，則水不潤下。』近年雨澤愆期，四方多旱，而歲減祀事，變更成憲，原其所致，恐有感召。古者宗廟四時之祭，皆天子親享，莫敢使有司攝也。蓋天子之職，莫大於禮，禮莫大於孝，孝莫大於祭。世祖皇帝自新都城，首建太廟，可謂知所本矣。《春秋》之法，國君即位，逾年改元，必行告廟之禮。伏自陛下即位以來，于今七年，未嘗躬詣太廟，似爲闕典。方今政化更新，並遵舊制，告廟之典，理宜親享。」時帝在上都，臺臣以聞，奉旨若曰：「俟到大都，親自祭也。」九月二十七日，中書省奏「以十月初四日，皇帝親祀太廟」，制曰「可」。前期告示，以太師、右丞相馬扎兒台爲亞獻官，樞密知院阿魯禿爲終獻官，知院潑皮、翰林承旨老章爲助奠官，大司農愛牙赤爲七祀獻官，侍中二人，門下侍郎一人，大禮使一人，執劈正斧一人，禮儀使四人，餘各如故事。❶有司具儀注云：享前一日質明，所司備法駕於崇天門外，侍儀官引擎執，同導駕官具公服，于致齋殿前左右分班侍立。承奉舍人引門下侍郎、侍中入殿門下，侍郎相向立，侍中跪奏「臣某等官，請皇帝中嚴」，就拜，興，退出。少頃，引侍中版奏「外辦」，就拜，興，退。皇帝出齋室，侍中跪奏「請皇帝升輿」，巡輦路，由正門至大明殿西陛下。侍中跪奏「請皇帝降輿」，升殿，就拜，興。引皇帝即御座。執事官于午陛下起居訖，舍人引侍中、門下侍郎入殿，至御榻前，門下侍郎相向立。侍中跪奏「請皇帝降殿升輿」，就拜，興，導至大明殿外，侍中跪奏「請皇帝升輿」，就拜，興。

❶「各」，原作「名」，據《元史·祭祀志六》改。

至大明門外，太僕卿進御馬，侍中跪奏「請皇帝降輿乘馬」，訖，門下侍郎跪奏「請車駕進發」，就拜，興。進發時，稱「警蹕」。至崇天門外，門下侍郎跪奏「請車駕少駐，勅衆官上馬」，就拜，興，侍中承旨退，稱曰「制：可」，贊者承傳，勅衆官上馬。少頃，門下侍郎跪奏「請車駕進發」，就拜，興。進發時，稱「警蹕」。導至太廟外紅門内，門下侍郎跪奏「請車駕權停，勅衆官下馬」，就拜，興，贊者承傳，勅衆官下馬。門下侍郎跪奏「請車駕進發」，至石橋南，侍中跪奏「請皇帝下馬，步入神門」，就拜，興。皇帝下馬，侍儀官同導駕官前導，皇帝步入神門，稍西。侍中跪奏「請皇帝升輿」，就拜，興。至大次殿門前，侍中跪奏「請皇帝降輿，入就大次」，就拜，興。簾降，宿衛如式。侍中入，跪奏「勅衆官還齋次」，承旨、贊者承傳，勅衆官各還齋次。俟行禮時至丑時二刻頃，侍儀官備擎執，同導駕官于大次殿門前，舍人引侍中、門下侍郎入大次座前，侍中跪奏「請皇帝中嚴」，服衮冕，就拜，興，退。少頃，再引侍中跪奏「外辦」，就拜，興，退。禮儀使跪奏「請皇帝行禮」，侍儀官、同導駕官導引皇帝至西神門，擎執侍儀官同導駕官止。行禮畢，皇帝由西神門出，侍儀官備擎執，同導駕官引導皇帝，還至大次。舍人引侍中入，跪奏「請皇帝解嚴」，釋衮冕，尚食進膳如式。畢，侍中跪，版奏「外辦」，就拜，興，退。導皇帝出大次，侍中跪奏「請皇帝升輿」，就拜，興。侍儀官、同導駕官前導至神門外。太僕卿進御馬，侍中跪奏「請皇帝降輿乘馬」，就拜，興。乘馬訖，門下侍郎跪奏「請車駕進發」，就拜，興，退。進發時，稱「警蹕」。至櫺星門外，門下侍郎跪奏「請車駕少駐，勑衆官上馬」，就拜，興。侍中承旨退，稱曰「制：可」，贊者承傳，勑衆官上馬。少頃，門下侍郎跪奏「請車駕進發」，就拜，興。進發時，稱「警蹕」，教坊樂振作。至麗正門裏石橋北，引門下侍郎跪奏「請車駕權停，勑衆官下馬」，就拜，興，贊者承傳，勑衆官下馬。門下侍郎跪奏「請車駕進發」，侍儀官引擎執，同導駕官前導，執事官後從，皇帝由紅門裏輦路至大明門外。侍中跪「請皇帝降馬乘輿」，就拜，興。侍儀官擎執，同導駕官導至大明殿，諸執事殿下相向立。俟皇帝入殿升座，侍中跪奏「勑衆官皆退」，贊者承傳，勑衆官皆退。

【《順帝本紀》】至正元年正月丁巳，享於太廟。四月甲申，享於太廟。七月己卯，享於太廟。十月丁未，享於太廟。　二年正月丁丑，享於太廟。四月乙巳，享於太廟。七月辛未，享於太廟。十月丁未，享於太廟。三年正月丁丑，享於太廟。四月乙巳，享於太廟。七月丁卯，享於太廟。十一月辛未，享於太廟。　四年正月辛未，享於太廟。七月己丑，享於太廟。

【《李黼傳》】黼遷禮部主事，拜監察御史。首言「禴祀烝嘗，古今大祭。今太廟惟二祭，而日享佛祠神御，非禮也。宜據經行之」。

【王圻《續通考》】時方永貞請真定玉華宫罷遣太常禮樂。議曰：「原廟之制，隆古未聞。漢孝惠從叔孫通之請，始詔有司立原廟，遂有衣冠月出遊之名。至元帝永平四年，貢禹奏郡國祖宗廟不應古禮，天子是其議，罷之。謹案《尚書》『黷于祭祀，時謂弗欽』，《春秋》之義，父不祭於支庶，君不祭於臣僕之家。伏覩聖朝建立七廟，崇奉孝享，可謂至矣。而睿宗皇帝神御，別在真定路玉華宮。竊惟有功德于天下者，莫如太祖皇帝、世祖皇帝。太祖皇帝不聞有原廟，世祖皇帝神御奉安大聖壽萬安寺，歲時差官，以家人禮祭供，不用太常禮樂。今玉華宮原廟列在郡國，又非龍興降誕之地，主者以臣僕之賤，供奉御容，非禮之甚。伏望朝廷稽前漢故事，致隆太廟，玉華宮照依京師諸寺影堂例，止命有司以時祭供，罷遣太常禮樂。非獨聖朝得典禮之正，而在天之靈無褻瀆之煩，禮官免失禮之責矣。」

至正六年四月乙卯，享於太廟。七月己卯，享於太廟。　七年正月己酉，享於太廟。十月辛未，享於太廟。　八年正月丁未，享於太廟。　九年正月丁酉，享於太廟。四月丁卯，享於太廟。十月辛卯，享於太廟。　十一年正月乙卯，享於太廟。四月乙酉，享於太廟。十月己卯，享於太廟。　十二年四月己酉，時享太廟。七月丁丑，時享太廟。十月丁未，時享太廟。　十三年正月癸酉，享於太廟。四月乙巳，時享太廟。七月丁卯，時享太廟。九月丁酉，享於太廟。　十四年正月辛未，享於太廟。十月甲午，享於太廟。　十五年正月癸亥，享於太廟。三月甲午，命汪家奴攝太尉，持節，授皇太子愛猷識理達臘玉册，錫以冕服、九旒，祇謁太廟。七月辛卯，享於太廟。九月辛卯，命秘書卿答蘭提調別古太后影堂祭祀，知樞密院事野仙帖木兒提調世祖影堂祭祀，宣政院使蠻子提調裕宗、英宗影堂祭祀。十月丙子，以郊祀命皇太子愛猷識理達臘祭告太廟。　十六年正月戊子，親享太廟。

【《元史紀事本末》】張氏溥曰：「作史者曰：『元之五禮，唯祭祀稍近古，而郊廟親享文嘗不備。至大德九年，乃定親享太廟。』則自至大二年始改號，幾十年而典祀方舉，則其荒于禮也久矣。」

蕙田案：元祀禮煩瀆，大率沿宋之弊，然未造時享，較宋加勤矣。

右元廟享。

五禮通考卷第九十五

淮陰吴玉搢校字

五禮通考卷第九十六

内廷供奉禮部右侍郎金匱秦蕙田編輯
太子太保總督直隸右都御史桐城方觀承同訂
兩淮都轉鹽運使德水盧見曾
按察司副使元和宋宗元　參校

吉禮九十六

宗廟時享

【《明史·太祖本紀》】洪武元年二月壬寅，定宗廟禮，歲必親祀，以爲常。

【《禮志》】洪武元年，定宗廟之祭。每歲四孟及歲除，凡五享。學士陶安等言：「古者四時之祭，三祭皆合享於祖廟，惟春祭于各廟。自漢而下，廟皆同堂異室，則四時皆合祭。今宜倣近制，合祭於第一廟，庶適禮之中，無煩瀆也。」太祖命孟春特祭于各廟，三時及歲除則祫祭于德祖廟。

【《太祖本紀》】洪武元年夏四月丁未，祫享太廟。

蕙田案：此時享祫也。

洪武二年春正月丁未，享太廟。

【《明會典》】洪武二年，定時享之制。春以清明，夏以端午，秋以中元，冬以冬至，歲除如舊。

【《明史·禮志》】二年，詔太廟祝文止稱「孝子皇帝」，不稱「臣」。凡遣皇太子行禮，止稱「命長子某」，勿稱「皇太子」，後稱「孝玄孫皇帝」，又改稱「孝曾孫嗣皇帝」。初，太廟每室用幣一，二年，從禮部議用二白繒，又從尚書崔亮奏，作圭瓚。

三年，禮部尚書崔亮言：「孟月者，四時之首，因時變致孝思，故備三牲、黍稷、品物以祭。至仲、季之月，不過薦新而已。既行郊祀，則廟享難舉，宜改從舊制。其清明等節，各備時物以薦。」從之。

【《春明夢餘録》】洪武三年，禮臣崔亮奏：「《周禮·大宗伯》『以吉禮事邦國之鬼神，以肆獻祼享先王』，灌以鬱鬯，謂始迎尸求神時也。《禮記·郊特牲》曰：『魂氣升於天，體魄歸於地，故祭有求諸陰陽之義。』殷人先求諸陰，聲是也。《祭統》云：『祭之屬，莫重於灌。』凡大祭有三始，宗廟以樂爲致神始，以祼爲歆神始，以腥爲陳饌始。案《説文》：『祼，祭也，从示，果聲。』酌鬯以灌地。夏氏曰灌者，謂以圭瓚酌爵以獻尸，尸受酒而不飲，因灌於地，故謂之灌也。鬯，《説文》曰：『鬯以秬釀鬱金草，芬芳攸服以降神也。』徐氏曰：『秬，黑黍也。服，服事也。周人尚臭，祼用鬱金鬯，以秬黍擣鬱金草取汁而用之，和釀其氣，芬香調鬯，故謂之秬鬯。』陸佃云：『秬者，百穀之華。鬯者，百草之英。故先王煮以合鬯。』圭瓚，《禮書》云：『圭，柄也。瓚，杓也。』徐氏曰：『瓚亦圭也。圭狀剡上，邪鋭之，於其首爲杓形，謂之瓚，於其柄爲注水道，所以灌。瓚之言進也，以進於神。』今定擬宗廟之祭，奠帛之前，宜舉用祼禮，所用圭、瓚，宜依《周禮》以玉爲之，瓚口徑四寸，深至二寸，圭通長一尺二寸，博二寸五分，厚五分，鼻一寸，作龍形，流空五分。瓚盤用金爲之，口徑九寸，深五分，足徑七寸，高九分。其鬱鬯用糯米代黑黍爲酒，以鬱金汁和之。」是年之冬享廟，行家人禮。次年，始行灌禮。

【《明會典》】洪武四年，罷廟庭幃，設之次，改設黄布幃殿於廟内，併具兩廡。中居祖考神位，廡立親王及功臣。每奠獻祖考，則遣大臣各分獻，不讀祝。

【《明史·禮志》】九年，新建太廟。凡時享，正殿中設德祖帝后神座，南向，左懿祖，右熙祖，東西向，仁祖次懿祖。凡神座俱不奉神主，止設衣冠，禮畢藏之。孟春擇上旬日，三孟用朔日，及歲除皆合。自是五享皆罷特祭，而行合配之禮。

二十一年，定時享儀，更前制，迎神四拜，飲福四拜，禮畢四拜。

二十五年，定時享，若國有喪事，樂備而不作。

【《明會典》】時享。洪武二十六年，初定儀：

一、齋戒前一日，太常司官宿於本司。次日，具本奏「致齋三日」。次日，進銅人一，省牲，牛九、羊八、山羊十、豕十九、鹿一、兔四。正祭前二日，太常司官奏「明日與光禄司官省牲」。至次日，省牲畢，同復命。

一、陳設皇高祖前，犢一、羊一、豕一、登二、鉶二、籩豆各十二、簠簋各二、帛二，白色，奉先制帛。皇曾祖陳設同。皇祖陳設同。皇考陳設同。共設酒罇三，金爵八，瓷爵十六，篚四，於殿東。祝文案一，於殿西。親王配享四壇，共二十一位。第一壇，壽春王妃劉氏，❶犢一、羊一、豕一、登二、鉶二、籩豆各十、簠簋各二、爵六、帛二，展親制帛。第二壇，霍丘王妃翟氏、下蔡王、安豐王妃趙氏、南昌王，犢一、羊一、豕一、登六、鉶

❶「春」，原作「香」，據庫本及《明會典·禮部四十四》改。

六、籩豆各十、簠簋各二、爵十八、帛六，展親制帛。第三壇，蒙城王妃田氏、盱眙王妃唐氏、臨淮王妃劉氏，陳設與二壇同。第四壇，寶應王、六安王、來安王、都梁王、英山王、山陽王、招信王，犢一、羊一、豕一、登七、鉶七、籩豆各十、簠簋各二、爵二十一、帛七，展親制帛。共設酒罇三、篚四，於殿東南，北向。功臣配享十壇，中山武寧王徐達、開平忠武王常遇春、岐陽武靖王李文忠、寧河武順王鄧愈、東甌襄武王湯和、黔寧昭靖王沐英、虢國忠烈公俞通海、蔡國忠毅公張德勝、越國武莊公胡大海、梁國武桓公趙德勝、泗國武莊公耿再成、永義侯桑世傑、河間忠武王張玉。

一、正祭，典儀唱，樂舞生就位，執事官各司其事，導引官導引皇帝至御拜位，内贊奏「就位」。典儀唱「迎神奏樂」，樂止，内贊奏「四拜」，百官同。典儀唱「奠帛」，行初獻禮，奏樂，執事官各捧帛，金爵受酒，獻於神御前。讀祝官取祝，跪於神御右，内贊奏「跪」，典儀唱，讀祝讀訖，奉安於神御前。内贊奏，俛伏，興，平身，百官同，樂止。典儀唱，行亞獻禮，執事官各以瓷爵受酒，獻於神御前，樂止。典儀唱，行終獻禮，儀同亞獻。樂止，太常司卿進立殿東，西向，唱「賜福胙」，光禄司官捧福酒胙，自神御前中門左出，至皇帝前。内贊奏「跪」，搢圭，光禄司官以福酒跪進，内贊奏「飲福酒」，光禄司官以胙跪進，内贊奏「受胙」，出圭，俛伏，興，平身，内贊奏「四拜」，百官同。典儀唱「徹饌」，奏樂，執事官徹饌，樂止。太常卿詣神御前，跪奏「禮畢，請還宫」，奏樂，内贊奏「四拜」，百官同，樂止。典儀唱，讀祝官奉祝，進帛官捧帛，各詣燎位。奏樂，内贊奏「禮畢」。

【《明史・恭閔帝本紀》】洪武二十五年閏五月，詔行三年喪，郊社、宗廟如常儀。

【《樂志》】洪武元年，宗廟樂章：

迎神，《太和》之曲　慶源發祥，世德惟崇。致我眇躬，開基建功。京都之中，親廟在東。惟我子孫，永懷祖風。氣體則同，呼吸相通。來格來崇，皇靈顯融。

奉册寶時享不用。　維水有源，維木有根。先世積善，福垂後昆。册寶鏤玉，德顯名尊。祗奉禮文，仰答洪恩。

進俎時享不用。　明明祖考，妥神清廟。薦以牲牷，匪云盡孝。願通神明，願成治效。此帝王之道，亦祖考之教。

初獻，《壽和》之曲　德祖廟，初獻云：思皇高祖，穆然深玄。其遠歷年，其神在天。尊臨太室，餘慶綿綿。歆于几筵，有永其傳。　懿祖廟，初獻云：思皇曾祖，清勤純古。田里韜光，天篤其祜。佑我曾孫，弘開土宇。追遠竭虔，勉遵前矩。

熙祖廟，初獻云：維我皇祖，淑後貽謀。盛德靈長，與泗同流。發于孫枝，明禋載修。嘉潤如海，恩何以酬。　仁祖廟，初獻云：惟我皇考，既淳且仁。弗耀其身，克開嗣人。子有天下，尊歸于親。景運維新，則有其因。

亞獻，《豫和》之曲　對越至親，儼然如生。其氣昭明，感格在庭。如見其形，如聞其聲。愛而敬之，發乎中情。

終獻，《熙和》之曲　承先人之德，化家爲國。毋曰予小子，基命成績。欲報其德，昊天罔極。殷懃三獻，我心悅懌。

徹豆，《雍和》之曲　樂奏具肅，神其燕

嬉。告成于祖，❶亦右皇妣。敬徹不遲，以終祀禮。祥光焕揚，錫以嘉祉。

送神，《安和》之曲　顯兮幽兮，神運無迹。鸞馭逍遥，安其所適。其靈在天，其主在室。子子孫孫，孝思無斁。

二十一年，更定其初獻合奏，餘並同：

思皇先祖，耀靈于天。源衍慶流，由高逮玄。玄孫受命，追遠其先。明禋世崇，億萬斯年。

永樂以後，改迎神章「致我眇躬」句爲「助我祖宗」，又改終獻章首四句爲「惟前人之功，肇膺天曆。延及于小子，❷爰受方國」，餘並同。

【《成祖本紀》】永樂元年春正月乙酉，享太廟。

七年夏四月癸酉朔，皇太子攝享太廟。

【《仁宗本紀》】洪熙元年春正月己卯，享太廟。

【《英宗前紀》】正統元年夏四月丁酉朔，享太廟。

【《禮志》】正統三年正月，享太廟。禮部言：「故事，先三日，太常寺奏祭祀，御正殿受奏。」是日，宣宗皇帝忌辰，例不鳴鐘鼓，第視事西角門。帝以祭祀重事，仍宜升殿，餘悉遵永樂間例行之。

【《英宗後紀》】天順二年正月乙丑，享太廟。

六年，閣臣以皇太后喪，請改孟冬時享于除服後。從之。

【《憲宗本紀》】成化元年春正月乙卯，享太廟。

【《禮志》】成化四年，禮部以慈懿太后喪，請

❶「成于」，原倒，據《明史・樂志二》乙正。

❷「于」，庫本作「予」。

改孟秋享廟于初七日。不從。

【《孝宗本紀》】弘治元年春正月乙亥，享太廟。

十六年春正月癸酉，遣官代享太廟。

【《武宗本紀》】正德元年春正月乙酉，享太廟。

【《世宗本紀》】嘉靖元年春正月癸丑，享太廟。

【《明會典》】凡太廟和羹，嘉靖三年奏准依福胙脯醢豚胉例，另用一牛，不許牲上取辦。其牲體分爲六塊，一首、一背、四肢，不許零碎。

【《明史·禮志》】嘉靖九年春，世宗行特享禮，令于殿内設幃幄，如九廟，列聖皆南向，各奠獻，讀祝三，餘如舊。十年正月，帝詣太廟，行特享禮。

【《通鑑紀事》】十年春正月乙未，特享太廟，正太祖南面位。初太祖立四親廟，德、懿、熙、仁，同宫異廟，各南向，孟春特享于羣廟，三時合祭于德祖廟，序用昭穆。後改建太廟，同堂異室，亦各南向，四孟及歲除，俱各祭于中室，仍序昭穆如初，罷特享禮。至英宗升祔，九室悉備。憲宗將祔，用禮官儀，❶祧懿祖。孝宗祔，祧熙祖。武宗祔，祧仁祖。獨德祖不祧，時享則太祖、太宗以下俱東西向。至是，帝諭張孚敬曰：「朕欲自今春享奉太祖居中，太宗而下各居一室，行特享禮，三時仍聚羣廟于太祖之室，昭穆相向，行時祫禮，季冬中旬並享太廟。親王、功臣配食兩廡，以存太祖當代之制。歲暮節祭，行于奉先殿。世廟止行四時之享，歲暮祭于崇先殿，庶祭義明而萬世可行也。

❶「儀」，庫本作「議」。

邪論勿惑。」即會李時議上，或咨夏言以助之，孚敬唯唯如諭議。聞帝從之，乃命祠官于廟中設帟，如九廟狀，奉太祖南向，羣宗遞遷就室，各南向，特享之。始退德祖于祧殿，不復預時享矣。

【《明史·禮志》】嘉靖十一年，大學士張孚敬等言：「太廟祭祀，但設衣冠，皇上改行出主，誠合古禮。但徧詣羣廟，躬自啟納，不免過勞。今請太祖神主躬自安設，羣廟帝后神主，則以命内外捧主諸臣。」帝從其請。

【《明會典》】特饗儀：

一、前期二日，太常寺卿同光禄寺卿面奏、省牲，如常儀。次日，復命太常寺陳設如圖儀。

一、正祭日，上乘輿到廟街門，入至靈星門西，降輿，導引官導上，由靈星左門入。上至戟門東帷幕，具祭服出。導引官導上由戟門左門入，至寢殿同。捧主官，帝主以大臣恭捧，后主以内臣恭捧。出主陞太廟，至太祖室安主；次至太宗以下昭廟安主；次仁宗以下穆廟安主。訖，典儀唱，樂舞生就位，執事官各司其事。導引官導上至御拜位，内贊奏「就位」，典儀唱，迎神樂作，樂止。内贊奏「四拜，平身」，傳贊、百官同。典儀唱「奠帛」，行初獻禮，樂作。内贊導上至太祖前，奏「跪」，奏「搢圭」，奏「上香」，司香官捧香，跪於上左。上三上香訖，執事官捧帛，跪於上右。奏「獻帛」，上獻帛。執事者捧爵，跪於上右，奏「獻爵」，上獻太祖前爵。奏「出圭」，上出圭。致恭訖，奏「搢圭」。捧爵者跪於上左，奏「獻爵」，上獻高后前爵。奏「出圭」，奏「詣讀祝位」，上至中室讀祝位，樂暫止，奏「跪」，傳贊、衆官皆跪。内贊贊「讀祝」，讀官跪讀訖，樂復作。奏「俛伏，興，平身」，傳贊、百官同。内贊導上至太宗以下昭廟前，奏「跪」，奏「搢圭」，奏「上香」，奏「獻帛、獻爵」，奏「出圭」。内贊導上至仁宗以下穆廟前，奏「跪」，奏「搢圭」，奏「上香、獻帛、獻爵」，奏「出圭」，奏「詣讀祝位」。内贊導上至太宗前讀祝位，奏「跪」，傳贊、衆官皆跪，樂暫止。内贊贊「讀祝」，七廟讀祝官跪，齊讀訖，樂復作，俯伏，興，平身，傳贊、百官同。奏「復位」，内贊導上復位，樂止。典儀唱，行亞獻禮，樂作。内贊導上至太祖前，奏「搢圭」，奏「獻爵」，上獻太祖、高后前爵訖，奏「出圭」，奏「復位」，太宗、仁宗以下捧主官獻爵訖，樂止。典儀唱，行終獻禮，樂作，儀同亞獻。樂止，太常卿於殿左，西向立，唱「賜福胙」。内贊奏「跪」，奏「搢圭」，光禄卿捧酒，跪於上右，奏「飲福酒」，上飲訖。光禄官捧胙，跪於上右，奏「受胙」，上受訖。奏「出圭」、「俯伏、興、平身」，奏「四拜」，傳贊、百官同。典儀唱徹饌，樂作。樂止，太常卿至中室，向上跪，奏「禮畢，請還宫」。樂作，内贊奏「四拜」，樂止。典儀唱，讀祝官捧祝，進帛官捧帛，各詣燎位。上轉立拜位之東，樂作，捧祝帛官出殿門。内贊奏「禮畢」，上納穆廟主，次納昭廟主，至太祖、高后前納主訖，率捧主官各捧至寢殿。安訖，易服還宫。

時祫儀：

一、前一日，太常寺陳設如圖儀。

一、正祭日，儀同前，惟祝文總一讀，各廟以下上香、獻帛、獻爵，俱捧主官代行。

【《明史·樂志》】嘉靖十五年孟春九廟特享樂章：

太祖廟。迎神，《太和》之曲　於皇於皇兮仰我聖祖，乃武乃文。攘夷正華，爲天下大君。比隆于古，越彼放勛。肇造王業，佑啟予子孫。功德超邁，大室攸尊。首稱春祀，誠敬用申。維神格思，萬世如存。

初獻，《壽和》之曲　薦帛于篚，潔牲于俎。嘉我黍稷，酌我清酤。愚孫毖祀，奠獻初舉。翼翼精誠，對越我皇祖。居然顧歆，永錫純祜。

亞獻，《豫和》之曲　籥舞既薦，八音洋洋，工歌喤喤。醇醴載羞，齋明其將之。永佑于子孫，歲事其承之。俾嗣續克承，百世其保之。

終獻，《寧和》之曲　三爵既崇，禮秩有終。盈溢乎顒，顒相肅雍。惟皇祖格哉，以繹以融，申錫無窮。暨于臣民，萬福攸同。

徹饌，《豫和》之曲　禮畢樂成，神悅人宜。籩豆靜嘉，敬徹不遲。穆穆有容，秩秩其儀。益祗以嚴，矧敢斁于斯。

還宮，《安和》之曲　於皇我祖，陟降在天。清廟翼翼，禋祀首虔。明神既留，寢祐靜淵。介福綏祿，錫蔭綿綿。以惠我家邦，於萬斯年。

成祖廟。迎神，《太和》之曲　於惟文皇，重光是宣。克勘內難，轉坤旋乾。外讋百蠻，威行八埏。貽典則于子孫，不忘不愆。聖德神功，格于皇天。作廟奕奕，百世不遷。祀神孔明，億萬斯年。　初獻、亞獻、終獻、徹饌、還宮，俱與太祖廟同。

仁祖廟。迎神，《太和》之曲　明明我祖，盛德天成。至治訏謨，遹駿有聲。專奠致享，惟古經是程。春祀有嚴，以迓聖靈。惟陟降在庭，以賚我思成。

初獻，《壽和》之曲　幣牲在陳，金石在縣。清酒方獻，百執事有虔。明神洋洋，降歆自天。俾我孝孫，德音孔宣。

亞獻，《豫和》之曲　中誠方殷，明神如存。醴齊孔醇，再舉罍尊。福禄穰穰，攸介攸臻。追遠報酬，罔極之恩。

終獻，《寧和》之曲　樂比聲歌，佾舞婆娑。稱彼玉爵，酒旨且多。獻享惟終，神聽以和。孝孫在位，受福不那。

徹饌，《雍和》之曲　牷牲在俎，稷黍在簠。孝享多儀，格我皇祖。稱歌進徹，髦士膴膴。孝孫受福，以敷錫于下土。

還宮，《安和》之曲　犆享孔明，物備禮成。於昭在天，以莫不聽。神明即安，維華寢是憑。肇祀迄今，百世祇承。　宣廟、英廟、憲廟，俱與仁廟同。

孝廟。迎神，《太和》之曲　列祖垂統，景運重熙。於惟孝皇，敬德允持。用光于大烈，化彼烝黎。專廟以享，經禮攸宜。俎豆式陳，庶幾來思。

初獻，《壽和》之曲　粢盛孔蠲，腯肥牲牷。考鼓鼝鼝，萬舞躚躚。清酳初酌，對越在天。明神居歆，式昭厥虔。

亞獻，《豫和》之曲　祀事孔勤，精意未分。樂感鳳儀，禮虔駿奔。醞齊挹清，載奠瑶尊。神其格思，福禄來臻。

終獻，《寧和》之曲　樂舞既成，獻享維終。明明對越，彌篤其恭。篤恭維何？明德是崇。神之聽之，萬福來同。

徹饌，《雍和》之曲　牲牢醴陳，我享我將。黍稷蘋藻，潔白馨香。徹以告成，降禧穰穰。神錫無疆，祐我萬方。

還宮，《安和》之曲　禮享既洽，神御聿

興。廟寢煌煌，以憑以寧。維神匪遐，上下在庭。於寢孔安，永底我烝民之生。

武廟。迎神　列祖垂統，景運重熙。於惟武皇，昭德敕威。用剪除奸宄，大業弗隳。專廟以享，經禮攸宜。俎豆式陳，庶幾來思。　初獻、亞獻、終獻及徹饌、還宮，俱與孝廟同。

睿廟。迎神，《太和》之曲　於穆神皇，秉德凝道。仁厚積累，配于穹昊。流慶顯休，萃于眇躬。施于無窮，以似以續，以光紹我皇宗。惟茲氣始，俎豆是供。循厥舊典，式敬式崇。神其至止，以鑒愚衷。

初獻，《壽和》之曲　制帛牲牢，庶羞芬膫。玉戚朱干，協于《韶》、《簫》。清醑在筵，中情纏綿。神之格思，儀形僾然。

亞獻，《豫和》之曲　瑤爵再陳，侑以工歌。籥舞蹌蹌，八音諧和。孝思肫肫，感格聖靈。致愨則存，如聞其聲。

終獻，《寧和》之曲　儀式弗踰，奠爵維三。樂舞雍容，以《雅》以《南》。仰仁源德，澤嶽崇海淵。願啟我子孫，緝熙光明，維兩儀是參。

徹饌，《雍和》之曲　嘉饌甘只，亦既歆只。登歌迅徹，敬終惟始。維神孔昭，賚永成于孝矣。

還宮，《安和》之曲　幽顯莫測，神之無方。祀事既成，神返諸帝鄉。申發休祥，蔭嗣蕃昌。宜君兮宜王，歷世無疆。

【王圻《續通考》】嘉靖十五年秋，罷中元節內殿之祭，著爲令。先是，上諭禮部尚書夏言曰：「春清明、秋霜降二節于陵前祭，甚合禮。今中元亦有陵祭，內殿其勿瀆，可也。」言對曰：「中元係是俗節，事本不經，陵祀既有遺官，而内殿又有祭祀，事涉煩數。」上從之。

【《明史・禮志》】嘉靖十七年，定享祫禮。凡立春特享，親祭太祖，遣大臣八人分獻諸帝，内臣八人分獻諸后。立夏時祫，各出主于太廟，太祖南向，成祖西向，序七宗之上。仁、宣、英、憲、孝、睿、武宗，東西相向。秋冬時祫，如夏禮。

【《春明夢餘録》】十七年九月，上尊皇考廟睿宗，祔饗太廟。睿宗于孝宗，弟也，躋武宗上，遂稱太宗爲成祖。于時，定饗祫禮及其樂章。凡立春時饗，上親獻太廟，遣大臣獻列聖，各出主成廟，迎神樂別歌，三獻、徹饌、還宫，樂如太廟。仁、宣、英、憲四廟樂歌同，孝、武二廟，迎神樂別歌，三獻、徹饌、還宫歌同。睿廟樂異于諸廟。立夏時祫，各出主于太廟，大殿行禮；立秋時祫，如夏禮，樂歌異于夏；立冬時祫，如秋禮，迎神、徹饌、還宫樂歌異于秋；季冬中旬大祫，出四祖、太祖、成祖、七宗主于太廟，歌大祫。祭畢，各歸主于其寢。是年，皇后助獻，罷脱舄禮。

【《明史・樂志》】九廟時祫樂章：

孟夏。迎神，《太和》之曲　序屆夏首兮風氣薰，禮嚴時祫兮戛擊鐘蕤。迎羣主來合享交欣，於皇列聖正南面，以申崇報皇勳。

初獻，《壽和》之曲　瞻曙色方昕，仰列聖在上，奠金觥而捧幣紋。小孫執盈兮敢不懼愨。

亞獻，《豫和》之曲　思皇祖，仰聖神。來列主，會太宸。時祫修，循古倫。惟聖鑒歆，愚孫忱恂。

終獻，《寧和》之曲　齊醴清兮麥熟新，籩

豆潔兮孝念申。仰祖功兮宗德，願降祐兮後人。

徹饌，《雍和》之曲　樂終兮禮成，告玉振兮訖金聲。徹之弗遲，以肅精誠。

還宮，《安和》之曲　三獻就兮祖宗鑒享，一誠露兮念維長。思弗盡兮思弗忘，深荷德澤之啟祐，小孫惟賴以餘光。神返宮永安，保家國益昌。

孟秋。迎神　時兮孟秋火西流，感時歲祀兮爽氣回。喜金風兮飄來，仰祖宗兮永慕哉！秋祫是舉兮希鑒歆，小孫恭迓兮捧素裁。

初獻　皇祖降筵，列聖靈聯。執事恐蹎，樂舞蹁躚。小孫捧盈兮敢弗虔。

亞獻　再酌兮玉漿，潔浄兮馨香。❶祖宗垂享兮錫允昌，萬歲兮此禮行。

終獻　進酒三觥，歌舞雍詵，鐘鼓轟錚。皇祖列聖，永享愚誠。

徹饌　秋嘗是舉，稌黍豐農。三獻既周，聖靈顯容。小孫時思恩德兮惟㦗。

還宮　仰皇祖兮聖神功，祀典陳兮報莫窮。嘗祫告竣，鸞馭旋宮。皇靈在天主在室，萬禩陟降何有終。❷

孟冬。迎神　時兮孟冬凜以凄，感時歲祀兮氣潛回。❸遡朔風兮北來，仰祖宗兮永慕哉！冬祫是舉兮希鑒歆，小孫恭迓兮捧素裁。

初、亞、終獻，俱同孟秋。

徹饌　冬烝是舉，俎豆維豐。三獻既周，聖靈顯容。小孫時思恩德兮惟㦗。

還宮。同孟秋，惟改「嘗祫」爲「烝祫」。

❶「浄」，原作「浮」，據庫本及《明史·樂志二》改。
❷「禩」，原作「⿰礻冀」，據庫本及《明史·樂志二》改。
❸「兮」，原脱，據《明史·樂志二》補。

【王圻《續通考》】上以乾明門鷹隼田犬既經放縱，其奉先、奉慈、崇先祭品，止依《會典》所載鹿、兔、雉、鴈，其鶵、鴇等物，不必復用。

【《春明夢餘録》】新太廟成，睿宗帝、后遂祔饗。然舊廟猶藏主，凡四孟、歲除，五饗。饗太廟日，仍設祭于睿宗廟。

【《明會典》】嘉靖二十四年，重建太廟成，奉睿宗升祔，而罷睿宗廟祭時饗。于正殿則太祖仍居中，南向，成祖而下以序，東西相向。孟春仍于上旬擇日，孟夏、孟秋、孟冬，仍用朔日，俱合饗。祫祭仍以歲除日。凡儀節俱如舊。

【《明史·禮志》】二十四年，新廟成，復定享祫，止設衣冠，不出主。

隆慶元年，孟夏時享，以世宗几筵未撤，❶遵正德元年例，先一日，帝常服祭告几筵，祇請諸廟享祀。其後時享祫祭在大祥内者，皆如之。

【《穆宗本紀》】隆慶元年夏四月丙戌，朝享太廟。

【王圻《續通考》】隆慶元年，左給事中王治請正獻皇廟位，不報。夏四月朔，舉時饗太廟禮。是日，陪祭官大學士李春芳、安鄉伯張鉉、吏部尚書楊博等不至，詔免問。時久廢親祀，人多懈怠。至是，上新即位行之，陪祀諸臣，唯英國公張溶等二十七人先至，其餘有陸續陪拜者，有趨門外不及入班者，有全未到者，爲糾儀御史蔡應揚劾奏。有旨姑從寬，遂一無所問。

【《神宗本紀》】萬曆三年春正月丁未，享太廟。

❶「撤」，原作「撒」，據庫本及《明史·禮志五》改。

【《明會典》】嘉靖間稱六廟皇祖考妣，太皇帝、后，皇伯考孝宗敬皇帝、皇伯妣孝康敬皇后，皇考睿宗獻皇帝、皇妣慈孝獻皇后，皇兄武宗毅皇帝、孝静毅皇后。萬曆七年，以概稱幾廟祖妣未明，更定祝文，通列九廟帝后聖號。

【《續文獻通考》】太常寺卿温純等請更定時饗疏稱：「太廟時饗，原設九帝、后冠服，今祝文内稱『五廟皇祖考妣太皇帝后』。照得憲廟而下既備列六帝后，乃又加以五廟，則不止于九矣。今查五廟内，實止太祖、成祖、英宗三廟設祭，而祝文則多稱二廟，于座位未合，似應改正。其歲暮大祫，東壁下配饗，設壽春王以下共十五位神牌。案《帝系圖》壽春王于太祖爲伯，霍丘以下七王爲兄，寶應以下七王爲姪。自英宗以來，相沿稱壽春及霍丘以下七王俱爲『皇高伯祖』，寶應以下七王爲『皇曾伯祖』。倫序既紊，且世次已遠，不宜仍稱高、曾伯祖。查親盡帝后止稱徽號，今諸王似應改稱本爵，庶于名義爲協。」上命閣臣議，議得：「時饗之制，止于九廟。太祖、成祖，百世不遷，其餘則以親序，而祧廟不與焉。查得先廟祝文，弘治中，自憲宗而上稱『六廟太皇帝后』，❶嘉靖初自孝宗而上，稱『六廟皇祖考妣太皇帝后』。至孝烈皇后升祔，仁宗奉祧，始稱五廟。隆慶間，因而不改。蓋其時世宗新升之主，即孝烈舊祔之位，世數猶未增也。至我皇上嗣統，則世次異矣。方乃時饗祝文，自高皇祖憲宗皇帝至皇考穆宗皇帝，已備六廟之數，而太祖、成祖、英宗三廟猶仍五廟之稱，揆之世數名義，委屬未妥。臣等

❶「帝」，原作「太」，據庫本改。

竊惟孝莫大于尊祖，禮莫嚴于假廟，當皇上躬親對越之頃，正祖宗神靈陟降之時，帝后尊稱，不宜徑從簡略，廟位世次，尤當序立分明。合無比照。歲暮大祫禮，將時饗祝文通列九廟帝后聖號，以致如在之誠，不必更稱五廟。其大祫配饗，壽春等王親屬已遠，稱謂未安，宜將諸王神牌止稱本爵，其『皇高伯祖』等稱盡行裁去，庶得情理之當。合候命下，容臣等另撰祝文，進呈御覽，發下該寺，并壽春等王神牌，一體遵照改正施行。」從之。

【《明史·神宗本紀》】萬曆十九年夏四月丙申，享太廟。是後，廟祀皆遣代。

【《熹宗本紀》】天啟元年春正月庚辰，享太廟。

【《莊烈帝本紀》】天啟七年八月，即皇帝位。冬十月甲午朔，享太廟。

崇禎十六年冬十月辛酉朔，享太廟。

【《禮志》】奉先殿，洪武三年建。每日朝晡，帝及皇太子、諸王二次朝享。皇后率嬪妃日進膳羞。諸節致祭。又録皇考妣忌日，歲時享祀以爲常。宣德元年，奉太宗祔廟畢，復遣鄭王瞻埈詣奉先殿，設酒果祭告，奉安神位。天順七年，奉孝恭皇后祔廟畢，帝還行奉安神位禮，略如祔廟儀。弘治十七年，吏部尚書馬文升言：「南京進鮮船，本爲奉先殿設。輓夫至千人，沿途悉索。今揚、徐荒旱，願倣古凶年殺禮之意，減省以甦民困。」命所司議行之。嘉靖十四年，定内殿之祭并禮儀。清明、中元、聖誕、冬至、正旦，有祝文，樂如宴樂。兩宫壽旦，皇后并妃嬪生日，皆有祭，無祝文、樂。立春、元宵、四月八日、端陽、中秋、重陽、十二月八日，皆有祭，用時食。舊無祝文，今增告詞。舊儀，但一室一拜，至中室跪祝畢，又四拜，焚祝帛。今就位四拜，獻帛、爵，祝畢，后妃助亞獻，執事終獻，徹饌又四拜。忌祭，舊具服作樂，今更淺色衣，去樂。凡祭方澤、朝日、夕月，出告、回參及册封、告祭，朔望行禮，皆在焉。

先是，册封告祭，以太常寺官執事，仍題請遣官。至萬曆元年，帝親行禮，而遣官之請廢。二年，太常寺以内殿在禁地，用内官供事便。帝俞其請。凡聖節、中元、冬至、歲暮，嘉靖初俱告祭于奉先殿。十五年，罷中元祭。四十五年，罷歲暮祭。隆慶元年，罷聖節、冬至祭。其方澤、朝日、夕月、出告、回參，嘉靖中行于景神殿。隆慶元年，仍行于奉先殿。諸帝后忌辰，嘉靖以前行于奉先殿。十八年，改高皇帝、后忌辰于景神殿，文皇帝、后以下于永孝殿。二十四年，仍行于奉先殿。凡内殿祭告，自萬曆二年後，親祭則祭品告文執事，皆出内監。遣官代祭，則皆出太常。唯品用脯醢者，即親祭亦皆出太常。萬曆十四年，禮臣言：「近年皇貴妃册封，祭告奉先殿，祝文執事出内庭，而祭品取之太常，事體不一。夫太常專主祀享，而光禄則主膳羞。内廷祭告，蓋取象于食時上食之義也。宜遵舊制，凡祭告内殿，無論親行、遣官，其祭品光禄寺供；唯告文執事人，親行則辦之内庭，遣官則暫用太常寺。」從之。

蕙田案：明代時享之禮，天子親行，盡革唐宋以來賞賚陋例，可謂撥雲霧而覩青天矣。世宗建九廟，定特祭、祫享之制，尤爲追慕古昔。而奉先殿日享月薦，孝思盎然，較之宋之齋薦神御殿，不更霄壤哉！

右明廟享。

五禮通考卷第九十六

淮陰吴玉搢校字

五禮通考卷第九十七

內廷供奉禮部右侍郎金匱秦蕙田編輯
太子太保總督直隸右都御史桐城方觀承同訂
兩淮都轉鹽運使德水盧見曾
按察司副使元和宋宗元
參校

吉禮九十七

禘 祫

蕙田案：《周禮·大宗伯》宗廟六享，首重肆獻祼、饋食。肆獻祼爲禘，饋食爲祫。《司尊彝》「四時之間祀，追享、朝享」。追享爲禘，朝享爲祫。禘則禘其祖之自出，以其祖配之，見於《大傳》；祫則毁廟與未毁廟之主皆合食於太祖，見於《公羊傳》。義本粲如。自春秋時魯禮上僭，王章下替，聖人累書，用彰其失。漢儒不達，準魯推周，各據所聞，著爲傳記，紛淆始矣。鄭氏推衍注釋，罔有定見，先儒譏之。更歷後代，奉爲典章，諸儒發難，同異蠭起。至唐陸氏據《大傳》以釋禘，據《公羊》以定祫，宋儒朱子一遵其説，然後康成之蠶叢，攘剔無餘，而《大宗伯》之六祭，昭如日月矣。兹輯禘祫一門，先禮經正義，次傳記異同，凡諸儒辨論，以類附從，而歷代典禮亦略該備，其祭祀儀節已具「時享」，不重出焉。

【《周禮·春官·大宗伯》】以肆獻祼享先王，以饋食享先王。【注】宗廟之祭，肆獻祼、饋食在四時之上，則是祫也、禘也。肆者，進所解牲體，謂薦熟食也。獻，獻醴，謂薦血腥也。祼之言灌，灌以鬱鬯，謂始獻尸求神時也。祭必先灌，乃後薦腥，薦熟。於祫逆言之者，與下共文，明六享俱然。祫言肆獻祼、禘言饋食者，著有黍稷，互相備也。

趙氏匡曰：❶「肆獻祼、饋食，在時享之上。禘以肆獻祼爲主，猶生之有饗也。祫以饋食爲主，猶生之有食也。」

蕙田案：注以肆獻祼爲祫，饋食爲禘。趙氏以肆獻祼爲禘，饋食爲祫。夫禘取追遠之義，祭始祖所自出，自以祼獻爲重。祫取合食爲義，毀廟未毀廟之主皆陳焉，尤以饋食爲重。陸氏之説，先儒多從之，是也。

【《司尊彝》】凡四時之間祀，追享、朝享。祼用虎彝、蜼彝，皆有舟。其朝踐用兩大尊，其再獻用兩山尊，皆有罍，諸臣之所昨也。【注】鄭司農云：「追享、朝享，謂禘、祫也。在四時之間，故曰間祀。」【疏】釋曰：「此六者，皆據宗廟之祭。但春夏同陽，秋冬同陰，其追享、朝享又是四時之間祀，以類附從，故可同尊也。」

黄氏曰：「先鄭曰：『追享、朝享，謂禘祫也。在四時之間，故曰間祀。』其説是。禘，追祭其所自出，故爲追享。祫，羣主皆朝於太祖而合食，故爲朝享。《記》曰：『喪之朝也，順死者之孝心也。』此朝之義。後鄭亦曰『追享，追祭遷廟之主』，而曰『有所請禱』，非常禮也。又曰：『朝享，月朔朝廟。』於義通，然月月行之，何以謂之間祀？」

❶「匡」下，原衍「采」字，據三家校及上文删。下逕改，不再出校。

【《山堂考索》】禘者謂追其祖之所自出，故《司尊彝》又謂之追享。禘以祼享先王，其祼也，猶事生之有享也，享以陽爲主，故禘以夏，《大宗伯》「肆獻祼，享先王」，指禘言之也。祫者，合也，所以合聚羣祖而食之。❶毁廟之主陳於太祖，未毁廟之主皆升，合食於太祖。以其自三年之喪畢而朝於廟爲始，故《司尊彝》謂之朝享。祫以食享先王，其食也，猶事生之有食。食，陰也，故祫以冬，《大宗伯》饋食之享，指祫言之也。

蕙田案：以上禮經禘祫。

【《禮記・大傳》】禮，不王不禘。王者禘其祖之所自出，以其祖配之。諸侯及其太祖。大夫、士有大事，省于其君，干祫及其高祖。

陸氏淳曰：「禘者，帝王立始祖之廟，猶謂未盡其追遠尊先之義，故又推尋始祖所出之帝而追祀之。以其祖配之者，謂於始祖廟祭之，而便以始祖配祭也。此祭不兼羣廟之主，爲其踈遠，不敢褻狎故也。其年數或每年一行，或三年一行，未可知也。」

趙氏匡曰：「不王不禘，明諸侯不得有也。所自出，謂所系之帝。諸侯存五廟，惟太廟百世不遷。『及其太祖』，言『及』者，遠祀之所及也。不言禘者，不王不禘，無所疑也。不言祫者，四時皆祭，故不言祫也。有『省』，謂有功往見省記者也。『干』者，逆上之意，言逆上及高祖也。據此體勢相連，皆説宗廟之事，不得謂之祭天。《祭法》載虞、夏、殷、周禘禮，所謂『禘其祖之所自出』，蓋禘郊祖宗，並

❶「祖」，庫本作「主」。

敘永世追祀而不廢絶者也。禘者，帝王立始祖之廟，猶謂未盡其追遠尊先之義，故又推尋始祖所出之帝而追祀之。以其祖配之者，謂於始祖廟祭之，便以始祖配祭也。此祭不兼羣廟之主，爲其疏遠而不敢褻狎故也。其年數，或每年，或數年，未可知也。」

張子曰：「禮，不王不禘，則知諸侯歲缺一祭，爲不禘明矣。夏、殷以禘爲時祭，知追享之必在夏也。欲知禘之説，當如趙伯循斷然立義。禘也，祫也，郊也，必歲有之，豈容有三年、五年之説？」

【《喪服小記》】王者禘其祖之所自出，以其祖配之。

【《儀禮·喪服傳》】都邑之士則知尊禰矣。大夫及學士，則知尊祖矣。諸侯及其太祖，天子及其始祖之所自出。

楊氏復曰：「《大傳》及《子夏傳》二章，皆言大夫祭祖，諸侯又上及其太祖，惟天子禘其祖之所自出，所謂『禮不王不禘也』。」

方氏慤曰：「禮，不王不禘，蓋德愈隆而孝愈廣，位愈尊而祭愈遠故也。此禘也，或謂之間祀，或謂之追享，或謂之大祭，或謂之肆獻祼，何也？以其非四時之常祀，故謂之間祀。以其及祖之所自出，故謂之追享。以其比常祭爲特大焉，故謂之大祭。以其猶是生之有享焉，故謂之肆獻祼。」

【《禮記·祭法》】有虞氏禘黄帝，夏后氏亦禘黄帝。殷人禘嚳，周人禘嚳。

趙氏匡曰：「虞氏禘黄帝，蓋舜祖顓頊出於黄帝，則所謂『禘其祖之所自出』也。夏后氏禘黄帝，義同舜也。殷祖契出自嚳，故禘嚳。周禘嚳，義與殷同。」

馬氏端臨曰：「先王四時之祭則有常禮，以常禮爲未足以極其追遠之意，而又爲禘以祭，則及其所出之祖。禮，不王不禘，王者禘其祖之所自出。以傳考之，虞、夏者，黄帝之所自出也，故虞、夏禘黄帝；商、周者，嚳之所自出，故商、周禘帝嚳。」

【《國語·魯語》】有虞氏禘黄帝，夏后氏禘黄帝，商人禘舜，周人禘嚳。

【陳氏《禮書》】《國語》言「商人禘舜」，異於《祭法》者，蓋宋禮歟？

【《周語》】禘郊之事，則有全烝。【注】烝，升也。全其牲體而升之也。

【《楚語》】天子禘郊之事，必自射其牲。禘郊不過繭栗。【注】角如繭栗。

王氏肅《聖證論》曰：「昭王問觀射父祀牲何及，對曰『禘郊不過繭栗』。射父自謂天子之禘特用繭栗之牲，不以禘爲配天也。」

楊氏復曰：「愚案：王肅以禘用繭栗之牲而非祀天，此言是矣。但王肅又以禘爲殷祭，則與祫無異，而不知所謂禘者禘其祖之所自出，亦未爲得也。愚謂祭天用騂犢，天子適諸侯，諸侯膳用犢，尊尊之義也。禘者禘其所自出之帝也，尊而且遠，亦用繭栗，尊之如天也。祖考與天本一氣，祖考近而親，故以人道事之。所自出之帝尊而且遠，故以天道事之也。」

【《中庸》】郊社之禮，所以事上帝也。宗廟之禮，所以祀乎其先也。明乎郊社之禮，禘嘗之義，治國其如示諸掌乎？

【朱子《集注》】郊祭天，社祭地，不言后土者，省文也。禘，天子宗廟之大祭，追祭太祖之所自出，于太廟而以太祖配之也。嘗，秋祭也，四時皆祭，舉其一耳。禮必有義，對舉之，互文也。「示」與「視」同，視諸掌，言易見也。此與《論語》文大同小異，記有詳略耳。

【朱子《語録》】禘只祭始祖及所自出之帝二者而已。

【《論語》】或問禘之説。子曰：「不知也。知其説者之于天下也，其如示諸斯乎？」指其掌。

【朱子《集註》】先王報本追遠之意，莫深于禘。非仁孝誠敬之至，不足以與此，非或人之所及也。而不王不禘之法，又魯之所當諱者，故以不知答之。「示」與「視」同。「指其掌」，弟子記夫子言此而自指其掌，言其明且易也。蓋知禘之説，則理無不明，誠無不格，而治天下不難矣。聖人於此，豈真有所不知也哉？

【朱子《語録》】禘是祭之甚大甚遠者，若他祭與祫祭，止於太祖。禘又祭祖之所自出，如祭后稷，又推稷上一代祭之，周人禘嚳是也。

禘之意最深長，如祖考與己身未相遼絶，祭禮亦自易理會。至如郊天祀地，猶有天地之顯然者，不敢不盡其心。至祭其始祖，已自大段闊遠，難盡感格之道矣。今又推始祖所自出而祀之，苟非察理之精微，盡誠之極至，安能與於此？故知此則治天下不難也。此尚明得，何況其他？此尚感得，何況其他？

自祖宗以來，千數百年，只是一氣相傳。德厚者流光，德薄者流卑。但法有止處，所以天子只是七廟。然聖人心猶不滿，故又推始祖所自出之帝，以始祖配之。

然已自無廟，❶只是附於始祖之廟。然又惟天子得如此，諸侯以下不與焉。故近者易感，遠者難格。若粗淺之人，他誠意如何得到那裏？不是大段見得道理分明，如何推得聖人報本反始之意如此深遠？非是將這事去推那事，只是知得此說時，則其人見得道理極高，以之處他事，自然沛然也。

【《爾雅》】禘，大祭也。繹，又祭也。【注】五年一大祭。【疏】知非祭天之禘者，以此文下云「繹，又祭也」，爲宗廟之祭，知此禘大祭亦宗廟之祭也。

蕙田案：禘祭之義，傳、記及陸氏、朱子諸儒論之審矣，而祭之名曰禘，其說則尚有未盡者。漢張純曰：「禘之爲言諦，諦諟昭穆尊卑之義。」杜預《左氏傳》注：「三年喪畢，致主於廟，廟之遠主當遷入祧，因是大祭，以審昭穆，謂之諦。」二說大指略同，然昭穆尊卑，人所共見，何須審諦？方性夫曰：「禘之爲言遞也。月祭及其親廟而不及祧廟，特祭及其祧廟而不及毀廟，祫祭及其毀廟而不及祖之所自出，至於禘然後及焉，則所及可謂遞矣。此其所以謂之禘也。」然遞及之說，雖有親疏遠近之別，而無等級隆殺之分，猶未圓也。今案禘字從示，從帝，帝者，五帝也，禘者，享帝之祭也。何以言之？諸侯不得祖天子，大夫不得祖諸侯。大夫所祖者，公子也，公子有宗道而別子爲祖，故大夫不得祖諸侯，則不得祭諸侯也。諸侯以始封

❶「自」，庫本作「是」。

之君爲大祖，始封者諸侯也，以諸侯爲祖而不得祖天子，則不得祭天子也。惟諸侯而有天下，則既爲天子矣，爲天子則可以祭天子而爲祖。故有虞氏舜諸侯也，及爲天子，則禘黄帝，黄帝者顓頊之所自出也，不以幕爲祖而祖顓頊，則可以舉天子之祭禘黄帝也。夏后氏諸侯也，及爲天子，乃亦祖顓頊而禘黄帝也。殷始封之祖契，諸侯也，殷以爲始祖，及爲天子，乃祖契而禘嚳，嚳，契之所自出之帝也。周始封之祖稷，諸侯也，周以爲始祖，及爲天子，乃祖稷而禘嚳，嚳，稷之所自出之帝也。故曰禘者，享帝之祭也，此之謂「不王不禘」。不王不禘者，不爲天子，不得祖天子而行祭帝之禘禮也。明乎此，而《大傳》、《小記》、《祭法》之文一以貫之。明乎此，而夫子答或人以不知及治國如指掌之義，亦可想見。諸儒糾紛之説，不攻而自破。此蓋以禘之字義合諸經傳求而得之，不自知其是與否也。

宗元案：禘字謬解甚多。以禘爲諦者，乃因喪畢吉禘而轉爲諦視昭穆之諦。夫昭穆自有常班，新主入廟，自可循次而升，何待諦視而始定？且於大禘無涉。其解禘爲遞者，則以爲由近而遞及於遠，故及於所自出，亦未免支離牽附也。惟以禘字爲从帝从示，則字義的確矣。而近又以帝爲天帝之帝，因指爲宗祀明堂以配上帝之禮，則與康成郊禘皆祭天之説何異哉？愚向者竊以爲商、周始祖皆諸侯，而所自出之帝則帝嚳也，即虞、夏二代之所禘亦黄帝也，故禘从帝，爲近取即是，何用他求？今得此論而益復豁然，乃知理到確鑿處，即人有同心，而别無二解也。

【附辨鄭氏三禘之説】

【鄭氏《禮記・祭法》注】有虞氏禘黄帝，此禘謂祭昊天於圜丘也。

【《大傳》「不王不禘」注】凡大祭曰禘。大祭其先祖所由生，謂郊祀天也。王者之先祖皆感太微五帝之精以生，蒼則靈威仰也，赤則赤熛怒，黄則含樞紐，白則白招拒，黑則汁光紀，皆用正歲之正月郊祭之。蓋特祭焉。《孝經》曰「郊祀后稷以配天」，配靈威仰也。

【《周禮・大司樂》注】曰：「此三者皆禘，大祭也。天神則主北辰，地祇則主崑崙，人鬼則主后稷。」賈疏：❶「案《爾雅》云『禘，大祭』，不辨天神、人鬼、地祇，則皆有禘稱也。《祭法》曰『禘黄帝』之等，皆據祭天于圜丘，《大傳》云『王者禘其祖之所自出』，據夏正郊天，《論語》『禘自既灌』，據祭宗廟，是以鄭云『三者皆禘，大祭也』」。」

趙氏匡曰：「鄭玄注《祭法》云『禘謂配祭昊天上帝於圜丘也』，蓋見《祭法》所説，文在郊上，謂爲郊之最大者，故爲此説耳。《祭法》所論禘郊祖宗者，謂六廟之外永世不絶者有四種耳，非關祭祀也。禘之所及最遠，故先言之耳，豈關圜丘哉？若實圜丘，五經之中，何得無一字説出？又云『祖之所自出，謂感生帝靈威仰也』，此何妖妄之甚！此文出自讖緯，始於漢哀、平間僞書也，故桓譚、賈逵、蔡邕、王肅之徒疾之如仇，而鄭玄通之於五經，其爲誣蠹甚矣。」

❶「賈」，原作「孔」，據《周禮・大司樂》賈疏改。

楊氏復曰：「《大傳》所論宗廟之祭，隆殺遠近耳，于祀天乎何與？ 而孔氏引爲祭感生帝。《大司樂》冬至圜丘一章，與禘祭絶不相關，而註稱圜丘爲禘。《祭法》禘祖宗三條，分明説宗廟之祭，惟郊一條謂郊祀以祖配天耳，而註皆指爲祀天，同歸於悮。其病安在？ 蓋讀《祭法》不熟而失之也。夫《祭法》歷敘四代禘郊祖宗之禮，禘文皆在郊上。蓋謂郊止於稷，而禘上及乎嚳，禘之所及者最遠，故先言之耳。鄭氏不察，謂禘又郊之大者，於是以《祭法》之禘爲祀天圜丘，以嚳配之，以《大傳》之禘爲正月祀感生帝于南郊，以稷配之。且《祭法》之禘與《大傳》之禘，其義則一，皆言禘其祖之所自出也，鄭氏强析而爲配天兩意，遂分圜丘與郊爲兩處，昊天上帝與感生帝爲兩祀，嚳配天與稷配天爲兩事，隨意穿鑿，展轉支蔓，何其謬耶！ 幸而王肅諸儒力争之於前，趙伯循與近代大儒辨正之於後，大義明白，炳如日星，而周公制作之意可以復見。不然，則終于晦蝕而不明矣，可勝歎哉！」

又曰：「禮經惟禘禮爲註疏汨壞最甚。夫禘，王者之大祭。王者既立始祖之廟，又推始祖所自出之帝，祀之於始祖之廟，而以始祖配之，見於《大傳》、《小記》、《祭法》及《儀禮》「子夏傳」甚詳且明如此。鄭康成見《祭法》禘又皆在郊上，率爾立論，謂禘大於郊，❶而以禘爲祭天之名。既又以地示、宗廟亦是大祭，復指禘爲祭地示、祭宗廟之名，且於《大司樂》注中立爲三禘之説以實之，支離泛濫，不可收

❶「郊」，原作「祫」，據庫本及《文獻通考》卷一〇一改。

拾，諸儒已辨其謬矣。」

馬氏端臨曰：「鄭氏注『禘其祖之所自出』，以爲王者之先祖，皆感太微五帝之精以生。祖者，后稷也，祖之所自出者，蒼帝靈威仰也。遂指禘以爲亦祭天之禮，混禘于郊，捨嚳而言靈威仰。其説妖妄，支離特甚，先儒多攻之。蓋祖者后稷也，祖之所自出者，帝嚳也。郊祀只及稷，而禘則上及嚳，是宗廟之祀莫大於禘，故《祭法》先禘於郊，以其所祀之祖最遠故耳，于祀天無預也。至楊氏引子夏傳以釋祖之所自出，其説尤爲明暢云。」

【附辨鄭氏禘兼羣廟】

【鄭氏《司尊彝》注】追享，禘也，謂追祭遷廟之主，以事有所請禱。

孔氏安國曰：「禘祫之禮，爲序昭穆，故毁廟之主及羣廟之主皆合食于太廟。」

程子曰：「禘其祖之所自出之帝，以所出之帝爲東向之尊，其餘合食于其前，是爲禘也。」

陸氏淳曰：「禘於始祖廟，祭所出之帝，便以祖配，不兼羣廟。」

陳祥道曰：「陸淳謂禘祭不兼羣廟，爲其踈遠，不敢褻狎，殆未嘗考之于經也。《詩·頌·長發》大禘而歌『玄王桓撥』、『相土烈烈』，則不兼羣廟之説，其足信哉？」

趙氏匡曰：「禘者，王之大祭也。❶王者既立始祖之廟，❷又推始祖所自出之帝，祀之於始祖之廟，而以始祖配之也。」

朱子曰：「以始祖配祭而不及羣廟之主，不敢褻也。程先生説『禘是禘其祖之所自出，併羣廟之主皆祭之』，所謂禘之説恐不然，故《論語集註》中止取趙伯循之説。」

楊氏復曰：「禘祭不兼羣廟之主，此非趙

❶「者王」，聖環本作「王者」。
❷「既」下，庫本有「已」字。

伯循之臆説也。《大傳》云『王者禘其祖之所自出，以其祖配之』，則不兼羣廟之主明矣。《曾子問》曰『祫祭其太廟，祝迎四廟之主』，又云『非祫祭，則七廟、五廟無虚主』，《公羊傳》曰『大事者何？大祫也。毁廟之主陳於太祖，未毁廟之主皆升，合食于太祖』，此皆指祫祭而言，並無一言説禘爲殷祭，則禘不兼羣廟之主又明矣。是以朱子疑《長發》爲大祫之詩，疑《雝》爲武王祭文王而徹俎之詩，是蓋以理決之，而不爲《詩序》所惑也。且《詩·頌·長發》大禘，但述玄王以下，而上不及於所自出之帝，《雝》禘太祖，無一詞及其嚳、稷，而皆稱述文王、武王，則安得謂之禘詩乎？《詩序》之不足信，於此尤可見矣。」

【附辨鄭氏禘各于其廟】

【鄭氏《禘祫志》】太王、王季以上遷主，祭于后稷之廟，其坐位與祫祭同。文武以下遷主，若穆之遷主，祭于文王之廟。文王居室之奥，東面，文王孫成王居文王之東而北面，以下穆王直至親盡之祖，以次繼而東，皆北面。無昭主。若昭之遷主，祭于武王之廟。武王亦居室之奥，東面，其昭孫康王亦居武王之東而南面，亦以次繼而東，直至親盡之祖，無穆主也。

王氏肅曰：「如鄭玄言各於其廟，則無以異四時常祀，不得謂之殷祭。」

趙氏匡曰：「儒者以禘、祫俱大祭，祫則於太祖，列羣廟之主，禘則於文、武廟，各迎昭穆之主。夫太廟之有祫祭，象生有族食之義，列昭穆，齒尊卑。今乃分昭穆各於一廟，集之有何理哉？又五經中何得無似是之説？若信有此理，五廟、七廟有虚主，《曾子問》篇中何得不該？蓋儒者無以分别禘、祫之異，强生此義，又何怪哉？」

【附辨劉歆禘爲終王】

劉氏歆曰：「《春秋外傳》曰：『日祭，月祀，時享，歲貢，終王。』大禘則終王。」

王氏安石曰：「《大傳》『不王不禘』，『不王』之『王』與『王者』之『王』，其義不同。不王之王，謂終王也。王者之王，謂天子也。《國語》曰『荒服終王』，韋昭曰『終謂世終』，劉歆曰『大禘則終王』，顏師古曰『每一王終，新王即位，乃來助祭』，此不王不禘之旨也。」

吳氏仁傑曰：「説禮不王不禘，王如來王之王。四夷之君世見，中國一世王者立，則彼一番來朝，故王者行禘禮以接之。彼本國之君一世繼立，則亦一番來朝，故歸國則亦行禘禮。」

蕙田案：《大傳》「不王不禘」，明諸侯不得通禘耳，與「終王」、「世見」無涉。劉歆諸儒悞解於前，安石、斗南附會於後，並不可從。

觀承案：劉歆以《外傳》有「歲貢、終王」之文，而以「終王」爲大禘，殊謬。或者以「吉禘」之「禘」當之，庶幾稍合。蓋新主入廟而行吉禘之禮，❶則是一王終也。而介甫乃以「不王不禘」之「王」解「終王」，則尤牽合矣。「不王」之「王」，明指王者而言，可別解歟？

又案：以上禘。

【《春秋》】文公二年八月丁卯，大事于太廟。

【《公羊傳》】大事者何？大祫也。大祫者何？合祭也。其合祭奈何？毁廟之主陳於太祖，未毁廟之主皆升，合食於太祖。

【注】以言「大」，與有事異。毁廟，謂親過高祖，毁其廟，藏其主於太祖廟中。太祖，周公之廟。陳者，就陳列太祖前。太祖東向，昭南向，穆北向。其餘孫從王父，父曰昭，子曰穆。敬自外來曰升。

【《穀梁傳》范注】祫祭者，皆合祭諸廟已

❶「主」，庫本作「王」。

毁、未毁者之主於太祖廟中，以昭穆爲次序，父爲昭，子爲穆，昭南向，穆北向，孫從王父坐也。祭畢則復還其廟。

楊氏復曰：「此謂大合毁廟與未毁廟之主於太祖之廟而祭之也。」

【《禮記・曾子問》】祫祭於祖，則祝迎四廟之主。主出廟、入廟，必蹕。【疏】當祫之年，則祝迎高、曾、祖、禰四廟，而于太祖廟祭之。天子祫祭，則迎六廟之主。四廟，舉諸侯言也。出廟者，謂出己廟而往太祖廟。入廟，謂從太祖廟而反還入己廟。當七廟、五廟無虚主。虚主者，惟祫祭於祖爲無主耳。

【《禮器》】大饗，其王事與！【注】謂祫祭先王。【疏】《孝經》云「四海之内，各以其時來助祭」，故云大享是祫祭也，以享中最大，故稱大享。三牲、魚、腊，四海九州之美味也。籩豆之薦，四時之和氣也。内金，示和也。束帛加璧，尊德也。龜爲前列，先知也。金次之，見情也。【注】金照物，金有兩義，先入後設。丹漆、絲纊、竹箭，與衆共財也。其餘無常貨，各以其國之所有，則致遠物也。其出也，《肆夏》而送之，蓋重禮也。【注】出謂諸侯之賓也，禮畢而出，作樂以節之。《肆夏》當爲《陔夏》。【疏】大享諸侯，則諸侯出入奏《肆夏》。此經其助祭之後，禮畢客醉而後出，宜奏《陔夏》，故《燕禮》、《大射》賓出奏《陔夏》，明不失禮也。

【《樂記》】大饗之禮，尚玄酒而俎腥魚，大羹不和，有遺味者矣。【注】大饗祫祭先王，以腥魚爲俎實，不臑熟之。大羹，肉湆，謂不以鹽菜。

【《大戴禮》】大饗尚玄尊，俎生魚。先大羹，貴飲食之本也。大饗尚玄尊而用酒，食先黍稷而飯稻粱，祭嚌大羹而飽乎庶羞，❶貴本而親用也。

【附辨張純祫止毁廟】

張氏純曰：「舊制，三年一祫，毁廟主合食高廟，存廟主

❶「祭」，原作「登」，據《大戴禮記・禮三本》改。

未嘗合祭。」

蕙田案：《公羊傳》云：「毁廟之主陳于太祖，未毁廟之主皆升，合食於太祖。」漢制，祫止毁廟，不及存廟，未審所據何經。

【附辨王肅祫不及毁廟】

王氏肅曰：「禘者，毁廟之主皆合於太祖；祫者，惟未毁之主合而已矣。」

蕙田案：一祫祭也，割其半以爲禘，又割其半以爲祫，禘祫之禮于是胥失。

又案：以上祫。

【附辨賈逵、王肅禘、祫一祭二名】

賈逵、劉歆曰：「禘、祫一祭二名，禮無差降。」

王氏肅曰：「《曾子問》『惟祫于太祖，羣主皆從』，而不言禘。臣以爲禘、祫殷祭，羣主皆合，舉祫則禘可知也。《論語》孔子曰：『禘自既灌而往者，吾不欲觀之矣。』所以特禘者，以禘大祭，故欲觀其盛也。禘、祫大祭，獨言禘，則祫亦可知矣。」

【孔穎達《王制》疏】左氏及杜氏則皆以禘爲三年一大祭，在太祖之廟。傳無祫文，然則祫即禘也。取其序昭穆，謂之禘；取其合集羣祖，謂之祫。

【《後漢書》章懷太子賢注】禘、祫俱是大祭，名可通也。

【陳氏《禮書》】漢時以禘、祫爲一祭，故其禮始紊。

【《山堂考索》】《大宗伯》「肆獻祼」是禘祭也，「饋食」是祫祭也；《司尊彝》「追享」是禘祭，「朝享」是祫祭也。既有此別，而賈逵、劉歆以爲禘、祫一祭二名；漢平帝祫祭于明堂，而張純以爲禘祭，章懷太子注云「是大祭，名可通也」。《周禮》既曰「肆獻祼」，又曰「饋食」，既曰「追享」，又曰「朝享」，差別其禘祫也。祫則及毁廟之主，禘則及於祖之所自出也，安得一祭而二名哉？

【附辨胡寅天子有禘無祫】

胡氏寅曰：「禘、祫皆合食也，故君子曰：『禘其所自出之帝，爲東向之尊，其餘合食于前，此之謂禘。諸侯無所自出之帝，則于太祖廟合羣廟之主而食，此之謂祫。』天子禘，諸侯祫，上下之殺也。魯諸侯，何以得禘？成王追念周公有大勳勞于天下，賜魯以天子禮樂，使用諸太廟，上祀周公，于是乎有禘，所以《春秋》言禘不言祫也。孔子曰：『魯之郊禘，非禮也。』則知諸侯無禘而當祫，天子無祫而有禘，豈不明白而易知乎？」

馬氏端臨曰：「以禘祫爲共一祭而異名，以禘爲合祭祖宗，審諦昭穆之義，漢儒之説也。近代諸儒多不以爲然，獨致堂從之。然《大傳》『禮，不王不禘，王者禘其祖之所自出，以其祖配之』，而即斷之曰『諸侯及其太祖，大夫、士有大事省于其君，干祫及其高祖』，其文意亦似共只説一祭。天子則謂之禘，所謂『不王不禘』，而祭則及其祖之所自出。諸侯則不可以言禘，而所祭止太祖。大夫、士又不可以言祫，必有功勞見之于君，許之祫，則于祫可及高祖。蓋共是合祭祖宗，而以君臣之故，所及有遠近，故異其名。所以魯之禘祭者，即祫也。若《大傳》文，『諸侯』之下更有一『祫』字，則其義尤明。」

楊氏復曰：「漢儒之論，混禘於祫，皆以爲合食於太祖，則禘、祫無辨矣。而又欲勉强穿鑿，分别其所以不同，此所以紛紛多端而莫之一也。混禘于祫而禘之禮遂亡，混祫于禘而祫之禮亦紊，可不惜哉！」

蕙田案：致堂謂天子無祫而有禘，正坐悮以禘、祫皆合食之故，信齋所謂「混禘於祫而禘之禮遂亡，混祫於禘而祫之禮亦紊」，正中其弊。《文獻通考》既知鄭氏之爲臆説，又知混禘、祫爲一之非，而於致堂之説仍有取焉，可謂信道不篤者矣。近世萬斯同猶述之，異哉！

又案：天子宗廟之禘祫，當以《周禮·大宗伯》、《司尊彝》二職之文爲定，而《司尊彝》之文尤明。其言曰「春祠，夏禴，秋嘗，冬烝。四時之間祀：追享，朝享。」祠、禴、嘗、烝，四時之正祭也。追享即禘祭，取追遠之義，故名追享；朝享即祫祭，羣廟之主皆升，合食於太祖，有朝之義，故名朝享。以其間於四時正祭之中，故名「四時之間祀」。《大宗伯》之職曰「以肆獻祼享先王，以饋食享先王」，肆，陳牲也。獻，獻酒醴也。祼，以鬱鬯之酒灌地降神也。饋食，薦黍稷也。肆獻祼，以禘祭言；饋食，以祫祭言。蓋追始祖所自出，尤以祼獻爲重，祫則陳毁廟之主而合食焉，尤以饋食爲重也。禘祭之禮，當以《大傳》之文爲定，曰「禮，不王不禘，王者禘其祖之所自出，以其祖配之」，趙伯循謂「禘，王者之大祭。王者既立始祖之廟，又推始祖所自出之帝，祀之於始祖之廟，而以始祖配之也」，朱子謂「禘止祭始祖所自出之帝及始祖二位，不及羣廟之主」，是也。故字從示、從帝。禘者，天子享帝之祭也，諸侯不敢祖天子，惟王者可以追始祖所自出之帝而祭之，所祭者帝，故曰禘，乃天子之禮也。祫祭之禮，當以《公羊傳》之文爲定，曰「大事者何？大祫也。大祫毁廟之主陳於太祖，未毁廟之主皆升，合食於太祖」，蓋毁廟之主藏於太廟之夾室，故出而陳之；未毁廟之主皆在各廟，故祝迎之，使升於太祖而合食焉。《曾子問》曰「祫祭，則祝迎四廟之主」，諸侯五廟，一爲太祖廟，毀廟之主皆藏焉，故惟迎四廟之主也。天子則迎六廟之主，故曰「周旅酬六尸」，七廟七尸，始祖后稷發爵不受旅，故旅酬止六尸也。祫有時祫，有大祫。時祫，未毀廟之主合食於太祖；大祫，則合毀廟、未毀廟之主，皆升合食，《公羊》所云，則大祫也。天子有禘有祫，諸侯無禘而有祫。其禘祫之期，亦當以《周禮・司尊彝》之文爲定。其文曰「四時之間祀」，間祀者，間於四祭之中。四祭歲歲有之，則間祀亦歲歲有之也。横渠張子曰「禘也，祫也，郊也，必歲有之，豈容有三年、五年之説？夫天子每歲必郊，每歲必禘、祫可知」，張子之説爲是。乃鄭康成從《禮緯》之説，云「三年一祫，五年一禘」。夫以三年、五年禘祫合計之，則第一祫在三年，第一禘在五年，第二祫在六年，第三祫在九年，第二禘在十年，第四祫在十二年，第五祫、第三禘俱在十五年，此唐太常議所謂「或比年頻合，或同歲再序，或一禘之後并爲再祫，或五年之内驟有三殷」。求於禮經，頗爲乖失，禘祫之紊，其由是也。若其祭時，禘以獻祼爲主，陽義也；祫以饋食爲主，陰義也。漢張純曰：「禘祭以夏四月，夏者陽氣在上，陰氣在下，故正尊卑之義也。祫以冬十月，冬者五穀成熟，物備禮成，故合序飲食也。」其義甚精，《明集禮》移在歲暮，於禮意同一揆也。又案《大司馬》職：「仲夏教茇舍，獻禽以享礿。仲冬教大閲，獻禽以享烝。仲春教振旅，獻禽以祭社。仲秋教治兵，致禽以祭祊。」舉方社而祠、嘗可知，然則《周禮》宗廟一歲蓋六祭，仲春而祠，孟夏而禘，仲夏而禴，仲秋而嘗，孟冬而祫，仲冬而烝，所謂四時之間祀，蓋不爽也。禘、祫正義，其著於經傳而可據者如此，至其異同乖剌之故，詳見後方。

右經傳禘祫正義。

【《禮記·王制》】天子諸侯宗廟之祭，春曰礿，夏曰禘，秋曰嘗，冬曰烝。【注】此蓋夏、殷之祭名。周則改之，春曰祠，夏曰礿，以禘爲殷祭。《詩·小雅》曰：「礿祠烝嘗，于公先王。」此周四時祭宗廟之名。【疏】此一節論夏、殷天子、諸侯、大夫四時祭宗廟之事，祭名與周不同，故以爲夏、殷之祭，又無文，故稱「蓋」以疑之。此云「春礿」，而《郊特牲》云「春禘」者，鄭彼注云「禘宜爲禴」，從此爲正。《祭義》曰「春禘」，鄭注直云「夏、殷禮」，不破「禘」字者，已見《郊特牲》注，故略之也。知以禘爲殷祭者，《公羊傳》曰「五年而再殷祭」，又《春秋》僖八年秋七月，「禘於太廟」，是禘爲殷祭。殷，大也，謂五年一大祭。引《詩·小雅》，是文王《天保》之詩，謂文王受命，已改殷之祭名，以夏祭之禘，故名曰礿，而《詩》先礿後祠，從便文，「嘗」在「烝」下，以韵句也。

【《郊特牲》】饗禘有樂而食嘗無樂，陰陽之義也。春禘而秋嘗。【注】此「禘」當爲「禴」字之誤也。《王制》曰「春禴夏禘」。【疏】依禮，三代無春禘之文，周則春曰祠。《王制》夏、殷之禮云「春曰禴」，今云「春曰禘」，故知「禘」當爲「禴」。此經所論謂夏、殷禮也。舉春見夏，舉秋見冬。

【《祭義》】君子合諸天道，春禘秋嘗，禘有樂而嘗無樂。【注】春禘，夏、殷禮也。周以禘爲殷祭，更名春祭曰祠。【疏】案《王制》云「春礿夏禘」，《周禮·大宗伯》「春祠夏礿」，今云「春禘」，故鄭曰夏殷禮。然《王制》春曰礿，此云春禘，「禘」當爲「礿」，于《郊特牲》已注，故此不言也。

【《祭統》】凡祭有四時：春祭曰礿，夏祭曰禘，秋祭曰嘗，冬祭曰烝。礿、禘，陽義也；嘗、烝，陰義也。禘者陽之盛也，嘗者陰之盛也，故曰莫重於禘、嘗。古者於禘也，發爵、賜服，順陽義也；於嘗也，出田邑、發秋政，順陰義也。

【《王制》】天子犆礿，祫禘，祫嘗，祫烝。諸侯礿則不禘，禘則不嘗，嘗則不烝，烝則不礿。諸侯礿犆，禘一犆一祫，嘗祫，烝祫。

【注】犆猶一也。祫，合也。天子、諸侯之喪畢，合先君之主於祖廟而祭之，謂之祫。後因以爲常。天子先祫而後時祭，諸侯先時祭而後祫。凡祫之歲，春一礿而已。不祫，以物無成者不殷祭。周改夏祭曰礿，以禘爲殷祭也。魯禮，三年喪畢而祫於太祖，明年春禘於羣廟，自爾之後，五年而再殷祭，一祫一禘也。虞夏之制，諸侯歲朝，故四時礿、禘、嘗、烝，必廢一祭。礿犆，互明犆礿文也。禘一犆一祫，下天子也。祫歲不禘。【疏】此一節論夏殷天子、諸侯大祭及時祭之事。天子之祭，當祫之歲，以春物未成，不爲祫祭，惟犆爲時祭之礿，故云犆礿。夏、秋、冬之時，先爲祫祭，後爲時祭，故云祫禘、祫嘗、祫烝也。鄭注「先祫而後時祭」者，以經曰「祫禘、祫嘗、祫烝」，天子位尊，故先爲大禮也。「諸侯先時祭而後祫」者，以下云「嘗祫、烝祫」，諸侯位卑，取其漸備，故先小禮、後大禮。此等皆殷以前之制，但不知幾年一祫。《禮緯》云：「三年一祫，五年一禘。」鄭云「百王通義」，則虞、夏、殷、周皆同三年一祫也。皇氏以爲虞夏祫祭每年皆爲，又云：「三時祫者，謂夏、秋、冬，或一時得祫則爲之，不三時俱祫。」今鄭注云「春一礿而已，不祫，以物無成，不殷祭」，又《禘祫志》云：「《王制》記先王之法，祫爲大祭，祫于秋，于夏，于冬。周公制禮，祭不欲數。」如鄭此言，則夏、殷三時俱殷祭，皇氏之説非也。鄭注謂「魯禮三年喪畢而祫于太祖」者，案文二年八月丁卯，「大事于太廟」，《公羊傳》云：「大事者何？大祫也。」通僖公死之年爲三年也。注謂「明年春禘于羣廟」者，案僖公八年「禘于太廟」，宣八年「有事于太廟」，有事，禘也。皆八年禘者，既五年一禘，則後禘去前禘五年也，前禘當三年。今二年而祫，故云「明年春禘于羣廟」。案閔二年五月「吉禘于莊公」，昭十五年「禘于武宮」，昭二十五年「將禘于襄公」，禘皆各就廟爲之，故云「羣廟」。注

謂「自爾之後五年而再殷祭」者，《公羊傳》文。「自爾」謂三年禘羣廟之後，每五年之内再爲殷祭，故鄭《禘祫志》云：「閔公之喪，僖二年禘，僖六年祫，僖八年禘。凡三年喪畢，二年爲祫，三年爲禘，皆祫在禘前。」其禘、祫大小，鄭以《公羊傳》云「大事者何？大祫也。毁廟之主陳于太祖，未毁廟之主皆升，合食于太祖」，故爲大事。若王肅、張融、孔晁，皆據逸《禮》，以禘爲大，祫爲小。鄭不用逸《禮》。又《曾子問》云「七廟、五廟無虚主，虚主者，惟天子崩與祫祭取羣廟之主」，明禘祭不取羣廟之主可知。《爾雅》云：「禘，大祭也。」謂比四時爲大也。若左氏及杜氏則皆以禘爲三年一大祭，在太祖之廟，《傳》無祫文，然則祫即禘也，取其序昭穆謂之禘，取其合集羣祖謂之祫。注謂「虞夏之制」者，雜明諸代，不專殷也。又「春礿」注云「夏殷」，則知夏、殷春祭俱名礿也。虞夏之制，諸侯歲朝，皆缺一時之祭。此從南方始，南方諸侯春礿祭竟，夏來朝，故缺夏禘，故云「礿則不禘」。西方諸侯行夏祭竟而秋來朝，故不嘗也；北方諸侯行秋祭竟而冬來朝，故廢烝；東方諸侯行冬祭竟而春來朝，故廢礿。各廢一時耳，餘三時皆祭也。今不從東方始而從南方始者，欲舉春礿得祭者爲始故也。礿犆者，諸侯降于天子，故礿在犆上也。欲見先時祭，故礿在犆上。「禘一犆一祫」者，言諸侯當在夏祭一禘之時，不爲禘祭，惟犆一祫而已，缺時祭也。不云「一禘」而云「禘一」者，禘在一前，與礿在犆前，其義同，皆見先時祭也。「嘗祫、烝祫」者，謂諸侯先作時祭烝、嘗，然後爲大祭之祫也。

程子曰：「諸侯亦祭祫，只是祠、禴、嘗、烝之祭爲廟禮煩，故每年于四祭之中，三祭合食於祖廟，惟春則祭諸廟也。」

張子曰：「天子犆礿，祫禘，祫嘗，祫烝。知天子廟春犆礿於太祖，夏禘、秋嘗、冬烝，並祫祭于太祖之廟。嘗、禘祫則天子必親行祭事，故羣廟之主皆在太祖之廟，故禮可得而周遍也。若時祭則逐廟行禮，勢必十數日仍不得各爲齋戒，以是容有司行事，乃可以同日而事畢。舊説一日徧祭七廟，勢不可及。雖於《書》有『文王騂牛一，❶武王騂牛一』，似一日而祭二廟，然恐二王在一廟而祭之，牲則各異也。」

又曰：「天子七廟，一日而行，則力不給，故禮有一犆一祫之說。犆則祭一，祫則徧祭。如春祭高祖，夏祭羣廟，秋祭曾，冬又祫，來春祭祖，夏又祫，秋祭禰，冬又祫。」

楊氏復曰：「程子之言，正解釋天子犆礿、祫禘、祫嘗、祫烝之義。其曰『祫，合祭也，只是禴、祠、嘗、烝之祭爲廟禮煩，故每年于四祭之中，三祭合食于祖廟，惟春則祭諸廟』，此說推明時祭之本意，最爲明白。張子謂禮有一犆一礿之說，正解釋諸侯礿犆，禘一犆一祫，嘗祫、烝祫一章，但本文言礿、嘗、烝三祭皆祫，惟禘一犆一祫，禮文殘缺，指不分明，故張子不從其言，又別爲之說，曰『春祀高祖，夏禴羣廟，秋祭曾，冬又祫，來春祭祖，夏又祫，秋祭禰，冬又祫』，雖一犆一祫之說若可通，但言犆只祭一廟而遺其餘廟，恐于人情亦有所不安，不若前程子之言簡而意備也。又春祠、夏禴、秋嘗、冬烝，周時祭名，《詩》所謂『禴、祠、烝、嘗，于公先王』是也。此云礿、禘、嘗、烝，乃記禮者之悞也。」

又曰：「祫祭有二。《曾子問》曰：『祫祭于祖，則祝迎四廟之主。』《王制》云『天子祫嘗、祫烝，諸侯嘗祫、烝祫』，此時祭之祫也。《公羊傳》曰：『毀廟之主陳于太祖，未毀廟之主皆升，合食于太祖。』此大祫毀廟、未毀廟之主而祭之也。祫祭惟有二條，此外無餘禮。漢儒之論，又混禘、祫而并言之，何其紛紛多端也！」

蕙田案：程子、張子、楊氏三條，主時祫之說。

【附辨傳記不同及注疏之說】

趙氏匡曰：「問者曰：『若禘非時祭之名，則《禮記》諸篇所說，其故何也？』答曰：『《禮記》諸篇，或孔門後之末流弟子所撰，或是漢初諸儒私撰之，以求購金，漢初

❶「書」，原作「詩」，據庫本及《尚書·洛誥》改。

以金購遺書，故儒者私撰禮篇鬻之。皆約《春秋》爲之。見《春秋》禘於莊公，遂以爲時祭之名，若非末流弟子及漢初儒者所著，不應差互如此也。見《春秋》唯兩度書禘，一春一夏，閔二年五月吉禘于莊公，今之三月。僖公八年七月禘于太廟，今之五月也。所以或謂之春祭，或謂之夏祭，各自著書，不相扶會，理可見也。而鄭玄不達其意，故注《郊特牲》云「禘當爲礿」，《祭義》與《郊特牲》同，鄭遂不注，《祭統》及《王制》則云「此夏殷時禮也」，且《祭統》篇末云「成王追念周公，賜之重祭，郊社嘗禘是也」，何得云夏殷禮哉？遂都不注。』問者曰：『《王制》所云「礿則不禘，禘則不嘗，嘗則不烝，烝則不礿」，信如鄭説乎？』答曰：『撰此篇者，亦緣見《春秋》中唯有禘、烝、嘗三祭，謂魯唯行此三祭，遂云爾。若信如鄭注，諸侯每歲皆朝，即遠國來往，須歷數時，何獨廢一時而已？又須往來當在道路，❶如何守國理民乎？』問者曰：『《明堂位》云「季夏六月，以禘禮祀周公于太廟」，又云「夏礿，秋嘗，冬烝」，此即以禘爲大祭而時祭闕一時，義甚明著也。』答曰：『禮篇之中，夏礿、秋嘗、冬烝，庸淺鄙妄，此篇爲甚，故云「四代之官，魯兼用之」，又云「君臣未嘗相弑也，禮樂刑法未嘗相變也」，其鄙若此，何足徵乎？鄭玄不能尋本討原，但隨文求義，解此禘禮輒有四種，其注《祭法》及《小記》則云「禘是祭天」，注《詩·頌》則云「禘是宗廟之祭，小於祫」，注《郊特牲》則云「禘當爲礿」，注《祭統》、《王制》則云「禘是夏殷之時祭

❶「當」，《春秋集傳纂例》作「常」。

名」，殊可怪也。』問曰：『禘若非圜丘，《國語》云「郊禘之牛角繭栗」，何也？』答曰：『凡禘皆及五帝，五帝太皞等是也。以其功高，歷代兆於四郊以祭之，比之次於天帝。且郊祀稷牛角猶繭栗，則太皞之牛不得不爾，何足疑哉？』」

蕙田案：此條辨時祭夏、殷禮之非。

觀承案：虞、夏、商、周所禘者，各禘其一帝耳。趙氏此條，謂凡禘皆及五帝，兆於四郊以祭之，則又是祭天之説，而混禘於郊矣，其與康成何異，而難之哉！此殊不可解。

【《朱子語録》】《王制》「特礿、祫禘、祫嘗、祫烝」之説，此没理會，不知漢儒何處得此説來。禮家之説，大抵自相矛盾，如禘之義，恐只趙伯循之説爲是。

朱子曰：「《正義》所解亦難曉。礿祭以春物未成，其禮稍輕，須著逐廟各祭，祫禘之類又却合爲一處，則犆反詳而祫反略矣。又據《正義》禘禮是四處各序昭穆，而《大傳》謂『禮不王不禘，王者禘其祖之所自出，以其祖配之』，若周人禘帝嚳配以后稷是也。如此，則説禘又不可通矣。又云《春秋》書『禘於太廟，用致夫人』，又不知禘於太廟，其禮如何？太廟是周公之廟，先儒有謂魯亦立文王廟，《左氏》載鄭祖厲王，❶諸侯不敢祖天子，而當時越禮如此。故公廟設於私家，皆無理會處。又『諸侯礿則不禘』一段，是歲朝天子廢一時祭，春秋朝會無節，豈止一歲廢一時祭而已哉！不然，則或有世子或大臣居守，豈不可以攝事？」

❶「鄭」，原脱，據庫本及《朱子語類》卷八七補。

蕙田案：朱子此二條，辨祫禘序昭穆及歲朝廢祭之非。

胡氏寅曰：「《禮記・大傳》曰：『禮不王不禘。王者禘其祖之所自出，以其祖配之。諸侯及其太祖，大夫、士省于其君，干祫及其高祖。』是天子禘，諸侯、大夫、士祫之正文也。終《大傳》一篇，無舛駁於聖王之教者，此孔氏所傳也。《王制》乃漢儒刺經爲之，出於孝文之世，其言舛駁於聖王之教者多矣，固非孔氏所傳也。《王制》之文曰『春礿夏禘』，又曰『天子祫禘，祫嘗，祫烝』，又曰『諸侯禘，一犆一祫』，又曰『諸侯礿則不禘，禘則不嘗』，其言紛錯淆亂，莫可案據。鄭氏不能辨正，又曲爲之說，『春礿夏禘乃夏殷祭名，周則改之，以禘爲殷祭』。且《王制》所載六官之事，皆周制也，此惑於漢儒而不通禘義之一也。又曰天子、諸侯之喪畢，合先君主於祖廟而祭之，謂之祫，此惑於漢儒不通禘義之二也。又曰天子先祫而後時祭，此惑於漢儒不通禘義之三也。又曰魯禮三年喪畢而祫於太祖，明年春禘於羣廟，此惑於漢儒不通禘義之四也。又曰禘殷祭也，五年而再殷祭，一祫一禘，又自叛其說，不曉禘義之五也。又曰諸侯祫歲不禘，下天子，此又不曉禘義之六也。其釋《大傳》『禘祫』，曰『禘其所自出，謂郊天也』，此又斷以己意，不曉禘義之七也。後世惟《王制》之信，憑鄭氏所釋而不考《祭法》、《大傳》及孔子之言，唐遂至夏禘冬祫，始知其數而瀆也，不亦失之遠乎？」

處氏曰：「《周禮》春祠、夏禴、秋嘗、冬烝，此四時之祭名也。考之《王制》，則春曰礿，夏曰禘，《祭統》亦曰春祭曰礿，夏祭曰禘，與《周禮》所言春、夏之制相反矣。考之《郊特牲》，則曰『春禘而秋嘗』，《祭義》亦曰『君子合諸天道，春禘秋嘗』，又與《王制》、《祭統》所言春、夏之祭相反矣。鄭康成之説，以春礿夏禘爲夏殷之祭，周則改之，亦無明文可據。蓋康成以意揣之也。至於《郊特牲》言『春禘』，鄭康成釋之曰『禘當爲礿，字之悮也』，意謂《王制》、《祭統》既言春礿，則此不當言春禘，故以爲礿字之悮。然則《祭義》又言『春禘』，豈有二篇之文皆悮哉！此不通之論也。」

蕙田案：胡氏二條，統論《禮記》注疏之非。

【《文獻通考》馬氏曰】禘之爲時祭，則《王制》「天子祫禘，諸侯禘，一犆一祫」之説，《左傳》「烝嘗禘于廟」之説，所載晉人言「寡君未禘祀」之説，皆指時祭而言，無緣皆妄。蓋禘有二名，有大禘之禘，《大傳》所謂「禮不王不禘，王者禘其祖之所自出而以祖配之」，《禮運》所謂「魯之郊禘，非禮也」是也；有時禘之禘，《祭義》所謂「春禘秋嘗」，《王制》所謂「天子祫禘，諸侯禘，一犆一祫」是也。趙伯循必以禘爲非時祭之名，因不信鄭氏而并詆《禮記》、《左傳》，其意蓋謂禘只是大禘，無所謂時禘。然禘之名義，它不經見，惟《禮記》詳言之耳。趙氏所言，亦是因「不王不禘」之説。「魯郊禘非禮」之説，見得禘爲天子之大祀，故不可以名時祭。然《大傳》、《禮運》、《禮記》也，《王制》、《祭義》亦《禮記》也，今所本者《大傳》、《禮運》，所詆者《王制》、《祭義》，❶是據《禮記》以攻《禮記》也。至於「烝嘗禘於廟」一語，雖左氏所言，然其所載昭公十五年禘於武宮，二十五年禘於襄公，定公八年禘於僖公，襄公十六年，晉人曰「寡君之未禘祀」，則皆當時之事。今趙氏皆以爲左氏見經中有禘於莊公一事，故於當時魯國及它國之祭祀，皆妄以爲禘，則其説尤不通矣。安有魯國原無此祭，晉人原無此言，

❶「祭義」，原作「祭法」，據庫本改。

而鑿空妄説乎？蓋魯伯禽嘗受郊禘之賜，則魯國後來所行之禘，其或爲大禘，或爲時禘，亦未可知也。至於左氏所謂「烝嘗禘於廟」，晉人所謂「寡君未禘祀」，則時禘之通行于天子、諸侯者，非止魯國行之而已，恐難儕之郊望而例以僭目之也。

蕙田案：宗廟一歲六祭，仲春而祠，孟夏而禘，仲夏而禴，仲秋而嘗，孟冬而祫，仲冬而烝。肆獻祼、饋食，著於《大宗伯》，四時間祀，詳於《司尊彝》，不易之説也。至《王制》、《祭義》、《祭統》皆作於漢儒，其言宗廟祭祀，多與《周禮》不合。如《王制》云「春曰礿，夏曰禘」，礿與禴通，則悮以夏祭之禴爲春祭，又悮以追享之禘爲時祭。又曰「天子犆礿，祫禘，祫嘗，祫烝。諸侯礿則不禘，❶禘則不嘗，嘗則不烝，烝則不礿。諸侯礿犆，禘一犆一祫，嘗祫，烝祫」，既悮以禘爲時祭，祫爲春祭，又悮以時祭爲祫祭。趙伯循及朱子、胡氏、處氏排之，可謂明且切矣。馬氏專據《禮記》、《左傳》爲時禘之説，據鄭氏以駁趙氏，非也。又譏趙氏據《禮記》以駁《禮記》，夫《大傳》、《小記》雖出戴氏，獨不思《周禮・大宗伯》及《司尊彝》之文，豈亦出於戴氏乎？時祫之説，程子、張子亦曾言之，義可並存。至時禘，則終未敢遽信也。

【《詩・周頌・雝》序】曰：「禘太祖也。」

【箋】禘，大祭也，大於四時而小於祫。太祖謂文王。

【疏】雝者，禘太祖之樂歌也，謂周公、成王太平之時，禘祭太祖之廟。詩人以今之太平由此太祖，故因其祭述

❶「礿」，原作「祫」，據《禮記・王制》改。

其事而爲此歌焉。

【朱子《詩序辨》】「周人禘嚳」，又曰「天子七廟，三昭三穆，及太祖之廟而七」，周之太祖即后稷也。禘嚳於后稷之廟而以后稷配之，所謂「禘其祖之所自出，以其祖配之」者也。《祭法》又云「周祖文王」，而《春秋》家説三年喪畢，致新死者之主於廟，亦謂之吉禘，是祖一號而二廟，禘一名而二祭也。今此《序》云「禘太祖」，則宜爲禘嚳於后稷之廟矣，而其詩之詞無及於嚳、稷者，若以爲吉禘於文王，則與《序》已不協，而詩文亦無此意，恐《序》之悞也。此詩但爲武王祭文王而徹俎之詩，而後通用於他廟耳。

范氏處義曰：「周以后稷爲太祖，《祭法》曰『周人禘嚳』，此曰『禘太祖』，何也？曰：禘其祖之所自出，則嚳也；以其祖配之，則后稷也。天子七廟，三昭三穆，與太祖之廟而七，禘行於宗廟，嚳既無廟，故舉其配而言之。」

【《商頌·長發》序】曰：「大禘也。」【箋】大禘，郊祭天也。《禮記》曰「王者禘其祖之所自出，以其祖配之」，是謂也。

【朱子《集傳》】《序》以爲此大禘之詩，蓋祭其祖之所自出而以其祖配也。蘇氏曰：「大禘之祭，所及者遠，故其詩歷言商之先后，又及其卿士伊尹，蓋與祭於禘者也。《商書》曰：『兹予大享于先王，爾祖其從與享之』，是禮也，豈其起於商之世歟？」今案：大禘不及羣廟之主，此宜爲祫祭之詩，然經無明文，不可考也。

馬氏復京曰：「陸淳云：『禘於始祖廟，祭所出之帝，便以祖配，不兼羣廟。』朱子蓋同陸説。」

蕙田案：何氏休《公羊》註「禘所以異於祫者，功臣皆祭也」，蓋即據此詩義而言。楊信齋謂：「何休祫祭不及功臣，禘則功臣皆祭。案祫烝則功臣皆祭，即《司勳》所謂『祭於大烝』是也，誰謂祫祭功臣不與享乎？今考禘祭不兼羣廟，何緣功臣與享？何休之説非矣。」楊氏引《司勳》「凡有功者祭於大烝」爲祫祭功臣與享之證，然烝亦四時之祭，《盤庚》云『兹予大享於先王，爾祖其從與享之』，孔安國曰：「配食于廟，大享烝嘗也。」此詩《序》以爲大禘，朱子、楊氏以爲大祫，據《周禮》及《尚書》疏又俱不指禘祫，似孔安國之説爲長。

右傳記言禘祫不同。

【《春秋》】閔公二年夏五月乙酉，吉禘於莊公。【《左氏傳》】速也。【注】三年喪畢，致新死者之主於廟，廟之遠主當遷入祧，因是大祭，以審昭穆，謂之禘。莊公喪制未闋，時別立廟，廟成而吉祭，❶又不於太廟，故詳書以示譏。【疏】僖三十三年《傳》曰：「凡君薨，卒哭而祔。祔而作主，特祀于主。烝嘗禘于廟。」禘祀爲吉祭，説喪事而言禘，知禘是喪終而吉祭也。襄十五年晉悼公卒，十六年《傳》稱晉人答穆叔，云「以寡君之未禘祀」，知三年喪畢乃爲禘也。喪畢而爲禘祭，知致新死之主於廟也。新主入廟，則遠主當遷。知其遷入祧者，《祭法》云：「天子七廟，有二祧。」則祧是遠祖廟也。《周禮·守祧》：「守先王先公之廟祧，其遺衣服藏焉。」廟之遠主其廟既遷，主無所處，固當遷入祧也。鄭玄以二祧爲文王、武王之廟，遷主入廟，當各從其班，穆入文祧，昭入武祧。禮，諸侯五廟，更無別祧，則當爲太祖之廟爲祧也。遠主初始入祧，新死之主又當與先君相接，故禮因是而爲大祭，以審序昭穆，故謂之禘。禘者，諦也，言使昭穆之次審諦而不亂也。莊公以其三十二年八月薨，至此年五月，惟二十二月，故喪制未闋也。《公羊傳》曰：「其言于莊公何？未可以稱宮廟也。曷爲未可以稱宮廟？在三年之中矣。」三年之中，未得以禮遷廟，而特云莊公，知爲莊公別立廟，廟成而吉祭也。僖八年禘于太廟，文二年大事於

❶「廟」，原作「一」，據庫本及《左傳》閔公二年杜注改。

太廟，宣八年有事於太廟，彼言「大事」、「有事」，亦禘祭也，則禘禮必于太廟。今未可以吉祭而爲吉祭，又不于太廟，故詳書以示譏也。既云「吉禘」，又云「于莊公」，是其詳也。

【《公羊傳》】其言吉何？言吉者，未可以吉也。曷爲未可以吉？未三年也。三年矣，曷爲謂之未三年？三年之喪，實以二十五月。其言于莊公何？未可以稱宮廟。【注】時閔公以莊公在三年之中，未可以入太廟，禘之于新宮，故不稱宮廟，明皆非也。

【《穀梁傳》】夏五月乙酉，吉禘于莊公。吉禘者，不吉者也。喪事未畢而舉吉祭，故非之也。【疏】言禘於莊公，即是莊公立宮而不稱宮者，莊公廟雖立訖，而公服未除，至此始二十二月，未滿三年，故不得稱宮也。此喪服未終，舉吉以非之。凡祭祀之禮，書者皆譏。

【僖公八年】秋七月，禘于太廟，用致夫人。【注】禘，三年大祭之名。太廟，周公廟。致者，致新死之主于廟而列之昭穆。夫人淫而與殺，不薨于寢，于禮不應致，故僖疑其禮，歷三禘，今果行之。異常，故書之。

【疏】此「致」，致哀姜也。哀姜薨已多年，非復新死，而于今始致者，傳發凡例「夫人不薨于寢則不致」，哀姜例不應致，故僖公疑其禮，喪畢之日，不作禘祭之禮以致之。既不爲哀姜作喪畢禘祭，其禘自從閔公數之，二年除閔喪爲禘，至五年復禘，今八年復禘。姜死以來，已歷三禘。今因禘祭，果復行之。三年一禘，禘自是常，不爲夫人禘祭。因禘而致夫人，嫌其異于常禮，故史官書之。若其不致夫人，則此禘得常不書，爲用致夫人而書之耳。

【《左氏傳》】秋禘而致哀姜焉，非禮也。凡夫人不薨於寢，不殯於廟，不赴于同，不祔于姑，則弗致也。

【《公羊傳》】用者何？不宜用也。致者何？不宜致也。禘用致夫人，非禮也。夫人何以不稱姜氏？貶。曷爲貶？譏以妾爲妻也。其言以妾爲妻奈何？蓋脅于齊媵女之先至者也。

【《穀梁傳》】秋七月，禘於太廟，用致夫人。用者，不宜用者也。致者，不宜致者也。【注】《禮記·明堂位》曰：「季夏六月，以禘禮祀周公于太廟。」

《雜記下》曰：「孟獻子曰：七月日至，可以有事於祖。七月而禘，獻子爲之。」案：宣九年，仲孫蔑如京師，于是獻子始見經，襄十九年卒，然則失禮非獻子所始明矣。《雜記》之云，甯所未詳。劉向曰：「夫人，成風也。致之於太廟，立之以爲夫人。」【疏】范言此者，以《禮記》稱「七月而禘，獻子爲之」，此時未有獻子，亦七月而禘，故知失禮非獻子爲始也。《左氏》以夫人爲哀姜，因禘祭而致之於廟。《公羊》以爲僖公本取楚女爲嫡，取齊女爲媵，齊女先至，遂脅公，使立之爲夫人，故因禘祭而見於廟。此傳及注意則以夫人爲成風，致之者，謂致之於太廟，立之以爲夫人，與二《傳》違者，若《左氏》以夫人爲哀姜，元年爲齊所殺，何爲今日乃致之？若《公羊》以爲齊之媵女，則僖公是作頌賢君，縱爲齊所脅，豈得以媵妾爲夫人乎？明知二《傳》非也。今傳云一則以宗廟臨之而後貶焉，一則以外之弗夫人而見正焉，檢經傳之文符同，故知是成風也。

【《禮記·雜記》】孟獻子曰：「正月日至，可以有事于上帝。七月日至，可以有事于祖。」七月而禘，獻子爲之也。【注】記魯失禮所由也。獻子欲尊其祖，以郊天之月對月禘之非也。魯之宗廟，猶以夏時之孟月耳。《明堂位》曰：「季夏六月，以禘禮祀周公于太廟。」【疏】此一節明魯郊禘之事。七月，周七月建午之月也。日至，夏至日也。有事，謂禘祭于祖廟。此言非也。魯之祭祀猶用夏法，禘于孟月。孟月于夏家是四月，于周爲六月。獻子以二至相當，以天對祖，乖失禮意。獻子爲之，記其失所由也。案：《春秋》宣九年，獻子始見經，案僖八年，于時未有獻子而七月禘者，鄭云「以僖公八年正月，公會王人于洮」。六月應禘，以在會未還，故至七月乃禘。❶理不合譏，爲致夫人，故書之。獻子既七月而禘，《春秋》不書於經以示譏者，魯時暫行之，此又不云自獻子始，是不恒行也。

陸氏佃曰：「此言冬日至可以有事于上帝，夏日至可以有事于祖。七月而禘，僖公蓋嘗用此秋七月禘于太廟是也。」

【《春秋》】文公二年八月丁卯，大事于太廟，躋僖公。【注】大事，禘也。躋，升也。僖公，閔公庶兄，繼閔而立，廟坐宜次閔下，今升在閔上，故書而譏之。時

❶「七」，原作「十」，據《禮記·雜記》孔疏改。

未應吉禘而於太廟行之，其譏已明，徒以逆祀，故特大其事，異其文。　【疏】昭十五年，「有事于武宮」，《傳》稱「禘于武宮」，有事是禘，則知大事亦是禘也。「躋，升也」，《釋詁》文。❶《公羊傳》曰：「躋者何？升也。」禘祭之禮，審諦昭穆，諸廟已毁、未毁之主，皆于太祖廟中以昭穆爲次序，父爲昭，子爲穆，太祖東向，昭南向，穆北向，孫從王父，以次而下。祭畢則復其廟。其兄弟相代，則昭穆同班。近據春秋以來，惠公與莊公當同南面，西上；隱、桓與閔，僖亦同北面，西上。僖是閔公之庶兄，繼閔而立，昭穆雖同，位次閔下。今升在閔上，故書而譏之。僖公以其三十三年十一月薨，至此年十一月喪服始畢，今始八月，時未應吉禘，而於太廟行之，與閔公二年吉禘于莊公，其違禮同也。彼書「吉禘」，其譏已明，則此亦從譏可知，不復更譏其速也。徒猶空也，空以逆祀之故，亂國大典，故特大其事，謂之「大事」，譏逆祀也。《釋例》曰：「文公二年，僖公之喪未終，未應行吉禘之禮，而於太廟行之，其譏已明，徒以躋僖而退閔，故特大其祀，異其文。定八年亦特書『順祀』，皆所以起非常也。『有事于武宮』及『順祀』，《傳》皆稱『禘』，則知『大事』、『有事』於太廟，亦禘也。」

【《左氏傳》】秋八月丁卯，「大事於太廟，躋僖公」，逆祀也。于是，夏父弗忌爲宗伯，尊僖公，且明見曰：「吾見新鬼大故鬼小，先大後小，順也；躋聖賢，明也。明、順，禮也。」君子以爲失禮。禮無不順。祀，國之大事也，而逆之，可謂禮乎？子雖齊聖，不先父食久矣。故禹不先鯀，湯不先契，文、武不先不窋，宋祖帝乙、鄭祖厲王，猶上祖也。是以《魯頌》曰：「春秋匪解，享祀不忒。皇皇后帝，皇祖后稷。」君子曰禮，謂其后稷親而先帝也。《詩》曰：「問我諸姑，遂及伯姊。」君子曰禮，謂其姊親而先姑也。

【注】僖是閔兄，不得爲父子，嘗爲臣，位應在下。今居閔上，故曰逆祀。宗伯掌宗廟昭穆之禮。新鬼，僖公既爲兄，死時年又長，故鬼，閔公死時年少。弗忌明言其所見。

❶「文」，原作「云」，據《左傳》文公二年孔疏改。

又以僖公爲聖賢。齊，肅也。臣繼君，猶子繼父。鯀，禹父。契，湯十三世祖。不窋，后稷子。帝乙，微子父；厲王，鄭桓公父，二國不以帝乙、厲王不肖而猶尊尚之。忒，差也。皇皇，美也。后帝，天也。《詩》頌僖公郊祭上天，配以后稷。先稱帝也。《詩》，《邶風》也。衛女思歸而不得，故願致問于姑姊。僖親，文公父。夏父弗忌欲阿時君，❶先其所親，故《傳》以此二詩深責其意。❷

【《公羊傳》】八月丁卯，大事於太廟。大事者何？大祫也。大祫者何？合祭也。其合祭奈何？毁廟之主陳於太祖，未毁廟之主皆升，合食於太祖。五年而再殷祭。【注】殷，盛也。謂三年祫，五年禘。禘所以異於祫者，功臣皆祭也。祫猶合也。禘猶諦也，審諦無所遺失。禮，天子特禘，特祫；諸侯禘則不礿，祫則不嘗；大夫有賜于君，然後祫其高祖。【疏】欲言大祭，無禘祫之文；欲言時祭，而經書「大」，故執不知問。宣八年夏六月辛巳，有事於太廟。彼是時祭，不言「大」，則知此言「大」者，是大祭明矣。躋者何？升也。何言乎升僖公？譏。何譏爾？逆祀也。其逆祀奈何？先禰而後祖也。【注】升謂西上。禮，昭穆指父子。近取法《春秋》，惠公與莊公當同南面西上，隱、桓與閔、僖亦當同北面西上，繼閔者在下。文公緣僖公於閔公爲庶兄，❸置僖公於閔上，失先後之義，故譏之。《傳》曰「後祖」者，僖公以臣繼閔公，猶子繼父，故閔公于文公亦猶祖也。自先君言之，隱、桓及閔、僖各當爲兄弟，顧有貴賤耳。自繼代言之，有父子君臣之道。此恩義逆順，各有所施也。不言吉祫者，就不三年不復譏，❹略爲下張本。【疏】閔二年夏五月乙酉，吉禘於莊公。《傳》曰：「其言吉何？言吉者，未可以吉也。曷爲未可以吉？未三年也。」然則吉禘於莊公在三年之內，今此大事亦在三年之內，是不須更言吉祫以譏之，但略言「大事于太廟」，爲下躋僖公張本而已。

【《穀梁傳》】八月丁卯，大事於太廟，躋僖

❶「時」，原作「附」，據《左傳》文公二年杜注改。
❷「二」，原作「三」，據《左傳》文公二年杜注改。
❸「於」，原作「與」，據《公羊傳》何注改。
❹「不三」，原作「十二」，據《公羊傳》何注改。

公。大事者何？大是事也。著祫嘗。祫祭者，毁廟之主陳於太祖，未毁廟之主皆升，合祭於太祖。躋，升也。先親而後祖也，逆祀也，逆祀則是無昭穆也，無昭穆則是無祖也，無祖則無天也。故曰文無天。無天者，是無天而行也。君子不以親親害尊尊，此《春秋》之義也。【注】祖，人之始也。人之所仰，天也。尊卑有序，不可亂也。

【襄公十六年《左氏傳》】晉人曰：「以寡君之未禘祀。」【注】禘祀，三年喪畢之吉祭。【疏】僖三十三年《傳》云：「凡君薨，卒哭而祔。祔而作主，特祀于主。烝嘗禘于廟。」如彼傳文，則既祔之後，可以爲烝嘗也。閔二年五月，吉禘于莊公。以其時未可吉，書吉以譏之。此年正月，晉已烝于曲沃，仍云「未得禘祀」，知其禘祀是三年喪畢之吉祭也。

昭公十五年二月癸酉，有事於武宫。籥入，叔弓卒，去樂卒事。【注】略書有事，爲叔弓卒起也。武宫，魯武公廟，成六年復立之。【疏】《釋例》曰：「三年之禘，自國之常。常事不書，故惟書此數事。祭雖得常，亦記仲遂、叔弓之非常也。」是言叔弓之卒非常，故書之也。《釋例》亦云：「凡三年喪畢然後禘，于是遂以三年爲節，當仍計除喪即吉之月，卜日而後行事，無復常月也。」是以經書禘及大事，傳惟見莊公之速也，無非時之譏也。即如例言三年一禘，若計襄公之薨，則禘當在二年、五年、八年、十一年、十四年，此年非禘年也。若計齊歸之薨，則禘當在十三年、十六年，此年亦非禘年也，而云「祭雖得常」者，《釋例》曰：「禘於太廟，禮之常也。各于其宫，時之爲也。雖非三年大祭而書禘，用禘禮也。昭二十五年，傳曰『將禘于襄公』，亦其義也。」是言「于武宫」者，時之所爲，實非禘年用禘禮。此實非常，但經之所書惟譏莊公之速，其餘不復譏耳。既不以爲譏，即是得常，故云「祭雖得常」，叔弓爲非常也。

【《左氏傳》】十五年春，將禘於武公，戒百官。梓慎曰：「禘之日，其有咎乎？吾見赤黑之祲，非祭祥也，喪氛也。其在涖事乎？」二月癸酉，禘，叔弓涖事，籥入而卒，去樂卒事，禮也。【注】齊戒。祲，妖氛也。蓋見於宗廟，故以爲非祭祥也。氛，惡氣也。

涖，臨也。大臣卒，故爲之去樂。

【昭二十五年《左氏傳》】將禘于襄公，萬者二人，其衆萬于季氏。【注】禘，祭也。萬，舞也。于禮，公當三十六人。【疏】季氏私祭家廟，與禘同日。言「將禘」，是預部分也。樂人少，季氏先使自足，故于公萬者惟有二人，其衆萬於季氏。輕公重己，故大夫遂怨。臧孫曰：「此之謂不能庸先君之廟。」【注】不能用禮也。蓋襄公別立廟。【疏】杜以襄若以次第毀，則廟與先公同處。禘於襄公，亦應兼祭餘廟。今特云禘于襄公，似與先公異處，故云蓋襄公別立廟。

定公八年，從祀先公。【注】從，順也。先公，閔公、僖公也。將正二公之位次，所順非一，親盡故通言先公。【疏】《傳》言順祀，是從爲順也。文二年，大事於太廟，躋僖公，升僖於閔上。閔先爲君，退在僖下，是逆也。今升閔在僖上，依其先後，是順也。

【《左氏傳》】冬十月，順祀先公而祈焉。辛卯，禘于僖公。【注】將作大事，欲以順祀取媚。辛卯，十月二日。不於太廟者，順祀之義，當退僖公，懼于僖神，故于僖廟行順祀。

【《禮記·明堂位》】成王以周公有勳勞於天下，命魯公世世祀周公以天子之禮樂。季夏六月，以禘禮祀周公於太廟，牲用白牡，尊用犧、象、山罍，鬱尊用黄目，灌用玉瓚大圭，薦用玉豆、雕篹，爵用玉琖仍雕，加以璧散、璧角，俎用梡嶡。升歌《清廟》，下管《象》，朱干玉戚，冕而舞《大武》，皮弁素積，裼而舞《大夏》。《昧》，東夷之樂也。《任》，南蠻之樂也。納夷蠻之樂於太廟，言廣魯於天下也。君卷冕立於阼，夫人副褘立於房中。君肉袒迎牲於門，夫人薦豆籩，卿大夫贊君，命婦贊夫人，各揚其職。百官廢職服大刑，而天下大服。【疏】明祀周公之時，君與夫人、卿大夫、命婦行禮之儀。尸初入之時，君待之於阼，夫人立於東房中。魯之太廟，如天子明堂也。此文承上「禘祀周公」之下，知周公之德宜享此也。

【《祭統》】昔者周公旦有勳勞於天下，周公既没，成王、康王追念周公之所以勳勞者，而欲尊魯，故賜之以重祭，外祭則郊、社是也，内祭則大嘗、禘是也。夫大嘗禘，升歌《清廟》，下而管《象》，朱干玉戚以舞《大武》，八佾以舞《大夏》，此天子之樂也。康周公，故以賜魯也。子孫纂之，至於今不廢，所以明周公之德，而又以重其國也。

【《禮運》】孔子曰：「嗚呼哀哉！我觀周道，幽、厲傷之，吾舍魯，何適矣！魯之郊禘，非禮也，周公其衰矣。」

　蕙田案：論魯僭禮，詳見《郊祀門》。

【《論語》】子曰：「禘自既灌而往者，吾不欲觀之矣。」

【朱子《集註》】趙伯循曰：「禘，王者之大祭也。王者既立始祖之廟，又推始祖所自出之帝，祀之於始祖之廟，而以始祖配之也。成王以周公有大勳勞，賜魯重祭，故得禘於周公之廟，以文王爲所出之帝，而周公配之，然非禮矣。灌者，方祭之始用鬱鬯之酒灌地以降神也。魯之君臣當此之時，誠意未散，猶有可觀。自此以後，則浸以懈怠而無足觀矣。蓋魯祭非禮，孔子本不欲觀，至此而失禮之中，又失禮焉，故發此歎也。」

【《語録》】以始祖配祭而不及羣廟之主，不敢褻也。

問：「禘之説，諸家多云魯躋僖公，昭穆不順，故聖人不欲觀，如何？」朱子曰：「禘是於始祖之廟，推所自出之帝，設虚位以祀之，而以始祖配，即不曾序昭穆，故周禘帝嚳，以后稷配之。王者有禘有祫，諸侯有祫而無禘，此魯所以爲失禮也。」

或問：「《禮記·大傳》云：『禮不王不禘，

王者禘其祖之所自出，以其祖配之。』又《喪服小記》曰：『王者禘其祖之所自出。』又下云『禮不王不禘』，與《大傳》同，則諸侯不得禘禮明矣。然則《春秋》書魯之禘，何也？」曰：「成王追寵周公故也。《祭統》云『成王追念周公，賜之重祭』，郊、社、禘、嘗是也。魯之用禘，蓋以周公廟而上及文王，即周公之所出故也。」

趙氏匡曰：「或問曰：《春秋》書魯之禘，何也？答曰：成王追寵周公故也。故《祭統》云：『成王追念周公，賜之重祭。』郊、社、禘、嘗是也，《仲尼燕居》云『明郊社其義也』。郊、禘，天子之禮，社與嘗，諸侯所自有。撰禮者見《春秋》書嘗、社，以爲郊與禘同，遂妄意言耳。魯之用禘，蓋於周公廟而上及文王，即周公之所出故也。此祭惟得於周公廟爲之。閔公時，遂僭於莊公廟行之，亦猶因周公廟有八佾，季氏遂用之於私庭也。以其不追配，故直言『莊公』，而不言『莊宮』，明用其禮物耳，不追配文王也。本以夏之孟月爲之，至孟獻子乃以夏之仲月爲之。《禮·雜記》云：「孟獻子曰：『正月日至，❶可以有事于上帝。七月日至，可以有事于祖。』七月而禘，獻子爲之也。」今備引諸經書之文，證之于左。

閔二年五月，吉禘于莊公。譏其不當吉，又不當禘于莊。僖八年秋七月，禘于太廟，用致夫人。譏其非時之禘，又譏致于夫人也。《左氏》曰『烝、嘗、禘于廟』，又云『禘于武宮、僖宮、襄宮』，又晉人以寡君之未禘祀，時未終喪也。又云『魯有禘樂，賓祭用之』，魯郊多失時，又於諸公用禘禮也。《論語》曰：『禘自既灌而往者，吾不欲觀之矣。』問曰：《左

❶「正」，原作「五」，據庫本及《禮記·雜記下》改。

傳》云『烝、嘗、禘於廟』，何也？ 答曰：此謂見《春秋經》前後祭祀，唯有此三種，以爲祭名盡於此。 但據經文，不識經意，所以云爾。 又見經中『禘於莊公』，以爲諸廟合行之，故妄云『禘於武宮、僖宮、襄宮』，皆妄引禘文而説祭爾。 鄭又見『吉禘於莊公』，禘小於祫，見《毛詩·雝》什注。❶儒者通之，云『三年哀畢，小禘於禰，五年大祫』，自此便三年一禘，五年一祫。 若禘不迎羣廟之主，何謂之大？ 若迎羣廟之主，何得於禰廟迎之？ 又《曾子問》篇中何得不序？ 引文在下。 乖謬之甚也！ 且《春秋》宣八年《公羊》云：『大事祫也，毀廟之主皆陳於太祖，陳者，明素皆藏於太祖廟，今但出而陳之也。 未毀廟之主皆升，合食於太祖。』升者，明自爲本廟而來升也。 《禮記·曾子問》篇云：『祫祭于太廟，祝迎四廟之主。』明毀廟之主皆素在太廟，故不迎也。 又云：『非祫祭，則七廟、五廟無虛主。』義與《公羊》同。 並無説禘爲殷祭處，則禘不爲殷祭明矣。 殷，重大之義也。 問曰：若禘非三年喪畢之殷祭，則晉人云『以寡君之未禘祀』，何也？ 答曰：此左氏之妄也。 左氏見經文云『吉禘於莊公』，以爲喪畢當禘，而不知此本魯禮也，不合施於它國。 左氏亦自云『魯有禘樂，賓祭用之』，即明諸國無禘，了可知矣，是左氏自相違背，亦可見矣。 或曰：禘非殷祭，則《論語》云『禘自既灌而往者，吾不欲觀之矣』，何也？ 答曰：此夫子爲大夫時，當禘祭而往助祭，歎其失禮，故云爾也。 初

❶ 案：《雝》篇不爲什，而在《臣工之什》內，故「什」字可删。

酌酒灌地以降神之時，其禮易行。既灌之後，至於饋薦，則事繁而生懈慢，故夫子退而嫌之。或人因而問其故，夫子不欲指斥君之惡，便云不知也，言其禮難知也。若能知者，則於天下大事莫不皆知可如掌中之物。言如此者，是禘禮至難知，以隱其前言，非斥之意耳。注家不達其意，遂妄云既灌之後，列尊卑，序昭穆，爲躋僖公，故惡之。且禘祭之時，固當先陳設座位，位定之後，乃灌以降神。《郊特牲》云『既灌，然後迎牲』，明牲至即殺之以獻，何得先祼然後設位乎？先儒不達經意，相沿致誤，皆此類也。或難曰：夫子所歎，若非爲逆祀別致虧禮，則《春秋》何不書乎？答曰：《春秋》所紀祭祀，皆失時及非常變故乃云爾，至於懈慢虧失，史官如何書乎？若如此細故盡書，則《春秋》一年經當數萬言，不當如此簡也。述《祭統》者不達此意，遂云：『明乎郊、社之義，禘、嘗之禮，治天下其如指諸掌乎？』此不達聖人掩君惡之意，遂云爾。假令達於祭祀，亦儀表中一事爾，若別無理化之德，何能治天下乎？此並即文爲説，不能遠觀大指，致此弊耳。《周禮·大宗伯》『以肆獻祼享先王，以饋食享先王』，《司尊彝》『凡四時之間祀：追享，朝享』，夫肆獻祼、饋食在時享之上，追享、朝享間於時享之間，則追享禘也，禘以肆獻祼爲主，猶生之有饗也；朝享祫也，祫以饋食爲主，猶生之有食也。古者喪除朝廟，合羣祖而祭焉。故祫謂之朝享，以合羣祖爲不足，明年又禘其祖之所自出，故禘謂之追享。鄭康成曰：『魯禮三年喪畢，禘于其廟，然後祫於太廟。

明年春，禘於羣廟。』其言喪畢之祫、明年之禘，固合《春秋》之義；其言禘於其廟，又禘於羣廟，是不知魯之失禮而惑之也。《左氏》曰：「禘于僖宮、武宮、襄宮。」此魯之失。孔子曰：「魯之郊禘，非禮也，周公其衰矣。」禘之非禮，蓋此類歟？《儀禮》曰：『學士、大夫知尊祖矣，諸侯及其太祖，天子及其始祖之所自出，以其祖配之。』諸侯及其太祖，大夫有事，省於其君，干祫及其高祖，是學士、大夫知尊祖而已，有時祭而無祫，諸侯及其太祖而已，有祫而無禘。大夫有事，省於其君，然後有祫，則周公有大勳勞，省於成王，然後有禘，故《禮記》曰『以禘禮祀周公於太廟』，則禘可施於羣廟哉！《春秋》書『吉禘於莊公』，不特譏吉禘也，兼譏禘於莊公也。晉之有禘，蓋亦僭耳。」

右魯祫禘。

【附辨鄭氏喪畢有祫、祫前有禘】

【鄭氏《周禮・鬯人》注】廟用脩者，謂始禘時，自饋食始。賈疏：❶「謂始禘時者，謂練祭後遷廟時，以其宗廟之祭，從自始死已來無祭，今爲遷廟，則新死者木主入廟，特爲此祭，故云始禘時也。以三年喪畢，明年春禘爲終禘，故云始也。」

許氏慎曰：「《春秋左氏傳》曰『終禘』，終者，謂孝子三年喪終則禘于太廟，以致新死者也。」

【鄭氏《詩・玄鳥》箋】古者君喪三年，既畢，禘于其廟，而後祫祭于太祖。明年春，禘於羣廟。自此之後，五年而再殷祭，一禘一祫。

楊氏復曰：「鄭氏註《王制》、《春官・大宗伯》及《詩・殷頌》，皆云『魯禮，三年喪畢而祫於太廟，明年春，禘於羣廟』，及註《鬯人》『廟用脩』，又云『始禘自饋食始』。信如是言，則喪畢而有祫，祫之前又有

❶「賈」，原作「孔」，據《周禮・鬯人》賈疏改。

禘，自饋食始也。以喪禮考之，大祥、禫皆有此祭，猶是喪祭也。喪畢則有吉祭，未聞喪畢既有吉祭之祫，祫前又有吉祭之禘也。自鄭氏註有此説，魏卞后、唐睿宗之喪皆禫後有禘，❶喪畢有祫，明年春有禘。國朝治平二年，同知太常禮院呂夏卿亦建此議，謂之小禘。後之儒者意在尊信聖經，不知經無其文，乃鄭氏説也。若如疏家謂鄭氏用《穀梁》『練爲壞廟』之説，爾時木主新入廟，禘祭之，此尤非也。禘，吉祭也。練而遷廟之時，遽行吉祭，尤無是理。」

【附辨鄭氏禘祫皆殷祭】

【鄭氏《王制》注】周改夏祭曰礿，以禘爲殷祭也。魯禮，三年喪畢而祫于太祖。明年春，禘于羣廟。自爾之後，五年而再殷祭，一祫一禘也。《周禮・大宗伯》註同。

楊氏復曰：「鄭氏以禘、祫同爲殷祭，抑不知祫者合毀廟、未毀廟之主於太祖之廟而祭之，方謂之殷祭。禘者禘其祖之所自出于始祖之廟，而以始祖配之，此祭不兼羣廟之主，爲其尊遠，不敢褻也。今乃謂禘爲殷祭，可乎？惟其以禘、祫皆爲魯禮，又以禘、祫同爲殷祭，故後之言禘者，皆求之於一祫一禘之中，而不求於禘其祖之所自出，混禘於祫，而遂至於不知有禘，遂使二千年來國家大典禮爲所汩壞，是誰之過歟？然義理在人心，終不可埋没。唐大曆間，趙伯循作《春秋纂例》，獨得其説，於《大傳》、《小記》、《祭法》之中，以破鄭氏諸儒註疏之謬，學士、

❶「卞后」，原作「晉後」，據《文獻通考》卷一〇〇《宗廟考十》所引楊説改。

大夫皆是之。」

又曰：「禘、祫之禮不同，王者既立始祖之廟，又推始祖所自出之帝而以始祖配之，所謂禘也。合羣廟之主於始祖之廟，而設殷祭，所謂祫也。先儒皆知祫爲殷祭矣，而又兼以禘爲殷祭，其説何從始乎？蓋自成王念周公有大勳勞，賜以郊、禘重祭。聖人已歎其非禮，然魯之有禘，特祭於周公之廟，而上及於文王，以文王者周公之所出也。其後閔公二年僭用禘禮，行吉祭，不於周公之廟，而行之於莊公之宫，而禘之禮始紊。自僖公八年，用禘禮合先祖，敘昭穆，用致夫人于廟，而禘禮始與祫混淆而無别。《春秋》常事不書，特書閔公、僖公兩禘者，記失禮之始也。文公二年，大事於太廟，躋僖公。《公羊傳》曰：『大事者何？大祫也。』謂大合毁廟未毁廟之主於太祖之廟而祭之也。❶天子有祫，諸侯亦有祫，于文公乎何譏？譏其逆祀，躋僖公也。鄭康成乃謂禘、祫皆爲魯禮，夫謂祫爲魯禮，可也，魯之有禘，行於周公之廟，已非禮矣，况僭而行之於莊公之宫，又禘於太廟，以致妾母，可以謂之禮乎？禘，宗廟之大祭也，故惟禘禮爲盛，觀《明堂位》之言可見。閔、僖竊禘之盛禮，以侈一時之美觀，猶周公廟有八佾，其後竊而用之于季氏之庭，此聖人之所深惡也。况三年喪畢而吉祭，此祫禮也。❷閔公喪未畢，竊禘之盛禮，以行吉祭。合先祖，敘昭

❶「未毁廟」，原脱，據《文獻通考》卷一〇〇《宗廟考十》所引楊説改補。

❷「祫」，原作「禘」，據《文獻通考》卷一〇〇《宗廟考十》所引楊説改補。

穆，此祫禮也。僖公竊禘之盛禮以致夫人，禘、祫之混，自此始也。鄭氏不能推本尋源，以辨禘、祫二禮之異，正閔、僖僭禘之罪，以明《春秋》之意，反取《春秋》之所深譏者，以明先王禘、祫之正禮，又妄稱禘、祫皆爲殷祭，三年一祫，五年一禘，二禮常相因並行，且多爲説以文之。案鄭注《王制》及《春官·大宗伯》、《詩·殷頌》，皆曰：『魯禮，三年喪畢而祫於太祖，明年春，禘於羣廟。自爾以後，五年而再殷祭，一祫一禘。』愚始讀鄭氏三注，意其必有昭然可據之實，及考其所自來，則曰一禘一祫之説出於《春秋》魯禮及緯書。夫溺於緯書之僞而不悟其非，此鄭氏之蔽惑，不足責也；謂出於《春秋》魯禮者，並無事實可証，乃專取僖公之禘、文公之祫二事，穿鑿傅會，以文致其説而已。夫禘、祫二事，其源各異，本不相因，僖公之禘未嘗因乎祫，文公之祫未嘗關乎禘也。今其説曰文公二年既有祫，則僖公二年亦必有祫；僖公八年既有禘，則文公八年亦必有禘。事之本無，既牽合影射以爲有，蓋欲明僖公之禘前有祫，文公之祫後有禘，以証一禘一祫之説而已，此其妄一也。夫既取僖公之禘、文公之祫爲証矣，又增宣公八年之禘以明之，謂僖、宣八年皆有禘。考於《春秋》宣公八年，有事於太廟，未嘗有禘文，乃鄭氏駕虚詞以多其証，此其妄二也。文二年《公羊傳》云『五年而再殷祭』，所謂五年再殷祭者，謂三年一祫，五年再祫，猶天道三年一閏，五年再閏也。鄭氏乃引之，以爲三年一祫、五年一禘之証，此其妄三也。二年至八年，相去凡七年，與五年再殷祭之數不合也，則爲之説，曰『魯禮，三年喪畢而祫於太祖，明年春，禘於羣廟。自爾以後，五年而再殷祭』，夫謂三年喪畢而祫於太祖，可也，明年春禘於羣廟，何所據而爲是説乎？强添此事于『五年再殷祭』之前，直欲以掩五年、七年不合之數耳。後之儒者知其不可，則爲之説曰『喪畢之祫，祫之本；明年之禘，禘之本』，此其爲説亦巧矣，惜乎其似是而實非也，此其妄四也。且後世之所以信鄭氏者，以其所據者《春秋》也，而鄭氏所據者，乃是以無爲有，駕虚爲實，取閔、僖僭竊之禮，以明先王禘、祫之正禮，既三註其説于經，又以此説推演爲《禘祫志》，註疏盈溢，文不勝繁，故觀者莫辨，諸儒靡然而從之，是皆求其説于鄭註之中，未嘗以經而考註之真僞也。王肅最爲不信鄭氏，亦以禘爲五年殷祭之名，不亦悞乎？自鄭氏之説立，混禘於祫，而禘之禮遂亡，混祫於禘，而祫之禮亦紊。夫禮不王不禘，王者禘其祖之所自出，見於《大傳》，見於《小記》，見於《喪服·子夏傳》，非不甚明；《祭法》首述虞、夏、殷、周四代已行之禮，又信而有証，固有國家者所當講明而舉行也。自漢以來，世之儒者皆置之而不論，其故何哉？蓋後之言禘者，皆求其説於三年一祫、五年一禘之中，而不求之於禘其祖之所自出，皆由漢儒混禘於祫，而遂至於不知有禘。此禘禮之所由亡也，可不惜哉！」

蕙田案：楊氏之辨，極爲明暢。

【附辨三年一祫、五年一禘】

【《禮緯》】三年一祫，五年一禘。鄭云「百王通義」。

【鄭氏《大宗伯》注】魯禮，三年喪畢而祫于太祖，明年春，禘于羣廟。自爾以後，率五年而再殷祭，一祫一禘。賈疏：❶「周法，三年一祫，五年一禘，言魯禮者，指《春秋》而言也。《春秋》三年喪畢而祫於太祖，謂若文公二年秋八月，大事於太廟，而躋僖公。僖三十三年薨，至文二年秋八月，于禮雖少四月，猶是三年喪畢而爲祫祭也。是魯禮三年喪畢而祫於太祖，太祖謂周公廟，周公廟中而爲祫祭也。❷云『明年春禘于羣廟』者，此明年春禘雖無正文，約僖公、宣公得知矣。案僖公八年及宣公八年，皆有禘文，則知僖公、宣公三年春有禘可知。何者？以文公二年祫，則知僖公、宣公二年亦有祫。僖公、宣公二年既爲祫，則明年是三年春禘，四年、五年、六年秋祫，是三年祫，更加七年、八年，添前爲五年禘，故僖公、宣公八年皆有禘，是明年春禘明矣，故云『明年春禘于羣廟』也。云『自爾以後，五年而再殷祭』者，《公羊傳》文。殷，大也。除明年春，從四年已後，四年、五年、六年、七年、八年。八年之中，❸四年、五年、六年爲三年祫，七年、八年添前爲五年禘，是五年再殷祭也。云『一祫一禘』者，是禮讖文，謂五年之中爲一禘一祫也。」

林氏之奇曰：「禘祫之説，聚訟久矣。其始爲私見陋説，召諸儒之紛紛者，其鄭氏之説與？鄭氏之説曰：『魯禮，三年喪畢而祫於太祖，明年春，禘于羣廟。而自爾以後，五年而再殷祭，一禘一祫。』周禮廢絶久矣，鄭氏何據而云？爲之説者，曰：『周禮盡在魯，鄭氏據《春秋》魯禮，則周禮可知矣。僖公薨，文公即位，二年秋八月，大事於太廟。大事，祫也，推此是喪畢祫於太祖也。明年春禘雖無正文，約僖公、宣公八年皆有禘文可知。蓋以文公二年祫，則知僖、宣二年亦皆有祫，僖、宣二年既有祫，則明年是三年春

❶「賈」，原作「孔」，據《周禮·大宗伯》賈疏改。

❷「周公廟」，原脱，據《周禮·大宗伯》賈疏補。

❸「八年」，原脱，據《周禮·大宗伯》賈疏補。

禘，四年、五年、六年秋祫，是三年祫，更加七年、八年并前爲五年禘，故禘於羣廟也。自後三年一祫，五年一禘。』嗚呼！鄭氏不知《春秋》，固妄爲此説，後學又不察，故爲所惑也。當春秋時，諸侯僭亂，無復禮制，魯之祭祀皆妄舉也。諸侯而郊上帝，禘始祖，罪也；大夫而旅泰山，舞八佾，罪也。《春秋》常事不書，其書者，皆悖禮亂常之事，故書郊者九，書禘者二，與夫大事一、有事二、烝二、嘗一之類，無非記其非禮，何反以爲周禮而足法乎？使魯之祭祀如周之禮，則《春秋》不書矣。據僖公以三十二年冬十二月薨，至文公二年秋八月，喪制未畢，未可以祫也，而乃有事焉，一惡也；躋僖公，二惡也。彼有二惡，《春秋》譏之，鄭氏乃謂三年喪畢而祫于太祖者，果禮耶？又曰明年春禘，經無三年禘祭之文，何自知之？徒約僖公、宣公八年皆有禘而云，愈謬也。魯之設祭，何常之有？聖人於其常又不書之，何得約他公之年以足文公，而見三年之禘與五年而再殷祭乎？使文公二年不因躋僖公，則《春秋》不書大事，使僖公八年不因用致夫人，則《春秋》不書禘，不書又何準乎？況宣公八年經書有事于太廟，則是常制也，而以爲禘，何耶？誠爲禘祭，經不得謂之有事，且閔公二年《春秋》書吉禘于莊公，是魯常以二年即禘矣，何待三年與八年乎？閔有禘文而不之據，宣無禘文而妄據之，傅會可見也。取亂世之典以爲治世之制，鄭氏豈知《春秋》哉！諸儒波蕩而從之，歷代祀典咸所遵用，益可悲也。」

馬氏端臨曰：「案三年一祫、五年一禘之

說，先儒林氏、楊氏，皆以爲鄭康成因春秋文公二年有祫，僖公、定公八年有禘，遂約略想像而立爲此說，蓋以魯僭亂之制定爲周禮，以悮後人。然光武二十六年詔問張純禘祫之禮，而純奏『禮，三年一祫，五年一禘』，然則其說久矣。蓋此語出於緯書，緯書起於元、成之間，而光武深信之。當時國家典禮，朝廷大事，多取決焉，故此制遂遵而用之。康成蓋以漢禮爲周禮，非魯禮也。」

【附辨徐邈、高堂隆諸家禘祫年歲不同】

徐氏邈曰：「禮，五年再殷，凡六十月分中，每三十月殷也。」曹述初難曰：「三年之喪，其實二十有五月，則五年何必六十月？」

蕙田案：徐邈用鄭氏三年一祫、五年一禘之說，而小變之。曹述初難之，亦仍用鄭氏喪畢而祭之說，其失與徐邈同。

陳氏舒曰：「三歲一閏，五年祭，八年又殷，兩頭如四，實不盈三。又十一年殷，十四年殷，凡間含二，則十年四殷，與五年再殷其義合矣。」

蕙田案：陳舒以十年四殷，發明鄭氏五年再殷之說，更支。

【何氏休閔二年《公羊》注】禮，禘、祫從先君數，朝、聘從今君數。三年喪畢，遭禘則禘，遭祫則祫。

蕙田案：鄭氏註《王制》、《大宗伯》，並云「喪畢有祫」，註《鬯人》、《詩·玄鳥》，並云「喪畢有禘」，説本兩岐，何休「遭禘則禘，遭祫則祫」，較鄭爲近，其爲喪畢之説則同。

【徐氏彦《公羊》疏】❶或以爲禘、祫同三年，但禘在夏，祫在秋，直時異耳。

❶「徐氏彦公羊疏」，案：此下文字出自楊士勛《穀梁》疏，下一條「蕙田案」亦誤爲「公羊徐疏」。

【孔氏穎達《周頌》疏】三年一祫，五年一禘，每於五年之内爲此二禮，據其年端數之，故言三年、五年耳。其實禘祫自相距各五年，非祫多而禘少也。

蕙田案：《公羊》徐疏云「禘、祫同三年」，則五年之説贅矣。《周頌》孔疏云「禘、祫相距各五年」，則三年之説又贅矣。

【杜氏預僖八年《春秋》注】禘，三年大祭之名。孔疏：「言每積三年而一爲此祭。」

【楊氏勛文二年《穀梁》疏】❶禘既三年，祫則五年也。

蕙田案：此與鄭氏説相反，然皆臆説。

高堂隆曰：「喪以奇年畢則祫亦常在奇年，偶年畢則祫亦常在偶年。」

【《通典》】殷間歲奇偶如虞、夏。周制，天子諸侯三年喪畢，禫祭之後，乃祫于太祖，來年春禘于羣廟。爾後五年再殷祭，一禘一祫。所以喪必有此禘祫者，❷爲後再殷之祭本也。喪畢之祫，祫之本；明年之禘，禘之本。故從此後各自數，每至三年，則各爲之，故得五年再殷祭。因以法五歲再閏，天道大成也。

蕙田案：高堂隆及《通典》間歲奇偶之説，則是每隔一年行之，以爲此虞、夏、殷之禮，未審何據。喪畢之祫，祫之本；明年之禘，禘之本。此後各自數，每至三年則各爲之，此所謂禘、祫不相因也。但依此則是三年而再殷祭，又與五年再殷祭之説不符。

【《山堂考索》】《禮緯》曰「三年一祫，五年一禘」，而鄭氏、徐邈又分爲二説。爲鄭氏之説，則曰「前三後二」，謂禘後四十二月而祫，祫後十八月而禘；爲徐邈之説，則曰「前二後三」，謂二祭相去各三十月；駁鄭氏者則曰「三年而祫，爲月有餘；二年而禘，爲月不足」；駁徐氏者則曰「禘在祫前，則是三年而禘；祫在禘後，則是五年而祫」。以二説考之，惟鄭氏曰「魯禮，三年喪畢，祫於太廟，明年禘于羣廟。自是之後，五年而再盛祭，

❶「楊氏勛」，疑當作「楊氏士勛」。
❷「必」，原作「畢」，據《通典》卷四九改。

一祫一禘」，由此言之，鄭氏依倣魯禮，推明《王制》，實爲有據。

林氏之奇曰：「鄭康成、高堂隆謂先三而後二，徐邈謂先二而後三，矛盾相攻，卒無定論，皆可置而勿辨。」

楊氏復曰：「祫祭年月，經無其文，惟《公羊》文二年『大事於太廟』，《傳》云：『大事者何？大祫也。五年而再殷祭。』夫殷祭，乃大祫之祭也，謂五年而再殷祭，謂三年一祫，五年再祫，猶天道三歲一閏，五歲再閏也，于禘祭乎何與？漢儒乃援此以証禘祫相因之說。爲鄭康成之說，則曰『三年而祫，五年而禘』，爲徐邈之說，則曰『相去各三十月，三十月而祫，三十月而禘』。唐自睿宗以後，三年一祫，各自計年，不相通數。然至二十七年，凡五禘、七祫，其年夏禘訖，冬又當祫，而禘祫同歲。太常議曰：『今太廟禘祫各自數年，兩岐俱下，通計或比年頻合，或同歲再序，或一禘之後并爲再祫，或五年之內驟有三殷。求於禮經，頗爲乖失。』國朝宗廟之祭，三年一祫，以孟冬，五年一禘，以孟夏，蓋用鄭康成之說。其後有司又言：『三年喪畢，遇祫則祫，遇禘則禘。』二說牴牾，不可稽考。慶曆初，乃用徐邈之說，每三十月而一禘。後又以二祭各不相因，故熙寧八年既禘又祫，竟無一定之論。推原其所以然，皆由混禘於祫，而皆以爲合食於太祖也。夫既混禘於祫，皆以爲合食於太祖，則禘祫無辨矣，而又欲勉强穿鑿，分別其所以不同，此所以紛紛多端而莫之一也。知禘者禘其祖之所自出，不兼羣廟之主，而惟以其祖配之，則禘與祫異，不容混矣。知大祫兼羣廟之主，則自太祖而下，毀廟、未毀廟之主皆合食於太祖矣。知禘祫之不同，則鄭康成、徐邈之説皆非矣，其閒相因、不相因之説皆無謂矣，又何同異得失之足論乎？」

蕙田案：楊氏猶惑于五年殷祭之説，非也，祫固歲歲有之矣。

【附辨諸家禘祫時月不同】

【《通典》】禘以夏，祫以秋。《詩・閟宮》傳云「諸侯夏禘則不礿，❶秋祫則不嘗，惟天子兼之」是也。崔靈恩云：「禘以夏者，以審諦昭穆，序別尊卑，夏時陽在上，陰在下，尊卑有序，故大次第而祭之，故禘者諦也，第也。祫以秋者，以合聚羣主，其禮最大，必秋時萬物成熟，大合而祭之，祫者合也。」

鄭氏曰：「禘以孟夏，祫以孟秋。」

【孔氏穎達《周頌・雝》疏】此禘毛以春，鄭以夏，不同。

徐氏乾曰：「殷應用孟秋，進用孟冬時。」

孔氏安國曰：「自太和四年已後，殷祭皆用冬、夏。」

《周禮圖》曰：「禘以祼享先王，其祼也，猶事生之有享也，享以陽爲主，故禘以夏。祫以食享先王，其食也，猶事生之有食，食，陰也，故祫以冬。」

【《山堂考索》】禘祭以爲夏四月，其説一也。而于祫祭，則或以爲秋，或以爲冬。如毛氏詩解《閟宮》傳曰「諸侯夏禘則不礿，秋祫則不嘗，惟天子兼之」，是以祫爲秋祭也。崔靈恩亦云：「禘以夏者，以審諦昭穆，序別尊卑，夏時陽在上，陰在下，尊卑有序，故因次序而祭之。❷祫以秋者，以合聚羣主，其禮最大，必秋時萬物成熟，大合而祭之。」是亦祫爲秋祭也。若果爲秋祭，則三十九月爲前，二十一月爲後，不若張純之説，以祫爲冬祭，其説曰：「冬十月，五穀成熟，物備禮成，故合聚飲食而祭之。」然二説或以秋，或以冬，皆取萬物成熟之時，其時不同，其意則一，不如張純以冬十月爲得其正。

【《通典》】案《明堂位》「夏六月，以禘禮祀周公」，則今之四月。七月日至，孟獻子禘其祖，則今之五月。《春秋》文公二年，大事于太廟，則今之六月。

❶「礿」，原作「祫」，據《通典》卷四九改。
❷「序」，庫本作「第」。

林氏之奇曰：「諸儒論禘祫之制既謬，至其言祭之時亦非矣。《春秋》書大事於秋八月，而彼以爲冬；書閔公之禘于夏四月，書僖公之禘于秋七月，而彼一以爲夏。既本魯禮以行祀典，而又不用其時，是自戾也。」

【附辨鄭氏祫大禘小】

【《山堂考索》】馬融、王肅以爲禘大而祫小，鄭康成以爲祫大禘小。爲融、肅之説者曰：「孔子言禘自既灌而往，禘祫大祭而獨舉禘，則祫可知。」故於是而以禘爲大。爲鄭康成之説者曰：「《公羊傳》云大事于太廟，大事者祫也，祫者毁廟之主陳於太祖，未毁廟之主皆升合食於太祖。至於禘則云禘於莊公、禘於僖公，既不於太祖，則小於祫矣。」故于是而以祫爲大。

【《通典》】賈逵、劉歆曰：「禘、祫一祭二名，禮無差降。」數家之説，非無典據，至於弘通經訓，鄭義爲長。

林氏之奇曰：「禘，天子之祭名。諸侯無禘禮，魯用之，僭也。若夫祫則合食而已，非惟天子有祫，諸侯亦得祫也。詳二祭之名，則禘尊而祫卑，可謂明矣。先儒據鄭氏説，率以祫大於禘，是以諸侯之祭加天子之祭，可乎？」

楊氏復曰：「禘禮大略雖與祫禮同，然大祫則合毁廟、未毁廟之主而祭之，禘又上及其祖之所自出，則禘又大於祫矣。馬融、王肅皆云禘大祫小，此言是也。鄭玄注經乃云祫大禘小，賈逵、劉歆則云『一祭二名，禮無差降』，彼蓋不深考《大傳》、《小記》之文與四代禘、郊祖宗之義，但以禘祫同爲殷祭，而不知禘爲祭其祖之所自出，所以徒爲此紛紛也。鄭氏《禘祫志》曰：『祫備五齊三酒，禘以四齊二酒；祫用六代之樂，禘用四代之樂。』賈公彦曰：『祫十有二獻，禘九獻。』此蓋注疏家溺于祫大禘小之説然也。《爾雅》曰：『禘，大祭也。』夫禴、祠、烝、嘗、時祫、大祫，❶皆宗廟祭也，《爾雅》特言禘爲大祭，則禘大於祫可知矣。《明堂位》言：『魯以禘禮祀周公於太廟，牲用白牡，尊用犧尊、山罍，鬱尊用黄目，灌用玉瓚、大圭，薦用玉豆、雕篹，爵用玉琖仍雕，加以璧散、璧角，俎用梡嶡。其樂則升歌《清廟》，下管《象》，朱干玉戚，冕而舞《大武》，皮弁素積，裼而舞《大夏》。』此蓋王禮也，用之於周公之廟，已爲非禮，其後他廟遂僭用之，如閔二年夏五月乙丑，吉禘於莊公，僖八年秋七月，禘於太廟，用致夫人之類是也。荀偃、士匄曰：『魯有禘樂，賓祭用之。』則不惟僭用之於祭，亦僭用之於享賓矣，此何異魯有佾舞、《雍》徹，而其後亦用之於季氏之庭、三家之堂？故《春秋》特書二禘，所以譏僭禮之始也，而注疏反引之以爲先王之正禮，不亦悮乎？賈公彦曰『大祫十有二獻』，禘大於祫，其禮尤隆，至於獻數亦當同之，但禮文殘缺，莫得而見節文之詳耳。」

【附辨袁準、虞喜祫及壇墠、禘及郊宗石室】

袁氏準曰：「祫及壇墠，禘及郊宗石室，此所及遠近之殺也。」

【虞氏喜《左氏説》】古者先王日祭於祖、考，月祀於曾、高，❷時享及二祧，歲祫及壇墠，終禘及郊宗石室。是爲郊宗之上，復有石室之祖。

楊氏復曰：「知禘者禘其祖之所自出，不兼羣廟之主，而惟以其祖配之，則禘與祫異，不容混矣。知大祫兼羣廟之主，則自

❶「祠」，原作「祀」，據庫本改。
❷「曾高」，庫本作「高曾」。

太祖而下，毁廟、未毁廟之主皆合食於太祖矣，又何壇墠與郊宗石室之分乎？」又曰：「南北諸儒論遠祖，則以郊宗石室爲言。人之易惑，豈不可歎！」

蕙田案：諸儒辨禘祫三年、五年之説，可謂詳矣。《傳》曰：「仁人饗帝，孝子饗親。」夫惟天子之禮，合饗帝、饗親而兼行之。饗帝則郊祀之禮舉，冬至圜丘、孟春祈穀、夏大雩、秋明堂，故曰「郊社之禮，所以事上帝」是也。饗親而宗廟之禮重，春祠、夏禴、秋嘗、冬烝，《中庸》曰「所以事乎其先」是也。天，尊也，祖，親也，皆一歲四祭，四祭者不踈不數。是尊尊而親親，仁之至，義之盡也。是故由天而推，則有五帝、日月星辰、方丘、社稷、山川，或一歲再祭，或一歲一祭，是由尊而降，禮殺而祭踈也。由親廟而推，則有毁廟之主，有祖所自出之帝。毁廟一歲而祫，舉以冬；所自出之帝亦一歲而禘，舉以夏。是由親而推，亦禮殺而祭踈也。然祭踈而歲必有祭者，舊穀既没，新穀既升，天道一周，四時代序，情不自已，理亦宜然，故張子謂「禘也，祫也，必每歲有之」，豈容有三年、五年之事？此精微之極至，聖賢之篤論也。傳記氛如，羣言淆亂，非類敘諸儒之説而詳審之，何由撥雲霧而揭日月也哉？

右諸儒論禘祫。

五禮通考卷第九十七

淮陰吴玉搢校字

五禮通考卷第九十八

内廷供奉禮部右侍郎金匱秦蕙田編輯
太子太保總督直隸右都御史桐城方觀承同訂
兩淮都轉鹽運使德水盧見曾
按察司副使元和宋宗元參校

吉禮九十八

禘祫

【《漢書·元帝本紀》】永光四年，詔罷祖宗廟在郡國者。

【《韋玄成傳》】罷郡國廟月餘，復下詔將軍、列侯、中二千石、諸大夫、博士議。玄成等四十四人奏議曰：「禮，王者始受命，諸侯始封之君，皆爲太祖。以下，五廟而迭毀，迭，互也，親盡則毀。毀廟之主藏乎太祖，五年而再殷祭，言一禘一祫也。師古曰：「殷，大也。禘，諦也，一一祭之。祫，合也。」祫祭者，毀廟與未毀廟之主皆合食於太祖，父爲昭，子爲穆，孫復爲昭，古之正禮也。《祭義》曰：『王者禘其祖之所自出，以其祖配之，而立四廟。』言始受命而王，❶祭天以其祖配，而不爲立廟，親盡也。立親廟四，親親也。親盡而迭毀，親疏之殺，示有終也。」後歲餘，上寢疾，夢祖宗譴罷郡國廟。匡衡告謝毀廟曰：「在昔帝王承祖宗之休典，取象於天地，天序五行，人親五屬，師古曰：「五屬謂同族之五服，斬衰、齊衰、大功、小功、緦麻也。」天子奉天，故率其

❶「始」，原作「如」，據《漢書·韋玄成傳》改。

意而尊其制。是以禘嘗之序，靡有過五。受命之君躬接於天，萬世不墮。繼烈以下，五廟而遷，上陳太祖，間歲而祫，師古曰：「間歲，隔一歲也。」其道應天，故福禄永終。」哀帝時，議毀廟，劉歆以爲「禮，去事有殺，去，除也。殺，漸也。故《春秋外傳》曰：『日祭，月祀，時享，歲貢，終王。』祖禰則日祭，曾高則月祀，二祧則時享，壇墠則歲貢，大禘則終王。服虔曰：「蠻夷，終王乃入助祭，各以其珍貢，以共大禘之祭也。」師古曰：「每一王終，新王即位，乃來助祭。」德盛而游廣，親親之殺也；彌遠則彌尊，故禘爲重矣。」

【《漢舊儀》】宗廟三年大祫祭，子孫諸帝以昭穆坐於高廟，諸隳廟神皆合食，設左右坐。高祖南面，幄繡帳，堂上西北隅。帳中坐長一丈，廣六尺，繡絪厚一尺，著之以絮四百斤。曲几，黄金釦器。高后右坐，亦幄帳，郤六寸。白銀釦器。每大牢中分之，❶左辨上帝，右辨上后。俎餘委肉積于前數千斤，名曰維俎。❷子爲昭，孫爲穆。昭西向，曲屏風，穆東向，皆曲几，如高祖。饌陳其右，各配其左，坐如祖妣之法。太常導皇帝入北門。羣臣陪位者，皆舉手班辟抑首伏。大鴻臚、大行令、九儐傳曰：「起。」復位。而皇帝上堂盥，侍中奉觶酒從。❸帝進拜謁。贊享曰：「嗣曾孫皇帝敬再拜。」前上酒，郤行，至昭穆之坐次上酒。子爲昭，孫爲穆，各父子相對也。畢，却西面坐，坐如乘輿坐。贊享曰：「奉高祖賜壽。」皇帝

❶「大」，《後漢書·祭祀志下》注引《漢舊儀》無此字。

❷「維俎」，據《平津館叢書》本孫星衍《漢官六种》之《漢舊儀補遺》卷下當作「堆俎」。

❸「侍中」下，《後漢書·祭祀志下》注引《漢舊儀》有「以巾」二字。

起再拜，即席以太牢之左辨賜皇帝，如祠。其夜半入行禮，平明上九巵，畢，羣臣皆拜，因賜胙。皇帝出，即更衣巾，❶詔罷，當從者奉承。❷

【文獻通考】馬氏曰：「案《西漢書》未嘗言禘祫之祀，惟《漢舊儀》載其制頗詳，又《韋玄成傳》載諸儒因議毀廟而及禘祫，其説并著于此。然則以禘爲五年之殷祭，以禘爲祀天，以禘爲並祭羣廟，韋、劉諸人所言已如此，鄭康成特襲其訛耳。劉歆『大禘則終王』之説，是每王一世，方一舉禘禮，又與五年之説不合云。」

蕙田案：祫祭，太祖東向，穆北向，昭南向，此室中之位也；高祖南面，穆東向，昭西向，此堂上之位也。古禮之變始此。至高祖幄帳在堂上西北隅，太牢中分，左帝右后，則又非禮之禮矣。而受胙、賜胙，及九巵爲九獻，則猶近古意云。

【《漢書·平帝本紀》】元始五年春正月，禘祭明堂。諸侯王二十八人、列侯百二十人、宗室子九百餘人，徵助祭禮。畢，益户，賜爵及金帛，增秩補吏，各有差。

蕙田案：西漢禘祫之制，不見正史。《韋玄成傳》稱「五年殷祭，間歲而祫」，其所稱引，皆出《春秋傳》，非禘祫正義。據《漢舊儀》，但言祫祭，未及禘祭。至後漢張純，言漢舊制三年一祫，毁廟主合食高廟，存廟主未嘗合祭，是當時祫祭并與《公羊傳》大祫之旨不同矣。又稱元始五年始爲禘祭，是前此但有祫也。禘祫之禮，終西漢未有定制。

❶「巾」，原作「中」，據校點本《後漢書·祭祀志下》注引《漢舊儀》改。

❷「奉承」，原脱，據《後漢書·祭祀志下》注引《漢舊儀》補。

【《後漢書・祭祀志》】建武二年立高廟於洛陽。四時祫祀，高帝爲太祖，文帝爲太宗，武帝爲世宗，如舊。

【《文獻通考》】建武十八年，幸長安。詔太常行禘禮於高廟，序昭穆，父爲昭，南向，子爲穆，北向。

【《後漢書・祭祀志》】建武二十六年，有詔問張純，禘祫之禮不施行幾年。純奏：「禮，三年一祫，五年一禘，毁廟之主，❶陳於太祖，未毁廟之主皆升，合食太祖；五年再殷祭。舊制，三年一祫，毁廟主合食高廟，存廟主未嘗合。元始五年，始行禘禮。父爲昭，南嚮；子爲穆，北嚮。父子不並坐，而孫從王父。禘之爲言諦。諦諟昭穆，尊卑之義。以夏四月陽氣在上，陰氣在下，故正尊卑之義。祫以冬十月，五穀成熟，故骨肉合飲食。祖宗廟未定，且合祭。今宜以時定。」語在《純傳》。上難復立廟，遂以合祭高廟爲常。後以三年冬祫、五年夏禘之時，但就陳祭毁廟主而已，謂之殷。太祖東面，惠、文、武、元帝爲昭，景、宣帝爲穆。惠、景、昭三帝非殷祭時不祭。

【《張純傳》】建武二十六年，詔純曰：「禘、祫之祭，不行已久矣。『三年不爲禮，禮必壞；三年不爲樂，樂必崩。』宜據經典，詳爲其制。」純奏曰：「禮，三年一祫，五年一禘。《春秋傳》曰：『大祫者何？合祭也。』毁廟與未毁廟之主皆登，合食乎太祖，五年而再殷。漢舊制，三年一祫，毁廟主合食高廟，存廟主未嘗合祭。元始五年，諸王公列侯廟會，始爲禘祭。又前十八年親幸長安，亦行此禮。禮説三年一閏，天氣小備；五年

❶「主」，原作「制」，據庫本及《後漢書・祭祀志下》改。

再閏，天氣大備。故三年一祫，五年一禘。禘之爲言諦，諦定昭穆尊卑之義也。禘祭以夏四月，夏者陽氣在上，陰氣在下，故正尊卑之義也。祫祭以冬十月，冬者五穀成熟，物備禮成，故合聚飲食也。斯典之廢，於茲八年，謂可如禮施行，以時定議。」帝從之，自是禘、祫遂定。

蕙田案：《祭祀志》稱三年冬祫，五年夏禘，但陳毁廟主，是張純奏定後，雖三年、五年之期，冬祫、夏禘之時，較前稍異，而未毁廟之主仍未合食也。

【《章帝本紀》】建初七年八月，飲酎高廟，禘祭光武皇帝、孝明皇帝。甲辰，詔：「《書》云『祖考來假』，明哲之祀。予末小子，質又菲薄。仰惟先帝烝烝之情，前修禘祭，以盡孝敬。朕得識昭穆之序，寄遠祖之思。今年大禮復舉，加以先帝之坐，悲傷感懷！樂以迎來，哀以送往，雖祭亡如在，而空虛不知所裁，庶或享之。豈亡克慎肅雍之臣，辟公之相，皆助朕之依依。今賜公錢四十萬，卿半之，及百官執事各有差。」

蕙田案：《公羊傳》「毁廟之主陳於太祖，未毁廟之主皆升，合食太祖」，謂之大祫。漢制但以毁廟主合食，未毁廟之主不合食，義無所裁。後漢張純亦不能是正。又禘、祫雖有冬、夏之分，祭之時，俱但陳毁廟主，仍以禘、祫相混，名雖分而實未異也。

右漢禘祫。

【《三國・蜀志・先主傳》】章武元年夏四月，大赦改元，祫祭高皇帝以下。

【《魏志・齊王本紀》】正始六年冬十一月，祫祭太祖廟。

【《通典》】魏明帝太和六年，尚書難王肅以「《曾子問》唯祫於太祖，羣主皆從，而不言禘，知禘不合食」。肅答曰，以爲：「禘祫殷祭，羣主皆合，舉祫則禘可知也。」袁准《正論》曰：❶「先儒或以爲同，或以爲異，然『祫及壇墠，禘及郊宗石室』，此所及近遠之殺也。❷《大傳》曰：『禮，不王不禘。』諸侯不禘，降於天子也。若禘祫同貫，此諸侯亦不得祫，非徒不禘也。」武宣皇后太和四年六月崩，至六年三月，有司以今年四月禘告。王肅議曰：「今宜以崩年數。案《春秋》魯閔公二年夏，禘於莊公。是時縗絰之中，至二十五月大祥便禘，不復禫，故譏其速也。去四年六月，武宣皇后崩，二十六日晚葬，除服即吉，四時之祭，皆親行事。今當計始除服日數，如此禮須到禫月乃禘。」趙怡等以爲：皇帝崩二十七月之後，乃得禘祫。王肅又奏：「如鄭玄言各於其廟，則無以異四時常祀，不得謂之殷祭。以粢盛百物豐衍備具爲殷祭者，❸夫孝子盡心於事親，致敬於四時，比時具物，不可以不備，無緣儉祭其親，累年而後一豐其饌。夫謂殷者，因以祖宗並陳，昭穆皆列故也。設以爲毀廟之主皆祭謂殷者，夫毀廟祭於太祖，而六廟獨在其前，所不合宜，非事之理。近尚書難臣以『《曾子問》惟祫于太祖，羣主皆從，而不言禘，知禘不合食』，臣答以爲『禘祫殷祭，羣主皆合，舉祫則禘可知也』。《論

❶「准」，當作「準」，下同。
❷「近遠」，庫本作「遠近」。
❸「衍」，原作「衎」，據《通典》卷四九改。

語》孔子曰：『禘自既灌而往者，吾不欲觀之矣。』所以特禘者，以禘大祭，故欲觀其盛禮也。❶禘祫大祭，獨舉禘，則祫亦可知也。於《禮記》則以祫爲大，於《論語》則以禘爲盛，進退未知其可也。漢光武時言祭禮，❷以禘者毁廟之主皆合於太祖，祫者惟未毁廟之主合而已矣。鄭玄以爲禘者各於其廟。原其所以，夏、商夏祭曰禘，然其殷祭亦名大禘。《商頌·長發》是大禘之歌也。至周改夏祭曰礿，以禘惟爲殷祭之名。周公以聖德用殷之禮，故魯人亦遂以禘爲夏祭之名。是以《左傳》所謂『禘於武宫』，又曰『烝、嘗、禘於廟』，是四時祀，非祭之禘也。鄭斯失矣。至於經所謂禘者，則殷祭之謂。鄭據《春秋》，與大義乖。」案太和八年用王肅議。

袁准曰：「『祫及壇墠，禘及郊宗石室』，此所及遠近之殺也。《大傳》曰『禮不王不禘』，諸侯不禘，降殺於天子也。若禘祫同貫，此諸侯亦不得祫也，然則禘大而祫小。謂祫爲殷祭者，大於四時，皆大祭也。《國語》曰：『禘郊不過繭栗，烝不過把握。』明禘最大，與郊同也。《公羊傳》曰：『大事者何？祫。毁廟之主陳於太祖，未毁廟之主皆升合食乎太廟。』何謂也？曰：夫禘及壇墠，則毁廟也，俱祭毁廟，但所及異耳。所及則異，毁與未毁則同。此論者所惑。鄭謂不同是也，謂禘不及毁廟則非也。劉歆、賈逵同毁與未毁是也，不别禘祫遠近則非也。」

蕙田案：王肅所謂禘者毁廟之主皆

❶「禮」，原作「觀」，據《通典》卷四九改。

❷「言」，《通典》卷四九作「下」。

合食於太祖，是以祫爲禘也，祫者惟未毀之主合而已矣，是以時祫爲大祫也。其説皆非。其破鄭「各於其廟」之説則是。

右三國禘祫。

【《晉書・武帝本紀》】太康十年，太廟成，遂祫祭，大赦。

【《禮志》】升平五年十月己卯，殷祀。以帝崩後，不作樂。

【《通典》】東晉升平五年五月，穆帝崩，十月殷。興寧三年二月，哀皇帝崩。廢帝太和元年五月，❶皇后庾氏崩，廢帝海西公后也。十月殷。此哀皇帝再周之内，❷庾氏既葬之後殷也。大元二十一年十月應殷，其年九月孝武崩，至隆安三年，國家大吉，乃循殷事。元興三年夏，應殷，太常博士徐乾等議，應用孟秋，進用孟冬時。

【《宋書・禮志》】晉安帝義熙二年六月，白衣領尚書左僕射孔安國啟云：「元興三年夏，應殷祠。昔年三月，皇輿旋軫。其年四月，便應殷，❸而太常博士徐乾等議云：『應用孟秋。』臺尋校自泰和四年相承皆用冬夏，乾等既伏應孟冬，回復追明孟秋非失。御史中丞范泰議：『今雖既祔之後，得以烝嘗，而無殷薦之比。太元二十一年十月應殷，烈宗以其年九月崩。至隆安三年，國家大吉，乃脩殷事。又禮有喪則廢吉祭，祭新主於寢。今不設別寢，既祔，祭於廟。故四時烝嘗，以寄追遠之思，三年一禘，以習昭穆之序，義本各異。三年喪畢，則合食太

❶「廢」，原作「明」，據《通典》卷四九改。
❷「再」，原作「在」，據《通典》卷四九改。
❸「便」，原作「夏」，據《宋書・禮志三》改。

祖，遇時則殷，無取於限三十月也。當是内臺常以限月成舊。』就如所言，有喪可殷。隆安之初，果以喪而廢矣。月數少多，復遲速失中。至於應寢而修，意所未譬。」安國又啟：「范泰云：『今既祔，遂祭於廟，故四時烝嘗。』如泰此言，殷與烝、嘗，其本不同。既祔之後，可親烝、嘗而不得親殷也。太常劉瑾云：『章后喪未一周，不應祭。』臣尋升平五年五月，穆皇帝崩，其年七月，山陵，十月，殷。興寧三年二月，哀皇帝崩，泰和元年五月，海西夫人庾氏薨，時爲皇后，七月，葬，十月，殷。此在哀皇再周之内，庾夫人既葬之後，二殷策文見在廟。又文皇太后以隆安四年七月崩，陛下追述先旨，躬服重制，五年十月，殷。再周之内，不以廢事。今以小君之哀，而泰更謂不得行大禮。臣尋永和十年至今五十餘載，用三十月輒殷，皆見於注記，是依禮，五年再殷。而泰所言，非真難臣，乃以聖朝所用，遲速失中。泰爲憲司，自應明審是非，羣臣所啟不允，❶即當責失奏彈，而諐慢稽停，遂非忘舊。請免泰、瑾官。」丁巳，詔皆白衣領職。

初元興三年四月，不得殷祠，進用十月，計常限，❷則義熙三年冬又當殷，若更起端，則應用來年四月。領司徒王謐議曰：「有非常之慶，必有非常之禮。❸殷祭舊准不差。至於義熙之慶，經古莫二，雖曰反正，❹理同受命。愚謂履運惟新，於是乎始。宜用四月。」太常劉瑾議：「殷無定月，❺考時致敬，

❶「羣」，《宋書·禮志三》作「若」。
❷「計」上，《宋書·禮志三》有「若」字。
❸「必」，原脱，據《宋書·禮志三》補。
❹「反正」，《宋書·禮志三》作「旋幸」。
❺「月」，《宋書·禮志三》作「日」。

且禮意尚簡。去年十月祠，雖于日有差，而情典允備，宜仍以爲正。」徐乾議：「三年一祫，五年一禘，經傳記籍，不見補殷之文。」著作郎徐廣議：「尋先事，海西公泰和六年十月，殷祠。孝武皇帝寧康二年十月，殷祠。若依常去前三十月，則應用四月也。于時蓋有故，而遷在冬。從太元元年十月殷祠，依常三十月，則應用二年四月也。是追計辛未歲十月，來合六十月而再殷。❶何劭甫注《公羊傳》云，祫從先君來，積數爲限。『自僖八年至文二年，知爲祫祭』。如此，履端居始，承源承流，❷領會之節，遠因宗本也。昔年有故推遷，非其常度。寧康、太元前事可依。雖年有曠近之異，然追計之理同矣。愚謂從復常次者，以推歸正之道也。」左丞劉潤之等議：「太元元年四月應殷，而禮官墮失，遂用十月。❸本非正期，不應即以失爲始也。❹宜以反初四月爲始。當用三年十月。」尚書奏從謐議。

【《通典》】❺博士陳舒表：「三歲一閏，五年祭，八年又殷，兩頭如四，實不盈三。又十一年殷，十四年殷，凡間含二，則十年四殷，與禮五年再殷其義合矣。」博士徐禪議：「《春秋左氏傳》曰：『歲祫及壇墠，終禘及郊宗石室。』許慎稱舊說曰：『終者，謂孝子三年喪終則禘于太廟，以致新死者也。』」徐邈議：「禮，五年再殷，凡六十月，分中，每三十月殷也。」大學博士曹述初難云：「三年之喪，其實二十有

❶「來」，《宋書·禮志三》作「未」。
❷下「承」，《宋書·禮志三》作「成」。
❸「遂」，《宋書·禮志三》作「建」。
❹「不應」二字，原脱，據《宋書·禮志三》補。
❺「通典」，原作「通志」，據下文出自《通典》卷四九改。

五月，則五年何必六十月。禮，天子特礿，三時皆祫。禘祫雖有定年，而文無定月。」案《明堂位》「夏六月以禘禮祀周公」，❶則今之四月。「七月日至，孟獻子禘其祖」，則今之五月。《春秋》文公二年「大事于太廟」，則今之六月。邈答曰：「五年再殷，象再閏，無取三年喪也。祫三時皆可者，蓋喪終則吉而祫，服終無常，故祫隨所遇，惟春不祫，故曰特礿，非殷祀常也。禮，大事有時日，故烝嘗以時，況祫之重，無定月乎！」今據徐邈議，每三十月當殷祀。賀循《祫祭圖》：太祖東向，昭北行，南向；穆南行，北向。

蕙田案：以上晉。

【《通典》】宋制，殷祭皆即吉乃行。武帝永初三年九月十日，奏傳亮議，權制即吉，聖代宜耳。

【《宋書·禮志》】文帝元嘉六年九月，太學博士徐道娱上議曰：「祠部下十月三日殷祠，十二日烝祀。謹案禘祫之禮，三年一，五年再。《公羊》所謂五年再殷祭也。在四時之間，《周禮》所謂凡四時之間祀也。❷蓋曆歲節月無定，天子諸侯，先後弗同。《禮》稱『天子祫嘗，諸侯烝祫。有田則祭，無田則薦』。鄭注：『天子先祫然後時祭，諸侯先時祭然後祫。有田者既祭又薦新。祭以首時，薦以仲月。』然則大祭四祀，其月各異。天子以孟月殷，仲月烝，諸侯孟月嘗，仲月祫也。《春秋》僖公八年秋七月，禘。文公二年八月，大事於太廟。《穀梁傳》曰：『著祫嘗也。』昭公十五年二月『有事於

❶「位」，原脱。案：引文出《禮記·明堂位》。《通典》卷四九有「位」字，據補。

❷「祀」，原作「禮」，據《宋書·禮志四》改。

武宮』。《左傳》曰：『禮也。』又《周禮》『仲冬享烝』，《月令》『季秋嘗稻』。晉春烝曲沃，齊十月嘗太公，此並孟仲區别不共之明文矣。凡祭必先卜，日用丁巳，如不從，進卜遠日。卜未吉，豈容二事，推期而往，理尤可知。尋殷、烝祀重，祭、薦禮輕。輕尚異月，重寧反同。且『祭不欲數，數則瀆』。今隔旬頻享，恐於禮爲煩。自經緯墳誥，都無一月兩獻，先儒舊説，皆云殊朔。晉代相承，未審其原。國事之重，莫大乎祀。愚管膚淺，竊以惟疑。請詳告下議。」寢不報。

蕙田案：此言不宜一月兩祭，是。

孝武孝建元年十二月戊子，有司奏：「依舊，今元年十月是殷祠之月。領曹郎范泰參議，依永初三年例，須再周之外殷祭。尋祭再周來二年三月，若以四月殷，則猶在禫內。」下禮官議正。國子助教蘇瑋生議：「案《禮》，三年喪畢，然後祫於太祖。又云『三年不祭，唯天地社稷，越紼行事』。且不禫即祭，見譏《春秋》。求之古禮，喪服未終，固無祼享之義。自漢文以來，一從權制，宗廟朝聘，莫不皆吉。雖祥禫空存，無縗縞之變，烝嘗薦祀，不異平日。殷祀禮既弗殊，豈獨以心憂爲礙。」太學博士徐宏議：「三年之喪，雖從權制，再祥周變，❶猶服縞素，未爲純吉，無容以祭。謂來四月，未宜便殷，十月則允。」太常丞臣朱膺之議：「《虞禮》云：『中月而禫，是月也吉祭，猶未配。』謂二十七月既禫祭，當四時之祭日，則未以其妃配，哀未忘也。推此而言，未禫不得祭也。又《春秋》閔公二年，吉禘於莊公。鄭玄云：『閔公心懼於難，務自尊

❶「祥周」，《宋書・禮志三》作「周祥」。

大以厭其禍，❶凡二十二月而除喪，又不禫。』云又不禫，明禫内不得禘也。案王肅等言於魏朝云，今權宜存古禮，俟畢三年。舊説三年喪畢，遇禘則禘，遇祫則祫。鄭玄云：『禘以孟夏，祫以孟秋。』今相承用十月。如宏所上《公羊》之文，如爲有疑，亦以魯閔設服，因言喪之紀制爾。何必全許素冠可吉禘。縱《公羊》異説，官以禮爲正，亦求量宜。」郎中周景遠參議：「永初三年九月十日奏傅亮議：『權制即吉，御世宜爾。宗廟大禮，宜依古典。』則是皇宋開代成準。謂博士徐宏、太常丞朱膺之議用來年十月殷祠爲允。」詔可。

蕙田案：此謂禫内不宜殷祭，是。

孝武大明七年二月辛亥，有司奏：「四月應殷祠，若事中未得爲，得用孟秋與不？」領軍長史周景遠議：「案《禮記》云：『天子祫禘、祫嘗、祫烝。』依如禮文，則夏、秋、冬三時皆殷，不唯用冬、夏也。晉義熙初，僕射孔安國啟議，自泰和四年相承殷祭，皆用冬、夏。安國又啟，永和十年至今五十餘年，用三十月輒殷祠。博士徐乾據《禮》難安國。乾又引晉咸康六年七月殷祠，是不專用冬、夏。於時晉朝雖不從乾議，然乾據禮及咸熙故事，安國無以奪之。今若來四月未得殷祠，遷用孟秋，於禮無違。」參議據禮有證，謂用孟秋爲允。詔可。

蕙田案：以上宋。

【《南齊書·高帝本紀》】建元元年十月己卯，車駕殷祀太廟。

【《武帝本紀》】永明五年夏四月，車駕殷祀太廟。十年十月甲午，車駕殷祀太廟。

❶「大」，《宋書·禮志三》作「成」。

蕙田案：以上齊。

【《通典》】梁武帝初用謝廣議，三年一禘，五年一祫，謂之殷祭。

【《文獻通考》】梁制：三年一禘，五年一祫，禘以夏，祫以冬，皆以功臣配。其儀頗同南郊。

尚書左丞何佟之議曰：「禘於首夏，物皆未成，故爲小。祫於秋冬，萬物皆成，其禮尤大。司勳列功臣有六，皆祭於大烝，知祫尤大，乃及之也。近代禘祫並不及功臣，❶有乖典制，宜改。」詔從之。

蕙田案：以上梁。

陳制：五年再殷。殷，大祫而合祭也。

蕙田案：以上陳。

【《北魏書·高祖本紀》】太和十五年八月乙巳，親定禘祫之禮。

【《禮志》】太和十三年正月壬戌，高祖詔曰：「《禮記·祭法》稱『有虞氏禘黄帝』，《大傳》曰『禘其祖之所自出』，又稱『不王不禘』。《論》曰『禘自既灌』，《詩·頌》《長發》，大禘』，《爾雅》曰：『禘，大祭也。』夏、殷四時祭：礿、禘、烝、嘗，周改禘爲礿。❷《王制》稱『犆礿、祫禘、祫嘗、祫烝』，其禮傳之文如此。鄭玄解禘，天子祭圜丘曰禘，祭宗廟大祭亦曰禘。三年一祫，五年一禘。祫則合羣毀廟之主於太廟，合而祭之。禘則增及百官配食者，審諦而祭之。天子先禘祫而後時祭，諸侯先時祭而後禘祫。魯禮，三年喪畢而祫，明年而禘。圜丘、宗廟大祭

❶「不」，校點本《隋書·禮儀志二》以之爲衍字。

❷「礿」，原作「祠」，據校點本《魏書·禮志一》及其校勘記改。

俱稱禘，祭有兩禘明也。王肅解禘祫，稱天子諸侯皆禘於宗廟，非祭天之祭。郊祀后稷，不稱禘，宗廟稱禘。禘、祫一名也，合而祭之故稱祫，審諦之故稱禘，非兩祭之名。三年一祫，五年一禘，總而互舉之，故稱五年再殷祭，不言一禘一祫，斷可知矣。禮文大略，諸儒之説，盡具於此。卿等便可議其是非。」

尚書游明根、左丞郭祚、中書侍郎封琳、著作郎崔光等對曰：「鄭氏之義，禘者大祭之名。大祭圜丘謂之禘者，審諦五精星辰也；大祭宗廟謂之禘者，審諦其昭穆。圜丘常合不言祫，宗廟時合故言祫。斯則宗廟祫禘並行，圜丘一禘而已。宜於宗廟俱行禘祫之禮。二禮異，故名殊。依《禮》，春祭禴礿，於嘗於烝則祫，不於三時皆行禘祫之禮。」中書監高閭、儀曹令李韶、中書侍郎高遵等十三人對稱：「禘祭圜丘之禘與鄭義同，其宗廟禘祫之祭與王義同。與鄭義同者，以爲有虞禘黄帝，黄帝非虞在廟之帝，不在廟，非圜丘而何？又《大傳》稱禘其所自出之祖，❶又非在廟之文。《論》稱『禘自既灌』，事似據。《爾雅》稱『禘，大祭也』，《頌》『《長發》』，大禘也』，殷王之祭。斯皆非諸侯之禮，諸侯無禘。禮唯夏、殷，夏祭稱禘，又非宗廟之禘。魯行天子之儀，不敢專行圜丘之禘，改殷之禘，取其禘名於宗廟，因先有祫，遂生兩名。據王氏之義，祫而禘祭之，故言禘祫，總爲再殷祭，明不異也。禘祫一名也。其禘祫止於一時，止於一時者，祭不欲數，數則黷。一歲而三禘，愚以爲過數。」

❶「禘」，《魏書・禮志一》作「祖」。

帝曰：「尚書、中書等，據二家之義，論禘祫詳矣。然於行事取衷，猶有未允。閭等以禘祫爲名，義同王氏，禘祭圜丘，事與鄭同。無所間然。尚書等與鄭氏同，兩名兩祭，並存並用，理有未稱。俱據二義，❶一時禘祫，而闕二時之禘，事有難從。夫先王制禮，内緣人子之情，外協尊卑之序。故天子七廟，諸侯五廟，大夫三廟，數盡則毀，藏主於太祖之廟，三年而祫祭之。世盡則毀，以示有終之義；三年而祫，以申追遠之情。禘祫既是一祭，分而兩之，事無所據。毀廟三年一祫，又有不盡四時，於禮爲闕。七廟四時常祭，祫則三年一祭，而又不究四時，於情爲簡。王以禘祫爲一祭，王義爲長。鄭以圜丘爲禘，與宗廟大祭同名，義亦爲當。今互取鄭、王二義。禘祫并爲一名，從王；禘是祭圜丘大祭之名，上下同用，從鄭。若以數則黷，五年一禘，改祫從禘。五年一禘，則四時盡禘，以稱今情。禘則依《禮》文，先禘而後時祭。便即施行，著之於令，永爲世法。」

蕙田案：以圜丘爲禘，鄭氏之臆説也。明根等以審諦五精星辰釋之，誣矣。始祖所自出，並不立廟，禘之於始祖廟而已。高閭乃云不在廟非圜丘而何，益又誣矣。從鄭固非，從王亦未爲是。詔言禘祫既是一祭，分而兩之，事無所據。夫禘祫之爲兩祭，有經傳明文可據，指爲一祭，皆諸妄議溷之耳。

世宗景明二年夏六月，秘書丞孫惠蔚上言：「臣聞國之大禮，莫崇明祀，祀之大者，莫過禘祫，所以嚴祖敬宗，追養繼孝，合享

❶「義」，原作「議」，據《魏書·禮志一》改。

聖靈，審諦昭穆，遷毀有恒，制尊卑，有定體。是以惟王剏制，爲建邦之典；仲尼述定，爲不刊之式。暨秦燔《詩》、《書》，鴻籍泯滅。漢氏興求，拾掇遺篆，淹中之經，孔安所得，唯有卿大夫士饋食之篇。而天子諸侯享廟之祭、禘祫之禮盡亡。曲臺之《記》，戴氏所述，然多載尸灌之義，牲獻之數，而行事之法，備物之體，蔑有具焉。今之取證，唯有《王制》一簡，《公羊》一册。考此二書，以求厥旨。自餘經傳，雖時有片記，至於取正，無可依攬。是以兩漢淵儒、魏晉碩學，咸據斯文，以爲朝典。然持論有深淺，及義有精浮，故令傳記雖一，而探意乖舛。謹案《王制》曰：『天子犆礿，祫禘，祫嘗，祫烝。』鄭玄曰『天子諸侯之喪畢，合先君之主於祖廟而祭之，謂之祫。後因以爲常』，『魯禮，三年喪畢而祫於太祖，明年春禘於羣廟，自爾之後，五年而再殷祭，一祫一禘』。《春秋公羊》魯文二年：『八月丁卯，大事於太廟。』《傳》曰：『大事者何？大祫也。大祫者何？合祭也。毀廟之主，陳於太祖。未毀廟之主，皆升，合食於太祖。五年而再殷祭。』何休曰：『陳者，就陳列太祖前。太祖東鄉，昭南鄉，穆北鄉，其餘孫從王父。父曰昭，子曰穆。』又曰：『殷，盛也，謂三年祫，五年禘。禘所以異於祫者，功臣皆祭也。祫猶合也，禘猶諦也，審諦無所遺失。』察記傳之文，何、鄭祫禘之義，❶略可得聞。然則三年喪畢，祫祭太祖，明年春祀，遍禘羣廟。此禮之正也，古之道也。又案魏氏故事，魏明帝以景初三年正月崩，至五年正月，積二十五晦爲大祥。太

❶「祫禘」，庫本作「禘祫」。

常孔美、博士趙怡等以爲禫在二十七月，到其年四月，依禮應祫。散騎常侍王肅、博士樂祥等以爲禫在祥月，至其年二月，宜應祫祭。雖孔、王異議，六八殊制，❶至於喪畢之祫，明年之禘，其議一焉。陛下永惟孝思，因心即禮，取鄭捨王，禫終此晦，來月中旬，禮應大祫。六室神祏，升食太祖。明年春享，咸禘羣廟。自兹以後，五年爲常。又古之祭法，時祫並行，天子先祫後時，諸侯先時後祫。此於古爲當，在今則煩。且禮有升降，事有文節，適時之制，聖人弗違。當祫之月，宜減時祭，以從要省。然大禮久廢，羣議或殊，以臣觀之，理在無怪。何者？心制既終，二殷惟始，禘祫之正，實在於斯。若停而闕之，唯行時祭，七聖不聞合享，百辟不覩盛事，何以宣昭令問，垂式後昆乎？皇朝同等三代，治邁終古，而令徽典闕於昔人，鴻美慚於往志，❷此禮所不行，情所未許。請付禮官，集定儀注。」詔曰：「禮貴循古，何必改作。且先聖久遵，❸綿代恒典，豈朕沖闇，所宜革之。且禮祭之議，國之至重，先代碩儒，論或不一。可付八座、五省、太常、國子參定以聞。」七月，侍中、録尚書事、北海王祥等言：「奉旨集議，僉以爲禘祫之設，前代彝典，惠蔚所陳，有允舊義。❹請依前尅敬享清宮，其求省時祭，理實宜爾。但求之解注，下逼列國，兼時奠之敬，事難輒省。請移仲月，擇吉重聞。」制可。

延昌四年正月，世宗崩，肅宗即位。三月甲

❶「八」，原作「人」，據《魏書·禮志二》改。
❷「慚」，原作「漸」，據《魏書·禮志二》改。
❸「久」，原作「人」，據《魏書·禮志二》改。
❹「義」，原作「議」，據《魏書·禮志二》改。

子，尚書令、任城王澄奏，太常卿崔亮上言：「秋七月應祫祭於太祖，今世宗宣武皇帝主雖入廟，然烝嘗時祭，猶别寢室，至於殷祫，宜存古典。案《禮》，三年喪畢，祫於太祖，明年春禘於羣廟。又案杜預亦云，卒哭而除，三年喪畢而禘。魏武宣后以太和四年六月崩，其月既葬，除服即吉。四時行事，而猶未禘。王肅、韋誕並以爲今除即吉，故特時祭。至於祫禘，宜存古禮。高堂隆亦如肅議，於是停不殷祭。仰尋太和二十三年四月一日，高祖孝文皇帝崩，其年十月祭廟，景明二年秋七月祫於太祖，三年春禘於羣廟，亦三年乃祫。謹準古禮及晉、魏之議，并景明故事，愚謂來秋七月，祫祭應停，宜待三年終然後祫禘。❶」詔曰：「太常援引古今，並有證據，可依請。」

冬十二月丁未，任城王澄、尚書崔亮奏：「謹案《禮記》：『曾子問曰：諸侯旅見天子，不得成禮者幾？孔子曰：四，太廟火、日蝕、后之喪、雨沾服失容則廢。』臣等謂元日萬國賀，應是諸侯旅見之義。若禘廢朝會，孔子應云五，而獨言四，明不廢朝賀也。鄭玄《禮》注云：『魯禮，三年喪畢，祫於太祖，明年春，禘羣廟。』又《鄭志》：檢魯禮，《春秋》昭公十一年夏五月，夫人歸氏薨。十三年五月大祥，七月釋禫，公會劉子及諸侯於平丘，八月歸，不及於祫；冬，公如晉，明十四年春，歸祫，明十五年春乃禘。《經》曰：『二月癸酉，有事於武宫。』《傳》曰：『禘於武公。』謹案《明堂位》曰：『魯，王禮也。』喪畢祫禘，似有退理。詳考古禮，未有以祭祀廢元會者。《禮》云『吉事先近日』，脱不吉，

❶ 「三」，原脱，據《魏書·禮志二》及其校勘記補。

容改筮三旬。尋攝太史令趙翼等列稱，正月二十六日祭亦吉。請移禘祀在中旬十四日，時祭移二十六日，猶曰春禘，又非退義。祭則無踈怠之譏，三元有順軌之美。既被成旨，宜即宣行。臣等伏度國之大事，在祀與戎。君舉必書，恐貽後誚。輒訪引古籍，竊有未安。臣等學闕通經，識不稽古，備位樞納，可否必陳。冒陳所見，伏聽裁衷。」靈太后令曰：「可如所執。」

胡氏寅曰：「宗廟之祭，莫重於禘祫。而自漢以來，諸儒之論，紛紜交錯，誠如聚訟，莫得其要，則混然行之。不有達理真儒，擇乎經訓而折其衷，何以破古昔之昏昏，示後來之昭昭耶？ 諸儒之言，曰天子禘、諸侯祫、大夫享、庶人薦，此尊卑之等也。所以知天子禘者，以《禮》云『禮不王不禘』知之也。所以知諸侯祫者，魯侯國，當用祫而以賜天子禮樂，故《春秋》中有禘無祫，而孔子曰『魯之郊禘，非禮也』，言諸侯不當用禘也。禘祫者合祭之名耳。天子有所自出之帝，爲東向之尊，餘廟以昭穆合食于前，是之謂禘。諸侯無所自出之帝，則合羣廟之主而食於太廟，是之謂祫。若其時、其物，則視其所得用而隆殺之矣。以此斷禘祫，豈不明哉！」

《通考》馬氏曰：「案以禘祫爲共一祭而異名，以禘爲合祭祖宗，審諦昭穆之義，❶漢儒之説也。近代諸儒多不以爲然，獨致堂從之。然《大傳》『禮不王不禘，王者禘其祖之所自出，以其祖配之』，而即斷之曰『諸侯及其太祖，大夫、士有大事省于其君，干祫及其高祖』，其文意亦似共説一祭。天子則謂之禘，所謂不王不禘，而祭則及其祖之所自出，諸侯則不可以言禘，而所祭止太祖，大夫、士又不可以言祫，必有功勞見知於君，許之祫則於祫可及高祖。蓋共是合祭祖宗，而以君臣之故，所及有遠近，故異其名。所以魯之禘祭者，即祫也，若《大傳》文『諸侯』之下，更有一『祫』字，則其義尤明。」

蕙田案：諸儒以禘祫皆合祭，此聚訟所由起也。但胡氏仍主禘祫皆合祭，而馬氏又於《大傳》文「諸侯」下

❶「義」，原作「議」，據《文獻通考》卷一〇一改。

添「袷」字，强經從我，難協人心。

又案：以上北魏。

【《隋書·禮儀志》】後齊禘袷，如梁之制，每祭一太牢，皇后預。

蕙田案：以上北齊。

後周禘袷，則於太祖廟，亦以皇后預，其儀與後齊同。

蕙田案：以上北周。

右南北朝禘袷。

隋三年一袷，以孟冬，遷主、未遷主合食於太祖之廟。五年一禘，以孟夏，其遷主各食其所遷之廟，未遷之主各於其廟。禘袷之月，❶則停時享，而陳諸瑞物及伐國所獲珍奇於廟廷，及以功臣配享。

蕙田案：以上隋禘祭各於其廟，仍鄭謬也。

【《舊唐書·禮儀志》】三年一袷，以孟冬；五年一禘，以孟夏。

【《唐書·禮樂志》】袷禘，大祭也。袷以昭穆合食於太祖，而禘以審諦其尊卑，此袷禘之義，而爲禮者失之。至於年數不同，祖宗失位，而議者莫知所從。《禮》曰：「三年一袷，五年一禘。」《傳》曰：「五年再殷祭。」高宗上元三年十月當袷，而有司疑其年數。太學博士史玄璨等議，以爲：「新君喪畢而袷，明年而禘，自是之後，五年而再祭。蓋後禘去前禘五年，而袷常在禘後三年，禘常在袷後二年。魯宣公八年禘僖公，蓋二年喪畢而袷，明年而禘，至八年而再禘。昭公二十年禘，至二十五年又禘，此可知也。」議者以玄璨等言有經據，遂從之。睿宗崩，開元六年喪畢而袷，明年而禘。自

❶「月」，原作「日」，據《隋書·禮儀志二》改。

是之後，禘、祫各自以年，不相通數。凡七祫五禘，至二十七年，禘、祫並在一歲，有司覺其非，乃議以爲一禘一祫，五年再殷，宜通數。而禘後置祫，歲數遠近，二説不同。鄭玄用高堂隆先三而後二，徐邈先二後三。而邈以謂二禘相去爲月六十，中分三十，置一祫焉。此最爲得，遂用其説。由是一禘一祫，在五年之間，合於再殷之義，而置祫先後則不同焉。

【《韋韜傳》】開元時遷太常。高宗上元三年，將祫享。議者以《禮緯》三年祫，五年禘；《公羊》家五年再殷祭，二家舛互，諸儒莫能決。太學博士史玄璨議曰：「《春秋》：僖公三十三年十二月薨。文公之二年八月丁卯，大享。《公羊》曰：『祫也。』則三年喪畢，新君之二年當祫，明年當禘羣廟。又宣公八年，禘僖公。宣公八年皆有禘，則後禘距前禘五年。此則新君之二年祫，三年禘爾。後五年再殷祭，則六年當祫，八年禘。昭公十年，齊歸薨。十三年，喪畢當祫，爲平丘之會。冬，公如晉，至十四年祫，十五年禘。《傳》曰『有事於武宮』是也。至十八年祫，二十年禘；二十三年祫，二十五年禘。昭公二十五年『有事於襄宮』是也。則禘後三年而祫，又二年而禘，合於禮。」議遂定。後睿宗喪畢，祫於廟。至開元二十七年，禘祭五，祫祭七。是歲，縚奏：「四月嘗已禘，孟冬又祫，祀禮叢數，請以夏禘爲大祭之源。」自是相循，五年再祭矣。

【《通典》】開元六年秋，睿宗皇帝喪畢，祫享於太廟。自後相承三年一祫，五年一禘，各自計年，不相通數。至二十七年，凡經五禘七祫。其年夏禘訖，冬又當祫。太常議曰：禘祫二禮，俱爲殷祭，祫謂合食祖廟，禘謂諦序尊卑。申先君逮下之慈，成羣嗣奉親之孝，事異常享，有時行之。而祭不欲數，數則黷；亦不欲踈，踈則怠。故王者法諸天道，制祀典焉。烝嘗象時，禘祫如閏。天道大成，宗廟法之，再爲殷祭者也。謹案《禮記・王制》、鄭玄注《周官・宗伯》並云「國君嗣位，三年喪畢，祫於太祖。明年禘於羣廟。自爾以後，五年再殷，一祫一禘」。漢帝古事，❶貞觀以後，並用此禮，以爲三年一閏，天道大備故也。此則五年再殷，通計其數，一禘一祫，迭相乘矣。今太廟禘祫，各自數年，兩岐俱不通計。或比年頻合，或同歲再序，或一禘之後，併爲再祫，或五年之内，驟有三殷。法天象閏之期，既違其度；五歲再殷之祭，❷數又不同。求之禮文，頗爲乖失。夫以法天之度，既有指歸，稽古之禮，若兹昭著。禘、祫二祭，通計明矣。今請以開元二十七年己卯四月禘，至辛巳年十月祫，至甲申年四月又禘，至丙戌年十月又祫，❸至己丑年四月又禘，至辛卯年十月又祫。自此五年再殷，周而復始。又禘祫之説，非唯一家，五歲再殷之文，既相師矣，法天象閏之理，大抵亦同。而禘後置祫，或近或遠，盈縮之數，❹有二法焉：鄭玄、高堂隆則先三而後二，❺徐邈之議，則先二而後三。謹案鄭氏所序先三之法，約三祫五禘之文，以爲甲年既禘，丁年當祫，己年又禘，壬年又祫，甲年又禘，丁年又祫，周而復始，以此相承。祫後去禘，十有八月而

❶「帝古」，《通典》卷五〇作「魏故」。
❷「祭」，《通典》卷五〇作「制」。
❸「丙」，原作「景」，避唐世祖李昞諱，下逕改，不再出校。
❹「數」，《通典》卷五〇作「度」。
❺「高堂隆」，原作「高堂生」，據《通典》卷五〇改。

近，禘後去祫，四十二月而遥，分析不均，粗於算矣。假如攻乎異端，置祫於秋，則三十九月爲前，二十一月爲後，雖小有愈，於其間尚偏。竊據本文，皆云象閏，二閏相去，則平分矣，兩殷之序，何不等耶？且又三年之言，❶本舉全數，二周有半，❷實枕三年，❸於此置祫，不違文矣，何必拘滯三正乎？蓋千慮一失，通儒之蔽也。徐氏之議，有異於是，研覈周審，❹最爲憑准。以二禘相去，爲月六十，中分三十，置一祫焉。若甲年夏禘，❺丙年冬祫，己年夏禘，辛年冬祫，有象閏法，毫釐不偏。三年一祫之禮，既無乖越，五歲再殷之制，疎數又均。校之諸儒，義實長矣。今請依據以定二殷，先推祭月，周而復始。時皆以其議爲允。

【《開元禮》】

蕙田案：《開元禮》祫禘儀同時享儀，其注中儀節不同之處，録如左。餘詳《時享門》。

陳設：

祫享：設鐏彝於廟堂上下。每座斝彝一，黄彝一，犧鐏二，象鐏二，著鐏二，山罍二，在堂上皆於神座之左。獻祖、太祖、高祖、高宗，鐏彝在前楹間，北向；懿祖、代祖、太宗、中宗、睿宗，鐏彝在户外，南向。其壺鐏二，太鐏二，山罍四，在堂下階間，北向，西上。禘享，則雞彝、鳥彝，餘同祫享。攝事，簠簋甄鉶與正數半之。享日，未明五刻，太廟令服其服，布昭穆之座于户外，自西序以

❶「三年」，原作「分三等」，據《通典》卷五〇改。
❷「二」，原作「三」，據《通典》卷五〇改。
❸「枕」，原作「整」，據《通典》卷五〇改。
❹「覈」，原作「覆」，據《通典》卷五〇及其校勘記改。
❺「夏」，原作「既」，據《通典》卷五〇及其校勘記改。

東。皇八代祖獻祖宣皇帝、❶皇六代祖太祖景皇帝、皇高祖高祖神堯皇帝、❷皇祖高宗天皇大帝座皆北廂，南面；皇七代祖懿祖光皇帝、皇五代祖代祖元皇帝、❸皇曾祖太宗文武聖皇帝、皇伯考中宗孝和皇帝、皇考睿宗大聖真皇帝座於南廂，北向。每座皆設黼扆，莞席紛純，藻席畫純，次席黼純，左右几。

省牲器：

脺膋腸間脂，祫、禘，祝史洗肝於鬱鬯，餘同圜丘儀。

晨祼：

太廟令帥其屬，陳瑞物於廟廷大階之西，上瑞爲前，中、下相次，及伐國所得寶器，上次先後亦然，俱藉以席。攝事，不陳瑞物、寶器。未明二刻，陳腰輿于東陛之東，每室各二，皆西面北上。立定，贊引引太廟令、太祝、宮闈令，帥内外執事者以腰輿自東陛升，詣獻祖室，入開埳室。太祝、宮闈令奉出神主，各置於輿，出詣座前，奉神主置於座。訖，以次奉出懿祖以下，如獻祖儀。少退。攝事同。

饋食：

祫享樂終，八節止，諸座皆然。祫、禘祝云：「晷度環周，歲序云及，永懷追慕，伏增遠感。謹以一元大武、柔毛、剛鬣、明粢、薌合、薌萁、嘉蔬、嘉薦、汎齊，肅雍明獻，恭備祫享。」餘字並同，禘享祝云「祇薦禘事」。

太祖以下稱臣。

祫、禘以功臣配享：

❶ 下「皇」，原無，據庫本及上下文補。
❷ 下「高祖」字，原脱，據《通典》卷一一四補。
❸ 下「代祖」字，原脱，據《通典》卷一一四補。

享日，未明一刻，太廟令布功臣神座於太廟之庭：吏部尚書、贈司空、鄖國公殷開山，光禄卿、渝國公劉政會，開府儀同三司、淮安靖王神通，禮部尚書、贈司空、河間元王孝恭。

右配享高祖廟庭，太階之東，少南，西向，以北爲上。下並于此。

司空、贈太尉、梁國文昭公房玄齡，特進、贈司空、鄭國文貞公魏徵，洛州都督、贈尚書左僕射、蔣國忠公屈突通，開府儀同三司、贈司徒、申國文獻公高士廉。

右配享太宗廟庭，少南，西向，以北爲上。

司空、太子太師、贈太尉、英國貞武公李勣，中書令、贈尚書右僕射、高唐縣公馬周，尚書左僕射兼太子少傅、北平縣公張行成。

右配享高宗廟庭，少南，西向，以北爲上。

侍中、譙國公桓彦範，侍中、平陽郡公敬暉，中書令兼吏部尚書、濮陽郡公張柬之，❶特進、博陵郡公崔玄暐，中書令、南陽郡公袁恕己。

右配享中宗廟庭，少南，西向，以北爲上。

尚書左僕射、太子少傅、贈司空、許國文貞公蘇瓌，尚書左丞相、太子少保、徐國公劉幽求。

右配享睿宗廟庭，少南，西向，以北爲上。

諸座各設版於座首。其版文各具題官爵、姓名。每座各設壺罇二於左，北向，玄酒在西，加勺冪，置爵於罇下，設洗於終獻罍洗東南，北向。太廟令與良醖令以齊實罇，如常。堂上設饌訖，太官令帥進饌者出，奉饌入，

❶「濮」，《通典》卷一一四校改作「漢」。

祝迎，引於座左，各設於座前。太官令以下出，祝還罇所。亞獻將畢，贊引引獻官詣罍洗，盥手、洗爵，詣酒罇所。執罇者舉冪，獻官酌酒，諸助奠者皆酌酒。訖，贊引引獻官進詣首座前，東面，奠爵。贊引引還本位，于獻官進奠。諸助奠者各進奠于座，還罇所，于堂上徹豆。祝進首座前，徹豆，還罇所。

【《通典》】天寶八載閏六月五日，勑文：「禘祫之禮，以存序位，質文之變，蓋取隨時。國家系本仙宗，業承聖祖。重熙累盛，既錫無疆之休；合享登神，思弘不易之典。❶自今以後，每禘祫並於太清宮聖祖前設位序正，上以明陟配之禮，欽若玄宗，❷下以盡虔恭之誠，無違至道。比來每緣禘祫，則時享暫停，事雖適於從宜，❸禮或虧於必備。以後每緣禘祫，其常享無廢，享以素饌，三焚香以代三獻。」

胡氏寅曰：「唐非李聃之裔，而以聃爲祖，孝子慈孫，豈忍爲也？使聃而果祖也，猶非所自出之帝，不得與合食之享，况非其祖，而加之祖考之上，是有兩姓之廟也。此唐世典禮之大失，而當時無一人言者，君好諛而臣獻諂，故雖以他人爲祖而終不得知，又况其餘乎？」

【《册府元龜》】建中二年二月，復肅宗神座於寢宮。先是，寶應二年，西戎犯京師，焚建陵之寢室。至是，始創復焉。十月癸卯，祫享太廟，始奉獻祖神主出行祫禮。初，寶應二年，玄宗、肅宗神主祔廟，始遷獻祖、懿祖神主於西夾室。是時，禮儀使于休烈以

❶「易」，原作「合」，據《通典》卷五〇改。
❷「宗」，原作「象」，據《通典》卷五〇及其校勘記改。
❸「事」，原脱，據庫本及《通典》卷五〇補。

國喪畢，將行祫享，以太祖既位當東向，獻祖、懿祖屬尊於太祖，若同祫享，即太祖不得居正位，於是永闕二神主於西夾室。至是，有司亦以國喪既畢，當行祫禮。於是太常博士陳京建議，請准魏晉以來祫禮，奉二主出同祫享，與太祖並列昭穆，而虛東向之位。又云：「若以二祖同享，謂太祖失尊位，即請奉二祖神主於德明皇帝廟祫享。」詔下尚書省雜議。禮儀使顔真卿請依蔡謨等議，至祫享之日奉獻祖神主居東面之位，自懿祖、太祖洎諸祖宗，遵左昭右穆之列。時宰臣百寮並同真卿之議。奏留中不出。將及祫享，真卿又奏請從蔡謨議爲定。從之。

【《通典》】建中二年九月，太常博士陳京上疏言：「今年十月，祫享太廟，并合享遷廟獻祖、懿祖二神主。《春秋》之義，毁廟之主陳於太祖，未毁廟之主皆升合食於太祖。則太祖之位，在西而東向，其下子孫，昭穆相對，南北爲别，無毁廟遷主不享之文。是禮也，自於周室，而國朝祀典，當與周異。徵周以后稷配天，爲始封之祖，❶而下乃立六廟。❷廟毁主當遷者，故太祖東向之位，全其尊而不疑。然今年十月祫享太廟，伏請據魏晉舊事爲比，則構築别廟。東晉以征西等四府君爲别廟，至禘祫之時，則於太廟正太祖之位以申其尊，别廟登高皇、太皇、征西等四府君以序其親。伏以國家若用此義，則宜别爲獻祖、懿祖立廟，禘祫祭之以重其親，則太祖於太廟遂居東向以全尊。

❶「爲」上，原衍「太廟」二字，據《通典》卷五〇及其校勘記删。

❷「六」，原脱，據《通典》卷五〇補。

伏以德明、興聖二皇帝，曩既立廟，至禘祫之時，常用享禮，今別廟之制，便就興聖廟藏祔爲宜。」勑下尚書省集百僚議。禮儀使、太子少師顔真卿議曰：「伏以太祖景皇帝以受命始封之功，處百代不遷之廟，配天崇享，是極尊嚴。且至禘祫之時，暫居昭穆之位，屈己申孝，敬奉祖宗，緣齒族之禮，廣尊先之道，此實太祖明神烝烝之本意，亦所以化被天下，率循孝悌。請依晉蔡謨等議，奉獻祖神主居東面之位，自懿祖、太祖洎諸祖宗，遵左昭右穆之列。」

【《舊唐書·禮儀志》】貞元七年十一月二十八日，太常卿裴郁奏曰：「禘、祫之禮，殷、周以遷廟皆出太祖之後，故得合食有序，尊卑不差。及漢高受命，無始祖，❶以高皇帝爲太祖。太上皇，高帝之父，立廟享祀，❷不在昭穆合食之列，爲尊於太祖故也。魏武創業，文帝受命，亦即以武帝爲太祖。其高皇、太皇、處士君等，❸並爲屬尊，不在昭穆合食之列。晉宣創業，武帝受命，亦即以宣帝爲太祖。其征西、潁川等四府君，亦爲屬尊，不在昭穆合食之列。國家誕受天命，累聖重光。景皇帝始封唐公，實爲太祖。中間世數既近，於三昭三穆之内，故皇家太廟唯有六室。其弘農府君、宣、光二祖，尊於太祖，親盡即遷，不在昭穆之數。著在禮志，可舉而行。開元中，加置九廟，獻、懿二祖皆在昭穆，是以太祖景皇帝未得居東向之尊。今二祖已祧，九室惟序，則太祖之位又安可不正？伏以太祖上配天地，百代不

❶「祖」上，《舊唐書·禮儀志六》校補有「封」字。
❷「立」，原作「位」，據《舊唐書·禮儀志六》改。
❸「太皇」，原作「太祖」，據《舊唐書·禮儀志六》及其校勘記改。

遷，而居昭穆，獻、懿二祖，親盡廟遷，而居東向，徵諸故實，實所未安。請下百寮僉議。」勅旨依。

【《陳京傳》】❶貞元七年，太常卿裴郁上言：「獻、懿親盡廟遷，猶居東向，非禮之祀，神所不享。願下羣臣議。」於是太子左庶子李嶸等上言：「謹案晉孫欽議：『太祖以前，雖有主，禘祫所不及；其所及者，太祖後未毀已升藏於二祧者，故雖百代及之。』獻、懿在始封前，親盡主遷，上擬三代，則禘祫所不及。太祖而下，若世祖，則《春秋》所謂『陳於太祖』者。漢議罷郡國廟，丞相韋玄成議：『太上皇、孝惠親盡宜毀。太上主宜瘞於園，惠主遷高廟。』太上皇在太祖前，主瘞於園，不及禘祫，獻、懿比也。惠遷高廟，在太祖後，而及禘祫，世祖比也。魏明帝遷處士主，置園邑，歲時以令丞奉薦；東晉以征西等祖遷入西除，同謂之祧，皆不及祀。故唐初下訖開元，禘祫猶虚東向位。洎立九廟，追祖獻、懿，然祝於三祖不稱臣。至德時，復作九廟，遂不爲弘農府君主，以祀不及也。廣德中，始以景皇帝當東向位，以獻、懿兩主親盡，罷祫而藏。顔真卿引蔡謨議，復奉獻主東向，懿昭景穆。不記謨議晉未嘗用，而唐一王法容可準乎？臣等謂嘗、禘、郊、社，神無二尊，瘞、毀、遷、藏，各以義斷。景皇帝已東向，一日改易，不可謂禮，宜復藏獻、懿二主於西室，以本《祭法》『遠廟爲祧，去祧而壇，去壇而墠，壇、墠，有禱祭，無禱止』之義。太祖得正，無所屈。」吏部郎中柳冕等十二人議曰：「天子以受命之君爲太祖，諸侯以始封之主爲祖，故自

❶「陳京傳」上，當有「新唐書」三字，《舊唐書》無《陳京傳》。

太祖、祖以下，❶親盡迭毀。洎秦滅學，漢不暇禮，晉失宋因，故有連五廟之制，❷有虛太祖之位。且不列昭穆，非所謂有序；不建迭毀，非所謂有殺；連五廟，非所謂有別；虛太祖位，非所謂一尊。此禮所由廢也。《傳》曰：『父爲士，子爲天子，祭以天子，葬以士。』今獻、懿二祖，在唐未受命時，猶士也。故高祖、太宗以天子之禮祭之，而不敢奉以東向位。今而易之，無乃亂先帝序乎？周有天下，追王太王、王季以天子禮，及其祭，則親盡而毀。漢有天下，尊太上皇以天子之禮，及祭也，親盡而毀。唐家追王獻、懿二祖以天子禮，及其祭也，親盡而毀，復何所疑？《周官》有先公之祧、先王之祧。先公遷主，藏后稷之廟，其周未受命之祧乎？先王遷主，藏文、武之廟，其周已受命之祧乎？故有二祧，所以異廟也。今自獻而下，猶先公也；自景而下，猶先王也。請別廟以居二祖，則行周道，復古制，便。」工部郎中張薦等請自獻而降，悉入昭穆，虛東向位。司勳員外郎裴樞曰：「《禮》：『親親故尊祖，尊祖故敬宗，敬宗故收族，收族故宗廟嚴，宗廟嚴故社稷重。』太祖之上，復追尊焉，則尊祖之義乖。太廟之外，別祭廟焉，則社稷不重。漢韋玄成請瘞主於園，晉虞喜請瘞廟兩階間。喜據《左氏》自證曰：『先王日祭祖、考，月祀曾、高，時享及二祧，歲祫及壇墠，終禘及郊宗石室，是爲郊宗之祖。』喜請夾室中爲石室以處之，是不然。何者？夾室所以居太祖下，非太祖上藏主

❶ 下「祖」，原脱，據《新唐書・儒學傳下・陳京》補。

❷ 「五」，《新唐書・儒學傳下・陳京》作「王」，下「連五廟」同。

所居。未有卑處正、尊居旁也。若建石室於園寢，安遷主，采漢、晉舊章，祫禘率一祭，庶乎《春秋》得變之正。」是時，京以考功員外郎又言：「興聖皇帝則獻之曾祖，懿之高祖。以曾孫祔曾、高之廟，人情大順也。」京兆少尹韋武曰：「祫則大合，禘則序祧。當祫之歲，常以獻東向，率懿而後以昭穆極親親。及禘，則太祖筵於西，列衆主左右，是於太祖不爲降，獻無所厭。」時諸儒以《左氏》「子齊聖，不先父食」，請迎獻主權東向，太祖暫還穆位。同官尉仲子陵曰：「所謂不先食者，丘明正文公逆祀。儒者安知夏后世數未足時，言禹不先鯀乎？魏、晉始祖率近，始祖上皆有遷主。引《閟宮》詩，則永閟可也。因虞主，則瘞園可也。緣遠祧，則築宮可也。以太祖實卑，則虛位可也。然永閟與瘞園，臣子所不安。若虛正位，則太祖之尊無時而申。請奉獻、懿二祖遷於德明、興聖廟爲順。或曰二祖别廟，非合食。且德明、興聖二廟禘祫之年，皆有薦享，是已分食，奚獨疑二祖乎？」國子四門博士韓愈質衆議，自申其説曰：「一謂獻、懿二主宜永藏夾室，臣不謂可。且禮，祫祭，毁主皆合食。今藏夾室，至祫得不食太廟乎？若二祖不與，不謂之合矣。二謂兩主宜毁而瘞之，臣不謂可。天子七廟，一壇一墠，遷主皆藏於祧，雖百代不毁。祫則太廟享焉。魏、晉以來，始有毁瘞之議，不見於經。唐家立九廟，以周制推之，獻、懿猶在壇墠，可毁瘞而不禘祫乎？三謂二祖之主宜各遷諸陵，臣不謂可。二祖享太廟二百年，一日遷之，恐眷顧依違，不即享於下國。四謂宜奉主祔興聖廟而不禘祫，臣不謂可。禮，『祭如在』。景皇帝雖太祖，於獻、懿，子孫也。今引子東向，廢父之祭，不可爲典。五謂獻、懿宜別立廟京師，臣不謂可。凡禮有降有殺，故去廟爲祧，去祧爲壇，去壇爲墠，去墠爲鬼，漸而遠者，祭益希。昔魯立煬宫，《春秋》非之，謂不當取已毁之廟、既藏之主，復築宫以祭。今議正同，故臣皆不謂可。古者殷祖玄王，周祖后稷，太祖之上，皆自爲帝。又世數已遠，不復祭之，故始祖得東向也。景皇帝雖太祖，於獻、懿，子孫也。當禘祫，獻祖居東向位，景從昭若穆，是祖以孫尊，孫以祖屈，神道人情，其不相遠。又常祭衆，合祭寡，則太祖所屈少，而所伸多。與其伸孫尊，廢祖祭，不以順乎？」晁又上《禘祫義證》十四篇，❶帝詔尚書省會百官、國子儒官，明定可否。左司郎中陸淳奏：「案禮及諸儒議復太祖之位，正也。太祖位正，則獻、懿二主宜有所安。今議者有四：曰藏夾室，曰置別廟，曰各遷於園，曰祔興聖廟。臣謂藏夾室，則享獻無期，非周人藏二祧之義；置別廟，論始曹魏，《禮》無傳焉，司馬晉議而不用；遷諸園，亂宗廟之制。唯祔興聖廟，禘若祫一祭，庶乎得禮。」帝依違未決也。

【權德輿《遷廟議》】禮有五經，莫重于祭。祭稱百順，實受其福。故曰萬物本乎天，人本乎祖。以太祖始封之重，當殷祭東鄉之尊，百代不遷，下統昭穆，此孝享嚴禋之極制也。周自后稷十六代至武王，毁廟遷主皆太祖之後，故序列昭穆，合食無嫌。漢之太上皇主瘞于園寢，尋置別廟，是爲屬尊。故周、漢皆太祖之位正。自魏至隋則虚其位。魏明帝初以太皇別

❶「義」，原作「議」，據《新唐書·儒學傳下·陳京》改。

廟未成，故權設對祫。後有司定七廟之制，太祖以下爲昭穆二祧，旋至三少帝，運移于晉。不以兄弟爲代數，故元帝上繼武帝，簡文上繼元帝。至安帝時，後征西至京兆四府君遷盡，未及殷祭，運移於宋。初，永和中，疑四府君所藏之禮，詔公卿博議。范宣請特築一室，韋泓請屋朽乃止。蔡謨亦請改築别室，未展者當入就太廟，以征西府君東向。議竟不行。宋、齊、梁、陳、北齊、周、隋，悉虚其位以待太祖，皆以短祚，其禮不申。則自魏以降，太祖列昭穆之位，非通例也。武德中，立親廟四，自宣簡公而下。貞觀中，立七廟六室，自弘農府君而下。開元中，始制九廟，追尊獻祖、懿祖，故自武德至於開元，太祖在四廟、七廟、九廟之數，則東向之虚，又非例也。廣德二年，將及殷祭，有司以二祖親盡當遷，太祖九室既備，其年冬祫，於是正太祖於東向，藏二主於夾室。凡十八年。建中二年冬祫，有司悮引蔡謨征西之議，以獻祖居東向，懿祖爲昭，太祖爲穆，此誠乖疑倒置之大者也。議者或引《春秋》「禹不先鯀，湯不先契，文武不先不窋」以爲証，且湯與文武皆太祖之後，理無所疑，至於禹不先鯀，安知説者非啟與太康之代而左丘明因而記之邪？向者，有司以二主藏夾室非宜，則可；闕殷祭非敬，則可；處東向之位，則不可。是以貞元七年冬，太常上奏，請下百僚僉議，詔可其奏。八年春，有于頎等一十六狀。至十一年，又詔尚書省集議，有陸淳、宇文炫二狀，前後異同，有七家之説。至於藏夾室、虚東向、遠遷園寢、分享禘祫、加幣玉虞主而枚卜瘞埋，❶膚引滋多，皆失禮意。臣等審細討論，唯寘別廟及祔於德明、興聖二説，最爲可據。德明、興聖之廟，❷猶別廟也，等於刱立，此又易行。伏以德明皇帝于舞羽之際，與稷、契同功。契後爲殷，向五百年；稷後爲周，逾八百年。德明流光無窮，啟皇運於後，景福靈長，與天地準。又獻、懿二祖，於興聖皇帝爲曾、爲玄，猶周人祔於先公之祧也。此亦亡於禮者也。明尊祖之道，正大祭之義，禮文祀典，莫重於是。凡議同者七狀百有餘人，其中名儒禮官，講貫詳熟。臣今獲貳宗伯，職業所守，典禮是司，研考古今，罄竭愚管，豈敢以疑文虛説，黷陛下嚴敬重難之心？其夾室等五家不安之説，謹具條上。伏唯聖慮裁擇。

藏夾室：

右太祖已下毁廟主之所藏也。今若以二祖之主同在夾室，❸當禘祫之際，代祖元皇帝以遷主合食，而二主留在夾室，神靈何所依邪？或主有禱則祭，無禱則止，如殷祭何？如或云每禘祫時就享於夾室，如合食何？此其不可也。

虛東向：

右自魏晉方有太祖已上府君以備親廟。自太祖已下，昭穆既列，太祖之上，親盡皆遷，然後正東向之位，明不遷之重。自魏至隋，皆以短曆，或遭離多故，❹其禮未

❶「加」，原作「如」，據《權載之文集》卷二九改。
❷「德明」，原倒，據庫本乙正。下二處「德明」同。案：玄宗天寶二年，追封皋陶爲德明皇帝，涼武昭王爲興聖皇帝。
❸「室」，原脱，據庫本補。
❹「遭」，原作「遷」，據《權載之文集》卷二九改。

行，故虛東向。自武德後，貞觀、開元加廟數，太祖尊位厭而未申，故虛東向。今九廟已備，世祖已遷，而議虛東向則無其例。此其不可也。

園寢：

右漢魏太上皇、處士君園寢之制，❶近在京師，故於遷主無有異議。今二祖園寢皆在趙州，法駕撰儀，經途遐遠。此其不可也。

分享：

右尊祖敬宗，至當無二，審禘合享，王者所先。議者請常以獻祖受祫，太祖受禘，五年之間，迭居東向。就如其說，則當祫之時，太祖固序昭穆矣。當禘之禮，獻祖何所依也？從古以來，無此義例。此其不可也。

瘞埋：

右議者引古者貴祖命，斂幣玉，藏諸兩階之間，又埋虞主於廟門外之道左，以爲比類。❷彼主命幣玉者，既反告則無所用矣；彼虞主用桑者，既練祭則無所用矣。不忍褻瀆，故斂而藏之，徹而埋之，豈如栗主依神，雖廟毁而常存之制哉？此其不可也。況兩階之間與門外道左，皆祖廟也。今則下瘞於子孫之廟，于理安乎？此其又不可也。以前謹具周、漢太祖居東向，魏晉已下虛東向，并貞元八年十一月兩度會議一十八狀内夾室等五家不安之説如前，謹録奏聞。謹奏。

【《昌黎集》四門博士韓愈獻議】今輒先舉衆議之非，然後申明其説。一曰獻、懿廟主宜永藏之夾室，臣以爲不可。夫祫者合也，毁廟之主皆當合食於太祖，獻、懿二

❶「君」，原作「居」，據《權載之文集》卷二九改。
❷「比」，原作「此」，據《權載之文集》卷二九改。

祖即毁廟主也。今雖藏於夾室，至禘、祫之時，豈得不合食于太廟乎？名曰合祭，而二祖不得祭焉，不可謂之合矣。二曰獻、懿廟主，宜毁之、瘞之，臣又以爲不可。謹案《禮記》「天子立七廟，一壇一墠」，其毁廟之主皆藏於祧廟，雖百代不毁，祫則陳於太廟而享焉。自魏晉以降，始有毁瘞之議，事非經據，竟不可施行。今國家德厚流光，創立九廟，以周制推之，獻、懿二祖猶在壇、墠之位，况于毁瘞而不禘祫乎？三曰獻、懿廟主宜各遷于其陵所，臣又以爲不可。二祖之祭，于京師列于太廟也二百年矣，今一朝遷之，豈惟人聽疑，抑恐二祖之靈眷顧依違，不即享于下國也。四曰獻、懿廟主宜附于興聖廟而不禘祫，又以爲不可。《傳》曰「祭如在」，景皇帝雖太祖，其於屬乃獻、懿之子孫也。今欲正其子東向之位，廢其父之大祭，固不可爲典矣。五曰獻、懿二祖宜别立廟于京師，臣又以爲不可。夫禮有所降，情有所殺，是故去廟爲祧，去祧爲壇，去壇爲墠，去墠爲鬼，漸而愈遠，其祭益稀。昔者魯立煬宫，《春秋》非之，以爲不當取已毁之廟、既藏之主，而復築宫以祭。今之所議，與此正同。又雖違禮立廟，至于禘祫也，合食則禘無其所，廢祭則于義不通。此五説者皆所不可，故臣博采前聞，求其折中，以爲殷祖玄王，周祖后稷，太祖之上皆自爲帝，又其代數已遠，不復祭之，故太祖得正東向之位，子孫從昭穆之列。《禮》所稱者，蓋以紀一時之宜，非傳於後代之法也。《傳》曰：「子雖齊聖，不先父食。」蓋言子爲父屈也。景皇帝雖太祖也，其於獻、懿則子孫也，❶當禘祫之時，獻祖宜居東向之位，景皇帝宜從昭穆之列。祖以孫尊，孫以祖屈，求之神道，豈遠人情？又常祭甚衆，合祭甚寡，則是太祖所屈之祭至少，所伸之祭至多，此于伸孫之尊，廢祖之祭，不亦順乎？

【朱子《韓文考異》】韓公本意獻祖爲始祖，其主當居初室，百世不遷，懿祖之主則當遷于太祖之西夾室，而太祖以下，以次列于諸室。四時之享，則惟懿祖不與，而獻祖、太祖以下，各祭于其室。室自爲尊，不相降厭，所謂「所伸之祭常多」者也。禘祫則惟獻祖居東向之位，而懿祖、太祖以下，皆序昭穆，南北相向于前，所謂「祖以孫尊，孫以祖屈，而所屈之祭常少」者也。韓公禮學精深，蓋諸儒所不及，故其所議，獨深得夫孝子慈孫報

❶「懿」，原作「穆」，據庫本及《昌黎先生文集·禘祫議》改。

本反始不忘其所由生之本意，真可爲萬世之通法，不但可施于一時也。程子以爲不可漫觀者，其謂此類也歟？但其文字簡嚴，讀者或未遽曉，故竊推之，以盡其意云。

觀承案：韓議最精，朱子所以極推尊之。然謂韓意以獻祖爲始祖，其主當居初室，百世不遷，則未見其然。觀韓子請遷玄宗廟議，專以景皇爲太祖，比周之后稷，則獻、懿俱在祧遷之列可知。但其以禘、祫俱爲合祭，而禘祫之分則未有其義，此直沿唐之制而未及考古以正之，亦所謂事異殷周，禮從而變者夫。

蕙田案：韓議已見《陳京傳》。因其過略，故復附其全篇。

【《唐書·禮樂志》】禮：禘、祫，太祖位於西而東向，其子孫列爲昭穆，昭南向而穆北向。雖已毁廟之主，皆出而序於昭穆。殷、周之興，太祖世遠，而羣廟之主皆出其後，故其禮易明。漢、魏以來，其興也暴，❶又其上世微，故創國之君爲太祖而世近，毁廟之主皆在太祖之上，於是禘、祫不得如古。而漢、魏之制，太祖而上，毁廟之主皆不合食。唐興，以景皇帝爲太祖，而世近在三昭三穆之内，至禘、祫，乃虚東向之位，而太祖與羣廟列於昭穆。代宗即位，祔玄宗、肅宗，而遷獻祖、懿祖於夾室。於是太祖居第一室，禘、祫得正其位而東向，而獻、懿不合食。建中二年，太學博士陳京請爲獻祖、懿祖立別廟，至禘、祫則享。禮儀使顔真卿議曰：「太祖景皇帝居百代不遷之尊，而禘、祫之時暫居昭穆，屈己以奉祖宗可也。」乃引晉

❶「暴」，原作「勃」，據《新唐書·禮樂志三》改。

蔡謨議，以獻祖居東向，而懿祖、太祖以下左右爲昭穆。由是議者紛然。貞元十七年，太常卿裴郁議，以太祖百代不遷，獻、懿二祖親盡廟遷而居東向，非是。請下百僚議。工部郎中張薦等議與真卿同。太子左庶子李嶸等七人曰：「真卿所用，晉蔡謨之議也。謨爲『禹不先鯀』之説，雖有其言，當時不用。獻、懿二祖宜藏夾室，以合《祭法》『遠廟爲祧，而壇、墠有禱則祭，無禱則止』之義。」吏部郎中柳冕等十二人曰：「《周禮》有先公之祧，遷主藏於后稷之廟，其周未受命之祧乎？又有先王之祧，其遷主藏於文、武之廟，其周已受命之祧乎？今獻祖、懿祖，猶周先公也，請築别廟以居之。」司勳員外郎裴樞曰：「建石室於寢園以藏神主，至禘、祫之歲則祭之。」考功員外郎陳京、同官縣尉仲子陵皆曰：「遷神主於德明、興聖廟。」京兆少尹韋武曰：「祫則獻祖東向，禘則太祖東向。」十一年，左司郎中陸淳曰：「議者多矣，不過三而已。一曰復太祖之正位，二曰並列昭穆而虚東向，三曰祫則獻祖，禘則太祖，迭居東向。而復正太祖之位爲是。❶然太祖復位，則獻、懿之主宜有所歸。一曰藏諸夾室，二曰置之别廟，三曰遷於園寢，四曰祔於興聖。然而藏諸夾室，則無享獻之期；置之别廟，則非《禮經》之文；遷於寢園，則亂宗廟之儀。惟祔於興聖爲是。」至十九年，左僕射姚南仲等獻議五十七封，付都省集議。户部尚書王紹等五十五人請遷懿祖祔興聖廟，❷議遂定，由是太祖始復東向之位。

❶「祖」，原作「廟」，據庫本及《新唐書·禮樂志三》改。

❷「紹」，原作「詔」，據《新唐書·禮樂志三》改。

【《新唐書·陳京傳》】❶貞元十九年，將禘祭，京奏禘祭大合祖宗，必尊太祖位，正昭穆。請詔百官議。尚書左僕射姚南仲等請奉獻、懿主祔德明、興聖廟。鴻臚卿王權申衍之曰：「周人祖文王，宗武王，故《詩·清廟》章曰：『祀文王也。』胡不言太王、王季？❷則太王、王季而上，皆祔后稷，故清廟得祀文王也。太王、王季之尊，私禮也；祔后稷廟，不敢以私奪公也。古者先王遷廟主，以昭穆合藏於祖廟。獻、懿主宜祔興聖廟，則太祖東向得其尊，獻、懿主歸得其所。」是時，言祔興聖廟什七八，天子尚猶豫未剛定。至是，羣臣稍顯言：二祖本追崇，非有受命開國之鴻構；又權根援《詩》、《禮》明白。帝泮然，於是定遷二祖於興聖廟，凡禘祫一享。詔增廣興聖二室。會祀日薄，廟未成，張繒爲室，❸內神主廟垣間，奉興聖、德明主居之。廟成而祔。自是景皇帝遂東向。自博士獻議，彌二十年乃決，諸儒無後言。帝賜京緋衣、銀魚。

【《文獻通考》】貞元十二年，祫祭太廟。近例，祫祭及親拜郊，令中使引傳國寶至壇所，昭示武功。至是，上以傳國大事，中使引之非宜，乃令禮官一人，就內庫監引領至太廟焉。

【《冊府元龜》】開成四年三月己卯，帝御紫宸殿。宰臣楊嗣復奏曰：「太廟准禮，三年一祫，五年一禘。今是禘祭時，讓皇帝廟亦合禘祭。臣案：讓皇帝本封寧王，玄宗親兄，玄宗既定內難，寧王能讓帝位，玄宗感

---

❶「新唐書」，原作「舊唐書」，案《舊唐書》無《陳京傳》，所引與《新唐書》全同，據改。

❷「胡」，原作「故」，據《新唐書·儒學傳下·陳京》改。

❸「繒」，原作「繪」，據《新唐書·儒學傳下·陳京》改。

之，贈以鴻名，其復置廟，享獻禘祫，與九廟同。至上元二年，杜鴻漸奏停時享，而禘祫存。今玄宗、肅宗神主已歸夾室，讓皇帝猶禘祫不闕，於禮未安。」李班曰：「宗廟事重，比者臣不敢輕議。帝皇至今禘祫，❶實不當禮。嗣復所論至當。今請下禮官議。」帝曰：「俞。」四月，王起奏：「讓皇帝廟，去月二十四日詔下太常寺，委三卿及博士同詳議聞奏者。臣等復以讓皇帝追尊位號，恩出一時，別立廟祠，不涉正統。既非昭穆，禘祫所及，無子孫獻享之儀，親盡則踈，歲久當革。杜鴻漸所議禘祫之月時一祭者，蓋以時近恩深，未可頓忘故也。今睿宗、玄宗既已祧去，又文敬等七太子中，亦有追贈奉天、承天皇帝之號，當以停廢，則讓帝之廟不宜獨存。臣等參詳，伏請准中書門下狀，便從廢罷。」

【《文獻通考》】昭宗大順元年，將行禘祭。有司請以三太后神主祔享於太廟。三后者，孝明太皇太后鄭氏，宣宗母。恭僖皇太后王氏，敬宗母。正獻皇太后韋氏。文宗母。三后之崩，皆作神主，有故，不當入太廟。當時禮官建議並置別廟，每年五享，三年一禘，五年一祫，皆于本廟行事，無奉神主入廟之文。至是亂離之後，舊章散失，禮院憑《曲臺禮》，欲以三太后祔享。太常博士殷盈孫獻議，非之。議見《后妃廟》門。

右隋、唐禘祫。

【《文獻通考》】後唐長興二年四月，禘享於太廟。周顯德五年六月，禘于太廟。先是，言事者以皇家宗廟無祧遷之主，不當行禘

❶「帝皇」，庫本作「讓皇」，疑是。案：《册府元龜》卷三〇《帝王部》作「帝王」。

祫之禮。國子司業聶崇義以爲前代宗廟追尊、未毁皆有禘祫，别援故事九條，以爲其證。曰：「魏明帝以景初三年正月崩，至五年二月祫祭，明年又禘，自兹以後，五年爲常。且魏以武帝爲太祖，至明帝始三帝而已，未有毁主而行禘祫，其證一也。宋文帝元嘉六年，祠部定十月三日殷祠，其太學博士議禘，云：『案禘祫之禮，三年一，五年再。』宋自高祖至文帝，纔及三帝，未有毁主而行禘祫，其證二也。梁武帝用謝廣議，三年一禘，五年一祫，謂之殷祭。禘祭以夏，祫祭以冬。且梁武乃受命之君，僅追尊四廟而行禘祫，則知祭者是追養之道，以時移節變，孝子感而思親，故薦以首時，祭以仲月，間以禘祫，序以昭穆，乃理之經也，非關宗廟備與不備，其證三也。唐禮，貞觀九年，將祔高祖于太廟。國子司業朱子奢請准《禮》立七廟。是時，乃立六廟而行禘祫。今檢《會要》及《通典》，并《禮閣新儀》，皆載此禮，並與《實録》符同。此乃廟亦未備而行禘祫，其證四也。貞觀十六年四月己酉，光禄大夫、宗正卿、紀國公段綸卒，太宗甚傷悼，爲不視朝。將出臨之，太常奏禘祫祭致齋，不得哭，乃止。此明太宗之時，宗廟未備實行禘祫，其證五也。貞觀二十三年，自九嵕葬回，迎神主於太極殿之西階，日中行虞祭之禮。有司請依典禮以神主祔廟，高宗欲留神主于内寢，旦夕供養，申在生之敬，詔停祔禮。英國公李勣等抗表固請，曰：『竊以祖功宗德，飾終之明典；文昭武穆，嚴配之明訓。今停祔廟，奉狥哀情，直據典章，乖替爲甚。又國哀已後，而廟停時祭；逾月之後，須申大祫。』以唐禮九廟觀之，自太宗已上，纔足七廟，未有毁主將申大祫，其證六也。貞觀十六年四月癸丑，有司言將行禘祭。依今禮，祫享，功臣並得配享于廟廷，禘享則不配。請集禮官學士等議。太常卿韋挺議曰：『其禘及時享，功臣皆應不預。故《周禮》六功之官，皆大烝而已，大烝即祫祭也。梁初誤禘功臣，左丞駁議，武帝允而依行。降及周、隋，俱遵此禮。竊以五年再禘，合諸天道，一大一小，通人雅論。小則人臣不預，大則兼及有功。今禮禘無功臣，誠謂禮不可易。』太宗改令，從禮載詳。此論該曉歷代，援據甚明。又貞觀年中，累陳禘祫，其證七也。高宗上元三年，有司祫享於太廟，止有七室，未有遷主。《通典》、《會要》及《禮閣新儀》具明此禮，其證八也。中宗景龍三年八月，帝將祠南郊，欲以韋皇后助行郊禮。國子司業郭山等議云：『皇朝舊禮，圜丘分祭天地，惟有皇帝親拜，更無皇后助祭之文。及時享并禘祫，亦無助祭之事。』今據中宗之代，國子祭酒等舉禘祫之文，稱是『皇朝舊禮』，又明太宗、高宗之廟皆行禘祫，其證九也。」疏奏，從之。

【《宋史·聶崇義傳》】顯德五年，將禘於太廟。言事者以宗廟無祧室，不當行禘祫之禮。崇義援引故事上言，終從崇義之議。

右後唐、後周禘祫。

五禮通考卷第九十八

淮陰吳玉搢校字

五禮通考卷第九十九

内廷供奉禮部右侍郎金匱秦蕙田編輯
太子太保總督直隸右都御史桐城方觀承同訂
兩淮都轉鹽運使德水盧見曾
按察司副使元和宋宗元 參校

吉禮九十九

禘祫

【《宋史·禮志》】宗廟三年一祫，以孟冬；五年一禘，以孟夏。真宗咸平元年，判太常禮院李宗訥等言：「僖祖稱曾高祖，太祖稱伯；文懿、惠明、簡穆、昭憲皇后並稱祖妣，孝明、孝惠、孝章皇后並稱伯妣。❶案《爾雅》有考妣、王父母、曾祖王父母、高祖王父母及世父之别。❷以此觀之，唯父母得稱考妣。今請僖祖止稱廟號，順祖而下，即依《爾雅》之文。」事下尚書省議。户部尚書張齊賢等言：「《王制》『天子七廟』，謂三昭三穆與太祖之廟而七。前代或有兄弟繼及，亦移昭穆之列，是以《漢書》『爲人後者爲之子』，所以尊本祖而重正統也。又《禮》云『天子絶朞喪』，❸安得宗廟中有伯氏之稱乎？其唐及五代有所稱者，蓋禮官之失，非正典也。請自今有事於太廟，則太祖并諸祖室，稱孝孫、孝曾孫嗣皇帝。太宗室，

❶「惠」，原作「憲」，據《宋史·禮志九》及其校勘記改。
❷「世父」，原作「世祖」，據《宋史·禮志九》改。
❸「禮」，原脱，據《宋史·禮志九》及其校勘記補。

稱孝子嗣皇帝。❶其《爾雅》『考妣』、『王父』之文，本不爲宗廟言也。歷代既無所取，於今亦不可行。」詔下禮官議。議曰：「案《春秋正義》『躋魯僖公』云：『禮，父子異昭穆，兄弟昭穆同。』此明兄弟繼統，同爲一代。又魯隱、桓繼及，皆當穆位。又《尚書・盤庚》有商及王，《史記》云陽甲至小乙兄弟四人相承，故不稱嗣子而曰及王，明不繼兄之統也。又唐中、睿皆處昭位，敬、文、武昭穆同爲一世。伏請僖祖室止稱廟號，后曰祖妣，順祖室曰高祖，后曰高祖妣，翼祖室曰曾祖，后曰曾祖妣，祝文皆稱孝曾孫。宣祖室曰皇祖考，后曰皇祖妣，祝文稱孝孫。太祖室曰皇伯考妣，太宗室曰皇考妣。每大祭，太祖、太宗昭穆同位，祝文並稱孝子。其別廟稱謂，亦請依此。」詔都省復集議，曰：「古者，祖有功，宗有德，皆先有其實而後正其名。今太祖受命開基，太宗纘承大寶，則百世不祧之廟矣。豈有祖宗之廟已分二世，昭穆之位翻爲一代？如臣等議，禮，爲人後者爲之子，以正父子之道，以定昭穆之義，則無疑也；必若同爲一代，則太宗不得自爲世數，而何以得爲宗乎？不得爲宗，又何以得爲百世不祧之主乎？《春秋正義》亦不言昭穆不可異，此又不可以爲證也。今若序爲六世，以一昭一穆言之，則上無毀廟之嫌，下有善繼之美，於禮爲大順，於時爲合宜，何嫌而謂不可乎？」翰林學士宋湜言：「三代而下，兄弟相繼則多，昭穆異位未之見也。今詳都省所議，皇帝於太祖室稱孫，竊有疑焉。」詔令禮官再議。禮官言：「案《祭統》曰：

❶「太宗」至「皇帝」九字，原脱，據《宋史・禮志九》補。

『祭有昭穆者，所以别父子遠近長幼親踈之序而無亂也。』《公羊傳》公孫嬰齊爲兄歸父之後，《春秋》謂之仲嬰齊。何休云：『弟無後兄之義，爲亂昭穆之序，失父子之親，故不言仲孫，明不以子爲父孫。』晉賀循議兄弟不合繼位昭穆云：『商人六廟，親廟四并契、湯而六，比有兄弟四人相襲爲君者，便當上毁四廟乎？如此，四世之親盡，無復祖禰之神矣。』温嶠議兄弟相繼、藏主夾室之事云：『若以一帝爲一世，則當不得祭於禰，乃不及庶人之祭也。』夫兄弟同世，於恩既順，於義無否。玄宗朝禘祫，皇伯考中宗，皇考睿宗，同列於穆位。德宗亦以中宗爲高伯祖。晉王導、荀崧議：『大宗無子，則立支子。』又曰：『爲人後者爲之子，無兄弟相爲後之文。❶』所以舍至親取遠屬者，蓋以兄弟一體，無父子之道故也。竊以七廟之制，百王是遵。至於祖有功，宗有德，則百世不遷之廟也；父爲昭，子爲穆，則千古不刊之典也。今議者引《漢書》曰『爲人後者爲之子』，殊不知弟不爲兄後，子不爲父孫，《春秋》之深旨。父謂之昭，子謂之穆，《禮記》之明文也。又案太宗享祀太祖二十有二載，稱曰『孝弟』，此不易之制，又安可追改乎？唐玄宗謂中宗爲皇伯考，德宗謂中宗爲高伯祖，則伯氏之稱復何不可？臣等參議：自今合祭日，太祖、太宗依典禮同位異坐，皇帝於太祖仍稱孝子，餘並遵舊制。」

蕙田案：兄弟同昭穆，所議是。

咸平二年八月，太常禮院言：「今年冬祭畫日，以十月六日荐享太廟。案《禮》三年一

❶「後」，《宋史·禮志九》無此字。

祫，以孟冬。又《疑義》云：『三年喪畢，遭禘則禘，遭祫則祫。』宜改孟冬荐享爲祫享。」仁宗天聖元年，禮官言：「真宗神主祔廟，已行吉祭，三年之制，又從易月之文，自天禧二年四月禘享。❶」

【《玉海》】天聖元年四月乙卯，遣官禘享太廟，遂以薦享爲禘享。

天聖八年九月，太常禮院言：「自天聖六年夏行禘享之禮，至此年十月，請以孟冬薦享爲祫享。」詔恭依。

嘉祐四年十月，仁宗親詣太廟行祫享禮，以宰臣富弼爲祫享大禮使，韓琦爲禮儀使，樞密使宋庠爲儀仗使，參知政事曾公亮爲橋道頓遞使，樞密副使程戡爲鹵簿使。同判宗正寺趙良規請正太祖東向位，禮官不敢決。觀文殿學士王舉正等議曰：「大祫之禮所以合昭穆，辨尊卑，必以受命之祖居東向之位。本朝以太祖爲受命之君，然僖祖以降，四廟在上，故每遇大祫，止列昭穆而虛東向。魏、晉以來，亦用此禮。今親享之盛，宜如舊便。」禮官張洞、韓維言：「國朝每遇禘祫，奉別廟四后之主合食太廟。唐《郊祀志》載禘祫祝文，自獻祖至肅宗所配皆一后，惟睿宗二后，蓋昭成，明皇母也。《續曲臺禮》有別廟皇后合食之文，蓋未有本室，遇祫享即祔祖姑下。所以大順中，三太后配列禘祭，議者議其非禮。臣謂每室既有定配，則餘后不當參列，義當革正。」學士孫抃等議：「《春秋傳》曰：『大祫者何？合祭也。未毁廟之主皆升合食於太祖。』是以國朝事宗廟百有餘年，至祫之日，別廟后主皆升合食，非無典據。大中祥符中已曾

❶「禘」，原作「祫」，據《宋史·禮志十》改。

定議，❶禮官著酌中之論，先帝有『恭依』之詔。他年有司攝事，四后皆預。今甫欲親祫而四后見黜，不亦疑於以禮之煩故耶？宗廟之禮，至尊至重，苟未能盡祖宗之意，則莫若守舊禮。臣等愚以爲如故便。」學士歐陽修等曰：「古者宗廟之制，皆一帝一后。後世有以子貴者，始著並祔之文，其不當祔者，則有别廟之祭。本朝禘祫，乃以别廟之后列於配后之下，非唯於古無文，於今又四不可。淑德，太宗之元配，列於元德之下；章懷，真宗之元配，列於章懿之下，一也。升祔之后，統以帝樂；别廟之后，則以本室樂章自隨，二也。升祔之后，同牢而祭，牲器祝册亦統於帝；别廟諸后，乃從專享，三也。升祔之后，聯席而坐；别廟之后，位乃相絶，四也。章獻、章懿在奉慈廟，每遇禘祫，本廟致享，最爲得禮。若四后各祭於廟，則其尊自申，而於禮無失。以爲行之已久，重於改作，則是失禮之舉，無復是正也。請從禮官。」詔：「四后祫享依舊，須大禮畢，别加討論。」仍詔：「祫享前一日，帝詣景靈宫，如南郊禮，衛士毋得迎駕呼萬歲。」有司言：「諸司奉禮攝廩犧令省牲，依《通禮》改正祀儀。散齋四日於别殿，致齋二日於大慶殿，一日於太廟。尚舍直殿下設小次，❷御坐下設黄道褥位。❸七室各用一太牢，每座簠簋二，甄鉶三，籩豆爲後，無黼扆、席几。❹出三閣瑞石、篆書玉璽印、青

❶「定議」，庫本作「議定」。

❷「直」下，《太常因革禮》卷三七《祫享於太廟上》有「長」字。案：尚舍直長，官名，唐代正七品下，見《舊唐書・職官志一》。

❸「下」，原作「不」，據《太常因革禮》卷三七《祫享於太廟上》改。

❹「几」，原作「凡」，據《宋史・禮志十》改。

玉環、金山陳於庭。別廟四后合食，牲樂奠拜無異儀。故事，七祀、功臣無牲，止於廟牲肉分割，❶知廟卿行事。請依《續曲臺禮》，共料一羊，而獻官三員，功臣單席，如大中祥符加褥。」十月三日，❷命樞密副使張昇望告昊天上帝、皇地祇。帝齋大慶殿。十一日，服通天冠、絳紗袍，執圭，乘輿，至大慶殿門外降輿，乘大輦，至天興殿，薦享畢，齋於太廟。明日，帝常服至大次，改衮冕，行禮畢，質明乘大輦還宮，更服鞾袍，御紫宸殿。宰臣百官賀，升宣德門肆赦。二十一日，詣諸觀寺行恭謝禮。二十六日，御集英殿爲飲福宴。

【《會要》】嘉祐四年孟冬，詣太廟祫享。御批云：「惟祫享之儀，著禮經之文，大祭先王，合食祖廟，感烝嘗之薦，深肅僾之懷，追孝奉先，莫斯爲重。有司所存，出於假攝，卜以孟冬，備茲法駕，欵於太室，親薦嘉籩。朕取今年十一月擇日親詣太廟，行祫享之禮，所有合行諸般恩賞，並特就祫享禮畢，依南郊例施行。」

楊氏復曰：「伏讀國朝《會要》，仁宗皇帝嘉祐四年三月内出御札，曰：『惟祫享之義，著經禮之文，大祭先王，合食祖廟，感烝嘗之薦，深肅僾之懷，追孝奉先，莫斯爲重。慈享之廢，歷年居多，有司所行，出於假攝。禮之將墜，朕深惜之。』大哉王言！此仁聖之君至孝至敬之心之所形而不能自已也。當時建明此議，出於富公弼。弼之言曰：『國朝三歲必親行南郊之祀，其於事天之道，可謂得禮。獨

❶「肉」，《太常因革禮》卷三八《祫享於太廟下》作「内」。

❷「三」，《宋史·禮志十》作「二」。

於宗廟，祇遣大臣攝行時享而已，親祀未講，誠爲闕典。檢會今年冬至當有事於南郊，又孟冬亦當合享於太廟，欲望詔有司講求祫祭大禮，所有降赦推恩，則並用南郊故事。』富公弼之言，可謂一言以爲知，一言以爲不知者也。夫聖王事親如事天，事天如事親，以祫享之禮比於南郊，誠哉是言也。然南郊推恩肆赦，本非古典，乃人主一時之優恩，其後遂以爲故事。今孟冬祫享，冬至南郊，二大禮相繼而並行。祫享推恩，南郊可復行乎？祫享肆赦，南郊可復行乎？南郊而不推恩肆赦，又非祖宗之故事。於是祫享之禮行，而南郊因而權罷，是雖有以盡宗廟親祫之誠，而又失南郊祀天之禮，夫豈聖主之本心然哉？蓋欲矯其輕，則事從其重，而遂至於過重，過重則不可繼也。夫因有原廟，則宗廟之禮必至於輕，欲矯其輕，則宗廟之禮必至於過重，不唯過重而已，自是親祫止行於一時，而其後遂輟而不舉，此則矯輕過重而終於不可繼也。夫三年一祫，此宗廟祀典之大者，其實亦宗廟之常禮也。常禮則非異事也，何欲矯其輕，而遂至於過重，而終至於不可繼哉？」

蕙田案：楊氏之説切中時弊。

【《樂志》】至和祫享三首：

迎神，《興安》　濡露降霜，永懷孝思。祫食禘敘，❶再閏之期。❷　歌德詠功，八音播之。歆神惟始，靈其格茲。

奠瓚，《嘉安》　昭穆親祖，自室徂堂。禮

❶「禘」，《宋史·樂志九》作「諦」。

❷「閏」，原作「問」，據《宋史·樂志九》改。

備樂成，肅然祼將。瑟瓚黄流，倏兮芬芳。氣達淵泉，神乎來享。

送神，《興安》　四祖基慶，三后在天。薦侑備成，靈娭其旋。孝孫應嘏，受福永年。送之懷之，明發惻然。

嘉祐祫享二首：

迎神，《懷安》　來兹孝享，❶禮備樂成。神登于俎，祝導于祊。展牲肥腯，奏格和平。靈其昭格，肅僾凝情。

送神，《懷安》　靈神歸止，光景肅然。福祥裕世，明威在天。孝孫有慶，駿烈推先。佑兹基緒，彌萬斯年。

【《英宗本紀》】治平二年十一月辛未，享太廟。

【《禮志》】治平元年，有司：「準畫日，孟冬薦享改爲祫祭。案《春秋》，閔公喪未除而行吉禘，三《傳》譏之。真宗以咸平二年六月喪除，至十月乃祫祭。天聖元年在諒陰，有司誤通天禧舊禘之數，在再期内案行禘祭。以理推之，是二年冬應祫，而誤禘於元年夏，故四十九年間九禘八祫，例皆太速。事失於始，則歲月相乘，不得而正。今在大祥内，禮未應祫，明年未禫，亦未應禘，至六月即吉，十月合行祫祭，乞依舊時享，庶合典禮。」二年二月，翰林學士王珪等上議曰：「同知太常禮院官吕夏卿狀：古者新君踐祚之三年，先君之喪二十七月爲禫祭，然後新主祔廟，特行禘祭，自此五年，再爲禘祫。喪除必有禘祫者，爲再大祭之本也。今當祫祭，緣陛下未終三年之制，納有司之説，十月依舊時享。然享廟、祫祭，其禮不同。故事，郊享之年遇祫未嘗權罷，唯罷臘

❶「來」，《宋史·樂志九》作「躬」。

祭。是則孟享與享廟嘗併行於季冬矣。其禘祫年數，乞一依太常禮院請，今年十月行祫祭，明年四月行禘祭，仍如夏卿議，權罷今年臘享。」

蕙田案：禘祫爲四時之間祀，與時享兩不相妨。自惑於三年、五年之期，而疏數致咎，又惑於喪畢吉祭之文，而禘祫之本義全失，無一而可。

神宗熙寧八年，有司言：「已尊僖祖爲太廟始祖，孟夏禘祭，當正東向之位。」又言：「太廟禘祭神位，已尊始祖居東向之位，自順祖而下，昭穆各以南北爲序。自今禘祫，著爲定禮。」

【《老學菴筆記》】太祖開國，雖追尊僖祖以下四廟，然惟宣廟、昭憲皇后爲大忌。忌前一日不坐，則太祖初不以僖祖爲始祖可知。真宗初罷宣祖大忌，祥符中下詔復之，然未嘗議及僖祖，則真宗亦不以僖祖爲始祖可知。今乃獨尊僖祖，使宋有天下二百四十餘年，太祖尚不正東向之位，恐禮官不當久置不議也。

元豐四年，❶詳定郊廟禮文所言：「禘祫之義，存於《周禮》、《春秋》，而不著其名。行禮之年，經皆無文，惟《公羊傳》曰『五年而再盛祭』，《禮緯》曰『三年一祫，五年一禘』，而又分爲二說：鄭氏則曰『前三後二』，謂禘後四十二月而祫，祫後十八月而禘。徐邈則曰『前二後三』，謂二祭相去各三十月。以二說考之，惟鄭氏曰：『魯禮，三年喪畢，祫於太廟，明年禘於羣廟，自後五年而再盛祭，一祫一禘。』本朝自慶曆以來皆三十月而一祭，至熙寧五年後，始不通計，遂至八

❶「四」，原作「元」，據《宋史·禮志十》及其校勘記改。

年禘祫併在一歲。昨元豐三年四月已行禘禮，今年若依舊例，十月行祫享，即比年行祫，復踵前失。請依慶曆以來之制，通計年數，皆三十月而祭。」詔如見行典禮。詳定所又言：「古者祼獻、饋食，❶禴、祠、烝、嘗，並爲先王之享，未嘗廢一時之祭。故孔穎達《正義》以爲：『天子夏爲大祭之禘，不廢時祭之礿；秋爲大祭之祫，不廢時祭之嘗。』則王禮三年一祫與禘享，更爲時祭。本朝沿襲故常，久未釐正，請每禘祫之月雖已大祭，仍行時享，以嚴天子備禮，所以丕崇祖宗之義。其郊禮、親祠準此。」從之。

蕙田案：自《公羊》有「五年再殷祭」之文，鄭氏據之，又附會緯書「三年一祫，五年一禘」之説，蔓衍經傳，分離乖隔。後世不察，遵而行之，踈速不均，遠近無準。朝廷之上，每譁然集議，訖鮮折衷，皆由不考《周禮》「四時間祀」之義耳。至是，詳定禮文所始有「禘祫之義，存於周禮」之説，而以祼獻、饋食，禴、祠、烝、嘗，並爲先王之享，未嘗廢一時之祭，信經捨傳，直透本原，一切葛藤，不削自絶，乃千古之確論，説經之正説，聖人復起，不可易矣。惜當代及後世仍不能尊信，而相沿往説不改，緯書之流毒，其深矣夫！

【《文獻通考》】元豐五年，帝謂宰臣曰：「禘者，所以審諦祖之所自出，故『禮，不王不禘』。秦漢以來，譜牒不明，莫知祖之所自出，則禘禮可廢也。」宰臣蔡確等以爲「聖訓得禘之本意，非諸儒所及」。乃詔罷禘享。

❶ 「祼」，原作「裸」，據庫本改。

於是詳定禮文所言：「案《記》曰：『禮，不王不禘，王者禘其祖之所自出，以其祖配之。』若舜、禹祖高陽，世系出自黄帝，則虞、夏禘黄帝，以高陽氏配。商祖契出自帝嚳，則商人禘嚳，以契配。周祖文王亦出自嚳，故周人禘嚳，以文王配。虞、夏、商、周四代所禘，皆以帝有天下，其世系所出者明，故追祭所及者遠也。藝祖受命，祭四廟，推僖祖而上所自出者，譜失其傳。有司因仍舊説，三年一祫，五年一禘，禘與祫皆合羣廟之主，綴食於始祖，失禮莫甚。臣等竊謂國家世系所傳，與虞、夏、商、周不同，既求其祖之所自出而不得，則禘禮當闕，必推見祖系所出，乃可以行。」從之。

蕙田案：神宗此舉，直是千古卓識。有此卓識，方知三年一祫、五年一禘，真是失禮莫甚也。

【《宋史・禮志》】詳定所言：「古者天子祭宗廟，有堂事焉，有室事焉。案《禮》，祝延尸入奧，灌後乃出迎牲，延尸主出於室，坐於堂上，始祖南面，昭在東，穆在西，乃行朝踐之禮，是堂事也。設饌於堂，復延主入室，始祖東面，昭南穆北，徙堂上之饌於室中，乃行饋食之禮，是室事也。請每行大祫，堂上設南面之位，室中設東面之位。」禮部言：「合食之禮，始祖東面，昭南穆北者，本室中之位也。今設位户外，祖宗昭穆別爲幄次，殆非合食之義。請自今祫享，即前楹通設帳幕，以應室中之位。」

【《文獻通考》】徽宗大觀四年，議禮局言：「《周官》天府『掌祖廟之守藏，凡國之玉鎮、大寶器藏焉。若有大祭則出而陳之，既事藏之』。説者以謂大祭，禘祫也。國朝嘉祐四年，將行祫享，議者請陳瑞物及陳國之寶，令曹中有司請親祠太廟，令户部陳歲之所貢，以充庭實。世祖、神宗皆可其奏。今請祫享陳設應瑞寶貢物可出而陳者，並令有司依嘉祐、元豐詔旨，凡親祠太廟準此。」從之。

【《宋史・禮志》】大觀四年，議禮局請：「每大祫，堂上設南面之位，室中設東面之位，始祖南面則昭穆東西相向，始祖東面則昭穆南北相向，以應古義。」

【《文獻通考》】議禮局言：「古者祫祭，朝踐之時，設始祖之位於户西，南面，昭在東，穆在西，相向而坐，薦豆籩脯醢，王北面而事之，此堂上之位也。徙饌之後，設席於室，在户内，西方東面，爲始祖之位，次北方南面，布昭席，次南方北面，布穆席，其餘昭穆各以序，此室中之位也。設始祖南方之位而朝踐焉，在禮謂之堂事；設始祖東面之位而饋食焉，在禮謂之室事。考《漢舊儀》：『宗廟三年大祫祭，子孫諸帝以昭穆坐於高廟，毀廟神皆合食，設左右坐，高祖南面。』則自漢以前，堂上之位未嘗廢也。元始以後，初去此禮，專設室中東向之位。晉、宋、隋、唐所謂始祖位者，不過論室中之位耳。且少牢饋食，大夫禮也，特牲饋食，士禮也，以《儀禮》考之，大夫、士祭禮，無薦腥朝踐之事，❶故惟饋食於室。至於天子祭宗廟，則堂事、室事皆舉。堂上位廢，而天子北面事神之禮缺矣。伏請每行大祫，堂上設南面之位，室中設東面之位。始祖南面，昭穆東西相向；始祖東面，則昭穆南北相向，以應古義。」詔依所議。

楊氏復曰：「大祫則如朱子《周大祫圖》，時祫則如朱子

❶「腥」，庫本作「牲」。

《周時祫圖》。堂上之所以異於室中也，太祖南向，昭西向、穆東向而已。」

蕙田案：以上三條所論祭禮，漸與經義相近，皆儒者考經之效也。

【《宋史·禮志》】南渡之後，有祫而無禘。高宗建炎二年，祫享於洪州。紹興二年，祫享於温州。時儀文草創，奉遷祖宗及祧廟神主、别廟神主，各設幄合食於太廟。始祖東面，昭穆以次南北相向。紹興五年，奏安太廟神主，復議太祖東向禮，親行欵謁。

【《文獻通考》】五年，吏部員外郎董弅言：「臣聞戎、祀，國之大事，而宗廟之祭，又祀之大者也。大祀，禘、祫爲重。今戎事方飭，❶祭祀之禮，未暇徧舉，然事有違經戾古，上不當天地神祇之意，下未合億兆黎庶之心，特出於一時大臣好勝之臆説，而行之六十年未有知其非者。顧雖治兵禦戎之際，正厥違悮，宜不可緩。仰惟太祖皇帝受天明命，混一區宇，即其功德所起，則有同乎周之后稷，若乃因時特起之蹟，無異乎漢之高帝。魏晉而下，莫可擬倫。是宜郊祀以配天，宗祀以配上帝，祫享以居東向之尊，傳千萬世而不易者也。國初稽前代追崇之典，止及四世，故於祫享用魏晉故事，虚東向之位。逮至仁宗嘉祐四年，親行祫享之禮，嘗詔有司詳議太祖東向，用昭正統之緒。當時在廷多洪儒碩學，僉謂自古必以受命之祖乃居東向之位，本朝太祖乃受命之君，若論七廟之次，有僖祖以降四廟在上，當時大祫，止列昭穆而虚東向，蓋終不敢以非受命之祖而居之，允協禮經。暨熙

❶「飭」，《宋史·禮志十》作「殷」。

寧之初，僖祖以世次當祧，禮官韓維等據經有請，援證明白。適王安石用事，奮其臆説，務以勢勝，乃俾章衡建議，尊僖祖爲始祖，肇居東向。神宗皇帝初未爲然，委曲訪問，安石乃謂推太祖之孝心，固欲尊宣祖而上，孝心宜無以異，則尊僖祖必當祖宗神靈之意。神宗意猶未決，博詢大臣，故馮京奏謂士大夫以太祖不得東向爲恨，安石肆言以折之。已而又欲罷太祖郊配，神宗以太祖開基受命，不許，安石終不然之，乃曰本朝配天之禮，不合禮經。一時有識之士，莫敢與辨。元祐之初，翼祖既祧，正合典禮。至於崇寧，宣祖當祧，適蔡京用事，一遵安石之術，乃建言請立九廟，自我作古，其已祧翼祖及當祧宣祖並即依舊。循沿至今，太祖皇帝尚居第四室，遇大祫處昭穆之列，識者恨焉。臣竊謂王者奉先與臣庶異，必合天下之公願，垂萬世之宏規，非容私意於其間。祖功宗德之外，親盡迭毁，禮之必然。自古未有功隆創業，爲一代之太祖，而列於昭穆之次者也。亦未有非受命而追崇之祖，居東向之尊，歷百世而不遷者也。」又言：「漢魏之制，太祖而上毁廟之主皆不合食。唐以景帝始制，故規規然援后稷爲比，而獻、懿乃在其先，是以前後議論紛然，乍遷乍祔。使當時遂尊神堯爲太祖，豈得更有議論？其後廟制既定，始以獻、懿而上毁廟之主，藏於興聖、德明之廟，遇祫即廟而享焉。是爲别廟之祭，以全太祖之尊，蓋合於漢不以太公居合食之列，魏、晉武、宣而上，廟堂皆不合食之義。當時剛勁如顔真卿，儒宗如韓愈，所議雖各有依據，皆不能易陳京之説，以其當理故也。」太常丞王普奏曰：「僖祖非始封之君而尊爲始祖，太祖寔創業之主而列於昭穆，其失自熙寧始。宣祖當遷而不遷，翼祖既遷而復祔，其失自崇寧始。爲熙寧之説，則曰：『僖祖而上，世次不可知，宜與稷、契無異。』然商、周之祖稷、契，謂其始封而王業之所由起也。稷、契之先，自帝嚳至於黄帝，譜系甚明，豈以其上世不傳而遂尊爲始祖耶？爲崇寧之説，則曰：『自我作古而已。』夫事不師古，尚復何言？宜其變亂舊章，而無所稽考也。臣謹案：《春秋》書『桓宫、僖宫災』，譏其當毁而不毁也，書『立武宫、煬宫』，譏其不當立而立也，然則宗廟不合於禮，聖人皆貶之矣。又況出於一時用事之臣私意臆説，非天下之公論者，豈可因循而不革哉？臣竊惟太祖皇帝始受天命，追崇四廟，以致孝享，行之當時可也。至於今日，世遠親盡，迭毁之禮，古今所同，所當推尊者，太祖而已。董弅奏請深得禮意，而其言尚有未盡。蓋前日之失，其甚大者有二：曰太祖之名不正、大禘之禮不行是也。今日之議，其可疑者有四：曰奉安之所、祭享之期、七世之數、感生之配是也。古者廟制異宫，則太祖居中，而羣廟列其左右。後世廟制同堂，則太祖居右，而諸室皆列其左。古者祫享朝踐於堂，則太祖南向而昭穆位於東西，饋食於室，則太祖東向而昭穆位於南北。後世祫享一於堂上，而用室中之位，故惟以東向爲太祖之尊焉。若夫羣廟迭毁而太祖不遷，則其禮尚矣。臣故知太祖即廟之始祖，是爲廟號，非謚號也。惟我太宗嗣服之初，太祖皇帝廟號已定，雖更累朝，世次猶近，每於祫享，必虚東向之位，以其非太祖不可居也。迨至熙寧，又尊僖祖爲廟之始祖，百世不遷，祫享東向，而太祖常居穆位，則名寔舛矣。倘以熙寧之禮爲是，則僖祖當稱太祖，而太祖當改廟號。此雖三尺之童，知其不可。至於太祖不得東向，而廟號徒爲虚稱，則行之六十餘年，抑何理哉！然則太祖之名不正，前日之失大矣。《大傳》曰：『禮，不王不禘。王者禘其祖之所自出，以其祖配之。』《祭法》所謂『商人、周人禘嚳』是也。商以契爲太祖，嚳爲契所自出，故禘嚳而以契配焉。周以稷爲太祖，嚳爲稷所自出，故禘嚳而以稷配焉。《儀禮》曰：『大夫及學士則知尊祖矣，諸侯及其太祖，天子及其始祖之所自出。』蓋士大夫尊祖，則有時祭而無祫。諸侯及其太祖，則有祫而無禘。禘其祖之所自出，惟天子得行之。《春秋》書『禘』，魯用王禮故也。鄭氏以禘其祖之所自出爲祭天，又謂宗廟之禘，毀廟之主合食於太祖，而親廟之主各祭於其廟。考之於經，皆無所據。惟王肅之説得之。前代禘禮多從鄭氏。國朝熙寧以前，但以親廟合食，爲其無毀廟之主故也。惟我太祖之所自出，是爲宣祖，當時猶在七廟之數，雖禘未能如古，然亦不敢廢也。其後尊僖祖爲廟之始祖，而僖祖所出，系序不著，故禘禮廢。自元豐宗廟之祭止於三年一祫，則是以天子之尊而俯同於三代之諸侯，瀆亂等威，莫此爲甚。然則大禘之禮不行，前日之失大矣。臣愚欲乞考古驗今，斷自聖學，定七廟之禮，成一王之制。自僖祖至於宣祖，親盡之廟當遷；自太宗至於哲宗，昭穆之數已備。是宜奉太祖神主第一室，永爲廟之始祖。每歲告朔、薦新，❶止於

❶「新」，原作「親」，據《文獻通考》卷一〇二、《宋史·禮志十》改。

七廟。三年一祫，則太祖正東向之位。太宗、仁宗、神宗南向爲昭，真宗、英宗、哲宗北向爲穆。五年一禘，則迎宣祖神主享於太廟，而以太祖配焉。如是，則宗廟之事盡合《禮經》，無復前日之失矣。乃若可疑者，臣請辨之。昔唐以景帝始封，尊爲太祖，而獻、懿二祖又在其先。當時欲正景帝東向之位，而議遷獻、懿之主，則或謂藏之夾室，或謂毁瘞之，或謂遷於陵所，或謂當立别廟。卒從陳京之説，祔於德明、興聖之廟。蓋臯陶、涼武昭王皆唐之遠祖也，故以獻、懿祔焉。惟我宣祖而上，正如唐之獻、懿，而景靈崇奉聖祖之宫，亦德明、興聖之比也。臣竊謂四祖神主宜倣唐禮，祔於景靈宫天興殿。方今巡幸，或寓於天慶觀聖祖殿焉，則奉安之所無可疑者。昔唐祔獻、懿於興聖，遇祫即廟而享之。臣竊謂四祖神主祔於天興，大祫之歲，亦當就行享禮，既足以全太祖之尊，又足以極追遠之孝。考之前代，寔有據依，則祭享之期無可疑者。《禮》曰：『天子七廟，三昭三穆，與太祖之廟而七。』則是四親二祧，止於六世，而太祖之廟不以世數爲限也。《書》曰：『七世之廟，可以觀德。』蓋舉其總數而言，非謂七世之祖廟猶未毁也。是以周制考之，在成王時，以亞圉、太王、文王爲穆，以公叔祖紺、王季、武王爲昭，并太祖后稷爲七廟焉。高圉於成王爲七世祖，已在三昭三穆之外，則其廟毁矣。惟我宣祖雖於陛下爲七世祖，亦在三昭三穆之外，則其禮當遷無可疑者。又言宗廟之禮，有天下者事七世，百王之所同也。而崇寧以來，增爲九世，三年一祫，則敘昭穆而合食於祖，百王之所同也。而去冬祫享祖宗並爲一列，謂之隨宜設位。

夫增七廟而爲九，踵唐開元之失，其非禮固已甚明。❶至於不序昭穆而强名爲祫，則歷代未嘗聞。究其所因，直以廟之前楹迫狹，憚於增廣而已。夫重葺數椽之屋，輕變千古之禮，臣所未諭。且君子將營宫室，宗廟爲先。今行朝官府，下逮諸臣之居，每加營繕，顧於宗廟獨有所靳，節用之術，豈在是乎？大抵前日之肆爲紛更，則曰『自我作古』，今日之務爲苟簡，則曰『理合隨宜』，要皆無所據依，不可爲法。臣今所陳，定七廟之禮，正太祖之位，如或上合聖意，願詔有司，他年祫享必敘昭穆，以别東向之尊，勿以去冬所行爲例，庶幾先王舊典不廢墜於我朝，使天下後世無得而議。」詔侍從、臺諫、禮官赴尚書省集議聞奏。時侍從、臺諫、禮官等皆謂太祖開基創業，爲本朝太祖，正東向之位，爲萬世不祧之祖，理無可疑。廖剛謂四祖神主當遷之别宫，祫祭則即而享之，五年一禘，則當禘僖祖。任申先謂祫祭既正太祖東向之位，❷則大禘之禮，僖祖寔統系之所自出，太祖暫詘東向，而以世次敘位，在理爲當。晏原復謂正太祖東向之位，以遵祫享之正禮，僖祖而下，四祖則參約漢制，别爲祠所而異其祭享，無亂祫享之制。議上，不果行。自是遇祫享設幄，僖祖仍舊東向，順祖而下，以昭穆爲序。

蕙田案：太祖正東向之位，禮之經也；四祖祀於别殿，禮之權也。董弅、王普所奏，爲得經權之宜。然遷延日久，至寧宗而後斷然行之，豈不

❶ 「甚明」，庫本作「明甚」。

❷ 「申」，原作「中」，據《文獻通考》卷一〇二改。下「任申先」同。

難哉！

【《文獻通考》】❶孝宗乾道三年，禮部太常寺言：「孟冬袷享，其別廟懿節皇后神主，依禮例合祔於神宗室祖姑之下，安穆皇后神主、安恭皇后神主，合祔於徽宗室祖姑之下。」詔禮部、秘書省、國史院官參明典故，擬定申尚書省。李燾等擬，乞「以懿節皇后神座設於神宗幄内欽慈皇后之右，少却；安穆皇后、安恭皇后神座設於徽宗幄内顯仁皇后之左，❷皆少却。其籩豆鼎俎并祝詞等別設，並如舊制。仍候酌獻祖宗位畢，方詣三后位」。詔從之。

吏部尚書汪應辰等言：❸「準尚書省送到太常少卿林栗劄子，袷享之禮，古人不以別廟祔姑而祔於祖姑者，以別嫌也。案《曲臺禮》，別廟神主祔於祖姑之下，有三人則祔於親者。既祔於祖姑，又各祔於親者之下，明共一幄，同享一位之薦，不得別設幄次矣。從來有司失於檢照，將別廟神主祔享之位別設幄次。若別設幄次，當在舅姑之下，豈得上祔於祖姑乎？今來太廟袷享，懿節皇后祔於神宗幄祖姑之下，別設幄次在哲宗、徽宗之上，此其不可者一也。神宗與三后共享一位犧牲粢盛之薦，而懿節來祔，獨享其一，今來安穆皇后、安恭皇后各設幄次，祔於徽宗幄祖姑之下，徽宗與三后共享一位之薦，而安穆、安恭共享其二。揆之人情，夫豈相遠？此其不可者二也。且祔之

❶「文獻通考」，依據本書體例，與上引文既同出一書，應不再出書名。

❷「欽慈皇后」至「徽宗幄内」二十四字，原脱，據庫本及《文獻通考》卷一〇二補。

❸「汪」，原作「江」，據《文獻通考》卷一〇二改。

言附也，孫婦之於祖姑，其尊卑絶矣。禮無不順，祔豐而尊殺，祔伸而尊屈，將得爲順乎？栗竊謂别廟神主祔於祖姑之下，宜執婦禮，不當别設幄次，陳其籩豆，列其鼎俎，亦不當别致祝詞，但於本幄祖姑之下，添入别廟祔享某皇后某氏，於禮爲稱。」

蕙田案：祔於祖姑者，昭穆同也。若另設幄，便失祔義。林議是。

淳熙元年，詔議祫享東向之位。

吏部侍郎趙粹中言：「謹考前代，七廟異宫，合享則太祖東向，始得一正太祖之尊。倘祫享又不得東向，則開基之祖無時而尊矣。乃者紹興五年董弅建議，乞正藝祖東向之尊，謂太廟世數已備，而藝祖猶居第四室。乞遵典禮，正廟制，遇祫享則東向。得旨，下侍從臺諫集議。既而王普復有請。當時集議，如孫近、李光、折彦質、劉大中、廖剛、晏原復、王俣、劉寧正、胡文脩、梁汝嘉、張致遠、朱震、任申先、何慤、楊晨、莊必强、李弼直以其議悉合於禮，藝祖東向無疑，乞行釐正。時臣叔父涣任將作監丞，因陛對奏陳甚力，據引《詩》、《禮》正文，乞酌漢太公立廟萬年、南頓君立廟章陵故事，别建一廟，安奉僖、順、翼、宣四位，烝、祫、禘、嘗並行别祀，而太祖皇帝神主自宜正位東向，則受命之祖不屈其尊，遠祖神靈永有常奉。光堯皇帝深以爲然，即擢董弅爲侍從，叔父涣爲御史。是時趙霈爲諫議大夫，以議不已出，倡邪説以害正，然亦不敢以太祖東向爲非，不過以徽宗在遠，宗廟之事未嘗專議，以此宣言，脇制議者，而欲祫享虚東向。今若稽以六經典禮，三代之制度，定藝祖爲受命之祖，則三年一祫，當奉藝祖東向，始尊開基創業之主。其太廟常享，則奉藝祖居第一室，永爲不祧之祖，若漢之高祖。其次奉太宗居第二室，永爲不祧之宗，若周之武王。若僖、順、翼、宣追崇之祖，一稽舊禮，親盡而祧。四祖神主别議遷祔之所，則臣亦嘗考之。祔於德明、興聖之廟，唐制也；立太公、南頓君别廟，漢制也。前日王普既用德明、興聖之説，而欲祔於景靈宫天興殿，朱震亦乞藏於夾室。今若酌三代兩漢别廟之制，與唐陳京之説，或别建一廟，爲四祖之廟。若欲事省而禮簡，或祔天興殿，或祇藏太廟西夾室，每遇祫享，則四祖就夾室之前别設一幄，而太祖東向，皆不相妨，庶得聖朝廟制盡合典禮。」詔禮部太常寺討論。既而衆議不同，乃詔有司止遵見行祫享舊制行禮。紹熙五年閏十月，時寧宗已即位。詔别建廟，遷僖、順、翼、宣四帝神主，太廟以太祖正東向之位。孟冬祫享，先詣四祖廟室行禮，次詣太廟，逐幄行禮。

蕙田案：太祖至此始正東向之位，詳見《天子廟制》條下。

【孟冬祫享儀注】

時日：

太廟三年一祫，以孟冬之月。其年太常寺預於隔季，以孟冬時享前擇日祫享太廟，關太史局擇日報太常寺。太常寺參酌訖，具時日散告。

齋戒：

前享十日，受誓戒於尚書省。其日五鼓，贊者設位版於都堂下，初獻官在左，刑部尚書在右，並南向。亞、終獻禮官位於其南，稍東，北向，西上。監察御史位於其西，稍北，東向。户部、兵部、工部尚書、押樂太常卿、光禄卿、押樂太常丞、光禄丞位於其南，稍西，北向，東上。凡設太常丞、光禄丞位，皆稍却。奉禮協律郎、太祝、大官令、内常侍、内謁者、薦香燈官、宫闈令、扶持内侍、捧腰輿内侍位於其東，西向，北上，捧俎官位其後。質明，贊者引行事執事官就位，立定。禮直官引初獻降階就位，禮直官贊揖，在位者對揖。初獻搢笏，讀誓文，云：「十月某日，孟冬祫享太廟，各揚其職。不共其事，國有常刑。」讀訖，執笏。禮直官贊，奉禮郎、協律郎、太祝、大官令、内常侍以下先退，餘官對拜乃退。散齋七日，治事如故，宿於正寢，不弔喪、問疾、作樂、判書刑殺文書、決罰罪人及與穢惡；致齋三日，光禄卿丞、大官令齋一日。二日於本司。宗室於睦親宅都廳，如相妨，即於宗學。餘官無本司者，並於太廟齋坊。内侍以下，亦於太廟齋坊致齋。質明至齋所。惟享事得行，其餘悉禁。前享一日質明，俱赴祠所。齋坊官給酒饌，享官已齋而闕通攝行事陳設。除設權奉安別廟皇后神主幄次於南神門外，東向，及不設皇帝位版，止設三獻禮官位外，並同朝享太廟。

別廟神主過太廟：

前享一日，捧擎腰輿内侍官、援衛親事官等宿於太廟齋坊。享日丑前五刻，所司陳行障、坐障等於別廟東偏門外，設腰輿於殿之下，南向。少頃，禮直官、贊者分引内常侍以下於殿庭，北向，西上，重行立。別廟，内常侍行事，禮直官引。餘官皆贊者引。贊者曰「再拜」，内常侍以下皆再拜。本廟宫闈令升殿開室，捧懿節皇后、安穆皇后、安恭皇后神主至室門，次引内常侍北向，俯伏，跪，稱「攝内常侍臣某言，請懿節皇后、安穆皇后、安恭皇后神主祫享於太廟，降殿乘輿」，奉訖，俯伏，興。凡内常侍奏請准此。又宮闈令捧接神主，内常侍前引，置於輿内。常侍以下分左右前導，詣太廟南神門外幄次，東向，權奉安。援衛親從官等至太廟門外止，行障、坐障至太廟南門外止。内常侍以下俟導引，詣殿上神幄如儀。

省牲器：儀同朝享太廟。

晨祼：

享日丑前五刻，行事用丑時七刻。祠祭官引宮闈令入詣廟庭，北向立。祠祭官曰「再拜」，宮闈令再拜，升殿開室，整拂神幄，帥其屬掃除，退就執事位。次引薦香燈官入詣殿庭，北向立，凡宮闈令、薦香燈官行事，皆祠祭官引。祠祭官曰「再拜」，薦香燈官再拜，升殿，各就執事位。次樂正帥工人、二舞人就位。登歌工人俟監察御史点閲訖，升西階，各就位。次大官令、光禄丞帥其屬，實饌具畢，光禄丞還齋所。次引光禄卿入詣殿庭席位，北向立，贊者曰「再拜」，光禄卿再拜。升殿點視禮饌畢。次引監察御史升殿，點閲陳設，糾察不如儀。凡點視及點閲，皆先詣僖祖位，以至次位。光禄卿還齋所，餘官各服祭服。次引行事執事官詣東神門外，揖立定，禮直官贊揖。次引押樂太常卿、太常丞、協律郎，次引監察御史、奉禮郎、太祝、大官令，入就殿下席位，北向立。次引初獻、户部、兵部、工部尚書，終獻禮官，入就殿下席位，西向立。祭官於殿上贊奉神主。次引薦香燈官入室，搢笏於祏室内，奉帝主出詣殿上神幄，設於座，奉神主詣神幄，同於几後。❶啟匱設於坐，以白羅巾

❶「同」，《文獻通考》卷一〇二作「伺」，依文義疑當作「内」。

覆之。執笏退，復執事位。次引宮闈令奉后主，如上儀，以青羅巾覆之。退復執事位。初，殿上贊「奉神主」，❶內常侍以下於太廟南門外神幄，奉別廟懿節皇后、安穆皇后、安恭皇后神主腰輿入南神西偏門，至殿下，南向。內常侍以下北向立，贊者曰「再拜」，內常侍以下再拜。俟殿上奉神主訖，內常侍稍前，奏「懿節皇后、安穆皇后、安恭皇后神主祫享於太廟」，奏訖退，詣懿節皇后、安穆皇后、安恭皇后神主前，奏請「降輿升殿」。奏訖，宮闈令奉神主升自泰階，至殿上，本廟宮闈令捧接懿節皇后神主，祔於神宗神幄內欽慈皇后神主之右，安穆皇后、安恭皇后神主祔於徽宗神幄內顯仁皇后神主之右，各設於座。奉神主設於座，並如上儀。內常侍以下退詣東神門內道南，西向立，以俟。祠祭官於殿上贊奉神主訖，禮直官稍前，贊「有司謹具，請行事」，贊者曰「再拜」，在位者皆再拜。次引監察御史、押樂太常卿、太常丞、奉禮協律郎、太祝、大官令各就位，立定。大官令就僖祖位尊彝所。次引初獻詣盥洗位，北向立，搢笏，盥手，帨手，執笏，詣爵洗位，北向立，搢笏，洗瓚，拭瓚，以授執事者，執笏，升殿，詣僖祖位尊彝所，東向立。若南北向神御尊彝所，即皆西向立，酌獻准此。執事者以瓚授初獻，初獻搢笏，跪執瓚。執彝者舉冪，大官令酌鬱鬯訖，先詣順祖位尊彝所，北向立。若詣北向神位尊彝所，即南向立，酌獻准此。初獻以瓚授執事者，執笏，興，詣僖祖神位前，西向立。若南向神位，即北向立；若北向神位，即南向立。酌獻准此。搢笏跪。次引奉禮郎搢笏南向跪，執事者以瓚授奉禮郎，奉瓚授初

❶「奉」，原重文，據《文獻通考》卷一〇二刪其一。

獻。初獻受瓚，❶以鬯祼地，奠訖，以瓚授執事者。次執事者以幣授奉禮郎，奉禮郎奉幣授初獻訖，執笏，興，先詣順祖神位前，西向立。若北向神位，即東向立。初獻受幣，❷奠訖，執笏，俛伏，興，少退，再拜。次詣順祖位、翼祖位、宣祖位、太祖位、太宗位、真宗位、仁宗位、英宗位、神宗位、哲宗位、徽宗位、欽宗位、懿節皇后位、安穆皇后位、安恭皇后位，祼鬯奠幣，並如上儀。訖，俱復位。協律郎跪，俛伏，舉麾，興。工鼓柷，宮架作《興安》之樂，《孝熙昭德》之舞，九成，偃麾戛敔，樂止。凡樂，皆協律郎跪俛伏，舉麾興，工鼓柷而後作，偃麾戛敔而後止。既晨祼，薦香燈官入取膋，燎於神位前。大官令取肝，以鸞刀制之，洗於鬱鬯，貫之以膋，燎於爐炭。薦香燈官以肝膋詔於神位，又以墮祭三祭於茅苴，退復位。

饋食：

享日，有司帥進饌者詣厨，以匕升牛於俎。肩、臂、臑在上端，肫、胳在下端，正脊一，直脊一，橫脊一，長脅一，短脅一，代脅一，❸皆二骨以並，在中。次升羊、豕，如牛。各實於一俎。每位牛、羊、豕各一俎。入設於饌幔內。俟初獻既升祼訖，捧俎官入，執事者捧俎入詣西階下。次引户部、兵部、工部尚書詣西階下，搢笏，奉俎，户部奉牛，兵部奉羊，工部奉豕。升殿，宮架《豐安》之樂作，詣僖祖神位前，西向跪奠。若南向神位，即北向跪奠。北向神位，即南向跪奠。先薦牛，次薦羊，次薦豕，各執笏，俛伏，興。有司入設於豆右腸、胃、膚之前。牛在左，羊在中，豕在右。次

❶「受」，原脱，據《文獻通考》卷一〇二補。
❷「受」，原作「授」，據《文獻通考》卷一〇二改。
❸三「脅」字，原皆作「脊」，《文獻通考》卷一〇二中「脅」字不誤，今皆據文義改。

詣每位奉俎，並如上儀。樂止，俱降復位。初奠俎訖，次引薦香燈官取蕭合黍稷，擩於脂，燎於爐炭，當饋熟之時，薦香燈官取葅，擩於醢，祭於豆間三，又取黍稷肺祭如初，俱藉於茅，❶退復位。次引太祝詣神位前，北向立。次引初獻再詣盥洗位，宮架《正安》之樂作。初獻升降行止，皆作《正安》之樂。至位，北向立，搢笏，盥手，帨手，執笏，詣爵洗位，北向立，搢笏，洗爵，拭爵，以授執事者。執笏，升殿，樂止。登歌樂作，詣僖祖位酌尊所，東向立，樂止。登歌《基命》之樂作，順祖位，《大寧》之樂。翼祖位，《大順》之樂。宣祖位，《天元》之樂。太祖位，《皇武》之樂。太宗位，《大定》之樂。真宗位，《熙文》之樂。仁宗位，《美成》之樂。英宗位，《治隆》之樂。神宗位，《大明》之樂。哲宗位，《重光》之樂。徽宗位，《承元》之樂。欽宗位，《端慶》之樂。懿節皇后、安穆皇后、安恭皇后，《歆安》之樂。執事者以爵授初獻。初獻搢笏，跪，執爵。執尊者舉冪，太官令酌著尊之醴齊訖，先詣順祖位酌尊所，北向立。初獻以爵授執事者，執笏，興，詣僖祖神位前，西向立，搢笏，跪。執事者以爵授初獻，初獻執爵，祭酒，三祭於茅苴，奠爵，執笏，俯伏，興，少立，樂止。次太祝搢笏，跪讀祝文，讀訖，執笏，興，先詣順祖神位前，東向立，若北向神位，即西向立。❷初獻再拜。次詣每位行禮，並如上儀。太官令復詣僖祖，次詣每位行禮，並如上儀。太官令復詣僖祖位酌尊所，太祝復位。初獻將降階，登歌樂作，降階，樂止。宮架樂作，復位，樂止。文舞退，武舞進，宮架《正安》之

❶「俱」，原作「但」，據《文獻通考》卷一〇二改。

❷「西向」，《文獻通考》卷一〇二作「南向」，《政和五禮新儀》全句作「若南向神位即西向立」。

樂作，舞者立定，樂止。次引亞獻詣盥洗位，北向立，搢笏，盥手，帨手，執笏，詣爵洗位，北向立，搢笏，洗爵，拭爵，以授執事者。執笏，升殿，詣僖祖位酌尊所，東向立，宮架作《武安》之樂，《禮洽儲祥》之舞。執事者以爵授亞獻，亞獻搢笏，跪執爵。執尊者舉冪，太官令酌壺尊之盎齊訖，先詣順祖位酌尊所，北向立。亞獻以爵授執事者，執笏，興，詣僖祖神位前，西向立，搢笏，跪。執事者以爵授亞獻，亞獻執爵祭酒，三祭於茅苴，奠爵，執笏，俯伏，興，少退，再拜。次詣每位行禮，並如上儀。樂止，降復位。初、亞獻將詣太室，次引終獻詣洗及升殿行禮，並如亞獻之儀。復位，初、終獻畢，既升，次引七祀及配享功臣禮位詣盥洗位，搢笏，盥手，帨手，執笏，詣神位前，搢笏，跪執爵，三祭酒，奠爵，執笏，俯伏，興，再拜，詣次位，並如上儀。退復位。惟七祀先詣司命位，奠爵訖，興，少立。次引太祝進詣神位前，北向，跪，讀祝文，讀訖，退復位。禮官再拜。次引太祝徹籩豆，籩豆各一位，移故處。登歌《恭安》之樂作，卒徹，樂止。次引宮闈令束茅訖，俱復位。禮直官曰「賜胙」，贊者承傳，曰「賜胙再拜」，在位者皆再拜。送神，宮架《興安》之樂作，一成止。祠祭官於殿上贊奉神主入祏室。次引薦香燈官搢笏，奉帝主入祏室，薦香燈官先捧匱，置於神座，納神主於匱訖，捧入祏室。執笏，退復位。次引宮闈令奉后主入祏室，並如上儀。退復位。若別廟神主還本廟，則候祠祭官贊納神主。次引內常侍以下先入，詣殿庭，北向立。俟納神主訖，次引內常侍升殿，詣神宗神幄內，於懿節皇后神主前，奏請「懿節皇后神主降殿乘輿」，并詣徽宗神幄內安穆皇后神主、安恭皇后神主前奏請，並如上儀。赴本廟奏訖，宮闈令奉神主，降自泰階。內常侍前導，各置於輿。內常侍以下分左右前導，腰輿出太廟南神西偏門，至廟門外，援衛親事官等援衛過別廟，❶如過太廟之儀。腰輿至本廟殿下，北向，內常侍詣腰輿前，奏請「懿節皇后、安穆皇后、安恭皇后神主降輿升殿」，奏訖，復位。本廟宮闈令捧接神主升殿，並如太廟之儀。闔户以降，內常侍以下北向西上立，贊者曰「拜」，內常侍以下再拜，訖，退。次引初獻、户部、兵部、工部尚書，亞、終獻禮官，就望瘞位。有司詣神位前，取幣束茅，置於坎。次引監察御史、押樂太常卿、太常丞、奉禮協律郎、太祝詣望瘞位，立定。禮直官曰「可瘞」，實土半坎，本廟宮闈令監視。次引初獻以下，詣東神門外揖位立。禮直官贊禮畢，揖訖退。次引禮官詣西神門外七祀望燎位，西向立。有司置祝版於燎柴，焚訖，退。太官令帥其屬徹禮饌。監察御史詣殿監視。收徹訖，還齋所。宮闈令闔户以降，乃退。太常藏祝版於匱。光禄卿以胙奉進，監察御史就位展視，光禄卿望闕再拜，乃退。

蕙田案：此所定儀注，頗合古禮，皆朱子之論有以啓之也。

【《宋史·樂志》】祫享八首：

迎神，《興安》 黃鐘宮：時維孟冬，霜露既零。合食盛禮，以時以行。孝心翼翼，惟神來寧。肅倡斯舉，神其是聽。

大吕角：於穆孝思，嘉薦維時。誠通兹格，咸來燕娭。神之聽之，申錫蕃釐。於萬斯年，永保丕基。

太簇徵：於昭孝治，通乎神明。寒暑不忒，熙事備成。牲牷孔碩，黍稷惟馨。以享以祀，來燕來寧。

應鐘羽：苾芬孝祀，薦灌肅雍。致力於神，明信咸通。靈之妥留，惠我麗鴻。廣

❶「過」，原作「還」，據《文獻通考》卷一〇二改。

被萬宇，福禄攸同。

初獻順祖，酌獻，《大寧》　於赫皇祖，濬發其祥。德盛流遠，奕世彌昌。孝孫有慶，嘉薦令芳。神保是享，錫羡無疆。

翼祖酌獻，《興安》　上天眷命，佑我丕基。翼翼皇祖，不耀其輝。積厚流長，福禄攸宜。祀事孔時，曾孫篤之。

光宗酌獻，❶《大承》　於皇光宗，握符御極。昭哉嗣服，惟仁與德！勤施於民，靡有暇逸。萬年之思，永奠宗祏。

送神，《興安》　合祭大事，因時發天。翼翼孝思，三獻禮虔。神兮樂康，飈馭言旋。永福後人，於千萬年。

右宋禘祫。

五禮通考卷第九十九

淮陰吴玉搢校字

❶「宗」下，《宋史·樂志九》有「室」字。

五禮通考卷第一百

内廷供奉禮部右侍郎金匱秦蕙田編輯
太子太保總督直隸右都御史桐城方觀承同訂
兩淮都轉鹽運使德水盧見曾
按察司副使元和宋宗元　參校

吉禮一百

禘祫

【《金史·禮志》】汴京之廟，在宮南馳道之東。殿規一屋四間，限其北爲神室，廟端各虚一間爲夾室，中二十三間爲十一室。從西三間爲一室，爲始祖廟，祔德帝、安帝、獻祖、昭祖、景祖祧主五，餘皆兩間爲一室。世祖室祔肅宗，穆宗室祔康宗，餘皆無祔。每室門一，牖一，門在左，牖在右，皆南向。石室之龕於各室之西壁，東向。其世祖之龕六，❶南向者五，東向者一，其二其三俱二龕，餘皆一室一龕，總十八龕。❷祭日出主於北牖下，南向，禘祫則並出主，始祖東向，羣主依昭穆南北相向，東西序立。

世宗大定三年八月，有司議：「祫享犧牲品物，案唐《開元禮》、宋《開寶禮》，每室犢一、羊一、豬一，《五禮新儀》每室復加魚十有五尾。天德、貞元例與唐、宋同，有司行事則不用太牢，七祀功臣羊各二，酒共二百一十瓶。正隆減定，通用犢一，兩室共用羊一、

❶「世」，校點本《金史·禮志三》校改作「始」。
❷「十八」，原作「八」，據《金史·禮志三》補。

豕一、酒百瓶，此於禮有缺。今七祀功臣牲酒請依天德制，宗廟每室則用宋制，加魚。然每室一犢復恐太豐。❶」世宗乃命每祭共用一犢，羊、豕如舊。又以九月五日祫享，當用鹿肉五十觔，獐肉三十五觔，兔十四頭爲醓醢，以貞元、正隆方禁獵，皆以羊代。此禮殊爲未備，詔從古制。

十年正月，詔宰臣曰：「古禮殺牛以祭，後世有更者否？其檢討典故以聞。」有司謂：「自周以來，下逮唐宋，祫享無不用牛者。唐《開元禮》時享每室各用太牢一，至天寶六年始減牛數，太廟每享用一犢。宋《政和五禮新儀》時享太廟，親祀用牛，有司行事則不用。宋開寶二年，詔昊天上帝、皇地祇用犢，餘大祀皆以羊、豕代之，合二羊五豕足代一犢。今三年一祫，乃爲親祀，其禮至重，每室一犢恐難省減。」遂命時享與祭社稷如舊，若親祀宗廟則共用一犢，有司行事則不用。

十一年，尚書省奏禘祫之儀曰：「《禮緯》三年一祫，五年一禘，唐開元中，太常議禘祫之禮皆爲殷祭，祫爲合食祖廟，禘爲禘序尊卑，申先君逮下之慈，成羣嗣奉親之孝，自異常享，有時行之。祭不欲數，數則黷，不欲疏，疏則怠，是以王者法諸天道，以制祀典，烝、嘗象時，祫、禘象閏，五歲再閏，天道大成，宗廟法之，再爲殷祭。自周以後，並用此禮。自大定九年已行祫禮，若議禘祭，當於祫後十八月孟夏行禮。」詔以三年冬祫、五年夏禘爲常禮。享日並出神主，前廊序列昭穆，應圖功臣配享廟庭，各配所事之廟，以位次爲序。以太子爲亞獻，親王爲終

❶「復」，原作「後」，據《金史·禮志四》改。

獻。或並用親王。或以太尉爲亞獻，光祿卿爲終獻。其月則停時享。

十二年十月祫享，以攝官行事。詔共用三犢。

十七年十月，祫享太廟，「檢討唐禮，孝敬皇帝廟時享用廟舞、宮縣、登歌，讓皇帝廟至禘祫月一祭，止用登歌，其禮制損益不同。今武靈皇帝廟庭與太廟地步不同，難以容設宮縣、樂舞，并樂器亦是闕少。看詳恐合依唐讓皇帝祫享典故，樂用登歌，所有牲牢罇俎同太廟一室行禮。及契勘得自來祫享，遇親祠每室一犢，攝官行禮共用三犢。今添武靈皇帝別廟行禮，合無依已奏定共用三犢，或增添牛數。」奏奉勅旨：「太廟、別廟共用三犢，武靈皇帝廟樂用登歌，差官奏告，並准奏。」

十九年，禘祭昭德皇后廟，不用犢。

【《世宗本紀》】大定二十二年十月庚戌，祫享於太廟。

【《禮志》】詔祫、禘共用三犢，有司行事，則以鹿代。

二十七年十月，祫享於太廟。

大定二十九年，章宗即位，禮官言：「自大定二十七年十月祫享，至今年正月世宗升遐，故四月不行禘禮。案《公羊傳》，閔公二年，『吉禘於莊公』。言吉者，未可以吉，謂未三年也』，注謂：『祫禘從先君數，朝聘從今君數。三年喪畢，遇禘則禘，遇祫則祫。』故事，宜於辛亥歲爲大祥，三月禫祭，踰月則吉，則四月一日爲初吉，適當孟夏禘祭之時，可爲親祠。」詔從之。及期，以孝懿皇后崩而止。五月，禮官言：「世宗陞祔已三年，尚未合食於祖宗，若來冬遂行祫禮，伏爲皇帝見居心喪，喪中之吉，《春秋》議其速，恐冬祫未可行。然《周禮》王有哀慘則春官攝事，竊以世宗及孝懿皇后陞祔以來，未曾躬謁，豈可令有司先攝事哉？況前代令攝事者止施於常祀，今乞依故事，三年喪畢，祫則祫，禘則禘，於明昌四年四月一日釋心喪，行禘禮。」上從之。

【《章宗本紀》】明昌四年四月戊申，親禘於太廟。

【《禮志》】明昌三年十二月，尚書省奏：「明年親禘，室當用犢一。欽懷皇后祔於明德之廟。案大定三年祫享，明德皇后室未嘗用犢。」勅欽懷皇后亦用之。上因問拜數，右丞瑋具對。上曰：「世宗聖壽高，故殺其數，亦不立於位。今當從禮而已。」大定六年，定晨祼行禮。自大次至版位，先見神之禮，兩拜。再至版位，又兩拜。祼鬯畢，還版位，再兩拜。還小次，酌獻時，罍洗位盥訖，至版位，先兩拜。酌獻畢，還版位，再兩拜。止將始祖祝册於版位西南安置，讀册訖，又兩拜。還小次，又至飲福位，先兩拜。飲畢，兩拜。凡十六拜。

承安元年十月丙辰，祫享於太廟。

泰和元年冬十月乙酉，祫享於太廟。

泰和三年四月乙巳，禘於太廟。

泰和八年四月戊申，禘於太廟。

【《宣宗本紀》】貞祐二年正月癸未，有司奏請權止今年禘享。從之。

【《禮志》】貞祐二年，❶原本二年誤。命參知政事李革爲修奉太廟使。❷七月吉日，親行祔享。有司以故事用皇帝時享儀，初至版位兩拜；晨祼及酌獻，則每位三拜；飲福五

❶「二」，《金史·禮志四》校改作「四」，據下注文當作「四」。

❷「奉」，原脱，據《金史·禮志四》及其校勘記補。

拜，總七十九拜。今升祔則徧及祧廟，五室則爲一百九拜也。明昌間常減每位酌獻奠爵後一拜，則爲九十二拜而已。然大定六年，世宗嘗令禮官通減爲十六拜。又皇帝當散齋四日於别殿，致齋三日於大慶殿。今國事方殷，宜權散齋二日，致齋一日。上曰：「拜數從大定例，餘准奏。」禮部尚書張行簡言：❶「近奉詔從世宗十六拜之禮，臣與太常參定儀注，竊有疑焉。謹案唐宋親祠典禮，皆有通拜及隨位拜禮。世宗大定三年，親行奉安之禮，亦通七拜，每室各五拜，合七十二拜。逮六年禘，始勅有司減爲十六拜，仍存七十二拜之儀，其意亦可見矣。蓋初年享禮以備，故後從權，更定通拜。今陛下初廟見奉安，而遽從此制，是於隨室神位並無拜禮，此臣之所疑一也。大定間十有二室，姑從十六拜，猶可。今十七室，而拜數反不及之，此臣之所疑二也。況六年所定儀注，惟於皇帝版位前讀始祖一室祝册。夫祭有祝辭，本告神明，今諸祝册各書帝后尊謚，及高、曾、祖、考，世次不一，皇帝所自稱亦自不同，而乃止讀一册，餘皆虚設，恐於禮未安，此臣之所疑三也。先王之禮，順時施宜，不可多寡，惟稱而已。今近年禮官酌古今，别定四十四拜之禮。初見神二拜，晨祼通四拜，隨室酌獻讀祝畢兩拜，飲福四拜，似爲得中。」上從之。乃定祔享如時享十二室之儀。又以祧廟五主始祖室不能容，止於室户外東西一列，以西爲上。神主闕者，以升祔前三日廟内敬造，以享日丑前題寫畢，以次奉陞。十月己未，親王百官自明俊殿奉迎祖宗神主於太廟幄

❶「簡」，《金史·禮志四》校改作「信」。

次。辛酉行禮，用四十四拜之儀，無宮縣樂，犧牲從儉，十七室用犢三，羊、豕九而已。以皇太子爲亞獻，濮王守純爲終獻。皇帝權服靴袍，行禮日服衮冕，皇太子以下公服，無鹵簿儀仗，禮畢乘馬還宮。

【《宣宗本紀》】元光二年十月己卯，祫於太廟。興定四年四月，禘於太廟。

【《續文獻通考》】哀宗釋服，將禘享太廟。有司奏冕服成，上請仁聖、慈聖兩宮太后御内殿，因試衣之，以見兩宮，大悦。上更便服，奉觴爲兩宮壽。仁聖太后諭上曰：「祖宗初取天下甚不易，何時使四方承平，百姓安樂，天子服此法服，於中都祖廟行禘享乎？」上曰：「阿婆有此意，臣何嘗忘？」慈聖太后亦曰：「恒有此心，則見此當有期矣。」

【《金史·樂志》】

禘祫親饗。皇帝入門，宮縣無射宮《昌寧》之曲出入步武同。　惟時升平，禮儀肇興。鳴鑾至止，穆穆造庭。百辟卿士，恪謹迎承。恭肅祖考，神宇攸寧。

皇帝升殿，登歌夾鐘宮《昌寧》之曲升階及將還板位，皆同登歌。　笙鏞既陳，罍樽在户。升降有容，惟規惟矩。恭敬神明，上儀交舉。永言保之，承天之祜。

皇帝盥洗，宮縣無射宮《昌寧》之曲　惟水之功，潔浄精微。洗爵奠斝，于德有輝。皇皇穆穆，宗廟之威。宜其感格，福祉交歸。

皇帝降階，宮縣無射宮《昌寧》之曲　於皇神宮，象天清明。有來肅肅，相維公卿。禮儀卒度，君子攸寧。孔時孔惠，綏我思成。

迎神，宮縣《來寧》之曲。黄鐘宮三奏，大

吕角二奏，太簇徵二奏，應鐘羽二奏，詞同　八音克諧，百禮具舉。明德維清，至誠永慕。神之格思，雲駢風馭。來止來臨，千祀燕處。

蕙田案：此迎神九奏，極得《周禮》九變之意。

司徒引俎，宫縣無射宫《豐寧》之曲　維牲維犧，齊明致祠。我將我享，吉蠲奉之。博碩肥腯，神嗜爲宜。千秋歆此，永綏黔黎。

始祖酌獻，宫縣無射宫《大元》之曲　惟酒既清，惟殽既馨。苾芬孝祀，在廟之庭。羞于皇祖，來燕來寧。象功昭德，先祖是聽。

德皇帝，《大熙》之曲　萬方欣戴，鴻業創基。瑶源垂裕，綿瓞重熙。式崇毖祀，爰考成規。籩豆有楚，益臻皇儀。

安皇帝，《大安》之曲　爰圖造邦，載德其昌。皇儀允穆，誕集嘉祥。明誠昭格，積厚流光。祇嚴清廟，鐘石琅琅。

獻祖，《大昭》之曲　惟聖興邦，經始之初。鳩民化俗，還定攸居。迪德純儉，志規遠圖。時哉顯祀，精誠有孚。

昭祖，《大成》之曲　天啟璇源，貽慶定基。率義爲勇，施德爲威。耀武拓境，功烈巍巍。永昌皇祚，均福黔黎。

景祖，《大昌》之曲　丕顯鴻烈，基緒隆昌。聖期誕集，邦宇斯張。尊嚴廟祏，昭格休祥。煌煌縟典，億載彌光。

世祖，《大武》之曲　桓桓伐功，❶天鑒其明。惟威震疊，惟德綏寧。神策無遺，鴻圖以興。曾孫孝祀，遹昭厥成。

❶「伐」，原作「代」，據《金史·樂志下》改。

肅宗，《大明》之曲　於皇神人，武烈文謨。左右世祖，懷柔掃除。威掃遐邇，❶化漸蟲魚。垂光綿永，成帝之孚。

穆宗，《大章》之曲　烝哉文祖，欽聖弘淵。慈愛忠信，典策昭然。歆此明祀，繁祉綿綿。時純熙矣，流慶萬年。

康宗，《大康》之曲　惟明惟聽，曄曄神功。儀刑世業，昭格上穹。持盈孝孫，薦芳斯豐。錫我祉福，皇化益隆。

太祖，《大定》之曲　功超殷、周，德配唐、虞。天人協應，❷平統寰區。開祥垂裕，肇基永圖。明明天子，敬陳典謨。

太宗，《大惠》之曲　巍巍德鴻，無爲端扆。祚承神功，究馴俗孅。清宮緝熙，孝毖時祀。欽奠著誠，犧樽嘉旨。

熙宗，《大同》之曲　昭顯令德，神基丕承。對越在天，享用躋升。於穆清廟，來熙來寧。❸神其醉止，惟欽克誠。

睿宗，《大和》之曲　皇祖開基，周武、殷湯。猗歟聖考，嗣德彌光。啟祐洪緒，長發其祥。嚴恭廟享，萬世烝嘗。

世宗，《大鈞》之曲　神之來思，甫登于堂。裸圭有瓚，秬鬯芬芳。巍巍先功，啟祐無疆。萬年肆祀，孝心不忘。

顯宗，《大寧》之曲　於皇神宮，有嚴惟清。吉蠲孝祀，惟神之寧。對越在天，綏我思成。敷佑億年，邦家之慶。

章宗，《大隆》之曲　兩紀踐祚，萬方寧康。文經天地，武服遐荒。禮備制定，德隆業昌。居歆典祀，億載無疆。

❶「掃」，《金史·樂志下》作「震」。
❷「人」，原作「神」，據《金史·樂志下》改。
❸「熙」，《金史·樂志下》作「燕」。

宣宗，《大慶》之曲　猗歟聖皇！三代之英。功光先后，德被羣生。牲粢惟馨，鼓鐘其鏗。神兮來思，歆于克誠。

文舞退，武舞進，宫縣無射宫《肅寧》之曲　明明先王，神武維揚。開基垂統，萬世無疆。干戚象功，威儀有光。神保是饗，昭哉降康。

亞、終獻，無射宫《肅寧》之曲　涓辰之休，昭祀惟恭。威儀陟降，惟禮是從。籩豆静嘉，於論鼓鐘。惟皇受祉，監斯德容。

皇帝飲福，登歌夾鐘宫《福寧》之曲　犧牲充潔，粢盛馨香。來格來享，精神用彰。飲此純禧，簡簡穰穰。文明天子，萬壽無疆。

徹豆，登歌夾鐘宫《豐寧》之曲　孝祀肅睦，明德以薦。樂奏九成，禮終三獻。百辟卿士，進徹以時。小大稽首，神保聿歸。

送神，宫縣黄鐘宫《來寧》之曲　潔兹牛羊，清兹酒醴。三獻攸終，神既燕喜。神之去兮，載錫繁祉。萬壽無疆，永保禋祀。

祫禘，❶有司攝事。

初獻盥洗，宫縣無射宫《肅寧》之曲　祀事之大，齋栗爲先。潔清以獻，沃盥于前。既濯以升，乃薦豆籩。神其感格，歆于吉蠲。

升自西階，登歌奏夾鐘宫《嘉寧》之曲餘並同親祀。　國有太宫，合食以禮。躋階肅肅，降陛濟濟。鏘然純音。節乃容止。神之格思，永綏福履。

❶「祫禘」，庫本作「禘祫」。

蕙田案：金制，三年冬祫，五年夏禘，則猶張純、鄭玄之説也。

右金禘祫。

【《元史·禮樂志》】親祀禘祫樂章：未詳年月。《太常集禮》云，别本所録。以時考之，疑至元三年以前擬用。詳見《制樂始末》。

皇帝入門，宫縣奏《順成》之曲。無射宫：熙熙雍雍，六合大同。維皇有造，典禮會通。金奏《王夏》，祇歆神宫。感格如響，嘉氣來叢。

皇帝升殿，奏《順成》之曲。夾鐘宫：皇明燭幽，沿時制作。宗廟之威，降登時若。趨以采茨，聲容有恪。曰藝曰文，監兹衎樂。

皇帝詣罍洗，宫縣奏《順成》之曲。《太常集禮》云，至元四年用此曲，名曰《肅成》。至大以後用此，詞律同。無射宫：酌彼行潦，維挹其清。潔齊以祀，祀事孔明。肅肅辟公，沃盥乃升。神之至止，歆于克誠。

皇帝詣酌尊所，宫縣奏《順成》之曲。無射宫：靈庭愔愔，乃神攸依。文爲在禮，載斟匪祈。皇皇穆穆，玉佩聲希。列侯百辟，濟濟闕威。❶

迎神，宫縣奏《思成》之曲。至元四年，名《來成》之曲，詞律同。

司徒捧俎，宫縣奏《嘉成》之曲。至元四年詞律同。❷

酌獻始祖，宫縣奏《慶成》之曲。無射宫：啓運流光，幅員既長。敬共祀事，鬱鬯芬薌。德以舞象，功以歌揚。式歌且

❶ 案：此句《元史·禮樂志三》校補作「濟濟宣威」，王圻《續文獻通考》及《新元史·樂志二》作「濟濟威儀」。

❷ 「至元四年詞律同」七字，原脱，據庫本及《元史·禮樂志三》補。

舞，神享是皇。

諸廟奏《熙成》、《昌成》、《鴻成》、《樂成》、《康成》、《明成》等曲。詞闕。

文舞退，武舞進，宫縣奏《肅成》之曲。至元四年，名《和成》之曲，詞律同。

亞、終獻，宫懸奏《肅成》之曲。至元四年，名《順成》之曲，詞律同。❶

皇帝飲福，登歌奏《釐成》之曲。夾鐘宫：誠通恩降，靈兹昭宣。❷左右明命，六合大全。啐飲椒馨，純嘏如川。皇人壽穀，億萬斯年。

徹豆，登歌奏《豐成》之曲。夾鐘宫：三獻九成，禮畢樂闋。于豆于登，于焉靖徹。多士密勿，樂且有儀。能事脱穎，孔惠孔時。

送神，奏《保成》之曲。黄鐘宫：雲車之來，不疾而速。風馭言還，閴其怳惚。神心之欣，孝孫之禄。燕翼無疆，景命有僕。

蕙田案：元禘祫之禮，未詳傳志，惟《禮樂志》載此數章，注云「疑至元三年以前所擬」，蓋禮文散佚，姑存之以見禮意。

右元禘祫。

【《明史·禮志》】洪武元年，祫饗太廟。德祖皇考、妣居中，南向；懿祖皇考、妣東第一位，西向；熙祖皇考、妣西第一位，東向；仁祖皇考、妣東第二位，西向。

【《大明集禮》】國初，以歲除日祭太廟，與四時之祭合爲五享，其陳設樂章，並與時

❶「亞終」至「律同」一條二十二字，原脱，據庫本及《元史·禮樂志三》補。

❷「兹」，《元史·禮樂志三》作「慈」。

享同。累朝因之。

國初，歲除祭太廟祝文：「維洪武年月日，孝玄孫皇帝某，敢昭告于高、曾、祖、考四廟，太皇太后：時當歲暮，明旦新正，謹率羣臣，以牲醴庶品恭詣太廟，用申追慕之情。尚享！」

【《續文獻通考》】太祖洪武七年，御史答禄與權請舉禘祭，不報。時答禄與權上言：「古之有天下者，既立始祖之廟，又推始祖所自出之帝，祀之于始祖之廟，而以始祖配之，故曰『禘』。禘者，大也，王者之大祭也。周祭太王爲始祖，推本后稷以爲自出之帝。今皇上受命已七年，而禘祭未舉，宜令羣臣參酌古今而行之，以成一代之典。」下禮部、太常寺、翰林院議，❶以爲：「虞、夏、商、周四代，世系明白，其始祖所自出，可得而推，故禘禮可行。自漢、唐以來，世系無考，莫能明其始祖所自出。當時所謂禘，不過祫已祧之主，序昭穆而祭之，乃古人之大祫，非禘也。宋神宗嘗曰：『禘者，所以審始祖之所出。』是則莫知始祖之所自出，禮不可行也。今國家既已追尊四廟，而始祖所自出者未有所考，則於禘祭之禮似難遽行。」遂寢。

【《明史·禮志》】弘治元年，定每歲暮奉祧廟懿祖神座於正殿左，居熙祖上，行祫祭之禮。

【《明會典》】弘治元年，建祧廟于寢殿後。其制九間，間各爲室，翼以兩廡，乃奉安神主衣冠于廟正中，南向。

國初，以歲除日祭太廟，與四時之享合爲五享。弘治初，既祧懿祖，始以其日奉祧主至

❶「院」，原作「臣」，據王圻《續文獻通考》卷一一三改。

太廟，行祫祭禮。先期，遣官祭告太廟，又遣官祭告懿祖於祧廟，俱用祝文、酒果。告畢，太常寺設懿祖神座于正殿，西向。至日祭如儀。

弘治初，祫祭祝文。太廟祭告：「維年月日，孝玄孫嗣皇帝某，謹遣某官，敢昭告于太廟太皇太后、皇考憲宗純皇帝：❶兹者歲暮，特修祫祭之禮，恭迎懿祖皇帝同臨享祀。伏惟鑒知。謹告。」

懿祖祭告：「兹者歲暮，恭于太廟舉行祫祭之禮，祗請聖靈詣廟享祀，特申預告。伏惟鑒知，謹告。」

太廟祫祭。同前國初祭文。

【《明史·世宗本紀》】嘉靖十年夏四月甲子，禘於太廟。

【《禮志》】嘉靖十年，世宗以禘祫義詢大學士張璁，令與夏言議。言撰《禘義》一篇獻之，大意謂：「自漢以下，譜牒難考，欲如虞、夏之禘黄帝，商、周之禘帝嚳，不能盡合。謹推明古典，采酌先儒精微之論，宜爲虚位以祀。」帝深然之。會中允廖道南謂朱氏爲顓頊裔，請以《太祖實録》爲據，禘顓頊。遂詔禮部以言、道南二疏，會官詳議。諸臣咸謂：「稱虚位者，茫昧無據；尊顓頊者，世遠難稽。廟制既定高皇帝始祖之位，當禘德祖爲正。」帝意主虚位，令再議。而言復疏論禘德祖有四可疑，且言今所定太祖爲太廟中之始祖，非王者立始祖廟之始祖。帝併下其章，諸臣乃請設虚位，以禘皇初祖，南向，奉太祖配，西向。禮臣因言，大祫既歲舉，大禘請三歲一行，庶疏、數適宜。帝自爲文告皇祖，定丙、辛歲一行，勅禮部

❶「宗」，原脱，據《大明會典》卷八七補。

具儀擇日。四月，禮部上大禘儀注。前期告廟，致齋三日，備香帛牲醴如時享儀。錦衣衛設儀衛，太常卿奉皇初祖神牌、太祖神位于太廟正殿，安設如圖儀。至日行禮，如大祀圜丘儀。及議祧德祖，罷歲除祭，以冬季中旬行大祫禮。太常寺設德祖神位于太廟正中，南向。懿祖而下，以次東、西向。

【《春明夢餘録》】世宗欲復古禘祭禮，勅輔臣及禮官集議。夏言撰《禘義》以進，曰：「禮云不王不禘，禘者，本以審諦祖之所自出也。惟王者竭四海之有以奉神明，力大足以備禮，故祭可以及遠。有虞氏、夏后氏皆禘黄帝，殷人、周人禘帝嚳是也。我祖宗之有天下，固以德祖爲始祖，百六十年來，居中南向，享太廟歲時之祭者，德祖也。今陛下定大祫之祭，而統羣廟之主者，又德祖也。然則主禘之祭，又不可尊德祖乎？夫既身爲太祖之始祖矣，而爲始祖之所自出，恐無是理。朱熹亦曰：『禘自始祖之廟，推所自出之帝，設虚位以祀之，而以始祖配。』夫三代而下，必欲如唐、虞、商、周之祭禘黄帝、帝嚳，則既無所考；若强求其人，如李唐之祖聃，又非孝子慈孫之所忍爲也。臣以爲宜設初祖虚位，而以太祖配享。蓋太祖始有天下，實始祖也。」疏入，上然之。既而諭禮部祀始祖所自出之帝於太廟，奉皇祖配。每丙、辛年舉行，神牌曰「皇初祖帝神位」。❶

十年冬，上諭禮官曰：「太祖以恩隆德祖，今日當以義尊太祖。祫祭奉四祖同

❶「神」，原作「祖」，據庫本及《春明夢餘録》卷一七改。

太祖，皆南向，庶見太廟爲特尊太祖之意。」禮官夏言言：「禮合羣廟之主而祭於太祖之廟，是爲大祫，亦以尊太祖也。太廟，太祖之廟，不當與昭穆同序；太祖，太廟之祖，不可與子孫並列。自今大祫，宜奉德祖居中，懿、熙、仁、太祖東西序，皆南向。列聖左右序，東西向如故。不惟我太祖列羣廟之上，足以伸皇上之心，而懿、熙、仁三祖得全其尊，尤足以體太祖之心。」上曰：「善。」

【《明集禮》大禘】嘉靖十年定。前期，上告廟，如常儀。太常寺奏致齋三日，備香帛牲醴，如時享儀。錦衣衛設儀衛侍從，太常寺卿奉請皇初祖神牌、太祖神位于太廟正殿安設。是日早，上具翼善冠、黄袍，御奉天門。太常卿跪奏，請聖駕詣太廟。上至太廟門外，降輴，導引官導上入御幄，具祭服，出，由殿左門入。典儀唱，樂舞生就位，執事官各司其事。内贊奏「就位」，典儀唱「迎神」，樂作，内贊奏「四拜」，傳贊百官同。奏「上香」，導上至皇初祖、太祖前，俱三上香。訖，奏「復位」。樂止，典儀唱「奠帛」，行初獻禮。樂作，内贊導上至皇初祖前，奠帛獻爵，復導至太祖前，儀同。典儀唱，讀祝畢，❶跪，傳贊衆官皆跪。樂暫止。内贊贊讀，祝讀訖，樂作，内贊奏「俯伏、興、平身」，傳贊百官同。樂止。典儀唱，行亞獻禮，樂作，樂止。復唱，行終獻禮，樂作，樂止。太常卿進立于皇初祖前，西向，唱「賜福胙」。上飲福受胙，興，四拜。傳贊百官同。典儀唱「徹饌」，唱「送神」。内贊奏「四拜」。傳贊百官同。典儀唱「捧祝」、「捧帛」，詣燎位，唱「望

❶「畢」，原作「奏」，據庫本改。

燎」，俱如儀。太常卿捧皇初祖神牌詣燎所，内贊奏「禮畢」，樂止。上由殿左門出，至太廟門外，導引官導上入御幄，易常服，還宫。

祝文：維嘉靖年月日，孝玄孫嗣皇帝某，敢昭告于皇初祖神曰：仰惟先祖，肇我厥初。發祥鍾靈，啟我列聖。追慕德源，敬茲報祭，願來格斯。奉皇祖太祖高皇帝配侑。尚享。

【《明史·樂志》大禘樂章】

迎神，《元和》之曲　於維皇祖，肇創丕基。鍾祥有自，曰本先之。奄有萬方，作之君師。追報宜隆，以申孝思。瞻望稽首，介我休禧。

初獻，《壽和》之曲　木有本兮水有源，人本祖兮物本天。思報德兮禮奠先，仰希鑒兮敢弗虔。❶

亞獻，《仁和》之曲　中觴載升，于此瑶觥。小孫奉前，願歆其誠。樂舞在列，庶職在庭。祖鑒孔昭，錫佑攸亨。

終獻，《德和》之曲　於維兮先祖，延慶兮深高。追報兮曷能，三進兮香醪。

徹饌，《太和》之曲　芬兮豆籩，潔兮黍粢。祖垂歆享，徹乎敢遲。禮云告備，以訖陳詞。永裕後人，億世丕而。

送神，《永和》之曲　禘祀兮具張，佳氣兮鬱昂。皇靈錫納兮喜將，一誠通兮萬載昌。祈鑒佑兮天下康，仰源仁浩德兮曷以量？小孫頓首兮以望，遥瞻冉冉兮聖靈皇皇。

【《明史·禮志》】十五年，復定廟饗制。立

❶「初獻」至「弗虔」一條三十四字，原脱，據庫本及《明史·樂志二》補。

春犆享，各出主于殿。立夏、立秋、立冬，出太祖、成祖七宗主，饗太祖殿，爲時祫。季冬中旬卜日，出四祖及太祖、成祖七宗主，饗太祖殿，爲大祫。祭畢，各歸主於其寢。

【《明會典》】九廟特饗。前期，太常寺奉請欽定捧主官及齋戒省牲，俱如常儀。一、前期一日，太常寺官詣各廟，陳設如儀。一、正祭日，儀同前，惟祝文總一讀，各廟俱捧主行禮。九廟時祫儀，與前時祫儀同。奉懿祖、熙祖、仁祖、太祖神座，皆南向，成祖而下東西向陳設，樂章、祝文皆更定，而先期遣官祭告，如前。

【《明集禮》】嘉靖十五年，定大祫儀。前期一日，太常寺陳設如圖儀。正祭日，上至廟戟門東帷幕，具祭服出，自戟門左入，率捧主官至祧廟及寢殿，出主。捧主官請各廟主至太廟門外，候五祖主至，闕殿門，入。上安德祖主，捧主官各安懿祖以下主。訖，典儀唱，舞樂生就位，執事官各司其事。上至御拜位，如常儀。懿祖而下，上香、獻帛、獻爵，俱捧主官代。

祝文：維嘉靖年月日，孝玄孫嗣皇帝某，敢昭告于德祖元皇帝、元皇后，懿祖恒皇帝、恒皇后，熙祖裕皇帝、裕皇后，仁祖淳皇帝、淳皇后，太祖高皇帝、孝慈高皇后，成祖文皇帝、仁孝文皇后，仁宗昭皇帝、誠孝昭皇后，皇高祖考宣宗章皇帝、皇高祖妣孝恭章皇后，皇曾祖考英宗睿皇帝、皇曾祖妣孝莊睿皇后，皇祖考憲宗純皇帝、皇祖妣孝貞純皇后，皇伯考孝宗敬皇帝、皇伯妣孝康敬皇后，皇考睿宗獻皇帝、皇妣慈孝獻皇后，皇兄武宗毅皇帝、孝静毅皇后，曰：氣序云邁，歲事將終。

謹率羣臣，以牲帛、醴齊、粢盛、庶品，特修大祫禮于太廟，用申追感之情。伏惟尚享！

【《明史·樂志》大祫樂章】

迎神，《太和》之曲　仰慶源兮大發祥，惟世德兮深長。時維歲殘，大祫洪張。祖宗聖神，明明皇皇。遥瞻兮頓首，世德兮何以忘。

初獻，《壽和》之曲　神之格兮慰我思，慰我思兮捧玉卮，捧來前兮慄慄，仰歆納兮是幸已而。

亞獻，《豫和》之曲　再舉瑶漿，樂舞羣張。小孫在位，陪助賢良。百工羅從，大禮肅將。惟我祖宗，顯錫恩光。

終獻，《寧和》之曲　思祖功兮深長，景宗德兮馨香。報歲事之既成兮典則先王，惟功德之莫報兮何以量。

徹饌，《雍和》之曲　三酌既終，一誠感通。仰聖靈兮居歆，萬禩是舉兮庶乎酬報之衷。❶

還宫，《安和》之曲　顯兮幽兮，神運無跡。神運無跡兮化無方，靈返天兮主返室。願神功聖德兮啟佑無終，元孫拜送兮以謝以祈。

【《禮志》】嘉靖十七年，定大祫祝文，九廟帝、后謚號俱全書，時祫止書「某祖、某宗、某皇帝」。❷更定大祫日，❸奉德、懿、熙、仁及太祖異室，皆南向；成祖西向，北上；仁宗以下七宗，東西相向。禮三獻，樂六奏，舞八佾。皇帝獻德祖帝、后，大臣十二人分

❶「禩」，原作「禩」，據庫本及《明史·樂志二》改。
❷末「某」字，原脱，據《明史·禮志五》補。
❸「大」上，《明史·禮志五》有「季冬」二字。

獻諸帝，内臣十二人分獻諸后。

二十年十一月，禮官議：「歲暮大祫，當陳祧主，而景神殿隘，請暫祭四廟於後寢，用連几，陳籩豆，以便周旋。」詔「可」。

二十二年，定時享、大祫，罷出主、上香、奠獻等儀，臨期捧衣冠出納，太常及神宫監官奉行。

二十四年，罷季冬中旬大祫，并罷告祭，仍以歲除日行大祫，禮同時享。

二十八年，復告祭儀。穆宗即位，禮部以大行皇帝服未除，請遵弘治十八年例，歲暮大祫、孟春時享兩祭，皆遣官攝事。樂設而不作，帝即喪次致齋，陪祀官亦在二十七日之内，宜令暫免。從之。

【《續文獻通考》】初，禮部尚書夏言請行古大禘禮。下廷議，皆請禘德祖。世宗皆不允，有旨稱皇初祖帝神勿主名，五年一舉。先是，下令中書官書皇初祖帝神牌位于太廟，至日設太廟殿中，祭畢燎之。每特享祖宗，以立春于本廟，夏、秋、冬皆合享於太廟，循時祫之典。季冬仍修大祫禮于太廟，獻廟止修四時之祭，避豐禰也。

穆宗隆慶元年，行大祫禮于太廟，命駙馬都尉謝詔代。三年十二月戊辰，行大祫禮于太廟。

右明禘祫。

五禮通考卷第一百

淮陰吴玉搢校字

五禮通考卷第一百一

內廷供奉禮部右侍郎金匱秦蕙田編輯
太子太保總督直隸右都御史桐城方觀承同訂
兩淮都轉鹽運使德水盧見曾
按察司副使元和宋宗元 參校

吉禮一百一

薦新

【《周禮·天官·𩺰人》】春獻王鮪。【注】王鮪，鮪之大者。《月令》：「季春薦鮪於寢廟。」【疏】謂季春三月春鮪新來。言王鮪鮪之大者，云獻者，獻于廟之寢，故鄭注引《月令》云「薦鮪於寢廟」。取魚之法，歲有五。案《月令》孟春云「獺祭魚」，此時得取，一也。季春云「薦鮪於寢廟」，即此所引者，二也。又案《鼈人》云「秋獻龜魚」，三也。《王制》云「獺祭魚，然後虞人入澤梁」，與《孝經緯援神契》云「陰用事，木葉落，獺祭魚」同時，是十月取魚，四也。獺則春、冬二時祭魚也。案《潛》詩云「季冬薦魚」，與《月令》「季冬，漁師始漁」同，❶五也。是一歲三時五取魚，唯夏不取。案《魯語》云「宣公夏濫于泗淵」，以其非時。

【《禮記·月令》】仲春之月，天子乃鮮羔開冰，先薦寢廟。【注】鮮，當爲獻，聲之悞也。獻羔，謂祭司寒也。祭司寒而出冰，薦於宗廟，乃後賦之。【疏】「鮮當爲獻」者，案《詩·豳風·七月》云：「四之日其早，獻羔祭韭。」故知鮮爲獻也。云「獻羔謂祭司寒」者，以經云「獻羔啟冰，先薦寢廟」，恐是獻羔寢廟，故云祭司寒。《左傳》直云「獻羔而啟之」，知祭司寒者，以傳云「祭寒而藏之」，既祭司寒，明啟時亦祭之。云「薦於宗廟，乃後賦之」者，薦於宗廟，謂仲春也；乃後賦之，謂孟夏也。故《凌人》

❶「師」，原作「人」；下「漁」，原作「魚」，均據庫本及《禮記·月令》改。

云「夏頒冰」，《左傳》云「火出而畢賦」是也。

季春之月，天子始乘舟，薦鮪於寢廟。【注】進時美物。【疏】案《爾雅·釋魚》云「鮥，鮛鮪」，郭景純云：「似鱣而小，建平人呼鮥子。」一本云王鮪似鱣，口在頷下。《音義》云：「大者爲王鮪，小者爲鮛鮪。似鱣，長鼻，體無鱗甲。」

方氏慤曰：「必乘舟而後薦鮪者，所以示親漁也。蓋先王之饗親，牲必親牽，殺必親射，凡以致其敬而已。則乘舟而後薦鮪，豈爲過哉？魚之品多矣，然薦必以鮪者，爲其特大，謂之王鮪者以此。」

孟夏之月，天子乃以彘嘗麥，先薦寢廟。

【注】麥之新氣尤盛，以彘食之，散其熱也。彘，水畜。

方氏慤曰：「以彘嘗麥者，以水勝火也。仲夏以雛嘗黍者，以木生火也。仲秋以犬嘗麻者，以金勝木也。季秋以犬嘗稻者，以金合金也。夫勝所以治之，生所以養之，合所以和之，故食齊得其宜焉。」

仲夏之月，天子乃以雛嘗黍，羞以含桃，先薦寢廟。【注】此嘗雛也，而云「以嘗黍」，不以牲主穀也。必以黍者，黍，火穀，氣之主也。含桃，櫻桃也。

【疏】黍是火穀，於夏時與雛同薦之。如鄭此言，則黍非新成，直取舊黍，故下孟秋云「農乃登穀」。注云「黍稷於是始熟」，明仲夏未熟也。蔡氏以爲此時黍新熟，今蟬鳴黍是也，非鄭義也。案《月令》諸月無薦果之文，此獨羞含桃者，以此果先成，異於餘物，故特記之，其實諸果亦時薦之。

方氏慤曰：「雛蓋雞也。以《呂氏春秋》見之，必謂之雛者，雞以雛爲美故也。若羊之類，則以大爲美耳。」

孟秋之月，農乃登穀，天子嘗新，先薦寢廟。

【注】黍稷之屬，於是始熟。

方氏慤曰：「穀謂稷也。以稷熟於此，故農乃登焉。然孟夏之麥、仲夏之黍、仲秋之麻、季秋之稻，皆穀也，此以穀言稷者，以其爲五穀之長故也。若稼穡之官謂之后稷，土稷之神謂之社稷者，以是而已。」

仲秋之月，以犬嘗麻，先薦寢廟。【注】麻始熟也。

季秋之月，天子乃以犬嘗稻，先薦寢廟。

【注】稻始熟也。

季冬之月，命漁師始漁，天子親往，乃嘗魚，先薦寢廟。【注】天子必親往視漁，明漁非常事，重之也。此時魚潔美。【疏】案仲秋以犬嘗麻，季秋以犬嘗稻，皆不云天子親往。今此天子親往，特云嘗魚，故云「明漁非常事，重之也」，以四時薦新是其常事，魚則非常祭之物，故云重之也。

馬氏晞孟曰：「此《潛》之詩所謂『季冬薦魚』也。漁者，牲類也。宗廟之祭，牲用親獵，則漁必親往，不亦宜乎？」

【《少儀》】未嘗，不食新。【注】嘗，謂薦新物於寢廟。【疏】嘗，謂薦新物於寢廟也。未嘗，則人子不忍前食新也。

方氏慤曰：「秋祭曰嘗，以物新成而可嘗故也。未嘗則親未嘗新矣，孝子其忍食之乎？《月令》每言『先薦寢廟』者以此。然新物不待秋而有，此止以嘗言者，以物成於秋故也，《月令》特於孟秋言嘗新者以此。《左傳》言『不食新』，乃謂麥爲新，以夏爲秋故也。」

【《中庸》】薦其時食。

【《朱子集注》】時食，四時之食。各有其物，如春行羔豚，膳膏香之類是也。

【陳氏《禮書》】古者祭必卜日，而薦新不擇日，祭有尸而薦無尸，以至不出神主，奠而不祭，有時物而無三牲、黍稷，此薦新之大略也。鄭注釋《王制》，謂大夫士祭以首時。然祭以致禮而有常月，薦以致孝而無常時。《周禮》王者享烝之畋，皆在仲月，是祭有常月也；《月令》王者薦新，或於孟月，或於仲、季，唯其時物而已，是薦無常時也。

【《詩・豳風》】四之日其蚤，獻羔祭韭。【箋】《月令》仲春天子乃獻羔開冰，先薦寢廟。【疏】引之証經獻羔之事在二月也。祭韭者，蓋以時韭新出，故用之。《王制》云「庶人春薦韭」，亦以新物，故薦之也。

【何氏楷曰】其蚤，孔云「其蚤朝也」，愚案：即二月朔也。韭，菜名，禮祭宗廟，韭曰豐本。案《夏小正》正月「囿有見韭」，韭乃陽菜，春始發露，故紀之。舊《傳》以爲即此四之日祭韭，非也。陸佃云：「開冰，春祭也，故獻羔祭韭。《禮》曰『春行羔豚』，又曰『春薦韭』是也。」

曹氏云：「獻羔，祭司寒也。祭韭，薦清廟也。」宋淳化中，李至上言：「案《詩》四之日獻羔祭韭，即今之二月也。又《月令》開冰之祭，當在春分，非四月所當行也。」帝覽奏曰：「韭長可以苫屋矣，何謂薦新？」令春分開冰祭司寒，卜日薦冰于太廟。

【《詩序·潛》】季冬薦魚，春獻鮪也。【箋】冬魚之性定，春鮪新來，薦、獻之者，謂於宗廟也。【疏】《潛》詩者，季冬薦魚、春獻鮪之樂歌也。經總言冬、春，雜陳魚、鮪，皆是薦、獻之事也。先言季冬而後言春者，冬即次春，故依先後爲文。且冬薦魚多，故先言之。冬言季冬，春亦季春也。《月令》「季春，薦鮪於寢廟」，《天官·漁人》「春獻王鮪」，注引《月令》季春之事，是薦鮪在季春也。不言季者，以季春鮪魚新來，正月未有鮪，言春則季可知。且文承季冬之下，從而略之也。冬言薦、春云獻者，皆謂子孫獻進於先祖，其義一也。經言「以享」，是冬亦爲獻。《月令》季春言薦鮪，是冬亦有薦，因時異而變文耳。冬則衆魚皆可薦，故總稱魚；春惟獻鮪而已，故特言鮪。「冬魚之性定」者，冬月既寒，魚不行，乃性定而肥充，故冬薦之也。《天官·庖人》注云：「魚、雁水涸而性定。」則十月已定矣。但十月初定，季冬始肥，取其尤美之時薦之也。《月令》：「季冬，乃命漁師始漁，天子親往，乃嘗魚，先薦寢廟。」注云：「此時魚絜美，故特薦之。」《白虎通》云：「王者不親取魚以薦廟，故親行。」非此則不可，故隱五年「公矢魚於棠」，《春秋》譏之，是也。《魯語》里革云：「古者大寒降，土蟄發，水虞於是乎講罛罶，取名魚，而嘗之寢廟。」言大寒降，與此季冬同，其言土蟄發，則孟春也。以春魚始動，猶乘冬先肥。氣序既移，故又取以薦，然則季冬、孟春皆可以薦魚也。韋昭以爲薦魚惟在季冬，《國語》云孟春者誤。案《月令》孟春，「獺祭魚」，則魚肥而可薦，但自禮文不具，無其事耳。里革稱「古」以言，不當謬也。言「春鮪新來」者，陸璣云：「河南鞏縣東北崖上山腹有穴，舊説云：此穴與江湖通，鮪從此穴而來，北入河，西上龍門，入漆沮。故張衡云『王鮪岫居』，山穴爲岫，謂此穴也。」然則其來有時，以春取而獻之，明新來也。《序》止言薦、獻，不言所在，故言「薦、獻之者，謂於宗廟也」。

猗與漆、沮，潛有多魚。有鱣有鮪，鰷、鱨、鰋、鯉。以享以祀，以介景福。【傳】漆、沮，岐周之二水也。潛，糝也。【箋】猗與，歎美之言也。鱣，大鯉也。鮪，鮥也。鰷，白鰷也。鰋，鮎也。介，助。景，大也。

徐氏常吉曰：「享祀是薦非祭，所謂備四時之異物，順孝子之誠心也。」

方氏愨曰：「王者於祖廟，以人道事之則有寢，以神道事之則有廟。祭，神道；薦，人道也。」

何氏楷曰：「《周禮·𢿘人》：『凡祭祀，共其魚之鱻薧。』《曲禮》曰：『薧魚曰商祭，鮮魚曰脡祭。』則王於凡祭祀，其登俎者奚適而不用魚哉？ 特季冬純用魚，而春薦新則尚用鮪耳。」

【《國語·魯語》】里革曰：「古者大寒降，土蟄發，水虞于是乎講罛罶，取名魚，登川禽，而嘗之寢廟，行諸國人，助宣氣也。」

【陳氏《禮書》】人子之於親，飲食與藥，必先嘗而後進，四時新物，必先獻而後食。寢廟之薦新，蓋亦推其事先之禮，以盡其誠敬而已。先儒謂廟藏神主，而祭以四時；寢藏衣冠几杖之具，而祭之以新物。然《國語》曰「大寒取名魚，登川禽，嘗之寢廟」，《月令》「四時新物，皆先薦寢廟」者，蓋有寢者薦於寢，無寢者薦於廟，非謂薦止於寢也。《月令》集記秦禮，秦出寢於陵，則《月令》所謂寢廟，豈皆廟後之寢乎？ 古者掌外事之兆有典祀，掌廟有守祧，掌寢有隸僕，故典祀若以時祭祀，則帥其屬而修除，徵役於司隸而役之，守祧其廟則有司修除之，其祧則守祧黝堊之，隸僕祭祀修寢，則薦新蓋亦修焉。觀《詩序》言「薦魚獻鮪」，而《詩》言「以享以祀」，《月令》言「以共寢廟之祀」，則薦新亦謂之祀也。《祭僕》「大喪復於小廟」，《隸僕》「大喪復於小寢」，大寢、小寢，高祖以下之寢廟也。大寢，始祖之寢也。復於廟，則小廟而已。于寢則及大寢者，以廟嚴於寢故也。

方氏愨曰：「王者之於祖禰，以人道事之則有寢，以神道事之則有廟。王者七廟，而《周官·隸僕》止掌五寢者，以二祧將毁，先除其寢，去事有漸故也。」

蕙田案：僕隸掌五寢，謂王之燕寢五也。鄭氏以五寢爲五廟之寢者，非。天子七廟，無五寢之理。方氏二祧先除其寢之説，尤附會。

右寢廟薦新。

【《儀禮·士喪禮》】朔月奠，用特豚、魚、腊，陳三鼎。【注】朔月，月朔日也。有薦新，如朔奠。徹朔奠，先取醴酒，其餘取先設者。【注】薦五穀若時果物新出者。【疏】「薦新如朔奠」者，牲牢、籩豆，一如上朔奠也。

【《既夕禮》】朔月若薦新，不饋于下室。【注】以其殷奠有黍稷也。

【《禮記·檀弓》】有薦新，如朔奠。【注】重新物，爲之殷奠。【疏】薦新，謂未葬中間得新味而薦亡者。如朔奠者，謂未葬前月朔，大奠于殯宫，大奠則牲饌豐也，朔禮視大斂，士則特豚三鼎。今若有新物及五穀始熟，薦於亡者，則其禮牲物如朔之奠也。大夫以上則朔望大奠，士但朔而不望。

應氏鏞曰：「薦新，重時物也。薦新於廟，死者已遠，則感傷或淺；薦新於殯，其痛尚新，則感傷必重。朔祭謂之大奠，其視禮大斂，故薦新亦如之，謂男女各即位内外，各從事而其哭之義如一也。是禮之同，非其物之同。注謂『殷奠』，恐未然。蓋經曰『如朔奠』，非爲之也。」

蕙田案：以上喪奠薦新，乃士禮也。然推之天子、諸侯，其禮當亦有之矣。

右喪奠薦新。

【《禮記·祭法》】王立七廟，曰考廟，曰王考廟，曰皇考廟，曰顯考廟，曰祖考廟，皆月祭之。諸侯立五廟，曰考廟，曰王考廟，曰皇考廟，皆月祭之。【疏】五廟皆月月祭之。享、嘗四時祭祀，文、武特留，故不月祭，但四時祭而已。

【陳氏《禮書》】月祭者，薦新之祭也。

《月令》獻羔、開冰、薦鮪、羞含桃，與夫嘗麥、嘗穀、嘗麻、嘗魚，皆先薦寢廟是也。

【《國語・楚語》】觀射父曰：「古者先王日祭，月享，時類，歲祀。」【注】日祭於祖、考，月祭於高、曾，時類及二祧，歲祀於壇墠也。

【《周語》】祭公謀父曰：日祭，月祀，時享，歲貢，終王。【注】祭于祖考，謂上食也。月祀於高、曾，時享於二祧，歲貢於壇墠。終謂世終也，推嗣王及即位而來見。

朱子曰：「《左氏》云『特祀於寢』，而《國語》有『日祭』之文，韋昭曰：「謂日上食於祖禰。」漢事亦然。是主復寢，猶日上食矣。」

又曰：「《國語》『日祭、月祀、時享』，既與《周禮》祀天神、祭地祇、享人鬼之名不合，韋昭又謂『日上食于祖禰，月祀于高曾，時享于二祧』，亦但于《祭法》略相表裏，而不見于他經。又主既復寢，則其几筵未知當俟臨祭而後設耶？或常設而不除也？」

【陳氏《禮書》】《周禮・大宗伯》以肆獻祼、饋食享先王，以春祠、夏禴、秋嘗、冬烝享先王，《祭法》：「王立七廟，一壇一墠，曰考廟，曰王考廟，曰皇考廟，曰顯考廟，曰祖考廟，皆月祭之。遠廟爲祧，有二祧，享嘗乃止。諸侯五廟，一壇一墠，曰考廟，曰王考廟，曰皇考廟，皆月祭之。顯考廟、祖考廟，享嘗乃止。」然則《周禮》有時祭，無月祭，《祭法》有月祭，無時祭。《周語》祭公謀父曰：「甸服者祭，侯服者祀，賓服者享，要服者貢。日祭，月祀，時享，歲貢。」《楚語》觀射父曰：「先王日祭，月享，時類，歲祀。諸侯舍日，卿大夫舍月，士庶人舍時。」韋玄成、韋昭之徒，則曰「天子日祭於祖、考，月祭於曾、高，❶時享於二祧，歲貢於壇墠」，此與漢法「日祭於寢，月祭於廟，時祭於便殿」其事相類，而甸、侯、賓、要、荒五服之制，與《禹貢》相合，蓋夏、商之禮如此，故左丘明、荀卿、司馬遷皆得以傳之也。《周禮·小宗伯》：「凡天地之大災，類社稷宗廟爲位。」則類於宗廟者無常時，與所謂「王時類」者異矣。《王制》「庶人春薦韭，夏薦麥，秋薦黍，冬薦稻。韭以卵，麥以魚，黍以豚，稻以雁」，則薦於四時者有常物，與所謂「庶人舍時」者異矣。然則《玉藻》言「天子聽朔於南門之外，諸侯聽朔於太廟」，《春秋》文公六年，書「閏月不告朔，猶朝於廟」，《論語》曰「子貢欲去告朔之餼羊」。鄭氏釋《玉藻》，謂天子聽朔於明堂，以特牲告其帝及神，配以文王、武王；釋《論語》，謂人君每月告朔，有祭謂之朝享。然《周禮》朝享非謂告朔，而聽朔於明堂，以特牲告其帝及神，配以文王、武王，無所經見。要之，告朔於廟，餼以特牲，謂之月祭，此先王之禮也。魯文公不行告朔之禮，但身至廟拜謁而已，故《春秋》譏之。《穀梁》言「天子告朔於諸侯，諸侯受於禰廟，禮也」，又曰「閏月不以告朔」，然受朔於禰，則異於《玉藻》，閏月不告朔，則異於《左氏》。《左氏》曰：「閏以正時，時以作事，事以厚生，生民之道于是乎在。不告朔，棄時政也。」《祭法》「諸侯月祭不及祖考」，其説與《穀梁》同，不知何據然也。

蕙田案：《祭法》有享嘗，有月祭，享嘗則四時之祭是已，月祭則注疏無

❶「曾高」，庫本作「高曾」。

明文。又考之《玉藻》「聽朔」孔疏、《春秋》「告月」孔疏、《公羊》徐疏、《穀梁》楊疏、《論語》邢疏，並以《祭法》「月祭」釋之。案告朔天子以特牛，諸侯以特羊，此是告廟之禮，並非祭禮。告廟亦止在所藏之祖廟，未必徧告五廟。且據《玉藻》「聽朔於南門之外」，南門之外，則明堂是已。王立七廟，安得俱在南門之外乎？長樂陳氏以月祭爲薦新之祭，其説爲是。今從之。其《周語》祭公謀父所云「月祀」，《楚語》觀射父所云「月享」之文，並當訓爲薦新之祭，《禮記》亦以告朔牽合月祭，恐未爲的。

右月祭薦新。

【《漢書·叔孫通傳》】惠帝嘗出游離宮，叔孫通曰：「古者有春嘗果，方今櫻桃熟，可獻。願陛下出，因取櫻桃獻宗廟。」上許之。諸果之獻由此興。

【《後漢書·鄧太后紀》】安帝七年正月庚戌，謁宗廟，命婦、羣妾相禮儀，與皇帝交獻，成禮而還。因下詔曰：「凡供薦新，味多非其節。或鬱養强孰，或穿掘萌芽，味無所至，而夭折生長，豈所以順時育物乎？傳曰：『非其時不食。』自今奉祠陵廟，須時乃上。」凡省二十三種。

【《三國·魏志·明帝本紀》】太和六年四月甲子，初進新果於廟。

高堂隆云：「案舊典，天子、諸侯月有祭事，其孟則四時之祭也，三牲、黍稷、時物咸備；其仲月、季月，皆薦新之祭也。大夫以上，將之以羔，或加以犬而已，不備三牲也；士以豚，庶人則唯其時宜，魚、雁可也。皆有黍稷。《禮器》曰：『羔豚而祭，百官皆足。太牢而祭，不必有餘。』羔豚則薦新之禮也，太牢則時祭之禮也。《詩》云：『四月其蚤，獻羔祭韭。』周之四月，則夏之二月也。《月令》仲春，天子乃獻羔開冰，季春之月，天子始乘舟薦鮪，仲夏之月，天子乃嘗魚，咸薦之寢廟，此則仲月、季月薦新之禮也。」

【蜀譙周《禮祭集志》】天子之廟，始祖及高、曾、祖、考皆月朔加薦，以像平生朔日也，謂之月祭。二祧之廟，無月祭也。凡五穀新熟、珍物新成，天子以薦宗廟。禮，未薦不敢食新，孝敬之道也。其月朔薦及臘薦、薦新，皆奠無尸，故羣廟皆一日之間盡畢。

【《晉書·武帝本紀》】咸寧二年六月癸丑，薦荔枝於太廟。

【《册府元龜》】太康元年五月丁卯，薦渌酒於太廟。

【《北魏書·高祖本紀》】太和十五年八月壬辰，詔郡國有時物可以薦宗廟者貢之。

【《通典》】唐四時各以孟月享太廟，室各用一太牢。若品物時新堪進御者，有司先送太常，令尚食相知，簡擇務令潔浄，仍以滋味與新物相宜者配之。太常卿及少卿一人奉薦太廟。卿及少卿有故，即差五品以上攝。有司行事，不出神主。仲春薦冰，亦如之。

【《開元禮·薦新於太廟儀》】薦新之日，太廟令帥齋郎灑掃廟之内外，太官先饌所薦之物於神厨。若有酒者，廟司設樽坫罍洗如式。謁者引太常卿入，立于門東之内道北，面南。謁者贊引，稱「再拜」，太常卿再拜。進饌者奉饌，入自正門，升自太階，各詣於神座前。籩、豆、蓋、冪，徹之如式。訖，降自東階以出。謁者引太常卿升自東階，詣獻祖室前。盥洗酌獻訖，再拜，又再拜。若無酒，即俱再拜。訖，謁者引太常卿復位。謁者贊拜訖，謁者引出。

薦新物：

冬魚，蕨，筍，蒲，白韭，堇，小豆，胥豆，蘘荷，菱仁，子薑，❶菱索，春酒，桑落酒，竹根，黃米，粳米，糯米，粱米，稷米，茄子，甘蔗，芋子，雞豆仁，苜蓿，蔓菁，胡瓜，冬瓜，瓠子，春魚，水蘇，枸杞，芙茨，子藕，大麥麪，瓜，油蘇，麥子，椿頭，蓮子，栗，冰，甘子，李，櫻桃，杏，林檎，橘，椹，菴蘿果，棗，兔脾，麞，鹿，野雞。凡薦新，皆所司白時新堪供進者，先送太常，令尚食相與簡擇，仍以滋味與新物相宜者，配之以薦，皆如上儀。

【《舊唐書·禮儀志》】天寶十一載閏三月制：「自今已後，每有朔望日，宜令上食造食薦太廟。每室一牙盤，內官享薦，仍五日一開室門灑掃。」

【《宋史·禮志》】《開寶通禮》，薦新之儀，詣僖祖室户前，盥洗酌獻訖，再拜，次獻諸室如上禮。遂詔曰：「夫順時蒐狩，禮有舊章，非樂畋遊，將薦宗廟，久墮前制，❷闕孰甚焉。爰遵時令，暫狩近郊，既躬獲禽，用以薦俎。其今月十一日畋獵，親射所獲田禽，並付所司，以備太廟四時薦享，著爲令。」

【《玉海》】太宗淳化三年正月二十六日，詔仲春開冰獻羔祭韭。

【《宋史·禮志》】仁宗景祐三年，❸宗正丞趙良規言：「《通禮》著薦新凡五十餘物，今太廟祭享之外唯薦冰，其餘薦新之禮，皆寢不行。宜以品物時新，所司送宗正，令尚食簡

❶「子」，原脱，據《大唐開元禮》卷五一補。
❷「墮」，《宋史·禮志十一》作「隳」。
❸「三」，《宋史·禮志十一》作「二」。

擇滋味與新物相宜者，配以薦之。」於是禮官、宗正條定：「逐室時薦，以京都新物，略依時訓，協用典章。請每歲春孟月薦蔬，以韭以菘，配以卵，仲月薦冰，季月薦蔬以筍，果以含桃；夏孟月嘗麥，配以彘，仲月薦果，以瓜以來禽，季月薦果，以芡以菱；秋孟月嘗粟嘗穄，配以雞，果以棗以梨，仲月嘗酒嘗稻，蔬以茭筍，季月嘗豆嘗蕎麥；冬孟月羞以兔，果以栗，蔬以藷藇，仲月羞以雁以麞，季月羞以魚。凡二十八種，所司烹治。自彘以下，令御厨於四時牙盤食烹饌。卜日薦獻，❶一如《開寶通禮》。」又太常禮院言：「自來薦冰，惟薦太廟逐室帝主，后主皆闕。謹案朔望每室牙盤食，帝后同薦。又案《禮》，『有薦新如朔奠』，詳此獻祀，帝后主別無異等之義。今後前廟逐室后主，欲乞四時薦新，並如朔望牙盤例，后廟、奉慈廟如太廟之禮。」

皇祐三年，太常寺王洙言：「每内降新物，有司皆擇吉日，至涉三四日，而物已損敗。自今令禮部預爲關報，於次日薦之，更不擇日。」

【《呂公綽傳》】故事，薦新諸物，禮官議迺薦，或後時陳敗。公綽採《月令》諸書，以四時新物及所當薦者，配合爲圖。

神宗元豐元年，宗正寺奏：「據太常寺報，選日薦新兔、藷藇、栗黄。今三物久粥於市，而廟猶未薦，頗違禮意。蓋節序有蚤晏，❷品物有後先，❸自當變通，安能齊一？又唐《開元禮》，薦新不出神主。今兩廟薦

❶「日」，原作「曰」，據庫本及《宋史·禮志十一》改。
❷「晏」，原作「宴」，據庫本及《宋史·禮志十一》改。
❸「品物」，原倒，據庫本及《宋史·禮志十一》乙正。

新，❶及朔望上食，並出神主。請下禮官參定所宜。」

詳定所言：「古者薦新於廟之寢，無尸，不卜日，不出神主，奠而不祭。近時擇日而薦，非也。天子諸侯，物熟則薦，不以孟、仲、季爲限。《呂氏月令》，一歲之間八薦新物，《開元禮》加以五十餘品。景祐中，禮官議以《呂紀》簡而近薄，唐令雜而不經，於是更定四時所薦，凡二十八物，除依《詩》、《禮》、《月令》外，❷又增多十有七品。雖出一時之議，然歲時登薦，行之已久。依於古則大略，違於經則無法。今欲稍加刊定，取其間先王所嘗享用膳羞之物，見於經者存之，不經者去之。請自今孟春薦韭以卵，羞以葑，仲春薦冰，季春薦筍，羞以含桃；孟夏嘗麥以彘，仲夏嘗雛以黍，羞以瓜，季夏羞以芡以菱；孟秋嘗粟與稷，羞以棗以梨，仲秋嘗麻嘗稻，羞以蒲，季秋嘗菽，羞以兔以栗；孟冬羞以雁，仲冬羞以麕，季冬羞以魚。今春不薦鮪，誠爲闕典。請季春薦鮪，無則闕之。舊有林檎、蕎麥、藷萸之類，及季秋嘗酒，並合删去。凡新物及時出者，即日登獻，既非正祭，則不當卜日。《漢儀》嘗韭之屬，皆於廟而不在寢，故《韋玄成傳》以爲廟歲二十五祠，而薦新在焉。自漢至於隋、唐，因仍其失，薦新雖在廟，然皆不出神主。今出神主，失禮尤甚。請依《五禮精義》，但設神主，❸仍候廟成，薦新於寢。」詔依所定，如鮪闕，即以魴鯉代之。既而知宗正丞趙彦若言：「禮院以仲秋芟萌不經，易

❶「廟」，原作「朝」，據《宋史·禮志十一》改。
❷「詩」，原作「時」，據《宋史·禮志十一》改。
❸「主」，《宋史·禮志十一》作「座」。

以蒲白。今仲秋蒲無白，改從春獻。」大觀，禮局亦言：「薦新雖繫以月，如櫻、筍三月當進，或萌實未成，轉至孟夏之類，自當隨時之宜，取新以薦。」

【《文獻通考》】元豐七年詔：「舊制，薦新米麥之屬，皆取於市。今後宜令玉津、瓊林、宜春、瑞聖諸園，及金明池後苑供具。其所無者，乃索之雜買務。」

【《宋史・禮志》】政和四年，比部員外郎何天衢言：「先王建祭祀之禮，必得疏數之中，未聞一日並行兩祭者也。今太廟薦新，有與朔祭同日者。夫朔祭之禮行於一月之首，不可易也。若夫薦新，則未嘗卜日，一月内皆可薦也。新物未備，猶許次月薦之，亦何必同朔祭之日哉。」自是薦新偶與朔祭同日，詔用次日焉。

【《文獻通考》】宋禮部修立太廟薦新儀注：

陳設。前一日，有司設新物於太常卿齋所。至日，以行事設籩豆於每室户外，以新物實之。每室，孟春豆三，實以韭、葑、卵，仲春豆一，實以冰，季春豆三，實以筍、蒲、鮪魚，籩一，實以含桃。孟夏豆三，實以彘肉、大小麥，仲夏豆二，實以雛雞、黍，籩一，實以瓜，季夏籩二，實以菱、栗。孟秋豆二，實以粟、稷，籩二，實以棗、梨，仲秋豆二，實以麻、稻，季秋豆二，實以菽、兔，籩一，實以栗。孟冬豆一，實以雁，仲冬豆一，實以麕，季冬豆一，實之以魚。又設盥洗於阼階下，直東霤，北向，罍在洗東，加勺，篚在洗西，南肆，實以巾。設太常卿席位於殿下東南，西向。

省饌。前一日，祠祭官引宮闈令詣太常卿齋所，同眡新物應饌者。有司詣厨省鑊，以時率其屬臨造。

行事。薦新日，祠祭官行宮闈令，先入詣殿庭，北向立。❶祠祭官曰「再拜」，宮闈令再

❶「北」，原作「内」，據《文獻通考》卷九九改。

拜，升自西階。凡行事，執事官升降皆自西階。開室，不出神主。帥其屬掃除，退就執事位。次有司實新畢，禮直官引太常卿常服入就殿下席位，北向立。贊「再拜」，太常卿再拜。次引詣盥洗位，北向立，搢笏，盥手，帨手，執笏，升殿，詣僖祖室户外，搢笏。執事者以新物授太常卿，太常卿受新物，奉入詣神位前，北向跪奠，執笏，俛伏，興，出户外，北向再拜。次詣宣祖室、太祖室、太宗室、真宗室、仁宗室、英宗室、神宗室、哲宗室、徽宗室、欽宗室，別廟懿節皇后室、安穆皇后室、安恭皇后室，行禮並如上儀。降復位，少立，退。宮闈令闔户，降，退。

【《遼史·太宗本紀》】天顯五年七月戊子，薦時果於太祖廟。六年七月壬子，薦時果於太祖廟。

【《穆宗本紀》】應曆十三年七月乙丑，薦時羞於太廟。

【《金史·禮志》】海陵天德二年，命有司議薦新，依典禮合用時物，令太常卿行禮。正月，鮪，明昌間用牛魚，無則鯉代。二月，雁。三月，韭，以卵以葑。四月，薦冰。五月，筍、蒲，羞以含桃。六月，彘肉、小麥仁。七月，嘗雛雞，以黍，羞以瓜。八月，羞以芡，以菱以栗。九月，嘗粟與稷，羞以棗以梨。十月，嘗麻與稻，羞以兔。十一月，羞以麕。十二月，羞以魚。從之。

世宗大定三年，有司言：「每歲太廟五享，若復薦新，似涉於數。擬遇時享之月，以所薦物附於籩豆薦之，以合古者『祭不欲數』之義。」制：可。

【《元史·祭祀志》】至元四年二月，初定一歲十二月薦新時物薦新儀。至日質明，太常禮儀院官屬赴廟所，皆公服俟於次。太廟令率其屬升殿，開室户，不出神主，設籩豆俎、酒醴、馬湩及室户内外褥位。又設盥洗位於階下，少東，西向。奉禮郎率儀鸞局設席褥版位於横街南，又設盥盆巾帨二所於齊班幕前。凡與祭執事官皆盥手訖，太常官詣神厨點視神饌。執事者奉所薦饌物，各陳饌幕内。太常官以下入就位，東西重行，北向立定。禮直官贊：皆再拜，鞠躬，拜，興，拜，興，平立，各就位。禮直官引太常次官一員，率執事者出詣饌所，奉饌入自正門，升自太階，奠各室神位前。執事者進時食，院官搢笏，受而奠之。禮直官引太常禮儀使詣盥洗位，盥手，帨手。升殿詣第一室神位前，搢笏，執事者注酒於杯，三祭酒，又注馬湩於杯，亦三祭之，奠杯於案。出笏，就拜興，出室户外，北向立，再拜。每室俱畢，降復位，執事者皆降。禮直官贊：再拜，鞠躬，拜，興，拜，興，平立。餘官率執事者升徹饌，出殿闔户。禮直官引太常官以下俱出東神門外，圓揖。

【王圻《續通考》】元制，世祖至元二十九年，始命每月薦新。孟春，鮪、野彘，仲春雁、天鵝，季春葑、韭、鴨雞卵。孟夏冰、羔羊，仲夏櫻桃、竹筍、蒲筍、羊，季夏瓜、豚、大麥飯、小麥麪。孟秋雛雞，仲秋菱芡、栗、黄鼠，季秋梨、棗、黍、粱、鶩老。孟冬芝蔴、兔、鹿、稻米飯，仲冬麕、埜馬，季冬鯉、黄羊、塔剌不花。其每月配薦，羊羔、炙魚、饅頭、餜子、西域湯餅、圓米粥、砂糖飯羹、乳酪、馬湩，及春秋圍獵始獲之物。

【《元史·祭祀志》】至大元年春正月，皇太子言薦新增用影堂品物，羊羔、炙魚、饅頭、餜子、西域湯餅、圓米粥、砂糖飯羹，每月用以配薦。

【《明會典》】薦新。凡時物，洪武二年，令太常先薦宗廟，然後進御。每月朔望薦新品物，皆太常卿供事，其在月薦之外者，奉常卿奉旨，與内史監官各服常服捧獻，不行禮。薦新品物：正月，韭菜四斤，生菜四斤，薺菜四斤，雞子二百六十箇，鴨子三百四十箇。二月，芹菜三斤，薹菜五斤，冰蔞蒿五斤，子鵝二十二隻。三月，茶筍一十五斤，鯉魚二十五斤。四月，櫻桃十斤，杏子二十斤，青梅二十斤，王瓜五十箇，雉雞十五隻，猪一口。五月，桃子十五斤，李子二十斤。夏至，李子二十斤，紅豆一斗，沙糖一斤八兩，來禽十五斤，茄子一百五十箇，大麥仁三斗，小麥麪三十斤，嫩雞三十五隻。六月，蓮蓬二百五十箇，甜瓜三十箇，西瓜三十箇，冬瓜三十箇。七月，棗子二十斤，葡萄二十斤，梨二十斤，鮮菱十五斤，芡實十斤，雪梨二十斤。八月，藕四十枝，芋苗二十斤，茭白二十斤，嫩薑二十五斤，粳米三斗，粟米三斗，稷米三斗，鱖魚十五斤。九月，橙子二十斤，栗子二十斤，小紅豆三斗，沙糖一斤八兩，鯿魚十五斤。十月，柑子二十五斤，橘子二十五斤，山藥二十斤，兔十五隻，蜜一斤八兩。十一月，甘蔗一百三十根，鹿一隻，雁十五隻，蕎麥麪三十斤，紅豆一斗，沙糖一斤八兩。十二月，菠菜十斤，芥菜五斤，鯽魚十五斤，白魚十五斤。

【《明集禮·薦新儀》】前期，署官灑掃廟室内外，設太常卿拜位於丹墀中道之西，南北向，内使監官及預祭官位於其後，北向。至日，鍾鳴後，直廟官闢廟門，太常司官一同内使監官陳設時新之物，并酒果、常饌、鵝湯飯於各廟神位前。直廟内使啟櫝訖，引禮官引太常卿、内使監官及預祭官，各服常服，入就位。贊禮唱：「鞠躬，拜，興，拜，興，平身。」太常卿以下，鞠躬，拜，興，拜，興，平身。贊禮唱「請行禮」，引禮官引太常卿至神位前，唱「跪」，太常卿少前跪。司香者取香，跪進於太常卿之左。引禮唱：「上香，上香，三上香。」太常卿上香，上香，三上香。訖，唱：「祭酒，祭酒，三祭酒，奠爵。」司酒以爵授太常卿，斟酒。太常卿祭酒，祭酒，三祭酒，奠爵。引禮唱：「俯伏，興，平身。少後，鞠躬，拜，興，拜，興，平身。」太常卿俯伏，興，平身。少後，鞠躬，拜，興，拜，興，平身。贊禮唱：「復位。」引禮官引太常卿由西門出復位。少立，贊禮唱：「徹豆。」執事者于神位前徹豆訖，贊禮唱：「鞠躬，拜，興，拜，興，平身。」太常卿以下俱鞠躬，拜，興，拜，興，平身。引禮引太常卿以下詣焚楮幣所。焚訖，贊禮唱：「禮畢。」直廟内使斂櫝。引禮引太常卿以下出，闔廟門。各廟儀同。

獻新儀：凡遇四方別進新物在月薦之外者，太常卿奉旨，與内使監官各常服，捧獻於太廟。是日，先報直廟内使，闢廟門，燃香燭，啟神櫝。太常卿捧獻於德祖元皇帝神位前，内使監官捧獻於德祖元皇后神位前，不行禮。獻畢，内使斂櫝。各廟儀同。

薦新。今在奉先殿，每月案定到品物，或初二、初三、初四，用鵞湯、粳米飯、時果五般、案酒五般，以品物赴光禄寺。果薦生，物薦熟。

右漢至明薦新。

五禮通考卷第一百一

淮陰吴玉搢校字

五禮通考卷第一百二

内廷供奉禮部右侍郎金匱秦蕙田編輯
太子太保總督直隸右都御史桐城方觀承同訂
兩淮都轉鹽運使德水盧見曾
按察司副使元和宋宗元　參校

吉禮一百二

后妃廟

【《周禮·春官·大司樂》】乃奏夷則，歌小呂，舞《大濩》，以享先妣。【注】先妣，姜嫄也。姜嫄履大人迹，感神靈而生后稷，是周之先母也。周立廟自后稷爲始祖，姜嫄無所妃，是以特立廟而祭之，謂之閟宮。閟，神之。　【疏】案《祭法》「王立七廟」，不見先妣者，以其七廟外非常，故不言。云「先妣，姜嫄也。姜嫄履大人跡，感神靈而生后稷」者，《詩》云「履帝武敏歆」，毛君以爲姜嫄帝嚳妃，履帝武敏歆，謂履帝嚳車轍馬跡，生后稷，后稷爲帝嚳親子。鄭君義依《命曆序》，帝嚳傳十世乃至堯，后稷爲堯官，則姜嫄爲帝嚳後世妃，而言履帝武敏歆者，帝謂天帝也，是以《周本紀》云「姜嫄出野，見巨人跡，心悦，忻然踐之，始如有身動而孕，居期生子」，是鄭解巨人跡與毛異也。《生民》詩《序》云：「《生民》，尊祖也。」后稷生于姜嫄，文、武之功起于后稷，是周之子孫功業由后稷。欲尊其祖，當先尊其母。周立七廟，自后稷已下，不得更立后稷父廟，故姜嫄無所妃也。以其尊敬先母，故特立婦人之廟而祭之。婦人稱宮，處在幽静，故名廟爲閟宮。

歐陽氏修曰：「升祔之后，統以帝樂，別廟之樂則以本室。今云『奏夷則，歌小吕，舞《大濩》』，不統以享先祖之樂，則非配食之后明矣。」

蔡氏德晉曰：「先妣，先世祖妣姜嫄也。周特立廟祀之。《記》曰『鋪筵，設同几。』若姜嫄而外，不宜有獨祀之先妣也。」

【《詩·大雅·生民》】厥初生民，時維姜嫄。

生民如何？克禋克祀。以弗無子，履帝武敏歆。攸介攸止，載震載夙。載生載育，時惟后稷。【傳】生民，本后稷也。姜，姓也，后稷之母，配高辛氏帝焉。【箋】言周之始祖，其生之者是姜嫄也。姜姓者，炎帝之後，有女名嫄，當堯之時，爲高辛氏世妃，本后稷之初生，故謂之生民。【疏】《晉語》云：「黄帝以姬水成，炎帝以姜水成，成而異德。故黄帝爲姬，炎帝爲姜。」是姜者炎帝之姓，故云「姜，姓也」。言「后稷之母，配高辛氏帝」，謂爲帝嚳之妃，與嚳相配而生此后稷，以后稷爲嚳之子也。張晏曰：「高辛所興地名嚳，以字爲號，上古質故也。」《大戴禮·帝系篇》：「帝嚳卜其四妃之子，皆有天下。上妃有邰氏之女，曰姜嫄，而生后稷；次妃有娀氏之女，曰簡狄，而生契；次妃陳鋒氏之女，曰慶都，生帝堯；下妃娵訾之女，❶曰常儀，生摯。」以堯與契俱爲嚳子。《家語》、《世本》其文亦然，故毛爲此傳及《玄鳥》之傳、司馬遷爲《五帝本紀》，皆遵用焉。其後劉歆、班固、賈逵、馬融、服虔、王肅、皇甫謐等皆以爲然。然則堯爲聖君，契爲賢弟，在位七十載而不能用，必待衆乃舉之者，聖人顯仁藏用，匿迹隱端，雖則自知，故不委任，待衆舉而後用，見取人之大法耳。若稷、契，堯之親弟，當生在堯立之前，比至堯崩百餘歲矣。堯崩之後，仍爲舜所勅用者，以其並是上智，壽或過人，不可以凡人促齡而怪彼永命也。若稷、契即是嚳子，則未嘗隔世，《左傳》之説八元，云「世濟其美」者，正以能承父業即稱爲世，不要歷數世也。其緯候之書及《春秋命曆序》言五帝傳世之事，爲毛説者皆所不信，鄭以《命曆序》云「少昊傳八世，顓頊傳九世，帝嚳傳十世」，則堯非嚳子，稷年又少于堯，則姜嫄不得爲帝嚳之妃，故云當堯之時，爲高辛氏之世妃，謂爲其後世子孫之妃也。人世短長無定，於是時書又散亡，未知其爲幾世，故直以「世」言之。其《大戴禮》、《史記》諸書，皆鄭所不信。張融云：「稷、契年稚於堯，堯不與嚳並處帝位。則稷、契焉得爲嚳子乎？若使稷、契爲嚳子如《史記》，是堯之兄弟也。堯有賢弟七十不用，須舜舉之，此不然明矣。《詩》之雅、頌，姜嫄履迹而生，爲周始祖；有娀以玄鳥生商，而契爲玄王，即如毛傳、《史記》之説，嚳爲稷、契之父，帝嚳聖夫，姜嫄正妃，配合生子，人之常道，則《詩》何故但歎其母，不美其父，而云『赫赫姜嫄，其德不回。上帝是

❶「娵」，原作「姬」，據庫本及《詩·大雅·生民》孔疏改。

依，是生后稷』？周魯何殊，特立姜嫄之廟乎？」融之此言，蓋得鄭旨，但以姜嫄爲世妃，則於《左傳》「世濟」之文復協，故《易傳》不以爲高辛之妃也。【箋正義】曰：文十八年《左傳》曰：「高辛氏有才子八人，堯不能舉。舜臣堯而舉之，使布五教於四方。」《堯典》註云「舉八元使布五教」，契在八元中，稷亦高辛氏之後，自然在八元中矣，故知舜臣堯而舉之。《鄭志》趙商問：「此箋云『姜嫄爲高辛氏世妃』，意以爲非帝嚳之妃。《史記》嚳以姜嫄爲妃，是生后稷，明文皎然。又毛亦云『高辛氏帝』，苟信先籍，未覺其偏隱，是以敢問《易》、毛之義？」答曰：「即姜嫄誠帝嚳之妃，履大人之迹而歆歆然，是非真意矣。乃有神氣，故意歆歆然。天下之事，以前驗後，其不合者何可悉信？是故悉信亦非，不信亦非。稷稚於堯，堯見爲天子，高辛與堯並在天子位乎？是箋《易傳》之意也。」《異義》：「《詩》齊、魯、韓，《春秋公羊》說聖人皆無父，感天而生；《左傳》聖人皆有父。謹案：《堯典》『以親九族』，即堯母慶都感赤龍而生堯，堯安得九族而親之？《禮讖》云『唐五廟』，知不感天而生。」「玄之聞也，諸言感生得無父，有父則不感生，此皆偏見之說也。《商頌》曰『天命玄鳥，降而生商』，謂娀簡吞鳦子生契，是聖人感見於經之明文。劉媼是漢太上皇之妻，感赤龍而生高祖，是非有父感神而生者也。且夫蒲盧之氣嫗煦桑蟲，成爲己子，況乎天氣因人之精，就而神之，反不使子賢聖乎？是則然矣，又何多怪？」如鄭此言，天氣因人之精使之賢聖，則天氣不獨生人。此姜嫄得無人道而生子者，言非一端也。彼以古今異說，言感生則不得有父，有父則不得感生，偏執一見，理未弘通。故鄭引蒲盧爲喻，以證有父得感生耳。必由父也，所引吞鳦生契，即是不由父矣，又何怪於后稷也。稷、契等雖感天氣，母實有夫，則亦爲有父。繼父爲親，故稱嚳之胄。唐堯之親九族，立五廟，亦猶此也。稷、契俱是感生，棄稷不棄契者，人之意異耳。或者簡狄雖有吞鳦，仍御於夫，其心自安，故不棄之耳。馬融之說此《詩》則異於是矣。王肅引馬融曰：「帝嚳有四妃，上妃姜嫄生后稷，次妃簡狄生契，次妃陳鋒生帝堯，次妃娵訾生帝摯。摯最長，次堯，次契。下妃三人皆已生子，上妃姜嫄未有子，故禋祀求子，上帝大安其祭祀而與之子。任身之月，帝嚳崩。摯即位而崩，帝堯即位。帝嚳崩後十月而后稷生，蓋遺腹子也。雖爲天所受，然寡居而生子，爲衆所疑，不可申說。姜嫄知后稷之神奇，必不可害，故欲棄之，以著其神，因以自明。堯亦知其然，故聽姜嫄棄之。」肅以融言爲然，又其奏云：「稷、契之興，自以積德累功於民事，不以大迹與燕卵也。且不夫而育，乃載籍之所以爲妖，宗周之所喪滅。」其意不信履大迹之事，而又不能申棄之意，故以爲遺腹子，姜嫄避嫌而棄之。王基駁之曰：「凡人有遺體，猶不以爲嫌，況於帝嚳聖主，姜嫄賢妃，反當嫌於遭喪之月，便犯禮哉！人情不然，一也。就如融言，審如帝嚳之子。❶凡聖主賢妃生子，未必皆賢聖，能爲神明所祐。堯有丹朱，舜有商均，文王有管、蔡，姜嫄御於帝嚳而有身，何以知其特有神奇，而置之於寒冰乎？假令鳥不覆翼，終疑逾甚，則后稷爲無父之子，嚳有淫昏之妃，姜嫄有污辱之毀，當何以自明哉？本欲避嫌，嫌又甚焉。不然二也。又《世本》云『帝嚳卜其四妃之子，皆有天下』，若如融言，任身之月而帝嚳崩，姜嫄尚未知有身，帝嚳焉得知而卜之？苟非其理，前却縶礙，義不得通，不然三也。不夫而育，載籍之所以爲妖，宗周之所以喪滅，誠如肅言，神靈尚能令二龍生妖女，以滅幽王，天帝反當不能以精氣育聖子，以興帝王也？此適所以明有感生之事，非所以爲難。肅信二龍實生褒姒，不信天帝能生后稷，是謂上帝但能作妖，不能爲嘉祥，長於爲惡，短於爲善。肅之乖戾，此尤甚焉。」馬昭曰：「稷奇見於既棄之後，未棄之前，用何知焉？」孫毓曰：「天道徵祥，古今有之，皆依人道而有靈助。劉媼之任高祖，著有雲龍之怪；褒姒之生，由於玄黿之妖，巨迹之感，何獨不然？而謂自履其夫帝嚳之迹，何足異而神之？乃敢棄隘巷寒冰，有覆翼之應乎？而王傳之知其神奇，不可得害，以何爲徵也？且匹夫凡民遺腹生子，古今有之。嚳崩之月，而當疑爲姦，非夫有識者之所能言也。鄭説能言，羣賢以鄭爲長，長則信矣。所言王短，短猶未悉，何則？馬、王立説，自云述毛，其言遺腹寡居，必謂得毛深旨。案下《傳》曰：『天生后稷，異之於人，欲以顯其靈。帝不順天，是不明也，故承天意而異之於天下。』是言天異后稷於人，帝又承天之意，所以棄而異之，明示天下，安有遺腹寡居之事乎？即由天異而棄之，何須要在寡居？若以寡居爲嫌，何以必知其異？若使無異可棄，竟當何以自明？又上《傳》云『帝高辛氏』，下《傳》云『帝不順天』，則帝亦高辛之帝，安得謂之堯也？《五帝傳》云：『堯見天因邰而生后稷，因之曰堯，不名高辛。』益知此帝不爲堯也，何以堯知其然，聽姜嫄棄之？且馬、王之説，姜嫄爲高辛之正妃，其於帝堯則君母也，比

❶「如」，庫本及《詩・大雅・生民》孔疏作「是」。

之後世，則太后也。以太后之尊，欲棄己子，足以自專，不假堯命，云何聽棄之也？又堯爲人兄，聽母棄弟，縱其安忍之心，殘其聖父之胤，不慈不孝，亦不是過，豈有欽明之后用心若此哉！若以堯知其神，故爲顯異，則堯之知稷之甚矣。初生以知其神，纔長應授之以位，何當七十餘載莫之收采，且有聖弟不欲明揚，虞舜登庸，方始舉任，雖帝難之，豈其若此？故知王氏之說進退多尤，所言遺腹，非毛旨矣。即有邰家室，堯見天因邰而生后稷，故國后稷於邰，命使事天，以顯神順天命耳。堯改封於邰，就其成國，家室無變更也。」

【朱子《詩傳》】姜嫄出祀郊禖，見大人迹而履其拇，遂歆歆然有人道之感。於是即其所大所止之處，而震動有娠。乃周人所由以生之始，明其受命于天，固有以異於常人也。然巨迹之說，先儒頗或疑之，而張子曰：「天地之始，固未嘗先有人也，則人固有化而生者矣。蓋天地之氣生之也。」蘇氏亦曰：「凡物之異於常物者，其取天地之氣常多，故其生也或異。麒麟之生，異於犬羊，蛟龍之生，異於魚鼈，物固有然者矣。神人之生，而有以異於人，何足怪哉！」斯言得之矣。又曰：「毛公說姜嫄出祀郊禖，履帝嚳之迹而行，將事齊敏。鄭氏說姜嫄見大人迹而履其拇。二家之說不同，諸儒多是毛而非鄭。然《史記》亦云姜嫄『見大人迹，心忻忻欲踐之，踐之而身動如孕』，則非鄭之臆說矣。後世所謂祥瑞，固多僞妄，然豈可因後世之僞妄，而并真實者皆以爲無乎？『鳳鳥不至，河不出圖』，孔子之言，不成亦以爲非。履巨迹之事有此理，且如契之生，《詩》中亦云玄鳥降而生商，蓋以爲稷、契皆天生之耳，非有人道之感，非可以常理論也。漢高祖之生亦類此。此等不可以言盡，當意會之可也。」

觀承案：姜嫄事，馬融以爲遺腹生子者，最無稽而不足辨。毛、鄭二説，似俱可通，而毛説爲長。蓋履帝武敏歆，謂隨帝嚳以行而禖神速享之，「敏歆」與下文「上帝居歆」之「歆」同，極文從字順，帝即帝嚳，未見帝武之爲大人跡也。惟棄之之故則不可解。老泉以莊公寤生驚姜氏例之，然姜氏亦第惡之而已，未嘗棄之也。母子天性，即謂首生太易，何至棄之平林寒冰，而必欲殺之乎？則張子氣化而生之説，頗爲穩當。下章「居然生子」一語，經文已明明注出，蓋郊禖禮畢於所介所止之處，非有人道之感，而震動有身之甚早，故曰徒然生子，此之謂氣化而生。生民之初，固有如是者，姜嫄不知，故疑而棄之耳。《史記》正坐讀經不詳之故，因習見武帝時緱氏仙人跡、東萊大人跡，因而謬解此《詩》。彼康成又過信《史記》而衍之耳。《玄鳥》詩亦然。郊禖之時，玄鳥適至，因禱之而生契，詩人神其事，以爲天命之而生商。此如嶽降生申，豈真有嶽神下降而生申伯哉？且墮卵事，經中本無其文。語常不語怪，固孔子之家法也。

即有邰家室。【傳】邰，姜嫄之國也。堯見天因邰而生后稷，故國后稷於邰，命使祀天，以顯神順天命耳。【箋】后稷教民，使種黍稷，熟則大成。以此成功，堯改封于邰，就其成國之家室，無變更也。

【朱子《詩傳》】邰，后稷之母家也。堯以其有功於民，封於邰，使即其母家而居之，以主姜嫄之祀。故周人亦世祀姜嫄焉。

劉氏瑾曰：「曹氏曰：『生民之功，本於姜嫄，不可弗祀。故《周官·大司樂》奏夷則，歌小呂，舞《大濩》，以享先妣，而序於先祖之上，尊之也。』」

【《魯頌·閟宮》】閟宮有侐，實實枚枚。赫赫姜嫄，其德不回。【傳】閟，閉也。先妣姜嫄之廟，在周常閉而無事。孟仲子曰：「是禖宮也。」【箋】閟，神也。姜嫄神所依，故廟曰神宮。【疏】周人立姜嫄之廟，常閉而無事。既言其廟，遂説其身。赫赫顯著者，其姜姓之女，名嫄也。禮，生曰母，死曰妣。姜嫄是周之先母，故謂之先妣。《春官·大司樂》「以享先妣」，則先妣之廟有祭事矣。《周禮》定其用樂，明其有祭之時，或因大祭而祭之也。傳亦以此司樂之文，故知其廟在周耳。言其在周，則謂魯無其廟，以周立是非常，故魯不得有也。箋以詩人之作，覩事興辭，若魯無姜嫄之廟，不當先述閟宮。又卒章云「新廟奕奕，奚斯所作」，則所新之廟新此閟宮，自然在魯不在周也。以其爲姜嫄神之所依，故廟曰神宮。新廟奕奕，奚斯所作。【箋】修舊曰新。新者，姜嫄廟也。僖公承衰亂之政，上新姜嫄之廟。姜嫄之廟，廟之先也。

方氏苞曰：「魯特立廟祀姜嫄，謂之閟宮，蓋諸侯不敢祖天子也。《商頌》推契之自出而舉有娀，義亦如此。」

蕙田案：《大司樂》之「奏夷則，歌小呂，舞《大濩》，以享先妣」也，此後世后妃立廟之權輿也。注曰「先妣，姜嫄也」，夫姜嫄生后稷，事見《大雅·生民》，立廟，見《魯頌·閟宮》。先儒疑者半，信者半，今集羣説而詳考之。知其事雖近誕而實有其理，祭雖近黷而禮有其義。揆其原，當在后稷有邰肇祀之年，《生民》即其樂章，《大司樂》詳其聲律，而其制度可通於大祭之禘嚳而郊稷也。姜嫄，毛傳謂配高辛氏帝，鄭箋謂高辛氏世妃，二説不同，鄭箋爲長。蓋嚳與稷之爲父子，記、傳無可徵信，而以《祭法》、《國語》禘嚳之文推之，則以爲帝嚳之後者可從也。履帝武敏歆，毛傳謂履帝嚳之迹，鄭謂見大人迹而履其拇，二説亦不同。朱子獨是鄭氏，謂鄭據《史記》，非臆説。今案周人祭姜嫄而不祭嚳者，據鄭推之，其義亦有二：一曰諸侯不敢祖天子，而庶子得祭其母；一曰神靈誕降自天，而其母之祭不可廢。何也？稷，帝者後也。帝既自有後，則稷非嫡子，而以功封邰，自爲有國之祖。有國者，其敢祖天子而祭嚳乎？至姜嫄，其生母也，庶子不爲父後，得祭其生母，禮也。《記》曰「妾母不世祭」，姜嫄非妾母也。生民之始也，履帝武敏歆，弗禋弗祀，居然生子，棄之隘巷，棄之平林，棄之寒冰，是何等神異，而天命所在，神靈昭赫，姜嫄之母道，其可一日不祀乎？朱子曰：「巨跡之説，先儒頗或疑之，而張子曰『天地之始，固未嘗先有人也，則人固有化而生者矣，蓋天地之氣生之也』。」今考《生民》八章，首三章推其誕生之祥。輔氏謂后稷教民播種，利及萬世，非天所命而何？宜其始生之靈異。四章、五章、六章，推其教稼之功，即有邰家室，以歸肇祀。注謂堯以其有功于民，封於邰，以主姜嫄之祀。七章、八章，專言祭祀之事，而實指之曰「后稷肇祀，庶無罪悔，以迄于今」，是《生民》之詩，專爲祀姜嫄而作。姜嫄之祭，始於后稷。及周公定禮，罔敢或渝，乃敘先妣于先祖之上，以爲宗祀之最先，遂作《生民》之詩，溯其本始，述其祀典，以爲廟之樂章。大司樂遂文之以五聲，播之以八音，和之以律吕，節之以容舞，而夷則、小吕、《大濩》之樂作焉。此先妣之爲姜嫄，斷斷無疑。而禮之以義起者，莫大乎是，非聖人莫能爲也。然則其義可通于禘者，奈何？曰禘者祭帝之禮也，是周有天下之事也。其始也，后稷封邰，諸侯耳，不敢祖天子，而但祭姜嫄。其後也，既有天下，則可祭其祖所自出之帝。姜嫄爲高辛氏世妃，則帝嚳其所自出之祖也，故禘帝嚳于太祖之廟，而姜嫄自爲别廟，仁之至、義之盡也。此聖人之權也。曰其廟見於《魯頌》，何也？曰魯之僭禮也。魯自僖公以後，僭郊僭禘，不一而足。彼見周之有姜嫄廟也，故作《閟宫》以擬之。然由是而益可徵先妣之爲姜嫄也，益可徵周之享先妣，姜嫄亦有廟也。

右周先妣廟。

【《春秋》】隱公五年九月，考仲子之宫。

【《公羊傳》】考宫者何？考猶入室也，始祭仲子也。桓未君則曷爲祭仲子？隱爲桓立，故爲桓祭其母也。【《穀梁傳》】考者何也？考者成之也，成之爲夫人也。禮，庶子爲君，爲其母築宫，使公子主其祭也。於子祭，於孫止。

胡氏《傳》曰：「考者，始成而祀也。其稱

仲子者，惠公欲以愛妾爲夫人，隱公欲以庶弟爲嫡子。聖人以爲諸侯不再娶，於禮無二嫡。孟子入惠公之廟，仲子無祭享之所，爲別立宮以祀之，非禮也。」

陳氏傅良曰：「仲子之宮，別廟也。古者妾祔于妾祖姑，無妾祖姑，則易牲而祔於女君別廟，非禮也。」

汪氏克寬曰：「《穀梁》云庶母築宮而君終則廢，《禮》曰『妾母不世祭』，乃庶子爲君之禮也。若庶子未爲君而祭其妾母，則固無其禮也。《禮》稱女君死則妾爲女君之黨服，攝女君則不爲先女君之黨服，所以防嫡妾之亂也。孟子卒，則聲子攝小君矣。仲子，先君之妾耳，安可爲之立宮乎？隱公立宮以祭庶母，遂啓後世追尊皆援《春秋》考宮之義。聖人特書，以著失禮之始。」

右魯仲子宮。附。

【《漢書・高帝本紀》】五年，即皇帝位，追尊先媪曰昭靈夫人。《漢儀注》：「昭靈夫人陵廟，在陳留小黄。」

【《外戚傳》】代王爲皇帝，尊太后爲皇太后。孝景前二年崩，葬南陵。師古曰：「薄太后陵在霸陵之南，故稱南陵，即今所謂薄陵。」用吕后不合葬長陵，師古曰：「以吕后是正嫡，故薄不得合葬也。」故特自起陵，近文帝。

孝武鉤弋趙倢伃，昭帝母也。從幸甘泉，有過見譴，以憂死，因葬雲陽。師古曰：「在甘泉宮南，今土人呼爲女陵。」昭帝即位，追尊鉤弋倢伃爲皇太后，起雲陵。

【《昭帝本紀》】始元元年夏，爲皇太后起園廟雲陵。

【《韋玄成傳》】元帝永光五年，韋玄成言：「古者制禮，別尊卑貴賤，國君之母，非適不得配食，則薦於寢，身没而已。陛下躬至孝，承天心，建祖宗，定迭毁，序昭穆。大禮既定，孝文太后、孝昭太后寢祠園，宜如禮勿復修。」奏：可。孝文太后薄氏葬南陵，孝昭太后趙氏葬雲陵，各有園廟。

帝寢疾，匡衡告謝毀廟曰：「孝莫大於嚴父，故父之所尊，子不可以不承，父之所異，子不敢同。禮，公子不得爲母信，爲後則於子祭，於孫止，李奇曰：『不得信，尊其父也。公子去其所而爲太宗後，尚得私祭其母，爲孫則止，不得祭公子母也，明繼祖不復顧其私祖母也。』尊祖嚴父之義也。」

右漢后妃陵廟。

【《後漢書・光武帝本紀》】中元元年冬十月甲申，使司空告祠高廟，曰：「高皇帝與羣臣約，非劉氏不王。呂太后賊害三趙，謂高帝子趙幽王友、趙恭王恢、趙隱王如意。專王呂氏。賴社稷之靈，禄、産伏誅，天命幾墜，危朝更安。呂太后不宜配食高廟，同祧至尊。薄太后母德慈仁，孝文皇帝賢明臨國，子孫賴福，延祚至今。其上薄太后尊號曰高皇后，配食地祇。遷呂太后廟主於園，四時上祭。❶」園謂塋域也，於中置寢。

【《和帝本紀》】永元九年九月甲子，追尊皇妣梁貴人爲皇太后。冬十月乙酉，改葬恭懷梁皇后於西陵。

【《竇皇后傳》】梁貴人者，梁竦之女。建初二年，選入掖庭，爲貴人，生和帝。后養爲己子，忌梁氏，作飛章以陷竦。竦誅，貴人以憂卒。和帝即位，以貴人酷没，斂葬禮闕，乃改殯於承光宮，上尊謚曰恭懷皇后。

【《東觀記》】曰：「改殯承光宮，儀比敬園。初，后葬有闕，竇后崩後，乃議改葬。」

蕙田案：敬陵，章帝陵也。❷

【《祭祀志》】和帝追尊其母梁貴人曰恭懷皇

❶「上」，原作「二」，據《後漢書・光武帝本紀下》改。

❷「章」，原作「和」，據庫本及《後漢書・和帝本紀》改。

后，陵以竇后配食章帝，恭懷皇后别就陵寢祭之。

【《竇皇后紀》】和帝永元九年，太后崩。未及葬，而梁貴人姊嫕上書，陳貴人枉殁之狀。太尉張酺、司徒劉方、司空張奮上奏，依光武黜呂太后故事，中元元年黜呂后，不宜配食高廟。貶太后尊號，不宜合葬先帝。百官亦多上言者。帝手詔曰：「竇氏雖不遵法度，而太后常自減損，朕奉祀十年，深惟大義。禮，臣子無貶尊上之文。恩不忍離，義不忍虧。案前世上官太后亦無降黜，上官太后，昭帝后也。父安與燕王謀反誅，太后以年少，又霍光外孫，故不廢也。其勿復議。」于是合葬敬陵。

蕙田案：和帝尊崇所生，而仍不徇羣臣之請，上黜太后。大分既昭，私恩亦盡，可謂斟情酌理者矣。

【《安帝本紀》】建光元年三月戊申，追尊皇考清河孝王曰孝德皇，皇妣左氏曰孝德皇后，祖妣宋貴人曰敬隱皇后。丁巳，尊孝德皇元妃耿氏爲甘陵大貴人。甘陵孝德皇后之陵，因以爲縣。

【《祭祀志》】安帝以清河孝王子即位。建光元年，追尊其祖母宋貴人曰敬隱后，陵曰敬北陵。亦就陵寢祭，太常領如西陵。追尊父清河孝王曰孝德皇，母曰孝德后，清河嗣王奉祭而已。

【《清河孝王傳》】清河孝王慶母宋貴人，生慶，立爲皇太子。竇皇后心内惡之，日夜毁譖，遂廢太子，貴人飲藥自殺。安帝即位，即清河王長子。有司上言：「清河孝王至德淳懿，載育明聖，承天奉祚，爲郊廟主。漢興，高皇帝尊父爲太上皇，宣帝號父爲皇考，序昭穆，置園邑。太宗之義，舊章不忘。太宗謂繼嗣也。宜上尊號曰孝德皇，皇妣左氏曰孝德后，孝德皇母宋貴人追謚曰敬隱后。」乃告祠高廟，使司徒持節與大鴻臚奉策書璽綬清河，追上尊號；又遣中常侍奉太牢祠典，護禮儀侍中劉珍等及宗室列侯皆往會事。尊陵曰甘陵，廟曰昭廟，置令、丞，設兵車周衛，比章陵。皇考南頓君陵。復以廣川益清河國。尊耿姬爲甘陵大貴人。

【《順帝本紀》】永建二年六月乙酉，追尊謚皇妣李氏爲恭愍皇后，葬於恭北陵。

【《閻皇后紀》】帝順帝。母李氏瘞在洛陽城北。帝初不知，莫敢以聞。及太后崩，左右白之。帝感悟發哀，親到瘞所，更以禮殯，上尊謚曰恭愍皇后，葬恭北陵，爲策書金匱，藏於世祖廟。在恭陵之北，因以爲名。《漢官儀》曰：「置陵園令、食監各一人，秩皆六百石。」金匱，緘之以金。

【《祭祀志》】順帝即位，追尊其母曰恭愍后，陵曰恭北陵。就陵寢祭，如敬北陵。

【《河間孝王傳》】蠡吾侯翼卒，孝王子。子志嗣立，是爲桓帝。梁太后詔追尊河間孝王爲孝穆皇，夫人曰孝穆后，廟曰清廟，陵曰樂成陵。蠡吾先侯曰孝崇皇，廟曰烈廟，陵曰博陵，皆置令丞。使司徒持節奉策書璽綬，祠以太牢。

【《匽皇后紀》】孝崇匽皇后諱明，爲蠡吾侯翼媵妾，蠡吾侯翼，河間王開子，和帝孫。生桓帝。桓帝即位，明年，追尊翼爲孝崇皇，陵曰博陵，以后爲博園貴人。和平元年，梁太后崩，乃就博陵尊后爲孝崇皇后，遣司徒持節奉策授璽綬，齎乘輿器服，備法物，宮曰永樂。元嘉二年崩，以帝弟平原王石爲喪主，石，蠡吾侯翼子，桓帝弟。斂以東園畫梓、壽器、玉匣、飯含之具，禮儀制度比恭懷皇后。東園，署名，屬少府，掌爲棺器。梓木爲棺，以漆畫之。稱壽器者，欲其久長也，猶如壽堂、壽宮、壽陵之類也。《漢舊儀》曰：「梓棺長二丈，廣四尺。」玉匣者，腰以下爲匣至足，亦縫以黄金爲縷。飯含者，以珠玉實口。將作大匠復土繕廟，合葬博陵。

【《獻帝本紀》】初平元年，有司奏：「恭懷、敬隱、恭愍三皇后，並非正嫡，不合稱后，請除尊號。」制曰「可」。

蕙田案：《祭祀志》，乃董卓所奏也。

興平元年二月壬午，追尊謚皇妣王氏爲靈懷皇后。甲申，改葬於文昭陵。

【《王美人紀》】興平元年，帝加元服。有司奏立長秋宮。詔曰：「朕稟受不弘，遭值禍亂，未能紹先，以光故典。皇母前薨，未卜宅兆，禮章有闕，中心如結。三歲之感，蓋不言吉，且須其後。」於是有司乃奏追王美人爲靈懷皇后，改葬文昭陵，儀比敬、恭二陵。

蕙田案：兩漢升祔一帝，一后廢黜，則以繼后配食，生母別立寢園以祀。

右後漢后妃廟。

【《三國・魏志・明帝紀》】黄初七年夏五月丁巳，即皇帝位。癸未，追謚母甄夫人曰文昭皇后。太和元年二月辛巳，立文昭皇后寢廟於鄴。

【《晉書・禮志》】文帝甄后賜死，故不立廟。明帝即位，有司奏請追謚曰文昭皇后，使司空王朗持節奉策告祠于陵。三公又奏曰：「自古周人歸祖后稷，又特立廟以祀姜嫄。今文昭皇后于後嗣，聖德至化，豈有量哉！夫以皇家世妃之尊，神靈遷化，而無寢廟以承享祀，非以報顯德，昭孝敬也。稽之古制，宜依周禮，别立寢廟。」奏：可。太和元年二月，立廟於鄴。四月，洛邑初營宗廟，掘地得玉璽，方一寸九分，其文曰「天子羨思慈親」。明帝爲之改容，以太牢告廟。景初元年十二月己未，有司又奏文昭皇后立廟京師，永傳享祀，樂舞與祖廟同，廢在鄴廟。

【《文昭甄皇后傳》】❶后，中山無極人，明帝母，延康二年六月賜死，葬於鄴。明帝即位，有司奏請追謚，上尊謚曰文昭皇后。景初元年，夏，有司議定七廟。冬，又奏曰：「蓋帝王之興，既有受命之君，又有聖妃協于神靈，然後克昌厥世，以成王業焉。昔高辛氏卜其四妃之子皆有天下，而帝摯、陶唐、商、周代興。周人上推后稷，以配皇天，追述王初，本之姜嫄，特立宮廟，世世享嘗。《周禮》所謂『奏夷則，歌中吕，❷舞《大濩》，以享先妣』者也。詩人頌之曰『厥初生民，時維姜嫄』，言王化之本，生民所由。又曰『閟宮有侐，實實枚枚。赫赫姜嫄，其德不回』，《詩》、《禮》所稱，姬宗之盛，其美如此。大魏期運，繼於有虞，然崇隆帝道，❸三世彌隆，廟數之祧，實與周同。今武宣皇后、文德皇后各配無窮之祚，至於文昭皇后，膺天靈符，誕育明聖，功濟生民，德盈宇宙，開諸後嗣，乃道化之所興也。寢廟特祀，亦姜嫄之閟宮也，而未著不毁之制，懼論功報德之義，萬世或闕焉，非所以昭孝示後世也。文昭廟宜世世享祀奏樂，與祖廟

❶「文昭甄皇后傳」上，案下引文及秦氏體例，當有「三國魏志」四字。

❷「中吕」，據《周禮·春官·大司樂》當作「小吕」。

❸「隆」，庫本作「弘」，闕末笔，蓋避清乾隆諱。

同，永著不毁之典，以播聖善之風。」于是，與七廟議並勒金策，藏之金匱。

右三國魏后妃廟。

【《三國·蜀志·先主甘后傳》】先主甘皇后，沛人也。先主住小沛，納以爲妾。先主數喪嫡室，常攝内事。后卒，葬於南郡。章武二年，追謚皇思夫人，遷葬於蜀，未至而先主殂殞。丞相亮上言：「皇思夫人履行修仁，淑慎其身。大行皇帝昔在上將，嬪配作合，載育聖躬，大命不融。大行皇帝存時，篤義垂恩。念皇思夫人神柩在遠飄飖，特遣使者奉迎。會大行皇帝崩，今皇思夫人神柩以到，又梓宮在道，園陵將成，安厝有期。臣輒與太常臣賴恭等議：《禮記》曰：『立愛自親始，教民孝也；立敬自長始，教民順也。』不忘其親，所由生也。《春秋》之義，母以子貴。昔高皇帝追尊太上昭靈夫人爲昭靈皇后；孝和皇帝改葬其母梁貴人，尊號曰恭懷皇后；孝愍皇帝亦改葬其母王夫人，尊號曰靈懷皇后。今皇思夫人宜有尊號，以慰寒泉之思。輒與恭等案謚法，宜曰昭烈皇后。《詩》曰：『穀則異室，死則同穴。』故昭烈皇后宜與大行皇帝合葬。臣請太尉告宗廟，布露天下，具禮儀别奏。」制曰「可」。

蕙田案：晉代徐邈、臧燾之議，謂母以子貴，宜崇尊號，合葬祔食，理所不可。然則昭烈既立穆后，而甘后仍與合葬，禮歟？曰：甘后之合葬，則非凡爲妾媵之比。史稱「先主數喪嫡室，常攝内事」，則隱然有繼室之義。其薨也，在先主未即帝位之先，因而未及追尊。至即位後，甘氏已薨，孫夫人又歸吴，緣是立穆后耳。況所生子禪早已建爲太子，又與以藩邸入繼大統者不同。據此數端，雖謂甘后之合葬，禮以義起可也。

右蜀漢后妃廟。

【《晉書·禮志》】武帝既改創宗廟，追尊景帝夫人夏侯氏爲景懷皇后。任茂議以爲夏侯初嬪之時，未有王業。帝不從。

【《文獻通考》】馬氏曰：❶「時已尊景王夫人羊氏爲景后矣。懷帝策武帝後楊后曰武悼皇后，改葬峻陽陵側，別祠弘訓宮，不列於廟。成帝咸康五年，始作武悼后神主，祔于廟，配享世祖。」

【《武悼楊皇后傳》】后以咸寧二年立爲皇后。帝崩，尊爲皇太后。賈后凶悖，廢太后爲庶人，絶膳而崩。永嘉元年，追復尊號，別立廟，神主不配武帝。至成帝咸康七年，下詔使内外詳議。衛將軍虞潭議曰：「世祖武皇帝光有四海，元皇后應乾作配。元后既崩，悼后繼作，至楊駿肆逆，禍延天母。孝懷皇帝追復號謚，豈不以鯀殛禹興，義在不替者乎！又太寧二年，臣忝宗正，帝譜泯棄，罔所循案。時博諮舊齒，以定昭穆，與故驃騎將軍華嶠、尚書荀崧、侍中荀邃因舊譜參論撰次，尊號之重，一無改替。今聖上孝思，祇肅禋祀，詢及羣司，將以恢定大禮。臣輒思議，❷伏見惠皇帝《起居注》，羣臣議奏，列駿作逆謀，危社稷，列魯之文姜、漢之吕后。❸臣竊以文姜雖莊公之母，實爲

❶「馬氏」下，庫本有「端臨」二字。
❷「議」，《晉書》卷三一作「詳」。
❸「列」，《晉書》卷三一作「引」。

父讎；呂后寵樹私戚，幾危劉氏，案此二事異於今日。昔漢章帝竇后殺和帝之母，和帝即位盡誅諸竇。當時議者欲貶竇后，及后之亡，欲不以禮葬。和帝以奉事十年，義不可違，臣子之道，務從豐厚，仁明之稱，表於往代。又見故尚書僕射裴頠議悼后故事，稱繼母雖出，❶追服無改。是以孝懷皇帝尊崇號謚，還葬峻陵。此則母子道全，而廢事蕩革也。於時祭於弘訓之宮，未入太廟。蓋是事之未盡，非義典也。若以悼后復位爲宜，則應配食世祖；若以復之爲非，❷則號謚宜闕，未有位號居正，而偏祀別室者也。若以孝懷皇帝私隆母子之道，特爲立廟者，此苟崇私情，有虧國典，則國譜帝諱，皆宜除棄，匪徒不得同祀於世祖之廟也。」會稽王昱等咸從潭議，由是太后配食武帝。

蕙田案：二后並配，自晉成帝始，一元配、一繼后也。

【《元敬虞皇后傳》】帝爲琅邪王，納后爲妃，無子。永嘉六年薨。帝爲晉王，追尊爲王后。有司奏請王后應別立廟。令曰：「今宗廟未成，不宜更興作，便修飾陵上屋以爲廟。」太興三年，册曰：「皇帝咨前琅邪王妃虞氏：朕祗順昊天成命，用陟帝位。悼妃夙徂，徽音潛翳，御于家邦，靡所儀刑，陰教有虧，用傷于懷。追號制謚，先王之典。今遣使持節兼太尉萬勝奉册贈皇后璽綬，祀以太牢。魂而有靈，嘉兹寵榮。」乃祔于太廟，葬建平陵。

❶「母」，原脱，據庫本及《晉書》卷三一補。
❷「以」，原脱，據《晉書》卷三一補。

【《通典》】元帝初爲晉王，妃虞氏先亡。王導與賀循書，論虞廟，元帝爲琅邪王，納虞氏爲妃，永嘉中亡，帝爲晉王，追謚爲后。而元帝子明帝自有母，時以此疑，故比兄弟昭穆之義也。云：「王所崇惜者體也，未敢當正位入廟及毀廢之所，不知便可得爾不？」循答曰：「漢光武於屬，以元帝爲父，故於昭穆之敘，便居成帝之位，而遷成帝之主於長安高廟。今聖上於惠帝爲兄弟，亦當居惠帝之位，而上繼武帝，惠帝亦宜別廟，則虞妃廟位，當以此定。」導又云：「戴若思欲於太廟立后別室。」循答曰：「愚以尊王既當天之正統，而未盡宸居之極稱，❶既名稱未極，更於事宜爲難。或謂可立別廟，使進退無犯。意謂以尊意所重施於今，宜如有可爾理。若全尊尋備，昭穆既正，則俯從定位，亦無拘小別。然非常禮，無所取準。於名則未滿，於禮則變常。竊以戴所斟酌，於人情爲未安。」

【《文獻通考》】明帝生母豫章君荀氏，成帝時薨，贈豫章郡君，別立廟於京都。

【《豫章君傳》】豫章君荀氏，元帝宮人也。初有寵，生明帝及琅邪王，漸見疎薄。明帝太寧元年，迎還臺内。及成帝立，尊重同於太后。咸康元年薨。詔曰：「朕少遭憫凶，慈訓無禀，撫育之勤，建安君之仁也。一旦薨殂，實思報復，永惟平昔，感痛哀摧。其贈豫章郡君，別立廟於京都。」

【《晉書·孝武帝本紀》】太元十九年夏六月壬子，追尊會稽王太妃鄭氏爲簡文宣太后。二十年春二月，作宣太后廟。

❶「宸」，原作「震」，據《通典》卷四七改。

道西。

【《禮志》】太元十九年二月，追尊簡文母會稽太妃鄭氏爲簡文皇帝宣太后，立廟太廟道西。

【《簡文宣鄭太后傳》】建武元年，納爲琅邪王夫人。生琅邪悼王、簡文帝。咸和元年薨，簡文帝徙封會稽王，追號曰會稽太妃。及簡文帝即位，未及追尊。太元十九年，孝武帝下詔曰：「會稽太妃文母之德，徽音有融，誕載聖明，光延于晉。❶先帝追尊聖善，朝議不一，道以疑屈。朕述遵先志，常惕于心。今仰奉遺旨，依《陽秋》二漢孝懷皇帝故事，上太妃尊號曰簡文太后。」於是立廟於太廟路西，陵曰嘉平。時羣臣希旨，多謂鄭太后應配食于元帝者。帝以問太子前率徐邈，邈曰：「臣案《陽秋》之義，母以子貴。魯隱尊桓母，別考仲子之宫而不配食於惠廟。又平素之時，不伉儷於先帝，至於子孫，豈可爲祖考立配？其崇尊盡禮，由於臣子，故得稱太后，陵廟備典。若乃祔葬配食，則義所不可。」從之。

【《宋書・臧燾傳》】晉孝武帝追崇庶祖母宣太后，議者或謂宜配食中宗。燾議曰：「《陽秋》之義，母以子貴，故仲子、成風咸稱夫人，經云『考仲子之宫』，若配食惠廟，則宫無緣别築。前漢孝文帝、昭帝太后，並繫子爲號，祭於寢園，不配於高祖、孝武之廟。後漢和帝之母曰恭懷皇后，安帝祖母曰敬隱皇后，順帝之母曰恭愍皇后，雖不繫子爲號，亦祭於陵寢，不配章、安二帝。此則二漢雖有太后、皇后之異，至于並不配食，義同《陽秋》。唯光

❶「光」，原作「先」，據庫本及《晉書》卷三二改。

武追廢呂后，故以薄后配高祖廟；又衛后既廢，霍光追尊李夫人爲皇后，配孝武廟。此非母以子貴之例，直以高、武二廟無配故耳。夫漢立寢於陵，自是晉制所異，謂宜遠準《陽秋》考宮之義，近摹二漢不配之典。尊號既正，則罔極之情申；別建寢廟，則嚴禰之義顯；繫子爲稱，兼明母貴之所由，一舉而允三義，固哲王之高致也。」議者從之。

右晉后妃廟。

【《宋書・文帝本紀》】元嘉元年八月丁酉，追尊所生胡婕妤爲皇太后，謚曰章后。

【《禮志》】元嘉初，追尊所生胡婕妤爲章皇太后，立廟西晉宣太后地，孝武昭太后、明帝宣太后並祔章太后廟。

【《樂志》】章皇太后神室奏《章德凱容》之樂舞歌詞：

幽瑞浚靈，表彰嬪聖。翊載徽文，❶敷光崇慶。上緯躔祥，中維飾詠。永屬煇猷，聯昌景命。

昭皇太后神室奏《昭德凱容》之樂舞歌詞明帝造：

表靈躔象，纘儀緯風。膺華丹耀，登瑞紫穹。訓形霄宇，武彰宸宮。騰芬金會，寫德聲容。

宣皇太后神室奏《宣德凱容》之樂舞歌詞明帝造：

天樞凝耀，地紐儷煇。聯光騰世，炳慶翔機。薰藹中宇，景纏上微。玉頌鏤德，金籥傳徽。

【《武帝胡婕妤傳》】武帝胡婕妤，諱道女，淮南人。義熙初，爲高祖所納，生文帝。

❶「徽」，原作「微」，據《宋書・樂志二》改。

五年，被譴賜死，時年四十二，葬丹徒。高祖踐祚，追贈婕妤。太祖即位，有司奏曰：「臣聞德厚者禮尊，慶深者位極。故《閟宮》既搆，咏歌先妣，園陵崇衛，聿追來孝。伏惟先婕妤柔明塞淵，光備六列，德昭巛範，訓洽母儀，用能啟祚聖明，奄宅四海。嚴親莫逮，天禄永違。臣等遠準《春秋》，近稽漢、晉，謹上尊號曰章皇太后，陵曰熙寧，立廟于京師。」

【《禮志》】孝建元年十月戊辰，有司奏章皇太后廟毀置之禮。二品官議者六百六十三人。太傅、江夏王義恭以爲：「經籍殘僞，訓傳異門，諒言之者罔一，故求之者尠究。是以六宗之辯，舛於兼儒，迭毀之論，亂於羣學。章皇太后誕神啟聖，禮備中興，慶流祚胤，德光義遠。宜長代崇芬，奕葉垂則。豈得降侔通倫，反遵常典。夫議者成疑，實傍紀傳，知一爽二，莫窮書旨。案《禮記》不世祭，❶爰及慈母，置辭令有所施。《穀梁》於孫止，別主立祭。則親執虔祀，事異前志。將由大君之宜，其職彌重，人極之貴，其數特中。且漢代鴻風，遂登配祔，晉氏明規，咸留薦祀。遠考史策，近因闇見，未應毀之，於義爲長。所據《公羊》，祇足堅秉。安可以貴等帝王，祭從士庶，緣情訪制，顛越滋甚。謂應同七廟，六代乃毀。」六百三十六人同義恭不毀。散騎侍郎王法施等二十七人議應毀。領曹郎中周景遠重參議，義恭等不毀議爲允。詔：可。

大明二年二月庚寅，有司奏：「皇代殷祭，無事於章后廟。高堂隆議魏文思后依周姜

❶「世」，原作「代」，據《禮記·喪服小記》改。蓋唐人避太宗之諱，下逕改，不再出校。

嫄廟禘祫，及徐邈答晉宣太后殷薦舊事，使禮官議正。」博士孫武議：「《春秋》文公二年『大事於太廟』。《傳》曰：『毁廟之主，陳於太祖，未毁廟之主，皆升合食太祖。❶』《傳》曰：『合族以食，序以昭穆。』《祭統》曰：『有事於太廟，則羣昭羣穆咸在，不失其倫。』今殷祠是合食太祖，而序昭穆。章太后既屈于上，不列正廟。若迎主入太廟，既不敢配列于正序，又未聞于昭穆之外別立爲位。若徐邈議，今殷祠就別廟奉薦，則乖禘祫大祭合食序昭穆之義。今章太后廟，四時饗薦，雖不於孫止，若太廟禘祫，獨祭別宫，與四時烝嘗不異，則非禘大祭之義，又無取於祫合食之文。謂不宜與太廟同殷祭之禮。高堂隆答魏文思后依姜嫄廟禘祫，又不辨祫之義，而改祫大饗，蓋有由而然耳。守文淺學，懼乖禮衷。」博士王燮之議：「案禘祫小廟，❷禮無正文，求之情例，如有可準。推尋祫之爲名，雖在合食，而祭典之重，此爲大。❸夫以孝享親，尊愛罔極，因殷薦於太祖，亦致盛祀於小廟。譬有事於尊者，可以及卑。故魏高堂隆所謂猶以祫故而祭之也。是以魏之文思、晉之宣后，雖不並序於太廟，而猶均禘於姜嫄，其意如此。又徐邈所引四殤不祫，就而祭之，以爲別享之例，斯其證矣。愚謂章太后廟，亦宜殷薦。」太常丞孫緬議以爲：「祫祭之名，義在合食，守經據古，孫武爲詳。竊尋小廟之禮，肇自近魏，晉之所行，足爲前準。高堂隆以祫而祭，有附情敬。徐邈引

❶「祖」，原作「廟」，據《宋書·禮志四》改。
❷「禘祫小廟」，《宋書·禮志四》作「禘小祫大」。
❸「此」上，《宋書·禮志四》有「於」字。

就祭四殤，以證別饗。孫武據殤祔於祖，謂廟有殤位。尋事雖同廟，而祭非合食。且七廟同宮，始自後漢，禮之祭殤，各祔厥祖。既豫祫，則必異廟而祭。愚謂章廟殷薦，推此可知。」祠部朱膺之議：「閟宮之祀，高堂隆、趙怡並云：周人祫歲，俱祫祭之。魏、晉二代，取則奉薦，名儒達禮，無相譏非，不僁不忘，率由舊章。愚意同王燮之、孫緬議。」詔曰：「章皇太后追尊極號，禮同七廟，豈容獨闕殷薦，隔茲盛祀。❶閟宮遥祫，既行有周，魏、晉從享，式範無替。宜述附前典，以宣情敬。」

大明四年丁巳，有司奏：「安陸國土雖建，而奠酹之所，未及營立，四時薦饗，故祔江夏之廟。宣王所生夫人，當應祠不？」太學博士傅郁議：「應廢祭。」右丞徐爰議：「案《禮》，『慈母妾母不世祭』，鄭玄注：『以其非正，故傳曰子祭孫止。』又云：『爲慈母後者，爲祖庶母可也。』注稱：『緣爲慈母後之義，父妾無子，亦可命己庶子爲之後也。』考尋斯義，父母妾之祭，不必唯子。江夏宣王太子，體自元宰，道戚之胤，❷遭時不幸，聖上矜悼，降出皇愛，嗣承徽緒，光啟大蕃，屬國爲祖。始王夫人載育明懿，則一國之正，上無所厭，哀敬得申。既未獲祔享江夏，又不從祭安陸，即事求情，愚以爲宜依祖母有爲後之義，謂合列祀於廟。」二議不同，參議以爰議爲允。詔：可。

大明七年正月庚子，有司奏：「故宣貴妃加殊禮，未詳應立廟與不？」太學博士虞龢

❶「祀」，《宋書・禮志四》作「祠」。

❷「胤」，原作「裔」，蓋清人避雍正之諱，據《宋書・禮志四》改。

議：「《曲禮》云：『天子有后，有夫人。』《檀弓》云：『舜葬蒼梧，三妃未之從。』《昏義》云：『后之立六宮，有三夫人。』然則三妃即三夫人也。后之有三妃，猶天子之有三公也。案《周禮》，三公八命，諸侯七命。三公既尊於列國諸侯，三妃亦貴於庶邦夫人。據《春秋傳》，仲子非魯惠元嫡，尚得考彼別宮。今貴妃是秩，天之崇班，理應立此新廟。」左丞徐爰議：「宣貴妃既加殊命，禮絶五宮，考之古典，顯有成據。廟堂克構，宜選將作大匠。」參詳以龢、爰議爲允。詔：可。

大明七年三月戊戌，有司奏言：「新安王服宣貴妃齊衰周，十一月練，❶十三月縞，十五月禫，心喪三年。未詳宣貴妃祔廟在何時。入廟之日，當先有祔，爲但即入新廟而已。若是大祥未及禫中入廟者，❷遇四時便得祭不？又新安王在心制中，得親奉祭不？」左丞徐爰議以：「禮有損益，古今異儀。《春秋傳》雖云卒哭而祔，祔而作主，時之諸侯，❸皆禫終入廟。且麻衣縓緣，革服於元嘉；苫絰變除，申行於皇宗。❹況宣貴妃誕育叡蕃，葬加殊禮，靈筵廬位，皆主之哲王，❺考宮創祀，不得關之朝廷。❻謂禫除之後，宜親執奠爵，若有故，❼三卿行事。」詔：可。

❶「一」，原作「二」，據《通典》卷四七、《宋書·禮志四》改。

❷「是」，《通典》卷四七作「在」。「未」，《宋書·禮志四》無此字。

❸「時」，《通典》卷四七作「代」。

❹「行」、「宗」，《通典》卷四七、《宋書·禮志四》作「情」、「宋」。

❺「王」，《通典》卷四七作「聖」。

❻「得關」，《通典》卷四七作「復問」。

❼「若」上，《通典》卷四七有「王」字。

【《禮志》】明帝泰始二年正月，孝武昭太后崩。五月甲寅，有司奏：「晉太元中，始正太后尊號，徐邈議廟制，自是以來，著爲通典。今昭皇太后於至尊無親，上特制義服。❶祔廟之禮，宜下禮官詳議。」博士王略、太常丞虞愿議：「正名存義，有國之徽典；臣子一例，史傳之明文。今昭皇太后正位母儀，尊號允著，祔廟之禮，宜備彝則。母以子貴，事炳聖文，孝武之祀，既百代不毁，則昭后之祔，無緣有虧。愚謂神主應入章后廟。又宜依晉元皇帝之於愍帝，安帝之於永安后，祭祀之日，不親執觴爵，使有司行事。」時太宗宣太后已祔章太后廟，長兼儀曹郎虞龢議以爲：「《春秋》之義，庶母雖名同崇號，而實異正嫡。是以猶考別宫，而公子主其祀。今昭皇太后既非所生，益無親奉之禮。《周禮》宗伯職云：『若王不與祭，則攝位。』然則宜使有司行其禮事。又婦人無常秩，各以夫氏爲定，夫亡以子爲次。昭皇太后即正位在前，宣太后追尊在後，以從序而言，宜躋新禰於上。」參詳，龢議爲允。詔：可。

泰始二年六月丁丑，有司奏：「來七月嘗祀二廟，依舊車駕親奉。孝武皇帝室，❷至尊親進觴爵及拜伏。又昭皇太后室應拜，及祝文稱皇帝諱。又皇后今月二十五日虔見於禰，拜孝武皇帝、昭皇太后，並無明文，下禮官議正。」太學博士劉緄議：「尋晉元北面稱臣於愍帝，烝嘗奉薦，亦使有司行事。且兄弟不相爲後，著於魯史。以此而推，孝武之室，至尊無容親進觴爵拜伏。其日親

❶「上」，原作「正」，據《宋書·禮志四》改。
❷「室」，原脱，據《宋書·禮志四》補。

進章皇太后廟，經昭皇太后室過，前議既使有司行事，謂不應進拜。昭皇太后正號久定，登列廟祀，詳尋祝文，❶宜稱皇帝諱。案禮，婦無見兄之典，昭后位居傍尊，致虔之儀，理不容備。孝武、昭后二室，牲薦宜闕。」太常丞虞愿議：「夫烝嘗之禮，事存繼嗣，故傍尊雖近，弟姪弗祀。君道雖高，臣無祭典。案晉景帝之於武帝，屬居伯父，武帝至祭之日，猶進觴爵。今上既纂祠文皇，於孝武室謂宜進拜而已，觴爵使有司行事。案《禮》『過墓則軾，過祠則下』。凡在神祇，尚或致恭，況昭太后母臨四海，至尊親曾北面，兄母有敬，謂宜進拜，祝文宜稱皇帝諱。尋皇后廟見之禮，本脩虔爲義，今於孝武，論其嫂叔，則無通問之典，語其尊卑，亦無相見之義。又皇后登御之初，昭后猶正位在宮，敬謁之道，久已前備。愚謂孝武、昭太后二室，並不復薦告。」參議以愿議爲允。詔：可。

【《文帝路淑媛傳》】文帝路淑媛入後宮，生孝武帝，拜爲淑媛。上即位，奉尊號曰皇太后，宮曰崇憲。廢帝即位，號太皇太后。太宗踐祚，號崇憲太后。初，太宗少失所生，爲太后所攝養，及即位，供奉禮儀，不異舊日。尋崩，詔曰：「朕幼集荼蓼，夙憑德訓，龕戡定業，實資仁範，恩著屯夷，有兼常慕。夫禮沿情施，義循事立，可特齊衰三月，以申追仰之心，謚曰昭皇太后，葬世祖陵東南，號曰脩寧陵。」元徽二年十月壬寅，有司奏昭太后廟毀置。下禮官詳議。太常丞韓賁議：「案君母之尊，義發《春秋》，庶後饗薦無間。周典七廟

❶「詳」，原作「祥」，據庫本及《宋書·禮志四》改。

承統，猶親盡則毀。况伯之所生，而無服代祭，稽之前代，未見其準。」都令史殷匪子議：「昭皇太后不係於祖宗，進退宜毀。議者云『妾祔於妾祖姑』，祔既必告，毀不容異。應告章皇太后一室。案《記》云：『妾祔於妾祖姑，無妾祖姑，則易牲而祔於女君可也。』始章太后於昭太后，論昭穆而言，則非妾祖姑，又非女君，於義不當。伏尋昭太后名位允極，昔初祔之始，自上祔於趙后，即安於西廟，並皆幣告諸室。古者大事必告，又云每事必告。禮，牲幣雜用。檢魏、晉以來，互有不同。元嘉十六年，下禮官辨正。太學博士殷靈祚議稱：『吉事用牲，凶事用幣。』自兹而後，吉凶爲判，已是一代之成典。今事雖不全凶，亦未近吉，故宜依舊，以幣徧告二廟。又尋昭太后毁主，無義陳列於太祖，博士欲依虞主瘞於廟兩階之間。案階間本以瘞告幣瘞虞主之所。昔虞喜云，依五經典義，以毀主祔於虞主，瘞於廟之北墻，最爲可據。昭太后神主毁之瘞之後，上室不可不虛置，太后便應上下升之。既升之頃，又應設脯醢以安神。今禮官所議，謬略未周。遷毁事大，請廣詳訪。」左僕射劉康等七人同匪子。左丞王諶重參議，謂：「以幣徧告二廟，瘞毁殷主於北墻。宣太后上室，仍設脯醢以安神，匪子議爲允。」詔：可。

【《文帝沈婕妤傳》】文帝沈婕妤爲美人，生明帝，拜爲婕妤。元嘉三十年卒。世祖即位，追贈湘東國太妃。太宗即位，有司奏曰：「昔豳都追遠，正邑纏哀，緬慕德義，敬奉園陵。先太妃德履端華，徽景明峻，風光宸掖，訓流國闈，鞠聖誕靈，蚤捐鴻祚。臣等遠模漢册，近儀晉典，謹上尊號爲皇太后，謚曰宣太后，陵號曰崇寧。」

【《樂志》】宣太后廟歌：

稟祥月輝，毓德軒光。嗣徽嬀汭，思媚周姜。母臨萬宇，訓藹紫房。朱絃玉籥，式載瓊芳。

右宋后妃廟。

【《南齊書·禮志》】建武二年，有司奏景懿后遷登新廟車服之儀。祠部郎何佟之議曰：「《周禮》王之六服，大裘爲上，衮冕次之。五車，玉輅爲上，金輅次之。皇后六服，褘衣爲上，褕翟次之。首飾有三，副爲上，編次之。五車，重翟爲上，厭翟次之。上公無大裘玉輅，❶而上公夫人有副及褘衣，是以《祭統》云『夫人副褘立於東房』也。又鄭云『皇后六服，唯上公夫人亦有褘衣』，《詩》云『翟茀以朝』，鄭以翟茀爲厭翟，侯伯夫人入廟所乘。今上公夫人副褘既同，則重翟或不殊矣。況景皇懿后禮崇九命。且晉朝太妃服章之禮，同於太后，宋代皇太妃唯無五牛旗爲異，其外侍官則有侍中、散騎常侍、黄門侍郎、散騎侍郎各二人，分從前後部，同於王者，内職則有女尚書、女長御各二人，棨引同於太后。又魏朝之晉王，晉之宋王，並置百官，擬於天朝。至於晉文王終猶稱薨，而太上皇稱崩，則是禮加于王矣。故前議景皇后悉依近代皇太妃之儀，則侍衛陪乘並不得異，后乘重翟，亦謂非疑也。尋齊初移廟，宣皇神主乘金輅，皇帝親奉，亦乘金輅，先往行禮畢，仍從神主至新廟，今所宜依準也。」從之。

蕙田案：齊明帝追尊本生父始安貞

❶「無」，原作「有」，據《南齊書·禮志上》改。

王爲景皇帝，本生母始安王妃曰景懿后，事載《私親廟》。

右齊后妃廟。

【《梁書·武帝本紀》】天監元年冬十一月己未，立小廟。

【《隋書·禮儀志》】小廟，太祖太夫人廟也。非嫡，故别立廟。皇帝每祭太廟訖，乃詣小廟，亦以一太牢，如太廟禮。

梁普通七年，祔皇太子所生丁貴嬪神主於小廟。其儀：未祔前，先修塪室、改塗。其日，有司行埽除，開塪室，奉皇妣太夫人神主於坐。奠制幣訖，衆官入自東門。位定，祝告訖，撤幣，埋於兩楹間。有司遷太夫人神主於上，又奉穆貴嬪神主於下，陳祭器如時祭儀。禮畢，納神主，閉於塪室。

【《樂志》】太祖太夫人廟登歌：

光流者遠，禮貴彌申。嘉饗云備，盛典必陳。追養自本，立愛惟親。皇情乃慕，帝服來尊。駕齊六轡，旂耀三辰。感兹霜露，事彼冬春。以斯孝德，永被蒸民。

太祖太夫人廟舞歌：

閟宫肅肅，清廟濟濟。於穆夫人，固天攸啟。祚我梁德，膺斯盛禮。文槐達嚮，重檐丹陛。飾我俎彝，潔我粢盛。躬事奠饗，推尊盡敬。悠悠萬國，具承兹慶。大孝追遠，兆庶攸詠。

右梁后妃廟。

【《陳書·高祖本紀》】永定元年十月，追謚前夫人錢氏，號爲昭皇后。癸未，尊昭皇后陵曰嘉陵，依梁初園陵故事。

右陳后妃廟。

【《北魏書·禮志》】神麚二年九月，立密皇太后廟於鄴后之舊鄉也，置祠官。太常博士、齋郎三十餘人侍祠。歲五祭。

【《后妃列傳》】明元密皇后杜氏，魏郡鄴人，陽平王超之妹也。初以良家子選入太子宫，有寵，生世祖。及太宗即位，拜貴嬪。泰常五年薨，謚曰密貴嬪，葬雲中金陵。世祖即位，追尊號謚，配饗太廟。又立后廟于鄴，刺史四時薦祀。以魏郡太后所生之邑，復其調役。後甘露降於廟庭。高宗時，相州刺史高閭表修后廟，詔曰：「婦人外成，理無獨祀；陰必配陽，以成天地。未聞有莘之國，立太姒之享。此乃先皇所立，一時之至感，非經世之遠制，便可罷祀。」

【《高祖本紀》】太和十九年四月，太和廟成。五月庚午，遷文成皇后馮氏神主於太和廟。

【《禮志》】太和十九年癸亥，詔曰：「知太和廟已就，神儀靈主，宜時奉寧。可尅三月三日己巳，内奉遷於正廟。其出金墉之儀，一準出代都太和之式。入新廟之典，可依近至金墉之軌。其威儀鹵簿，如出代廟。百官奉遷，宜可省之。但令朝官四品已上、侍官五品已上及宗室奉迎。」

【《文成文明皇后傳》】文成文明皇后馮氏，父朗，坐事誅。后遂入宫，年十四。高宗踐極，選爲貴人，後立爲皇后。顯宗即位，尊爲皇太后。及高祖生，太后躬親撫養。承明元年，尊曰太皇太后。太后與高祖遊于方山，顧瞻川阜，有終焉之志。因謂羣臣曰：「舜葬蒼梧，二妃不從，豈必遠祔山陵，然後爲貴哉？吾百年之後，神其安此。」高祖乃詔有司營建壽陵于方山，又起永固石室，將終爲清廟焉。太和五年起作，八年而成，刊石立碑，頌太后功德。

初高祖孝於太后，乃於永固陵東北里餘

豫營壽宫，有終焉瞻望之志。及遷洛陽，乃自表瀍西，以爲山園之所，而方山虚宫至今猶存，號曰萬年堂云。

蕙田案：馮后顯祖之嫡母，李后則所生之母也。今馮后居別廟，而以李后配食焉。

太和十九年六月，相州刺史高閭表言：「伏惟太武皇帝發孝思之深誠，同渭陽之遠感，以鄴土舅氏之故鄉，有歸魂之舊宅，故爲密皇后立廟於城内，歲時祭祀，置廟户十家，齋官三十人。春秋烝嘗，冠服從事，刺史具威儀，親行薦酌，升降揖讓，與七廟同儀。禮畢，撤會而罷。今廟殿虧漏，門墻傾毁，簠簋故敗，行禮有闕。臣備職司，目所親覩。若以七廟惟新，明堂初制，配享之儀，備於京邑者，便應罷壞，輟其常祭。如功高特立，宜應新其靈宇。敢陳所見，伏請恩裁。」詔罷之。

【《孝文昭皇后傳》】孝文昭皇后高氏，司徒公肇之妹也。文明太后見后姿貌，奇之，遂入掖庭，生世宗。及馮昭儀寵盛，密有母養世宗之意，后自代如洛陽，暴崩於汲郡之共縣，❶或云昭儀遣人賊后也。世宗踐阼，追尊配享。后先葬城西長陵東，❷陵制卑局。因就起山陵，號終寧陵。肅宗詔曰：「文昭皇太后，德協坤儀，美符文姒，作合高祖，實誕英聖，而夙世淪没，孤塋弗祔。先帝孝感自衷，❸遷奉未遂，永言哀恨，義結幽明。廢吕尊薄，禮伸漢代。」又詔曰：「文昭皇太后尊配高

❶「崩」，《魏書·皇后列傳》作「薨」。

❷「東」下，《魏書·皇后列傳》有「南」字。

❸「衷」，原作「哀」，據《魏書·皇后列傳》改。

祖，祔廟定號，促令遷奉，自終及始，太后當主，可更上尊號稱太皇太后，以同漢、晉之典，正姑婦之禮。廟號如舊。」文昭遷櫬於長陵兆西北六十步。❶

【《禮志》】華陰公主，帝帝，太宗也。姊也，元紹之爲逆，有保護功，故别立其廟於太祖廟垣後，因祭薦焉。

【《太武惠太后竇氏傳》】世祖保母竇氏，初以夫家坐事誅，與二女俱入宫。操行純備，進退以禮。太宗命爲世祖保母。性仁慈，勤撫導。世祖感其恩訓，奉養不異所生。及即位，尊爲保太后。後尊爲皇太后。太后訓釐内外，甚有聲稱。性恬素寡欲，喜怒不形於色，好揚人之善，隱人之過。世祖征凉州，蠕蠕吴提入寇，太后命諸將擊走之。真君元年崩，時年六十三。詔天下大臨三日，謚曰惠，葬崞山，從后意也。初，后嘗登崞山，顧謂左右曰：「吾母養帝躬，敬神而愛人，若死而不滅，必不爲賤鬼。然於先朝本無位次，不可違禮以從園陵。此山之上，可以終託。」故葬焉。别立后寢廟於崞山，建碑頌德。

【《文成昭太后常氏傳》】高宗乳母常氏，本遼西人。太延中，以事入宫，世祖選乳高宗。慈和履順，有劬勞保護之功。高宗即位，尊爲保太后，尋爲皇太后，謁於郊廟。和平元年崩，詔天下大臨三日，謚曰昭，葬於廣寧磨笄山，俗謂之鳴雞山，太后遺志也。依惠太后故事，别立寢廟，置守陵二百家，樹碑頌德。

❶「櫬」上，《魏書·皇后列傳》有「靈」字。「兆」，原作「北」，據《魏書·皇后列傳》改。

蕙田案：華陰公主以保護太宗之功，因立別廟於太祖廟垣後，視晉之竟以公主祔廟者，此差近禮。若夫竇、常二氏，尊之未免已甚。《内則》云：「異爲孺子室於宫中，擇於諸母與可者，必求其寬裕、慈惠、温良、恭敬、慎而寡言者，使爲子師，其次爲慈母，其次爲保母。」注云：「諸母，衆妾也。可者，傅、御之屬也。子師，示以善道者。慈母，知其嗜欲者。保母，安其居處者。」又《曾子問》「子游問曰：『喪慈母如母，禮歟？』孔子曰：『非禮也。古者男子外有傅，内有慈母，君命所使教子也，何服之有？』」又《喪服小記》云：「慈母與妾母不世祭也。」《南史・司馬筠傳》梁天監七年，帝曰：「《禮》言慈母有三條：一則妾子無母，使妾之無子者養之，命爲子母，服以三年，《喪服》「齊衰章」所言『慈母如母』是也。二則嫡妻子無母，使妾養之，雖均乎慈愛，但嫡妻之子，妾無爲母之義，而恩深事重，故服以小功，《喪服》「小功章」所以不直言慈母，而云『庶母慈己者』，明異於三年之慈母也。其三則子非無母，擇賤者視之，義同師保，而不無慈愛，故亦有慈母之名。師保無服，則此慈母亦無服矣。」子游所問，自是師保之慈，非三年小功之慈也，故夫子得有此答，豈非師保之慈母無服之證乎？今北魏竇、常二保母，正與梁武所言第三條慈母相同，服且不制，況於稱太后、置園陵、立寢廟哉！史臣謂世祖、高宗緣保母劬勞之恩，並極尊崇之義，雖事乖典禮，而觀過知仁，諒哉斯言！因備論之，而附於魏后妃廟之後云。

右北魏后妃廟。

五禮通考卷第一百二

淮陰吴玉搢校字

五禮通考卷第一百三

内廷供奉禮部右侍郎金匱秦蕙田編輯
太子太保總督直隸右都御史桐城方觀承同訂
兩淮都轉鹽運使德水盧見曾
按察司副使元和宋宗元 參校

吉禮一百三

后妃廟

【《舊唐書·禮儀志》】景雲元年冬，追尊昭成、肅明二皇后於親仁里，别置儀坤廟，四時享祭。

【《唐書·肅明劉皇后傳》】睿宗肅明順聖皇后劉氏，祖德威。儀鳳中，帝在藩，納爲孺人，俄爲妃。生寧王、壽昌、代國二公主。帝即位，爲皇后。會帝降號皇嗣，復爲妃。長壽二年，爲户婢誣與竇德妃挾蠱道祝詛武后，並殺之宫中，葬秘莫知。景雲元年，追謚肅明皇后。

【《昭成竇皇后傳》】睿宗昭成順聖皇后竇氏，曾祖抗，父孝諶。后婉淑，尤循禮則。帝爲相王，納爲孺人；即位，進德妃。生玄宗及金仙、玉真二公主。與肅明同追謚，並招魂葬東都之南，肅明曰惠陵，后曰靖陵，立别廟曰儀坤以享云。帝崩，追稱皇太后，與肅明祔橋陵。后以子貴，故先祔睿宗室。肅明以開元二十年乃得祔廟。

蕙田案：玄宗先以生母祔廟，繼以肅明並祔也。

【《文獻通考》】唐制：追贈皇太后，皆別立廟。

【《舊唐書・禮儀志》】開元四年，令以儀坤廟爲中宗廟，尋又改造中宗廟于太廟之西。貞節等以肅明皇后不合與昭成皇后配祔睿宗，奏議曰：「臣聞於禮，宗廟父昭子穆，皆有配座，每室一帝一后，禮之正儀。自夏、殷而來，無易茲典。❶伏惟昭成皇后，有太姒之德，已配食於睿宗；則肅明皇后，無啓母之尊，自應別立一廟。謹案《周禮》云『奏夷則，歌小吕，以享先妣』，先妣者，姜嫄是也。姜是帝嚳之妃，后稷之母，特立廟，❷名曰閟宮。又《禮論》云，晉伏系之議云：『晉簡文鄭宣后既不配食，乃築宮于外，歲時就廟享祭而已。』今肅明皇后無祔配之位，請同姜嫄、宣后，別廟而處，四時享祀一如舊儀。❸」從之。於是遷昭成皇后神主祔于睿宗之室，唯留肅明皇后神主于儀坤廟。

【《陳貞節傳》】貞節遷太常博士。玄宗奉昭成皇后祔睿宗室，又欲肅明皇后并升焉。貞節奏請準周姜嫄、晉宣后納主別廟，時享如儀。於是留主儀坤廟。詔隸太廟，毋置官屬。

【《音樂志》】儀坤廟樂章十二首：

迎神用《永和》林鐘宮，散騎常侍、昭文館學士徐彦伯作。　猗若清廟，肅肅熒熒。國薦嚴祀，坤輿淑靈。有几在室，有樂在庭。臨茲孝享，百祿惟寧。

金奏夷則宮，不詳作者。一本無此章。　除靈効祉，軒曜降精。祥符淑氣，慶集柔明。瑤

❶「茲典」二字，原脱，據《舊唐書・禮儀志五》補。
❷「特」下，《舊唐書・禮儀志五》有「爲」字。
❸「一」，《舊唐書・禮儀志五》無此字。

俎既列，雕桐發聲。徽猷永遠，比德皇英。

皇帝行用《太和》黄鐘宫，左諭德、昭文館學士邱説撰。　孝哉我后，冲乎迺聖。道映重華，德輝文命。慕深視箧，情殷撫鏡。萬國移風，兆人承慶。

酌獻登歌用《肅和》中吕均之太簇羽，一云蕤賓均之夾鐘羽，太子洗馬、昭文館學士張齊賢撰。　祼圭既濯，鬱鬯既陳。畫羃雲舉，黄流玉醇。儀充獻酌，禮盛衆禋。地察惟孝，愉焉饗親。

迎俎用《雍和》姑洗羽，太中大夫、昭文館學士鄭善玉作。　酌鬱既灌，取蕭方爇。籩豆静嘉，簠簋芬飶。魚腊薦美，牲牷表潔。是戢是將，載迎載列。

肅明皇后室酌獻用《昭和》❶林鐘宫，禮部尚書、昭文館學士薛稷作。　陽靈配德，陰魄昭升。堯壇鳳下，漢室龍興。俔天作對，前旒是凝。化行南國，道盛西陵。造舟集灌，無德而稱。我粢既潔，我醴既澄。陰陰靈廟，光靈若憑。德馨惟饗，孝思蒸蒸。

昭成皇后室酌獻用《坤貞》不詳作者。　乾道既亨，坤元以貞。肅雍攸在，輔佐斯成。外睦九族，内光一庭。克生叡哲，祚我休明。欽若徽範，悠哉淑靈。建兹清宫，于彼上京。縮茅以獻，潔秬惟馨。實受其福，期乎億齡。

飲福用《壽和》黄鐘宫，太子詹事、崇文館學士徐堅作。　於穆清廟，肅雍嚴祀。合福受釐，介以繁祉。

送文舞、出迎武舞入，用《舒和》南吕商，銀青

❶「和」，《舊唐書・音樂志四》作「升」。

光禄大夫、崇文館學士胡雄作。 送文迎武遞參差，一始一終光聖儀。四海生人歌有慶，千齡孝享肅無虧。

武舞用《安和》太簇徵，祕書少監、崇文館學士劉子玄作。 妙算申帷幄，神謀出廟庭。兩階文物備，《七德》武功成。校獵長楊苑，屯軍細柳營。將軍獻凱入，歌舞溢重城。

徹俎用《雍和》蕤賓均之夾鐘羽，銀青光禄大夫、崇文館學士員半千作。 孝享云畢，維徹有章。雲感玄羽，風悽素商。瞻望神座，祇戀匪遑。禮終樂闋，肅雍鏘鏘。

送神用《永和》❶林鐘宮，金紫光禄大夫、崇文館學士祝欽明作。 閟宮實實，清廟微微。降格無象，馨香有依。式昭纂慶，方融嗣徽。明禋是享，神保聿歸。

又儀坤廟樂章二首：太樂又有一本，與前本略同，二章不同如左，不詳撰者。

迎神一本有此章而無徐彦伯之詞。 月靈降德，坤元授光。娥英比秀，任姒均芳。❷瑶臺薦祉，金屋延祥。迎神有樂，歆此嘉薌。

送神一本有此章而無祝欽明之詞。 玉帛儀大，金絲奏廣。靈應有孚，冥徵不爽。降彼休福，歆兹禋享。送樂有章，神麾其上。

【《舊唐書·禮儀志》】玄宗二十一年，又特令遷肅明皇后神主祔于睿宗之室，仍以舊儀坤廟爲肅明觀。

【《唐書·昭德王皇后傳》】德宗昭德皇后王氏，帝爲魯王時納爲嬪，生順宗。既即位，册號淑妃。貞元三年，立爲皇后。册

❶「用永和」，原脱，據《舊唐書·音樂志四》補。

❷「任」，原作「姙」，據庫本及《舊唐書·音樂志四》改。

禮方訖而后崩，羣臣大臨三日，帝七日釋服。將葬，后母郕國鄭夫人請設奠，有詔祭物無用寓，欲祭聽之。于是宗室王、大臣李晟、渾瑊等皆祭，自發塗日日奠，終發引乃止。葬靖陵，置令丞如他陵臺。立廟，奏《坤元之舞》。永貞元年，改祔崇陵。

【《音樂志》】昭德皇后室酌獻用《坤元》樂章九首：內出。

迎神用《永和》 穆清廟，薦嚴禋。昭禮備，和樂新。望靈光，集元辰。祚無極，享萬春。

登歌酌鬯用《肅和》❶ 誠心達，娛樂分。升蕭膋，鬱氛氳。茅既縮，鬯既薰。后來思，福如雲。

迎俎用《雍和》 我將我享，盡明而誠。載芬黍稷，載滌犧牲。懿矣元良，萬邦以貞。心乎愛敬，若覩容聲。

酌獻用《坤元》 於穆先后，儷聖稱崇。母臨萬宇，道被六宮。昌時協慶，理內成功。殷薦明德，傳芳國風。

送文舞出、迎武舞入，用《舒和》 金枝羽部輟清歌，瑤堂肅穆笙磬羅。諧音遍響合明意，萬類昭融靈應多。

武舞用《凱安》 辰位列四星，帝功參十亂。進賢勤內輔，扈蹕清多難。承天厚載均，並曜宵光燦。留徽藹前躅，萬古披圖煥。

徹俎用《雍和》 公尸既起，享禮載終。稱歌進徹，盡敬由衷。澤流惠下，大小咸同。

送神用《永和》 昭事終，幽享餘。移月

❶「酌」，原脱，據《舊唐書·音樂志四》補。

御，返仙居。璇庭寂，靈幄虚。顧徘徊，感皇儲。

蕙田案：題云九章，實止八首，蓋闕其一。

【《唐書・孝明鄭太后傳》】憲宗孝明皇后鄭氏，丹陽人。元和初，李錡反，有相者言后當生天子。錡聞，納爲侍人。錡誅，没入掖廷，侍懿安后。憲宗幸之，生宣宗。宣宗爲光王，后爲王太妃。及即位，尊爲皇太后。懿宗立，尊后爲太皇太后。六年崩，移仗西内，上謚册，葬景陵旁園。

【《恭僖王太后傳》】穆宗恭僖皇后王氏，越州人，本仕家子。幼得侍帝東宫，生敬宗。長慶時，册爲妃。敬宗立，上尊號爲皇太后。文宗時，稱寶曆太后。大和五年，宰相建白以太皇太后與寶曆太后稱號未辨，前代詔令不敢斥言，皆以宫爲稱，今寶歷太后居義安殿，宜曰義安太后。詔可。會昌五年崩，有司上謚，葬光陵東園。

【《禮儀志》】會昌元年六月，制曰：「朕近因載誕之日，展承顔之敬，太皇太后謂朕曰：『天子之孝，莫大於丕承；人倫之義，莫重於嗣續。穆宗睿聖文惠孝皇帝厭代已久，星霜屢遷，禰宫曠合食之禮，惟帝深濡露之感。宣懿皇太后，長慶之際，德冠後宫，夙表沙麓之祥，實荷河洲之範。先朝恩禮之厚，中壼莫偕。况誕我聖君，纘承昌運，已協華於先帝，方延祚於後昆。思廣貽謀，庶弘博愛，爰從舊典，以慰孝思。當以宣懿皇太后祔太廟穆宗睿聖文惠孝皇帝之室。率是彝訓，其敬承之。』祗奉慈旨，❶載深感咽。

❶「祗」上，《舊唐書・禮儀志五》有「朕」字。

宜令宣示中外，咸使聞知。」

【《唐書・宣懿韋太后傳》】穆宗宣懿皇后韋氏，失其先世。穆宗爲太子，后得侍，生武宗。長慶時，册爲妃。武宗立，妃已亡，追册爲皇太后，上尊謚。有司奏：「太后陵宜別制號。」帝乃名所葬園曰福陵。既又問宰相：「葬從光陵與但祔廟孰安？」奏言：「神道安於静，光陵因山爲固，且二十年，不可更穿。福陵崇築已有所，當遂就。臣等請奉主祔穆宗廟便。」帝乃下詔：「朕因誕日展禮於太皇太后，謂朕曰：『天子之孝，莫大於承續。』今穆宗皇帝虚合享之位，而宣懿太后實生嗣君，當以祔廟。」繇是奉后合食穆宗室。

光啟元年十二月二十五日，僖宗再幸寶雞。其太廟十一室并祧廟八室，及孝明太皇太后等別廟三室等神主，緣室法物，宗正寺官屬奉之隨駕鄠縣，爲賊所刼，神主、法物皆遺失。三年二月，車駕自興元還京。太常博士殷盈孫奏議：「三太后廟，即於少府監取西南屋三間，以備三室告饗之所。」勅旨從之。

大順元年，將行禘祭，有司請以三太后神主祔享於太廟。三太后者，孝明太皇太后鄭氏，宣宗之母也；恭僖皇太后王氏，敬宗之母也；貞獻皇太后蕭氏，❶文宗之母也。三后之崩，皆作神主，有故不當入太廟。當時禮官建議，並置別廟，每年五享，及三年一祫，五年一禘，❷皆於本廟行事，無神主入太

❶「蕭」，原作「韋」，據《舊唐書・禮儀志五》改。

❷「三年一祫五年一禘」，原作「三年一禘五年一祫」，據《舊唐書・禮儀志五》乙正。

廟之文。❶至是亂離之後，舊章散失，禮院憑《曲臺禮》，欲以三太后祔享太廟。博士殷盈孫獻議非之，曰：「臣謹案三太后，憲宗、穆宗之后也。二帝已祔太廟，三后所以立別廟者，不可入太廟故也。與帝在位，皇后別廟不同。今有司誤用王彦威《曲臺禮》，禘別廟太后於太廟，乖戾之甚。臣竊究事體，有五不可。《曲臺禮》云：『別廟皇后，禘祫於太廟，祔於祖姑之下。』此乃皇后先崩，已造神主，夫在帝位，如昭成、肅明、元獻、昭德之比。昭成、肅明之崩也，睿宗在位。元獻之崩也，玄宗在位。昭德之崩也，肅宗在位。四后於太廟未有本室，故創別廟，當爲太廟合食之主，故禘祫乃奉以入享。其神主但題云『某謚皇后』，明其後太廟有本室，即當遷祔，帝方在位，故皇后暫立別廟耳。本是太廟合食之祖，故禘祫乃升，太廟未有位，故祔祖姑之下。今恭僖、貞獻二太后，皆穆宗之后。恭僖，會昌四年造神主，合祔穆宗廟室。時穆宗廟已祔武宗母宣懿皇后神主，故爲恭僖別立廟，其神主直題云皇太后，明其終安別廟，不入太廟故也。貞獻太后，大中元年作神主，立別廟，其神主亦題爲太后，並與恭僖義同。孝明，咸通五年作神主，合祔憲宗廟室。憲宗廟已祔穆宗之母懿安皇后，故孝明亦別立廟，是懿宗祖母，故題其主爲太皇太后。與恭僖、貞獻亦同。今以別廟太后神主，禘祭升享太廟，一不可也。《曲臺禮》『別廟皇后禘祫於太廟儀注』云：『內常侍奉別廟皇后神主，入置於廟庭，赤黃褥位。奏云「某謚皇后禘祫祔享太廟」，然後以神主升。』今即

❶「無」下，《舊唐書·禮儀志五》有「奉」字。

須奏云『某謚太皇太后』。且太廟中皇后神主二十一室，今忽以太皇太后入列於昭穆，❶二不可也。若但云『某謚皇后』，即與所題都異，神何依憑？此三不可也。《古今禮要》云：『舊典，周立姜嫄別廟，四時祭薦，及禘祫於七廟，皆祭。惟不入太祖廟爲別配。魏文思甄后，明帝母，廟及寢依姜嫄之廟，四時及禘皆與諸廟同。』此舊禮明文，得以爲證。今以別廟太后禘祫於太廟，四不可也。所以置別廟太后，以孝明不可與懿安並祔憲宗之室，今禘享乃處懿安於舅姑之上，此五不可也。且祫，合祭也。合猶不入太祖之廟，而況於禘乎？竊以爲並皆禘於別廟爲宜。且恭僖、貞獻二廟，比在朱陽坊，禘、祫赴太廟，皆須備法駕，典禮甚重，儀衛至多。咸通之時，累遇大享，耳目相接，歲代未遥，人皆見聞，事可詢訪，非敢以臆斷也。

或曰：以三廟故禘、祫於別廟，或可矣，而將來有可疑焉。謹案睿宗親盡已祧，今昭成、肅明二后同在夾室，如或後代憲宗、穆宗親盡而祧，三太后神主其得不入夾室乎？若遇禘、祫，則如之何？對曰：此又大誤也。三太后廟若親盡合祧，❷但當閟而不享，安得處於夾室？禘、祫則就別廟行之，歷代已來，何嘗有別廟神主復入太廟夾室乎？禘、祫，禮之大者，無宜錯失。」

宰相孔緯曰：「博士之言是也。昨禮院所奏儀注，今已勑下，大祭日迫，不可遽改，且依行之。」於是遂以三太后祔祫太廟。❸達

❶ 上「太」字，原脱，據《舊唐書・禮儀志五》補。
❷ 「太」，原脱，據《舊唐書・禮儀志五》補。
❸ 「祫」，原作「合」，據《舊唐書・禮儀志五》改。

禮者譏其大謬。

右唐后妃廟。

【《五代史・唐本紀》】廢帝清泰二年二月己丑，追尊魯國太夫人魏氏爲皇太后。

【《唐明宗家人傳》】魏氏，鎮州平山人也，其子爲潞王從珂。明宗時，從珂已王，乃追封魏氏爲魯國夫人。廢帝即位，追尊魏氏爲皇太后。議建陵寢，而太原石敬瑭反，❶乃於京師河南府東立寢宮。清泰三年六月丙寅，遣工部尚書崔儉奉上皇太后寶册，謚曰宣憲。

右後唐后妃廟。

【《宋史・太祖本紀》】建隆三年四月乙巳，追册夫人賀氏爲皇后。

【《禮志》】建隆三年，追册會稽郡夫人賀氏曰孝惠皇后。止就陵所置祠殿，奉安神主，薦常饌，不設牙盤祭器。

【《太祖孝惠賀皇后傳》】后，開封人。右千牛衛率府率景思長女也。晉開運初，宣祖爲太祖聘焉。生秦國、晉國二公主、魏王德昭。周顯德五年薨，年三十。建隆三年四月，詔追册爲皇后。乾德二年三月，有司上謚曰孝惠。四月，葬安陵西北，神主享于別廟。神宗時，與孝章、淑德、章懷並祔太廟。

【《太祖本紀》】乾德元年十二月甲申，皇后王氏崩。二年四月乙卯，葬孝明皇后于安陵。壬申，祔二后于別廟。

【《禮志》】乾德元年，孝明皇后王氏崩，始議置廟及二后先後之次。太常博士和峴請共殿別室，以孝明正位內朝，請居上室。孝惠緣改葬不造虞主，與孝明同祔，宜居次室。

❶「瑭」，原作「塘」，據庫本及《新五代史》卷一五改。

禮院又言：「后廟祀事，一準太廟，亦當立戟。」

【《孝明王皇后傳》】孝明王皇后，邠州新平人。彰德軍節度饒第三女。孝惠崩，周顯德五年，太祖爲殿前都點檢，聘后爲繼室。太祖即位，建隆元年八月，册爲皇后。生子女二人，❶皆夭。乾德元年十二月崩，年二十二。有司上謚。二年四月，葬安陵之北。神主享于別廟。太平興國二年，祔享太廟。

蕙田案：孝惠雖未正位，乃元配也，別廟乃躋孝明于正室，而以孝惠居次室，非逆祀而何？

又案：太平興國中，以孝明祔太祖室。神宗時，又以元配孝惠、第三后孝章並祔，蓋踵真宗以懿德、明德、元德三后並配之故事也。

【《禮志》】太平興國元年，追册越國夫人符氏爲懿德皇后，尹氏爲淑德皇后，並祔后廟。

【《太宗淑德尹皇后傳》】太宗淑德尹皇后，相州鄴人。滁州刺史廷勛之女。太宗在周時娶焉。早薨。及帝即位，詔追册爲皇后，并謚，葬孝明陵西北。神主享于別廟，後升祔太廟。

【《懿德符皇后傳》】懿德符皇后，陳州宛邱人。魏王彦卿第六女也。周顯德中，歸太宗。建隆初，封汝南郡夫人，進封楚國夫人。太宗封晉王，改越國。開寶八年薨，年三十四。葬安陵西北。帝即位，追册爲皇后，謚懿德，享于別廟。至道三年十一月，詔有司議太宗配，宰相請以后

❶「二」，《宋史·后妃傳上》作「三」。

配，詔從之。奉神主升祔太廟。

【《太宗本紀》】太平興國二年五月己卯，祔太祖神主於廟，以孝明皇后王氏配，又以懿德皇后符氏、淑德皇后尹氏祔別廟。

【《禮志》】太祖祔廟，有司言：「合奉一后配食。案唐睿宗追謚肅明、昭成二后，至睿宗崩，獨昭成以帝母之重升配，肅明止享於儀坤廟。近周世宗正惠、宣懿二后並先崩，正惠無位號，宣懿居正位，遂以配食。今請以孝明王皇后配，忌日行香廢務，其孝惠皇后享於別廟。」從之。

太平興國六年十二月，太常禮院言：「今月二十三日臘享太廟。緣孟冬已行時享，冬至又嘗親祀。案禮，每歲五享，其禘祫之月即不行時享，慮成煩數，有爽恭虔。今請罷臘日薦享之禮。其孝惠別廟，即如式。」從之。

【《真宗本紀》】至道三年二月，即皇帝位。十一月甲子，祔太宗神主于太廟，以懿德皇后配。

【《禮志》】至道三年，孝章皇后宋氏祔享，有司言：「孝章正位中壼，宜居上室，懿德追崇后號，宜居其次。」詔孝章殿室居懿德下。六月，禮官議：「案太平興國中追册定謚，皆以懿德居上。淳化初，宗正少卿趙安易言，別廟祭享，懿德在淑德之上，未測升降之由。其時敕旨依舊懿德在上。案《江都集禮》，晉景帝即位，夏侯夫人應合追尊。散騎常侍任茂、傅玄等議云：『夏侯夫人初歸景帝，未有王基之道，不及景帝統百揆而亡，后妃之化未著遠邇，追尊無經義可據。』今之所議，正與此同。且淑德配合之初，潛躍之符未兆；懿德輔佐之始，藩邸之位已隆，❶然未嘗正位中宮，母臨天下。豈可生無尊極之位，没升配享之崇，於人情不安，於典籍無據。唐順宗祔廟後十一年，始以莊憲皇后升配，憲宗祔廟後二十五年，始以懿安皇后升配。今請虛位，允協舊儀。」再詔尚書省集議及禮官同詳定。❷上議曰：「淑德皇后生無位號，没始追崇，況在初潛，早已薨謝。懿德皇后享封大國，作配先朝，雖不及臨御之期，且夙彰賢懿之美，若以升祔，當歸懿德。又詳周世宗正惠、宣懿配食故事，當時議以正惠追尊位號，請以宣懿爲配。是時以太后在位，疑宣懿祔廟之後，立忌非便。議者引晉哀帝時何太后在上，尊所生周氏爲太妃，封其子爲琅琊王。及太妃薨，帝奔喪琅琊第，七月而葬。此則奔喪行服，尚不厭降，即其日廢務，❸於禮無嫌。今禮官引唐順、憲二宗廟享虛位之文，夫既追册二后，即虛室亦爲未便，請奉懿德神主升配。又案議者以周世宗神主祔廟，必若宣懿同祔，即正惠神主請加『太』字。今升祔懿德，請即加淑德『太』字，仍舊别廟。」詔：「以懿德配享。至於『太』者，尊極之稱，加於母后，施之宗廟，禮所未安。」迺不加「太」字，仍别廟配享。

【《孝章宋皇后傳》】孝章宋皇后，河南洛陽人，左衛上將軍偓之長女也。母漢永寧公主。開寶元年二月，納入宫爲皇后。太祖崩，號開寶皇后。太平興國二年，居西宫。雍熙四年，移居東宫。至道元年四月崩，年四十四。有司上謚。三年正

❶ 「邸」，原作「郡」，據《宋史·禮志十二》改。

❷ 「再」，《太常因革禮》卷九四《廟議》、《宋會要·禮》一五之二三無此字。

❸ 「其」，《宋史·禮志十二》作「忌」。

月，祔葬永昌陵北。神主享于别廟。神宗時，升祔太廟。

蕙田案：孝章祔享，乃祔于孝惠賀皇后之别廟也。太平興國元年，太宗懿德符后已先祔其廟，故孝章祔時，有司以居室之上次爲論。但孝章乃太祖之繼后，懿德乃太宗之繼室，以兄弟之序、君臣之分而言，俱宜以孝章居乎上室。今乃易之，亂其序矣。

【《真宗本紀》】至道三年六月乙巳，追册莒國夫人潘氏爲皇后，謚莊懷。十一月甲子，祔莊懷皇后於别廟。

【《真宗章懷潘皇后傳》】真宗章懷潘皇后，大名人，忠武軍節度美第八女。真宗在韓邸，太宗爲聘之，封莒國夫人。端拱二年五月薨，年二十二。真宗即位，追册爲皇后，謚莊懷，葬永昌陵之側，陵名保泰。神主享于别廟。舊制，后謚冠以帝謚。慶曆中，禮官言，「孝」字連太祖謚，「德」字連太宗謚，遂改「莊」爲「章」，以連真宗謚云。

十二月丙申，追尊母賢妃李氏爲皇太后。

【《禮志》】至道三年十二月，追尊賢妃李氏爲元德皇太后。有司言：「案《周禮·春官·大司樂之職》，❶『奏夷則，歌仲吕，以享先妣』，謂姜嫄也。是帝嚳之妃，后稷之母，特立廟曰閟宫。晉簡文宣后以不配食，築室於外，歲時享祭。唐先天元年，始祔昭成、肅明二后於儀坤廟。又玄宗元獻楊后立廟於太廟之西，稽於前文，咸有明據。望令宗正寺於后廟内修奉廟室，爲殿三間，設

❶「周」，原脱，據《宋史·禮志十二》補。

神門、齋房、神厨以備薦享。」

【《真宗本紀》】咸平元年正月丙寅，上皇太后李氏謚曰元德。

【《禮志》】咸平元年，判太常禮院李宗訥等言：「元德皇太后别建廟室，淑德皇后亦在别廟，同是帝母而無『太』字。案唐穆宗三后，除宣懿升祔，正獻、恭懿二后並立别廟，各有『太』字。又開元初，太常議昭成皇太后，請不除『太』字，云『入廟稱后，義繫於夫，在朝稱太后，義繫於子。如謚册入陵，神主入廟，則當去太字』。案神主入廟之説，蓋爲祔享太廟，以厭降故，不加『太』字，則本朝文懿諸后是也。如别建廟室，不可但稱皇后，則唐正獻、恭僖二太后是也。淑德皇后亦請加『太』字，既加之後，望遷就元德新廟，居第一室，以元德次之，仍遷莊懷又次之。」詔下中書集議。兵部尚書張齊賢等奏：「宗廟神靈，務乎安静。況懿德作合之始，逮事舅姑，躬執婦道，祔享之禮，宜從後先，伏請仍舊。又漢因秦制，帝母稱皇太后。檢詳去歲議狀，請加淑德『太』字，而詔不加之者，緣當時元德皇太后未行追册。今册命已畢，望依禮官所言。」

三年四月乙卯，祔葬元德皇太后於永熙陵。有司言：「元德神主祔廟，準禮當行祔謁，載稽前典，有未合者。❶伏以追薦尊稱，奉加『太』字，崇建别廟，以備烝嘗。況當禘祫之時，不預合食之列，廟享之制與諸后不同。俟神主還京，即祔廟室，薦獻安神，更不行祔謁之禮，每歲五享、禘祫如太廟儀。」

【《李賢妃傳》】李賢妃，真定人，乾州防禦使英之女也。太祖爲太宗聘之。開寶

❶「合」，《宋史·禮志十二》作「安」。

中，封隴西郡君。太宗即位，進夫人。生皇女二人，皆早亡，次生楚王元佐。妃嘗夢日輪逼己，以裾承之，光耀遍體，驚而寤，遂生真宗。太平興國二年薨，年三十四。真宗即位，追封賢妃，又進上尊號爲皇太后。有司上謚曰元德。咸平三年，祔葬永熙陵。車駕詣普安院攢宫，素服行禮，拜伏嗚咽。神主祔别廟。大中祥符三年，禮官趙湘請以后祔太宗廟室。真宗曰：「此重事也，俟令禮官議之。」六年秋，宰相王旦與羣臣表請后尊號中去「太」字，升祔太廟明德之次，從之。

真宗景德四年，帝祀汾陰，謁廟畢，親詣元德皇太后廟躬謝，自門降輦步入，酌獻如太廟，設登歌，兩省、御史、宗室防禦使以上班廟内，餘班廟外，遣官分告孝惠諸后廟。詔：「太廟元德皇后廟享用犢，諸后廟親享用犢，攝事用羊豕。」

【《樂志》】皇后廟十五首：

迎神，《肅安》 閟宫翼翼，雅樂洋洋。牲器肅設，几筵用張。飭以明備，秩其令芳。神兮來格，風動雲翔。

太尉行，《舒安》 服章觀象，山龍是則。容止蹌蹌，威儀翼翼。

司徒捧俎，《豐安》徹同。 恪恭奉祀，祗薦犧牲。九成爰奏，有俎斯盈。

酌獻孝明皇后室，《惠安》 祀事孔明，廟室惟肅，鉶登籩豆，金石絲竹。既灌既薦，❶允恭允穆。奉神如在，以介景福。

孝惠皇后室，《奉安》 初陽作配，内助惟賢。柔順中積，英徽外宣。❷神宫有侐，

❶「灌」，原作「淫」，據庫本及《宋史·樂志九》改。
❷「徽」，原作「徵」，據庫本及《宋史·樂志九》改。

明祀惟虔。歆誠降祐，於萬斯年。

孝章皇后室，《懿安》 猗那淑聖，象應資生。配天作合，與日齊明。椒宮垂範，彤史揚名。聿修毖祀，永奉粢盛。

懿德皇后室，《順安》 王門稟慶，帝族惟賢。功存内治，德協静專。流芳圖史，垂範紘綖。新廟有侐，祀禮昭然。

淑德皇后室，《嘉安》 明明英媛，德備椒庭。籩豆有踐，黍稷匪馨。静嘉致薦，容與昭靈。精意以達，顧享來寧。

莊穆皇后室，《理安》 曾孫襲慶，柔祇育德。正位居體，其儀不忒。教被宮壼，化行邦國。祝史正辭，垂裕無極。

莊懷皇后室，《永安》 淑德昭著，至樂和平。登豆在列，膋香薦誠。六變合體，八音諧聲。穰穰景福，佑我休明。

元德皇后廟，《興安》 爲太宗后，爲天下母。誕聖繼明，膺乾作主。玉振金相，蘭芬桂芳。於萬斯年，永奉烝嘗。

飲福，《禧安》 彝尊鬯酒，慶佑遂行。介以純嘏，允答明誠。

亞獻，《恭安》 宗臣率禮，步玉鏘鏘。吉蠲斯獻，百禄是將。

終獻，《順安》 薦獻可終，禮容斯穆。以奉嘉觴，以膺多福。

送神，《歸安》 明禋告畢，靈輅難留。升雲杳邈，整馭優游。誠深嘉栗，禮罄欽修。❶ 豐融垂佑，以永洪休。❷

景佑以後樂章六首：

章獻明肅皇太后室奠瓚，《達安》 肅肅閟宮，順時薦事。鬱鬯馨香，如見於位。

❶「罄欽」，原作「飭斂」，據《宋史·樂志九》改。

❷「以永」，原作「洽以」，據庫本及《宋史·樂志九》改。

酌獻，《厚安》　祥標曾麓，德合方儀。萬邦展養，九御蒙慈。❶孝恭祊祏，美播聲詩。淑靈顧享，申錫維祺。

章懿皇太后室奠瓚，《報安》　青金玉瓚，祼將于京。永懷罔極，夙夜齊明。

酌獻，《衍安》　翊佐先朝，章明壼教。淑順謙勤，徽音在劭。樹風不止，劬勞匪報。黍稷含芳，❷嘏茲乃告。

奉慈廟章惠皇太后室奠瓚，《翕安》　祼圭既陳，酌鬯斯醇。音容彷彿，奠獻惟寅。

酌獻，《昌安》　内輔先猷，夙昭壼則。保祐之勞，慈惠其德。榮養有終，芳風無極。享獻閟宮，載懷悽惻。

真宗汾陰禮畢，親謝元德皇后室三首：

迎神，《肅安》　閟宮奕奕，《韶》樂洋洋。牲幣虔布，几筵肅張。醴泉淳美，嘉肴潔香。俟神來格，降彼帝鄉。

奉俎，《豐安》　樂鏗金石，俎奉犧牲。九成斯奏，❸五教爰行。❹

送神，《理安》　鸞驂復整，鶴駕難留。白雲縹緲，紫府深幽。廟雖載止，神無不游。垂佑皇宋，以永鴻休。

元德皇后升祔一首：

《顯安》之曲　顯矣皇妣，德侔柔祇！升祔太室，協禮之宜。耀彼寶册，列之尊彝。惟誠是厚，永佑慶基。

【《真宗本紀》】景德元年三月己酉，皇太后崩。夏四月甲寅，上大行皇太后謚曰明德。

【《禮志》】真宗景德元年，有司詳定明德皇

---

❶「蒙慈」，原作「家茲」，據庫本及《宋史・樂志九》改。

❷「含」，《宋史・樂志九》作「令」。

❸「九」，原作「禮」，據《宋史・樂志九》改。

❹「五」，原作「三」，據《宋史・樂志九》改。

太后李氏升祔之禮：「案唐睿宗昭成、肅明二后，先天初，以昭成配；開元末，以肅明祔。此時儒官名臣，步武相接，宗廟重事，必有據依。推之閨門，亦可擬議。晉驃騎將軍温嶠有三夫人，嶠薨，詔問學官陳舒。舒謂秦、漢之後，廢一娶九女之制，妻卒更娶，無復繼室，生既加禮，亡不應貶。朝旨以李氏卒於嶠之微時，不霑贈典；王、何二氏追加章綬。唐太子少傅鄭餘慶將立家廟，祖有二夫人。禮官韋肅議與舒同。略稽禮文，參諸故事，二夫人並祔，於禮爲宜。恭惟懿德皇后久從升祔，雖先後有殊，在尊親則一，請同列太宗室，以先後次之。」詔尚書省集議，咸如禮官之請，祔神主於太廟。

【《禮志》】❶真宗景德三年十月，孟冬薦享。其月，明德皇后園陵，有司言：「故事，大祠與國忌日同日者，其樂備而不作，今請如例。」從之。

【《明德李皇后傳》】明德李皇后，潞州上黨人。淄州刺史處耘第二女。開寶中，太祖爲太宗聘爲妃。既納幣，會太祖崩，至太平興國三年始入宫。雍熙元年十二月，詔立爲皇后。太宗崩，真宗即位。至道三年四月，尊后爲皇太后，居西宫嘉慶殿。咸平二年，宰相請别建宫立名，從之。四年，宫成，移居之，仍上宫名曰萬安。景德元年崩，年四十五。謚明德。禮權殯沙臺。三年十月，祔葬永熙陵。禮官請以懿德、明德同祔太宗廟室，以先後爲次，從之。

❶ 案：此段出自《宋史·禮志十一》，上段則出自《禮志九》，雖不同卷，但同出《宋史·禮志》。依據秦氏體例，「禮志」二字當删。

蕙田案：景德三年，既以懿德、明德並祔。大中祥符六年，又祔元德，此三后並祔之始。

【《真宗本紀》】景德四年四月辛巳，皇后郭氏崩。辛亥，有司上大行皇后謚曰莊穆。六月乙卯，葬莊穆皇后。秋七月丁卯，莊穆皇后祔別廟。

【《禮志》】景德四年，奉莊穆皇后郭氏神主謁太廟，祔享於昭憲皇后。享畢，祔別廟，殿室在莊懷之上。七月，以莊穆皇后祔享，權停孟享。

【《章穆郭皇后傳》】章穆郭皇后，太原人，宣徽南院使守文第二女。淳化四年，真宗在襄邸，太宗爲聘之。封魯國夫人，進封秦國。真宗嗣位，立爲皇后。景德四年，從幸西京還，以疾崩，年三十二。禮官奏皇帝七日釋服，特詔增至十三日。太常上謚曰莊穆。葬永熙陵之西北，神主享於別廟。仁宗即位，升祔真宗廟室，改謚章穆。

五年，龍圖閣直學士陳彭年言：「禘祫日，孝惠、淑德二后神主自別廟赴太廟，祔簡穆皇后神主之下、太祖神主之上，此蓋用《曲臺禮》別廟皇后禘祫祔享太廟之説。竊慮明靈合享，神禮未安，望詔禮官再加詳定。」有司言：「案《曲臺禮》載禘祫之儀，則如皇后先祔別廟，遇禘祫祔享於太廟，如是昭后，即坐於祖姑之下，南向；❶如是穆后，即坐於祖姑之下，北向。」又案博士殷盈孫議云：「別廟皇后禘祫於太廟，祔於祖姑之下者，此乃皇后先没，已造神主。如昭成、肅

❶「向」，原作「間」，據《宋史・禮志十二》改。下「北向」同。

明之没也，睿宗在位；元獻之没也，玄宗在位；昭德之没也，德宗在位。四后於太廟未有本室，故創別廟，當爲太廟合食之主，故禘祫乃奉以入享，此明其後太廟有本室，即當遷祔。帝方在位，故皇后蹔立別廟，禮本合食，故禘祫乃升太廟，以未有位，故祔祖姑之下。❶據《開寶通禮》與《曲臺禮》同。今有司不達禮意，遇禘祫歲，尚以孝惠、孝章、淑德三后神主祔享祖姑之下，乃在太祖、太宗之上。案《禮》稱『婦祔祖姑』，謂既卒哭之明日，此正禮也；稱『祖姑有三人，則祔於親者』，注云：❷『謂舅之母死，而又有繼室二人，親者謂舅所生。』然則祖姑有三人同在祖室，明婦有數人亦當同在夫之本室，不可久祔於祖姑也。故《開元禮》但載肅明皇后別廟時享之儀，而無禘祫之禮，即知別廟時享及禘祫皆於本廟也。孝惠、孝章、淑德禘祫既祔太廟，則自今禘祫祔享本室，次於正主，庶協典禮。」

【《真宗本紀》】大中祥符六年七月己亥，中書門下表請元德皇后祔廟。庚午，行配祔禮。十月辛酉，元德皇后祔廟。

【《玉海》】大中祥符六年七月，有司請奉元德皇后合享，曰：「母貴由於子，子孝本於親。后稷諸侯，故姜嫄異祭於帝嚳；開元王者，故昭成祔享於睿宗。」

【《宋史·仁宗本紀》】明道二年三月甲午，皇太后崩。四月壬寅，追尊宸妃李氏爲皇太后。至是，帝始知爲宸妃所生。癸亥，上大行太后謚曰莊獻明肅，宸妃李氏爲皇太

❶「祔」，原作「列」，據《宋史·禮志十二》改。
❷「云」，原作「元」，據《太常因革禮》卷三九改。

后，❶謚曰莊懿。八月壬寅，作奉慈廟。十月己酉，祔莊獻明肅太后、莊懿太后神主於奉慈廟。

【《禮志》】明道二年，判河南府錢惟演請以章獻、章懿二后並祔真宗之室。太常禮院議：「夏、商以來，❷父昭子穆，皆有配坐，每室一帝一后，禮之正儀。唐開元中，昭成、肅明二后始並祔於睿宗。今惟演引唐武宗母韋太后升祔穆宗，本朝孝明、孝章祔太祖故事。❸案穆宗惟韋后祔，太祖未嘗以孝章配。伏尋先帝以懿德配享太宗，及明德園陵禮畢，遂得升祔。元德太后自追尊後，凡十七年始克升祔。今章穆皇后著位長秋，祔食真宗，斯爲正禮。章獻太后母儀天下，與明德例同，若從古禮，止應祀后廟，若便升祔，似非先帝慎重之意，又况前代無同日並祔之比，惟上裁之。」乃詔有司更議，皆謂：「章穆位崇中壼，與懿德有異，已祔廟室，自協一帝一后之文。章獻輔政十年，章懿誕育帝躬，功德莫與爲比，退就后廟，未厭衆心。案《周官》大司樂職，『奏夷則，歌小吕，以享先妣』者，姜嫄也，帝嚳之妃，后稷之母，特立廟曰閟宫。宜别立新廟，奉安二太后神主，同殿異室，歲時薦享用太廟儀。别立廟名，自爲樂曲，以崇世享。忌前一日，不御正殿，百官奉慰，著之令甲。」乃作新廟在兩廟間，名曰奉慈。建廣孝殿，奉安章懿皇后。

【《章獻明肅皇后傳》】章獻明肅劉皇后，

❶「宸」上，《宋史·仁宗本紀二》有「追尊」二字。「爲」，原脱，據《宋史·仁宗本紀二》補。

❷「以」，原脱，據《宋史·禮志十二》補。

❸「孝章」，原作「懿德」，據《宋史·禮志十二》改。下一「孝章」同。

華陽人。父通，虎捷都指揮使、嘉州刺史。后，通第二女也。真宗即位，入爲美人。大中祥符中，進德妃。自章穆崩，真宗欲立爲后，大臣多不可，帝卒立之。李宸妃生仁宗，后以爲己子，撫視甚至。真宗崩，遺詔尊后爲皇太后，軍國重事，權取處分。羣臣上尊號，御文德殿受册。❶明道元年冬至，復御文德殿。明年，帝新耕籍田，太后亦謁太廟，加上尊號。是歲崩，年六十五。謚曰章獻明肅，葬於永定陵之西北。舊制皇后皆二謚，稱制，加四謚自后始。於是泰寧軍節度使錢惟演請以章獻、章懿與章穆並祔真宗室。詔三省與禮院議，皆以謂章穆皇后位崇中壼，已祔真宗廟室，自協一帝一后之文；章獻明肅處坤元之尊，章懿感日符之貴，功德莫與爲比，謂宜崇建新廟，同殿異室，歲時薦享，一用太廟之儀，仍别立廟名，以崇世享。翰林學士馮元等請以奉慈爲名，詔依。慶曆五年，禮院言章獻、章懿二后，請遵國朝懿德、明德、元德三后同祔太宗廟室故事，遷祔真宗廟。詔兩制議，翰林學士王堯臣等議，請遷二后祔，序於章穆之次，從之。

李宸妃，杭州人也。父仁德，終左班殿直。初入宫，爲章獻太后侍兒，真宗以爲司寢。生仁宗，封崇陽縣君。後爲婉儀。仁宗即位，爲順容，從守永定陵。初，仁宗在襁褓，章獻以爲己子，使楊淑妃保視之。仁宗即位，妃嘿處先朝嬪御中，未嘗自異。人畏太后，亦無敢言者。終太后世，仁宗不自知爲妃所出也。明道元年，

❶「受册」二字，原脱，據《宋史·后妃傳上》補。

疾革，進位宸妃，薨，年四十六。初，章獻太后欲以宫人禮治喪於外，丞相呂夷簡奏禮宜從厚。太后遽引帝起，有頃，獨坐簾下，召夷簡問曰：「一宫人死，相公云云，何歟？」夷簡曰：「臣待罪宰相，事無内外，無不當預。」太后怒曰：「相公欲離間吾母子耶！」夷簡從容對曰：「陛下不以劉氏爲念，臣不敢言；尚念劉氏，則喪禮宜從厚。」太后悟，遽曰：「宫人，李宸妃也，且奈何？」夷簡乃請治喪用一品禮，殯洪福院。夷簡又謂入内都知羅崇勳曰：「宸妃當以后服殮，用水銀實棺，異時勿謂夷簡未嘗道及。」崇勳如其言。後章獻太后崩，燕王爲仁宗言：「陛下乃李宸妃所生，妃死以非命。❶」仁宗號慟頓毁，不視朝累日，下哀痛之詔自責。尊宸妃爲皇太后，謚莊懿。幸洪福院祭告，❷易梓宫，親哭視之，妃玉色如生，❸冠服如皇太后，以水銀養之，故不壞。仁宗嘆曰：「人言其可信哉！」遇劉氏加厚。陪葬永安陵，廟曰奉慈。又即景靈宫建神御殿，曰廣孝。慶曆中，改謚章懿，升祔太廟。

【《仁宗本紀》】景祐四年十一月己卯，改上莊穆皇后謚曰章穆，莊獻明肅皇太后曰章獻明肅，莊懿皇太后曰章懿，莊懷皇后曰章懷，莊惠皇太后曰章惠。庚辰，朝享景靈宫。辛巳，享奉慈廟。

慶曆元年十一月乙丑，享奉慈廟。

【《禮志》】慶曆四年，從呂公綽言：「先帝特

❶「妃」，原脱，據《宋史·后妃傳上》補。

❷「院」，原作「寺」，據《宋史·后妃傳上》及上文改。

❸「妃」，原脱，據《宋史·后妃傳上》補。

謚二后莊懷、莊穆，及上真宗文明武定帝聖元孝之謚，❶郭后升祔，當正徽號，宜於郊禮前遣官先上寶、册，改『莊』爲『章』，止告太廟，更不改題。」遂如故事。將郊，所司導五后寶、册赴三廟，各於神門外幄次以待。奏告畢，皆納於室。俄又詔中書門下令禮官考故事，升祔章懿神主。禮院言：「章獻、章懿宜序章穆之次，章惠先朝遺制嘗踐太妃，至明道中始加懿號，與章懷頗同，請序章懷之次。太者生事之禮，不當施於宗廟。章獻以顧託之重，臨御之勞，欲稱別廟，義無所嫌，屬之配室，禮或未順。」學士王堯臣等言：「章獻明肅盛烈丕功，非一惠可舉，謚告於廟，册藏於陵，無容追減。章惠擁祐帝躬，並均顧復，故景祐中膺保慶之册，義專繫子，禮須別祠。章穆升祔，歲月已深。奉慈三室，先後已定，若再議升降，則情有重輕，請如舊制。」中書門下覆議：「成憲在前，文考之意，配食一體，二慈之宜；奉承無改，❷陛下之孝。請如禮官及學士議。案祥符詔繫章聖特旨，位序先後，乞聖制定數，昭示無窮。」詔依所議。十月，文德殿奉安寶、册，帝服通天冠、絳紗袍，執圭。太常奏樂，百官宿朝堂。❸次日，有司薦享諸廟。寅時，復詣正衙，宰臣、行事官贊導册、寶至大慶殿庭發册，出宣德門，攝太尉賈昌朝、陳執中受以赴奉慈廟上寶、册，告遷二主，皆塗「太」字，祔於太廟。

【《仁宗本紀》】至和元年正月癸酉，貴妃張

❶ 「帝」，《宋史・禮志十二》作「章」。

❷ 「改」，原作「私」，據《太常因革禮》卷九八、《長編》卷一五六改。

❸ 「朝」，原作「廟」，據《長編》卷一五七、《宋會要・禮》三三之二三改。

氏薨。丁丑，追册爲皇后，賜謚温成。七月丁卯，立温成園。十月丁酉，葬温成皇后。丙午，温成皇后神主入廟。十一月甲子，出太廟禘祫時饗及温成皇后樂章，隸於太常。

【《禮志》】至和元年七月，有司奉詔立温成皇后廟，樂章祭器數視皇后廟。❶ 後以諫官言，改爲祠殿，歲時令宫臣薦以常饌。❷

【《張貴妃傳》】張貴妃，河南永安人也。祖穎，建平令。父堯，封石州推官，卒。妃幼無依，遂納於章惠皇后宫寢。長得幸，有盛寵。妃巧慧多智數，善承迎，勢動中外。慶曆元年，封清河郡君，歲中爲才人，遷修媛。皇祐初，進貴妃。後五年薨，年三十一。仁宗哀悼之，追册爲皇后，謚温成。

【《禮志》】嘉祐四年十月，仁宗親詣太廟行祫享禮。禮官張洞、韓維言：「國朝每遇禘祫，奉别廟四后之主合食太廟。唐《郊祀志》載禘祫祝文，自獻祖至肅宗所配皆一后，惟睿宗二后，蓋昭成，明皇母也。《續曲臺禮》有别廟皇后合食之文，蓋未有本室，遇祫享即祔祖姑下。所以大順中，三太后配列禘祭，議者議其非禮。臣謂每室既有定配，則餘后不當參列，議當革正。」學士孫抃等議：「《春秋傳》曰：『大祫者何？合祭也。未毁廟之主皆升合食於太祖。』是以國朝事宗廟百有餘年，至祫之日，别廟后主皆升合食，非無典據。大中祥符中已曾定議，禮官著酌中之論，先帝有『恭依』之詔。他年有司攝事，四后皆預。今甫欲親祫而四后見黜，不亦疑於以禮之煩故耶？宗廟之

❶「樂章」，《宋史·禮志十二》作「享」。
❷「以」，原作「行」，據《宋史·禮志十二》改。

禮，至尊至重，苟未能盡祖宗之意，則莫若守舊禮。臣等愚以謂如故便。」學士歐陽修等曰：「古者宗廟之制，皆一帝一后。後世有以子貴者，始著並祔之文，其不當祔者，則有別廟之祭。本朝禘祫，乃以別廟之后列於配后之下，非惟於古無文，於今又四不可。淑德，太宗之元配，列於元德之下；章懷，真宗之元配，列於章懿之下，一也。升祔之后，統以帝樂；別廟之后，則以本室樂章自隨，二也。升祔之后，同牢而祭，牲器祝册，亦統於帝；別廟之后，乃從專享，三也。升祔之后，聯席而坐；別廟之后，位乃相絶，四也。章獻、章懿在奉慈廟，每遇禘祫，本廟致享，最爲得禮。若四后各祭於廟，則其尊自申，而於禮無失。以爲行之已久，重於改作，則是失禮之舉，無復是正也。請從禮官。」詔：「四后祫享依舊，須大禮畢，別加討論。」

元豐三年二月，慈聖光獻皇后祔廟。前二日，告天地、社稷、太廟、皇后廟如故事。至日，奉神主先詣僖祖室，次翼祖室，次宣祖室，次太祖室，次太宗室。次太宗與懿德皇后、明德皇后同一祝，次享元德皇后。慈聖光獻皇后，異饌位、異祝，行祔謁禮。次真宗室，次仁宗室，次英宗室。禮畢，奉神主歸仁宗室。

【《神宗本紀》】元豐六年七月乙卯，祔孝惠、孝章、淑德、章懷皇后於廟。

【《禮志》】元豐六年，詳定所言：「案《禮》，夫婦一體，故昏則同牢、合巹，終則同穴，祭則同几、同祝饌，未嘗有異廟者也。惟周人以姜嫄爲禖神，而帝嚳無廟，又不可下入子孫之廟，乃以別廟而祭，故《魯頌》謂之閟宮，《周禮》謂之先妣，可也。❶自漢以來，不祔不配者，皆援姜嫄爲比，或以其微，或以其繼而已。蓋其間有天下者，起於側微，而其后不及正位中宮，或以嘗正位矣。有所不幸，則當立繼以奉宗廟，故有『祖姑三人則祔於親者』之説。立繼之禮，其來尚矣。始微終顯，皆嫡也，前娶後繼，皆嫡也。後世乃以始微後繼寘之别廟，不得伸同几之義，則非禮意。恭惟太祖孝惠皇后、太宗淑德皇后、真宗章懷皇后實皆元妃，而孝章則太祖繼后，乃皆祭以别廟，在禮未安，請升祔太廟，增四室，以時配享。」七月，遂自别廟升祔焉。

【《玉海》】初，孝惠、孝章、淑德、章懷四后未入廟。元豐六年七月乙卯，始祔廟室。初議不發册，太常博士王古言升祔之重，由發册而後顯，乃詔升祔比太廟親祀，用竹册。

【《哲宗本紀》】元祐八年九月戊寅，太皇太后崩。己卯，詔以太皇太后園陵爲山陵。十二月己巳，上太皇太后謚曰宣仁聖烈皇后。

【《禮志》】皇太后崩，三省請奉安神御於治隆殿，以遵元祐初詔。復以御史劉極之言，特建原廟。廟成，名神御殿曰徽音，山殿曰寧真。紹聖二年十月癸酉，告遷宣仁聖烈太后神御於景靈宫徽音殿。甲戌，詣宫，行奉安禮。

【《宣仁聖烈高皇后傳》】英宗宣仁聖烈高皇后，亳州蒙城人。曾祖瓊，祖繼勳，皆

❶「可」，《宋會要・禮》一五之五一、《文獻通考》卷九五作「是」。

至節度使。母曹氏，慈聖光獻后姊也，❶故后少鞠宮中。❷英宗與后同年，既長，遂成昏濮邸。生神宗。治平二年册爲皇后。神宗立，尊爲皇太后，居寳慈宮。元豐八年，帝不豫，宰執王珪等乞立延安郡王爲皇太子，太后權同聽政。哲宗嗣位，尊爲太皇太后。凡熙寧以來政事弗便者，皆次第罷之。人以爲女中堯舜。元祐八年九月，屬疾崩，年六十二。

建中靖國元年，詔建欽聖憲肅皇后、欽慈皇后神御殿於大明殿北，名曰柔明。尋改欽儀，又改坤元。又名哲宗神御殿曰觀成。尋改重光。詔自今景靈宮並分三日朝獻。崇寧三年，奉安欽成皇后神御坤元殿欽聖憲肅皇后之次，欽慈皇后又次之。政和三年，奉安哲宗神御於重光殿。昭懷皇后神御殿成，詔名正殿曰柔儀，山殿曰靈娭。

神御殿，宣祖、昭憲皇后於資福寺慶基殿，章獻明肅皇后於慈孝寺章德殿，章懿皇后於景靈宮廣孝殿，明德、章穆二后於普安院重徽殿，章惠太后於萬壽觀廣慶殿。

【《神宗欽聖憲肅向皇后傳》】神宗欽聖憲肅向皇后，河内人，故宰相敏中曾孫也。治平三年，歸於潁邸，封安國夫人。神宗即位，立爲皇后。帝不豫，后贊宣仁后定建儲之議。哲宗立，尊爲皇太后。宣仁命葺慶壽故宮以居后，后辭曰：「安有姑居西而婦處東，瀆上下之分。」不敢徙，遂以慶壽後殿爲隆祐宮居之。帝倉卒晏駕，獨決策迎端王。章惇異議，不能沮。徽宗立，請權同處分軍國事，后以長君

❶「后」，原脱，據《宋史·后妃傳上》補。
❷「故」，原脱，據《宋史·后妃傳上》補。

辭。帝泣拜，移時乃聽。凡紹聖、元符以還，惇所斥逐賢大夫士，稍稍收用之。纔六月，即還政。明年正月崩，年五十六。

【《欽成朱皇后傳》】欽成朱皇后，開封人。父崔傑，早世；母李，更嫁朱士安。后鞠於所親任氏。熙寧初，入宮爲御侍，進才人、婕妤，生哲宗及蔡王以、徐國公主，❶累進德妃。哲宗即位，尊爲皇太妃。時宣仁、欽聖二太后皆居尊，故稱號未極。元祐三年，宣仁詔：「《春秋》之義，母以子貴，其尋繹故實，務致優隆。」於是輿蓋、仗衛、冠服，悉侔皇后。紹聖中，欽聖復命即閤建殿，改乘車爲輿，出入由宣德東門，百官上牋稱「殿下」，名所居爲聖瑞宮。崇寧元年二月薨，年五十一。追册爲皇后，上尊謚，陪葬永裕陵。

【《欽慈陳皇后傳》】欽慈陳皇后，開封人。幼穎悟莊重，選入掖庭，爲御侍。生徽宗，進美人。帝崩，守陵殿，思顧舊恩，毁瘠骨立。左右進粥、藥，揮使去，曰：「得早侍先帝，願足矣！」未幾薨，年三十二。建中靖國元年，追册爲皇太后，上尊謚，陪葬永裕陵。

【《徽宗本紀》】政和三年二月辛卯，崇恩太后暴崩。閏四月辛酉，上崇恩太后謚曰昭懷。

【《昭懷劉皇后傳》】昭懷劉皇后，初爲御侍，明艷冠後庭，且多才藝。由美人、婕妤進賢妃。生一子二女。有盛寵，能順意奉兩宮。時孟后位中宮，后不循列妾禮，且陰造奇語以售謗。孟后既廢，后竟代焉。徽宗立，册爲元符皇后。明年，尊

❶「以」，《宋史·后妃傳下》作「似」。

爲太后，名宫崇恩。帝緣哲宗故，曲加恩禮，后以是頗干預外事，且以不謹聞。帝與輔臣議，將廢之，而后已爲左右所逼，即簾鈎自縊而崩，年三十五。

【《樂志》】崇恩太后升祔十四首：

入門，《顯安》 俔天生德，作配元符。儀型壺則，輔佐帝圖。登崇廟祏，勒號璠璵。烝嘗億載，皇極之扶。

神主升殿，《顯安》 曰嬪于京，天作之配。進賢審官，克勤其志。於穆清廟，本仁祖義。億萬斯年，神靈攸暨。

迎神，《興安》四章 黄鐘宫二奏：閟宫有侐，堂筵屹崇。靈徽匪遐，精誠感通。苾芬維時，登兹明祀。泠然雲車，❶有來其馭。

大吕角二奏：羽旌風翔，翠葆飄舉。儼其音徽，登兹位處。❷笙鏞始奏，合止柷敔。是享是宜，永求伊祜。

太簇徵二奏：枚枚閟宫，鼎俎肆陳。烝畀明靈，登其嘉新。鼓鐘既戒，旨酒既醇。攸介攸止，純禧薦臻。

應鍾羽二奏：旨酒嘉肴，于登于豆。是享是宜，樂既合奏。衎我懿德，執事温恭。靈兮允格，有翼其從。

罍洗，《嘉安》 列爵陳俎，芬芳和羹。揔金擊石，洋洋和聲。禮行伊始，我德惟明。既盥而往，於昭斯誠。

升降殿，《熙安》 笙簫紛如，陟彼廟庭。鏘鏘佩玉，懷兹先靈。神保聿止，音容杳冥。繁福是介，萬年惟寧。

酌獻，《兹安》 雝雝玉佩，清酤惟良。粢

❶「雲」，原作「靈」，據《宋史·樂志九》改。
❷「登」，原爲空白，據庫本及《宋史·樂志九》補。

盛具列，有飶其香。懷其徽範，德合無疆。於茲燕止，降福穰穰。

亞獻，《神安》　嬪於潛邸，爰正坤儀。《關雎》化被，《思齊》名垂。柔德益茂，家邦以熙。皇心追崇，❶永羞牲粢。

退文舞，進武舞，《昭安》　翩然干戚，揚庭陳階。文以經緯，武以威懷。其張其弛，節與音諧。迄兹獻享，妥靈綏來。

終獻，《儀安》　珩璜之貴，褘褕之尊。天作之合，內治慈温。元良鍾慶，祉福乾坤。以享以祀，事亡如存。

徹豆，《成安》　鏘洋純繹，於論鼓鍾。周旋陟降，齋莊肅容。維罍既旨，維籩伊豐。歌徹以《雍》，介福來崇。

送神，《興安》　黍稷維馨，虡業充庭。既欽既戒，靈心是承。顧予烝嘗，言從之邁。申錫無疆，是用大介。

【《徽宗本紀》】政和三年七月庚子，貴妃劉氏薨。九月戊戌，追册貴妃劉氏爲皇后，謚曰明達。四年七月甲午，祔明達皇后神主於別廟。

【《禮志》】政和四年，有司言：「政和元年孟冬祫享，奉惠恭神主入太廟，祔於祖姑之下。今歲當祫，而明達皇后神主奉安陵祠，緣在城外。三代之制，未有即陵以爲廟者。今明達皇后追正典册，歲時薦享，並同諸后，宜就惠恭別廟增建殿室，迎奉神主以祔。」又言：「明達神主祔謁日，於英宗室增設宣仁聖烈皇后、明達皇后二位，及徧祭七祀、配享功臣，並別廟祔享惠恭、明達二位。」紹興七年，惠恭改謚爲顯恭，以上徽宗聖文仁德顯孝之謚故也。

❶「追」，原作「建」，據《宋史・樂志九》改。

【《劉貴妃傳》】劉貴妃，由才人七遷至貴妃。生濟陽郡王柍、祁王模、信王榛。政和三年秋，薨。帝大悲惻，特加四字謚曰明達懿文，又欲踵温成故事追崇，使皇后表請，因册贈爲后，而以明達謚焉。

【《高宗本紀》】紹興十二年四月，皇后邢氏崩，訃初至。七月丁酉，上皇后謚曰懿節，祔神主於别廟。

【《禮志》】紹興十二年五月，禮部侍郎施坰言：「懿節皇后神主，候至卒哭擇日祔廟，合依顯恭皇后禮，於太廟内修建殿室，以爲别廟安奉。」又言：「將來祔廟，其虞主合於本室後瘗埋。緣别係行在祔廟，欲於本室册寶殿收奉，候回京日依别廟故事。」從之。七月，有司行九虞之祭奉安。

【《高宗憲節邢皇后傳》】高宗憲節邢皇后，開封祥符人。父焕，朝請郎。高宗居康邸，以婦聘之，封嘉國夫人。王出使，夫人留居蕃衍宅。金人犯京師，夫人從三宫北遷。及即位，遥册爲皇后。紹興九年，后崩於五國城，年三十四。金人秘之，高宗虚中宫以待者十六年。顯仁太后回鑾，始得崩聞。上爲輟朝，行釋服之祭，謚懿節，祔主於别廟。紹興十二年八月，后梓宫至，攢於聖獻太后梓宫之西北。淳熙末，改謚憲節，祔高宗廟。

紹興十三年，初築三殿，聖祖居前，宣祖至徽宗諸帝居中殿，❶元天大聖后與祖宗諸后居後。

【《高宗本紀》】紹興二十九年九月庚子，皇太后韋氏崩。十月戊寅，册謚皇太后曰顯

❶「徽」，原作「祖」，據《繫年要録》卷一四八、《咸淳臨安志》卷三、《夢粱録》卷八改。

仁。十一月丙午，權攢顯仁皇后於永祐陵。十二月甲子，祔顯仁皇后神主於太廟。

【《韋賢妃傳》】妃，開封人，高宗母也。初入宮，爲侍御。崇寧末，封平昌郡君。大觀初，進婕妤，累遷婉容。高宗在康邸出使，封賢妃。從太上皇北遷。建炎改元，遥尊爲宣和皇后。紹興七年，徽宗及鄭皇后崩聞至，翰林學士朱震請遥尊爲皇太后，從之。豫作慈寧宮。❶命參政王次翁等爲奉迎使。十二年四月，次燕山。八月，至臨安，入居慈寧宮。二十九年九月崩，謚曰顯仁。攢於永佑陵之西，祔神主太廟。

【《樂志》】紹興二十九年顯仁皇后祔廟一首：

酌獻，《歆安》　恭惟聖母，躋祔孔時。陳羞宗祏，徼福坤儀。鍾鼓惟序，牲玉載祗。於皇來格，永介丕基。

紹興別廟二首：

安穆皇后室酌獻，《歆安》　祥發俔天，符彰夢日。有懷慈容，孝享廟室。泰尊是酌，旨酒嘉栗。靈其格思，祚以元吉。

安恭皇后室酌獻，《歆安》　美詠河洲，德嬪嬀汭。徽音如存，肇修巳事。縮以包茅，酌以醴齊。靈來顧歆，降福攸備。

【《禮志》】紹興三十一年，禮部太常言：「故妃郭氏追册爲皇后，合依懿節皇后祭於別廟。所有廟殿，見安懿節皇后神主，行禮狹隘。乞分爲二室，以西爲上，各置户牖，及擗截本廟齋宮，權奉安懿節神主，❷工畢還殿。」王普又請各置祏室，並從之。

❶「寧」，原作「壽」，據《宋史·后妃傳下》及下文改。
❷「奉」，原脱，據《宋會要·禮》一〇之一一補。

工部侍郎兼太常少卿王普言：❶「謹案《春秋公羊説》曰：『主藏廟室西壁中，以備火災。』《左氏説》曰：『主祏於宗廟，言廟有祏室，以藏神主。』《漢儀》：『藏主於西牆壁埳中，去地六尺一寸。』蓋埳即祏室也，非特備災，亦神道尚幽之義。然則古者廟必有主，主必有祏。鄭原繁曰：『先君桓公命我先人典司宗祏。』此諸侯廟主之祏也。衛孔悝使車反祏於西圃，此大夫廟主之祏也。《開寶通禮》：『别廟時享孝明、孝惠皇后。享日，宫闈令入室開埳，奉出神主，置於座。』《政和五禮》：『時享别廟儀：享日，祠祭官贊奉神主，宫闈令于祏宫内，奉惠恭皇后神主于神幄，啟匱，設于座。至送神樂止，祠祭官贊奉神主入祏室，宫闈令納神主于匱，捧入祏室。』然則本朝故事，别廟后主亦有祏室。自藝祖至徽宗，未之有改也。昨紹興五年，祖宗、后神主至自温州，始建太廟，才爲屋五間，後稍增至七間，皆有殿而無室，但置神主并匱于案上，以帳幬之。每遇祭享，則就案啟匱，而薦獻于前，其草創如此。十二年，祔懿節皇后，乃建别廟，亦如太廟其草創也。十六年，新造禮器告成，詔增籩豆簠簋之數，悉依典禮。而太廟殿上迫狹，不能容之，於是始作新廟。凡十三間，除東西夾室之外，爲十一室，各開户牖，安祏室于西墉，略倣京師廟制。唯别廟一位，祭器不多，遂且仍舊，以至于今。此有司因循之過也。兹追册皇后，將祔于懿節之次，既修别廟，分爲二室，當各置祏室，如

❶ 案：王普之言，非出《宋史·禮志》，而出自《文獻通考》卷九四，段前當增「文獻通考」四字，全段並應降格。

累朝故事。」詔從之。

【《孝宗成穆郭皇后傳》】孝宗成穆郭皇后，開封祥符人。奉直大夫直卿之女孫，其六世祖爲章穆皇后外家。孝宗爲普安郡王時納郭氏，封咸寧郡夫人。生光宗及莊文太子愭、魏惠憲王愷、邵悼肅王恪。紹興二十六年薨，年三十一，追封淑國夫人。三十一年，用明堂恩，贈福國夫人。既建太子，追封皇太子妃。及受禪，追册爲皇后，謚恭懷，尋改安穆。及營阜陵，又改成穆，祔孝宗廟。

【《孝宗本紀》】乾道三年六月辛卯，皇后夏氏崩。七月癸酉，權攢安恭皇后於臨安。

【《禮志》】乾道三年閏七月，安恭皇后神主祔於别廟，爲三室。

【《成恭夏皇后傳》】成恭夏皇后，宜春人。曾祖令古，爲吉水簿。夏氏初入宮，爲憲聖太后閤中侍御。普安郡王夫人郭氏薨，太后以夏氏賜王，封齊安郡夫人。即位，進賢妃。踰年，奉上皇命，立爲皇后。乾道三年崩，謚安恭。改謚成恭。

【《寧宗本紀》】開禧三年五月辛卯，以太皇太后謝氏有疾赦。是日崩。八月己巳，上大行太皇太后謚曰成肅皇后。九月乙酉，權攢成肅皇后於阜陵。壬寅，祔成肅皇后神主於太廟。

【《成肅謝皇后傳》】成肅謝皇后，丹陽人。被選入宮，憲聖太后以賜普安郡王，封咸安郡夫人。王即位，進婉容。踰年，進貴妃。成恭皇后崩，中宮虚位。淳熙三年，上皇諭立貴妃爲皇后。光宗受禪，上尊號壽成皇后。孝宗崩，尊爲皇太后。慶元初，加號慈惠。嘉泰二年，加慈佑太皇太后。開禧三年崩，謚成肅，攢祔於永阜陵。

【《樂志》】開禧三年成肅皇后祔廟一首：

酌獻，《歆安》　天合重華，内治昭融。承承繼繼，保佑恩隆。歸從阜陵，登祔太宫。燕我後人，福禄來從。

上册寶十三首：

册寶入門，《隆安》　威儀皇止，庶尹在庭。爰舉徽章，遹觀厥成。勒崇揚休，寫之瓊瑛。迄于萬祀，發聞惟馨。

册寶升殿，《崇安》　有猷有言，順承天則。聿崇號名，再揚典册。朱英寶函，左右翼翼。千秋萬歲，保兹無極。

迎神，《歆安》　黄鍾宫：籩豆大房，犧尊將將。馨香既登，明靈迪嘗。其樂伊何？吹笙鼓簧。靈來燕娭，降福無疆。

大吕角二奏：吉蠲惟時，禮儀既備。奉璋峩峩，❶羣公在位。神之格思，永錫爾類。展彼令德，於焉來暨。

太簇徵二奏：雍雍在宫，翼翼在庭。顯相休嘉，肅雍和鳴。神嗜飲食，明德惟馨。綏我思成，式燕以寧。

應鍾羽二奏：犧牲既成，籩豆有楚。摐金擊石，式歌且舞。追懷懿德，令聞令儀。靈兮來格，是享是宜。

罍洗，《嘉安》　嘉肴旨酒，潔粢豐盛。既盥而往，以我齊明。有孚顒若，黍稷非馨。神之格思，享於克誠。

升降，《熙安》　佩玉鏘鏘，其來雝雝。陟降孔時，步武有容。恪兹祀事，神罔時恫。綏我邦家，福禄來崇。

酌獻，《明安》　旨酒嘉栗，有飶其香。衎我淑靈，歆此令芳。德貽彤管，號正椒

❶「璋」，庫本作「章」。

房。神具醉止，降福穰穰。

退文舞，進武舞，《昭安》 籥翟既陳，干戚斯揚。進旅退旅，一弛一張。其儀不忒，容服有光。以宴以樂，❶德音不忘。

亞、終獻，《和安》 望高六宮，位應四星。輔佐君子，警戒相成。褘衣福崇，琛冊追榮。于以奠之，有椒其馨。

徹豆，《成安》 濯濯其英，殖殖其庭。有來羣工，賚我思成。嘉肴既將，旨酒既清。《雍》徹不遲，福禄來寧。

送神，《歆安》 禮儀既備，神保聿歸。洋洋在上，不可度思。神之來兮，肸蠁之隨。神之去兮，休嘉是貽。

上欽成皇后冊寶六首：

入門升殿，《顯安》 上帝錫羡，實生婉淑。輔佐神皇，寵膺天禄。誕育泰陵，劭勞顧復。於昭徽音，久而彌郁。

迎神，《歆安》 於顯惟德，徽柔懿明。嬪于初載，有聞惟馨。肆我鼓鍾，萬舞在庭。神保是格，來止來寧。

盥洗，《嘉安》 有煒柔儀，率履不越。惠於初終，既明且達。我將我享，相盥乃登。胡臭亶時，攸介攸寧！

升降，《熙安》 苾苾其芬，❷殽核其旅。❸陟降孔時，有秩斯祜。❹德容内化，❺維神之明。明則不渝，綏我思成。

酌獻，《明安》 天維顯思，有相於内。右賢去邪，夙夜儆戒。猗歟追册，重翟褘衣。既右享之，百世是儀。

❶「樂」，《宋史·樂志九》作「娭」。
❷「芬」，《宋史·樂志九》作「芳」。
❸「其」，《宋史·樂志九》作「維」。
❹「祜」，《宋史·樂志九》作「所」。
❺「德」，《宋史·樂志九》作「雍」。

亞、終獻，《和安》 酌彼玉瓚，有椒其馨。鬷假無言，雍容在庭。生莫與崇，於赫厥聲。祀事孔明，神格是聽。

上明達皇后册寶五首：

迎神，《歆安》 恭儉宜家，柔順承天。德昭彤管，憂在進賢。寶册褘翟，❶追榮壽原。四時祼享，何千萬年。

酌獻，《明安》 清宮有嚴，❷廣樂在庭。鐘鼓筦磬，九變既成。縮茅以獻，潔秬惟馨。靈遊可想，來燕來寧。

退文舞，進武舞，《昭安》 秉翟竣事，萬舞摐金。總干揮戚，節以鼓音。禮容有煒，肹蠁來歆。淑靈是聽，雅奏愔愔。

徹豆，《成安》 登獻罔愆，俎豆斯徹。神具醉止，禮終樂闋。御事既退，珊珊佩玦。介我繁祉，歆此蠲絜。

送神，《歆安》 備成熙事，虚除翠楹。神保聿歸，雲車夙征。鑒我休德，神交惚恍。留祉降祥，千秋是享。

【《仁宗本紀》】景祐三年十一月戊寅，保慶皇太后楊氏崩。辛卯，上寶慶太后謚曰莊惠。四年二月己酉，葬莊惠皇后於永定陵。己未，奉神主於奉慈廟。

【《禮志》】治平元年，同判太常寺吕公著言：「案《喪服小記》『慈母不世祭』，章惠太后，仁宗嘗以母稱，故加保慶之號。❸蓋生有慈保之勤，故没有廟享之報。今於陛下恩有所止，禮難承祀，其奉慈廟，乞依禮廢罷。」熙寧二年，命太常卿張掞奉章惠太后神主瘞陵園。❹

❶「册」，原作「而」，據《宋史·樂志九》改。
❷「清」，原作「涓」，據《宋史·樂志九》改。
❸「保」，原作「寶」，據庫本改。
❹「命」下，《宋史·禮志十二》有「攝」字。

【《文獻通考》】神宗即位，知諫院楊繪言：「章惠太后於仁宗有撫養之恩，故别祭於奉慈廟。今陛下之於仁宗皇帝則孫也。乞下有司詳議。」禮官復申治平之義，乃命太常卿奉神主瘞於陵園，帝率羣臣詣瓊林苑，酌獻以辭。遂廢其廟。

【《楊淑妃傳》】楊淑妃，益州郫人。祖瑫，父知儼。妃年十二入皇子宫。真宗即位，拜才人，又拜婕妤，進婉儀。後加淑妃。真宗崩，遺制以爲皇太后。始，仁宗在乳褓，章獻使妃護視，凡起居飲食必與之俱，所以擁佑扶持，恩意勤備。後名其所居宫曰保慶，稱保慶皇太后。景祐三年，無疾而薨，年五十三。殯於皇儀殿。帝思其保護之恩，令禮官議加服小功。初，仁宗未有嗣，后每勸帝擇宗子近屬而賢者，養於宫中，其選即英宗也。英宗立，言者謂禮慈母於子祭，於孫止，請廢后廟，瘞其主園陵。英宗弗欲遽也，詔下有司議，未上，會帝崩，遂罷。

蕙田案：以上四條，係仁宗慈母祔廟享，故附於末。

右宋后妃廟。

五禮通考卷第一百三

淮陰吳玉搢校字

五禮通考卷第一百四

內廷供奉禮部右侍郎金匱秦蕙田編輯
太子太保總督直隸右都御史桐城方觀承同訂
兩淮都轉鹽運使德水盧見曾
按察司副使元和宋宗元參校

吉禮一百四

后妃廟

【《金史·世宗本紀》】大定元年十月丙午，即皇帝位。十一月甲申，追尊皇考豳王爲皇帝，謚簡肅，廟號睿宗，皇妣蒲察氏曰欽慈皇后，李氏曰貞懿皇后。戊子，辭謁太祖廟及貞懿皇后園陵。

【《貞懿皇后傳》】后，李氏，世宗母，遼陽人。父雛訛只，仕遼，官至桂州觀察使。天輔間，后入睿宗邸。七年，世宗生。天會十三年，睿宗薨，世宗時年十三，后祝髮爲比丘尼，號通慧圓明大師，賜紫衣，歸遼陽，營建清安禪寺，别爲尼院居之。貞元三年，世宗爲東京留守。正隆六年五月，后卒。世宗即位於東京，尊謚爲貞懿皇后，其寢園曰孝寧宫。大定二年，改葬睿宗於景陵。初，后自建浮圖於遼陽，是爲垂慶寺。臨終，謂世宗曰：「鄉土之念，人情所同。吾已用浮屠法置塔於此，不必合葬也。我死毋忘此言。」世宗深念遺命，乃即東京清安寺建神御殿，詔有司增大舊塔，起奉慈殿於塔前。九年，神御殿更名曰報德殿。十三年，東京垂慶寺起神御殿。

【《禮志》】世宗大定二年，有司援唐典，昭德皇后合立別廟，擬於太廟内垣東北起建，從之。三年十月七日，太廟祫享，升祔睿宗皇帝并昭德皇后，神主同時製造題寫，奉詣殿庭，謁畢祔于祖姑欽仁皇后之左，享祀畢，奉主還本廟。十二月二十一日，臘享，禮官言：「唐禮，別廟薦享皆準太廟一室之儀，伏恐今廟享畢已過質明，請別差官攝祭。」制可。後以廟制小，又於太廟之東別建一位。十二年八月，廟成，正殿三間，東西各空半間，以兩間爲室，從西一間西壁上安置祏室。廟置一便門，與太廟相通。仍以舊殿爲册寶殿，祏室奏毁。十三年六月二十一日，奏告太廟，祭告別廟。二十三日，奉安，用前祫享通廟儀。有司言當用鹵簿，以廟相去不遠，參酌議用清道二人，次團扇二人，次職掌二人，次儐官二十六人爲十三重，供奉官充。次腰輿，輿士一十六人，傘子二人，次團扇十四爲七重，方扇四，次排列職掌六人，燈籠十對，❶輦官並錦襖盤裹。仍令皇太子率百官行禮。前一日，行事執事官就祀所清齋一宿，仍習儀。執事者眡禮饌，❷太廟令帥其屬，掃除廟之内外。禮直官設皇太子西向位，執事官位太子後，近南，西向，各依品從立。監祭殿西階下東向立。❸及親王百官位於廟庭，北向，西上。又設祝案於神位之右，設尊彝之位于左，各加勺、冪、坫。❹又設祭器，皆藉以席，左一籩實以鹿脯，右一豆實以鹿臡。又設盥洗、

❶「燈」，《金史・禮志六》作「燭」。
❷「禮」，庫本及《金史・禮志六》作「醴」。
❸「祭」，原作「察」，據《金史・禮志六》改。
❹「勺」，原作「爵」，據《金史・禮志六》改。

爵洗位於横街之南稍東。罍在洗東，加勺。篚在洗西，南肆，實以巾。執罍篚者位於其後。太廟令又設神位於室内北墉下，當户南向。設直几一、黼扆一、莞席一、繅席一、次席二、紫綾厚褥一、紫綾蒙褥一并幄帳等，諸物並如舊廟之儀。又設望燎位於西神門外之北，設燎柴於位之北，預掘瘞坎于燎所。所司陳儀衛于舊廟門之外。奉安日，未明二刻，所司進方扇、燭籠于舊廟殿門外，設腰輿一、繖一於殿階之下，南向。質明，皇太子公服乘馬，本宫官屬導從至廟門外下馬，步入廟門，至幕。次引親王百官常服由廟門入於殿庭，北向，西上，重行立定。次引皇太子于百官前絶席位立，贊者曰「再拜」，皆再拜。宫闈令升殿，捧昭德皇后神主置於座，贊者曰「再拜」，皆再拜。次引内常侍北向俯伏，跪奏「請昭德皇后神主奉安於新廟，降殿升輿」，奏訖，俯伏，興。捧几内侍先捧几匱，跪置於輿，又宫闈令接神主，内侍前引，跪置於輿上几後，覆以紅羅帕。内常侍以下分左右前引，皇太子步自舊廟先從行，親王次之，百官分左右後從，儀衛導從，至别廟殿下，北向。内常侍于腰輿前俯伏，興，跪奏「請降輿升殿」。内侍捧几匱前，宫闈令捧接神主升殿，置於座。禮直官引皇太子以下親王百官入殿庭，北向，西上，重行立，皇太子在絶席立，禮直官贊曰「再拜」，皆再拜。又贊曰「行事官各就位」。禮直官引皇太子西向位立定。禮直官少前，贊曰「有司謹具，行禮」。❶即引皇太子就盥洗位，北向，搢笏，盥手，帨

❶「行禮」，庫本作「請行禮」，《金史·禮志六》作「請行事」。

手，執笏。詣爵洗位，北向立，搢笏，洗爵，拭爵，以授執事者。執笏，升，詣酒尊所，西向立，執事者以爵授皇太子，搢笏，執爵。執事者舉冪酌酒，皇太子以爵授執事者，詣神位前，北向，搢笏，跪。執事者以爵授皇太子，執爵三祭酒，反爵于坫，執笏，俛伏，興，少立。次引太祝、舉祝官詣讀祝位，東北向，舉祝官跪舉祝版，太祝讀祝，訖，置祝于案，俛伏，興。舉祝官皆却立，北向。贊者曰「再拜」，皇太子就兩拜，降階，復位，舉祝、讀祝官後從，復本位。禮直官曰「再拜」，在位者皆再拜。宮闈令納神主於室，贊者曰「再拜」，皆再拜，禮畢，退。署令闔廟門，瘞祝於坎，儀物各還所司。

二十六年，勅別建昭德皇后影廟于太廟內。有司言：「宜建殿三間，南面一屋三門，垣周以甓，外垣置櫺星門一，神厨及西房各三間。然禮無廟中別建影廟之例，今皇后廟西有隙地，廣三十四步，袤五十四步，可以興建。」制可。仍於正南別創正門，以坤儀爲名。仍留舊有便門，遇禘祫祔享由之。每歲五享并影廟行禮于正南門出入，又於廟外起齋廊房二十三間。

【《世宗昭德皇后傳》】后，烏林答氏，其先居海羅伊河，世爲烏林答部長，率部族來歸，居上京，與本朝爲婚姻家。父石土黑，以功授世襲謀克，爲東京留守。后歸世宗，甚得婦道。世宗在濟南，海陵召后來中都。后念若身死濟南，海陵必殺世宗，惟奉詔去濟南而死，世宗可以免。謂世宗曰：「我當自免，不可累大王也。」后既離濟南，從行者知后必不肯見海陵，將自爲之所，防護甚謹。行至良鄉，去中都七十里，從行者防之稍緩，后得間即自殺。海陵猶疑世宗教之使然。世宗自濟南改西京留守，過良鄉，使魯國公主葬后於宛平縣土魯原。大定二年，追册爲昭德皇后，立别廟，勅有司改葬，命皇太子致奠。二十九年，祔葬興陵。章宗時，有司奏太祖謚有「昭德」字，改謚明德皇后。

【《樂志》】昭德皇后别廟，郊祀前薦享，登歌樂曲：

初獻盥洗，夷則宫，《肅寧》之曲　神無常享，時歆精誠。惟誠惟潔，感通神明。先事盥滌，注兹清泠。巾篚既奠，尊彝薦馨。

初獻升、降殿，仲吕宫，《嘉寧》之曲　有來肅肅，登降以敬。粲粲袨服，鏘鏘佩聲。金石節奏，既協且平。其儀不忒，乃終有慶。

司徒奉俎，奏夷則宫《豐寧》之曲　馨我黍稷，潔我牲牷。升降有節，薦是吉蠲。工祝致告，威儀肅然。神之弔矣，元吉其旋。

酌獻，奏夷則宫《儀坤》之曲　俔天之妹，坤德利貞。圜丘有事，先薦以誠。我酒既旨，我殽既盈。神其居饗，福禄來成。

徹豆，奏仲吕宫《豐寧》之曲　明昭祀事，舊典無違。樂既云闋，神其聿歸。禮之克成，神保斯饗。于萬斯年，迓續丕貺。

昭德皇后時享，登歌樂章：

初獻盥洗，無射宫《肅寧》之曲　時祀有章，禮備樂舉。爰潔其盥，亦豐其俎。俯仰升降，中規中矩。神其來格，百福是與。

初獻升殿，夾鍾宫《嘉寧》之曲三獻及司徒降，同。　假哉神宫，神宫有侐。惟時吉蠲，登升翼翼。歌鐘鏘煌，笙磬翕繹。於昭肅恭，靈鼇來格。

司徒奉俎，無射宮《豐寧》之曲　宮庭枚枚，鐘磬喤喤。既儀圭鬯，既奠膋薌。齋莊奉饋，籩豆大房。靈之右饗，流慶無疆。

酌獻，無射宮《儀坤》之曲　於皇坤德，作合乾儀。塗山懿範，京室芳徽。容聲如在，典祀惟時。神其克享，薦祉來儀。

亞、終獻，無射宮《儀坤》之曲　嘉羞實俎，高張在庭。中獻合禮，終獻改「中」爲「三」。坤德儀刑。神其是聽，用鬯清明。清明既鬯，來享來寧。

徹豆，夾鐘宮《豐寧》之曲　禮成于終，神心禔禔。膋蕭發馨，樂闋獻已。徒馭孔多，靈輿載轙。青玄悠悠，歸且億矣。

【《章宗欽懷皇后傳》】后，蒲察氏，上京路曷速河人也。父鼎壽，尚熙宗鄭國公主，授駙馬都尉，贈太尉、越國公。后之始生，有紅光被體，移時不退。就養于姨冀國公主，既長孝謹，如事所生。大定二十三年，章宗爲金源郡王，備禮親迎。詔親王宰執三品已上官及命婦會禮，封金源郡王夫人。後進封妃，薨。帝即位，遂加追册，仍詔誥中外，奉安神主于坤寧宮，歲時致祭。大安初，祔葬於道陵。

右金后妃廟。

【《元史·世祖本紀》】至元十八年十月乙未，享於太廟，貞懿順聖昭天睿文光應皇后祔。

【《禮樂志》】十八年冬十月，昭睿順聖皇后將祔廟，製昭睿順聖皇后室曲舞。

世祖皇后祔廟酌獻樂章《太常集禮》云：卷牘所載。

徽柔懿哲，溫默靜恭。範儀宮闈，任姒同

風。敷天寧謐，内助多功。淑德祔廟，萬世昌隆。

【《世祖昭睿順聖皇后傳》】后，弘吉剌氏，濟寧忠武王案陳之女，生裕宗。中統初，立爲皇后。至元十年三月，授册、寶，上尊號貞懿順聖昭天睿文光應皇后。十四年二月，崩。成宗即位，追謚昭懿順聖皇后，升祔世祖廟。

蕙田案：昭睿順聖，至成宗時升祔世祖。至元十八年，世祖猶在位也。而《紀》、《志》俱云祔廟，想亦由别廟而祔享焉耳。如世祖在位時即已升祔，亦何待成宗時哉！但别廟之文，《志》、《傳》缺如，今亦不可考矣。

【《順帝本紀》】元統元年十月庚辰，奉文宗皇帝及太皇太后御容于大承天護聖寺，命左丞相撒敦爲隆祥使，奉其祭祀。庚寅，中書省臣請集議武宗、英宗、明宗三朝皇后升祔。丁酉，享于太廟。辛亥，追謚札牙篤皇帝爲聖明元孝皇帝，廟號文宗。時寢廟未建，於英宗室次權結綵殿，以奉安神主。

【《逯魯曾傳》】曾除太常博士。武宗一廟，未立后主配享，集羣臣廷議之。魯曾抗言：「先朝以武宗皇后真哥無子，不立其主。」時伯顔爲右丞相，以爲明宗之母亦乞列氏可以配享。徽政院傳太后旨，以文宗之母唐兀氏可以配享。伯顔問魯曾曰：「先朝既以真哥皇后無子，不爲立主，今所立者明宗母乎？文宗母乎？」對曰：「真哥皇后在武宗朝，已膺玉册，則爲武宗皇后，明宗、文宗二母后，固爲妾也。今以無子之故，不爲立主，以妾后爲正宫，是爲臣而廢先君之后，爲子而追封先父之妾，於禮不可。且燕王垂即位，追廢其母后，而立其先母爲后，以配享先王，爲萬世笑，豈可復蹈其失乎？」集賢大學士陳顥素嫉魯曾，出曰：「唐太宗册曹王明之母，是亦二后也，豈不可乎？」魯曾曰：「堯之母爲帝嚳庶妃，堯立爲帝，未聞册以爲后而配嚳。皇上爲大元天子，不法堯、舜，而法唐太宗耶？」衆服其議，而伯顏韙之，遂以真哥皇后配焉。

至元元年三月丙申，中書省臣言：「甘肅甘州路十字寺奉安世祖皇帝母别吉太后於内，請定祭禮。」從之。庚子，中書省臣言：「帝生母太后神主宜於太廟安奉。」命集議其禮。五月壬午朔，皇太后以膺受寶、册，恭謝太廟。十月辛未，太皇太后玉册、玉寶成，遣官告祭於太廟。

右元后妃廟。

【《明史·英宗後紀》】閏七月甲戌，上宣宗廢后胡氏尊謚。

【《宣宗恭讓皇后傳》】宣宗恭讓皇后胡氏，名善祥，濟寧人。永樂十五年選爲皇太孫妃。已，爲皇太子妃。宣宗即位，立爲皇后。時孫貴人有寵，后未有子，又善病。三年春，帝令后上表辭位，乃退居長安宫，賜號静慈仙師，而册貴妃爲后。宣宗後亦悔，嘗自解曰：「此朕少年事。」天順六年，孫太后崩。錢皇后爲英宗言：「后賢而無罪，廢爲仙師。其殁也，人畏太后，殮葬皆不如禮。」因勸復其位號。英宗問大學士李賢。賢對曰：「陛下此心，天地鬼神實臨之。然臣以陵寢、享殿、神主俱宜如奉先殿式，庶稱陛下明孝。」七年七月，上尊謚曰恭讓誠順康穆静慈章皇后，修陵寢，不祔廟。

【《憲宗本紀》】成化四年六月甲寅，慈懿皇太后崩。九月庚申，葬孝莊睿皇后於裕陵。

【《英宗孝莊皇后傳》】后，錢氏，海州人。正統七年，立爲后。后無子，周貴妃有子，立爲皇太子。英宗大漸，遺命曰：「錢皇后千秋萬歲後，與朕同葬。」大學士李賢退而書之册。憲宗立，上兩宫徽號，下廷臣議。太監夏時希貴妃意，傳諭獨尊貴妃爲皇太后。大學士李賢、彭時力争，乃兩宫並尊，而稱后爲慈懿皇太后。及營裕陵，賢、時請營三壙，下廷議。夏時復言不可，事竟寢。成化四年六月，太后崩，周太后不欲后合葬。帝使夏時、懷恩召大臣議。彭時首對曰：「合葬裕陵，主祔廟，定禮也。」翼日，帝召問，時對如前。帝曰：「朕豈不知，慮他日妨母后耳。」時曰：「皇上孝事兩宫，聖德彰聞。禮之所合，孝之所歸也。」商輅亦言：「不祔葬，損聖德。」劉定之曰：「孝從義，不從命。」帝默然久之，曰：「不從命，尚得爲孝耶？」時力請合葬裕陵左，而虚右以待周太后。已，復與大臣疏争，帝再下廷議。吏部尚書李秉、禮部尚書姚夔集廷臣九十九人議，皆請如時言。帝曰：「卿等言是，顧朕屢請太后，未得命。乖禮非孝，違親亦非孝。」明日，詹事柯潛、給事中魏元等上疏，又明日，夔等合疏上，皆執議如初。中旨猶諭别擇葬地。於是，百官伏哭文華門外。帝命羣臣退。衆叩頭，不得旨不敢退。自巳至申，乃得允。衆呼萬歲出。是年七月，上尊謚曰孝莊獻穆弘惠顯仁恭天欽聖睿皇后，祔太廟。九月，合葬裕陵，異隧，距英宗玄堂數丈許，中窒之，虚右壙，以待周太后，其隧獨通，而奉先殿祭亦不設后主。弘治十七年，周太后崩。孝宗御便殿，出裕陵圖，示大學士劉健、謝遷、李東陽曰：「陵有二隧，若者窆，若者可通往來，皆先朝內臣所爲，此未合禮。昨見成化間彭時、姚夔等章奏，先朝大臣爲國如此，先帝亦不得已耳。欽天監言通隧上干先帝陵堂，恐動地脈，朕已面折之。窆則天地閉塞，通則風氣流行。」健等因力贊。帝復問祔廟，劉健等言：❶「祔二后，自唐始也。祔三后，自宋始也。漢以前一帝一后。曩者定議合祔，孝莊太后居左，今大行太皇太后居右，且引唐、宋故事爲証，臣等以此不敢復論。」帝曰：「二后已非，況復三后。」遷曰：「宋祔三后，一繼立，一生母也。」帝曰：「事須師古，太皇太后鞠育朕躬，朕豈敢忘，顧私情耳。祖宗來，一帝一后。今並祔，壞禮自朕始。且奉先殿祭皇祖，特座一飯一匙而已。夫孝穆皇太后，朕生母也，別祀之奉慈殿。今仁壽宮前殿稍寬，朕欲奉太皇太后於此，他日奉孝穆皇太后於後，歲時祭享，如太廟。」於是命羣臣詳議。議上，將建新廟，欽天監奏年方有礙。廷議請暫祀周太后於奉慈殿，稱孝肅太皇太后。廟在奉先殿西，帝以祀孝穆，至是中奉孝肅而使孝穆居左焉。

蕙田案：孝莊錢后雖係合葬祔廟正禮，然與孝肅周后別廟事體相關，故亦附載，使讀者得屬詞比事，便省覽焉。

【《孝宗本紀》】成化二十三年九月壬寅，即皇帝位。冬十月乙亥，追尊皇太后周氏爲

❶「劉」，《明史·后妃傳一》作「禮」，屬上句。

太皇太后。十七年三月壬戌，太皇太后崩。癸未，定太廟各室一帝一后之制。夏四月己酉，葬孝肅皇太后。

【《孝肅周太后傳》】后，英宗妃，憲宗生母也，昌平人。天順元年，封貴妃。憲宗即位，尊爲皇太后。二十三年四月，上徽號曰聖慈仁壽皇太后。孝宗立，尊爲太皇太后。先是，憲宗在位，事太后至孝，五日一朝，燕享必親。太后意所欲，惟恐不懽。至錢太后合葬裕陵，太后殊難之，憲宗委曲寬譬，乃得請。孝宗生西宮，母妃紀氏薨，太后育之宮中，省視萬方。及孝宗即位，事太后亦至孝。弘治十七年三月崩，謚孝肅貞順康懿光烈輔天承聖睿皇后，合葬裕陵。以大學士劉健、謝遷、李東陽議，別祀於奉慈殿，不祔廟，仍稱太皇太后。嘉靖十五年，與紀、邵二太后並移祀陵殿，題主曰皇后，不繫帝謚，以別嫡庶。其後穆宗母孝恪、神宗母孝定、光宗母孝靖、熹宗母孝和、莊烈帝母孝純，咸遵用其制。

成化二十三年冬十月壬辰，追謚母淑妃爲孝穆皇太后。

【《孝穆紀太后傳》】后，孝宗生母也，賀縣人。本蠻土官女。成化中，征蠻俘入掖庭，授女史。警敏通文字，命守內藏。時萬貴妃專寵而妬，後宮有娠者皆治使墮。栢賢妃生悼恭太子，亦爲所害。帝偶行內藏，應對稱旨，悅，幸之，遂有身。萬貴妃知而恚甚，令婢鈎治之。婢謬報曰病痞，乃謫居安樂堂。久之，生孝宗，使門監張敏溺焉。敏驚曰：「上未有子，奈何棄之。」稍哺粉餌飴蜜，藏之他室，貴妃日伺無所得。至五六歲，未敢剪胎髮。時吴后廢居西内，近安樂堂，密知其事，往來哺養，帝不知也。帝自悼恭太子薨後，久無嗣，中外皆以爲憂。成化十一年，帝召張敏櫛髮，照鏡嘆曰：「老將至而無子。」敏伏地曰：「死罪！萬歲已有子也。」帝愕然，問安在。對曰：「奴言即死，萬歲當爲皇子主。」于是，太監懷恩頓首曰：「敏言是。皇子潛養西内，今已六歲矣。匿不敢聞。」帝大喜，即日幸西内，遣使往迎皇子。使至，妃抱皇子，泣曰：「兒去，吾不得生。兒見黄袍有鬚者，即兒父也。」衣以小緋袍，乘小輿，擁至階下，髮披地，走投帝懷。帝置之膝，撫視久之，悲喜泣下，曰：「我子也，類我。」使懷恩赴内閣，具道其故，羣臣皆大喜。明日，入賀，頒詔天下。移妃居永壽宫，數召見。萬貴妃日夜怨泣，曰：「羣小紿我。」其年六月，妃暴薨。或曰貴妃致之死，或曰自縊也。謚恭恪莊僖淑妃。敏懼，亦吞金死。敏，同安人。孝宗既立爲皇太子，時孝肅皇太后居仁壽宫，語帝曰：「以兒付我。」太子遂居仁壽。孝宗即位，追謚淑妃爲孝穆慈慧恭恪莊僖崇天承聖純皇后，遷葬茂陵，别祀奉慈殿。

【《禮志》】奉慈殿。孝宗即位，追上母妃孝穆太后紀氏謚，祔葬茂陵。以不得祔廟，遂於奉先殿右，别建奉慈殿以祀。一歲五享，薦新忌祭，俱如太廟奉先殿儀。弘治十七年，孝肅周太后崩。先是，成化時，預定周太后祔葬、祔祭之議，至是召輔臣議祔廟禮。劉健等言：「議誠有之，顧當年所引唐、宋故事，非漢以前制也。」帝以事當師古，乃援孝穆太后别祭奉慈殿爲言，而命廷臣議。健退，復疏論其事，以堅帝心。于是，英國公張懋、吏部尚書馬文升等言：「宗廟之禮，乃天下公議，非子孫得以私之。殷、周七廟，父昭子穆，各有配座，一帝一后，禮之正儀。《春秋》書『考仲子之宫』，胡安國《傳》云：『孟子入惠公之廟，仲子無祭享之所。』以此見魯秉周禮，先王之制猶存，祖廟無二配故也。伏睹憲宗勅諭，有曰『朕心終不自安』。竊窺先帝至情，以重違慈意，因勉從並配之議。羣臣欲權以濟事，亦不得已而爲此也。據禮區處，上副先帝在天遺志，端有待於今日。稽之《周禮》，有祀先妣之文，疏云『姜嫄也』，《詩》所謂『閟宫』是已。唐、宋推尊太后，不配食祖廟者，則別立廟以享之，亦得閟宫之義。我朝祖宗迄今已溢九廟，配皆無二。今宜於奉先殿外建一新廟，如《詩》之閟宫，宋之別殿，歲時薦享，仍稱太皇太后，則情義兩盡。」議上，復召健等至素幄，袖出《奉先殿圖》，❶指西一區曰：「此奉慈殿也。」又指東一區曰：「此神厨也。」欲於此地別建廟，奉遷孝穆神主，併祭於此。健等皆對曰：「最當。」已而欽天監奏年方有礙，廷議暫奉於奉慈殿正中，徙孝穆居左。及孝宗崩，武宗即位，禮部始進奉安孝肅神主儀。前期致齋三日，告奉先殿及孝宗几筵。是日早，帝具黑翼善冠、淺淡色服、黑犀帶，❷告孝穆神座。禮畢，帝詣神座前，請神主降座。帝捧主立，内執事移神座於殿左間。帝奉安訖，行叩頭禮。至午，帝詣清寧宫孝肅几筵，行禮畢，内侍進神主輿于殿前，衣冠輿于丹陛上。帝詣拜位，親王吉服後隨，四拜，興。

❶「殿」，原脱，據《明史・禮志六》補。

❷「翼」，原作「翌」，據庫本及《明史・禮制六》改。

帝捧神主由殿中門出，奉安輿内。執事捧衣冠置輿後隨。帝率親王步從。至寶善門外，太皇太后、皇太后率宮妃迎於門内。先詣奉慈殿，序立於殿西。神主輿至奉先殿門外，少駐。帝詣輿前跪，請神主詣奉先殿，俛伏，興，捧神主由殿左門入，至殿内褥位，跪，置神主。帝行五拜三叩頭禮畢，捧神主，仍由左門出，安輿内。至奉慈殿門外，帝捧神主由中門入。奉安於神座訖，行安神禮，三獻如常儀。太皇太后以下四拜。禮畢，内侍官設褥位於殿正中之南。帝詣孝穆皇太后神座前，跪請神主謁孝肅太皇太后，跪置於褥位上，俛伏，興，行五拜三叩頭禮。畢，帝捧主興，仍安於神座訖，行安神禮如前。皇太后以下四拜。

【《世宗本紀》】嘉靖元年三月戊午，上皇太后尊號曰壽安皇太后。十一月庚申，壽安皇太后崩。七年秋七月己卯，追尊孝惠皇太后曰太皇太后。

蕙田案：《孝惠傳》生尊爲壽安，崩謚曰孝惠，乃史無上謚一條，蓋疎漏也。

【《孝惠邵太后傳》】孝惠邵太后，憲宗妃，興獻帝母也。父林，昌化人，貧甚，鬻女於杭州鎮守太監，妃由此入宮。知書，有容色。成化十二年，封宸妃，尋進封貴妃。興王之藩，妃不得從。世宗入繼大統，妃已老，目眚矣，喜孫爲皇帝，摸世宗身，自頂至踵。已，尊爲皇太后。嘉靖元年，上尊號曰壽安。十一月崩。帝欲明年二月遷葬茂陵。大學士楊廷和等言：「祖陵不當數興工作，驚動神靈。」不從。謚曰孝惠康肅温仁懿順協天祐聖皇太后，别祀奉慈殿。七年七月，改稱太皇太后。十五年，遷主陵殿，稱皇后，與孝肅、孝穆等。

嘉靖七年十月丁未，皇后崩。三月丙申，葬悼靈皇后。

【《世宗孝潔皇后傳》】世宗孝潔皇后陳氏，元城人。嘉靖元年，册立爲皇后。帝性嚴厲。一日，與后同坐，張、方二妃進茗，帝循視其手。后恚，投杯起。帝大怒。后驚悸，墮娠崩，七年十月也。喪禮從殺，謚曰悼靈。十五年，禮部尚書夏言議請改謚。時帝意久釋矣，乃改謚曰孝潔。穆宗即位，禮臣議：「孝潔皇后，大行皇帝元配，宜合葬祔廟。若遵遺制祔孝烈，則舍元配也；若同祔，則二后也。大行皇帝升祔時，宜奉孝潔配，遷葬永陵，孝烈主宜别祀。」報可。隆慶元年二月，上尊謚曰孝潔恭懿慈睿安莊相天翊聖肅皇后。

【《禮志》】隆慶元年，禮部言：「舊制，太廟一歲五享，而節序忌辰等祭，則行於奉先殿。今孝潔皇后既祔太廟，則奉先殿亦宜奉安神位。」乃設神座儀物於第九室，遣官祭告如儀。

【《禮志》】嘉靖元年，世宗奉孝惠邵太后祔祀。八年二月，禮部尚書方獻夫等言：「悼靈皇后，禮宜祔享太廟。但今九廟之制已備。考唐宋故事，后于太廟，未有本室則祔别廟。故《曲臺禮》有别廟皇后禘祫於太廟之文，又《禮記·喪服小記》『婦祔於祖姑，祖姑有三人，則祔于親者』，釋之者曰『親者謂舅所生母也』。今孝惠太皇太后，實皇考獻皇帝之生母，則悼靈皇后當祔於側。」詔可。三月，行祔廟禮。先期祭告諸殿。至期，請悼靈后主詣奉慈殿奉安。内侍捧神主、謚册、衣冠，隨帝至奉先殿謁見。帝就位，行五拜三叩頭禮。次詣崇先殿，次詣奉慈殿，謁三太后。內侍捧主安神座。皇妃以下四拜。

【《世宗本紀》】嘉靖十五年九月庚午，如天壽山。

【《禮志》】嘉靖十五年，帝以三太后别祀奉慈殿，不若奉于陵殿爲宜。廷臣議：「古天子宗廟，唯一帝一后，所生母薦於寢，身没而已。孝宗奉慈殿之祭，蓋子祀生母，以盡終身之孝焉耳。然《禮》『妾母不世祭』，疏曰：『不世祭者，謂子祭之，于孫則止。』明繼祖重，故不復顧其私祖母也。今陛下於孝肅，曾孫也；孝穆，孫屬也；孝惠，孫也。禮不世祭，議當祧。考宋熙寧罷奉慈廟故事，與今同。宜遷主陵廟，歲時祔享如故。」報可。奉慈殿遂罷。

【王圻《續通考》】十五年秋，遷三太后主於陵殿。先是，上傳旨云：「廟重於陵，禮制故嚴。今廟凡帝以一后配，惟陵則二三后以配，葬夫如是，其廟祀、陵祀已不同，今復建奉慈殿，不如奉主於陵殿爲合禮。又梓宮既配葬於帝，主無祔廟之禮，宜在陵殿。今别置之，近於黜者，非親之也，此亦關於典禮。卿其會議以行。」明日，又諭云：「崇先殿比古不同。周人祀后稷，係始祖之母。今奉慈殿亦但存名耳，四時之祭，樂舞俱無，便會議來時。」尚書夏言會同大學士李時、武定侯郭勛、吏部侍郎張邦奇等議，謂：「禮嚴尊祖，祀重廟享。自古天子，惟一帝一后配享於廟，所生大母别薦于寢，❶身殁

❶「大」，《讀禮通考》卷七三、《禮部志稿》卷八三皆作「之」，疑是。

而已，斯禮之正。是故禮有享先妣之文，周之閟宫，宋之别殿，皆此義也。國朝制稽古，惟一后配帝，禮莫嚴焉。孝宗皇帝乃於奉先殿側特建奉慈殿，别祭孝穆皇太后，後祔孝肅太皇太后，近復祔孝惠皇太后。是蓋子祀生母，以盡終身之孝焉耳。然禮於妾母不世祭者，謂子祀之，於孫則止。蓋父之所尊，子不可以不承；父之所異，子不敢同，明其宗耳。蓋繼祖重，故不復顧其私祖母也。今日陛下於孝肅太皇后，曾孫也；於孝穆太皇后，孫屬也；孝惠皇太后，孫也。禮不世祭，義當擬祧。若崇先殿之建，則陛下事考廟當世享，故世廟配太廟而作，崇先殿配奉先殿而作也，義不侔矣。聖諭又以三太后梓宫既配葬於帝，主不祔廟，世不舉祭，議欲遷主陵殿，使獲所安。是誠仁至義盡，情中禮得，足定天下之大典也。臣等復考得宋熙寧罷奉慈廟故事，與今事體略同。但祧義惟遷主爲是，若當時瘞主陵園，則襲古人栗主既立、乃埋桑主之説，而誤用之，非禮也。今遷主陵殿，歲時祔享，陵祀如故，尤爲曲盡，非前代所及。」制曰「可」。十五年八月，上親幸天壽山，奉安三太后於陵殿。

十五年，禮部尚書夏言等奏：「悼靈皇后神主，先因祔於所親，暫祔奉慈殿孝惠太后之側。兹三后神主既擬遷於陵殿，則悼靈亦宜暫遷奉先殿旁室，享祀祭告，則一體設饌。」從之。

【《世宗本紀》】嘉靖二十六年十一月乙未，皇后崩。二十七年五月丙戌，葬孝烈皇后。二十九年冬十月，祧仁宗，祔孝烈皇后於太廟。

【《孝烈皇后傳》】孝烈皇后方氏，世宗第三后也，江寧人。張后廢，遂立爲后。二十一年，宫婢楊金英等謀弑逆，帝賴后救得免。二十六年十一月乙未，后崩。詔曰：「皇后比救朕危，奉天濟難，其以元后禮葬。」預名葬地曰永陵，謚孝烈，親定謚禮，視昔加隆焉。禮成，頒詔天下。及大祥，禮臣請安主奉先殿東夾室。帝曰：「奉先殿夾室，非正也，可即祔太廟。」於是大學士嚴嵩等請設位於太廟東皇妣睿皇后之次，後寢藏主則設幄于憲廟皇祖妣之右，以從祔於祖姑之義。帝曰：「祔禮至重，豈可權就？后非帝，乃配帝者，自有一定之序，安有享從此而主從彼之禮？其祧仁宗，祔以新序，即朕位次，勿得亂禮。」嵩曰：「祔新序，非臣下所敢言，且陰不可當陽位。」乃命姑藏主睿皇后側。二十九年十月，帝終欲祔后太廟，命再議。尚書徐階言不可，給事中楊思忠是階議，餘無言者。帝覘知狀。及議疏入，謂：「后正位中宫，禮宜祔享，但遽及廟次，則臣子之情，不唯不敢，實不忍也。宜設位奉先殿。」帝震怒。階、思忠惶恐，言：「周建九廟，三昭三穆。國朝廟制，同堂異室，與周禮不同。今太廟九室皆滿，若以聖躬論，仁宗當祧，固不待言，但此乃異日聖子神孫之事。臣聞夏人之廟五，商以七，周以九。禮由義起，五可七，七可九，九之外亦可加也。請於太廟及奉先殿各增二室，以祔孝烈，則仁宗可不必祧，孝烈皇后可速正南面之位，陛下亦無預祧以俟之嫌。」帝曰：「臣子之誼，當祧當祔，力請可也。苟禮得其正，何避豫爲？」于是階等復會廷臣上言：「唐、虞、夏五廟，其祀皆止四世。周九廟，三昭三穆，然而兄弟相及，亦不能盡足六世。今仁宗爲皇上五世祖，以聖躬論，仁宗於禮當祧，孝烈皇后於禮當祔。請祧仁宗，祔孝烈皇后於太廟第九室。」因上祧祔儀注。已而，請忌日祭，帝猶銜前議，報曰：「孝烈繼后，所奉者又入繼之君，忌不祭亦可。」階等請益力。帝曰：「非天子不議禮，后當祔廟，居朕室次，禮官顧謂今日未宜，徒飾説以惑衆聽。」因諭嚴嵩等曰：「禮官從朕言，勉强耳。即不忍祧仁宗，且置后主別廟，將來由臣下議處。忌日令奠一卮酒，不至傷情。」于是禮臣不敢復言，第請如敕行，乃許之。隆慶初，與孝潔皇后同日上尊謚曰孝烈端順敏恭惠誠祗天衛聖皇后，移主弘孝殿。

【《禮志》】世宗孝烈后，隆慶時，祀弘孝殿。萬曆三年，遷祔奉先殿。

萬曆三年，帝欲以孝烈、孝恪二后神位，奉安於奉先殿。禮官謂世宗時，議祔陵祭，不議祔内殿。帝曰：「奉先殿見有孝肅、孝穆、孝惠三后神位，俱皇祖所定，宜遵行祔安。」蓋當時三后既各祔陵廟，仍并祭于奉先殿，而外廷莫知也。命輔臣張居正等入視。居正等言：「奉先殿奉安列聖祖妣，凡推尊爲后者，俱得祔享内殿，比之太廟一帝一后者不同。今亦宜奉安祔享。」從之。

穆宗母孝恪皇太后，隆慶初，祀神霄殿，又祔孝懿后於其側。六年，孝懿祔太廟，萬曆三年，孝恪遷祔奉先殿，二殿俱罷。

蕙田案：孝懿，穆宗元配也，薨於嘉靖三十七年四月。穆宗即位，追謚孝懿皇后。時帝在位，故權祔於孝恪之側，後祔太廟。

【《明會典》】萬曆三年，奉孝烈皇后及孝恪皇太后祔饗奉先殿，其神主並遷於永陵，改題孝恪神主曰孝恪淵純慈懿恭順贊天開聖皇后。二后神位，即以遷詣陵殿之日，安於奉先殿，而弘孝、神霄之祭俱罷。

【《春明夢餘録》】萬曆三年，上諭禮官曰：「朕思弘孝、神霄二殿，皇祖妣孝烈皇后、孝恪皇太后神位宜奉安於奉先殿祔饗。查議來行。」禮部查嘉靖十五年議祔陵祭，不議祔内殿。上曰：「奉先殿今見有孝肅、孝穆、孝惠三后神位，俱係我皇祖欽定，宜遵照祔安，不必另擬。」乃奉安孝烈、孝恪神位於肅皇帝室，併罷弘孝、神霄之祀，而專祀於奉先殿。

【《孝恪杜太后傳》】后，穆宗生母也，大興人。嘉靖十年，封康嬪。十五年，進封妃。三十三年正月薨。穆宗立，上謚曰孝恪淵純慈懿恭順贊天開聖皇太后，遷葬永陵，祀主神霄殿。

【《神宗本紀》】萬曆二十四年七月戊寅，仁聖皇太后崩。九月乙卯，葬孝安莊皇后。

【《孝安皇后傳》】孝安皇后陳氏，通州人。嘉靖三十七年九月，選爲裕王繼妃。隆慶元年，册爲皇后。后無子，多病，居別宮。神宗即位，上尊號曰仁聖皇太后。六年，加上貞懿。十年，加康靜。二十四年七月崩，謚曰孝安貞懿恭純温惠佐天弘聖皇后，祀奉先殿別室。

四十二年二月辛卯，慈聖皇太后崩。六月甲午，葬孝定皇后。

【《孝定李太后傳》】孝定李太后，神宗生母也，漷縣人。侍穆宗於裕邸。隆慶元年三月，封貴妃，生神宗。即位，上尊號曰慈聖皇太后。三月，加尊號曰宣文。十年，加明肅。十二年，同仁聖太后謁山陵。二十九年，加貞壽端獻。三十四年，加恭熹。四十二年二月崩，上尊謚曰孝定貞純欽仁端肅弼天祚聖皇太后，合葬昭陵，别祀崇先殿。

【《孝靖王太后傳》】孝靖皇太后，光宗生母也。初爲慈寧宫宫人，年長矣，帝過慈寧，私幸之，有身。十年四月，封恭妃。八月，光宗生，是爲皇長子。既而鄭貴妃生皇三子，進封皇貴妃，而恭妃不進封。二十九年，册立皇長子爲皇太子，仍不封如故。三十四年，元孫生，加慈聖徽號，始進封皇貴妃。四十年，病革，光宗請旨得往省，宫門猶閉，抉鑰而入。妃目眚，手光宗衣而泣曰：「兒長大如此，我死何恨！」遂薨。光宗即位，下詔曰：「朕嗣承基緒，撫臨萬方。遡厥慶元，❶則我生母温肅端靖純懿皇貴妃，恩莫大焉。朕昔在青宫，莫親温清，今居禁闥，徒痛桮棬。欲伸罔極之深悰，惟有聿稱乎殷禮。其準皇祖穆宗皇帝尊生母榮淑康妃故事，禮部詳議以聞。」會崩。熹宗即位，上尊謚曰孝靖温懿敬讓貞慈參天允聖皇太后，遷葬定陵，祀奉慈殿。

蕙田案：孝靖薨、葬、追謚，《本紀》俱不載，兹特採《傳》，以補其闕。

【《熹宗本紀》】天啓元年十一月丙子，追謚生母孝和皇太后。

【《孝和王太后傳》】孝和王太后，熹宗生母也，順天人。侍光宗東宫，爲選侍。萬

❶「元」，庫本及《明史·后妃傳二》作「源」。

曆三十二年，進才人。四十七年三月薨。熹宗即位，上尊謚曰孝和恭獻温穆徽慈諧天鞠聖皇太后，遷葬慶陵，祀奉先殿。崇禎十一年三月，以加上孝純太后尊謚，於御用監得后及孝靖太后玉册、玉寶，始命有司獻於廟。忠賢黨王體乾坐怠玩論死，蓋距上謚時十有八年矣。

【《莊烈帝本紀》】崇禎元年九月甲申，追謚生母賢妃曰孝純皇后。

【《孝純劉太后傳》】孝純劉太后，莊烈帝生母也，海州人，後籍宛平。初入宫爲淑女。萬曆三十八年十二月，生莊烈皇帝。已，失光宗意，被譴，薨。光宗中悔，恐神宗知之，戒掖庭勿言，葬於西山。及莊烈帝長，封信王，追進賢妃。時莊烈帝居勖勤宫，問近侍曰：「西山有申懿王墳乎？」曰：「有。」「傍有劉娘娘墳乎？」曰：「有。」每密付金錢往祭。及即位，上尊謚曰孝純恭懿淑穆莊静毗天毓聖皇太后，遷葬慶陵。帝五歲失太后，問左右遺像，莫能得。傅懿妃者，舊與太后同爲淑女，比宫居，自稱習太后，言宫人中狀貌相類者，命后母瀛國太夫人指示畫工，可意得也。圖成，由正陽門具法駕迎入。帝跪迎于午門，懸之宫中，呼老宫婢視之，或曰似，或曰否。帝雨泣，六宫皆泣。故事，生母忌日不設祭，不服青。十五年六月，帝以太后故，欲追前代生、繼七后，同建一廟，以展孝思。乃御德政殿，召大學士及禮臣入，問曰：「太廟之制，一帝一后，祧廟亦然。歷朝繼后及生母凡七位，皆不得與，即宫中奉先殿亦尚無祭，奈何？」禮部侍郎蔣德璟曰：「奉先殿外尚有奉慈殿，所以奉繼后及生母者，雖廢可舉也。」帝曰：「奉慈殿外，尚有弘孝、神霄、本恩諸殿。」德璟曰：「内廷規制，臣等未悉。孝宗建奉慈殿，嘉靖間廢之，今未知尚有舊基否？」帝曰：「奉慈已撤，惟奉先尚可拓也。」於是別置一殿，祀孝純及七后云。

【《春明夢餘録》】崇禎十五年五月十七日，上傳禮部堂上官、禮科、太常寺卿來中左門，曰：「太廟之制，一帝一后，計九廟。此外祧廟亦有九，亦止一帝一后。」因屈指數，自德、懿、熙、仁四祖外，仁、宣、英、憲、孝共九，祧廟已滿，各一帝一后。其繼后及生母后七位，即不得入太廟，亦並無祧廟之主。即宮中奉先殿，亦原止一帝一后。嘉靖後，有以繼后、生母后入者，而以前七位尚無祭也。上意似在生母孝純皇太后，而又推及七位后悉入奉先殿，亦未明言也。禮臣林欲楫、蔣德璟、王錫衮奏：「奉先之外，別有奉慈殿祀繼后及生母后處，今雖廢，尚可舉行。」上曰：「奉慈殿外，尚有弘孝殿、神霄宮、本恩殿。」禮臣奏：「奉慈殿如未可復，即在神霄殿奉祀，未知可否？」上曰：「太廟一帝一后，朕不敢輕動。還只是奉先，尚可恢拓，前後加一層，即祧廟亦當祫祭。」德璟奏：「大祫之禮，歲暮已行於太廟，似已妥當。且奉先原只一帝一后，與太廟同。若並祧廟之主俱入，未知妥否？」上曰：「奉先殿現有繼后及生母后七位。」璟奏：「此萬曆初添入。」上默然。此舉雖屬孝思，然自古無二祧廟，再建非禮也，賴部上疏奏得止。

右明后妃廟。

【《後漢書・光武本紀》】中元元年，上薄太后尊號曰高皇后，遷吕后廟主於園。

　蕙田案：此入而復出之始。

【《祭祀志》】永元中，以竇后配食章帝。

　蕙田案：兩漢皇后祔廟，❶史俱不載，惟見此兩條。

【《晉書·禮志》】延康元年，文帝繼王位。七月，追尊皇祖夫人曰太王后。明帝太和三年六月，又追尊高祖夫人吴氏曰高皇后，並在鄴廟之所祠。

武帝泰始元年十二月丙寅，受禪。丁卯，追尊宣王妃張氏爲宣穆皇后。

【《武帝本紀》】泰始二年冬十一月，追尊景帝夫人夏侯氏爲景懷皇后。

【《文明王皇后傳》】武帝受禪，尊爲皇太后，宫曰崇化。咸寧四年崩。將遷祔，帝手疏后德行，令史官爲哀策。

【《元帝本紀》】太興三年八月戊午，尊敬王后虞氏爲敬皇后。辛酉，遷神主於太廟。

【《元敬虞皇后傳》】永嘉六年薨。帝爲晉王，追尊爲王后。太興三年，遣使持節兼太尉萬勝奉册贈皇后璽綬，祔於太廟。

　蕙田案：此帝在位而后先入廟之始。

【《成帝本紀》】咸康八年三月，初以武悼楊皇后配饗武帝廟。

　蕙田案：二后並祔，蓋始於此。劉健言祔二后自唐始，蓋誤記也。諸臣之議，詳載《后妃廟》中。

【《宋書·武帝紀》】永初元年六月，即皇帝位，追尊皇妣爲穆皇后。

【《禮志》】宋武帝初爲宋王，建宗廟於彭城，初祠高祖、曾祖、皇祖、皇考、武敬臧后。永

❶「后」，原作「帝」，據庫本改。

初初，追尊皇妣趙氏爲穆皇后。三年，孝懿蕭皇后崩，又祔廟。

【《齊書・禮志》】太祖即位，立七廟，廣陵府君、太中府君、淮陰府君、即邱府君、太常府君、宣皇帝、昭皇后爲七廟。

蕙田案：此以父母分兩廟。

建元二年，太祖親祀太廟六室，如儀，拜伏竟，至昭后室前，儀注應倚立，上以爲疑，欲使廟僚行事，又欲以諸王代祝令於昭后室前執爵，以問彭城丞劉瓛。瓛對謂：「若都不至昭后坐前，竊以爲薄。廟僚即是代上執爵饋奠耳，祝令位卑，恐諸王無容代之。舊廟儀諸王得兼三公親事，謂此爲便。」從之。

蕙田案：后先入廟，以夫祭妻，所以疑其儀注。

【《隋書・禮儀志》】梁武初爲梁公，乃建臺於東城，立四親廟，并妃郗氏而爲五廟。

【《梁書・武帝紀》】天監元年四月丙寅，即皇帝位，追尊皇妣爲獻皇后，追謚妃郗氏爲德皇后。

【《陳書・高祖本紀》】永定元年十月辛巳，追尊皇妣董太夫人曰安皇后。

【《北魏書・平文皇后王氏傳》】昭成十八年崩。太祖即位，配饗太廟。

【《昭成皇后慕容氏傳》】建國二十三年崩。太祖即位，配饗太廟。

【《獻明皇后賀氏傳》】皇始元年崩，後追加尊謚，配饗焉。

【《道武宣穆皇后劉氏傳》】太祖末年薨。太宗即位，追尊謚號，配饗太廟。自此後，宫人爲帝母，皆正位配饗焉。

【《明元密皇后杜氏傳》】泰常五年薨，謚曰密。世祖即位，追尊號謚，配饗太廟。

【《太武敬哀皇后賀氏傳》】神䴥元年薨。後追加號謚，配饗太廟。

【《景穆恭皇后郁久閭氏傳》】世祖末年薨。高宗即位，追尊號謚，配饗太廟。

【《文成元皇后李氏傳》】薨後，謚曰元皇后，配饗太廟。

【《獻文思皇后李氏傳》】皇興三年薨。承明元年，追崇號謚，配饗太廟。

【《孝文昭皇后高氏傳》】后自代如洛陽，暴薨。世宗踐祚，尊崇配饗。

【《孝莊本紀》】永安二年二月甲午，尊皇妣爲文穆皇后。四月癸未，遷神主於太廟。

蕙田案：魏及元、明三史，后妃入廟，傳中無不書者，最爲詳悉。

【《北齊書・文宣帝紀》】天保元年五月戊午，即皇帝位，追尊皇祖妣爲文穆皇后。

【《周書・孝閔帝紀》】元年正月辛丑，即天王位，追尊皇妣爲文后。

【《隋書・高祖紀》】開皇元年二月甲子，即皇帝位，追尊皇妣爲元明皇后。

【《唐書・高祖紀》】武德元年六月己卯，追謚祖妣梁氏曰景烈皇后，妣獨孤氏曰元貞皇后。

【《舊唐書・禮儀志》】太常卿姜皎曰：「伏見太廟中則天皇后配高宗天皇大帝，題云天后聖帝武氏，請除聖帝之字，直題云則天皇后武氏。」從之。

景雲元年，祔和思皇后趙氏神主於太廟。

【《唐書・睿宗昭成順聖皇后竇氏傳》】后以子貴，故先祔睿宗室。肅明以開元二十年乃得祔廟。

蕙田案：先祔妾母，繼祔嫡母，此嫡妾並祔之始。

【《順宗莊憲皇后王氏傳》】后暴崩。咸通

中，詔后主祔於廟。

【《穆宗宣懿皇后韋氏傳》】武宗立，追册爲皇太后，奉后合食穆宗室。

【《五代史·梁本紀》】太祖開平元年秋七月己亥，追尊祖考爲皇帝，妣爲皇后。皇高祖妣范氏謚曰宣僖，曾祖妣楊氏謚曰光孝，祖妣劉氏謚曰昭懿，妣王氏謚曰文惠。

【《唐本紀》】莊宗同光元年，追尊祖考爲皇帝，妣爲皇后，曾祖妣崔氏謚曰昭烈，祖妣秦氏謚曰文景。

【《晉本紀》】高祖天福二年，追尊祖考爲皇帝，妣爲皇后。高祖妣秦氏謚曰孝安，曾祖妣安氏謚曰孝簡，祖妣來氏謚曰孝平，妣何氏謚曰孝元。

【《漢本紀》】二月辛未，即皇帝位，稱天福十二年。閏七月庚辰，追尊祖考爲皇帝，妣爲皇后。高祖妣李氏謚曰明貞，曾祖妣楊氏謚曰恭惠，祖妣李氏謚曰昭穆，妣安氏謚曰章懿。

【《周本紀》】廣順元年五月辛未，追尊祖考爲皇帝，妣爲皇后。高祖妣張氏謚曰睿恭，曾祖妣申氏謚曰明孝，祖妣韓氏謚曰翼敬，妣王氏謚曰章德。

【《宋史·太祖紀》】乾德元年九月丙午，奉玉册，謚高祖妣崔氏曰文懿皇后，曾祖妣桑氏曰惠明皇后，祖妣劉氏曰簡穆皇后。

【《禮志》】建隆二年十月，祔明憲皇后杜氏於宣祖室。

【《太祖孝惠賀皇后傳》】建隆三年四月，追册爲皇后。神宗時祔太廟。

【《孝明王皇后傳》】乾德元年十二月崩。太平興國二年，祔享太廟。

【《孝章宋皇后傳》】至道元年四月崩。神宗時，升祔太廟。

【《太宗淑德尹皇后傳》】帝即位，追册爲皇后。後升祔太廟。

【《懿德符皇后傳》】帝即位，追册爲皇后。至道三年，升祔太廟。

【《明德李皇后傳》】景德元年崩。三年，祔太宗廟。

【《李賢妃傳》】真宗即位，進上尊號曰皇太后。大中祥符六年，升祔太廟。

【《章穆郭皇后傳》】景德四年崩。仁宗即位，升祔真宗廟。

【《仁宗本紀》】慶曆五年十月辛酉，祔章獻明肅皇后、章懿皇后神主於太廟。

【《章獻明肅劉皇后傳》】明道元年崩。慶曆五年，翰林學士王堯臣等請二后祔序於章穆之次。從之。

【《李宸妃傳》】明道元年薨。後章獻太后崩，尊爲皇太后。慶曆中，升祔太廟。

【《禮志》】元豐三年二月，慈聖光獻皇后祔廟。紹聖元年二月，祔宣仁聖烈皇后於太廟。

【《徽宗本紀》】建中靖國元年五月丙戌，祔欽聖獻肅皇后、欽慈皇后神主於太廟。崇寧元年六月己丑，祔欽成皇后神主於太廟。二年三月甲午，躋欽成皇后神主於欽慈皇后之上。政和三年六月癸卯，祔昭懷皇后神主於太廟。

【《高宗本紀》】紹興元年八月丁丑，祔昭慈獻烈皇后神主於温州太廟。

【《哲宗昭慈聖獻孟皇后傳》】紹興元年崩，祔神主於哲宗室，位在昭懷皇后上。

【《徽宗顯恭王皇后傳》】大觀二年崩，謚曰静和。紹興中，始祔徽宗廟，改今謚。

【《鄭皇后傳》】從上皇北遷，崩於五國城。

紹興七年，何蘇等使還，始知，謚顯肅，祔主徽宗室。

【《高宗本紀》】紹興二十九年十二月甲子，祔顯仁皇后神主於太廟。

【《韋賢妃傳》】紹興二十九年崩，祔神主太廟徽宗室。

【《欽宗朱皇后傳》】后既北遷，不知崩問。慶元三年，上尊謚仁懷，祔於太廟。

【《高宗憲節邢皇后傳》】紹興九年，后崩於五國城。淳熙末，祔高宗廟。

【《孝宗成穆郭皇后傳》】紹興二十六年薨。及受禪，追册爲皇后，謚恭懷，尋改安穆，又改成穆，祔孝宗廟。

【《寧宗本紀》】紹熙五年，上成穆皇后、成恭皇后册、寶於本室。慶元四年四月丙戌，祔仁懷皇后神主、慈烈皇后神主於太廟。六年九月壬寅，祔慈懿皇后神主於太廟。開禧三年九月壬寅，祔成肅皇后神主於太廟。

蕙田案：寧宗以前，宋之諸后，自温成外，無不入廟者。若太祖之孝惠、孝明、孝章，神宗之欽聖、欽成、欽慈，徽宗之顯恭、顯肅、顯仁，孝宗之成穆、成恭、成肅，此三后並祔也。太宗之淑德、懿德、明德、元德，真宗之章懷、章穆、章獻、章懿，此四后並祔也。

【《金史・熙宗本紀》】天會十四年八月丙辰，追尊九代祖以下曰皇帝、皇后。

【《禮志》】天會十四年八月庚戌，上皇九代祖妣曰明懿皇后，皇八代祖妣曰思皇后，皇七代祖妣曰節皇后，皇六代祖妣曰恭靖皇后，皇五代祖妣曰威順皇后，皇高祖妣曰昭肅皇后，皇曾祖妣曰簡翼皇后，皇曾叔祖妣曰静宣皇后，皇曾叔祖妣曰貞惠皇后，皇伯祖妣曰敬僖皇后。丙辰，奉上尊謚。

大定二十九年五月，祧獻祖、昭祖，升祔世宗、明德皇后、顯宗於廟。

明昌三年十二月，尚書省奏：明年親禘，室當用犢一，欽懷皇后祔於明德之廟。

【《昭聖皇后劉氏傳》】大定三年三月，生宣宗，卒。宣宗即位，尊爲皇太后，升祔顯宗廟。

【《元史・祭祀志》】至元三年，命平章政事趙璧等集議，製尊謚、廟號，定爲八室。烈祖神元皇帝、皇曾祖妣宣懿皇后第一室，太祖聖武皇帝、皇祖妣光獻后第二室，太宗英文皇帝、皇伯妣昭慈皇后第三室，皇伯朮赤、皇伯妣別土出迷失第四室，皇伯考察合帶、皇伯妣也速倫第五室，皇考睿宗景襄皇帝、皇妣莊聖皇后第六室，定宗簡平皇帝、欽淑皇后第七室，憲宗桓肅皇帝、貞節皇后第八室。十二年，改作金主。太祖主題曰成吉思皇帝，睿宗題曰太上皇。也可那顔皇后皆題名諱。

【《太宗昭慈皇后傳》】至元二年崩，升祔太宗廟。

【《憲宗貞淑皇后傳》】至元二年，追謚，升祔憲宗廟。

【《世祖昭睿順聖皇后傳》】成宗即位，追謚，升祔世祖廟。

【《祭祀志》】元貞元年冬十月癸卯，有事於太廟。中書省臣言：「去歲世祖皇帝、裕宗祔廟，以綾代玉册。今玉册、玉寶成，請納之各室。」命獻官迎導入廟。

成宗大德四年八月，以皇妣、皇后祔。

【《武宗本紀》】大德十一年五月甲申，即皇帝位，尊太母元妃曰皇太后。❶ 六月丁酉，

❶ 下「太」，原脱，據《元史・武宗本紀一》補。

先元妃弘吉剌氏失憐答里宜謚曰貞慈靜懿皇后，祔成宗廟室。

【《祭祀志》】大德十一年，武宗即位，追尊先元妃爲皇后，祔成宗室。

蕙田案：成宗大德十一年春崩，皇后伯要真氏謀立安西王阿難答。武宗即位，廢居東安州，賜死，故以成宗元妃弘吉剌氏升祔焉。妃蓋成宗元配，未即位而先薨者。

【《英宗本紀》】至治二年十二月丙戌，定謚太皇太后曰昭獻元聖，遣太常院使朵台以謚議告於太廟。

至治三年三月戊申，祔昭獻元聖皇后於順宗室。

晉王即皇帝位，追尊皇考晉王爲皇帝，廟號顯宗，皇妣晉王妃爲皇后。

【《武宗宣慈惠聖皇后傳》】泰定四年十一月崩，升祔武宗廟。

【《祭祀志》】泰定四年，謚武宗皇后曰宣慈惠聖，英宗皇后曰莊靜懿聖，祔太廟。

【《仁宗莊懿慈聖皇后傳》】至治二年崩，升祔仁宗廟。

【《祭祀志》】泰定元年，奉安仁宗及慈聖皇后二神主。

【《寧宗答里也忒迷失皇后傳》】至正二十八年崩，升祔寧宗廟。

【《順帝本紀》】元統元年十月庚寅，中書省臣請集議武宗、英宗、明宗三朝皇后升祔。武宗一室，以真哥皇后配焉。

【《明史·禮志》】洪武元年，上皇高祖妣曰元皇后，皇曾祖妣曰恒皇后，皇祖妣曰裕皇后，皇妣陳氏曰淳皇后。

十五年，以孝慈皇后神主祔享太廟。

【《成祖仁孝徐皇后傳》】永樂五年七月乙卯

崩。仁宗即位，祔太廟。

【《仁宗誠孝張皇后傳》】正統七年十月崩，祔太廟。

【《宣宗孝恭孫皇后傳》】天順六年九月崩，祔太廟。

【《英宗孝莊錢皇后傳》】成化四年六月，太后崩。七月，祔太廟。

蕙田案：當時大臣廷諍事，載入《后妃廟》中。

【《憲宗孝貞王皇后傳》】正德十三年二月崩，祔太廟。

【《孝宗孝康張皇后傳》】嘉靖二十年八月崩，祔廟。

【《武宗孝静夏皇后傳》】嘉靖十四年崩，祔廟。

【《世宗孝潔陳皇后傳》】崩，七年十月也。穆宗即位，禮臣議：「孝潔皇后，大行皇帝元配，宜合葬、祔廟。」報：可。

【《孝烈方皇后傳》】嘉靖二十六年十一月乙未崩，祧仁宗，祔於太廟。隆慶初，移主弘孝殿。

蕙田案：此已祔而復出者，其事詳載《后妃廟》。

【《穆宗孝懿李皇后傳》】嘉靖三十七年四月薨。穆宗即位，謚曰孝懿皇后。神宗即位，祔太廟。

【《神宗孝端王皇后傳》】萬曆四十八年四月崩。光宗即位，祔廟。

【《光宗孝元郭皇后傳》】萬曆四十一年十一月薨。熹宗即位，祔廟。

右后妃升祔。

五禮通考卷第一百四

淮陰吴玉搢校字

五禮通考卷第一百五

内廷供奉禮部右侍郎金匱秦蕙田編輯
太子太保總督直隸右都御史桐城方觀承同訂
兩淮都轉鹽運使德水盧見曾
按察司副使元和宋宗元　參校

吉禮一百五

私親廟

【《中庸》】舜其大孝也與！德爲聖人，尊爲天子，富有四海之内，宗廟饗之，子孫保之。

【疏】子孫保之者，師説云：舜禪與禹，何言保者？此子孫承保祭祀，故云保。周時陳國是舜之後也。

【朱子《集註》】子孫，謂虞思、陳胡公之屬。

【《纂箋》】夏后之時，猶封虞思、虞遂。至周武王克殷，乃復求舜後，封於陳，爲胡公。《章句》以舜子孫不止此，故以「之屬」二字該之。

蕙田案：此舜「宗廟饗之，子孫保之」，迺萬世私親廟之準則也。《書》曰「受終于文祖」，又曰「格于文祖」，是將攝位、即位而告於堯廟之祖也。又曰「受命于神宗」，是將禪位於禹而告於宗堯之廟也。舜嗣堯，故宗堯而不爲瞽瞍立考廟。此云「宗廟」，當是虞國之廟。《國語》所稱「祖顓頊」，與「虞幕能聽協風，以成樂物生」、「有虞氏報焉」者，蓋舜以大德而爲天子，以其身宗堯之統，別爲虞氏立祖考之廟，俾子孫承其祀，厥後虞思、陳胡公之屬享國弗替焉。此正《中庸》所稱「大孝」之實也。若使舜爲天子而自立宗廟，傳禹而後，子孫安得有之哉？故知宗廟饗、子孫保，是一順事，非後世立廟稱宗、追尊升祔者所得而藉口也。詳見《廟制》條。

右有虞氏。

【《漢書・宣帝本紀》】孝宣皇帝，武帝曾孫，戾太子孫也。太子納史良娣，生史皇孫。皇孫納王夫人，生宣帝，號曰皇曾孫。生數月，遭巫蠱事。元平元年四月，昭帝崩，無嗣，大將軍霍光請皇后徵昌邑王。六月丙寅，王受皇帝璽綬。癸巳，光奏王淫亂，請廢。秋七月，光奏議曰：「禮，人道親親，故尊祖，尊祖故敬宗，大宗無嗣，擇支子孫賢者爲嗣。孝武皇帝曾孫病已，有詔掖庭養視，至今年十八，操行節儉，仁慈愛人，可以入嗣孝昭皇帝後。」奏可，遣迎入未央宫，封陽武侯。已而羣臣奏上璽綬，即皇帝位。本始元年六月，詔曰：「故皇太子在湖，未有號謚。歲時祠，其議謚，置園邑。❶」

【《武五子傳》】有司奏請：「《禮》『爲人後者，爲之子也』，故降其父母不得祭，尊祖之義也。陛下爲孝昭帝後，承祖宗之祀，制禮不踰閑。謹行視孝昭帝所爲故皇太子起位在湖，史良娣冢在博望苑北，親史皇孫位在廣明郭北。謚法曰『謚者，行之迹也』。愚以爲親謚宜曰悼，母曰悼后，比諸侯王園，置奉邑三百家。故皇太子謚曰戾，置奉邑二百家。史良娣曰戾夫人，置守冢三十家園置長丞，周衛奉守如

❶「置」，原作「及」，據《漢書・宣帝紀》改。

法。」以湖閿鄉邪里聚爲戾園，長安白亭東爲戾后園，廣明成鄉爲悼園。皆改葬焉。❶後八歲，有司復言：「禮，『父爲士，子爲天子，祭以天子』。悼園宜稱尊號曰皇考，立廟，因園爲寢，以時薦享焉。益奉園民滿千六百家，以爲奉明縣。尊戾夫人曰戾后，置園奉邑，及益戾園各滿三百家。」

元康元年夏五月，立皇考廟，益奉明園户爲奉明縣。師古曰：「奉明園，即皇考史皇孫之所葬也。本名廣明，後追改。」

【《韋玄成傳》】平帝元始中，大司馬王莽奏：「本始元年，丞相義等議，蔡義也。謚孝宣皇帝親曰悼園，置邑三百家。至元康元年，丞相相等奏，師古曰：「魏相也。」父爲士，子爲天子，祭以天子，悼園宜稱尊號曰『皇考』，立廟，益故奉明園民滿千六百家，以爲縣。臣愚以爲皇考廟本不當立，累世奉之，非是。又孝文太后南陵、孝昭太后雲陵園，雖前以禮不復修，陵名未正。謹與大司徒晏等百四十七人議，皆曰孝宣皇帝以兄孫繼統爲孝昭皇帝後，以數，故孝元世以孝景皇帝及皇考廟親未盡，不毁。此兩統貳父，違於禮制。案義奏親謚曰『悼』，裁置奉邑，皆應經義。相奏悼園稱『皇考』，立廟，益民爲縣，違離祖統，乖繆本義。父爲士，子爲天子，祭以天子者，乃謂若虞舜、夏禹、殷湯、周文、漢之高祖受命而王者也，非謂繼祖統爲後者也。臣請皇高祖考廟奉明園毁勿修，罷南陵、雲陵爲縣。」奏可。

【《文獻通考》胡氏寅曰】《禮》曰：「爲人後者爲其父母

❶「皆」，原作「故」，據庫本及《漢書·武五子傳》改。

降，不敢貳尊也。」既名其所後爲父母，則不得名其所生曰父母矣，而禮有爲其父母降，是猶以父母名之，何？此所謂不以辭害意也。立言者顧不可曰「爲其伯父伯母、叔父叔母降」，故假曰「父母」，以明當降之義，降則不可名之曰父母矣。宣帝初，有司奏請戾太子及悼后之謚，首言爲人後者云云，後言故太子謚曰戾云云，首尾皆是也，而中有稱親親之言，則非也。詔書問故太子，未及史皇孫，雖包含意指，有司直對太子、良娣之謚可也，而前據經義，後上戾名，中特稱親，以中帝意，豈非姦説乎？夫親，深言之則非父不可當，若曰文王之爲世子，有父之親是也；泛言之則所厚者皆可稱，若曰親者，無失其爲親是也，有司之言果何從歟？若避曰「考」，故以親言，是疏之也。知其不可稱考，而姑曰親以包舉之，是不正名，亦疏之也。以其不得於言，知其不契於理。既爲伯叔父母之後而父母之，則當降所生父母，而伯父母之、叔父母之，昭昭然矣。

馬氏廷鸞曰：「胡氏之説，辨則辨矣，而施之宣帝之世則不可。敢問宣帝而欲稱其所生之父母也，將爲伯父乎？爲叔父乎？於所後父爲兄則伯父也，於所後父爲弟則叔父也，而宣帝則有所後祖，無所後父者也。昭帝崩，無嗣，宣帝以兄孫爲叔祖後者也，不得其所後之父而父之，則何以稱其所生之父乎？先是昌邑王以兄子入繼，則考昭帝可也。昭帝葬矣，易月之制終矣，昌邑廢矣，宣帝始以兄孫入繼，當時唯言嗣孝昭皇帝後而已，則未知其爲子乎？爲孫乎？必也升一等而考昭帝，則又將降一等而兄史皇孫矣，可乎？不可。有司未有所處，姑緣其所生父，直稱之曰皇考而已。故曰胡氏辨則辨矣，施之宣帝之世則不可。當俟通儒而質之。」

戴氏震曰：「漢宣帝之入嗣也，後昭帝，有所後祖，無所後父。丞相相等奏，悼園宜尊稱號曰皇考，立廟。胡氏之論曰，既爲伯叔父母之後而父母之，則當降所生父母，而伯叔父母之稱昭昭然矣。馬氏駁之曰，宣帝以兄孫爲叔祖後者也，不得其所後之父而父之，則何以稱其所生之父乎？有司未有所處，姑緣其所生父，直稱之曰皇考而已。今案：奏者、議者皆非也。禮，王考廟、考廟，相逮之道也。如宣帝不入嗣，固考史皇孫而祖戾太子，今既祖昭帝，不得祖戾太子矣。獨考史皇孫，則其稱名疑，爲疑於昭帝、史皇孫之爲相逮也者，爲疑於戾太子、史皇孫之非相逮也者。疑，故不可稱也。然則以孫後祖，可乎？曰：可。《喪服·斬衰章》『爲人後者』，雷氏曰：『爲人後者，爲所後之父。闕此五字，以其所後之父或早卒。今所後其人不定，或後祖父，或後曾高祖，故闕之也。』此闕之，雷氏之云當矣，猶未盡。蓋有承殤而後祖者，則無所後之父。雷氏但據有所後之父言耳。

右古人後祖證一。

孔子曰：『宗子爲殤而死，庶子弗爲後也。』鄭注曰：『明不序昭穆立之廟，其祭之，就其祖而已。代之者，主其禮。』孔穎達曰：『以其未成人，庶子不得代爲之後，不以父服服之。』鄭以殤不立廟解弗爲後，孔以不從父服解弗爲後，蓋入廟則全乎子，服斬則全乎子，承殤不爲之子也。《喪服·斬衰》有爲人後者之條，故此言弗爲後以別之。

右古人後祖證二。

《小記》：『爲殤後者，以其服服之。』鄭注曰：『言爲後者，據承之也。殤無爲人父之道，以本親之服服之。』夫孔子言弗爲後，而此又言爲殤後，鄭以據承之明其爲辭之借，然不特爾也。明乎弗爲後之義，則於殤者昭穆同列，皆得入繼，其殤者，兄弟也。明乎爲殤後而不服斬衰之義，則於殤者降等，皆得入繼。其殤者雖叔父也，而承之不必子之。

右古人後祖證三。

三者互相爲義例者也。後祖之爲昭穆，奈何？曰：惟父子則昭穆異，兄弟則昭穆同，祖孫則昭穆同。上治祖禰，下治子孫，旁治兄弟，推之百世而不易。然則祖孫相接，無所後父，何也？曰：古經不曰爲人子，而曰爲人後，通乎不爲子而爲後之辭也。孫可後祖，而非禰祖；弟可後兄，而非禰兄。魯人傷歸父之無後，使仲嬰齊爲之後，弟後兄也。後者，承先辭也。父子之道窮，而先後之義起。以父子則親重，以先後則統重。《喪服》子夏傳曰：「持重大宗者，❶降其小宗也。大宗者，尊之統也。」此言親不勝統，寧屈親親之分，以伸大統之尊。生乎道之窮，斷以義之止，有如是者。或曰：推而至於宣帝，有所後祖，無所後父，禮固有然矣。其稱史皇孫也，直曰皇考既名疑，曰皇伯考若叔考，名又無所緣定，若之何？曰：凡爲人後者，不可一時兩稱父，不可曠而無父。宋濮議以生例没，斷然當稱皇伯考，不可一時兩稱父故也。漢宣帝即親存，初無一時兩稱之嫌，惟以不可曠而無父論之。禮雖可以後祖，其無所後父者，於本生父母，私言則曰父母，公言則曰本生以别之。曰本生父母，人豈有非之者哉？禮重辨嫌疑而已。宣帝不在辨嫌而在辨疑，辨嫌不可直稱皇考，辨疑亦不可立之廟而直稱皇考。不可曠而無父，則併不得同於有所後父者之稱皇伯考。是故祭告之辭，私於所祭之地稱皇考，可也，公言之曰本生皇考，可也。丞相義等之議謚曰悼園，置邑三百家而

❶「持」，原作「特」，據《儀禮・喪服》子夏傳改。

不立廟，義之正也。」

蕙田案：漢宣帝時，有司奏稱「親史皇孫」，又稱「親謚宜曰悼，母曰悼后」，親之爲言，即父也。倘但曰史皇孫、曰王夫人，顧不可，爲其推而遠之，幾不知爲宣帝何人矣。胡氏謂稱親爲姦説，蓋怵于後世之事而爲是言耶！夫使必禁其稱親，將《禮》所云「爲人後者，爲其父母報」，「父母」二字，亦必不可施於語言乎？此有宋濮議所以啟歐陽公之辨也。夫辭窮則反本，是故謂之「其父母」，則已別於所後父母矣。宣帝無所後父母者也，有司必不敢曰「考」、曰「妣」，而曰「親」、曰「母」，又僅比諸侯王，此亦嚴核于名實矣。但厥後直曰「皇考」，則未得禮。若曰「本生皇考」，亦無妨也，猶之《禮》曰「其父母」也。至因園爲寢，而曰皇考廟，則疑上與昭帝相承無別，雖在廟制之外，然非禮矣。

右漢宣帝。

【《哀帝本紀》】孝哀皇帝，元帝庶孫，定陶共王子也，母曰丁姬。上亡子，❶立爲皇太子。後月餘，立楚孝王孫景爲定陶王，奉共王嗣，所以奬勵太子，❷專爲後之誼。綏和二年三月，成帝崩。四月丙午，太子即皇帝位，太皇太后詔尊定陶共王爲共皇。五月，詔曰：「《春秋》母以子貴，尊定陶太后曰恭皇太后，丁姬曰恭皇后。」建平二年，詔曰：「漢家之制，推親親以顯尊尊。定陶恭皇之號，

❶「上」，庫本作「成帝」。
❷「勵」，庫本及《漢書·哀帝本紀》作「厲」。

不宜復稱定陶，尊恭皇太后曰帝太太后，恭皇后曰帝太后。」立恭皇廟于京師。六月庚申，帝太后丁氏崩。上曰：「朕聞夫婦一體，《詩》云：『穀則異室，死則同穴。』祔葬之禮，自周興焉。帝太后宜起陵恭皇之園。」遂葬定陶，發陳留、濟陰近郡國五萬人穿復土。

蕙田案：此立私親廟于京師之始。

【《定陶共王傳》】定陶共王康，永光三年，立爲濟陽王。八年，徙爲山陽王。八年，徙定陶王。十九年薨，子欣嗣。十五年，成帝無子，徵入爲皇太子。上以太子奉大宗後，不得顧私親，乃立楚思王子景爲定陶王，奉共王後。成帝崩，太子即位，是爲孝哀帝。即位二年，追尊共王爲共皇帝，置寢廟京師，序昭穆，儀如孝元帝。如淳曰：「恭王，元帝子也。爲廟京師，列昭穆之次。如元帝，言如大子之儀。」徙定陶王景爲信都王云。如淳曰：「不復爲定陶王立後者，哀帝自以己爲後故。」

【《孝元傅昭儀傳》】孝元傅昭儀，哀帝祖母也。産一男一女，女爲平都公主，男爲定陶共王。元帝崩，隨王歸國，稱定陶太后。共王薨，子代爲王。王母曰丁姬。成帝無繼嗣，徵立爲太子。哀帝即位，高昌侯董宏希旨，上書言宜立丁姬爲帝太后。師丹劾奏：「宏懷邪誤朝，不道。」上初即位，謙讓，從師丹言，止。後廼白令皇太后下詔，尊定陶共王爲共皇。哀帝因是曰：「《春秋》『母以子貴』，尊傅太后爲共皇太后，丁姬爲共皇后。」後歲餘，爲共皇立寢廟於京師，比宣帝父悼皇考制度，序昭穆于前殿。

【《師丹傳》】郎中令泠襃、黄門郎段猶等奏言：「定陶共皇太后、共皇后皆不宜復引定陶藩國之名以冠大號，車馬衣服宜皆稱皇之意，師古曰：「副稱之也。」置吏二千石以下各供厥職，又宜爲共皇立廟京師。」上覆下其議，有司皆以爲宜如褒、猶言，丹獨議曰：「聖王制禮，取法於天地尊卑者，所以正天地之位，不可亂也。今定陶共皇太后、共皇后以定陶共皇爲號者，母從子、妻從夫之義也。欲立官置吏，車服與太皇太后並，非所以明尊無二上之義也。定陶共皇號謚已前定，義不得復改。《禮》：『父爲士，子爲天子，祭以天子，其尸服以士服。』子無爵父之義，尊父母也。爲人後者爲之子，故爲所後服斬衰三年，而降其父母朞，明尊本祖而重正統也。孝成皇帝聖恩深遠，故爲共王立後，奉承祭祀，令共皇長爲一國太祖，萬世不毁，恩義已備。陛下既繼體先帝，持重大宗，承宗廟天地社稷之祀，義不可復奉定陶共皇，祭入其廟。今欲立廟於京師，而使臣下祭之，是無主也。又親盡當毁，空去一國太祖不墮之祀，而就無主當毁不正之禮，非所以尊厚共皇也。」丹由是浸不合上意，免爲庶人。平帝即位，新都侯王莽白太皇太后，發掘傅太后、丁太后冢，奪其璽綬，更以民葬之，定陶墮廢共皇廟。

蕙田案：宣帝稱親曰皇考，如《離騷》篇首「朕皇考曰伯庸」，似古人通稱。皇之爲言，美也，大也，君也，亦猶《禮》曰「其父母」也。至此定陶共皇之稱，非宣帝稱皇考比也。皇即帝也。不曰帝而曰皇，明知必不可尊稱帝也。然以皇代之，其理不直，其名不正，固顯然矣。又立寢廟于京師，列昭穆之次，更非宣帝因園爲寢之比。師丹言定陶共皇謚已前定，不得復改，而堅持立廟京師，使臣下祭之，爲無主，明前之失在私尊定陶共皇，後之失乃以共皇而亂天子宗廟鉅制也。無主之言，大義凛然。及後王莽假經義以竊權，既請皇高祖考廟奉明園毁勿修，又墮廢共皇廟，甚且掘傅太后、丁太后冢，奪其璽綬。雖小人悖罔，罪不容誅，然其所以致之者，可不思哉！

右漢哀帝。

【《平帝本紀》】孝平皇帝，元帝庶孫，中山孝王子也。母曰衛姬。年三歲，嗣立爲王。元壽二年六月，哀帝崩。九月辛酉，中山王即皇帝位。元始元年，立故桃鄉頃侯子成都爲中山王。

【《中山衛姬傳》】衛姬，平帝母也，配孝王，生平帝。孝王薨，代爲王。哀帝崩，無嗣，迎立爲帝。莽懲丁、傅行事，以帝爲成帝後，母衛姬及外家不當得至京師。廼更宗室桃鄉侯子成都爲中山王，奉孝王後。

蕙田案：平帝未立私親廟。

右漢平帝。

【《後漢書·光武本紀》】建武三年正月辛巳，立皇考南頓君以上四廟。

【《張純傳》】純以宗廟未定，昭穆失序，十九年，乃與太僕朱浮共奏言：「陛下興於匹庶，蕩滌天下，誅鉏暴亂，興繼祖宗。竊以經義所紀，人事衆心，雖實同創革，而名爲中興，宜奉先帝，恭承祭祀者也。元帝以來，宗廟奉祠高皇帝爲受命祖，孝文皇帝爲太宗，孝武皇帝爲世宗，皆如舊制。又立親廟四世，推南頓君以上盡於春陵節侯。禮，爲人後者則爲之子，既事大宗，則降其私親。今禘祫高廟，陳敘昭穆，而春陵四世，君臣並列，以卑厠尊，不合禮意。昔高祖以自受命，不由太上，宣帝以孫後祖，不敢私親，故爲父立廟，獨羣臣侍祠。愚謂宜除今親廟，以則二帝舊典，願下有司博採其議。」詔下公卿，大司徒戴涉、大司空竇融議：「宜以宣、元、成、哀、平五帝四世代今親廟，宣、元皇帝尊爲祖、父，可親奉祠，成帝以下，有司行事，別爲南頓君立皇考廟。其祭上至春陵節侯，羣臣奉祠，以明尊尊之敬，親親之恩。」帝從之。

【《祭祀志》】建武十九年，上可涉等議。詔曰：「以宗廟處所未定，且合祭高廟，❶其成、哀、平且祠祭長安故高廟。其南陽春陵歲時各且因故園廟祭祀。園廟去太守治所遠者，在所令長行太守事侍祠。惟孝宣帝有功德，其上尊號曰中宗。」於是雒陽高廟四時加祭孝宣、孝元，凡五帝。其西廟成、哀、平三帝主，四時祭於故高廟。東廟京兆尹侍祠，冠衣車服如太常祠陵廟之禮。南頓君以上至節侯，皆就園廟。南頓君稱皇考廟，鉅鹿都尉稱皇祖考廟，鬱林太守稱皇曾祖考廟，節侯稱皇高祖考廟，在所郡縣侍祠。

《漢官儀》曰：「光武第雖十二，於父子之次，於成帝爲兄弟，於哀帝爲諸父，於平帝爲祖父，皆不可爲之後。上至元帝，於光武爲父，故上繼元帝而爲九代。故《河圖》云『赤九會昌』，謂光武也。然則宣帝爲曾祖，故追尊及祠之。」劉攽曰：「注案世數，

❶「合」，《後漢書·祭祀志下》作「祫」。

宣帝于光武猶是祖，此多一『曾』字。」

【《文獻通考》】胡氏寅曰：「西漢自孝成而後，三世無嗣。王莽簒時，漢祚既絶，光武掃平禍亂，奮然崛起。雖祖高祖而帝四親，非與哀朝尊崇藩統同事，於義未有大不可者。然一聞純等建議，斷然從之，曾無留難，章陵四祠，蔑有異等，彼何所爲而然耶？寡恩之誚既不聞於當年，失禮之議又不生於後代。以是較之，宣、哀過舉益明，而《禮》所載爲人後者，爲其父母降而不得祭，豈可違而不守哉？」

右後漢光武帝。

【《安帝本紀》】恭宗孝安皇帝，諱祐，肅宗孫也。父清河王慶，母左姬。延平元年，慶始就國，鄧太后特詔留帝清河邸。八月，殤帝崩，太后與兄車騎將軍鄧隲定策，迎帝，齋于殿中。拜長安侯。皇太后詔曰：「長安侯祐年已十三，有成人之志。親德係後，莫宜于祐。《禮》，『昆弟之子猶己子』，《春秋》之義，爲人後者爲之子，不以父命辭王父命。其以祐爲孝和皇帝嗣。」又作策命曰：「惟延平元年秋八月癸丑，皇太后曰：咨長安侯祐，孝和皇帝懿德巍巍，光于四海。朕惟侯孝章皇帝世嫡皇孫，宜奉郊廟，今以侯嗣孝和皇帝後。」讀策畢，太尉奉上璽綬，即皇帝位。

十二月甲子，清河王薨，使司空持節弔祭。❶永初元年三月甲申，葬清河孝王，贈龍旂、虎賁。

【《祭祀志》】安帝以清河孝王子即位。建光元年，追尊父清河孝王曰孝德皇，母曰孝德后，清河嗣王奉祭而已。

❶「空」，原作「農」，據《後漢書·安帝本紀》改。

【《清河孝王慶傳》】慶母宋貴人。慶就國，鄧太后以殤帝襁抱，遠慮不虞，留慶長子祜與嫡母耿姬居清河邸。至秋，帝崩，立祜爲嗣，是爲安帝。太后使中黄門送耿姬歸國。帝所生母左姬卒，葬于京師。慶立凡二十五年，薨。永初元年，❶太后崩，有司言：「清河孝王至德淳懿，載育明聖，承天奉祚，爲郊廟主。漢興，高皇帝尊父爲太上皇，宣帝號父爲皇考，序昭穆，置園邑。大宗之義，舊章不忘。宜上尊號曰孝德皇，皇妣左氏曰孝德后，孝德皇母宋貴人追謚曰敬隱后。」乃告祠高廟，使司徒持節與大鴻臚奉册書璽綬清河，追上尊號，又遣中常侍奉太牢祠典，護禮儀侍中劉珍等及宗室列侯皆往會事。尊陵曰甘陵，廟曰昭廟，置令、丞，設兵車周衛，比章陵。復尊耿姬爲甘陵大貴人。

蕙田案：清河孝王雖加尊號，崇奉陵廟，然未立廟京師，但嗣王奉祀于其國而已。

右後漢安帝。

【《質帝本紀》】孝質皇帝諱纘，肅宗玄孫。曾祖千乘貞王伉，祖樂安夷王寵，父勃海孝王鴻，母陳美人。冲帝不豫，大將軍冀徵帝到洛陽都亭。冲帝崩，太后與冀定策禁中。丙辰，迎帝入南宫。丁巳，封建平侯。其日，即皇帝位。

蕙田案：質帝之不得追尊其父，蔡邕以爲偪于梁后及梁冀也。

右後漢質帝。

【《桓帝本紀》】孝桓皇帝諱志，肅宗曾孫也。

❶「永初元年」，當删。案：鄧太后之崩在永寧二年，此四字乃秦氏删節不當誤保留者。

祖河間孝王開，父蠡吾侯翼，母匽氏。翼卒，帝襲爲侯。本初元年，梁太后徵帝到夏門亭，❶將妻以女弟。會質帝崩，太后與兄大將軍冀迎帝入南宫，即皇帝位，時年十五。　九月戊戌，追尊皇祖河間孝王曰孝穆皇，夫人趙氏曰孝穆皇后，皇考蠡吾侯曰孝崇皇。冬十月甲午，尊皇母匽氏爲孝崇博園貴人。　建和二年四月，封帝弟顧爲平原王，❷奉孝崇皇祀，尊孝崇皇夫人馬氏爲孝崇園貴人。　和平元年五月，尊博園匽貴人曰孝崇皇后。　元嘉二年四月，❸孝崇皇后匽氏崩。五月，葬孝崇皇后于博陵。

延熹元年六月，分中山置博陵郡，以奉孝崇皇園陵。

【《河間孝王開傳》】蠡吾侯翼，元初六年，

鄧太后徵河間王諸子詣京師，奇翼美儀容，故以爲平原懷王後焉。歲餘，貶爲都鄉侯。翼卒，子志嗣，爲大將軍梁冀所立，是爲桓帝。梁太后詔追尊河間孝王爲孝穆皇，夫人趙氏曰孝穆后，廟曰清廟，陵曰樂成陵。蠡吾先侯曰孝崇皇，廟曰烈廟，陵曰博陵；皆置令、丞，使司徒持節奉册書、璽綬，祠以太牢。建和二年，更封帝弟都鄉侯顧爲平原王，❹留博陵，奉翼後。

【《祭祀志》】桓帝以河間孝王孫蠡吾侯即位，亦追尊祖考，王國奉祀。

蕙田案：桓、靈祖父皆有廟名，如《祭祀志》所言，則廟雖立，仍不過以

❶「門」，原重文，據《後漢書・桓帝本紀》删其一。

❷「顧」，《後漢書・桓帝本紀》作「碩」。

❸「元嘉」二字，原脱，據《後漢書・桓帝本紀》補。

❹「弟」，原作「兄」，據《後漢書・章帝八王傳》改。「顧」，《後漢書・章帝八王傳》作「碩」。

嗣王奉祠也。

右後漢桓帝。

【《靈帝本紀》】孝靈皇帝諱宏，肅宗玄孫也。曾祖河間孝王開，祖淑，父萇，世封解瀆亭侯。帝襲侯爵，母董夫人。桓帝崩，無子，太后與父城門校尉竇武定策禁中，使持節至河間奉迎。建寧元年正月庚子，即皇帝位，時年十二。閏二月甲午，追尊皇祖爲孝元皇，夫人夏氏爲孝元皇后，考爲孝仁皇，夫人董氏爲慎園貴人。熹平三年六月，封河間王利子康爲濟南王，奉孝仁皇祀。

【《河間孝王傳》】解瀆亭侯淑，以河間王子封。淑卒，子萇嗣。萇卒，子宏嗣，爲大將軍竇武所立，是爲靈帝。建寧元年，竇太后詔追尊皇祖淑爲孝元皇，夫人夏氏曰孝元后，陵曰敦陵，廟曰靖廟；皇考萇爲孝仁皇，❶夫人董氏爲慎園貴人，陵曰慎陵，廟曰奂廟。皆置令、丞，使司徒持節之河間奉策書、璽綬，祠以太牢，常以歲時遣中常侍持節之河間奉祠。熹平三年，使使拜河間安王利子康爲濟南王，奉孝仁皇祠。❷

【《祭祀志》】桓帝無嗣，靈帝以河間孝王曾孫解瀆侯即位，亦追尊祖考。

右後漢靈帝。

【蔡邕《獨斷》】高祖得天下而父在，上尊號曰太上皇，不言帝，非天子也。孝宣繼孝昭帝，其父曰史皇孫，祖父曰衛太子，太子以罪廢，及皇孫，皆死。宣帝起園陵，長、丞奉守，不敢加尊號於祖、父也。

❶「孝」，原脱，據《後漢書·章帝八王傳》補。

❷「祠」，《後漢書·章帝八王傳》作「祀」。

光武繼孝元，亦不敢加尊號於祖、父也。世祖父南頓令曰皇考，祖鉅鹿都尉曰皇祖，曾祖鬱林太守曰皇曾祖，高祖舂陵節侯曰皇高祖，起陵廟，置章陵，以奉祀之而已。至殤帝崩，無子弟，安帝以和帝兄子從清河王子即尊號，依高帝尊父爲太上皇之義，追號父清河王曰孝德皇。順帝崩，冲帝無子弟，立安樂王子，是爲質帝。帝偪於順烈梁后父大將軍梁冀，未得尊其父而崩。桓帝以蠡吾侯子即尊位，追尊父蠡吾先侯曰孝崇皇，母匽太夫人曰孝崇后，祖父河間孝王曰孝穆皇，祖母妃曰孝穆后。桓帝崩，無子，今上即位，追尊父解瀆亭侯曰孝仁皇，母董夫人曰孝仁后，祖父河間敬王曰孝元皇，祖母夏妃曰孝元后。

徐氏乾學曰：「受命之君追王先世，固非奉藩稱臣者所可比。蔡氏以太上皇與追崇諸皇相提並論，似未協師丹之議。」

蕙田案：漢之追尊本生父稱皇，大抵依據太上皇之號爾，然此號不可襲也。宣帝以孫後祖，但稱本生父曰皇考而已。稱「皇」，實始於哀帝追尊定陶共皇。厥後安帝父清河孝王曰孝德皇，桓帝父蠡吾侯曰孝崇皇，祖河間孝王曰孝穆皇，靈帝父解瀆亭侯曰孝仁皇，祖曰孝元皇，俱相繼起，而漢人諱言哀帝，但曰法宣帝，是誣也。惟哀帝既承大統，又自以己爲定陶共皇後，廢前所立定陶王後。安帝而下，雖追尊本生祖、父，仍就王國奉祀，不立廟京師。非特法宣帝、光武帝，亦鑑於哀帝也。蔡邕《獨斷》敘追號起於安帝，豈不欲道哀帝之事與?

【《三國・魏志・明帝紀》】明帝太和三年,詔曰:「禮,王后無嗣,擇建支子以繼大宗,則當纂正統以奉公義,何得復顧私親哉!漢宣繼昭帝後,加悼考以皇號;哀帝以外藩援立,而董宏等稱引亡秦,惑誤朝議,遂尊共皇,立廟京師,又寵藩妾,使比長信,僭差無禮,人神弗佑,罪師丹忠正之諫,致丁、傅焚如之禍。自是之後,相踵行之。其令公卿有司,深以前世爲戒。後嗣萬一有由諸侯入奉大統,則當明爲人後之義;敢爲佞邪導諛君上,妄建非正之號,謂考爲皇,稱妣爲后,則股肱大臣,誅之無赦。其書之金策,藏之宗廟。」是後高貴、常道援立,皆不外尊。❶

蕙田案:明帝此詔,大義卓然可法。又案悼考曰皇考,非直加以皇號也。如定陶共皇之稱,乃爲加以皇號。然後世之追稱皇者,諱漢哀帝之事,而曰法宣帝。又後人不得如古者之以皇考爲通稱,故是詔曰宣帝「加悼考以皇」也。

右三國魏明帝論爲後。附。

【《吴志・孫皓傳》】元興元年八月,追謚父和曰文皇帝,尊母何爲太后。

【《孫皓傳》】孫休立,封和子皓爲烏程侯,自新都至本國。休薨,皓即祚。其年,追謚父和爲文皇帝,改葬明陵,置園邑二百家,令、丞奉守。後年正月,又分吴郡、丹陽九縣,爲吴興郡,治烏程,置太守,四時

❶ 案:此段引文字句與《明帝紀》頗有出入,當出自《晉書・禮志上》,秦氏誤標。

奉祠。有司奏言，宜立廟京邑。❶寶鼎二年七月，使守大匠薛珝營立寢堂，號曰清廟。十二月，遣守丞相孟仁、太常姚信等，備官僚中軍步騎二千人，以靈輿法駕，東迎神于明陵。皓引見仁，親拜送於庭。靈輿當至，使丞相陸凱奉三牲，祭於近郊，皓于金城外露宿。明日，望拜于東門之外。其翌日，拜廟薦祭，歔欷悲感。比七日三祭，倡技晝夜娛樂，有司奏言祭不欲數，數則黷，宜以禮斷情，然後止。《吴書》曰：「比仁還，中使手詔，日夜相繼，❷奉問神靈起居動止。巫覡言，見和被服顔色，如平生日，皓悲喜涕淚，悉召公卿尚書，詣闕門下受賜。」

蕙田案：終漢之世，追尊本生父但稱「皇」，至吴主皓，始稱「皇帝」。

右三國吴主皓。附。

【《晉書·孝愍帝本紀》】孝愍皇帝諱鄴，武帝孫，吴孝王晏之子也。出繼後伯父秦獻王柬，襲封秦王。建興元年夏四月壬申，即皇帝位。

【《宋書·禮志》】愍帝建興四年，司徒梁芬議追尊之禮。帝既不從，而右僕射索綝等亦稱引魏制，❸以爲不可。故追贈吴王爲太保而已。

【《吴孝王晏傳》】洛京傾覆，晏亦遇害。愍帝即位，追贈太保。

右晉愍帝。

【《宋書·禮志》】元帝泰興二年，有司言琅邪

❶「邑」，庫本作「師」。

❷「日夜」，原作「日使」，據《三國志·吴書·吴主五子傳》裴注改。

❸「制」，原作「志」，據《晉書·禮志上》、《宋書·禮志四》改。

恭王宜稱皇考。賀循議云：「禮典之義，子不敢以己爵加其父。」帝從之。二漢此典棄矣。

【《琅邪武王伷傳》】琅邪武王伷，太康四年薨。恭王覲立，太熙元年薨。子睿立，是爲元帝。中興初，以皇子裒爲琅邪王，奉恭王祀。裒早薨，更以皇子焕爲琅邪王，其日薨，復以皇子昱爲琅邪王。咸和之初，既徙封會稽，成帝又以康帝爲琅邪王。康帝即位，封成帝長子哀帝爲琅邪王。哀帝即位，以廢帝爲琅邪王。廢帝即位，以會稽王攝行琅邪國祀。簡文帝登祚，琅邪王無嗣，及帝臨崩，封少子道子爲琅邪王。道子後爲會稽王，更以恭帝爲琅邪王。帝既即位，琅邪國除。

右晉元帝。

【《南齊書·明帝本紀》】高宗明皇帝，始安貞王道生子也。隆昌元年，太后令廢海陵王，以上入纂太祖爲第三子。建武元年冬十月癸亥，即皇帝位。十一月乙酉，追尊始安貞王爲景皇帝，妃爲懿后。建武二年五月甲午，寢廟成。

【《始安貞王道生傳》】建武元年，追尊爲景皇帝，妃江氏爲后，立寢廟於御道西，陵曰脩安。

右齊明帝。

【《陳書·世祖本紀》】世祖文皇帝，始興昭烈王長子也。永定三年六月丙午，高祖崩，遺詔徵世祖入纂，即皇帝位。八月庚戌，封皇子伯茂爲始興王，奉昭烈王後。

【《高宗本紀》】高宗孝宣皇帝，始興昭烈王第二子也。天康二年十一月甲寅，慈訓太后令廢帝爲臨海王，以高宗入纂。天建元年春正月甲午，即皇帝位，立皇子南中郎將、江州刺史、康樂侯叔陵爲始興王，奉昭烈王祀。

【《隋書・禮儀志》】陳文帝入嗣，而皇考始興昭烈王廟在始興國，謂之東廟。天嘉四年，徙東廟神主，祔于梁之小廟，改曰國廟。祭用天子儀。

【《陳書・始興王傳》】始興王伯茂，字鬱之，世祖第二子也。初，高祖兄始興昭烈王道談仕于梁世，爲東宫直閤將軍。侯景之亂，中流矢卒。紹泰二年，追贈義興郡公，謚曰昭烈。高祖受禪，改封始興郡王。王生世祖及高宗。高宗以梁承聖末遷於關右，至是，高祖遥以高宗襲封始興嗣王，以奉昭烈王祀。永定三年六月，高祖崩。是月，世祖入纂帝位。時高宗在周未還，世祖以本宗乏饗，其年十月，詔徙封嗣王頊爲安成王，封第二子伯茂爲始興王，以奉昭烈王祀。

右陳文帝、宣帝。

【《北魏書・彭城王傳》】彭城王勰，永平元年薨，謚曰武宣王。及莊帝即位，追號文穆皇帝，妃李氏爲文穆皇后，遷神主於太廟。前廢帝時，去其神主。

蕙田案：以藩王入繼大統，而追崇所生，祔主太廟，并黜廟中已祔之主，降稱伯考，實自北魏孝莊始。魏收曰：「高祖不祀，武宣享廟，三后降鑒，福禄固不永矣。」誠哉是言也！臨淮諫諍事，詳見《廟制門》。

右北魏孝莊帝。

【《前廢帝廣陵王紀》】前廢帝，廣陵王宇之子也。❶莊帝崩，爾朱世隆等奉王東郭之外，行禪讓之禮。普泰元年九月癸巳，追尊

❶「宇」，《魏書・帝紀十一》、《北史・魏本紀五》作「羽」。

皇考爲先帝，皇妣王氏爲先太妃。

右北魏廢帝。

【《出帝紀》】出帝，廣平武穆王懷之第三子也。中興二年夏四月，安定王自以踈屬，請遜大位。齊獻武王與百寮會議，僉謂高祖不可無後，乃共奉王。戊子，即帝位。泰昌二年正月丁巳，追尊皇考爲武穆帝，皇太妃馮氏爲武穆后，皇妣李氏爲皇太妃。

右北魏出帝。

【《五代史·唐本紀》】天成二年十二月丙午，追尊祖考爲皇帝。高祖聿廟號惠祖，曾祖敖廟號毅祖，祖琰廟號烈祖，考廟號德祖。立廟於應州。

【《馬縞傳》】縞判太常卿。明宗入立，繼唐太祖、莊宗而不立親廟。縞言：「漢諸侯王入繼統者，必別立親廟。光武皇帝立四親廟于南陽，請如漢故事，立廟以申孝享。」明宗下其議，禮部尚書蕭頃等請如縞議。宰相鄭珏等議引漢桓、靈爲比，以爲靈帝尊其祖解瀆亭侯淑爲孝元皇，❶父萇爲孝仁皇，請下有司定謚四代祖考爲皇，置園陵，如漢故事。事下太常，博士王丕議漢桓帝尊祖爲孝穆皇帝，父爲孝崇皇帝。縞以謂孝穆、孝崇有皇而無帝，惟吴孫皓尊其父和爲文皇帝，不可以爲法。右僕射李琪等議與縞同。明宗詔宰臣集百官於中書，各陳所見。李琪等請尊祖禰爲皇帝，曾、高爲皇。宰相鄭珏合羣議奏：「請四代祖考皆加帝如詔旨，而立廟京師。」詔可其加帝，而立廟應州。

《文獻通考》馬氏端臨曰：「案莊宗以沙陀爲唐之嗣，明宗又以代北狄裔爲莊宗

❶「靈」，原作「桓」，據《新五代史·雜傳·馬縞》改。

之嗣，故後唐之所謂七廟者，以沙陀之獻祖國昌、太祖克用、莊宗存勖，而上繼唐之高祖、太宗、懿宗、昭宗。而此所謂四廟者，又明宗代北之高、曾、祖、父也。」

右後唐明帝。

【《宋史·英宗本紀》】治平三年正月丁丑，皇太后下書中書門下：「封濮安懿王宜如前代故事，王夫人王氏、韓氏、任氏，皇帝可稱親。尊濮安懿王爲皇，夫人爲后。」詔遵慈訓，以塋爲園，❶置守衛吏，即園立廟，俾王子孫主祠事，如皇太后旨。辛巳，詔臣民避濮安懿王諱，以王子宗懿爲濮國公。

【《濮安懿王傳》】濮安懿王允讓，慶曆四年，封汝南郡王。嘉祐四年薨，追封濮王，謚安懿。仁宗在位久無子，乃以王第十三子宗實爲皇子。仁宗崩，皇子即位，是爲英宗。治平元年，宰相韓琦等奏：請下有司議濮安懿王及譙國夫人王氏、襄國夫人韓氏、仙遊縣君任氏合行典禮。詔須大祥後議之。二年，乃詔禮官與待制以上議。翰林學士王珪等奏曰：「謹案《儀禮·喪服》「爲人後者」，《傳》曰：「何以三年也？受重者必以尊服服之。」「爲所後者之祖父母、妻，妻之父母、昆弟，昆弟之子若子。」謂皆如親子也。又「爲人後者爲其父母」，《傳》曰：「何以期？不二斬，持重於大宗，降其小宗也。」「爲人後者爲其昆弟」，《傳》曰：「何以大功？爲人後者降其昆弟也。」先王制禮，尊無二上，若恭愛之心分於彼，則不得專於此故也。是以秦、漢以來，帝王有自旁支入承大統者，或推尊其父母以爲帝后，皆見

❶「塋」，原作「瑩」，據庫本及《宋史·英宗本紀》改。

非當時，取議後世，❶臣等不敢引以爲聖朝法。況前代入繼者，多宫車晏駕之後，援立之策或出臣下，非如仁宗皇帝年齡未衰，深惟宗廟之重，祗承天地之意，於宗室衆多之中，簡推聖明，授以大業。陛下親爲先帝之子，然後繼體承祧，光有天下。所以負扆端冕，富有四海，子子孫孫萬世相承，皆先帝德也。臣等竊以爲濮王宜準先朝封贈期親尊屬故事，尊以高官大國，譙國、襄國、仙遊並封太夫人，❷攷之古今爲宜稱。於是中書奏：王珪等所議，未見詳定濮安懿王當稱何親，名與不名？珪等議：「濮王於仁宗爲兄，於皇帝宜稱皇伯而不名，如楚王、涇王故事。」中書又奏：「《禮》與《令》及《五服年月勅》：出繼之子於所繼、所生皆稱父母。❸又漢宣帝、光武皆稱父爲皇考。今珪等議稱濮王爲皇伯，於典禮未有明據，請下尚書省，集三省、御史臺議奏。」方議而皇太后手詔詰責執政，於是詔曰：「如聞集議不一，權宜罷議，令有司博求典故以聞。」禮官范鎮等又奏：「漢之稱皇考、稱帝、稱皇，立寢廟，序昭穆，皆非陛下聖明之所法，宜如前議爲便。」自是御史呂誨等彈奏歐陽修首建邪議，韓琦、曾公亮、趙概附會不正之罪，固請如王珪等議。既而內出皇太后手詔曰：「吾聞羣臣議請皇帝封崇濮安懿王，至今未見施行。吾載閱前史，乃知自有故事。濮安懿王、譙國夫人王氏、襄國夫人韓氏、仙

❶「議」，庫本作「譏」。
❷「遊」，原作「逝」，據庫本及《宋史·宗室傳二·濮王允讓》改。
❸「稱」，原脱，據《宋史·宗室傳二·濮王允讓》補。

遊縣君任氏，可令皇帝稱親，濮安懿王稱皇，王氏、韓氏、任氏並稱后。」事方施行，而英宗即日手詔曰：「稱親之禮，謹遵慈訓；追崇之典，豈易克當。且欲以塋爲園，即園立廟，俾王子孫主奉祠事。」翌日，誨等以所論列彈奏不見聽用，繳納御史勅告，家居待罪。誨等所列，大抵以爲前詔稱「權罷集議」，後詔又稱「且欲以塋爲園」，即追崇之意未已。英宗命閤門以告還之。誨等力辭臺職。誨等既出，而濮議亦寢。至神宗元豐二年，詔以濮安懿王三夫人可並稱王夫人云。治平三年，立濮王園廟。

【《司馬光傳》】帝疾愈，光料必有追隆本生事，即奏言：「漢宣帝爲孝昭後，終不追尊衛太子、史皇孫；光武上繼元帝，亦不追尊鉅鹿、南頓君，此萬世法也。」後詔兩制集議濮王典禮，學士王珪等相視莫敢先，光獨奮筆書曰：「爲人後者爲之子，不得顧私親。正宜準封贈期親尊屬故事，❶稱爲皇伯，高官大國，極其尊榮。」議成，珪即命吏其以手藁爲案。❷既上與大臣意殊，御史六人争之力，皆斥去。光乞留之，不可，遂請與俱貶。

【《彭思永傳》】治平中，召爲御史中丞。濮王有稱親之議，言事者争之，皆斥去。思永更上疏極論曰：「濮王生陛下，而仁宗以陛下爲嗣，是仁宗爲皇考，而濮王于屬爲伯，此天地大義，生人大倫。如乾坤定位，不可得而變也。陛下爲仁廟子，曰

❶「正」，《宋史·司馬光傳》、《宋史紀事本末》卷七《英宗之立》作「王」。

❷「其以」，《宋史·司馬光傳》作「以其」。

考曰親，乃仁廟也；若更施於濮王，是有二親矣。使王與諸父夷等，無有殊別，則於大孝之心亦爲難安。臣以爲當尊爲濮國太王，祭告之辭，則曰『姪嗣皇帝書名昭告于皇伯父』。在王則極尊崇之道，而於仁廟亦無所嫌矣，此萬世之法也。」疏入，英宗感其切至，垂欲施行，而中書持之甚力，卒不果。

蕙田案：伊川程子代彭思永論濮王典禮疏，見徐氏《讀禮通考》，不重載。

又案：濮議，此二奏盡之。後廷論紛争，皆歐陽公爲人後議發之耳。

【《歐陽修傳》】帝將追崇濮王，命有司議，皆謂當稱皇伯，改封大國。修引《喪服記》，以爲：「『爲人後者，爲其父母報』。❶降三年爲期，而不没父母之名，以見服可降而名不可没也。若本生之親，改稱皇伯，歷考前世，皆無典據。進封大國，則又禮無加爵之道。故中書之議，不與衆同。」

【《趙瞻傳》】時議追崇濮安懿王，瞻引漢師丹、董宏事，謂其屬薛温其曰：「事將類此，吾必以死争，固吾所也。」中書請安懿稱親，❷瞻争曰：「仁宗既下明詔子陛下，議者顧惑禮律所生所養之名，要相眥難，❸彼明知禮無兩父二斬之義，敢裂一字之詞，以亂厥真。且文有去婦出母者，去已非婦，出不爲母，辭窮直書，豈足援以斷大議哉？」會假太常少卿接契丹賀正使，入對，英宗問前事，對曰：「陛下爲

❶「報」，原作「服」，據《宋史・歐陽修傳》改。
❷「懿」下，《宋史・趙瞻傳》有「王」字。
❸「要」，《宋史・趙瞻傳》作「妄」。

仁宗子，而濮王又稱皇考，則是二父，二父非禮。」英宗曰：「御史嘗見朕欲皇考濮王乎？」瞻曰：「此乃大臣之議，陛下未嘗自言。」英宗曰：「是中書過耳，朕自數歲時，先帝養爲子，豈敢稱濮考？」瞻曰：「臣請退諭中書，作詔以曉天下。」英宗曰：「朕意已決，無容宣告。❶」及使還，聞吕誨等諫濮議皆罷去，乞與同貶。趣入對，英宗曰：「卿欲就龍逢、比干之名，孰若效伊尹、傅説哉？」瞻皇懼，言：「臣不敢奉詔，使朝廷有同罪異罰之譏。」遂通判汾州。

【《傅堯俞傳》】大臣建言濮安懿王宜稱皇考，堯俞曰：「此於人情禮文，皆大謬戾。」與侍御史吕誨同上十餘疏，其言極切。主議者知恟恟不可遏，遂易「考」稱「親」。堯俞又言：「『親』，非父母而何？亦不可也。夫恩義存亡一也，先帝既以陛下爲子，當是時，設濮王尚無恙，陛下得以父名之乎？」俄命堯俞與趙瞻使契丹，比還，吕誨、吕大防、范純仁皆以諫濮議罷。堯俞拜疏求罷，遂出知和州。

【《吕誨傳》】濮議起，侍從請稱王爲皇伯，中書不以爲然。誨引義固争，七上章，不聽。遂劾宰相韓琦不忠五罪，曰：「昭陵之土未乾，遽欲追崇濮王，使陛下厚所生而薄所繼，隆小宗而絶大宗。言者論辨累月，琦猶遂非，不爲改正，中外憤鬱，萬口一詞。願黜居外藩，以慰士論。」又與御史范純仁、吕大防共劾歐陽修「首開邪議，以枉道説人主，以近利負先帝，陷陛下於過舉」。皆不報。

❶「容」，《宋史·趙瞻傳》作「庸」。

【《范純仁傳》】治平中，遷侍御史。時方議濮王典禮，純仁言：「陛下受命仁宗而爲之子，與前代定策入繼之主異。宜如王珪等議。」

【《吕大防傳》】執政議濮王稱考，大防上言：「先帝起陛下爲皇子，館於宫中，憑几之命，緒言在耳，皇天后土，寔知所托。設使先帝萬壽，陛下猶爲皇子，則安懿之稱伯，於理不疑。豈可生以爲子，没而背之哉？夫人君臨御之始，宜有至公大義厭服天下，以結其心。今大臣首欲加王以非正之號，使陛下顧私恩而違公義，非所以結天下之心也。」

【《范鎮傳》】中書議追尊濮王，鎮判太常寺，率其屬言：「漢宣帝於昭帝爲孫，光武於平帝爲祖，其父容可稱皇考，議者猶非之，謂其以小宗奪大宗之統也。❶今陛下既以仁宗爲考，又加於濮王，則其失非特漢二帝比。凡稱帝若考，若寢廟，皆非是。」

【司馬光《再上濮安懿王典禮議》】向詔羣臣議濮安懿王典禮，王珪等二十餘人，皆以爲宜準先朝封贈期親尊屬故事。凡兩次會議，無一人異詞，而政府之意獨欲尊濮王爲皇考，巧詞飾説，惑誤聖德。政府言《儀禮》本文、《五服年月敕》皆云「爲人後者爲其父母」，即出繼之子於所生皆稱父母。臣案禮法必須指事立文，使人曉解。今欲言爲人後者爲其父母之服，若不謂之父母，不知如何立文？此乃政府欺罔天下之人，謂其皆不識文理也。又言漢宣帝、光武皆稱其父爲皇考。臣案宣帝承昭帝之後，以孫繼祖，故尊其父爲

❶「奪」，《宋史·范鎮傳》作「合」。

皇考，而不敢尊其祖爲皇祖者，以與昭帝同昭穆也。光武起布衣，誅王莽，冒矢石以得天下，名爲中興，其實創業。雖自立七廟，猶非大過，況但稱皇考，其謙損甚矣。今陛下親爲仁宗之子，以承大業，《傳》曰「國無二君，家無二尊」，若復尊濮王爲皇考，則置仁宗於何地乎？政府前以二帝不加尊號于祖父，引以爲法則可矣，若謂皇考之名亦可施於今日，則事恐不侔。設使仁宗尚御天下，濮王亦萬福，當是之時，命陛下爲皇子，則必不謂濮王爲父而爲伯。若先帝在則稱伯，没則稱父，臣計陛下必不爲此行也。

【《朱子語録》】有問濮議，曰：「歐陽説不是，韓公、曾公亮和之；温公、王公議是，范鎮、吕誨、范純仁、吕大防皆彈歐公。但温公又於濮安懿王邊禮數太薄，須於中自有斟酌可也。歐公之説，斷然不可。且如今有人爲人後者，一日所後之父與所生之父相對坐，其子來唤所後父爲父，終不成又唤所生父爲父。這自是道理。不如此，試坐仁宗於此，亦坐濮王於此，英宗過焉，終不成都唤兩人爲父。先時仁宗有詔云：『朕皇兄濮安懿王之子，猶朕之子也。』此甚分明。當時只以此爲據足矣。」問先儒争濮議事，曰：「此只是理會稱親，當時蓋有引戾園事，欲稱皇考者。」又問稱皇考是否，曰：「不是。」又問「爲人後者爲其父母服期年」，有「父母」之稱，濮議引此爲證，欲稱皇考。當時雖以衆人争之得止，而至今士大夫猶以爲未然。蓋不知禮經中若不稱爲「其父母」，别無稱呼，只得如此也。

【《黄氏日鈔》】歐公被陰私之謗，皆激於

當日主濮議之力。公集《濮議》四卷，又設爲《或問》，以發明之。滔滔數萬言，皆以《禮經》「爲其父母」一語，謂未嘗因降服而不稱父母耳。然既明言所後者三年，而於所生者降服，則尊無二上明矣。謂所生父母者，蓋本其初而名之，非有兩父母也。未爲人後之時，以生我者爲父母；已爲人後，則以命我者爲父母。立言者於既命之後而追本生之稱，自宜因其舊，以父母稱，未必其人一時稱兩父母也。況帝王正統相傳有自，非可常人比耶？永叔博聞之儒，而未見及此，學者所以貴乎格物。

【《日知録》】顧氏炎武曰：「爲人後者爲其父母，此臨文之不得不然。《隋書》劉子翊云：『其者，因彼之辭。』是也。後儒謂以所後爲父母，而所生爲伯叔父母，於經未有所考，亦自尊無二上之義而推之也。宋歐陽氏據此文，以爲聖人未嘗没其父母之名，辨之至數千言，然不若趙瞻之言『辭窮直書』爲簡而當也。」

蕙田案：宋濮王典禮，司馬公、王公、程子之論正矣。其啓盈庭之言久而不決者，歐陽公爲人後議實有以致之。當時攻斥者，不遺餘力，皆以死生去就争之，英宗亦曰「是中書過耳，先帝養爲子，豈敢稱濮考」。嗚呼！是可見天理之當然，人心之同然也。夫禮之立後，重大宗也。大宗，祖之統也。大宗不可絶，尊祖也。尊祖，則小宗不得有其子而後大宗，後大宗則繼其祖之統，而非止爲其所後之嗣也。既繼其統則繼其嗣，繼其嗣則不貳斬，不貳斬則不得有二父，故降其父母期，期則同於世父、叔父矣。世父、叔父亦父道也，故曰「兄弟之子猶子」，其去子一間也，特尊無二上爾。司馬公、王公、程子之議，其義固如是也。宗法，大夫別子之禮也，而況有國乎？況天子爲天地、社稷、生靈之主乎？故濮王不稱「考」，而後尊祖之統定，尊祖之統定，而天下後世之爲父子者定。當時乃以稱「伯父」爲無據，豈篤論乎？歐公執禮經之文義，而曲詞以説之，其不足協人心必矣。故列序正史及諸家正説，而歐公《爲後或問》附焉。至曾子固《爲人後議》及持兩端之論者，皆不録。

【附《歐陽氏修爲後或問》】上篇曰：「爲人後者，不絶其所生之親，可乎？曰：可矣，古之人不絶也而降之。何以知之？曰：于經見之。何謂降而不絶？曰：降者所以不絶，若絶則不待降也。所謂降而不絶者，禮，爲人後者，降其所生父母三年之服以爲期，而不改其父母之名者是也。問者曰：今之議者，以謂爲人後者，必使視其所生，若未嘗生己者，一以所後父爲尊卑疏戚；若于所後父爲兄，則以爲伯父，爲弟，則以爲叔父，如此則如之何？余曰：吾不知其何所稽也。苟如其説，没其父母之名，而一以所後父爲尊卑疏戚，則宗從世數，各隨其遠近輕重，自有服矣，聖人何必特爲制降服乎？此余所謂若絶則不待降者也。稽之聖人則不然。昔者聖人之制禮也，爲人後者于其父母，不以所後之父尊卑疏戚爲別也，直自於其父子之間爲降殺耳。親不可降，降者，降其外物耳，喪服是也。其必降者，示有所屈也。以其承大宗之重，尊祖而爲之屈耳，屈于此以伸于彼也。生莫重于父母，而爲之屈者，以見承大宗者亦重也，所以勉爲人後者知所承之重，以專任人之事也。此以義制者也。父子之道，天性也。臨之以大義，有可以降其外物而本之于至仁，則不可絶其天性，絶人道而滅天理，此不仁者之或不爲也。故聖人之于制服也，爲降三年以爲朞，而不没其父母之名。以著于六經，曰『爲人後者爲其父母報』,以見服可降,而父母之名不可没也。此所謂降而不絶者,以仁存也。夫事有不可兩得,勢有不可兩遂。爲子于此,則不能爲子于彼矣,此里巷之人所共知也。故其言曰『爲人後者爲之子』,此一切之論,非聖人之言也,是漢儒之説也,乃衆人之所能道也。質諸禮則不然,方子夏之傳《喪服》也,苟如衆人一切之論,則不待多言也,直爲一言,曰『爲人後者爲之子』,則自然視其父母絶,若未嘗生己者矣,自然一以所後父爲尊卑踈戚矣,奈何彼子夏者獨不然也?其于傳經也,委曲而詳言之,曰『視所後之某親某親則若子』。若子者,若所後父之真子以自處,而視其族親,一以所後父爲尊卑踈戚也,故曰『爲所後者之祖父母、妻、妻之父母、昆弟、昆弟之子若子』,猶嫌其未備也,又曰『爲所後者之兄弟之子若子』,其言詳矣。獨于其所生父母不然,而别自爲服,曰『爲其父母報』,蓋於其所生父母,不使若爲所後者之真子者,以謂遂若所後者之真子以自處,則視其所生如未嘗生己者矣,其絶之不已甚乎!此人情之所不忍者,聖人亦所不爲也。今議者以其所生于所後爲兄者,遂以爲伯父,則是若所後者之真子以自處矣。爲伯父則自有服,不得爲齊衰朞矣,亦不得云『爲其父母報』矣。凡見于經,而子夏之所區區分别者,皆不取,而又忍爲人情之所不忍者,吾不知其何所稽也。此大義也,不用禮經而用無稽之説,可乎?不可也。問者曰:古之人皆不絶其所生,而今人何以不然?曰:是何言歟?今之人亦皆然也,而又有加于古焉。今《開寶禮》及《五服圖》,乃國家之典禮也,皆曰『爲人後者,爲其所生父母齊衰朞』。服雖降矣,必爲正服者,示父母之道在也。爲所後父斬衰三年,服雖重矣,必爲義服者,示以義制也。而律令之文亦同,五服者皆不改其父母之名。質于禮經,皆合無少異。而五服之圖又加以心喪三年,以謂三年者父母之喪也,雖以爲人後之故,降其服于身,猶使行其父母之喪于其心,示于所生之恩不得絶于心也。則今人之爲禮,比于古人又有加焉,何謂今人之不然也。」

戴氏震曰:「皇伯考之稱,歐陽公以爲無據,而據爲人後者爲其父母之文。《禮》云『爲其父母』,本屬辭窮,且著書者立言之體,非爲人後者口稱於尊長前也。由是言之,直稱皇考與稱皇伯考,同爲無據。兩者於經既無據，當以至情大義斷之。宋英宗與趙瞻言：『朕自數歲時，先帝養爲子，豈敢稱濮考？』司馬温公言：『設使仁宗尚御天下，濮王亦萬福，當是之時，令陛下爲皇子，則必不謂濮王爲父而爲伯。當先帝在則稱伯，没則稱父，臣計陛下必不爲此行也。』此以至情大義斷之。濮王不可稱皇考，據英宗之言爲定；當稱皇伯考，據温公之言爲定，無論古人有皇伯考之稱與否。況後世稱謂之辭，古人未有者多矣。如悖於至情大義，雖古有而不可襲用；如合於至情大義，雖古未有而不妨因革從宜。至情大義，本也；株守典故，末也。《檀弓》魯人欲勿殤童汪踦，孔子曰『能執干戈以衛社稷』，一言斷之，順情合義，豈嘗援典故舊文乎哉？歐陽公之論泥矣。」

觀承案：濮議諸人，皆君子也，但所見各有偏處，一時遂如水火。温公專重承統之義，而未嘗謂宜薄其所生；歐公雖據禮經之文，而未嘗謂宜亂其所統，但以皇伯考之稱畢竟無稽，故欲正其名耳。諸公無以折之，趙瞻則謂禮文乃詞窮直書，豈足援以斷大義？然既曰詞窮，可知理屈；既云直書，豈容曲諱哉？況本生父母非去婦、出母之比，又何擬人不於其倫乎？愚意英宗賢君，不似明世宗之剛愎自用。苟斟酌至當，無不允行。惜程子大賢，其代彭思永奏議，亦欲改稱皇伯考。卒至王陶擊韓公、蔣之奇擊歐公，遂無收煞，而濮王亦歸於兩無所稱而已也。自今觀之，其於仁宗稱考稱子，一如父子相繼之常，固爲定典，彼此原無別議。而於濮園，則當稱「本生考濮國大王」，而不稱「皇」，自稱「降服子皇帝某」而書名，則既不蔑所生，亦不亂所統，豈不恩義兩全、名實俱正，而可爲萬世爲人後者大公至正之常法也乎？

右宋英宗。

【《宋史·孝宗本紀》】孝宗皇帝，太祖七世孫也。初，太祖少子秦王德芳生英國公惟憲，惟憲生新興侯從郁，從郁生華陰侯世將，世將生慶國公令譮，令譮生子偁，是爲秀王。以建炎元年十月戊寅，生帝於秀州青杉牐之官舍，命名伯琮。及元懿太子薨，高宗未有後，詔選太祖之後。紹興二年五月，選帝育於禁中。三年，賜名瑗。十三年九月，秀王殁于秀州，用廷臣議，聽解官行服。三十年，立爲皇子，更名瑋。五月甲子，立爲皇太子，改名昚。乙亥，内降御札：「皇太子可即皇帝位，朕稱太上皇帝，退處德壽宫。皇后稱太上皇后。」

【《秀王子偁傳》】安僖秀王子偁，秦康惠王之後，高宗族兄也。子伯琮，生後被選入宫，是爲孝宗。累官左朝奉大夫。紹興十三年，致仕。明年，卒于秀州。時孝宗爲普安郡王，疑所服。詔侍從、臺諫議。秦熺等請解官，如南班故事，普安亦自請持服，許之。孝宗受禪，稱皇伯，園廟之制未備。紹熙元年，始即湖州秀園立廟，奉神主，建祠臨安府，以藏神貌，❶如濮王故事。仍班諱。

【《光宗本紀》】紹熙元年三月丁卯，詔秀王

❶「貌」，原作「廟」，據《宋史·宗室傳一》改。

襲封，置園廟，班安僖王諱。七月癸酉，建秀王祠堂于行在。

【《禮志》】秀安僖王廟。❶紹熙元年三月，詔秀王襲封等典禮。禮部太常寺乞依濮安懿王典禮，避秀安僖王名一字。詔恭依，乃置園廟。❷四月，詔：「皇伯榮陽郡王伯圭除太保，依前安德軍節度，使充萬壽觀使，嗣秀王，以奉王祀。」

【《汪應辰傳》】三十二年，建儲，集議秀王封爵。應辰定其稱曰「太子本生之親」。議入，内降曰：「皇太子所生父，可封秀王。」

【《唐文若傳》】上將内禪。前數日，手詔追崇皇太子所生父。文若既書黄，因過周必大，誦聖德而疑名稱未安。歸白宰相，請更黄。堂吏不可，文若執不已，宰相以聞。詔改稱「本生親」，尋又改「宗室子偁」。其後，詔稱「皇兄」。

蕙田案：孝宗事同濮王，而稱「皇伯」，當時無一人言者，蓋久而上下志定矣。

右宋孝宗。

【《理宗本紀》】理宗皇帝，太祖十世孫。父希瓐，追封榮王。以開禧元年正月癸亥生於邑中虹橋里第。是時，寧宗弟沂靖惠王亮無嗣，❸以宗室希瓐子賜名均，❹爲沂王後，尋改賜名貴和。嘉定十三年八月，景獻太子卒，寧宗以國本未立，選太祖十世孫年十五以上者教育，如高宗擇普安、恩平故事，遂以十四年六月丙寅立貴和爲皇子，改

❶「廟」上，《宋史・禮志二十六》有「園」字。
❷「乃」，《宋史・禮志二十六》作「仍」。
❸「亮」，《宋史・理宗本紀一》作「蕘」。
❹「瓐」，《宋史・理宗本紀一》作「瞿」。

賜名竑，而以帝嗣沂王，賜名貴誠。十七年八月，寧宗違豫，彌遠稱詔，以貴誠爲皇子，改賜名昀。閏月丁酉，帝崩於福寧殿。彌遠入白楊皇后，稱遺旨以皇子竑開府儀同三司，進封濟陽郡王，命子昀嗣皇帝位。端平元年正月丙寅，詔：「太師、中書令榮王已進王爵，宜封三代，曾祖子奭贈太師、吴國公，祖伯旿贈太師、益國公，父師意贈太師、越國公。」

右宋理宗。

【《度宗本紀》】度宗皇帝，太祖十一世孫。父嗣榮王與芮，理宗母弟也。嘉熙四年四月九日，生於紹興府榮邸。理宗在位歲久，無子，乃屬意託神器焉。寶祐元年正月庚辰，詔立爲皇子，❶改賜今名。五年十月丁卯，❷理宗崩，受遺詔，太子即皇帝位。十一月，加封嗣榮王與芮武康、寧江軍節度使。

右宋度宗。

蕙田案：理宗、度宗追尊所生，曰王、曰節度使，蓋益謙矣，而當時後世不聞以爲薄者，濮議諸臣排折政府之力也。事久論定，豈非人心之公、天理之正哉！乃後人猶有祖歐陽之説者，其亦冷褎、段猶之流也夫。

五禮通考卷第一百五

淮陰吴玉搢校字

❶「子」上，原衍「太」字，據《宋史·度宗本紀》删。

❷「五年」上，《宋史·度宗本紀》有年号「景定」，非指上文「寶祐」。

五禮通考卷第一百六

内廷供奉禮部右侍郎金匱秦蕙田編輯
太子太保總督直隸右都御史桐城方觀承同訂
兩淮都轉鹽運使德水盧見曾
按察司副使元和宋宗元　參校

吉禮一百六

私親廟

【《遼史・世宗紀》】世宗皇帝，讓國皇帝長子，母柔貞皇后蕭氏。會同九年，從伐晉。大同元年二月，封永康王。四月丁丑，太宗崩於欒城。戊寅，梓宮次鎮陽，即皇帝位於柩前，改大同元年爲天禄元年，追謚皇考曰讓國皇帝。

【《義宗傳》】義宗名倍，太祖長子。神册元年春立爲皇太子。天顯元年，從征渤海，破之，改其國曰東丹，名其城曰天福，以倍爲人皇王，主之。太祖訃至，倍即日奔赴山陵。倍知皇太后意欲立德光，乃謂公卿曰：「大元帥功德及人神，中外攸屬，宜主社稷。」乃與羣臣請於太后而讓位焉。於是大元帥即皇帝位，是爲太宗。太宗既立，見疑，浮海而去。唐以天子儀衛迎倍，明宗以莊宗妃夏氏妻之，❶賜姓東丹，名之曰慕華。明宗養子從珂弑其君自立，倍密報太宗曰：「從珂弑君，盍

❶「妃」，原作「后」，據庫本改。

討之？」及太宗立石敬瑭爲晉主，❶加兵於洛。從珂欲自焚，召倍與俱，倍不從，遣壯士李彦紳害之。敬瑭入洛，喪服臨哭，以王禮權厝。後太宗改葬於醫巫閭山，謚曰文武元皇王。世宗即位，謚讓國皇帝，陵曰獻陵。統和中，更謚文獻。重熙二十年，增謚文獻欽義皇帝，廟號義宗。及謚二后，曰端順，曰柔貞。五子，長世宗。

右遼世宗。

【《金史·熙宗本紀》】熙宗皇帝，太祖孫，景宣皇帝子，母蒲察氏。天輔三年己亥歲生。天會八年，諳班勃極烈杲薨，太宗意久未決。十年，左副元帥宗翰、右副元帥宗輔、左監軍完顔希尹入朝，與宗幹議曰：「諳班勃極烈虚位已久，今不早定，恐授非其人。合剌，先帝嫡孫，當立。」相與請於太宗者再三，迺從之。四月庚午，詔曰：「爾爲太祖之嫡孫，故命爾爲諳班勃極烈。其無自謂沖幼，狎於童戲，惟敬厥德。」諳班勃極烈者，太宗嘗居是官，及登大位，以命弟杲。杲薨，帝定議爲儲嗣，故以是命焉。十三年正月己巳，太宗崩。庚午，即皇帝位。二月乙巳，追謚太祖后唐括氏曰聖穆皇后，裴滿氏曰光懿皇后。

【《景宣帝傳》】景宣皇帝，諱宗峻，太祖第二子，母曰聖穆皇后唐括氏，太祖元妃。宗峻在諸子中最嫡。太祖崩，帝與兄宗幹率宗室羣臣立太宗。天會二年，薨。熙宗即位，追上尊謚曰景宣皇帝，廟號徽宗，改葬興陵。海陵弑立，降熙宗爲東昏王，降帝爲豐王。世宗復尊熙宗廟謚，尊帝爲景宣皇帝。子合剌、常勝、查剌。合

❶「瑭」，原作「塘」，據庫本改。下「敬瑭」同。

剌是爲熙宗。

右金熙宗。

【《世宗本紀》】世宗皇帝，太祖孫，睿宗子也。母曰貞懿皇后李氏。天輔七年癸卯歲，生於上京。海陵正隆六年十月丙午，告於太祖廟，即皇帝位。丁未，大赦改元。大定十一月甲申，追尊皇考豳王爲皇帝，謚簡肅，廟號睿宗，皇妣蒲察氏曰欽慈皇后，李氏曰貞懿皇后。

【《睿宗紀》】睿宗皇帝，諱宗堯。太祖征伐，諸子皆總戎旅，惟帝在帷幄。天輔十三年薨，年四十，陪葬睿陵，追封潞王，謚襄穆。皇統六年，進冀國王。正隆二年，追贈太師、上柱國，改封許王。世宗即位，追上尊謚立德顯仁啟聖廣運文武簡肅皇帝，廟號睿宗。二年，改葬于大房山，號景陵。

右金世宗。

【《元史・武宗本紀》】武宗皇帝，順宗答剌麻八剌之長子也。母曰興聖皇太后，弘吉剌氏。至元十八年七月十九日生。大德十一年春，❶成宗崩。五月甲申，皇帝即位于上都。是日，追尊皇考曰皇帝，尊太母元妃曰皇太后。六月丁酉，中書右丞相哈剌哈孫答剌罕、左丞相塔剌海言：「臣等與翰林、集賢、太常老臣集議，皇帝嗣登寶位，詔追尊皇考爲皇帝。皇考，大行皇帝同母兄也。大行皇帝祔廟之禮尚未舉行，二帝神主依兄弟次序祔廟爲宜。今擬請謚皇考昭聖衍孝皇帝，廟號順宗，大行皇帝曰欽明廣孝皇帝，廟號成宗。太祖之室居中，睿宗西第一室，世祖西第二室，裕宗西第三室，順宗東

❶「大德」，原脱，據庫本及《元史・武宗本紀》補。

第一室，成宗東第二室。先元妃弘吉剌氏失

憐答里宜謚曰貞慈静懿皇后，祔成宗廟室。」

制曰「可」。

【《順宗傳》】順宗昭聖衍孝皇帝，諱答剌

麻八剌，裕宗第二子也。母曰徽仁裕聖

皇后弘吉剌氏。至元初，裕宗爲燕王，答

剌麻八剌生於燕邸。二十二年，裕宗薨，

答剌麻八剌以皇孫鍾愛，兩宫優其出閤

之禮。二十八年，始詔出鎮懷州。明年

薨，年二十有九。子三人，長曰阿水哥，

封魏王，郭出也。妃所生者曰海山，是爲

武宗。曰愛育黎拔力八達，是爲仁宗。

大德十一年秋，武宗即位，追謚曰昭聖衍

孝皇帝，廟號順宗，祔享太廟。

右元武宗。

【《泰定帝本紀》】泰定皇帝，顯宗甘麻剌之

長子，裕宗之嫡孫也。初，顯宗以長孫封晉

王，至元十三年十月二十九日，帝生於晉

邸。大德六年，晉王薨，帝襲封，是爲嗣晉

王。至治三年八月，英宗遇弑。癸巳，即皇

帝位。十二月戊辰，請皇考、皇妣謚於南

郊，皇考晉王曰光聖仁孝皇帝，廟號顯宗，

皇妣晉王妃曰宣懿淑聖皇后。

【《顯宗傳》】顯宗光聖仁孝皇帝，諱甘麻

剌，裕宗長子也。母曰徽仁裕聖皇后弘

吉剌氏。封梁王，改封晉王。大德六年

薨，子三人，曰也孫帖木兒，曰松山，曰迭

里哥兒不花。王薨後十年，仁宗即位，謚

王獻武。又十一年，英宗遇弑，也孫帖木

兒以嗣晉王即皇帝位，追尊曰光聖仁孝

皇帝，廟號顯宗，祔享太室。又六年，文

宗即位，乃毁其廟室。

右元泰定帝。

【《明史·世宗本紀》】世宗皇帝，憲宗孫也。

父興獻王祐杬，國安陸。正德十四年薨。十六年三月丙寅，武宗崩，無嗣，慈壽皇太后與大學士楊廷和定策，以遺詔迎興王於興邸，即皇帝位。戊申，命禮臣集議興獻王封號。秋七月壬子，進士張璁言繼統不繼嗣，請追崇所生立興獻王廟於京師。初，禮臣議考孝宗，改稱興獻王皇叔父，援宋程頤議濮王禮以進，不允。至是下璁奏，命廷臣集議。楊廷和等抗疏力争，皆不聽。冬十月己卯朔，追尊父興獻王爲興獻帝，祖母憲宗貴妃邵氏爲皇太后，母妃爲興獻后。

【《睿宗傳》】睿宗興獻皇帝祐杬，憲宗第四子。母邵貴妃。成化二十三年，封興王。弘治四年，建邸德安。已，改安陸。正德十四年薨，謚曰獻王。薨二年而武宗崩，召王世子入嗣大統，是爲世宗。禮臣毛澄等援漢定陶、宋濮王故事，考孝宗，改稱王爲「皇叔父興獻大王」，王妃爲「皇叔母」。帝命廷臣集議，未決。進士張璁上書，請考興獻王，帝大悦。會母妃至自安陸，止通州不入。帝啟張太后，欲避天子位，奉母妃歸藩。羣臣惶懼。太后命進王爲興獻帝，妃爲興獻后。❶璁更爲《大禮或問》以進，而主事霍韜、桂萼，給事中熊浹議與璁合。帝因諭輔臣楊廷和、蔣冕、毛紀，帝、后加稱「皇」。廷和等合廷臣争之，未決。嘉靖元年，禁中火，廷和及給事中鄧繼曾、朱鳴陽引五行五事，爲廢禮之證。乃輟稱「皇」，加稱本生父興獻帝，尊園曰陵，黄屋監衛如制，設祠署安陸，歲時享祀用十二籩豆，樂用八佾。帝心終未慊。三年，加稱爲本生皇

❶「獻」，原作「國」，據庫本及《明史·睿宗傳》改。

考恭穆獻皇帝，興國太后爲本生母章聖皇太后，建廟奉先殿西，曰觀德殿，祭如太廟。七月，諭去本生號。九月，詔稱孝宗皇伯考，稱獻皇帝曰皇考。璁、萼等既驟貴，干進者争以言禮希上意。百户隨全、録事錢子勳言獻皇帝宜遷葬天壽山。禮部尚書席書議：「高皇帝不遷祖陵，太宗不遷孝陵，蓋其慎也。小臣妄議山陵，宜罪。」工部尚書趙璜亦言不可。乃止。尊陵名曰顯陵。明年，修《獻皇帝實録》，建世廟於太廟左。六年，以觀德殿狹隘，改建崇先殿。七年，命璁等集明倫大典成，加上尊謚曰恭睿淵仁寬穆純聖獻皇帝。親製《顯陵碑》。封松林山爲純德山，從祀方澤，次五鎮，改安陸州爲承天府。十七年，通州同知豐坊請加尊皇考廟號，稱宗以配上帝。九月，加上尊謚知天守道洪德淵仁寬穆純聖恭儉敬文獻皇帝，廟號睿宗，祔太廟，位次武宗上。明堂大享奉主配天，罷世廟之祭。四十四年，芝生世廟柱，復立玉芝宫祀焉。穆宗立，乃罷明堂配享。初，楊廷和等議封益王次子崇仁王厚炫爲興王，奉獻帝祀。不允。興國封除。

嘉靖元年正月，清寧宫後殿灾。命稱孝宗皇考，慈壽皇太后聖母，興獻帝、后爲本生父母。三月戊午，上興獻后曰興國太后。

【《明史紀事本末》】嘉靖元年春正月，清寧宫小房灾。楊廷和、蔣冕、毛紀、費宏上言：「火起風烈，此殆天意。况迫清寧後殿，豈興獻帝后之加稱，祖宗神靈容有未悦乎？」給事中鄧繼曾上言：「五行，火主禮。今日之禮，名紊言逆，陰極變灾，臣雖愚，知爲廢禮之應。」主事高尚賢、鄭佐相繼上言：「鬱攸之灾，不於他宫而於清寧之後，不在他日而在郊祀之餘，變豈虛生？灾有由召。」帝覽之，心動，乃從廷和等議，稱孝宗爲皇考，慈壽皇太后爲聖母，興獻帝、后爲本生父母，而「皇」字不復加矣。先是，司禮監傳諭：「興獻帝册文，朕宜稱子。」廷和等上言不可。復傳諭宜稱「孝子」。廷和等言：「册文稱長子、本生父，情自明，請勉行正禮。」從之。遣官詣安陸，上興獻帝尊號。命司禮太監温祥督禮儀，成國公朱輔上册、寶，禮部侍郎賈詠題神主。詠遵廷和指，題其主曰「興獻帝神主」，不稱考及叔，亦不署子名。

【《明會典》】慶源殿，嘉靖元年命安陸州官以四孟及朔望致祭於家廟。四孟，籩豆牲牢俱如太廟之儀；朔望常祭，如奉先殿之儀。

【《明史紀事本末》】嘉靖二年春二月，太常卿汪舉上言：「安陸廟宜用十二籩豆，如太廟儀。」從之。禮部請置奉祀官，又言樂舞未敢輕議。帝命楊廷和集議之。禮部侍郎賈詠會公侯九卿等上言：「正統本生，義宜有間。八佾既用於太廟，安陸樂舞似當少殺，以避二統之嫌。」帝曰：「仍用八佾。」於是，何孟春及給事中張翀、黄臣、劉最、御史唐僑儀、秦武等，南京給事中鄭慶雲各上言力争，不報。冬十一月，奉孝惠皇太后主於奉慈殿，遣官告安陸廟。

【《明史·楊廷和傳》】先是，武宗崩，廷和草遺詔，言皇考孝宗敬皇帝親弟興獻王長子某，倫序當立，遵奉祖訓兄終弟及之文，告於宗廟，請於慈壽皇太后，迎嗣皇帝位。既令禮官上禮儀狀，請由東安門入居文華殿。翼日，百官三上箋勸進，俟令旨俞允，擇日即位。其箋文皆循皇子嗣位故事。世宗覽禮部狀，謂：「遺詔以吾嗣皇帝位，非爲皇子也。」及至京，止城外。廷和固請如禮部所具儀，世宗不聽，乃御行殿受箋，由大明門直入，告大行几筵，日中即帝位。詔草言「奉皇兄遺詔入奉宗祧」，帝遲回久之，始報可。越三日，遣官往迎帝母興獻妃。未幾，命禮官議興獻王主祀稱號。廷和檢漢定陶王、宋濮王事，授尚書毛澄，曰：「是足爲據，宜尊孝宗曰皇考，稱獻王爲皇叔考興國大王，母妃爲皇叔母興國太妃，自稱姪皇帝名，別立益王次子崇仁王爲興王，奉獻王祀。有異議者即奸邪，當斬。」進士張璁與侍郎王瓚言，帝入繼大統，非爲人後。瓚微言之，廷和恐其撓議，改瓚官南京。五月，澄會廷臣議上，如廷和言。帝不悅，然每召廷和，從容賜茶慰諭，欲有所更定，廷和卒不肯順帝指，乃下廷臣再議。廷和偕蔣冕、毛紀奏言：「前代入繼之君追崇所生者，皆不合典禮。惟宋儒程頤濮議，最得理義之正，可爲萬世法。至興獻王祀，雖崇仁王主之，他日王嗣繁衍，仍以第二子爲興獻王後，而改封崇仁王爲親王，則天理人情，兩全無失。」帝益不悅，命博考典禮，務求至當。廷和、冕、紀復言：「三代以前，聖莫如舜，未聞追崇其所生父瞽瞍也；三代以後，賢莫如漢光武，未聞追崇其所生父南頓君也。惟皇上取法二君，則聖德無累，聖孝有光矣。」澄等亦再三執奏，帝留中不下。七月，張璁上疏，謂當繼統，不繼嗣。帝遣司禮太監持示廷和，言此議遵祖訓，據古禮，宜從。廷和曰：「秀才安知國家事體。」復持入。無何，帝御文華殿，召廷和、冕、紀，授以手勅，令尊父母爲帝后。廷和退而上奏曰：「禮謂爲所後者爲父母，而以其所生者爲伯叔父母，蓋不惟降其服而又異其名也。臣不敢阿諛順旨。」仍封還手詔。羣臣亦皆執前議，帝不聽。迨九月，母妃至京。帝自定儀，由中門入，謁見太廟，復申諭欲加稱興獻帝、后爲皇。廷和言：「漢宣帝繼孝昭後，謚史皇孫、王夫人曰悼考、悼后；光武上繼元帝，鉅鹿、南頓君以上立廟章陵，皆未嘗追尊。今若加皇字，與慈壽考廟並，是忘所後而重本生，任私恩而棄大義。臣等不得辭其責。」因自請斥罷。廷臣諍者百餘人。帝不得已，乃以嘉靖元年詔稱孝宗爲皇考，慈聖皇太后爲聖母，興獻帝、后爲本生父母，不稱皇。當是時，廷和先後封還御批者四，執奏幾三十疏。帝常忽忽有所恨。左右因乘間言廷和恣無人臣禮，言官史道、曹嘉遂交劾廷和。帝爲薄謫道、嘉，以安廷和，然意内移矣。廷和去，始議稱孝宗爲皇伯考。

【《毛澄傳》】世宗踐祚甫六日，有旨議興獻王主祀及尊稱。五月七日戊午，澄大會文武羣臣，上議曰：「考漢成帝立定陶王爲皇太子，立楚孝王孫景爲定陶王，奉共王祀。共王者，皇太子本生父也。時大司空師丹以爲恩義備至。今陛下入承大統，宜如定陶王故事，以益王第二子崇仁王厚炫繼興王後，襲興王，主祀事。又考宋濮安懿王之子入繼仁宗後，是爲英宗。司馬光謂濮王宜尊以高官大爵，稱皇伯而不名。范鎮亦言：『陛下既考仁宗，若復以濮王爲考，於義未當。』乃立濮王園廟，以宗樸爲濮國公，奉濮王祀。程頤之言曰：『爲人後者，謂所後爲父母，而謂所生爲伯叔父母，此生人之大倫也。然所生之義，至尊至大，宜別立殊稱，曰皇伯叔父某國太王，則正統既明，而所生亦尊崇極矣。』今興獻王於孝宗爲弟，於陛下爲本生父，與濮安懿王事正相等。陛下宜稱孝宗爲皇考，改稱興獻爲『皇叔父興獻大王』，妃爲『皇叔母興獻王妃』。凡祭告興獻王及上箋於妃，俱稱『姪皇帝某』，則正統私親恩禮兼盡，可以爲萬世法。」議上，帝怒，曰：「父母可更易若是耶？」命再議。其月二十四日乙亥，澄復會廷臣，上議曰：「禮，爲人後者爲之子，自天子至庶人一也。興獻王子惟陛下一人，既入繼大統，奉祀宗廟，是以臣等前議欲令崇仁王厚炫主興獻王祀。至於稱號，陛下宜稱爲皇叔父興獻大王，自稱姪皇帝名，以宋程頤之説爲可據也。本朝之制，皇帝於宗藩尊行，止稱伯父、叔父，自稱皇帝而不名。今稱興獻王爲皇叔父大王，又自稱名，尊崇之典已至，臣等不敢復有所議。」因録程頤《代彭思永議濮王禮疏》進覽，帝不從，命博考前代典禮，再議以聞。澄乃復會廷臣，上議曰：「臣等會議者再，請改稱興獻王爲叔父者，明大統之尊無二也。然加『皇』字於『叔父』之上，則凡爲陛下伯、叔諸父，皆莫能與之齊矣。加『大』字於『王』之上，則天下諸王皆莫得而並之矣。興獻王稱號既定，則王妃稱號亦隨之，天下王妃亦無以同其尊矣。況陛下養以天下，所以樂其心，不違其志，豈一家一國之養可同日語哉？此孔子所謂『事之以禮』者。其他推尊之説，稱親之議，似爲非禮。推尊之非，莫詳於魏明帝之詔；稱親之非，莫詳於宋程頤之議。至當之禮，要不出於此。」并録上魏明帝詔書。當是時，帝鋭意欲推崇所生，而進士張璁復抗疏，極言禮官之謬。帝心動，持澄等疏久不下。至八月庚辰朔，再命集議。澄等乃復上疏議曰：❶「先王制禮，本乎人情。武宗既無子嗣，又鮮兄弟，援立陛下於憲廟諸孫之中，是武宗以陛下爲同堂之弟，考孝宗，母慈壽，無可疑矣，可復顧私親哉？」疏入，帝不懌，復留中。會給事中邢寰請議憲廟皇妃邵氏徽號，澄上言：「王妃誕生獻王，實陛下所自出。但既承大統，則宜考孝宗而母慈壽太后矣。孝宗於憲廟皇妃宜稱皇太妃，則在陛下宜稱太皇太妃。如此，則彝倫既正，恩義亦篤。」疏入，報聞。其月，帝以母妃將至，下禮官議其儀。澄等請由崇文門入東安門，帝不可。乃議由正陽左門入大明東門，帝又不可。澄等執議如初，帝乃自定其儀，悉由中門入。時尊崇禮猶未定，張璁復進《大禮或問》，帝益嚮之。至九月末，乃下澄等前疏，更令博採輿論以聞。澄等知勢不可已，謀於内閣，加稱興王爲帝，妃爲后，而以皇太后懿旨行之。乃疏言：「臣等一得之愚，已盡於前疏。兹欲仰慰聖心，使宜於今而不戾於情，合乎古而無悖乎義，❷則有密勿股肱在。臣等有

❶「疏」，庫本及《明史·毛澄傳》無此字。

❷「古」，原作「情」，據庫本及《明史·毛澄傳》改。

司，未敢擅任。」帝遂於十月二日庚辰，以慈壽皇太后旨加興獻王號曰興獻帝，妃曰興國太后，皇妃邵氏亦尊爲皇太后，宣示中外。顧帝雖勉從廷議，意猶慊之。十二月十一日己丑，復傳諭加稱皇帝。内閣楊廷和等封還御批，澄抗疏力争，又偕九卿喬宇等合諫，帝皆不允。

嘉靖三年正月丙戌，南京主事桂萼請改稱孝宗皇伯考，下廷臣議。夏四月，上興國太后尊號曰本生聖母章聖皇太后。

三年夏四月癸丑，追尊興獻帝爲本生皇考恭穆獻皇帝。辛酉，編修鄒守益請罷興獻帝稱考立廟，下錦衣衛獄。五月乙丑，蔣冕致仕。修撰吕柟言大禮未正，下錦衣衛獄。丁丑，遣使迎獻皇帝神主於安陸。六月，御史段續、陳相請正席書、桂萼罪，吏部員外郎薛惠上《爲人後解》，鴻臚少卿胡侍言張璁等議禮之失，俱下獄。秋七月乙亥，更定章聖皇太后尊號，去本生之稱。戊寅，廷臣伏闕固争，下員外郎馬理等一百三十四人錦衣衛獄。癸未，杖馬理等於廷，死者十有六人。甲申，奉安獻皇帝神主於觀德殿。己丑，毛紀致仕。辛卯，杖修撰楊慎、檢討王元正、給事中劉濟、安磐、張漢卿、張原、御史王時柯於廷，原死，慎等戍謫有差。九月丙寅，定稱孝宗爲皇伯考，昭聖皇太后爲皇伯母，獻皇帝爲皇考，章聖皇太后爲聖母。

【《汪俊傳》】時議興獻王尊號，與尚書喬宇、毛澄輩力争。澄引疾去，代者羅欽順不至，乃以俊爲禮部尚書。是時獻王已加帝號矣，主事桂萼復請稱皇考。章下廷議。三年正月，俊集廷臣七十有三人，上議曰：「祖訓『兄終弟及』，指同産言。今陛下爲武宗親弟，自宜考孝宗明矣。

孰謂與人爲後，而滅武宗之統也？《儀禮傳》曰：『爲人後者，孰後？後大宗也。』漢宣起民間，猶嗣孝昭。光武中興，猶考孝元。魏明帝詔皇后無子，擇建支子以繼大宗，孰謂入繼之主與爲人後者異也？宋范純仁謂英宗親受詔爲子，與入繼不同，蓋言恩義尤篤，當不顧私親，非以生前爲子者乃爲人後，身後入繼者不爲人後也。萼言『孝宗既有武宗爲之子，安得復爲立後』，臣等謂陛下自後武宗而上考孝宗，非爲孝宗立後也。又言『武宗全神器授陛下，何忍不繼其統』，臣等謂陛下既稱武宗皇兄矣，豈必改孝宗稱伯，乃爲繼其統乎？又言『禮官執者，不過前宋《濮議》』，臣等愚昧，所執實不出此。蓋宋程頤之議曰：『雖當專意於正統，豈得盡絶於私恩？故所繼，主於大義；所生，存乎至情。至於名稱，統緒所繫，若其無別，斯亂大倫。』殆爲今日發也。謹集諸章奏，惟進士張璁、主事霍韜、給事中熊浹與萼議同，其他八十餘疏二百五十餘人，皆如臣等議。」議上，留中，而特旨召桂萼、張璁、席書於南京。越旬有五日，乃下諭曰：「朕奉承宗廟正統，大義豈敢有違？第本生至情，亦當兼盡。其再集議以聞。」俊不得已，乃集羣臣，請加「皇」字，以全徽稱。議上，復留十餘日。至三月朔，乃詔禮官，加稱興獻帝爲「本生皇考恭穆獻皇帝」，興國太后爲「本生母章聖皇太后」，擇日祭告郊廟，頒詔天下，而別論建室奉先殿側，恭祀獻王。俊等復争曰：「陛下入奉大宗，不得祭小宗，亦猶小宗之不得祭大宗也。昔興獻帝奉藩安陸，則不得祭憲宗。今陛下入繼大統，亦不得祭興獻帝。是皆以禮抑情者也。然興獻帝不得迎養壽安皇太后於藩邸，陛下得迎興國太后於大内，受天下之養，而尊祀興獻帝以天子之禮樂，則人子之情獲自盡矣。乃今聖心無窮，臣等敢不將順？但於正統無嫌，乃爲合禮。」帝曰：「朕但欲奉先殿側别建一室，以伸追慕之情耳。迎養藩邸，祖宗朝無此例，何容飾以爲詞？其令陳狀。」俊具疏引罪，乃嚴旨切責，而趣立廟益急。俊等乃上議曰：「立廟大内，有干正統，臣實愚昧，不敢奉詔。」帝不納，而令集廷臣大議。俊等復上議曰：「謹案先朝奉慈别殿，蓋孝宗皇帝爲孝穆皇太后祔葬初畢，神主無薦享之所而設也。當時議者皆據周制特祀姜嫄而言。至爲本生立廟大内，則從古未聞。惟漢哀帝爲定陶恭王立廟京師，師丹以爲不可，哀帝不聽，卒遺後世之譏。陛下有可以爲堯舜之資，臣等不敢導以衰世之事。請以安陸特建獻帝百世不遷之廟，俟他日襲封興王子孫世世獻享，陛下歲時遣官持節奉祀，亦足伸陛下無窮至情矣。」帝仍命遵前旨再議，❶俊遂抗疏乞休。再請益力，帝怒，責以肆慢，允其去。召席書未至，令吴一鵬署事。《明倫大典》成，落俊職，卒於家。

【《吴一鵬傳》】世宗踐祚，召拜禮部右侍郎，尋轉左。數與尚書毛澄、汪俊力争大禮。俊去國，一鵬署部事，而趣建獻帝廟甚亟。一鵬集廷臣上議曰：「前世入繼之君，間有本生立廟園陵及京師者。第

❶「遵」，原作「導」，據庫本及《明史·汪俊傳》改。

歲時遣官致祀，尋亦奏罷。然猶見非當時，取議後代。若立廟大内而親享之，從古以來未有也。臣等寧得罪陛下，不欲陛下失禮於天下後世。今張璁、桂萼之言曰『繼統公，立後私』，又曰『統爲重，嗣爲輕』。竊惟正統所傳之謂宗，故立宗所以繼統，立嗣所以承宗，統之與宗，初無輕重。況當我朝傳子之世，而欲倣堯、舜傳賢之例，擬非其倫。又謂『孝不在皇不皇，惟在考不考』，遂欲改稱孝宗爲皇伯考。臣等歷稽前古，未有神主稱皇伯考者。惟天子稱諸王曰伯、叔父則有之，❶非可加於宗廟也。前此稱本生皇考，實裁自聖心。乃謂臣等留一『皇』字以覬陛下，又謂『百皇字不足當父子之名』，何肆言無忌至此！乞速罷建室之議，立廟安陸，下璁、萼等法司案治。」帝報曰：「朕起親藩，奉宗祀，豈敢違越？但本生皇考寢園遠在安陸，於卿等安乎？命下再四，爾等欺朕沖歲，黨同執違，敗父子之情，傷君臣之義。往且勿問，其奉先殿西室亟修葺，盡朕歲時追遠之情。」時嘉靖三年四月也。踰月，手勑名奉先殿西室爲觀德殿，遂命一鵬偕中官賴義、京山侯崔元迎獻帝神主於安陸。一鵬等復上言：「歷考前史，並無自寢園迎主入大内者。此天下後世觀瞻所係，非細故也。且安陸爲恭穆啟封之疆，神靈所戀，又陛下龍興之地，王氣所鍾。故我太祖重中都，太宗重留都，皆以王業所基，永修世祀。伏乞陛下俯納羣言，改題神主，奉安故宮，爲百世不遷。其觀德殿中則設神

❶「伯」上，原有「王」字，據《明史・吴一鵬傳》删。

位，香几以慰孝思，則本生之情既隆，正統之義亦盡。」奏入，不納。一鵬乃行。比還朝，則廷臣已伏闕復爭，❶朝事大變，而給事中陳洸譸張尤甚。一鵬抗疏曰：「大禮之議，斷自聖心，正統本生，昭然不紊。而洸妄謂陛下誕生於孝宗没後三年，嗣位於武宗没後二月，無從授受，其説尤爲不經。謹案《春秋》以受命爲正始，故魯隱公上無所承，内無所受，則不書即位。今陛下承武宗之遺詔，奉昭聖之懿旨，正合《春秋》之義。而洸謂孰從授受，是以陛下爲不得正始也。洸本小人，不痛加懲艾，無以杜效尤之漸。」不聽。

【《蔣冕傳》】大禮議起，冕固執爲人後之説，與廷和等力争之。帝始而婉諭，繼以譙讓，冕執議不回。及廷和罷政，冕當國，帝愈欲尊崇所生，逐禮部尚書汪俊以怵冕，而用席書代之，且召張璁、桂萼，物情甚沸。冕乃抗疏極諫曰：「陛下嗣承丕基，固因倫序素定。然非聖母昭聖皇太后懿旨與武宗皇帝遺詔，則將無所受命。今既受命於武宗，自當爲武宗之後。特兄弟之名不容紊，❷故但兄武宗，考孝宗，母昭聖，而於孝廟、武廟皆稱嗣皇帝，稱臣，稱御名，以示繼統承祀之義。今乃欲爲本生父母立廟奉先殿側，臣雖至愚，斷斷知其不可。自古人君嗣位，謂之承祧踐阼，皆指宗祀而言。禮，爲人後者惟大宗，以大宗尊之統也，亦主宗廟祭祀而言。自漢至今，未有爲本生父母立廟大内者。漢宣帝爲叔祖昭帝後，止立所生

❶「復」，《明史·吴一鵬傳》作「哭」。
❷「容」，庫本作「可」。

父廟於葬所；光武中興，本非承統平帝，而止立四親廟於章陵；宋英宗父濮安懿王，亦止即園立廟。陛下先年有旨，立廟安陸，與前代適同，得其當矣。豈可既奉大宗之祀，又兼奉小宗之祀？夫情既重於所生，義必不專於所後，將孝、武二廟之靈安所托乎？竊思獻帝之靈亦將不能安，雖聖心亦自不能安也。邇者，復允汪俊之去，趣張璁、桂萼之來，人心益駭。是日，廷議建廟，天本晴明，忽變陰晦，至暮風雷大作。天意如此，陛下可不思變計哉？」因力求去。帝得疏不悅，猶以大臣故，優詔答之。未幾，復請罷建廟之議，且乞休，疏中再以天變爲言，帝益不悅。

蕙田案：明大禮議，發端持正，莫如楊廷和、毛澄；斟酌盡善，莫如汪俊、吴一鵬、蔣冕，皆侃侃不阿，據經證史，堪與宋程子、司馬公之言並立不刊。

【《鄒守益傳》】嘉靖三年二月，帝欲去興獻帝本生之稱，守益疏諫，忤旨被責。踰月，復上疏曰：「陛下欲隆本生之恩，屢下羣臣會議。羣臣據禮正言，致蒙詰讓。昔曾元以父寢疾，憚於易簀，蓋愛之至也。而曾子責之曰『姑息』。魯公受天子禮樂以祀周公，蓋尊之至也。而孔子傷之曰『周公其衰矣』。臣願陛下勿以姑息事獻帝，而使後世有其衰之歎。且羣臣援經證古，欲陛下專意正統。此皆爲陛下忠謀，乃不察而督過之，謂忤且慢。臣歷觀前史，如冷褒、段猶之徒，當時所謂忠愛，後世所斥以爲邪媚也；師丹、司馬光之徒，當時所謂欺慢，後世所仰以爲正直也。後之視今，猶今之視古。望陛下不吝改過。」帝大怒，下詔獄拷掠，謫廣德州判官。

【《何孟春傳》】先是，大禮議起，孟春在雲南聞之，上疏言：「前世帝王自旁支入奉大統，推尊本生，得失之迹，具載史冊。宣帝不敢加號於史皇孫，光武不敢加號於南頓君，晉元帝不敢加號於恭王，抑情守禮，宋司馬光所謂『當時歸美，後世頌聖』者也。哀、安、桓、靈，乃追尊其父祖，犯義侵禮，司馬光所謂『取譏當時，見非後世』者也。《儀禮·喪服》『爲人後者』，《傳》曰：『何以三年也？受重者必以尊服服之。』『爲人後者爲其父母，報』，《傳》曰：『何以期也？不二斬也。重大宗者，降其小宗也』。夫父母，天下莫隆焉，至繼大宗，則殺其服，而移於所後之親，蓋名之不可以二也。爲人後者爲之子，不敢復顧私親。聖人制禮，尊無二上，若恭敬之心分於彼，則不得專於此故也。臣伏覩前詔，陛下稱先皇帝爲皇兄，誠於獻王稱皇叔，如宋王珪、司馬光所云，亦已愜矣。而議者或不然，何也？天下者，太祖之天下也。自太祖傳至孝宗，孝宗傳至先皇帝，特簡陛下授之大業。獻王雖陛下天性至情，然而所以光臨九重，富有四海，子子孫孫萬世南面者，皆先皇帝之德，孝宗之所貽也。臣故願以漢宣、光武、晉元三帝爲法。若非古之名、不正之號，非臣願於陛下也。」及孟春官吏部，則已尊本生父母爲興獻帝、興國太后，繼又改稱「本生皇考恭穆獻皇帝」、「本生聖母章聖皇太后」。孟春三上疏，乞從初詔，皆不省。於是帝益入張璁、桂萼等言，復欲去「本生」二字。璁方盛氣，列上禮官欺妄十三事，且斥爲朋黨。孟春偕九卿秦金等具疏，發十三難，以辨折璁。疏入留中。其時，詹事、翰林、給事、御史及六部諸司、大理、行人諸臣各具疏争，並留中不下，羣情益洶洶。會朝方罷，孟春倡言於衆曰：「憲宗朝，百官哭文華殿，争慈懿皇太后葬禮，憲宗從之，此國朝故事也。」修撰楊慎曰：「國家養士百五十年，仗節死義，正在今日。」編修王元正、給事中張翀等遂遮留羣臣於金水橋南，謂今日有不力争者，必共擊之。孟春、金獻民、徐文華復相號召。於是九卿則尚書獻民及秦金、趙鑑、趙璜、俞琳，侍郎孟春及朱希周、劉玉，都御史王時中、張潤，寺卿汪舉、潘希曾、張九敘、吴祺，通政張瓚、陳霑，少卿徐文華及張縉、蘇民、金瓚，府丞張仲賢，通政參議葛檜，寺丞袁宗儒，凡二十有三人；翰林則掌詹事府侍郎賈詠，學士豐熙，侍講張璧，修撰舒芬、楊惟聰、姚淶、張衍慶，編修許成名、劉棟、張潮、崔桐、葉桂章、王三錫、余承勳、陸釴、王相、應良、王思，檢討金皐、林時及慎、元正，凡二十有二人；給事中則張翀、劉濟、安磐、張漢卿、張原、謝蕡、毛玉、曹懷、張嵩、王瑄、張㹶、鄭一鵬、黄重、李錫、趙漢、陳時明、鄭自璧、裴紹宗、韓楷、黄臣、胡納，凡二十有一人；御史則王時柯、余翱、葉奇、鄭本公、楊樞、劉穎、祁杲、杜民表、楊瑞、張英、劉謙亨、許中、陳克宅、譚纘、劉翀、張録、郭希愈、蕭一中、張恂、倪宗嶽、王璜、沈教、鍾卿密、胡瓊、張濂、何鰲、張曰韜、藍田、張鵬翰、林有孚，凡三十人；諸司郎官，吏部則郎中余寛、党承志、劉天民，員外郎馬理、徐一鳴、劉勳，主事應大猷、李舜臣、馬冕、彭澤、張鵾，司務洪伊，凡十有二人；户部則郎中黄待顯、❶唐昇、賈繼之、楊易、楊淮、胡宗明、❷栗登、党以平、何巖、馬朝卿，員外郎申良、鄭漳、顧可久、婁志德，❸主事徐嵩、張庠、高奎、安璽、王尚志、朱藻、黄一道、陳儒、陳騰鸞、高登、程旦、尹嗣忠、郭日休、李録、周詔、戴亢、繆宗周、邱其仁、祖琚、張希尹，司務金中夫，檢校丁律，凡三十有六人；禮部則郎中余才、汪必東、張聰、張懷，員外郎翁磐、李文中、張潔，主事張鏜、豐坊、仵瑜、丁汝夔、臧應奎，凡十有二人；兵部則郎中陶滋、賀縉、姚汝皋、劉淑相、萬潮，員外郎劉漳、楊儀、王德明，主事汪溱、黄嘉賓、李春芳、盧襄、華鑰、鄭曉、劉一正、郭持平、余禎、陳賞，司務李可登、劉從學，凡二十人；刑部則郎中相世芳、張峩、詹潮、胡璉、范録、陳力、張大輪、葉應驄、白轍、許路，員外郎戴欽、張儉、劉士奇，主事祁敕、趙廷松、熊宇、何鰲、楊濂、劉仕、蕭樟、顧鐸、王國光、汪嘉會、殷承敘、陸銓、錢鐸、方一蘭，凡二十有七人；工部則郎中趙儒、葉寛、張子衷、汪登、劉璣、江珊，員外郎金廷瑞、范鏓、龐淳，主事伍餘福、張鳳來、張羽、車純、蔣珙、鄭騮，凡十有五人；大理之屬，則寺正母德純、蔣同仁，寺副王暐、劉道，評事陳大綱、鍾雲瑞、王光濟、張徽、王天民、鄭重、杜鸞，凡

❶「黄」，原作「王」，據庫本及《明史·何孟春傳》改。
❷「明」，原作「伯」，據庫本及《明史·何孟春傳》改。
❸「婁」，原作「晏」，據庫本及《明史·何孟春傳》改。

十有一人；俱跪伏左順門。帝命司禮中官諭退，衆皆曰：「必得俞旨乃敢退。」自辰至午，凡再傳諭，猶跪伏不起。帝大怒，遣錦衣先執爲首者。於是豐熙、張翀、余翺、余寬、黄待顯、陶滋、相世芳、毋德純八人，並繫詔獄。楊慎、王元正乃撼門大哭，衆皆哭，聲震闕廷。帝益怒，命收繫四品以下官若干人，而令孟春等待罪。翼日，編修王相等十八人俱杖死，熙等及慎、元正俱謫戍。

【《豐熙傳》】大禮議起，熙偕禮官數力争。及召張璁、桂萼爲學士，方獻夫爲侍讀學士，熙昌言於朝曰：「此冷褒、段猶流也，吾輩可與並立耶？」抗疏請歸，不允。既而尊稱禮定，卜日上恭穆獻皇帝謚册。熙等疏諫曰：「大禮之議，頒天下三年矣，乃以一二人妄言，欲去本生之稱，專隆鞠育之報。臣等聞命驚惶，罔知攸措。竊惟陛下爲宗廟神人之主，必宗廟之禮加隆，斯繼統之義不失。若乖先王之禮，貽後世之譏，豈不重累聖德哉？」不得命。

【《石珤傳》】帝欲以奉先殿側别建一室祀獻帝，珤抗疏言其非禮。及廷臣伏闕泣争，珤與毛紀助之。無何，大禮議定，紀去位。珤復諫曰：「夫孝宗皇帝與昭聖皇太后，乃陛下骨肉至親也。今使疎賤讒佞小人輒行離間，但知希合取寵，不復爲陛下體察。兹孟冬時享在邇，陛下登獻對越，如親見之，寧不少動於中乎？夫事亡如事存。陛下承列聖之統，以總百神，臨萬方，焉得不加慎重，顧聽細人之説，干不易之典哉？」帝得奏，不悦，戒勿復言。

【《朱希周傳》】是時張璁、桂萼已召至，益交章請去本生之號。帝悦，從之，趣禮官具上册儀。希周率郎中余才、汪必東等疏諫曰：「陛下考孝宗、母昭聖三年矣，而更定之論忽從中出，則明詔爲虚文，不足信天下，祭告爲瀆禮，何以感神祇？且本生非貶詞也，不妨正統，而親親之義寓焉，何嫌於此而必欲去之，以滋天下之議。」

【《徐文華傳》】時方議興獻禮，文華數偕諸大臣力争。明年七月，復倡廷臣伏闕哭諫。及改題廟主，文華諫曰：「孝宗有祖道焉，不可以伯考稱；武宗有父道焉，不可以兄稱。不若直稱曰『孝宗敬皇帝』、『武宗毅皇帝』，猶兩全無害也。」疏入，再命奪俸。

【《薛蕙傳》】嘉靖二年，廷臣數争大禮，與張璁、桂萼等相持不下。蕙撰《爲人後解》、《爲人後辨》及撰璁、萼所論七事，合數萬言，上於朝。《解》有上、下二篇，推明大宗義。其《辨》曰：「陛下繼祖體而承嫡統，合於爲人後之義，坦然無疑。乃有二三臣者，詭經畔禮，上惑聖聰。夫經傳纖悉之指，彼未能覩其十一，遽欲逞小慧，騁夸詞，可謂不知而作者也。其曰『陛下爲獻帝不可奪之適嗣』，案漢《石渠議》曰：『大宗無後，族無庶子，己有一適子，當絶父嗣以後大宗否？』戴聖云：『大宗不可絶。《禮》言適子不爲後者，不得先庶子耳。族無庶子，則當絶父以後大宗。』晉范汪曰：❶『廢小宗，昭穆不亂；廢大宗，昭穆亂矣。先王所以重大

❶「汪」，原作「德」，據《明史·薛蕙傳》改。

宗也。豈得不廢小宗以重大宗乎？』」夫人子雖有適庶，其親親之心一也。而《禮》適子不爲後，庶子得爲後者，此非親其父母有厚薄也，直繫於傳重收族不同耳。今之言者不知推本祖禰，惟及其父母而止，此弗忍薄其親，忍遺其祖也。其曰『爲人後者爲之子，乃漢儒邪説』。案此踵歐陽修之謬也。夫爲人後者爲之子，其言出於《公羊》，固漢儒所傳者，然於《儀禮》實相表裏，古今以爲折衷，未有異論者也。藉若修之説，其悖禮甚矣。《禮》『爲人後者，斬衰三年』，此子於父母之喪也。以其父母之喪服之，非爲之子而何？其言之悖禮一也。《傳》言『爲所後者之祖父母、妻，妻之父母、昆弟，昆弟之子若子』，其若子者，由爲之子故耳。《傳》明言『若子』，今顧曰『不爲之子』，其言之悖禮二也。且爲人後者不爲之子，然則稱謂之間，將不曰父，而仍曰伯父、叔父乎？其言之悖禮三也。又立後而不爲之子，則古立後者，皆未嘗實子之，而姑僞立是人也。是聖人僞教人以立後，而實則無後焉耳。其言之悖禮四也。夫無後者重絶祖考之祀，故立後以奉之。今所後既不得而子，則祖考亦不得而孫矣，豈可以入其廟而奉其祀乎？其言之悖禮五也。由此觀之，名漢臣以邪説，無乃其自名耶？抑二三臣者，亦自度其説之必窮也，於是又爲遁辭以倡之，曰：『夫統與嗣不同，陛下之繼二宗，當繼統而不繼嗣。』此一言者，將欲以盡廢先王爲人後之義與？則尤悖禮之甚者也。然其牽合附會，眩於名實，苟不辨而絶之，殆將爲後世禍矣。夫《禮》爲大宗立後者，重其統也。重其統，不可絶，乃爲之立後。至於小宗不爲之後者，統可以絶，則嗣可以不繼也。是則以繼統故繼嗣，繼嗣所以繼統也。故《禮》『爲人後』，言繼嗣也；『後大宗』，言繼統也。統與嗣，非有二也，其何不同之有？自古帝王入繼者，必明爲人後之義，而後可以繼統。蓋不爲後，則不成子也。若不成子，夫安所得統而繼之？故爲後也者，成子也，成子而後繼統，又將以絶同宗覬覦之心焉。聖人之制禮也，不亦善乎？抑成子而後繼統，非獨爲人後者爾也。禮無生而貴者，雖天子、諸侯之子，苟不受命於君父，亦不敢自成尊也。《春秋》重授受之義，以爲爲子受之父，爲臣受之君，故穀梁子曰『臣子必受君父之命』。斯義也，非直尊君父也，亦所以自尊焉耳。蓋尊其君父，亦將使人之尊己也。如此則義禮明而禍亂亡。今説者謂『倫序當立斯立已』，是惡知《禮》與《春秋》之意哉！若夫前代之君，間有弟終而兄繼，姪終而伯、叔父繼者，此遭變不正者也。然多先君之嗣。先君於己則考也，己於先君則子也，故不可考後君，而亦無兩統二父之嫌，若晉之哀帝、唐之宣宗是也。其或諸王入嗣，則未有仍考諸王而不考天子者也。陛下天倫不先於武宗，正統不自於獻帝，是非予奪，至爲易辨。而二三臣者，猥欲比於遭變不正之舉，故曰悖禮之尤者也。」其他所辨七事，亦率倣此。書奏，天子大怒，下鎮撫司考訊。已，貰出之，奪俸三月。

蕙田案：薛辨繼統不繼嗣最精。

【《楊慎傳》】少師廷和子也。嘉靖三年，

帝納桂萼、張璁言，召爲翰林學士。慎偕同列三十六人上言：「臣等與萼輩，學術不同，議論亦異。臣等所執者，程頤、朱熹之説也；萼等所執者，冷褒、段猶之餘也。今陛下既超擢萼輩，不以臣等言爲是，臣等不能與同列，願賜罷斥。」

【《安磐傳》】世宗踐祚，起故官。帝手詔欲加興獻帝皇號，磐言：「興，藩國也，不可加於帝號之上；獻，謚法也，不可加於生存之母。本生、所後，勢不俱尊。大義、私恩，自有輕重。」會廷臣多力争，事得且止。帝驛召席書、桂萼等，磐請斥之以謝天下，且言：「今欲別立一廟於大内，是明知恭穆不可入太廟矣。夫孝宗既不得考，恭穆又不得入，是無考也，世豈有無考之太廟哉？此其説之自相矛盾者也。」不聽。

【《鄭本公傳》】帝欲考興獻帝，立廟禁中。本公偕同官力争，謂：「陛下潛邸之日，則爲孝宗之姪，興獻王之子；臨御之日，則爲孝宗之子，興獻帝之姪。可兩言決也。至立廟大内，實爲不經。獻帝之靈既不得入太廟，又空去一國之祀，而託享於大内焉。陛下享太廟，其文曰『嗣皇帝』，於獻帝之廟，又當何稱？愛敬精誠，兩無所屬，獻帝將蹙然不安。」帝怒，責其朋言亂政，奪俸三月。

嘉靖四年五月庚辰，作世廟，祀獻皇帝。

【《楊言傳》】奸人何淵請建世室，言與廷臣争，不聽。言復抗章曰：「祖宗身有天下，大宗也，君也。獻皇帝舊爲藩王，小宗也，臣也。以臣並君，亂天下大分；以小宗並大宗，干天下正統。獻帝雖有盛德，非若周文、武創王業也，欲襲世宗，名舛矣。如以獻帝爲自出之帝，是前無祖；以獻帝爲禰而宗之，是後無孝、武二帝。陛下前既罪醫士劉惠之言，今乃納淵之説；前既命禮卿席書之議，今乃咈書之言，臣不知其何謂也。」

嘉靖四年十二月辛丑，《大禮集議》成，頒示天下。五年九月己亥，章聖皇太后有事於世廟。冬十月辛亥朔，親享，如太廟禮。

【《石珤傳》】及世廟成，帝欲奉章聖皇太后謁見，張璁、桂萼力主之。禮官劉龍等争不得，諸輔臣以爲言，帝不報，趣具儀。珤乃上疏曰：「陛下欲奉皇太后謁見世廟，臣竊以爲從令固孝，而孝有大於從令者。臣誠不敢阿諛以誤君上。竊惟祖宗家法，后妃已入宫，未有無故復出者。且太廟尊嚴，非時享祫祭，雖天子亦不輕入，況后妃乎？璁輩所引廟見之禮，今奉先殿是也。聖祖神宗行之百五十年，已爲定制，中間納后納妃不知凡幾，未有敢議及者，何至今日忽倡此議？彼容悦佞臣，豈有忠愛之實，而陛下乃欲聽之乎？且陰陽有定位，不可侵越。陛下爲天地百神之主，致母后無故出入太廟街門，是坤行乾事，陰侵陽位，不可之大者也。臣豈不知君命當承，第恐上累聖德，是以不敢順旨曲從，以成君父之過，負覆載之德也。」奏入，帝大愠。

【《明史紀事本末》】嘉靖六年，費宏等定議，世廟樂舞止用文舞隨堂。何淵上言世廟樂舞未備，下禮部集議。侍郎劉龍等議宜仍舊，帝諭輔臣再議。大學士楊一清、賈詠、翟鑾上言：「漢高帝以武功定天下，故奏《武德》、《文始》舞。惠、文二帝不尚武功，故止用《文治昭德》。世廟止用文舞，亦此意也，不爲闕典。」張璁獨上言：「《王制》有曰『祭用生者』，皇上身爲天子，尊獻王爲天子父，宜以天子禮樂祀之，缺一不可。且天子八佾，爲人六十有四，諸侯六佾，爲人三十有六。國朝太廟文、武佾各八，計百有二十八人；王國宗廟文、武佾各六，計七十有二人。獻王在藩封時固用七十有二人，今乃六十有四，可乎？以天子父不得享天子禮樂，何以式四方、法萬世？」帝從之。

【《國朝典彙》】嘉靖十四年正月，諭大學士李時等曰：「世廟迫近河水，今擬重建於太廟左方。」命於太廟東南隙地相度。二月初建九廟。

嘉靖七年六月，《明倫大典》成，頒示天下。癸卯，定議禮諸臣罪，追削楊廷和等籍。七月己卯，追尊孝惠皇太后爲太皇太后，恭穆獻皇帝爲恭睿淵仁寬穆純聖獻皇帝。辛巳，尊章聖皇太后爲章聖慈仁皇太后。

十年十二月戊子，御史喻希禮、石金因修醮，請宥議禮諸臣罪。下錦衣衛獄。

十五年冬十月己亥，更定世廟爲獻皇帝廟。

十七年六月丙辰，定明堂大饗禮。九月辛巳，上太宗廟號成祖，獻皇帝廟號睿宗，神主祔太廟，躋武宗上。辛卯，大享上帝於元極寶殿，以睿宗配。

四十四年六月甲戌，芝生睿宗原廟柱，告廟受賀，遂建玉芝宮。冬十一月戊申，奉安獻皇帝、后神主于玉芝宮。

【《禮志》】獻皇帝廟。嘉靖二年四月，始命興獻帝家廟享祀，樂用八佾。初，禮官議廟制未決，監生何淵上書，請立世室於太廟東，禮部尚書汪俊等皆謂不可。帝諭奉先殿側別立一室，以盡孝思。禮官集議言：

「爲本生父立廟大内，古所未有。唯漢哀爲定陶共王建廟京師，不可爲法。」詹事石瑤等亦言不可。不聽。葺奉慈殿後爲觀德殿以奉之。四年四月，淵己授光禄寺署丞，復上書請立世室，崇祀皇考于太廟。禮部尚書席書等議：「天子七廟，周文、武並有功德，故立文、武世室于三昭穆之上。獻皇帝追稱帝號，未爲天子。淵妄爲諛詞，乞寢其奏。」帝令再議。書等言：「將置主於武宗上，則武宗君也，分不可僭。置武宗下，則獻皇叔也，神終未安。」時廷臣於稱考稱伯，異同相半，至議祔廟，無一人以爲可者。學士張璁、桂萼亦皆以爲不可。書復密疏争之，帝不聽，復令會議。乃準漢宣故事，於皇城内立一禰廟，如文華殿制，籩豆樂舞，一用天子禮。帝親定其名曰世廟。五年七月，諭工部以觀德殿窄隘，欲别建於奉先殿左。尚書趙璜謂不可，不聽。乃建於奉先之東，曰崇先殿。十三年，命易承天家廟曰隆慶殿。十五年，以避渠道，遷世廟，更號曰獻皇帝廟，遂改舊世廟曰景神殿，寢殿曰永孝殿。十七年，以豐坊請稱宗以配明堂，禮官不敢違，集議者久之，言：「古者父子異昭穆，兄弟同世數。故殷有四君一世而同廟，宋太祖、太宗同居昭位。今皇考與孝宗當同一廟。」遂奉獻皇帝祔太廟。二十二年，更新太廟，廷議睿宗、孝宗並居一廟，同爲昭。帝責諸臣不竭忠任事，寢其議。已而，左庶子江汝璧請遷皇考廟于穆廟首，以當將來世室，與成祖廟並峙。右贊善郭希顔又欲於太祖廟、文世室外，止立四親廟，而祧孝宗、武宗，以禮臣斥其妄而止。二十四年六月，新太廟成，遂奉睿宗於太廟之左第四，序躋武宗上，而罷特廟之祀。四十四年，以舊廟柱産芝，更號曰玉芝宫，定日供時享儀。穆宗初，因禮臣請，乃罷時享及節序、忌辰、有事奉告之祭，但進日供而已。隆慶元年，禮科王治請罷獻皇祔廟，而專祀之世廟，章下所司。萬曆九年，禮科丁汝謙請仍專祭玉芝宫，復奉宣宗帝后冠服於太廟。帝責汝謙妄議，謫外任。天啟元年，太常少卿李宗延奏祧廟議，言：「睿宗入廟，世宗無窮之孝思也，然以皇上視之則遠矣。俟光宗升祔時，或從舊祧，或從新議。蓋在孝子固以恩事親，而在仁人當以義率祖。」章下禮部，卒不能從。

蕙田案：《春秋》書「躋僖公」，《左氏》曰：「子雖齊聖，不先父食。」《公羊》曰：「先禰而後祖也。」《穀梁》曰：「先親而後祖也。」三《傳》同辭，目爲逆祀，聖人惡之矣。古者之斷乎是有二：其一曰「諸侯不敢祖天子，大夫不敢祖諸侯」，曰「庶子不繼祖與禰」，曰「封君之子不臣諸父而臣昆弟，封君之孫盡臣諸父、昆弟」，曰「公子不得禰先君」，曰「族人不得以其戚戚君」，曰「旁期之服諸侯絶」，此君臨臣、臣奉君之道也。非是，則不可以國。其一曰「爲人後者爲之子」。在天子、諸侯，雖繼弟繼兄之子，昔嘗君道臨乎己而北面事之，孰敢不爲臣子？此亦臣子之分而重大統之義也。非是，則人懷覬覦之心。漢哀帝躬承大統，而又以己後定陶共王，明世宗躬承大統，而又以己後興獻王。在大夫宗法且不可以貳，其失審矣。況加孝宗以皇伯，絶其統也；躋興獻於武宗之上，又逆祀也。璁、萼之罪何誅！

右明世宗。

蕙田案：宗法爲後，所以繼嗣而重大宗也。禮，繼嗣者必擇同宗昭穆相當者而立之，故曰「爲人後者爲之子」，降其父母期，此嗣立之常法，雖百世不易。蓋爲後即爲子也。爲子，則所生父稱之曰伯、叔父可也。先儒之論曰：「設所後父與所生父並坐一室，而子立其側，稱所後父曰父，自不得又稱所生父曰父，宜改稱伯、叔父明矣。」改稱，辨嫌也，推存例亡，並用是道也。古宗法專爲大夫不敢祖諸侯而設，推大夫禮，未嘗不可至於天子、諸侯，故文略而義備。由漢已後，外藩承統，朝臣相與力競者，莫如宋濮議、明大禮集議。宋英宗之後仁宗也，即考仁宗，故不當考濮王。明世宗之後武宗也，上考孝宗，故不當考興獻王。惟宣帝、光武皆不加帝號於祖父，揆諸古義近矣。光武上承孝元，重繼統之義也。若夫以叔父繼兄子，如唐宣宗之立爲皇太叔，即位於柩前，視前嗣立之法又變。晉元帝詔曰：「吾雖上繼世祖，然於懷愍皇帝皆北面稱臣。今祠太廟，不親執觴酌，而令有司行事，於情理不安。」乃行親獻。元帝繼愍帝爲君，不同嗣立，而是詔于禮則合矣。綜而論之，父子有親，君臣有義，大倫有定。是故藩王繼統，如所後而昭穆相當也，則父其所後；如所後者而昭穆不相當，則以臣道奉其所後之帝。臣道即同子道，而不必定泥於父母之稱。及乎祔廟，其或如古之九廟，則以其班祔昭穆之廟，在廟之中，同堂異室，以先後爲序。同堂則昭穆之倫也，先後則君臣之分也。昭自爲昭，穆自爲穆，但以昭穆分世次，不以昭穆爲尊卑。其或如後世之廟制也，則專以繼立之先後爲序。臣必不可先君，猶之子必不可先父，其義一也。天下之正統，斷然以君臣爲重也。然而古今持議，每在追尊生父稱號立廟之際。夫尊卑踈戚之屬既有不同，而本生伯、叔父之稱可以義起。如宋英宗于濮王，仁宗以兄弟之子育之宮中，則稱以伯父可也，必欲以考稱之則薄矣。明世宗于獻王，既遵祖訓兄終弟及之義，則考孝宗，而稱獻王以叔父可也，必欲以考稱之則私矣。漢宣帝以兄孫入繼，既不可以考昭帝，又不可以直考史皇孫，則于所祭之地，祝辭稱「皇考」，而公言之曰「本生皇考」可也，必欲稱伯叔考，❶則嫌于無考矣。此皆禮之權而可以義起者。宋范鎮言于英宗曰：「凡稱帝若考若寢廟者，皆非是。」此則禮之大經，不可不秉，而昔之大儒名臣所守死以争之，其義炳若日星焉，又惡可以隨時假借乎哉？

五禮通考卷第一百六

淮陰吴玉搢校字

❶「伯叔」，庫本作「叔伯」。

五禮通考卷第一百七

內廷供奉禮部右侍郎金匱秦蕙田編輯
太子太保總督直隸右都御史桐城方觀承同訂
兩淮都轉鹽運使德水盧見曾
按察司副使元和宋宗元參校

吉禮一百七

太子廟

【《禮記·祭法》】王下祭殤五：適子，適孫，適曾孫，適玄孫，適來孫。【注】祭適殤者，重適也。祭適殤于廟之奥，謂之陰厭。凡庶殤不祭。

方氏慤曰：「言適，則庶殤在所不祭矣，重本故也。然以尊而祭卑，故曰下祭。」

應氏鏞曰：「祭及于五，所愛者遠也。祭止于適，所重正統也。」

【《曾子問》】祭必有尸乎？若厭祭亦可乎？孔子曰：「祭成喪者必有尸，尸必以孫，孫幼則使人抱之；無孫，則取于同姓可也。祭殤必厭，蓋弗成也。【注】厭飫而已，不成其爲人。祭成喪而無尸，是殤之也。」【注】與不成人同。孔子曰：「有陰厭，有陽厭。」【注】言祭殤之禮，有于陰厭之者，有于陽厭之者。

馬氏彥醇曰：「厭，不成禮之祭也。厭于陰者，宗子之殤而無後者；厭于陽者，凡殤與無後者。其異何也？宗子尊矣，則以特牲即于陰者，幽陰之義，反諸幽求神之道也。凡殤卑矣，其祭也，則就宗子之家，當室之白，則所謂堂事略矣。宗子非不欲尊之也，其所以不得成人者，從祖祔祭而已。」

曾子問曰：「殤不祔祭，何謂陰厭、陽厭？」孔子曰：「宗子爲殤而死，庶子弗爲後也。【注】族人以其倫代之，明不序昭穆，立之廟，其祭之，就其祖而已。代之者主其禮。　【疏】孔子更爲辯，云若宗子爲殤而死，以未成人，庶子不得代爲之後。宗子禮不可闕，明族人以其倫代之。倫謂輩也，謂與宗子同昭穆者則代之。凡宗子爲殤而死，庶子既不得爲後，不以父服服之。以其倫代之者，各以本服服之也。云不序昭穆者，以宗子殤死，無爲人父之道，故不序昭穆，不得與代之者爲父也。其吉祭特牲，祭殤不舉肺，❶無肵俎，無玄酒，不告利成，是謂陰厭。【注】用特牲者，尊宗子，從成人也。凡殤則特豚，自卒哭成事之後爲吉祭。舉肺、脊，肵俎，利成，禮之施于尸者。陰厭者，是宗子而殤祭之于奥之禮，小宗爲殤，其祭禮亦如之。【疏】此宗子殤死，祭于祖廟之奥，陰闇之處，是謂陰厭也。鄭既云小宗爲殤，祭禮如大宗者，以前經云宗子爲殤而死，不顯大小，故知凡宗子殤祭之禮皆然。必知此經指大宗者，以何休《公羊註》云「小宗無子則絶，大宗無子則不絶，重適之本」，上文庶子不爲後，謂大宗子在殤而死，不得爲後，若非殤則得爲後，故知是大宗也。凡宗子成人而死，則得立子孫爲後。若立兄弟爲後，則不可。故成十五年《公羊傳》譏仲嬰齊，是公孫歸父之弟，當云公孫嬰齊，而云仲嬰齊者，爲歸父之後，譏其亂昭穆，故云「仲」是也。熊氏曰：「殤與無後者，唯祔與除服二祭則止。此言吉祭者，惟據祔與除服也。」凡殤與無後者，祭于宗子之家，當室之白，尊于東房，是謂陽厭。」【注】凡殤，謂庶子之適也，或昆弟之子，或從父昆弟。無後者，如有昆弟及諸父。此則今死者皆宗子大功之内親共祖禰者，言祭于宗子之家者，爲有異居之道。無廟者爲壇祭之，親者共其牲物，宗子皆主其禮。當室之白，尊于東房，異于宗子之爲殤。當室之白，謂西北隅得户明者也。明者曰陽。凡祖廟在小宗之家，小宗祭之亦然。宗子之適亦爲凡殤，過此以往則不祭也。祭適者，天子下祭五，諸侯下祭三，大夫下祭二，士以下祭子而止。【疏】凡殤，謂非宗子之殤。無後，謂庶子之身無子孫爲後。此二者

❶「肺」，原脱，據庫本及《禮記・曾子問》補。

皆宗子大功内親，祭于宗子之家，祖廟之内。不敢在成人之處，故于當室之明白顯露之處爲之，設尊于東房，以其明是陽，故爲陽厭也。凡殤有二，一昆弟之子祭之，當于宗子父廟；一是從父昆弟祭之，當于宗子祖廟。其無後者亦有二，一是昆弟無後祭之，當于宗子祖廟；一是諸父無後祭之，當于宗子曾祖之廟。凡殤得祭者，以其身是適故也。無後者，成人無後則祭，若在殤而死則不祭，以其身是庶故也。鄭必限以大功内親共祖禰者，以上文云吉祭特牲，唯據士禮，適士二廟，有祖有禰，下士祖禰共廟，故鄭限以祖禰同者，唯大功之内親也。

蕙田案：王下祭殤禮，于經無見。《曾子問》所言，特士禮耳。然以士禮推之，曰陰厭，曰陽厭，則王之祭宗子殤，其亦在廟乎？疏：「昆弟之子祭之，當于宗子父廟。從父昆弟祭之，當于宗子祖廟。」是雖指凡殤而言，然適子之殤，其不得別立廟也審矣。凡殤不可無祭，而況宗子乎？況承天下社稷之重者乎？禮，陰厭主奥，重大宗也。祧則同祧，爲親盡也。王下祭殤之禮可知也已。

右王下祭殤。

【《吴志·孫登傳》】孫登，字子高，權長子也。魏黄初二年，以權爲吴王，是歲立登爲太子。立凡二十二年，年三十三卒，謚曰宣太子。《吴書》曰：「初葬句容，置園邑，奉守如法。後三年，改葬蔣陵。」

【《晉書·惠帝紀》】永熙元年秋八月壬午，立廣陵王遹爲皇太子。元康九年十二月壬戌，廢皇太子遹爲庶人，及其三子幽于金墉城。永康元年三月癸未，賈后矯詔，害庶人遹于許昌。夏四月甲午，追復故皇太子位。五月己巳，立皇孫臧爲皇太孫。六月壬寅，葬愍懷太子于顯平陵。永寧元年正月乙亥，趙王倫篡帝位，廢皇太孫臧爲濮陽王。

癸酉，倫害濮陽王臧。乘輿反正，五月，立襄陽王尚爲皇太孫。太安元年三月，皇太孫尚薨。

【《懷帝本紀》】永嘉元年三月庚午，立豫章王詮爲皇太子。

【《元帝紀》】太興三年五月丙寅，孝懷太子詮遇害于平陽，帝三日哭。

【《禮志》】惠帝世，愍懷太子、二子哀太孫臧、沖太孫尚，並祔廟。元帝世，懷帝殤太子又祔廟，號爲陰室四殤。

孝武帝太元十二年，祠部郎中徐邈議：「太子太孫，陰室四主，儲嗣之重，升祔皇祖，所託之廟，世遠應遷。然後從食之孫，與之俱毁。」

【《愍懷太子傳》】愍懷太子遹，字熙祖，惠帝長子。母曰謝才人。惠帝即位，立爲皇太子。元康九年十二月，廢太子爲庶人。明年，幽于許昌宫之别坊。賈后使太醫令程據合巴豆杏仁丸，矯詔使黄門孫慮齎至許昌，以害太子，時年二十三。詔以廣陵王禮葬之。及賈庶人死，乃册復太子，謚曰愍懷。六月己卯，葬于顯平陵。三子：虨、臧、尚，並與父同幽金墉。

臧字敬文。永康元年四月，封臨淮王。己巳，立爲皇太孫。永寧元年正月，趙王倫篡位，廢爲濮陽王，與帝俱遷金墉。尋被害。太安初，追謚曰哀。

尚字敬仁。永康元年四月，封爲襄陽王。永寧元年八月，立爲皇太孫。太安元年三月癸卯薨，謚曰沖太孫。

【杜氏《通典》】東晋孝武帝太元六年，詔曰：「亡大兄以司馬珣之爲國後，祭祀何儀？」博士江熙議：「《穀梁傳》云『公子之重，視大夫』，則王子一例也。請皇子廟祭，用大夫禮，三廟。博士沈寂等議：「《禮》，大夫三廟，無貴賤之别，然則上至皇子，下及陪臣，其禮無二。」❶牲用少牢。若繼嗣之身未准大夫，祭用士禮。❷按會稽王嗣子，即簡文帝長子。博士沈寂等議：「會稽王嗣子既以疾廢，當降從之公子，則皆如大夫，牲用少牢。」❸宜權立行廟，告嗣，而後迎繼嗣之身。」江熙議：「皇子雖有廟，然無子不立廟，故詔使立後，烝嘗之祀，稱『皇帝有命，命某繼嗣』。」博士沈寂議：「皇子依如大夫禮，應立後，宜先告，權爲行廟。告，于禮無文。宜先行廟告嗣，❹而後迎繼嗣之身。案《禮》，君薨嗣子生，太祝禪冕告于廟。❺既葬嗣子生，祝告于廟。❻明夫宗廟者，神靈之所宅，是以存亡吉凶必先告于廟，古今不革之制，三代不易之典。豈有興滅繼絶，傳祀百代，而誣亡者之靈，滅告生之義耶？❼緣情依禮，謂宜先告于靈，後迎繼嗣之身。❽」庾蔚之謂：「嗣子以無子不廟，合有嗣，❾乃立廟耶？告生者是先自有廟，不得引以爲例。」❿

【《南齊書·禮志》】永明十一年，文惠太子薨。卒哭，祔于太廟。

【《梁書·昭明太子傳》】昭明太子統，字德施，高祖長子也。母曰丁貴嬪。以齊中興元年九月生。天監元年十一月，立爲皇太子。大通三年四月乙巳，薨，斂以衮冕，謚曰昭明。五月庚寅，葬安寧陵。

❶「博士沈寂」至「無二」一段，原爲大字正文，據《通典》卷四七改爲小字注文。
❷「士」，原作「七」，據《通典》卷四七改。
❸「按會稽王」至「牲用少牢」一段，原爲大字正文，據《通典》卷四七改爲小字注文。
❹「宜先行」，《通典》卷四七作「准先立」。
❺「禪」，《通典》卷四七作「裨」。「廟」，《通典》卷四七作「殯」。
❻「廟」，《通典》卷四七作「禰」。
❼「滅」，《通典》卷四七作「疑」。
❽「繼嗣之身」，《通典》卷四七作「於子」。
❾「合有嗣」，《通典》卷四七作「今有嗣子」。
❿「江熙議皇子」至「引以爲例」一段，原爲大字正文，據《通典》卷四七改爲小字注文。

【《哀太子傳》】哀太子大器，字仁宗，太宗嫡長子也。普通四年五月丁酉生。太清三年五月，太宗即位。六月癸酉，立爲皇太子。大寶二年八月，賊景廢太宗，以太子有器度，每常憚之，恐爲後患，故先及禍。承聖元年四月，追謚哀太子。

【《愍懷太子傳》】愍懷太子方矩，字德規，世祖第四子也。承聖元年十一月，立爲皇太子。及西魏師陷荆城，太子與世祖同爲魏人所害。敬帝承制追謚愍懷太子。

蕙田案：自魏以前，太子之薨，立廟與否，不可得稽。晉則祔于太廟陰室。元太常博士曰：「前代太子薨，梁武帝謚統曰昭明，齊武帝謚長懋曰文惠，唐憲宗謚寧曰惠昭，金世宗謚允恭曰宣孝，又建别廟，以奉神主，准中祀，以陳登歌。」然則立廟、奏樂，其始于齊、梁間歟？

【《北魏書·恭宗紀》】恭宗景穆皇帝，太武皇帝之長子也。延和元年正月丙午，立爲皇太子。正平元年六月戊辰，薨于東宫，賜謚曰景穆。

【《唐書·孝敬皇帝傳》】孝敬皇帝弘，永徽六年始王代。顯慶元年，立爲皇太子。上元二年，從幸合璧宫，遇酖，薨。詔曰：「太子嬰沈瘵疾，朕須其痊復，將遜于位。弘性仁厚，既承命，因感結疾，日以加。宜申往命，謚爲孝敬皇帝。」葬緱氏，墓號恭陵，制度盡用天子禮。帝自制睿德紀，刻石陵側。妃薨，謚哀皇后。無子。永昌初，以楚王隆基嗣。中宗立，詔以主祔太廟，號義宗。開元中，有司奏孝敬皇帝宜建廟東都，以謚名廟。詔：可。于是罷義宗廟。

蕙田案：父在子没，追謚爲帝，此高

宗獨創之制。

【《舊唐書·禮儀志》】天寶六載正月，詔京城章懷、節愍、惠文、宣太子，與隱太子、懿德太子同爲一廟，呼爲七太子廟，以便于祀享。其後又有玄宗子靜德太子廟、肅宗子恭懿太子廟。

蕙田案：七太子，章懷、節愍、懿德、惠莊、惠文、惠宣及隱太子也。此云惠文、宣，恐有脱字。玄宗子靜德太子，亦當作靖恭太子。

【《通典》】大唐開元三年，右拾遺陳貞節以諸太子廟不合守供祀享，上疏：「伏見章懷太子等四廟，遠則從祖，近則堂昆，並非有功于人，立事于代，而寢廟相屬，獻祼連時，事不師古，以克永代，臣實疑之。今章懷太子等乃以陵廟，分署官寮，八處修營，四時祭享，物須官給，人必公糧，合樂登歌，咸同列帝。謹按周禮，始祖以下，猶稱小廟，未知此廟，厥名維何？臣謂八署司存，員寮且省，四時祭祀，供給咸停。臣又聞磐石維城，既開封建之典；別子爲祖，非無大小之宗。其四陵廟等應須祭祀者，並令承後子孫，自修其事。崇此正典，冀合禮經。」上令有司集禮官及羣臣詳議奏聞。駕部員外郎裴子餘議曰：「謹按前件四廟等，並前皇嫡胤，殞身昭代，聖上哀骨肉之深，錫烝嘗之享，憲章往昔，垂範將來。昔嫄廟列周，戾園居漢，並位非七代，置在一時，斯並前代宏規，後賢令範。又按《春秋》，狐突適下國，遇太子，使登僕，曰：『予將以晉畀秦，秦將祀予。』此則太子之言，無後明矣。對曰：『神不歆非類，人不祀非族，君祀無乃殄乎！』此則晉有其祀，立廟必矣。又定公元年，立煬宫。經傳更無異説。鄭玄注云：『煬公，伯禽之子，季氏禱而立其宫也。』考之漢儲晉嫡則如彼，言乎周廟魯宫則如此，豈可使晉求秦祀，戾非漢恩？求枉者深，所直者鮮，黷神慢禮，理必不然。且尊以儲后，位絶諸侯，謚號既崇，官吏有典。去羊存朔，非禮所安，狥利忘禮，何以爲國。」太常博士段同泰議曰：「伏據隱太子等，皆禀殊恩，式創陵寢。一著蘋藻，驟移檀柘，豈非睦親繼絶，悼往推恩者歟！况漢置戾園，晉循虞祀，《書》稱咸秩，《禮》紀百神，紛綸葳蕤，可略言矣。隱太子等並特降絲綸，别營祠宇，義殊太廟，恩出當時。借如逝者之錫蘋蘩，亦猶生者之開茆土，寵章所及，誰謂非宜？且自古帝王，封建子孫，寄以維城之固，咸登别郡之榮，豈必有功于人，立事于代？生者曾無異議，逝者輒此奏停，雖存没之跡不同，而君親之恩何别！此則輕重非當，情禮不均，神道固是難誣，人情孰云其可。」開元二十二年七月勑：「贈太子頃年官爲立廟，并致享祀，雖欲歸厚，而情且未安。烝嘗之時，子孫不及，若專令官祭，是以疏間親，遂此爲常，豈云教孝。其諸贈太子有後者，但官置廟，各令子孫自主祭，其署及官悉停。若無後者，宜依舊。」上元二年二月，禮儀使、太常卿杜鴻漸奏：「讓帝七廟等，請停四時享獻。每至禘祫之月，則一祭焉。樂用登歌一部，牲獻罇俎之禮，同太廟一室之儀。」

【《唐書·陳貞節傳》】貞節，潁川人，開元初，爲右拾遺。初，隱、章懷、懿德、節愍四太子並建陵廟，分八署，置官列吏卒，四時祠官進饗。貞節以爲非是，上言：「王者制祠，❶以功德者猶親盡而毀，四太子廟皆別祖，無功于人，而園祠時薦，有司守衛，與列帝侔。金奏登歌，❷所以頌功德，《詩》曰：『鐘鼓既設，一朝饗之。』使無功而頌，不曰舞詠非度耶？周制，始祖乃稱小廟。未知四廟欲何名乎？請罷卒吏，詔祠官無領屬，以應祀典。❸古者別子爲祖，故有大、小宗。若謂祀未可絶，宜許所後子孫奉之。」詔有司博議。駕部員外郎裴子餘曰：「四太子皆先帝冢嗣，列聖念懿屬而爲之享。《春秋》書晉世子曰：『將以晉畀秦，秦將祀予。』此不祀也。又言：『神不歆非類，君祀無乃戾乎！』此有廟也。魯定公元年，立煬宮。煬，伯禽子，季氏遠祖，尚不爲限，況天子篤親親以及旁朞，誰不曰然？」太常博士段同曰：「四陵廟皆天子睦親繼絶也。逝者錫蘋蘩，猶生者之開茅土。古封建子弟，詎皆有功？生無所議，死乃援禮停祠，人其謂何？隱于上，伯祖也，服緦；章懷，伯父也，服朞；懿德、節愍，堂昆弟也，服大功。親未盡，廟不可廢。」禮部尚書鄭惟忠等二十七人亦附其言。于是四陵廟惟減吏卒半，他如舊。

【《舊唐書·音樂志》】享隱太子廟樂章六首：貞觀中撰。

迎神，用《誠和》 道閟鶴關，運纏鳩里。門集大命，俾歆嘉祀。禮亞六瑚，誠殫二簋。有誠顒若，神斯戾止。

❶「祠」，《新唐書》卷二〇〇《儒學傳下·陳貞節》作「祀」。

❷「奏」，原作「聲」，據庫本及《新唐書》卷二〇〇《儒學傳下·陳貞節》改。

❸「祀」，《新唐書》卷二〇〇《儒學傳下·陳貞節》作「禮」。

登歌奠玉帛，用《肅和》 歲肇春宗，乾開震長。瑶山既寂，戾園斯享。玉肅其事，物昭其象。絃誦成風，笙歌合響。

迎俎，用《雍和》 明典肅陳，神居遂起。春伯聯事，秋官相禮。有來雍雍，登歌濟濟。緬惟主鬯，庶歆芳醴。

送文舞出、迎武舞入，用《舒和》 三縣已判歌鐘列，六佾將開羽鉞分。尚想鸞飛來蔽日，終疑鶴影降凌雲。

武舞，用《凱安》 天步昔將開，商郊初欲踐。撫戎金陣廓，貳極瑶圖闡。雞戟遂崇儀，龍樓期好善。弄兵隳震業，啟聖隆祠典。

送神，用《誠和》。詞同迎神。

又隱太子廟樂章二首：太樂舊有此詞，不詳所出。

迎神 蒼震有位，黃離蔽明。江充禍結，戾據災成。銜冤昔痛，贈典今榮。享靈有秩，奉樂以迎。

送神 皇情悼往，祀儀增設。鐘鼓鏗鍠，羽旄昭晰。掌禮云備，司筵告徹。樂以送神，靈其鑒閲。

章懷太子廟樂章六首：神龍初作。

迎神第一姑洗宫。 副君昭象，道應黃離。銅樓備德，玉裕成規。仙氣靄靄，靈從師師。前驅戾止，控鶴來儀。

登歌酌鬯第二南吕均之蕤賓羽。 忠孝本著，羽翼先成。寢門昭德，馳道爲程。幣帛有典，容衛無聲。司存既肅，廟享惟清。

迎俎及酌獻第三大吕羽。 通三錫胤，明兩承英。太山比赫，伊水聞笙。宗祧是寄，禮樂其亨。嘉辰薦俎，以發聲明。

送文舞出、迎武舞入第四蕤賓商。 羽籥崇文禮以畢，干鋮奮武事將行。用捨由來其有致，壯志宣威樂太平。

武舞作第五夷則角。 緑林熾炎歷，黄虞格有苗。沙塵驚塞外，帷幄命嫖姚。《七德》干戈止。三邊雲霧消。寶祚長無極，歌舞盛今朝。

送神第六。詞同隱廟。

懿德太子廟樂章六首：神龍初作。

迎神第一姑洗宫。 甲觀昭祥，畫堂昇位。禮絶羣后，望尊儲貳。啟誦慙德，莊丕掩粹。伊浦鳳翔，緱峰鶴至。

登歌酌鬯第二南吕均之蕤賓羽。 譽闡元儲，寄崇明兩。玉裕雖晦，銅樓可想。絃誦輟音，笙歌罷響。幣帛言設，禮容無爽。

迎俎酌獻第三大吕羽。 雍雍盛典，肅肅靈祠。賓天有聖，對日無期。飄飄羽服，掣曳雲旗。眷言主鬯，心乎愴兹。

送文舞出、迎武舞入第四蕤賓商。 八音協奏陳金石，六佾分行整禮容。滄溟赴海還稱少，素月開輪即是重。

武舞作第五夷則角。 隋季昔云終，唐年初啓聖。纂戎將禁暴，崇儒更敷政。威略静三邊，❶仁恩覃萬姓。

送神第六。詞同隱廟。

節愍太子廟樂章六首：景雲中作。

迎神第一姑洗宫。 儲后望崇，元良寄切。寢門是仰，馳道不絶。仙袂雲會，靈旗電晣。煌煌而來，禮物攸設。

登歌酌鬯第二南吕均之蕤賓羽。 灼灼重明，仰承元首。既賢且哲，惟孝與友。惟孝雖遥，靈規不朽。祀因誠致，備潔玄酒。

❶「静」，庫本作「近」。

迎俎及酌獻第三大吕羽。　嘉薦有典，至誠莫愆。畫粱雲亘，雕俎星聯。樂器周列，禮容備宣。依稀如在，若未賓天。

送文舞出、迎武舞入第四蕤賓商。　邕邕闡化憑文德，赫赫宣威藉武功。既執羽旄先拂吹，還持玉鏚更揮空。

武舞作第五夷則角。　武德諒雍雍，❶由來掃寇戎。劍光揮作電，旗影列成虹。霧廓三邊静，波澄四海同。睿圖今已盛，相共舞皇風。

送神第六。詞同隱太子廟。

【《隱太子傳》】隱太子建成，高祖受禪，立爲皇太子，死年三十八。太宗立，追封建成爲息王，謚曰隱。

【《章懷太子傳》】章懷太子賢，皇太子薨，立賢爲皇太子。調露中，廢爲庶人。開耀元年，迫令自殺。神龍初，陪葬乾陵。睿宗立，追贈皇太子。

【《懿德太子傳》】懿德太子重潤，高宗改元永淳，是歲立爲皇太孫。中宗失位，太孫府廢，貶庶人，武后杖殺之。神龍初，追贈皇太子及謚。

【《節愍太子傳》】節愍太子重俊，神龍初爲皇太子。武三思挾韋后勢，將圖逆，内忌太子崇訓。又三思子尚安樂公主，常教主辱重俊。三年七月，重俊恚忿，遂率李多祚矯發兵，殺三思。崇訓趨肅章門，入索韋后。后挾帝升玄武門，士倒戈，斬多祚，餘黨潰。重俊亡入終南山，爲左右所殺。睿宗立，加贈謚，陪葬定陵。

【《惠莊太子傳》】惠莊太子撝，垂拱三年始王恒。睿宗立，進王申。開元八年薨，册書

❶「雍雍」，《舊唐書・音樂志四》作「雄雄」。

贈太子及謚，陪葬橋陵。

【《惠文太子傳》】惠文太子範，初王鄭，進王岐。開元十四年薨，册書贈太子及謚，陪葬橋陵。

【《惠宣太子傳》】惠宣太子業，始王趙，進王薛。二十二年薨，册書加贈及謚，陪葬橋陵。

蕙田案：以上諸太子，即所謂七太子是也。其實懿德、惠莊、惠文、惠宣生時並未立爲東宮，歿後乃追册耳。

【《册府元龜》】王起爲兵部尚書，元皇太子侍讀兼判太常卿事。開成三年二月，起與太常少卿裴泰章、太常少卿兼權勾當國子司業楊敬之、太常博士崔立等狀奏：「准今月十日堂帖，天寶初，置七太子廟，異室同堂。國朝故事，足以師法。今欲聞奏，以懷懿太子神主祔惠昭及悼懷太子廟，不虧情禮，又甚便宜。送太常寺三卿與禮官同商量議狀者。伏以三代已降，廟制不同。光武爲總立一堂，羣主異室，親盡廟毁，昭穆遞遷，此蓋祖宗之廟也。然則太子廟出於近，或散在他處，別置一室，或尊卑序列，共立一堂。伏准國初太子廟散在諸方，至天寶六載，勑文章懷、節愍、惠宣等太子宜與隱太子列次同爲一廟，應緣祭事，並合官給，號爲七太子廟。又准大曆三年三月，以榮王天寶中追贈静恭太子，神主未祔，詔祔七太子廟，加一室。今懷懿太子爲姪，以姪祔叔，獻享得宜。請于惠昭太子廟添置一室，擇日升祔。」從之。

【《靖恭太子傳》】靖恭太子琬，始王鄄，徙王榮。及薨，詔加贈謚。

【《恭懿太子傳》】恭懿太子紹，始封興王。

上元元年薨，册贈皇太子。

蕙田案：此二太子廟，亦係薨後追册者。

【《昭靖太子傳》】昭靖太子邈，上元二年始王益昌，進王鄭。八年薨。

【《文敬太子傳》】文敬太子諒，見愛于帝，命爲子。貞元十五年薨，追贈及謚，陵及廟置令丞云。

【《惠昭太子傳》】惠昭太子寧，貞元二十一年，始王平原。帝即位，進王鄧。于是國嗣未立，李絳等建言：「聖人以天下爲大器，知一人不可獨化，四海不可無本，故建太子以自副，然後人心定，宗祏安，有國不易之常道。陛下受命四年，而冢子未建，是開窺覦之端，乖慎重之義，非所以承列聖，示萬世。」帝曰：「善。」以寧爲皇太子，更名宙。明年薨。

【《懷懿太子傳》】懷懿太子湊，始王漳。太和八年薨，贈齊王。帝哀湊被讒死，不自明，開成三年追贈。

【《悼懷太子傳》】悼懷太子普，寶曆元年始王晉。文宗愛之若己子，嘗欲爲嗣。太和二年薨，帝惻念不能已，故贈卹加焉。

【《莊恪太子傳》】莊恪太子永，太和四年始王魯，六年遂立爲皇太子。開成三年暴薨。

蕙田案：此六太子，惟惠昭、莊恪係生時立者，餘皆追册。又宋諸太子，如昭成太子元僖、悼獻太子祐、獻愍太子茂，皆追册者；欽宗太子諶、高宗元懿太子旉、孝宗莊文太子愭、寧宗景獻太子詢，皆生時立者，惜志傳俱不載其祔廟立廟之事，莫得考焉。

【《遼史·順宗傳》】順宗名濬，道宗長子。八歲立爲皇太子。薨，謚曰昭懷太子，以天子禮改葬玉峰山。

【《金史·熙宗二子傳》】濟安，皇統二年二月戊子生于天開殿。三月戊午，册爲皇太子。十二月，薨，謚英悼太子，葬興陵之側。命工塑其像于儲慶寺。海陵毁上京宫室，寺亦隨毁。

蕙田案：子殤塑像，熙宗刱也。

【《顯宗紀》】顯宗皇帝諱允恭，世宗第二子。大定五年六月，立爲皇太子。二十五年六月庚申，崩，賜謚宣孝太子。世宗欲加帝號，以問羣臣。翰林修撰趙可對曰：「唐高追謚太子弘爲孝敬皇帝。」左丞張汝弼曰：「此蓋出于武后。」遂止。乃建廟于衍慶宫後，祭用三獻，樂用登歌。

【《禮志》】宣孝太子廟。大定二十五年七月，有司奏：「依唐典，故太子置廟，設官屬奉祀。擬于法物庫東建殿三間，南垣及外垣皆一屋三門，東西垣各一屋一門，門設九戟。齋房、神厨，度地之宜。」又奉旨，太子廟既安神主，宜别建影殿。有司定擬制度，于見建廟稍西中間限以磚墉，内建影殿三間。南面一屋三門，垣周以甓，無缺角及東西門。外垣正南建三門一屋，左右翼廊二十間，神厨、齋室各二屋三間。是歲十月，廟成，十一日，奉安神主，十四日，奉遷畫像。神主用栗，依唐制諸侯用一尺，刻謚于背。省部遣官于本廟西南隅面北設幄次，監視製造訖。其日晚，奉神主官奉神主，承以箱，覆以帕，捧詣題神主幄中。次日丑前五刻，題神主官與典儀并禮官詣幄次前，題神主官詣罍洗位，盥手，帨手訖，奉神主官先以香湯奉沐，拭以羅巾。題神主官就褥位，題謚號于背，云「宣孝太子神主」，墨書，用光漆摸，訖，授奉神主官，承以箱，覆以梅紅羅帕，藉以素羅帕，詣座置于匱，乃下簾幃，侍衛如式。俟典儀俛伏，跪請，備腰輿傘扇詣神位。道引侍衛皆減昭德廟儀。祭，❶有司言：「當隨祖廟四時祭享。初獻于皇孫皇族，亞獻於皇族或五品以下有差。❷樂用登歌，量減用二十五人，❸其接神奏無射宮，❹陞降徹豆則歌夾鐘。牲羊、豕各一，籩、豆各八，簠、簋各二，登、鉶各一，其餘祭食亦量減之。」二十六年十一月一日，奏：❺「神主入廟，牲牢、樂縣官給。影廟，皇孫奉祀。」

宣孝太子別廟登歌樂章：❻

初獻升殿，夾鐘宮，《承安》之曲　有腯斯牲，有馨斯齊。美哉洋洋，升降以禮。禮容既莊，樂亦諧止。神之格思，式歆明祀。

酌獻，無射宮，《和寧》之曲　於惟光靈，孝德昭宣。高麗有奕，來寧來燕。於薦惟祫，既時既蠲。從我列祖，載享億年。

亞、終獻，《和寧》之曲　金石和奏，豆籩惟豐。祠宮奉事，齋敬精衷。笙吟伊浦，鶴駐緱峰。是保是饗，靈德無窮。

徹豆，夾鐘宮，《和安》之曲　寢廟奕奕，今茲其時。明稱肇祀，將禮之儀。侯安以懌，羞嘉且時。樂闋獻已，神其饗思。

【《莊憲太子傳》】莊憲太子名守志，宣宗長子也。貞祐元年閏九月，立爲皇太子。三年正月，薨，謚莊獻，立其子鏗爲皇太孫。

❶「祭」下，《金史・禮志六》有「儀」字。

❷「於」，原作「或」，據《金史・禮志六》改。「有」，《金史・禮志六》無此字。

❸「量」上，《金史・禮志六》有「今」字。

❹「奏」，《金史・禮志六》作「用」。

❺「奏」，原作「奉」，據《金史・禮志六》改。

❻「宣」上，據秦氏體例，當有「樂志」二字。

十二月，薨。四年正月，賜謚冲懷太孫。

【《元史·祭祀志》】至元二十二年十二月丁未，皇太子薨。太常博士議曰：「前代太子薨，梁武帝謚統曰昭明，齊武帝謚長懋曰文惠，唐憲宗謚寧曰惠昭，金世宗謚允恭曰宣孝。又建別廟，以奉神主，准中祀，以陳登歌。例設令、丞，歲供灑掃。斯皆累代之典，莫不追美洪休。」時中書翰林、諸老臣亦議宜加謚，立別廟奉祀，遂謚曰明孝太子，作主用金。三十年十月朔，皇太子祔于太廟。

【《元史紀事本末》】三十年冬十月，祔明孝太子主于廟。先是，皇太子真金卒，太常博士議建別廟，以奉神主。至是，祔于太廟。

【《裕宗傳》】裕宗文惠明孝皇帝，諱真金，世祖嫡子也。中統十年二月，立爲皇太子。二十二年，薨。

【《文宗紀》】至順元年十二月辛亥，立燕王阿剌忒納答剌爲皇太子。二年正月辛卯，皇太子阿剌忒納答剌薨。壬辰，命宮相法里及給事者五十八人護靈轝北祔葬于山陵。三月甲申，繪皇太子真容，奉安慶壽寺之東鹿頂殿，祀之如累朝神御殿儀。

【《續文獻通考》】文宗又命皇太子影殿造祭器，如祖宗故事。

【《宗室世系表》】成宗皇帝，皇太子德壽，早薨。泰定皇帝四子，長皇太子阿里吉八，三小薛太子，四允丹藏卜太子，俱早殞。文宗皇帝三子，長皇太子阿剌忒納答剌，次二燕帖古思太子，次三太平訥太子，俱早隕。

【《明史·興宗傳》】興宗孝康皇帝標，太祖長子也。洪武元年正月，立爲皇太子。薨，祔葬孝陵東，謚曰懿文。

【《懷獻太子傳》】懷獻太子見濟，母杭妃。

始爲郕王世子。及郕王即位，景泰三年五月，廢汪后，立杭妃爲皇后，立見濟爲太子。四年二月，太子薨，謚曰懷獻，葬西山。天順元年，降稱懷獻世子。

【《悼恭太子傳》】悼恭太子祐極，成化七年立爲皇太子。薨。

【《哀冲太子傳》】哀冲太子載基，世宗第一子，生二月而殤。

【《莊敬太子傳》】莊敬太子載壡，嘉靖八年，世宗將南巡，立爲皇太子。二十八年薨，帝命與哀冲太子並建寢園，歲時祭祀，從諸陵後。

【《憲懷太子傳》】憲懷太子翊釴，穆宗長子。生五歲殤，贈裕世子。隆慶元年追謚。

【《熹宗諸子傳》】懷冲太子慈然，悼懷太子慈焴，獻懷太子慈炅，俱殤。

右歷代太子廟。

五禮通考卷第一百七

淮陰吴玉搢校字

五禮通考卷第一百八

內廷供奉禮部右侍郎金匱秦蕙田編輯
太子太保總督直隸右都御史桐城方觀承同訂
兩淮都轉鹽運使德水盧見曾
按察司副使元和宋宗元
參校

吉禮一百八

諸侯廟祭

【《禮記·王制》】諸侯五廟，二昭二穆，與太祖之廟而五。【注】太祖，始封之君。王者之後，不爲始封之君廟。【疏】凡始封之君，謂王之子弟封爲諸侯，爲後世之太祖。當此君之身，不得立出王之廟，則全無廟也。故諸侯不敢祖天子，若有大功德，王特命立之則可，若魯有文王之廟，鄭祖厲王是也。此皆有功德特賜，非禮之正。此始封君之子，得立一廟，始封六世之孫，始五廟備也。若異姓始封，如太公之屬，初封則得立五廟，從諸侯禮也。若二王之後，郊天之時，則得以遠代之祖配天而祭。

【陳氏《禮書》】孔穎達曰：「若異姓始封，如太公之屬，得立五廟，從諸侯禮。」然王者始受命，所立不過四廟，諸侯初封，蓋亦廟止高祖而已。謂得立五廟，無是理也。《玉藻》曰：「皮弁以聽朔於太廟。」而朔祭有牲，是月祭及太祖也。《祭法》謂：「王考、皇考，月祭之；顯考、祖考，享嘗乃止。」非禮意也。《穀梁》曰：「諸侯受朔於禰廟。」其説無據。

蕙田案：陳氏謂王者始受命所立不過四廟，與疏不同。朱子答汪尚書曰：「政和之制，二昭二穆之上，通數高祖之父，以備五世。」夫既非始封之君，又已親盡而服絶矣，乃苟可以備夫五世而祀之，於義何所當乎？　陳氏爲優。

【《祭法》】諸侯五廟，一壇一墠。曰考廟，曰王考廟，曰皇考廟，皆月祭之。顯考廟，祖考廟，享嘗乃止。去祖爲壇，去壇爲墠。壇、墠有禱焉祭之，無禱乃止。去墠爲鬼。

【疏】「諸侯立五廟，一壇一墠」者，降天子，故止有五廟，壇、墠與天子同，無功德之祖爲二祧也。「曰考廟、曰王考廟、曰皇考廟，皆月祭之」者，天子月祭五，諸侯卑，故唯得月祭三也。「顯考廟，祖考廟，享嘗乃止」者，顯考，高祖也，祖考，太祖也。太祖乃不遷，而與高祖並不得月祭，止預四時，又降天子也。「去祖爲壇」者，去祖謂去太祖也，即高祖之父，諸侯無功德二祧，若高祖之父亦遷，即寄太祖，而不得於太祖廟受時祭。❶ 唯有祈禱，則去太祖而往墠受祭也。

【陳氏《禮書》】《祭法》言天子至士立廟之制，多與禮異。鄭氏謂凡鬼薦而不祭，賈氏申之，謂大夫之鬼薦於太祖壇，士之鬼薦之於廟，此尤無據。

右諸侯廟制。

【《曲禮》】君子將營宮室，宗廟爲先，廄庫爲次，居室爲後。【注】重先祖及國之用。

【《王制》】寢不踰廟。

【《詩·大雅·緜》】其繩則直，縮版以載，作廟翼翼。❷【傳】言不失繩直也。乘謂之縮。君子將營宮室，宗廟爲先，廄庫爲次，居室爲後。【箋】繩者，營其廣輪方制之正也。既正，則以索縮其版築，上下相承而起，廟成則嚴顯翼翼然。乘，聲之悮，當爲繩也。

何氏楷曰：「作，起也，亦剏造之謂。廟，宗廟也。曹氏云：『此章俾立室家，則定其規模面向。若其營作，則

---

❶「受」，原作「祭」，據《禮記·祭法》孔疏改。

❷「翼翼」，原作「翌翌」，據庫本及《詩·大雅·緜》改。下箋文同。

先於廟，故其序如此。』」

右諸侯立廟。

【《大戴禮》】成廟將遷之新廟。君前徙三日，齋。祝、宗人及從者皆齋。【注】謂親過高祖則毁廟，以昭穆遷之。《春秋穀梁傳》曰：「作主壞廟有時日，於練焉壞廟。壞廟之道，易檐可也，改塗可也。」范甯云：「納新神，故示有所加。」鄭玄《士虞禮・記》注曰：「練而後遷也。」《禮志》云：遷廟者，更釁其廟而移故主焉。」按此篇成廟之文，與《穀梁》相傳也。 徙之日，君玄服，從者皆玄服。從至於廟，【注】廟，殯宫。 羣臣如朝位。【注】列於廟門外，如路門之位。 君入，立於阼階下，西向。有司如朝位。【注】立於門内，如門外之位。 宗人擯舉手曰：「有司其請升。❶」君升，祝奉幣從在左，北面，【注】祝主辭，故在左。神將遷，故出在户牖間，南面矣。 再拜，興。祝聲三，曰：「孝嗣侯某，敢以嘉幣告於皇考某侯，【注】言嗣以遷代。不言國，未忍有之也。成廟將徙，敢告。」【注】卒不奠幣者，禮畢矣，於此，將有事於新廟。 君及祝再拜，興。祝曰：「請導。」君降，立於階下，奉衣服者皆奉以從祝。【注】不言奉主而稱奉衣服者，以毁易祖考，誠人神之不忍。從祝者，祝所以導神也。言「皆」者，衣服非一稱。《周禮・守祧職》曰：「掌先王先公之廟祧，其遺衣服藏焉。」奉衣服者降堂，君及在位者皆辟也。奉衣服者至碑，君從，有司皆以次從，出廟門。奉衣服者升車，乃步。君升車，從者皆就車也。【注】皆就車，謂乘貳車者。 凡出入門及大溝渠，祝下擯。【注】神車祝爲左，故於步處則下。 至於新廟。筵於户牖間，【注】始自外來，故先於堂。 樽於西序下，【注】四時之祭，在室筵隩中，在堂筵序下，是以設樽恒於東方。今惟布南面之席，故置樽於西，以因其便矣。 脯醢陳於房中，【注】房，西房也，諸

❶「其」，原作「具」，據《大戴禮記・諸侯立廟》改。

侯在右房也。設洗當東榮，南北以堂深。【注】記因卿士，當言東霤。有司皆先入，如朝位。祝導奉衣服者乃入，君從。奉衣服者入門左，【注】門左，門西。在位者皆辟也。奉衣服者升堂，皆反位。君從升，奠衣服於席上，祝奠幣於几東。君北向，祝在左。贊者盥，升，適房，薦脯醢。君盥，酌，奠於薦西，反位。君及祝再拜，興。祝聲三，曰：「孝嗣侯某，敢用嘉幣告於皇考某侯，今月吉日，可以從於新廟，❶敢告。」再拜。君就東廂，西面；祝就西廂，東面。【注】東西侯也。祝就西廂，因其便也。在位者皆反走辟。如食間，【注】走，疾趨也。擯者舉手曰：「請反位。」君反位，祝從在左。卿大夫及衆有司諸在位者皆反位。祝聲三，曰：「孝嗣侯某，潔爲而明薦之享。」【注】《詩》云：「潔蠲爲饎，是用孝享。」君及祝再拜，君反位，【注】東廂之位。祝徹反位。【注】西廂之位。擯者曰：「遷廟事畢，請就燕。」君出廟門，卿大夫有司執事者皆出廟門。告事畢，【注】事謂内主、藏衣服、斂幣、徹几筵之等。乃曰擇日而祭焉。【注】所以安神。

右諸侯遷廟。

蕙田案：諸侯釁廟，見前釁禮。

《春秋·莊公三年》秋，紀季以酅入於齊。

《公羊傳》魯子曰：「請後五廟，以存姑姊妹。」【注】紀與齊爲讎，不直，齊大紀小，季知必亡，故以酅首服。先祖有罪於齊，請爲五廟後，以酅共祭祀，存姑姊妹。【疏】季爲附庸而得有五廟者，舊説云，此諸侯之禮故也。直言以存姑姊妹，不言兄弟子姪者，謙不敢言之。欲言兄弟子姪亦隨國亡，但外出之女有所歸趣而已。

【陳氏《禮書》】公、侯、伯、子、男，其衣服、宮室、車、旗等衰雖殊，其立五廟一也。

❶「可」，原作「十」，據庫本及《大戴禮記·諸侯立廟》改。

附庸之封，雖不能五十里，亦國君爾，故亦五廟。《春秋》書「紀季以酅入於齊」，《公羊傳》曰：「紀季請後五廟，以存姑姊妹。」則附庸之廟與諸侯同可知也。

右附庸五廟。

【《春秋·莊公二十三年》】秋，丹桓宮楹。

【《穀梁傳》】禮，天子、諸侯黝堊，【注】黝堊，黑色。按，黝，黑也。堊，謂白堊也。大夫蒼，士黈。【注】黈，黄色。丹楹，非禮也。二十四年，春，刻桓宮桷。【注】桷，榱也。方曰桷，員曰椽。

【《穀梁傳》】天子之桷，斲之，礱之，加密石焉。【注】以細石磨之。諸侯之桷，斲之，礱之。大夫斲之。士斲本。刻桷，非正也。【注】非正，謂刻桷丹楹也。

蕙田案：此魯廟飾，非禮也。

文公二年八月丁卯，大事於太廟，躋僖公。【注】躋，升也。僖公，閔庶兄。繼閔而立，廟坐宜次閔下。今升在閔上，故書而譏之。【《左氏傳》】逆祀也。於是夏父弗忌爲宗伯，尊僖公，且明見曰：「吾見新鬼大，故鬼小。先大後小，順也。躋聖賢，明也。明、順，禮也。」君子以爲失禮。禮無不順。祀，國之大事也，而逆之，可謂禮乎？子雖齊聖，不先父食久矣。故禹不先鯀，湯不先契，文、武不先不窋。宋祖帝乙，鄭祖厲王，猶上祖也。是以《魯頌》曰：「春秋匪懈，享祀不忒，皇皇后帝，皇祖后稷。」君子曰禮，謂其后稷親而先帝也。《詩》曰：「問我諸姑，遂及伯姊。」君子曰禮，爲其姊親而先姑也。仲尼曰：「臧文仲不仁者三，不知者三。下展禽，廢六關，妾織蒲，三不仁也。作虚器，縱逆祀，祀爰居，三不知也。」【注】僖是閔兄，不得爲父子。嘗爲臣，位應在下。今居閔上，故曰逆祀。臣繼君，猶子繼父。帝乙，微子父。厲王，鄭桓公父。二國不以帝乙、厲王不肖而猶尊尚之。【疏】禮，父子異昭穆，兄弟昭穆同。故僖、閔不得爲父子，同爲穆耳。當閔在僖上，今升僖先閔，故云逆祀。二公位次之逆，非昭穆亂也。《魯語》云：「將躋僖公，宗有司曰：『非昭穆也。』弗忌曰：『我爲宗伯，明者爲昭，其次爲穆，何常之有？』」如彼所言，似閔、僖異昭穆者位次之逆，如昭穆之亂，假昭穆以言之，非謂異昭穆也。若兄弟相代即異昭穆，設令兄弟四人皆立爲君，則祖、父之廟即已從毁，知其禮必不然。故先儒無作此説。

【《公羊傳》】大事者何？大祫也。大祫者何？合祭也。其合祭奈何？毁廟之主陳於太祖，未毁廟之主皆升，合食於太祖，五年而再殷祭。躋者何？升也。何言乎升僖公？譏逆祀。其逆祀奈何？先禰而後祖也。【注】太祖，周公之廟。陳者，就陳列太祖前。升謂西上。禮，昭穆指父子。近取法，《春秋》惠公與莊公當同南面西上，隱、桓與閔、僖亦當同北面西上，繼閔者在下。文公緣僖公於閔公爲庶兄，置僖公於閔公上，失先後之義，故譏之。《傳》曰「後祖者」，僖公以臣繼閔公，猶子繼父，故閔公於文公亦猶祖也。自先君言之，隱、桓及閔、僖各當爲兄弟，顧有貴賤耳；自繼代言之，有父子君臣之道，此恩義逆順，各有所施也。

【《穀梁傳》】大事者何？大是事也。著祫嘗、祫祭者，毁廟之主陳於太祖，未毁廟之主皆升，合祭於太祖。躋，升也。先親而後祖也，逆祀也。逆祀則是無昭穆也，無昭穆則是無祖也，無祖則無天也，故曰文無天。無天者，是無天而行也。君子不以親親害尊尊，此《春秋》之義也。【注】舊説僖公，閔公庶兄，故文公升僖公之主於閔公之上耳。僖公雖長，已爲臣矣；閔公雖小，已爲君矣。臣不可以先君，猶子不可以先父，故以昭穆父祖爲喻。甯曰：即之於《傳》，則無以知其然，若引《左氏》以釋此《傳》，則義雖有似，而於文不辨。高宗，殷之賢王，猶祭豐於昵，以致雊雉之變，然後率修常禮。文公顛倒祖考，固不足多怪矣。親謂僖，祖謂莊。【疏】先親而後祖，親謂僖公，祖謂閔公也。僖繼閔而立，猶子之繼父，故《傳》以昭穆祖父爲喻。此於傳文不失，而范氏謂莊公爲祖，其理非也。范云文公顛倒祖考，則是僖在莊上，謂之夷狄猶自不然，況乎有道之邦，豈其若是。

【《國語》】夏父弗忌爲宗伯，烝，將躋僖公。宗有司曰：「非昭穆。」曰：「我爲宗伯，明者爲昭，其次爲穆，何常之有！」有司曰：「夫宗廟之有昭穆也，以世次之長幼，而等胄之親疏也。夫祀，昭孝也。各致齊敬於其皇祖，昭孝之至也。故工史書世，宗祝書昭穆，猶恐其踰也。今將先禰而後祖，自玄王以及主癸莫若湯，自稷以及王季莫若文、武，商周之烝也，未嘗躋湯與文、武，爲不踰也。魯未若商、周而改其常，毋乃不可乎？」弗聽，遂躋之。【注】非昭穆，謂非昭穆之次也。父爲昭，子爲穆，僖爲閔臣，臣、子一例，而升閔上，故曰非昭穆也。明者爲昭，其次爲穆，明言僖有明德，當爲昭，閔次之，當爲穆也。以僖爲明而升之，是先禰而後祖。

蕙田案：昭穆之序，百世不易，兄弟同昭穆，則同廟異室。躋僖，爲先閔也。兄弟叔姪之分，不可以奪君臣，而君臣不可以亂昭穆。《左傳》杜注、孔疏説皆不刊。詳見前廟祧昭穆條下。

又案：此魯廟逆祀，非禮也。

【《春秋·文公十有三年》】世室壞。【《公羊傳》】世室，魯公之廟也。魯公，周公子伯禽。周公稱太廟，魯公稱世室，羣公稱宮。【疏】周公稱太廟者，即僖八年「禘於太廟」，文二年「大事於太廟」是也。魯公稱世室者，即此經是也。羣公稱宮者，即武宮、煬宮之屬是也。此魯公之廟也。曷爲謂之世室？世室猶世室也，世世不毀也。周公何以稱太廟？於魯封魯公以爲周公也。

【《穀梁傳》】大室屋壞者，有壞道也，譏不修也。禮，宗廟之事，君親割，夫人親舂，敬之至也。爲社稷之主，而先君之廟壞，極稱之，志不敬也。

蕙田案：此魯不修廟，非禮也。

成公三年，新宫災，三日哭。【《公羊傳》】新宫者何？宣公之宫也。【注】以無新宫，知宣公之宫廟。曷爲謂之新宫？不忍言也。【注】親之精神所依而災，孝子隱痛，不忍正言也。謂之新宫者，因新入宫，易其西北角，示昭穆相繼，代有所改更也。其言三日哭何？【注】指桓、僖宫災，不言三日哭。廟災，三日哭，禮也。【注】善得禮，痛傷鬼神無所依歸，故君臣素縞哭之。

【哀公三年《左氏傳》】五月辛卯，桓宫、僖宫災。孔子在陳，聞火，曰：「其桓、僖乎？」【注】言桓、僖親盡而廟不毁，宜爲天所災。【疏】禮，諸侯親廟四焉，高祖之父即當毁其廟。計桓之於哀，八世祖也，僖六世祖也，親盡而廟不毁，言其宜爲天所災也。服虔云：「季氏出桓公，又爲僖公所立，故不毁其廟。」其意或然。【《公羊傳》】哀公三年五月辛卯，桓宫、僖宫災。此皆毁廟也，其言災何？復立也。何以書？記災也。【注】災不宜立。【疏】謂其宫不宜立，若曰以其不宜立，故災之然。

【《禮記·明堂位》】魯公之廟，文世室也。武公之廟，武世室也。【注】此二廟象周有文王、武王之廟也。世室者，不毁之名。【疏】文世室者，魯公伯禽有文德，世世不毁其室，故云文世室。武世室者，伯禽玄孫武公有武德，其廟不毁，故云武世室。按成六年立武宫，《公羊》、《左氏》並譏之不宜立也。又武公之廟立在武公卒後，其廟不毁在成公之時，作記之人因成王褒魯，遂盛美魯家之事，因武公其廟不毁，遂連文而美之，非實辭也。

王氏安石曰：「此言尤不可信。周公爲魯太祖，而開國實係魯公，其廟不毁，固有此理，然不可援文王爲比也。若夫武公，乃伯禽玄孫，春秋之初毁廟，復立，季氏爲之也。且季氏立已毁之廟者有二：煬公之廟毁而復立，煬公以弟繼兄者也；武公之廟毁而復立，武公舍長立少者也。二者皆季氏不臣之心。《春秋》書立武宫、立煬宫，以罪季氏。鄭不考其故，乃曰世室者不毁之廟。夫昭穆遞遷，則毁武公之廟，禮也。世室既遠，毁而復立，非禮也，而比之於武之世室，亦甚乖《春秋》之旨矣。」

【陳氏《禮書》】《明堂位》曰：「魯公之廟，文世室。武公之廟，武世室。」然武公之於魯，徇宣王立庶之非，以階魯國攻殺之禍，而豐功懿德，不著於世。自武至閔，其廟已在可遷之列矣。《春秋》成公六年二月，立武宫。昭十五年，有事於武宫。《左氏》曰：「季文子以鞌之戰立武宫。」《公羊》曰：「武宫者何？武公也。立者，不宜立也。」蓋武宫立於成公之時，歷襄及昭，積世不毁，故記者得以大之，欲以比周之文、武也。

蕙田案：此魯紊廟制，非禮也。

【《詩·魯頌》】閟宫有侐，實實枚枚。【傳】閟，閉也。先妣姜嫄之廟，在周常閉而無事。孟仲子曰：「是禖宫也。」【箋】閟，神也。姜嫄神所依，故廟曰神宫。【疏】毛以爲將美僖公，先言上述遠祖。周人立姜嫄之廟，常閉而無事。欲説姜嫄，又先述其廟，言其在周，則謂魯無其廟。以周立是非常，故魯不得有也。箋以詩人之作，睹事興辭。若魯無姜嫄之廟，不當先述閟宫，又卒章云「新廟奕奕，奚斯所作」，發首言閟宫，於末言新廟，則所新之廟、新此閟宫，首尾相承，於理爲順，奚斯作之，自然在魯，不宜獨在周也。且立廟而祭，不宜以閟爲名。《釋詁》云：「毖，神，慎也。」俱訓爲慎，是閟得爲神，❶閟與毖字異音仝，故閟爲神也。以其姜嫄神之所依，故廟曰神宫。凡廟皆是神宫，以姜嫄之事説之於下，故先言神宫以顯之。徂來之松，新甫之柏。是斷是度，是尋是尺。松桷有舄，路寢孔碩。新廟奕奕，奚斯所作。孔曼且碩，萬民是若。【傳】新廟，閔公廟也。有大夫公子奚斯者，作是廟也。

【《荀子·宥坐》】子貢觀於魯廟之北堂，出而問於孔子曰：「鄉者賜觀於太廟之北堂，未既輟，還復瞻被九蓋皆繼，❷彼有説邪？匠過絶邪？」【注】北堂，神主所在也。輟，止也。九當爲北，被當爲彼，傳寫悮耳。蓋音盍，户扇也。❸皆繼，謂其材木斷絶相接繼也。子貢問北盍皆繼續，彼有説邪？匠過悮而遂絶之也。《家語》作

❶「得」，原作「神」，據《毛詩·閟宫》孔疏改。
❷「被九蓋皆繼」，原作「九蓋被皆繼邪」，據《荀子集解·宥坐》楊注改。
❸「户扇」，原作「扇户」，據《荀子集解·宥坐》楊注改。

「還瞻北蓋皆斷焉，彼有說邪？ 匠過之也」，王肅注云：「觀北面之蓋，皆斷絶也。」孔子曰：「太廟之堂，亦嘗有說。【注】言舊曾說，今則無也。官致良工，因麗節文，【注】致，極也。官致良工，謂初造太廟之時，官極其良工，良工則因隨其木之美麗節文而裁制之，所以斷絶。《家語》作「官致良工之匠，匠致良材，盡其功巧，❶蓋貴文也」。❷ 楊氏曰：「《家語》作蓋貴久矣，尚有說也。與此注少異。」非無良材，蓋曰貴文也。」非無良材大木不斷絶者，蓋所以貴文飾也。

【附辨孔氏魯有九廟】

【《王制》孔疏】魯非但得立文王之廟，又立姜嫄之廟及魯公、武公之廟，併周公及親廟。除文王廟外，猶八廟也。

蕙田案：魯禘祭文王，以周公配，即在周公廟中，亦猶周禘帝嚳於后稷之廟，並未另立文王之廟。謂魯有姜嫄廟，蓋據《閟宮》頌「赫赫姜嫄」言之，然《詩》乃追述魯所由封，而推本后稷之生，以上及於姜嫄，《閟宮》非祀姜嫄之詩，魯亦何緣有姜嫄之廟？ 孔說非也。武宮、煬宮旋廢旋立，不在廟數。魯實有七廟耳。

右魯廟。

【《孟子》】禮曰：諸侯耕助，以供齊盛。夫人蠶繅，以爲衣服。

【《禮記・曲禮》】國君下齊牛，式宗廟。【注】按《齊右職》云：「凡有牲事，則前馬。」注云：「王見牲則拱而式。」又引《曲禮》云：「國君下宗廟，式齊牛。」鄭注《周官》與此文異。熊氏曰：「『下齊牛式宗廟』，文悞，當以《周禮・齊右》注爲正，宜云『下宗廟，式齊牛』。」

【《祭統》】先期旬有一日，宮宰宿夫人，夫人亦散齋七日，致齋三日。君致齋於外，夫人致齋於内，然後會於太廟。君純冕立於阼，

❶「功」，庫本作「工」。
❷「文」，原作「之」，據《荀子集解・宥坐》楊注改。下「蓋曰貴文」同。

夫人副褘立於東房。君執圭瓚祼尸，大宗執璋瓚亞祼。及迎牲，君執紖，卿大夫從，士執芻，宗婦執盎從夫人薦涚水。君執鸞刀羞嚌，夫人薦豆。此之謂夫婦親之。君卷冕立於阼，夫人副褘立於東房。夫人薦豆執校，執醴授之執鐙；尸酢夫人執柄，夫人受尸執足。❶夫婦相授受，不相襲處，酢必易爵，明夫婦之别也。

【《禮器》】天道至教，聖人至德。廟堂之上，罍尊在阼，犧尊在西；廟堂之下，縣鼓在西，應鼓在東。君在阼，夫人在房，大明生於東，月生於西，此陰陽之分，夫婦之位也。君西酌犧象，夫人東酌罍尊，禮交動乎上，樂交應乎下，和之至也。太廟之内敬矣。君親牽牲，大夫贊幣而從；君親制祭，夫人薦盎；君親割牲，夫人薦酒。卿大夫從君，命婦從夫人。洞洞乎其敬也，屬屬乎其忠也，勿勿乎其欲其饗之也。納牲詔於庭，血毛詔於室，羹定詔於堂，三詔皆不同位，蓋道求而未之得也。設祭於堂，爲祊乎外，故曰：「於彼乎？於此乎？」

【《祭統》】既内自盡，又外求助，昏禮是也。故國君取夫人之辭曰：「請君之玉女與寡人共有敝邑，事宗廟、社稷。」此求助之本也。夫祭也者，必夫婦親之，所以備外内之官也。官備則具備。水草之菹，陸産之醢，小物備矣。三牲之俎，八簋之實，美物備矣。昆蟲之異，草木之實，陰陽之物備矣。凡天之所生，地之所長，苟可薦者，莫不咸在，示盡物也。外則盡物，内則盡志，此祭之心也。

【《祭義》】君牽牲，夫人奠盎；君獻尸，夫人薦豆；卿大夫相君，命婦相夫人。齊齊乎其

❶「受」，原作「授」，據《禮記·祭義》改。

敬也！愉愉乎其忠也！勿勿諸其欲其饗之也！

文王之祭也，事死者如事生，思死者如不欲生，忌日必哀，稱諱如見親。祀之忠也，如見親之所愛，如欲色然，其文王與？❶《詩》云：「明發不寐，有懷二人。」文王之詩也。祭之明日，明發不寐，饗而致之，又從而思之。祭之日，樂與哀半：饗之必樂，已至必哀。

【《詩·召南》序】采蘩，夫人不失職也。夫人可以奉祭祀，則不失職矣。【箋】奉祭祀者，采蘩之事也。不失職者，夙夜在公也。

于以采蘩，于沼于沚。于以用之，公侯之事。【傳】公侯夫人執蘩菜以助祭，神饗德與信，不求備焉。沼沚，谿澗之草，猶可以薦。王后則荇菜也。之事，祭事也。

于以采蘩，于澗之中。于以用之，公侯之宮。【傳】宮，廟也。被之僮僮，夙夜在公。被之祁祁，薄言還歸。【傳】被，首飾也。僮僮，竦敬也。【箋】公，事也。早夜在事，謂視濯溉、饎爨之事。《禮記》「主婦髲鬄」。云：❷「言，我也。祭事畢，夫人釋祭服而去髲鬄，其威儀祁祁然而安舒，無罷倦之失。我還歸者，自廟反其燕寢。」

蕙田案：諸侯祭禮，其祼獻、朝踐、饋食、酳尸之節，皆上同天子，已詳《時享門》。至其等殺之微差，儀文之小異，則經傳無可考見。今取傳記之言諸侯祭禮者，著於篇，學禮者通其意可也。至《通典》所序諸侯祭禮與大夫、士同，恐未可據，故不録。

右諸侯宗廟正祭。

【《禮記·王制》】春曰礿，夏曰禘，秋曰嘗，

❶「王」，原脱，據庫本及《禮記·祭義》補。

❷「云」上，《毛詩正義·召南·采蘩》有「箋」字。

冬曰烝。諸侯礿則不禘，禘則不嘗，嘗則不烝。諸侯礿犆，禘一犆一祫，嘗祫，烝祫。

蕙田案：詳見《禘祫門》。

右諸侯時享犆祫。

【《周禮・春官・太史》】正歲年以序事，頒之於官府及都鄙，頒告朔於邦國。【注】天子班朔於諸侯，諸侯藏之祖廟。至朔，朝於廟，告而受行之。【疏】鄭云「天子班朔於諸侯，諸侯藏之於祖廟」者，按《禮記・玉藻》：「諸侯皮弁，聽朔於太祖。」太祖，即祖廟也。「至朔，朝於廟，告而受行之」者，諸侯約天子，故縣之於中門，匝日斂之，藏之於祖廟，月朔用羊告而受行之。❶此經及《論語》稱「告朔」，《玉藻》謂之「聽朔」，《春秋》謂之「視朔」。視者，人君入廟視之。告者，使有司讀祝以言之。聽者，聽治一月政令，所從言之異耳。

鄭鍔曰：「恐其不告也，故不曰頒正朔，而謂之告朔。」

【《春秋・文公六年》】閏月，不告月，猶朝於廟。【注】諸侯每月必告朔聽政，因朝宗廟。文公以閏非常月，故闕不告朔。怠慢政事，雖朝於廟，則如勿朝，故曰「猶」。猶者，可止之辭。【疏】《周禮・太史》「頒告朔於邦國」，鄭玄云：「天子頒朔於諸侯，諸侯藏之祖廟，至朔朝於廟，告而受行之。」《論語》云：「子貢欲去告朔之餼羊。」是用特羊告於廟，謂之告朔。人君即以此日聽視此朔之政，謂之視朔。十六年，公四不視朔。僖五年《傳》曰「公既視朔」是也。視朔者，聽治此月之政，亦謂之聽朔。《玉藻》云「天子聽朔於南門之外」是也。其日又以禮祭於宗廟，謂之朝廟。《周禮》謂之「朝享」，《司尊彝》云追享、朝享是也。其歲首爲之，則謂之朝正，襄二十九年正月「公在楚」，《傳》曰「釋不朝正於廟」是也。告朔、視朔、聽朔，朝廟、朝享、朝正，二禮各有三名，同日而爲之也。天子告朔於明堂，朝享於五廟；諸侯告朔於太廟，朝享自皇考以下三廟耳，皆先告朔後朝廟。朝廟小於告朔，文公廢其大而行其小，故云「猶朝於廟」。《公羊傳》曰：「猶者，可止之辭也。」天子玄冕以視朔，皮弁以日視朝；諸侯皮弁以聽朔，朝服以日視朝。其閏月則聽朔於明堂，闔門左扉，立於其中，聽政於路寢，門終月，故於文王在門爲閏。

❶「朔」，原作「月」，據庫本改。

蕙田案：《周禮・司尊彝》「四時之間祀，追享，朝享」，先鄭云：「謂禘祫也。在四時之間，故曰間祀。」其解已的，而後鄭易之，謂：「追享，追祭遷廟之主，以事有所請禱。朝享，謂受朝政於廟。《春秋傳》曰：『閏月不告朔，猶朝於廟。』」此以《祭法》之壇墠有禱釋追享，以五廟月祭釋朝享，而又以告朔朝廟附會月祭之說，故《玉藻》疏、《春秋》疏、《穀梁》疏、《公羊》疏、《論語》注疏並從後鄭。不知祠、禴、烝、嘗、追享、朝享，所謂六享也。宗廟六享，乃去禘祫不數，而以請禱告朔足之，已自不倫，況月祭乃薦新之祭，與告朔朝廟何與？與朝享祫祭又何與乎？聽朔在明堂，月祭則在五廟，朝廟行於每月，朝享間於四時，各有攸當，何可混三者而一之耶？

【《左氏傳》】閏月不告朔，非禮也。閏以正時，時以作事，事以厚生。【注】經稱告月，傳稱告朔，明告月必以朔。生民之道，於是乎在矣。不告閏朔，棄時政也，何以爲民？【《穀梁傳》】不告月者，不告朔也。不告朔則何？爲不言朔也。閏月者，附月之餘日也，積分而成於月者也。天子不以告朔而喪事不數也。【注】閏是叢殘之數，非月之正，故吉凶大事皆不用也。猶之爲言可以已也。【《公羊傳》】曷爲不告朔？天無是月也。閏月矣，何以謂之天無是月？非常月也。猶者何？通可以已也。

啖氏助曰：「《公》、《穀》言不告月爲是，非也。按經文言不告月，明當告也。」

朱子曰：「閏者所以定四時成歲。天子以爲月而頒之，爲諸侯而不奉以告，是輕正朔而慢時令也。《公》、《穀》以爲附月之餘日，又曰『天子不以告朔』，此説已非，而『猶』字之義，諸《傳》皆以爲可已之辭，大率皆譏其舍大政而謹小禮，獨胡《傳》以爲幸其不已之辭，以『我愛其禮』証之，則此義精矣。」

【文公十六年】夏五月，公四不視朔。【注】諸侯每月必告朔聽政，因朝於廟。今公以疾闕，不得視二月、三月、四月、五月朔也。《春秋》十二公，以疾不視朔非一也，義無所取，故特舉此以表行事，因明公之實有疾。

【《左氏傳》】疾也。【《穀梁傳》】天子告朔於諸侯，諸侯受乎禰廟，禮也。【注】每月天子以朔政班於諸侯，諸侯受而納之禰廟，告廟以羊。今公自二月不視朔，至於五月。是後視朔之禮遂廢，故子貢欲去其羊。公四不視朔，公不臣也，以公爲厭政以甚矣。【《公羊傳》】公曷爲四不視朔？公有疾也。何言乎公有疾？不視朔，自是公無疾不視朔也。然則曷爲不言公無疾？不視朔，有疾猶可言也，無疾不可言也。

【《春秋》襄公二十九年《左氏傳》】春王正月，公在楚，釋不朝正於廟也。【注】釋，解也。告廟在楚，解公所以不朝正。

【《論語》】子貢欲去告朔之餼羊。子曰：「賜也，爾愛其羊，我愛其禮。」【注】鄭曰：「牲生曰餼。」禮，人君每月告朔於廟，有祭謂之朝享。魯自文公始不視朔，子貢見其禮廢，故欲去其羊。包曰：「羊存，猶以識其禮。羊亡，禮遂廢。」

馮氏椅曰：「是時諸侯固自紀元，而天子所存者僅正朔，此禮蓋甚重也。」

蕙田案：古天子頒正朔於天下，均次每月所行之政，以敬授民時。諸侯受之王朝，藏之祖廟，每月朔則請於祖廟而行政焉，此敬天勤民、尊王親祖之義也。告朔之文，見《周禮·大史》「頒告朔於邦國」、《論語》「子貢欲去告朔之餼羊」，《春秋》文六年、十六年，《左氏》、《公羊》、《穀梁傳》並云「告朔」。又曰「告月」，見《春秋》文六年「閏月不告月」。又曰「視朔」，見文十六年「公四不視朔」。又曰「聽朔」，見《玉藻》「天子聽朔於南門之外」，諸侯「聽朔於太廟」。其在歲首謂之朝正，襄二十九年春王正月公在楚，《左氏傳》曰「釋不朝正於廟」是也。是五者稱名不同，其禮則一。但主乎告廟而言，則曰告朔、告月、朝正；主乎聽政而言，則曰視朔、聽朔，言非一端，亦各有當而已。今以經傳所云「告朔」者入此卷，其云「聽朔」者别入《嘉禮·朝賀門》。

又案：天子聽朔於明堂，明其受之於天也。諸侯聽朔於祖廟，明其受之於祖也。天子以特牛，諸侯以特羊，告廟之禮，尊卑之次也。《春秋》譏閏月不告朔，蓋一月有一月之政，閏雖無常，而政有常，以閏月而不告，則一月之政不舉，故《左氏》以爲棄時政，是也。《公羊》以爲天無是月，《穀梁》以喪不數閏爲証，並以不當告爲説，其義非矣。告朔必有朝廟之禮，《春秋》書「猶朝於廟」，是幸其禮之不盡廢，《公羊》、《穀梁》均以「猶」爲可已之辭，豈聖人愛禮之意乎？告朔雖有特牲，朝廟别無祭禮。注、疏皆引《司尊彝》朝享及《祭法》月祭爲説，豈知朝享乃大祫之祭，且有祼獻、朝踐、饋食之文，其禮煩重，非每月可行之事。月祭，又薦新之祭，與告朔、朝廟無與。牽合三禮爲一禮，則鄭、賈、孔之誤也。

右諸侯宗廟告朔。

【《通典》】後漢獻帝封曹操爲魏公，依諸侯禮，立五廟於鄴。後進爵爲王，無所改易。

【《圖書集成》】曹操《春祠令》曰：「議者以爲祠廟、上殿，當解履。吾受錫命帶劍，不解履上殿，今有事於廟而解履，是尊先公而替王命，敬父祖而簡君主，故吾不敢解履上殿也。又臨祭就洗，以手擬水而不盥。夫盥以潔爲敬，未聞擬而不盥之禮。且祭神而神在，故吾親受水而盥也。又降神禮訖，下階就幕而立，須奏樂畢，竟似若不愆烈祖遲祭不速訖也，故吾坐俟樂闋送神乃起也。受胙納神，以授侍中，此爲敬恭不終實也。古者親執祭祀，故吾親納於神，終抱而歸也。仲尼曰：『雖違衆，吾從下。』誠哉斯言也。」

【《晉書·高陽王睦傳》】睦，譙王遜之弟也，魏安平亭侯。武帝受禪，封中山王。睦自表，乞依六、蓼祀皋陶，鄫、杞祀相立廟。事下太常議，❶博士祭酒劉憙等議：「《禮記·王制》『諸侯五廟，二昭二穆，與太祖而五』，是則立始祖之廟，謂嫡統承重，一人得立耳。假令支弟並爲諸侯，始封之君不得立廟也。今睦非爲正統，若立祖廟，中山不得並也。後世中山乃得爲睦立廟，爲後子孫之始祖耳。」詔下禮官博議。

【《通典·兄弟俱封各得立禰廟議》】晉中山王睦上言乞依六、蓼之祀皋陶，杞、鄫之祀相立廟。按睦，譙王之弟，兄弟俱封，今求

❶「事」，原作「祀」，據《晉書·宗室傳·高陽王睦》改。

各立禰廟，下太常議。博士祭酒劉憙等議：「《王制》諸侯五廟，是其立始祖，爲嫡統承重一人，得立祖禰之廟，羣弟雖並爲諸侯始封之君，未得立廟也。唯今正統當立祖廟，❶中山不得並也。後代中山乃得爲睦立廟，爲後代子孫之始耳。」司徒荀顗議以爲，宜各得立廟。時詔從顗議。又詔曰：「《禮》，諸侯二昭二穆，與太祖之廟而五，太祖即始封君也，其廟不毁。前詔以譙王、中山王父非諸侯，尊同，禮不相厭，故欲令各得祭以申私恩也。❷然考之典制，事不經通。若安平王諸子並封，皆得立廟祭禰，親盡數終，其廟當毁，無故下食支庶之國，猥更隨昭穆而廢，非尊祖敬宗之義也。其如前奏施行。」虞喜曰：「譙與中山王皆始封之君，父非諸侯，尊同體敵，無所爲厭，並立禰廟，恩情兩伸，荀議是也。詔書所諭，恐非禮意。今上祭四代，❸自以諸侯位尊，得伸其恩，祭及四代，不論毁且不毁，爲始封之君，則譙王雖承父統，禰廟亦在應毁之例，不得長立也。又安平獻王自爲始封，諸子雖别封，而同爲諸侯，諸侯尊同，故不復各立，此則公子爲諸侯不得立禰廟也。而譙王父非諸侯，使與諸侯同列，不得並祭。或難曰：『《禮》，庶子不祭禰，明其宗也。若俱得祭父，則並統二嫡，非明其宗也。』答曰：『若宗子與庶子位俱爲士，禰已有廟，無爲重設，與公子爲諸侯不立禰廟同也。若尊卑不同，則已恩得施，並祭無嫌也。《禮》，大夫三廟，太祖百世不遷者也。使大

❶「令」，原作「令」，據《通典》卷五一改。
❷「各得」，原倒，據《通典》卷五一乙正。
❸「令」，原作「令」，據《通典》卷五一改。

夫之後有庶子爲諸侯者，❶當上祭四代，四代之前不得復祭。若當奪宗，❷則大夫太祖爲廢其祀。以此推之，明得兼祭。一者恩得伸，❸隨代而毀；一者繼太祖百代不替也。』」徐禪非荀是虞，曰：「愚等謂尊祖敬宗，禮之所同。若列國秩同，則祭歸嫡子，所以明宗也；嫡輕庶重，禮有兼享，所以致孝也。今譙王爲長，既享以重禄，❹中山之祀，無以加焉，二國兩祭，禮無所取，詔書禁之是也。詔稱安平獻王諸子並封，不可各令立廟，是荀暢之議美矣。然虞謂中山父非諸侯，而祭更闕疑如禮意也。虞徵士答衛將軍虞喜以嫡爲大夫，庶爲諸侯，諸侯禮重，應各立廟，禪謂爲允矣。喜曰尊同體敵，恩情兩伸，諸兄弟俱始爲諸侯，命數無降。今士庶始封之君，尚得上祭四代，不拘於嫡，以貴異之。況已尊同五等，更嫌不得其均用豐禮，並祭四代，所以寵之，理非僭宗。昔周公有王功，魯立文王之廟，鄭有平王東遷之勳，特令祖厲，是爲榮之，非許享之祭在於周室，魯、鄭豈得過之哉！」宋庾蔚之謂：大夫、士，尊不相絶，故必宗嫡而立宗，承別子之嫡謂之宗子，收族、合食，禮正一宗者也。❺故特加齊衰三月之服。至四小宗則物無所加，唯昆弟之爲人後，姊妹雖出，一降而已。《曾子問》「宗子爲士，庶子爲大夫，以上牲祭於宗子之家」，鄭云「貴禄重宗也」。《小記》「庶子不祭禰者，明其宗也」。至諸侯尊絶大夫，不得以太牢祭卿大

❶「子」，《通典》卷五一作「統」。
❷「宗」，原作「尊」，據《通典》卷五一改。
❸「者」，原作「得」，據《通典》卷五一改。
❹「以」，《通典》卷五一作「用」。
❺「禮」，《通典》卷五一作「糾」。

夫之家，是以經無諸侯爲宗服文，則知諸侯奪宗各自祭，不復就宗祭也。又諸侯別子封爲國君，亦得各祭四代。何以知其然？諸侯既不就祭，人子不可終身不得享其祖考，居然別祭四代。或疑神不兩享，舉魯、鄭祭文祖厲足以塞矣。徐以弟禄卑於兄，不得兩祭，虞以爲可兩祭，由於父非諸侯，又未善也。

蕙田案：兄弟並封，祭歸嫡子，無兩國並祭之禮。劉喜、虞喜之説，同爲正義。至諸侯奪宗，蓋又別自爲義，不得牽混。

宗元按：兄弟並封，祭歸嫡子，固宗法之常，禮之正也。然是乃但有封爵，未嘗建國，則同在京師，自可助祭於宗子之家耳。若遂建國，則必宗廟與社稷並建，方成爲國，豈有有社稷而無宗廟之國耶？此禮不知如何？夫王子出封，則諸侯不得祖天子，固不得立廟。既非王子，則或援宗子去國之禮，而用庶子攝祭之儀，但少減殺其數，仍與宗法不亂，其亦可通歟？且王子始封，竟曠世無宗廟，亦恐非體。或立廟而姑虚其位耶？抑別有法以通之耶？謹識所疑，以俟明禮者正之。

【《通典》】晉安昌公荀氏進封大國，祭六代。荀氏《祠制》云：❶「今祭六代，未立廟，暫以廳事爲祭室。須立廟，如制備。」張祖高問謝沈曰：「諸侯祭五廟，先諏日，卜吉而行事，爲祭五廟諸畢耶？按儀，視殺、延尸，厥明行事，晏朝乃闋。五廟盡爾，將終日不了；若異日，未見

❶「制」，原作「祭」，據《通典》卷四八改。

其義。」沈答曰：「五廟同時，助祭者多，晏朝乃闋。季氏逮闇，繼之以燭，雖有强力之容，肅敬之心，皆倦怠也。子路爲宰，與祭，室事交乎户，堂事交乎階，晏朝而退。孔子聞之曰：『誰謂由不知禮？』」賀循《祭義》云：❶「祭以首時及臘，【注】首時者，四時之初月。歲凡五祭。將祭，前期十日散齋，不御，不樂，不弔。前三日，沐浴改服，居於齋室，不交外事，不食葷辛，静志虛心，思親之存。及祭，施位。范汪《祀禮》云：❷「凡夫婦者皆同席，貴賤同也。兄弟同席，謂未婚也。」牲，大夫少牢，士以特豕。祭前之夕，及腊鼎陳於門外，主人即位，西面。宗人祖，告充。主人視殺於門外，主婦視饎於西堂下。設洗於阼階東南，酒醴甒於房户。牲皆體解。平明，設几筵，東面，爲神位。進食，乃祝。祝乃酌，奠，拜，祝訖，拜退，西面立，少頃，酌酳。禮一獻，❸拜受酢，飲畢，拜。婦亞獻，薦棗栗，受酢如主人。其次，長賓三獻，亦以燔從，如主人。次及兄弟獻，始進俎、庶羞。衆賓兄弟行酧，一偏而止。徹神俎羹飯爲賓食，食物如祭。餕畢，酌酳一周止。佐徹神饋，饌於室中西北隅，以爲厭祭。既設，閉牖户。宗人告畢，賓乃退。凡明日將祭，今夕宿賓。祭日，主人、羣子孫、宗人、祝、史皆詣廳事西面立，以北爲上。有薦新，在四時仲月。大夫士有田者，既祭而又薦，無田者薦而不祭。禮貴勝財，不尚苟豐，貧而不逮，無疑於降，大夫降視士，士從庶人可也。晉賀循云：「古者六卿，天子上大夫也，今之九卿、光禄大夫、諸秩中二千石者當之。古之大夫亞於六卿，今之五營校

❶「義」，《通典》卷四八作「儀」。
❷「汪」，原作「注」，據《通典》卷四八改。
❸「獻」下，《通典》卷四八有「畢」字。

尉、郡守、諸秩二千石者當之。❶上士亞於大夫，今之尚書丞郎、御史及秩千石、縣令在官六品者當之。古之中士亞於上士，今之東宮洗馬、舍人、六百石、縣令在官七品者當之。古之下士亞於中士，今之諸縣長丞尉在官八品、九品者當之。」又不及，飯菽飲水皆足致敬，無害於孝。」或問諸侯廟，博士孫毓議曰：「禮，諸侯五廟，二昭二穆及太祖也。今之諸王，實古諸侯也。諸侯不得祖天子，當以始封之君爲太祖，百代不遷，或謂之祧。其非始封，親盡則遷。其沖幼紹位未踰年而薨者，依漢舊制不列於宗廟，四時祭祀於寢而已。」又王氏問謝沈云：「祖父特進、衛將軍海陵亭恭侯應立五廟不？」沈答：「亭侯雖小，然特進位高，似諸侯也。」又問：「曾祖父侍御史，得入特進恭侯廟不？」答：「父爲士，子爲諸侯，尸以士服，祭以諸侯之禮。御史雖爲士，應自入恭侯廟也。」邵戢議桓宣武公立廟云：「禮，父爲士，子爲諸侯，祭以諸侯，則宜立親廟四。封君之子則封君高祖親盡廟毀，封君之孫則封君曾祖親盡廟毀，封君之曾孫則封君之祖親盡廟毀，封君之玄孫則封君之父親盡廟毀，❷封君玄孫之子則封君親盡廟宜毀，然以太祖不毀，五廟之數於是始備。至封君玄孫之孫則毀封君之子，封君之子玄孫之孫復毀封君之孫。如此隨代迭毀，以至百代。」

蕙田案：孫毓議極是，可爲諸侯宗廟之準繩矣。

咸寧三年，燕國遷廟主當之國，博士孫繁議：「按禮，凡告以特牲。又禮，盛主以箪

❶「秩」，原作「侯」，據《通典》卷四八改。
❷「廟毀」，原倒，據庫本及《通典》卷四八乙正。

笥，載以齋車，每舍奠焉。❶ 今王之國，迎廟主而行，宜以發日，夙興，告廟迎主。今無齋車，當以犢車，二主同載共祠，❷合於古。宗祀國遷，掌奉主祏當侍從。主車在王鹵簿前，設導從。每頓止，停主車於中門外，左，設脯醢醴酒之奠，而後即安之。」

蕙田案：此遷廟議不悖於古。

宋劉裕初受晉命爲宋王，建宗廟於彭城，從諸侯五廟之禮。

【《宋書·禮志》】孝武帝孝建元年七月辛酉，有司奏：「東平沖王年穉無後，唯殤服五月。雖臣不殤君，應有主祭，而國是追贈，又無其臣。未詳毁靈立廟，爲當他祔與不？輒下禮官詳議。」太學博士臣徐宏議：「王既無後，追贈無臣，殤服既竟，靈便合毁。《記》曰：『殤與無後者，從祖祔食。』又曰：『士大夫不得祔於諸侯，祔與祖之爲士大夫者。』按諸侯不得祔於天子。沖王則宜祔諸祖之廟爲王者，應祔長沙景王廟。」詔：可。

蕙田案：沖王殤，祔諸祖之廟爲王者，徐議是。

孝武帝大明六年十月丙寅，有司奏：「故晉陵孝王子雲未有嗣，安廟後三日，國臣從權制除釋，朔望周忌，應還臨與不？祭之日，誰爲主？」太常丞庾蔚之議：「既葬三日，國臣從權制除釋，而靈筵猶存。❸ 朔望及期忌，諸臣宜還臨哭，變服衣帢，使上卿主祭。王既未有後，又無三年服者，期親服除之，而國尚存，便宜立廟，爲國之始祖。服除之

❶「奠」，原作「殿」，據《通典》卷四八改。
❷「載」，《通典》卷四八作「車」。
❸「釋而」，原作「而釋」，據《宋書·禮志四》改。

日，神主暫祔食祖廟。諸王不得祖天子，宜祔從祖國廟，還居新廟之室。未有嗣之前，四時饗薦，常使上卿主之。」左丞徐爰參議，以蔚之議爲允。詔：可。

蕙田案：始封無後，暫祔王廟，上卿主祭，俟立後立廟。此議甚允。

【《通典》】大明七年，有司奏：「晉陵國刺：❶孝王廟依廬陵等國例，一歲五祭。二國以王有衡陽王服，今年不祀。❷尋國未有嗣王，三卿主祭。應同無服之例與不？❸」左丞徐爰議：「嗣王未立，將來承嗣未知疎近。豈宜空計服屬，以虧祭敬。❹」詔：可。

【《宋書·禮志》】大明八年，有司奏：「故齊敬王子羽將來立後，未詳便應作主立廟？爲須有後之日？未立廟者，爲於何處祭祀？」游擊將軍徐爰議以爲：「國無後，於制除罷。始封之君，實存承嗣。皇子追贈，則爲始祖。臣不殤君，事著前準，豈容虚闕烝嘗，以俟有後。謂宜立廟作主，❺三卿主祭依舊。」通關博議，以爰議爲允。令便立廟。廟成作主，依晉陵王近例，先暫祔廬陵考獻王廟。祭竟，神主即還新廟。未立後之前，常使國上卿主祭。

蕙田案：此與前庾蔚之議同。

【《北魏書·禮志》】神龜初，靈太后父司徒胡國珍薨，贈太上秦公。時疑其廟制。太學博士王延業議曰：「按《王制》云：諸侯祭二昭二穆，與太祖之廟而五。又《小記》云：王者立四廟。鄭玄云：『高祖已下，與

❶「刺」，庫本作「立」，《通典》卷五二作「制」。
❷「不祀」，《通典》卷五二作「内不祠」。
❸「服」下，《通典》卷五二有「者」字。
❹「祭」，原脱，據《通典》卷五二補。
❺「宜」，原脱，據《通典》卷五二補。

始祖而五。』明立廟之正，以親爲限，不過於四。其外有大功者，然後爲祖宗。然則無太祖者，止於四世，有太祖乃得爲五，禮之正文也。《文王世子》云：『五廟之孫，祖廟未毁，雖爲庶人，冠、娶妻必告。』鄭玄云：『實四廟而言五廟者，容高祖爲始封君之子。』明始封之君在四世之外，正位太祖，乃得稱五廟之孫。若未有太祖，已祀五世，則鄭無爲釋高祖爲始封君之子也。此先儒精義，當今顯証也。又《喪服傳》曰：『若公子之子孫有封爲國君者，則世世祖是人也，不祖公子。』鄭玄云：『謂後世爲君者，祖此受封之君，不得祀别子也。公子若在高祖已下，則如其親服，後世遷之，乃毁其廟爾。』明始封猶在親限，故祀止高祖。又云如親而遷，尤知高祖之父不立廟矣。此又立廟明法，與今事相當者也。又《禮緯》云：『夏四廟，至子孫五。殷五廟，至子孫六。周六廟，至子孫七。』注云：『言至子孫，則初時未備也。』此又顯在緯籍，區别若斯者也。又晉初，以宣帝是始封之君，應爲太祖，而以猶在祖位，故唯祀征西已下六世。待世世相推，宣帝出居太祖之位，然後七廟乃備。此又依準前軌，若重規襲矩者也。竊謂太祖者，功高業大，百世不遷，故親廟之外，特更崇立。苟無其功，不可獨居正位，而遽見遷毁。且三世以前，廟及於五；玄孫已後，祀止於四。一與一奪，名位莫定，求之典禮，所未前聞。今太上秦公，疏爵列土，大啓河山，傳祚無窮，永同帶礪，實有始封之功，方成不遷之廟。但親在四世之内，名班昭穆之序，雖應爲太祖，而尚在禰位，不可遠探高祖之父，以合五者之數。太祖之室，當須世世相推，親盡之後，乃出居正位，以備五廟之典。夫循文責實，理貴允當，考翂宗祊，得禮爲美。不可苟薦虚名，取榮多數，求之經記，竊謂爲允。又武始侯本無采地，於皇朝制令，名準大夫。案如禮意，諸侯奪宗，武始四時烝嘗，宜於秦公之廟。」博士盧觀議：「諸侯有祖考之廟，祭五世之禮。五禮正祖爲輕，一朝頓立。而祖考之廟，要待六世之君，六世以前，虚而蔑主。求之聖旨，未爲通論。《曾子問》曰：『廟無虚主。』虚主惟四，祖考不與焉。明太祖之廟，必不空置。且天子逆加二祧，得併爲七。諸侯預立太祖，何爲不得爲五乎？今始封君子之立禰廟，頗似成王之於祧。孫卿曰：『有天子者事七世，有一國者事五世。』假使八世，天子乃得事七；六世，諸侯方通祭五。推情準理，不其謬乎！雖王侯用禮，文辭不同，❶三隅反之，自然昭灼。且文宣公方爲太祖，世居子孫，今立五廟，竊謂爲是。」侍中、太傅、清河王懌議：「太學博士王延業及盧觀等，各率異見。案《禮記・王制》：『天子七廟，三昭三穆，與太祖之廟而七；諸侯五廟，二昭二穆，與太祖之廟而五。』並是後世追論備廟之文，皆非當時據立神位之事也。今相國、秦公初構國廟，追立神位，惟當仰祀二昭二穆，上及高、曾，❷四世而已。何者？秦公身是始封之君，將爲不遷之祖。若以功業隆重，越居正室，恐以卑臨尊，亂昭穆也。如其權立始祖，以備五廟，恐數滿便毁，非禮意也。昔司馬懿立功於魏，爲晉太祖，及至子晉公昭，乃立五廟，亦祀四世，至於高、曾。太祖

❶「辭」，《魏書・禮志二》作「節」。
❷「及」，《魏書・禮志二》作「極」。

之位，虛俟宣、文，待其後裔，數滿乃止。此亦前代之成事，方今之殷鑒也。又《禮緯》云：『夏四廟，至子孫五；殷五廟，至子孫六；周六廟，至子孫七。』明知當時太祖之神，仍依昭穆之序，要待子孫，世世相推，然後出居正位耳。宜依博士王延業議，定立四主，親止高、曾，且虛太祖之位，以待子孫而備五廟焉。」

蕙田案：王延業謂高祖之父不當立廟，義本注疏，其理爲長。盧觀欲以高祖之父權升太祖廟，遞遷而遞毁之，義無稽據。懌左盧右王，所見最的。

孝静帝武定六年二月，將營齊獻武王廟，議定室數、形制。兼度支尚書崔昂等議：「案《禮》，諸侯五廟，太祖及親廟四。今獻武王始封之君，便是太祖，既通親廟，不容立五室。且帝王親廟，亦不過四。今宜四室二間，兩頭各一夾室，厦頭徘徊鴟尾。又案《禮圖》，諸侯止開南門，而《二王後祔祭儀法》，執事立於廟東門之外。既有東門，明非一門。獻武禮數既隆，備物殊等。準據今廟，宜開四門。内院南面開三門，餘面及外院，四面皆一門。其内院牆，四面皆架爲步廊。南出夾門，各置一屋，以置禮器及祭服。内外門牆，並用赭堊。廟東門道南置齋坊，道北置二坊，西爲典祠廨併厨宰，東爲廟長廨併置車輅，其北爲養犧牲之所。」詔從之。

【《隋書·禮儀志》】北齊：王及五等開國，執事官、散官從三品以上，❶皆祀五世。牲

❶「散官」，原作「散」，據《隋書·禮儀志二》改。「三」，原作「二」，據《隋書·禮儀志二》改。

用太牢。❶

【《通典》】唐制，凡文武官二品以上，祠四廟。三品以上須兼爵，四廟外有始封祖，通祠五廟。

【《文獻通考》】高宗儀鳳三年，於文水縣置太原王武士彠廟。德宗貞元十三年，敕贈太傅馬燧祔廟，宜令所司供少牢，仍給鹵薄。燧，北平莊武王。

【《宋史·禮志》】高宗時，少府、昭慶節度、儀同三司、平樂郡王韋淵請建家廟，賜以祭器。

【《文獻通考》】宋淳熙五年，權户部尚書韓彦古請以臨安前洋街賜第建父世忠家廟，就賜舍宇房緡，以給歲時祭祀之用。輔臣論世忠廟器，中書舍人陳騤以禮難行駁之。上問本朝羣臣廟制如何？賜器如何？時趙雄等奏：「仁宗雖因赦論建廟，未暇行也。唯文彦博曾酌唐制爲之，未嘗賜器。政和始命禮制局範銅，以賜宰臣蔡京等。紹興又用京例，賜秦檜。其張俊、楊存中、吴璘輩，皆援檜以請。上曰：『漢唐而下，既未有賜祭器者，❷唯器與名，不可以假人。』命禮官攷歷代及本朝之制。八年十月乙卯，中書舍人崔敦詩謂：『中興廟器，斷自宸衷。改用竹木，省去雕文。然一啓其端，援者必衆。謂宜詳講，必傳古義，乃協今宜。禮賜圭瓚，然後爲鬯。蓋諸侯嗣位，不敢專祭，待命於天子。必賜以圭瓚者，祭祀交神，唯灌爲重。舉其重以賜之，而餘得自用，初不盡賜之也。』臣謂銅爲祭器，可以傳遠。今以竹木爲之，壞而不易，則墜上之

❶「太」上，《隋書·禮儀志二》有「一」字。
❷「祭器」，原倒，據《文獻通考》卷一〇四乙正。

賜；易而自製，則棄君之命。宜略倣古制，命有司鑄爵、勺各一，賜之。餘俾祀官定當用之式，繢圖以畀，❶俾自製以竹木。」從之。

寧宗嘉泰元年，太傅、永興節度、平原郡王韓侂胄奏：「曾祖琦效忠先朝，奕世侑食，而臣居止粗備，家廟猶闕，請下禮官考其制，俾自建之，頒祭器之式，以竹木製，毋紊有司。」詔下禮官討論，每位以籩豆，皆十有二，簠簋皆四，壺尊、壺罍、鉶、豆、俎、登、洗皆二，爵坫、燭臺皆二，坫一，及巾杓，篚以髹匣，載以腰輿，束以紫縧，請下文思院製。髹匣、腰輿皆十，紫紬帶二十。十月己卯，詔特鑄賜之。二年，通判嚴州張宗愈奏：「大父循忠烈王俊，書勛盟府，請以賜第舊址建家廟。乞討論其制。」命文思院鐫誌祭器以賜。詔令遵韓世忠廟器之制。

開禧三年，忠州刺史劉伯震奏祖鄜武僖王光世復辟功，請以賜第舊址立家廟。從之。

【王圻《續通考》】孔氏家廟，在衢州府西。宣聖四十八代孫、襲封衍聖公端友，從宋高宗南渡，賜居衢州。紹興六年，詔權以衢州學爲家廟，賜田奉祀。

明太祖洪武二年，立滁陽王廟，以祀郭子興。至是，又立廟墓次祀之，以其鄰家宥氏世爲奉祀，守王墳。十六年冬十一月，立楊王祠於墓次，命有司歲春秋祀之。楊王，淳皇后父陳某。先是，立祠太廟東，歲遣大臣祀。已而，中都守臣上言：「公葬地在下縣盱眙，宜崇華表，兼建廟祠。」太祖曰：「朕固聞之。」命中書省建廟盱眙，墓次樹神道碑，令儒臣宋濂撰文，仍設祠祭署及灑掃户五家。癸亥冬，勅立滁陽王廟碑於墓所。

❶「繢」，原作「續」，據《文獻通考》卷一〇四改。

先是，廟成，上親稿王事實，召太常司丞張來儀撰碑文，稱王勇悍善戰，唯不屈人下。初，元亂，上避兵入濠。王識上非常人，遂以孝慈皇后妻之，且屬以兵事，多密謀，以故上起兵定天下，王之力也。後王卒，歸葬滁州。王夫人張氏生三子，長戰没，次爲人所陷，幼與羣小陰謀伏罪；次夫人張氏，生一女，入爲上妃，生蜀王、豫王、如意王。洪武元年，上正大位，追思實帝業所始，乃封爲滁陽王。建廟墓所，命有司歲時率滁人祭之。至是勅賜樹碑。是年，立徐王廟於宿州。王姓馬，孝慈皇后父也。王缺嗣息，至是，追封爲王，妻鄭氏爲徐王夫人，祠廟立於太廟東以祭。既而稽古無文，乃即王所生里立廟，命有司春秋祭之。禮部陶凱撰文立石。仍設祠祭署，以王鄰家武氏世爲奉祠，守王墳，灑掃户九十家。

蕙田案：自漢而後，封建不復常行。王朝卿士，雖位極班聯，而無分茅胙土之實，此古今一大殊制也。朱子答汪尚書曰：「古者天子之三公八命，及其出封，然後得用諸侯之禮。蓋仕於王朝者，其禮反有所厭而不得伸。則今之公卿宜亦未得全用諸侯之禮也。」此論似爲得宜。《通典》諸侯、士、大夫祭禮合爲一門，《通考》雖分爲二，然以未封爵之卿士俱入諸侯門，似爲未協。今竊取朱子之意，以晉爵爲王者列於諸侯，餘五等則歸一品二品班大夫士廟祭焉。

右漢至明諸侯廟祭。

五禮通考卷第一百八

淮陰吴玉搢校字

五禮通考卷第一百九

内廷供奉禮部右侍郎金匱秦蕙田編輯
太子太保總督直隸右都御史桐城方觀承同訂
兩淮都轉鹽運使德水盧見曾
按察司副使元和宋宗元
參校

吉禮一百九

大夫士廟祭

【《禮記·王制》】大夫三廟，一昭一穆，與太祖之廟而三。【注】太祖，别子始爵者。《大傳》曰「别子爲祖」謂此。雖非别子，始爵者亦然。【疏】此據諸侯之子始爲卿大夫，謂之别子者也。是嫡夫人之次子，或衆妾之子，别異於正君繼父言之，故云别子。引《大傳》，證此太祖是别子也。非諸侯之子孫，異姓爲大夫者，及它國之臣初來仕爲大夫者，亦得爲太祖，故云「雖非别子，始爵者亦然」。如《鄭志》答趙商，此《王制》所論皆殷制，故云雖非别子，亦得立太祖之廟。若其周制，别子始爵，其後得立别子爲太祖。若非别子之後，雖爲大夫，但立父、祖、曾祖三廟而已，隨時而遷，不得立始爵者爲太祖。故鄭答趙商問：「《祭法》云『大夫立三廟，曰考廟，曰王考廟，曰皇考廟』，註『非别子，故知祖考無廟』。商按：《王制》：『大夫三廟，一昭一穆，與太祖之廟而三。』註云：『太祖，别子始爵者。雖非别子，始爵者亦然。』二者不知所定。」鄭答云：「《祭法》，周禮。《王制》所云，或以夏、殷雜，不合周制。」是鄭以爲殷、周之别也。鄭必知周制别子之後得立别子爲太祖，以《大傳》云：「别子爲祖。繫之以姓而弗别，綴之以食而不殊，雖百世而昏姻不通者，周道然也。」故知别子百世不遷爲太祖也。周既如此，明殷不繫姓，不綴食。《大傳》又云：「其庶姓别於上而戚單於下，五世而昏姻可以通。」明五世之後，不復繼於别子，但始爵者則得爲太祖也。此大夫三廟者，天子諸侯之大夫皆同，卿即大夫總號，故《春秋經》皆總號大夫，其三公即與諸侯同，若附庸之君亦五廟。故莊三年《公羊傳》云「紀季以酅入於齊」,《傳》曰:「請後五廟,以存姑姊妹。」

【陳氏《禮書》】《鄭志》荅趙商,謂《王制》商制,故雖非諸侯之別子,亦得立太祖之廟。周制,別子爲太祖,若非別子之後,雖爲大夫,但立父、祖、曾祖三廟,隨時而遷,不得立始爵者爲太祖也。然《左氏》曰「大夫有貳宗」,荀卿曰「大夫士有常宗」,則大夫有百世不遷之大宗,有五世則遷之小宗,是太祖之廟常不遷也。特《祭法》曰「大夫三廟」,考與王考、皇考有廟,顯考、祖考無廟,而鄭氏遂以爲周大夫之制,誤也。孔穎達曰:「大夫三廟,天子諸侯之大夫同,卿即大夫也,故《春秋》殺卿皆曰大夫。其三公之廟與諸侯同。」於理或然。

朱子曰:「大夫三廟,一昭一穆,與太祖之廟而三。大夫亦有始封之君,如魯季氏則公子友,仲孫氏則公子慶父,叔孫氏則公子牙是也。」

士一廟。【注】謂諸侯之中士、下士。名曰官師者,上士二廟。【疏】按《祭法》云「適士二廟」,今此云士一廟,故知是諸侯之中士、下士。《祭法》云「官師一廟」,故云「名曰官師者」。鄭既云諸侯之中士、下士一廟,則天子之中士、下士,皆二廟也。

【朱子《或問》】大夫士之制奈何?曰:大夫三廟,則視諸侯而殺其二,然其太祖、昭穆之位猶諸侯也。適士二廟,則視大夫而殺其一;官師一廟,則視大夫而殺其二,然其門堂室寢之備,猶大夫也。曰:廟之爲數,降殺以兩,而其制不降,何也?曰:降也。天子之山節藻棁,複廟重檐,諸侯固有所不得爲者矣。諸侯之黝堊、斲礱,大夫有不得爲者矣。大夫之倉楹斲桷,士又不得爲矣。曷爲而不降哉?獨門堂室寢之合,然後可名於宮,則其制有不得而殺耳。蓋由命士以上,父子皆異宮,生也異宮而死不得異廟,則有不得盡其事生事存之心者,是以不得而降也。

【《祭法》】大夫立三廟二壇，曰考廟，曰王考廟，曰皇考廟，享嘗乃止。顯考、祖考無廟，有禱焉，爲壇祭之。去壇爲鬼。適士二廟一壇，曰考廟，曰王考廟，享嘗乃止。顯考無廟，有禱焉，爲壇祭之。去壇爲鬼。官師一廟，曰考廟。王考無廟而祭之。去王考爲鬼。庶士、庶人無廟，死曰鬼。【注】惟天子諸侯有主，禘祫，大夫有祖考者亦鬼其百世，不禘祫，無主爾。其無祖考者，庶士以下鬼其考、王考，官師鬼其皇考，大夫、適士鬼其顯考而已。大夫祖考謂別子也。凡鬼者，薦而不祭。《王制》曰：「大夫士有田則祭，無田則薦。」適士，上士也。官師，中士、下士。庶人，府史之屬。此適士云「顯考無廟」，非也，當爲皇考，字之誤。

蕙田案：注謂大夫士無主，非也。詳見後立主條。

【《朱子語録》】問：官師一廟，若只是一廟，只祭得父母，更不及祖矣，毋乃不近人情？曰：位卑則澤淺，其理自當如此。曰：今雖士庶人家，亦祭三代，如此却是違禮？曰：雖祭三代，却無廟，亦不可謂之僭。古之所謂廟者，其體甚大，皆有門堂寢室，如所居之宫，非如今人但以一室爲之。有問程子曰：今人不祭高祖，如何？曰：高祖自有服，不祭甚非，某家却祭高祖。又曰：自天子至於庶人，五服未嘗異，皆至高祖。服既如是，祭祀亦須如是。其疏數之節未有可考，但其理必如此。七廟、五廟亦只是祭及高祖，大夫士雖或三廟、二廟、一廟，或祭寢廟，則雖異，亦不害祭及高祖。若止祭禰，是爲知母而不知父，禽獸道也；祭禰不及祖，非人道也。又曰：考諸程子之言，則以爲高祖有服，不可不祭。雖七廟、五廟，亦止於高祖；雖三廟、一廟，以至祭寢，亦必及於高祖，但有疏數之不同耳。疑此最爲得祭祀之本意。禮家言：「大夫有事，省於其君，干祫及其高祖。」此則可爲立三廟而祭及高祖之驗。

楊氏復曰：「前一條謂澤有淺深則制有隆殺，其分異也。後二條謂七廟、五廟亦止於高祖，雖三廟、一廟以至祭寢，亦必及高祖，其理同也。」

【《文獻通考》】馬氏曰：「自天子以至於士，五服之制則同，而祭祀止及其立廟之親，則大夫不祭其高、曾，士不祭其祖，非人情也。程子以爲有服者皆不可不祭，其説當矣。愚又嘗攷之禮經，參以諸儒注疏之説，然後知古今異宜，禮緣人情，固當隨時爲之損益，不可膠於一説也。人徒見適士二廟，官師一廟，以爲所及者狹，不足以伸孝子慈孫追遠之心也。然古人之制，則雖諸侯、大夫，固有拘於禮而不得祀其祖考者矣。何也？鄭氏注『諸侯五廟』云：『太祖，始封之君。王者之後不爲始封之君廟。』疏曰：『凡始封之君，謂王之子弟封爲諸侯，爲後世之太祖。當此君之身，不得立出王之廟，則全無廟也。』注『大夫三廟』云：『大夫，太祖別子始爵者。』然則諸侯始封之太祖，如鄭桓公友是也。鄭桓公以周厲王少子而始封於鄭，既爲諸侯，可以立五廟矣。然其考則厲王，祖則夷王，曾祖則懿王，高祖則共王，五世祖則穆王。自穆至厲，皆天子也。諸侯不敢祖天子，則此五王之廟，不當立於鄭，所謂『此君之身，全無廟也』。必俟桓公之子然後可立一廟，以祀桓公爲太祖；桓公之孫然後可立二廟，以祀其祖若禰；必俟五世之後，而鄭國之五廟始備也。大夫始爵之太祖，則魯季友是也。季友爲魯桓公之別子，既爲大夫，可以立三廟矣。然其考則桓公，其祖則惠公，其曾祖則孝公。自孝至桓，皆諸侯也。大夫不敢祖諸侯，則此三公之廟不當立於季氏之家，所謂『別子亦全無廟也』。必俟季友之子然後可立一廟，以祀季友爲太祖；季友之孫然後可立二廟，以祀其祖若禰；必俟三世之後，而季氏之三廟始備也。蓋諸侯、大夫雖有五廟、三廟之制，然方其始爲諸侯、大夫也，苟非傳襲數世，則亦不能備此五廟、三廟之禮。至於士、庶人，則古者因生賜姓，受姓之後，甫及一傳，即有嫡有庶。嫡，宗子也，庶，支子也。《禮》云：『支子不祭，祭必告於宗子。』又云：『庶子不祭，明其宗也。』蓋謂非大宗則不得祭別子之爲祖者，非小宗則各不得祭其四小宗所出之祖禰也。先王因族以立宗，敬宗以尊祖。尊卑有分而不亂，親疏有別而不貳，其法甚備，而猶嚴於廟祀之際。故諸侯雖曰五廟，而五世之內有爲天子者，則不可立。大夫雖曰三廟，而三世之內有爲諸侯者，則不可立。適士二廟，官師一廟，庶人祭於寢，然苟非宗子，則亦不可祭於其家，必獻牲於宗子之家，然後舉私祭。凡爲是者，蓋懼上僭而不敢祭，非薄其親而不祭也。然諸侯不敢祖天子，而天子之爲祖者，自有天子祭之。大夫不敢祖諸侯，而諸侯之爲祖者，自有諸侯祭之。支子不敢祭大宗，而大宗之爲祖禰者，自有宗子祭之。蓋己雖拘於禮而不得祭，❶而祖考之祭則元未嘗廢。適士、官師雖止於二廟、一廟，而祖禰以上，則

❶「拘」，原作「據」，據庫本及《文獻通考》卷一〇五改。

自有司其祭者，此古人之制也。後世大宗、小宗之法既亡，别子繼别之序已紊，未嘗專有宗子以主祀事。其入仕者，又多崛起單寒，非時王之支庶，不得以不敢祖天子諸侯之説爲諉也。乃執大夫三廟、適士二廟之制，而所祭不及祖禰之上，是不以學士大夫自處，而孝敬之心薄矣。烏得爲禮乎？故曰『古今異宜，禮緣人情，當隨時爲之損益，不可膠於一説也』。或曰：此爲國中公族之世禄者言也。若庶姓之來自它國，而爲諸侯、大夫者，則如之何？愚曰：古未有無宗者。庶姓有庶姓之宗，它國有它國之宗，而宗子之制則一也。《曾子問》曰：『宗子爲士，庶子爲大夫，其祭之也，如之何？孔子曰：以上牲祭於宗子之家。又問曰：宗子去在它國，庶子無爵而居，可以祭乎？孔子曰：祭哉！望墓而爲壇以祭。』此二條正爲起自匹庶與來自它國者言。若太公東海人而仕周爲諸侯，孔子宋人而事魯爲大夫之類是也。注、疏謂異姓始封爲諸侯者，及非别子而始爵爲大夫者，如他國之臣，初來爲大夫。本身即得立五廟、三廟，蓋以其非天子、諸侯之子孫，上無所拘礙，故當代即可依禮制立廟。然以《曾子問》『宗子爲士』一條，及參以《内則》中所謂『不敢以富貴加於宗子』之説，則知崛起爲諸侯、大夫者，若身是支庶，亦合尊其宗子，不敢盡如禮制也。」

蕙田案：封君别子有不可立廟者，而祖考之祭元未嘗廢。適士、官師雖止二廟、一廟，而祖禰以上，自有司其祭者。馬氏闡發至此，可謂精矣。其謂後世宗法既亡，不得執二廟、一廟之制，而所祭不及祖禰。古今異宜，當隨時爲之損益。意亦甚善。然此仍泥乎一廟祭禰、二廟祭祖之説，而不知二廟、一廟者之或祭及高祖，或不及高祖，皆當以宗法而定也。蓋廟數以兩而降，係乎貴賤而不定；宗法以五爲斷，不係貴賤而有定。兩者並行不悖，以無定之廟，合有定之宗，不以廟多而有加乎宗，亦不以廟少而有損乎宗，此古今之通義，又何異宜、損益之足云？

萬氏斯大曰：「大夫士皆得祭高、曾、祖、禰，歷稽經傳以明之。一徵之於祀典。《大傳》云：『大夫士有大事，省於其君，干祫及其高祖。』大夫士不得常祫，祫而及於高祖，則其平時奉祀者，必自高祖而下，但犆祭而不祫耳。彼天子諸侯之祫，皆其常祭之祖。苟士大夫不得祭高祖，祫祭又何以得及之乎？再徵之於祔禮。《小記》曰：『大夫士之妾，祔於妾祖姑。亡，則中一以上而祔，祔必以其昭穆。』夫與己同昭穆者祖也，與祖同昭穆者高祖也。中一以上，則高祖姑矣。祔於高祖姑，則高祖有廟矣。無廟不得祔，宜也，有廟而何以不得祀之乎？更徵之於服制。《喪服》爲曾祖齊衰三月，注：『爲高祖服同。』蓋於族祖父母有緦麻之服，推而得之，其言是也。又父爲長子三年，爲適孫期，所以然者，以其傳重也。然則設不幸而子孫亡，適曾、玄孫承重於高、曾，亦應爲之服斬矣。以齊、斬之親死，即遷之而不祀，是豈禮之所安乎？復徵之於廟制。《王制》曰：『大夫三廟，一昭一穆，與太祖之廟而三。』夫太祖之廟以義立而百世不遷，則高祖之廟自當以恩立。而親盡乃毀。苟上祭始祖，下祭祖禰，而不及高、曾，是爲隆於義而薄於恩，且將與知母而不知父者同類而並譏之矣，本程子。豈聖人之所許乎？即還証之於宗法。《大傳》曰：『宗其繼高祖者，五世則遷者也。』夫惟適玄孫之得祭高祖，而族人之不得祭者，悉宗之而祭，故有繼高祖之宗。苟祭止及於祖禰，則惟有繼禰、繼祖之宗，而無繼高祖之宗矣。然則經何以言宗其繼高祖者哉？且所謂遷者，謂遷廟而不祀也。遷廟而始不祀，則未遷而猶祀也，又何疑乎？先儒泥《小記》庶子不祭禰、不祭祖之文，謂大夫士祭不及高、曾，唯程子謂天子至士庶，五服上至於高祖，其廟祭也亦必上及於高祖。斯言深合禮意，惜未能明指禮文而見其然耳。然則大夫之祭與諸侯無別乎？蓋諸侯廟有五，而大夫廟止於三，則四親有專廟、合廟之分。士之二廟者，其昭穆如大夫，而無太祖。官師一廟者，就中自爲昭穆而追其四親，此所謂別同異也。大夫之祫何以不及太祖乎？蓋祫於太祖，則已類乎君，故止及於高祖，而太祖唯行犆祭，此所謂別嫌疑也。」

蕙田案：大夫士宗法立廟之禮，繼禰小宗宜立一禰廟；繼祖小宗宜立祖、禰二廟；繼曾祖小宗宜立曾祖廟，爲三廟；繼高祖小宗又宜立高祖廟，爲四親廟；繼別大宗宜立始祖廟，統凡五廟。然惟諸侯具五廟，大夫則三廟，士則二廟，官師一廟而已。說者謂一廟無祖廟，二廟無曾祖廟，三廟有太祖廟而無曾、高二祖廟。則《王制》之廟數，不與宗法相剌謬乎？曰：非然也。程子云：「三廟、二廟、一廟雖不同，皆不害祭及高祖。若止祭禰而不及祖，非人道也。」此爲至論。萬氏詳考而証明之，爲不易矣。蓋廟之體制相同，而貴賤之多少有等。惟天子諸侯每世一廟，每廟一主，若大夫士不必皆一廟一主也。《王制》：「大夫三廟，一昭一穆，與太祖之廟而三。」此專指繼別之大宗而爲大夫者言之，以發凡起例耳。以義揆之，繼別大宗而爲大夫者，得立三廟，太祖廟一，則一主，親廟二，則一昭一穆。每廟二主，父、曾一廟，祖、高一廟也。若非繼別大宗，不得立太祖廟。繼禰小宗止得立一廟，繼祖小宗止得立祖、禰二廟，猶皆每廟一主。至繼曾祖小宗，則又以父祔於第一廟，繼高祖小宗則以父祔於第二廟，而每廟二主矣。《祭法》云：「適士二廟。」以《王制》推之，太祖廟一，親廟一，此惟大宗爲然。若小宗，不立太祖廟，止得立一親廟，則繼禰小宗，廟惟一主，繼祖小宗，一廟二主，繼曾祖小宗，一廟三主，繼高祖小宗，一廟四主，而廟有二主、三主、四主矣。《祭法》又云：「官師一廟。」蓋無太祖。如有之，則一廟而五主矣。其主在廟中，則或以高祖居奥，而昭穆南北向，倣古制也；或同堂異室，而自西而東，鬼神尚右也。別見《朱子家禮》。如此，則《王制》與宗法相符。鄭氏不知此，於不祭祖則曰「宗子、庶子俱爲適士」，於不祭禰則曰「宗子、庶子俱爲下士」，牽制格礙，理難通矣。

【辨郝氏敬大夫難立三廟】

郝氏敬曰：「大夫必立三廟，則大家父子世官，兄弟同朝，廟不多於民居乎？若皆設於宗子家，則宗子家無地可容。且父爲大夫，子爲士，則倏興倏毁，祖考席不暇煖。」

任氏啓運曰：「大夫之廟，必立於宗子之家。宗子爲大夫則主其祭；宗子不爲大夫，而庶子爲大夫，則宗子攝其祭。《禮》所謂『以上牲祭於宗子之家』也。大夫身爲父之適，則立禰廟於家，而祖之祭猶宗子主之；爲祖之適，則立祖、禰二廟於家，而曾祖之祭猶宗子主之。《禮》所謂『齊而宗敬，終事而私祭』也。烏有父子兄弟各立三廟，及皆立廟于宗子家者乎？宗子去國，而庶子無大夫，則以廟行，庶子居者爲壇，望墓以祭。宗子去國，而庶子爲大夫，則大夫攝其祭。宗子、庶子皆非大夫，而曾祖爲大夫，則其廟未毁，但薦而不祭耳。烏有倏興倏毁者乎？郝氏訾禮，類多妄談，不可不辨。」

右大夫士廟制。

【《禮記·坊記》】子云：祭祀之有尸也，宗廟之有主也，示民有事也。修宗廟，敬祀事，教民追孝也。以此坊民，民猶忘其親。【注】有事，有所事也。【疏】祭祀有尸，宗廟有主，下示於民，有所尊事也。

【《郊特牲》】直祭祝于主。【注】謂薦熟時也，如《特牲》、《少牢饋食》之爲也。【疏】言薦熟正祭之時，祝官以祝辭告於主。

【《春秋》哀公十六年《左氏傳》】衛孔悝出奔

宋，使貳車反祏於西圃。【注】使副車還取廟主。西圃，孔氏廟所在。祏，藏主石函。

【陳氏《禮書》】重，主道也。大夫士有重。尸，神象也。大夫士有尸。孔悝，大夫也，去國載祏。孰謂大夫士無主乎？

【辨注疏諸家大夫士廟無主】

【《文獻通考》】後漢許慎《五經異義》：「或曰：卿大夫士有主不？答曰：按《公羊》説，卿大夫非有土之君，不得祫享、昭穆，故無主。大夫束帛依神，士結茆爲菆。」許慎據《春秋左氏傳》曰衛孔悝反祏於西圃，祏，石主也，言大夫以石爲主。鄭駁云：「《少牢饋食》，大夫祭禮也，束帛依神；《特牲饋食》，士祭禮也，結茅爲菆。」《鄭志》：「張逸問：許氏《異義》駁衛孔悝之反祏有主者，何謂也？答：《禮》，大夫無主，而孔獨有者，或時末代之君賜之，使祀其所出之君也。❶諸侯不祀天，而魯郊；諸侯不祖天子，而鄭祖厲王，皆時君之賜也。」《春秋》哀十六年《左傳》衛孔悝出奔宋，使貳車反祏於西圃。孔疏：「《少牢饋食》，大夫之祭禮，其祭無主。鄭玄《祭法》注云：『惟天子諸侯有主，禘祫，大夫不禘祫，無主耳。』今孔悝得有主者，當時僭爲之，非禮也。鄭玄駁《異義》云：『大夫無主，孔悝之反祏，所出公之主耳。』按孔氏，姞姓，春秋時國唯南燕爲姞姓耳。孔氏仕於衛朝，已歷多世，不知本出何國，安得有所出公之主也？知是僭爲之主耳。」

徐邈云：「《左傳》稱孔悝反祏，又《公羊》『大夫聞君之喪，攝主而往』，注義以爲斂攝神主而已，不暇待祭也，皆大夫有主之文。大夫以下不云尺寸，雖有主，無以知其形制。然推義謂亦應有。按喪之銘旌，題别亡者，設重於庭，亦有所憑，祭必有尸，想像乎存。此皆自天子及士並有其禮，但制度降殺爲殊，何至於主唯侯王而已？《禮》言『重，主道也』，埋重則立主。今大夫士有重，亦宜有主，以紀别座

❶「使祀」，原作「侯紀」，據庫本及《文獻通考》卷一〇五、《鄭志》卷下改。

位，有尸無主，何以爲别？將表稱號，題祖考，何可無主？今按經傳未見大夫士無主之義，有者爲長。」

【《北魏書·禮志》】清河王懌議曰：「延業、盧觀前經詳議，並據許慎、鄭玄之解，謂天子、諸侯作主，大夫及士則無。意謂此議雖出前儒之事，實未允情理。❶何以言之？原夫作主之禮，本以依神，孝子之心，非主莫依。今銘旌紀柩，設重憑神，祭必有尸，神必有廟，皆所以展事孝敬，想象生存。上自天子，下逮於士，如此四事，並同其禮。何至於主，謂惟王侯？《禮》云：『重，主道也。』此爲埋重則立主矣。故王肅曰：『重，未立主之禮也。』《士喪禮》亦設重，則士有主明矣。孔悝反祏，載之左史；饋食設主，著于《逸禮》。大夫及士，既得有廟題祖題考，何可無主？《公羊傳》：『君有事於廟，聞大夫之喪，去樂卒事；大夫聞君之喪，攝主而往。』今以爲攝主者，攝神斂主而已，不暇待徹祭也。何休云：『宗人攝行主事而往也。』意謂不然。君聞臣喪，尚爲之不繹，況臣聞君喪，豈得安然待主終祭也？又相國立廟，設主依神，主無貴賤，紀座而已。若位擬諸侯者，則有主，位爲大夫者，則無主。便是三神有主，一位獨闕，求諸情禮，實所未安。宜通爲主，以銘神位。」詔依懌議。

【汪氏琬《大夫士廟當有主説》】大夫士之廟祀也，一以爲有主，一以爲無主。謂之無主者，鄭玄、許慎也；謂之有主者，徐邈、清河王懌也。或問：宜何從？予告

❶「理」，《魏書·禮志二》作「禮」。

之曰：廟所以棲主也。大夫三廟，士一廟，使其無主，則祭於寢足矣，廟何爲者？祔之言附也，以主升附也。《士虞禮》「以其班祔」，《喪服小記》「祔必以昭穆，亡，則中一以上」，使其無主，又何所馮以班昭穆乎？許氏知其說之不可通也，曲爲之解曰：「大夫束帛依神，士結茆爲蕝。」此不根之辭，以臆剏之者也。或問：禮經無有主之文，奈何？予又曰：經不明言有主，亦不言無主也。《檀弓》：「重，主道也。」商主綴重焉，周主重徹焉，並非指天子諸侯爲說也，則大夫士宜有主者，一。孔子曰：「祭祀之有尸也，宗廟之有主也，示民有事也。以此坊民，民猶忘其親。」亦非專指天子諸侯也，則大夫士宜有主者，二。徐邈所引《左氏春秋》，其義甚長，而許氏顧駁孔悝反祏之舉，以爲出於時君所賜，吾不知其何據也。陳祥道曰：「重，主道，大夫士有重；尸，神象，大夫士有尸。大夫去國載祏，孰謂大夫士無主乎？」斯可以闢鄭、許之妄矣。然則廟主之制，宜何如？按重鑿木爲形，如札，士三尺，卿大夫五尺，諸侯七尺，謂未葬未有主，故以重當之。是則主制雖無考，其修短宜略與重仿可知也。又有謂天子主長尺二寸，諸侯一尺，大夫士而下當以次殺云。

蕙田案：《坊記》：「祭祀有尸，宗廟有主。」夫尸，暫也，祭則有之；主，常也，廟必有主。尸與主，皆所以依神。祭既有尸，廟必有主明矣。此天子、諸侯、大夫、士之所同，不可謂非確據也。張子曰：「有廟即當有主。」蓋廟者主之廟也，主者廟之主也，言廟則主見矣。乃鄭康成、許慎忽爲大夫士無廟主之説，徐邈、清河王懌及近世汪氏辨之特詳。鄭氏云然，以《儀禮·特牲》、《少牢》未明言之故耳。今考鄭注《郊特牲》「直祭祝于主」云：「謂薦熟時，如《特牲》、《少牢》之爲也。」則鄭固已據《儀禮》而釋之矣。《少牢禮》祝酌奠，主人再拜稽首。祝在左，卒祝，主人再拜稽首。是時鼎俎既陳，設黍稷，薦鉶毛，謂之陰厭。尸尚未入室也。西面者，向奥也。宗廟之主，設於奥，故主人向而拜之。若無主，則主人何所憑而西面？又何所憑而拜？祝又何所憑而祝乎？且尸以主分，廟以主別，無主則一廟、二廟、三廟祖考何以别耶？《左傳》云「祔而作主」，《記》「妾祔於妾祖姑，亡，則中一以上而祔」。中一以上，則祔於高祖之廟矣。妾祔有主，祖反無主耶？况神之憑依也，自設重而已然，故曰「重，主道也」。《公羊》曰：「虞主用桑，練主用栗。」《穀梁》曰：「喪主于虞，吉主于練。」蓋神不可一日無依，故始死依重，既虞則重埋而桑主作，練則桑主埋而栗主作。栗主，吉主也。祔廟故稱吉，若不祔，何吉之云？重與主，皆神之所依，豈有依在喪而不依在廟乎？此皆理之所必無者。夫《儀禮》之言尸不言主者，尸，動象也，主，静者也。動則迎之安之，坐於堂，入于室，有獻有酢，有飽，有酳，不得不詳。若主本在廟室之奥，藏之祏，設之几筵，拜之而已，祝之而已，何必明言以舉之耶？況主尊，尊則宜諱，《通典》曰：「主在尸之南。」是主也，尸也，皆神也。一言尸而主在矣，又何必言？

觀承案：禮有無廟，無無主。廟之有主，本無可疑，況以尺寸長短差次其間，則公卿大夫士亦不至略無等殺，固可見之施行而無嫌也。

右大夫士廟主。

【《詩·召南·采蘋》】于以奠之，宗室牖下。

【朱子《集傳》】宗室，大宗之廟也。大夫士祭于宗室牖下。室西南隅，所謂奧也。

劉氏瑾曰：「諸侯之庶子爲別子，別子之嫡子爲大宗，即大夫之始祖也。故祭於其廟。」

【《禮記·曾子問》】孔子曰：「宗子雖七十，無無主婦。非宗子，雖無主婦，可也。」【注】族人之婦，不可無統。

程子曰：「宗子雖七十無無主婦，此謂承祭祀也。」

方氏慤曰：「爲庶子之宗者，謂之宗子；爲庶婦之主者，謂之主婦。宗子主祭於外，主婦則助之於內者也。故宗子雖七十，不可以無主婦。」

【《內則》】適子、庶子祇事宗子、宗婦。若富，則具二牲，獻其賢者於宗子。夫婦皆齋而宗敬焉，終事而後敢私祭。【注】夫婦皆齋，當助祭於宗子之家也。私祭，祭其祖禰。【疏】大宗子將祭之時，小宗夫婦皆齋戒，以助祭於大宗，以加敬焉。大宗終竟祭事，而後敢私祭祖禰。此文雖主事大宗子，其大宗之外，事小宗子亦然。

張子曰：「禮者祭畢，然後敢私祭焉。謂如父有二子，幼子欲祭父，來兄家祭之，此是私祭。祖有諸孫，適長孫已祭，諸孫來祭者祭於長孫之家，此是公祭。祭祖則爲公祭，對祖而言則祭父爲私祭。其他推此皆然。」

陳氏澔曰：「賢猶善也。齊而宗敬，謂齊戒而往助祭事，以致宗廟之敬也。私祭祖禰，則用二牲之下者。」

【《曾子問》】曾子問曰：「祭必有尸乎？若厭祭亦可乎？」孔子曰：「祭成喪者必有尸，尸必以孫，孫幼則使人抱之；無孫，則取於同姓可也。祭殤必厭，蓋弗成也。祭成喪而無尸，是殤之也。」孔子曰：「有陰厭，有陽厭。」曾子問曰：「殤不祔祭，何謂陽厭、陰厭？」孔子曰：「宗子爲殤而死，庶子弗爲後也。其吉祭特牲，祭殤不舉肺，❶無肵俎，無玄酒，不告利成，是謂陰厭。凡殤與無後者，祭於宗子之家，當室之白，尊於東房，是謂陽厭。」

馬氏晞孟曰：「厭，不成禮之祭也。厭於陰者，宗子之殤而無後者。厭於陽者，凡殤與無後者。其異何也？宗子尊矣，則以特牲，即於陰者，幽陰之義，反諸幽求神之道也。凡殤卑矣，其祭也，則就宗子之家，當室之白，則所謂堂事，略矣。」

【陳氏《禮書》】夫尸所以象神也，厭所以飫神也。殤之有厭，爲其無尸故也；正祭有厭，爲其尸不存故也。上大夫而上，正祭無陽厭，不敢遽飫之也。適殤有陰厭，則其禮詳；庶殤有陽厭，則其禮略。觀陰厭尊有玄酒，陽厭納一尊而已。陰厭備鼎俎，陽厭俎釋三介而已，則陽厭之略可知也。

蕙田案：以上宗子常祭之法，宗子兼大宗、小宗言。大宗百世不遷，小宗五世則遷；大宗主別子之祭，小宗主高祖之祭。小宗宗大宗，則助祭於大宗之廟；宗小宗者，則助祭

❶「肺」，原脫，據庫本及《禮記·曾子問》補。

於小宗之廟也。陽厭、陰厭，皆宗子之祭。詳見諸侯宗廟條。

【《禮記·王制》】自天子達于庶人，喪從死者，祭從生者。支子不祭。【注】從生者，謂祭奠之牲器。【疏】或云在喪中祭尚從死者爵，至吉祭乃用生者禄耳。鄭云：「奠者，自吉祭之奠耳。」

【《喪服小記》】庶子不祭祖者，明其宗也。【注】明其爲宗以爲本也。禰則不祭矣。言不祭祖者，凡正體在乎上者，謂下正猶爲庶也。【疏】庶、適俱是人子，而適子烝嘗，庶子獨不祭者，正是推本崇適，明有所宗也。此言父庶則不得祭父，何假言祖？故鄭云禰則不祭也。正體謂祖之適也。下正謂禰之適也。雖正爲禰適，而于祖猶爲庶，故禰適謂之爲庶也。五宗悉然。

庶子不祭禰者，明其宗也。【注】謂宗子、庶子俱爲下士，得立禰廟也。雖庶人亦然。

應氏鏞曰：「注適士下士之説，立言初意，恐不在是。」

蕙田案：廟制、宗法，雖並行不悖，却是兩事。「支子不祭，明宗法也」，與廟制無涉，注疏多牽涉以釋祭禮，總不知廟數有定，而宗法自有常耳。應氏説是。

【《大傳》】庶子不祭，明其宗也。

【陳氏《禮書》】《喪服小記》云：「庶子不祭祖，所以明大宗；不祭禰，所以明小宗。」此又止言「不祭」，兼大宗、小宗而明之也。

朱子曰：「依《大傳》文，直謂非大宗則不得祭別子之爲祖者，非小宗則各不得祭其四小宗所生之祖禰也。其《小記》則云『庶子不祭禰，明其宗』，又云『庶子不祭祖，明其宗』，文意重複，似是衍字。而鄭氏曲爲之説，恐不如《大傳》語雖簡而事反該悉也。《小記》鄭注謂『不祭禰者，父之庶子；不祭祖者，其父爲庶子』，説得繁碎。《大傳》只説『庶子不祭』，則祖禰皆在其中矣。」

蕙田案：以上支子不祭之正法。爲小宗者，不得祭别子之大宗；爲小宗之庶者，不得祭小宗之祖禰也。

【《曲禮》】支子不祭，祭必告於宗子。【注】不敢自專，謂宗子有故，支子當攝而祭者也。五宗皆然。

程子曰：「古所謂支子不祭者，唯使宗子立廟主之而已。支子雖不祭，至於齊戒，致其誠意，則與主祭者不異。可與，則以身執事；不可與，則以物助，但不别立廟爲位行事而已。後世如欲立宗子，當從此義。雖不祭，情亦可安。若不立宗子，徒欲廢祭，適足長惰慢之志。不若使之祭，猶愈于已也。」

朱子曰：「支子之祭，先儒雖有是言，然畢竟未安。向見范氏兄弟所定支子當祭，旋設牓於位，祭訖焚之。不得已，此式可采用。然禮文品物，亦當少損于長子，但或一獻、無祝，可也。」

【《曾子問》】曾子問曰：「宗子爲士，庶子爲大夫，其祭也如之何？」孔子曰：「以上牲祭於宗子之家，祝曰『孝子某爲介子某薦其常事』。」【注】上牲，大夫少牢，貴禄重宗也。介，副也。不言庶，使若可以祭然。【疏】此一節，論宗子祭用大夫牲之事。宗子是士，合用特牲，今庶子身爲大夫，若祭祖禰，當用少牢之牲，就宗子之家而祭。用大夫之牲，是貴禄也；宗廟在宗子之家，是重宗也。

方氏慤曰：「宗子爲之正，庶子爲助，故庶子謂之介子。《内則》謂『衆婦爲介婦』，亦此義。大夫之牲，以少牢爲上，故曰上牲。四時之祭，禮之常也，故曰常事。」

蕙田案：士一廟二廟，大夫當立三廟。今庶子爲大夫，不得立廟，重宗法也。祭於宗子之家，則宗子之廟不止祖禰矣，此士廟得祭曾祖之明證也。而注疏乃云寄曾祖廟於宗子之家，因拘泥而生穿鑿，何其舛也！《明文衡》有云：「寄廟之説，經無明文，是崔氏臆説。」當矣。

若宗子有罪，居於他國，庶子爲大夫，其祭也，祝曰『孝子某使介子某執其常事』。攝主不厭祭，不旅，不假，不綏祭，不配。【注】皆辟正主。厭，厭飫神也。厭有陰有陽。迎尸之前，祝酌奠奠之，且享，是陰厭也。尸謖之後，徹薦俎敦，設于西北隅，是陽厭也。此不厭者，不陽厭也。不旅，不旅酬也。假，讀爲嘏，不嘏主人也。綏，《周禮》作墮。不配者，祝辭不言以某妃配某氏。【疏】此宗子有罪，出在他國，庶子爲攝主，不敢備禮。案《少牢》、《特牲禮》祝酌奠于鉶南，復以辭享告神，是室奥陰静之處，故云陰厭。尸謖之後，佐食徹尸之薦俎，設于西北隅門户明白之處，故曰陽厭。其上大夫當自賓尸，故《少牢禮》無陽厭。下大夫不賓尸者，有陽厭也。其天子諸侯明日乃爲繹祭，亦爲陽厭也。厭是神之厭飫，今攝主謙退，不爲陽厭，似若神未厭飫然也。

布奠于賓，賓奠而不舉，不歸肉。【陳氏澔《集注》】主人酬賓之時，賓在西廂，東面。主人布此奠爵于賓俎之北，賓坐取此爵而奠于俎之南，不舉之以酬兄弟，此即不旅之事。若宗子主祭，則凡助祭之賓，各歸之以俎肉。今攝主，故不歸俎肉于賓也。

其辭于賓曰，宗兄、宗弟、宗子在他國，使某辭。」【注】辭猶告也，宿賓之辭。與宗子爲列，則曰宗兄若宗弟。昭穆異者，曰宗子而已。其辭若云「宗兄某在他國，使某執其常事，使某告」。

曾子問曰：「宗子去在他國，庶子無爵而居者，可以祭乎？」孔子曰：「祭哉！」「請問其祭如之何？」孔子曰：「望墓而爲壇，以時祭。若宗子死，告於墓，而後祭於家。宗子死，稱名不言『孝』，身没而已。子游之徒，有庶子祭者以此，若義也。今之祭者不首其義，故誣于祭也。」【注】有子孫存，不可以乏先祖之祀。望墓爲壇，謂不祭于廟。無爵者賤遠避正主也。

宗子死，言祭于家，容無廟也。稱名不言孝者，孝，宗子之稱，不敢與之同，但言「子某薦其常事」。至子可以稱孝，故云身没而已。子游之徒，用此禮祭也。以，用也。若，順也。首，本也。誣，猶妄也。【疏】此論庶子代宗子祭之事。

【陳氏澔《集注》】宗子無罪而去國，則廟主隨行矣。若有罪去國，廟雖存，庶子卑賤無爵，不得于廟行祭禮。但當祭之時，即望墓爲壇以祭也。

【《喪服小記》】庶子不祭殤與無後者。殤與無後者從祖祔食。【注】不祭殤者，父之庶也。不祭無後者，祖之庶也。此二者當從祖祔食而已，不祭祖，無所食之也。共其牲物而宗子主其禮焉，祖庶之殤則自祭之。凡所祭殤者，唯適子耳。無後者，謂昆弟、諸父也。宗子之諸父無後者，爲墠祭之。

蕙田案：以上支子祭宗廟之權法。

又案：宗法、祭禮，大宗祭太祖之廟，一也。小宗繼高祖者得祭高祖之廟，繼曾祖者得祭曾祖之廟，繼祖者得祭祖廟，繼禰者得祭禰廟，二也。凡支子不爲後者，皆不得立廟主祭，三也。支子助祭于宗子之家，四也。有故而祭，必告於宗子，五也。宗子爲士，支子爲大夫，以上牲祭於宗子之家，六也。宗子去國，支子攝祭，不備禮，七也。庶子無爵，則望墓爲壇，八也。宗子有厭祭，支子不祭殤與無後，九也。凡此皆以宗法定祭禮，大夫士皆統之，不關三廟、二廟、一廟也，無一廟祭禰、二廟祭祖、三廟祭曾祖之異也。論禮者尊經而屈注疏，可也。

右宗法祭禮。

【《禮記·大傳》】大夫士有大事省於其君，干祫及其高祖。

趙氏伯循曰：「有省，謂有功往見，省記

者也。干者，逆上之意，言逆上及高祖也。」

方氏慤曰：「大夫止于三廟，士止于二廟、一廟，則廟祭固不及高祖，必待祫然後及之，故曰『干祫及其高祖』。祫，人君之祭，非臣之常禮也，特人君非常之賜而已。」

葉氏夢得曰：「古者諸侯有祫而無禘，大夫有時祭而無祫。禘，天子之事也；祫，諸侯之事也。大夫既不得祫，然有大功見察於天子，則視諸侯上達而祫其毁主。」

蕙田案：此祫祭、時祭之等差。

【《王制》】大夫士宗廟之祭，有田則祭，無田則薦。【注】有田者既祭，又薦新。祭以首時，薦以仲月。士薦牲用特豚，大夫以上用羔。庶人無常牲，取與新物相宜而已。【疏】《儀禮》有地之士用特牲，今無地之士宜貶降，不用成牲，故用特豚也。諸侯、大夫有地祭者用少牢，其無地薦者則用羔。鄭言大夫以上，則包天子皆用羔也。然天子、諸侯不皆用羔，亦用餘牲，故《月令》以彘嘗麥，以犬嘗麻。

方氏慤曰：「薦以時物而已，祭則備庶物，則其禮爲盛，非有田者不足以供之也。大夫士而有無田者，謂諸侯之大夫士而已。」

蕙田案：此有田、無田之等差。

【《孟子》】前以士，後以大夫，前以三鼎，而後以五鼎。【注】禮，士祭三鼎，大夫祭五鼎。【疏】如子路有列鼎之奉，主父在漢，有五鼎之食，是其爵有差也。孟子前以士、後以大夫，是其爵命貴賤之不同耳。

惟士無田，則亦不祭。牲殺器皿衣服不備，不敢以祭。【注】惟，辭也。言惟絀禄之士無圭田者不祭。

蕙田案：此先後貴賤之等差。

【《春秋》桓八年《公羊傳》】春曰祠，夏曰礿，秋曰嘗，冬曰烝。士不及前四者，則冬不裘，夏不葛。【注】無牲而祭謂之薦。天子四祭四薦，諸侯三祭三薦，大夫士再祭再薦。祭於室，求之於幽；祭於堂，求之於明；祭於祊，求之於遠，皆孝子博求之意也。大夫求諸明，士求諸幽，尊卑之差也。殷人先求諸明，周人先求諸幽，質文之義也。禮，天子、諸侯、卿大夫牛羊豕凡三牲，曰太牢；天子元士、諸侯之卿大夫羊豕凡二牲，曰少牢；諸侯之士特豚。天子之牲角握，諸侯角尺，卿大夫索牛。

蕙田案：《傳》云「士不及前四者」云云，以士亦有祠、礿、嘗、烝四祭，不幾於僭乎？蓋再祭再薦，亦彷是四者之義，傳因上文而順言之耳。何注大夫士有祭堂，祭室之異。案《儀禮·特牲》、《少牢》皆室中饋食之事，無堂上朝踐之事。若指儐尸於堂言，則儐尸止當得繹祭，並非正祭，未免附會。

【丘濬《大學衍義補》】古之仕者有祭田。今世非世家貴族而好禮者，無祭田。苟有禄食及有財産者，皆當隨時致祭，不可拘田之有無。

蕙田案：此據《公羊》注有四祭、三祭、再祭之等差，然於經無考。

右祭禮等差。

【《曲禮》】士祭其先。【疏】以士祭先祖，歲有四時，更無餘神故也。

程子曰：「冬至祭始祖，此厥初生民之祖也。冬至一陽之始，故象其類而祭之。立春祭先祖，初祖以下、高祖以上之祖也。立春生物之始，故象其類而祭之。」

【《朱子語録》】伊川時祭止於高祖，高祖而上，則於立春設二位統祭之，而不用主。此說是也。却又云：「祖又豈可厭多？苟其可知者，無遠近多少，須當盡祭之。」疑是初時未曾討論，故有此說。余正父謂：祭始祖，天子諸侯之禮，若士大夫當祭，則自古無明文。又云：大夫自無太祖。先生因舉春秋如單氏、尹氏，王朝之大夫，自上世至後世，皆不變其初來姓號，則必有太祖。又如季氏之徒，世世不改其號，則亦必有太祖。如《詩》裏説南仲太祖、太師皇父，南仲是文王時人，到宣王時爲太祖。不知古者世禄不世官之説如何？

【《大學衍義補》】丘氏濬曰：「程子謂冬至祭始祖，立春祭先祖。朱子既立爲二祭，載於《家禮》時祭之後。其門人楊復乃謂朱子初年亦嘗行之，後覺其似僭，不敢祭。然冬至之祭，不祭可也，而立春之祭，似亦可行。今擬人家同居止四代者，不行亦可，其有合族以居、累世共爨者，生者同居而食，死者異處而祭，恐乖《易》『萃合人心於孝享』之義，惟宜行立春一祭。」

蕙田案：程子有始祖、先祖之祭，朱子以其似僭而廢之，是也。竊嘗思之，古今異宜，其禮當以義起。程子所云厥初生民之祖者，理屬茫渺，於經無據。若今人家之始祖，其義與宗法之別子同者，固當祭也。何則？古之所謂始祖者，在諸侯則始封者也，在大夫士則別子也，別子有三。後世封建不行，則爲有國之始祖者寡矣。然有大功勳、爵至王公者，雖無土地，宜與古諸侯等，則其子孫宜奉爲始祖而祭之矣。又後世天下一家，仕宦遷徙，其有子孫繁衍而成族者，則始至之人宜爲始遷之祖，與古別子之公子自他國而來者無異，是亦宜奉爲祖而祭之矣。若崛起而爲公卿者，雖不可同於諸侯，亦宜與古之九命、八命、七命者等，其子孫奉爲始祖，亦與古人別子之義相合。朱子所云王朝之大夫，自上世至後世皆不變其初來姓號者，非即此類乎？故或建爲宗祠，或合爲家廟，凡屬子姓羣聚萃處其中有宗法者，大宗奉之，因爲百世不遷之祖。倘宗法未立，或大宗無後，則諸小宗擇其長且貴與賢者，祭則主其獻奠，原與祭别子之義相符，不可以士大夫不得祭始祖而謂之爲僭也。惟程子謂立春祭初祖以下之祖則不可行耳。❶ 丘氏以累世同爨者通之，則庶幾乎。

觀承案：始祖、先祖之祭，誠然似僭難行，丘氏以累世同居者通之，今更以宗法别子之例廣之，洵斟酌盡善矣。愚謂更有可廣者。先世有德行道藝聞於時，雖爵位不顯，是亦古之所謂鄉先生，殁而可祭於社者，而子孫豈不可以俎豆終古也耶？

右祭始祖先祖。

【《禮記·喪服小記》】士大夫祔於諸祖父之爲士大夫者，其妻祔於諸祖姑。【疏】諸祖姑，是夫之諸祖父兄弟爲士大夫者之妻也。

婦祔於祖姑。祖姑有三人，則祔於親者。【注】舅之母死，而又有繼母二人也。親者謂舅所生。

張子曰：「祔葬、祔祭，極至理而論，只合祔一人。夫婦之道，當其初婚，未嘗約再配。是夫只合一娶婦，婦只合一嫁。今婦人夫死而不可再嫁，乃天地之大義，夫豈得再娶？然以重者計之，養親承家繼續，不可無也，故有再娶之理。然其葬、其祔，雖爲同穴、同几筵，然譬之人情，一室中豈容二妻？以義斷之，祔以首妻，繼室别爲一所可也。」

朱子曰：「程氏《祭儀》謂：『凡配，止用正妻一人。或奉祀之人是再娶所生，即以所生配。』謂凡配止用正妻一人，是也。若再娶者無子，或祔祭别位，亦可也。若奉祀者是再娶之子，乃許用所生配，而正妻無子，遂不得配祭，可乎？程先生此説恐誤。《唐會要》中有論凡是嫡母無先

❶ 「初」，庫本作「始」。

後，皆當並祔合祭，與古諸侯之禮不同。又曰：夫婦之義，如乾大坤至，自有差等。故方其生存，夫得有妻有妾，而妻之所天不容有二，況於死而配祔，又非生存之比。橫渠之説似亦推之有太過也。只合從唐人所議爲允。況又有前妻無子、後妻有子之礙，其勢將有所杌隉而不安者。唯葬則今人夫婦未必皆合葬，繼室别營兆域，宜亦可矣。」

蕙田案：天地之道，陽奇陰偶，故《易》稱「貫魚」，《書》「嬪二女」。古者諸侯一娶九女，《詩》之《樛木》《螽斯》，明后妃不妬忌之德。《禮》稱「宗子雖七十，無無主婦」，蓋娶妻之道，奉祭祀一也，重嗣續二也，成家室三也，豈止一配偶之義云爾哉？況《記》明言「婦祔於祖姑，祖姑有三人則祔於親者」，則再娶之祔廟審矣。朱子以唐人之議爲允，豈非千古之定論哉？

婦之喪，虞、卒哭，其夫若子主之。

陳氏澔曰：「虞、卒哭在寢，祭婦也。」

【《雜記》】婦祔於其夫之所附之妃。無妃，則亦從其昭穆之妃。【注】夫所附之妃，於婦則祖姑。

陳氏澔曰：「昭穆之妃，亦謂間一代而祔高祖之妃也。」

【《曲禮》】餕餘不祭。父不祭子，夫不祭妻。

【注】餕而不祭，惟此類也。食尊者之餘則祭盛之。

【疏】凡食餘悉祭。惟父得子餘，夫得妻餘，則不祭，言其卑故也。非此二條悉祭。

【《朱子語録》】父不祭子，夫不祭妻，此承上面「餕餘不祭」説。蓋謂餕餘之物，雖父不可將去祭子，夫不可將去祭妻。且如孔子，君賜食，必正席先嘗之，君賜腥，必熟而薦之。君賜腥，則非餕餘矣，雖熟之以薦祖考，可也。賜食則或爲餕餘，但可正席先嘗而已，固是不可祭先祖。雖妻子至卑，亦不可祭也。夫祭妻，亦當拜。

【《學齋呫嗶》】《禮記》云：「餕餘不祭。父不祭子，夫不祭妻。」本當三句合爲一義，而本注乃於「餕餘不祭」下作一義，注云：「食人之餘曰餕。禮輕，故不敢祭。」於「父不祭子，夫不祭妻」之下別作一義，注云：「祭先也，從卑處家，故不祭。」則是以夫與父不得祭其妻子也，此何義也？故朱文公先生釐正之，以爲父不祭子，夫不祭妻，非此祭也，但明其不可以餕餘而祭耳。在禮，生則婦可餕夫之餘，子可餕父之餘；既死矣，則以鬼禮享之。當用其嚴敬，弗可以餕餘而祭之爲褻且慢也。此説明甚，而世儒薄夫乃有泥古注而不祭妻子，是可哀也，是可鄙也。故發明朱子之説而厚俗云。

【《日知録》】父不祭子，夫不祭妻，不但名分有所不當，而以尊臨卑，則死者之神亦必不安，故其當祭，則有代之者矣。

蕙田案：父之於子，夫之於妻，分雖有尊卑，然《喪服》父爲長子三年，夫於妻齊衰期，父之斬，傳重也，夫之期，齊體也。服猶如是，而況祭乎？《小記》曰：「婦之喪，虞、卒哭，其夫若子主之。」注：「在寢祭婦也。」的是。確証寧人之説非矣。當以朱子爲正。

右夫祭妻。

【《禮記・喪服小記》】妾祔於妾祖姑。亡，則中一以上而祔。祔必以其昭穆。【疏】妾祔於妾祖姑者，祔夫祖之妾也。亡，無也。中，間也。若夫祖無妾，則又間曾祖而祔於高祖之妾也。凡祔必昭穆同，曾祖非夫同列也。

方氏慤曰：「凡祔以廟爲正，故言祔廟，則不言廟。」

【《欽定義疏》】又案此言妾祔於妾祖姑，下又言庶母不世祭，夫祔以爲祭也，將從其昭穆之次，故先祔之。妾母不世祭，則妾祖姑已不祭矣，祔之何爲？《雜記》云主妾之喪得自祔，至練、祥使其子主之，則不可謂妾母無祔食之禮也。《穀梁傳》云：「禮，庶子爲君，爲其母築宫，使公子主其祭。於子祭，於孫止。」韋公肅云：「隱公母聲子，不入魯惠公廟，妾也。」胡氏安國云：「孟子已入惠公廟，仲子祭享無所，故别立一宫祀之。」隱公不爲己母聲子立廟，明已特攝耳，非君也。桓公未立，而爲其母仲子立廟，明將爲君也。是諸侯得爲其生母立廟矣。《春秋》書「初獻六羽」，是妾母雖立廟，其祭視適母降一等。其言不世祭者，非必子立之而孫遂毁之，或薦而不祭，至親盡乃遷乎？若大夫士則斷無立妾廟之理。蓋祔有二，有初以班祔，至新主入廟，而所祔之主已遷上一廟者，如三昭三穆之遞遷也；有祔之而即隨之食者，如殤與無後之從祖祔食也。妾子非君，安得爲妾母立廟？則此祔妾祖姑者，有廟即於其廟祔食，無廟則爲壇祔之，而祭於次寢祔食與？

蕙田案：拘廟制者，謂大夫不得祭高祖，觀此則高祖有廟祭明矣。泥於子祭於孫止者，謂妾母不世祭，觀此則高祖之妾曾孫猶得祔祭也。祔謂祔於廟。《欽定義疏》謂有廟即於其廟祔，得經旨矣。

妾無妾祖姑者，易牲而祔於女君可也。【注】女君，嫡祖姑也。易牲而祔，凡妾下女君一等。

陳氏澔曰：「妾當祔於妾祖姑，上章言『亡，則中一以上而祔』，是祔高祖之妾。今又無高祖妾，則當易妾之牲，而祔於嫡祖姑。女君，謂嫡祖姑也。」

方氏慤曰：「妾祔適，嫌於隆，故易牲而祭，示其殺焉。」

【《欽定義疏》】《喪服》女君俱指適妻，言祖姑及高祖姑俱無妾可祔，則遂於適妻祔之。生既相依，死亦相祔，禮之變也。鄭以適祖姑言之，誤矣。妾牲當下女君一等，今祔於女君，故易女君牲，猶士祔於大夫而易大夫牲也。方謂易牲示殺，其説未明。

蕙田案：祔於女君，則不惟祔於妾，而且祔於嫡矣。嫡豈亦爲壇以祭乎？易牲説，《義疏》精矣。

宗元案：易牲説，《義疏》之解精矣。女君之説，亦比鄭氏爲當。然或女君尚在，而妾當祔食，則嫡祖姑亦可以女君統之，似兼此而義益備。

【《雜記》】主妾之喪，則自祔。【注】祔自爲之者，以其祭於祖廟。【疏】妾卑賤，得主之者。崔氏云：「謂女君死，攝女君也。」以其祔祭於祖姑，尊祖，故自祔也。妾合祔於妾祖姑，若無妾祖姑，則祔於女君可也。

方氏慤曰：「妾之喪，祔於妾祖姑之廟，故其夫自主而祔之，非尊妾也，尊祖而已。」

妾祔於妾祖姑，無妾祖姑則亦從其昭穆之妾。

【《喪服小記》】慈母與妾母，不世祭也。【注】以其非正。《春秋傳》曰：「於子祭，於孫止。」【疏】祭慈母，即所謂承庶母、祖庶母後者也。妾母謂庶子自爲其母也。既非其正，故惟子祭之，而孫則否。

應氏鏞曰：「慈母一時之恩，易世可以無祭。若妾母爲所生，則子孫皆其所自出，而不世祭之，可乎？以上文爲庶母、爲祖庶母之後觀之，或者妾母若此之類。然此更當隨宜精審，未易以一概言也。」

彭氏汝礪曰：「案《春秋》隱五年《穀梁傳》曰：『禮，庶子爲君，爲其母築宮，使公子主其祭也。於子祭，於孫止。』此謂庶子爲君者爲己母如此，蓋謂己既爲君後，當奉宗廟，不得自主己私祭也。然亦未嘗不使公子主之。若己於慈母、庶母，既爲之後，或爲所生子，則非特子當祭，孫亦當祭。以意逆之，或是己於庶母慈己者有恩，及庶兄、庶弟之母是父之妾有子者，皆當祔祭之。易世之後，則不世祭與？質之《儀禮·喪服傳》，有君子子於庶母慈己者義服小功，衆子爲庶母有子者義服緦麻。此二母於己祭之，不世祭可。」

蕙田案：妾母與慈母並言，皆非己身之母。疏以妾母爲庶子自爲其母，非也。《儀禮》：「公子爲其母，練冠，麻衣，縓緣。」《孟子》：「王子有其母死者。」二經皆稱所生母曰「其母」，而不曰「妾母」，妾母之祔，蓋從嫡子言之，而非庶子所得自稱其生母也。《穀梁傳》「於子祭，於孫止」，亦指嫡子、嫡孫言，若身所自出之母，至孫便不祭，則經亦不當有祔妾祖姑、祔女君之文矣。應氏、彭氏説極有見。

【《春秋》隱公五年《穀梁傳》】禮，庶子爲君，爲其母築宮，使公子主其祭也。於子祭，於孫止。【注】公當奉宗廟，故不得自主也。公子者，長子之弟及妾之子。【疏】《公羊》、《左氏》妾子爲君，其母得同夫人之禮。今《穀梁》知不然者，《喪服·記》云：「公子爲其母，練冠，麻衣，縓緣。既葬除之。」傳曰：「何以不在五服之中也？君之所不服，子亦不敢服也。」鄭玄云：「公子，君之庶子。」是貴賤之序，嫡庶全別，安得庶子爲君，即同嫡夫人乎？故穀梁子以爲於子祭，於孫止。

朱氏董祥曰：「經言妾母不世祭者，謂祀妾之禮當殺，不得同於女君。傳注子祭而孫不祭，遂令賢者不祀其祖妾，不肖者反致僭祭，並於祖嫡，安得謂之禮哉？《小記》本文曰：『妾祔於妾祖姑，亡，則中一以上而祔。

祔必以其昭穆。』又曰：『妾無妾祖姑者，易牲而祔於女君。』其言祔於妾祖姑，則祖妾爲之祔食矣。無則中一以上而祔，則高、曾之妾皆祔食焉，胡爲子與孫有異乎？曰：然則稱不世祭何邪？曰：不世祭者，非唯孫不爲祭，其子亦不得祭之也。禮，有牲曰祭，無牲曰薦。妾易牲，則不得用牲矣。不用牲，則謂之薦，不謂之祭，豈絶之而不祀耶？」

蕙田案：於子祭，於孫止，即《喪服小記》「不世祭」之義。此蓋嫡子指父妾之無子者言，非指有子而又爲君者言。穀梁氏誤引耳。朱氏引《小記》本文，以破子祭孫止之説則是，而以薦而不祭解不世祭則未確。易牲，易女君之牲耳。况祭與薦，雖有有牲無牲、有尸無尸之别，統言之，俱可謂之祭也。

【《朱子語録》】妣者，媲也。祭所生母，只當稱母，則略有别。

【《文集》】答竇文卿問：「子之所生母死，不知題主當何稱？祭於何所？祔於何所？」曰：「今法五服年月篇中，『母』字下註云『謂生己者』，則但謂之母矣。若避嫡母，則止稱亡母，而不稱妣以别之，可也。」伊川先生云：「祭於私室。」又問：「《禮記》曰：『妾母不世祭，於子祭，於孫止。』又曰：『妾祔於妾祖姑。』既不世祭，至後日子孫有妾母，又安有妾祖姑之可祔耶？不知合祭幾世而止？」曰：「此條未詳。舊讀禮亦每疑之，俟更詢考也。」又問：「妾母若世祭，其孫異日祭妾祖母，宜何稱？自稱云何？」曰：「世祭與否未可知，若祭則稱之爲祖母，而自稱孫無疑矣。」

蕙田案：妾母之祔廟，經有明文，《語録》載竇文卿之問，題主稱母則既答之矣，而祭於何所、祔於何所則引程子之言註於其下者，朱子蓋無以處此，而姑引此以當之，則亦未能信其必然也。竊謂室有東西廂曰廟，東西廂亦廟也，既曰祔廟，則不在私室明矣。其或在東西廂與？又問合祭幾世而止，曰此條未詳，疑而俟考。疑者將考其世數，則其有世祭明矣。竊謂「妾祔於妾祖姑，亡，則中一以上而祔」，則高祖之妾猶祭也。高祖以上祧主也，增一世則高祖亦祧矣。然則從食者其亦從祧乎？又云孫祭妾祖母自稱孫無疑，明孫當祭也。妾母之祭，久無定論。今考之於古，則有經文，是禮之當然也。質之儒者，則有朱子之説，是情之自然也。《欽定義疏》謂「祔廟而食，親盡乃遷」，得情理之中，議禮者當有所折衷矣。

【《語類》】問妾母之稱，曰：恐也只得稱母，他無可稱。在經只得云妾母，不然無以別於他母也。又問：弔人妾母之死，合稱云何？曰：恐也只得隨其子平日所稱而稱之。或曰五峰稱妾母爲少母，南軒亦然。據《爾雅》亦有少姑之文，五峰想是本此。先生又曰：爲人後者爲其父母報，本朝濮王之議，欲加「皇考」字，引此爲証。當時雖是衆人争得住，然至今士大夫猶以爲未然，蓋不知禮經中若不稱作爲父母，別無箇稱呼，只得如此説也。

徐氏乾學曰：「妾母無廟，於子祭，於孫止，安所得祖妾之廟而祔之？祖妾且無廟，安所得高祖之妾乎？凡若此者，寄主之説固不可通。就廟以祭，亦有難行，唯是即寢立尸。設當祔者之主與新死者共祭之，猶夫始祖所自之帝本自無主，因祭則設之也。孔氏疏云：『妾無廟。』今乃云祔及高祖者，爲壇祔之耳。斯壇也，不在寢，安在乎？祖妾可爲壇，餘親視此矣。」

蕙田案：徐氏説妾母無廟，非也。妾母祔廟而食，非謂有廟也。又謂爲壇於寢祭之，亦非也。爲壇而祭，亦當在廟，寢安可有壇也？既不本於經文，又不徵之先儒之論，毋乃武斷耶？

右妾母祔祭。

【《禮記·喪服小記》】庶子不祭殤與無後者。殤與無後者，從祖祔食。

陳氏澔曰：「上、中、下殤，蓋未成人而死者也。無後者，謂成人未昏，或已娶而無子而死者也。庶子所以不得祭此二者，以己是父之庶子，不得立父廟，故不得自祭其殤子也。若己是祖之庶孫，不得立祖廟，故無後之兄弟，己亦不得祭之也。祖廟在宗子之家，此殤與此無後者，當祭祖之時，亦與祭於祖廟也。故曰從祖祔食。」

蕙田案：注疏見前宗法祭禮條。

【《曾子問》】凡殤與無後者，祭於宗子之家，當室之白，尊於東房，是謂陽厭。

蕙田案：注疏見前太子廟祭。

陳氏澔曰：「凡殤，非宗子之殤也。無後者，庶子之無子孫者也。此二者若是宗子大功内親，則於宗子家祖廟祭之，必當室中西北隅，得户之明白處。其尊則設於東房，是謂陽厭也。」

【《朱子語録》】黄義剛問無後祔食之位。曰：古人祭於東西廂，今人家無東西廂，只位於堂之兩邊。祭食則一，但正位三獻畢，然後使人分獻，一酌而已。

【《欽定義疏》】士大夫常祭之外，當有殤與無後之祭。《喪服小記》云：「殤與無後者，從祖祔食。」若不祭曾祖，則諸父之無後者於何祔之？此亦可見士雖一廟或二廟，而所祭不止於祖禰，大夫三廟，而所祭必及於高、曾也。鄭注云：「共其牲物，而宗子主其禮焉。」然則殤與無後之祭，其別日與？《曾子問》謂：「宗子殤，其吉祭特牲，不舉肺，無肵俎，無玄酒，不告利成，是謂陰厭。」注云：「是宗子殤祭之於奥之禮。」脱於祭祖禰時祔之，則奥既爲祖禰之所棲，不得又爲殤之所棲。且同有牲俎，難於陳設也。若謂祭畢更行厭祭，則自質明以至晏朝，亦云勞矣，尚堪再舉乎？以此推之，則宜於祭後之次日，舉殤與無後之祭，而所謂祔者，第於其昭穆相當之廟祭之，即謂之祔耳，非必同時也。《曾子問》又云：「凡殤與無後者，祭於宗子之家，當室之白，尊於東房，是謂陽厭。」意其宗子殤與凡殤並有者，並祭之，一設於奥爲陰，一設於屋漏爲陽，如食間之頃，乃徹之與？攝主不厭祭，則無此矣。無玄酒者爲陰厭，又見《特牲》、《少牢》之初有玄酒者之非陰厭也。尊於東房者爲陽厭，又見《特牲》與大夫不賓尸之末，納一尊於室中者之非陽厭也。

蕙田案：陽厭、陰厭，見《曾子問》，是專指祭宗子殤及凡殤而言。至《特牲》、《少牢》之未迎尸而設饌享神，及佐食徹俎改設於西北隅以享神，註、疏亦謂之陰厭、陽厭，先儒多從之。今於《儀禮》本篇，亦未便輒易其説。細思之，《曾子問》但言厭祭無尸，非謂尸不在而即謂之厭祭也。厭祭專屬於祭殤與無後無疑。《欽定義疏》洵足以破前人之窠臼矣。

右殤與無後者祔祭。

五禮通考卷第一百九

淮陰吴玉搢校字

五禮通考卷第一百十

內廷供奉禮部右侍郎金匱秦蕙田編輯
太子太保總督直隸右都御史桐城方觀承同訂
兩淮都轉鹽運使德水盧見曾
按察司副使元和宋宗元　參校

吉禮一百十

大夫士廟祭

【《儀禮·特牲饋食禮》】【鄭《目録》】云：「謂諸侯之士祭祖禰。於五禮屬吉禮。」【疏】《曲禮》云：「大夫以索牛，士以羊、豕。」彼天子大夫士，此《儀禮》特牲、少牢，故知是諸侯大夫士也。《祭法》云：「適士二廟，官師一廟。」官師謂中、下之士，祖禰共廟，亦兼祭祖，故祖禰俱言也。無問一廟、二廟，皆先祭祖，後祭禰。若祭，無問尊卑廟數多少，皆同日而祭畢。以此及少牢，唯筮一日，明不分日祭也。

敖氏繼公曰：「此篇言士祭其祖之禮。」

特牲饋食之禮，不諏日。【注】祭祀自孰始，曰饋食。饋食者，食道也。諏，謀也。士賤職褻，時至事暇，可以祭，則筮其日矣。不如《少牢》大夫先與有司於廟門諏丁己之日。【疏】孝子於親，雖死事之若生，故用生人食道饋之也。天子諸侯饋孰以前，仍有灌鬯、朝踐、饋獻之事。

敖氏繼公曰：「特牲謂豕也。士祭用三鼎，乃以特牲名之者，主於牲也。少牢放此。」

張氏爾岐曰：「不諏日者，不預諏前月下旬之丁巳，以筮來月上旬之丁巳，但可以筮則筮而已。自此以下，筮日、筮尸、宿尸、宿賓、視濯與牲，凡五節，皆祭前戒備之事。」

蕙田案：《周禮·司尊彝》云：「其饋獻，用兩壺尊。」鄭云：「饋獻，謂薦孰時。」是饋獻即饋孰之事。賈氏乃云天子、諸侯饋熟已前，仍有灌鬯、朝踐、饋獻之事，誤也。

及筮日，主人冠端玄，即位於門外，西面。【注】冠端玄，玄冠，玄端。門謂廟門。【疏】不玄端則朝服，然則玄端一冠冠兩服也。

敖氏繼公曰：「士筮當朝服，今乃玄端者，不可踰其祭服也。」

【陳氏《禮書》】《郊特牲》言「作龜於禰宮」，則天子、諸侯不在廟門。

子姓兄弟如主人之服，立於主人之南，西面，北上。【注】所祭者之子孫。言子姓者，子之所生。小宗祭而兄弟皆來與焉，宗子祭則族人皆侍。

敖氏繼公曰：「是時子姓而下之服亦玄端，統於主人也。」

盛氏世佐曰：❶「先子姓而後兄弟者，子姓據所祭者而言，兄弟據主祭者而言。凡同姓者曰兄弟，不必與主人同昭穆。」

【《欽定義疏》】子姓依主人之嗣子立文也。尊祖故敬宗，敬宗故重適。觀下文嗣舉奠而兄弟不得與焉，祭畢有餕，嗣爲上而兄弟不敢躐焉。此所以退兄弟於子姓之後也歟？

有司羣執事，如兄弟服，東面，北上。【注】士之屬吏也。【疏】《左傳》云「士有隸子弟」，謂此言爲屬吏。

蔡氏德晉曰：「東面，賓位也。此時未有賓，故有司羣執事皆如賓位。」

席於門中，闑西閾外。【注】爲筮人設之也。【疏】《士冠禮》云筮與席所卦者具饌於西塾，乃言布席於門中。此省文。筮人取筮於西塾，執之，東面受命於主人。【注】筮人，官名。筮謂蓍也。宰自主人之左贊命，命曰：「孝孫某，筮來日某，諏此某事，適其皇祖某子。尚饗！」【注】宰，羣吏之長。自，由也。贊，佐也，達也。贊命由左者，爲神求變也。士祭曰歲事，此言某事，又不言妃者，容大祥之

❶「氏」，原脱，據庫本及體例補。

後禫月之吉祭。皇，君也。言君祖者，尊之也。某子者，祖字也，伯子、仲子也。尚，庶幾也。

敖氏繼公曰：「來日某，亦謂丁若己也。不言以某妃配，變於大夫之筮辭也。若其祝辭，則亦當言之。」

筮者許諾，還，即席，西面坐。卦者在左。卒筮，寫卦。筮者執以示主人。【注】士之筮者坐，蓍短由便。卦者主畫地識爻，爻備以方寫之。主人受視，反之。筮者還，東面，長占，卒，告於主人：「占曰吉。」【注】長占，以其年之長幼旅占之。若不吉，則筮遠日，如初儀。【注】遠日，旬之外日。宗人告事畢。

蕙田案：以上筮日。

前期三日之朝，筮尸，如求日之儀。命筮曰：「孝孫某，諏此某事，適其皇祖某子，筮某之某爲尸。尚饗！」【注】三日者，容宿賓、視濯也。某之某者，字尸父而名尸，連言其親，庶幾其憑依之也。大夫士以孫之倫爲尸。

【《欽定義疏》】宗廟之尸，必以同姓，取其精氣合也。必以孫之倫，昭穆同也。必以適，不敢以賤者依吾親也。必以無父者，兩無所妨其尊也。此數者，喪祭、吉祭同者也。其有不同者，喪祭不筮尸，尚質也，吉祭則筮尸矣，練與大祥亦筮尸，漸而之吉也。吉祭無女尸，而喪祭有女尸，何也？以婦人喪，不可以男子爲尸也，吉祭而後同几，有胖合之道焉，陽統陰，陰從陽，斯不用女尸矣。喪祭雖用尸，而尸偶不備，則無尸者有之，若吉祭則不可無尸，無尸是殤之也，子孫而殤其祖考焉，可乎？

蕙田案：以上筮尸。

乃宿尸。【注】宿讀爲肅。肅，進也，進之者使知祭日當來。凡宿或作速，《記》作肅，《周禮》亦作宿。

蔡氏德晉曰：「宿，越宿預戒也，蓋在祭前二日。」

主人立於尸外門外，子姓兄弟立於主人之

後，北面，東上。【注】不東面者，來不爲賓客，子姓立於主人之後，上當其後。【疏】子姓兄弟東頭爲上者，不得過主人，故爲上者當主人之後。尸如主人服，出門左，西面。【注】不敢南面當尊。

郝氏敬曰：「北面，事神之禮。出門左，迎賓之禮。」

主人辟，皆東面，北上。【注】順尸。

主人再拜，尸答拜。【注】主人先拜，尊尸。【疏】下文宿賓，賓先拜，主人乃答拜。今此尊尸，是以主人先拜也。按《少牢》宿尸，祝先釋辭訖，尸乃拜。此尸答拜後，宗人乃擯辭者，士尸卑，大夫之尸尊。宗人擯辭如初，卒曰：「筮子爲某尸，占曰吉，敢宿！」【注】宗人擯者釋主人之辭。如初者，如宰贊命筮尸之辭。卒曰者，著其辭所易。祝許諾，致命。【注】受宗人辭，許之，傳命於尸。始宗人祝北面，至於傳命，皆西面受命，東面釋之。尸許諾，主人再拜稽首。【注】其許亦宗人受於祝而告主人。尸入，主人退。【注】相揖而去，尸不拜送，尸尊。

蕙田案：以上宿尸。

宿賓。賓如主人服，出門左，西面，再拜。主人東面，答再拜。宗人擯，曰：「某薦歲事，吾子將涖之，敢宿！」【注】薦，進也。涖，臨也，言吾子將臨之。知賓在有司中，今特肅之，尊賓耳。【疏】此宿屬吏內一人，爲備三獻賓之事也。賓曰：「某敢不敬從！」主人再拜，賓答拜。主人退，賓拜送。

【高氏愈曰】古人祭祀必立賓者，欲其代主人而娛尸。賓之來也，亦若爲助祭執事之意，故主人獻尸而賓長以肝從，主人致爵主婦而後獻於賓，以其皆以養尸爲主，而意不重於賓故也。

【盛氏世佐曰】案以上二事皆祭前二日爲之，即筮尸之明日也。敖云筮尸、宿尸、宿賓皆同日，非。

蕙田案：宿賓與宿尸同日，而宿尸不與筮尸同日。盛氏之説是也。《少牢》無宿賓，故筮尸、宿尸得同一日，有宿、戒尸在前期三日，故筮尸在前二日，反後《特牲》之一日。

蕙田案：以上宿賓。

厥明夕，陳鼎於門外，北面，北上，有鼏。【注】宿賓之明日夕。門外北面，當門也。古文鼏爲密。 【疏】《少牢》陳鼎在門東，此當門，士卑，避大夫也。棜在其南，南順，實獸於其上，東首。【注】順猶從也。棜之制，如今大木轝矣，上有四周，下無足。獸，腊也。

牲在其西，北首，東足。【注】其西，棜西也。東足者，尚右也。牲不用棜，以其生。 【疏】豕不可牽之，縛其足，陳於門外，首北出棜，東其足，寢其左，以其周人尚右，將祭故也。 設洗於阼階東南，壺、禁在東序，豆、籩、鉶在東房，南上。几、席、兩敦在西堂。【注】東房，房中之東，當夾北。西堂，西夾室之前，近南耳。

敖氏繼公曰："豆、籩、鉶，蓋在東房之東墉下。士家亦有左、右房，於此見之矣。"

【《欽定義疏》】東房，對西房而言，謂此所陳在東房之東可也，以房中之東爲東房不可也。東房在正室之東，夾室又在東房之東。若夾室之北，則北堂下之東矣。鄭氏以夾室之北一架通爲東房，非也。

主人及子姓兄弟即位於門東，如初。【注】初，筮位也。 賓及衆賓即位於門西，東面，北上。【注】不蒙如初者，以賓在而宗人、祝不在。 宗人、祝立於賓西北，東面，南上。【注】事彌至，位彌異，宗人、祝於祭宜近廟。 主人再拜，賓答再拜。 三拜衆賓，衆賓答再拜。【注】衆賓再拜者，士賤旅之，得備禮也。 主人揖入，兄弟從，賓及衆賓從，即位於堂下，如外位。【注】爲視濯也。 宗人升自西階，視壺濯及豆籩，反降，東北面告濯具。【注】濯，溉也。不言敦、鉶者，省文也。東北面告，緣賓意欲聞也。言濯具不言絜，以有几席。

賓出，主人出，皆復外位。【注】爲視牲也。 宗人視牲，告充。 雍正作豕。【注】充猶肥也。 雍正，官名也。 北面以策動作豕，視聲氣。

宗人舉獸尾，告備；舉鼎鼏，告絜。【注】備，具。 請期，曰「羹飪」。【注】肉謂之羹。飪，熟也，謂明日質明時，而曰肉熟，重豫勞賓。宗人既得期，西北面告賓、有司。❶ 告事畢，賓出，主人拜送。

【《欽定義疏》】助祭者，統言之皆曰執事，經云「執事之俎，陳於階間」是也。自子姓兄弟而外，統言之皆曰賓，下經獻酬諸禮長賓、長兄弟以下各分兩行是也。其公有司、私臣亦在賓内，而另分二列於下，則又以貴賤殊之。公有司在西，繼賓黨也；私臣在東，則以其私也，而主道統之。所以主人及子姓兄弟如初，而賓以下不如初也。

蕙田案：以上陳鼎、拜賓、視濯、視牲、告期。

夙興，主人服如初，立於門外東方，南面，視側殺。【注】夙，早也。興，起也。主人服如初，則其餘有不玄端者。側殺，殺一牲也。 主婦視饎爨於西堂下。【注】炊黍稷曰饎，宗婦爲之。爨，竈也。西堂下者，堂之西下也，近西壁，南齊於坫。古文饎作糦，《周禮》作饎。【疏】主婦視饎爨，明主婦自爲也，猶主人視殺牲。 亨於門外東方，西面，北上。【注】亨，煮也。煮豕、魚、腊以鑊，各一爨。《詩》云：「誰能亨魚，溉之釜鬵。」 羹飪，實鼎，陳於門外，如初。【注】初，視濯也。 尊於户東，玄酒在西。【注】户東，室户東。玄酒在西，尚之，凡尊酌者在左。 實豆、籩、鉶，陳於房中，如初。【注】如初者，取而實之，既而反之。 執事之俎，陳於階間，二列，北上。【注】執事，謂有司及兄弟。二列者，因其位在東西，祝主人主婦之俎亦存焉。不升鼎者，異於神。 盛兩敦，陳於西堂，藉用萑，几席陳於西堂，如初。【注】盛黍稷者，宗婦也。萑，細葦。古文用爲于。

❶「面」，原作「而」，據庫本及《儀禮·特牲饋食禮》鄭注改。

尸盥匜水，實於槃中，簞巾在門内之右。【注】設盥水及巾，尸尊，不就洗，又不揮。門内之右，象洗在東，統於門東，西上。凡鄉内，以入爲左右；鄉外，以出爲左右。

郝氏敬曰：「簞，竹器，以盛巾，在廟門内右。内以西爲右，尸入，於此盥手。」

蕙田案：門内之右，註疏以爲門東，郝氏以爲門西。盛世佐云：「案下經云『尸入門左，北面盥』，則槃匜之屬在門内之西明矣。」門西曰右者，從堂上視之也。必在門西者，取其便於尸盥，且與洗位相變也。郝説得之，註疏非。

祝筵几於室中，東面。【注】爲神敷席也。至此，使祝接神。

主婦纚笄，宵衣，立於房中，南面。【注】主婦，主人之妻。雖姑存，猶使之主祭祀。纚笄，首服。宵，綺屬也。此衣染之以黑，其繒本名曰宵。《詩》有素衣朱宵，《記》有玄宵衣。凡婦人助祭者，同服也。《内則》曰：「舅没則姑老，冢婦所祭祀賓客，每事必請於姑。」敖氏繼公曰：「大夫妻祭服，褖衣侈袂，則此宵衣乃次於褖衣者耳。纚笄，士妻首飾之常。言之者，見其無異飾也。凡婦人助祭者，與主婦同服。」

蕙田案：《内司服》天子、諸侯、王后以下助祭不同者，尊則有降，卑則無降也。

主人及賓、兄弟、羣執事，即位於門外，如初。宗人告有司具。【注】具，猶辦也。主人拜賓如初，揖入，即位，如初。【注】初，視濯也。佐食北面立於中庭。【疏】下《記》云：「佐食當事，則户外南面。」無事則中庭北面。此謂無事時。

蕙田案：以上祭日主人、主婦陳設、拜賓、即位。

主人及祝升，祝先入，主人從，西面於户内。【注】祝先入接神，宜在前也。《少牢饋食禮》曰：「祝盥於洗，升自西階。主人盥，升自阼階。祝先入，南面。」

蕙田案：祝先入，謂入於室。

主婦盥於房中，薦兩豆，葵菹、蝸醢，醢在北。【注】主婦盥，盥於内洗。《昏禮》婦洗在北堂，直室東隅。宗人遣佐食及執事盥，出。【注】命之盥出，當助主人及賓舉鼎。主人降，及賓盥，出。主人在右，及佐食舉牲鼎。賓長在右，及執事舉魚腊鼎。除鼏。【注】及，與也。主人在右，統於東。主人與佐食者，賓尊不載。《少牢饋食禮》：「魚用鮒，腊用麋，士腊用兔。」【疏】東爲右人，西爲左人。右人尊，入時在鼎前；左人卑，入時在鼎後。又盡載牲體於俎，又設俎於神坐前。賓主當相對爲左右，以賓尊，不載牲體，故使佐食對主人，使賓爲右人，而使執事在左而載也。

宗人執畢先入，當阼階，南面。【注】畢狀如叉，❶蓋爲其似畢星，取名焉。主人親舉，宗人則執畢導之。既錯，又以畢臨匕載，備失脱也。《襍記》曰：「枇用桑，長三尺。畢用桑，長三尺，刊其本與末。」枇、畢同材明矣。今此枇用棘心，則畢亦用棘心。

鼎西面錯，右人抽扃，委於鼎北。【注】右人，謂主人及二賓。既錯，皆西面俟也。贊者錯俎，加匕。【注】贊者執俎及匕，從鼎入者，其錯俎東縮，加匕東柄。既則退，而左人北面也。

乃枇。【注】右人也。尊者於事，指使可也。左人載之。

佐食升肵俎，鼏之，設於阼階西。【注】肵謂心舌之俎也。《郊特牲》曰：「肵之爲言敬也。」言主人之所以敬尸之俎。古文鼏皆作密。卒載，加匕於鼎。【注】卒，已也。已載，畢亦加焉。主人升，入復位。俎入，設於豆東。魚次，腊特於俎北。【注】入設俎載者，腊特饌要方也。凡饌必方者，明食味，人之性所以正。

蕙田案：俎入謂自阼階入陳室中。無並曰特。

主婦設兩敦黍稷於俎南，西上，及兩鉶芼設於豆南，南陳。【注】宗婦不贊敦鉶者，以其少，可親之芼菜也。

祝洗酌奠，奠於鉶南。遂命佐食啟會。佐

❶「叉」，原作「乂」，據《儀禮·特牲饋食禮》鄭注改。

食啟會，卻於敦南。出立於户西，南面。【注】酌奠，奠其爵觶。《少牢饋食禮》：「啟會乃奠之。」主人再拜稽首，祝在左。【注】稽首，服之甚者。祝在左，當爲主人釋辭於神也。祝祝曰：「孝孫某，敢用剛鬣、嘉薦、普淖，用薦某事於皇祖某子。尚饗！」卒，祝、主人再拜稽首。

【陳氏《禮書》】此未迎尸之前，陰厭也。陰厭西南奧。奧，室之闇，故曰陰席東面。

蕙田案：以上主人、主婦及祝、佐食陳設陰厭。

祝迎尸於門外。【注】尸自外來，代主人接之。就其次而請，不拜，不敢與尊者爲禮。主人降，立於阼階東。【注】主人不迎尸，成尸尊。尸，所祭者之孫也。祖之尸，則主人乃宗子；禰之尸，則主人乃父道。事神之禮，廟中而已，出迎則爲厭。

蕙田案：注「厭」字，是君厭臣、尊厭卑之義。敖氏欲改爲「屈」，其義反狹。

尸入門左，北面盥，宗人授巾。【注】侍盥者，執其器就之。執簞者不授巾，賤也。宗人授巾，庭長尊。《少牢饋食禮》曰：「祝先入門右，尸入門左。」尸至於階，祝延尸，尸升，入。祝先，主人從。【注】延，進。在後詔侑曰延，《禮器》所謂「詔侑武方」者也。《少牢饋食禮》曰：「尸升自西階，入。祝從，主人升自阼階。祝先入，主人從。」【疏】案《士虞禮》「祝前鄉尸」，彼祝居尸前道之，此則在尸後詔之，故云延。

蕙田案：尸升入者，升，升堂，入，入室。

蕙田案：以上尸入。

尸即席坐，主人拜妥尸，【注】妥，安坐也。尸答拜，執奠。祝饗，主人拜，如初。【注】饗，勸彊之也。其辭取於《士虞・記》，則宜云「孝孫某，圭爲孝薦之饗」。舊説云「明薦之」。【疏】引舊説者，證圭爲潔明之義也。

孔氏穎達曰：「祝先奠爵于鉶，用尸入，即席而舉之。」

祝命挼祭。尸左執觶，右取菹，㨎於醢，祭

於豆間。【注】命詔尸也。挼祭，祭神食也。《士虞禮》古文曰「祝命佐食墮祭」，《周禮》曰「既祭則藏其墮」。墮與挼讀同耳。擩醢者，染於醢。

【陳氏《禮書》】尸墮祭，猶生者之飲食必祭也。

【《欽定義疏》】墮祭之祭，黍稷也，肺也。其授之則佐食也，命之授則祝也。祝命佐食，非命尸也。大約尸先祭豆，而祝即命佐食取黍、稷、肺授祭。《士虞》立文甚明。此經祝命佐食墮祭，尸於是先祭豆，正欲與授祭之節相接耳。鄭注命爲命尸，非命佐食，似與前説相悖。

蕙田案：挼或作墮，或作綏，皆通用。敖氏以爲「授」字之誤，則非。

授祭事在下文。

佐食取黍、稷、肺祭，授尸。尸祭之，祭酒，啐酒，告旨。主人拜，尸奠觶，答拜。【注】肺祭，刌肺也。旨，美也。祭酒，穀味之芬芳者。齊敬共之，唯恐不美，告之以美，達其心，明神享之。祭鉶，嘗之，告旨。主人拜，尸答拜。【注】鉶，肉味之有菜和者。《曲禮》曰：「客絮羹，主人辭不能亨。」祝命爾敦，佐食爾黍稷於席上，【注】爾，近也。近之，便尸之食也。設大羹湆於醢北，【注】大羹湆，煮肉汁也。不和，貴其質，設之所以敬尸也。不祭，不嚌，大羹不爲神，非盛者也。《士虞禮》曰：「大羹湆自門入。」今文湆皆爲汁。舉肺脊以授尸。尸受，振祭，嚌之，左執之，【注】肺，氣之主也。脊，正體之貴者。先食啗之，所以導食通氣。乃食，食舉。【注】舉言食者，明凡解體皆連肉。

盛氏世佐曰：「乃食，食黍也。舉即肺、脊。」

主人羞肵俎於腊北。【注】肵俎主於尸，主人親羞，敬也。神俎不親設者，貴得賓客，以神事其先。尸三飯，告飽。祝侑，主人拜。【注】三飯告飽，禮一成也。侑，勸也。或曰又，勸之使又食。《少牢饋食禮》侑辭曰：「皇尸未實，侑。」

佐食舉幹，尸受，振祭，嚌之。佐食受，加於肵俎。舉獸幹、魚一，亦如之。【注】幹，長脅也。獸、腊，其體數與牲同。

尸實舉於菹豆。【注】爲將食庶羞。舉謂肺、脊。佐食羞庶羞四豆，設於左，南上，有醢。【注】庶，衆也。衆羞以豕肉，所以爲異味。四豆者，膮、炙、胾、醢。南上者，以膮、炙爲上，以有醢不得綼也。

尸又三飯告飽，祝侑之，如初。【注】禮再成也。舉骼及獸、魚，如初。尸又三飯告飽。祝侑之如初。【注】禮三成。獸魚如初者，獸骼魚一也。舉肩及獸、魚，如初。【注】不復飯者三，三者，士之禮大成也。舉先正脊後肩，自上而卻，下綼而前，終始之次也。【疏】先舉正脊，自上也；次舉脅，即卻也；後舉骼，即下綼；終舉肩，即前也。前者牲體之始，後者牲體之終。

盛氏世佐曰：「注云自上而卻下者，謂由脊而及脅也。云『綼而前』者，謂由骼而及肩也。卻猶退也。綼猶屈也。疏分句似未審。」

佐食盛肵俎，俎釋三个。【注】佐食取牲、魚、腊之餘，盛於肵俎，將以歸尸。俎釋三个，爲改饌於西北隅遺之。所釋者，牲腊則正脊一骨、長脅一骨及臑也；魚則三頭而已。个猶枚也。今俗言物數有若干个者，此讀然。

楊氏復曰：「今被前已舉四體外，今宜盛臂、肫、横脊、短脅，故知所釋者惟此耳。」

舉肺脊加於肵俎，反黍稷於其所。【注】尸授佐食，佐食受而加之，反之也。肺脊初在菹豆。

敖氏繼公曰：「此蒙佐食之文。」

蕙田案：以上尸食九飯。

主人洗角，升酌，酳尸。【注】酳猶衍也，是獻尸也。云酳者，尸既卒食，又却頤衍養樂之。不用爵者，下大夫也。因父子之道質而用角，角加人事略者。今文酳皆爲酌。尸拜受，主人拜送。尸祭酒，啐酒，賓長以肝從。【注】肝，肝炙也。【疏】直言肝從，亦當如《少牢》「賓長羞牢，肝用俎。縮執俎，肝亦縮。進末，鹽在右」，此不言，文不具也。

孔氏穎達曰：「《夏官·量人》云：『凡祭祀，制其從獻脯燔之數量。』是從獻之文也。骨體陳於俎，既獻酒，即以燔炙從之，非尸、賓常俎，故爲從獻。」

尸左執角，右取肝，擩於鹽，振祭，嚌之，加於菹豆，卒角。祝受尸角，曰：「送爵！皇尸卒爵。」主人拜，尸答拜。【注】曰送爵者，節主人拜。

蕙田案：以上主人酳尸。

祝酌授尸，尸以醋主人。【注】醋，報也。祝酌不洗，尸不親酌，尊尸也。古文醋作酢。主人拜受角，尸拜送。主人退，佐食授挼祭。【注】退者，進受爵，反位。尸將嘏主人，佐食授之挼祭，亦使祭尸食也。其挼祭，亦取黍、稷、肺祭。

【《欽定義疏》】宗廟之中，尸最尊，主人次之，主婦又次之。其墮祭，得如尸禮。自祝而下，則僅有離肺而無祭肺。蓋犧牲粢盛，惟主祭者得與所祭者共之者也。故其挼祭也同祭，而攝則不敢行此禮，所以重宗尊適而別乎正主也。

蕙田案：敖氏謂此「挼」字因與「授」字相類而衍。然案《少牢饋食》尸醋主人時，上佐食以挼祭，皆祭尸食。此以「挼」字代「以」字耳。「挼」字非衍。

主人坐，左執角，受祭，祭之，祭酒，啐酒，進聽嘏。【注】聽猶待也。受福曰嘏。嘏，長也，大也，待尸授之以長大之福也。佐食摶黍授祝，祝授尸。尸受以菹豆，執以親嘏主人。【注】獨用黍者，食之主。其辭則《少牢饋食禮》有焉。

主人左執角，再拜稽首，受，復位，詩懷之，實於左袂，挂於季指，卒角，拜。尸答拜。【注】詩猶承也，謂奉納之懷中。季，小也。實於左袂，挂袪以小指者，便卒角也。《少牢饋食》曰：「興，受黍，坐，振祭，嚌之。」

敖氏繼公曰：「詩字未詳。或曰敬慎之意，《內則》曰『詩負之』是也。」

主人出，寫嗇於房。祝以籩受。【注】變黍言嗇，因事託戒，欲其重稼嗇。嗇者，農力之成功。

蕙田案：《少牢》言「嗇黍」，此單言「嗇」，語有詳略耳，無異義。

蕙田案：以上尸酢主人嘏。

筵祝，南面。【注】主人自房還時。

主人酌獻祝，祝拜受角，主人拜送。設菹、醢、俎。【注】行神惠也。先獻祝，以接神尊之。菹、醢，皆主婦設之。佐食設俎。

祝左執角，祭豆，興，取肺，坐祭，嚌之；興，加於俎，坐祭酒，啐酒，以肝從。祝左執角，右取肝，擩於鹽，振祭，嚌之，加於俎，卒角，拜。主人答拜，受角，酌獻佐食。佐食北面拜受角。主人拜送，佐食坐祭，卒角，拜。主人答拜，受角，降，反於篚，升，入復位。【疏】按上獻祝有俎，此獻佐食不言俎者，上經云「執事之俎陳於階間，二列，北上」，鄭注云「執事謂有司」，以佐食亦在有司内者。下《記》云「佐食俎，觳折、脊、脅也」，又下經「賓長獻」節，鄭注云：「凡獻佐食，皆無從，其薦俎，獻兄弟，以齒設之。」若《少牢》獻佐食俎，即設於兩階之間，西上。大夫將賓尸，故即設佐食俎，至於賓尸時，佐食無俎也。

蕙田案：以上主人獻祝、佐食。

主婦洗爵於房，酌亞獻尸。【注】亞，次也。次猶貳。主婦貳獻不夾拜者，士妻儀簡耳。

尸拜受，主婦北面拜送。【注】北面拜者，辟内子也。大夫之妻拜於主人北，西面。宗婦執兩籩，户外坐。主婦受，設於敦南。【注】兩籩，棗、栗，棗在西。祝贊籩祭，尸受，祭之，祭酒，啐酒。【注】籩祭，棗、栗之祭。其祭之，亦於豆祭。兄弟長以燔從。尸受，振祭，嚌之，反之。【注】燔，炙肉也。【疏】云反之者，謂反燔於長兄弟。羞燔者受，加於肵，出。【注】出者，俟後事也。【疏】謂俟主婦獻祝之時，更當羞燔於祝。

尸卒爵，祝受爵，命送如初。【注】送者，送卒爵。酢，如主人儀。【注】尸酢主婦如主人儀者，自祝酌至尸拜送，如酢主人也。不易爵，辟内子。

盛氏世佐曰：「男女不相襲爵，此不言易爵，文省也。注云『辟内子』，似泥。」

主婦適房，南面。佐食挼祭。主婦左執爵，右撫祭，祭酒，啐酒，入，卒爵，如主人儀。【注】撫，挼祭，示親祭。佐食不授而祭於地，亦儀簡也。入室卒爵，於尊者前成禮，明受惠也。

蕙田案：以上主婦亞獻尸、尸酢。

獻祝，籩燔從，如初儀。及佐食，如初。卒，以爵入於房。【注】及佐食如初，如其獻佐食，則拜主人之北，西面也。

蔡氏德晉曰：「以燔從者，兄弟之衆。」

蕙田案：以上主婦獻祝及佐食。

賓三獻，如初。燔從如初。爵止。【注】初，亞獻也。尸止爵者，三獻禮成，欲神惠之均於室中，是以奠而待之。【疏】自此盡卒復位，論賓長獻尸及佐食并主人、主婦致爵之事。此一科之内，乃有十一爵。賓獻尸一也，主婦致爵於主人二也，主人酢主婦三也，主人致爵於主婦四也，主婦酢主人五也，尸舉奠爵酢賓長六也，賓長獻祝七也，又獻佐食八也，賓又致爵於主人九也，又致爵於主婦十也，賓受主人酢十一也。

敖氏繼公曰：「如初，謂尸拜受、主人拜送也。尸於舉酌之末，亦欲主人而下皆受舉爵之禮，故止爵以見其意。於是主人、主婦交相致爵，既而遂獻賓，以至於私人，而終尸意焉。」

蕙田案：以上賓長獻尸、爵止。

席於户内。【注】爲主人鋪之，西面，席自房來。主婦洗爵，酌，致爵於主人。主人拜受爵，主婦拜送爵。【注】主婦拜，拜於北面也。今文曰：主婦洗酌爵。

宗婦贊豆，如初。主婦受，設兩豆、兩籩。【注】初，贊亞獻也。主婦薦兩豆籩，東面也。俎入設。【注】佐食設之。【疏】有司下大夫不賓尸者，主婦致爵於主人，時佐食設俎。

主人左執爵，祭薦，宗人贊祭。奠爵，興，取肺，坐，絶祭，嚌之，興，加於俎，坐，挩手，祭酒，啐酒，【注】絶肺祭之者，以離肺長也。《少儀》曰：「牛羊之肺，離而不提心。」豕亦然。挩，拭也。挩手者，爲絶肺染汙也。刌肺不挩手。❶【疏】提猶絶也。肝從。左執爵，取肝，揳於鹽，坐，振祭，嚌之。宗人受，加於俎。燔亦如之。興，席末坐，卒爵，拜。【注】於席末坐卒爵，敬也。一酳而備，再從而次之，亦均。【疏】上主人獻尸，賓長以肝從，主婦獻尸，兄弟以燔從。今一酳而肝燔從，則與尸等，故亦云均。主婦答拜，受爵，酌醋，左執爵，拜，主人答拜。坐祭，立飲，卒爵，拜，主人答拜。主婦出，反於房。

敖氏繼公曰：「酢不易爵者，禮，婦人承男子後，多不易爵，則其自酢又可知矣。」

蕙田案：以上主婦致爵於主人、自酢。

主人降，洗，酌，致爵於主婦，席於房中，南面。主婦拜受爵，主人西面答拜。宗婦薦豆、俎，從獻，皆如主人。主人更爵，酌醋，卒爵，降，實爵於篚，入復位。【注】主人更爵自酢，男子不承婦人爵也。《祭統》曰：「夫婦相授受，不相襲處，酢必易爵，明夫婦之别。」【疏】篚實二爵，一尸奠之未舉，一致於主婦。此受者，房内之爵也。

敖氏繼公曰：「主人於主婦亦謂之致爵者，夫妻一體也。主婦席南面，變於大夫不賓尸之禮也，亦拜受於席。豆亦兩豆兩籩。俎，牲俎也。從獻，肝燔也。皆如主人，謂其受爵以前之禮也。所異者，其不用贊與？」

蕙田案：以上主人致爵於主婦、自酢。

三獻作止爵。【注】賓也。謂三獻者，以事命之。作，起也。舊説云：賓入户北面，曰「皇尸請舉爵」。尸卒爵，酢，酌，獻祝及佐食。洗爵，酌，致於主人、主婦，燔從皆如初。更爵，酢於主人，

❶「刌」，原作「忖」，據庫本及《儀禮·特牲饋食禮》鄭注改。

卒，復位。【注】洗乃致爵，爲異事新之。燔從皆如初者，如亞獻及主人、主婦致爵也。凡獻佐食，皆無從，其薦俎，獻兄弟，以齒設之。賓更爵自酢，亦不承婦人爵。楊氏復曰：「案上文賓三獻尸，止爵不舉，故未得獻祝與佐食。待主人、主婦致爵，又醋，神惠已均，賓乃止爵。尸卒爵，酢賓，賓遂獻祝與佐食，事之序也。又案上文主婦獻皆至祝、佐食而止，今賓獻祝、佐食畢，又致爵於主人、主婦，故洗爵致，爲異事新之也。❶」

【《欽定義疏》】《少牢》賓尸，賓酌致主人而不致主婦，不賓尸，則賓致爵於主婦。此則主人、主婦交致爵，而賓又致主人、致主婦，皆禮之互變也。善事親者，能得人之歡心，以事其先。主人不先獻賓，而賓先致主人，何也？以祭言之，則賓在三獻之列，而諸在庭中者不敢並焉；以分言之，則卑者也。且立賓所以事尸，尸方欲行室中之惠，則賓之致爵亦所以善承尸意也。夫而後室中之禮成，而庭中之禮起矣。

蕙田案：以上賓作止爵、尸酢賓、賓獻祝、佐食致於主人、主婦自酢。

主人降阼階，西面拜賓，如初。洗。【注】拜賓而洗爵，爲將獻之，如初視濯時，主人再拜，賓答拜，三拜衆賓，衆賓答再拜者。

蕙田案：敖氏謂初謂三拜衆賓，衆賓皆答一拜，此與註答再拜之文不同。案鄭據本篇陳鼎拜賓時文，敖據《有司徹》文。彼大夫禮，與士有異，仍當依鄭。

賓辭洗。卒洗，揖讓，升，酌，西階上獻賓。賓北面拜，受爵。主人在右，答拜。【注】就賓拜者，此禮不主於尊也。賓卑則不專階。主人在右，統於其位。

❶「異」，原作「畢」，據楊復《儀禮圖》改。

薦脯醢，設折俎。【注】凡節解者，皆曰折俎。不言其體，略云折俎，非貴體也。上賓骼，衆賓儀，公有司設之。賓左執爵，祭豆，奠爵，興，取肺，坐，絶祭，嚌之，興，加於俎，坐，挩手，祭酒，卒爵，拜。主人答拜，受爵，酌，酢，奠爵，拜。賓答拜。【注】主人酌自酢者，賓不敢敵主人，主人達其意。主人坐祭，卒爵，拜。賓答拜，揖，執祭以降，西面，奠於其位，位如初。薦、俎從設。【注】位如初，復其位，東面。《少牢饋食禮》：「宰夫執薦以從，設於祭東。司士執俎以從，設於薦東。」是則皆公有司爲之與？

蕙田案：以上主人獻賓長自酢。

衆賓升，拜受爵，坐祭，立飲。薦、俎設於其位，辯。主人備答拜焉，降，實爵於篚。【注】衆賓立飲，賤不備禮。《鄉飲酒·記》曰：「立卒爵者，不拜既爵。」備，盡，盡人之答拜。」

敖氏繼公曰：「辯，謂皆有薦俎也。其薦俎，亦於每獻一人則設之。備答拜，謂悉答之也。其拜亦在每人受爵之後。」

蕙田案：以上主人獻衆賓。

尊兩壺於阼階東，加勺，南枋。西方亦如之。【注】爲酬賓及兄弟，行神惠，不酌上尊，卑異之，就其位尊之。兩壺皆酒，優之。先尊東方，示惠由近。《禮運》曰：「澄酒在下。」【疏】上文獻賓及兄弟，皆酌上尊者，獻是嚴正，故得與神靈共尊。至此旅酬禮褻，故不敢酌上尊。

【《欽定義疏》】加勺亦南柄，北面酌也。與堂上之尊同。庭中凡四尊，尊必朋，設東西階下，分賓、主人黨也。宗廟之禮，尊者主於敬，親者主於愛，以敬爲主。故酳尸而不敢酬，況於旅乎？《少牢》不賓尸，亦獻而止矣。《少牢》賓尸而後尸舉旅行酬，則殺乎正祭矣。以愛爲主，故尸加爵而爵止，亦欲與於祭者之無不醉也，況主祭者乎？一舉觶爲旅酬始，再舉觶爲無算爵始，而凡鄉飲、射、燕，合情同愛之禮，皆視乎此矣。

主人洗觶，酌於西方之尊，西階前北面酬賓，賓在左。【注】先酌西方者，尊賓之義。

主人奠觶，拜，賓答拜。主人坐祭，卒觶，拜。賓答拜。主人洗觶，賓辭，主人對。卒洗，酌，西面。賓北面拜。【注】西面者，鄉賓位。立於西階之前，賓所答拜之東北。

蕙田案：酬賓、卒觶，主人酌而自飲，以導賓飲也。下賓取觶奠之爲旅酬時，取以酬長兄弟。

主人奠觶於薦北。【注】奠酬於薦左，非爲其不舉。行神惠，不可同於飲酒。

賓坐取觶，還，東面，拜。主人答拜。賓奠觶於薦南，揖，復位。【注】還東面，就其位薦西。奠觶薦南，明將舉。

敖氏繼公曰：「復位，主人復阼階下西面位也。」

張氏爾岐曰：「設尊酬賓，以啟旅酬。」

蕙田案：復位，敖說爲是。疏云「揖復位」，則初奠時少南於位，可知未是。

【《欽定義疏》】獻、酢、酬三者具而禮成，故獻之禮成於酬，賓主之正禮然也。此主人酬賓，所以成獻賓之禮。《少牢》下篇亦酬尸，以賓、尸在堂，則以賓禮事之也。《特牲》但酬賓而已，尸則不敢酬之，以其在室，神之也。

蕙田案：以上主人酬賓長、賓奠觶。

主人洗爵，獻長兄弟於阼階上，如賓儀。【注】酬賓乃獻長兄弟者，獻之禮，成於酬，先成賓禮。此主人之義。亦有薦脀設於位，私人爲之與？

敖氏繼公曰：「如賓儀，兼酢言。」

洗，獻衆兄弟，如衆賓儀。【注】獻卑而必爲之洗者，顯神惠。此言如衆賓儀，則知衆賓洗明矣。

敖氏繼公曰：「以承已自酢之後，故須洗之。」

蕙田案：《記》長兄弟及宗人，折，其餘如佐食俎。衆兄弟，若有公有司、私臣，皆殽脀，膚一，離肺一，賓與長兄弟之薦自東房，其餘在東堂，私臣門東，北面，西上。獻次兄弟，詳見上文獻賓條，此不重出。

蕙田案：以上主人獻長兄弟自酢、洗獻衆兄弟。

洗，獻内兄弟於房中，如獻衆兄弟之儀。【注】内兄弟，内賓宗婦也。如衆兄弟，如其拜、受、坐祭、立飲。設薦俎於其位，而立内賓位在房中之尊北，不殊其長，略婦人也。《有司徹》曰：「主人洗，獻内賓於房中，南面，拜受爵。」【疏】云内賓宗婦也者，此總云内兄弟。下《記》云：「内賓宗婦。」案彼注云：「内賓，姑姊妹。宗婦，族人之婦。」若然，兄弟者服名，故號婦人爲兄弟也。主人西面答拜，更爵，酢，卒爵，降，實爵於篚，入，復位。【注】爵辨乃自酢，以初不殊其長也。内賓之長亦南面答拜。

蕙田案：以上主人獻内兄弟自酢。

長兄弟洗觚爲加爵，如初儀，不及佐食，洗致如初，無從。【注】大夫士三獻而禮成，多之爲加也。不及佐食，無從，殺也。致，致于主人、主婦。【疏】如初儀者，如賓長三獻之儀。但賓長獻十一爵，此兄弟之長加獻唯有六爵，以其闕主人、主婦致爵并酢四爵，及獻佐食五，唯有六在者。洗觚爲加獻，一也；尸酢長兄弟，二也；獻祝，三也；致爵于主人，四也；致爵于主婦，五也；受主人酢，六也。

敖氏繼公曰：「無從，謂所獻所致者皆無燔也，無從則不啐酒而卒爵，亦其異者。」

【《欽定義疏》】加爵之義有二：一比於侑食勸飽之意，一使長兄弟、衆賓長得以伸其敬也。及祝而不及佐食者，佐食與旅，而祝不與旅，非但禮殺而已。加爵而後致爵，亦所以伸敬於主祭者也。加爵用觚，所以别於正獻也。致爵於主婦，既乃更一觚以自酢，故篚實二觚焉。酢訖，降，奠於篚。

蕙田案：以上長兄弟爲加爵。

衆賓長爲加爵。如初，爵止。【注】尸爵止者，欲神惠之均于在庭。【疏】庭賓及兄弟雖得一獻，未得旅酬，其尸得三獻，又別受加爵，故停之，使庭行旅酬。

【陳氏《禮書》】士與下大夫無賓尸，故有加爵。上大夫有賓尸，故無加爵。士加爵三，而下大夫加爵二者，厭降也。

【《欽定義疏》】大夫賓尸，尸作三獻之爵，遂繼之以旅酬，是尸自行其惠於廟中也。士不賓尸，則尸不出堂而行旅酬之禮矣。故於加爵而爵止，所以示致惠之意，而使上下同其愛，內外致其忱，至於既醉而止也。蓋三獻以申敬，故爵止而上下內外無不獻焉，斯以廣敬也；加爵以盡歡，故爵止而上下內外無不酬焉，斯以合歡也。

蕙田案：以上衆賓長爲加爵爵止。

嗣舉奠，盥，入，北面，再拜稽首。【注】嗣，主人將爲後者。舉猶飲也。使嗣子飲奠者，將傳重累之者。大夫之嗣子不舉奠，辟諸侯。【疏】奠者，即上文祝奠、奠于鉶南是也。

【《欽定義疏》】大夫辟君，士卑不嫌，此通例也。但天子、諸侯所以有上嗣受爵之禮者，以天子、諸侯繼世爲君，而卿大夫不世爵，故其嗣子不遽行舉奠者，不敢以卿大夫自居也。士之子爲士者，家有之，故其嗣子得行舉奠禮，亦即乎人心之安焉耳。

尸執奠，進受，復位，祭酒，啐酒。尸舉肝，舉奠，左執觶，再拜稽首，進受肝，復位，坐食肝，卒觶，拜。尸備答拜焉。【注】食肝，受尊者賜，不敢餘也。備猶盡也。每拜答之，以尊者與卑者爲禮，略其文耳。古文備爲復。【疏】食若不盡，直云嚌之而已。

郝氏敬曰：「尸備答拜者，重繼體，每拜皆答。」

舉奠，洗酌入，尸拜受，舉奠答拜。尸祭酒，啐酒，奠之。舉奠出，復位。【注】啐之者，答其欲酢己也。奠之者，復神之奠觶。嗣齒于子姓。凡非主人，升降自西階。

敖氏繼公曰：「舉奠，酌以進尸，反尸之奠觶耳。尸祭、啐、奠之如初禮，新之。」

【《欽定義疏》】以傳宗廟之重言之，曰受重；以承祖宗之貺言之，曰舉奠；祭祀之陳饌，以奠而成。嗣舉奠，則雖在子弟之列，而已付以他日祭祀之事矣。其舉奠必在加爵爵止之後，何也？加爵則室中之禮將畢矣，若待旅酬而後舉，又無以行吾敬也。惟於爵止而舉奠，可以明前人之保佑其子孫焉。於其舉奠而洗酌，又可以明祚胤之致孝其宗祖焉。其序在長兄弟加爵之後，而又在兄弟弟子舉觶之先，情深而文美也。

蕙田案：以上嗣舉奠。

兄弟、弟子洗酌於東方之尊，阼階前，北面，舉觶於長兄弟，如主人酬賓儀。【注】弟子，後生也。

張氏爾岐曰：「此下言旅酬。前主人酬賓，已舉西階一觶。此弟子復舉東階一觶，皆爲旅酬啟端。因於此時告祭設羞，先旅西階一觶，加爵者即作止爵，次旅東階一觶，又次並旅東、西二觶，而神惠均於在庭矣。」

蕙田案：以上弟子舉觶於長兄弟。

宗人告祭脀，【注】脀，俎也。所告者，衆賓、兄弟、内賓也。獻時設薦俎于其位，至此禮又殺，告之祭使成禮也。其祭皆離肺，不言祭豆可知。

【《欽定義疏》】注謂衆賓，衆兄弟内賓，則佐食亦在其中矣。祭脀使之成禮，又因以爲羞庶羞之節也。《燕禮》之祭薦者大夫而已，既脱屨升席，故先羞而後祭，所以安之也。此則凡在庭中者皆祭焉，又不獨薦而有俎，故必先祭乃羞也。告必宗人何？庭長也。

乃羞。【注】羞，庶羞也，下尸胾醢豆而已。此所羞者，自祝、主人至於内賓，無内羞。

蔡氏德晉曰：「禮，庶羞不踰牲，則此羞即當以豕肉爲之。」

【《欽定義疏》】天子、諸侯正祭，百物備，故賓長受酢後，薦尸以羞豆、羞籩，至繹祭而後，及於主祭與助祭者。《楚茨》之詩曰：「爲豆孔庶，爲賓爲客。」毛傳以爲「繹而賓尸，及賓客」，是也。大夫正祭，羞於尸，庶羞四豆。至賓尸，則尸侑主人、主婦，内羞、庶羞兼有之。賓、兄弟、内賓及私人亦有庶羞，不賓尸，羞於尸亦庶羞四豆。致爵後，尸祝主人、主婦，内羞、庶羞兼有之。賓、兄弟以下則無。士羞於尸，亦庶羞四豆。祭胥之後，祝主人以下，有庶羞而皆無内羞，所以明隆殺之等也。祝主人以下必有庶羞，何也？禮無酬而不羞者，雖鄉飲、射一獻之禮，亦有之，是皆爲飲酒設也。

蕙田案：以上祭胥乃羞。

賓坐取觶，阼階前北面酬長兄弟，長兄弟在右。【注】薦南奠觶。【疏】自此盡實觶於篚，論行旅酬之間，作止爵之事。但此《特牲》之禮，堂下行旅酬並無算爵，在室中者不與旅酬之事。賓主相酬，主人常在東，其同在賓中，則受酬者在左。 賓奠觶，拜，長兄弟答拜。賓立卒觶，酌於其尊，東面立。長兄弟拜受觶，賓北面答拜，揖，復位。【注】其尊，長兄弟尊也。此受酬者拜，亦北面。【疏】以其旅酬無算爵以飲者酌己尊，酬人之時酌彼尊，是各自其酒，故無算爵賓、弟子及兄弟。弟子舉觶于其長，各酌于其尊也。長兄弟西階前北面，衆賓長自左受旅，如初。

【注】旅，行也，受行酬也。初，賓酬長兄弟。長兄弟卒觶，酌於其尊，西面立。受旅者拜受。長兄弟北面答拜，揖，復位。衆賓及衆兄弟交錯以辨，皆如初儀。【注】交錯，猶言東西。

敖氏繼公曰：「交錯，謂二黨互酬也。」

蕙田案：此賓與兄弟旅酬，張爾岐以爲旅西階一觶，是也。

蕙田案：以上賓與兄弟旅酬。

爲加爵者作止爵，如長兄弟之儀。【注】于旅酬之間，言作止爵，明禮殺並作。

郝氏敬曰：「初衆賓長繼長兄弟加爵，尸飲長兄弟爵，不飲衆賓長爵，以己受加爵，而衆賓與兄弟酬未及。今既旅及衆賓與兄弟，尸可飲矣，故加爵之賓長作起其初止之爵，請尸飲也。」

蕙田案：此尸飲衆賓長之加爵。

蕙田案：以上衆賓長作止爵。

長兄弟酬賓，如賓酬兄弟之儀，以辨。卒受者實觶於篚。【注】長兄弟酬賓，亦坐取其奠觶。此不言交錯以辨，賓之酬不言卒受者，實觶於篚，明其相報。禮終於此，其文省。【疏】奠觶者，即上弟子舉觶於其長是也。賓舉奠觶於長兄弟，行旅酬，盡皆徧。長兄弟舉觶於賓，行旅酬，亦皆徧。交錯省文。

蕙田案：此衆兄弟酬賓，賓酬衆兄弟，衆兄弟與賓互相酬以徧。張爾岐以爲旅阼階一觶，是也。以上爲旅酬正數，以下爲無算爵。

蕙田案：以上兄弟與賓旅酬。

賓弟子及兄弟、弟子洗，各酌於其尊，中庭北面，西上，舉觶於其長。奠觶，拜，長皆答拜。舉觶者祭，卒觶，拜，長皆答拜。舉觶者洗，各酌於其尊，復初位。長皆拜。舉觶者皆奠觶於薦右。【注】奠觶，進奠之于薦右，非神惠也。今文曰奠于薦右。【疏】自此盡爵無算，論二觶並行無算爵之事。止爵、行旅酬，得爲神惠。至別爲無算爵，在下自相勸，故爲非神惠，故奠于薦右，同于生人飲酒，舉者奠于薦右也。

敖氏繼公曰：「奠觶薦右，此爲無算爵始。」

長皆執以興，舉觶者皆復位答拜。長皆奠觶於其所，皆揖其弟子。弟子皆復其位。【注】復其位者，東西面位。弟子舉觶于其長，所以序長幼，教孝弟。凡堂下拜，亦皆北面。【疏】上文復位，復在庭初舉北面位。此重言復位，當復東西面位可知。爵皆無算。【注】算，數也。賓取觶酬兄弟之黨，長兄弟取觶酬賓之黨，唯己所欲，亦交錯以辨，無次第之數。因今接會，使之交恩定好，優勸之。

敖氏繼公曰：「其儀之與旅酬異者，惟不拜耳。」

張氏爾岐曰：「二觶並舉，爲無算爵。」

蕙田案：以上弟子各舉觶，遂無算爵。

利洗散，獻於尸，酢，及祝，如初儀。降，實散於篚。【注】利，佐食也。言利，以今進酒也。更言獻者，以利侍尸，禮將終，宜一進酒，嫌于加酒亦當三也。不致爵，禮又殺也。【疏】利與佐食乃有二名者，以上文設俎、啟會、爾敦之時，❶以黍稷爲食，故名佐食。今進以酒，酒所以供養，故名利。利即養也。故鄭云「以今進酒也」。

郝氏敬曰：「禮將終，告利成，故利終獻以成禮。」

蕙田案：以上佐食獻尸、祝。

主人出，立於户外，西面。【注】事尸禮畢。祝東面，告利成。【注】利猶養也。供養之禮成。【疏】《少牢》云：「主人出，立於阼階上，西面。祝出，立於西階上，東面。祝告曰利成。」此户外告利成，彼階上告利成，以尊者稍遠於尸。若天子、諸侯禮畢，于堂下告利成，故《詩·楚茨》云：「孝孫徂位，工祝致告。」鄭注以祭禮畢，孝孫往位堂下西面位也。祝于是致孝孫之意，告尸以利成也。尸謖，祝前，主人降。【注】謖，起也。前猶導也。《少牢饋食禮》曰：「祝入，尸謖，主人降，立于阼階東，西面。祝先，尸從，遂出于廟門。」前尸之儀，《士虞禮》備矣。祝反，及主人入，復位。命佐食徹尸俎，俎出於廟門。【注】俎所載于肵俎。《少牢饋食

❶「啟」，原作「敦」，據庫本及《儀禮·特牲饋食禮》賈疏改。

禮》曰：「有司受歸之。」

蕙田案：以上祝告利成，尸出。

徹庶羞，設於西序下。【注】爲將餕，去之。庶羞主爲尸，非神饌也。《尚書傳》曰：「宗室有事，族人皆侍終日。大宗已侍於賓奠，然後燕私。燕私者何也？已而與族人飲也。」此徹庶羞置西序下者，爲將以燕飲與？然則自尸祝至於兄弟之庶羞，宗子以與族人燕飲於堂，内賓宗婦之庶羞，主婦以燕飲于房。

筵對席，佐食分簋鉶。【注】爲將餕，分之也。分敦黍于會，爲有對也。敦，有虞氏之器也。周制，士用之。變敦言簋，容同姓之士得從周制耳。《祭統》曰：「餕者，祭之末也，不可不知也。是故，古之人有言曰：『善終者如始。』餕其是已。是故，古之君子曰：『尸亦餕鬼神之餘也，惠術也，可以觀政矣。』」【疏】大夫異姓，既用異代之器，故《少牢》、《特牲》皆用敦。則同姓之士，當同周制用簋。

敖氏繼公曰：「此簋即敦之異名。分簋鉶者，以簋分簋實，以鉶分鉶羹也。」

宗人遣舉奠及長兄弟盥，立於西階下，東面，北上。祝命嘗食。籑者舉奠，許諾，升，入，東面。長兄弟對之，皆坐。佐食授舉，各一膚。【注】命，告也。士使嗣子及兄弟籑，其惠不過族親。古文籑皆作餕。【疏】此決下篇《少牢》二佐食及二賓長餕，明惠大，及異姓，不止族親而已。主人西面再拜，祝曰：「籑，有以也。」兩籑奠舉於俎，許諾，皆答拜。【注】以讀如「何其久也，必有以也」之「以」，祝告籑，釋辭以戒之，言女籑此，當有所以也。以先祖有德，而享于此祭，其坐，籑其餘，亦當以之也。《少牢饋食禮》不戒者，非親昵也。舊說云：主人拜下籑席南。若是者三。【注】丁寧戒之。皆取舉，祭食，祭舉乃食，祭鉶，食舉。【注】食乃祭鉶，禮殺。【疏】正祭時，尸祭鉶，乃爾黍。卒食。主人降，洗爵，宰贊一爵。主人升，酌，酳上籑，上籑拜受爵，主人答拜；酳下籑，亦如之。【注】《少牢饋食禮》曰：「贊者洗三爵，主人受于户内，以授次籑。舊說云：主人北面授下籑爵。」主人拜，祝曰：「酳，有與也。」如初儀。【注】主人復拜，爲戒也。與，讀如

「諸侯以禮相與」之「與」，言女酳此，當有所與也。與者，與兄弟也。既知似先祖之德，亦當與女兄弟，謂教化之。【疏】諸侯以禮相與之與，見《禮記·禮運》。言此者，戒嗣子與長兄弟及衆兄弟相教化，相與以尊先祖之德也。

兩餕執爵拜，【注】答主人也。祭酒，卒爵，拜。主人答拜。兩餕皆降，實爵於篚。上餕洗爵，升，酌，酢主人。主人拜受爵。【注】下餕復兄弟位，不復升也。上餕即位，坐，答拜。【注】既授爵户内，乃就坐。主人坐祭，卒爵，拜。上餕答拜，受爵，降，實於篚。主人出，立於户外，西面。【注】事餕者禮畢。

【陳氏《禮書》】天子、諸侯之餕，自君以至百官，而煇、胞、翟、閽之吏皆與焉，以明惠周于境内也。大夫之餕，二佐食、二賓長而已，以明惠及於臣也。士之餕，舉奠與長兄弟而已，以明惠止于其親也。羞餕筵於室中，就神位也。用尸之簋鉶，施神惠也。其禮則降與？俟命而後升，祭舉祭鉶然後食，拜酳祭酒而後飲，其位則上餕東面，下餕不酢而先降，上餕酢而後出，餕之大略也。然士餕，于其舉也，戒之曰：「餕，有以也。」于其酳也，戒之曰：「餕，有與也。」而大夫之餕不戒。士餕受爵皆拜，而大夫之餕受爵不拜；大夫之上餕不親酢而親嘏，士之上餕親酢而不嘏，何也？大夫之餕不戒，以其非舉奠也；受爵不拜，以其非貴者也；上餕不親酢，以其親嘏也。士之上餕不嘏，此其降于大夫與？

蕙田案：以上餕。

祝命徹阼俎、豆、籩，設於東序下。【注】命，命佐食。阼俎，主人之俎。宗婦不徹豆、籩，徹禮略，各有爲而已。設于東序下，亦將燕也。祝執其俎以出，東面於户西。【注】俟告利成。《少牢》下篇曰：「祝告利成，乃執俎以出。」宗婦徹祝豆、籩，入於房，徹主婦薦、俎。【注】宗婦既並徹，徹其卑者。《士虞禮》曰：「祝薦席，徹入于房。」

蕙田案：以上徹俎。

佐食徹尸薦、俎、敦，設於西北隅，几在南，厞用筵，納一尊。佐食闔牖户，降。【注】厞，隱也。不知神之所在，或諸遠人乎？尸謖而改饌爲幽闇，庶其饗之，所以爲厭飫。《少牢饋食禮》曰：「南面，如饋之設。」此所謂當室之白，陽厭也。則尸未入之前爲陰厭矣。《曾子問》曰：「殤不備祭，何謂陰厭、陽厭也？」【疏】引《少牢》者，見彼大夫禮，陽厭，南面。此士禮東面，雖面位不同，當室之白則同。案《曾子問》注云：「當室之白，謂西北隅得户之明者也。凡言厭者，謂無尸，直厭飫神。尸未入之前爲陰厭，謂祭于奥中，不得户明，故名陰厭。」

楊氏復曰：「案《釋宫》云：『西南隅謂之奥，西北隅謂之屋漏。』注：『奥者隱奥，屋漏者當室之白，日光所漏入。』」

【陳氏《禮書》】尸謖之後，陽厭西北漏，漏室之白，故曰陽席南面。

蕙田案：陰厭、陽厭之文，見《曾子問》，是孝子求神非一處之意。敖氏以改設未即徹去，重其爲神之餘食，蓋不主陽厭之説。

蕙田案：以上陽厭。

祝告利成，降，出。主人降，即位。宗人告事畢。賓出，主人送於門外，再拜。【注】拜，送賓也。凡去者，不答拜。【疏】云「凡」，總解諸文主人拜送賓皆不答拜。鄭注《鄉飲酒》云「禮有終」是也。若賓更答拜，是更崇新敬禮，故不答也。佐食徹阼俎。堂下俎畢出。【注】《記》俎出節，兄弟及衆賓自徹而出，唯賓俎有司徹，歸之，尊賓也。【疏】《有司徹》歸尸侑之俎，不儐尸，歸尸俎，皆不見歸賓俎。鄭所以知歸賓俎者，上文賓出，主人送于門外，再拜，明賓不自徹俎，主人使歸之。若助君祭，必自徹其俎。鄭注《曲禮》「大夫以下，或使人歸之」，是以魯郊不致燔俎于大夫，孔子不脱冕而行。士大夫家尊賓則使歸之，自餘亦自徹而去也。

蕙田案：以上禮畢賓出。

記：特牲饋食，其服皆朝服，玄冠、緇帶、緇韠。【注】於祭服此也。皆者，謂賓及兄弟，筮日、筮尸、視濯亦玄端，至祭而朝服。朝服者，諸侯之臣與其君日視朝之服，大夫以祭。今賓兄弟緣孝子欲得嘉賓尊客，以事其祖禰，故服之。緇韠者，下大夫之臣。夙興，主人服如初，則固玄端。【疏】《士冠禮》云：「主人玄冠，朝服，緇帶，素韠。」韠與裳同色。大夫臣朝服、素韠，此緇韠，故云下大夫之臣。

敖氏繼公曰：「緇韠者，其別于大夫助祭之賓與？朝服用玄冠之衣冠，皮弁之裳，故次于皮弁，而尊于玄端。」

唯尸、祝、佐食玄端，玄裳、黄裳、襍裳可也，皆爵韠。【注】與主人同服。《周禮》士之齊服有玄端、素端，然則玄裳，上士也；黄裳，中士；襍裳，下士。【疏】士之齊服，玄端一而裳有三也。

蕙田案：以上記祭服。

設洗，南北以堂深，東西當東榮。【注】榮，屋翼也。水在洗東，【注】祖天地之左海。❶篚在洗西，南順。實二爵，二觚，四觶，一角，一散。【注】順，從也。言南從統于堂也。二爵者，爲賓獻爵止，主婦當致也。二觚，長兄弟及衆賓長爲加爵，二人班同，迎接並也。四觶，一酌奠，其三長兄弟酬賓卒受者，與賓弟子、兄弟、弟子舉觶於其長，禮殺，事相接。《禮器》曰：「貴者獻以爵，賤者獻以散。尊者舉觶，卑者舉角。」舊説云：爵一升，觚二升，觶三升，角四升，散五升。

李氏寶之曰：「賓獻尸之時爵止，主人當致爵于主婦，故爵二。」

敖氏繼公曰：「二觚者，長兄弟以觚爲加爵，因以致于主人、主婦，既則更之。以酢于主人也。四觶者，其一奠于神席前，其一乃主人以奠酬于賓，其一乃衆賓長加爵于尸，其一乃爵止而未舉之時，兄弟、弟子舉觶于其長者也。」

壺、棜、禁，饌於東序，南順。覆兩壺焉，蓋在南。明日卒奠，冪用綌。即位而徹之，加勺。【注】覆壺者，盝瀝水，且爲其不宜塵。冪用綌，以其堅潔。禁言棜者，祭尚厭飫，得與大夫同器，不爲神戒也。【疏】棜之與禁，因物立名。大夫尊，以厭飫爲名，士卑，以禁戒爲稱。復以有足、無足立名，故《禮記》注云：「無足，有似于棜。士曰禁，由有足。」以《士虞禮》云：「尊于室中，兩甒醴酒，無禁。」禁由足生名，《禮記》云：「大夫

❶「左」，原作「右」，據庫本及《儀禮・特牲饋食禮・記》鄭注改。

用棜，士用禁。」及鄉飲、鄉射皆非祭禮，是以雖大夫去足，猶存禁名。至祭，則去足，名爲棜禁，不爲神戒也。

楊氏志仁曰：「奠，酌奠，奠于鉶南。時即位，尸即席坐。」

蕙田案：棜禁所以承尊，不止承壺。敖氏謂「壺棜禁，庪壺之棜禁也」，非是。

籩，巾以綌也，纁裏，棗烝，栗擇。【注】籩有巾者，果實之物多皮核，優尊者，可烝裹之也。烝、擇互文。舊說：纁裏者皆玄被。　鉶芼，用苦若薇，皆有滑，夏葵，冬荁。【注】苦，苦荼也。荁，堇屬，乾之，冬滑于葵。　棘心匕，刻。【注】刻若龍頭。

敖氏繼公曰：「喪祭匕用桑，吉祭匕用棘者，喪、桑音同，吉、棘聲近故也。」

牲爨在廟門外東南，魚腊爨在其南，皆西面，饎爨在西壁。【注】饎，炊也。西壁，堂之西墻下。舊說云：南北直屋梠，稷在南。【疏】舊說者，按《爾雅·釋宮》曰：「檐謂之樀。」孫氏云：「謂屋梠。周人謂之梠，齊人謂之檐，謂承檐行材。」　肵俎心舌，皆去本末，午割之，實於牲鼎，載心立舌，縮俎。【注】午割，縱横割之，亦勿没。立縮，順其性。心舌，知食味者，欲尸之饗此祭，是以進之。【疏】云載心立舌縮俎者，《少牢》云：「舌皆切本末，亦午割勿没，其載于肵，横之。」此言縮俎者，彼言横，據俎上爲横。此言縮，據鄉人爲縮，是以《少牢》云「皆進下」是也。

敖氏繼公曰：「既實牲體于鼎，乃制此而實之于其上。載謂載于肵俎。」

賓與長兄弟之薦，自東房，其餘在東堂。【注】東堂，東夾之前，近南。【疏】其餘，謂衆賓、兄弟之薦也。

蕙田案：以上記器物陳設。

沃尸盥者一人，奉槃者東面，執匜者西面，淳沃，執巾者在匜北。【注】匜北，執匜之北，亦西面。每事各一人。淳沃，稍注之。今文淳作激。

郝氏敬曰：「澆灌曰沃，細濯曰淳。」

宗人東面取巾，振之三，南面授尸，卒，執巾者受。【注】宗人代授巾，庭長尊。尸入，主人及賓皆辟位，出亦如之。【注】辟位，逡遁。

蕙田案：以上記尸入盥。

嗣舉奠，佐食設豆鹽。【注】肝宜鹽也。佐食當事，則户外南面；無事，則中庭北面。【注】當事，將有事而未至。凡祝呼，佐食許諾。【注】呼猶命也。

蕙田案：以上記執事者之節。

宗人獻，與旅齒於衆賓。【注】尊庭長齒，從其長幼之次。佐食，於旅齒於兄弟。

敖氏繼公曰：「佐食已酬于室中，故獻兄弟時不與，而但與其旅酬也。」

蕙田案：以上記宗人佐食、獻旅之次。

尊兩壺於房中西墉下，南上。【注】爲婦人旅也。其尊之節，亞西方。內賓立於其北，東面，南上。宗婦北堂，東面，北上。【注】二者，所謂內兄弟、內賓姑姊妹也。宗婦，族人之婦，其夫屬于所祭爲子孫，或南上，或北上。宗婦宜統于主婦。主婦南面。北堂，中房而北。【疏】云「或南上，或北上」者，內賓如姊妹賓客之類，南上自取。《曲禮》云：「東鄉西鄉，以南方爲上。」宗婦雖東鄉，取統于主婦，故北上，主婦南面故也。云「北堂，中房而北」者，謂房中半已北爲北堂也。主婦及內賓、宗婦亦旅，西面。【注】西面者，異于獻也。男子獻于堂上，旅于堂下；婦人獻于南面，旅于西面。內賓象衆賓，宗婦象兄弟，其節與其儀依男子也。主婦酬內賓之長，酌奠于薦左，內賓之長坐取奠于右，宗婦之娣婦舉觶于其姒婦亦如之。內賓之長坐取奠觶酬宗婦之姒，交錯以辯。宗婦之姒亦取奠觶酬內賓之長，交錯以辯。內賓之少者，宗婦之娣婦，各舉奠于其長，並行交錯無算。❶其拜及飲者，皆西面，主婦之東南。【疏】旅酬之法，飲皆西面。知在主婦之東南者，以其不背主婦，得邪角相向也。

敖氏繼公曰：「此旅酬之儀，雖與在庭者略同，然亦不能無少異。蓋主人既酬內兄弟，主婦則酬內賓之長，酌

❶「錯」，原脱，據庫本及《儀禮・特牲饋食禮》鄭注補。

奠于薦左，内賓之長取之奠于右，及兄弟舉旅之時，内賓之長亦取奠觶以酬主婦。主婦以酬次内賓，次内賓以酬宗婦之長，亦交錯以辯。内賓之少者，宗婦之少者，又各舉觶于其長，以爲無算爵始。内賓長之觶，惟以旅主婦而已。宗婦長之觶，則以旅次内賓，亦交錯以辯，皆不拜，略如鄉射無算爵之儀也。」

宗婦贊薦者，執以坐於户外，授主婦。

蕙田案：《記》内賓、宗婦皆殽脀，膚一，離肺一，詳見上文獻衆賓條，不重出。宗婦贊薦者云云，其儀已見於經，而《記》復著之。敖氏謂蓋備載其所聞耳。

蕙田案：以上記房中及宗婦贊薦之事。

尸卒食，而祭饎爨、雍爨。【注】雍，孰肉。以尸享祭灶有功也。舊説云：宗婦祭饎爨，亨者祭雍爨，用黍、肉而已，無籩、豆、俎。《禮器》曰：「燔燎于爨。」夫爨者，老婦之祭，盛于盆，尊于瓶。【疏】云亨者，則《周禮·亨人》之官，其職主實鑊水爨亨之事，以供外、内饔，故使之祭饔爨也。云「用黍肉而已，無籩豆俎」者，亦約《禮器》云盆、瓶知之。

郝氏敬曰：「饎爨以炊黍稷，雍爨以烹牲、魚、腊。」

蕙田案：以上記祭爨。

賓從尸，俎出廟門，乃反位。【注】賓從尸，送尸也。士之助祭，終其事也。俎，尸俎也。賓既送尸，復入，反位者，宜與主人爲禮，乃去之。【疏】送尸爲終其事，則更無儐尸之禮。若上大夫有儐尸者，尸出，賓不送，以其事終于儐尸故也。

蕙田案：以上記賓送尸之節。

尸俎，右肩、臂、臑、肫、胳，正脊二骨，横脊，長脅二骨，短脅，【注】尸俎，神俎也。士之正祭禮九體，貶于大夫，有併骨二，亦得十一之名，合少牢之體數，此所謂放而不致者。凡俎實之數奇，脊無中，脅無前，貶于尊者，不貶正脊，不奪正也。正脊二骨長脅，二骨者，將舉于尸，尸食未飽，不欲空神俎。【疏】少牢正體之數十一，若牢並骨并數則十七。放而不致，致，至也。《禮器》注云：「謂若諸侯自山、龍以下皆有放象，諸侯山、龍以下至日月星辰，卿大夫又不山龍。此士併骨二數乃得十一，除此唯九而已，亦是放而不至也。凡俎實之數，有九，有七，有五，是奇數。以其鼎俎奇，故實數亦奇而相稱也。少牢，大夫禮，三脊、脅俱有，此但有二體，貶于大夫也。等貶牲體，不貶正脊者，不奪其正。長脅亦不貶者，義與正脊同。尸食未飽，不欲空神俎，此脊與脅二骨本爲饌厭飫所設也。」膚三，【注】爲養用二，厭飫一也。

郝氏敬曰：「肉無骨曰膚。」

離肺一，【注】離猶捶也。小而長，午割之，亦不提心，謂之舉肺。刌肺三，【注】爲尸、主人、主婦祭。今文刌爲切。魚十有五。【注】魚，水物，以頭枚數。陰中之物，取數于月，十有五日而盈。《少牢饋食禮》亦云「十有五而俎」，尊卑同，此所謂經而等也。【疏】云「魚，水物，以頭枚數」者，對三牲與腊以體數也。經而等，《禮器》注云「謂若天子以下至士庶人爲父母三年」是也。引之者，諸魚數亦尊卑同也。腊如牲骨。【注】不但言體，以有一骨、二骨者。

郝氏敬曰：「腊俎如牲骨，無膚與肺也。」

祝俎，髀、脡脊二骨，脅二骨，【注】凡接于神及尸者，俎不過牲三體。以特牲約加其可併者二，亦得奇名。《少牢饋食禮》：「羊、豕各三體。」【疏】云祝俎，直云脅二骨，謂代脅也。以尸俎無脡脊，祝則有之，尸俎無代脅，祝俎有代脅可知。云「凡接于神及尸」者，祝、佐食、賓長、長兄弟、宗人之等是也。知皆三體者，下「佐食俎，觳折，脊，脅也。賓，骼，長兄弟及宗人折，其餘如佐食俎」，故知皆三體也。以特牲約加其可併者二骨者，是尊祝也。佐食已下卑，無加，故下注云「三體卑者從正」是也。云《少牢饋食禮》羊、豕各三體」者，二牲各三體，共六體，不奇者，通腊髀爲七，則亦奇數也。以其腊既兩髀，屬於尻，不殊，故爲一體。膚一，離肺一。

阼俎，臂，正脊二骨，橫脊，長脅二骨，短脅，【注】主人尊，欲其體得祝之加數五體，又于加其可併者二，亦得奇名。臂，左體臂也。膚一，離肺一。

主婦俎，觳折，【注】觳，後足。折，分後右足以爲佐食俎，不分左臑，折，辟大夫妻。【疏】不用後左足者，左足太卑。其餘如阼俎。【注】餘謂脊、脅、膚、肺。❶

❶「肺」，原作「也」，據庫本及《儀禮・特牲饋食禮・記》鄭注改。

敖氏繼公曰：「觳非正體，折骼之下而取之，故云觳折。凡牲固皆折也，然經文之例，其先言體乃言折，或單言折者，必非正體若全體者也。蓋與折俎之説不同。」

佐食俎，觳折，脊，脅，【注】三體卑者從正。【疏】直云脊、脅，不定體名，欲見得便用之。《少牢》佐食俎設于兩階之間，其俎折一膚，鄭注云：「折者，擇取牢正體，餘骨折分用之。」有脅而無薦，亦遠下尸，是無定體也。膚一，離肺一。

賓，骼。長兄弟及宗人折，其餘如佐食俎。【注】骼，左骼也。賓俎全體，尊賓不用尊體，爲其已甚卑，而全之其宜可也。長兄弟及宗人折，不言所分，略之。

敖氏繼公曰：「凡骼與觳連，乃爲全體。上《記》兩見觳折，則此骼亦非全體矣。不言骼折者，以其可知，不必言也。」

衆賓及衆兄弟、内賓、宗婦，若有公有司、私臣，皆殽脅，【注】又略。此所折骨，直破折餘體，可殽者升之俎。一而已，不備三者，賤。祭禮，接神者貴。凡骨有肉曰殽。《祭統》曰：「凡爲俎者，以骨爲主。貴者取貴骨，賤者取賤骨。貴者不重，賤者不虚，示均也。俎者，所以明惠之必均也。善爲政者如此，故曰見政事之均焉。」公有司亦士之屬，命于君者也。私臣，自己所辟除者。【疏】接神，謂長兄弟及宗人已上俎皆三，皆有嚌肺。自衆賓已下，折體而已，不接神及尸，賤無獻故也。宗人雖不獻，執巾以授尸，亦名接也。膚一，離肺一。

蕙田案：以上記俎實。

公有司門西，北面，東上，獻次衆賓。私臣門東，北面，西上，獻次兄弟。升受，降飲。【注】獻在後者，賤也。祭祀有上事者貴之，非執事者亦皆與旅。【疏】衆賓擇取公有司可執事者，門外在有司羣執事中，入門列在東面，爲衆賓。餘者在門西位。不執事者賤于執事者，故曰有上事者貴之。宗人獻與旅，齒于衆賓，則公有司爲之。佐食于旅，齒于兄弟，則私臣之中擇爲賓，使爲佐食者也。但賓俎公有司設之，兄弟脅，私人爲之。然則公有司、私臣薦俎，皆使徒隸爲之與？按《祭統》云：「凡賜爵，昭爲一，穆爲一，昭與昭齒，穆與穆齒。凡羣有司皆以齒，此之謂長幼有序。」此不見昭穆位者，主人衆兄弟非昭穆乎？故彼注「昭穆猶《特牲》、《少牢饋食之禮》主人之衆兄弟也，羣有司猶衆賓下及執事者，君賜之爵，謂若酬之」是也。若其有爵者，則以爵序之，何故然也？案《文王世子》：「其在外朝則以官，其在宗廟之中，則如外朝之位。宗人授事，以爵以官。」是不以姓，其獻之亦以官。故《祭統》云「尸飲五，君洗玉爵獻卿；尸飲七，以瑶爵獻大夫；尸飲九，以散爵獻士及羣有司。皆以齒，明尊卑之等」是也。以此差之，知無爵者從昭穆，有爵者則以官矣。

蕙田案：以上記公有司、私臣位及受獻之次。

右《儀禮·特牲饋食禮》。

五禮通考卷第一百十

淮陰吴玉搢校字

五禮通考卷第一百十一

內廷供奉禮部右侍郎金匱秦蕙田編輯
太子太保總督直隸右都御史桐城方觀承同訂
兩淮都轉鹽運使德水盧見曾
按察司副使元和宋宗元
參校

吉禮一百十一

大夫士廟祭

【《儀禮·少牢饋食禮》】【鄭《目録》】云：「諸侯之卿大夫，祭其祖禰于廟之禮。于五禮屬吉禮。」【疏】鄭知諸侯之卿大夫者，《曲禮下》云：「大夫以索牛。」用太牢，是天子卿大夫，明此用少牢爲諸侯之卿大夫可知。賓尸是卿，不賓尸爲下大夫，爲異也。

敖氏繼公曰：「此篇言大夫祭其祖之禮。」

【《欽定義疏》】《特牲》、《少牢》皆無言及廟主之文，漢儒因謂大夫士無主，然《左氏傳·哀十六年》：「衛孔悝出奔宋，使貳車反祏于西圃。」杜注云：「祏，藏主石函。」則大夫有主矣。大夫有主，則士亦未必無之。若無主，則廟中以何者依神，而祖禰何以別乎？此經不言主者，亦以犆祭無迎主之事故也。

少牢饋食之禮：【注】禮，將祭祀，必先擇牲，繫于牢而芻之。羊、豕曰少牢。諸侯之卿大夫祭宗廟之牲。【疏】羊、豕曰少牢，三牲具爲太牢，但非一牲即得牢稱。若一牲即不得牢名，故《郊特牲》與《士特牲》皆不言牢也。

日用丁、己。【注】內事用柔日。必丁、己者，取其令名，自丁寧，自變改，皆爲謹敬。必先諏此日，明日乃筮。【疏】舉事尚朝旦，不可今日謀日即筮，是以此文云日用丁、己，乃云「筮旬有一日」，是別于後日乃筮也。

蕙田案：日用丁、己，用丁若己之

日。己，十干戊己之己，非十二支辰巳之巳。

筮旬有一日。【注】旬，十日也。以先月下旬之己，筮來月上旬之己。【疏】若丁、己之外，辛、乙之等皆然。鄭必言來月上旬，不用中旬、下旬者，吉事先近日故也。

筮於廟門之外。主人朝服，西面於門東。史朝服，左執筮，右抽上韇，兼與筮執之，東面受命于主人。【注】史，家臣主筮事者。【疏】主人朝服者爲祭，而筮還服祭服，是以上篇《特牲》筮亦服祭服，玄端。以此而言，天子諸侯爲祭卜筮亦服祭服，若爲他事卜筮，則異于此。

敖氏繼公曰：「《特牲》言筮人，此言史，蓋互文也。以丁、己之日而筮丁、己，乃云旬有一日，則是并筮日之日而數之也。古者數日之法，於此可見。」

主人曰：「孝孫某，來日丁亥，用薦歲事於皇祖伯某，以某妃配某氏。尚饗！」【注】丁未必亥也，直舉一日以言之耳。禘于太廟，禮曰：日用丁亥，不得丁亥，則己亥、辛亥亦用之，無則苟有亥焉可也。薦，進也，進歲時之祭事也。皇，君也。伯某，祖字也。大夫或因字爲謚，《春秋傳》曰「魯無駭卒，請謚與族。公命以字爲展氏」是也。若仲、叔、季，亦曰仲某、叔某、季某也。某妃，某妻也。合食曰配。某氏，若言姜氏、子氏也。【疏】《春秋》宣八年辛巳，有事于太廟；文二年八月丁卯，大事于太廟；昭十五年二月癸酉，有事于武宮；桓十四年己亥，嘗。此等皆不獨用丁、己之日也。

楊氏復曰：「上文日用丁、己，謂十干丁日、己日也，如丁亥、己亥之類是也。下文來日丁亥，亦舉一端以明之耳。注家乃云不得丁亥，則己亥、辛亥，無則苟有亥焉可也。此則不論十干之丁、己，而專取十二支之亥以爲解，其失經文之意遠矣。」

敖氏繼公曰：「此惟云丁亥，特見其一耳。必言丁亥者，以其爲六丁之末者，故設言之也。末者且用，則其上者可知矣。己日亦宜如之。」

【《欽定義疏》】疏引《春秋》諸祭日，見凡柔日皆可用，不但丁、己也。上云丁、己，亦舉之以見例耳。歲事，四時之祭事，春露秋霜之義，亦不疏不數之期也，則歲以四舉明矣。稱祖之字，諱名不諱字，如子思作《中庸》，稱「仲尼」是也。注謂大夫因字爲謚，蓋生時名字兩稱，卒哭乃諱，則諱其名而專稱字，字有謚之義，非以此直爲謚法之謚也。以某妃配某氏，所謂同几精氣合也。陰統于陽，故但祭其祖，而妣已兼之矣。若祖歿而妣尚存者，不用此辭可知也。以某妃配，若言伯某之妃也，又舉某氏以實之。

史曰：「諾！」西面於門西，抽下韇，左執筮，右兼執韇以擊筮，【注】將問吉凶焉，故擊之以動其神。《易》曰：「蓍之德，圓而神。」遂述命曰：「假爾大筮有常。孝孫某，來日丁亥，用薦歲事於皇祖伯某，以某妃配某氏。尚饗！」【注】述，循也，重以主人辭告筮也。假，借也，言因蓍之靈以問之。常，吉凶之占繇。

敖氏繼公曰：「大者，尊之之辭。有常，謂其常常如此也。孝孫某以下之辭，則所謂述命也。」

蕙田案：有常，乃吉凶不差忒之義。敖氏訓常常如此，未的。「假爾大筮」以下，即述命之辭。疏云「述命訖乃連言」，離而爲二，非也。

乃釋韇立筮。【注】卿大夫之蓍長五尺，立筮由便。卦者在左坐。卦以木，卒筮，乃書卦于木，示主人，乃退占。【注】卦者，史之屬也。卦以木者，每一爻畫地以識之，六爻備書于板，史受，以示主人。退占，東面旅占之。

敖氏繼公曰：「退，退于其位也。此占者，亦當三人。」

吉，則史韇筮，史兼執筮與卦，以告於主人：「占曰從。」【注】從者，求吉得吉之言。【疏】筮而得吉，是從主人本心，故曰從。乃官戒，宗人命滌，宰命爲酒，乃退。【注】官戒，戒諸官也。當共祭祀事者，使之具其物且齊也。滌，溉濯祭器，埽除宗廟。若不吉，則及遠日，又筮日如初。【注】及，至也。遠日，後丁若後己。

蕙田案：以上前十日筮日。

宿。【注】宿讀爲肅，肅，進也。大夫尊儀益多，筮日既戒，諸官以齋戒矣。至前祭一日，又戒以進之，使知祭日當來。古文宿皆作羞。前宿一日，宿戒尸。【注】前肅諸官之日，又先肅尸者，重所用爲尸者，又爲將筮。【疏】肅諸官之日前，又先肅尸，當祭前二日也。肅諸官惟一肅，尸有再肅，是重所用爲尸者故也。宿與戒前後名不同，今合言之者，以前有十日之戒，後有一日之宿。若單言戒，嫌同十日；若單言宿，嫌同一日，故宿、戒並言，明其別也。

敖氏繼公曰：「宿戒尸者，凡可爲尸者，皆宿戒之，爲將筮也。」

蕙田案：前宿一日，祭前三日也。疏云：「當祭前二日。」盛世佐云：「祭前四日。」俱非。

明日，朝筮尸，如筮日之儀。命曰：「孝孫某，來日丁亥，用薦歲事於皇祖伯某，以某妃配某氏，以某之某爲尸。尚饗！」筮、卦占如初。【注】某之某者，字尸父而名尸也。字尸父，尊鬼神也。不前期三日筮尸者，大夫下人君，祭之朝乃視濯，與士異。【疏】《曲禮》：「父在，不爲尸。」注云：「尸，卜筮無父者。」若然，凡爲人尸者，父皆死矣。死者當諱其名，故上「某」是尸之父字，下「某」爲尸名，以不稱名，是尊鬼神也。

蕙田案：此祭前二日也。盛世佐謂戒尸之明日，即宿諸官之日，而以《特牲禮》前期三日之朝筮尸，爲與此同。其説非是。

吉，則乃遂宿尸。祝擯。【注】筮吉，又遂肅尸，重尸也。既肅尸，乃肅諸官及執事者。祝爲擯者，尸神象。【疏】案《特牲》使宗人擯，主人辭，又有祝共傳命者。士卑，不嫌兩有，與人君同。此大夫尊，下人君，故闕之。

蕙田案：云「乃遂」，則即筮尸之日。盛氏世佐以爲此前祭一日事，與筮尸隔越兩日，亦非是。下云「若不吉，則遂改筮尸」，文在宿尸之後，則筮尸、宿尸同爲一日益明。

主人再拜稽首。祝告曰：「孝孫某，來日丁亥，用薦歲事於皇祖伯某，以某妃配某氏。敢宿！」【注】告尸以主人爲此事來。尸拜，許諾，主人又再拜稽首。主人退，尸送，揖，不拜。【注】尸不拜者，尸尊。若不吉，則遂改筮尸。【注】即改筮之，不及遠日。【疏】此決上文筮日不吉筮遠日者，以日爲祭祀，本須取丁、己之類，故須取遠日後旬丁。此筮尸不吉，不須退至後旬，故筮不待遠日也。

蕙田案：以上筮尸、宿尸及宿諸官。

既宿尸，反，爲期于廟門之外。【注】爲期，肅諸官而皆至，定祭早晏之期。爲期亦夕時也。言既肅尸反爲期，明大夫尊，肅尸而已。其爲賓及執事者，使人肅之。【疏】宿尸及宿諸官與爲期，皆于祭前之日。主人門東，南面。宗人朝服，北面，曰：「請祭期。」主人曰：「比于子。」【注】比次早晏在于子也。主人不西面者，大夫尊于諸官，有君道也。爲期，亦唯尸不來也。

郝氏敬曰：「比猶隨也。」

宗人曰：「旦明行事。」主人曰：「諾！」乃退。【注】旦明，旦日質明。

蕙田案：《特牲》祭前三日筮尸，前二日宿尸、宿賓，前一日陳鼎、告期；少牢前三日宿戒尸，前二日筮尸、宿尸，前一日請期，皆可準經以推，而諸説多淆雜。如《特牲》筮尸，經明言「前期三日之朝矣」，下云「乃宿尸」、「宿賓」，則未知其爲即日，爲明日。今據「宿賓」下云「厥明夕」，有陳鼎、拜賓、視牲、告期等事，又云「夙興」，則祭日視殺、陳設等事矣，則宿尸、宿賓之爲前二日，于此可推。若依敖君善筮尸、宿尸、宿賓同在祭前三日，則下云「厥明夕」、云「夙興」，文不相接轃，其悞可知。《少牢》云：「前宿一日，宿戒尸。」此祭前三日，注、疏以爲前二日，盛世佐以爲前四日，皆非是。云「明日朝筮尸」，此祭前二日，注、疏以爲前一日，盛氏以爲前三日，同於《特牲》筮尸之期，亦皆非是。云「吉，則乃遂宿尸」，言「乃遂」，明同日爲之。盛氏以爲前祭一日，亦非是。至宗人請期，曰「旦明行事」，則祭前一日之事，諸家並同，無悞。二禮所以不同者，《少牢》有宿戒尸而《特牲》無之，大夫尊，尸益重，儀益詳也。《特牲》筮尸前三日，而《少牢》前二日，士無宿戒，然當三日致齊之時，未可缺然無事，故筮尸較移前一日，且第二日宿尸，又多一宿賓之事，難以一日併行也。《特牲》宿賓，而《少牢》不宿賓者，大夫於賓有君臣之分，無煩親肅。不宿賓而止宿尸，可與筮尸同日行之也。諸家以意推測，與經不符。而郝京山則云：「禮文多錯舉，一日至三日皆可筮。」則尤爲鶻突矣。

蕙田案：以上宗人請祭期。

楊氏復曰：「《少牢禮》與《特牲禮》輕重詳略不同。《少牢禮》日用丁己者，注云：『取其令名。』丁自丁寧，己自變改，皆爲敬謹之意。《特牲》不諏日者，士卑，時至事暇，可以祭則筮其日矣，不必諏丁、己之日，如大夫禮。玄冠一冠冠兩服，其一玄端，其一朝服，朝服重於玄端，《特牲》士禮，故筮則玄端，至祭而後朝服。《少牢》大夫禮，筮與祭皆朝服也。《特牲》筮人筮，筮人者，官名，《周禮·春官》有簭人是也；《少牢禮》史筮，史者，家臣主筮事者，所謂府史是也。《特牲》坐筮，《少牢》立筮。

不同者，注云：『士蓍短，故坐筮。卿大夫蓍長五尺，故立筮。各由其便也。』《特牲》、《少牢》皆筮尸，但《特牲》無宿戒尸之文，《少牢》宿戒尸而後筮者，重所用爲尸者，亦大夫尊，儀益多也。《特牲》有宿賓之禮，《少牢》不宿賓者，大夫尊，肅尸而已，其爲賓執事者，使人肅之。《特牲》無爲期，《少牢》爲期者，重其事也。爲期之日，主人門東，南面，不西南者，大夫尊于諸官，有君道也。」

【陳氏《禮書》】士前祭，立于廟門者五：筮日，一也；筮尸，二也；前祭之夕，將視濯具，揖，入，三也；既視，復外位而請期，四也；祭之日，視殺，揖，入，五也。大夫前祭，立于廟門者四：筮日，一也；筮尸，二也；既宿尸而請期，三也；祭之日，視殺，入，四也。

明日，主人朝服，即位于廟門之外，東方，南面。宰、宗人西面，北上。牲北首，東上。司馬刲羊，司士擊豕。宗人告備，乃退。

【注】刲、擊，皆謂殺之。此實既省告備乃殺之，文互者，省文也。《尚書傳》：羊屬火，豕屬水。【疏】案《特牲》視牲與視殺別日，今《少牢》不言視牲，直言刲、擊、告備、乃退者，省文也。《祭義》云：「君牽牲，穆荅君，卿大夫序從。既入門，麗于碑；卿大夫袒，而毛牛尚耳。」諸侯禮殺于門內，此大夫與《特牲》士皆殺于門外者，辟人君也。

楊氏復曰：「《雜記》曰：『大夫冕而祭于公，弁而祭于己。士弁而祭于公，冠而祭于己。』大夫爵弁，自祭家廟，惟孤耳，其餘皆玄冠，與士同。」

【陳氏《禮書》】大夫士無裸禮，故殺牲而後迎牲，迎牲而後迎尸。天子諸侯有裸禮，故迎尸而後迎牲。

【《欽定義疏》】東上，羊在東，豕在西也。

蕙田案：以上視殺。

雍人概鼎、匕、俎于雍爨，雍爨在門東南，北上。【注】雍人，掌割亨之事者。爨，灶也，在門東南，統于主人，北上。羊、豕、魚、腊皆有灶，灶西有鑊。凡概者，皆陳之而後告潔。

敖氏繼公曰：「概猶拭也。既筮日而宗人命滌，皆已濯之，故此但概之，爲去塵也。」

廩人概甑、甗、匕與敦于廩爨，廩爨在雍爨之北。【注】廩人，掌米入之藏者。甗，如甑，一孔。匕，所以匕黍稷者也。古文甑爲烝。【疏】案《冬官·陶人職》云：「甗實二鬴，厚半寸，脣寸。甑實二鬴，厚半寸，脣寸，七穿。」鄭司農云：「甗，無底甑。」以其無底，故以一孔解之。上雍人匕肉，此廩人匕黍稷。

敖氏繼公曰：「甑則炊之，匕則出之。」

司宮概豆、籩、勺、爵、觚、觶、几、洗、篚于東堂下，勺、爵、觚、觶實于篚；卒概，饌豆、籩與篚于房中，放于西方；設洗于阼階東南，當東榮。【注】放猶依也。大夫攝官，司宮兼掌祭器也。

郝氏敬曰：「豆至篚共九器，而篚即盛勺、爵、觚、觶者。卒概，拭畢也。房中之篚，盛主婦獻酬之易爵也。放，置也。」

【陳氏《禮書》】士遠君而伸，故視濯具與視殺異日。大夫近君而屈，故視濯具與視殺同日。

蕙田案：以上概器。

羹定，雍人陳鼎五，三鼎在羊鑊之西，二鼎在豕鑊之西。【注】魚、腊從羊，膚從豕，統于牲。【疏】上文概鼎時，鄭云「羊、豕、魚、腊皆有灶」，今陳鼎，宜各當其鑊。此三鼎在羊鑊之西，二鼎在豕鑊之西，故云「魚腊從羊，膚從豕」，其實羊、豕、魚、腊各有鑊也。《士虞禮》：「側亨于廟門外之右，東面，魚、腊爨在其南。」士之魚、腊皆有爨，則大夫魚、腊皆有鑊有灶也。

郝氏敬曰：「陳鼎五，羊、豕、魚、腊、膚也。鑊，大釜，以煮肉。陳鼎就鑊，以便升也。」

司馬升羊右胖。髀不升，肩、臂、臑、膊、胳，正脊一、脡脊一、横脊一、短脅一、正脅一、代脅一，皆二骨以並，腸三、胃三、舉肺一、祭肺三，實于一鼎。【注】升猶上也。上右胖，周所貴也。髀不升，近竅，賤也。肩、臂、臑，肱骨。膊、胳，股骨。脊從前爲正脅，旁中爲正脊，先前脅先後屈而反，猶器之綪也。並，併也。脊脅骨多，六體各取二骨併之，以多爲貴。舉肺一，尸食，所先舉也。祭肺三，爲尸、主人、主婦。【疏】上十一體言一者，見其體也。下言皆二骨以並，見一體皆有二骨也。凡牲體，四支爲貴，故先序肩、臂、臑、膊、胳于上，是尊；然後序脊、脅于下，是卑。二骨以並，據脊、脅可知也。司士升豕右胖。髀不升，肩、臂、臑、膊、骼，正脊一、脡脊一、横脊一、短脅一、正脅一、代脅一，皆二骨以並，舉肺

一、祭肺三，實於一鼎。【注】豕無腸胃，君子不食溷腴。 雍人倫膚九，實於一鼎。【注】倫，擇也。膚，脅革肉。擇之，取美者。 【疏】下文云「膚九，而俎亦横載，革順」，故知膚是脅革肉也。 司士又升魚、腊，魚十有五而鼎，腊一純而鼎，腊用麋。【注】司士又升，副倅者。合升左右胖曰純。純猶全也。 【疏】下經云司士三人，明是副倅者，非升豕者可知。倅亦副之別名。 卒脀，皆設扃鼏，乃舉，陳鼎于廟門之外，東方，北面，北上。【注】北面北上，鄉内相隨。

郝氏敬曰：「脀、烝同升也。卒脀，升鼎畢也。」

蕙田案：牲體說，詳見前《宗廟制度》門。

司宮尊兩甒于房户之間，同棜，皆有冪，甒有玄酒。【注】房户之間，房西、室户東也。棜，無足禁者，酒戒也。大夫去足，改名，優尊者，若不爲之戒然。【疏】《特牲》用棜，仍云禁，此改名棜，是優尊者，若不爲神戒然。《鄉飲酒》雖是大夫禮，猶名斯禁者，尋常飲酒異於祭祀也。

敖氏繼公曰：「棜即所謂棜禁也，惟言棜，文省耳。設尊即加冪者，甒其無蓋與？」

司宮設罍水于洗東，有枓，設篚于洗西，南肆。【注】枓，㪺水器也。凡設水用罍，沃盥用枓，禮在此也。【疏】設水用罍，沃盥用枓，言「凡」，總《儀禮》内凡用水者皆須罍盛之、沃盥水者皆用枓爲之。《士冠禮》直言水在洗東，《士昏》、《鄉飲酒》、《特牲·記》亦云然，皆不言罍器，亦不云「有枓」。❶其《燕禮》、《大射》雖云罍水，又不言有枓，故注總云「凡」。此等設水用罍，沃盥用枓，其禮具在此，故餘文不具。 改饌豆、籩于房中，南面，如饋之設，實豆、籩之實。【注】改，更也。爲實之，更之，威儀多也。如饋之設，如其陳之左右也。饋設東面。

敖氏繼公曰：「案注云『饋設東面』，以見其異者此耳。」

小祝設槃、匜與簞、巾於西階東。【注】爲尸將盥。

❶「枓」，原作「科」，據庫本及《儀禮·少牢饋食禮》賈疏改。

蕙田案：以上實鼎、陳設器饌。

敖氏繼公曰：「禮文多互見。如《特牲》言腊髀不升，則函髀可知。獨尸俎云不用髀，則是獨牲俎猶用也。故祝俎有豕髀，《少牢》神俎言羊豕髀不升，則《特牲》神俎可知。《少牢》腊用麋，《特牲》用兔可知。《少牢》尊兩甒玄酒棜禁冪，不言覆兩甒明日卒奠，皆互見也。他可類推。」

主人朝服，即位於阼階東，西面。【注】爲將祭也。【疏】自此盡革順，論祭時將至，布設舉鼎匕載之事。司宫筵於奥，祝設几於筵上，右之。【注】布陳神坐也。室中西南隅謂之奥，席東面近南爲右。【疏】案《特牲》云祝筵几，此司宫設席，祝設几，大夫官多，故使兩官共事，亦是接神，故祝設几也。

蕙田案：以上即位設筵几。

主人出迎鼎，除鼏。士盥，舉鼎，主人先入。【注】道之也。主人不盥不舉。【疏】《特牲》主人降，及賓盥，士禮自舉鼎，大夫尊，不舉，故不盥。司宫取二勺於篚，洗之，兼執以升，乃啟二尊之蓋冪，奠於棜上。加二勺於二尊，覆之，南枋。【注】二尊，兩甒也。【疏】二勺，兩尊用之，玄酒雖有不酌，重古，如酌者然也。鼎序入。饔正執一匕以從，饔府執四匕以從，司士合執二俎以從。司士贊者二人，皆合執二俎以相，從入。【注】相，助。

敖氏繼公曰：「饔正，饔人之長。府，其佐也。匕先俎後，變于君禮也。」

陳鼎於東方，當序，南於洗西，皆西面，北上，膚爲下。匕皆加於鼎，東枋。【注】膚爲下，以其加也。南于洗西，陳于洗西南。【疏】膚爲下，門外陳鼎時不言，至此言之者，以膚者豕之實，前陳鼎在門外，時未有俎，據鼎所陳則膚在魚上。今將載于俎，設之最在後，故須分別之也。羊無別俎而豕有膚俎，故謂之加。

郝氏敬曰：「陳鼎，以羊、豕、魚、腊、膚爲序。」

俎皆設於鼎西，西肆。肵俎在羊俎之北，亦西肆。【注】肵俎在北，將先載也。異其設文，不當鼎。

宗人遣賓就主人，皆盥于洗，長枇。【注】長枇者，長賓先、次賓後也。主人不枇，言就主人者，明親臨之。古文枇作匕。

【《欽定義疏》】下文明言佐食二人升羊、豕，司士三人升魚、腊、膚，升之者，即枇之者也。據《公食禮》大夫長匕，舉鼎之左人載，《士虞禮》佐食及執事舉鼎入，長在左，左人匕，佐食及右人載，皆一匕、一載對言。若一人匕，又一人升，則無位置之法矣。注以賓爲長賓、次賓，于下經不合。　又案：《易》稱「震驚百里，不喪匕鬯」，百里者，諸侯之象，是諸侯于廟祭，匕牲薦鬯，必親之也。《周官·大僕》「贊王牲事」，注謂「殺牲匕載之屬」，是天子亦視之也。《少牢》大夫不親匕，下人君也。《特牲》士親匕，卑不嫌也。

佐食上利升牢心舌，載於肵俎。心皆安下切上，午割勿没，其載於肵俎，末在上。舌皆切本末，亦午割勿没，其載於肵，横之。皆如初爲之於爨也。【注】牢，羊、豕也。安，平也。平割其下，於載便也。凡割本末，食必正也。午割，使可絶。勿没，爲其分散也。肵之爲言敬也，所以敬尸也。周禮祭尚肺，事尸尚心舌，心舌知滋味。今文切皆爲刌。

郝氏敬曰：「佐食二人，長爲上。利，利食也，佐食之號。午割，一縱一横割。勿没，不斷也。」

佐食遷肵俎於阼階西，西縮，乃反。佐食二人，上利升羊，載右胖，髀不升，肩、臂、臑、膊、骼，正脊一、脡脊一、横脊一、短脅一、正脅一、代脅一，皆二骨以並；腸三、胃三，長皆及俎拒；舉肺一，長終肺；祭肺三，皆切。肩、臂、臑、膊、骼在兩端，脊、脅、肺，肩在上。【注】升之以尊卑，載之以體次，各有宜也。拒讀爲介距之距。俎距，脛中當横節也。凡牲體之數及載備于此。

【疏】云肩、臂、臑、膊、骼在兩端，脊、脅、肺，肩在上者，此是在俎之次。俎有上下，猶牲體有前後，故肩、臑在上端，膊、骼在下端，脊、脅、肺在中。其載之次序，肩、臂、臑、正脊、脡脊、横脊、代脅、長脅、短脅、肺、腸、胃、膊、骼也。在鷄足爲距，在俎，則俎足中央横者也。此經即折前體肩、臂、臑兩相爲六，後體膊、骼兩相爲四，短脅、正脅、代脅兩相爲六，脊有三，總爲十九體，唯不數觳二，通之爲二十一體。二觳，正祭不薦于神、尸，故不言。是牲體之數備於此。上經云「升于鼎」，此經云「載于俎」，是載備于此也。

蕙田案：凡牲體，有豚解，有體解。豚解者，解牲爲七體，一脊、兩脅、兩肱、兩股也。脅者肋骨，亦謂之胉。肱者前脛骨，謂之肩。股者後脛骨，謂之髀。胉及肩、髀，皆以左右分，通一脊而爲七體。體解者，即豚解之七體而折解之，爲二十一體。折脊骨爲三，前爲正脊，中爲脡脊，後爲横脊；脅骨三，前爲代脅，中爲長脅，亦名正脅，亦名幹，後爲短脅，合左右兩脅爲六；肱骨三，上爲肩，中爲臂，下爲臑，合左右兩肱爲六；股骨三，上爲髀，中爲肫，亦名膊，下爲骼，合左右兩股爲六也。至正脊之前肩之上當頸處，謂之脰，亦謂之膉。胳之下、後足之末近蹄者，謂之觳。膉一而觳兩，皆不在正體之數。《少牢饋食》所陳，凡十一體，而鄭氏以爲牲體之數備於此者，蓋肩、臂、臑合兩胖爲六，膊、骼合兩胖爲四，短脅、正脅、代脅合兩胖亦六，脊有三，總爲十九體；兩髀雖以近竅之故，賤之而不升，然究屬正體，通數之得二十一體，則牲體之數備矣。《特牲》尸俎用九體，肩、臂、臑、膊、骼、正脊、横脊、長脅、短脅，而無脡脅、代脅。

又案：肺上不言腸、胃，省文耳。敖氏以爲文脱，張爾岐以肩爲胃字之誤，皆非。

下利升豕，其載如羊，無腸、胃。體其載于俎，皆進下。【注】進下，變于食生也。所以交于神明，不敢以食道，敬之至也。《鄉飲酒禮》進腠，羊次其體，豕言進下，互相見。

張氏爾岐曰：「食生人之法進輳。輳，骨之本；下，骨之末。進下者，以骨之末向神也。」

敖氏繼公曰：「進下，謂以每體之下鄉神位。」

盛氏世佐曰：「無腸、胃，著其異于羊者。」

司士三人，升魚、腊、膚。魚用鮒十有五而俎，縮載，右首，進腴。【注】右首進腴，亦變于食生也。《有司》載魚横之。《少儀》曰：「羞濡魚者進尾。」

敖氏繼公曰：「魚之進腴，猶牲之進下也。魚以腴爲下，鬐爲上，右首而進腴，則亦寢右矣。士喪，奠用食生之禮，其魚則左首進鬐，與此異。」

蔡氏德晉曰：「鮒，鯽魚也。其性相附，故曰鮒。」

腊一純而俎，亦進下，肩在上。【注】如羊、豕。凡腊之體載禮在此。【疏】諸經唯有腊文，無升載之事，唯此有之。

蕙田案：獸肉之乾者，謂之腊。腊亦先豚解，次體解，與解牲之制同。一純而俎，謂全載于俎，如牲也。

膚九而俎，亦横載，革順。【注】列載于俎，令其皮相順。亦者，亦其骨體。【疏】此膚言横，則上羊、豕骨體亦横載可知。

郝氏敬曰：「革，皮也。以肉皮向上，相順比也。」

蕙田案：以上舉鼎匕載。

卒脀，祝盥於洗，升自西階。主人盥，升自阼階。祝先入，南面。主人從，户内西面。【注】將納祭也。【疏】自此盡主人又再拜稽首，論先設置爲陰厭之事也。主婦被錫，衣侈袂，薦自東房，韭菹、醓醢，坐奠於筵前。主婦贊者一人，亦被錫，衣侈袂，執葵菹、蠃醢，以授主婦。主婦不興，遂受，陪設於東，韭菹在南，葵菹在北。主婦興，入於房。【注】被錫，讀爲髲鬄。古者剔賤者、刑者之髮，以被婦人之紒爲飾，因名髲鬄焉。此《周禮》所謂「次」也。不纚笄者，大夫妻尊，亦衣綃衣，而侈其袂耳。侈者，蓋半士妻之袂以益之，衣三尺三寸，❶袪尺八寸。韭菹、醓醢，朝事之豆也，而饋食用之，豐大夫禮。葵菹在北，綪。今文錫爲緆，蠃爲蝸。

【疏】云「贊一人亦被錫」，則其餘當與士妻同，纚笄、綃衣，士妻與婦人助祭皆綃衣，服窮則同也。

【《欽定義疏》】《召南》詩「被之僮僮」，毛《傳》云：「被，首飾也。」鄭箋云：「此即《周官》所謂次也。」孔疏云：「被即次也。」《追師》「掌爲副、編、次」，注云：「次，次第長短髮爲之。」據此，則「被」乃婦人首飾之名。《周官·追師》「掌王后首服，副、編、次」，注、疏謂三翟衣首服副，副所以覆首；鞠衣、展衣首服編，編，編列髮爲之；褖衣首服次，次，次第髮長短爲之，所謂髲髢。《禮記》「夫人副褘，立于東房」，《詩·衛風》「副笄六珈」，此副也，《詩·召南》「被之僮僮」、「被之祁祁」，此主婦被，則次也。

敖氏繼公曰：「錫、緆通，皆當作緣，字之誤也。緣、褖通。《内司服職》曰『緣衣素沙』是也。内子祭服緣衣，而又侈其袂焉，所以甚別於士妻之祭服也。卿大夫之妻，展衣爲上，緣衣次之。此自祭于家，故服其次者，辟助祭于公也。」

郝氏敬曰：「錫，光澤也，如錫衰之錫，漢人云『曳阿錫』。侈袂，大袖也。」

【《欽定義疏》】《周官·内司服》「掌王后之六服：褘衣、揄翟、闕翟、鞠衣、展衣、緣衣」，鄭注、賈疏，三翟衣皆祭服，王后褘衣，二王後之夫人亦褘衣，侯、伯夫人揄翟，子、男夫人闕翟。内命婦之服：鞠

❶「三尺」，原作「二尺」，據庫本及《儀禮·少牢饋食禮》鄭注改。

衣，九嬪也；展衣，世婦也；緣衣，女御也。外命婦，其夫孤則服鞠衣，卿大夫則服展衣，士則服緣衣也，此六服之序。上文主婦之被既爲次，則錫衣當是緣衣，緣字與緆相似，一訛而爲緆，再訛而爲錫，有由然也。又案：《玉藻》「士褖衣」，亦謂其妻也。《追師》注：「衣鞠衣、展衣者，服編；衣緣衣者，服次。」次亦名髲鬄。《采蘩》詩又謂之「被」，則被字自可以髲鬄釋之，不必改讀「被錫」二字爲髲鬄也。古者男女吉凶之衣，衣身二尺二寸，袂亦二尺二寸，袪則一尺二寸，其下圜殺之。侈袂者蓋不圜殺其下，而袂亦二尺二寸耳。婦服雖連衣裳，而衣、裳固各自爲度也。若三尺三寸則衣太長，裳太短，不稱其體矣，況男子之殊衣、裳者乎？說見《喪服・記》。又案：《特牲》士妻主婦綃衣，疏云：「綃衣，六服外之下者。」以士妻緣衣外更無衣，故《特牲》自祭，辟助祭於公，則服六服外之綃衣。若大夫妻助祭於公，服展衣。《少牢》自祭則有士妻之褖衣可服，又何必服六服外之綃衣耶？鄭注：「大夫妻尊，亦衣綃衣。」未確。

蕙田案：《莊子》「禿而施髢」，即此「被」字。錫，《漢樂府》云「曳阿錫」，注云「細布」，言布滑易如錫也。以細布爲衣，而侈其袂，即褖衣也。褖衣與綃衣俱以布爲之，服褖衣者首服次，次即被也。

佐食上利執羊俎，下利執豕俎，司士三人，執魚、腊、膚俎，序升自西階，相從入。設俎，羊在豆東，豕亞其北，魚在羊東，腊在豕東，特膚當俎北端。【注】相，助也。

蕙田案：此設五俎于尸席，執俎之人以序而升，相從而入。「相」如字，不必讀作去聲。

主婦自東房，執一金敦黍，有蓋，坐設於羊俎之南。婦贊者執敦稷以授主婦。主婦興，受，坐設於魚俎南；又興，受贊者敦黍，坐設於稷南；又興，受贊者敦稷，坐設於黍南。敦皆南首。主婦興，入於房。【注】敦有首者，尊者器飾也。飾蓋象龜。周之禮，飾器各以其類。龜有上下甲。

敖氏繼公曰：「金敦，以金飾之也。四敦皆然，特見其一耳。」

【《欽定義疏》】凡敦，皆有首、足。《士喪禮》用瓦敦，而曰面足，有足，則有首可知，是首非飾也。啟會而猶云面足，則首足之象，亦不專在於蓋矣。此以金爲飾，則瓦敦其不飾者與？《特牲禮》先云兩敦，後云佐食分簋鉶，二者互言之，則一器而二名明矣。至其形制，前人訖無定説，闕之可也。

蕙田案：此主婦親設四敦。敦形似獸而首向南耳，注何所據而必象龜形耶？

祝酌奠，遂命佐食啟會。佐食啟會蓋，二以重，設於敦南。【注】酌奠，酌酒爲神奠之。後酌者，酒尊要成也。《特牲饋食禮》曰：「祝洗酌奠，奠于鉶南。」重，累之。【疏】迎尸之前，將爲陰厭，爲神不爲尸，故云爲神奠之。

高氏愈曰：「諸侯有鬱鬯，以灌地降神。大夫無之，止酌酒奠神，而神若來享之，故祝遂出迎尸也。」

主人西面，祝在左，主人再拜稽首。祝祝曰：「孝孫某，敢用柔毛、剛鬣、嘉薦、普淖，用薦歲事於皇祖伯某，以某妃配某氏。尚饗！」主人又再拜稽首。【注】羊曰柔毛。豕曰剛鬣。嘉薦，菹醢也。普淖，黍稷也，普，大也，淖，和也。德能大和，乃有黍稷。《春秋傳》曰：「奉盛以告，曰絜粢豐盛。」謂其三時不害，而民和年豐也。

張氏爾岐曰：「牲物異號，以殊人用也。」

蕙田案：以上迎尸之前設饌祝神，曰陰厭。

祝出，迎尸於廟門之外。主人降立於阼階東，西面。祝先，入門右。尸入門左。【注】主人不出迎尸，伸尊也。《特牲饋食禮》曰：「尸入，主人及賓皆辟位。出亦如之。」祝入門右者，辟尸盥也。既則後尸。【疏】自此盡牢肺正脊加于肵，論尸入正祭之事。宗人奉槃，東面于庭南。一宗人奉匜水，西面于槃東。一宗人奉簞、巾，南面于槃北。乃沃尸，盥于槃上。卒盥，坐奠簞，取巾，興，振之三，以授尸，坐取簞，興，以受尸巾。【注】庭南，没霤。【疏】庭南者，于庭近南，是没盡門屋霤，近門而盥也。是以《特牲》亦云：「尸入門，北面盥。」繼門而言，即亦此没霤者也。

蕙田案：舊監本脱「以授尸坐取簞興」七字，今依敖氏本及新刊本添入。

祝延尸。尸升自西階，入，祝從。【注】由後詔相之曰延。延，進也。《周禮》曰：「大祝相尸禮。」祝從，從尸升自西階。主人升自阼階，祝先入，主人從。【注】祝接神先入，宜也。

蕙田案：以上尸入。

尸升筵，祝、主人西面立于户内，祝在左。【注】主人由祝後而居右，尊也。祝從尸，尸即席乃卻，居主人左。祝、主人皆拜妥尸，尸不言。尸答拜，遂坐。【注】拜妥尸，拜之使安坐也。尸自此答拜，遂坐而卒食。其間有不啐奠、不嘗鉶、不告旨，大夫之禮尸彌尊也。不告旨者，爲初亦不饗，所謂曲而殺。

盛氏世佐曰：「不祝饗與士禮異者，以有儐尸于堂之禮，故略之與？」

祝反，南面。【注】未有事也。墮祭，爾敦，官各肅其職，不命。

敖氏繼公曰：「妥尸，事畢也。南面云反，以見從尸入時位在此。」

蕙田案：以上妥尸。

尸取韭菹，辨擩於三豆，祭於豆間。上佐食取黍稷于四敦。下佐食取牢一切肺於俎，以授上佐食。上佐食兼與黍以授尸。尸受，同祭於豆祭。【注】牢，羊、豕也。同，合也，合祭於俎豆之祭也。黍、稷之祭爲墮祭。將食神餘，尊之而祭之。今文辨爲徧。【疏】陰厭是神食後尸來即席食，尸餕鬼神之餘，故尸亦尊神而祭之。

楊氏復曰：「切肺，祭肺也，三取其一也。俎豆，當作菹豆。」

上佐食舉尸牢肺、正脊以授尸。上佐食爾上敦黍於筵上，右之。【注】爾，近也，或曰移也。右之，便尸食也。重言上佐食，明更起，不相因。

楊氏復曰：「案賈疏『授尸』下有『尸受祭肺』四字。」

主人羞肵俎，升自阼階，置於膚北。【注】羞，進也。肵，敬也。親進之，主人敬尸之加。【疏】爲尸特加，故云「加」。

蕙田案：此主人親設肵俎。

上佐食羞兩鉶，取一羊鉶於房中，坐設於韭菹之南。下佐食又取一豕鉶於房中以從。上佐食受，坐設於羊鉶之南。皆芼，皆有柶。尸扱以柶，祭羊鉶，遂以祭豕鉶，嘗羊鉶。【注】芼，菜也。羊用苦，豕用薇，皆有滑。【疏】「芼，菜」者，菜是地之芼。知「羊用苦，豕用薇，皆有滑」者，按《公食大夫·記》云「鉶芼、牛藿、羊苦、豕薇，皆有滑」是也。

蕙田案：此二佐食羞羊鉶、豕鉶。

食舉，【注】舉牢肺、正脊也，先食啗之，以爲道也。【疏】《特牲》「舉肺脊以授尸」，注「肺，氣之主也。脊，體之貴也。先食啗之，所以道食通氣」是也。三飯。【注】食以黍。上佐食舉尸牢幹，尸受，振祭，嚌之。佐食受，加於肵。【注】幹，正脅也。古文幹爲肝。【疏】上文食舉是正脊，故知此食幹亦先取正脅也。上佐食羞胾兩瓦豆，有醢，亦用瓦豆，設於薦豆之北。【注】設于薦豆之北，以其加也。四豆亦綪，羊胾在南，豕胾在北。無臐膮者，❶尚牲不尚味。尸又食，食胾。上佐食舉尸一魚，尸受，振祭，嚌之。佐食受，加於肵，横之。【注】又，復也。或言食，或言飯。食大名，小數曰飯。魚横之者，異于肉。【疏】《少牢》、《特牲》言三飯、五飯、九飯之等，據一口謂之一飯，五口謂之五飯，故云「小數曰飯」。又食。上佐食舉尸腊肩，尸受，振祭，嚌之。上佐食受，加于肵。【注】腊、魚皆一舉者，《少牢》二牲，略之。腊必舉肩，以肩爲終也。別舉魚、腊，崇威儀。【疏】《特牲》獸、魚常一時同舉，而此獸、魚別舉，故云崇威儀。又食。上佐食舉尸牢骼，如初。【注】如舉幹也。又食。【注】不舉者，卿大夫之禮不過五舉，須侑尸。【疏】云五舉者，舉牢、肺、脊，一也；牢幹，二也；一魚，三也；腊、肩，四也；牢骼，五也。尸告飽。祝西面於主人之南，獨侑不拜。侑曰：「皇尸未實，侑！」【注】侑，勸也。祝獨勸者，更則尸飽。實，猶飽也。祝既侑，復反南面。【疏】此與《特牲》皆有尸飯法，天子、諸侯亦當有之。故大祝九拜之下，云「以享侑祭祀」，注云「侑，勸尸食而拜」。若然，士三飯即告飽而侑，大夫七飯告飽而侑，諸侯九飯告飽而侑，天子十一飯而侑也。

【陳氏《禮書》】飯必告飽，而告飽必侑。侑禮有拜以致其敬，有辭以道其勤，有樂以樂其心。《特牲》尸告飽，祝侑主人拜，《少牢》尸告飽，主人拜侑，此拜以致其敬也；《少牢》祝侑曰「皇尸未實，侑」，此辭以道其勤也；大祝逆尸，令鐘鼓侑亦如之，此樂以樂其心也。然《特牲》三飯告飽而侑，《少牢》七飯告飽而侑，則九飯三侑，飯寡而侑多，十一飯再侑，飯多而侑寡者，蓋禮殺者儀蹙，故告飽速而侑多，禮隆者儀紓，故告飽遲而侑少，此侑禮所以不同也。

尸又食。上佐食舉尸牢肩，尸受，振祭，嚌之。佐食受，加於肵。【注】四舉牢體，始于正脊，

❶「臐」，原作「腫」，據庫本及《儀禮·少牢饋食禮》鄭注改。

終于肩，尊于始終。【疏】正脊及肩，皆體之貴者，故先舉正脊，爲食之始，後舉肩，爲食之終。尸不飯，告飽。祝西面於主人之南。【注】祝當贊主人辭。【疏】以其西面，是祝之有事之位，故從南向西面位也。主人不言，拜侑。【注】祝言而不拜，主人不言而拜，親疎之宜。尸又三飯。【注】爲祝一飯，爲主人三飯，尊卑之差。凡十一飯，下人君也。上佐食受尸牢肺、正脊，加於肵。【注】言受者，尸授之也。尸授牢幹，而實舉于菹豆，食畢，摻以授佐食焉。【疏】上文初食舉，不言置舉之所，至此尸十一飯後，乃言上佐食受尸牢肺、正脊，加于肵者，約《特牲》舉肺、脊，其時尸實舉于菹豆。今尸食畢，尸乃于菹豆上取而授上佐食。

蕙田案：以上正祭尸食。

蕙田案：禮以饋食爲名，故正祭先饋黍牢。至酳尸，乃酌酒獻爲初獻。

主人降，洗爵，升，北面酌酒，乃酳尸。尸拜受，主人拜送。【注】酳猶羡也。既食之而又飲之，所以樂之。古文酳作酌。【疏】自此盡折一膚，論主人酳尸之事。酳取饒羡之義，故以爲樂之也。尸祭酒，啐酒。賓長羞牢肝，用俎，縮執俎，肝亦縮，進末，鹽在右。【注】羞，進也。縮，從也。鹽在肝右，便尸擩之。古文縮爲蹙。【疏】在尸之左。尸左執爵，右兼取肝，擩於俎鹽，振祭，嚌之，加于菹豆，卒爵。主人拜。祝受尸爵。尸答拜。【注】兼，兼羊、豕。

蕙田案：以上主人酳尸。

祝酌受尸，尸醋主人。主人拜受爵，尸答拜。主人西面奠爵，又拜。【注】主人受酢酒，俠爵拜，彌尊尸。【疏】使祝代酌，已是尊尸。主人拜受訖，又拜，爲俠拜，是彌尊尸也。

蕙田案：「祝酌受尸」，「受」，當作「授」。敖本及新刊本並同。

上佐食取四敦黍稷，下佐食取牢一切肺，以授上佐食。上佐食以綏祭。【注】綏或作挼。挼讀爲墮。將受嘏，亦尊尸餘而祭之。【疏】《周禮・守祧》「既葬，則藏其墮」，取墮減之義也。主人受嘏之時先墮祭，是以佐食授黍稷，與主人爲墮禮。

主人左執爵，右受佐食，坐祭之，又祭酒，不興，遂啐酒。【注】右受佐食，右手受墮于佐食也。至此言坐祭之者，明尸與主人爲禮也。尸恒坐，有事則起。主人恒立，有事則坐。　【疏】《禮器》云「周坐尸」，《曲禮》「立如齊」，鄭云「齊謂祭祀時」。

祝與二佐食皆出，盥於洗，入。二佐食各取黍於一敦。上佐食兼受，摶之以授尸。尸執，以命祝。【注】命祝以嘏辭。　【疏】謂命祝使出嘏辭，以嘏于主人，下文是也。

敖氏繼公曰：「三人皆爲將執所嘏之物而盥，敬其事也。」

卒命祝，祝受以東，北面于户西，以嘏于主人，曰：「皇尸命工祝，承致多福無疆于女孝孫。來女孝孫，使女受禄于天，宜稼于田，眉壽萬年，勿替引之。」【注】嘏，大也，予主人以大福。工，官也。承，猶傳也。來，讀曰釐，釐，賜也。耕種曰稼。勿猶無也。替，廢也。引，長也，言無廢止時，長如是也。　【疏】案《特牲》尸親嘏主人，此使祝嘏者，大夫尸尊，故不親。《特牲》無嘏，文不具也。

蕙田案：敖氏讀「來」如「來禹」之「來」，爲是。

主人坐奠爵，興，再拜稽首；興，受黍，坐振祭，嚌之；詩懷之，實于左袂，挂于季指，執爵以興；坐卒爵，執爵以興；坐奠爵，拜。尸答拜。執爵以興，出。宰夫以籩受嗇黍。主人嘗之，納諸內。【注】詩，猶承也。實于左袂，便右手也。季猶小也。出，出户也。宰夫，掌飲食之事者。收斂曰嗇，明豐年乃有黍稷也。復嘗之者，重之至也。納，猶入也。

蕙田案：以上尸醋主人命祝嘏。

主人獻祝，設席南面。祝拜於席上，坐受。【注】室中迫狹。　【疏】大夫、士廟室皆兩下五架。正中曰棟，棟南兩架，北亦兩架。棟南一架名曰楣，前承簷以前，名曰庪。棟北一架爲室南壁而開户，即是一架之開廣爲室，故云迫狹也。

蕙田案：室在堂北，室於堂居四之一，天子至大夫、士並同，不獨大夫、士爲迫狹，亦不因四注而下分廣狹也。郝仲輿謂：「室爲事神行禮陳設之所，非狹也。禮豈因地狹遂簡？」是也。

主人西面答拜。【注】不言拜送，下尸。 薦兩豆菹、醢。【注】葵菹、蠃醢。 【疏】葵菹、蠃醢，是饋食之豆，當饋食之節。今祝用之，亦其常事。

蕙田案：薦者，敖氏以爲宰夫，姜上均以爲主婦，盛世佐泛云有司，當以盛説爲是。敖氏又以朝事之豆易饋食之豆，亦不可從。

佐食設俎，牢髀、横脊一、短脅一、腸一、胃一、膚三、魚一横之，腊兩髀屬於尻。【注】皆升下體，祝賤也。魚横者，四物共俎，殊之也。腊兩髀屬于尻，尤賤不殊。【疏】髀與短脅、横脊，皆羊、豕之下體，屬于尻。又腊之下體爲祝賤故也。魚獨在俎縮載，今横者爲四物共俎，横而殊之也。縮有七物，而云四物者，據羊、豕、魚、腊也。羊、豕體不屬于尻，以腊用左右胖，故有兩髀，尻在中，髀與尻相連屬不殊，是尤賤也。

蕙田案：祝俎一而雜用五俎之物，是祝賤之。敖氏以爲見其尊，未的。

祝取菹㨎于醢，祭於豆間。祝祭俎，【注】大夫祝俎無肺，祭用膚，遠下尸。不嚌之，膚不盛。【疏】《特牲》尸俎有祭肺、離肺，祝俎有離肺，無祭肺，是下尸。今大夫祝離肺、祭肺俱無，是遠下尸也。離肺祭訖，嚌之，加于俎。今以膚替肺，是不盛，故不嚌。 祭酒，啐酒。肝牢從。祝取肝，㨎于鹽，振祭，嚌之，不興，加于俎，卒爵，興。【注】亦如佐食授爵乃興，不拜既爵，大夫祝賤也。【疏】《特牲》祝卒爵則拜，士卑，故祝不賤。

蕙田案：「肝牢」，當從敖氏作「牢肝」。

主人酌，獻上佐食。上佐食户内牖東北面

拜，坐受爵。主人西面答拜。佐食祭酒，卒爵，拜，坐授爵，興。【注】不啐而卒爵者，大夫之佐食賤，禮略。【疏】《特牲》佐食亦啐，天子、諸侯禮雖亡，或對天子、諸侯佐食啐乃卒爵，貴故也。

敖氏繼公曰：「凡室中北面拜者，皆在户牖間。『卒爵拜』之『拜』，蓋衍文。」

俎設於兩階之間，其俎，折一膚。【注】佐食不得成禮于室中。折者，擇取牢正體餘骨，折分用之。

郝氏敬曰：「折一膚，豕肉一片。折，分也。」

主人又獻下佐食，亦如之。其胥亦設於階間，西上，亦折一膚。【注】上佐食既獻，則出就其俎。《特牲·記》曰「佐食無事，則中庭北面」，謂此時。

蕙田案：以上主人獻祝佐食。

蕙田案：自主人降洗爵至此，初獻禮竟。

有司贊者取爵于篚，以升，授主婦贊者于房户。【注】男女不相因。婦贊者受，以授主婦。主婦洗於房中，出酌，入户，西面拜，獻尸。【注】入户西面拜，由便也。不北面者，辟人君夫人也。拜而後獻者，當俠拜也。《昏禮》曰：「婦洗在北堂，直室東隅。」

郝氏敬曰：「出酌，出房酌酒于房户間之甒。」

尸拜受。主婦主人之北西面，拜送爵。【注】拜于主人之北，西面，婦人位在内，此拜于北，則上拜于南，由便也。

郝氏敬曰：「主婦又拜送，所謂俠拜也。」

尸祭酒，卒爵。主婦拜，祝受尸爵。尸答拜。易爵，洗，酌，授尸。【注】祝出易爵。男女不同爵。

高氏愈曰：「士禮亞獻之時，主婦有設兩籩及兄弟長以燔從之禮。此不設者，以後有儐尸之禮故也。」

主婦拜受爵，尸答拜。上佐食綏祭。主婦西面，于主人之北受祭，祭之，其綏祭如主人之禮，不嘏，卒爵，拜。尸答拜。【注】不嘏，夫婦一體。

敖氏繼公曰：「士妻撫祭，内子受祭，又有于房、于室之異，皆相變也。」

蕙田案：以上主婦獻尸、尸酢。

主婦以爵出。贊者受，易爵于篚，以授主婦于房中。【注】贊者，有司贊者也。易爵，亦以授婦贊者。婦贊者受房户外，入授主婦。主婦洗，酌，獻祝。祝拜，坐受爵。主婦答拜于主人之北。卒爵，不興，坐授主婦。【注】不狹拜，❶下尸也。主婦受，酌，獻上佐食于户内。佐食北面拜，坐受爵。主婦西面答拜。祭酒，卒爵，坐授主婦。主婦獻下佐食，亦如之。主婦受爵，以入于房。【注】不言拜于主人之北，可知也。爵奠于内篚。

蕙田案：以上主婦獻祝、佐食。

蕙田案：亞獻禮至此竟。

賓長洗爵，獻于尸。尸拜受爵。賓户西北面拜送爵。尸祭酒，卒爵。賓拜。祝受尸爵，尸答拜。祝酌授尸，賓拜受爵，尸拜送爵。賓坐奠爵，遂拜，執爵以興，坐祭，遂飲，卒爵，執爵以興，坐奠爵，拜。尸答拜。

蕙田案：以上賓長獻尸、尸酢。

賓酌獻祝。祝拜，坐受爵。賓北面答拜。祝祭酒，啐酒，奠爵于其筵前。【注】啐酒而不卒爵，祭事畢，示醉也。不獻佐食，將儐尸，禮殺。

楊氏復曰：「案『啐爵』當作『卒爵』。」

蕙田案：以上賓長獻祝。

蕙田案：終獻禮至此竟。

主人出，立於阼階上，西面。祝出，立於西階上，東面。祝告曰：「利成。」【注】利猶養也。成，畢也。孝子之養禮畢。【疏】自此盡廟門，論祭祀畢，尸出廟之事。

敖氏繼公曰：「階上，亦皆序内也。」

祝入，尸謖。主人降，立於阼階東，西面。【注】謖，起也。謖或作休。祝先，尸從，遂出於廟門。【注】事尸之禮，訖於廟門外。【疏】上祝迎尸于廟

❶「狹」，《儀禮·少牢饋食禮》鄭注作「俠」。

門，今禮畢，又送尸于廟門。按《祭統》：「尸在廟門外，則疑于臣。」是以據廟門爲斷。

蕙田案：以上祭畢尸出廟。

祝反，復位于室中。主人亦入於室，復位。祝命佐食徹肵俎，降設於堂下阼階南。【注】徹肵俎不出門，將儐尸也。不云尸俎，未歸尸。司宮設對席，乃四人餕。【注】大夫禮四人餕，明惠大也。【疏】《祭統》云：「凡餕之道，布興施惠之象也。」《特牲》二人餕，惠之小者；大夫四人餕，明惠之大者也。上佐食盥，升，下佐食對之，賓長二人備。【注】備四人餕也。三餕亦盥升。【疏】對者，不謂東西相當，直取東面、西面爲對。下佐食西面，近北也。賓長二人亦不相當，故云備，不言對也。司士進一敦黍於上佐食，又進一敦黍于下佐食，皆右之于席上。【注】右之者，東面在南，西面在北。【疏】東面在南，據上佐食；西面在北，據下佐食。右之者，飯用手，右之便故也。資黍于羊俎兩端，兩下是餕。【注】資猶減也。減置于羊俎兩端，則一賓長在上佐食之北，一賓長在下佐食之南。【疏】兩下者，據二賓長。地道尊右，故二佐食皆在右。上佐食居尸坐處，明知位次如此。司士乃辨舉，餕者皆祭黍、祭舉。【注】舉，舉膚。今文辨爲徧。【疏】以尸舉肺，餕者下尸，當舉膚。主人西面，三拜餕者。餕者奠舉於俎，皆答拜，皆反，取舉。【注】三拜旅之，示徧也。言反者，拜時或去其席。在東面席者，東面拜；在西面席者，皆南面拜。【疏】在西面席者，以主人在南，西面不得與主人同面而拜，明迴身南面，向主人而拜也。司士進一鉶於上餕，又進一鉶於次餕，又進二豆湇於兩下。乃皆食，食舉。【注】湇，肉汁也。【疏】神坐之上，止有羊、豕二鉶。一進與上佐食，一進與下佐食，故更羞二豆湇于兩下。湇從門外鑊中來，以兩下無鉶，故進湇也。

敖氏繼公曰：「二豆湇，亦羊、豕各一。」

卒食。主人洗一爵，升酌，以授上餕。贊者洗三爵，酌。主人受於户內，以授次餕，若是以辨。皆不拜，受爵。主人西面，三拜餕者。養者奠爵，皆答拜，皆祭酒，卒爵，奠爵，皆拜。主人答一拜。【注】不拜受爵者，大夫餕者賤也。答一拜，略也。古文一爲壹也。

【《欽定義疏》】《特牲》養者拜受爵，《少牢》養者不拜受爵，亦禮之相變也，非關餕者之貴賤而然。凡餕之道，每變以衆。君、卿、大夫皆餕焉，豈有主祭者尊而養反賤乎？

養者三人興，出，【注】出，降反賓位。上養止。主人受上養爵，酌以醋于户内，西面坐奠爵，拜，上養答拜。坐祭酒，啐酒。【注】主人自酢者，上養獨止，當尸位尊不酌也。上養親嘏，曰：「主人受祭之福，胡壽保建家室。」【注】親嘏，不使祝。授之亦以黍。

敖氏繼公曰：「胡，如『胡福』之『胡』。」

【《欽定義疏》】《特牲禮》有祝辭，無嘏辭，祝曰：「養有以也。」見興惠逮下之意。以士之餕者，嗣子及長兄弟，親者也。親主於愛。《少牢禮》有嘏辭，無祝辭，嘏曰：「主人受祭之福，胡壽保建家室。」則歸福于主人之意。以大夫之餕者，佐食及賓，疏者也。疏主于敬故也。《士冠禮》注云：「胡猶遐也，遠也。」

蕙田案：注云「以黍」，敖云「不用黍，惟以辭别于尸」。據經，無「以黍」之文，當從敖氏。

主人興，坐奠爵，拜，執爵以興，坐卒爵，拜，上養答拜。上養興，出。主人送，乃退。【注】送佐食不拜，賤。【疏】賓主之禮，賓出，主人皆拜送。此佐食送之而不拜，故云賤也。

【《欽定義疏》】大夫不以嗣舉奠，辟諸侯世子之禮也。既不舉奠，故亦不與于餕。下篇佐食不與于賓尸之禮，蓋自餕而後，佐食無事矣。長賓在上佐食之左，東面；衆賓長在下佐食之左，西面。

蕙田案：以上餕。

蕙田案：《少牢》，大夫禮，較《特牲》士禮加隆，乃此經自主婦獻尸以至尸謖，其儀節視《特牲》大簡，以《特牲》不儐尸，而《少牢》有儐尸禮，此聖人制禮損益之節也。

右《儀禮·少牢饋食禮》。

五禮通考卷第一百十一

淮陰吴玉搢校字

五禮通考卷第一百十二

內廷供奉禮部右侍郎金匱秦蕙田編輯
太子太保總督直隸右都御史桐城方觀承同訂
兩淮都轉鹽運使德水盧見曾
按察司副使元和宋宗元 參校

吉禮一百十二

大夫士廟祭

【《儀禮·有司徹》】【鄭《目録》】云：「《少牢》之下篇也。大夫既祭儐尸于堂之禮。天子、諸侯之祭，明日而繹。」

郝氏敬曰：「承上饔事畢，有司徹室中饌，儐尸于堂。儐尸即繹。凡大祭，明日繹。《少牢》之儐即祭日也。鄭謂有司儐尸爲上大夫，不儐尸爲下大夫。儐與不儐，事故適然。或祭有大小，禮有損益，未可據此分大夫之上下也。」

【《欽定義疏》】上篇正祭，以神道事尸于室，故用祝與佐食，皆室事也。此篇儐尸，以賓禮接尸于堂，故不用祝與佐食，而另立侑以輔尸，皆堂事也。即于祭日攝酒燅俎而行之，與天子、諸侯明日繹祭者不同。《祭統》云：「天子之祭也，與天下樂之。諸侯之祭也，與竟内樂之。」然則大夫之儐尸也，亦率其賓客、宗族、家臣以樂尸而已。《少牢》下篇以儐尸爲正禮，不儐尸乃禮之殺者，故另起言。若不儐尸，如《士冠禮》言「若不醴，則醮用酒。若殺則特豚」，《士昏·記》云「若不親迎，則婦入三月然後壻見」一例。敖氏以爲「古今文質異宜」，或亦五方風俗異尚」，是也。又時祭有四，或三時儐尸而一時不儐尸，或秋冬儐尸而春夏不儐尸，亦惟人酌而行之耳。

蕙田案：注、疏分儐尸爲上大夫，不儐尸爲下大夫，而郝仲輿則云：「儐與不儐，事故適然。或祭有大小，禮有損益，未可據。」與注、疏異。據《春秋》書「猶繹」，説者以爲繹祭禮輕，宜廢而不廢，故譏。是諸侯有廢繹之時，則上大夫容有不儐尸之事。考《家語》公父文伯祭其祖，悼子、康子與焉，進俎而不授，徹俎而不與。燕，宗老不與，則不繹。繹不盡飫則退。繹即上大夫儐尸也，曰繹僭也。宗老不與，則不繹，即所謂「若不儐尸」也，可爲確証。注、疏未妥。

有司徹。【注】徹室中之饋及祝佐食之俎。

敖氏繼公曰：「徹室中之饌及養者之豆爵與祝之薦俎也。祝不自執以出，是未歸也。其二佐食乃衆賓爲之，室中事畢，亦反于賓位。然則祝與佐食皆當與儐尸之禮矣。」

張氏爾岐曰：「有司謂司馬、司士、宰夫之屬。不儐尸者，尸出之後，設饌于西北隅，以厭飫神，謂之陽厭。此既儐尸有祭象，故不設饌西北隅爲陽厭也。」

埽堂。【注】爲儐尸新之。《少儀》曰：「汎埽曰埽，埽席前曰拚。」司宮攝酒。【注】更洗，益整頓之。乃燅尸俎。【注】燅，温也。温尸俎于爨，肵亦温焉。古文燅皆作尋。《記》或作燖。《春秋傳》曰：「若可燖也，亦可寒也。」

敖氏繼公曰：「謂皆示新之。祝、佐食亦與儐尸之禮，其俎不温者，以無上位略之，但因其故俎而已。」

【《欽定義疏》】自有司徹以下，祝與佐食皆不見于經，故注以爲祝與佐食不與儐尸之禮。然經不見祝與佐食出與歸俎之文，則是猶在列也。且事神、事尸，祝、佐食有上事爲最貴，而儐尸之禮不與，可乎？以其儐尸不與尸相接，而在堂下衆賓、衆兄弟之班，故經文不見之也。祝、佐食之俎不燅者，以他人可用尸之餘，不可令尸用他人之餘也，是以因其故俎而設于堂下焉。正祭主人、主婦不設俎，亦以儐尸不便于燅俎故耳。上篇宗人遺賓朼而二佐食在焉，故敖氏以佐食爲衆賓也。其祝若同姓，則在兄弟之列，異姓則在衆賓之列。

蕙田案：祝、佐食以神事尸者也，侑以賓事尸者也。幽明理殊，尸賓事異，自不宜相襲。

卒燅，乃升羊、豕、魚三鼎，無腊與膚，乃設扃鼏，陳鼎于門外，如初。【注】腊爲庶羞，膚從豕。去其鼎者，儐尸之禮殺于初。如初者，如廟門之外，東方，北面，北上。

蕙田案：《少牢》五鼎有腊與膚，儐尸禮殺，膚附豕俎，無專鼎也。

蕙田案：以上燅尸俎新儐禮。

乃議侑于賓，以異姓。【注】議，猶擇也。擇賓之賢者，可以侑尸。必用異姓，廣敬也。是時主人及賓有司已復内位。

敖氏繼公曰：「與賓長謀議可與爲侑者，此與《鄉飲酒》就先生而謀賓介之意相類。侑之言佑也，所以輔助尸者也。儐尸而立侑，亦示敬尸之意，且貴多儀也。」

【《欽定義疏》】主人、賓、有司皆未出廟門，則猶在内位也，何復之有？上篇「養者三人興，出」，注云「出，降反賓位」是也。三人中，佐食在焉，抑可見佐食之與于儐尸禮矣。

宗人戒侑。【注】戒猶告也。南面告于其位，戒曰：「請子爲侑。」【疏】知南面告于其位者，以賓位在門東，北面，請以爲侑，明面向其位可知。侑出，俟于廟門之外。【注】俟，待也。待于外，當與尸更入。主人興，禮事尸，極敬心也。

蕙田案：以上立侑。

司宮筵於户西，南面；【注】爲尸席也。又筵于西序，東面。【注】爲侑席也。尸與侑，北面于廟門之外，西上。【注】言與，殊尊卑。北面者，儐尸而尸益卑。西上，統于賓客。

【《欽定義疏》】尸者，神之所憑。憑之則神，離之則人也。儐尸者，處乎神與人之間，始猶疑乎神之，終則全乎人之者也。士之尸未出廟，則疑乎神未離之，故尸不與于旅酬，尸尊也。大夫儐尸，尸出廟而復入，則疑乎神既離之，故尸亦與乎旅酬，尸卑也。

又案：《燕禮》之賓出東面，賓之也；《大射儀》之賓出北面，臣之也。此尸與侑皆北面，故注以爲尸益卑，而敖氏以爲尊大夫也。疏謂尸執臣道。夫同姓之親，天子、諸侯盡臣之，大夫則或臣、或不臣矣，豈可概乎？其臣者，如東郭偃臣崔武子是也。爲尸者則不必其皆臣也。

主人出迎尸，宗人擯。【注】賓客尸而迎之，主人益尊。擯，贊。【疏】宿尸，祝擯，此宗人擯。正祭，主人不迎尸，以申尸之尊。至此賓客尸而迎之。主人拜，尸答拜。主人又拜侑，侑答拜。主人揖，先入門右。【注】道尸。

敖氏繼公曰：「凡主人與客揖而先入，皆入門右也。經獨于此見之。」

尸入門左，侑從，亦左。揖，乃讓。【注】没霤相揖，至階又讓。【疏】《鄉飲酒禮》之等入門，三揖，至階，又讓。

敖氏繼公曰：「亦三揖，至于階，乃三讓也。惟云『揖乃讓』，文省。」

主人先升自阼階，尸侑升自西階，西楹西，北面，東上。【注】東上，統于其席。【疏】賓席以東爲上故也。主人東楹東，北面拜至，尸答拜。主人又拜侑，侑答拜。【注】拜至，喜之。

郝氏敬曰：「自主人出迎及拜至，皆用賓禮。」

蕙田案：以上迎尸及侑。

乃舉，【注】舉，舉鼎也。舉者不盥，殺也。司馬舉羊鼎，司士舉豕鼎、舉魚鼎，以入。陳鼎如初。【注】如初，如阼階下西面北上。【疏】如初，如上經正祭時陳鼎之事也。❶ 雍正執一匕以從，雍府執二匕以從，司士合執二俎以從，司士贊者亦合執二俎以從。匕皆加于鼎，東枋。二俎設于羊鼎西，西縮。二俎皆設于二鼎西，亦西縮。【注】凡三匕，鼎一匕。四俎，爲尸侑主人、主婦，其二俎設于豕鼎、魚鼎之西，陳之宜具也。

姜氏兆錫曰：「縮之言直，猶順也。凡全經言南陳、南肆及南順之屬，皆異名而同實。肆亦陳也，謂其陳之皆直而順也。」

雍人合執二俎，陳于羊俎西，並皆西縮。覆二疏匕於其上，皆縮俎，西枋。【注】並，併也。其南俎，司馬以羞羊匕湇、羊肉湇；其北俎，司士以羞豕匕湇、豕肉汁、豕脀、湇魚。疏匕，匕柄有刻飾者。【疏】匕湇，謂無肉直汁，以其在匕也。肉湇直是肉從湇中來，實無汁。案下文次賓羞羊匕湇，司馬羞羊肉湇，此注并云司馬，不云次賓，其實羞羊匕湇者是次賓也。又案下文次賓羞豕匕湇，司士羞豕脀，羞湇魚，此并云司士者，亦據上經正文司士擊豕而言，實次賓羞匕湇也。

【《欽定義疏》】羞俎者，注不見次賓，疏以經正之，是也。其二俎之設，注謂南者羞羊，北者羞豕、魚，似屬倒置。然即謂北俎羞羊，南俎羞豕、魚，猶未盡合也。蓋兩俎必相間用之，羊匕湇俎以羞于尸，則羊肉湇俎亦當已載而俟，則二者不可同用一俎明矣。豕匕湇與豕脀亦然。故二俎祇可以匕與肉分，而不可以羊與豕異也。

❶「事」，原作「時」，據庫本及《儀禮·有司徹》賈疏改。

蕙田案：以上舉鼎設俎。

主人降，受宰几。尸、侑降，主人辭，尸對。【注】几，所以坐安體。《周禮・大宰》：「掌贊玉几、玉爵。」宰授几，主人受，二手橫執几，揖尸。【注】獨揖尸几，禮主于尸。主人升，尸、侑升，復位。【注】位，阼階、賓階上位。

張氏爾岐曰：「即上文東楹東、西楹西之位。」

主人西面，左手執几，縮之，以右袂推拂几三，二手橫執几，進授尸于筵前。【注】衣袖謂之袂。推拂，去塵示新。

敖氏繼公曰：「推者，推手也。」

尸進，二手受于手間。【注】受從手間，謙也。

盛氏世佐曰：「手間，主人二手之間。」

主人退。尸還几，縮之，右手執外廉，北面奠于筵上，左之，南縮，不坐。【注】左之者，異于鬼神。生人陽，長左；鬼神陰，長右。不坐奠之者，几輕。【疏】尸橫受之，將欲縱設于席，故還之使縮。

敖氏繼公曰：「几稍高，故設之不坐。《少儀》曰：『取俎設俎，不坐。』其意類此。」

主人東楹東，北面拜。【注】拜送几也。尸復位，尸與侑皆北面答拜。【注】侑拜者，從于尸。【疏】授几止爲尸。今侑亦拜，以其立侑以輔尸，故侑從尸拜也。

蕙田案：以上授尸几。

主人降洗，尸、侑降，尸辭洗。主人對，卒洗，揖。主人升，尸、侑升，尸西楹西北面拜洗。主人東楹東北面奠爵答拜，降盥。尸、侑降，主人辭，尸對。卒盥，主人揖，升，尸、侑升。主人坐取爵，酌獻尸。尸北面拜受爵，主人東楹東北面拜送爵。【注】降盥者，爲土污手，不可酌。

蕙田案：以上主人獻尸。

主婦自東房薦韭菹醓，坐奠于筵前，菹在西方。婦贊者執昌菹醓以授主婦。主婦不興，受；陪設于南，昌在東方。興，取籩於房，醴、蕡坐設于豆西，當外列，醴在東方。婦贊者執白、黑，以授主婦。主婦不興，受，設于初籩之南，白在西方；興，退。【注】昌，昌本也。韭菹醓醢，昌本麋臡。醴，熬麥也。蕡，熬枲實也。白，熬稻。黑，熬黍。此皆朝事之豆籩。大夫無朝事而用之儐尸，亦豐大夫之禮。主婦取籩興者，以饌異親之。當外列，辟鉶也。退，退入房也。【疏】正祭先薦後獻，繹祭先獻後薦。此儐尸禮與天子、諸侯繹祭同，故亦先獻後薦也。

蕙田案：以上主婦薦豆籩。

乃升。【注】升牲體于俎也。【疏】自乃升盡于其上，論司馬載俎，因歷説十一俎之事。司馬朼羊，亦司馬載。載右體，肩、臂、肫、骼、臑，正脊一、脡脊一、横脊一，短脅一、正脅一、代脅一，腸一、胃一、祭肺一，載于一俎。【注】言燅尸俎復序體者，明所舉肩骼存焉，亦著脊、脅皆一骨也。臑在下者，折分之以爲肉湆俎也。一俎，謂司士所設羊鼎西第一俎。羊肉湆：臑折、正脊一、正脅一、腸一、胃一、嚌肺一，載于南俎。【注】肉湆，肉在汁中者，以增俎實，爲尸加也。必云臑折，明爲上所折分者。嚌肺，離肺也。南俎，雍人所設在南者。此以下十一俎俟時而載，于此歷説之爾。今文湆爲汁。【疏】凡牲體皆出汁，不言湆，此特得湆名者，正祭升牲體皆無匕湆，此匕湆亦升焉，故下注云「嚌湆」是也。若然，豕亦有匕湆而名豕脅者，互見爲文。言湆魚，明魚在湆耳。十一俎者，即尸之羊肉湆，一也；豕脅俎，二也；侑之羊俎，三也；豕俎，四也；主人羊俎，五也；羊肉湆俎，六也；豕脅，七也；主婦羊俎，八也；尸侑主人，三者皆有魚俎，是其十一。通尸羊正俎爲十二俎。其四俎，尸侑主人、主婦載羊體俎皆爲正俎，其餘八俎，雍人所執二俎，益送往還，故有八，其寔止二俎也。司士朼豕，亦司士載，亦右體：肩、臂、肫、骼、臑，正脊一、脡脊一、横脊一，短脅一、正脅一、代脅一，膚五、嚌肺一，載于一俎。【注】臑在下者，順羊也。侑俎：羊左肩、左肫、正脊一、脅一、腸一、胃一、切肺一，載于一俎。侑俎：豕左肩折、正脊一、脅一、膚三、切肺一，載于一俎。【注】侑俎用左體，侑賤，其羊俎過三體，有肫，尊之加也。豕左肩折，折分爲長兄弟俎也。切肺亦祭肺，互言之爾。無羊肉湆，下尸也。豕俎與尸同。【疏】鼎俎數奇，今體數四，故云加。

【《欽定義疏》】上經「司馬匕羊，載于一俎」，注云：「司馬所設羊鼎西第一俎。」尸俎第一，則侑俎第二。第一者在北，則第二者在南無疑也。此注乃云北俎，殊不可曉。疑「北」字乃「次」字之譌。若然，則注文本明而傳録者輾轉迷誤，遂致賈氏亦眩之耳。侑之豕脅俎亦益送者，則雍人所設于南者，注謂「豕俎與尸同」是也。祭肺貴于嚌肺，豈其有祭肺而轉謂不備禮乎？

蕙田案：膚三，楊氏本作「膚一」，盛世佐以爲「以下註考之，當屬衍文」，未詳孰是。

阼俎：羊肺一，祭肺一，載于一俎。羊肉湆：臂一、脊一、脅一、腸一、胃一、嚌肺一，載于一俎。豕脅：臂一、脊一、脅一、膚三、嚌肺一，載于一俎。【注】阼俎，主人俎，無體，遠下尸也。以肺代之，肺尊也。加羊肉湆而有體，崇尸惠，亦尊主人。臂，左臂也。侑用肩，主人用臂，下之也。不言左臂者，大夫尊，空其文也。阼俎，司士所設豕鼎西俎也，其湆俎與尸俎同，豕俎又與尸豕俎同。主婦俎：羊左臑，脊一、脅一、腸一、胃一、膚一、嚌羊肺一，載于一俎。【注】無豕體而有膚，以主人無羊體，不敢備也。無祭肺，有嚌肺，亦下侑也。祭肺尊，言嚌羊肺者，文承膚下，嫌也。膚在羊肺上，則羊、豕之體名同，相亞也。其俎司士所設，在魚鼎西者。

張氏爾岐曰：「主婦有正俎，無加俎。」

司士枇魚，亦司士載，尸俎五魚，橫載之，侑、主人皆一魚，亦橫載之，皆加膴祭于其上。【注】橫載之者，異于牲體。膴，讀如「殷冔」之「冔」。刳魚時割其腹，以爲大臠也，可用祭也。其俎又與尸豕俎同。

楊氏復曰：「横載則進尾也。祭膴魚，此所謂魚湆。」

姜氏兆錫曰：「膴只是大臠，注、疏讀如『殷冔』之『冔』，曲甚矣。」

【《欽定義疏》】主人之與尸也俎並同，後此設俎、羞俎之人並同，主人尊，與尸爲偶也。侑，輔尸者，殺于尸，則無羊匕湆俎、羊肉湆俎、豕匕湆俎矣。主婦匹主人者，殺于主人，又殺于侑，則并無豕脀俎、豕燔俎、湆魚俎矣。且侑與主婦之俎，祇令司馬設之，而不以煩賓長也。凡此皆尊卑降殺之差也。主人與尸俎雖同，而俎實大不同，則亦所謂有所屈、有所伸者。

蕙田案：以上載俎之法。

卒升。【注】卒，已也。已載尸羊俎。【疏】此獻尸有五節。從主人獻酒于尸，并主婦設籩豆，一也；賓長設羊俎，二也；次賓羞羊匕湆，三也；司馬羞肉湆，四也；次賓羞羊燔尸乃卒爵，五也。

賓長設羊俎于豆南，賓降。尸升筵自西方，坐，左執爵，右取韭菹，擩于三豆，祭于豆間。尸取麷、蕡，宰夫贊者取白、黑以授尸。尸受，兼祭于豆祭。【注】賓長，上賓。

雍人授次賓疏匕與俎。受于鼎西，左手執俎左廉，縮之，卻右手執匕枋，縮于俎上，以東面受于羊鼎之西。司馬在羊鼎之東，二手執挑匕枋以挹湆，注于疏匕，若是者三。【注】挑謂之歃，讀如「或舂或抌」之「抌」，字或作「挑」者，❶秦人語也。此二匕者皆有淺升，狀如飯槮。❷挑長枋，可以抒物于器中者。注猶寫也。今文挑作抌，挹皆爲扱。❸【疏】淺升對尋常勺升深，此淺耳。

郝氏敬曰：「若是者三，三挹三注。」

❶「挑」，庫本《續方言》卷下作「桃」。
❷「槮」，庫本作「摻」。
❸「扱」，原作「极」，據庫本及《儀禮·有司徹》鄭注改。

尸興，左執爵，右取肺，坐祭之，祭酒，興，左執爵。【注】肺，羊祭肺。【疏】上載尸羊正俎而云「祭肺一」，是也。其羊肉湆雖有嚌肺一，此時未升。次賓縮執匕俎以升，若是以授尸。尸卻手受匕枋，坐祭，嚌之，興，覆手以授賓。賓亦覆手以受，縮匕于俎上以降。【注】嚌湆者，明湆肉加耳。嘗之，以其汁尚味。【疏】匕湆似大羹。《特牲》「大羹不祭，不嚌」，以不爲神，非盛。此嚌者，明湆肉加，先進其汁而嘗之，尚味故也。以湆肉加，在鼎有汁，在俎無汁，故以匕進汁。

敖氏繼公曰：「若是者，謂執匕俎之儀無變也。祭湆如祭酒然，亦注于地。他時湆不祭，此祭者，重其在俎也。」

蕙田案：尸卻手受匕枋，賓亦覆手以受，兩「受」字，石經、監本俱誤作「授」。今依敖本改正。

尸席末坐，啐酒，興，坐奠爵，拜，告旨，執爵以興。主人北面于東楹東，答拜。【注】旨，美也。拜告酒美，答主人意。

司馬羞羊肉湆，縮執俎。尸坐奠爵，興，取肺，坐絶祭，嚌之，興，反加于俎。司馬縮奠俎于羊湆俎南，乃載于羊俎，卒載俎，❶縮執俎以降。【注】絶祭，絶肺末以祭。《周禮》曰：「絶祭。」湆使次賓，肉使司馬。大夫禮多，崇敬也。【疏】《周禮・大祝職》：「辨九祭。七曰絶祭。」注云：「絶末以祭。」引之，証絶祭與此同也。

楊氏復曰：「案正俎皆横執，横奠，加俎皆縮執，縮奠。羊湆俎，『湆』字衍。」

觀承案：「卒載俎」句，「俎」字疑衍，張氏本無之，可從。

尸坐執爵，以興。次賓羞羊燔，縮執俎，縮一燔于俎上，鹽在右。尸左執爵，受燔，揳于鹽，坐振祭，嚌之，興，加于羊俎，賓縮執

---

❶「俎」，庫本無此字。阮元《校勘記》引周學健語，以爲石經本無，乃後人誤補。

俎，以降。【注】燔，炙。

盛氏世佐曰：「此羞燔之俎，不在上所陳六俎内，其先所陳處未聞。《士虞禮》云：『羞燔俎在内西塾上，南順。』」

尸降筵，北面于西楹西，坐卒爵，執爵以興，坐奠爵，拜，執爵以興。主人北面于東楹東，答拜。主人受爵。尸升筵，立于筵末。

楊氏復曰：「案主人獻尸，羞羊俎，及主婦獻尸，始羞豕脀，及賓作三獻之爵，始羞湆魚俎，今並述于主人獻尸之時者，以載俎事同一類，故以類相從，庶使易見也。不惟此也，主人獻侑，羞羊俎，主婦獻侑，奠豕脀，又尸酢主人，羞羊俎，主婦致爵于主人，始羞豕脀，又主婦羊俎亦尸酢主婦始用之，今並述于主人獻尸之下者，亦欲以類相從也。鄭注云：『此以下十一俎俟時而載，于此歷説之爾。』蓋謂此也。」

蕙田案：以上主人獻尸。

主人酌，獻侑。侑西楹西北面拜受爵。主人在其右，北面答拜。【注】不洗者，俱獻間無事也。主人就右者，賤不專階。【疏】自此盡主人答拜，論主人獻侑并薦俎、從獻之事。此節内從獻有三事：主人獻時，主婦薦籩豆，一也；司馬羞羊俎，二也；次賓羞羊燔，三也。侑降于尸二等，無羊匕湆，又無肉湆。凡爵行，爵從尊者來向卑者，獻間無事，則不洗；爵從卑者來向尊者，雖獻間無事亦洗。主婦薦韭菹醢，坐奠于筵前，醢在南方。婦贊者執二籩麷、蕡，以授主婦，主婦不興，受之，奠麷于醢南，蕡在麷東。主婦入于房。【注】醢在南方者，立侑爲尸，使正饌統焉。侑升筵，自北方。司馬横執羊俎以升，設于豆東。侑坐，左執爵，右取菹㨎于醢，祭于豆間，又取麷、蕡同祭于豆祭，興，左執爵，右取肺，坐祭之，祭酒，興，左執爵。次賓羞羊燔，如尸禮。侑降筵自北方，北面于西楹西，坐卒爵，執爵以興，坐奠爵，拜。主人答拜。【注】答拜，拜于侑之右。

蕙田案：以上主人獻侑。

尸受侑爵，降洗。侑降立于西階西，東面。主人降自阼階，辭洗。尸坐奠爵于篚，興，對，卒洗。主人升，尸升自西階。主人拜洗。尸北面于西楹西，坐奠爵，答拜，降盥。主人降，尸辭，主人對。卒盥。主人升。尸升，坐取爵，酌。【注】酌者，將酢主人。【疏】自此盡就筵，論主人受尸酢并薦籩豆及俎之事。就此事中，亦有五節，行事尊主人，故與尸同也。尸酢主人時，主婦亦設籩豆，一也；賓長設羊俎，二也；次賓羞羊匕湆，三也；司馬羞肉湆，四也；次賓羞羊燔，主人乃卒爵，五也。《特牲》、《少牢》主人獻尸，尸即酢主人，主人乃獻祝及佐食。此尸待主人獻侑乃酢主人，不同者，此尸卑，達主人之意，欲得先進酒于侑，迺自飲。是以下文賓長獻尸，致爵主人，尸迺酢之遂賓意，亦此類也。

敖氏繼公曰：「侑不升，辟酢禮也。與尸同升則嫌，若同酢主人然。」

司宮設席于東序，西面。主人東楹東北面拜受爵，尸西楹西北面答拜。主婦薦韭菹醢，坐奠于筵前，菹在北方。婦贊者執二籩麷、蕡，主婦不興，受，設麷于菹西北，蕡在麷西。主人升筵自北方，主婦入于房。【注】設籩于菹西北，亦辟鉶。【疏】凡執籩豆之法，皆兩雙執之。此侑與主人皆二豆二籩，故主婦與婦贊者各執其二，于事便，故主婦不興，受設之。長賓設羊俎于豆西，主人坐，左執爵，祭豆籩，如侑之祭，興，左執爵，右取肺，坐祭之，祭酒，興。次賓羞匕湆，如尸禮。席末坐啐酒，執爵以興。司馬羞羊肉湆，縮執俎。主人坐，奠爵于左，興，受肺，坐絶祭，嚌之，興，反加于湆俎。司馬縮奠湆俎于羊俎西，乃載之，卒載，縮執虚俎以降。【注】奠爵于左者，神惠變于常也。

蕙田案：郝仲輿謂「反加于湆俎」之「湆」衍，盛世佐以爲非衍。今以獻尸節例之，郝説恐是。

主人坐取爵，以興。次賓羞燔，主人受，如

尸禮。主人降筵自北方，北面于阼階上，坐卒爵，執爵以興，坐奠爵，拜，執爵以興。尸西楹西答拜。主人坐奠爵于東序南。【注】不降奠爵于篚，急崇酒。【疏】燔即羊燔，以主人與尸、侑皆用羊體，主婦獻尸以後悉用豕體，賓長獻尸後悉用魚從。

盛氏世佐曰：「不奠于篚者，蓋爲從獻衆賓用之。」

侑升。尸、侑皆北面于西楹西。【注】見主人不反位，知將與己爲禮。

蔡氏德晉曰：「侑升者，尸酢已終，主人將拜崇酒，侑乃升，陪尸答拜也。」

主人北面于東楹東，再拜，崇酒。【注】崇，充也。拜謝尸、侑，以酒薄充滿。尸、侑皆答再拜。主人及尸、侑皆升就筵。

蕙田案：以上尸酢主人。

司宮取爵于篚，以授婦贊者于房東，以授主婦。【注】房東，房户外之東。【疏】自此盡主婦答拜，論主婦亞獻尸，并見從獻之事。上文主人獻節，凡有三爵，有主人獻尸、獻侑并受酢。此主婦獻内，凡有四爵：主婦獻尸，一也；獻侑，二也；致爵于主人，三也；受尸酢，四也。獻尸一節之内，從獻有五：主婦設兩鉶，一也；主婦又設糗與脩，二也；次賓羞匕湆，三也；司士羞豕脀，四也；次賓羞豕燔尸，乃卒爵，五也。主婦洗于房中，出實爵，尊南，西面拜獻尸。尸拜，于筵上受。【注】尊南西面拜，由便也。【疏】筵上受者，以婦人所獻，不得各就其階。

高氏愈曰：「是時尸南面，主婦乃西面拜獻，且尸止拜受于筵上，而不降楹西者，以男與女不得正行賓主之禮故也。」

主婦西面于主人之席北，拜送爵，入于房，取一羊鉶，坐奠于韭菹西。主婦贊者執豕鉶以從，主婦不興，受，設于羊鉶之西，興，入于房，取糗與腶脩，執以出，坐設之，糗在蕡西，脩在白西。興，立于主人席北，西面。【注】飲酒而有鉶者，祭之餘。鉶無黍稷，殺也。糗，糗餌也。腶脩，擣肉之脯。

盛氏世佐曰：「無黍稷，儐尸主于飲也。」

【《欽定義疏》】主婦不可拜獻尸于阼階上，故爲尊南之拜以獻之，至拜送，則就主人之席北。東序之内，亦主位，婦人與男子爲禮，當依其夫也。《少牢》「主婦獻尸于主人之北，西面，拜送爵」，其所謂北，在室中者也。此云「主婦西面于主人之席北，拜送爵」，則在堂上者也。

尸坐，左執爵，祭糗、脩，同祭于豆祭，以羊鉶之柶挹羊鉶，遂以挹豕鉶，祭于豆祭，祭酒。次賓羞豕匕湆，如羊匕湆之禮。尸坐，啐酒，左執爵，嘗上鉶，執爵以興，坐奠爵，拜。主婦答拜，執爵以興。司士羞豕脀。尸坐奠爵，興，受，如羊肉湆之禮。坐取爵，興。次賓羞豕燔，尸左執爵，受燔，如羊燔之禮。坐卒爵，拜。主婦答拜，受爵。

蕙田案：以上主婦獻尸。

酌，獻侑。侑拜受爵，主婦主人之北西面答拜。【注】酌獻者，主婦。【疏】其同于尸，有三等：主婦酌獻侑，主婦羞糗、脩，一也；司士羞豕脀，二也；次賓羞燔，侑乃卒爵，三也。降于尸二等，無鉶羹與豕匕湆也。

主婦羞糗、脩，坐奠糗于醴南，脩在蕡南，侑坐，左執爵，取糗、脩，兼祭于豆祭。司士縮執豕脀，以升。侑興，取肺，坐祭之。司士縮奠豕脀于羊俎之東，載于羊俎，卒，乃縮執俎，以降。侑興。【注】豕脀無湆，于侑禮殺。

敖氏繼公曰：「初獻無羊湆，故此雖有豕脀，亦不用湆。」

次賓羞豕燔，侑受，如尸禮。坐卒爵，拜。主婦答拜，受爵。【疏】降于尸二等，無鉶羹與豕匕湆。

蕙田案：以上主婦獻侑。

酌以致于主人。主人筵上拜受爵，主婦北面，于阼階上答拜。【注】主婦易位，拜于阼階上，辟併敬。【疏】此主婦致爵于主人時，從獻亦有五節：主婦設二鉶，一也；又設糗、脩，二也；豕匕湆，三也；豕脀，四也；豕膰，主人卒爵，五也。

敖氏繼公曰：「筵上受，因尸禮也。與主人行禮，故亦得獨拜于阼階上。」

主婦設二鉶與糗、脩，如尸禮。主人共祭糗、脩，祭鉶，祭酒，受豕匕湆，拜，啐酒，皆如尸禮。嘗鉶不拜。【注】主人如尸禮，尊也。其異者，不告旨。【疏】前獻尸，啐酒不拜，拜在嘗鉶下。或此「拜」字衍。

【《欽定義疏》】啐酒告旨則拜。此經主人初獻尸有之，其獻侑及主婦獻尸、侑俱啐酒而不拜，爲不告旨也。嘗鉶告旨則拜。《特牲》始祭有之，其《少牢》始祭，尸嘗鉶不拜，亦爲不告旨也。惟主婦獻尸，尸啐酒，嘗鉶，不告旨亦拜，此因主人獻尸，尸啐酒拜告旨而爲之。告旨雖殺于主人，以主婦與主人體敵，故猶拜也。主婦獻尸之嘗鉶，與主人獻尸之啐酒，其節同，故一以爲啐酒拜，所爲嘗鉶拜耳。至致爵于主人，承上獻侑之義，嫌嘗鉶有拜，故經言嘗鉶不拜，以明之。啐酒之不拜，不待言矣。疏謂啐酒之上無「拜」字者，是也。又遷就其辭，以爲嘗鉶之拜仍爲啐酒者，非也。

蕙田案：啐酒之上不當有拜，疏以爲衍，是也。敖氏本無「拜」字。「共祭」，或作「其」，盛氏世佐云：「猶言兼祭也。坊本作『其』，誤。」

其受豕脀，受豕膰，亦如尸禮。坐卒爵，拜。主婦北面答拜，受爵。

盛氏世佐曰：「如尸禮者，如其司士羞豕脀以下，至受膰如羊膰之禮也。」

蕙田案：以上主婦致爵于主人。

尸降筵，受主婦爵以降。【注】將酢主婦。【疏】

此節内從酢有三：主婦受酢時，婦贊者設豆籩，一也；司馬設羊俎，二也；次賓羞羊燔，主婦卒爵，三也。以其婦受從與侑同三，主人受從與尸同五，尊卑差也。 主人降，侑降。主婦入于房。主人立于洗東北，西面。侑東面于西階西南。【注】俟尸洗。

敖氏繼公曰：「凡婦人于丈夫之爲己而降洗者，無從降之禮。于此篇及《士昏禮》見之矣。」

尸易爵于篚，盥洗爵。【注】易爵者，男女不相襲爵。 主人揖尸、侑，【注】將升。 主人升。尸升自西階，侑從。主人北面立于東楹東，侑西楹西北面立。【注】俟尸酌。 尸酌。主婦出于房，西面拜，受爵。尸北面于侑東答拜。主婦入于房。司宫設席于房中，南面。主婦立于席西。【注】設席者，主婦尊。今文曰「南面立于席西」。 【疏】賓長以下，皆無設席之文。

敖氏繼公曰：「立于席西者，亦西爲下。」

蕙田案：「主婦」下應從今文，有「南面」二字。

婦贊者薦韭菹醢，坐奠于筵前，菹在西方。婦人贊者執麷、蕡以授婦贊者，婦贊者不興，受，設麷于菹西，蕡在麷南。【注】婦人贊者，宗婦之少者。 【疏】大夫贊非一人，贊主婦及長婦，故云宗婦少者。

蔡氏德晉曰：「婦贊者及婦人贊者，皆宗婦助祭者。婦贊者蓋長婦，婦人贊者，其少婦也。」

主婦升筵。司馬設羊俎于豆南。主婦坐，左執爵，右取菹，擩于醢，祭于豆間；又取麷、蕡，兼祭于豆祭。主婦奠爵，興，取肺，坐絶祭，嚌之，興，加于俎，坐挩手，祭酒，啐酒。【注】挩手者于帨。帨，佩巾。《内則》曰：「婦人亦左佩紛帨。」

敖氏繼公曰：「凡祭離肺者，必帨手。經不盡見之也。」

次賓羞羊燔。主婦興，受燔，如主人之禮。主婦執爵，以出于房，西面于主人席北，立卒爵，執爵拜。尸西楹西北面答拜。主婦入，立于房。尸、主人及侑皆就筵。【注】出房立卒爵，宜鄉尊。不坐者，變于主人也。執爵拜，變于男子也。【疏】凡男子拜卒爵，皆奠爵乃拜。

敖氏繼公曰：「出房卒爵，宜成禮于所酢者之前也。」

郝氏敬曰：「執爵拜，婦人立拜也。」

【《欽定義疏》】《特牲》主人、主婦交致爵，皆酢，賓又致爵于主人、主婦，皆自酢。此直有主婦致爵于主人，又不酢，何也？凡獻酢之節，有主有從，主獻者酢而從獻者不酢。此主婦獻尸，而因以致爵于主人，則主人固在從獻之列，無由而酢主婦矣。《特牲》主人、主婦交致、交酢在三獻爵止之後，自成對偶。此在主婦獻尸爵內，以主婦爲之始終，則主人又不得而致爵于主婦矣。主人既不致爵于主婦，則賓亦不得而致爵于主婦矣。故主婦惟受尸酢，而其餘則否。

蕙田案：以上尸酢主婦。

上賓洗爵以升，酌，獻尸。尸拜受爵。賓西楹西北面拜送爵。尸奠爵于薦左，賓降。【注】上賓，賓長也。謂之上賓，以將獻異之。或謂之長賓。奠爵，爵止也。【疏】尸不舉者，以三獻訖，正禮終，欲使神惠均于庭，偏得獻乃舉之，故下文主人獻及衆賓以下訖，乃作止爵。案《特牲》尸在室內，始行三獻，未行致爵。尸奠爵，欲得神惠均于室，此儐尸之禮。三獻訖，夫婦又已行致爵訖，儐尸又在堂，故爵止者，欲得神惠均于庭，與正祭者異。

蕙田案：以上上賓獻尸，尸爵止。

主人降，洗爵，尸、侑降。主人奠爵于篚，辭。尸對。卒洗，揖。尸升，侑不升。【注】侑不升，尸禮益殺，不從。

蕙田案：尸、侑皆降，而對與升惟尸，以主人獨酬尸不及侑故也。註「禮益殺」，對上主人獻尸之時侑從升而言。

主人實爵酬尸東楹東，北面坐奠爵，拜。尸

西楹西北面答拜。坐祭，遂飲，卒爵，拜。尸答拜。降洗。尸降辭。主人奠爵于篚，對，卒洗。主人升。尸升。主人實爵，尸拜受爵。主人反位，答拜。尸北面坐，奠爵于薦左。【注】降洗者，主人。

郝氏敬曰：「體尸止爵之意。將飲賓而先自尸始，然不曰獻，曰酬者，獻終于三，酬繼之。《特牲》尸無酬，此酬者，尸既爲賓矣。」

尸、侑、主人皆升筵。

敖氏繼公曰：「侑升堂之節，其在尸奠爵之時乎？」

蕙田案：以上主人酬尸、尸奠酬。

蕙田案：前上賓獻尸而尸不舉，此主人復爲酬爵勸飲而尸終不舉，皆欲惠均于下之意。

乃羞。宰夫羞房中之羞于尸、侑、主人、主婦，皆右之；司士羞庶羞于尸、侑、主人、主婦，皆左之。【注】二羞所以盡歡心。房中之羞，其籩則糗餌、粉餈，其豆則酏食、糝食。庶羞，羊臐豕膮，❶皆有胾醢。房中之羞，内羞也。内羞在右，陰也；庶羞在左，陽也。

郝氏敬曰：「房中之羞，婦工所修餅餌之類。庶羞，雍人所修胾醢之類。」

蕙田案：以上羞于尸、侑、主人、主婦。

主人降，南面，拜衆賓于門東，三拜。衆賓門東，北面，皆答壹拜。【注】拜于門東，明少南就之也。今文壹爲一。

郝氏敬曰：「主人拜，將獻也。門東，主位。賓門東北面，臣禮不敢居賓也。主三拜，旅拜也。賓答一拜，賓衆，且不敢均禮也。」

張氏爾岐曰：「自此至主人就筵，皆主人酌獻外庭、内庭之事，所謂均神惠也。凡七節：獻長賓，一也；獻衆賓，二也；主人自酢于長賓，三也；酬長賓，四也；獻兄弟，五也；獻内賓，六也；獻私人，七也。」

❶「臐」，原作「腫」，據庫本及《儀禮·有司徹》鄭注改。

主人洗爵，長賓辭。主人奠爵于篚，興，對，卒洗，升酌，獻賓于西階上。長賓升，拜受爵。主人在其右，北面，答拜。宰夫自東房薦脯、醢，醢在西。司士設俎于豆北，羊骼一，腸一，胃一，切肺一，膚一。【注】羊骼，羊左骼，上賓一體，賤也。薦與設俎者既，則俟于西序端。

郝氏敬曰：「脯爲籩，醢爲豆，醢在西，則脯在東。一豆一籩，羊骼以下五物爲一俎。前敘尸、侑、主人、主婦俎，不及賓，于此詳之。」

賓坐，左執爵，右取肺，擩于醢，祭之，執爵興，取肺，坐祭之，祭酒遂飲，卒爵，執以興，坐奠爵，拜，執爵以興。主人答拜，受爵。賓坐取祭以降，西面坐委于西階西南。宰夫執爵以從，設于祭東；司士執俎以從，設于薦東。【注】成祭于上，尊賓也。取祭以降，反下位也。反下位而在西階西南，已獻，尊之。祭，脯肺。

敖氏繼公曰：「取祭以降，以己所有事者也，宜親執之。宰夫、司士，大夫之私人也。」

郝氏敬曰：「取祭以降，不敢以賓禮終，且避衆賓獻位也。」

蕙田案：「右取肺」之「肺」，據注疏及楊氏、敖氏本，並作「脯」，是也。「卒爵，執以興」，敖氏以爲「執」下脱「爵」字，案此或是省文耳。「宰夫執爵以從」，「爵」，楊氏、敖氏本並作「薦」，爲是。

蕙田案：以上主人獻長賓。

衆賓長升，拜受爵，主人答拜。坐祭，立飲，卒爵，不拜，既爵。【注】既，盡也。長賓升者，以次第升受獻。言衆賓長拜，則其餘不拜。

蕙田案：以下三節，主人獻衆賓，衆賓亦以長少爲序，長者先行禮，然後徧及少者。

宰夫贊主人酌，若是以辨。【注】主人每獻一人，奠空爵于棜。宰夫酌，授于尊南。今文「若」爲「如」，「辨」

皆爲「偏」。

敖氏繼公曰：「主人以虚爵授宰夫，宰夫爲酌之。」

辨受爵。其薦脯、醢與脀，設于其位。其位繼上賓而南，皆東面。其脀體，儀也。【注】偏獻乃薦，略之，亦宰夫薦，司士脀。儀者，尊體盡，儀度餘骨可用而用之，尊者用尊體，卑者用卑體而已，亦有切肺膚。今文儀皆爲騰，或爲議。

敖氏繼公曰：「此薦脀，亦于每獻設之。」

姜氏兆錫曰：「儀者，言其微末足以備儀而已。」

蕙田案：經云「其薦脯醢與脀，設于其位」，明在偏受爵時，非偏獻乃薦之謂也。當以敖氏每獻設之之義爲是。儀訓度，訓宜，皆未的。當以姜氏備儀之説爲是。

蕙田案：以上主人辨獻衆賓。

乃升長賓。主人酌，酢于長賓，西階上北面，賓在左。【注】言升長賓，則有贊者爲之。主人酌、自酢，序賓意，賓卑，不敢酢。【疏】《特牲》獻長賓訖即酢，此主人益尊，先自達其意。

蔡氏德晉曰：「升長賓，蓋宗人升云。」

【《欽定義疏》】《特牲》與此篇，主人于賓皆自酢，然則非以賓卑故也。《特牲》承室事，故獻賓長即自酢，乃獻衆賓。此皆堂事，故辨獻乃酢，與主人獻尸、侑而後尸酢主人一也。

蕙田案：此下二節主人爲賓自酢。敖氏以後「長賓」二字疑衍，謂此乃主人自酢，非酢于長賓。而盛氏世佐則云：「嫌統爲衆賓，故復言長賓以別之，非衍也。」盛説是。

主人坐奠爵，拜，執爵以興，賓答拜。坐祭，遂飲，卒爵，執爵以興，坐奠爵，拜。賓答拜。賓降。【注】降，反位。

高氏愈曰：「儐尸之禮，主于娱尸，故于獻賓之禮皆殺。凡燕飲之禮，專以賓爲主，則主人之尊賓也，如尸。至于祭祀之禮，則上賓之在廟中，若自同于百執事而已。傳所謂『享養上賓，祭養尸』者，此也。」

蕙田案：以上主人自酢。

宰夫洗觶以升。主人受酌，降酬長賓于西階南，北面。賓在左。主人坐奠爵，拜，賓答拜。坐祭，遂飲，卒爵，拜。賓答拜。【注】宰夫授主人觶，則受其虚爵，奠于篚。【疏】上主人受賓之酢爵，今宰夫既授觶訖，因受取酢之虚爵，降奠于篚也。

郝氏敬曰：「觶在堂下，酒在堂上，賓位堂下，故宰夫洗觶升堂，授主人，主人受，酌酒以降，酬長賓于其位。主人先自飲，導之。」

主人洗，賓辭。主人坐奠爵于篚，對，卒洗，升酌，降復位。賓拜受爵，主人拜送爵。賓西面坐，奠爵于薦左。【注】賓奠薦左，後舉之，以爲無算爵也。

蕙田案：以上主人酬賓、賓奠薦左。

主人洗，升酌，獻兄弟于阼階上。兄弟之長升，拜受爵。主人在其右答拜。坐祭，立飲，不拜，既爵。皆若是以辨。【注】兄弟長幼立飲，賤不別。大夫之賓尊于兄弟，宰夫不贊酌者，兄弟以親昵來，不以官待之。【疏】《特牲》士卑，長兄弟爲貴，故云如賓儀，長賓坐飲也。至于大夫貴，兄弟賤，兄弟長幼皆立飲，不得如賓儀。兄弟是親昵，雖賤于賓，不得使人贊酌而親之。

郝氏敬曰：「兄弟至親，同爲主，故獻于東階上，而主人在東階東。」

【《欽定義疏》】《特牲》獻賓、獻兄弟，各殊其長者。賓在西，兄弟在東，其班異，故兩殊之也。此則賓在門東，兄弟在洗東，其班略同，故第殊賓之長而已。凡行禮之節，始嚴而漸和，始勞而漸安，獻衆賓已贊酌矣，則獻衆兄弟從同可知。主人洗，升酌，特爲長兄弟一人耳。兄弟雖親昵，宰夫私臣也，贊酌何嫌焉？

辨受爵，其位在洗東，西面，北上。升受爵，其薦脀設于其位。【注】亦辨獻乃薦。既云辨矣，復言升受爵者，爲衆兄弟言也。衆兄弟升不拜受爵，先著其位于上，乃後云薦脀設于其位，明位初在是也。位不繼主人而云洗東，卑不統于尊。此薦脀皆私人。【疏】先著其位于上，乃云升受爵者，謂發此位升堂受爵。又云薦脀設于其位者，謂受爵時設薦脀于洗東，西面位也。

蔡氏德晉曰：「每人升受爵之時，而薦脀設于其位，蓋當下而飲也。」

【《欽定義疏》】上云「皆若是以辨」，皆，皆衆兄弟也。若是，謂酌獻、拜受、坐祭、立飲、不拜、既爵也，則衆兄弟受爵亦拜可知矣。言受爵辨，即當云薦脀設于其位矣。乃著其位者，《特牲》統于主人，此不統于主人，故須著之，明位在洗東，而受爵則由此位而升也。

其先生之脀，折，脅一，膚一。其衆，儀也。【注】先生，長兄弟。折，豕左肩之折。

盛氏世佐曰：「折脅者，折分脅骨以爲俎實也。舊説以折與脅爲二，非。上賓之俎已止一體，長兄弟安得有二體乎？」

蕙田案：以上主人獻兄弟于阼階。

主人洗，獻内賓于房中。南面拜受爵，主人南面，于其右答拜。【注】内賓，姑姊妹及宗婦。獻于主婦之席東，主人不西面，尊，不與爲賓主禮也。南面于其右，主人之位恒左人。【疏】左人，謂人在主人左。若鄉飲酒、鄉射之等，于西階上北面，主人在東，賓在西。此南面，則主在西，賓在東，故云恒左人也。

敖氏繼公曰：「獻之，蓋東北面。」

坐祭，立飲，不拜，既爵。若是以辨，亦有薦脀。【注】亦設薦脀于其位，《特牲饋食禮・記》曰：「内賓立于房中西墉下，東面，南上。宗婦北堂，東面，北上。」【疏】引《特牲・記》者，欲見内賓設薦之位處。

蕙田案：以上主人獻内賓于房中。

主人降洗，升獻私人于阼階上。拜于下，升受，主人答其長拜。乃降，坐祭，立飲，不拜，既爵。若是以辨。宰夫贊主人酌。主人于其羣私人，不答拜。其位繼兄弟之南，亦北上，亦有薦脀。【注】私人，家臣，己所自謁除也。大夫言私人，明不純臣也。士言私臣，明有君之道。北上，不敢專其位。亦有薦脀，初亦北面，在衆賓之後爾。言「繼」者，以爵既獻爲文。凡獻，位定。【疏】大夫尊，近于君，故屈名私人。士卑，不嫌也。未獻時在衆賓後，《特牲·記》云「私臣位在門東北面」是也。云「凡獻位定」，則是未獻以前，非定位也。

敖氏繼公曰：「獻亦西南面而拜于其右。」

郝氏敬曰：「《特牲》有公有司，此惟私人，卿大夫私人亦在公者。」

【《欽定義疏》】國卿之尊，于私人之長，乃降洗以獻之而答其拜，所謂治國家者不敢忽于臣妾也。故平時能得人之懽心，以事其親，而臨難則死其長。先王以祀禮教敬，則民不苟，當于此類求之。

又案：私人與私臣一也，但別于公家之臣耳。委贄而爲臣，大夫之君亦君也，胡云不純乎？此注言士有君道，可見他注謂士無臣者繆矣。

主人就筵。【注】古文曰：升就筵。

高氏愈曰：「主人自酬尸之後，先獻長賓，次獻衆賓，次酬長賓，次獻兄弟，次獻内賓，次獻私人，而其爲禮也備矣。故此就筵而息也。」

蕙田案：以上主人獻私人于阼階上。

尸作三獻之爵。【注】上賓所獻爵不言三獻作之者，賓尸而尸益卑，可以自舉。【疏】三獻是上賓，不言上賓而言三獻，是以事名官者也。作其爵者，以神惠均于庭訖，欲使尸飲此酒。此一節之内有四爵：尸作三獻之爵，一也；獻侑，二也；致爵于主人，三也；受尸酢，四也。

高氏愈曰：「此時尸席前有兩奠爵，一爲上賓所獻爵，一爲主人所酬爵。向奠不舉，故今舉之。特作三獻爵者，降于賓也。」

【《欽定義疏》】上文尸奠三獻之爵者。欲在庭遍得獻也。自主人獻長賓、衆賓及兄弟、内賓，至私人而獻遍矣。故尸于此遂自舉三獻之爵，是禮節遥相接者。

司士羞湆魚，縮執俎，以升。尸取膴祭祭之，祭酒，卒爵。【注】不羞魚匕湆，略小味也。羊有正俎，羞匕湆、肉湆，豕無正俎，魚無匕湆，隆殺之辨。

郝氏敬曰：「湆魚，即前匕尸俎五魚横載者也。大臠曰膴，即前所加膴祭于其上者也。」

司士縮奠俎于羊俎南，横載于羊俎，卒，乃縮執俎以降。尸奠爵，拜。三獻北面答拜，受爵。

敖氏繼公曰：「尸既卒爵，乃執虚爵以待執俎者降，而後奠爵拜，行禮之序如此。」

蕙田案：以上尸舉三獻之爵，敖氏以爲即尸作止爵，是也。凡三獻，皆指上賓。下同。

又案：以上尸作止爵。

酌獻侑。侑拜受，三獻北面答拜。司馬羞湆魚一，如尸禮。卒爵，拜。三獻答拜，受爵。【注】司馬羞湆魚，變于尸。【疏】上文尸使司士羞魚，此侑使司馬羞魚，故云變于尸也。

郝氏敬曰：「前司士杝魚，侑、主人皆一魚，即此。」

蕙田案：此上賓獻侑。敖氏以爲司馬當作司士，上下皆司士爲之，此不宜使司馬。司馬惟主羊俎，羞魚湆非其事。此説當是。注疏變于尸之説，恐未然。經明言羞魚湆如尸禮，並無相變之義。

酌致主人。主人拜受爵，三獻東楹東北面答拜。司士羞一湆魚，如尸禮。卒爵，拜。三獻答拜，受爵。【注】賓拜于東楹東，以主人拜受于席，就之。【疏】賓于禮當在西階上，今在東楹之東，以主人席在于阼階，就之也。

敖氏繼公曰：「此與侑如尸禮，皆兼祭酒而言。不致爵于主婦，變于不儐尸之禮。」

【《欽定義疏》】賓三獻而尸爵止，尸意欲均神惠也。尸爵既止，則賓不得遽行獻侑、致主人之禮。主人緣尸之意而達之，于是獻賓、獻兄弟、獻内賓、獻私人既辨，尸顧之樂可知也。乃自作止爵，與賓三獻遥接，而後賓乃終獻侑及致主人之禮焉。于三獻爵止之後，尸作止爵之前，間此許多事于其中，實則猶是賓長獻尸之一節也。

蕙田案：以上上賓獻侑致于主人。

尸降筵，受三獻爵，酌以酢之。【注】既致主人，尸乃酢之，遂賓意。【疏】賓意欲得與主人抗獻酢之禮，今遂達之。

蕙田案：此及下節尸酢上賓，楊氏、敖氏本「三獻」下並有「爵」字，當從。

三獻西楹西北面拜受爵，尸在其右，以授之。尸升筵，南面答拜，坐祭，遂飲，卒爵，拜。尸答拜。執爵以降，實于篚。

敖氏繼公曰：「尸在其右，並授也。並授而不同面拜，遠辟主人獻賓之禮也。」

【《欽定義疏》】尸升筵，南面答拜，因受爵之禮也。受爵時，亦于筵上南面拜。尸酢主人，主人拜于東楹東，尸拜于西楹西。尸酢主婦，主婦拜于主人席北，尸亦拜于西楹西。此酢賓異者，賓與尸爲禮，則皆不可以東。賓受爵于西楹西，則尸又不得拜于其右。若拜于其右，則嫌同于主人也。故惟有筵上南面答拜而已。

蕙田案：以上尸酢上賓。

二人洗觶，升，實爵西楹西，北面，東上，坐奠爵，拜，執爵以興，尸、侑答拜。坐祭，遂飲，卒爵，執爵以興，坐奠爵，拜，尸、侑答拜。皆降。【注】三獻而禮小成，使二人舉爵，序殷勤于尸、侑。【疏】案《鄉飲酒》及《鄉射》、《特牲》等，皆一人舉觶爲旅酬始，二人舉觶爲無算爵始。今儐尸乃以二人爲旅酬始者，❶以其初時主人酬尸，尸奠之，侑未得酬，故使二人舉觶，侑乃得奠而不舉。侑既奠一爵，尸一爵遂酬于下，是以須二人舉觶。

蔡氏德晉曰：「二人，一酬尸，一酬侑也。」

【《欽定義疏》】二人，蓋皆賓之弟子。以舉觶于尸、侑，故不用兄弟之弟子。而堂上位在西楹西也，尸、侑皆降，因主人酬尸之禮，但不辭洗耳。于賤者舉觶，亦不安于上位，敬也。

洗，升酌，反位。尸、侑皆拜受爵，舉觶者皆拜送。侑奠觶于右。【注】奠于右者，不舉也。神惠右不舉，變于飲酒。

郝氏敬曰：「奠于右，俟尸行酬而後舉，以酬長賓。」

【《欽定義疏》】神惠右不舉，鄭即據此耳。然上經主人酬尸，尸則奠于薦左，彼亦不舉，何以一左一右乎？又《特牲》主人酬賓，賓取奠于薦右，兄弟、弟子舉觶于其長，如主人酬賓儀。此皆舉者也，而奠于右，然則神惠右不舉之云，不可據也。

蕙田案：以上二人舉觶于尸、侑，爲旅酬之始。

尸遂執觶以興，北面，于阼階上酬主人。主人在右。【注】尸拜于阼階上，酬禮殺。【疏】上文尸酢主人，主人東楹東北面拜受爵，尸西楹西北面答拜，是各于其階。今尸酬主人，同于阼階，故云禮殺也。坐奠爵，拜，主人答拜。不祭，立飲，卒爵，不拜，既爵，酌，就于阼階上酬主人。【注】言就者，主人立待之。主人拜受爵。尸拜送。【注】酬不奠者，急酬侑也。

蕙田案：以上尸酬主人而先自導飲，遂酌以酬主人。

尸就筵，主人以酬侑于西楹西，侑在左。坐奠爵，拜。執爵興，侑答拜。不祭，立飲，卒

❶「旅酬」，原倒，據庫本及《儀禮·有司徹》賈疏乙正。

爵，不拜，既爵，酌，復位。侑拜受，主人拜送。【注】言酌復位，明授于西階上。

蔡氏德晉曰：「以酬侑者，以尸酬己之爵而酬侑也。」

蕙田案：此主人酬侑而先自導飲，遂酌以酬侑。

主人復筵，乃升長賓。侑酬之，如主人之禮。【注】遂旅也。言升長賓，則有贊呼之。

郝氏敬曰：「長賓在西階下，侑酬長賓，舉所奠薦右之觶酬之。」

蕙田案：此侑酬長賓。盛氏世佐謂：「酬長賓之觶，即其受之于主人者，郝氏奠薦右之觶，非是。」存參。

至于衆賓，遂及兄弟，亦如之，皆飲于上。【注】上，西階上。

蕙田案：此賓及兄弟相酬。姜氏云：「皆飲于上，通承上文尸酬主人，主人酬侑，侑酬賓，賓酬兄弟，皆飲于上。自此兄弟酬私人飲于下，而主婦酬内賓遂及宗婦，皆飲于房中矣。」案尸酬主人飲于阼階上，主人酬侑以下飲于西階上，雖是通承，實有分別。

遂及私人，拜受者升受，下飲。【注】私人之長拜于下。升受兄弟之爵。下飲之。【疏】私人位在兄弟之南，今言下飲之，則私人之長一人在西階下飲之，其餘私人皆飲于其位。

蔡氏德晉曰：「謂先拜堂下，然後升堂而受爵，復下堂而飲也。」

卒爵，升酌，以之其位，相酬辨。【注】其位，兄弟南位，亦拜受、拜送、升酌，由西階。

蔡氏德晉曰：「以之其位，就所酬者之位也。」

卒飲者實爵于篚。【注】未受酬者，雖無所旅，猶飲。【疏】凡旅酬之法，皆執觶酒以酬前人。前人領受其意，乃始自飲。此私人未受酬者，後雖無人可旅，猶自飲之訖，乃實爵于篚。以其酒是前人所酬，不可不飲故也。

乃羞庶羞于賓、兄弟、內賓及私人。【注】無房中之羞，賤也。此羞同時羞則酌，房中亦旅。其始主婦舉觶于內賓，遂及宗婦。【疏】此經論無算爵時羞庶羞于賓及兄弟之等事。內賓羞在私人之上，私人得旅酬，則房中內賓亦旅可知。

敖氏繼公曰：「無房中之羞，則于主婦以上也。此節亦當祭薦胥，文不具耳。」

【《欽定義疏》】內外之事，悉主人統之，而在內之事必以主婦分主之，故獻內賓、宗婦之禮，雖自主人，而旅酬于房中，則以主婦，亦相配相助之義也。

又案：《特牲·記》云：「主婦及內賓、宗婦亦旅。」則大夫儐尸房中亦旅明矣。但主婦酌觶以酬內賓之長，奠之，及兄弟相酬時，內賓乃舉奠觶以酬主婦，以遂之于下耳。不可云主婦舉觶于內賓，以舉觶乃賤者職也。

蕙田案：以上旅酬。

兄弟之後生者舉觶于其長。【注】後生。年少也、古文觶皆爲爵。延景中詔校書，定作觶。【疏】尸不與無算爵，故舉堂下觶爲無算爵。其爲旅酬皆從上發尸爲首，賓不舉旅酬，酬皆從尸舉。

郝氏敬曰：「旅酬畢，主人慇懃未已，兄弟之幼者爲主人達其意。」

蕙田案：此爲無算爵之始。注「延景」，漢諸帝年號無此稱，《釋文》作「延熹」，係漢桓帝年號。盛氏世佐以爲二者皆悞。據《後漢書·靈帝紀》，「詔諸儒正五經文字，刻石，立于太學門外」，事在熹平中。《儒林傳》蔡邕同。當作「熹平」爲是。

洗，升酌，降，北面立于阼階南，長在左。坐奠爵，拜，執爵以興，長答拜。【注】長在左，辟主人。【疏】凡獻酬之位，主人常在左。若北面，則主人在東。今長兄弟北面，云長在左則在西，故辟主人也。

敖氏繼公曰：「此後生者舉觶，與主人酬賓之儀略同，似有爲主人酬長兄弟之意，故位如主人而長在左。」

【《欽定義疏》】上經主人獻内賓，注云「主人之位恒左人」，疏謂「人在主人左也」。此長在左而舉觶者在其右，正與主人之左人者無異，何云辟之乎？疏語尤不楚，其云「常在左」，蓋「常左人」之訛。

坐祭，遂飲，卒爵，執爵以興，坐奠爵，拜，執爵以興，長答拜。洗，升酌，降。長拜受于其位，舉爵者東面答拜，爵止。【注】拜受、答拜，不北面者，儐尸禮殺。長賓言奠，兄弟言止，互相發明相待也。【疏】上文主人酬賓，賓奠爵于薦左，與此爵止相待俱時舉行。下文云「交錯其酬爵無算」是也。依次第，不交錯，爲旅酬。

郝氏敬曰：「爵止者，奠于薦右，待賓爵行而後交錯也。」

蕙田案：以上兄弟後生舉觶于其長。

賓長獻于尸，如初，無湆，爵不止。【注】賓長者，賓之長，次上賓，非即上賓也。如初者，如其獻侑、酌致主人受尸酢也。無湆，爵不止，别不如初者。不使兄弟，不稱加爵，大夫尊也。不用觚，大夫尊者也。【疏】此論衆賓長爲加爵數多，與上賓異，何者？上賓獻侑、致爵于主人時皆有湆魚從，今無湆魚從。上賓獻尸時亦奠爵，待獻堂下畢乃舉觶，今尸不止爵即飲。《特牲》長兄弟爲加爵，又衆賓長爲加爵，不言獻。此言獻者，尊大夫，若三獻之外更容有獻。《特牲》長兄弟洗觚爲加爵，此用爵，爵尊于觚，故云大夫尊者也。

敖氏繼公曰：「此獻當用觚。不言者，文省耳。上篇實觚于其篚，其爲此用與？」

姜氏兆錫曰：「觚、爵對文則異，散文則通。經洗觚亦稱加爵，則爲通稱可見。非爲大夫尊，故用爵也。不儐尸，通放此。」

【《欽定義疏》】長兄弟不爲加爵者，大夫之助祭者賓兄弟，初皆在東方，獻不殊其長，故于尸亦爲加爵也。此獻亦加爵，不稱加爵者，大夫禮文，故辭異也。此用觚無疑。勺爵觚觶實于篚，于此不用觚，惡乎用觚乎？

蕙田案：此衆賓長獻尸、侑，致爵于主人，尸酢之。

蕙田案：以上次賓獻致。

賓一人舉爵于尸，如初，亦遂之于下。【注】一人，次賓長者。如初，如二人洗觶之爲也。遂之于下者，遂及賓兄弟，下至于私人。故言亦遂之于下也，上言無湆、爵不止，互相發明。【疏】此論次賓舉觶于尸，更爲旅酬，如上旅酬之事。但前二人舉觶于尸、侑，尸舉旅酬，從上至下皆徧飲。今亦從上至下，故云亦遂之于下。

張氏爾岐曰：「之，適也，往也，謂行此爵于堂下，爲旅酬也。」

盛氏世佐曰：「無算爵之異于旅酬者三：旅酬依尊卑之次，自尸而主，而侑，而賓，以至于兄弟、私人，秩然不紊，無算爵則賓黨與主黨交錯其酬，不俟賓黨酬畢而後及于主黨，一也；無算爵惟行于堂下，在堂上者皆不與，二也；旅酬平行一觶，無算爵二觶並行，三也。此皆禮之以漸而殺者。又案《特牲》旅酬之時，堂上亦不與，而賓與兄弟即得交錯其酬，與大夫禮異。至其旅者再，乃行無算爵，則大夫、士祭禮之所同也。」

蕙田案：以上賓一人舉爵于尸，更爲旅酬。

賓及兄弟交錯其酬，皆遂及私人，爵無算。【注】算，數也。長賓取觶，酬兄弟之黨，長兄弟取觶，酬賓之黨，惟己所欲，無有次第之數也。【疏】長賓取觶者，是主人酬賓觶。長兄弟取觶者，是後生者舉于其長之觶。

盛氏世佐曰：「爵自堂下始，故可以逮私人，而不可以瀆堂上。」

【《欽定義疏》】旅酬後，兄弟之後生舉觶于其長者以下，行無算爵。時賓長有主人酬賓之奠觶可行，長兄弟無奠觶可行故也。尸既與于堂上之旅酬，而賓長復加獻，賓一人又舉爵于尸者，以尸得與于堂上之旅酬，不得與于堂下之無算爵，故于未行無算爵以前爲尸倍致其殷勤也。旅酬時尸酬主人，主人酬侑，侑酬長賓，遂酬衆賓、兄弟至于私人，酬無不辨。然堂上、堂下東西各自爲酬，不交不錯，是爲正酬，乃直行。至爵行無算，乃有交酬，有錯酬。交酬者，長賓與長兄弟、次賓與次兄弟、衆賓與衆兄弟，東西往來，所謂交也。至錯酬，則隨其量之能飲與情之夙好而相酬，如注云「惟己所欲，更無次第之數」者，殆于不醉無歸矣，故云交錯。

蕙田案：以上堂下相酬無算爵。

尸出，侑從。主人送于廟門之外，拜，尸不顧。【注】拜送之。【疏】儐尸之禮，尸、侑賓也，故孔子亦云「賓不顧矣」。 拜侑與長賓，亦如之。衆賓從。【注】從者，不拜送也。 司士歸尸、侑之俎。【注】尸、侑尊，送其家。

敖氏繼公曰：「賓長而下則自徹，而授其人以歸。」

主人退。【注】反于寢也。 有司徹。【注】徹堂上下之薦俎也。外賓尸，雖堂上婦人不徹。

蕙田案：以上禮畢，尸、侑出。

【《欽定義疏》】儐尸之禮分三節：主人獻尸，主人獻侑，尸酢主人，一節也；主婦獻尸，主婦獻侑，尸酢主婦，二節也；賓長三獻尸爵止，尸作止爵，賓長致爵于主人，尸酢賓，三節也。三節爲之經，而正俎遞設，又以益送之俎及燔俎絡繹轉運，往來升降爲之緯。以此觀之，則諸俎之多少隆殺，與設俎之人之長次，皆秩然而有序矣。

若不儐尸，【注】不儐尸，其牲物則同，不得備其禮耳。

郝氏敬曰：「凡饋食于室，儐尸于堂。《少牢》儐尸，故室中之事比《特牲》爲簡，至儐尸而後禮備。若有故不得儐尸，則室事加詳矣。」

【《欽定義疏》】正祭在室，主于嚴敬。儐尸在堂，則有懽欣和樂之情焉，踴躍鼓舞之象焉。若不儐尸，則尸未出室，猶全乎神，仍于室中行事，而主人、主婦與尸、祝、佐食、賓及兄弟、私人獻酬交錯，禮儀卒度，于和樂之中，多嚴敬之意。大抵與《特牲》後半相類，惟無嗣舉奠，以辟國君耳。《孝經》所謂「治家者不敢失于臣妾，而况于妻子乎？故得人之懽心，以事其親」，于此乎可觀矣。

又案：不儐尸之故非一，已詳見本篇之首。蓋上、下大夫皆有儐尸之禮，亦皆有若不儐尸之禮，不以爵等殊也。舊說以此爲攝主殺禮之祭，固爲失之。康成辨之，是已，而必屬之于下大夫，不亦泥乎？同一大夫也，舉盛祭則儐尸，稍殺則不儐尸，夫誰曰不可？春祠，夏禴，秋嘗，冬烝，四時之祭殊名，則典禮不必盡同可見矣。

則祝、侑亦如之。【注】謂尸七飯時。【疏】案上篇尸食七飯告飽，祝西面于主人之南，獨侑不拜，侑曰「皇尸未實，侑」是也。

郝氏敬曰：「自迎尸入室以後，至祝侑尸食以前，禮與儐尸同，故曰『亦如之』。尸食以後，其禮稍異。」

尸食。【注】八飯。

張氏爾岐曰：「祝既侑而尸又飯也。」

迺盛俎，臑、臂、肫、脡脊、横脊、短脅、代脅，皆牢。【注】盛者，盛于肵俎也。此七體羊、豕，其脊、脅皆取一骨也，與所舉正脊、幹、骼凡十矣。肩未舉，既舉而俎猶有六體焉。【疏】《特牲》尸食訖乃盛，今八飯即盛者，大夫禮與士相變也。先言臑，見從下起。不言肩，肩未舉。不言正脊、長脅，骼已舉在俎。有司徹不盛俎者，更無所用，全以歸尸故也。三脊、三脅，皆取一骨盛于肵，各有一骨體在俎，以備陽厭，故猶有六體。

郝氏敬曰：「盛俎，謂佐食取衆俎之實，盛于肵俎，祭畢歸尸。《特牲》尸九飯畢則盛俎，《少牢》儐尸則俎，重錟故不盛。若不儐尸，盛俎如《特牲》。」

魚七，【注】盛半也。魚十有五而俎，其一已舉。必盛半者，魚無足翼，于牲象脊、脅而已。【疏】牲脊、脅亦盛半。

【《欽定義疏》】魚盛七者，爲俎釋三个，又有祝、主人、主婦之魚俎，實必奇，故盛其半而止也。注以爲如脊、脅之二骨，而各取一骨可也，謂無足翼而然則迂矣。腊則有足而亦盛半，何以通乎？

腊辨，無髀。【注】亦盛半也。所盛者右體也，脊屬焉。言無髀者，云一純而俎，嫌有之。古文髀作脾。【疏】腊脊不折，左右三脅并脊爲七，通肩、臂等十爲十七體。肩既舉，俎唯有十六在。言盛半，明脊屬。

楊氏復曰：「辨者，蓋辨盛右體也。盛半，脊屬，則存乎俎者，左脛五體，并三脅未舉耳。」

郝氏敬曰：「腊俎左右體全而徧取其半，如牢，但無髀，尸俎本無髀也。❶」

卒盛，乃舉牢肩。尸受，振祭，嚌之。佐食受，加于肵。【注】卒，已。

郝氏敬曰：「體貴肩，故後舉，加于肵，居衆體之上。並前牢爲八體，而羊、豕、俎各餘三體，以待陽厭。此上皆盛于肵俎者也。」

張氏爾岐曰：「右不儐尸時者，八飯後事。」

蕙田案：卒盛，謂盛畢。註訓「卒已」，是也。楊氏本作「舉匕」，張爾岐作「舉七」，皆非是。今依《續經傳通解》本作「卒已」。

佐食取一俎于堂下，以入，奠于羊俎東。【注】不言魚俎東，主于尊。【疏】《少牢》魚在羊東，今摭魚腊宜在魚俎東。

敖氏繼公曰：「羊當作魚，字之誤也。」

郝氏敬曰：「佐食又取堂下一虛俎入室。」

【《欽定義疏》】魚俎在羊俎之東，又東則繼魚俎而不繼羊俎矣，不必强爲之辭。

乃摭于魚、腊俎，俎釋三个。其餘皆取之，

❶「本」，原作「未」，據郝敬《儀禮節解・有司徹第十七》改。

實于一俎以出。【注】个猶枚也。魚摭四枚，腊摭五枚。其所釋者，腊則短脅、正脅、代脅，魚三枚而已。【疏】魚摭去四枚，釋三个。腊俎猶有八體在，摭去五枚，釋三个。

楊氏復曰：「以上舉者先已舉，在俎盛者方盛于俎，未舉者卒盛乃舉。摭者取爲祝、主人、主婦之俎，釋者備陽厭于西北隅。」

郝氏敬曰：「摭，分取也。出，出室也。」

祝、主人之魚、腊取于是。【注】祝、主人、主婦俎之魚、腊取于此者，大夫之禮文，待神餘也。三者各取一魚。其腊，主人臂，主婦臑，祝則骼也與？此皆于鼎側更載焉。不言主婦，未聞。【疏】案《特牲》主人、主婦、祝皆無腊，上大夫儐尸，腊爲庶羞，不載于俎，此待神餘。下經祝無文，故云「與」以疑之。云更載者，上摭時共在一俎，設時各異俎，故知更載。云鼎側，則不復升鼎也。不言主婦，傳寫脱耳。

蔡氏德晉曰：「祝俎之腊用髀，與儐尸同。不言主婦者，統于主人。」

【《欽定義疏》】《特牲》士禮，祝、主人、主婦之俎，皆無魚、腊，《少牢》正祭，祝俎腊兩髀，屬于尻。此不儐尸者，亦當然也。主人、主婦正祭時不設俎，至儐尸減五鼎爲三鼎，則腊不用，而以魚爲益送之俎。儐尸無祝而有侑，侑、主人、主婦皆有魚俎爲之益送焉。此不儐尸，則無益送之魚，故于此即分尸俎之魚，以入于主人、主婦之俎，所以見雖不儐尸，而此禮實自儐尸而殺也。既取魚，因亦兼取腊。主人、主婦既有魚、腊，則祝俎雖已有腊，亦當益之以魚，以其與儐尸之侑差類也。此則視儐尸之禮爲殺，而比《特牲》則隆矣。祝腊骼，臆説，非經例。

尸不飯，告飽。主人拜侑，不言。尸又三飯。【注】凡十一飯。士九飯，大夫十一飯，其餘有十三飯、十五飯。【疏】士、大夫既不分命數，則五等諸侯同十三飯，天子十五飯可知。

【《欽定義疏》】大夫十一飯，既不分命數，則儐尸、不儐尸不分上、下大夫可知。

佐食受牢舉，如儐。【注】舉肺、脊。

敖氏繼公曰：「儐並指儐尸之禮。」

郝氏敬曰：「受牢舉，謂受尸所舉肺脊，加于肵俎也。」

張氏爾岐曰：「不儐尸者，十一飯時事。」

蕙田案：以上不儐尸，尸食之禮，其異于儐者二事：盛肵俎，一也；摭魚、腊俎，二也。

主人洗、酌，酳尸，賓羞肝，皆如儐禮。卒爵，主人拜，祝受尸爵，尸答拜。祝酌授尸，尸以醋主人，亦如儐。其綏祭，其嘏，亦如儐。【注】肝，牢肝也。綏皆當作挼，挼讀爲「藏其隋」之「隋」。

【疏】此主人獻有五節：主人獻尸，一也；酢主人，二也；獻祝，三也；獻上佐食，四也；獻下佐食，五也。

敖氏繼公曰：「此所謂儐，皆前篇室中之事，初非儐禮。乃以儐爲文者，以其已入儐之節内故耳。」

蕙田案：以上主人酳尸，尸酢主人。

其獻祝與二佐食，其位，其薦脀，皆如儐。

蕙田案：以上主人獻祝、佐食。

主婦其洗獻于尸，亦如儐。【注】自尸、侑不飯告飽至此，與儐同者，在上篇。【疏】此一節之内，獻數與主人同，唯不受嘏爲異。

敖氏繼公曰：「此如儐，謂拜送爵以上之禮。」

主婦反取籩于房中，執棗、糗，坐設之，棗在稷南，糗在棗南。婦贊者執栗、脯，主婦不興，受，設之，栗在糗東，脯在棗東。主婦興，反位。【注】棗，饋食之籩。糗，羞籩之實。雜用之，下儐尸也。栗脯，加籩之實也。反位，反主人之北拜送爵位。

【疏】此設籩實，繼在《少牢》室内西南隅。上儐尸，主婦直有脯、脩二籩，此有四籩者，彼主人獻尸，主婦設四籩麷、蕡、白、黑，故至主婦獻時，直設二籩，通六籩。此主人初獻無籩從，則主婦四籩，猶少兩籩。

敖氏繼公曰：「籩位自左而右綪之，變于敦位也。」

尸左執爵，取棗、糗。祝取栗、脯，以授尸。尸兼祭于豆祭，祭酒，啐酒。次賓羞牢燔，用俎，鹽在右。尸兼取燔，擩于鹽，振祭，嚌之。祝受，加于肵。卒爵。主婦拜。祝受尸爵，尸答拜。【注】自主婦反籩，至祝受加于肵，此異于儐。【疏】上篇主婦但有獻而已，無籩燔從之事。此篇主婦亞獻尸，乃有籩餌之事，其物又異，唯糗同耳，故云此異于儐也。

蕙田案：以上主婦獻尸，其異于儐者二事：有籩，一也；燔從，二也。

祝易爵，洗，酌，授尸。尸以醋主婦，主婦主人之北拜受爵，尸答拜。主婦反位，又拜。上佐食綏祭，如儐。卒爵，拜，尸答拜。【注】主婦夾爵拜，爲不儐尸，降崇敬。【疏】《特牲》主婦獻尸，不夾爵拜。上篇主婦夾爵拜，此爲不儐尸，降崇敬，故夾爵拜。

敖氏繼公曰：「此夾爵拜，内子正禮也。儐則略之。」

蕙田案：以上尸酢主婦。其異于儐者，主婦俠拜一事。

主婦獻祝，其酌如儐。拜，坐受爵。主婦主人之北答拜。【注】自尸卒爵至此，與儐同者，亦在上篇。

敖氏繼公曰：「如儐，其酌以前之禮。」

張氏爾岐曰：「謂同上篇正祭亞獻之節。」

宰夫薦棗、糗，坐設棗于菹西，糗在棗南。祝左執爵，取棗、糗祭于豆祭，祭酒，啐酒。次賓羞燔，如尸禮。卒爵。【注】内子不薦籩，祝賤，使官可也。自宰夫薦至賓羞燔，亦異于儐。【疏】《特牲》主婦設籩，《少牢》無籩、燔從。

蕙田案：以上主婦獻祝，其異于儐者二事：有籩，有燔從。

主婦受爵，酌獻二佐食，亦如儐。主婦受爵，以入于房。

【《欽定義疏》】《特牲》夫婦交致而又自酢，此惟主婦致而自酢者，主人尊，則主婦稍降也。累而上之，至于天子、諸侯，則夫婦之間愈尊嚴矣。至若《特牲》主婦之俎，與《少牢》不儐尸主婦之俎，所下于主人者，惟俎實不同而已。儐尸主人益送之俎與尸同，而主婦止羞羊燔者，婦人之禮，于堂事則尤殺也。

蕙田案：此主婦獻佐食，無籩、燔，故曰皆如儐。

又案：以上主婦獻祝、佐食。

賓長洗爵，獻于尸。尸拜受。賓户西北面答拜。爵止。【注】尸止爵者，以三獻禮成，欲神惠之均於室中，是以奠而待之。【疏】此一節之内，凡有十爵：獻尸，一也；主婦致爵于主人，二也；主人酢主婦，三也；尸作止爵，飲訖酢賓長，四也；賓獻祝，五也；又獻上佐食，六也；又獻下佐食，七也；賓致爵于主人，八也；又致爵于主婦，九也；賓受主人酢，十也。

郝氏敬曰：「儐尸，則賓長三獻，尸卒爵，酢賓長，賓長又獻祝，而主人出，尸遂起。不儐尸，則賓長獻，尸受，奠而不舉，待主人、主婦交錯致爵而後舉，與《特牲》同，與《少牢》儐尸禮異。」

蕙田案：此賓長三獻尸爵止，此與《特牲》禮同，惟受爵即止異。自此以後與儐禮異，與《特牲》禮略同。

又案：以上賓長獻尸爵止。

主婦洗於房中，酌，致于主人。主人拜受，主婦户西北面拜送爵。司宫設席。【注】拜受乃設席，變于士也。

盛氏世佐曰：「此席于室户内西面，與《特牲》禮同。其設席節亦同，特文有先後耳。注説泥。」

主婦薦韭菹醢，坐設于席前，菹在北方。婦贊者執棗、糗以從，主婦不興，受，設棗於菹北，糗在棗西。佐食設俎，臂、脊、脅、肺，皆牢，膚三、魚一、腊臂。【注】臂，左臂也。《特牲》五體，此三者，以牢與腊臂而七。牢、腊俱臂，亦所謂「腊如牲體」。【疏】右臂尸所用，故知左臂也。牢謂羊、豕也。羊、豕臂、脊、脅俱有，是六，通腊臂而七，是牲體惟有三也。「腊如牲體」，《特牲·記》文。

盛氏世佐曰：「自臂、脊以下，諸物共一俎，與《少牢》禮祝俎相似。」

主人左執爵，右取菹，擩於醢，祭于豆間，遂祭籩，奠爵，興，取牢肺，坐絶祭，嚌之，興，加于俎，坐捝手，祭酒，執爵以興，坐卒爵，拜。【注】無從者，變于士也，亦所謂順而摭也。【疏】《特牲》主婦致爵于主人，肝、燔並從。

敖氏繼公曰：「此籩祭不贊，且無從，與士禮異者，避尊者之禮。」

張氏爾岐曰：「主婦致爵于主人。」

主婦答拜，受爵，酌以醋，户内北面拜。【注】自酢不更爵，殺。主人答拜。卒爵，拜。主人答拜。主婦以爵入於房。

敖氏繼公曰：「主婦亦坐祭立飲而卒爵，此文略也。」

楊氏復曰：「自主人醋尸以後，其節率與《特牲》禮同，但主人不致爵于主婦爲異。」

張氏爾岐曰：「主婦自酢。」

蕙田案：以上主婦致爵于主人自酢，此與《特牲禮》其異者三事：祭籩不贊，一也；無肝，燔從，二也；主人不致爵于主婦，三也。郝氏云：「自此以下之禮，儐尸皆行于堂，不儐尸皆行于室。」

尸作止爵，祭酒，卒爵。賓拜。祝受爵。尸答拜。【注】作止爵乃祭酒，亦變于士。自爵止至作止爵，亦異于賓。

張氏爾岐曰：「尸作止爵。」

蔡氏德晉曰：「尸向賓長所獻爵而未舉，至是乃祭而飲之也。」

祝酌授尸，賓拜受爵，尸拜送。坐祭，遂飲，卒爵，拜。尸答拜。

敖氏繼公曰：「此賓受酢不夾爵拜，而卒爵之儀又略，以其間有爵止之事，既變于上，故此儀亦不得同于主人，是與儐少異者也。」

蕙田案：以上尸作止爵，酢賓長，此與儐禮異者一事：賓受酢，不夾爵拜也。與《特牲》禮異者三事：尸自作止爵，一也；作止爵乃祭酒，二也；無燔從，三也。

獻祝及二佐食。

姜氏兆錫曰：「儐尸者，不獻佐食。佐食乃餕矣。」

蕙田案：此賓長獻祝、佐食。與儐禮異者二事：祝不奠爵，一也；佐食亦得獻，二也。與《特牲禮》異者二事：獻祝無燔從，一也；多一佐食，二也。

又案：以上賓長獻祝、佐食。

洗，致爵于主人。【注】「洗，致爵」者，以承佐食，賤，新之。主人席上拜受爵，賓北面答拜。坐祭，遂飲，卒爵，拜。賓答拜，受爵。

蕙田案：以上賓長致爵于主人，此與《特牲禮》異者一事：無燔從也。

盛氏世佐曰：「儐尸者，室事終于賓長獻祝。賓長既獻祝，則三獻禮成，尸出，遂蕢矣，故自此以下，皆無其禮。于堂乃有之，但不洗羞湆魚，是其異者。」

酌，致爵于主婦。主婦北堂。司宮設席，東面。【注】東面者，變于士妻。儐尸不變者，儐尸禮異矣。內子東面，則宗婦南面西上，內賓自若東面南上。【疏】《特牲》主婦南面，宗婦東面北上。

郝氏敬曰：「堂之北。即房户之外、室户之東也。儐尸于堂，則主婦席在房中南面。今尸在室，則主婦席在北堂東面。」

盛氏世佐曰：「郝説殊不然。北堂東面，非主婦之正位也。席于此者，辟受尊者之賜也。上經云『司宮設席于房中，南面』，此主婦受尸酢之位也。《特牲》云『席于房中，南面』，則受主人致爵之位也。今惟受賓致爵，宜辟之，故席于北堂，東面。」

【《欽定義疏》】敖氏以宗婦不改《特牲》東面之位，似未必然。房中之深幾何？既尊兩壺于西墉下，內賓繼而南矣，其北即北堂，宗婦位于此，恐不能容主婦之席矣。况其北又逼設洗之所乎？或席于宗婦之東爲兩層，則可耳。注謂此宗婦南面，理自可通。意房中常位，本與《特牲》無異。屆賓致爵時，主婦乃與宗婦易處，既則反之。所以然者，其亦辟尊者之禮與？

主婦席北東面拜受爵，賓西面答拜。【注】席北東面者，北爲下。【疏】《曲禮》「席東鄉西鄉，以南方爲上」，故北爲下。

蕙田案：敖氏泥北上之説，而以爲拜於此者由便，其説非。

婦贊者薦韭菹醢，菹在南方。婦人贊者執棗、糗，授婦贊者。婦贊者不興，受，設棗於菹南，糗在棗東。【注】婦人贊者，宗婦之弟婦也。

盛氏世佐曰：「菹在南，便其右取之。」

佐食設俎于豆東，羊臑，豕折，羊脊、脅，祭肺一，膚一，魚一，腊臑。【注】豕折，豕折骨也。不言所折，略之。《特牲》主婦觳折，豕無脊、脅，下主人。羊豕四體，與腊臑而五。【疏】主人牢與腊臂而七，此五是其略也。

郝氏敬曰：「此肺，嚌羊肺也。曰祭者，誤衍耳。」

盛氏世佐曰：「羊臑以下亦共一俎。」

【《欽定義疏》】上文云祝、主人之魚腊取于是，不言主婦，疏以爲傳寫者脱耳。今此云腊臑，是主婦之俎亦取于所摭者無疑矣。又薦俎之設，籩燔之加，尸、祝則于主人初獻、主婦亞獻時，佐食之俎設于主人初獻時，亞獻無加焉。賤，故殺也。主人則于主婦致爵時，主婦則于賓致爵時，皆層遞相接爲之。不于尸酢時者，正祭嚴重，不與儐尸同，故皆于其專獻也。

主婦升筵，坐，左執爵，右取菹，擩於醢，祭之，祭籩，奠爵，興，取肺，坐絶祭，嚌之，興，加于俎，坐捝手，祭酒，執爵興，筵北東面立，卒爵，拜。【注】立飲拜既爵者，變于大夫。 賓答拜。 賓受爵。

蕙田案：以上賓長致爵于主婦，儐尸無此禮。此與《特牲禮》異者三：席于北堂東面，一也；無燔從，二也；有薦設，三也；大夫，李氏紱改作「丈夫」。

易爵于篚，洗，酌，醋於主人，户西北面拜。主人答拜。卒爵，拜，主人答拜。賓以爵降奠於篚。【注】自賓獻及二佐食至此，亦異于儐。

【疏】《少牢》賓長獻，及祝而止。

敖氏繼公曰：「自是而後，以至于末獻，室中之事無復如儐者，以内外之禮異故耳。」

【《欽定義疏》】儐尸，主人獻尸、獻侑，尸醋而侑不醋；主人獻賓及衆賓，主人醋于長賓而衆賓不醋。蓋醋者，其主受獻者也；不醋者，其以次而連獻之者也。賓致爵于主人、主婦，主人醋而主婦不醋，又俟其併致于主婦，而後主人醋之，正同此例。

蕙田案：此賓長自酢于主人，儐尸亦無此禮。《特牲》云：「更爵，酢于主人，卒，復位。」蓋與此同。

又案：以上賓長致于主人、主婦。

乃羞。宰夫羞房中之羞，司士羞庶羞于尸、祝、主人、主婦，内羞在右，庶羞在左。【注】不儐尸。則祝猶侑耳。

姜氏兆錫曰：「内羞即房中之羞。」

蕙田案：此羞於尸、祝、主人、主婦。敖氏云：「自賓長洗爵至此，爲賓三獻。」

又案：以上羞於尸、祝、主人、主婦。

主人降，拜衆賓，洗，獻衆賓。其薦脀，其位，其酬醋，皆如儐禮。

敖氏繼公曰：「此禮長賓之俎。其異于儐者，無切肺耳。」

盛氏世佐曰：「如儐禮者，如其南面拜衆賓于門東，至賓西面坐奠爵于薦左之禮也。」

蕙田案：以上主人獻賓、自酢、酬長賓。

主人洗，獻兄弟與内賓，與私人，皆如儐禮。其位，其薦脀，皆如儐禮。

盛氏世佐曰：「如儐禮，亦謂自升酌獻兄弟于阼階上至亦有薦脀是也。」

蕙田案：以上主人獻兄弟、内賓、私人。

卒，乃羞於賓、兄弟、内賓及私人，辨。【注】自乃羞至私人之薦脀，此亦與儐同者。在此篇不儐尸，則祝猶侑耳。卒，已也。乃羞者，羞庶羞。【疏】此一經論主人獻堂下衆賓、兄弟，下及私人，并房中内賓之事。

敖氏繼公曰：「卒謂皆獻畢也。獻畢即羞之，亦其節之異於儐者。」

蕙田案：此羞于賓、兄弟、内賓及私人。以上四節，皆與儐禮同，而其節則異。

蕙田案：以上羞于堂下及房中。

賓長獻于尸，尸醋，獻祝，致，醋。賓以爵降，實于篚。【注】致謂致爵于主人、主婦，不言如初者，爵不止，又不及佐食。【疏】上賓長已獻尸訖，明此是次賓長爲加爵也。

蔡氏德晉曰：「獻祝，亦賓長獻也。致謂致爵于主人、主婦也。酢，酢于主人也。」

蕙田案：此衆賓長獻尸、尸酢、獻祝、致爵主人主婦，酢于主人。盛氏世佐云：「此禮與《特牲》衆賓長爲加爵同，惟爵不止爲異。又案上經論儐尸于堂之禮，云『賓長獻于尸，如初，無醋，爵不止』，與此禮相當。」

其異者四事：獻尸，尸即酢之，不待其獻致之異，一也；彼無祝，此無侑，二也；致爵兼及主婦，三也；又酢于主人，四也。」

蕙田案：以上次賓獻致。

賓、兄弟交錯其酬，無算爵。【注】此亦與儐同者，在此篇。【疏】此堂下兄弟及賓行無算爵，似下大夫闕旅酬，直行無算爵而已。

李氏如圭曰：「此兄弟舉觶于其長，亦當如儐禮在羞于私人之後，賓長加獻之前，文不具耳。」

【《欽定義疏》】旅酬與無算爵，分言之爲二節，合言之總一旅酬也，此經文義甚明。《賓筵》詩云「舉酬逸逸」，言旅酬而自該無算爵也。《中庸》云「旅酬，下爲上」，《朱子章句》義略同。蓋由獻而有酢，由獻、酢而有酬，由酬而有旅，由旅之爵有算以至于爵之無算。若不行旅酬，無由驟行無算爵也。賈疏以爲「闕旅酬，直行無算爵」，未必然。

蕙田案：儐尸，旅酬者再而後行無算爵。尸、侑在堂上，與于旅酬，而不與無算爵。《特牲》與不儐尸，尸、祝、主人皆在室中，並旅酬亦不與，又無侑，故無二人舉觶及賓一人舉爵之事。其旅也，特賓與兄弟交相酬而已，然亦有二番旅酬而後及無算爵，《特牲》「先旅西階一觶，次旅阼階一觶」是也。此經云「交錯其酬」，亦謂二番旅酬。注、疏無旅酬直行無算爵之説，非是。

蕙田案：以上旅酬無算爵。

利洗爵，獻于尸，尸醋。獻祝，祝受，祭酒，啐酒，奠之。【注】利獻不及主人，殺也。此亦異于儐。【疏】此佐食爲加爵。云殺者，對上文賓長加爵及主人。異者，《少牢》無利獻儐尸，佐食又不與也。

盛氏世佐曰：「利謂上佐食也。此與《特牲禮》異者，祝不卒爵耳。」

蕙田案：以上上利獻尸、祝。

主人出，立於阼階上，西面。祝出，立於西階上，東面。祝告於主人，曰：「利成。」祝入，主人降，立于阼階東，西面。尸謖，祝前，尸從，遂出于廟門。祝反，復位于室中。祝命佐食徹尸俎。佐食乃出尸俎于廟門外，有司受，歸之。徹阼薦俎。【注】自主人出至此，與儐襍者也。先養徹主人薦俎者，變于士。《特牲饋食》曰：「徹阼俎豆籩，設于東序下。」【疏】與儐雜，謂有同有不同。《特牲》既餕，祝命佐食徹阼俎豆籩，此餕前徹阼薦俎，故云變于士。

盛氏世佐曰：「自主出至復位于室中，與《少牢》同；自祝命佐食至歸之，與《特牲》同。」

蕙田案：此祝告利成，獻俎、歸俎、徹阼俎，與儐禮異者二事：歸尸俎，一也；徹主人薦俎，二也。與《特牲禮》異者亦二事：告利成于階上，一也；先餕徹主人薦俎，二也。

蕙田案：以上祝告利成，尸出。

乃養，如儐。【注】謂上篇自司宮設對席至上餕興出也。

蕙田案：以上養。

卒養，有司官徹饋，饌於室中西北隅，南面，如饋之設，右几，厞用席。【注】官徹饋者，司馬、司士舉俎，宰夫取敦及豆。此于尸謖改饌，當室之白，孝子不知神之所在，庶其饗之于此，所以爲厭飫。不令婦人改徹饌敦豆，變于始也，尚使官也。佐食不舉羊、豕俎，親餕尊也。厞，隱也。古文右作侑，厞作茀。【疏】宰夫多主主婦之事，敦豆本主婦設之，今官徹，明宰夫爲之，故云變于始。

郝氏敬曰：「儐尸則禮備而神享足，爲無改設不儐尸，于是有改設之禮。」

納一尊于室中。【注】陽厭殺，無玄酒。司宮埽祭。【注】埽豆間之祭。舊説云：埋之西階東。【疏】神位在西，故近西階。《曾子問》：「幣帛皮圭，爲主命埋之階間。」

蕙田案：以上陽厭。

主人出，立于阼階上，西面。祝執其俎以出，立於西階上，東面。司宮闔牖户。【注】閉牖與户，爲鬼神或者欲幽闇。祝告利成，乃執俎以出于廟門外，有司受，歸之。衆賓出，主人拜送於廟門外，乃反。【注】拜送賓也者，亦拜送其長。婦人乃徹，【注】徹祝之薦及房中薦俎。徹室中之饌。【注】有司饌之，婦人徹之，外内相兼，禮殺。

敖氏繼公曰：「室中之饌，即改設者也。婦人徹此饌者，謂其當以入于房與？凡徹饌而以入于房者，婦人乃得爲之。不然則否。」

【《欽定義疏》】不儐尸之禮亦分三節：主人獻尸，尸酢主人，主人獻祝，獻佐食，此一節也；主婦獻尸，尸酢主人，主婦獻祝，獻佐食，二節也；賓長獻尸，爵止，尸作止爵，尸酢賓，賓獻祝，獻佐食，致爵于主人，致爵于主婦，酢于主人，三節也。

蕙田案：以上俎出、送賓、徹饌。

右《儀禮・有司徹》。

五禮通考卷第一百十二

淮陰吴玉搢校字

五禮通考卷第一百十三

内廷供奉禮部右侍郎金匱秦蕙田編輯
太子太保總督直隸右都御史桐城方觀承同訂
兩淮都轉鹽運使德水盧見曾
按察司副使元和宋宗元 參校

吉禮一百十三

大夫士廟祭

【《周禮·地官》】載師以士田任近郊之地。

【注】士讀爲仕。仕者亦受田，所謂圭田也。【疏】單士恐不兼卿大夫。故從仕官之仕。

【《禮記·王制》】夫圭田無征。【注】夫猶治也。孟子曰：「卿以下必有圭田。」治圭田者不稅，所以厚賢也。【疏】夫圭田者，畿内無公田，故有圭田。卿、大夫、士皆以治此圭田，公家不稅其物，故云無征。必云圭者，圭，潔白也。

【陳氏《禮書》】孟子言九一而助，繼之以圭田五十畝，餘夫二十五畝者，圭田，禄外之田也，餘夫，夫外之田也。禄外之田半百畝，夫外之田又半之，此自百畝而差之然也。古者自卿士達于圭田同等，欲各致其誠敬而已。後世因職分田以貴賤制之，非禮意也。

【《孟子》】卿以下必有圭田，圭田五十畝。

【注】古者卿以下至於士，皆受圭田五十畝，所以供祭祀也。圭，潔也。所謂惟士無田，則亦不祭。《王制》曰：「夫圭田無征。」謂餘夫、圭田，皆不出征賦也。時無圭田、餘夫，孟子欲令復古，所以重祭祀，利民之道也。【疏】謂之圭田者，所以名其潔而供祭祀之田也。

【陳氏《禮書》】《士虞禮》曰「圭爲哀薦之饗」，《詩》之吉蠲，或作吉圭，則圭田潔白也，惟士無田則亦不祭，則圭田所以共祭也。卿以下有圭田，猶天子、諸侯之有藉也。圭田無征，所以厚賢也。

右圭田。

【《禮記·曲禮》】凡家造，祭器爲先，犧賦爲次，養器爲後。無田禄者不設祭器，有田禄者先爲祭服。君子雖貧，不粥祭器；雖寒，不衣祭服。【注】大夫稱家，謂家始造事。無田禄者，祭器可假。有田禄者，祭服宜自有。粥，賣也。【疏】家造，大夫始造家事也。崇敬祖禰，故祭器爲先。有地大夫祭器、祭服俱造，然雖得造器，必先爲祭服，後爲祭器耳，緣人形參差，衣服有大小，不可假借，故宜先造。

胡氏銓曰：「家謂人家。鄭云大夫稱家，非也。若止謂大夫造祭器，則下云祭器不踰竟，何以兼士乎？」

吕氏大臨曰：「犧賦亦謂器也，犧牲之器，如牢、互、盆、簝之屬也。孟子曰：『惟士無田，則亦不祭。』牲殺器皿衣服不備故也。不祭則薦而已，與庶人同，故不設祭器也。有田禄則牲殺器皿衣服皆不可不備。」

方氏慤曰：「以無田禄者不設祭器，故《禮運》以祭器不假爲非禮；以有田禄者必具祭器，故《王制》以祭器不假爲禮，此其辨也。」

大夫士去國，祭器不踰竟。大夫寓祭器於大夫，士寓祭器於士。【注】祭器用君禄所作，取以出竟，恐辱親也。寓，寄也。與得用者，言寄，覬己復還。

問大夫之富，曰：「有宰食力，祭器、衣服不假。」【疏】祭器、衣服不假者，謂四命大夫也。衣服，祭服也。四命大夫得自造祭器、衣服。

【陳氏《禮書》】《周禮·鄉師》：「比共吉凶二服，閭共祭器。」《曲禮》：「無田禄者不設祭器，有田禄者，先爲祭服。」蓋無田禄者可共而不可設，有田禄者可設而不可具，則具而不假者，大夫禮之盡也。

【《雜記》】大夫冕而祭於公，弁而祭於己。士弁而祭於公，冠而祭於己。士弁而親迎，然則士弁而祭於己，可也。【注】弁，爵弁也。冠，玄冠也。祭於公，助君祭也。大夫爵弁而祭於己，惟孤爾。然則士弁而祭於己，緣類欲許之也。親迎雖亦己之事，攝盛服爾，非常也。【疏】此明大夫士公私祭服。大夫謂孤也。冕，絺冕也。祭於己，自祭廟也。助祭爲尊，故服絺冕；自祭爲卑，故服爵弁。士以爵弁爲上，故用助祭；冠玄冠爲卑，自祭不敢同助君之服，故用玄冠也。作《記》之人雖云士冠而祭於己，以己既爵弁親迎，親迎輕於祭，尚用爵弁，則自用爵弁，自祭己廟，於禮可用也。

崔氏靈恩曰：「孤不悉絺冕。若王者之後，及魯之孤，則助祭用絺。若方伯之孤，助祭則玄冕，以其君玄冕自祭，不踰之也。」

馬氏晞孟曰：「《周禮》曰：卿之服，自玄冕而下；士之服，自皮弁而下，則大夫以玄冕爲極，而士以爵弁爲極也。」

【《詩·周南·采蘋》】于以盛之，維筐及筥。于以湘之，維錡及釜。【傳】方曰筐，圓曰筥。湘，亨也。錡，釜屬。有足曰錡，無足曰釜。【箋】亨蘋藻者于魚湆中，是鉶羹之芼。

【《大學衍義補》】丘氏濬曰：「朱子謂籩豆簠簋之器，乃古人所用，故當時祭享皆用之。今以燕器代祭器，常饌代俎肉，楮錢代幣帛，是亦以平生所用，是謂從宜也。案：人子之事親，當事死如事生，事亡如事存。吾之祖考平日所用之器皿如此，所被之衣服如此，及其死亡也，而又別爲器與服以事之，豈不駭其見聞哉？古人生用几筵俎豆，則死亦用几筵俎豆以事之。今人之生所用者桌椅杯盤，死所用者亦當以桌椅杯盤，是即朱子所謂從宜者也。政不必泥於古，一惟稱家之有無，隨俗之所尚。惟誠惟孝，起敬起慕，雖不能一一如古人行禮之度數，而古人行禮之心，則固常存也。」

右祭器、衣服、冕弁。

【《禮記·曲禮》】大夫以索牛，士以羊、豕。

【注】索，求得而用之。【疏】《公羊》「帝牲必在滌三月」，稷牛惟具，稷牛有災，故臨時得別求之，是天子、諸侯得有索牛也。此大夫士，謂天子大夫士也。若諸侯大夫，即用少牢，士則用特牲。其喪祭，大夫亦得用牛，士亦用羊、豕，故《雜記》云「上大夫之虞也少牢，卒哭成事、祔皆太牢。下大夫之虞也犆牲，卒哭成事、祔皆少牢」是也。其大夫牲體完全，亦有犧牲之稱，故上云大夫犧賦爲次，但不毛色純耳。案《楚語》觀射父云：「古者牛羊必在滌三月，小者犬豕，不過十日。」此大夫索牛，士羊豕，既不在滌三月，當十日以上，但不知其日數耳。

方氏慤曰：「於大夫言索者，以無養獸之官，必索而後得之故也。所謂羊豕者，或以羊，或以豕也。」

【《王制》】大夫無故不殺羊，士無故不殺犬、豕，庶人無故不食珍。庶羞不踰牲，燕衣不踰祭服，寢不踰廟。【注】故謂祭享羞不踰牲，謂祭以羊，則不以牛肉爲羞也。

【《禮器》】羔豚而祭，百官皆足。大牢而祭，不必有餘。此之謂稱也。【注】稱牲之大小而爲俎，此指謂助祭者耳。足猶得也。云百官，喻衆也。【疏】臣助祭，則各有俎，祭竟播及胞翟，雖復羔豚之小，而百官皆悉得之。假令大牢亦不使有餘，小而皆得，大而不餘，是各稱牲體也。大夫士有田則祭，無田則薦，則無地大夫士薦羔豚也，無地則無臣助祭，故鄭云「百官喻衆也」。

陸氏佃曰：「羔豚而祭，謂小祭祀；大牢而祭，謂大祭祀。先儒謂羔豚爲無地大夫之祭，是猶讀《雲漢》而責周無遺民也。」

蕙田案：大夫祭用少牢，謂羊豕，此云羔豚，乃羊豕之小者耳，與無田則薦之説無與。孔氏非也。陸農師以爲小祭祀亦非。《字説》：「羔，小羊。豚，豕子。」

君子大牢而祭，謂之禮。匹士大牢而祭，謂之攘。【注】君子，謂大夫以上。【疏】大夫常祭少牢，遣奠及卒哭、祔用大牢。匹士，士也。士常祭特豚，遣奠、卒哭、祔加一等少牢。

馬氏晞孟曰：「君子者，以位之貴者言之，匹士者，以位之賤者言之。古者天子、諸侯、卿大夫皆君子也。天子、諸侯、卿大夫位之尊，其禮可以致其隆，故曰天子以犧牛，諸侯以肥牛，大夫以索牛。此大牢而祭謂之禮也。至於匹士大牢而祭，故謂之攘，攘者非其有而取之也。」

【《春秋》襄二十二年《左氏傳》】九月，鄭公孫黑肱有疾，歸邑於公，召室老宗人立段，而使黜官薄祭，祭以特羊，殷以少牢。【注】四時祀以一羊，三年盛祭以羊、豕。殷，盛也。【疏】少牢饋食禮者，諸侯之大夫時祭之禮也，是時祭用少牢。今公孫黑肱使黜官薄祭，故時祭用特羊。《禮器》云：「君子大牢而祭，謂之禮。」是大夫之祭有用大牢時也。《雜記》云：「上大夫之虞也少牢，卒哭成事、祔皆大牢。」據此二文，大夫得用大牢者，《禮器》之文，據天子大夫故也。《雜記》據喪祭，故進用等，《士喪禮》士遺奠用少牢是也。

【《國語·楚語》】屈到嗜芰。有疾，召其宗老而囑之，曰：「祭我必以芰。」及祥，宗老將薦芰，屈建命去之，宗老曰：「夫子囑之。」子木曰：「不然。夫子承楚國之政，其法刑在民，藏在王府。上之可以比先王，下之可以訓後世。雖微楚國，諸侯莫不譽。其祭典有之曰：國君有牛享，大夫有羊饋，士有豚犬之奠，庶人有魚炙之薦。籩豆脯醢，則上下共之。不羞珍異，不陳庶侈。夫子不以其私欲干國之典。」遂不用。

【《禮記·祭器》】有以小爲貴者，宗廟之祭，貴者獻以爵，賤者獻以散，尊者舉觶，卑者舉角。【注】凡觴一升曰爵，二升曰觚，三升曰觶，四升曰角，五升曰散。【疏】《特牲》云：主人獻尸用角，佐食洗散以獻尸，是尊者小，卑者大。案天子諸侯及大夫皆獻尸以爵，無賤者獻以散之文。禮文散亡，略不具也。《特牲》主人獻尸用角者，下大夫也。「尊者舉觶，卑者舉角」者，案《特牲》、《少牢禮》尸入，舉奠觶，是尊者舉觶，《特牲》主人受尸酢，受角飲者，是卑者舉角。此是士禮。天子諸侯祭禮亡，文不具也。

陸氏佃曰：「貴者獻以爵，賤者獻以散，所謂『尸飲五，君洗玉爵獻卿；尸飲九，以散爵獻士』。尊者舉觶，卑者舉角者，凡妥尸，天子舉斝，諸侯舉角，則卿舉觶，大夫舉角歟？若《特牲饋食》酳尸以角，旅酬更以觶，與此不同者，蓋卑者以大爲貴。然則此經所言，蓋天子諸侯之儀也。」

蕙田案：賤者獻以散，疏以爲禮無其文，而陸農師引《祭統》散爵獻士爲説。蓋獻義原兼下獻上、上獻下兩義，不必專指下獻上，陸説亦可通。然《明堂位》「加以璧散」，加爵係助祭之賓所獻，此仍是下獻上，疏不引之，未詳何説。

【《坊記》】子云：「七日戒，三日齋，承一人焉以爲尸，過之者趨走，以教敬也。醴酒在室，醍酒在堂，澄酒在下，示民不淫也。尸飲三，衆賓飲一，示民有上下也。因其酒肉，聚其宗族，以教民睦也。故堂上觀乎室，堂下觀乎上。《詩》云：禮儀卒度，笑語卒獲。」【注】戒謂散齋也。承猶事也。澄酒，清酒也。三酒尚質，不尚味。淫猶貪也。上下猶尊卑也。主人、主婦、上賓獻尸，乃後主人降洗爵獻賓也。❶因其酒肉，聚其宗族，言祭有酒食，羣昭羣穆皆至，而獻酬之，咸有薦俎也。堂上觀乎室，堂下觀乎上，謂祭時肅敬之威儀也。注「主人」至「獻賓」，❷此《儀禮·特牲》文。在堂上者觀望在室之人以取法，在堂下者觀望堂上之人以爲則，上下内外，更相儆法。

葉氏夢得曰：「助祭而羣昭羣穆咸在，其賜爵者皆以齒也，故以教民睦。詔祝升首皆在室，故堂上觀乎室。羹定酳尸皆在堂，故曰堂下觀乎上。」

蕙田案：因其酒肉，聚其宗族，此指祭畢之燕，即《中庸》「燕毛序齒」，《楚茨》「備言燕私」之事，鄭以獻酬薦俎爲説者，祇緣所引《詩》詞當在獻酬交錯時故也，不知獻酬乃賓主之事，燕私乃族人之事。經云聚其宗族，不得以獻酬當之，引《詩》斷章，未可拘泥。尸飲三，衆賓飲一，此酳尸之事。主人獻尸，尸酢主人；主婦獻尸，尸酢主婦；衆賓獻尸，尸酢衆賓，故曰「尸飲三，衆賓飲一」。陸農師以裸獻爲言，其説無稽。又酳尸在室，葉氏以爲在堂，亦悞。

【《祭義》】曾子曰：「父母既没，必求仁者之

❶「主」上，原有「獻」字，據《禮記·坊記》鄭注刪。

❷「注」上，當有「【疏】」，「獻賓」以下爲《禮記·坊記》孔疏文。

粟以祀之，此之謂禮終。」【注】喻貧困猶不取惡人物以事亡親也。

黄氏曰：「粟者，禄也，謂父母既没，必仕於仁諸侯、賢大夫之朝，立身行道，以終祭祀。危邦不入，亂邦不居，恐辱先也。孟子云：『士三月無君，則弔。』失於祭祀之禮也。親没者，必居於仁者之朝，食禄行道，以終祭祀之禮，爲有終也。」

右牲牢、酒醴、黍稷。

【《祭統》】鋪筵，設同几，爲依神也。【注】同之言詷也。祭者以其妃配，亦不特几也。【疏】詷，共也。人生時形體異，故夫婦别几。死則魂氣同歸於此，故夫婦共几。鄭注「以某妃配」，《儀禮·少牢》文，謂祭夫祝辭，不但不特設辭，亦不特設其几，祝辭與几，皆同於夫也，故鄭注《司几筵》云：❶「祭於廟，同几，精氣合也。」席亦共之，必云同几者，筵席既長，几則短小，恐其各設，故云同几也。

【《朱子語録》】問：「生時男女異席，祭祀亦合異席。今夫婦同席，如何？」曰：「夫婦同牢而食，家廟之制，伊川只以元妃配。蓋古者只是以媵妾繼室，故不容與嫡並配。後世繼室乃是以禮聘娶，自得爲正。故《唐會要》中載顔魯公家祭有並配之儀。祭於别室，恐未安。」

蕙田案：朱子答汪尚書，有「正廟配食，止合用初配一人，其再娶及庶母之屬，皆各爲别廟祀之」云云，蓋朱子未定之説，當以《語録》爲正。

右鋪筵設几。

【《坊記》】禮非祭，男女不交爵。【注】交爵，謂相獻酢。【疏】《特牲饋食禮》云主婦獻尸，尸酢主婦，是非祭不交爵也。

【《内則》】男女非祭、非喪，不相授器。【注】祭嚴喪遽，授器不嫌也。

【《家語》】公父文伯之母，季康子之從祖

❶「司」，原作「同」，據《禮記·祭統》孔疏改。

母。康子往焉，側門而與之言，皆不踰閾。文伯祭其祖，悼子、康子與焉，進俎而不授，徹俎而不與，燕宗老，不具則不繹，繹不盡飫則退。孔子聞之曰：「男女之別，禮之大經。公父氏之婦，動中德，趣度於禮矣。」

右交爵授器。

【《論語》】祭肉不出三日，出三日，不食之矣。【注】鄭曰：「自其家祭肉過三日不食，是褻鬼神之餘也。」

【《朱子集註》】家之祭肉，則不過三日皆以分賜，蓋過三日則肉必敗，而人不食之，是褻鬼神之餘也。

【《禮記·少儀》】爲人祭曰致福，爲己而致膳於君子曰膳，祔、練曰告。凡膳告於君子，主人展之，以授使者於阼階之南，南面，再拜稽首送。反命，主人又再拜稽首。其禮，大牢則以牛左肩、臂、臑折九个，少牢則以羊左肩七个，犆豕則以豕左肩五个。【注】曰致福，曰膳，曰告，此皆致祭祀之餘於君子也。攝主言致福，申其辭，自祭言膳，謙也。祔、練言告，不敢以爲福、膳也。主人展之，展，省具也。折，斷分之也。皆用左者，右以祭也。羊豕不言臂、臑，因牛序之可知。

方氏慤曰：「《膳夫》所謂『凡祭祀之致福也，受而膳之』是矣。必謂之福，以言祭者獲福，致其餘於人，而與之同其福也。曰致膳者，蓋祭祀不祈爲己而祭，非敢邀福，以其味之善，乃致之於君子爾。於致膳曰君子，則致福又可知矣。至於練、祔，特告死者之已練而已，故直以告稱之。展與『展墓』之『展』同，主人展之，省其善否也。其授使者與反命，皆再拜稽首，則敬之至也。止言膳告而不及致福，則致福者尤致其敬，不嫌其不如是矣。臂則脛也，臑其節也。」

右分肉致福。

【《論語》】祭如在。【注】孔曰：「言事死如事生。」

【朱子《集註》】程子曰：「祭，祭先祖也。祭先主於孝。」愚謂此門人記孔子祭祀之誠意。

【《朱子語録》】問：「祭如在，人子固是盡誠以祭，不知其可使祖宗感格否？」曰：「上蔡言：自家精神即祖考精神，這裏盡其誠敬，祖考之氣便在這裏，只是一箇根苗來。如樹已枯朽，邊旁新根即接續這正氣來。」

子曰：「吾不與祭，如不祭。」【注】包曰：「孔子或出或病，而不自親祭，使攝者爲之，不致肅敬於心，與不祭同。」

【朱子《集註》】又記孔子之言以明之。言己當祭之時，或有故，不得與，而使他人攝之，則不得致其如在之誠。故雖已祭而此心缺然，如未嘗祭也。

【《禮記·玉藻》】凡祭，容貌顏色，如見所祭者。【注】如覩其人在此。【疏】凡祭，謂諸祭也。容貌恭敬，顏色温和，似見所祭之人，謂如在也。方氏慤曰：「孝子之祭也，退而立，如將受命，蓋容貌如見所祭者也。已徹而退，敬齋之色不絶於面，蓋顏色如見所祭者也。」

凡行，廟中齊齊。【注】齊齊，恭慤貌。【疏】廟中對神，行步不敢舒散。齊齊，自收持嚴正之貌。

【《祭義》】仲尼嘗，奉薦而進，其親也慤，其行也趨趨以數。已祭，子贛問曰：「子之言祭，濟濟漆漆然。今子之祭，無濟濟漆漆，何也？」子曰：「濟濟者，容也遠也。漆漆者，容也自反也。容以遠，若容以自反也，夫何神明之及交？夫何濟濟漆漆之有乎？反饋樂成，薦其薦俎，序其禮樂，備其百官，君子致其濟濟漆漆，夫何慌惚之有乎？夫言豈一端而已，夫各有所當也。」【注】嘗，秋祭也。親謂身親執事時也。慤與趨趨，言少威儀也。趨讀如促。數之言速也。漆漆，讀如朋友切切。自反，猶言自修整也。及交，及與也。容以遠，言非所以接親親也。容以自反，言非孝子所以事親也。此皆非與神明交之道也。天子諸侯之祭，或從血腥始，至反饋，是進熟也。薦俎，豆與俎也。慌惚，思念益深之時也。豈一端，言不可以一槩也，禮各有所當。行祭宗廟者，賓客濟濟漆漆，主人慤而趨趨。

方氏慤曰：「特言嘗，則與《月令》言『嘗犧牲』，《祭法》言『享嘗乃止』同義。奉薦而進，謂子奉所薦之時物而進之於其親也。慤言奉之之容完實而無文，趨趨以數，言行之之節收攝而不疏。濟濟者，威儀之齊而遠，則優游而不迫。漆漆者，威儀之飾自反，則反覆而不苟。濟濟者之遠，則異乎趨數者矣。漆漆之自反，則異乎慤者矣。容以遠，若容以自反，則致其飾，而於神明之道不及以交矣。致其濟濟漆漆，則非以慌惚與神明交矣。慌焉若無，惚焉若有，神人之道，幽明之際，以誠心交之，其狀如此。」

周氏諝曰：「濟濟之容遠也，而漆漆之容自反也。遠而自反，非主祭者之容，特其助祭者之容耳。故孔子之言祭則濟濟漆漆，而親奉祭則慤而趨趨者，蓋言之各有所當也。」

孝子之祭也，盡其慤而慤焉，盡其信而信焉，盡其敬而敬焉，盡其禮而不過失焉。進退必敬，如親聽命，則或使之也。【注】言當盡己而已，如居父母前，將受命而使之。

孝子之祭可知也：其立之也敬以詘，其進之也敬以愉，其薦之也敬以欲，退而立，如將受命，已徹而退，敬齊之色不絕於面。孝子之祭也：立而不詘，固也；進而不愉，疏也；薦而不欲，不愛也；退立而不如受命，敖也；已徹而退無敬齊之色，而忘本也。如是而祭，失之矣。【注】詘，充詘，❶形容喜貌也。進之，謂進血腥也。愉，顔色和貌也。薦之，謂進熟也。欲，婉順貌。齊，謂齊莊。固猶質陋也。而忘本，「而」，衍字也。

方氏慤曰：「其立之也，言方待事而立也。其進之者，言既從事而進也。其薦之也，言奉其物而薦也。退而立者，言其進而後退也。已徹而退者，言既薦而後徹也。蓋退而立則少退而已，已徹而退則於是乎退焉。

❶「充」，原作「克」，據庫本及《禮記·祭義》鄭注改。

詘則身之屈也，愉則色之愉也，欲則心之欲也。退而立，如將受命，則順聽而無所忽焉。已徹而退，敬齊之色不絶於面，則慎終如始矣。」

蕙田案：詘謂身之屈，進即進退之進。方解得之。註訓詘爲喜貌，進爲進血腥。未的。

孝子將祭祀，必有齊莊之心以慮事，以具服物，以修宫室，以治百事。及祭之日，顔色必温，行必恐，如懼不及愛然。其奠之也，容貌必温，身必詘，如語焉而未之然。宿者皆出，其立卑静以正，如將弗見然。及祭之後，陶陶遂遂，如將復入然。是故慤善不違身，耳目不違心，思慮不違親。結諸心，形諸色，而術省之，孝子之志也。【注】百事謂齊之前後也。如懼不及愛，如懼不及見其所愛者也。奠之，謂酌尊酒奠之及酳之屬也。如語焉而未之然，如有所以語親而未見答也。宿者皆出，謂賓助祭者事畢出去也。如將弗見然，祭事畢而不知親所在，思念之深，如不見出也。陶陶遂遂，相隨行之貌，思念既深，如覩親將復入也。術當爲「遂」，聲之誤也。

【《禮器》】子路爲季氏宰。季氏祭，逮闇而祭，日不足，繼之以燭。雖有强力之容，肅敬之心，皆倦怠矣。有司跛倚以臨祭，其爲不敬大矣。他日祭，子路與。室事交乎户，堂事交乎階，質明而始行事，晏朝而退。孔子聞之，曰：「誰謂由也而不知禮乎！」【疏】正祭之時，事尸在室，外人將饌至户，内人於户内受饌，設於尸前，相交承接，在於户也。正祭後，儐尸之時，事尸於堂，堂下之人送饌至階，堂上之人於階受取，是交乎階也。

張子曰：「室事交乎户，堂事交乎階，亦通達連續之義也。」

方氏慤曰：「室事謂有事乎室，若血毛詔於室之類。堂事謂有事乎堂，若羹定詔於堂之類。執事者内外異位，乃以内而交乎外。上下異等，乃以上而交乎下，則尤易爲力矣，宜乎質明而始行事，晏朝而退也。」

蕙田案：大夫無朝踐於堂之禮，故

註疏訓堂事爲儐尸。其實《少牢禮》正祭時，自陳鼎東序，至上蕢親嘏，其有事於堂者不少，不應獨指儐尸爲堂事也。方氏説得之。

右容儀節度。

【《郊特牲》】諸侯不敢祖天子，大夫不敢祖諸侯，而公廟之設於私家，非禮也，由三桓始也。【注】仲孫、叔孫、季孫氏皆立桓公廟，魯以周公之故，立文王廟，三家見而僭焉。【疏】鄭知魯得立文王廟者，案襄十二年吴子壽夢卒，臨於周廟，禮也。註云「周廟，文王廟也」。此經云「諸侯不敢祖天子」，而文二年《左傳》云：「宋祖帝乙，鄭祖厲王。」大夫不敢祖諸侯，而莊二十八年《左傳》云：「凡邑有宗廟先君之主曰都。」彼據有大功德者，此據尋常諸侯、大夫也。

【《朱子語録》】諸侯不得祖天子，然魯有文王廟，左氏亦云「鄭祖厲王」，何也？此必周衰諸侯僭肆，做此違條礙法事，故公廟設於私家。

【《禮器》】管仲鏤簋朱紘，山節藻梲，君子以爲濫矣。【注】濫亦盜竊。鏤簋，謂刻而飾之。大夫刻爲龜耳，諸侯飾以象，天子飾以玉。朱紘，天子冕之紘也。諸侯青組紘，大夫士當緇組紘纁邊。栭謂之節，梁上楹謂之梲。宮室之飾，士首本，大夫達稜，諸侯斲而礱之，天子加密石焉。無畫山藻之禮也。

方氏慤曰：「是皆天子之禮。管仲以陪臣爲之，則過於奢矣。奢則僭，故君子以爲濫。濫者，溢而無所制之謂也。《雜記》所謂『難爲上』者以此。」

晏平仲祀其先人，豚肩不掩豆，澣衣濯冠以朝，君子以爲隘矣。【注】隘猶狹陋也。祀不以少牢，與無田者同，不盈禮也。大夫士有田則祭，無田則薦。澣衣濯冠，儉不務新。

方氏慤曰：「隘者，陋而無所容之謂。《雜記》所謂『難爲下』者以此。」

【《禮運》】祝嘏辭説，藏於宗祝巫史，非禮也，是謂幽國。醆斝及尸君，非禮也，是謂僭君。大夫具官，祭器不假，聲樂皆具，非禮也，是謂亂國。【注】藏於宗祝巫史，言君不知有也。幽，闇也。國闇者，君與大夫俱不明也。醆斝，先王之爵也，唯魯與王者之後得用之耳，其餘諸侯用時王之器而已。僭君，謂僭禮之君也。臣之奢富擬於國君，敗亂之國也。孔子謂：「管仲官事不攝，焉得儉？」【疏】大夫若有地者，置官一人，兼攝羣職，不得具足其官。大夫無地，則不得造祭器；有地，雖造而不得具足，並須假借。唯公孤以上得備造，故《周禮》「四命受器」，❶鄭云：「此公之孤始得有祭器者也。」又云：「王之下大夫，亦四命。」大夫自有判縣之樂，不得如三桓舞八佾。一曰大夫祭不得用樂，故《少牢饋食》無奏樂之文，唯君賜乃有之。大夫並爲上事，與君相敵，則非禮也。

周氏諝曰：「以官事不攝，於聲樂皆具爲非禮則然矣，以祭器不假爲非禮，則誤矣。《王制》曰：『大夫祭器不假。祭器未成，不造燕器。』果大夫祭器猶且假之，則燕器蓋未嘗有，殆非先王養成德者之義也。」

應氏鏞曰：「祝嘏辭說，藏於公而不藏於私，若《金縢》『納於匱中』是也。周公不欲宣其事而揚己之功，故命祝史勿敢言。若夫常時祭祀之辭說，未嘗不使人知之也，故曰『宣』。祝嘏辭說，苟欲聽宗祝巫史爲之，而又俾私其藏，不爲隨之矯舉，則爲漢之祕祝矣。」

蕙田案：祝嘏辭說，藏於宗祝巫史，應氏之説得之。無祭器，則亦無燕器，《孟子》所謂『牲殺器皿衣服不備，不敢以祭，則不敢以宴』是也。意士無田不祭，其無田之大夫猶得假祭器以祭歟？

《春秋・僖公十有五年》九月己卯晦，震夷伯之廟。【注】夷伯，魯大夫展氏之祖父。夷，謚；伯，字。震者，雷電擊之。

高氏閌曰：「不曰公孫者，大夫三廟，宜毀而不毀，故貶之也。」

【《左氏傳》】震夷伯之廟，罪之也。於是展氏有隱慝焉。【《公羊傳》】震之者何？雷電擊夷伯之廟者也。夷伯者曷爲者也？

❶「造故」，原脱，據庫本及《禮記・禮運》孔疏補。

季氏之孚也。季氏之孚則微者，其稱夷伯何？大之也。曷爲大之？天戒之，故大之也。【《穀梁傳》】夷伯，魯大夫也。因此以見天子至於士皆有廟，天子七廟，諸侯五，大夫三，士二。故德厚者流光，德薄者流卑，是以貴始德之本也。始封必爲祖。【注】夷伯之廟過制。

【《家語》】魯公索氏將祭而亡其牲。孔子聞之，曰：「公索氏不及二年將亡。」後一年而亡。門人問曰：「昔公索氏亡其祭牲，而夫子曰『不及二年必亡』。今過期而亡，夫子何以知其然？」孔子曰：「夫祭者，孝子所以自盡於其親。將祭而亡其牲，則其餘所亡者多矣。若此而不亡者，未之有也。」

季桓子將祭，齊三日，而二日鐘鼓之音不絶。冉有問於孔子，子曰：「孝子之祭也，散齊七日，慎思其事，三日致齊而一用之，猶恐其不敬也。而二日伐鼓，何居焉？」

右廟祭僭忒。

【《禮記·曾子問》】曾子問曰：「大夫之祭，鼎俎既陳，籩豆既設，不得成禮，廢者幾？」孔子曰：「九。」請問之。曰：「天子崩，后之喪，君薨，夫人之喪，君之大廟火，日食，三年之喪，齊衰，大功，皆廢。外喪，自齊衰以下行也。其齊衰之祭也，尸入，三飯，不侑，酳不酢而已矣。大功，酢而已矣。小功、緦，室中之事而已矣。士之所以異者，緦不祭；所祭於死者無服，則祭。」【注】齊衰，異門則祭。室中之事，謂賓長獻。士之所以異者，緦不祭，則士不得成禮者十一也。死者無服，謂若舅、舅之子、從母昆弟。

右臨祭廢禮。

【《王制》】庶人祭於寢。【注】寢，適寢也。【疏】此庶人祭寢，謂是庶人在官府史之屬及尋常庶人。此祭謂薦物，以其無廟，故知薦而已。薦、獻不可褻處，故知適寢。

程子曰：「庶人五服，皆至高祖。服既如是，祭祀亦當如是。」

庶人春薦韭，夏薦麥，秋薦黍，冬薦稻。韭以卵，麥以魚，黍以豚，稻以雁。【注】庶人無常牲，取與新物相宜而已。【疏】云取與物相宜者，謂四時之間有此牲、穀，兩物俱有，故云相宜，若牛宜稌、羊宜黍之屬，非謂氣味相宜也。

【陳氏《禮書》】卵、魚、豚、雁，以時之所宜論之，則春宜豚，冬宜鮮，此則秋以豚，夏以魚。以物之相宜論之，則羊宜黍，豕宜稷，雁宜麥，魚宜苽，此則黍以豚，麥以魚。何也？蓋魚之於夏，豚之於秋，雁之於冬，尤多而易得者也。庶人之薦，不過致其易得者而已。《月令》「季秋薦稻」，稻常穫於十月，而天子以前此者爲貴，故與庶人異。

方氏慤曰：「韭之性温，則陽類也，故以配卵，卵陰物故也。麥與黍皆南方之穀，亦陽類也，故配以魚與豚，魚與豚皆陰物也。稻則西方之穀，則陰類也，故配以雁，雁陽物故也。植物之陽者配以動物之陰，植物之陰者配以動物之陽，亦使陽不勝陰，陰不勝陽而已。」

【《大戴禮》】無禄者稷饋，稷饋者無尸，無尸者厭也。【注】庶人無常牲，故以禮爲主。

【《國語・楚語》】庶人有魚炙之薦。籩豆脯醢，則上下共之。不羞珍異，不陳庶侈。又曰：「庶人食菜，祀以魚。」又曰：「士庶人舍時。」

【陳氏《禮書》】庶人之死曰鬼，寢而不廟，薦而不祭，故春薦韭，夏薦麥，秋薦黍，冬薦稻。韭以卵，麥以魚，黍以豚，稻以雁，取其與新物相宜而已。《國語》曰「庶人有魚炙之薦」，而不及豚、雁者，舉其所易者言之也。然言「庶人舍時」，則與《王制》異矣。古之貴者有正寢，有燕寢，正寢在外，燕寢在內。然則庶人祭於寢，蓋亦在外之適寢歟？《聘禮・記》：「卿館於大夫，大夫館於士，士館於工商。」鄭氏曰：「官師以上，有廟有寢，工商則寢而已。」寢所以館士，則在外可知。

右庶人祭寢。

【《禮記・檀弓》】君子有終身之憂，而無一朝之患，故忌日不樂。【注】終身之憂，謂念其親。無一朝之患，謂毁不滅性也。忌日，謂死日，不用舉吉事。

方氏慤曰：「忌日不樂，蓋終身之憂有見於此。」

【《祭義》】君子生則敬養，死則敬享，思終身弗辱也。君子有終身之喪，忌日之謂也。忌日不用，非不祥也。言夫日，志有所至，而不敢盡其私也。【注】享猶祭也，饗也。忌日，親亡之日。忌日者不用舉他事，如有時日之禁也。祥，善也。志有所至，至於親以此日亡，其哀心如喪時。【疏】非謂忌日不善，別有禁忌不舉事也，以孝子志意有所至，❶極思念親，不敢盡其私情而營他事也。

輔氏廣曰：「忌日當以喪禮處之。」

文王之祭也，事死者如事生，思死者如不欲生。忌日必哀，稱諱如見親，祀之忠也。【注】言思親之深。

【《喪大記》】大夫士父母之喪，既練而歸，朔月忌日則歸哭於宗室。【注】歸謂歸其宮也。忌日，死日。宗室，宗子之家，謂殯宮也。禮：命士以上，父子異宮。【疏】朔月，朔望也。忌日，死日也。宗室，適子家殯宮也。庶子雖練各歸，至忌日及朔望，則歸殯宮也。

程子曰：「忌日，必遷主出祭於正寢。蓋廟中尊者所據，又同室難以獨享也。」

張子曰：「或問：忌日有薦，可乎？曰：

❶「志」，原作「至」，據《禮記・祭義》孔疏改。

古則無之。今有，於人情自亦不害。凡忌日必告廟，爲設諸位，不可獨享，故迎出廟，設於他次。既出，則當告諸位。雖尊者之忌亦迎出。此雖無古禮，可以意推。薦用酒食，不焚楮幣，其子孫食素。　古人於忌日不爲薦奠之禮，特致哀示變而已。」

【《朱子語類》】先生母夫人忌日，著黲黑布衫，其巾亦然。友人問：今日服色何謂？曰：「公豈不聞君子有終身之喪？」　問忌日當哭否？曰：「若是哀來時自當哭。」又問衣服之制，曰：「某自有弔服，絹衫絹巾，忌日則服之。」輔廣録。忌日祭，只祭一位。　問君子有終身之喪，忌日之謂也，不知忌日合著如何服？曰：「唐時士大夫依舊孝服受弔，五代時，某人忌日受弔，某人弔之，遂於坐間刺殺之。後來只是受人慰書而不接見，須隔日預辦下謝書，俟有來慰者，即以謝書授之，不得過次日。過次日，謂之失禮。服亦有數等，考與祖、曾祖、高祖各有降殺，妣與祖妣服亦不同，大概都是黲衫、黲巾。後來横渠制度，又別以爲男子重乎首，女子重乎帶。考之忌日，則用白巾之類，疑亦是黲巾。而不易帶；妣之忌日，則易帶而不改巾。服亦隨親疎有隆殺。」問先生忌日何服？曰：「某只著白絹涼衫、黲巾，不能做許多樣服得。」問黲巾以何爲之？曰：「紗、絹皆可，某以紗。」又問黲巾之制，曰：「如帕複相似，有四隻帶，若當幞頭然。」沈僩録。　問時祭用仲月、清明之類，或是先世忌日，則如之何？曰：「却不思量到。古人所以貴於卜日也。」　過每於士大夫家忌日，用浮屠誦經追薦，鄙俚可怪。既無此理，是使其先不血食也！乙卯年，見先生家凡值遠諱，蚤起出主於中堂，行三獻之禮，一家固自蔬食。其祭祀食物，則以待賓客。考妣諱日祭罷，裹生絹黲巾終日。一日晚到閣下，尚裹白巾未除。問未葬不當時祭，遇先忌如何？朱子曰：「忌者喪之餘，祭亦無妨。然正寢已設几筵，即無祭處，亦可暫停。」

【顏之推《家訓》】《禮》云「忌日不樂」，正以感慕罔極，惻愴無聊，故不接外賓，不理衆務爾。必能悲慘自居，何限於深藏也？世人或端坐奥室，不妨言笑，盛營甘美，厚供齋食，迫有急卒，密戚至交盡無相見之理，蓋不知禮意乎？魏世王修母以社日亡，來歲社，修感念哀甚。鄰里聞之，爲之罷社。今二親喪亡，偶值伏、臘、分、至之節，及月小晦後，忌之外，所經此日，猶應感慕，異於餘辰，不預飲讌、聞聲樂及行遊也。

【李濂《忌日答問》】李子當考妣忌日，必杜門謝客，不親書史，蔬素竟日。客有造謁於門者，閽人辭焉。他日，客愠見，李子再拜謝，已而，歎曰：「古禮之不明於天下也久矣。《檀弓》曰『忌日不樂』，《祭義》曰『君子有終身之喪，忌日之謂也。忌日不用，非不祥也。言夫日志有所至，而不敢盡其私也』，又曰『忌日必哀』。某於考妣忌日，致齋於内，不通賓客，守先王之禮也，亦情之不容已者也。粤稽諸古，若王修之母以社日亡，每歲社日，修感念哀甚，里閭爲之罷社。祝欽明以匿親忌日而貶申州，❶元亘以忌日辭攝祭而甘坐罰，凡此咸可鑒也。夫既見賓客，必接談笑，而孝子之心，忍乎？不忍乎？《顏氏家訓》曰『忌日不樂，正以感慕罔極，愴惻無聊，故不接外賓，不理衆務』，而艾仲孺侍郎嘗聞其祖母于歸時衣笥中得黲黑衣，婦姒皆驚駭，詰之，曰：『父母教以遇翁家忌日，著此服爾。』當時衣冠之家猶知此禮，惜今未之聞也。晦菴先生每于母夫人忌日，著黲黑巾、衫，門人問其故，先生曰：『子豈不聞君子有終身之喪乎？』先生凡值先代忌日，必早起出主於中堂，行三獻禮，闔門蔬食。此士大夫所當法也。故曰君子有終制

❶「州」，原作「日」，據李濂《嵩渚文集》卷四五改。

之喪，有終身之喪，有如須之喪。終制之喪，三年是也；終身之喪，忌日是也；如須之喪，弔日是也。夫天之道，陰陽不同時，則當寒而燠者，逆道也；人之理，哀樂不同日，則忌日接見賓客，談笑如故者，逆理也。君子愛人以德，君其勿深咎予哉！」客再拜，曰：「先生教我，合作《忌日答問》。」

【薛夢禮《教家類纂》】凡祭祀所以報本，不可不重。近世多不行四時之祭，惟於忌日設祭。前期不齋，臨祭無儀，祭畢請客飲酒，皆非禮也。今宜悉依《家禮》，忌日祭止本親，用四蔬果，小三牲，考以妣配，妣不援考。

右忌日祭。

【《中庸》】薦其時食。

【朱子《集註》】時食，四時之食，各以其物，如春行羔豚、膳膏香之類是也。

蕙田案：《中庸》「薦其時食」，指正祭言。今俗節之祭，古禮所無，然與薦時食之義相近，故先賢不廢。《家禮》云「俗節則獻以時食」，是也。

【《朱子語録》】朔旦，家廟用酒果。望旦，用茶。重午、中元、九日之類，皆名俗節。大祭時，每位用四味，請出木主。俗節小祭，只就家廟，止二味。朔旦俗節酒止一上，斟一盃。叔器問：行正禮，則俗節之祭如何？曰：「韓魏公處得好，謂之節祠，殺於正祭。某家依而行之。」

【《朱子文集·答張欽夫書》】節祠有説。蓋今之俗節，古所無有，故古人雖不祭，而情亦自安。今人既以此爲重，至於是日，必具殽羞相宴樂，而其節物亦各有宜。故世俗之情，至於是日，不能不思其祖考，而復以其物享之，雖非禮之正，然亦人情之不能已者。但不當專用此而廢四時之正禮耳。古人不祭，則不敢以燕，況今於此俗節既已據經而廢祭，而生者則飲食燕樂，隨俗自如，殆非事死如事生、事亡如事存之意也。必盡廢之然後可，又恐初無害於義理，而特然廢之，不惟徒駭俗聽，若恐不能行遠，則是已廢之祭，拘於定制，不能復舉，而燕飲節物，漸於流俗，有時而自如也。此於天理亦豈得謂安乎？夫三王制禮，因革不同，皆合乎風氣之宜，而不違乎義理之正。正使聖人復起，其於今日之議，亦必有所處矣。

【丘氏濬《大學衍義補》】《家禮》俗節則獻以時食，如清明、寒食、端午、中元、重陽之類。

右節薦。

蕙田案：忌日俗節之祭，古人所無，而今人所有，且爲大夫、士、庶人通行之禮，故並列焉。

【《春秋》僖公十年《左氏傳》】神不歆非類，民不祀非族。【疏】《傳》稱「非我族類，其心必異」，則族、類一也，皆謂非其子孫，妄祀他人父祖，則鬼神不歆享之耳。

【襄公六年《穀梁傳》】立異姓以莅祭祀，滅亡之道也。

【《史記·趙世家》】趙武服程嬰、公孫杵臼齊衰三年，爲之祭邑，春秋祠之，世世勿絶。《正義》：「今河東趙氏祠先人，猶別舒一座祭二十矣。」

【《朱子文集·答汪尚書》】宋公以外祖無後而歲時祭之，此其意可謂厚矣，然非族之祀，於禮既未安，而勢不及其子孫，則爲慮亦未遠。曷若訪其族親，爲之置後，使之以時奉祀之，爲安便而久長哉？但貧賤之士，則其力或不足以爲此，或雖爲之，而彼爲後者無所顧於此，則亦不能使之致一於所後。若宋公，則其力非不足爲，若爲之而割田築室以居之，又奏授之官以禄之，則彼爲後者必將感吾之誼，而不敢乏其祀矣。此於義理甚明，利害亦不難曉。竊意宋公特欲親奉烝嘗，以致吾不忘母家之意，而其慮遂不及此耳。若果如此，則其爲後者主其祭，而吾特往助其饋奠，亦何爲而不可？願早爲之，使異時史策書之，可以爲後世法。

蕙田案：非族之祀，世俗亦間有之，列於末條，以爲承祭者之戒。

右不祀非族。

五禮通考卷第一百十三

淮陰吴玉搢校字

五禮通考卷第一百十四

内廷供奉禮部右侍郎金匱秦蕙田編輯
太子太保總督直隸右都御史桐城方觀承同訂
兩淮都轉鹽運使德水盧見曾
按察司副使元和宋宗元
參校

吉禮一百十四

大夫士廟祭

【《戰國策》】馮煖誡孟嘗君曰：「願請先王之祭器，立宗廟於薛。」廟成，還報孟嘗君。

【《隋書·禮儀志》】後齊：王及五等開國，執事官、散官從三品已上，❶皆祀五世。五等散品及執事官、散官正三品已下從五品已上，祭三世。三品已上，牲用一太牢，五品已下，少牢。執事官正六品已下，從七品已上，祭二世，用特牲。正八品已下，達於庶人，祭於寢，牲用特豘，或亦祭祖禰。諸廟悉依其宅堂之制，其間數各依廟多少爲限。其牲皆子孫見官之牲。

【《文獻通考》】唐制，一品二品四廟。唐太宗貞觀六年，侍中王珪通貴漸久，而不營私廟，四時烝嘗，猶祭於寢，爲法司所劾。太宗優容之，因官爲立廟，以媿其心。

【《開元禮》】三品以上時享其廟儀：四品、五品、六品以下附。前享五日，筮於廟門之外，主人公服，立于門東，西面。掌事者各服其服，立於門西，

❶「三」，原作「二」，據《隋書·禮儀志二》改。

東面，北上。設筮席於闑西閾外，西面。筮者開櫝出册，兼執之，東面受命于主人。主人曰：「孝曾孫某，來日丁亥，祇享於廟。尚饗！」丁未必亥也，❶直舉一日以言之，則己亥、辛亥苟有亥焉可。筮者曰：「諾！」進就筮席，西面，以櫝擊册，遂述曰：「假爾太筮有常，孝曾孫來日丁亥祇享於廟。尚饗！」乃釋櫝，坐筮。訖，興，降席，東面，稱：❷「占曰從。」筮者退。❸若不吉，即筮遠日，還如初儀。贊禮者進主人之左，告禮畢。掌事者徹筮席。

先享三日：主人及亞獻、終獻并執事者，各散齋二日於正寢，致齋一日於廟所。國官僚佐之長爲亞獻，其次爲終獻。無則親賓爲之。子孫及凡入廟者，各於其家清齋，皆一宿。四品、五品以上同。六品以下，若有廟者，如五品以上之儀。無廟者筮于正寢之堂，主人公服，立于堂上楹間，近東，西面。掌事者近西，東面，北上。設筮席于主人之西。筮者開櫝出册，兼執之，東面受命于主人。主人曰「孝孫某，來日丁亥春祠」，其餘並同五品以上儀。亞獻、終獻親賓爲之。

前一日之夕：清掃内外。掌廟者整拂神幄。六品以下無廟者，但清掃内外。贊禮者設主人之位於東階，西面；亞獻、終獻位於主人東南；掌事者位於終獻東南，俱重行，西向，北上。設子孫之位於庭，重行，北面，西上。設贊唱者位於終獻西南，西面。又設亞獻以下位於門外之東。執事者在南，差退，俱西向。設牲於南門之外，當門北面，以西爲上。掌牲者位於牲西北，東面。諸祝位於牲後，俱北向。設亞獻省牲位於牲前近東，西向。設祭器之數，每室罇二、簠二、簋二、

---

❶「丁未必亥」，庫本作「亥未必丁」。

❷「稱」，原作「旅」，據庫本及《大唐開元禮》卷七五改。

❸「者」，原作「吉」，據《大唐開元禮》卷七五改。

甑二、鉶二、俎二，籩豆，一品、二品各十，三品八。四品、五品各六，六品以下，簋、簠、鉶、甑、俎各一，籩、豆各二。掌事者以鐏入設前楹下，各於室户六品以下無廟者，不言室户。之東，北面，西上，皆加勺、冪。首座爵一，餘座皆爵四，置于坫。四品、五品、六品以下，皆置于鐏下，加勺、冪。設祭器於序東，西向。每座簋在前，簠次之，甑次之，鉶次之，籩次之，豆次之，俎在後。每座異之，皆以南爲上，屈陳而下。設洗於東階東南，東西當東霤，五品以上同。六品以下當東榮，餘同。南北以堂深。罍水在洗東，加勺、冪。篚在西，南肆。實爵三、巾二於篚，加冪。凡器物，皆濯而陳之。執鐏、罍、洗、篚者，各於鐏、罍、洗、篚之後。掌牲者以牲就榜位。贊禮者引亞獻入詣東階，升堂，徧視滌濯。於視滌，執鐏者皆舉冪告潔。訖，降就省牲位，亞獻省牲。掌牲者前，東面，舉手曰：「腯。」還本位。諸祝各循牲一帀，北面，舉手曰：「充。」俱還本位。祝與掌牲者以次牽牲付厨。贊禮者引終獻詣省鼎鑊，視濯溉。亞獻以下，每事訖，各還齋所。執饌者入，徹簠、簋、籩、豆、俎、鉶以出。

享日：未明，烹牲於厨。夙興，掌饌者實祭器。牲體皆載右胖，前脚三節，節一段，肩、臂、臑皆載之，後脚三節，節一段，去下一節，載上肫、胳二節。又取正脊、脡脊、横脊、短脇、正脇、代脇，各二骨以並，餘皆不設。簋實稷、黍，簠實稻、粱，籩實石鹽、乾脯、棗栗之屬，豆實醢、醬、齏、葅之類。六品以下，簋實稷，簠實黍，籩實脯、棗，豆實葅、醢，餘同五品以上。主人以下各服其服。掌事者入實鐏罍，每室二尊，一實玄酒，爲上；一實醴齊，次之。祝板各置於坫。四品、五品、六品于尊所。諸祝與奄人四品、五品無奄人，六品以下于正寢室内。入，立於庭，北面，西上。立定，皆再拜。訖，升自東階，以次出神主，各置於座。夫人之主，奄人奉出，俱並席處右。四品、五品祝奉訖，升，整拂几筵。六品以下，祝設神座于正寢室内，祖在西，東面，禰在祖東北，皆有几筵。質明，贊禮者引亞獻以下及子孫俱就門外位。贊唱者先入就位，諸祝與執罇罍者入，立於庭，北面，西上，立定。贊唱者唱：「再拜。」祝以下俱再拜，各就位。掌饌者奉饌，陳於門外。贊禮者引主人入就位。又贊禮者引亞獻以下及子孫以次入就位。立定，贊唱者曰：「再拜。」主人以下皆再拜。贊禮者進主人之左，白「請行事」，退，復位。掌饌者引饌入，升自東階，諸祝迎，引於階上，各設於神座前。籩居右，豆居左，簠簋甑鉶居其間。羊、豕二俎横重陳于右，❶腊俎特于左。四品、五品同。❷六品特牲，俎横于前。執爐炭、蕭稷、膟膋者各從其俎升，置于室户外之左。六品無廟，則設于堂户外之左。餘同。其蕭稷各置于爐炭下。施設訖，掌饌以下降，出。諸祝各取蕭稷，擩於脂，燔於爐炭，還罇所。贊禮者引主人詣罍洗。執罍者酌水，執洗者跪，取盤，興，承水。主人盥手，執篚者跪取巾於篚，興，進，主人拭手，執篚者受巾，跪奠於篚。遂取爵，興，以進。主人受爵。執罍者酌水，主人洗爵，執爵者又跪取巾於篚，興，進，主人拭爵。訖，受巾，跪奠於篚。奉盤者跪奠盤，興。凡取物者，跪，俛伏而取，以興。奠物，則奠訖俛伏而後興。贊禮者引主人自東階升堂，詣某祖酒罇所。六品以下詣祖，下倣此。執罇者舉冪，主人酌酒。贊禮者引主人進詣某祖座前，北面，跪奠爵，興，出户，北面立。四品、五品同。六品以下，西向奠爵，興，少退，西向立。祝持板，進於室户外

❶「重陳」，《大唐開元禮》卷七五作「陳重」。

❷「同」，原脱，據《通典》卷一一二補。

之右，東面，四品、五品同。六品以下，祝持板，進祖座之右，北面。跪讀祝文，曰：「維某年歲次月朔日，子孝曾孫某官封某，無封者單稱官，六品以下稱「孝孫」，餘同。無官者稱名。敢昭告于某祖考某謚封、祖妣某邑夫人某氏：時維仲春，夏云仲夏，秋云仲秋，冬云仲冬。伏增遠感。謹以柔毛、剛鬣、明粢、薌合、薌萁、嘉蔬、嘉薦，四品、五品，云「柔毛、剛鬣、嘉薦、普淖」。六品以下，無柔毛，餘同五品。醴齊，恭薦祠享春云祠，夏云礿，秋云嘗，冬云烝。于某祖考某謚封，某祖妣夫人某氏配。尚饗！」祖考及孫各依尊卑稱號。其祝文，四品以下同。訖，興，主人再拜。祝進，跪奠板於神座，興，還罇所。贊禮者引主人以次酌獻，如上儀。唯不盥洗。訖，贊禮者引主人詣東序，西向立。四品、五品同。六品以下詣先祖座前，近東，西向立。餘同。諸祝各以爵酌福酒，合置一爵。一祝持爵，進主人之左，跪，祭酒，啐酒，奠爵，興。諸祝各帥執饌者以俎入，減神前胙肉，❶共置一俎上。又以籩徧取黍、稷飯，共置一籩。祝先以飯籩進，主人受，以授左右。祝又以俎次授。主人每受，以授左右。訖，主人跪取爵，遂飲，卒爵。祝進受爵，復于坫。四品、五品、六品復于尊所。下倣此。主人興，再拜。贊禮者引主人降自東階，還板位，西向立。主人獻將畢，贊禮者引亞獻詣罍洗，盥手，洗爵，升自東階，詣某祖酒罇所。執罇者舉冪，亞獻酌清酒。贊禮者引亞獻進詣某祖神座前，北向，跪，五品以上同。六品以下，詣先祖前，西向，跪奠爵，興，少退，再拜。奠爵，興，出户，北向再拜。贊禮者引亞獻，如上儀。訖，贊禮者引亞獻詣東序，西向立。五品以上同。六品詣祖座近東，西向立。諸祝

❶「胙」，原作「俎」，據《通典》卷一二一改。

各以爵酌福酒，如初獻儀，唯不受胙。又贊禮者引終獻，亦如初獻儀。訖，降復位。諸祝皆進神座前，跪徹豆，興，還罇所。徹者，籩、豆各一，少移于故處。贊唱者曰：「再拜。」非飲福受胙者皆再拜。贊唱者又曰：「再拜。」主人以下皆再拜。贊禮者進主人之左，白「禮畢」，遂引主人出。贊禮者引亞獻以下出，子孫以次出。諸祝及執罇、罍、篚者，俱復執事位。立定，贊唱者曰：「再拜。」諸祝以下皆再拜。執罇、罍、篚者出，諸祝與奄人匱神主，納於埳室，如常儀。訖，祝板焚於齋所。四品、五品以下無匱神主。褒聖侯祀孔宣父廟及王公以下，皆用此禮，惟祝文別。

三品以下祫享其廟：❶

前享五日：筮於廟門之外，齋及設位、牲榜、祭器、省牲，皆如時饗之儀。掌事者以罇、坫入，設於廟堂上，皆於神座左。昭座之罇在前楹間，北向；始祖及穆座之罇在户外，南向，俱以近神爲上，皆加勺、冪。若始祖在曾祖以下，則設罇依親廟之式，其首座爵一，餘座爵四，各置於坫。設祭器於序東，西向。每座，簋在前，簠次之，甄次之，鉶次之，籩次之，豆次之，俎在後。每座異之，皆以南爲上，屈陳而下。設洗於東階東南，東西當東霤，南北以堂深。罍水在洗東，加勺、冪，篚在洗西，南肆，實爵三、巾二於篚，加冪。凡器皆濯而陳之。執罇、罍、篚、冪者，各位於罇、罍、篚、冪之後。

享日：未明，牽牲於厨。夙興，掌饌者實祭器。牲體折節所載及諸祭器所實，如時享。掌廟者設神座於廟堂之上，自西序以東，始祖座於

❶「下」，《文獻通考》、《大唐開元禮》作「上」，當據改。

西序，東向；昭座於始祖座東北，南向；穆座於東南，北向，俱西上。若始封者仍在曾祖以下，則空東面之座，依昭穆南北設之。每座皆有屏風几席，設趺匱如式。主人以下各服其服。掌事者入實罇、罍。玄酒各實於上罇。每室四尊，一實醴齊，爲上，一實盎齊，次之。設玄酒者，重古，陳而不酌。祝版各置於坫。諸祝與奄者入，立於庭，北面，西上。掌事者持腰輿從入，立於東階下，西面。立定，祝與奄者皆再拜。訖，帥腰輿升自東階，詣始祖廟。入，開埳室，出神主，置於輿，出，詣座前，以主置於座。以次出神主，如上儀。訖，還齋所。夫人之主，奄人奉出，俱並而出，處右。質明，贊者引亞獻以下及子孫俱就門外位。贊唱者先入就位，諸祝與執罇罍者入，立於庭，北面，西上。立定，贊唱者曰：「再拜。」祝以下皆再拜，各就位。掌饌者帥執饌者奉饌，陳於門外。

贊禮者引主人入就位。又贊者引亞獻以下及子孫，以次入就位。立定，贊唱者曰：「再拜。」主人以下皆再拜。贊禮者進主人之左，白「請行事」，退，復位。掌饌者引饌入，升自東階。諸祝迎引於階上，各設於神座前。籩居右，豆居左，簠、簋、甄、鉶居其間。羊、豕二俎橫陳重於右，腊俎特於左。執爐炭、蕭稷、膟膋者，從其俎，升，設於神座之左，少後，其蕭稷各置於爐炭下。施設訖，掌饌者以下降，出。諸祝各取蕭稷，擩於脂，燔於爐炭，還罇所。贊禮者引主人詣罍洗。執罍者酌水，執洗者跪，取盤，興，承水。主人盥手，執篚者跪，取巾於篚，興，進。主人拭手，執篚者受巾，跪，奠於篚。遂取爵，興，以進。主人受爵。執篚者酌水，主人洗爵。執篚者又跪取巾於篚，興，進。主人拭爵。訖，受巾，跪奠於篚。奉盤者跪，奠盤，興。贊禮者引主人自東階升堂，詣始祖酒罇所。執罇者舉冪。主人酌醴齊。贊禮者引主人進詣始祖神座前，西向，跪，奠爵，興，少退，西向立。祝持板進神座之右，北面，跪，讀祝文，曰：「維某年歲次月朔日，子孝曾孫某官封某官，敢昭告於始祖考某謚封、祖妣夫人某氏：歲序推遷，伏增遠感。謹以柔毛、剛鬣、明粢、薌萁、嘉齊，恭薦祫事于始祖考某謚封，始祖夫人配座。❶尚饗！」祖考及子孫，各依尊卑稱號。其祝文同。案：「禮，不王不禘。大夫有事，省于其君。干祫及其高祖。」三品以下，皆大夫士也。祫祭先祖則可行也，安得云禘享乎？唐《開元禮》品官亦云薦禘事，是僭禮也。故「前享五日」節註中禘享設未毀廟之罇、坫於前楹下；「享日設神座」節註中禘又設未毀廟主，各于其室；「出神主」節註中禘又以次出毀廟主，置于室內之座，及祝文註禘云禘事，一概削去。訖，興，主人再拜，進，跪，奠板於神座，興，還罇所。贊禮者引主人，依昭穆酌獻，如上儀。唯不盥洗。訖，贊禮者引主人詣東序，西向立。諸祝各依爵酌福酒，合置一爵。祝持爵，進主人之左，北向。主人再拜，受爵，跪，祭酒，啐酒，奠爵，興。諸祝各帥執饌者以俎進，減神座前胙肉，共置一俎上。又以籩徧取稷、黍飯，共置一籩。祝先以飯籩進，主人受，以授左右。祝又以俎以次進。主人每受，以授左右。訖，主人遂飲，卒爵。祝進受爵，復於坫。主人降自東階，還本位，西向立。主人獻將畢，贊禮者引亞獻詣罍洗，盥手，洗爵，升自東階，詣始祖酒罇所。執罇者舉冪，亞獻酌盎齊。贊禮者引亞獻進詣始祖神座前，西向，跪，奠爵，興，

❶「夫」上，庫本及《大唐開元禮》卷七六有「妣」字。「配」上，庫本及《大唐開元禮》卷七六有「某氏」二字。

少退，西向，再拜。贊禮者引亞獻以次酌獻，如上儀。贊禮者引亞獻詣東序，西向立。諸祝各以爵酌福酒，如初獻之儀，唯不受胙。又贊禮者引終獻升獻，飲福，如亞獻之儀。訖，降，復位。諸祝皆進神座前，跪，徹豆，興，還鐏所。贊禮曰：「再拜。」非飲福受胙者皆再拜。贊唱者又曰：「再拜。」主人以下皆再拜。贊禮者進主人之左，白「禮畢」，遂引主人出。贊者引亞獻以下及子孫以次出。諸祝與執鐏、罍、篚者，俱復執事位。立定，贊唱者曰：「再拜。」諸祝以下皆再拜。執鐏、罍、篚者出。諸祝與奄者匵神主，置於輿，納於埳室，如常儀。

【《唐書・禮樂志》】天寶十載，京官正員四品清望及四品、五品清官，聽立廟，勿限兼爵。雖品及而建廟未逮，亦聽寢祭。廟之制，三品以上九架，厦兩旁。三廟者五間，中爲三室，左右厦一間，前後虚之，無重栱、藻井。室皆爲石室一，於西墉三之一近南，距地四尺，容二主。廟垣周之，爲南門、東門，門屋三室，而上間以廟，增建神厨于廟東之少南，齋院於東門之外少北，制勿逾于廟。三品以上有神主，五品以上有几筵。牲以少牢，羊、豕一，六品以下特豚，不以祖禰貴賤，皆子孫之牲。牲闕，代以野獸。五品以上室異牲，六品以下共牲。二品以上室以籩豆十，三品以八，四品、五品以六。五品以上室皆簠二、簋二、瓶二、鉶二、俎二、尊二、罍二、勺二、爵六、盤一、坫一、篚一、牙盤胙俎一。祭服，三品以上玄冕，五品以上爵弁，六品以下進賢冠，各以其服。凡祔皆給休五日，時享皆四日。散齋二日于正寢，致齋一日于廟，子孫陪者齋一宿于家。始廟則署主而祔，後喪闋乃祔，喪二十八月上旬卜而祔，始神事之矣。王公之主載以輅，大夫之主以翟車，其餘皆以輿。天子以四孟、臘享太廟，諸臣避之，祭仲而不臘。三歲一祫，五歲一禘。若祔、若常享、若禘祫，卜日、齋戒、省牲、視滌、濯鼎鑊，❶亨牲、實饌、三獻、飲福、受胙進退之數，大抵如宗廟之祀。以國官亞、終獻，無則以親賓，以子弟。其後不卜日，而筮用亥。祭寢者，春、秋以分，冬、夏以至日。若祭春分，則廢元日。然元正，歲之始，冬至，陽之復，二節最重。祭不欲數，乃廢春分，通爲四。祠器以烏漆，差小常制。祭服以進賢冠，主婦花釵禮衣，後或改衣冠從公服，無則常服。凡祭之在廟、在寢，既畢，皆親賓子孫慰，主人以常服見。若宗子有故，庶子攝祭，則祝曰：「孝子某使介子某執其常事。」通祭三代，而宗子卑，則以上牲祭宗子家，祝曰：「孝子某爲其介子某薦其常事。」庶子官尊而立廟，其主祭則以支庶封官依大宗主祭，兄陪於位。以廟由弟立，己不得延神也。或兄弟分官，則各祭考妣于正寢。凡殤及無後，皆祔食於祖，無祝而不拜，設座祖左而西向，❷亞獻者奠，祝乃奠之，一獻而止。其後廟制設幄，當中南向，祔坐無所施，皆祭室户外之東而西向。親伯叔之無後者祔曾祖，親昆弟及從父昆弟祔于祖，親子姪祔于禰。寢祭之位西上，祖東向而昭穆南北，則伯叔之祔者，居禰下之穆位北向，❸昆弟、從父昆弟居祖下之昭位南向，子

❶「卜」，原作「十」，據《新唐書·禮儀志三》改。
❷「座」，《新唐書·禮儀志三》作「坐」。
❸「向」，原脱，據《新唐書·禮儀志三》補。

姪居伯叔之下穆位北向，以序尊卑。凡殤、無後，以周親及大功爲斷。古者廟于大門内，秦出寢于陵側，❶故王公亦建廟于墓。既廟與居異，則宫中有喪而祭。三年之喪，齊衰、大功皆廢祭；外喪，齊衰以下行之。

【《圖書集成》】唐韓雲卿《故中書令贈太子太師崔公家廟碑銘略》：尚書右僕射、趙國公圓薨，天子罷朝三日，喪禮贈賻，加異常數。詔贈太子太師，謚曰某。嗣子褒，敦率舊禮，五月而葬，二十五月而祥。既祥，始立廟于洛邑，曰考廟，皇考廟。階二尺有七寸，從四尋，衡八尋三尺。五楹外垂四阿，圬墁采椽，❷不施丹雘，齋宫爨室，庭垣稱之。寢廟既成，庭除既平，備器撰服，先饗七日，致齋具物。君子曰：「吾觀崔氏之饗，有以知禘嘗之義焉。古者諸侯立五廟，廟有鼎與樂。有國之制，侯伯有爵而無土，廟有鼎，祭有樂，不克立五廟而立三廟，不銘于鼎而銘于碑。」

【《文獻通考》】德宗貞元十三年，勅贈太傅馬燧祔廟，宜令所司供少牢，仍給鹵簿。

憲宗元和七年十一月，太子少傅、判太常卿事鄭餘慶建立私廟，將祔四代神主。廟有二夫人，疑于祔配，請禮院詳定。修撰官、太學博士韋公肅議曰：「古者一娶九女。自秦漢已下，不行此禮，遂有再娶之説。前娶後繼，並是正嫡，則偕祔之義，于禮無嫌。謹案晉驃騎大將軍温嶠相繼有三妻，疑並爲夫人，以問太學博士陳舒。議以：『妻雖先没，榮辱並隨夫也。禮，祔于祖姑，祖姑有三人，則各祔舅之所生。如其禮意，三人皆夫人也。秦漢以來，諸侯不復一娶九女。既生娶以正禮，没不可貶。』自後諸儒咸用舒議。且嫡、繼于古則有殊制，于今則無異等。今王公再娶，無非禮聘，所以祔祀之

❶「秦」，原作「奉」，據《新唐書·禮儀志三》改。
❷「圬」，原作「巧」，據庫本及《唐文粹》卷六〇改。

議，不得不同。至於卿士之家寢祭，亦二妻位同几席，豈廟享之禮而有異乎？是知古者廟無不嫡，防姪娣之爭競，今無所施矣。古之繼室皆媵妾也，今之繼室皆嫡妻也，不宜援古一娶九女之制也，而使子孫祭享不及。或曰：《春秋》聲子不入魯侯之廟，如之何？謹案：魯惠公元妃孟子，孟子卒，繼室以聲子。聲子之姪娣非正也，自不合入惠公之廟明矣。又武公生仲子，則仲子歸于魯，生桓公，而惠公薨，立宮而奉之，追成父志，別爲宮也。尋求禮意則當然矣，未見前例如之何？謹案：晉南昌府君廟有荀氏、薛氏，景帝有夏侯氏、羊氏，❶聖廟睿宗廟有昭成皇后竇氏、肅明皇后劉氏，故太師顔魯公祖廟有夫人柳氏，❷其流甚多，不可悉數。略稽禮文，參諸故事，二夫人並祔，于禮爲宜。」

蕙田案：程子有只以元妃配享之說，又有奉祀之人是再娶所生，則以所生母配之說，朱子並以爲不然，而曰：「凡是嫡母，無先後，皆當並祔合祭。」故知陳舒、韋公肅之議爲深得禮意。

【《圖書集成》】韓愈《魏博節度觀察使沂國公先廟碑銘》：元和八年十一月壬子，上命召比部郎中韓愈至政事堂，傳詔曰：「田弘正始有廟京師，朕惟弘正先祖父厥心靡不嚮帝室，訖不得施，乃以教付厥子。維弘正銜訓事嗣，朝夕不怠，以能迎天之休，顯有丕功。惟父子繼忠孝，予惟寵嘉之。是以命汝愈銘。」伏念昔者魯僖公能遵其祖伯禽之烈，周天子實命其史臣克作爲《駉》、《駜》、《泮》、《閟》之詩，使聲于其廟，以假魯靈。今天子嘉田侯服父訓不違，用康靖我國家，蓋寵銘之，所以休寧田氏之祖考。得立廟祭三代：曾祖都水使者府君祭

❶「帝」，原作「侯」，據《文獻通考》卷一〇四《宗廟考》改。
❷「柳」上，庫本有「殷氏繼夫人」五字。

初室，祖安東司馬、贈襄州刺史府君祭二室，兵部府君祭東室。

【《唐書・韋彤傳》】會昌五年，詔京城不許羣臣作私廟。宰相李德裕等引彤所議：「古制，廟必中門之外，吉凶皆告，以親而尊之，不自專也。今俾立廟京外，不能得其意于禮。宫之南九坊，三坊曰圍外，地荒，立廟無嫌。餘六坊可禁。」詔不許，聽準古即所居立廟。

蕙田案：詔書是也。立廟圍外，豈得爲家廟乎？

【《盧弘宣傳》】弘宣患士庶人家祭無定儀，乃合十二家法，損益其當，次以爲書。

【《文獻通考》】唐宣宗大中五年十一月，太常禮院奏：「據崔龜從奏臣準式合立私廟：『伏准會昌五年二月一日勑旨，百官並不得京内置廟。如欲于京内置廟者，但准古禮於所居處置，即不失敬親之禮者。伏以武宗時，緣南郊行事，見六門街左右諸坊有人家私廟，遂令禁斷，且不欲令御路左右有廟宇。許人私第内置，則近北諸坊漸逼宫闕，十年之内悉是人家私廟。今若人家居地寬廣，或鄰里可吞併者，必便置廟，以展孝思；或居處偏狹，鄰里無可開廣者，便是終身廢廟享之榮，公私情理，皆極不便。國朝二百餘年，在私家側近者不過三數家。今古殊禮，頗爲褻黷。其餘悉在近南遠坊，通行已久。今若緣南路不欲令置私廟，却令居處建立廟宇，即須種植松栢及白楊樹，近北諸坊又恐未便。以臣愚見，天門街左右諸坊不許置廟，其餘圍外遠坊，本是隙地，并舊是廢廟者，許令建立。即天門街側近既無私廟，近北諸坊又免百官占地立廟，并官至三品盡得升祔禰，無乖禮經。中外官僚已至三品者，皆望有此釐革。伏請下太常禮院重定立廟制度及去處，庶得禮可遵行，事無乖當。』奉今月一日勅，宜依所奏，下太常禮院審詳制度，分析奏聞者。伏以事亡如存，典禮攸重。今百官悉在京師，若不許于京内置廟，則烝嘗之禮，難復躬親，孝思之心，或乖薦奠。若悉令于居處置廟，又緣近北諸坊，便於朝謁，百官第宅，布列坊中，其間雜以居人棟宇，悉皆連接。今廣開則鄰無隙地，廢廟貌則禮闕敬親。若令依會昌五年勅文，盡勒于所居置廟，兼恐十數年間，私廟漸逼于宮墻，齊人必苦于呑併。臣具詳本末，冀便公私。今請夾天門街左右諸坊不得立私廟，其餘外圍遠坊，任取舊廟，及擇空閒地建立廟宇。應立廟之初，先取禮司詳定，兼請准《開元禮》，二品以上祠四廟，三品祠三廟，三品以下不須爵者四廟，外有始封，通祠五廟。三品以上不得過九架，並厦兩頭。其三室廟制，合造五間，其中三間隔爲三室，兩頭各厦一間虚之，前後亦虚之。每室。❶廟垣合開南門、東門，並有門屋。餘並請准《開元禮》及《曲臺禮》爲定制。其享獻之禮，除依古禮用少牢、特牲饋食外，有設時新及今時熟饌者並聽。仍請永爲定式，勅旨宜依。」

蕙田案：古者左廟右寢，廟寢相連，即神依乎人之義。私廟設天門街，與另覓遠坊隙地建立者，皆非禮意也。

【《北夢瑣言》】唐劉舍人蜕，桐廬人，早以文學應進士舉。其先德誡之曰：「任汝進取，窮乏與達，不望于汝。

❶「每室」下，依《唐會要》當有「中西壁三分之一近南去地四尺開一埳室以石爲之可容兩神主」二十六字，方才通順。《文獻通考》亦脱。

吾若没後，慎勿祭祀！」乃乘扁舟，以漁釣自娱，竟不知其所適。紫微歷登華貫，出典商於，霜露之思，❶于是乎止。臨終，亦誡其子，如先考之命。蜀禮部尚書纂，即其息也，嘗與同列言之。君子曰：「名教之中，重于喪、祭。劉氏先德，是何人斯！苟同隱逸之流，何傷菽水之禮？紫微以儒而進，爵比通侯，遵乃父之緒言，紊先王之舊制，報本之敬，能便廢乎？」

【《退朝録》】秘府有唐孟詵家《祭儀》、孫氏仲《饗儀》數種，大抵以士人家用臺卓享祀，類几筵，乃是凶祭。其四仲吉祭，當用平面氊條屏風而已。

蕙田案：祭祀可廢耶？禮先亡矣！劉舍人從親之命，直從其亂命而已。《家語》「仰視榱桷，俯察几筵」，《祭統》「鋪筵設同几」，几筵豈定是凶祭？臺卓既先人所曾用，便是合用之物，謂其類于凶祭，不經甚矣！

【《宋史·仁宗本紀》】慶曆元年十一月，大赦，改元。臣僚許立家廟，功臣不限品數，賜戟。

【《禮志》】羣臣家廟，本于周制，適士以上祭于廟，士庶以下祭于寢。唐原周制，崇尚私廟。五季之亂，禮文大壞，士大夫無襲爵，故不建廟，而四時寓祭于室。❷慶曆元年，南郊赦書，應中外文武官並許以舊式立家廟。

【《仁宗本紀》】皇祐二年十二月甲申，定三品以上家廟制。

【《禮志》】羣臣家廟：宋庠又以爲言，乃下兩制、禮官詳定其制度：「官正一品平章事以上立四廟；樞密使、知樞密院事、參知政事、樞密副使、同知樞密院事、簽書院事，見

❶「思」，原作「恩」，據《北夢瑣言》卷三改。
❷「于室」，《宋史·禮志十二》作「室屋」。

任、前任同，宣徽使、尚書、節度使、東宮少保以上，皆立三廟；餘官祭于寢。凡得立廟者，使嫡子襲爵以主祭。❶其襲爵世降一等，死即不得作主祔廟，別祭于寢。自當立廟者，即祔其主，其子孫承代，不計廟祭、寢祭，並以世數疏數遷祧；始得立廟者不祧，以比始封。有不祧者，通祭四廟、五廟。廟因衆子立而嫡長子在，則祭以適長子主之；適長子死，即不傳其子，而傳立廟者之長。❷凡立廟，聽于京師或所居州縣；其在京師者，不得于裏城及南郊御路之側。」仍別議襲爵之制，既以有廟者之子孫或官微不可以承祭，而朝廷又難盡推襲爵之恩，事竟不行。

　　蕙田案：廟制可復，而襲爵決不可行，以襲爵格礙廟制，拘牽甚矣。

【《文獻通考》】至和二年，宰臣宋庠言：「慶曆郊祀，赦書許文武官立家廟，而有司終不能推述先典，明喻上仁，因循顧望，遂踰十載。使王公薦享，下同委巷，衣冠昭穆，雜用家人，緣偷襲弊，甚可嗟也！臣嘗因進對，屢聞聖言，謂：『諸臣專殖第産，不立私廟，寧朝廷勸戒有所未孚？將風教頽陵終不可復？』睿心至意，形於歎息。臣每求諸臣所以未即建立者，誠亦有由。蓋古今異儀，封爵殊制，因疑成憚，遂格詔書。禮官既不講求，私家何緣擅立？且未信而望誠者，上難必責；從善而設教者，下或有違。若欲必如三代冢嫡始封之重，山川國邑之常，然後議之，則墜典無可復之期。夫建宗祏，序昭穆，別貴賤之等，所以爲孝，乃有過于殖産利，營居室，以遺子孫之業。或至與民

❶「使」，《宋史·禮志二》作「許」。
❷「長」，原作「子」，據《宋史·禮志二》改。

争利，顧不以爲恥，逮夫立廟，則曰『不敢』，寧所謂去小違古而就大違古者，諸臣之惑，不亦甚乎！」於是下兩制與禮官詳定制度。

嘉祐三年，禮部尚書、同中書門下平章事文彦博言：「伏覩禮官詳定私廟制度，平章事以上許立四廟。臣欲乞于河南府營創私廟，乞降勅指揮。」從之。

【《司馬温公集・文潞公先廟碑記》】先王之制，自天子至于官師，皆有廟。君子將營宫室，宗廟爲先，居室爲後。及秦，非笑聖人，蕩滅典禮，務尊君卑臣，于是天子之外，無敢營宗廟者。漢世公卿貴人多建祠堂于墓所，在都邑則鮮焉。魏、晉以降，漸復廟制。其後遂著于令，以官品爲所祀世數之差。唐侍中王珪不立私廟，爲執法所糾，太宗命有司爲之營構，以恥之，是以唐世貴臣皆有廟。及五代蕩析，士民求生有所未遑，禮頹教壞，廟制遂絶。宋興，夷亂蘇疲，久而未講。仁宗皇帝閔羣臣貴極公相，而祖禰食于寢，儕于庶人。慶曆元年，因郊祀赦，聽文武官依舊式立家廟。令雖下，有司莫之舉，士大夫亦以耳目不經，往往不知廟之可設于家也。皇祐二年，天子宗祀禮成，平章事宋公奏言，請下禮官儒臣議定制度。于是翰林承旨而下共奏，請自平章事以上立四廟，東宫少保以上三廟，其餘器服儀範，俟更參酌以聞。是歲十二月，詔如其請。既而在職者違慢相尚，迄今廟制卒不立，公卿亦安故習常，得諉以爲辭，無肯倡衆爲之者。獨平章事文公首奏，乞立廟河南。明年七月，有詔可之。然尚未知築構之式，靡所循依。至和初，西鎮長安，❶訪唐廟之存者，得杜岐公遺跡，止餘一堂四室，及旁兩翼。嘉祐元年，始倣而營之。三年，增置前兩廡及門，東廡以藏祭器，西廡以藏家譜。齋祊在中門之右，省牲、展饌、滌濯在中門之左，庖厨在其東南。其外門再重，西折而南出。四年秋，廟成。公以入輔出藩，未嘗踰時安處于洛。元豐三年秋，留守西都，始釁廟而祀焉。公以廟制未備，不敢作主，用晉荀安昌公《祠制》，作神板，采唐周元陽議，祀以元日、寒食、春秋分、冬至。致齋一日。又以或受詔之四方，

❶「西」，原作「四」，據庫本及《司馬温公集・文潞公先廟碑記》改。

不常其居，乃酌古諸侯載主之義作車，奉神板以行，此皆禮之從宜者也。

【《却掃編》】近世士大夫家祭祀多苟且不經，惟杜正獻公家用其遠祖叔廉《書儀》，四時之享，以分、至日，不設椅卓，惟用平面席褥，不焚紙幣，以子弟執事，不雜以婢僕，先事致齋之類，頗爲近古。又韓忠獻公嘗集唐御史鄭正則等七家《祭儀》，參酌而用之，名曰《韓氏參用古今家祭式》。其法與杜氏大略相似，而參以時宜，如分、至之外，元日、端午、重九、七月十五日之祭，皆不廢，以爲雖出于世俗，然孝子之心不忍違衆而忘親也。其説多近人情，最爲可行。

【《蘇頌傳》】頌皇祐五年召試館閣校勘，同知太常禮院。至和中，文彦博爲相，請建家廟。事下太常，頌議以爲：「禮，大夫士有田則祭，無田則薦。是有土者乃爲廟祭也。有田則有爵，無土無爵，則子孫無以繼承宗祀。是有廟者止于其躬，子孫無爵，祭乃廢也。若參合古今之制，依約封爵之令，爲之等差，錫以土田，然後廟制可議。若猶未也，即請考案唐賢寢堂祠饗儀，止用燕器常食而已。」

蕙田案：頌議可謂泥古而不察理者，圭田雖廢，品官有禄，可以無田而不廟耶？

【《退朝録》】皇祐中，宗衮請置家廟。下兩制、禮官議，以爲廟堂當靈，長若身没而子孫官微，即廟隨毁，請以其子孫襲三品階、勳及爵，庶常得奉祀。不報。

蕙田案：父爲大夫，子爲士，祭以士，不聞毁廟也。宋臣之議，極似以立廟邀恩，宜其不報也。異哉！

【李涪《刊誤》】禮，嫡士立二廟，庶人祭于寢。累代禮文，不易斯義。開元十二年，勑一品許祭四廟，三品許祭三廟，五品二廟，嫡士亦許祭二廟。爾後禮令並無革易。古者廟連于家，家主之喪，則殯于西階之上。鄉人儺，孔子朝服立于阼階。又曰「喪不慮居，爲無廟也」，則知居不違廟，禮典昭然。近代顯居上位，率多祭寢。亦嘗發問，皆曰：「官品未宜。」有位至將相者，奏請之詞，則曰：「臣官、階並及三品，準令合立私廟。」是不知舊制，妄有論奏。廟貌申敬，用展孝思，豈于霜露之情，合俟朝廷之命。蓋以將同列戟，先白有司。既展哀榮，宜遵典故。原其奏請之因，蓋以廟不在其家，或于坊選吉地，乃爲府縣申奏；或有官居顯重，慎慮是宜，營構之初，亦自聞奏。相習既久，致立廟須至聞奏。

【司馬温公《書儀》】凡祭用仲月。《王制》：「大夫士有田則祭，無田則薦。」注：「祭以首時，薦以仲月。」今國家惟享太廟孟月，自周六廟、濮王廟皆用仲月，以此私家不敢用孟月。主人即曰在此男家長也。《曲禮》「支子不祭」，《曾子問》：「宗子爲士，庶子爲大夫，以上牲祭於宗子之家。」古者諸侯卿大夫宗族聚于一國，故可以如是。今兄弟仕宦，散之四方，雖支子，亦四時念親，安得不祭也？及弟子孫皆盛服親臨。筮日於影堂外。《少牢饋食禮》：「日用丁巳。」又主人曰：「來日丁亥。」注：「丁未必亥也。直舉一日以言之耳。禘于太廟禮，曰日用丁亥。不得丁亥，則己亥、辛亥亦用之。無，則苟有亥焉可也。」孟説《家祭儀》用二至、二分。然今仕宦者職業殊繁，但時至事暇可以祭，則卜筮亦不必亥日及分、至也。若不暇卜日，則止依孟《儀》用分、至，于事亦便也。仁宗時嘗有詔，聽太子少保以上皆立家廟，而有司終不爲定制度。惟文潞公立廟于西京，他人皆莫之立，故今但以影堂言之。主人西向立，衆男在其後，共爲一列，以長幼爲敘，皆北上。置卓子於主人之前，設香爐、香合及蓍于其上。主人搢笏，進，焚香薰而命之，曰：「某將以某日諏此歲時，適其祖考。尚饗。」乃退立，以蓍授筮者，令西向筮。不吉，則更命日。或無能筮者，則以杯珓代之。❶既得吉日，乃入影堂。主人北向，子孫在其後，如門外之位，西上。主人搢笏，進，焚香，退立。祝懷辭，書辭于紙。出於主人之左，東向，搢笏，出辭，跪讀之，曰：「孝孫具官無官則但稱名。某，將以某日祗薦歲事于先祖、先妣，占既得吉，敢告。」卷辭懷之，執笏，興，復位。主人再拜，皆出。古者四時之祭，習以爲常，故筮日、宿尸、賓而不告祖考。今始變時俗，筮日而祭，故不得不告，蓋人情當然。前期三日，主人帥諸丈夫致齋于外，男十歲以

❶「杯」，原作「坏」，據庫本改。

上，皆居宿于外。主婦帥諸婦女致齋于内。雖得飲酒而不至亂，亂，謂改其常度。食肉不茹葷，葷，謂葱、韭、蒜之類有臭氣之物。不弔喪，不聽樂。凡凶穢之事，皆不得預，專致思於祭祀。《祭義》曰：「齋之日，思其居處，思其笑語，思其志意，思其所樂，思其所嗜。齋三日，乃見所爲齋者。」前期一日，主人帥衆丈夫及執事者灑掃祭所，影堂迫隘，則擇廳堂寬潔之處以爲祭所。滌濯祭器，主人縱不親滌，亦須監視，務令蠲潔。設椅卓，考妣並位，皆南向，西上。古者祭于室中，故神坐東向。自後漢以來，公私廟皆同堂異室，南向，西上。所以西上者，神道向右故也。❶主婦主人之妻也，禮，舅没則姑老，不與于祭。主人、主婦必使長男及婦爲之。若或自欲預祭，則特位於主婦之前，參神畢，升，立於酒壺之北，監視禮儀。或老疾不能久立，則休于他所，俟受胙復來，受胙，辭神而已。帥衆婦女滌釜鼎，具祭饌，【注】往歲士大夫家婦女皆親造祭饌，近日婦女驕倨，鮮肯入庖厨。凡事父母姑舅，雖有使令之人，必身親之，所以致其孝恭之心。今縱不能親執刀匕，亦須監視庖厨，務令精潔。未祭之物，勿令人先食之，及爲猫犬及鼠所盗污。《開元禮》六品以下，祭亦有省牲、陳祭器等儀。案士大夫家祭其先者，未必皆殺牲，又簠、簋、籩、豆、鼎、俎、罍、洗，皆非私家所有。今但能别置椀楪等器，專供祭祀，平時收貯，勿供他用，已善矣。時蔬、時果各五品，膾、今紅生。炙、今炙肉。羹、今炒肉。殽、今骨頭。軒、今白肉。音獻。脯、今乾脯。醢、今肉醬。庶羞、猪、羊之外，珍異之味。麵食、如薄餅、油餅、胡餅、蒸餅、棗糕、環餅、捻頭、餺飥之類是也。米食，謂黍、稷、稻、粱、粟所爲飯，及粢餻、團粽、餳之類，皆是也。共不過十五品。若家貧，或鄉土異宜，或一時所無，不能辦此，則各隨其所有，蔬、果、肉、麵、米食各數品可也。執事者設盥盆，有臺，于阼階東南，帨巾有架，在其北。盥，濯手也。帨，手巾也。此主人以下親戚所盥。無阼階，則以階之東偏爲阼階，西偏爲西階。又設盥

❶「向」，庫本作「尚」。

盆、帨巾無臺架者於其東。此執事者所盥。《少牢饋食禮》：「設洗于阼階東南，設罍水于洗東，有枓，設篚于洗西，南肆。」《開元禮》倣此。又云：「贊禮者引主人詣罍洗。執罍者酌水，執洗者取盤承水。主人盥手，執篚者受巾，遂進爵。主人詣酒罇所，執罇者舉冪。」私家乏人，恐難備。今但設盥盆、帨巾，使自盥手、帨手，以從簡易。明日，夙興，主人以下皆盛服。丈夫有官者，具公服靴笏，無官者幞頭衫帶。婦人大袖裙帔，各隨其所應服之盛者。主人、主婦帥執事者詣祭所。於每位設蔬果，各于卓子南端；酒盞、匕筯、茶盞托、醬楪，實以醬、鹽、醯。於卓子北端。禮，主婦薦籩豆，設黍稷；主人舉鼎，設俎。今使主婦帥婦女薦蔬果粢盛，主人帥衆男薦肉，亦倣此。執事者設玄酒一瓶，其日取井華水充。酒一瓶，于東階上，西上。別以卓子設酒注、酒盞、刀子、拭布于其東，設香卓於堂中央，置香爐、香合於其上，裝灰瓶。設火爐、湯瓶、香匙、火筯于西方，對瓶實水于盥盆。

質明，庖者告饌具。主人、主婦共詣影堂。二執事舉祠版笥，主人前導主婦，主婦從後，衆丈夫在左，衆婦女在右，從至祭所。置于西階上，火爐之西向。主人、主婦盥手、帨手，各奉祠版，置于其位。考先妣後。主人帥衆丈夫共爲一列，長幼以序，立於東階下，北向，西上。主婦帥衆婦女，如衆丈夫之敘，婦以夫之長幼，不以身之長幼。立於西階下，北向，東上。執事者立於其後，共爲一列，亦西上。位定，俱再拜。此參神也。《少牢饋食禮》，將祭，主人朝服，即位于阼階東，西面。祝告利成。主人立于阼階上，西面。尸出、入，主人降，立于阼階東，西面。此皆主人之正位也。卒脀，祝盥于洗，升自西階。主人盥，升自阼階。祝先入，南面。主人從，户內西面。❶祝酌奠。主人西面，再拜稽首，皆爲几筵之在西也。尸升筵，主人西面，立于户內，拜妥尸。尸醋主人。主人西面，

❶「户」，原作「尸」，據《書儀》卷一〇改。

奠爵拜，皆爲尸之在西也。《開元禮》贊禮者設主人之位于東階下，西面，亞獻、終獻位于主人東南。掌事者位終獻東南，俱重行，西向，北上。設子孫之位于庭，重行，北面，西上。設贊唱者位于終獻西南。西南向曰參神，皆就此位。案：今民間祠祭，必向神位而拜，無神在北而西向拜者，故此皆北向，向神而立及拜。胥，諸應切。醋音阼。主人升自阼階，立于香卓之南，搢笏，焚香，古之祭者不知神之所在，故灌用鬱鬯，臭陰達于淵泉。蕭合黍稷，臭陽達于牆屋，所以廣求其神也。今此禮既難行于士民之家，故但焚香酹酒以代之。再拜，降，復位。祝及執事者皆盥手，帨手，執事者一人升，開酒，拭瓶口，實酒于注子，取盞斟酒，西向酹。庖人先用飯牀陳饌于盥帨之東。衆丈夫盥手、帨手，主人帥之，搢笏，奉肉食。主人升自阼階，衆丈夫升自西階，以次設于曾祖考妣、祖考妣、考妣神座前，蔬果之北。降，執笏，復位。衆婦女盥手、帨手，主婦帥之，奉麵食，升自西階，以次設于肉食之北。降，奉米食，升自西階，以次設于麵食之北。降，復位。主人升自阼階，詣酒注所，西向立。執事者一人，左手奉曾祖考酒盞，右手奉曾祖妣酒盞；一人奉祖考妣酒盞，一人奉考妣酒盞，皆如曾祖考妣之次，就主人所。主人搢笏，執注，以次斟酒。執事奉之徐行，反置故處。主人出笏，詣曾祖考妣神座前，北向。執事者一人奉曾祖考酒盞，立於主人之左，一人奉曾祖妣酒盞，立于主人之右。主人搢笏，跪，取曾祖考酒，酹之，授執事者盞，返故處。主人出笏，俛伏，興，少退，立。祝懷辭，出主人之左，東向，搢笏，出辭，跪讀之，曰：「維年月日，孝子曾孫具位某，敢用柔毛、牲用彘，則曰剛鬣。嘉薦、普淖，用薦歲事于曾祖考某官府君，曾祖妣某封某氏配。尚饗！」祝卷辭懷之，執笏，興。主人再拜。次詣祖考妣、考妣神座，皆如曾祖考妣之儀。祝辭之異者，祖曰「孝孫薦歲事于祖考妣」，父曰「孝子薦歲事于考妣」。獻畢，祝及主人皆降位。次亞獻、終獻，以主婦或近親爲之。盥手，帨手，若已嘗盥手者更不盥。升自西階，斟酒，酹酒，皆如上儀，惟不讀祝。既遍，主人升自東階，脱笏，執注子，徧就斟，酒盞皆滿。執笏，退，立于香卓東南，北向。主婦升自西階，執匕扱黍中，西柄，扱，初洽切。正筯立于香卓西南，北向。主人再拜，主婦四拜。《少牢饋食禮》，七飯，尸告飽。祝西面于主人之南，獨侑不拜，侑曰：「皇尸未實，侑。」勸也。又曰：尸又食，上佐食舉肩，尸不飯，告飽，主人不言拜侑。注：「祝言而不拜，主人不言而拜，親疎之宜。」今主人斟酒，主婦扱匕正筯而拜，亦不言，侑食之意也。執事者一人執器，瀝去茶清，一人以湯斟之，皆自西始，畢，皆出。祝闔門。主人立于門東，西向，衆丈夫在其後。主婦立于門西，東向，衆婦皆在其後。《特牲饋食》曰：「尸謖。」注：「謖，起也。」又曰：「佐食徹尸薦俎敦，設于西北隅，几在南，厞用筵，納一尊。佐食闔牖户，降。」注：「厞，隱也。不知神之所在，或遠諸人乎？尸謖而改饌爲幽闇，所以爲厭飫。此所謂當室之白爲陽厭，尸未入之前爲陰厭。」《祭義》曰：「祭之日，入室，僾然必有見乎其位；周旋出户，肅然必有聞乎其容聲；出户而聽，愾然必有聞乎嘆息之聲。」鄭曰：「無尸者闔户，若食間。此則孝子廣求其親，庶或享之，忠愛之至也。」今既無尸，故須設此儀。若老弱羸疾不能久立，則更休他所。當留親者一兩人，侍立于門外可也。謖，所六切。敦，音對。厞，扶米切。僾音愛。愾，開大切。

如食間，祝升，當門外，北向告啟門三。《士虞禮》：「祝聲三，啟户。」注：「聲者，噫歆也。將啟户，驚覺神也。」乃啟門，執事者席于玄酒之北。主人入就席，西向立。祝升自西階，就曾祖位前，搢笏，舉酒，徐行，詣主人之右，南向，授。主人搢笏，跪，受，祭酒，啐酒。執事者授祝以器。祝受器，取匕，抄諸位之黍各少許，置器中。祝執黍，行詣主人之左，北向，嘏于主人，曰：「祖考命工祝，承致多福，于汝孝孫，來汝孝孫，使汝受禄于天，宜稼于田，眉壽永年，勿替引之。」主人置酒于席前，執笏，俛伏，興，再拜，搢笏，跪受黍，嘗之，實于左袂。執事者一人立于主人之右。主人授執事者器，挂袂于手指，取酒，卒飲。執事者一人立于主人之右，受盞，置酒注旁，一人立于主人之左，執盤，置于地。主人寫袂中之黍于盤。執事者授以出。主人執笏，俛伏，興，立于東階上，西向。于主人之受黍也，祝執笏，退，立于西階上，東向。主人既就位，祝告利成，降，復位。於是在位者皆再拜，主人不拜。此受胙也。主人降，與在位者皆再拜。此辭神也。主人、主婦皆升，奉祠版，納于櫝笥，妣先考後。執事者二人舉之，導從歸于影堂，如來儀。主婦還，監徹。酒盞不酹者，及注中餘酒，皆入于壺封之，所謂福酒。執事者徹祭饌，返於厨，傳於宴器。主婦監滌祭器，藏之。主人監分祭饌爲胙盤，品取少許，同置于合，并福酒皆緘之。貴于神餘，不貴豐腆。遣僕執書，歸胙于親友之好禮者。書辭在後。

執事者設餕席，男女異座。主人與衆丈夫坐於堂，主婦與衆婦女坐于室。設椅卓、蔬果、醢、醯、醬、酒盞、匕、筯畢，入酒于注。庖者温祭饌。男尊長就坐，衆男獻壽，若主人、主婦之上更有尊長，則主人帥衆男，主婦帥婦女，以獻壽。敘立向尊長，如祭所之位，而男女皆以右爲上。如尊長南向，則以東爲上是也。衆丈夫以長者或弟或子。少進。執事者一人執酒注，立於右，一人執酒盞，立於左。長男即衆丈夫之長也。搢笏，跪，右手執注，左手執盞，斟酒，祝曰：「祀事既成，祖考嘉享。伏願備膺五福，保族宜家。」執注者退，執盞者置酒於尊長之前。長男俛伏，興，退，復位，與衆丈夫俱再拜，興，立。尊長命執事者取酒注及長男酒盞，置于前，自斟之，祝曰：「祀事克成，五福之慶，與汝曹共之。」執事者以盞致于長男，長男搢笏，跪，受，以授執事者，置其位，俛伏，興，立。尊者命執事者徧斟衆丈夫酒，畢，長男及衆丈夫皆再拜。尊者命坐，乃就坐。衆女獻女尊長于室，女尊長酢衆婦女，立斟，立受，不跪，餘皆如衆丈夫之儀。飲畢，執事者獻肉食。畢，衆婦女詣堂，獻男尊長壽。婦女執事不能祝者，默斟而已。及尊長酢長女，或妹或女。長女立斟，立受，不跪，婦長，則使執事者就酢。餘皆如衆丈夫之儀。衆丈夫詣室，獻女尊長壽，如堂上之儀。執事者薦麵食。衆執事者獻男女尊長壽，如婦女而不酢。執事者薦米食，然後泛行酒，間以祭饌，盞數惟尊長之命。禮，祭事既畢，兄弟及賓迭相獻酬，有無算爵，所以因其接會，使之交恩定好，優勸之，今亦取此儀。

凡歸胙及餕，若酒不足則和以他酒，饌不足則繼以他饌。既罷，據所酒饌，主人頒胙于外僕，主婦頒胙于內執事者，徧及微賤，其日皆盡。孔子祭於公，不宿肉，不敢留神惠也。

凡祭，主于盡愛敬之誠而已。疾則量筋力而行之，少壯者自當如儀。

蕙田案：後世大夫士祭儀，始詳見於《開元禮》，大槩彷彿《儀禮》爲之，而於主婦薦獻及男、婦酬酢等儀，均未之及。殆古今異宜，未可行也。司馬氏《書儀》其追仿《儀禮》，實有精意，而添入主婦、諸婦及獻酬諸儀，朱子從之。

【《朱子文集·答郭子從》】問影堂序位。曰：「古者一世自爲一廟，有門，有堂，有寢，凡屋三重而墻四周焉。自後漢以來，乃爲同堂異室之廟。一世一室，而以西爲上。如韓文中《家廟碑》有祭初室、祭東室之語。今國家亦用此制，故士大夫家亦無一世一廟之法，而一世一室之制亦不能備。故温公諸家祭禮皆用以右爲尊之説，獨文潞公嘗立家廟，今温公集中有碑，載其制度頗詳，亦是一世一室而以右爲上。大抵今士大夫家只當且以温公之法爲定也。」

【《聞見前録》】康節先生出行不擇日，或告之以不利，則不行。蓋曰：「人未言則不知，既言則有知。而必行，則神鬼敵也。」春秋祭祀，約古今禮行之，亦焚楮錢。程伊川怪問之，則曰：「明器之義也。脱有一非，豈孝子慈孫之心乎？」又曰：「吾高、曾，今時人，以簠、簋、籩、豆薦牲，不可也。」伯温謹遵遺訓而行之也。

【《宋史·王存傳》】存以右正議大夫致仕。嘗悼近世學者貴爲公卿，而祭祀其先，但備庶人之制。及歸老築居，首營家廟。

【《禮志》】大觀二年，議禮局言：「所有臣庶祭禮，請參酌古今，訂論條上，❶斷自聖衷。」于是議禮局議：「執政以上祭四廟，餘通祭三廟。」「古無祭四世者，又侍從官以至士庶，通祭一世，無等差多寡之别，豈禮意乎？古者天子七世，今太廟已增爲九室，則執政視古諸侯，以事五世，不爲過矣。先王制禮，以齊萬有不同之情。❷賤者不得僭，貴者不得踰。故事一世者，雖有孝思追

❶「訂」，《宋史·禮志十二》作「討」。

❷「萬有」，《宋史·禮志十二》作「有萬」。

遠之心，無得而越，事五世者，亦當跂以及焉。今恐奪人之恩，而使通祭三世，狥流俗之情，非先王制禮等差之義。可文臣執政官、武臣節度使以上祭五世，文武升朝官祭三世，❶餘祭二世。」「應有私第者，立廟于門内之左，如狹隘，聽於私第之側。力所不及，仍許隨宜。」又詔：「古者寢不踰廟，禮之廢失久矣。士庶堂寢，踰度僭禮，有七楹、九楹者，若一旦使就五世、三世之數，則當徹毁居宇，以應禮制，豈得爲易行？可自今立廟，其間數視所祭世數，寢間數不得踰廟。事二世者，寢聽用二間。❷」議禮局言：「《禮記·王制》：『諸侯五廟，二昭二穆，與太祖之廟而五。』所謂『太』者，蓋始封之祖，不必五世，又非臣下所可通稱。今高祖以上一祖未有名稱，欲乞稱五世祖。其家廟祭器：正一品，每室籩、豆各十有二，簠、簋各四，壺尊、罍、鉶鼎、俎、篚各二，尊、罍加勺、冪各一，爵各一，諸室共用胙俎、罍洗一。從一品籩、豆、簠、簋降殺以兩。正二品籩、豆各八，簠、簋各二，餘皆如正一品之數。」詔禮制局制造，仍取旨以給賜之。

蕙田案：諸侯五廟，上不及五世祖。此祭及五世，欲乞稱五世祖，殊乖典禮。

【《楊存中傳》】存中父、祖及母皆死難。存中既顯，請于朝。宗閔謚忠介，震謚忠毅，賜廟曰顯忠，曰報忠。又以家廟祭器爲請。遂許祭五世，前所無也。

【《文獻通考》】孝宗隆興二年，少師、奉國軍節度使、四川宣撫使吴璘，請用存中例立廟賜器。從之。

乾道八年九月戊寅，以虞允文爲少保、武安

❶「世」，原作「室」，據《宋史·禮志十二》改。

❷「二」，《宋史·禮志十二》作「三」。

軍節度使、四川宣撫使，封雍國公。己丑，賜虞允文家廟祭器。

右歷代大夫士廟祭上。

五禮通考卷第一百十四

淮陰吴玉搢校字

五禮通考卷第一百十五

内廷供奉禮部右侍郎金匱秦蕙田編輯
太子太保總督直隸右都御史桐城方觀承同訂
兩淮都轉鹽運使德水盧見曾
按察司副使元和宋宗元 參校

吉禮一百十五

大夫士廟祭

【《朱子家禮》】祠堂制：

古之廟制，不見於經。且今士庶人之賤，亦有所不得爲者。故特以祠堂名之，而其制度亦多用俗禮云。

君子將營宫室，先立祠堂於正寢之東。

祠堂制：三間或一間。正寢，謂前堂也。

爲四龕，以奉先世神主。

高、曾、祖、考四代，各爲一龕。龕中置櫝，櫝中藏主。龕外垂簾。以一長桌共盛之，列龕以西爲上。每龕前各設一桌，或共設一長桌。兩階之間又通設一香案，上置香爐、香盒之類。

旁親之無後者，以其班祔。

伯、叔祖父母祔於高祖，伯、叔父母祔於曾祖。妻若兄弟若兄弟之妻，祔於祖。子姪祔於父。皆西向。主櫝並如正位而略小。或不用櫝，列主於龕之兩旁，男左女右，亦可。祔殤亦如之。

置祭田。

計見田，每龕取其二十之一，以爲祭田。

具祭器。

椅、桌子、牀、席、香爐、香盒、香匙、燭檠、茅沙盤、祝版、环珓、酒注、盞盤、盞、茶瓶、茶盞併托椀、楪子、匙、箸、酒尊、方酒尊、托盤、盥盤併架、帨巾併架、火爐。以上器物，隨其合用之數，皆具貯而封鎖之，不得他用。不可貯者，列於外門之内。

或有水火盜賊，則先救祠堂，遷神主、遺書，次及祭器，然後及家財。易世則改題神主而遞遷之。

凡祠堂所在之宅，子孫世守之，不得分析。

凡屋之制，不問何向背，但以前爲南，後爲北，左爲東，右爲西。後皆倣此。

祠堂之内，以近北一架爲四龕，大宗及繼高祖之小宗，則高祖居西，曾祖次之，祖次之，父次之。繼曾祖之小宗則不敢祭高祖，而虚其西龕一；繼祖之小宗則不敢祭曾祖，而虚其西龕二；繼禰之小宗則不敢祭祖，而虚其西龕三。若大宗世數未滿，則亦虚其西龕，如小宗之制。

凡升、降，惟主人由阼階，主婦及餘人，雖尊長亦由西階。

凡拜，男子再拜，則婦人四拜，謂之俠拜。其男女相答拜亦然。

《曲禮》：「舅殁則姑老，不預於祭。」又曰：「支子不祭。」故今專以世適宗子夫婦爲主人、主婦，其有母及諸父母兄嫂者，則設特位於前。如此。

凡祝版於皇高祖考、皇高祖妣，自稱「孝玄孫」；於曾祖考妣，自稱「孝曾孫」；於皇祖考妣，自稱「孝孫」；於皇考妣，自稱「孝子」。有官、封、謚，則皆稱之，無則以生時稱謂之號，加於「府君」之上。妣曰

「某氏夫人」。自稱，非宗子不稱「孝」。

觀承案：《家禮》乃士大夫居家一日不可少之書，即今便可案本子做去。然亦有難行之處。朱子爲要存古，故段段有宗子行禮。今世宗法已亡，亦無世禄，數傳之後，宗子未必貴，貴者不必宗子。祭用貴者之禄，倘支子爲卿大夫，而宗子直是農夫，如之何反使農夫主祭，而卿大夫不得祭也？此當酌一變通之法。榕村李氏家祭法頗有可采。蓋以貴者主祭，而宗子與直祭者同祭。直祭者，以祭田每年輪收而辦祭者也。其法：主祭者居中，而宗子居左，直祭居右。祝文竟寫「主祭孫某，宗孫某，直祭孫某」。他小祭，亦皆倣此意行之。此亦禮以義起，於隨俗之中仍寓存古之意，庶不似俗下祭祀，全然滅裂也。

四時祭。

高氏閌曰：「何休曰：『有牲曰祭，無牲曰薦。』大夫牲用羔，士牲特豚，庶人無常牲，春薦韭，夏薦麥，秋薦黍，冬薦稻。韭以卵，麥以魚，黍以豚，稻以雁，取其新物相宜。凡庶羞不踰牲，若祭以羊，則不以牛爲羞也。今人鮮用牲，惟設庶羞而已。」

《補注》：「繼高祖宗子則祭高祖以下考妣，繼曾祖宗子則祭曾祖以下考妣，繼祖宗子則祭祖考以下考妣，繼禰宗子則祭考妣二位而已。」

時祭用仲月，前旬卜日。

孟春下旬之首，擇仲月三旬各一日，或丁，或亥。主人盛服，立於祠堂中門外，西向。兄弟立於主人之南，少退，北上。子孫立於主人之後，重行，西向，北上。置桌子於主人之前，設香爐、香盒、环珓及盤於其上。主人搢笏，焚香，薰珓，而命以上旬之日，曰：「某將以來月某日，諏此歲事，適其祖考。尚饗！」即以珓擲於盤，以一俯一仰爲吉。不吉，更卜中旬之日。又不吉，則不復卜，而直用下旬之日。既得日，祝開中門。主人以下北向立，如朔望之位，皆再拜。主人升，焚香，再拜。祝執辭，跪於主人之左，讀曰：「孝孫某，將以來月某日，祗薦歲事於祖考。卜既得吉，敢告。」用下旬日，則不言「卜既得吉」。主人再拜，降，復位，與在位者皆再拜。祝闔門，主人以下復西向位。執事者立於門西，皆東面，北上。祝立於主人之右，命執事者曰：「孝孫某，將以來月某日，祗薦歲事於祖考，有司具修。」執事者應曰：「諾。」乃退。

問：「舊常收得先生一本祭儀，時祭皆用卜日，今聞却用二至二分祭，是如何？」朱子曰：「卜日無定，慮有不虞，司馬温公只用分、至，亦可。」

前期三日，齋戒。

前期三日，主人率衆丈夫致齋於外，主婦率衆婦女致齋於内。沐浴更衣，飲酒不得致亂，食肉不得茹葷，不弔喪，不聽樂。凡凶穢之事，皆不得預。

前一日，設位，陳器。

主人帥衆丈夫深衣，及執事灑掃正寢，洗拭椅桌，務令蠲潔。設高祖考妣位於堂西北壁下，南向，考西妣東。各用一椅一桌而合之。曾祖考妣、祖考妣、考妣以次而東，皆如高祖之位。世各爲位，不屬祔位，皆於東序，西向，北上，或兩序相向。其尊者居西，妻以下則於階下。設香案於堂中，置香爐、香盒於其上。束茅聚沙於香案前及逐位前地上。設酒架於東階上，別置桌子於其東。設酒注一、酹酒盞一、盤一、受胙盤一、匕一、巾一、茶盒、茶筅、茶盞托、鹽楪、醋瓶於其上，火爐、湯瓶、香匙、火筯於西階上。別置桌子於其西，設祝版於其上。設盥盆、帨巾各二，於阼階下之東，其西者有臺架。又設陳饌大牀於其東。

【補注】案本注設位之次，愚未敢以爲然。蓋神主在四龕中，則以西爲上。先高祖考妣，次曾祖考妣，次祖考妣，次考妣，以東西分昭穆也。至于大祭祀，出主在堂，或于正寢，惟高祖考在西，高祖妣在東，南向，其餘曾祖考、祖考與考皆西旁，東向，曾祖妣、祖妣與妣皆東旁，西向。而祔祭神主，高祖兄弟則祔于高祖左右，亦南向；曾祖考、祖考與考兄弟則祔于曾祖考、祖考與考上下，皆東向，其妣祔于高祖妣左右，亦南向。祔則曾祖妣、祖妣與妣上下皆西向，卑幼男女祔位，則在兩序，以上下分昭穆也。至于子孫序立，惟宗子在東，宗婦在西，北向，其餘男在宗子之右，女在宗婦之左，皆北向。先太伯叔祖，次伯叔祖，次兄弟，在宗子、宗婦之前，次子姪，次執事，在宗子、宗婦之後，以前後分昭穆也。蓋繼高宗子則爲高廟，故高祖考妣得居正位。餘當在側，而祔祭者亦世爲一列。當祔正位者亦正位，當祔側位者亦側位。如天子、諸侯太廟祫祭，惟太祖東向，其餘在南北牖下，亦南北向。此自然之理也。張子：「雖一人數娶，猶不妨東方虛其位，以應北方之數。其世次則復對西方之配也。」又案本注束茅聚沙在香案前地下，所以降神酹酒，及逐位前地上，所以初獻祭酒也。

省牲，滌器，具饌。

主人帥衆丈夫深衣，省牲蒞殺。主婦帥衆婦女背子，滌濯祭器，潔釜鼎，具祭饌。每位果六品，蔬菜及脯醢各三品，肉、魚、饅首、糕各一盤，羹、飯各一椀，肝各一串，肉各二串，務令精潔。未祭之前，勿令人先食，及爲猫犬蟲鼠所污。

朱子嘗書戒於塾，曰：「吾不孝，爲先公棄捐，不及供養。事先妣四十年，然心無識知，所以承顔順色，甚有乖戾。至今思之，嘗以爲終天之痛，無以自贖。惟有歲時享祀，致其謹潔，猶是可著力處。汝輩及新婦等切宜謹戒，凡祭肉臠割之餘，及皮毛之屬，皆當存之，勿令殘穢褻慢，以重吾不孝。」

厥明，夙興，設蔬果酒饌。

主人以下深衣，及執事者俱詣祭所，盥手，設果楪於逐位桌子南端，蔬菜、脯醢相間次之，設盞盤、醋楪於北端，盞西楪東，匙、筯居中。設玄酒及酒各一瓶於架上。玄酒，其日取井花水充，在酒之西。熾炭於爐，實水於瓶。主婦背子炊煖祭饌，皆令極熱。以盒盛出，置於東階下大牀上。

質明，奉主就位。

主人以下各盛服，盥手，帨手，詣祠堂前。衆丈夫聚立，如告日之儀。主婦西階下，北向立。主人有母，則特位於主婦之前。諸伯叔母、諸姑繼之，嫂及弟婦、姑姊妹在主婦之左。其長於主母、主婦者，皆少進。子孫婦女、内執事者在主婦之後，重行，皆北向，東上。立定，主人升自阼階，搢笏，焚香，出笏，告曰：「孝孫某，今以仲春之月，有事於高祖考某官府君、高祖妣某封某氏，曾祖考某官府君，曾祖妣某封某氏，祖考某官府君、祖妣某封某氏，考某官府君、妣某封某氏，以某親某官府君、某親某封某氏祔食。敢請神主出就正寢，恭伸奠獻。」告辭，仲夏、秋、冬，各隨其時。祖考有無官爵封謚，皆如題主之文。祔食謂旁親無後者及早逝先亡者，無即不言。告訖，搢笏，斂櫝，正位。祔位各置一笥，各以執事者一人捧之。

主人出笏，前導，主婦從後，卑幼在後。至正寢，置於西階桌子上，主人搢笏，啟櫝，奉諸考神主出就位。主婦盥，帨，升，奉諸妣神主亦如之。其祔位，則子弟一人奉之。既畢，主人以下皆降，復位。

參神。

主人以下敘立如祠堂之儀。立定，四拜，若尊長老疾者，休於他所。

降神。

主人升，搢笏，焚香，出笏，少退，立。執事者一人開酒，取巾拭瓶口，實酒於注，一人取東階桌子上盤盞，立於主人之左，一人執注，立於主人之右。主人搢笏，跪。奉盤盞者亦跪，進盤盞。主人受之。執注者亦跪，斟酒於盞。主人左手執盤，右手執盞，灌於茅沙，以盤盞授執事者。出笏，俯伏，興，再拜，降，復位。

【《程子語録》】問：「既奠之酒，何以置之？」程子曰：「古者灌以降神，故以茅縮酎，謂求神於陰陽有無之間，故酒必灌於地。若謂奠酒，則安置在此。今人以澆在地上，甚非也。既獻，則徹去可也。」

朱子曰：「酹酒有兩說：❶一用鬱鬯灌地以降神，則唯天子諸侯有之；一是祭酒，蓋古者飲食必祭，今以鬼神自不能祭，故代之祭也。今人雖存其禮而失其義，不可不知。」問：「酹酒是小傾，是盡傾？」曰：「降神是盡傾。」

楊氏復曰：「此四條降神酹酒是盡傾，三獻奠酒，不當傾之于地。《家禮》初獻，取高祖妣盞祭之茅上者，代神祭也。禮，祭酒少傾于地，祭食于豆間，皆代神祭也。」

進饌。

❶「酹」，原作「酎」，據庫本及《朱子家禮·附録》改。下同。

主人升，主婦從之。執事者一人以盤奉魚肉；一人以盤奉米、麵食；一人以盤奉羹飯，從升。至高祖位前，主人搢笏，奉肉，奠於盤盞之南；主婦奉麵食，奠於肉西。主人奉魚，奠於醋楪之南；主婦奉米食，奠於魚東。主人奉羹，奠於醋楪之東；主婦奉飯，奠於盤盞之西。主人出笏，以次設諸正位，使諸子弟婦女設祔位。皆畢，主人以下皆降，復位。

初獻。

主人升，詣高祖位前。執事者一人執酒注，立於其右。冬月即先煖之。主人搢笏，奉高祖考盤盞位前，東向立。執事者西向，斟酒於盞，主人奉之，奠於故處。次奉高祖妣盤盞，亦如之。出笏，位前，北向立。執事者二人奉高祖考妣盤盞，❶立於主人之左右。主人搢笏，跪。執事者亦跪。主人受高祖考盤盞，左手取盞，祭之茅上，以盤盞授執事者，反之故處。受高祖妣盤盞，亦如之。出笏，俯伏，興，少退，立。執事執肝於爐，以楪盛之。兄弟之長一人奉之，奠於高祖考妣前，匙、筯之南。祝取版，立於主人之左，跪讀曰：「維年歲月朔日，子孝玄孫某官某，敢昭告於高祖考某官府君、高祖妣某封某氏：氣序流易，時維仲春，追感歲時，不勝永慕。敢以潔牲柔毛，牲用彘則曰剛鬣，粢盛、醴齊，祗薦歲事，以某親某官府君、某親某封某氏祔食。尚饗！」畢，興，主人再拜，退。詣諸位，祝獻如初。每逐位讀祝畢，即兄弟衆男之不爲亞、終

❶「二」，原作「一」，據《家禮》卷五改。

獻者，以次分詣本立所祔之位，❶酌獻如儀，惟不讀祝。獻畢，皆降，復位。執事者以他器徹酒及肝，置盞故處。曾祖前稱「孝曾孫」，考前稱「孝子」，改「不勝永慕」爲「昊天罔極」。凡祔者，伯叔祖父祔於高祖，伯叔父祔於曾祖，兄弟祔於祖，子孫祔於考，餘皆倣此。如本位無，即不言以某親祔食。

楊氏復曰：「司馬公《書儀》，主人升自阼階，詣酒注所，西向立。執事者一人左手奉曾祖考酒盞，右手奉曾祖妣酒盞，一人奉祖考妣酒盞，一人奉考妣酒盞，皆如曾祖考妣之次，就主人所。主人搢笏，執注，以次斟酒。執事者奉之徐行，反置故處。主人出笏，詣曾祖考妣神座前，北向。執事者一人奉曾祖考酒盞，立于主人之左，一人奉曾祖妣酒盞，立於主人之右。主人搢笏，跪，取曾祖考妣酒酹之，授執事者盞，反故處，乃讀祝。此其禮與虞禮同。《家禮》則主人升詣神位前，主人奉祖考妣盤盞，一人執注立于其右，斟酒，此則與虞禮異。竊詳虞禮，神位惟一，時祭則神位多。《家禮》主人升詣神前，奉盤盞位前，東向立。執事斟酒，主人奉之，奠於故處。次奉祖妣盤盞亦如之，如此則禮嚴而意專。若《書儀》，則時祭與虞祭同。主人詣酒注桌子前，執事者左右手奉兩盤盞，則其禮不嚴；主人執注，盡斟諸神位酒，則其意不專。此《家禮》所以不用《書儀》之禮，而又以義起也。」

亞獻。

主婦爲之。諸婦女奉炙肉及分獻，如初獻儀，但不讀祝。

朱子曰：「祭禮，主人作初獻。未有主婦，則弟得爲亞獻，弟婦爲終獻。」

終獻。

兄弟之長，或長男，或親賓爲之。衆子弟奉炙肉及分獻，如亞獻儀。

侑食。

❶「立」，《家禮》卷五作「位」。

主人升，搢笏，執注，就斟諸位之酒，皆滿，立於香案之東南。主婦升，扱匙飯中，西柄，正筯，立於香案之西南。皆北向再拜，降，復位。

闔門。

主人以下皆出，祝闔門。無門處，即降簾可也。主人立於門東，西向，衆丈夫在其後；主婦立於門西，東向，衆婦女在其後。如有尊長，則少休於他所。此所謂厭也。

啟門。

祝聲三噫歆，乃啟門。主人以下皆入。其尊長先休於他所者，亦入就位。主人、主婦奉茶，分進於考妣之前。祔位，使諸子弟婦女進之。

受胙。

執事者設席於香案前，主人就席，北面。祝詣高祖考前，舉酒盤盞，詣主人之右。主人跪，祝亦跪。主人搢笏，受盤盞，祭酒，啐酒。祝取匙併盤，抄取諸位之飯各少許，奉以詣主人之左。嘏於主人，曰：「祖考命工祝，承致多福，於汝孝孫，來汝孝孫，使汝受祿於天，宜稼於田，眉壽永年，勿替引之。」主人置酒於席前，出笏，俛伏，興，再拜，搢笏，跪受飯，嘗之，實於左袂，掛袂於季指，取酒，啐飲。執事者受盞自右，置注旁，受飯自左，亦如之。主人執笏，俛伏，興，立於東階上，西向。祝立於西階上，東向，告利成，降，復位。與在位者皆再拜，主人不拜，降，復位。

辭神。

主人以下皆四拜。

納主。

主人、主婦皆升，各奉主，納於櫝。主人以笥斂櫝，奉歸祠堂，如來儀。

徹。

主婦還，監徹酒之在盞、注、他器中者，皆入於瓶，緘封之，所謂福酒。果蔬、肉食並傳於燕器。主婦監滌祭器而藏之。

餕。

是日，主人監分祭胙品，取少許置於盒，併酒皆封之。遣僕執書，歸胙於親友。遂設席，男女異處。尊行自爲一列，南面，自堂中東西分首。若止一人，則當中而坐。其餘以次相對，分東西向。尊者一人先就坐，衆男敘立，世爲一行，以東爲上，皆再拜。子弟之長者一人，少進立。執事者一人，執注立於其右，一人執盤盞立於其左。獻者搢笏，跪。弟獻則尊者起立，子姪則坐受注，斟酒，反注，受盞，祝曰：「祀事既成，祖考嘉享。伏願某親，備膺五福，保族宜家。」授執盞者，置於尊者之前。長者出笏，尊長舉酒。畢，長者俛伏，興，退，復位，與衆男皆再拜。尊者命取注及長者之盞，置於前，自斟之，祝曰：「祀事既成，五福之慶，與汝曹共之。」命執事者以次就位，斟酒皆徧。長者進，跪，受飲。畢，俛伏，興，退立。衆男進，揖，退，立飲。長者與衆男皆再拜。諸婦女獻女尊長於內，如衆男之儀，但不跪。既畢，乃就位，薦肉食，諸婦女詣堂前獻男尊長壽，男尊長酢之如儀。衆男詣中堂獻女尊長壽，女尊長酢之如儀。乃就坐，薦麪食，內外執事者各獻內外尊長壽如儀，而不酢。遂就斟，在坐者徧。俟皆舉，乃再拜，退。遂薦米食，然後泛行酒，間以祭饌，酒饌不足，則以他酒、他饌益之。將罷，主人頒胙於外僕，主婦頒胙於內執事者，徧及微賤，其日皆盡，受者皆再拜。乃徹席。

凡祭，主於盡愛敬之誠而已。貧則稱家之有無，疾則量筋力而行。財、力可及者，自當如儀。

【《文獻通考》】馬氏端臨曰：「臣庶祭祀之制，歷代未嘗立爲定法，惟唐制見于《開元禮》者頗詳。近代司馬温公及伊川、横渠，各有禮書，朱文公作《家禮》，又參取三家之説，酌古今之制而損益之，可以通行。」

初祖。

惟繼始祖之宗得祭。

冬至祭始祖：

程子曰：「此厥初生民之祖也。冬至，一陽之始，故象其類而祭之。」

【《補注》】丘氏曰：「禮經別子法乃三代封建諸侯之制，于今人家不相合。以始遷及初有封爵者爲始祖，準古之別子；又以始祖之長子準古繼別之宗。雖非古制，其實則古人之意也。」

前期三日，齋戒。

如時祭之儀。

前期一日，設位。

主人、衆丈夫深衣，帥執事者灑掃祠堂，滌濯器具，設神位於堂中間北壁下，設屏風於其後，食牀於其前。

【《補注》】設於墓所。以義推之，只恐當設初祖考一位而已，而妣不在其内。世遠，在所略也。祭先祖亦然。

陳器。

設火爐於堂中，設炊烹之具於東階下盥東，炙具在其南，束茅以下並同時祭。主婦衆婦女背子帥執事者滌濯祭器，潔釜鼎，具果楪六，盤三，盂六，小盤三，盞、盤、匙、筯各二，脂盤一，酒注，酹酒盤盞一，受胙盤匙一。案此本合用古祭器，今恐私家或不能辦，且用今器以從簡便。神位用蒲薦，如草席，皆有緣。或用紫褥，皆長五尺，闊二尺有半。屏風，如枕屏之制，足以圍席三面。食牀，以版爲面，長五尺，闊三尺餘，四圍亦以版，高一尺二寸，二寸之下乃施版，皆黑漆。

具饌。

晡時殺牲，主人親割。毛血爲一盤，首、心、肝、肺爲一盤，脂雜以膏爲一盤，皆腥之。左胖不用。右胖，前足爲三段，脊爲三段，脇爲三段，足爲三段，近竅一節不用，凡十一體。飯米一杅，置於一盤，蔬果各六品，切肝一小盤，切肉一小盤。

【補注】本注主人親割毛血爲一盤，《國語》曰：「毛以示物，血以告殺，接誠拔取以獻，其爲齊敬也。」韋氏注云：「接誠于神也，拔毛取血，❶獻其備物也。齊，潔也。」

厥明，夙興，設蔬果酒饌。

主人深衣，帥執事者設玄酒瓶及酒瓶於架上，酒注、酹酒盤盞、受胙盤、匙各一，於東階桌子上。祝版及脂盤於西階桌子上，匙、筯各一，於食牀北端之東西，相去二尺五寸。盤、盞各一，於筯西。果在食牀南端，蔬在其北。毛血、腥盤、切肝、肉皆陳於階下饌牀上。米實階下炊具中。十一體實烹具中，以火爨而熟之。盤一，盂六，置饌牀上。

【補注】案《家禮》敘立之儀，在小宗之祭四親廟，則男在主人之右，女在主婦之左。世爲一列，前爲昭而後爲穆也。在大宗家之祭，始先祖，則一世居左，二世居右，三世居左，四世居右，左爲昭而右爲穆也，而女不在内者。蓋祭四親廟，則四親之子孫皆在世近屬親，男女會于一堂，自不爲嫌。若祭始祖、先祖，則自始祖、先祖以下，子孫皆在世遠屬疎，又人數衆多，故女不得在内列者，莫非自然之理也。

質明，盛服就位。

❶「拔」，原作「接」，據《國語·楚語下》韋注改。

如時祭儀。

降神參神。

主人盥，升，奉脂盤詣堂中爐前，跪告曰：「孝孫某，今以冬至，有事於始祖考、始祖妣，敢請尊靈，降居神位，恭伸奠獻。」遂燎脂於爐炭上，俛伏，興，少退，立，再拜。執事者開酒，主人跪，酹酒於茅上，如時祭之儀。

劉氏璋曰：「茅盤用磁匾盂，廣一尺餘，或黑漆小盤。截茅八寸餘，作束，束以紅，立於盤內。」

進饌。

主人升，詣神位前。執事奉毛血腥肉以進。主人受，設之於蔬北，西上。執事者出熟肉，置於盤，奉以進。主人受，設之腥盤之東。執事者以盂二盛飯，盂二盛肉湆不和者，又以盂二盛肉湆以菜者，奉以進。主人受，設之，飯在盞西，太羹在盞東，鉶羹在太羹東，皆降，復位。

【《補注》】本注肉湆不和者，即太羹。肉湆以菜者，即鉶羹也。

初獻。

如時祭之儀。但主人既俛伏，興，祝爲炙肝加鹽，實於小盤以從。祝詞曰：「維年歲月朔日，孝子孫姓名，敢昭告於初祖考、初祖妣：今以仲冬，陽至之始，追惟報本，禮不敢忘。謹以潔牲柔毛、粢盛、醴齊，祇薦歲事。尚饗！」

亞獻。

如時祭之儀，但衆婦炙肉加鹽以從。

終獻。

如時祭及上儀。

侑食、闔門、啟門、受胙、辭神、徹、餕。

並如時祭之儀。

【《補注》】祭畢而餕，設大席于堂。東西二向，東向爲昭，西向爲穆。世爲一席，各以齒而坐，所以會宗族而篤恩義也。

先祖。

繼始祖、高祖之宗，得祭。繼始祖之宗，則自初祖而下。繼高祖之宗，則自先祖而下。

立春祭先祖：

程子曰：「初祖以下，高祖以上之祖也。立春，生物之始，故象其類而祭之。」

【《補注》】大宗之家，其第二世以下祖親盡，❶及小宗之家高祖親盡，所謂先祖也。

前三日，齋戒。

如祭始祖之儀。

前一日，設位、陳器。

如祭始祖之儀，但設祖考神位於堂中之西，祖妣神位於堂中之東。蔬果楪各二，大盤六，小盤六，餘並同。

具饌。

如祭初祖之儀。但毛血爲一盤，首心爲一盤，肝肺爲一盤，脂膏爲一盤，切肝兩小盤，切肉四小盤。餘並同。

厥明，夙興，設蔬果酒饌。

如祭初祖之儀。但每位匙、筯各一，盤、盞各二，置階下饌牀上。餘並同。

質明，盛服就位，降神參神。

如祭始祖之儀。但告辭改「始」爲「先」。餘並同。

進饌。

如祭初祖之儀。但先詣祖考位，瘞毛血，奉首心，前足上二節，脊三節，後足上一節。次詣祖妣位，奉肝、肺，前足一節，脇

❶「盡」，原脱，據《家禮》卷一祠堂制度有與此句相同者改。

三節，後足下一節。餘並同。

初獻。

如祭初祖之儀，但獻二位，各俛伏，興，當中少立，兄弟炙肝兩小盤以從。❶祝辭改「初」爲「先」，「仲冬陽至」爲「立春生物」。餘並同。

亞獻。

如祭初祖之儀。但從炙肉，各二小盤。

終獻、侑食、闔門、啟門、受胙、辭神、徹、餕。

並如祭初祖之儀。

季秋祭禰：

繼禰之宗以上皆得祭。惟支子不祭。程子曰：「季秋，成物之始，亦象其類而祭之。」

前一月下旬卜日。

如時祭之儀。惟告辭改「孝孫」爲「孝子」，又改「祖考妣」爲「考妣」。若母在，則止云「考」而告於本龕前。餘並同。

前三日，齋戒。前一日，設位、陳器。

如時祭之儀。止於正寢，合設兩位於堂中，西上。香案以下並同。

具饌。

如時祭之儀。二分。

厥明，夙興，設蔬果酒饌。

如時祭之儀。

質明，盛服詣祠堂，奉神主出就正寢。

如時祭於正寢之儀。但告詞云：「孝子某，今以季秋成物之始，有事於考某官府君，妣某封某氏。」

參神、降神、進饌、初獻。

如時祭之儀。但祝辭云：「孝子某官某，敢昭告於考某官府君、妣某封某氏：今以季秋成物之始，感時追慕，昊天罔極。」

❶「盤」，原作「肝」，據《家禮》卷五改。

亞獻、終獻、侑食、闔門、啟門、受胙、辭神、納主、徹、餕，並如時祭之儀。

忌日前一日，齋戒。

如祭禰之儀。

設位。

如祭禰之儀。但止設一位。

陳器。

如祭禰之儀。

具饌。

如祭禰之饌。一分。

【《補注》】如父之忌日，止設父一位。母之忌日，止設母一位。祖以上及旁親忌日皆然。❶

厥明，夙興，設蔬果酒饌。

如祭禰之儀。

質明，主人以下變服。

禰則主人、兄弟黲紗、幞頭、黲布衫，布裹角帶。祖以上，則黲紗衫。旁親則皂紗衫。主婦特髻，去飾，白大衣，淡黄帔。餘人皆去華飾之服。

詣祠堂，奉神主出就正寢。

如祭禰之儀。但告詞云：「今以某親某官府君遠諱之辰，敢請神主出就正寢，恭伸追慕。」餘並同。

參神、降神、進饌、初獻。

如祭禰之儀。但祝詞云：「歲序遷易，諱日復臨。追遠感時，不勝永慕。」考妣，改「不勝永慕」爲「昊天罔極」，旁親云「諱日復臨，不勝感慘」。若考妣，則祝興，主人以下哭盡哀。餘並同。

亞獻、終獻、侑食、闔門、啟門。

並如祭禰之儀，但不受胙。

辭神、納主、徹。

❶「皆」，庫本作「亦」。

並如祭禰之儀，但不哭。是日，不飲酒，不食肉，不聽樂，黲布素服素帶以居，夕寢於外。

【《補註》】此所以不餕也。

蕙田案：初祖始祖冬至、立春之祭，及祭禰季秋，皆程子意也。朱子篤信程子，故述之《家禮》，然後已不行矣。今姑仍之。

【《朱子語録》】家廟要就人住居。神依人，不可離外做廟。又在外時，婦女遇雨時難出入。問：「先生家廟，只在廳事之側？」曰：「便是力不能辦。古之家廟甚闊。所謂寢不踰廟是也。」「祭時移神主於正堂，其位如何？」曰：「只是排列以西爲上。」「祫祭考妣之位如何？」曰：「太祖東向，則昭穆之南向、北向者，以西方爲上，則昭之位次，高祖西而妣東，祖西而妣東，是祖母與孫並列，於體爲順。若余正父之説，則欲高祖東而妣西，祖東而妣西，則是祖與孫婦並列，於體爲不順。彼蓋據漢儀中有高祖南向，吕后少西，更不取證於經文，而獨取傳注中之一二執以爲是，斷不可回耳。」

【《文集·答汪尚書》】曰：「蒙垂問廟制之説。竊謂至和之制雖若不合於古，而實得其意，但有所未盡而已。政和之制則雖稽於古者，或得其數，而失其意則多矣。蓋古者諸侯五廟，所謂二昭二穆者，高祖以下四世有服之親也。所謂太祖者，始封之君，百世不毀之廟也。今世公侯有家而無國，則不得有太祖之廟矣。故致和四廟，❶所謂二昭二穆四世有服之

❶「致」，庫本作「至」。

親，而無太祖之廟，其於古制雖若不同，而實不害於得其意也。又況古者天子之三公八命，及其出封然後得用諸侯之禮。蓋仕於王朝者，其禮反有所厭而不得伸。則今之公卿，宜亦未得全用諸侯之禮也。《家禮》又言夏四廟，至子孫而五，則是凡立五廟者，亦是五世以後，始封之君正東向之位，然後得備其數，非於今日立廟之初，便立太祖之廟也。政和之制，蓋皆不考乎此，故二昭二穆之上，通數高祖之父以備五世。夫既非始封之君，又已親盡而服絶矣，乃苟以備夫五世而祀之，於義何所當乎？至於大夫三廟，説者以爲天子諸侯之大夫皆同，蓋古者天子之大夫與諸侯之大夫品秩之數不甚相遠，故其制可以如此。若今之世，則唯侍從官以上，乃可以稱天子之大夫，至諸侯之大夫則州鎮之幕職官而已爾，是安可拘於古制，而使用一等之禮哉！故至和之制，專以天子之大夫爲法，亦深得制禮之意。但其自東宮三少而上乃得爲大夫，則疑未盡，而適士二廟、官師一廟之制，亦有所未備焉耳。政和之制固未必深考古者天子諸侯之大夫同爲一等之説，然其意實近之。但自侍從至陞朝官並爲一法，則亦太無隆殺之辨矣。蓋官職高下，固有古今之不同，但以命數準今品數而論之，則禮之等差可得而定矣。然此亦論其得失而已，若欲行之，則政和之禮行於今日，未之有改。凡仕於今日而得立廟者，豈得而不用哉？但其所謂廟者，制度草略，已不能如唐制之盛，而況於古乎？此好禮之士未嘗不歎息於斯也。然考諸程子之言，則以爲高祖有服，不可不祭，雖七廟、五廟，亦止於高祖，雖三廟、一廟以至於祭寢，亦必及於高祖，但有疏數之不同耳。疑此最爲得祭祀之本意。今以《祭法》考之，雖未見祭必及高祖之文，然有月祭、享嘗之别，則古祭祀以遠近爲疏數亦可見矣。禮家又言「大夫有事省於其君，干祫及其高祖」，此則可爲立三廟而祭及高祖之驗，而來教所疑私家合食之文，亦因可見矣。但干祫之制，他未有可考耳。」

【《石林燕語》】父没稱皇考，於《禮》本無見。《王制》言天子五廟，曰考廟，王考廟，皇考廟，顯考廟，祖考廟，則皇考者，曾祖之稱也。自屈原《離騷》稱「朕皇考曰伯庸」，則皇考爲父。故晉司馬機爲燕王告祔廟文，稱「敢昭告於皇考清惠亭侯」，後世遂因不改。漢議宣帝父稱親，蔡義初請謚爲悼，曰悼太子，魏相以爲宜稱尊號曰皇考，則皇考者乃尊號之稱，非後世所得通用。然沿習已久，雖儒者亦不能自異也。

蕙田案：瓊山丘氏謂《家禮》舊本於高、曾、祖、考妣上俱加「皇」字，今本改作「故」字，「故」字似俗，不如用「顯」字。蓋皇與顯皆明也，其義相符。案：《祭法》以高祖爲顯考，曾祖爲皇考，同義異名耳。今俗稱考妣爲顯，從丘氏之説也。蓋皇考則爲尊稱，臣民不得通用矣。若漢宣帝稱皇考，恐猶是常稱，如屈原之意，非尊稱也。

【《宋史·禮志》】嘉定十四年八月，詔右丞相史彌遠賜第，遵淳熙故事賜家廟，命臨安守臣營之，禮官討論祭器，並如侂胄之制。彌遠請併生母齊國夫人周氏及祔妻魯國夫人潘氏於生母别廟，皆下有司賜器。

【《理宗本紀》】紹定六年十二月戊寅，史宅之繳納賜第。詔給賜本家，仍奉家廟。

景定三年正月，賜賈似道第宅於集芳園，給緡錢百萬，就建家廟。

【王圻《續通考》】元世宗時，中書令耶律楚材卒，建祠於河南輝縣，祀之。

仁宗皇慶元年，命河南省建故丞相阿朮祠堂。六年，建晦菴先生祠於淳安，祀宋儒朱文公。順帝至元六年，徽州知州宇文傳復建朱氏家廟，以祀朱文公父子，又撥田以供祀事。又婺源縣建鄉賢祠，亦祀文公。

英宗至治元年，建故太師魯公木華黎祠堂於東平。

順帝至正元年，羅豫章五世孫天澤請建祠堂於沙縣杜溪里，亦其故居也，復建豫章羅文質公祠。

蕙田案：以上五條與家廟有別，蓋即今之鄉祠也。

明太祖洪武六年春，詔定公侯以下家廟禮儀。時禮部官議奏云：「凡公侯品官，別立祠堂三間於所居之東，以祀高、曾、祖、考并祔位。如祠堂未備，奉主於中堂享祭。二品以上，羊二，豕二。五品以上，羊一，豕一，皆分四體，熟而薦之。不能具牲者，設饌享之。所用器皿，隨官品第，稱家有無。凡祭之前二日，主祭者聞於上，免朝參。凡祭，四仲之月擇吉日，或春、秋分，冬、夏至，亦可。前期一日，主祭者致齋，執事以灑掃祭所陳設儀，如無，親監宰牲。是晚，主婦監造祭饌。是夕，主祭以下沐浴更衣，宿於外舍。明日，率祭者盥洗訖，詣祭堂，捧正位、祔位神主櫝，各置於一盤，令親子弟各一人捧至祭所。主祭者開櫝，捧各祖考神主，主婦開櫝，捧各祖妣神主，以安奉於位。子弟捧祔食神主，置於東西壁邊。執事者進饌，讀祝者一人就讀祝位，贊禮以子弟親族爲之。陳設各神位訖，各就位。主祭在東，伯叔諸兄立於其前稍西，諸親立於其後；主婦在西，諸母立於其前稍西，婦女立於其後。讚拜，主祭、主婦以下皆拜。主祭者詣香案前，跪，三上香，奠酒於高祖考前。由曾祖而下，皆如之。執事者酌酒於祔位前，讀祝跪讀訖，贊拜，主祭復位，與諸婦皆再拜。亞獻、終獻亦如之，唯不讀祝。每獻，執事者於祔位奠酌酒。獻畢，贊拜，主祭婦以下復再拜。焚祝併紙錢於中庭。禮畢，主祭者安神主於櫝，如初。是日，設筵享祭饌，男女異席。餘胙分諸親友及下執事。」制曰：可。

【《明會典》】品官家廟。國初，品官廟制未定，《大明集禮》權倣宋儒家禮祠堂之制，奉高、曾、祖、禰四世之主，亦以四仲之月祭之，又加臘日、忌日之祭，❶與夫歲時俗節之薦享。至若庶人得奉其祖父母、父母之祀，已有著令，而其時享於寢之禮，大概與品官略同。

祠堂制度：

祠堂三間，外爲中門，中門外爲兩階，皆三級，東曰阼階，西曰西階。階下隨地廣狹，以屋覆之，令可容家衆敘立。又爲遺書、衣服、祭器庫及神厨於其東，繚以周垣，别爲外門，常加扃閉。祠堂之内，以近北一架爲四龕，每龕内置一桌，高祖居西，曾祖次之，祖次之，父次之。神主皆藏於櫝中，置於桌上，南面。龕外各垂小簾，簾外設香案於堂中，置香爐、香盒於其上。兩階之間又設香桌，亦如之。若家貧地狹，則止爲一間，不立厨庫，而東、

❶「加」，原作「如」，據《明會典》卷九五改。

西壁下置立兩櫃，西藏遺書、衣物，東藏祭器，亦可。地狹，則於廳事之東，亦可。

時祭儀節：

卜日。　凡四時之祭用仲月，並於孟月下旬之首，擇仲月三旬各一日，或丁，或亥。主祭盛服，率兄弟子孫立於祠堂階下，北面，置桌子於主祭之前，設香爐、香盒、环珓於其上。主祭以下皆再拜訖，主祭焚香，熏珓，祝曰：「某將以來月上旬某日，祗薦歲事於祖考。」即以珓擲於地，以一俯一仰爲吉。不吉，再卜中旬之日。又不吉，則不復卜，而直用下旬之日。既得日，乃復位，再拜而退。若臘日、忌日、俗節之薦享，則不必卜。

齋戒。　前期三日，主祭率衆丈夫致齋於外，主婦率衆婦女致齋於內。沐浴更衣，飲酒不得至亂，食肉不得茹葷，不弔喪，不聽樂。凡凶穢之事，皆不得預。

陳設。　前一日，主祭帥子弟及執事灑掃正寢，洗拭椅桌，務令蠲潔。設高祖考妣位於堂西北壁下，南向，考西妣東，各用一椅一桌而合之。曾祖考妣、祖考妣、考妣以次而東，皆如高祖之位。世各爲位，不相連屬。別設旁親無後及卑幼先亡者祔食位於東、西壁下。凡伯叔祖考妣、伯叔考妣、兄弟妻嫂、弟婦、子姪、子姪婦之屬，皆右男子，左婦女，東西相向，以北爲上。凡屋，不問何向，但以前爲南，後爲北，左爲東，右爲西。設香案於堂中，置香爐、香盒於其上。束茅聚沙於香案前及逐位前地上，設酒案於東階上。別置桌子於東，設酒注一、酹酒盞一、鹽楪、醋瓶於其上。火爐、湯瓶、香匙、火箸於西階上。別置桌子於西，設祝板於其上。設盥盆、帨巾各二於阼階下之東，又設陳饌大牀於東。省饌。　前一日，主祭帥衆丈夫省牲涖殺，主婦帥衆婦女滌濯祭器，潔釜鼎，具祭饌。　每位果六品，菜蔬及脯醢各三品，肉、魚、饅頭、糕各一盤，羹、飯各一椀，肝各一串，肉各一串，務令精潔。　未祭之前，勿令人先食，及爲猫犬蟲鼠所污。行事。　祭之日，質明，主祭以下各具服。　主祭者見居官則唐帽束帶，婦人曾受封者則花釵翟衣，士人未爲官者則幅巾深衣，庶人則巾衫結絛，婦人則大襖長裙，首飾如制。　主祭以下具服訖，盥手，帨手，詣正寢神位前，設蔬果酒饌。　設果楪於桌子上南端，蔬果脯醢相間次之，設盞柈醋楪於北端，盞西楪東，匙、箸居中。設酒瓶於架上，熾炭於爐。　主婦炊煖祭饌，皆令極熱，以盒盛出，置東階下大牀上。　次詣祠堂前，階下序立。　主祭位於東，兄弟以下位於主祭之東少退，子孫及外執事者以次重行，列於主祭之後。　主婦位在西，弟婦姊妹位於主婦之西少退，女子子婦及内執事者亦以次重行，列於主婦之後，皆北向。　有伯叔父母，位次並居主祭、主婦位稍前。　主祭有母，則特位於主婦之前。　敘立訖，主祭升自阼階，焚香，告曰：「孝孫某，今以仲春之月，夏、秋、冬同。　有事於顯高祖考某官府君、顯高祖妣某封某氏，顯曾祖考某官府君、顯曾祖妣某封某氏、顯祖考某官府君、顯祖妣某封某氏，顯考某官府君、顯妣某封某氏，以某親某官府君、某親某封某氏祔食。敢請神主出就正寢，恭伸奠獻。」告訖，斂櫝，正位、祔位各置一笥，各以執事者一人捧之。　主祭前導，主婦以下皆從。　至正寢，置於西階桌子上，主祭啟櫝，奉諸考神主出就位，主婦奉諸妣神主就位。其祔位，則各用子弟一人奉之。既畢，主祭以下皆降，復位。

參神。主祭以下，敘立如祠堂之儀，❶立定，俱拜。若尊長老疾者，則休於他所。

降神。主祭升詣香案，焚香，少退，立。執事者一人，實酒於注，一人取東階桌子上盤盞，立於主祭之左，一人執注，立於主祭之右。主祭跪，捧盤盞者亦跪，進盤盞。主祭受之，執注者亦跪，斟酒於盞，主祭者左手執盤，右手執盞。灌於茅上，以盤盞授執事者，俯伏，興，再拜，降，復位。

進饌。主祭升，主婦從之，執事者一人以盤奉魚、肉，一人以盤奉米、麪食，一人以盤奉羹、飯。從升。至高祖位前，主祭奉肉，奠於盤盞之南，主婦奉麪食，奠於肉西；主祭奉魚，奠於醋楪之南，主婦奉米食，奠於魚東；主祭奉羹，奠於醋楪之東，主婦奉飯，奠於盤盞之西，以次設諸正位。使諸子弟婦女各設祔位。皆畢，主祭以下皆降，復位。

酌獻。主祭升，詣高祖位前。執事者一人執酒注，立於其右，冬月即先煖之。主祭奉高祖考盤盞位前，東向立。執事者西向，斟酒於盞。主祭奉之，奠於故處。次奉高祖妣盤盞，亦如之。奠訖，位前北向立。執事者二人，舉高祖考、妣盤盞，立於主祭之左、右。主祭跪，執事者亦跪。主祭受高祖考盤盞，右手取盞，祭之茅上，以盤盞授執事者，反之故處。受

❶「如」，原作「於」，據《明會典》卷九五改。

高祖妣盤盞，亦如之。俯伏，興，少退，立。執事者炙肝於爐，以楪盛之。兄弟之長一人奉之，奠於高祖考、妣前，匙、箸之南。祝取版，立於主祭之左，跪讀曰：「某年某月某朔某日，孝玄孫某官某，敢昭告於顯高祖考某官府君、顯高祖妣某封某氏：氣序流易，時維仲春。追感歲時，不勝永慕。敢以潔牲柔毛、粢盛、醴齊，祗薦歲事，以某親某官府君、某親某封某氏祔食。尚饗！」畢，興，主祭再拜，退。詣諸位，獻、祝如初。每逐位讀祝畢，即兄弟衆男之不爲亞、終獻者，以次分詣本位所祔之位，酌獻如儀，但不讀祝。獻畢，皆降，復位。執事者以他器徹酒及肝，置盞於故處。曾祖前稱「孝曾孫」，祖前稱「孝孫」，考前稱「孝子」，改「不勝永慕」爲「昊天罔極」。凡祔者，伯叔祖父祔於高祖，伯叔父祔於曾祖，兄弟祔於祖，子孫祔於考，餘皆倣此。如本位無，即不言以某親祔食。亞獻，則主婦爲之，諸婦女奉炙肉及分獻，如初獻儀，但不讀祝。終獻，則兄弟之長，或長男，或親賓爲之，衆子弟奉炙肉及分獻，如亞獻儀。

侑食。主祭升，執注，就斟諸位之酒皆滿，立於香案之東南。主婦升，扱匙飯中，西柄，正箸，立於香案之西南，皆北面再拜，降，復位。

闔門。主祭以下皆出，祝闔門。無門處，降簾。主祭立於門東，西向，衆丈夫在其後；主婦立於門西，東向，衆婦女在其後。如有尊長，則少休於他所。

啟門。祝聲三噫歆，乃啟門。主祭以下皆入，其尊長先休於他所者亦入就位。

主祭、主婦奉茶，分進於考、妣之前。祔位使諸子弟婦女進之。

受胙。　執事者設席於香案前，主祭就席，北面。祝詣高祖考前，舉酒盤盞，詣主祭之右。主祭跪，祝亦跪。主祭受盤盞，祭酒，啐酒。祝取匙并盤，抄取諸位之飯各少許，奉以詣主祭之左，嘏於主祭，曰：「祖考命工祝，承致多福，於汝孝孫，使汝受禄于天，宜稼于田，眉壽永年，勿替引之。」主祭置酒於席前，俯伏，興，再拜，跪受飯，嘗之，實於左袂，掛袂於季指，取酒，卒飲。執事者受盞，自右置注旁。受飯亦如之。主祭俯伏，興，立於東階上，西向。祝立於西階上，東向，告利成，降，復位。與在位者皆再拜，主祭不拜，降，復位。

辭神。　主祭者以下皆再拜。

納主。　主祭者與主婦皆升，各奉主，納於櫝。主祭以笥斂櫝，奉歸祠堂，如來儀。

徹。　主婦還，監徹。酒之在盞、注、他器中者，皆入於瓶，緘封之，所謂福酒。果蔬肉食，並傳之燕器。主婦監滌祭器而藏之。

餕。　是日，設席，男女異處。尊行自爲一列，南面，自堂中東、西分首。若止一人，則當中而坐。其餘以次相對，分東、西向就坐。行酒，薦食，酒饌不足，則以他酒他饌益之。將罷，主祭頒胙於內、外執事者，徧及微賤。其日皆盡。

神主。　《禮經》及《家禮》舊本於高祖上皆用「皇」字，今止用「顯」字。作主用栗。取法於時，日、月、辰。趺方四寸，象歲之四時；高尺有二寸，象十二月；身博三十分，象月之日；厚十二分，象日之辰。身、趺皆厚一寸二分。剡上五分爲圓首，首之下勒前爲額而判之，一居前，二居後。前四分，後八分。陷中以書爵、姓名、行，書曰「故某官某公諱某字某第幾神主」。陷中長六寸，闊一寸。合之植於趺。身出趺上一尺八分，併趺高一尺一寸。竅其旁以通中，如身厚三之一，謂圓徑四分。居二分之上。謂在七寸一分之上。粉塗其前，以書屬、稱，屬謂高、曾、祖、考。稱謂官或號行，如處士、秀才、幾郎、幾公。旁題主祀之名。曰「孝子某奉祀」。加贈易世，則筆滌而更之。水以洒廟墻。外改中不改。

蕙田案：明品官家廟，即《朱子家禮》而小有異耳。然非天子不議禮，載之《會典》，則一朝之制也，不嫌重見。

【王圻《續通考》】嘉靖十五年夏言疏言：「天下臣民，冬至日得祀始祖。臣案：宋儒程頤嘗修六禮，大略家必有廟，庶人立影堂，廟必有主，月朔必薦新，時祭用仲月，冬至祭始祖，立春祭先祖。至朱熹纂集《家禮》，❶則以爲始祖之祭近於逼上，❷乃刪去之。自是士庶家無復有祭始祖者。臣愚以爲，三代而下，禮教衰，風俗敝，衣冠之俗尚忘報本，況匹庶乎？程頤爲是緣情而爲，❸權宜以設教，事逆而意順者也。故曰：人家能存得此等事，雖幼者可使漸知禮義也。且禘，五年一舉，其禮最大。此所謂冬至祭始祖者，乃一年一行，酌不過三，物不過魚、黍、羊、豕，隨力所及，特時享常禮焉耳。禮

❶「集」，庫本無此字。

❷「爲」下，庫本有「爲」字。

❸下「爲」下，《續文獻通考》卷一一五有「指」字，《夏桂洲文集》卷一一有「制」字。

不與禘同。朱熹以爲僭而廢之，亦過矣。邇者面奏前事，伏蒙聖諭：『人皆有所本之祖，情無不同，此禮當通於上下。惟禮樂名物，不可僭擬，是爲有嫌，奈何不令人各得報本追遠耶？』大哉皇言！至哉皇心！非以父母天下爲王道者，不及此也。伏望皇上詔令天下臣民，得如程子之議，冬至祭厥初生民之始祖，立春祭始祖以下、高祖以上之先祖，皆設兩位於其席，但不許立廟以踰分，庶皇上廣錫類之孝，臣下無禘祫之嫌，愚夫愚婦得盡追遠報本之誠矣。」上是之。又禮官疏請：「自周以上，天子以至大夫士，各有祖廟，雖庶人亦各薦於寢。至秦滅學，斯禮乃失。天子之外，無敢有營私廟者。魏晉以降，始復廟制。許文武百官立家廟，以官品爲所祀世次之差。然位至通貴，猶不營廟，至有官爲立以愧之者，有至勤詔旨切責者，是豈獨禮教衰廢，狃故習常哉？亦由古今異儀，封爵殊制，事固有礙。而當時禮官又不能詳求典禮，制爲定論，使人有所依據，是以疑憚而不敢立耳。敢依倣古今，酌爲中制，以俟採擇。謹案：三代時有五廟、三廟、二廟、一廟之制者，以其有諸侯，有卿、大夫，上、中、下士之爵也。今官職既異，且無冢適世封之重，又無山川國邑之常，欲竊取古人之制而爲之，所謂刻舟膠柱矣。漢爲曹公立五廟，晉爲安昌公立六廟，後魏爲胡珍立五廟。至北齊以下，以從二品以上祀五代，五品以上祀三代，七品以上祀二代，或五廟、四廟、三廟、二廟、一廟，皆不可行。至宋程頤，始約之而歸於四世。上自公卿，下及士庶，莫不皆然。其言曰：『自天子至於庶人，五服皆自高祖。服既如此，則祭亦須如此。若止祭禰，是知母而不知父，非人道也。』朱熹以爲得祭祀本意。禮，大夫有事，『省於其君，干祫及其高祖』。此可爲立三廟而祭其高祖之驗。由是觀之，則廟雖有多寡，而祭皆及四親則一也。以是考之，則莫若官自三品以上爲五廟，以下皆四廟。爲五廟者，亦如唐制，五間九架，厦兩旁。隔板爲五室，中祔五世祖，旁四室，祔高、曾、祖、禰。爲四廟者，三間五架，中爲一室，祔高、曾，左右爲二室，祔祖、禰。若當祀始祖、先祖，則如朱熹所云，臨祭時作紙牌，祭訖焚之。然三品以上雖得爲五廟，若上無應立廟之祖，不得爲世祀不遷之祖，惟以第五世之祖奉爲五世，只名曰五世祖。必待世窮數盡，則以今之得立廟者爲世祀之祖，世祀而不遷焉。四品以下無此祖也，惟四世遞遷而已。至於牲、牢、俎、豆等物，惟依官品而設，不得同也。

蓋古者於四親之廟，有日祭、月祀、時享，數疏之不同，今不可考，然而皆在祭中，不可缺廢，則貴賤一也。是以因其可知而缺其不可知，是亦厚於孝養而不爲過也。若夫庶人祭於寢，無可説矣。伏乞詔令天下，使小大士庶皆得據而爲之。凡唐、宋以來，一切三廟、二廟、一廟，四世、三世、二世、一世之制，繁雜破碎，多礙而少通者，一切除去之，以五室、四室爲率，庶幾三代之制，程、朱之義，通融貫徹，並行不背矣。」從之。

蕙田案：夏氏之疏，殊有可議。程子謂不害祭及高祖，未嘗有五世祖也。古者諸侯五廟，以兼太祖廟言。今若大宗，無論矣，若非大宗，則無太祖廟，無太祖廟而祭及四世，則亦小宗之法也，四廟可矣。五世祖之祭，始於宋大觀中，朱子固嘗非之，此其可議者一。始祖、先祖之祭，朱子業已不行，而復行之，非禮意也。正不如丘氏以始遷祖及有封爵者爲始祖，準古之別子，爲不可易，此其可議者二。又云五品以下皆立四廟，如是，則皆繼高祖之宗則可，若繼祖、繼禰之宗，得無亂宗法乎？此尤可議者三。惟三品以上世窮數盡，則以得立廟者爲世祀之祖而不遷，此則合於禮經，通於萬世者也。

穆宗隆慶四年，詔祀太子少保、禮部尚書兼翰林院學士歐陽德于鄉。時江西撫按官言：德文章行業，爲世所重，其門人後學相與祀之，宜詔有司歲時舉祀，以從人望。禮部覆請，上特允之。

蕙田案：此與家廟之制雖若有別，然今日之事，最得禮意者，無如鄉祠。蓋大夫士之貴顯而有德望者，準之古禮，所謂別子也。別子百世不遷，然既無古者世禄之制，則其子孫之盛衰爲能祀與否，皆不可必。子孫既不能祀，而闕其血食焉，可乎？故不得已而爲之建祠。雖鄉祠，猶家祠也。此後世之權宜，而合古人之禮者與？

右歷代大夫士廟祭下。

五禮通考卷第一百十五

淮陰吳玉搢校字

五禮通考卷第一百十六

內廷供奉禮部右侍郎金匱秦蕙田編輯
太子太保總督直隸右都御史桐城方觀承同訂
兩淮都轉鹽運使德水盧見曾
按察司副使元和宋宗元 參校

吉禮一百十六

祀先代帝王

【《禮記·祭法》】夫聖王之制祭祀也，法施於民則祀之，【疏】若神農及后土、帝嚳，與堯及黃帝、顓頊與契之屬是也。以死勤事則祀之，【疏】若舜及鯀、冥是也。以勞定國則祀之，【疏】若禹是也。能禦大菑則祀之，能捍大患則祀之。【疏】若湯及文、武也。帝嚳能序星辰以著衆，【注】著衆，謂使民興事，知休作之期也。【疏】嚳能紀星辰，序時候以明著，使民休作有期，不失時節，故祀之也。堯能賞均刑法以義終，【注】賞，賞善，謂禪舜封禹、稷等也。能刑，謂去四凶。義終，謂既禪二十八載乃死也。【疏】五刑有宅，是能刑有法也。舜勤衆事而野死，【注】野死，謂征有苗，死于蒼梧也。【疏】舜征有苗，仍巡守陟方，而死蒼梧之野。鯀鄣洪水而殛死，【注】殛死，謂不能成其功也。【疏】鯀亦是有微功于人，故得祀之。又《世本》云「作城郭」，是有功也。鄭答趙商云：「鯀非誅死，故居東裔，至死不得反于朝。禹乃其子也，以有聖功，故堯興之。若以爲殺人父，用其子，而舜、禹何以忍乎？」禹能修鯀之功，黄帝正名百物以明民共財，顓頊能修之，【疏】正名百物者，雖有百物而未有名，黄帝爲物作名，正名其體也。以明民者，謂垂衣裳，使貴賤分明得其所也。共財者，謂山澤不鄣，教民取百物以自贍也。顓頊能修黄帝之法。契爲司徒而民成，【注】民成，謂知五教之禮也。冥勤其官而水死，【注】冥，契六世之孫也，其官玄冥，水官也。【疏】案《世本》契生昭明，昭明生相土，相土生昌若，昌若生曹圉，曹圉生根國，根國生冥，是契六世孫也。湯以寬治民而除其虐，文王以文治，武王以武功去民之菑，【注】虐、菑，謂桀、紂也。此皆有功烈于民者也。非此族也，不在祀典。【疏】若非上等無益于民者，悉不得與于祭祀之典也。

【《王制》】天子、諸侯祭因國之在其地而無主後者。【注】謂所因之國，先王先公有功德，宜享世祀，今絶無後，爲之祭主者。【疏】若天子因先公之後，亦祭先公。若諸侯因先王之後，亦祭先王。

葉氏夢得曰：「亡國絶世而無主後者，雖已廢而不可舉。然先王興滅繼絶，而因國亦祭者，所以見其仁也。」

胡氏銓曰：「因國謂所都所封之内，固古先聖哲所居之地。若晏子云『爽鳩氏始居此地，而後季崱因之，有逢伯陵因之，蒲姑氏因之，而後太公因之』之因也。」

右經傳古帝王祀典。

【《史記・封禪書》】秦并天下，令祠官所常奉，於湖有周天子祠。《索隱》曰：「《地理志》：『湖縣，屬京兆，有周天子祠二所在。』」

【《始皇本紀》】三十七年七月癸丑，始皇出游。十一月，行至雲夢，望祀虞舜于九疑山，上會稽祭大禹。

【《漢書・高祖本紀》】高祖立爲沛公，祀黄帝，祭蚩尤于沛庭而釁鼓。

應氏劭曰：「黄帝戰于版泉，以定天下。蚩尤亦古天子，好五兵，故祠祭之求福祥也。」

【《漢舊儀》】高祖五年，修復周家舊祠，祠后稷于東南，常以八月，祭以太牢，舞者七十二人，冠者五六三十人，童子六七四十二人，爲民祈農報功。

【《漢書・高祖本紀》】十二年十二月，詔曰：「秦皇帝、楚隱王、魏安釐王、齊愍王、趙悼襄王皆絶亡後。其與秦始皇帝守冢二十家，楚、魏、齊各十家，趙及魏公子亡忌各五家，令視其冢，復亡與他事。」

蕙田案：此爲帝王陵置守冢之始。

【《郊祀志》】天下已定，立蚩尤之祠于長安。南山巫祠南山、秦中。秦中者，二世皇帝也。各有時日。

人有言古天子常以春解祠，祠黄帝用一梟，破鏡。張晏曰：「黄帝，五帝之首也，歲之始也。梟，惡逆之鳥。方士虛誕，云以歲始祓除不祥，令神仙之帝食惡逆之物，使天下爲逆者破滅訖竟，無有遺育也。」孟康曰：「梟，鳥名，食母。破鏡，獸名，食父。黄帝欲絶其類，使百吏祠皆用之。」如淳曰：「漢使東郡送梟，五月五日作梟羹，以賜百官。以其惡鳥，故食之也。」師古曰：「解祠者，謂祠祭以解罪求福。」

【《武帝本紀》】元封元年冬十月，祠黄帝于橋山。

【《郊祀志》】其春，既滅南越。其來年北巡朔方，還祭黄帝冢橋山，釋兵涼如。上曰：「吾聞黄帝不死，有冢何也？」或對曰：「黄帝以僊上天，羣臣葬其衣冠。」

【《武帝本紀》】元封五年冬十月，行南巡狩，至于盛唐，望祀虞舜于九嶷。

【《郊祀志》】宣帝立黄帝祠于膚施。

【《後漢書·章帝本紀》】元和二年二月，東巡狩，使使者祀唐堯于成陽靈臺。郭緣生《述征記》曰：「成陽縣東南有堯母慶都臺，上有祠廟。堯母陵，俗亦名靈臺大母。」

【《安帝本紀》】延光二年二月，東巡狩。庚寅，遣使者祀唐堯成陽。

【《三國·魏志·文帝本紀》】黄初二年正月甲戌，校獵至原陵，遣使者以太牢祠漢世祖。

【《宋書·高祖本紀》】永初元年閏八月壬午朔，詔曰：「晉世帝、后及藩王諸陵守衛，宜便置格。」

宋顔延之《爲湘州祭虞舜文》：「惟哲化神，繼天作聖。藏器漁陶，致身愛敬。是以二妃嬪德，九子觀命。在麓不迷，御衡以正。唐曆既終，虞道乃光。咨堯授禹，素俎采堂。百齡厭世，萬里陟方。敬詢故老，欽咨聖君。職奉西湘，虔屬南雲。神之聽之，匪酒伊葷。」

【《南齊書·明帝本紀》】建武二年十二月丁酉，詔曰：「舊國都邑，望之悵然。况乃自經南面，負扆宸居，或功濟當時，德覃一世，而塋壠櫕穢，封樹不修，豈直嗟深牧豎，悲甚信陵而已哉！昔中京淪覆，鼎玉東遷。晉元締構之始，簡文遺咏在民。而松門夷替，埏路榛蕪，雖年代殊往，撫事興懷。晉帝諸陵，悉加修理，并增守衛。」

梁王僧孺《祭禹廟文》：「惟帝稟圖上昊，貽則下民。五聲窮聽，四乘兼往。輕璧惜景，既捨冠履；愛人忘我，不顧胼胝。下車以泣，事深罪己；憑舟靡懼，義存拯物。盛業方來，遺神如在。愛被昆蟲，理有好生之德；事安菲素，固無厚味之求。是用黍稷非馨，蘋蘩以薦。克誠斯享，憑心可答。」

【《北魏書·太祖本紀》】天興三年五月己巳，車駕東巡，遂幸涿鹿，遣使者以太牢祀帝堯、帝舜廟。

【《太宗本紀》】神瑞二年夏四月己卯，車駕北巡。六月壬申，幸涿鹿，登橋山，觀温泉，使使者以太牢祠黄帝廟。至廣寧，登歷山，祭舜廟。泰常七年九月辛酉，幸橋山，遣使者祠黄帝、唐堯廟。

【《世祖本紀》】神䴥元年八月，東幸廣寧，臨觀温泉，以太牢祭黄帝、堯、舜廟。

【《禮志》】文成帝和平元年正月，帝東巡，歷橋山，祀黄帝。先是，長安牧守常有事於周文、武廟。延興四年，坎地埋牲，廟玉發見。四月，詔東陽王丕祭文、武二廟。以廟玉露見，若即而埋之，或恐愚民將爲盗竊，勑近司收之府藏。

【《高祖本紀》】太和十六年二月丁酉，詔祀唐堯于平陽，虞舜于廣寧，夏禹於安邑，周文于洛陽。

【《禮志》】太和十六年二月丁酉，詔曰：「崇聖祀德，遠代之通典；秩缺三字，中古之近規。故三五至仁，唯德配享；夏殷私己，稍用其姓。且法施於民，祀有明典，立功垂惠，祭有恒式。斯乃異代同途，奕世共軌。今遠遵明令，憲章舊則，比于祀令，已爲決之。其孟春應祀者，頃以事殷，遂及今日。可令仍以仲月享祀焉。凡在祀令者，其數有五：帝堯樹則天之功，興巍巍之治，可祀於平陽；虞舜播太平之風，致無爲之化，可祀于廣寧；夏禹禦洪水之災，建天下之利，可祀于安邑；周文公制禮作樂，垂範萬葉，可祀于洛陽；其宣尼之廟，已于中省，當别勑有司。享薦之禮，自文公已上，可令當界牧守，各隨所近，攝行祀事，皆用清酌尹祭也。」

【《高祖本紀》】太和十九年夏四月癸丑，幸小沛，遣使以太牢祀漢高祖。

二十年五月丙戌，初營方澤于河陰，遣使者以太牢祭漢光武及明、章三帝陵。又詔漢、魏、晉諸帝陵，各禁方百步不得樵蘇踐踏。

二十一年三月乙未，車駕南巡。丙辰，次平陽，遣使者以太牢祭唐堯。夏四月庚申，幸龍門，遣使者以太牢祭夏禹。癸亥，行幸蒲坂，遣使者以太牢祭虞舜。戊辰，詔修堯、舜、夏禹廟。丙戌，遣使者以太牢祀漢帝諸陵。五月壬辰，遣使者以太牢祭周文王于豐，祭武王于鎬。

【《隋書·禮儀志》】禘祫之月，并以其日，使祀先代王公帝堯于平陽，以契配；帝舜于河東，咎繇配；夏禹於安邑，伯益配；殷湯于汾陰，伊尹配；文王、武王于豐渭之郊，周公、召公配；漢高帝於長陵，蕭何配。各以一太牢而無樂，配者饗于廟庭。

丘氏濬曰：「秦始皇南巡，望祀舜于九嶷，上會稽祭禹。北魏文成東巡歷橋山，祀黄帝。然皆因所至而祀也，未有常典。魏孝文太和，始詔祀堯、舜、禹及周公，然惟用清酌尹祭而已。至隋始定爲常祀，祀用太牢，而唐因之。」

蕙田案：祀有配食，亦始于隋制也。

【《隋書·高祖本紀》】開皇十四年冬閏十月甲寅，詔曰：「齊、梁、陳，往皆創業一方，綿歷年代。既宗祀廢絶，祭奠無主，興言矜念，良以愴然。莒國公蕭琮及高仁英、陳叔寶等，宜令以時修其祭祀。所須器物，有司給之。」

蕙田案：仁人之言藹如此，祭勝國之典也。

【《煬帝本紀》】大業二年十月庚寅，詔曰：「前代帝王因時創業，君民建國，禮尊南面。而曆運推移，年世永久，丘壟殘毁，樵牧相趨，塋兆堙蕪，封樹莫辨。興言淪滅，有愴於懷。自古已來帝王陵墓，可給隨近十户，蠲其雜役，以供守祀。」

【《舊唐書·高祖本紀》】武德三年春正月，幸蒲州，命祀舜廟。

【《唐書·高祖本紀》】武德三年六月癸卯，詔隋帝及其宗室柩在江都者，爲塋窆，置陵廟，以故宫人守之。

【《舊唐書・太宗本紀》】貞觀四年九月壬午，令自古明王聖帝墳墓，無得芻牧，春秋致祭。　十一年二月甲子，幸洛陽宫，命祭漢文帝。　十六年冬十一月丙辰，狩于岐山。辛酉，使祭隋文帝陵。

【《禮儀志》】貞觀之禮，無祭先代帝王之文。顯慶二年六月，禮部尚書許敬宗等奏曰：「請案《禮記・祭法》云：『聖王之制祀也，法施于人則祀之，以死勤事則祀之，以勞定國則祀之，能禦大災則祀之，能捍大患則祀之。』又『堯、舜、禹、湯、文、武有功烈于人，及日月星辰，人所瞻仰。非此族也，不在祀典』。準此，帝王合與日月同例，常加祭享，義在報功。爰及隋代，並遵斯典。漢高祖祭法無文，但以前代迄今，多行秦漢故事。始皇無道，所以棄之。漢祖典章，法垂于後。自隋以下，亦在祀例。❶伏惟大唐稽古垂化，網羅前典，惟此一禮，咸秩未申。今請聿遵故事，三年一祭。以仲春之月，祭唐堯於平陽，以契配；祭虞舜于河東，以咎繇配；祭夏禹于安邑，以伯益配；祭殷湯于偃師，以伊尹配；祭周文王于酆，以太公配；祭武王于鎬，以周公、召公配；祭漢高祖于長陵，以蕭何配。」

【《册府元龜》】景龍三年十二月甲午，幸新豐温湯，境内有自古帝王陵，致祭。

【《褚無量傳》】開元五年，帝幸東都。無量上言：「昔虞舜之狩，秩山川，徧羣神。漢孝景祀黄帝橋山，孝武祀舜九疑，高祖過魏祭信陵君墓，過趙封樂毅後，孝章祠桓譚冢。願陛下所過名山、大川、丘陵、

❶「祀」，《舊唐書・禮儀志四》作「祠」。

壝衍，古帝王、賢臣在祀典者，並詔致祭。自古受命之君，必興滅繼絶，崇德報功。故存人之國，大于救人之災；立人之後，重于封人之墓。願到東都，收敘唐初逮今功臣世絶者，雖在支庶，咸得承襲。」帝納其言，即詔無量祠堯平陽，宋璟祠舜蒲坂，蘇頲祠禹安邑，所在刺史參獻。❶

開元十二年十一月庚午，幸東都，勅有司所經自古帝王陵，精意致祭，以酒脯時果，用代牲牢。

【《開元禮》】有司享先代帝王：

前享五日，諸享官各散齋三日于正寢，致齋二日于其廟所，如别儀。無廟者祭于壇。其壇制，准州社壇。其祭官，以當州長官充，無，以次通取也。諸享官致齋之日，給酒食及明衣，各習禮於齋所。

前享一日，所管縣官清掃内外，整拂神座，無廟者，享日未明，縣官率其屬入詣壇東陛，升設神座于壇上，近北，南向，席以莞。以後陳設行事，依在廟之位。設配座于神座東南，西向，席以莞。又爲瘞坎于廟後壬地，方、深取足容物。贊禮者設初獻位于東階東南，亞獻、終獻于初獻之南，少退，俱西向，北上。設掌事者位于終獻東南，重行，西面，以北爲上。設贊唱者于終獻西南，西向，北上。設望瘞位于廟堂東北，西向。又設贊唱者位于瘞埳東北，南向，東上。設享官以下位于南門之外道東，重行，西面，以北爲上。無廟者，即設享官以下位于壇壝門之外道南，重行，北面，西上。祭器之數，每座罇六，籩十，豆十，簠二，簋二，鉶三，俎三。縣官率其屬升，設罇于廟堂上前楹間室户之外，北向。正座之罇在西，配座之罇

❶「所在」，《新唐書·儒學傳下·褚無量》作「在所」。

在東。鐏皆加勺冪，有坫，以置爵。設幣篚于鐏所。設洗于東階東南，北向，東西當東霤，南北以堂深。罍水在洗東，篚在洗西，南肆。實爵三、巾二在篚，加勺冪。執鐏、罍、洗、篚者，各依于鐏、罍、洗、篚之後。

享日，未明，烹牲于厨。夙興，掌饌者實祭器。牲體，牛、羊、豕，皆載右胖。前脚三節，節一段，皆載之。後脚三節，節一段，去上節，載下二節。又取正脊、脡脊、正脅、代脅，各二骨以並，餘皆不設。簠實稷黍，簋實菽粱。籩十，實石鹽、乾魚、棗、栗、榛、菱、芡、鹿脯、白餅、黑餅。豆十，實韭菹、醓醢、菁菹、鹿醢、芹菹、兔醢、筍菹、魚醢、脾析菹、豚胉。❶若土無者，各以其類充之。諸享官以下各服祭服。三品毳冕，四品繡冕，❷五品玄冕，六品以下爵弁。縣官率其屬，入實鐏罍及幣。每座之鐏，一實醴齊，一實盎齊，一實清酒。其玄酒各實于上鐏。幣用帛，長丈八尺，色用白也。祝版各置于坫。贊唱者先入就位，祝與執鐏、罍、篚者入，立于庭，重行，北面，以西爲上。立定，贊唱者曰「再拜」，祝以下俱再拜。執鐏者升自東階，壇則升自東陛。立于鐏所。執鐏、罍、篚者各就位，升自東階。行掃除于上，降掃除于下。訖，各引就位。

質明，贊禮者引享官以下俱就門外位。少頃，贊禮者引享官以下以次就位。立定，贊唱者曰「再拜」，在位者皆再拜。贊禮者進初獻之左，白「有司謹具，請行事」，退復位。祝跪取幣于篚，各立于鐏所。掌饌者率執饌者奉饌，陳于南門之外。壇則奉饌，陳于東壝門之外。贊禮者引初獻升自東階，其壇則升自南陛。以後初獻升降，皆準此。進當神座前，北向立。祝以幣東向進，初獻受幣，祝還鐏所。

❶「析」，原作「菜」，據《大唐開元禮》卷五〇改。
❷「繡」，庫本及《大唐開元禮》卷五〇作「絺」。

贊禮者引初獻入，跪奠于神座，興，出户，北向再拜。贊禮者引初獻入，當配座西壁下，東面立。祝以幣北向進，初獻受幣，祝還罇所。贊禮者引初獻進，東面，跪奠于配座，興，退復位，東面再拜。贊禮引初獻降復位。掌饌者引饌入，升自東階。壇則升自南陛。祝迎，引于階上。各設于神座前。掌饌者帥執饌者各復本位。祝還罇所。贊禮者引初獻詣罍洗，盥手、洗爵，升自東階，詣酒罇所。執罇者舉冪，初獻酌醴齊，贊禮者引初獻入，詣神座前跪奠爵，興，出户，北向立。祝持版進于神座之右，東面跪，讀祝文迄，興，❶帝嚳氏云：「維某年歲次月朔日，子開元神武皇帝某，❷謹遣具官姓名，敢昭告于帝高辛氏：惟帝能序星辰，功施萬物。式遵祀典，❸敬以制幣、犧齊、粢盛、庶品，祇薦于帝高辛氏。尚饗。」帝堯云「敢昭告于帝陶唐氏：惟帝則天而行，光被四表。式遵祀典，敬以制幣」云云。配座云「敢昭告于唐司徒：惟公敬敷五教，弘贊彝倫。率由舊章，配享于帝陶唐氏」云云。帝舜云「敢昭告于帝有虞氏：惟帝道光七政，❹績宣五典。式遵舊章」云云。配座云「敢昭告於皋陶氏：伏惟爰定五刑，❺載敷九德。❻率由舊典」云云。夏王禹云「敢昭告于夏王禹：惟王克平九土，功施萬代。式遵故實」云云。配座云「敢昭告于伯益氏：惟公贊敷下土，克蕃庶物。率由舊章，配享于夏王禹」云云。殷王湯云「惟王革命黜暴，功濟天下。式遵祀典」云云。配座云「敢昭告于伊尹氏：惟公弼諧政道，功格天地。率由故實」云云。周文王云「惟王受命作周，經緯天地。式遵祀典」云云。配座云「敢昭告于太公：惟公純德孔明，翼成周室。率由舊典」云云。周武王云「應天順人，克定禍亂。式遵祀典」云云。配座云「敢昭告于周文公、召康

❶「迄興」，原作「曰」，據《大唐開元禮》卷五〇改。
❷「某」，原作「諱」，據《大唐開元禮》卷五〇改。
❸「祀」，《大唐開元禮》卷五〇作「祠」。此段下注文同。
❹「光」，原作「先」，據《大唐開元禮》卷五〇改。
❺「伏惟」，原作「惟神」，據《大唐開元禮》卷五〇改。
❻「敷」，原作「孚」，據《大唐開元禮》卷五〇改。

公：惟公道光十亂，功著分陝。率由舊典」云云。漢高帝云「神武膺期，撫安區夏。式遵祀典」云云。配座云「敢昭告于蕭相國：惟公翼成漢業，厥功惟茂。率由舊章」云云。初獻再拜，祝進跪奠版于神座，興，還罇所。贊禮者引初獻官詣配座酒罇所，取爵于坫。執罇者舉冪，初獻酌醴齊，贊禮者引初獻入，東面跪奠于配座前，興，進立于西壁下，東面立。祝持版入，立于配座之左，北面，跪讀祝文。訖，興，初獻再拜。祝進，跪奠版于配位。興，還罇所。贊禮者引初獻出户，北向立。祝各以爵酌清酒，合置一爵。太祝持爵，進於初獻之右，西向立。初獻再拜受爵，跪，祭酒啐酒，奠爵，興。祝各帥執饌者，以俎跪，減神座前三牲胙肉，各取前脚第二節，共置一俎上，以授初獻。初獻受，以授掌饌者。初獻跪取爵，遂飲，卒爵。祝進受爵，復于坫。初獻興，再拜。贊禮者引初獻降復位，于初獻飲福。

贊禮者引亞獻詣罍洗，盥手，洗爵，升自東階，詣酒罇所。執罇者舉冪，亞獻酌盎齊。贊禮者引亞獻入詣神座前，北面跪，奠爵，興，出户，北面再拜。贊禮者引亞獻詣配座酒罇所，取爵于坫，執罇者舉冪，亞獻酌盎齊。贊禮者引亞獻入詣配座前，東向跪，奠爵，興，退于西壁下，東面，再拜，出户，北向立。祝各以爵酌清酒，合置一爵。一太祝持爵進亞獻之右，西面立。亞獻再拜受爵，跪祭酒，遂飲，卒爵。祝受爵復于坫。亞獻興，再拜。贊禮者引亞獻降復位。

初、亞獻將畢，贊禮者引終獻，盥洗、升獻、飲福，如亞獻之儀。訖，贊禮者引終獻降復位。祝各進神座前，跪，徹豆，興，還罇所。贊唱者曰「再拜」，非飲福受胙者，皆再拜。再拜。訖，贊唱者又曰「再拜」，獻官以下皆再拜。

贊禮者進初獻之左，白「請就望瘞位」，贊禮者引初獻就望瘞位，西向立。贊唱者轉立于望瘞東北位。初獻官拜訖，祝各進神位前，跪取幣，興，降自西階，壇則降自南陛。詣瘞坮北，南面，以幣置于坮。贊唱者曰「可瘞」，坮東西面各二人，填土半坮。贊禮者進初獻之左，白「禮畢」，遂引初獻以下出。贊唱者還本位，祝與執罇罍者俱復執事位。立定，贊唱者曰「再拜」，祝以下皆再拜以出。祝版焚于齋所。

【《唐書·禮樂志》】中祀古帝王祠壇，廣二丈五尺，高三尺，四出陛。以犧尊實醍齊，象尊實盎齊，山罍實酒，皆二。幣以白，長八尺。每三年，祭三代帝王及配座。籩、豆皆十，簠二、簋二、俎三，牲以太牢。

【《文獻通考》】開元二十一年雲州置魏孝文帝祠堂，有司以時享祭。

【《舊唐書·玄宗本紀》】開元二十二年春正月，制古聖帝、明王用牲牢，餘並以酒脯充奠。

天寶六載正月，制三皇五帝廟，以時享祭。

【《文獻通考》】天寶六載勅：「三皇五帝，創物垂範。永言龜鏡，宜有欽崇。三皇，伏羲以勾芒配，神農以祝融配，黄帝以風后、力牧配；五帝，少昊以蓐收配，顓頊以玄冥配，高辛以稷、契配，唐堯以羲仲、和叔配，虞舜以夔、龍配。其擇日及置廟地，量事營立。其樂器，請用宫懸。祭以少牢，仍以春秋二時致享，共置令丞、太常寺檢校。」

丘氏濬曰：「案此祀三皇之始。前此堯、舜，各祭于所都之地，今乃併三皇立廟焉。」

蕙田案：此三皇五帝立廟之始。

【《舊唐書·玄宗本紀》】天寶七載五月詔：

三皇以前帝王，京城置廟，以時致祭。其歷代帝王肇跡之處未有祠宇者，所在各置一廟。

【《文獻通考》】天寶七載詔：「上古之君，存諸氏號。雖事先書契，而道著皇王。緬懷厥功，寧忘咸秩。其三皇已前帝王，宜于京城內共置一廟，仍與三皇五帝廟相近，以時致祭。天皇氏、地皇氏、人皇氏、有巢氏、燧人氏，其祭料及樂，請準三皇五帝廟，以春秋二時享祭。歷代帝王肇跡之處未有祠宇者，所由郡置一廟享祭，仍取當時將相德業可稱者二人配享。夏王都安邑，以伯益、伯夷配；殷王湯都亳，以伊尹、仲虺配；周文王都酆，以師鬻熊、太公望配；周武王都鎬，請入文王廟同享，以周公、召公配；秦始皇都咸陽，以李斯、王翦配；漢高祖起沛，以蕭何、張良配；後漢光武皇帝起南陽，以鄧禹、耿弇配；魏武皇帝都鄴，以荀彧、鍾繇配；晉武帝都故洛陽，以張華、羊祜配；後魏道武皇帝起雲中，以長孫嵩、崔玄伯配；後周文帝起馮翊，以蘇綽、于謹配；隋文帝封隋漢東，以高熲、賀若弼配。並令郡縣長官，春秋二時，擇日準前致祭。其歷代帝王廟，每所差側近人不課户四人，有闕續填，仍關户部處分。」

丘氏濬曰：「案此祀三皇以前帝王之始。然皇莫大于伏羲、神農、黄帝；帝莫盛于少昊、顓頊、高辛、堯、舜；王莫備于禹、湯、文、武。經史所紀者，僅此而已。三皇以前，世涉洪荒，事屬茫昧。有陵墓者，命有司守之，不立廟祀可也。」

蕙田案：此歷代帝王立廟之始。

【《舊唐書·玄宗本紀》】天寶九載冬十一月辛丑，立周武王、漢高祖廟于京城，司置官吏。

蕙田案：此别立帝王廟。

【《文獻通考》】代宗永泰二年，詔道州舜廟宜蠲近廟佃户，充掃除。

丘氏濬曰：「玄宗時，嘗令歷代帝王廟每所差側近人四户，有闕續填。其後有勅廢之。至是，代宗從道州刺史元結請，而有此舉。」

大曆五年，鄜坊節度使上言，坊州軒轅皇帝陵闕，請置廟，四時列于祀典。

憲宗元和十四年，勅周文王、武王祠宇在咸陽縣，宜令有司精加修飾。

【王圻《續通考》】唐昭宗乾寧四年，建漢昭烈一廟在涿州西南樓桑村。明洪武間重修。

【《宋史·太祖本紀》】建隆元年春正月丁巳，命周宗正郭玘祀周陵廟，仍以時祭享。五月己酉，西京作周六廟成，遣官奉遷。秋七月甲子，遣工部侍郎艾穎拜嵩慶陵。八月辛未，遣郭玘享周廟。

【《禮志》】建隆元年詔：前代帝王陵寢，或樵採不禁，風雨不庇。宜以郡國置户以守，隳毁者修葺之。

【《太祖本紀》】建隆二年春正月己未，遣郭玘享周廟。夏四月壬寅，詔郡國置前代帝王、賢臣陵冢户。

乾德元年六月丙申詔：歷代帝王，三年一享，立漢光武、唐太宗廟。

【《禮志》】乾德初，詔：「歷代帝王，國有常享，著于甲令，可舉而行。自五代亂離，百司廢墜，匱神乏祀，闕孰甚焉！案《祀令》，先代帝王，每三年一享，以仲春之月，牲用太牢，祀官以本州長官，有故則上佐行事。官造祭器，送諸陵廟。」又詔：「先代帝王，載在祀典，或廟貌猶在，久廢牲牢，或陵墓雖存，不禁樵採。其太昊、女媧、❶炎帝、黄帝、顓頊、❷高辛、唐堯、虞舜、夏禹、成湯、周文王、武王、漢高帝、光武、唐高祖、太宗，各置守陵五户，歲春秋祀以太牢；❸商中宗太戊、高宗武丁、周成王、康王、漢文帝、宣帝、魏太祖、晉武帝、後周太祖、隋高祖，各置三户，歲一享以太牢；秦始皇帝、漢景帝、武帝、明帝、章帝、魏文帝、後魏孝文帝、唐玄宗、肅宗、憲宗、❹宣宗、梁太祖、後唐莊宗、明宗、晉高祖，各置守陵兩户，三年一祭以太牢；周桓王、靈王、❺景王、威烈王、漢元帝、成帝、哀帝、平帝、和帝、殤帝、安帝、順帝、冲帝、質帝、獻帝、魏明帝、高貴鄉公、陳留王、晉惠帝、懷帝、愍帝、西魏文帝、東魏孝静帝、唐高宗、中宗、睿宗、德宗、順宗、穆宗、代宗、敬宗、文宗、武宗、懿宗、僖宗、昭宗、梁少帝、後唐末帝，諸陵常禁樵採。」尋又禁河南府民耕晉、漢廟壖地。

丘氏濬曰：「宋太祖次序歷代帝王，給守陵户，命有司致享，可謂忠厚之至矣。但其所品第者，亦有未盡善者焉。其第一等十六帝，給民五户；第二等十帝，給民三户；第三等十五帝，給民二户，皆令有司歲祀。第四等惟禁樵採，無陵户，無祭祀。其第一等皆創業之君，無可議者。

❶「女媧」，原脱，據《宋會要·禮》三八之一、《文獻通考》卷一〇三補。

❷「顓頊」，原脱，據《宋會要·禮》三八之一、《文獻通考》卷一〇三補。

❸「祀」，《宋史·禮志八》作「祠」。

❹「肅宗憲宗」，原作「憲宗肅宗」，據《宋會要·禮》三八之一、《文獻通考》卷一〇三改。

❺「靈王」，原脱，據《宋會要·禮》三八之一、《文獻通考》卷一〇三補。

其第二等曹操以篡得國，未嘗即帝位也，而亦列于成、康、漢文之間；朱温篡弑其君，無復人理，而亦得預于景、武、元、憲之列，則似無別矣。至於北朝五代之陵墓皆禁樵採，而於南朝獨遺者，是時吳、蜀未平也。嗚呼！宋祖此舉，雖若爲崇奉帝王而設，然其品第之間，亦寓抑揚之意。後世人主鑒之，亦知所以自勉矣。」

【《文獻通考》】乾德二年十一月太常博士聶崇義上言：「準《祠令》，周文王以太公配。唐天寶七載，以師鬻熊及太公望配。伏緣太公已封武成王，春秋釋奠。望自今止以鬻熊配享。」奏可。

【《宋史·太祖本紀》】乾德四年九月丙午詔，吴越立禹廟于會稽。冬十月癸亥，詔諸郡立古帝王陵廟。

【《路史》】乾德四年，詔置女皇氏守陵五户，春祭少牢。

【《宋史·太祖本紀》】開寶三年九月甲辰，詔西京、鳳翔、雄、耀等州，周文、成、康三王，秦始皇、漢高、文、景、武、元、成、哀七帝，後魏孝文、西魏文帝、後周太祖、唐高祖、太宗、中宗、肅宗、代宗、德、順、文、武、宣、懿、僖、昭諸帝，凡二十七陵，常被盜發者，有司備法服、常服各一襲，具棺槨重葬，所在長吏致祭。

四年三月，增前代帝王守陵户二。夏四月辛卯，發廂軍千人，修前代帝王陵寢之在秦者。

九年秋七月丁亥，命修先代帝王祠廟。

【《真宗本紀》】咸平元年十一月甲子，詔葺歷代帝王陵廟。景德元年冬十月壬午，詔修葺歷代聖賢陵墓。

【《禮志》】景德元年，詔前代帝王陵寢並禁樵採，摧毁者官爲修築，無主者，碑碣石獸之類敢有壞者，論如律。仍每歲首所在舉行此令。

【《真宗本紀》】景德四年二月，命吏部尚書張齊賢祭周六廟。戊子，葺周六廟。庚寅，詔河南府置五代漢高祖廟。辛卯，車駕發西京。甲午，次鄭州，遣使祀周嵩、懿二陵。

【《玉海》】大中祥符元年，王欽若言瑕邱堯祠前得芝草，九本連理者四。甲辰，命欽若祭堯祠。

【《文獻通考》】大中祥符三年，令西京葺後唐莊宗廟。

【《宋史·真宗本紀》】大中祥符四年三月丁亥，詔葺歷代帝王祠廟。

【《文獻通考》】四年，祀汾陰，駐蹕河中府。遣官致祭緣路帝王祠廟，神帳、畫壁，並加葺治。令衡州葺神農廟。

【《宋史·真宗本紀》】大中祥符六年六月丁丑，崇飾諸州黄帝祠廟。

【《文獻通考》】大中祥符六年詔：諸州有黄帝祠廟，並加崇葺。

【《宋史·真宗本紀》】天禧元年六月庚辰，盜發後漢高祖陵，論如律，并劾守土官吏。遣内侍王克讓以禮治葬，知制誥劉筠祭告。因詔州縣，申前代帝王陵寢樵採之禁。

【《禮志》】熙寧元年，從知濮州韓鐸請：「堯陵在雷澤縣東穀林山，陵南有堯母慶都靈臺廟，請勅本州春秋致祭，置守陵五户，免其租，奉洒掃。」又以中丞鄧潤甫言，唐諸陵除已定頃畝外，❶其餘許耕佃爲守陵户，餘並禁止。

【《鄧潤甫傳》】潤甫爲御史中丞，上言：

❶「除」，原作「餘」，據庫本及《宋史·禮志八》改。

「興利之臣，議前代帝王陵寢，許民請射耕墾，而司農可之。唐之諸陵，因此悉見芟刈，昭陵喬木，剪伐無遺。熙寧著令，本禁樵采，遇郊祀則勑吏致祭，德意可謂遠矣。小人掊克，不顧大體。願絀創議之人，而一切如令。」從之。

【《文獻通考》】熙寧四年，詔周嵩、慶、懿三陵柏子户留七户，餘放歸農，仍命歲時加修葺。

十年，詔永興軍自漢以來諸陵下閑地，歲收州縣，以其錢修葺陵墓。

【《宋史·禮志》】元祐六年，詔相州商王河亶甲冢載祀典。先是，乾德中，定先代帝王配享儀，下諸州以時薦祭，牲用羊、豕。政和議禮局遂爲定制。

【《文獻通考》】徽宗政和三年，議禮局上《五禮新儀》：仲春、仲秋享歷代帝王：女媧氏於晉州，無配；帝太昊氏於陳州，以金提、勾芒配；帝神農氏於衡州，以祝融配；帝高陽氏於澶州，以玄冥配；帝高辛氏應天府，無配；帝陶唐氏濮州，以禼配；帝有虞氏於道州，以庭堅配；夏王大禹於越州，以伯益配；商王高宗於陳州，以甘盤、傅説配；商王成湯於慶成軍，以伊尹配；商王中宗於大名府，以伊陟、臣扈配；周文王以鬻熊配，武王以召康公配，成王以周文公、唐太叔配，康王以畢公配，秦始皇帝以李斯、蒙恬、王翦配，漢高皇帝以蕭何配，太宗孝文皇帝以陳平、周勃、宋昌、劉章配，孝景皇帝以竇嬰、申屠嘉配，世宗孝武皇帝以公孫弘、衛青、霍去病、金日磾配，中宗孝宣皇帝以丙吉、魏相、霍光、張安世配。自周文王至漢宣帝，並於永興軍。後漢世祖光武皇帝於河南府，以鄧禹、吴漢、賈復、耿弇配；

魏文皇帝於河南府，以賈詡、王景興、曹真、辛毗配；後周太祖於耀州，以齊煬王憲、蘇綽、于謹、盧辯配；隋高祖皇帝於鳳翔，以牛里仁、高熲、賀若弼配；唐高祖神堯皇帝於耀州，以趙郡王孝恭、殷開山、劉政會、淮安王神通配；太宗文皇帝於永興軍，以長孫無忌、房喬、杜如晦、魏玄成、李靖配；明皇帝於華州，以張説、郭元振配；肅宗宣孝皇帝於永興軍，以苗晉卿、裴冕配；憲宗章武皇帝於華州，以裴度、杜佑、李愬配；宣宗獻文皇帝於耀州，以夏侯孜、白敏中、馬植配；後唐莊宗皇帝以郭崇韜、李嗣昭、符存審配，明宗皇帝以霍彦威、任圜配，晉高祖皇帝以桑維翰、趙瑩配，漢高祖皇帝無配。自後唐莊宗至漢高祖皇帝，並於河南府。周嵩陵太祖皇帝、慶陵世宗皇帝於鄭州。

建炎元年十一月丙寅，郊赦：歷代聖帝、明王、忠臣、烈士有功于民、載在祠典者，命所在有司祭之。自後凡赦皆如之。

【《宋史·禮志》】紹興元年，命祠禹于越州，及祠越王勾踐，以范蠡配。

【《文獻通考》】孝宗乾道四年，加封楚州顯濟廟靈感王，乃吳主孫皓祠。汪太猷等使虜還，言其靈感，故加封，仍命使人往來，皆前期祭之。

淳熙四年，静江守臣張栻謂：「臣所領州有唐帝祠，去城二十里，而近其山曰堯山，高廣爲一境之望。祠雖不詳所始，然有唐衡嶽道士彌明詩刻，即知其來舊矣。有虞帝祠，去城五里，而近其山曰虞山。灕江滙其左，曰皇澤之灣，有大曆中磨崖碑，載刺史李昌夔修祠事。臣已肇修祠宇，請著之祀典，俾長吏檢校葺治。」從之。

【《宋史·孝宗本紀》】淳熙十四年六月，詔衡州葺炎帝陵廟。

【《文獻通考》】淳熙十四年，衡州守臣劉清之奏：「史載炎帝陵在長沙茶陵，今衡州茶陵縣是也。陵廟在康樂鄉白鹿源，距縣百里，而祠宇廢。祖宗時給近陵七户守視，禁其樵牧。宜復建廟，給陵户。」禮官請如故事，命守臣行之。

【王圻《續通考》】寧宗嘉定時，廖德明重建舜廟于韶州黄崗嶺下。又衡州刺史劉清之重建舜廟于衡陽。

淳祐八年二月，荆湖帥臣陳韡奏：「國家以火德王，于火德之祀，合加欽崇。炎帝陵在衡州茶陵縣，廟久弗治。乞相度興修，以稱崇奉之意。」從之。

【《金史·禮志》】諸前代帝王。三年一祭，于仲春之月，祭伏羲于陳州，神農于亳州，軒轅于坊州，少昊于兖州，顓頊于開州，高辛于歸德府，陶唐于平陽府，虞舜、夏禹、成湯于河中府，周文王、武王于京兆府。泰和三年，尚書省奏：「太常寺言：『《開元禮》祭帝嚳、堯、舜、禹、湯、文、武、漢祖祝版請御署。《開寶禮》羲、軒、顓頊、帝嚳、陶唐、女媧、成湯、文、武請御署，自漢高祖以下二十七帝不署。』平章政事鎰、左丞匡、太常博士温迪罕天興言：『方岳之神，各有所主，有國所賴，請御署固宜。至於前古帝王，寥落杳茫，列於中祀，亦已厚矣，不須御署。』參知政事即康及鉉以爲，三皇、五帝、禹、湯、文、武，皆垂世立教之君，唐宋致祭皆御署，而今降祝版不署，恐于禮未盡。不若止從外路祭社稷及釋奠文宣王例，不降祝版，而令學士院定撰祝文，頒各處爲常制。」勅命依期降祝版，而不請署。

【《章宗本紀》】泰和四年二月庚戌，始祭三皇、五帝、四王。三月，詔定前代帝王合致祭者。尚書省奏：「三皇、五帝、四王，已行三年一祭之禮。若夏太康，殷太甲、太戊、武丁，周成王、康王、宣王，漢高祖、文、景、武、宣、光武、明帝、章帝，唐高祖、文皇一十七君，致祭爲宜。」從之。

【《元史·祭祀志》】自古帝王而下，祭器不用籩豆簠簋，❶儀非酌奠者，有司便服行禮，三上香、奠酒而已。凡有司致祭先代聖君、名臣，皆有牲無樂。

【《世祖本紀》】中統三年夏四月辛卯，修河中禹廟，賜名建極宮。四年六月，建帝堯廟于平陽，仍賜田五十頃。至元元年秋七月丁酉，龍門禹廟成，命侍臣阿合脱因代祀。

【《祭祀志》】堯帝廟在平陽。舜帝廟河東、山東濟南歷山、濮州、湖南道州皆有之。禹廟在河中龍門。至元元年七月，龍門禹廟成，命侍臣持香致敬，有祝文。

【《世祖本紀》】至元五年九月，建堯廟。

【《祭祀志》】至元十二年二月，立伏羲、女媧、舜、湯等廟于河中解州、洪洞、趙城。十五年四月，修會川縣盤古皇祠，祀之。二十四年閏二月，勑春秋二仲丙日祀帝堯廟。

致和元年，禮部移太常送博士議：「舜、禹之廟，合依堯祠故事。每歲春秋仲月上旬卜日，有司蠲潔致祭，官給祭物。」

【《文宗本紀》】至順元年三月，命彰德路歲祭羑里周文王祠。

【《祭祀志》】至順元年三月，從太常奉禮郎薛元德言，彰德路湯陰縣北故羑里城周文

❶「用」，原作「同」，據《元史·祭祀志五》改。

王祠，命有司奉祀，如故事。

【元歐陽玄《禹王廟記略》】在昔唐虞之世，洪水横流，民無底居，而天下幾不國矣。大禹出而治之，然後九州以平，五行以順，而民生衣食于彝倫攸敘之中，迨於今幾四千年矣。所謂盛德當祀，宜與天地相爲無窮也。安邑，夏后氏之故都，邑之人尤重祀禹。後魏分其東爲夏縣，邑之故墟存焉。上有大禹廟四楹，創始歲月，莫有記焉，且隘陋弗稱，歲久將傾。泰定甲子初，静海縣達魯花赤瑞著致仕家居，爰咨于衆，合謀新之。廟成有日，而瑞著卒，遂中寢。邑士劉思義出己資以竟其功。於故殿址廣植八楹，殿之北復作四楹，以塗山后配焉。左右翼以邃廡，嚴侐宏敞，信足以萃人心、祀盛德矣。聞龍門之水噴薄激越，聲如萬雷，意疏鑿之初，其功殆與神明侔也。歷代廟祀，固宜在焉。然安邑山川形勢，則大行、王屋、箕山、三門在其東，龍門、壺口在其西，其陽則雷首、汾陰，其陰則平陽、霍岳也。邑大夫士庶歲時則具牲牷，舉粢盛，潔酒醴，登于廟，而左右瞻顧。其隨山刊木，跋履險阻，舟車橇梮之載，疏鑿排決之勞，膚肢胼胝，過其門而不入者，可想像而見也。《傳》曰：「見河洛而思禹功。」況其故都，實治水之功所在，而朝覲謳歌歸于吾君之子之地，其感人思深矣，是尤宜爲廟食之所在也。

【《禮志》三皇廟祭祀禮樂】

至正九年，御史臺以江西湖東道肅政廉訪使文殊訥所言：「三皇開天立極，功被萬世。京師每歲春秋祀事，命太醫官主祭，揆禮未稱。請如國子學、宣聖廟春秋釋奠。上遣中書省臣代祀，一切儀禮倣其制。」中書付禮部集禮官議之。是年十月二十四日，平章政事大不花、定住等以聞，制曰「可」。於是命太常定儀式，工部範祭器，浙江行省製雅樂器。復命太常博士定樂曲名，翰林、國史院撰樂章十有六曲。明年，祭器、樂器俱備，以醫籍百四十有八户充廟户禮樂生。御藥院大使盧亨素習音律，受命教樂工四十有二人，各執其技，乃季秋九月九日蕆事。宣徽供禮饌，光禄勳共内醖，太府共金帛，廣源庫共薌炬，大興府尹共犧牲、制幣、粢盛、殽核。中書奏擬三獻官以次定，諸執事並以清望充。前一日，内降御香，三獻官以下公服備大樂儀仗迎香，至開天殿庋置。退習明日祭儀，習畢就廟齋宿。京朝文武百司與祭官如之，各以禮助祭。翰林詞臣具祝文，曰「皇帝敬遣某官某致祭」。

樂章：

降神，奏《咸成》之曲。黄鍾宫三成　於皇三聖，神化無方。繼天立極，垂憲百王。聿崇明祀，率由舊章。靈兮來下，休有烈光。

降神，奏《賓成》之曲。大吕角二成　帝德在人，日用不知。神之在天，矧可度思。辰良日吉，蕆事有儀。感之至誠，尚右享之。

降神，奏《顧成》之曲。太簇徵二成　大道之行，肇自古先。功烈所加，何千萬年。是尊是奉，執事孔虔。神哉沛兮，泠風駁然。

降神，奏《臨成》之曲。應鍾羽二成　雅奏告成，神斯降格。妥安有位，清廟奕奕。盼蠁潛通，豐融烜赫。我其承之，百世無斁。

初獻盥洗，奏《蠲成》之曲。姑洗宮　靈斿戾止，式燕以寧。吉蠲致享，惟寅惟清。挹彼注兹，沃盥而升。有孚顒若，交于神明。

初獻升殿，奏《恭成》之曲。南吕宮　齋明盛服，恪恭命祀。洋洋在上，匪遠具邇。左右周旋，陟降庭止。式禮莫愆，用介多祉。

奠幣，奏《祇成》之曲。南吕宮　駿奔在列，品物咸備。禮嚴載見，式陳量幣。惟兹篚實，肅將忱意。靈兮安留，成我熙事。

初獻降殿。與升殿同。

捧俎，奏《闕成》之曲。姑洗宮　我祀如何，有牲在滌。既全且潔，爲俎孔碩。以將以享，其儀不忒。神其迪嘗，純嘏是錫。

初獻盥洗。與前同。

初獻升殿。與前同。

太皞宓犧氏位酌獻，奏《闕成》之曲。南吕宮　五德之音，巍巍聖神。八卦有作，誕開我人。物無能稱，玄酒在尊。歆監在兹，惟德是親。

炎帝神農氏位酌獻，奏《闕成》之曲。南吕宮　耒耜之利，人賴以生。鼓腹含哺，帝力難名。欲報之德，黍稷非馨。眷言顧之，享於克誠。

黄帝有熊氏位酌獻，奏《闕成》之曲。南吕宮　爲衣爲裳，法乾效坤。三辰順序，萬國來賓。典祀有常，多儀具陳。純精囟達，匪藉彌文。

配位酌獻，奏《闕成》之曲。南吕宮　三聖

儼臨，孰侑其食？惟爾有神，同功合德。丕擁靈休，留娛嘉席。歷世昭配，永永無極。

初獻降殿。與前同。

亞獻，奏《闕成》之曲。終獻同。姑洗宮　緩節安歌，載升貳觴。禮成三終，申薦令芳。凡百有職，罔敢怠遑。神具醉止，欣欣樂康。

徹豆，奏《闕成》之曲。南呂宮　籩豆有踐，殷薦亶時。禮文疏洽，廢徹不遲。慎終如始，進退無違。神其祚我，綏以繁釐。

送神，奏《闕成》之曲。黄鍾宮　夜如何其？明星煌煌。靈逝弗留，飈舉雲翔。瞻望靡及，德音不忘。庶回景貺，發爲禎祥。

望瘞，奏《闕成》之曲。姑洗宮　工祝致告，禮備樂終。加牲兼幣，訖薶愈恭。精神斯罄，惠澤無窮。儲休錫美，萬福來崇。

蕙田案：元祀三皇，已歸入《先醫門》。兹以醫官主祭未稱，請如釋奠儀。且樂章多歌其盛德大功，不及醫藥事，是仍不以先醫祀之也。故附於此。

【《明史·太祖本紀》】洪武三年十二月庚午，遣使祭歷代帝王陵寢，並加修葺。

【《禮志》】洪武三年，遣使訪先代陵寢，仍命各行省具圖以進，凡七十有九。禮官考其功德昭著者，曰伏羲、神農、黄帝、少昊、顓頊、唐堯、虞舜、夏禹、商湯、中宗、高宗、周文王、武王、成王、康王、漢高祖、文帝、景帝、武帝、宣帝、光武、明帝、章帝、後魏文帝、隋高祖、唐高祖、太宗、憲宗、宣宗、周世宗、宋太祖、太宗、真宗、仁宗、孝宗、理宗，凡三十有六。各製衮冕，函香幣。遣秘書監丞陶誼等往修祀禮，親製祝文遣之。每陵以白金二十五兩具祭物。陵寢發者掩之，壞者完之。廟敝者葺之。無廟者設壇以祭，仍令有司禁樵採。歲時祭祀，牲用太牢。

洪武四年，禮部定議，合祀帝王三十五。在河南者十：陳祀伏羲、商高宗，孟津祀漢光武，洛陽祀漢明帝、章帝，鄭祀周世宗，鞏祀宋太祖、太宗、真宗、仁宗。在山西者一：滎河祀商湯。在山東者二：東平祀唐堯，曲阜祀少昊。在北平者三：内黄祀商中宗，滑祀顓頊、高辛。在湖廣者二：酃祀神農，寧遠祀虞舜。在浙江者二：會稽祀夏禹、宋孝宗。在陝西者十五：中部祀黄帝，咸陽祀周文王、武王、成王、康王、宣王、漢高帝、景帝，咸寧祀漢文帝，興平祀漢武帝，長安祀漢宣帝，三原祀唐高祖，醴泉祀唐太宗，蒲城祀唐憲宗，涇陽祀唐宣宗。歲祭用仲春、仲秋朔。於是遣使詣各陵致祭。陵置一碑，刊祭期及牲帛之數，俾所在有司守之。已而命有司歲時修葺，設陵户二人守視。又每三年出祝文、香帛，傳制遣太常寺樂舞生齎往所在，命有司致祭。其所祀者，視前去周宣王、漢明帝、章帝，而增祀媧皇於趙城，後魏文帝於富平，元世祖于順天，及宋理宗於會稽，凡三十六帝。後又增祀隋高祖于扶風，而理宗仍罷祀。又命帝王陵廟所在官司，以春、秋仲月上旬，擇日致祭。

洪武四年，帝以天下郡邑通祀三皇爲瀆。禮臣議：「唐玄宗嘗立三皇五帝廟於京師。至元成宗時，乃立三皇五帝廟於府州縣，春秋通祀，而以醫藥主之，甚非禮也。」帝曰：「三皇繼天立極，開萬世教化之原，汩於藥師，可乎？」命天下郡縣毋得褻祀。

【《太祖本紀》】洪武六年，詔祀三皇及歷代帝王。

【《禮志》】洪武六年，帝以五帝、三王及漢、唐、宋創業之君，俱宜於京師立廟致祭，遂建歷代帝王廟於欽天山之陽。倣太廟同堂異室之制，爲正殿五室：中一室三皇，東一室五帝，西一室夏禹、商湯、周文王，又東一室周武王、漢光武、唐太宗，又西一室漢高祖、唐高祖、宋太祖、元世祖。每歲春秋仲月上旬甲日致祭。已而以周文王終守臣服，唐高祖由太宗得天下，遂寢其祀，增祀隋高祖。七年，令帝王廟皆塑衮冕坐像，惟伏羲、神農未有衣裳之制，不必加冕服。八月，帝躬祀於新廟。已而罷隋高祖之祀。

蕙田案：此京師總立帝王廟之始。

【《太祖本紀》】洪武七年八月甲午朔，祀歷代帝王廟。

【《明會典》】洪武七年春，塑帝王衮冕坐像，惟羲、農不衮冕。是秋，上親臨祭焉，凡五室十七帝。

【王圻《續通考》】洪武初，命繪諸帝像于廟。太祖臨其祭，行禮畢，復至漢高祖之神位，笑謂曰：「劉君，今日廟中諸君，當時皆有所憑藉，以得天下。惟我與汝，不假尺土一民，提三尺劍，位至天子，尤爲難事。可多飲三杯。」後遂爲制。每帝王前皆一爵，惟漢高帝以三爵獻。又設歷代帝王祭一壇。每歲春從祀于大祀壇內，秋祭於本廟。

【《明史·太祖本紀》】九年八月己酉，遣官省歷代帝王陵寢，禁芻牧，置守陵户。

【王圻《續通考》】先是，上閱《宋史》，見宋太祖詔修歷代帝王陵寢，嘆曰：「此美事也。」遣翰林編修蔡元、侍儀舍人李震亨、陳敏、于謙等四方求之。仍命各行省之臣，同詣所在審視。若有廟祀，并具圖以聞。于是陳州有伏羲氏、商高宗，孟津漢光武，鄭州周世宗，鞏宋太祖、太宗、真宗、仁宗，酃神農氏，寧遠舜帝，延安軒轅氏，咸陽周文王、武王、成王、康王、漢高祖、景帝，咸寧漢文帝，興平漢武帝，長安漢宣帝，富平後魏文帝，扶風隋高祖，三原唐高祖，醴泉唐太宗，蒲城唐憲宗，涇陽唐宣宗，滑縣高陽氏、高辛氏，内黄商中宗，順天元世祖，東平堯帝，曲阜少昊氏，趙城媧皇氏，滎河商湯王，會稽夏禹王、宋孝宗，凡三十六陵。是年遣官行視帝王陵寢，遂禁樵牧，設守陵户，陵二人。三歲一傳制，遣道士奉香詣諸陵。令有司致祭。凡遇皇帝即位，俱遣官祭告。

【《禮志》】洪武二十一年，令每歲郊祀，附祭歷代帝王於大祀殿。仍以歲八月中旬，擇日遣官祭於本廟，其春祭停之。又定每三年遣祭各陵之歲，則停廟祭。是年，詔以歷代名臣從祀，禮官李原名奏擬三十六人以進。帝以宋趙普負太祖不忠，不可從祀。元臣四傑，木華黎爲首，不可祀孫而去其祖，可祀木華黎而罷安童。既祀伯顔，則阿术不必祀。漢陳平、馮異，宋潘美，皆善始終，可祀。於是定風后、力牧、皋陶、夔、龍、伯夷、伯益、伊尹、傅説、周公旦、召公奭、太公望、召虎、方叔、張良、蕭何、曹參、陳平、周勃、鄧禹、馮異、諸葛亮、房玄齡、杜如晦、李靖、郭子儀、李晟、曹彬、潘美、韓世忠、岳飛、張浚、木華黎、博爾忽、博爾术、赤老温、伯顔，凡三十七人，從祀於東西廡，爲壇四。初，太公望有武成王廟，嘗遣官致祭，如釋奠儀。至是，罷廟祭，去王號。

丘氏濬曰：「《祭法》言聖王制祭祀之禮，其常典所當祀者有五焉，其下文復歷敘自古君臣有道功庸者以實之，凡十有四人，爲君者八人，爲臣者六人。後世廟祀前代帝王，而以其功臣從享者，其原蓋出于此。本朝洪武初，建帝王廟于南京雞鳴山之陽，以祀三皇、五帝、三王、漢高祖、光武、唐太宗、宋太祖、元世祖，所祀者止及一統之世，創業之君，其與前代泛及無統者異矣。又詔以歷代名臣從祀帝王廟，凡三十有七人，是皆前代之君臣同德，始終一心者。然其中或有不祀其君而祀其臣者，蓋惟取其純德鉅功，位列而通祀之，非若前代隨其君而各以其臣配其食也。臣愚竊以爲昔者建都南京，歷代帝王廟因在于彼。今郊廟既立於此，則帝王廟亦當從之而北焉。議禮之事，非臣下所當及者，謹述所見如此。」

【《明會典》】洪武二十六年，定各處聖帝明王載在祀典者，其廟宇陵寢，皆要備知其處。每年定奪日期，或差官往祭，或令有司自祭，禮部悉理之。

是年，定遣祭儀：

一、齋戒前一日，太常官宿于本司。次日，具本奏致齋二日。傳制遣官行禮。

一、傳制儀見儀制司。❶

一、省牲：牛五，羊五，豕六，鹿一，兔八。凡正祭前一日，獻官承制畢，詣本壇省牲。

一、陳設：五室十六位，每室犢一、羊一、豕

❶「司」，原作「同」，據《禮部志稿》卷二九改。

一，每位登一、鉶二、籩豆各十、簠簋各二，帛一，白色。禮神制帛。共設酒尊三、爵四十八、篚五于中室東南，西向，祝文案一于西。東廡第一壇：風后、皋陶、龍、伯益、傅説、召公奭、召穆公虎、張良、曹參，羊一、豕一、鉶九、籩豆各四、簠簋各一，帛九，白色，禮神制帛。酒盞二十七，饌盤一、篚一。第二壇：周勃、馮異、房玄齡、李靖、李晟、潘美、岳飛、木華黎、博爾忽、伯顏，羊一、豕一、鉶十、籩豆各四、簠簋各一、帛一、酒盞三十、饌盤一、篚一。西廡第一壇：力牧、夔、伯夷、伊尹、周公旦、太公望、方叔、蕭何、陳平，陳設與東廡第一壇同。第二壇：鄧禹、諸葛亮、杜如晦、郭子儀、曹彬、韓世忠、張浚、博爾朮、赤老温，陳設與東廡第二壇同。

一、正祭：典儀唱「樂舞生就位」，執事官各司其事。贊引引獻官至盥洗所，贊搢笏、出笏，引至拜位，贊就位。典儀唱「迎神」，協律郎舉麾奏樂。樂止，贊四拜，陪祭官同。典儀唱「奠帛」，行初獻禮，奏樂。執事官各捧帛、爵，進于神位前。贊引贊詣三皇神位前，搢笏。執事官以帛進于獻官。奠訖，執事官以爵進于獻官。贊獻爵。凡三出笏，詣五帝神位前，儀同前，爵五；詣三王神位前，爵三；詣漢高祖、光武、唐太宗皇帝神位前，爵三；詣宋太祖、元世祖神位前，爵二。出笏，詣讀祝所，跪讀祝。讀祝官取祝，跪于獻官左。讀畢，進于神位前，贊俯伏、興、平身、復位。樂止，典儀唱「行亞獻禮」，奏樂，執事官各以爵獻於神位前。樂止，典儀唱「行終獻禮」，儀同亞獻。典儀唱「飲福受胙」，贊詣飲福位，跪，搢笏。執事官以爵進，飲福酒。執事官以胙進，受胙，出笏，俯伏，興，平身，復位。贊兩拜。典儀唱「徹饌」，奏樂。執事官各於神位前徹饌，樂止。典儀唱「送神」，奏樂，贊四拜，平身，樂止。典儀唱，讀祝官捧祝，掌祭官捧帛、饌，各詣燎位。樂止，贊禮畢。

一、祝文：維洪武年歲次月朔日，皇帝謹遣具官某，致祭于太昊伏羲氏、炎帝神農氏、黄帝軒轅氏、帝金天氏、帝高陽氏、帝高辛氏、帝陶唐氏、帝有虞氏、夏禹王、商湯王、周武王、漢高祖皇帝、漢光武皇帝、唐太宗皇帝、宋太祖皇帝、元世祖皇帝，曰：「昔者奉天明命，相繼爲君。代天理物，撫育黔黎。彝倫攸敘，井井繩繩，至今承之。生民多福，思不忘而報，特祀以春秋。惟帝以英靈，來歆來格。尚享。」

【《明會典》祀歷代帝王樂章】❶

迎神　仰瞻兮聖容，想鑾輿兮景從。降雲衢兮後先，來俯鑒兮微衷。荷聖臨兮蒼生有崇，睠諸帝兮是臨，予頓首兮幸蒙。

奠帛　秉微誠兮動聖躬，來列坐兮殿庭。予今願兮效勤，捧禮帛兮列酒尊。鑒予情兮欣享，方旋駕兮雲程。

初獻　酒行兮爵盈，喜氣兮雍雍。重荷蒙兮再瞻再崇，君臣忻兮躍從，願睹穆穆兮聖容。

亞獻　酒斟兮禮明，諸帝熙和兮悦情。百職奔走兮滿庭，陳籩豆兮數重，亞獻兮願成。

終獻　獻酒兮至終，早整雲鑾兮將還宮。予心眷戀兮神聖，欲攀留兮無蹤。躡雲衢兮緩行，得遥瞻兮達九重。

徹饌　納肴羞兮領陳，烝民樂兮幸生。

❶ 案：此段與上段皆出自《明會典》卷八四《祭祀五·祭歷代帝王》，按體例，不應再出書名。

將何以兮崇報，惟歲時兮載瞻載迎。

送神　旛幢繚繞兮導來蹤，鸞輿冉冉兮歸天宮。五雲擁兮祥風從，民歌聖祐兮樂年豐。

望燎　神機不測兮造化功，珍羞禮帛兮薦火中。望瘞旋庭兮稽首，願神鑒兮寸衷。

【《明史·禮志》】永樂遷都，帝王廟，遣南京太常寺官行禮。

【《明會典》】凡前代陵寢，天順八年，令各處帝王陵寢被人毀發者，所在有司即時修理如舊，仍令附近人民一丁看護，免其差役。

【《明史·禮志》】正德十一年，立伏羲氏廟於陳州。陳州，古成紀地，從巡按御史馮時奏也。嘉靖九年，罷歷代帝王南郊從祀。令建歷代帝王廟于都城西，歲以仲春秋致祭。後并罷南京廟祭。十年春二月，廟未成，躬祭歷代帝王於文華殿，凡五壇，丹陛東西名臣四壇。禮部尚書李時言：「舊儀有賜福胙之文。賜者，自上而下之義，惟郊廟社稷宜用。歷代帝王，止宜云答。」詔可。十一年夏，廟成，名曰景德崇聖之殿。殿五室，東西兩廡，殿後祭器庫，前爲景德門。門外神庫、神厨、宰牲亭、鐘樓。街東西二坊，曰景德街。八月壬辰，親祭。帝由中門入，迎神、受福胙、送神，各兩拜。嗣後歲遣大臣一員行禮，四員分獻。凡子、午、卯、酉祭於陵寢之歲，則停秋祭。

【王圻《續通考》】嘉靖九年庚寅，右中允廖道南奏：「今之郊祀，列歷代帝王一壇於五岳、四瀆之間，是躋人鬼於天神地祇。南畿歷代帝王廟每歲致祭，宜歸本廟。」下禮部議。復奏云：「近奉明旨，❶

❶「近」，庫本作「迎」。

天地四壇祈報之祭，俱不從祀。今乃仍歸本廟爲當。再行南京太常寺加添春祭，庶不失我祖宗敬禮前代帝王之意。」從之。仍行南京太廟加春祭一壇。已而上命建廟于北都致祭。上謂禮臣曰：「古先帝王春祭，南京不必增。待廟成，春秋俱在京行禮。」禮部臣奏云：「營建廟宇，非旬月可完。若候廟貌完備，誠恐緩不及事，有悞春祭。合無嘉靖十年，暫於南京本廟權添春祭一祭。」有旨：「來春暫於文華殿設壇，朕親一舉。」

蕙田案：世宗罷帝王郊壇從祀，最得禮意。

【《明會典》】十一年，定親祭儀。先期，太常寺預設牲醴香帛樂舞等如儀。錦衣衛設隨朝駕，設上拜位於殿中，設御幄于景德門之左。是日早，免朝。上服常服，御奉天門。太常寺卿跪奏「請皇上詣王廟，祭歷代帝王」，上乘輿，由長安右門出，至廟門，由中門入，至幄次，降輿，具祭服，出。導引官導上由中門中道至拜位。典儀唱「樂舞生就位」。執事官各司其事。內贊奏「就位」，上就拜位。典儀唱「迎神」，樂作。樂止，內贊奏搢圭、奏上香，上三上香訖，奏出圭，復位。內贊奏兩拜，興、平身。傳贊陪祀官同。典儀唱「奠帛，行初獻禮」，樂作。內贊奏詣神位前，執事官各捧帛、爵，跪進于各神位前，樂暫止。內贊讀祝，奏跪，傳贊陪祀官同。讀祝官取祝讀訖，樂作。內贊奏俯伏、興、平身，傳贊陪祀官同。樂止，典儀唱「行亞獻禮」，樂作，儀同初獻，惟不讀祝。樂止，典儀唱「行終獻禮」，儀同亞獻。樂止，太常寺卿進立於壇東，西向，唱「答福胙」。內贊奏詣飲福位，奏搢圭，奏跪。光禄寺卿以福酒跪進于上右。内贊奏飲福酒。上飲訖，光禄寺卿以福胙跪進于上右。内贊奏受胙。上受訖，奏出圭，俯伏、興、平身，傳贊陪祭官同。樂止，典儀唱「讀祝官捧祝，進帛官捧帛，掌祭官捧饌，各詣燎位」，樂作，内贊奏禮畢。樂止，導引官導上入御幄，易祭服，陞輦還宮。

【王圻《續通考》】嘉靖十三年甲午秋七月朔，例遣道士致祭帝王陵寢。夏言復奏云：「本廟秋祭，合宜停免。春祭既無從祀，仍當遣舉行。」從之。遂著爲令。

嘉靖十八年，御史謝少南因上南巡，言：「慶都爲帝堯肇封之地，堯母乃帝嚳元妃。陵墓俱存，乞表揚以弘達孝，以光巡幸。」上曰：「堯父母異陵，可見合葬非古。祠寢令有司修之。少南建白可嘉，改授翰林檢討兼司直。」

【《明史·禮志》】嘉靖二十四年，以禮科陳棐言，罷元世祖陵廟之祀，及從祀木華黎等，復遷唐太宗與宋太祖同室。凡十五帝，從祀名臣三十二人。

【《明會典》】嘉靖間，更定遣官祝文，曰：「仰惟諸帝，昔皆奉天撫世，創治安民。皇祖景慕不忘，春秋致祭，著在令甲。朕特遣建殿宇，恭修恒祀。時維仲春、秋，謹遣輔臣，以牲帛庶品用享列聖。予惟沖昧，敬體皇祖追報之虔，惟諸帝鑒臨，來格于斯，庶副予誠之至。尚饗。」

右歷代古帝王祀典。

五禮通考卷第一百十六

淮陰吴玉搢校字

五禮通考卷第一百十七

内廷供奉禮部右侍郎金匱秦蕙田編輯
太子太保總督直隸右都御史桐城方觀承同訂
兩淮都轉鹽運使德水盧見曾
按察司副使元和宋宗元
參校

吉禮一百十七

祭先聖先師

蕙田案：古者立學，必祭先聖、先師，所以報本反始，崇德而勸學也。其禮有三：曰釋奠，曰釋幣，曰釋菜。釋幣，告祭用之，禮不常行。常行之禮，釋奠、釋菜而已。宋歐陽子曰：「釋奠、釋菜，祭之略者也。釋奠有樂無尸，釋菜無樂，則其又略也。」此可見釋奠禮重，而釋菜禮輕矣。自釋菜之禮亡於唐宋間，學官所舉，惟略存釋奠之儀耳。古者四時常祭，止及先師，惟始立學及釁器告祭等乃及先聖。説者謂先師親而不尊，不嫌於數；先聖尊而不親，嫌於疏故也。後世之祭，則每以先師配先聖而祭，則俱祭矣。至先聖、先師之稱，攷之經、傳，未嘗舉其人以實之。其先聖，則長樂劉氏謂「虞庠以舜，夏學以禹，殷學以湯，東膠以文王」也；其先師，則康成所謂「《詩》有毛公，《書》有伏生，《禮》有高堂生，樂有制氏」也。此恐亦臆度之詞而未必然也。漢魏以還，或以周公爲先聖，孔子爲先師；或以孔子爲先聖，顔回爲先師，誠如長孫無忌所云「顔回、夫子互作先師，宣公、周公迭爲先聖」者。至貞觀時，始欲定以孔子爲先聖，顔回爲先師。雖一變於永徽，而旋復於顯慶。自此而後，千年莫改，而封爵之崇，謚號之美，籩豆之加，登歌之盛，冕旒之數，代增世益，至於用天子之禮樂而後稱其德焉。蓋名曰釋奠，而祭儀實與大祀埒矣。至嘉靖間，又於文華殿有聖師之祭，此則於學校之外重出者也。今取學宫之祭與《周禮》所云「死爲樂祖，祭於瞽宗」之義合者，俱入此門，而封謚器數之遞加，配食崇祀之增損，各詳載始末，以備參考。若夫闕里之尊崇，褒成之奉祠，雖亦出於崇儒尊聖之盛心，而無關於東序虞庠之秩節，别爲一卷，以附其後云。

【《周禮·春官·大司樂》】掌成均之法，以治建國之學政，而合國之子弟焉。凡有道者、有德者，使教焉。死則以爲樂祖，祭於瞽宗。【注】道，多才藝者；德，能躬行者，若舜命夔典樂教胄子是也。死則以爲樂之祖，神而祭之。《明堂位》曰：「瞽宗，殷學也。泮宫，周學也。」以此觀之，祭於學宫中。【疏】祭樂祖必於瞽宗者，案《文王世子》云：「春誦夏弦，太師詔之瞽宗。」以其教樂在瞽宗，故祭樂祖還在瞽宗。彼雖有學干戈在東序，以誦弦爲正。《文王世子》云：「禮在瞽宗，書在上庠。」則學禮樂在瞽宗，祭禮先師亦在瞽宗。若然，則書在上庠，書之先師亦祭於上庠。其詩則春誦夏弦在東序，則祭亦在東序也。

林氏之奇曰：「祭於瞽宗，《記》所謂『春夏釋奠於先師，秋冬亦如之』是也。」

呂氏祖謙曰：「設教受教，當知無窮意思。若死，則配食於樂祖，祭於學校，使天下常不忘，所謂『君子以教思無窮』者也。」

【《禮記·祭義》】祀先賢於西學，所以教諸侯之德也。【注】西學，周小學也。先賢有道德，王所使教國子者。【疏】以先賢有德，故祀之，令諸侯尊敬有德。此西學，❶鄭注云「周小學」，則周之小學在西郊。《王制》云「養庶老於虞庠，虞庠在國之西郊」是也。

蕙田案：先賢，兼先聖、先師在內。

右統論祀先聖先師。

【《文王世子》】凡學，春，官釋奠於其先師。秋、冬亦如之。【注】官謂《禮》、樂、《詩》、《書》之官。《周禮》曰：「凡有道者、有德者，使教焉。死則以爲樂祖，祭於瞽宗。」此之謂先師之類也。若漢，《禮》有高堂生，樂有制氏，《詩》有毛公，《書》有伏生，億可以爲之也。不言夏，夏從春可知也。釋奠者，設薦饌酌奠而已，無迎尸以下之事。【疏】「官謂《詩》《書》《禮》《樂》之官」者，謂所教之官也。若春誦夏弦，則太師釋奠也。教干戈，則小樂正、樂師等釋奠也。教禮者，則執禮之官釋奠也。皇氏云：「其教雖各有時，其釋奠則四時各有其學，備而行之。」引《周禮·大司樂》文，證樂之先師也，後世釋奠祭之。然則《禮》及《詩》、《書》之官，有道有德者亦使教焉，死則以爲《書》、《禮》之祖，後世則亦各祭於其學也。以大司樂掌樂，故特云「樂祖」，其餘不見者，《周禮》文不具也。「億」是發語之聲，言此等之人亦可以爲先師也。以其三時釋奠，獨不言夏，故言夏從春可知也。以其釋奠直奠置於物，無食飲酬酢之事，故云「設薦饌酌奠而已，無迎尸以下之事」。釋奠所以無尸者，以其主於行禮，非報功也。

魏氏了翁曰：「傳者謂各於所習之學祭先師。夫周公、孔子，非周、魯之所得而專也，而經各立師，則周典安有是哉？古者民以君爲師，仁鄙壽夭，君實司之，而臣則輔相人君，以師表萬民者也。自孔子以前，曰聖曰賢，有道有德，則未有不生都顯位，没祭大烝者，此非諸生所得祀也。自君師之職不修，學校廢，井牧壞，民散而無所係，於是始有師弟子羣居以相講授者。所謂各祭其先師，疑秦漢以來始有之，而《詩》、《書》、《禮》、樂各有師，不能以相通，則秦漢以來爲士者，斷不若是之隘

❶「西」，原作「小」，據《禮記·祭義》孔疏改。

也。此亦可見世變日降，君師之職下移，而先王之道分裂矣。然而春秋、戰國之亂，猶有聖賢爲之師；秦漢以來，猶有專門爲之師，故所在郡國尚存先師之號，奠祠於學，故記人識於禮，而傳者又即其所見聞以明之也。」

凡始立學者，必釋奠於先聖、先師。【注】謂天子命之教，始立學官者也。❶先聖，周公若孔子。【疏】諸侯言「始立學，必釋奠於先聖、先師」，則天子始立學，亦釋奠於先聖、先師也。天子云「四時釋奠於先師」，不及於先聖者，則諸侯四時釋奠亦不及先聖也。始立學云必用幣，則四時常奠不用幣也。天子立虞、夏、商、周四代之學，若諸侯止立時王一代之學，有大學、小學耳。云「先聖周公若孔子」者，以周公、孔子皆爲先聖，近周公處祭周公，近孔子處祭孔子，故云「若」。立學爲重，故及先聖；常奠爲輕，故惟祭先師。此經始立學，故奠先聖、先師。

陳氏祥道曰：「德之小者親而不尊，故其祭數，故四時釋奠止於先師。德之大者尊而不親，故始立學乃祭先聖。」

劉氏彝曰：「周有天下，立四代之學。虞庠則以舜爲先聖，夏學則以禹爲先聖，殷學則以湯爲先聖，東膠則以文王爲先聖。各取當時左右四聖成其德業者爲之先師，以配享焉。此天子立學之法也。」

【《欽定禮記義疏》】鄭於先師，惟以漢人爲比；於先聖，言周公若孔子；於下「有國故」，言若唐虞有夔、龍、伯夷，周有周公，魯有孔子。則所謂先聖、先師，大約係能教之人，未必是帝王。且地異而時不同，未必定某爲先聖，某爲先師，如劉氏説也。《記》曰「祀先賢於西學」，賢者，師與聖之統名，其祀之總在西學，又未必五學各有一先聖、數先師也。唐初，以周公爲先聖，孔子爲先師。後從房喬議，改孔子爲先聖，顔子爲先師。至明嘉靖改孔子爲至聖先師，而先聖、先師合爲一矣。至三皇五帝，唐玄宗嘗立廟京師。元成宗立三皇廟於府州縣。嘉靖間，於文

❶「官」，原脱，據《禮記·文王世子》鄭注補。

華殿奉皇師伏羲、神農、軒轅，帝師堯、舜，王師禹、湯、文、武，皆南向，先聖周公、先師孔子東西向，則先聖、先師之號又分。然而孔子之祀，自國學以及天下州縣皆行，而聖師惟春秋開講，親行釋奠禮，用羹酒、果脯、束帛而已，其輕重迥不侔也。

及行事，必以幣。【疏】皇氏云：「行事必用幣，謂禮樂器成，及出軍之事，其告用幣而已。」按釁器用幣下別具其文，此行事必用幣繫於「釋奠」之下，皇氏乃離文析句，其義非也。

凡釋奠者，必有合也。有國故則否。【注】國無先聖、先師，則所釋奠者當與鄰國合也。若唐虞有夔、龍，伯夷，周有周公，魯有孔子，則各自奠之，不合也。【疏】此謂諸侯之國釋奠之時，若己國無先聖、先師，則合祭鄰國先聖、先師，謂彼此二國共祭此先聖、先師，故云「合」也，非謂就他國而祭之，當遥合祭耳。若己國有先聖、先師，則不須於鄰國合也，故云「有國故則否」。

陳氏祥道曰：「必有合，合舞與聲。有國故則否，與國有大故去樂意同。」

朱子曰：「以下文『大合樂』攷之，有合當爲合樂，國故當爲喪紀、凶札之類。」

蕙田案：《周禮·大胥》「春合舞，秋合聲」，故曰「必有合」，當以朱子、陳氏説爲長。

凡大合樂，必遂養老。【注】大合樂，謂春入學舍菜合舞，秋頒學合聲。於是時也，天子則視學焉。遂養老者，謂用其明日也。【疏】「凡」者，非一之詞，其《月令》季春大合樂，則亦在其中，以其文自明，故鄭不引之耳。《周禮·大胥》「春合舞，秋合聲」，雖無天子視學之文，又《月令》季春「大合樂，天子親往」，則明春合舞、秋合聲之時，天子亦親往也。

陳氏祥道曰：「視學、養老，皆同日也。鄭氏謂用其明日，誤矣。」

葉氏夢得曰：「天子一入學而所教者三：釋奠以教重道，合樂以教崇德，養老以教致孝。」

天子視學，大昕鼓徵，所以警衆也。【注】早昧爽，擊鼓以召衆也。【疏】大猶初也，昕猶明也，徵猶召也。凡物以初爲大，以末爲小。必知早昧爽者，以云「衆至然後天子至」。若其盛明始召學士，則晚矣。衆至，然後天子至，乃命有司行事，興秩節，祭先師、先聖焉。【注】興，猶舉也；秩，常也；節，猶禮也。使有司攝其事，舉常禮，祭先師、先聖。不親祭之者，視學觀禮耳，非爲彼報也。【疏】天子既至，乃命遣有司行此釋奠之事。有司，《詩》、《書》、《禮》、樂之教官也。註云「舉常禮」者，此謂因大合樂之時，在虞庠之中祭先師、先聖也。若四時常奠，各於其學之中，又不祭先聖也。云「視學觀禮耳，非爲彼報也」者，解天子不親釋奠之意，所以視學者，觀看有司行禮耳，非是爲彼學學士報先聖、先師也。有司卒事反命。【注】告祭畢也。

【《王制》】天子將出征，受命於祖，受成於學。【注】定兵謀也。出征執有罪反，釋奠於學，以訊馘告。【註】釋菜、奠幣，禮先師也。訊馘，所生獲斷耳者，《詩》曰「在泮獻馘」。【疏】按《大胥》職云「春入樂，舍菜合舞」，《文王世子》亦云「釋菜」，鄭註云「釋菜，禮輕也」，則釋菜則惟釋蘋藻而已，無牲牢，無幣帛。《文王世子》又云：「始立學者，既釁器用幣。」註云：「禮樂之器，成則釁之，又用幣告先聖、先師以器成。」此則徒用幣而無菜，亦無牲牢也。《文王世子》又云：「凡始立學者，必釋奠於先聖、先師。及行事，必以幣。」是釋奠有牲牢，又有幣帛，無用菜之文。熊氏以此爲釋菜奠幣者，謂釋奠之禮以獻俘馘，故云釋菜、奠幣，言釋奠之時既有牲牢，菜、幣兩有。今按註云「釋菜」，解經中「釋」字，「奠幣」解經中「奠」字。又云「禮先師」，不云「祭先師」，則似訊馘告之時但有菜幣而已，未必爲釋奠有牲牢也。於事有疑，未知孰是，故備存焉。然則釋菜、奠幣皆告先聖、先師，此直云先師，文不具耳。

【《詩·魯頌·泮水》】矯矯虎臣，在泮獻馘。【疏】《王制》云：「天子將出征，受成於學。出征執有罪反，釋奠於學，以訊馘告。」是將出則謀於學而後行，反則禮先師以告克。故僖公既伐淮夷，而又在泮宮獻馘也。

何氏楷曰：「魯有四代之學，先代之學尊，魯得立之，示存古法而已。其行禮之飲酒、養老，兵事之受成、告克，當於周世之學，在泮宮也。司馬光云：『受成獻馘，莫不在學。所以然者，欲其先禮義而後勇力也。』陳祥道云：『諸侯視學之禮，蓋有同於天子。魯侯戾止，在泮飲酒。既飲旨酒，永錫難老，此養老也。在泮獻馘，此以訊馘告也。』」

【陳氏《禮書》】奠者，陳而奠之也。鄭氏曰：「釋奠者，設薦饌酌奠而已，無迎尸以下事。」賈公彦曰：「奠之爲言停，停饌具而已。」考之《儀禮》聘賓歸至於禰，薦脯醢，觴酒陳。陳者，所以奠之也，則釋奠設薦饌酌奠而已可知也。《特牲饋食》奠觶於尸未至之前，則釋奠無迎尸可知也。古者釋奠，或施於山川，或施於廟社，或施於學。《周官·大祝》「反行舍奠」，《甸祝》「舍奠於祖廟」，此施於山川廟社者也。《文王世子》「凡學，春，官釋奠於先師。凡始立學者，必釋奠於先聖、先師。凡釋奠者，必有合也。天子視學，命有司行事，興秩節，祭先聖、先師。適東序，釋奠於先老」，《王制》「出征，執有罪反，釋奠於學」，此施於學者也。山川廟社之祭，不止於釋奠，學之祭，釋奠而已。賈公彦曰：「非時而祭曰奠。」此爲山川廟社而言之也。學之釋奠，則有常時者，有非時者。《文王世子》：「凡學，春，官釋奠於其先師。秋冬亦如之。」鄭氏曰：「不言夏，夏從春可知。」此常時之釋奠也。凡始立學，天子視學。出征，執有罪反，以訊馘告，必釋奠焉。此非時之釋奠也。釋奠之禮，有牲幣，有合樂，有獻酬。《大祝》「造於廟，宜乎社，過大山川則用事，反則釋奠」，此告祭也。《曾子問》曰「凡告，必用牲幣」，《文王世子》「凡始立學，釋奠行事，必以幣」，此釋奠有牲幣之證也。《文王世子》「凡釋奠者，必有合也」，此釋奠者合樂之證也。《聘禮》「觴酒陳，席於阼，薦脯醢，三獻，一人舉爵，獻從者，「行酬，乃出」，此釋奠有獻酬之證也。然山川廟社之釋奠，皆有牲幣，學之釋奠，非始立學，則不必有幣也。學之釋奠有合樂，則山川廟社不必有合也。聘賓釋奠有三獻，則天子諸侯之於山川廟社，不止三獻也。凡始立學與天子視學，釋奠先聖、先師，四時則釋奠先師而已。《文王世子》謂春釋奠於先師，鄭氏釋《王制》亦謂釋奠禮先師，其説是也。然鄭氏以《王制》之釋奠爲釋菜、奠幣，以《文王世子》之「釋奠者必有合」爲與鄰國合，孔穎達以《學記》之釋菜爲釋奠，其説誤也。

右釋奠。

【《禮記·文王世子》】始立學者，既興器用幣，【注】興，當爲釁，字之誤也。禮樂之器，成則釁之。又用幣，告先聖、先師以器成。然後釋菜。【注】告先聖先師以器成，有時將用也。不舞不授器。【注】釋菜，禮輕也。釋奠則舞，舞則授器，司馬之屬司兵、司戈、司盾，祭祀授舞者兵也。乃退，儐於東序，一獻，無介語可也。【注】言乃退，謂得立三代之學者，釋菜於虞庠，則儐賓於東序。魯之學有米廩、東序、瞽宗也。【疏】前用幣告其器成，後釋菜告其將用。凡釋奠禮重，故作樂時須舞，乃授舞者所執干戈之器。今其釋菜之時雖作樂，不爲舞也，亦既不舞，故不授舞者之器。釋菜虞庠既畢，乃從虞庠而退，儐禮其賓於東序之中。其禮既殺，惟行一獻，無介無語如此，於禮可也。前用幣直云「告器成」，此釋菜云「告器成將用」，則兩告不同也。熊氏云：「用幣則無菜，用菜則無幣。」皇氏云：「用幣、釋菜，祇是一告。」其義恐非也。按四時釋奠不及先聖，知此用幣及釋菜及先聖者，以上文「始立學，釋奠先聖、先師」，此文亦云「始立學，既釁器用幣，釋菜」，亦及先聖也。以其始立學及器新成，事重於四時常奠也。凡釋奠有六：始立學釋奠，一也；四時釋奠有四，通前五也；《王制》師還釋奠於學，六也。釋菜有三：春入學釋菜合舞，一也；此釁器釋菜，二也；《學記》「皮弁祭菜」，三也。秋頒學合聲，無釋菜之文，則不釋菜也。釋幣惟一也。從釁器以來，皆據諸侯之禮，故云「始立學」。諸侯惟立時王之學，何得云得立三代之學，得有夏之東序？謂諸侯有功德者，得立三代之學，若魯國之比。東序與虞庠相對，❶東序在東，虞庠在西。既退儐於東序，明釋菜在於虞庠。

【《欽定禮記義疏》】用幣，或君親之，或有司爲之。釋菜，則學子之事。考祭則有尸、有牲、有幣、有樂。釋奠，則無尸。釋幣併無牲。釋菜併無幣。然脯醢之屬，未嘗無也。然不言脯祭而曰釋菜者，或取其新且潔與？

【《周禮·春官·大胥》】春入學，舍菜合舞。【註】春，始以學士入學宮而學之。合舞，等其進退，使應節奏。舍即釋也。采讀爲菜。始入學，必釋菜禮先師也。菜，蘋、蘩之屬。【疏】釋菜禮輕，故不及先聖也。其先師者，鄭註《文王世子》云：「若漢，《禮》有高堂生，樂有制氏，《詩》有毛公，《書》有伏生。」知「菜是蘋、蘩之屬」者，《詩》有采蘋、采蘩，皆菜名。言「之屬」者，《周禮》又有芹、茆之等，亦菜名也。秋，頒學合聲。【註】春使之學，秋頒其才藝所爲。合聲，亦等其曲折，使應節奏。【疏】頒，分也，分其才藝高下。

黄氏曰：「樂師教舞帗羽、干旄、皇人，未嘗合也。《大胥》『春始入學，合而教之』。」

鄭氏鍔曰：「《月令》春入學合舞，秋入學習吹，學無二義，皆學宮也。蓋周家建五學，其中謂之辟雍，水南曰成均，水北曰上庠，水東曰東序，水西曰瞽宗。春令學士始入學，所入者辟雍也。總處於此，以觀其能。至秋則所觀者已久，知其所宜矣。於是分而處之，宜學禮者處之瞽宗，宜學書者處之上庠，宜學干戈者處之東序，宜學語者處之成均。非惟不分學字以爲二義，又合周家立學之制。」

【《禮記·月令》】孟春之月，命樂正入學習舞。【註】爲仲春將釋菜。仲春之月，上丁，命樂正習舞，釋菜。【注】樂正，樂官之長也。命習舞者，萬物始出地鼓舞也，將舞必釋菜於先師以禮之。《夏小

❶「與」，原作「於」，據《禮記·文王世子》孔疏改。

正》曰「丁亥，萬舞入學」。【疏】此「仲春」、「習舞」，則《大胥》「春入學，釋菜合舞」，一也。據人所學謂之習舞，節奏齊同謂之合舞。此亦謂之大合樂，故《文王世子》「大合樂」，註「春舍菜合舞，秋頒樂合聲」，自是春、秋常所合樂也。孟春習舞，及仲春習舞，及仲丁習樂，❶併季春合樂，皆在太學。仲春釋菜合舞，季春大合樂，皆天子親往，餘則不也。註云「將舞必釋菜於先師」者，以經文「習舞、釋菜」文在於後，恐習舞、釋菜共是一事，故云將欲習舞必先釋菜。必知然者，以釋菜之時不爲舞也，故《文王世子》云「釋菜，不舞，不授器」，是知釋菜無舞也。知必先有釋菜者，以《大胥》云「舍菜合舞」，舍即是釋，故知釋菜在合舞之前。天子乃帥三公、九卿、諸侯、大夫親往視之。【注】順時達物也。

陳氏澔曰：「必用丁者，以先庚三日、後甲三日也。習舞釋菜，謂將教習舞者，則先以釋菜之禮告先師也。」

高氏誘曰：「初入學官，必禮先師，置采帛於前，以贄神也。《周禮》『春入學，釋菜合舞。秋，頒學合聲』，此之謂也。」

【《欽定禮記義疏》】鄭注「菜」如字，高氏則「菜」爲「采」，高氏蓋依呂氏本也。然《儀禮》只有釋幣而無釋菜之文，高以釋采即釋幣，是屈《儀禮》以從呂也。惟是《月令》原本呂氏說，故尚可存之。若謂他經皆可作「采」，亦並爲釋幣之說，則未可信也。

【《學記》】大學始教皮弁祭菜，示敬道也。【註】皮弁，天子之朝服也。祭菜，禮先聖先師，菜謂芹藻之屬。【疏】熊氏云：「始教，謂始立學教。皮弁祭菜者，謂天子使有司服皮弁，祭先聖先師以蘋藻之菜也。」崔氏云：「著皮弁，祭菜蔬，並是質素，示學者以謙敬之道矣。」熊氏以註《禮》先聖、先師之義解經，謂始立學也。若學士春始入學，惟得祭先師，故《文王世子》云：「春，官釋奠於其先師。」皇氏謂「春時學士始入學」，恐非。

陳氏澔曰：「始教，學者入學之初也。有司衣皮弁之服，祭先師以蘋藻之菜，示之以尊敬道藝也。」

吴氏澄曰：「古者始入學，必釋菜於先聖、先師，故大學

❶「樂」，原作「舞」，據《禮記・月令》孔疏改。

始初之教，有司先服皮弁服，行釋菜禮，蓋示學者以敬先聖、先師之道也。常服玄冠，今加服皮弁，芹藻之菜簡質而潔，皆示敬也。」

吕氏大臨曰：「釋菜之禮，禮之至簡者也，皆不在多品，貴其誠也。其用有三，每歲春合舞則行之，《月令》云『仲春，命樂正合舞舍菜』也；始立學則行之，《文王世子》云『既興器用幣，❶然後舍菜』是也；始入學則行之，《學記》云『大學始教皮弁祭菜，示敬道也』。」

【陳氏《禮書》】《周禮·大胥》「春入學，舍菜合舞」，《學記》「皮弁祭菜，示敬道也」，《月令》「仲春上丁，命樂正習舞釋菜」，《文王世子》「始立學者，既興器用幣，然後釋菜，不舞，不授器。乃退儐於東序，一獻，無介語可也」，然則釋菜之禮猶摯也。婦見舅姑，其摯也棗、栗、腶修，若没而廟見，則釋菜；弟子見師，其摯也束修，若禮於先師則釋菜。《大胥》釋菜合舞，而《文王世子》釋菜不舞、不授器者，以釋奠既舞故也。《士喪禮》「君視斂，釋菜，入門」，《喪大記》「大夫士既殯而君往焉，釋菜於門内」，《占夢》「季冬，乃舍萌於四方」，舍萌，釋菜也，則釋菜之禮，豈特子弟之見先師、婦之見廟而已哉？婚禮有奠菜儀，弟子之見先師，其儀蓋此類歟？鄭氏謂婚禮奠菜，蓋用堇；入學釋菜，蘋藻之屬；始立學釋菜，芹藻之屬。蓋以泮宫有芹藻，子事父母有堇荁，故有是説也。菜之爲摯，則菜而已。采蘋教成之祭，毛氏謂「牲用魚，芼之用蘋藻」，則《詩》所謂「湘之」者，芼之也，與釋菜

❶「興」，原作「受」，據庫本及《禮記·文王世子》改。

異矣。

右釋菜。

【《後漢書·禮儀志》】明帝永平二年三月，郡縣行鄉飲酒禮於學校，皆祀聖師周公、孔子，牲以犬。

右漢。

【《三國·魏志·齊王紀》】正始二年春二月，帝初通《論語》，使太常以太牢祭孔子於辟雍，以顏淵配。　五年五月癸巳，講《尚書經》通，使太常以太牢祠孔子於辟雍，以顏淵配，賜太傅、大將軍及侍講者各有差。　七年冬十二月，講《禮記》通，使太常以太牢祀孔子於辟雍，以顏淵配。

右三國。

【《晉書·禮志》】禮，始立學必先釋奠於先聖、先師。及行事，必用幣。漢世雖立學，斯禮無聞。魏齊王正始二年二月，帝講《論語》通，五年五月，講《尚書》通，七年十二月，講《禮記》通，並使太常釋奠，以太牢祠孔子於辟雍，以顏回配。

丘氏濬曰：「按此以顏子配享之始，亦漢以來釋奠之禮始見於此。前此祠孔子者，皆於闕里。至是，始行於太學。」

武帝泰始三年，詔太學及魯國，四時備三牲，以祀孔子。

【《成帝本紀》】❶咸康元年二月甲子，帝親釋奠。

【《穆帝本紀》】升平元年三月，帝講《孝經》。壬申，親釋奠於中堂。

【《孝武帝本紀》】寧康三年九月，帝講《孝經》。冬十二月癸巳，❷帝釋奠於中堂，祠孔

❶「成帝」，原作「武帝」，據《晉書·成帝本紀》改。

❷「二」，原脱，據《晉書·孝武帝本紀》補。

子，以顔回配。

【《禮志》】武帝泰始七年，皇太子講《孝經》通；咸寧三年，講《詩》通；太康三年，講《禮記》通；惠帝元康三年，皇太子講《論語》通；元帝太興二年，皇太子講《論語》通，太子並親釋奠，以太牢祀孔子，以顔回配。成帝咸康元年，帝講《詩》通；穆帝升平元年三月，帝講《孝經》通；孝武寧康三年七月，帝講《孝經》通，並釋奠如故事。穆帝、孝武並權以中堂爲太學。

【《宋書·禮志》】魏齊王正始中，齊王每講經，使太常釋奠於先聖、先師於辟雍，❶弗躬親。晉惠帝、明帝之爲太子，及愍懷太子講經竟，並親釋奠於太學，太子進爵於先師，中庶子進爵於顔回。成、穆、孝武三帝，亦皆親釋奠。孝武時以學在水南懸遠，有司議依升平元年，於中堂權立行太學。於時無復國子生，有司奏：「應須復二學生百二十人。太學生取見人六十，國子生權銓大臣子孫六十人，事訖罷。」奏：可。釋奠禮畢，會百官六品以上。

右晉。

宋文帝元嘉二十二年四月，皇太子講《孝經》通，釋奠國子學，如晉故事。

元嘉二十二年，太子釋奠，采晉故事，官有其注。祭畢，太祖親臨學宴會，太子以下悉預。

【《南齊書·世祖本紀》】永明三年冬十月壬戌，詔曰：「皇太子長懋講畢，當釋奠，王公以下可悉往觀禮。」

【《禮志》】武帝永明三年，詔立學，創立堂宇。有司奏：「宋元嘉舊事，學生到，先釋

❶「使」上，《宋書·禮志一》有「遍輒」二字，「遍」屬上句。

奠先聖、先師，又有釋菜，未詳今當行何禮？用何樂及禮器？」尚書令王儉議：「《周禮》『春入學，釋菜合舞』，《記》云『始教，皮弁祭菜，示敬道也』。又云『始入學，必釋奠先聖、先師』。中朝以來，釋菜禮廢，今之所行，釋奠而已。金石俎豆，皆無明文。方之七廟則輕，比之五祀則重。❶陸納、車胤謂宣尼廟宜依亭侯之爵；范甯欲依周公之廟，用王者儀，范宣謂當其爲師則不臣之，釋奠日，宜備帝王禮樂。此則車、陸失於過輕，二范傷於太重。喻希云：『若至王者自設禮樂，❷則肆賞於至敬之所；❸若欲嘉美先師，則須所况非備。』尋其此説，守附情理。皇朝屈尊弘教，推以師資，引同上公，即事惟允。元嘉立學，裴松之議應儛六佾，以郊樂未具，故權奏登歌。今金石已備，宜設軒懸之樂，六佾之儛，牲牢器用，悉依上公。」其冬，皇太子講《孝經》，親臨釋奠，車駕幸聽。

丘氏濬曰：❹「按釋奠用六佾、軒懸之樂，始此。」

【《隋書・禮儀志》】梁天監八年，皇太子釋奠。周捨議，以爲：「釋奠仍會，既惟大禮，請依東宫元會，太子著絳紗襮，樂用軒懸。預升殿坐者，皆服朱衣。」帝從之。又有司以爲：「《禮》云：『凡爲人子，升降不由阼階。』案今學堂凡有三階，愚謂客若降等，則從主人之階。今先師在堂，義所尊敬，太子宜登阼階，以明從師之義。若釋奠事訖，宴會之時，無復先師之敬，太子升堂，則宜從

❶「祀」，《南齊書・禮志上》作「禮」。
❷「至」，原脱，據《南齊書・禮志上》補。
❸「至」，原作「致」，據《南齊書・禮志上》改。
❹「丘」，原作「邵」，據庫本改。

西階，以明不由阼義。」吏部郎徐勉議：「鄭玄云：『由命士以上，父子異宮。』宮室既異，無不由阼階之禮。請釋奠及宴會，太子升堂，並宜由東階。若輿駕幸學，自然中陛。又檢《東宮元會儀注》，太子升崇正殿，❶不欲東西階。責東宮典儀，列云『太子元會，升自西階』，此則相承爲謬。請自今東宮大公事，太子升崇正殿，並由阼階。其預會賓客，依舊西階。」

【梁元帝《釋奠祭孔子文》】粵若宗師，猗歟乃聖！惟岳降神，惟天所命。上善如水，至人若鏡。

【《祭顏子文》】欽哉體一，亞彼至人。乍分介石，時知落鱗。不先稱寶，席上爲珍。致虛守静，曲巷安貧。欽風味道，其德有鄰。

【陸倕《釋奠祭孔子文》】於惟上德，是曰聖真。克明克峻，知化窮神。研幾善誘，藏用顯仁。利同道濟，成俗教民。道尊功倍，德溥化光。離經辨志，濟濟洋洋。

【《陳書·杜之偉傳》】❷大同七年，❸梁皇太子釋奠於國學。時樂府無孔子、顏子登歌詞。尚書參議，令之偉製其文，伶人傳習，以爲故事。

【《陳書·宣帝本紀》】大建三年秋八月辛丑，皇太子親釋奠於太學，二傅、祭酒以下，賚帛各有差。

【《後主本紀》】至德三年十一月己未，詔曰：「宣尼誕膺上哲，體資至聖。祖述憲章之典，並天地而合德；樂正《雅》、《頌》之

❶「正」，原作「政」，據《隋書·禮儀志四》改。下同。
❷「偉」，原作「緯」，據《陳書》杜之偉本傳改。
❸「大」上，原衍「中」字，據《陳書》杜之偉本傳删。

奧，與日月而偕明。垂後昆之訓範，開生民之耳目。梁季湮微，靈寢忘處，鞠爲茂草，三十餘年，敬仰如在，永惟愾息。今《雅》道雍熙，《由庚》得所，斷琴故履，零落不追，閱笥開書，無因循復。外可詳之禮典，改築舊廟，蕙房桂棟，咸使惟新，芳蘩潔潦，以時饗奠。」十二月辛卯，皇太子出太學，講《孝經》。戊戌，講畢。辛丑，釋奠於先師，禮畢，設金石之樂，會宴王公卿士。

右宋、齊、梁、陳。

【《北魏書·太祖本紀》】天興四年二月丁亥，命樂師入學習舞，釋菜於先聖、先師。

【《世祖本紀》】始光三年二月，起太學於城東，祀孔子，以顔淵配。

【《肅宗本紀》】正光元年春正月乙酉，詔曰：「建國緯民，立教爲本，尊師崇道，茲典自昔。來歲仲陽，節和氣潤，釋奠孔、顔，乃其時也。有司可豫繕國學，圖飾聖賢，置官簡牲，擇吉備禮。」

正光二年二月癸亥，車駕幸國子學，講《孝經》。三月庚午，帝幸國子學祀孔子，❶以顔淵配。

【《隋書·禮儀志》】後齊將講於天子，先定經於孔父廟，置執經一人，侍講二人，執讀二人，擿句二人，録義六人，奉經二人。講之旦，皇帝服通天冠、玄紗袍，乘象輅，至學，坐廟堂上。講訖，還便殿，改服絳紗袍，乘象輅，還宮。講畢，以一太牢釋奠孔父，配以顔回，列軒懸樂，六佾舞。行三獻禮畢，皇帝服通天冠、絳紗袍，升阼，即坐。宴畢，還宮。皇太子每通一經，亦釋奠，乘石山安車，三師乘車在前，三少從後而至

❶「祀」，《魏書·肅宗本紀》作「祠」。

學焉。

後齊制，新立學，必釋奠禮先聖、先師。每歲春秋二仲，常行其禮。每月旦，祭酒領博士以下及國子諸學生以上，太學、四門博士升堂，助教以下、太學諸生階下，拜孔揖顏。日出行事而不至者，記之爲一負。雨霑服則止。學生每十日給假，皆以丙日放之。郡學則於坊內立孔、顏廟，博士以下，亦每月朝云。

【《文獻通考》】張憑議曰：「不拜顏子者，按學堂舊有聖賢之象，既備禮盡敬，奉尼父以爲師，而未詳顏子拜揖之儀。臣以聖者君道也，師者賢臣道也。若乃堯、舜、禹於君位，則稷、契與我並爲臣矣。師玄風於洙泗，則顏子吾同門也。夫大賢恭己，既揖讓於君德，回也如愚，豈越分於人師哉？是以王聖佐賢而君臣之義著，拜孔揖顏而師資之分同矣。」

丘氏濬曰：「按此後世朔日行禮之始。今制有朔望行事之禮，此其權輿歟？」

【《周書・武帝本紀》】天和元年秋七月壬午，詔：「諸胄子入學，但束修於師，不勞釋奠。釋奠者，學成之祭。自今即爲恒式。」

【《宣帝本紀》】大象二年二月丁巳，帝幸露門學，行釋奠之禮。

右北魏、北齊、北周。

【《隋書・禮儀志》】隋制，國子寺，每歲以四仲月上丁，釋奠於先聖、先師。每年別一行鄉飲酒禮。州郡學則以春秋仲月釋奠。州郡縣亦每年於學一行鄉飲酒禮。學生皆乙日試書，丙日給假焉。

【隋牛弘《先聖先師歌》】經國立訓，學重教先。三墳肇册，五典留篇。開鑿理著，陶鑄功宣。東膠西序，春誦夏弦。芳塵載仰，祀典無愆。

右隋。

【《舊唐書·高祖紀》】武德二年六月戊寅，❶令國子學立周公、孔子廟，四時致祭。

【《闕里志》】武德二年，詔曰：「大德必祀，義存方册。達人命世，流慶後昆。爰始姬旦，匡翊周邦，創設禮經，大明典憲，啟生民之耳目，窮法度之本原。粵若宣尼，天姿睿哲，四科之教，❷歷代不刊，三千之徒，風流無斁。惟兹二聖，道濟生人，尊禮不修，孰明褒尚？宜命有司立周公、孔子廟各一所，四時致祭。」

【《唐書·高祖本紀》】武德七年二月丁巳，釋奠於國學。

【《册府元龜》】武德七年二月，詔曰：「釋奠之禮，致敬先師，鼓篋之義，以明遜志。比多闕略，更宜詳備。仲春釋奠，朕將親覽。所司具爲條式，以時宣下。」是月丁巳，帝幸國子監，親臨釋奠。

【《唐書·禮樂志》】武德二年，始詔國子學立周公、孔子廟。七年，高祖釋奠焉，以周公爲先聖，孔子配。

蕙田案：前此之祭先聖、先師，皆以孔子爲先聖，顔回爲先師。其周公爲先聖，孔子爲先師，至此始有明文。然則自三國以來，其以周公爲先聖者，或偶一爲之，故不恒見歟？

【《舊唐書·禮儀志》】武德七年二月，幸國子學，親臨釋奠。引道士、沙門有學業者，與博士雜相駁難，久之乃罷。

蕙田案：孔子云「道不同，不相爲

❶「戊寅」，《舊唐書·高祖紀》作「戊戌」。
❷「教」，原作「數」，據《闕里志》卷七改。

詖」，又曰「攻乎異端，斯害也已」，孟子曰「我亦欲正人心，息邪説，距詖行，放淫辭，以承三聖者」，又曰「能言距楊墨者，聖人之徒也」。是故楊墨之道不息，孔子之道不著。今也不惟不能距之、闢之、放之，反引佛、老二氏與吾徒相辨論，烏覩所謂崇儒尊聖者乎？高祖於是乎失禮矣！

【《唐書·禮樂志》】貞觀二年，左僕射房玄齡、博士朱子奢建言：「周公、尼父，俱聖人，然釋奠於學，以夫子也。大業以前，皆孔丘爲先聖，顔回爲先師。」乃罷周公，升孔子爲先聖，以顔回配。

【《文獻通考》】太宗貞觀二年，左僕射房玄齡等建議：「武德中，詔釋奠於太學，以周公爲先聖，孔子配享。臣以爲周公、尼父俱稱聖人，庠序置奠，本緣夫子。故晉、宋、梁、陳及隋大業故事，皆以孔子爲先聖，顔回爲先師，歷代所行，古今通允。伏請停祭周公，升孔子爲先聖，以顔回配。」詔從之。

【《玉海》】貞觀二年，停以周公爲先聖，始立孔子廟堂於國學，式稽舊典，以仲尼爲先聖，顔子爲先師，俎豆干戚之容始備。魯哀公十七年立孔子廟於故宅，閲千餘載，未嘗出闕里。漢儒所謂立學釋奠，未知先聖、先師爲誰，自戴《記》之外無聞。迨魏齊王、晉武帝釋奠於學，雖昉見簡册，而未有原廟也。唐武德二年，廟周、孔於胄監。至貞觀定孔子爲先聖而黜周公，牲牢祭幣，日增月益。

丘氏濬曰：「案至是始定以孔子爲先聖，顔子爲先師。」

蕙田案：丘氏之説似矣，而猶未核

也。觀長孫無忌等奏云：「庠序置奠，本緣夫子，故晉、宋、梁、陳及隋大業故事，皆以孔子爲先聖，顏回爲先師，歷代所行，古今通允。」則知六朝以還，皆以孔子爲先聖矣。特一改其制於武德，而旋復於貞觀，再改其制於永徽，而再復於顯慶耳。夫云「定」者，一成而不變之詞也。乃貞觀之制，行之未久，至高宗永徽間，而復以周公爲先聖，孔子爲先師矣，何定之有？迨至顯慶，一復其規。夫而後孔子之爲先聖，歷千餘年而不變耳。故謂定制於高宗顯慶之時則可，謂定制於太宗貞觀之初則不可。

【《唐書·禮樂志》】貞觀四年，詔州縣學皆作孔子廟。

蕙田案：此州、縣立孔廟之始。

【《太宗本紀》】貞觀十四年二月丁丑，觀釋奠於國學。

【《舊唐書·禮儀志》】貞觀十四年二月丁丑，太宗幸國子學，親觀釋奠，祭酒孔穎達講《孝經》。

【《唐書·儒林傳》】貞觀十四年，❶召天下惇師老德以爲學官，又數臨幸國子學，觀釋菜。廣學舍千二百區，❷益生員至三千二百。自屯營飛騎，皆給博士受經。能通一經者，❸聽入貢限。四方秀艾，坌集京師。於是新羅、高昌、百濟、吐蕃、高麗

❶「十四年」，《新唐書·儒學傳上》作「六年」，《舊唐書·儒學傳上》作「二年」。

❷「學」，原作「博」；「千二」，原倒，均據《新唐書·儒學傳上》校正。

❸「一」，原脱，據《新唐書·儒學傳上》補。

等，並遣子弟入學。鼓笥踵堂者，凡八千餘人。雖三代之盛，所未聞也。

【《太宗本紀》】貞觀二十一年二月丁丑，皇太子釋菜於太學。

【《禮樂志》】皇太子釋奠，自爲初獻，以祭酒張後胤亞獻，光州刺史攝司業趙弘智終獻。

【《舊唐書・禮儀志》】貞觀二十一年，詔曰：「左丘明、卜子夏、公羊高、穀梁赤、伏勝、高堂生、戴聖、毛萇、孔安國、劉向、鄭衆、杜子春、馬融、盧植、鄭玄、服虔、何休、王肅、王弼、杜預、范甯、賈逵總二十二座，春秋二仲，行釋奠之禮。」初，以儒官自爲祭主，直云博士姓名，昭告於先聖。又州縣釋奠，亦以博士爲主。敬宗等又奏曰：「按《禮記・文王世子》：『凡學，春，官釋奠於其先師。』鄭注云：『官，謂《詩》、《書》、《禮》、樂之官也。』彼謂四時之學，將習其道，故儒官釋奠，各於其師。既非國學行禮，❶所以不及先聖。至於春、秋二時合樂之日，則天子視學，命有司興秩，即總祭先聖、先師焉。秦、漢釋奠，無文可檢。至於魏武，則使太常行事。自晉、宋以降，時有親行，而學官主祭，全無典實。且名稱國學，樂用軒懸，樽俎威儀，蓋皆官備，在於臣下，理不合專。況凡在小神，❷猶皆遣使行禮，釋奠既準中祀，據理必須稟命。今請國學釋奠，令國子祭酒爲初獻，祝辭稱『皇帝謹遣』，仍令司業爲亞獻，國子博士爲終獻。其州學，刺史爲初獻，上佐爲亞獻，博士爲終獻。縣學，令爲初獻，丞爲亞獻，博士既無品秩，請主簿及尉通爲終獻。若有闕，並

❶「學」，原作「家」，據《舊唐書・禮儀志四》改。
❷「神」，原作「祀」，據《舊唐書・禮儀志四》改。

以次差攝。州縣釋奠，既請各刺史、縣令親獻主祭，望准祭社，同給明衣。修附禮令，以爲永則。」

丘氏濬曰：「按，此後世國學遣官釋奠之始。前此，蓋學官自祭也。而州縣以守、令主祭，亦始於此。」

【《音樂志》】皇太子親釋奠樂章五首：

迎神，用《承和》亦曰《宣和》。　聖道日用，神機不測。金石以陳，絃歌載陟。爰釋其菜，匪馨於稷。來顧來享，是宗是極。

太子行，用《承和》　萬國以貞光上嗣，三善茂德表重輪。視膳寢門遵要道，高闢崇賢引正人。

登歌奠幣，用《肅和》　粵惟上聖，有縱自天。旁周萬物，俯應千年。舊章允著，嘉贊孔虔。王化茲首，儒風是宣。

迎俎，用《雍和》　堂獻瑤篚，庭敷璆縣。禮備其容，樂和其變。肅肅親享，雍雍執奠。明德惟馨，蘋蘩可薦。

送文舞出、迎武舞入，用《舒和》　集集龜開昭聖列，龍蹲鳳跱肅神儀。尊儒敬業宏圖闡，緯武經文盛德施。

武舞，用《凱安》。詞同冬至圜丘。❶

送神，用《承和》。詞同迎神。

又享孔廟樂章二首：太樂舊有此詞，不詳所起。

迎神　通吴表聖，問老探貞。三千弟子，五百賢人。億齡規法，萬載祠禋。潔誠以祭，奏樂迎神。

送神　醴溢犧象，羞陳俎豆。魯壁類聞，泗州如覲。里校覃福，冑筵承祐。雅樂清音，送神其奏。

【《唐書·禮樂志》】永徽中，復以周公爲先

❶「詞」，原作「祠」，據《舊唐書·音樂志三》改。

聖，孔子爲先師，顔回、左丘明以降，皆從祀。

【《舊唐書·禮儀志》】高宗顯慶二年七月，禮部尚書許敬宗等議：「依令，❶周公爲先聖，孔子爲先師。又《禮記》云『始立學，釋奠於先聖』，鄭玄注云『若周公、孔子也』，且周公踐極，功比帝王，請配武王。❷以孔子爲先聖。」

【《文獻通考》】顯慶二年，太尉長孫無忌等議曰：「案《新禮》，孔子爲先聖，顔回爲先師。又准貞觀二十一年，以孔子爲先聖，更以左丘明等二十二人，❸與顔回俱配尼父於太學。今據《永徽令文》，改用周公爲先聖，遂黜孔子爲先師，顔回、丘明並爲從祀。謹按《禮記》云：『凡學，春，官釋奠於其先師。』鄭玄注曰：『官，謂《詩》、《書》、《禮》、樂之官也。先師者，若漢《禮》有高堂生，樂有制氏，《詩》有毛公，《書》有伏生，可以爲師者。』又《禮記》曰：『始立學，釋奠於先聖。』鄭玄注曰：『若周公、孔子也。』據禮爲定，昭然自別。聖則非周即孔，師則偏善一經。漢、魏以來，取捨各異。顔回、夫子互作先師，宣父、周公迭爲先聖，求其節文，遞有得失。所以貞觀之末，親降綸言，依《禮記》之明文，配康成之奥説，正夫子爲先聖，加衆儒爲先師，永垂制於後昆，革往代之紕繆。而今《新令》不詳制旨，輒事刊改，遂違明詔。但成王幼年，周公踐極，制禮作樂，功比帝王。所以禹、湯、文、武、成王、周公爲六君子，又説明王孝道，乃述周公嚴配。

❶「令」，原作「今」，據《舊唐書·禮儀志四》改。

❷「武」，原作「成」，據《舊唐書·禮儀志四》改。

❸「二十二」，原作「二十一」，據《文獻通考》卷四三改。

此即姬旦鴻業，合同王者祀之，儒官就享，實貶其功。仲尼生衰周之末，拯文喪之弊，祖述堯舜，憲章文武，弘聖教於六經，闡儒風於千世，故孟軻稱『生民以來，一人而已』。自漢已降，奕葉封侯，崇奉其聖，迄於今日。胡可降兹上哲，俯入先師？且丘明之徒，見行其學，貶爲從祀，亦無故事。今請改令從詔，於義爲允。其周公仍依別禮，配享武王。」詔從之。

【《唐書・高宗本紀》】總章元年二月丁巳，皇太子釋奠於國學。四月乙卯，贈顔回爲太子少師，曾參太子少保。

【《册府元龜》】總章元年三月，詔曰：「皇太子弘，近因釋菜，齒胄上庠，祇事先師，馳心近侍，仰崇山而景行，眷曩哲以勤懷。顯顔、曾之特高，揚仁義之雙美。請申褒贈，載甄芳烈。朕嘉其進德，冀以思齊。訓誘之方，莫斯爲尚。顔回可贈太子少師，曾參可贈太子少保。」

丘氏濬曰：「此後世追贈孔門弟子之始，而以曾參配享，亦始於此。」

蕙田案：曾子配享，乃在睿宗太極元年，非高宗時也。

【《唐書・禮樂志》】咸亨元年，詔州縣皆營孔子廟。

【《唐書・睿宗本紀》】景雲二年八月丁巳，皇太子釋奠於國學。

【《劉子玄傳》】玄宗在東宮，將親釋奠於國學，有司草儀注，令從臣皆乘馬著衣冠。子玄進議曰：「古者自大夫已上，皆乘車而以馬爲騑服。魏、晉已降，迄乎隋代，朝士又駕牛車。歷代經史，具有其事，不可一二言也。至如李廣北征，解鞍憩息；馬援南伐，據鞍顧眄。斯則鞍馬之設，行於軍旅；戎服所乘，貴於便習者也。案江左官至尚書郎而輒輕乘馬，則爲御史所彈。又顔延之罷官後，好騎馬出入閭里，當代稱其放誕。此則專車憑軾，可擐朝衣；單馬御鞍，宜從褻服。求之近古，灼然之明驗也。自皇家撫運，沿革隨時。至如陵廟巡謁，王公册命，則盛服冠履，乘彼輅車。其士庶有衣冠親迎者，亦時以服箱充馭。在於他事，無復乘車。貴賤所行，通用鞍馬而已。臣伏見比者鑾輿出幸，法駕首途，左右侍臣，皆以朝服乘馬。夫冠履而出，只可配車而行，今乘車既停，而冠履不易，可謂唯知其一而未知其二也。何者？褒衣博帶，革履高冠，本非馬上所施，自是車中之服。必也韈而升鐙，跣以乘鞍，非唯不師古道，亦自取驚今俗。求諸折中，進退無可。且長裾廣袖，襜如翼如，鳴珮行組，鏘鏘奕奕，馳驟於風塵之内，出入於旌棨之間，儻馬有驚逸，人從顛墜，遂使屬車之右，遺履不收，清道之傍，絓驂相續，固以受嗤行路，有損威儀。今議者皆云秘閣有《梁武帝南郊圖》，多有危冠乘馬者，此則近代故事，不得謂無其文。臣案此圖是後人所爲，非當時所撰。且觀代間有古今圖畫者多矣，如張僧繇畫《羣公祖二疏》，而兵士有著芒屩者；閻立本畫《明君入匈奴》，而歸人有著帷帽者。夫芒屩出於水鄉，非京華所有；帷帽創於隋代，非漢官所作。議者豈可徵此二畫，以爲故實者乎？由斯而言，則《梁氏南郊之圖》，義同於此。又傳稱因俗，禮貴緣情。殷輅周冕，規模不一，秦冠漢佩，用捨無常。况我國家道軼百王，功高萬古，事有不便，理資變通，其乘馬衣冠，竊謂宜從省廢。臣懷此異議，其來自久，日不暇給，未及摧揚。今屬殿下親從齒胄，將臨國學，凡有衣冠乘馬，皆憚此行，所以輒進狂言，用申鄙見。」皇太子手令付外宣行，仍編入令，以爲常式。

【《唐書·睿宗紀》】太極元年至是年八月，玄宗即位，追改爲先天元年。二月丁巳，皇太子釋奠於國學。

【《禮樂志》】睿宗太極元年，加贈顏回太子太師，曾參太子太保，皆配享。

【《玄宗本紀》】開元七年十一月乙亥，皇太子入學齒胄，賜陪位官及學生帛。

【《禮樂志》】開元七年，皇太子齒胄於學，謁先聖。詔宋璟亞獻，蘇頲終獻。臨享，天子思齒胄義，乃詔三獻皆用胄子祀先聖，如釋奠。右散騎常侍褚無量講《孝經》、《禮記·文王世子》篇。

【《文獻通考》】八年，國子司業李元瓘奏言：「京國子監廟堂，先聖孔宣父，配坐先師顏子。今其像見立侍。准禮授坐不立，授立不跪，况顏子道亞生知，才光入室，既當配享，其儀見立，請據禮文，合從坐侍。又四科弟子閔子騫等，並伏膺儒術，親承聖教，雖復列像廟堂，不參享祀。謹按《祠令》，何休等二十二賢，猶霑從祀，豈有升堂入室之子，獨不霑配享之餘？望請春、秋釋奠列享，在二十二賢之上。七十子者，則文翁之壁尚不闕如，豈有國庠遂無圖繪？請命有司圖形於壁，兼爲立贊，庶敦勸儒風，光崇聖烈。曾參孝道可崇，獨受經於夫子，望准二十二賢從享。」詔曰：「顏子等十哲，宜爲坐像，悉令從祀。曾參大孝，德冠同列，特爲塑像，坐於十哲之次。」因圖七十弟子及二十二賢於廟壁上。以顔子亞聖，親爲製贊，書於右，仍令當朝文士分爲之贊，題其壁焉。

蕙田案：《新唐書》睿宗時曾子已配享矣，觀《通考》載開元八年之奏，《新唐書》似誤。

馬氏端臨曰：「自《禮記》釋奠於先聖先師之説，鄭康成釋先師，以爲如樂有制氏，《詩》有毛公，《禮》有高堂生，《書》有伏生之類。自是，後儒言釋奠者本《禮記》，言先師者本鄭氏注。唐貞觀時，遂以左丘明以下至賈逵二十二人爲先師，配食孔聖。夫聖，作之者也；師，述之者也。述夫子之道，以親炙言之，則莫如十哲、七十二賢；以傳授言之，則莫如子思、孟子，必是而後可以言先師，可以繼先聖。今捨是不録，而皆取之於釋經之諸儒。姑以二十二子言之，獨子夏無以議焉，左丘明、公羊高、穀梁赤猶曰受經於聖人而得其大義，至於高堂生以下，則謂之經師可矣，非人師也。如毛、鄭之釋經，於名物固爲該洽，而義理間有差舛。至王輔嗣之宗旨老莊，賈景伯之附會讖緯，則其所學已非聖人之學矣。又况戴聖、馬融之貪鄙，則其素履固當見擯於洙泗，今乃俱在侑食之列，而高弟弟子除顔淵之外，❶反不得預。李元瓘雖言之，❷而僅能升十哲、曾子儕於二十二子之列，而七十二賢俱不霑享祀。蓋拘於康成之

❶ 上「弟」，庫本無此字。
❷ 「言」上，庫本有「懇」字，《文獻通考》卷四三有「懇懇」二字。

注，而以專門訓詁爲盡得聖道之傳也。」

蕙田案：馬氏此論，已爲嘉靖間人張本。要之，是二十二人者雖不盡純，然保殘守缺，使先聖微言得以不絶之，數子之功，未始不鉅。君子之於人，取其大而略其細可也。

宗元案：經以載道，傳經即以傳道，原不容分。然自顏、曾、思、孟而下，已多不能兼之。直至宋五子而始合耳。二十二人又何能及此？然抱殘守缺，使遺經不至於遂亡，則二十二人不爲無功。録功則當棄過，從祀焉可也，配食焉則過矣。

丘氏濬曰：「案塑像之設，中國無之，至佛教入，中國始有也。三代以前，祀神皆以主，無有所謂像設也。彼異教用之，無足怪者，不知祀吾聖人者，何時而始爲像云？觀李元瓘言顏子立侍，則像在唐前已有矣。嗚呼！姚燧有言：『《北史》：敢有造泥人、銅人者，門誅。』則泥人固非中土爲主以祀聖人法也。後世莫覺其非，亦化其道而爲之。郡異縣殊，不一其狀。長短豐瘠，老少美惡，惟其工之巧拙是隨。就使盡善，亦豈其生時盛德之容？甚非神而明之、無聲無臭之道也。國初洪武十四年，首建太學，聖祖毅然的見千古之非，自夫子以下像不土繪，祀以神主。嗚呼盛哉！夫國學廟貌，非但以爲師生瞻仰之所，而天子視學，實於是乎致禮焉。夫以冕旒之尊而臨夫俎豆之地，聖人百世之師，坐而不起，猶之可也。若夫從祀諸儒，皆前代之縉紳，或當代之臣子，君拜於下，而臣坐於上，可乎？臣知非獨名分之乖舛，而觀瞻之不雅，竊觀聖賢在天之靈，亦有所不安也。或者若謂既以摶土爲之，事之以爲聖賢，一旦毁之以爲泥滓，似乎不恭。竊觀聖祖詔毁郡邑城隍塑像，用其土泥壁，以繪雲山，載在令中可考也。矧所塑者特具人形耳，豈真聖賢之遺貌哉？程頤論人家祖宗影有一毛不類，則非其人。彼親見其人，而貌之有毫髮不肖似，尚非其人，況工人隨意信手而爲之者哉？臣惟文廟之在南京者，固已行聖祖之制。今京師國學，乃因元人之舊。正統中，重修廟學，惜無以此上聞者。儻有以聞，未必不從。今天下郡邑恐其勞民，無俟改革。惟國學乃天子臨視之所，乞遵聖祖之制，如儒臣宋訥所云者，誠千萬世儒道之幸。仰惟我聖祖有大功於世教十數，此其一也。發揚祖宗之功烈，亦聖子神孫繼述之大者。」

【《舊唐書·禮儀志》】開元十一年，春、秋二時釋奠，諸州宜依舊用牲牢，其屬縣用酒脯而已。十九年正月，春、秋二時，社及釋奠，天下州縣等停牲牢，惟用酒脯，永爲常式。

【《開元禮》】皇太子釋奠於孔宣父：

齋戒：

皇太子散齋三日於别殿，致齋二日於正殿。前致齋一日，典設郎設皇太子幄座於正殿東序及室内，俱西向，又張帷於前楹下。殿若無室，張帷爲之。致齋之日，質明，諸衛率各勒所部，屯門列仗如常。晝漏上水一刻，左庶子版奏「請中嚴」，近仗就陳於閤外。通事舍人引宫臣文武七品以上袴褶陪位如式。諸侍衛之官各服其器服，諸侍臣並結珮，俱詣閤奉迎。左庶子版奏「外辦」。上水三刻，皇太子服通天冠、絳紗袍，結珮以出，侍衛如常。皇太子即座，西向坐，侍臣夾侍如常。一刻頃，左庶子前，跪奏，稱「左庶子臣某言，請降就齋室」，俯伏，興，還侍位。皇太子降座，入室，文武侍臣各還本司，直衛者如常。典謁引陪位者以次出。

凡應享之官，散齋三日，致齋二日。散齋皆於正寢。致齋，一日於本司，一日於享所。其無本司者，皆於享所。近侍之官應從升者，及從享羣官、監官、學官、學生等，各於本司及學館，俱清齋一宿，並如別儀。國學及齊太公廟將享，館司先申。享日，本司諸下其禮，❶所司隨職供辦。凡應享之官，散齋三日，致齋二日，如別儀，無皇太子散齋以下儀。

陳設：

前享三日，典設郎設皇太子便次於廟東，西向，又設便次於學堂之後，隨地之宜。守宮設文武侍臣次，各於便次之後，文左武右，設諸次享官於齋坊之內，從享之官於廟東門之外，隨地之宜。國學設獻官以下次於齋坊。太公儀同國學。

前享二日，太樂令設軒懸之樂於廟庭東方，西方磬簴起北，鐘簴次之，北方磬簴起西，鐘簴次之。設三鎛鐘於編懸之間，各依辰位。樹路鼓於北懸之間道之左右，植建鼓於三隅。置柷敔於懸內，柷在左，敔在右。設歌鐘、歌磬於廟堂之上前楹間，北向。磬簴在西，鐘簴在東，其匏竹者立於堂下階間，重行，北向，相對爲首。凡懸，皆展而懸之。諸工人各位於懸後。右校掃除內外，又爲瘞埳於院內堂之壬地，方、深取足容物，南出陛。自設軒懸以下，國學、太公儀並同。

❶「諸」，《大唐開元禮》卷五四《國子釋奠於孔宣父》作「請」，《文獻通考》卷四四作「散」，疑是。

前享一日，奉禮設皇太子位於東陛東南，西向，國學設三獻位於東門之内，道北，執事則道南，❶西向，北上。太公儀同國學。又設望瘞位於廟堂東北，當埋埳，西向。望瘞與國學同，太公儀並同。設亞獻、終獻位於皇太子東南，執事者各位於後，俱重行，西向，北上。國學無亞獻以下儀，太公並同。設御史位於廟堂之下西南，東向，令史陪其後。設奉禮位於樂懸東北，贊者二人在南，差退，俱西面。又設奉禮贊者位於埋埳東北，南面，東上。設協律郎位於廟堂上前楹之間近西，東向。設太樂位於北懸之間，北向。自御史位以下，與國學同，太公儀同國學。設從享官七品以上位國學則館官位，太公儀設廟官位。於樂懸之東，當執事西，南向。監官、學官位於樂懸之西，當宮官，東向。國學則設學官位於懸西，當館官，東向。太公廟設廟官位，同。設學生位於宮官、監官、學官之後，俱重行，北上。國學學生位於學官、館官後，有觀者於南門内道，左右相對爲首。太公無學生。設門外位爲亞獻、終獻位，於東門之外道南，執事位於後。每等異位，俱北向西上。國學設三獻門外位，如常儀。太公儀與國學同。監官、學官位於獻官之東南，國學則館官、學官位，太公儀廟官位。從享宮官位於學官之東，俱重行，北面，以西爲上。設酒樽之位於廟堂之上，先聖，犧樽二、象樽二、山罍二，在前楹間，北向；先師，犧樽二、象樽二、山罍二，在先聖酒樽之東，俱西上。樽皆加勺、冪，有坫，以置爵。其先師爵同置於一坫。太公及留侯同上。洗設於東階東南，亞獻之洗又於東南，俱北向。罍水在洗東，篚在洗西，南肆。篚實以巾、爵。執樽、罍、篚、冪者，各位於樽、罍、篚、冪之後。設幣、篚二，各

❶「道」，原作「近」，據《文獻通考》卷四四改。

於樽坫之所。典設郎設皇太子座於學堂之上，東壁下，西向。監司設講榻於北壁下，南向，又設執讀者位於前楹間，當講榻，北向。守宮設太傅、少傅座於皇太子西北，南面，東上。若有令詹事以下坐，則設坐於皇太子西南，北向，東上。侍講者座於執讀西北。執如意者一人，立於侍講之西。三館學官非侍講者座於侍講者之西，皆北面，東上。若有上臺三品以上觀講者，設座於侍講之北，南面，東上。設論議座於講榻之前，近南，北面。設脱履席於西階之南，東向。掌儀設版位，宮官七品以上東階東南，西向，北上。執經、侍講等於西階西南。監官及學官非侍講者於侍講者之後。有上臺三品以上觀講者，位於執經之北，少退，重行，皆東面，北上。學生分位於宮官、學官之後，皆重行，北上。又設掌儀位於宮官西北。贊者二人在南，皆西向。國學無「設皇太子座」下至此儀。

晡後，郊社令帥齋郎以樽、坫、罍、洗、篚、冪入設於位。升堂者自東階。謁者引祭酒、司業詣厨，視濯溉。凡導引者，每一曲一逡巡。太公儀引三獻視濯溉。贊引引御史詣厨，省饌具。司業以下，每事訖，各還齋所。

享日未明十五刻，太官令帥宰人以鸞刀割牲，❶祝史以豆取毛血，置於饌所，遂烹牲。其牲用太牢，二正座及先師首俎皆升右胖十一體，左丘明以下折分餘體升之。國學、太公並同。

未明五刻，郊社令帥其屬及廟司各服其服，升設先聖神座於堂上西楹間，東向；國學設神座於廟室內西楹間，東向。太公儀拂神幄。設先師神座於先聖神座東北，南向，西上，若前堂不

❶「鸞」，原作「鑾」，據庫本及《大唐開元禮》卷五三、《通典》卷一一七改。

容，則又於堂外之東屈陳而北，❶東向，南上。席皆以莞。設神位各於座首。國學儀，其七十二弟子名，已具歷代祀先儒篇。❷太公儀無「先聖神座」以下至此。

出宮：

前出宮二日，本司宣攝內外，各供其職。守宮設從享宮官次於東宮朝堂如常。

其日，未明，所司依鹵簿陳設於重明門外。奉禮設從享宮官位於東宮朝堂如常。文武宮臣七品以上，依時刻俱集於次，各服公服。諸衛率各勒所部，陳設如式。左庶子版奏「請中嚴」，典謁引宮臣各就位。諸侍衛官各服其器服，左庶子負璽如式。俱詣閤奉迎。僕進軺車於西閤外，❸南向。若須乘輦，則聽臨時進止。內率一人執刀立於車前，北向。中允一人在侍臣之前。贊者二人在中允之前。左庶子版奏「外辦」，僕奮衣而出，正立執轡。皇太子著具服、遠遊冠，乘輿以出，左右侍衛如常儀。內率前執轡，皇太子升車，僕立授綏。左庶子以下夾侍如常儀。中允進當車前，跪奏稱「請發引」，俛伏，興，退，復位。凡中允奏請，皆當車前跪奏，稱「具官臣某言」。訖，俛伏，興。車動，中允與贊者夾引以出。內率夾車而趨，出重明門，至侍臣上馬所，中允奏稱「請車權停，令侍臣上馬」，贊者承傳，文武侍臣皆上馬，庶子以下夾侍於車前，贊者在供奉官人內。侍臣上馬畢，中允奏稱「請令車右升」，左庶子前承令，退稱令曰「諾」，中允退，復位。內率升訖，中允奏稱「請發引」，退，復位。皇太子車動，太

❶「屈」，原作「至」，《大唐開元禮》卷五三作「屋」，今據《通典》卷一一七改。

❷「已具」，原作「以其」，據《通典》卷一一七改。

❸「軺」，原作「輅」，據《大唐開元禮》卷五三、《通典》卷一一七改。

傅乘車訓導，少傅乘車訓從，出延喜門，不鳴鼓吹。從享宮臣乘馬陪從，如常儀。

饋享：

享日，未明三刻，諸享官各服祭服，諸陪祭之官皆公服，學生青衿服。郊社令、良醞令各帥其屬入，實樽、罍及幣，犧樽實以醴齊，象樽實以盎齊，山罍實以清酒，齊加明水，酒加玄酒，各實於上樽。其幣以白，各長一丈八尺。太官令帥其屬實諸籩、豆、簠、簋、俎等。

未明二刻，奉禮帥贊者先入就位。贊引引御史、太祝及令史、祝史與執樽、罍、篚、冪者入自東門，當階間，重行，北向，西上，立定。奉禮曰「再拜」，贊者承傳，凡奉禮有辭，贊者皆承傳。御史以下皆再拜。訖，執樽、罍、篚、冪者各就位。贊引引御史、太祝詣東階，升堂，行掃除於上，令史、祝史行掃除於下。訖，引降，還齋所。國學掃除於下訖，引就位。謁者引享官以下，俱就門外位，學生就門內位。太公儀無學生位，餘同國學。皇太子將至，謁者、贊引各引享官及從享學官等俱就門外位，學生皆入就門內位。皇太子至廟門外，迴車南向，內率降立於車右，左庶子進當車前，跪奏，稱「左庶子臣某言，請降車」，俛伏，興，還侍位。皇太子降車，乘輿之便次，❶侍衛如常。郊社令以祝版進，皇太子署訖，近臣奉出，郊社令受，各奠於坫。國學無「皇太子將至」以下至此儀，太公並同。

未明一刻，謁者、贊引引享官、宮官就門外位。奉禮帥贊者先入就位，贊引引御史以下入就位。❷國學無謁者以下儀，太公同。太常令

❶「輿」，原作「與」，據庫本及《大唐開元禮》卷五三、《通典》卷一一七改。

❷「入就」，原倒，據《大唐開元禮》卷五三、《通典》卷一一七乙正。

帥工人二舞次入就位，文舞入，陳於懸内，武舞立於懸南道西。其升堂坐者，皆脱履於下。降，納，如常。謁者引祭酒入就位，立定。奉禮曰「再拜」，祭酒再拜。❶訖，謁者引祭酒詣東階，升堂，行掃除於上，降，行樂懸於下。訖，引還本位。初，祭酒行樂懸，謁者、贊引各引祭官及陪祭之官次入就位。國學則謁者引司業，太公儀引亞獻。皇太子停便次半刻頃，率更令於便次門外東向，左庶子版奏「外辦」，皇太子出便次，侍衛如常儀。率更令引皇太子至廟東門，中允進笏，皇太子執笏，近侍者從入，如常儀。皇太子至版位，西向立。每位定，率更令退立於左。率更令前啟「再拜」，退，復位。皇太子再拜。奉禮曰「衆官再拜」，衆官在位者及學生皆再拜。其先拜者不拜。率更令前啟「有司謹具，請行事」，退，復位。國學，初司業行掃除訖，謁者、贊引各引享官以下、學官以上，次入就位，立定，奉禮曰「衆官再拜」，衆官及學生皆再拜。其先拜者不拜。謁者進祭酒之左，白「有司謹具，請行事」，退，復位，無停便次以下儀。太公儀，亞獻掃除就位，至入拜訖，謁者白初獻。協律郎跪，俛伏，舉麾，凡取物者，皆跪俛伏而取以興。奠物，則奠訖俛伏興。鼓柷，奏《永和》之樂，以姑洗之均，自後堂上接神之樂，皆奏姑洗。作文舞之舞。樂舞三成，偃麾戛敔，樂止。凡樂，皆協律郎舉麾、工鼓柷而後作，偃麾戛敔而後止。率更令前啟「再拜」，退，復位。皇太子再拜。國學無率更下至再拜，太公儀並同。奉禮曰「衆官再拜」，在位者及學生皆再拜。太祝各跪取幣於篚，立於樽所。率更令引皇太子，《永和》之樂作。皇太子每行，皆作《永和》之樂。國學，引祭酒升東階，無樂，下倣此。太公廟，謁者引初獻官。皇太子自東階升，左庶子以下及左右侍衛、量人從

❶「祭酒再拜」，原脱，據庫本及《大唐開元禮》卷五三補。

升。以下皆如之。皇太子升堂，進先聖神座前，西向立。樂止，太祝以幣授左庶子，左庶子奉幣，北向進。皇太子搢笏，受幣，每受物，搢笏。奠訖，執笏，俛伏，興。登歌作《肅和》之樂，以南吕之均。率更令引皇太子進，西面，跪奠於先聖神座前，俛伏，興。率更令引皇太子少退，西向，再拜訖。率更令引皇太子進先師首座前，北向立。❶又太祝以幣授左庶子，左庶子奉幣，西向進。皇太子受幣，率更令引皇太子進，北向，跪奠於先師首座，俛伏，興。率更令引皇太子少退，北向，再拜，登歌止。率更令引皇太子，樂作，皇太子降自東階，還版位，西向立，樂止。

初，羣官拜訖，各奉毛血之豆，立東門外。於登歌止，祝史奉毛血，升自東階，太祝迎取於階上，進奠於先聖及先師首座前。太祝與祝史退，立於樽所。

初，皇太子既奠幣，太官令出，帥進饌者奉饌，陳於東門之外。

初，皇太子既至位，樂止。太官令引饌入。俎初入門，奏《雍和》之樂。自後酌獻，皆奏《雍和》之樂。饌至階，樂止。祝史各進，跪徹毛血之豆，降自東階以出。饌升，太祝迎引於階上，各設於神座前。籩、豆、蓋、冪先徹，乃升簠、簋。既奠，却其蓋於下。設訖，太官令以下降復位。太祝還樽所。率更令引皇太子詣罍洗，樂作，皇太子至罍洗，樂止。左庶子跪取匜盥沃水，又左庶子跪取盤盥承水。皇太子盥手，中允跪取巾於篚，興，進，皇太子帨手訖，中允受巾，跪奠於篚。遂取爵於篚，興，進，皇太子受爵，左庶子酌罍水。又

❶「北向」，原倒，據《大唐開元禮》卷五三、《通典》卷一一七乙正。

左庶子奉盤，皇太子洗爵，中允又授巾，皆如初。皇太子拭爵訖，左庶子奠盤匜，中允受巾，奠於篚，皆如常。率更令引皇太子，樂作，皇太子升自東階，樂止，詣先聖酒樽所。執樽者舉冪，左庶子贊酌醴齊。訖，樂作，率更令引皇太子進先聖神座前，西向，跪奠爵，俛伏，興。率更令引皇太子少退，西向立，樂止。太祝持板，進於神座之右，北面，跪讀祝文曰：「維某年歲次月朔日，子皇太子某，國學，則云「開元神武皇帝謹遣祭酒某封姓名」，下同。太公儀云「謹遣某官某封」。敢昭告於先聖孔宣父：惟夫子固天攸縱，誕降生知。經緯禮樂，闡揚文教，餘烈遺風，千載是仰，俾兹末學，依仁游藝。謹以制幣犧齊，粢盛庶品，祗奉舊章，式陳明薦。以先師顔子等配座。尚饗。」訖，興，太公，祝云「爰定六韜，載成七德。功業昭著，生靈攸仰。俾兹末學，克奉舊章。謹以張留侯等配」。皇太子再拜。讀祝文訖，樂作，太祝進，跪奠版於神座，興，還樽所。皇太子拜訖，樂止。

率更令引皇太子詣先師酒樽所。執樽者舉冪，左庶子取爵於坫，進，太子受爵，左庶子贊酌醴齊，樂作。率更令引皇太子進先師首座前，北向，跪奠爵，俛伏，興。率更令引皇太子少退，北向立，樂止。皇太子既奠首座爵，餘座皆齋郎助奠，引相次而畢。其亞獻、終獻，齋郎助奠亦如之。太祝持板，進於先師神座之左，西面，跪讀祝文曰：「某年歲次月朔日，子皇太子某，敢昭告於先師顔子等七十二賢：爰以仲春，仲秋。率遵故實，敬修釋奠於先聖孔宣父。惟子等或服膺聖教，德冠四科；或光闡儒風，貽範千載。謹以制幣犧齊，粢盛庶品，式陳明薦，從祀配神。尚饗。」訖，興，齊大公配座張留侯等，祝云「惟子等宣揚武教，光贊韜鈐，大濟生靈，貽範千載」云云。皇太子再拜。

初，讀祝文訖，樂作，太祝進，跪奠板於神座，興，還樽所。皇太子拜訖，樂止。率更令引皇太子詣東序，西向，樂作。太祝各以爵酌上樽福酒，合置一爵。一太祝持爵授左庶子，左庶子舉爵，北向進。皇太子再拜，受爵，跪，祭酒，啐酒，奠爵，興。太祝各帥齋郎進俎，太祝跪，減先聖及先師首座前三牲胙肉，皆取前脚第一骨。加於俎，又以籩豆取稷黍飯，興，以胙肉各共置一俎上，又以飯共置一籩。太祝以飯籩授左庶子，左庶子奉飯，北向，進。皇太子受，以授左右。太祝又以俎授左庶子，左庶子以次奉進。皇太子每受，以授左右。訖，皇太子跪取爵，遂飲卒爵。左庶子進，受爵，以授太祝。太祝受爵，復於坫。皇太子俛伏，興，再拜，樂止。率更令引皇太子，樂作。皇太子降自東階，還板位，西向立，樂止，文舞出，鼓柷，作《舒和》之樂。出訖，戛敔，樂止，武舞入，鼓柷，作《舒和》之樂。立定，戛敔，樂止。

初，皇太子將復位，謁者引國子祭酒，國學，謁者引司業，下倣此。太公儀，引亞獻。詣罍洗，盥手，洗爵。訖，謁者引祭酒升自東階，詣先聖酒樽所。執爵者舉冪，祭酒酌盎齊。訖，武舞作，謁者引祭酒進先聖神座前，西向跪，奠爵，興。謁者引祭酒少退，西向，再拜。謁者引祭酒詣先師酒樽所，取爵於坫，執樽者舉冪，祭酒酌盎齊。謁者引祭酒進先師首座前，北向跪，奠爵，興。謁者引祭酒少退，北向，再拜。訖，謁者引祭酒詣東序，西向立。太祝各以爵酌罍福酒，合置一爵。一太祝持爵進祭酒之左，北向立。祭酒再拜受爵，跪，祭酒遂飲，卒爵。太祝進受爵，復於坫。祭酒興，再拜。謁者引祭酒降，復位。

初，祭酒獻將畢，謁者引司業國學，謁者引博士，下倣此。太公儀引終獻。罍洗洗訖，升酌盎齊。終獻如亞獻之儀。訖，謁者引司業降，復位。武舞止，太祝等各進，跪徹豆，興，還樽所。徹者，籩、豆各一，少移於故處。奉禮曰「賜胙」，贊者唱，衆官再拜，在位者及學生皆再拜，已飲福者不拜。《永和》之樂作。率更令前啟「再拜」，退，復位。皇太子再拜。國學無率更令至再拜，太公儀同國學。奉禮曰「衆官再拜」，在位者及學生皆再拜，樂一成止。率更令前啟「請就望瘞位」，率更令引皇太子就望瘞位，西向立。國學，謁者引祭酒，太公儀引初獻。奉禮帥贊者轉就瘞埳東，北向。

初，在位者將拜，大祝各執篚進神座前，跪，以篚取幣，降自西階，詣瘞埳，以幣置於埳。訖，奉禮曰「可瘞」，埳東西廂各四人寘土半埳。率更令前啟「禮畢」。國學、太公儀進初獻之左白云。率更令引皇太子出門，還便次，樂作。國學，謁者遂引祭酒出，無率更令下至樂作。太公儀同。皇太子出門，樂止。中允進受笏，侍衛如常儀。國學無皇太子出門等儀，太公儀同。謁者、贊引各引亞獻以下以次出。

初，白「禮畢」，奉禮帥贊者還本位。贊引引御史、太祝以下俱復執事位。立定，奉禮曰「再拜」，御史以下皆再拜。訖，贊引引出，學生以次出。其祝版燔於齋坊。

諸州釋奠於孔宣父：縣釋奠附。

前享三日，刺史縣則縣令，下倣此。散齋於別寢二日，致齋於廳事一日。亞獻以下應享之官散齋二日，各於正寢，致齋一日於享所。

上佐爲亞獻，博士爲終獻。若刺史、上佐有故，並以次差攝。博士有故，取參軍以上攝。縣丞爲亞獻，及簿、尉通爲終獻。縣令有故，並以次差充。當縣闕，則差比縣及州官替充。其日，助教及諸學生皆清齋於學館一宿。

前享二日，本司掃除内外，又爲瘞埳於院内堂之壬地，方、深取足容物，南出階。本司設刺史以下次於門外，隨地之宜。

前享一日，晡後，本司帥其屬守門。本司設三獻位於東階東南，每等異位，俱西面。設掌事位於三獻東南，西面，北上。設望瘞位於堂上之東北，當瘞埳，西向。設助教位縣學官位，下倣此。於西階西南，掌事學生位於助教之後，俱東面，北上。設贊唱者位於三獻西南，西面，北上。又設贊唱位於瘞埳東北，南向，東上。設三獻門外位於道東，每等異位，俱西面；掌事位於終獻之後，北上。祭器之數，與祭社同。掌事者以罇、坫升設於堂上前楹間，北向。先聖之罇在西，先師之罇在東，俱西上，皆加勺、冪。先聖爵一，配座爵四，各置於坫。設幣、篚於罇所，設洗，直東榮，南北以堂深。罍水在洗東，加勺、冪，篚在洗西，南肆。實爵三、巾二於篚，加冪。執罇、罍、洗、篚者，各位於罇、罍、洗之後。

享日，未明，烹牲於厨。夙興，掌饌者實祭器。其實與祭社同。本司帥掌事者設先聖神座於堂上西楹間，東向；設先師神座於先聖神座東北，南向，席皆以莞。

質明，諸享官各服祭服，助教儒服，學生青衿服。本司帥掌事者入，實罇罍及幣，每座罇二，一實玄酒，爲上，一實醴齊，次之。禮神之幣用帛，各長丈八尺。祝版各置於坫。贊唱者先入就位，祝二人與執罇、罍、篚者入，立於庭，重行，北面，西上。立定，贊唱者曰「再拜」，❶祝以下皆再拜。執罇、罍、篚者各就位。祝升自東階，行埽除訖，降自東階，各還齋所。刺史將至，贊禮者引享官以下俱就門外位，助教、學生並入就門內位。刺史至，參軍事引之次，縣令，贊禮者引。下倣此。贊唱者先入就位。祝入，升自東階，各立於罇後。刺史停於次少頃，服祭服出次。參軍事引刺史入就位，西向立。參軍事退位，立於左。贊禮者引享官以下次入就位。凡導引者，每曲一逡巡。立定，贊唱者曰「再拜」，刺史以下皆再拜。參軍事少進刺史之左，北面，白「請行事」，退，復位。祝俱跪，取幣於篚，興，各立於罇所。凡取物者，皆跪伏取以興。奠，則奠訖俛伏而後興。本司帥執饌者奉饌，陳於門外。

參軍事引刺史升自東階，進先聖神座前，西向立。祝以幣北向授，刺史受幣。參軍事引刺史進，西向跪，奠於先聖神座前。興，少退，西向再拜。訖，參軍事引刺史當先師神座前，❷北向立。又祝以幣西向授，刺史受幣。參軍事引刺史進，北向跪，奠於先師神座前。興，少退，北向再拜。參軍事引刺史降，❸復位。本司引饌入，升自東階。祝迎引於階上，各設於神座前。籩、豆、蓋、冪先徹，乃升簠簋，既奠，却其蓋於下。籩居右，豆居左，簠簋居其間。羊、豕二俎，橫而重於右，腊特陳於左。❹設訖，本司與執饌者降出，祝還罇所。

參軍事引刺史詣罍洗。執罍者酌水，執洗者跪，取盤，興，承水。刺史盥手，執篚者跪

❶「者曰」，原脱「曰」字，《大唐開元禮》卷六九作「曰」，今據《通典》卷一二一改。

❷「興少退」至「神座前」二十字，原脱，據庫本及《大唐開元禮》卷六九補。

❸「事」，原脱，據《大唐開元禮》卷六九及上下文補。

❹「左」，原作「右」，據《大唐開元禮》卷六九改。

取巾於篚，興，進，刺史帨手訖，執篚者受巾，跪，奠於篚。遂取爵，興，以進，刺史受爵，執罍者酌水，刺史洗爵，執篚者又跪取巾於篚，興，進，刺史拭爵訖，受巾，跪奠於篚。奉槃者跪奠盤，興。

參軍事引刺史升自東階，詣先聖酒罇所。執罇者舉冪，刺史酌醴齊，參軍事引刺史詣先聖神座前，西向跪，奠爵，興。少退，西向立。祝持版，進於神座之右，北面跪，讀祝文曰：「維某年歲次月朔日，子刺史縣令。下倣此。具官姓名，敢昭告於先聖孔宣父：惟夫子固天攸縱，誕降生知。經緯禮樂，闡揚文教，餘烈遺風，千載是仰，俾兹來學，依仁游藝。謹以制幣牲齊，粢盛庶品，祗奉舊章，式陳明薦。以先師顏子配。尚饗。」祝興，刺史再拜。祝進，跪奠版於神座。興，還罇所。

刺史拜訖，參軍事引刺史詣先師酒罇所，取爵於坫。執罇者舉冪，刺史酌醴齊。參軍事引刺史詣先師神座前，北向跪，奠爵，興。少退，北向立，持祝版進於神座之左，西向跪，讀祝文曰：「敢昭告於先師顏子：爰以仲春，仲秋。率遵故實，敬修釋奠於先師顏子，惟子庶幾具體，德冠四科，服道聖門，實臻壼奥。謹以制幣牲齊，粢盛庶品，式陳明薦，從祀配神。尚饗。」祝興，刺史再拜訖，參軍事引祝進，跪奠版於神座，興，還罇所。

刺史拜訖，參軍事引刺史詣東序，西向立。祝各以爵酌福酒，合置一爵。一太祝持一爵，進刺史之左，北面立。刺史再拜，受爵，跪，祭酒，啐酒，奠爵，俛伏，興。祝各帥執饌者進俎，跪，減先師神座前胙肉，各取前脚第二骨。共置一俎上，又以籩取稷黍飯，共置一籩。祝興，先以飯進，刺史受，以授執饌者。刺史跪取爵，遂飲卒爵。祝進受爵，復於坫。刺史興，再拜。參軍事引刺史降，復位。

初，刺史獻將畢，贊禮者引亞獻詣罍洗，盥手、洗爵，升獻、飲福，如刺史之儀。唯不讀祝文，亦不受胙。訖，降復位。亞獻畢，贊禮者引終獻詣罍洗，盥洗，升獻，如亞獻之儀。訖，復位。自此下至燔祝版，如祭社儀，唯祝取幣降西階爲異。

【《舊唐書・禮儀志》】二十六年正月，勑：「諸州鄉貢見訖，令引就國子監謁先師，學官爲之開講，質問疑義，有司設食。弘文、崇文兩館學生及監内得舉人，亦聽預焉。」其日，祀先聖已下，如釋奠之禮。青宮五品以下及朝集使，就監觀禮。遂爲常式。

二十七年，制曰：「弘我王化，在乎儒術。孰能發揮此道，啟迪含靈，則生人以來，未有如夫子者也。所謂自天攸縱，將聖多能，德配乾坤，身揭日月。故能立天下之大本，成天下之大經，美政教，移風俗，君君臣臣，父父子子，人到於今受其賜。不其猗歟！於戲！楚王莫封，魯公不用，俾夫大聖，纔列陪臣，棲遲旅人，固可知矣。❶年祀寖遠，光靈益彰，雖代有褒稱，而未爲崇峻，不副於實，人其謂何？朕以薄德，祗應寶命，思闡文明，光被華夏。時則異於今古，情每重於師資。既行其教，合旌厥德。爰申盛禮，載表徽猷。夫子既稱先聖，可追謚爲文宣王。宜令三公持節册命，應緣册及祭，所司速擇日，併撰儀注進。其文宣陵併舊宅立廟，量加人灑掃，用展誠敬。其後嗣可爲文

❶「固」，原作「國」，據《舊唐書・禮儀志四》改。

宣公。❶至如辨方正位，著自禮經，苟非得所，何以示則？昔緣周公南面，夫子西坐，今位既有殊，坐豈宜依舊，❷宜補其墜典，永作成式。自今已後，兩京國子監，夫子皆南面坐，十哲等東西列侍。天下諸州亦准此。且門人三千，皆稱十哲，❸包夫衆美，實越等夷。暢玄聖之風規，發人倫之耳目，並宜褒贈，以寵賢明。顔子淵既云亞聖，❹須優其秩，可贈兖公。閔子騫可贈費侯，冉伯牛可贈鄆侯，冉仲弓可贈薛侯，冉子有可贈徐侯，仲子路可贈衛侯，宰子我可贈齊侯，端木子貢可贈黎侯，言子游可贈吴侯，卜子夏可贈魏侯。又孔子格言，參也稱魯，雖居七十之數，不載四科之目。頃雖異於十哲，終或殊於等倫，久稽先旨，俾循舊位。庶乎禮得其序，人焉式瞻，宗洙泗之丕烈，重膠庠之雅範。」又贈曾參、顓孫師等六十七人皆爲伯。於是正宣父坐於南面，内出王者衮冕之服以衣之。遣尚書左丞相裴耀卿就國子廟册贈文宣王。册畢，所司奠祭，亦如釋奠之儀，公卿以下預觀禮。又遣太子少保崔琳就東都廟以行册禮，自是始用宫懸之樂。春秋二仲上丁，令三公攝行事。

【《唐書·禮樂志》】開元二十七年，詔夫子既稱先聖，可謚曰文宣王，遣三公持節册命，以其嗣爲文宣公，任州長史，代代勿絶。先時，孔廟以周公南面，而夫子坐西墉下。貞觀中，廢周公祭，而夫子位未改。至是，二京國子監、天下州縣夫子始皆南向，以顔淵配。贈諸弟子爵公侯：子淵兖公，子騫

❶「爲」，《舊唐書·禮儀志四》作「封」。
❷「宜依」，《舊唐書·禮儀志四》作「如」。
❸「皆」，《舊唐書·禮儀志四》作「見」。
❹「淵」，原脱，據《舊唐書·禮儀志四》補。

費侯，伯牛鄆侯，仲弓薛侯，子有徐侯，子路衛侯，子我齊侯，子貢黎侯，子游吴侯，子夏魏侯。又贈曾參以降六十七人：參成伯，顓孫師陳伯，澹臺滅明江伯，宓子賤單伯，原憲原伯，公冶長莒伯，南宫适郯伯，公皙哀郳伯，曾點宿伯，顔路杞伯，商瞿蒙伯，高柴共伯，漆雕開滕伯，公伯寮任伯，司馬牛向伯，樊遲樊伯，有若卞伯，公西赤邵伯，巫馬期鄫伯，梁鱣梁伯，顔辛蕭伯，冉孺郜伯，❶曹卹豐伯，伯虔鄒伯，公孫龍黄伯，冉季産東平伯，秦子南少梁伯，漆雕斂武城伯，顔子驕瑯琊伯，漆雕徒父須句伯，壤駟赤北徵伯，商澤睢陽伯，❷石作蜀郈邑伯，任不齊任城伯，公夏首亢父伯，公良孺東牟伯，后處營丘伯，秦開彭衙伯，奚容蒧下邳伯，公肩定新田伯，顔襄臨沂伯，鄡單銅鞮伯，句井疆淇伯，❸罕父黑乘丘伯，秦商上洛伯，申黨召陵伯，公祖子之期思伯，榮子旗雩婁伯，縣城鉅野伯，❹左人郢臨淄伯，燕伋漁陽伯，鄭子徒滎陽伯，秦非汧陽伯，施常乘氏伯，顔噲朱虚伯，步叔乘淳于伯，顔之僕東武伯，原亢籍萊蕪伯，樂欬昌平伯，廉潔莒父伯，顔何開陽伯，叔仲會瑕丘伯，狄黑臨濟伯，邽巽平陸伯，孔忠汶陽伯，公西與如重丘伯，公西蒧祝阿伯。於是二京之祭，牲太牢、樂宫懸、舞六佾矣。州縣之牲以少牢而無樂。

【《文獻通考》】又勑兩京及兖州舊宅廟像，宜改服衮冕。其諸州及縣廟宇既小，但移南面，不須改衣服。

❶「孺」，原作「儒」，據《新唐書·禮樂志五》改。
❷「睢」，原作「雎」，據庫本及《新唐書·禮樂志五》改。
❸「疆淇」，《新唐書·禮樂志五》作「彊淇陽」。
❹「城」，《新唐書·禮樂志五》作「成」。

馬氏端臨曰：「孔子弟子姓名之可考者，《史記》、《家語》所載，併十哲共七十七人。內公伯寮、秦商、鄡單，《家語》不載而別有琴牢、陳亢、縣亶三人。唐贈典見《禮樂志》及《唐會要》所載，並七十七人，獨杜氏《通典》所載，則除十哲外，自計七十三人，係增入蘧瑗、林放、陳亢、申棖、琴牢、琴張六人。若以爲七十二賢在十哲之外，則《史記》、《家語》所載少五人，《通典》所載多一人。然太史公作《仲尼弟子傳》，序言孔子之所嚴事，於周則老子，於衛蘧伯玉，於齊晏平仲，於楚老萊子，於鄭子產，於魯孟公綽，數稱臧文仲、柳下惠、銅鞮伯華、介山子然。孔子皆後之，不並世。又史稱孔子適衛，主蘧伯玉。及反魯，伯玉使人至，孔子禮其使而稱以夫子，則尊之者如此。然則瑗雖賢，蓋非門弟子之列也。」

姚氏燧曰：「杜預《春秋傳》敍曰：『子路欲使門人爲臣，孔子以爲欺天，而云仲尼素王、丘明素臣，又非通論也。』斯言爲獲聖人之心，而後世王之堯舜二帝也。宰我以夫子遠賢於堯舜，何王之不可居？然後世天子之子、有功之臣皆曰王，以孔子之聖，卒下比爵於其臣子，誠不知其可也。」

丘氏濬曰：「此孔子封王、弟子封公侯之始。夫自漢平帝追謚孔子爲宣尼公，後世因謂孔子爲宣父，又謂爲宣尼。至是，又加『文』，與『宣』爲謚。然『文』之爲言，《謚法》有所謂『經緯天地』者也。孔子亦曰：『文王既没，文不在兹乎？』以是謚之，固亦幾矣。若夫宣之爲宣，謚法之美者，不過聖善周聞而已，豈足以盡吾聖人之大德哉？況唐未加聖人是謚之前，而北齊高洋、李元忠，南齊蕭子良，隋長孫賢之數人者，固先有此謚矣。天生聖人，爲萬世道德之宗主，稱天以誄之，猶恐未足以稱其德。彼區區荒誕之稱，汙下之見，何足以爲吾聖人之輕重哉？」

中春、中秋釋奠於文宣王、武成王，皆以上丁、上戊，國學以祭酒、司業、博士三獻，樂以軒縣。前享一日，奉禮郎設三獻位於東門之内道北，執事位於道南，皆西向，北上；學官、館官位於懸東，當執事西南，西向，學生位於館官之後，皆重行，北上；觀者位於南門之内道之左右，重行北面，相對爲首。設三獻門外位於東門之外道南，執事位於其後，每等異位，北向西上；館官、學官位於三獻東南，北向，西上。設先聖神座於廟室内西楹間，東向；先師於先聖東北，南向；其餘弟子及二十一賢以次東陳，南向，西上。其餘皆如常祀。

開元二十八年，詔春秋二仲上丁，以三公攝事，若會大祀，則用仲丁。州、縣之祭，上丁。

【唐李觀《天寶十年祭文》】於皇夫子之道之德，與天地周旋，與日月合明，乃聖乃神，炳乎典謨。惟王者得之，以事神使民，庶人得之，以不失其死生，諸侯得之以事天子，卿大夫得之以保禄位，怨笑不及其身，四時得之而序行，天下得之而大同。然則天地神人之事，昭乎夫子之道之德也。至矣！何小子之所竊歎焉？斯歎也，其惟來學乎？其惟乞靈乎？曰：某不敢然也。且夫禮樂浹於明，夫子之善道也，斯可謂以學矣；鬼神瞰於幽，夫子之明靈也，斯可謂以敬矣。孰敢捨道而來學，黷敬而乞靈者乎？ 於是再拜而起，徊翔而觀，章施足徵，像設無喧，我廟俎豆，我王衣冠，夫子得之，亦無愧焉。七十之徒，亦公亦侯，外如君臣，内實討論。烝烝小子，思得其門。 夫子聖人，天錫元精，❶其未生也，若超然神遊，與兩氣俱存；其既生也，遇三季之會，飄飄湮淪，絃歌之音，拊而不和，仁義之圖，卷而靡陳。及相魯而有喜色，去宋而曰「桓魋其如予何」，聖人之窮，乃有如是耶！ 噫！ 俾夫子生於堯之代，堯必後舜而先夫子；生於舜之代，舜必先夫子而後禹。聖人得時，化可知也。如舜、禹生於夫子之年，則不過守於田畝，安有夫子之教垂於無窮，若今日之澶漫者乎？惟夫子生實陪臣，没乃王爵，有聖德也；惟紂生實殷辟，死曰獨夫，有逆德也。惟爵謚在德，惟德有聖有逆，惟聖、逆在人，不在於尊。嗚呼！ 夫子聖人之極歟？鳳鳥不至，無其時也；秦人焚書，文之衰也；帝唐爵王，德之興也。惟夫子之德，洎唐之德，永而能安，古而更新，降康下民，敻有烈光，訖無間然。小子沖沖慄慄，拜奠而出，匪作匪述。

上元元年，肅宗以歲旱，罷中、小祠，而文宣之祭，至仲秋猶祀之於太學。

【《舊唐書·代宗本紀》】永泰二年二月丁酉，釋奠於國學，賜宰臣百官飱錢。 八月丁亥，國子監釋奠，復用牲牢。上元二年，詔諸祠獻熟。至是，魚朝恩請復舊制。

【《禮儀志》】永泰二年二月上丁，釋奠，蕭昕奏：諸宰相元載、杜鴻漸、李抱玉及常參

❶「錫」，原作「鍚」，據庫本改。

官、六軍軍將就國子學聽講論，❶賜錢五百貫。令京兆尹黎幹造食。集諸儒、道、僧質問竟日。此禮久廢，一朝能舉。八月，國子學成。四日，釋奠，宰相、常參官、軍將盡會於講堂，京兆府置食，講論。軍容使魚朝恩説《易》，又於講論堂畫《周易》鏡圖。

自至德二年收兩京，❷惟元正含元殿受朝賀，設宮懸之樂，雖郊廟大祭，祇有登歌樂，亦無文、武二舞。其時軍容使魚朝恩知監事，廟廷乃具宮懸之樂於講堂前，❸又有教坊樂府雜伎，竟日而罷。

【《册府元龜》】大曆三年八月丁未，釋奠於文宣王廟。禮畢，内侍魚朝恩及宰臣、文武百官咸詣國子監，觀講論。有司陳饌。詔遣中使賜酒及三勸獎。四月丁未，釋奠於文宣王，許百僚詣國學觀講論。

貞元二年二月丁卯，有司釋奠於文宣王廟。自宰臣以下，畢集於國學，學官升講座，陳五經大旨、先聖之道。

【《唐書·禮樂志》】貞元九年季冬，貢舉人謁先師日與親享廟同，有司言上丁釋奠與大祠同，即用仲丁，乃更用日謁於學。

【《歸崇敬傳》】❹崇敬議：「每年春、秋二時釋奠文宣王，祝版御署訖，北面揖，臣以爲禮太重。謹按《大戴禮》，師尚父授周武王丹書，武王東面而立。今署祝版，伏請準武王東面之禮，輕重庶得其中。」

【《文獻通考》】憲宗時，夔州刺史劉禹錫

❶「聽」，原作「就」，據《舊唐書·禮儀志四》改。
❷「年」，《舊唐書·禮儀志四》作「載」。
❸「樂」，原作「學」，據《舊唐書·禮儀志四》改。
❹案：此段出自《舊唐書》，文句與《新唐書》頗有不同。依據秦氏體例，段前當加「舊唐書」三字。

常歎天下學校廢，❶乃奏記宰相曰：「言者謂天下少士，而不知養材之道，鬱湮不揚，非天不生材也。是不耕而歎廩庾之無餘，可乎？貞觀時，學舍千二百區，生徒三千餘，外夷遣子弟入附者五國。今室廬圮廢，生徒衰少，非學官不振，病無貲以給之也。凡學官春、秋釋奠於先師，斯止辟雍、頖宫，非及天下。今州縣咸以春、秋上丁有事孔子廟，其禮不應古，甚非孔子意。漢初，羣臣起屠販，故孝惠、高后間置原廟於郡國。❷逮元帝時，韋玄成遂議罷之。夫子孫尚不敢違禮饗其祖，況後學師先聖道而欲違之？《傳》曰『祭不欲數』，又曰『祭神如神在』，與其煩於薦饗，孰若行其教令？教令頹靡，而以非禮之祀媚之，儒者所宜疾。竊觀歷代無有是事。武德初，詔國學立周公、孔子廟，四時祭。貞觀中，詔修孔子廟兖州。後許敬宗等奏天下州縣置三獻官，其佗如立社。玄宗與儒臣議，❸罷釋奠牲牢，薦酒脯。時王孫林甫爲宰相，不涉學，使御史中丞王敬從以明衣牲牢著爲令，遂無有非之者。今夔四縣，歲釋奠費十六萬。舉天下州縣，歲費凡四千萬。適資三獻官飾衣裳，飴妻子，於學無補也。請下禮官、博士議，罷天下州縣牲牢衣幣，春、秋祭，如開元時。籍其資，半畀所隸州，使增學校，舉半歸太學，猶不下萬計，可以營學室，具器用，豐饌食，增掌故，以備使令，儒官各加稍食，州縣進士

❶「鍚」，原作「錫」，據庫本改。

❷「置」，原作「署」，據《文獻通考》卷四三改。

❸「儒」下，原衍「宗」字，據庫本及《文獻通考》卷四三删。

皆立程督，則貞觀之風，粲然可復。」當時不用其言。

【韓愈《處州孔子廟碑》】自天子至郡邑守長，通得祀而徧天下者，唯社稷與孔子爲然。而社祭土，稷祭穀，句龍與棄，乃其佐享，非其專主。又其位所，不屋而壇，豈如孔子用王者事，巍然當座，以門人爲配，自天子而下，北面跪祭，進退誠敬，禮如親弟子者。句龍、棄以功，孔子以德，固自有次第哉！自古多有以功德得其位者不得常祀，句龍、棄、孔子皆不得位而得常祀。然其祀事皆不如孔子之盛，所謂生人以來，未有如孔子者，其賢過於堯舜遠矣！此其效歟？郡邑皆有孔子廟，或不能修事，雖設博士弟子，或役於有司，名存實亡，失其所業。獨處州刺史鄴侯李繁，至官，能以爲先。既新作孔子廟，又令工改爲顏子至子夏十人像，其餘六十子，及後大儒公羊高、左丘明、孟軻、荀況、伏生、毛公、韓生、董生、高堂生、楊雄、鄭玄等數十人，皆圖之壁。選博士弟子必皆其人。又爲置講堂，教之行禮，肄習其中。置本錢廩米，令可繼處以守。廟成，躬率吏及博士弟子入學，行釋菜禮。耆老歎嗟，其子弟皆興於學。鄴侯尚文，其於古記，無不貫達，故其爲政知所先後，可歌也已。

【《唐書・曹華傳》】華惡沂地褊，請治兖。許之。自李正己盜齊魯，俗益汙驁。華下令曰：「鄒魯禮義鄉，不可忘本。」乃身見儒士，春、秋祀孔子祠，立學官講誦，斥家貲，佐贍給，民乃知教。

【皮日休《請韓文公配饗太學書》】嗚呼！聖人之道，不過乎求用。用於生前，則一時可知也；用於死後，則萬世可知也。故孔子之封賞，自漢至隋，其爵不過乎公侯，至於吾唐，乃册王號。七十子之爵命，自漢至隋，或卿大夫，至於吾唐，乃封公侯。曾參之孝道，動天地，感鬼神。自漢至隋，不過乎諸子，至於吾唐，乃旌入十哲。噫！天地久否，忽泰則平；日月久昏，忽開則明；雷霆久息，忽震則驚；雲霧久鬱，忽廓則清。仲尼之道，否於周、秦而昏於漢、魏，息於晉、宋而鬱於陳、隋，至乎吾唐，萬世之憤，一朝而釋。倘死者可作，其至可知也。今有人身行聖人之道，口吐聖人之言，行如顏、閔，文若游、夏，死不得配食於夫子之側，吾又不知尊先聖之道也。夫孟子、荀卿翼傳孔道，以至於文中子之末，降及貞觀、開元，其傳者漓，其繼者淺，或引刑名以爲文，或援縱横以爲理，或作詞賦以爲雅。文中子之道，曠百祀而得室授者，唯昌黎文公之文，蹴揚、墨於不毛之地，蹂釋、老於無人之境，故得孔道巍然而自正。夫今之文人千百士之作，釋其卷，觀其詞，無不裨造化，補時政，緊公之力也。公之文曰：「如僕自度，若世無孔子，僕不當在弟子之列。」以日休度之，設使公生於孔子之世，公未必不在四科焉。然國家以二十一賢者代用其書，垂於國胄，並配饗於孔聖廟堂者，其爲典禮，大矣！美矣！苟以大用其書，不能以釋聖人之辭，箋聖人之義哉！況有身行其道，口傳其文，吾唐以來，一人而已，反不得在二十一賢之列者，則典禮未爲備也。伏請命有司定其配饗之位。則自兹以後，天下以文化者，未必不由夫是也。

右唐。

【《五代會要》】後唐長興元年，尚書比部員外郎、知制誥崔棁奏：「臣伏見開元五年勅，每年貢舉人見訖，宜引就國子監謁先聖、先師，學者謂之開講，質疑義。所司設食。其監内得舉人，亦准此例。其日清晨，官五品已上併朝集使，並往觀禮，永爲常式。自經多故，其禮久廢。請再舉行。」從之。

【《文獻通考》】長興三年，國子博士蔡同文奏：「伏見每年春、秋二仲月上丁，釋奠於文宣王，以兖公顔子配座，以閔子騫等爲十哲，❶排祭奠。其有七十二賢，圖形於四壁，面前皆無酒脯。自今後，乞准本朝舊規，文宣王四壁諸英賢畫像前面，請各設一豆一爵祠饗。」中書帖太常禮院，檢討禮例，分析申者：「今禮院檢《郊祀録》，釋奠文宣王，並中祠，例祭以少牢，其配座十哲，❷見今行釋奠之禮。伏自喪亂以來，廢祭四壁英賢。今准帖爲國子博士蔡同文所奏文宣王四壁諸英賢各設一豆一爵祀享。當司詳《郊祀録》文宣王從祀諸座，各籩二，實以栗、黄牛脯；豆二，實以葵菹、鹿醢；簠、簋各一，實以黍、稷飯，酒爵一。禮文所設祭器，無一豆一爵之儀者。」奉勅：「其文宣王廟四壁英賢，自此每釋奠，宜准《郊祀録》，各陳脯醢等物以祭。」

右五代。

五禮通考卷第一百十七

淮陰吴玉搢校字

❶「十」，原作「上」，據《文獻通考》卷四三改。
❷「其」，原作「具」，據《文獻通考》卷四三改。

五禮通考卷第一百十八

內廷供奉禮部右侍郎金匱秦蕙田編輯
太子太保總督直隸右都御史桐城方觀承同訂
兩淮都轉鹽運使德水盧見曾
按察司副使元和宋宗元參校

吉禮一百十八

祭先聖先師

【《宋會要》】建隆元年二月，太祖幸國子監，詔加飾祠宇，及塑繪先聖、先賢、先師之像。

【《宋史・禮志》】至聖文宣王。唐開元末升爲中祠，設從祀，禮令攝三公行事。朱梁喪亂，從祀遂廢。唐長興三年，❶仍復從祀。周顯德二年，別營國子監，置學舍。宋因增修之，塑先聖、亞聖、十哲像，畫七十二賢及先儒二十一人像於東西廡之木壁，太祖親撰《先聖》、《亞聖贊》，十哲以下命文臣分贊之。

【《太祖本紀》】建隆二年十一月己巳，幸國子監。

三年春正月癸未，幸國子監。　二月丙辰，復幸國子監。

【《禮志》】其謁先師之禮。建隆二年，禮院準禮部貢院移，自後諸州府貢舉人十一月朔日正衙見訖，擇日謁先師，遂爲常禮。

建隆中，凡三幸國子監，謁文宣王廟。

【《太宗本紀》】太平興國四年二月壬子，幸

❶「三」，《宋史・禮志八》作「二」。

國子監。

端拱元年八月庚辰，幸太學，令博士李覺講《易》，賜帛。

淳化五年十一月丙寅，幸國子監，賜直講孫奭緋魚。因幸武成王廟，復幸國子監，令奭講《尚書》，賜以束帛。

【《禮志》】太宗亦三謁廟。詔繪三禮器物、制度于國學講論堂木壁。又令河南府建國子監文宣王廟，置官講説及賜九經書。

【《闕里志》】淳化四年，從監庫使臣請，宣聖廟六衙朔望焚香。

景德三年，大學士王欽若奏，令諸道州府軍監文宣王廟摧毁處，量爲修葺，仍令不得占射充磨勘司、推勘院，及不得令使臣官員等在廟内居住。

其釋奠之禮：景德四年，同判太常禮院李維言：「《開寶通禮》，諸州釋奠，並刺史致齋三日，從祭之官，齋於公館。祭日，刺史爲初獻，上佐爲亞獻，博士爲終獻。今諸州長吏不親行禮，❶非尊師重教之道。」詔太常禮院檢討以聞。案《五禮精義》，州縣釋奠，刺史、縣令初獻，上佐、縣丞亞獻，主簿終獻。有故，以次官攝之。

【《真宗本紀》】大中祥符元年十一月戊午，加謚孔子曰玄聖文宣王。

大中祥符二年二月壬辰，詔立曲阜縣孔子廟學舍。五月乙卯，追封孔子弟子七十二人。秋七月戊寅，詔孔子廟配享魯史左丘明等十九人加封爵。

【《禮志》】大中祥符二年五月乙卯，詔追封十

❶「禮」，《宋史·禮志八》作「祀」。

哲爲公，七十二弟子爲侯，❶先儒爲伯或贈官。親製《玄聖文宣王贊》，命宰相等撰顔子以下贊，留親奠祭器于廟中，從官立石刻名。

【《文獻通考》】詔追封孔子弟子兖公顔回兖國公，費侯閔損琅琊公，鄆侯冉耕東平公，薛侯冉雍下邳公，齊侯宰予臨淄公，黎侯端木賜黎陽公，徐侯冉求彭城公，衛侯仲由河内公，吴侯言偃丹陽公，魏侯卜商河東公；郕伯曾參瑕丘侯，陳伯顓孫師宛丘侯，江伯澹臺滅明金鄉侯，單伯宓不齊單父侯，原伯原憲任城侯，莒伯公冶長高密侯，郯伯南宫縚龔丘侯，郳伯公皙哀北海侯，宿伯曾點萊蕪侯，杞伯顔無繇曲阜侯，蒙伯商瞿須昌侯，共伯高柴共城侯，滕伯漆雕開平輿侯，任伯公伯寮壽張侯，向伯司馬耕楚丘侯，樊伯樊須益都侯，郜伯公西赤鉅野侯，卞伯有若平陰侯，鄫伯巫馬期東阿侯，顓伯陳亢南頓侯，梁伯梁鱣千乘侯，蕭伯顔辛陽穀侯，紀伯冉儒臨沂侯，東平伯冉季諸城侯，聊伯伯虔沭陽侯，黄伯公孫龍枝江侯，彭衙伯秦甯新息侯，少梁伯秦商鄄城侯，武城伯漆雕哆濮陽侯，琅琊伯顔驕雷澤侯，須句伯漆雕徒父高苑侯，北徵伯壤駟赤上邽侯，清河伯林放長山侯，睢陽伯商澤鄒平侯，石邑伯石作蜀成紀侯，任城伯任不齊當陽侯，魯伯申棖文登侯，東牟伯公良孺牟平侯，曹伯曹卹上蔡侯，下邳伯奚容箴濟陽侯，淇陽伯句井疆滏陽侯，邵陵伯申黨淄川侯，期思伯公祖句兹即墨侯，雩婁伯榮期猷次侯，鉅野伯縣

❶ 錢大昕《廿二史考異·宋史四》云：「案《文獻通考》，是年贈侯者六十二人，並十哲爲七十二人。《志》云『七十二侯』，誤也。」案：錢説是。詳見《文獻通考》卷四三「詔追封孔子弟子兖公顔回兖國公」條。

成武城侯，臨淄伯左人郢南華侯，漁陽伯燕伋汧源侯，滎陽伯鄭國朐山侯，❶汧陽伯秦非華亭侯，乘氏伯施之常臨濮侯，朱虛伯顔噲濟陰侯，淳于伯步叔乘博昌侯，東武伯顔之僕冤句侯，衛伯蘧瑗内黄侯，瑕丘伯叔仲會博平侯，開陽伯顔何堂邑侯，臨濟伯狄黑林慮侯，平陸伯邦巽高堂侯，汶陽伯孔忠鄆城侯，重丘伯公西輿如臨朐侯，祝阿伯公西箴徐城侯，南陵伯琴張頓丘侯。

又詔封玄聖文宣王廟配饗，先魯史左丘明瑕丘伯，齊人公羊高臨淄伯，魯人穀梁赤龔丘伯，秦博士伏勝乘氏伯，漢博士高堂生萊蕪伯，九江太守戴聖楚丘伯，河間博士毛萇樂壽伯，臨淮太守孔安國曲阜伯，中壘校尉劉向彭城伯，後漢大司農鄭衆中牟伯，河南杜子春緱氏伯，南郡太守馬融扶風伯，北中郎將盧植良鄉伯，大司農鄭康成高密伯，九江太守服虔滎陽伯，侍中賈逵岐陽伯，諫議大夫何休任城伯，魏衛將軍、太常、蘭陵亭侯王肅贈司空，尚書郎王弼封偃師伯，晉鎮南大將軍、開府儀同三司、當陽侯杜預贈司徒，豫章太守范甯封鉅野伯。命三司使、兩制、待制、館閣官作贊。❷

【《玉海》】大中祥符二年三月庚辰，詔文宣廟木圭易以玉，賜桓圭一。五月乙卯朔，詔追封顔回兖國公，至卜商河東公，曾參瑕丘侯，至琴張頓丘侯。詔曰：「四科鉅賢，並超五等。七十達者，俱贈列侯。令中書門下及兩制館閣分撰贊。」命王旦撰《顔子贊》。初，帝覽崇文院檢定七十二弟子，案

❶「滎」，原作「榮」，據庫本及《文獻通考》卷四三改。下同。

❷「命」上，原衍「一」字，據《文獻通考》卷四三删。

《史記》、《唐會要》凡七十七人，今曲阜廟唯七十二人，帝曰：「何故不同？」王旦言：「國學七十二弟子，經太祖定議，曲阜準國學畫像。」七月戊寅，詔封左丘明至范甯二十一人皆爲伯，贈王肅司空，杜預司徒，命羣臣爲贊。

【《曲阜縣志》】大中祥符二年，追封顔子爲兖國公。詔曰：「朕乃封巒禪社，昭列聖之鴻勳；崇德報功，廣百王之彝制。言旋於闕里，遂躬謁於魯堂。瞻河海之姿，睟容穆若；出洙泗之上，高風凜然。舉茂典之有加，期斯文之益振。由是推恩世胄，併錫寵章，增其奉邑。念性與天道，德冠生民，議茲玄聖之名，冀廣嚴師之禮，兼朕親製，以表崇儒。至于四科鉅賢，並超五等，七十達者，俱贈列侯。仍命寮宷，分紀遺烈，式書褒揚之旨，庶幾善誘之方。宜令中書、樞密院、三司、兩制承郎、待制、館閣、直館、校理分撰贊以聞。」

【《宋史·真宗本紀》】大中祥符三年六月丙辰，頒天下《釋奠先聖廟儀》并《祭器圖》。

【《禮志》】大中祥符三年，判國子監孫奭言：「上丁釋奠，舊禮以祭酒、司業、博士充三獻官，新禮以三公行事，近歲止命獻官兩員臨時通攝，未副崇祀向學之意。望自今備差太尉、太常、光禄卿以充三獻。」又命崇文院刊《釋奠儀注》及《祭器圖》，頒之諸路。

【《真宗本紀》】大中祥符四年五月癸巳，詔州城置孔子廟。五年改謚玄聖文宣王曰至聖文宣王。

【《禮志》】詔太常禮院定州縣釋奠器數：先聖、先師每坐酒尊一、❶籩豆八、簋二、簠二、

❶「一」，《宋史·禮志八》作「二」。

俎三、罍一、洗一、篚一，尊皆加勺、冪，各置于坫，巾共二，燭二，爵共四，有坫。從祀之處，諸坐各籩二、豆二、簋一、簠一、俎一、燭一、爵一。

【《仁宗本紀》】天聖二年八月己卯，幸國子監，謁孔子。

【《玉海》】明道元年八月戊午，詔國子監重修七十二賢堂，左丘明而下二十一人，並以本品衣冠圖之。

【《文獻通考》】景祐元年，詔釋奠用登歌。

【《宋史·樂志》】景祐祭文宣王廟六首：

迎神，《凝安》　大哉至聖，文教之宗！紀綱王化，丕變民風。常祀有秩，備物有容。神其格思，是仰是崇。

初獻，升降，《同安》　右文興化，憲古師今。明祀有典，吉日惟丁。豐犧在俎，雅奏來庭。周旋陟降，福祉是膺。

奠幣，《明安》　一王垂法，千古作程。有儀可仰，無得而名。齊以滌志，幣以達誠。禮容合度，黍稷非馨。

酌獻，《成安》　自天生聖，垂範百王。恪恭明祀，陟降膠庠。酌彼醇旨，薦以令芳。三獻成禮，率由舊章。

飲福，《綏安》　犧象在前，豆籩在列。以享以薦，既芬既潔。禮成樂備，人和神悦。祭則受福，率遵無越。

兗國公配位酌獻，《成安》哲宗朝增此一曲。

無疆之祀，配侑可宗。事舉以類，與享其從。嘉栗旨酒，登薦惟恭。降此遐福，令儀肅雍。

送神，《凝安》　肅肅庠序，祀事惟明。大哉宣父，將聖多能！歆馨肸蠁，迴馭凌兢。祭容斯畢，百福是膺。

【陳氏《樂書》】成周之制，《大胥》「春入學，舍菜合舞。秋頒學合聲」，故《禮記·文王世子》：「凡釋奠，必有合也。有國故則否。凡大合樂，必遂養老。」又曰：釋奠于先聖、先師，先老終之，遂發咏焉。登歌《清廟》，下管《象》，舞《大武》而已。《月令》「仲春上丁，命樂正習舞釋菜」。蓋學校之於天下，禮樂之所自出，小有釋菜而以食爲主，大有釋奠而以飲爲主，其習舞與聲而大合六代之樂，一也。北齊天子講畢，以太牢釋奠孔子，配以顔回，設軒架之樂，六佾之舞。唐開元中，釋奠文宣王始用宫架之樂。然孔子人臣也，用軒架足以爲禮，用宫架則過矣。宫架，天子之制，四面皆縣鐘磬，備六律六吕，如宫室之有墻，故謂之宫架。軒架，諸侯之制，三面縣，去中吕、蕤賓、林鐘，缺其一面，如軒車之有籓，故謂軒架。圖見《樂書》。聖朝春、秋上丁釋奠于東序，上戊釋奠于西序，並設登歌之樂，不用軒架，而用判架，判架只東西兩面縣而已，南北皆缺，又去黄鐘、大吕、應鐘也。抑又不施於堂下而施於堂上，於其庭又不設舞焉。是有歌奏而無舞，非古人習舞合樂之意。釐而正之，以廣禮樂之教於天下，實聖朝急務也。

【《仁宗本紀》】慶曆四年五月壬申，幸國子監，謁孔子。有司言舊儀止肅揖，帝特再拜，賜直講孫復五品服。

【《禮志》】仁宗再幸國子監，謁文宣王廟，皆再拜焉。

【宋歐陽修《襄州穀城縣夫子廟記》】釋奠、釋菜，祭之略者。古者士之見師，以菜爲贄，故始入學者，必釋菜以祀其先師。其學官四時之祭，乃皆釋奠。釋奠有樂無尸，而釋菜無樂，則其又略也，故其禮亡焉。而今釋奠幸存，然亦無樂，又不徧舉于四時，獨春、秋行事而已。《記》曰：「釋奠必合樂。國有故則否。」謂凡有國，各自祭其先聖、先師，若唐虞之夔、伯夷，周之周公，魯之孔子。其國之無焉者，則必合于鄰國而祭之。然自孔子没，後之學者莫不宗焉，故天下皆尊爲先聖，而後世無以易。學校廢久矣，學者莫知所師，又取孔子門人之高弟曰顔回者而配焉，以爲先師。隋唐之際，天下州縣皆立學，置學官、生員，而釋奠之禮，遂以著令。其後州縣學廢，而釋奠之禮，吏以其著令，故得不廢。學廢矣，無所從祭，則皆廟而祭之。荀卿子曰：「仲尼，聖人之不得勢者也。」然使其得勢，則爲堯舜矣。不幸無時而没，特以學者之故，享弟子春、秋之禮。而後之人不推所謂釋奠者，徒見官爲立祠，而州縣莫不祭之，則以爲夫子之尊由此爲盛，甚者乃謂生雖不得位，而没有所享，以爲夫子榮，謂有德之報，雖堯舜莫若，何其謬論者歟！祭之禮，以迎尸酌鬯爲盛，釋奠薦饌，直奠而已，故曰祭之略者。其事有樂舞授器之禮，今又廢，則於其略者又不備焉。然古之所謂吉凶、鄉射、賓燕之禮，民得而見焉者，今皆廢失。而州縣幸有社稷、釋奠、風雨雷師之祭，民猶得以識先王之禮器焉。其牲酒器幣之數，升降俯仰之節，吏人多不能習。至其臨事，舉多不中，而色不莊，使民無所瞻仰，見者怠焉。因以爲古禮不足復用，可勝歎哉！大宋之興，于今八十年。天下無事，方修禮樂，崇儒術，以文太平之功。以謂王爵未足以尊夫子，又加「至聖」之號以褒崇之。講正其禮，下於州縣，而吏或不能諭上意。凡有司簿書之所不責者，謂之不急，非好學者莫肯盡心焉。穀城令狄君栗，爲其邑未逾時，修文宣王廟，易於縣之左，大其正位爲學舍，於其傍藏九經書，率其邑之子弟興於學。然後考制度，爲俎、豆、籩、篚、罇、爵、簠、簋凡若干，以與其邑人行事。穀城縣政久廢，狄君居之，期月稱治。又能遵國典，修禮興樂，急其有司所不責者，諰諰然惟恐不及，可謂有志之士矣。

【《愛日齋藂抄》】釋奠、釋菜，古禮僅存而行於學，歐陽公記襄州穀城縣夫子廟有云：「釋奠、釋菜，祭之略者也。古之見師，以菜爲贄，故始入學者，必釋菜以見其先師。其學官四時之祭，乃皆釋奠。釋奠有樂無尸，而釋菜無樂，則其又略也。」「祭之之禮，以迎尸酌鬯爲盛，釋奠薦饌，直奠而已，故曰祭之略者。」余讀其文，因考之禮。「凡學，春官釋奠于其先師。秋冬亦如之。凡始立學者，必釋奠於先聖、先師，及行事，必以幣。凡釋奠，必有合也。天子視學，適東序，釋奠于先聖」，見《文王世子》；「出征，執有罪反，釋奠于學，以訊馘告」，見《王制》。凡皆言釋奠，而釋奠必于學，《春官·大祝》「大會同，皆造於太廟，宜於社，過大山川，則用事焉；反行，舍奠」，《甸祝》「掌四時之田表貉之祝號。舍奠於祖，❶禰亦如之。師甸，致禽於虞中，乃屬禽。及郊，饁獸，舍奠於祖禰」，亦云舍奠也。「始立學者，既興器用幣，然後釋菜」，見《文王世子》，「仲春上丁，命樂正習舞釋

❶「祖」下，《周禮·春官·甸祝》有「廟」字。

菜」，見《月令》，「大學始教皮弁祭菜，示敬道也」，見《學記》，「大胥春入學，舍菜合舞」，見《春官》。凡皆言釋菜也，而亦莫不於學。《士婚禮》「舅姑既没，則婦入三月，乃奠菜」，《士喪禮》「君釋菜入門」，《喪大記》「大夫士既殯而君往焉，釋菜於門内」，《春官·筮人》「乃舍萌于四方，以禳惡夢」，❶注謂「猶釋菜，萌，菜始生」，則凡祭禮皆有釋菜也。鄭氏以釋奠者設薦饌酌奠而已，❷無迎尸以下之事。又以爲釋菜奠幣。❸孔氏以爲直奠置于物，方氏以爲釋其所執之物而祭之，故其字或作「舍奠」，言物就可薦以菜，則特用菜而已。《儀禮》疏：「奠之爲言停，停饌具而已。」又案《周禮》注：「鄭司農云：舍菜爲舞者，皆持有香之菜。」或曰：「古者士見于君，以雉爲贄；見于師，以采爲贄。菜直爲蔬食菜羹之菜。」或曰：「學者皆人君卿大夫之子，衣服采飾。舍菜者，減損，解釋盛服以下其飾也。」玄謂「舍即釋也，采讀爲菜，蘋菜之屬」，《吕氏春秋》注：「舍猶置也。初入學宫，必禮先師，置采帛于前以贄神。」采、菜兩音而異義，其説惟議禮之家有以折衷也。

丘氏濬曰：「案修之《記》，作於宋盛時，而謂釋菜禮亡，又謂釋奠幸存而亦無樂。今制則國子監每月朔，先期太常寺送兔蔬等物，至日行禮。其春、秋上丁二祭，則先期皇帝傳制，遣官行禮，文武官朝服侍班，牲用太牢。禮行三獻，樂備登歌，

❶「禳」，《周禮·春官·占夢》作「贈」，是。案：此文出自《春官·占夢》，非出自《筮人》。
❷「釋」下，原衍「菜」字，據《愛日齋叢抄》卷一删。
❸「爲」，原作「縣」，據《愛日齋叢抄》卷一改。

舞用八佾，其禮可謂備矣。說者謂釋奠、釋菜二者之重輕，繫乎樂之有無。今世之樂襲勝國，用宋人魏漢津所製《大晟》之故耳，非古樂也。吁！禮廢羊存，雖曰不合於古，豈不勝於無哉？方今聖明在上，必有當制作之任者，行古之禮，復古之樂，政有望於今日。」

熙寧五年，國子監言：「舊例，遇貢舉歲，禮部貢院集諸州府所貢第一人，謁奠先聖，如春、秋釋奠儀。况春、秋自有釋奠禮，請罷貢舉人謁奠。」

蕙田案：此罷貢舉人釋奠。

【《文獻通考》】熙寧八年，判國子監常秩等言：「本監宣聖神像，舊用冕服九旒，七十二賢、二十一先儒並用朝服。檢會唐開元中，尊孔子爲文宣王，内出王者衮冕之服以衣之。詳此則孔子之冕，宜用天子之制十二旒。孔子既用冕旒，則七十二賢、二十一先儒，各依本爵用冕服。❶今來所修殿屋已成，見裝飾塑像，欲乞改正。」下太常禮院詳定。禮院檢會：「國朝文宣王廟，自建隆三年詔廟門準儀制，令立戟十六枝，用正一品之禮。大中祥符二年，賜曲阜縣文宣王廟桓圭一，從上公之制，冕九旒，服九章。按衣服今王爵之服，春、秋釋奠，則用中祠，皆今朝之制也。其兖國公顔子等，皆以本朝郡國縣封爵。緣古今禮制不一，難以追用周之冕服。宜如舊制，依官品衣服。令文宣王冕用九旒，❷顔子以下，各依郡國縣公、侯、伯正一品至正四品冠服制度，庶合禮

❶「依」，原作「用」，據庫本及《文獻通考》卷四四改。

❷「令」，原作「今」，據《文獻通考》卷四四改。

令。」從之。

【《神宗本紀》】元豐六年冬十月戊子，封孟軻爲鄒國公。

【《禮志》】熙寧七年，判國子監常秩等請立孟軻、揚雄像于廟庭，仍賜爵號。又請追尊孔子以帝號。下兩制禮官詳定，以爲非是而止。京兆府學教授蔣夔請以顔回爲兗國公，毋稱先師，而祭不讀祝，儀物一切降殺，而進閔子騫九人亦在祀典。禮官以孔子、顔子稱號，歷代各有據依，難輒更改，儀物祝獻，亦難降殺，所請九人，已在祀典。熙寧祀儀，十哲皆爲從祀，惟州縣釋奠未載。請自今三京及諸州春、秋釋奠，並準熙寧祀儀。詔封孟軻爲鄒國公。

【《神宗本紀》】元豐七年五月壬戌，以孟軻配食文宣王，封荀況、揚雄、韓愈爲伯，並從祀。

【《禮志》】晉州州學教授陸長愈請春、秋釋奠，孟子宜與顔子並配。議者以爲配享、從祀，❶皆孔子同時之人，今以孟軻並配，非是。禮官言：「唐貞觀以漢伏勝、高堂生、晉杜預、范甯之徒與顔子俱配享，至今從祀，豈必同時？孟子于孔門當在顔子之列，至于荀況、揚雄、韓愈皆發明先聖之道，有益學者，久未配食，誠闕典也。請自今春秋釋奠，以孟子配食，荀況、揚雄、韓愈並加封爵，以世次先後，從祀于左丘明二十一賢之間。自國子監及天下學廟，皆塑鄒國公像，冠服同兗國公。仍繪荀況等像于從祀：荀況，左丘明下；揚雄，劉向下；韓愈，范甯下。冠服各從封爵。」詔如禮部議，荀況封蘭陵伯，揚雄封成都伯，韓愈封昌黎

❶「爲」下，《宋史·禮志八》有「凡」字。

伯，令學士院撰贊文。又詔太常寺修四孟釋菜儀。

丘氏濬曰：「案此孟子配享孔子之始。自唐以左丘明二十二人從祀之後，至是始以荀況三人者從祀。」

【《日知録》】顧氏炎武曰：「古人每事必祭其始之人。耕之祭先農也，桑之祭先蠶也，學之祭先師也，一也。唐太宗貞觀二十一年，詔以左丘明等二十二人代用其書，垂於國胄，自今有事於太學，並令配享宣尼廟堂。蓋所以報其傳註之功。迄于宋之仁、英，未有改易，可謂得古人敬學尊師之意者矣。神宗元豐七年，始進荀況、揚雄、韓愈三人。此三人之書，雖有合于聖人，而無傳註之功，不當祀也。祀之者，爲王安石配享、王雱從祀地也。」

觀承案：《日知録》之論，雖亦有見，然荀況、揚雄之於韓子，可若是班乎？且但知貴詁經之力，而不知尊任道之功，所見膚矣。

【《哲宗本紀》】元祐六年冬十月庚午，幸國子監，賜祭酒豐稷三品服，監學官賜帛有差。

【《禮志》】元祐六年，幸太學，先詣國子監至聖文宣王殿行釋奠禮，一獻再拜。

【《徽宗本紀》】崇寧元年二月庚戌，追封孔鯉爲泗水侯，孔伋爲沂水侯。

【《畢仲游傳》】仲游爲吏部郎中，言：「孔子廟自顔回以降，皆爵命于朝，冠冕居正，而子鯉、孫伋乃野服幅巾以祭，爲不稱。」詔皆追侯之。

【《禮志》】崇寧時，封孔鯉爲泗水侯，孔伋沂水侯。詔：「古者，學必祭先師，况都城近郊，大闢黌舍，聚四方之士，多且數千，宜建文宣王廟，以便薦獻。」

【《文獻通考》】崇寧三年，太常寺言：「國朝祀儀，諸壇祠祭正位，居中南面，配位在正位之東南，西面。若兩位亦爲一列，以北爲上。其從祀之位又在其後。今國子監顔子、孟子配享之位，即與閔子騫等從祀之位同作一列。雖坐次少出，❶而在文宣王帳座之後，於配食之禮未正。請改正顔子而下從享位次，爲圖頒示天下。」從之。

【《宋史·徽宗本紀》】崇寧三年六月癸酉，以王安石配享孔子廟。

【《禮志》】詔：「王安石可配孔子廟，位於鄒國公之次。」

【《文獻通考》】令國子監圖其像，頒之天下。

崇寧三年，國子監丞趙子櫟言：「唐封孔子爲文宣王，其廟像，内出王者衮冕衣之。今乃循五代故制，服上公之服。七十二子皆周人，而衣冠率用漢制，非是。」詔孔子仍舊，七十二子易以周之冕服。又詔辟雍文宣王殿以「大成」爲名。帝幸國子監，謁文宣王殿，皆再拜行酌獻禮，遣官分奠兖國公而下。國子司業蔣静言：「先聖與門人通被冕服，無别。配享與從祀之人，當從所封之爵，服周之服，公之衮冕九章，侯、伯之鷩冕七章。衮，公服也，達於上。鄭氏謂公衮無升龍，誤矣。❷考《周官》司服所掌，則公

❶「少出」，原作「所坐」，據庫本及《文獻通考》卷四四改。

❷案：檢《周禮·春官·司服》鄭注，無「公衮無升龍」之文。賈疏引舊説云：「上公亦九章，與天子同，無升龍，有降龍。」然則此「鄭氏」當作「賈氏」，蓋言者誤記而致誤。

之冕與王同；弁師所掌，則公之冕與王異。今既考正配享、從祀之服，亦宜考正先聖之冕服。」于是增文宣王冕爲十有二旒。崇寧，儀禮局言：「太學獻官、太祝、奉禮，皆以法服，至于郡邑，則用常服。望命有司降祭服于州縣，凡獻官、祝、禮，各服其服，以盡事神之儀。❶」詔以衣服制度頒賜州縣自造焉。

丘氏濬曰：「案，此宣聖用天子冕旒之始。」

大觀初，大司成强淵明言：「考之禮經，士始入學，有釋菜之儀。請自今每歲貢士始入辟雍，並以元日釋菜于先聖。」其儀：獻官一員，以丞或博士；分奠官八員，以博士、正録；大祝一員，以正録。應祀官前釋菜一日赴學，各宿其次。至日，詣文宣王殿常服行禮，貢士初入學者陪位于庭，他亦略倣釋奠之儀。

大觀二年，從通侍郎侯孟請，繪子思像，從祀於左丘明二十四賢之間。

【《徽宗本紀》】大觀三年十一月丁未，詔算學以黄帝爲先師，風后等八人配享，巫咸等七十人從祀。

【《禮志》】時又有算學。大觀三年，禮部太常寺請以文宣王爲先師，兖、鄒、荆三國公配享，十哲從祀；自昔著名算數者畫像兩廡，請加賜五等爵，隨所封以定其服。于是中書舍人張邦昌定算學：封風后上谷公，箕子遼東公，周大夫商高郁夷公，大撓涿鹿公，商巫咸河東公，❷隸首陽城公，容成平都公，常儀原都公，鬼俞區宣都公，晉史蘇晉

❶「神」，原作「師」，據《宋史·禮志八》改。

❷「商巫咸河東公」，《宋史·禮志八》在下「鬼俞區宣都公」下。

陽伯，秦卜徒父潁陽伯，晉卜偃平陽伯，魯梓慎汝陽伯，晉史趙高都伯，魯卜楚丘昌衍伯，鄭裨竈滎陽伯，趙史墨易陽伯，周榮方美陽伯，齊甘德菑川伯，魏石申隆慮伯，漢鮮于妄人清泉伯，耿壽昌安定伯，夏侯勝任城伯，京房樂平伯，翼奉良城伯，李尋平陵伯，張衡西鄂伯，周興慎陽伯，單颺湖陸伯，樊英魯陽伯，晉郭璞聞喜伯，宋何承天昌盧伯，北齊宋景業廣宗伯，隋蕭吉臨湘伯，臨孝恭新豐伯，張胄玄東光伯，周王朴東平伯；漢鄧平新野子，劉洪蒙陰子，魏管輅平原子，吳趙達穀城子，❶宋祖冲之范陽子，後魏商紹長樂子，北齊信都芳樂城子，許遵高陽子，隋耿詢湖孰子，劉焯昌亭子，劉炫景城子，唐傅仁均博平子，王孝通介休子，瞿曇羅居延子，李淳風昌樂子，王希明瑯琊子，李鼎祚贊皇子，邊岡成安子，漢郎顗觀陽子，襄楷隰陰子，司馬季主夏陽男，落下閎閬中男，嚴君平廣都男，魏劉徽淄鄉男，晉姜岌成紀男，張丘建信成男，夏侯陽平陸男，後周甄鸞無極男，隋盧大翼成平男。尋詔以黃帝爲先師。禮部員外郎吳時言：「書畫之學，教養生徒，使知以孔子爲先師，此道德之所以一也。若每學建立殿宇，則配享、從祀，難於其人。請春秋釋奠，止令書畫博士量率執事生員，陪預執事，庶使知所宗師。醫學亦準此。」詔皆從之。

蕙田案：算學小道，乃以歸功黃帝而報之，又廣羅星卜藝術之人以爲從祀，而又濫加封爵，濫矣！

【《樂志》】大觀三年，釋奠六首：

迎神，《凝安》　仰之彌高，鑽之彌堅。於

❶「達」，原作「逵」，據《宋史・禮志八》改。

昭斯文，被于萬年。峩峩膠庠，神其來止。思報無窮，敢忘于始。

升降，《同安》 生民以來，道莫與京。温良恭儉，惟神惟明。我潔尊罍，陳兹芹藻。言升言旋，式崇斯教。

奠幣，《明安》 於論鼓鐘，于兹西雍。粢盛肥碩，有顯其容。其容洋洋，咸瞻像設。幣以達誠，歆我明潔。

酌獻，《成安》 道德淵源，斯文之宗。功名糠粃，素王之風。碩兮斯牲，芬兮斯酒。綏我無疆，與天爲久。

配位酌獻，《成安》 儼然冠纓，崇然廟庭。百王承祀，涓辰惟丁。于牲于醑，其從予享。與聖爲徒，其德不爽。

送神，《凝安》 肅莊紳緌，吉蠲牲犧。於皇明祀，薦登惟時。神之來兮，肹蠁之隨。神之去兮，休嘉之貽。

大晟府擬撰釋奠十四首：

迎神，《凝安》。黄鐘爲宫 大哉宣聖，道德尊崇！維持王化，斯民是宗。典祀有常，精純並隆。神其來格，於昭盛容。

大吕爲角 生而知之，有教無私。成均之祀，威儀孔時。維兹初丁，潔我盛粢。永適其道，萬世之師。

太簇爲徵 巍巍堂堂，其道如天。清明之象，應物而然。時維上丁，備物薦誠。維新禮典，樂諧中聲。

應鐘爲羽 聖王生知，闡迺儒規。《詩》、《書》文教，萬世昭垂。良日維丁，靈承不爽。揭此精虔，神其來享。

初獻盥洗，《同安》 右文興化，憲古師今。❶ 明祀有典，吉日惟丁。豐犧在俎，

❶ 「今」，《宋史·樂志十二》作「經」。

雅奏在庭。周旋陟降，福祉是膺。

升殿，《同安》　誕興斯文，經天緯地。功加于民，實千萬世。笙鏞和鳴，粢盛豐備。肅肅降登，歆兹秩祀。

奠幣，《明安》　自生民來，誰底其盛！惟王神明，度越前聖。粢幣具成，禮容斯稱。黍稷非馨，惟神之聽。

奉俎，《豐安》　道同乎天，人倫之至。有享無窮，其興萬世。既潔斯牲，粢明醑旨。不懈以忱，神之來暨。

文宣王位酌獻，《成安》　大哉聖王，實天生德！作樂以崇，時祀無斁。清酤惟馨，嘉牲孔碩。薦羞神明，庶幾昭格。

兖國公位酌獻，《成安》　庶幾屢空，淵源深矣。亞聖宣猷，百世宜祀。吉蠲斯辰，昭陳尊簋。旨酒欣欣，神其來止。

鄒國公位酌獻，《成安》　道之由興，於皇宣聖。惟公之傳，人知趨正。與享在堂，情文實稱。萬年承休，假哉天命。

亞、終獻用《文安》　百王宗師，生民物軌。瞻之洋洋，神其寧止。酌彼金罍，惟清且旨。登獻惟三，於嘻成禮。

徹豆，《娱安》　犧象在前，豆籩在列。以饗以薦，既芬既潔。禮成樂備，人和神悦。祭則受福，率遵無越。

送神，《凝安》　有嚴學宫，四方來宗。恪恭祀事，威儀雍雍。歆兹惟馨，飈馭旋復。明禋斯畢，咸膺百福。

【《文獻通考》】大觀四年，詔先聖廟用戟二十四，文宣王執鎮圭，並如王者之制。議禮局言：「文宣王自開元追謚之初，則内出王者衮冕之服以衣之，樂用宫架，其禮制蓋嘗增崇矣。國朝《會要》，國子監神像舊用冕九旒，服九章，而不載其更易之端。崇寧四年八月，詔從國子監司業蔣静之請，改用冕十二旒，服九章，而又圖繪頒之天下郡邑，其執圭立戟，乞並從王者制度。」從之。

【《宋史・禮志》】議禮局言：「建隆三年，詔國子監廟門立戟十六，用正一品禮。大中祥符二年，賜曲阜廟桓圭，從上公之制。又《史記・弟子傳》曰，受業身通六藝者七十有七人，自顔回至公孫龍三十五人頗有年名及受業見於書傳，四十二人姓名僅存。《家語》曰，七十二弟子皆升堂入室者。案《唐會要》七十七人，而《開元禮》止七十二人，又復去取不一。本朝議臣，斷以七十二子之説，取琴張等五人，而去公夏首等十人。今以《家語》、《史記》參定，公夏首、后處、公肩定、顔祖、鄡單、罕父黑、秦商、原抗、樂欬、廉潔，《唐會要》、《開元禮》亦互見之，皆有伯爵，載于祀典。請追贈侯爵，使預祭享。」詔封公夏首鉅平侯，后處膠東侯，公肩定梁父侯，顔祖富陽侯，鄡單柳城侯，罕父黑祈鄉侯，秦商馮翊侯，原抗樂平侯，樂欬建成侯，廉潔胙城侯。又詔改封曾參武城侯，顓孫師潁川侯，南宫縚汶陽侯，司馬耕睢陽侯，琴張陽平侯，左丘明中都伯，穀梁赤睢陵伯，戴聖考城伯，以所封犯先聖諱也。

【《徽宗本紀》】政和三年春正月癸酉，追封王安石爲舒王，子雱爲臨川伯，配享于文宣王廟。

【《禮志》】政和三年，詔封王安石爲舒王，配享；安石子雱臨川伯，從祀。《新儀》成，以孟春元日釋菜，仲春、仲秋上丁日釋奠。以兖國公顔回、鄒國公孟軻、舒王王安石配饗殿上；琅琊公閔損、東平公冉耕、下邳公冉雍、臨淄公宰予、黎陽公端木賜並西向，彭城公冉求、河内公仲由、丹陽公言偃、河東公卜商、武城侯曾參並東向；東廡，潁川侯顓孫師以下至成都伯揚雄四十九人並西向，西廡，長山侯林放以下至臨川伯王雱四十八人並東向。頒辟雍大成殿名于諸路州學。五年，太常等言：「兖州鄒縣孟子廟，詔以樂正子配享，公孫丑以下從祀，皆擬定其封爵：樂正子克利國侯，公孫丑壽光伯，萬章博興伯，告子不害東阿伯，孟仲子新泰伯，陳臻蓬萊伯，充虞昌樂伯，屋廬連奉符伯，❶徐辟仙源伯，陳代沂水伯，彭更雷澤伯，公都子平陰伯，咸丘蒙須城伯，高子泗水伯，桃應膠水伯，盆成括萊陽伯，季孫豐城伯，子叔承陽伯。」大晟樂成，詔下國子學選諸生肄習。上丁釋奠，奏于堂下，以祠先聖。

【《輟耕録》】宋黄震云：「往歲顔、孟配享，並列先聖左。近升曾子、子思，又並列先聖左而虚其右，不以相向。震聞太學博士陸鵬舉云：初制顔、孟配享，左顔而右孟。熙豐新經盛行，以王安石爲聖人，没而躋之，配享位顔子下，故左則顔子及安石，右則孟子。未幾，安石女婿蔡卞當國，謂安石不當在孟子下，遷安石於右，與顔子對，而移孟子位第三，次顔子之下，遂左列顔、孟而右列安石。又未幾，蔡卞再欲升安石，厭顔子，漸次而升，爲代先聖張本。」

【《玉海》】政和六年閏正月二日，詔高麗受學者元日隨貢士釋菜。

【《宋史·徽宗本紀》】宣和四年三月辛酉，幸秘書省，遂幸太學，賜秘書少監翁彦深、王時雍，國子祭酒韋壽隆，司業權邦彦章服，館職、學官、諸生恩錫有差。

❶「連」，原脱，據《宋史·禮志八》補。

【《闕里志》】宣和四年，車駕幸太學，奠謁先聖。

【《宋史·欽宗本紀》】靖康元年五月戊辰，罷王安石配饗孔子廟庭。

【《禮志》】靖康元年，右諫議大夫楊時言王安石學術之謬，請追奪王爵，明詔中外，毀去配享之像，使邪説淫辭不爲學者之惑。詔降安石從祀廟庭。尚書傅墨卿言：「釋奠禮饌，宜依元豐祀儀陳設，其《五禮新儀》勿復遵用。」

【《楊時傳》】時以諫議大夫兼國子祭酒，上言：「蔡京用事二十餘年，蠹國害民，幾危宗社，人所切齒，而論其罪者，莫知其所本也。蓋京以繼述神宗爲名，實挾王安石以圖身利，故推尊安石，加以王爵，配饗孔子廟庭。今日之禍，實安石有以啟之。伏望追奪王爵，明詔中外，毀去配享之像，使邪説淫辭不爲學者之惑。」疏上，安石遂降從祀之列。

【《揮麈前録》】崇寧中，以王荆公配宣聖，亞兖公而居鄒公之上，故遷鄒于兖之次。靖康初，詔黜荆公，但舁塑像，不復移鄒公于舊位。至今天下庠序悉兖、鄒並列而虚右，雖後來重建者，舉皆沿襲，而竟不能革也。

【《容齋隨筆》】自唐以來，相傳以孔門高弟顔淵至子夏爲十哲，故坐祀于廟堂上。其後升顔子配享，則進曾子于堂，居子夏之次，以補其闕。然顔子之父路、曾子之父點，乃在廡下從祀之列。子處父上，神靈有知，何以自安？所謂「子雖齊聖，不先父食」，正謂是也。又孟子配食與顔子並，而其師子思、子思之師曾子亦在下。此兩者于禮于義，實爲未然。特相承既久，莫之敢議耳。

【《高宗本紀》】紹興十年秋七月甲子，以釋奠文宣王爲大祀。

【《玉海》】紹興十年七月甲子，復釋奠文宣王爲大祀，用王普請也。祀前受誓戒，加籩豆十二，其禮如社稷。又在京爲大祀，州縣爲中祀。

【《宋史·高宗本紀》】紹興十四年三月己巳，幸太學。

【《禮志》】紹興十三年七月，國學大成殿告成，奉安廟像。明年二月，國子司業高閌請幸學，上從之。詔略曰：「偃革息民，恢儒建學。聲明丕闡，輪奐一新。請幸方堅，❶理宜從欲。將欵謁于先聖，仍備舉于舊章。」三月，上服鞾袍，乘輦入監，止輦于大成殿門外。入幄，羣臣立班于庭。❷帝出幄，升東階，跪上香，執爵三祭酒，再拜，羣臣皆再拜，上降入幄。分奠從祀如常儀。尚舍先設次于崇化堂之後，及堂上之中，❸南向設御坐。閤門設羣臣班于堂下，如月朔視朝之儀。宰輔、從臣次于中門之外。上乘輦幸太學，降輦于堂，入次更衣。講官入就堂下講位，北向；執經官、學生皆立于堂下，東西相向。帝出次，升御座，羣臣起居如儀。乃命三公、宰輔以下升堂，皆就位，左右史侍立。講書及執經官北面起居再拜，皆命之升立于御坐左右。學生北面再拜，分立兩廡北上。内侍進書案牙籤，以經授執經官，賜三公、宰輔以下坐。講畢，羣臣皆起，降階，東西相向立。執經官降，講官進前致詞，乃降，北面再拜，左右史降。乃賜茶，三公以下北面再拜，升，各立于位後。學生北面再拜，分立兩廡，上下就坐。賜茶畢，三公以下降階，學生自兩廡降，皆北面再拜，❹羣臣以次出。上降坐還次，乘

❶「幸」，《宋史·禮志十七》作「既」。
❷「立」，《宋史·禮志十七》作「列」。
❸「中」，原作「東」，據《宋史·禮志十七》改。
❹「皆」，原作「階」，據《宋史·禮志十七》改。

輦還宮。特命禮部侍郎秦熺執經、司業高閌講《易》之《泰》，遂幸養正、持志二齋，賜閌三品服，學官遷秩，諸生授官免舉，賜帛有差。上既奠拜，注視貌象，翼翼欽慕，覽唐明皇及太祖、真宗、徽宗所製贊文，命有司悉取從祀諸贊，皆録以進。帝遂作先聖及七十二子贊，冠以序文，親洒翰墨，以方載之，五月丙辰，登之綵殿，備儀衛作樂，命監學之臣，自行宮北門迎置學宮，揭之大成殿上及二廡。序曰：「朕自睦鄰息兵，首開學校。教養多士，以遂忠良。繼幸太學，延見諸生。濟濟在庭，意甚嘉之。因作《文宣王贊》。機政餘閒，歷取顔回而下七十二人，亦爲製贊。用廣列聖崇儒右文之聲，復知『師弟子間纓弁森森，覃精繹思』之訓，❶其於世道人心庶幾焉。」

蕙田案：《禮志》云「紹興十三年七月，國學大成殿告成。明年二月，國子司業高閌請幸學，從之」，《高宗紀》亦云「十四年三月己巳幸太學」，而《通考》乃云「十三年」，恐傳寫之誤也。

【王圻《續通考》】乾道八年正月丙戌，宰輔請討論上丁釋奠及太子入學之儀。上曰：「《文王世子》篇載此甚詳。」梁克家奏：「入學以齒，則知父子、君臣、長幼之道。」虞允文奏：「事備於禮經。」上曰「可」，令有司討論以聞。

【《玉海》】淳熙三年，趙粹中請削去安石從祀。

【《宋史・孝宗本紀》】淳熙四年二月乙亥，幸太學，祇謁先聖。退御敦化堂，命國子祭

❶「子」，原作「之」，據《宋史・禮志十七》改。

酒林光朝講《中庸》。秋七月乙酉，罷臨川伯王雱從祀。

【《李燾傳》】燾論兩學釋奠，從祀孔子，當升范仲淹、歐陽修、司馬光、蘇軾，黜王安石父子；從祀武成王，當黜李勣。衆議不叶，止黜王雱而已。

【王圻《續通考》】淳熙七年二月十七日，禮官言：「祥符間，頒下州縣祭器，止有散尊，與《新儀》不同，乞除去。兼政和之後，配位從祀神位升降及封爵不同，盧州縣塑繪不一，乞依國子監大成殿並兩廡從祀位數、爵號、姓名并尊器制度頒降。」從之。

【《宋史·胡安國傳》】安國除提舉萬壽觀兼侍讀。未行，諫官陳公輔上疏，詆假托程頤之學者。安國奏曰：「孔孟之道，不傳久矣。自頤兄弟始發明之，然後知其可學而至。今使學者師孔孟，而禁不得從頤學，是入室而不由户。本朝自嘉祐以來，西都有邵雍、程顥及其弟頤，關中有張載，皆以道德名世，公卿大夫所欽慕而師尊之。會王安石、蔡京等曲加排抑，故其道不行。望下禮官討論故事，加之封爵，載在祀典，比于荀、揚、韓氏。」

【《玉海》】紹熙元年十月，知漳州朱熹條上釋奠禮儀數事，後不果行。

【朱子《乞增修禮書狀》】伏見本軍昨準尚書禮部符，下政和五禮祭祀儀式。竊嘗參考其間，頗有未詳備處。方欲具狀申審，今覩進奏官報近者判部、侍講、侍郎奏請編類州縣臣民禮儀，鏤版頒降，已奉聖旨依奏。此誠化民善俗之本，天下幸甚！然熹竊慮其間未詳備處，將來奉行，或致牴牾。今具如後，須至申聞者。

一、所準行下釋奠禮儀。熹案其神位，除

正配三位外，有殿上兩廊從祀，未見位號、名數，不委《新儀》全書有無具載，欲乞討論并賜行下。然案《祀令》，二月、八月上丁釋奠文宣王，以兖國公、鄒國公配，牲共用羊一、豕一、白幣三而已。今其所祀乃近一百餘位，一羊一豕，無緣可以遍及。又州縣廟學窄狹，祭器獻官多不及數，往往不能一一分獻，其爲欺慢，莫甚於斯。竊欲更乞相度申明，許令州學免祭兩廊諸位，縣學并免殿上十位，庶幾事力相稱，儀物周備，可以盡其誠敬。熹又案：行下釋奠行事儀引三獻官詣舒王神位前一節，係政和間所定，後來靖康年中已有指揮，追貶王安石爵秩，停罷配享。訖今來上件儀注尚仍舊文，竊慮州縣奉行，反至疑惑，亦合申明改正，并乞台照。

一、所準行下釋奠陳設儀云：設著尊四、犧尊四，爲二重，在殿之東南隅，北向，西上。配位，即于正位酌尊之東。著尊在前，有坫，加勺、冪，爲酌尊。著尊一，實明水爲上尊，餘實泛齊，初獻酌之。犧尊一，實明水爲上尊，餘實醴齊，亞、終獻酌之。熹案：後章行事儀云：初獻酌犧尊之泛齊，亞、終獻酌象尊之醴齊，與此不協。竊疑兩處必有一誤。尋考祭社稷、祀風雨雷師，陳設皆設犧尊、象尊爲酌尊，乃知正是此章之誤。其「著」字當作「犧」字，「犧」字當作「象」字。又既云「北向」，則是犧尊在北，象尊在南。所云「在前」，亦是重複倒置。欲乞申明改正行下。

一、所準行下釋奠祭祀陳設章，皆云：又設太尊二、山尊二，在神位前，太尊一，實泛齊；山尊一，實醴齊，各以一尊實明水。著尊二、犧尊二、象尊二、壺尊六，著尊一，實盎齊；犧尊一，實醍齊；象尊一，實沈齊，各以一尊實明水。壺尊，三實玄酒，三實三酒，明水、玄酒皆在上。五齊、三酒，皆以本處酒充。在殿下，皆北向，西上，加冪。五齊、三酒，皆設而不酌。熹按：此太尊、山尊乃是都共設于殿之前楹，壇之南面，其北更容獻官拜跪酌獻，非是逐位之前各設四尊。所謂「北向」者，恐是太尊二爲一行，其南山尊二爲一行，又次南階下著尊二爲一行，又次南犧尊二爲一行，又次南象尊二爲一行，又次南壺尊六爲三行。其南向者反此。所謂「西上」者，謂西實玄酒，東實五齊、三酒。其東上者反此。未委是否，乞討論并賜行下。

【《朱子語類》】古人神位，皆西坐東向，故獻官皆西向拜。而今皆南向了，釋奠時獻官猶西向拜，不知是如何？若宣聖廟室，則先聖東向，先師南向。今既一列，皆南向，到拜時亦向望西拜，都是相背。古人用籩豆簠簋等陳于地，當時只席地而坐，故如此飲食爲便。今塑像高高在上，而祭饌反陳於地，情文全不相稱。夫子像設置於椅上，已不是，又復置在臺座上，到春秋釋奠，却乃陳簠簋籩豆於地，是甚義理？

釋奠據《開元禮》，只是臨時設位，後來方有塑像。顏、孟配享，始亦分位於先聖左右，後來方並坐於先聖之東，西向。孔子居中，顏、孟當列東坐，西向。七十二人先是排東廡三十六人了，却方自西頭排起。當初如此，自升曾子於殿上，下面趲一位，次序都亂了。又云：某經歷諸處州縣學，都無一箇合禮序。

《開寶禮》只是全録《開元禮》，易去帝號

耳。若《政和五禮》，則甚錯。今釋奠有伯魚而無子思，又十哲亦皆差互，且仲弓反在上。且如紹興中作《七十二子贊》，只據唐爵號，不知後來已經加封矣。近嘗申明之。

孟子配享，乃荆公請之。配享只當論傳道，合以顔子、曾子、子思、孟子配。

蕙田案：配享之位，得朱子此論始定。

【《文獻通考》】紹熙間，項安世爲越州教授，告先師文曰：「常平使者朱熹爲安世言：『《開元禮》，先聖東向，先師南向，故三獻官皆西向，則稽古尚右也。今祀典正位南向，配位西向，三獻官猶西向，則兼而用之也。獨此府廟學，有司以私意復古，使配位皆東向，此古者先聖之位也。拂今之法，戾古之意，先師其不妥于此也。』安世用惕然，不敢寧處，謹擇日奉安先師于西向故位。不敢不告，惟先師鑒之。」

【朱子《乞以泗水侯從祀先聖狀》】熹恭覩崇寧元年二月二十五日詔，封孔鯉爲泗水侯，孔伋爲沂水侯。今案：本部降到神位名號，其泗水侯獨未得在從祀之列。蓋嘗考之《論語》，伯魚過庭，親承《詩》、《禮》之訓；先聖又嘗使爲《周南》、《召南》之學。其才雖曰不及顔淵，然亦不應盡出七十子之下。竊意當世禮官一時討論，偶失編載，非故有所取舍升黜于其間也。熹愚，欲望朝廷特賜詳酌，將泗水侯列于從祀位，在七十子之後，沂水侯之前。庶幾孔門之賢悉登祀典，有以仰稱崇寧聖詔褒崇之意。須至申聞者。

【王圻《續通考》】嘉定六年，全州教授黄學行進《歷代尊師本末》二卷，載尊崇孔氏祭祀儀注，配享、從祀沿革、升降之因。

【《宋史·理宗本紀》】端平二年正月甲寅，詔議胡瑗、孫明復、邵雍、歐陽修、周敦頤、❶司馬光、蘇軾、張載、程顥、程頤等十人，從祀孔子廟庭，升孔伋于十哲。

【《玉海》】禮部尚書李埴請子思升祀于堂，列于十哲之間。

【《宋史·理宗本紀》】淳祐元年春，正月甲辰，詔：「朕惟孔子之道，自孟軻以後不得其傳。至我朝周敦頤、張載、程顥、程頤，真見實踐，深探聖域，千載絕學，始有指歸。中興以來，又得朱熹精思明辨，表裏渾融，使《大學》、《論》、《孟》、《中庸》之書，本末洞徹，孔子之道益以大明于世。朕每觀五臣論著，啟沃良多。今視學有日，其令學官列諸從祀，以示崇獎之意。」尋以王安石謂「天命不足畏，祖宗不足法，人言不足恤」，爲萬世罪人，豈宜從祀孔子廟庭，黜之。丙午，封周敦頤爲汝南伯，張載郿伯，程顥河南伯，程頤伊陽伯。戊申，幸太學，謁孔子，遂御崇化堂，命祭酒曹觱講《禮記·大學》篇，監學官各進一秩，諸生推恩錫帛有差。制《道統十三贊》，就賜國子監宣示諸生。

【《禮志》】淳祐元年正月，理宗幸太學，詔以周敦頤、張載、程顥、程頤、朱熹從祀。

丘氏濬曰：「案此周、程、張、朱從祀之始。」

【《理宗本紀》】景定二年春正月丁丑，命皇太子謁拜孔子于太學。乙酉，詔封張栻爲華陽伯，呂祖謙開封伯，從祀孔子廟庭。

【《禮志》】景定二年，皇太子詣學，請以張栻、呂祖謙從祀。從之。

❶「敦」，原爲避諱作「惇」，下逕改，不另出校。

【王圻《續通考》】景定二年，詔皇太子謁孔子於太學，手詔略曰：「虎闈齒胄，太子事也，此禮廢久矣。如釋奠、舍菜之事，我朝未嘗廢也。然尊師敬道，又不可拘舊制，可令太子謁拜焉。」太子既謁孔子還，即上奏曰：「臣恭逢聖旨，擇用正月十五日，令臣謁拜先聖文宣王于太學。臣仰體聖心，祗承嚴訓，區區愚衷，因而感發焉。蓋先聖之道，至我朝盛時，運際文明，真儒迭起，而後有以續夫孟氏之傳。然其時諸説並駕，未知統一。迨乾、淳間，文公臣朱熹，與宣公臣張栻、成公臣吕祖謙志同道合，切偲講磨，如義利之辨，如《近思録》之書，擇精語詳，開牖後學，誠有功於聖門。中間邪説，又幾晦蝕。陛下聖德奮興，罷斥詖邪，表章正學，然後人心一正，聖道大明，天下學士得沿淵源而遡洙泗，實萬世無疆之休。今熹已秩從祀，而栻、祖謙尚未奉明詔，臣竊望焉。」從之。

【《宋史·度宗本紀》】咸淳三年春，正月戊申，帝詣太學，謁孔子，行舍菜禮，以顔淵、曾參、孔伋、孟軻配享，顓孫師升十哲，邵雍、司馬光升列從祀，雍封新安伯。禮部尚書陳宗禮，國子祭酒陳宜中進讀《中庸》。己酉，執經官宗禮、講經官宜中各進一秩，宜中賜紫章服，諸齋長諭及起居學生推恩有差。

【《禮志》】咸淳三年，詔封曾參郕國公，孔伋沂國公，配享先聖；封顓孫師陳國公，升十哲位；復以邵雍、司馬光列從祀。其序：兖國公、郕國公、沂國公、鄒國公，居正位之東面，西向北上，爲配位；費公閔損、薛公冉雍、黎公端木賜、衛公仲由、魏公卜商，居殿上東面，西向北上，鄆公冉耕、齊公宰予、徐公冉求、吴公言偃、陳公顓孫師，居殿上西面，東向北上，爲從祀；東廡，金鄉侯澹臺滅明、任城侯原憲、汝陽侯南宫适、萊蕪侯曾點、須昌侯商瞿、平輿侯漆雕開、睢陽侯司馬耕、平陰侯有若、東阿侯巫馬施、陽穀侯顔辛、上蔡侯曹卹、枝江侯公孫龍、馮翊侯秦祖、雷澤侯顔高、上邽侯壤駟赤、成邑一作紀。侯石作蜀、鉅平侯公夏首、膠東侯后處、濟陽侯奚容蒧、富陽侯顔祖、滏陽侯句井疆、鄄城侯秦商、即墨侯公祖句兹、武城侯縣成、汧源侯燕伋、宛句侯顔之僕、建成侯樂欬、堂邑侯顔何、林慮侯狄黑、鄆城侯孔忠、徐城侯公西點、臨濮侯施之常、華亭侯秦非、文登侯申棖、濟陰侯顔噲、泗水侯孔鯉、蘭陵伯荀况、睢陽伯穀梁赤、萊蕪伯高堂生、樂壽伯毛萇、彭城伯劉向、中牟伯鄭衆、緱氏伯杜子春、良鄉伯盧植、滎陽伯服虔、司空王肅、司徒杜預、昌黎伯韓愈、河南伯程顥、新安伯邵雍、温國公司馬光、華陽伯張栻，凡五十二人，並西向；西廡，單父侯宓不齊、高密侯公冶長、北海侯公晳哀、曲阜侯顔無繇、共城侯高柴、壽張侯公伯寮、益都侯樊須、鉅野侯公西赤、千乘侯梁鱣、臨沂侯冉孺、沭陽侯伯虔、諸城侯冉季、濮陽侯漆雕哆、高苑侯漆雕徒父、鄒平侯商澤、當陽侯任不齊、牟平侯公良孺、新息侯秦冉、梁父侯公肩定、聊城侯鄡單、祁鄉侯罕父黑、淄川侯申黨、厭次侯榮旂、南華侯左人郢、朐山侯鄭國、樂平侯原亢、胙城侯廉潔、博平侯叔仲會、高堂侯邽巽、臨朐侯公西輿如、内黄侯蘧瑗、長山侯林放、南頓侯陳亢、陽平侯琴張、博昌侯步叔乘、中都伯左丘明、臨淄伯公羊高、乘氏伯伏勝、考城伯戴聖、曲阜伯孔安國、成都伯揚雄、岐陽伯賈逵、扶風伯馬融、高密伯鄭玄、任城伯何休、偃師伯王弼、新野伯范甯、汝南伯周敦頤、伊陽伯程頤、郿伯張載、徽國公朱熹、開封伯吕祖謙，凡五十二人，並東向。

丘氏濬曰：「此顔、曾、思、孟配享之始。」

【《日知録》】顧氏炎武曰：「周、程、張、朱，四子之從祀，定於理宗淳祐元年。顔、曾、思、孟，四子之配享，定於度宗咸淳三年。自此之後，國無異論，士無異習。❶歷元至明，先王之統亡，而先王之道存，理宗之功大矣。」又曰：「孟子言：『他日，子夏、子張、子游以有若似聖人，欲以所事孔子事之。彊曾子，曾子曰：「不可。江漢以濯之，秋陽以暴之，皜皜乎不可尚已。」』慈谿黄氏曰：『門人以有若之言行氣象類孔子，而欲以所事孔子之禮事之。有若之所學何如也？曾子以孔子自生民以來未有，非有若之所可繼而止之，而非貶有若也。有若雖不足以比孔子，而孔門之所推重，一時無及有若可知。咸淳三年升從祀，以補十哲，衆議必有若也。祭酒爲書，力詆有若不當升，而升子張。不知《論語》一書，孔子未嘗深許子張。據《孟子》此章，則子張正欲事有若者也。陸象山天資高明，指心頓悟，不欲人從事學問，故嘗斥有子孝弟之説爲支離，奈何習其説者不察，而刱攻之于千載之下耶？』當時之論如此。愚案：《論語》首篇即録有子之言者三，而與曾子並稱曰『子』，門人實欲以二子接孔子之傳者。《傳》、《記》言孔子之卒，哀公誄之；有若之喪，悼公弔焉。其爲魯人所重，又可知矣。十哲之祀，允宜

❶「士」，原作「俗」，據《日知録》卷一四改。

釐正。」

觀承案：咸淳之議，十哲不補有子而升子張，顧氏此論，可備參考。

【岳氏《愧郯録》】《蘇文忠公集》私試策問曰：「古者坐于席，故籩豆之長短、簠簋之高下，適與人均。今土木之像既已巍然于上，而列器皿于地，使鬼神不享則不可知，若其享之，則是俯伏匍匐而就食也。」珂案：今世國學、郡縣學禮殿，坐像皆正席南向，顔、孟而下列侍所，措設與前不殊。私竊疑之。慶元己未，朱子熹始作《白鹿禮殿塑像説》，其文曰：「古人之坐者，兩膝著地，因反其蹠而坐于其上，正如今之跪者。其爲肅拜，則又拱兩手而下之至地也。其爲頓首，則又以頭頓手上也。其爲稽首，則又卻其手而以頭著地，亦如今之禮拜者。皆因跪而益致其恭也。故《儀禮》曰『坐取爵』，曰『坐奠爵』，《禮記》曰『坐而遷之』，曰『一坐再至』，曰『《武》坐致右軒左』，《老子》曰『坐進此道』之類，凡言坐者，皆謂跪也。漢文帝與賈生語，不覺膝之前于席；管寧坐不箕股，榻當膝處皆穿，皆其明驗。然《記》又云『授立不跪』、『授坐不立』，《莊子》又云『跪坐而進之』，則跪與坐又自有少異處。疑跪有危義，故兩膝著地，伸腰及股，而勢危者爲跪；兩膝著地，以尻著蹠而稍安者爲坐也。又《詩》云『不遑啓居』，而《傳》以啓爲跪，《爾雅》以妥爲安，而疏以爲安定之坐。❶夫以啓對居，而訓啓爲跪，則居之爲坐可見，以妥爲安定之坐，則跪之爲危坐亦可知。蓋兩事相似，

❶「疏」，原作「跪」，據《愧郯録》卷九改。

但一危一安，爲小不同耳。至于拜之爲禮，亦無所考，但杜子春説太祝九拜處，解奇拜皆當齊屈兩膝，如今之禮拜明矣。凡此三事，《書》、《傳》皆無明文，亦不知其自何時而變，而今人有不察也。

頃年，屬錢子言作白鹿禮殿，欲據《開元禮》，不爲塑像而臨祭設位，子言不以爲然，而必以塑像爲問。予既略考禮如前云云，又記少時聞之先人云，嘗至鄭州謁列子祠，見其塑像席地而坐，則亦并以告之，以爲必不得已而塑像，則當倣此，以免于蘇子『俯伏匍匐』之譏。子言又不謂然。會予亦辭浙東之節，遂不能强，然至今以爲恨也。其後乃聞成都府學有漢時禮殿，諸像皆席地跪坐，文翁猶是當時琢石所爲，尤足據信。不知蘇公蜀人，何以不見而云爾也。及楊方子直入蜀帥幕府，因使訪焉，則果如所聞者，且爲寫倣文翁石像，爲土偶以來，而塑手不精，或者猶意其或加趺也。去年又屬蜀漕楊玉休子美，今乃并得先聖先師三像，木刻精巧，視其坐後，兩蹠隱然見于帷裳之下，然後審其所以坐者果爲跪而亡疑也。惜乎！白鹿塑像之時，不得比證以曉子言，使東南學者未得復見古人之像，以革千載之謬，爲之喟然太息。姑記本末，寫寄洞學諸生，使書而揭之廟門之左，以俟來考焉。」又注其下曰：「老子云：『雖有拱璧以先駟馬，不如坐進此道。』蓋坐即跪也，進猶獻也，言以重寶厚禮與人，不如跪而告之以此道也。今説者乃以爲坐禪之意，誤也。然後古意遺像，粲然可考而知。」珂按：符子曰：「太公釣于隱溪，跽而隱崖，不餌而釣，仰咏俯吟，暮則釋竿。其膝所處石皆若臼，其跗觸崖若路。」此尤足以驗前説。或謂國朝景靈宫設塑像之制，亦坐于椅所，不當輕議。珂竊以爲原廟用時王之禮，裀席器皿皆與今同，則其爲像反不當以泥古矣。珂在朝時，以攝奉常丞奉祠太廟，得立阼階，見室中之用，亦不以高几。蓋古今器服，各適其宜，以便于事，是亦求神之義也。

右宋。

五禮通考卷第一百十八

淮陰吴玉搢校字

五禮通考卷第一百十九

内廷供奉禮部右侍郎金匱秦蕙田編輯
太子太保總督直隸右都御史桐城方觀承同訂
兩淮都轉鹽運使德水盧見曾
按察司副使元和宋宗元 參校

吉禮一百十九

祭先聖先師

【《遼史·太祖本紀》】神册三年夏五月乙亥，詔建孔子廟。

【《宗室·義宗傳》】義宗名倍，太祖長子。神册元年，立爲皇太子。時太祖問侍臣曰：「受命之君，當事天敬神，有大功德者，朕欲祀之，何先？」皆以佛對。太祖曰：「佛非中國教。」倍曰：「孔子大聖，萬世所尊，宜先。」太祖大悦，即建孔子廟，詔皇太子春秋釋奠。

【《太祖本紀》】神册四年秋八月丁酉，謁孔子廟。

王氏圻曰：「史稱遼之義宗，可謂盛矣。其始慕泰伯之賢，而爲讓國之謀；終疾陳恒之惡，而爲請討之舉。李從珂弑主，倍請討之。志趣之卓，蓋已見於早歲先祀孔子之言。終遼之世，賢聖繼統，皆其子孫，至德之報昭然矣。」

【《道宗本紀》】清寧六年六月丙寅，中京置國子監，命以時祭先聖先師。

右遼。

【《金史·熙宗紀》】皇統元年二月戊午，上親祭孔子廟，北面再拜，退，謂侍臣曰：「朕幼年游佚，不知志學，歲月逾邁，深以爲悔。孔子雖無位，其道可尊，使萬世景仰。大凡爲善，不可不勉。」自是頗讀《尚書》、《論語》及《五代》、《遼史》諸書，或以夜繼焉。

王氏圻曰：「案金時即有《遼史》，惜其本逸不傳。薛居正《舊五代史》，今亦無其書矣。」

【王圻《續通考》】世宗大定十四年，以顏歆從祀廟廷。

【《金史・禮志》】大定十四年，國子監言：「春秋仲月上丁日，釋奠於文宣王，本監造茶食等物，以大小楪排設，用留守司樂，以樂工爲禮生，率倉塲等官陪禮，于古禮未合也。況京師爲首善之地，四方之所觀仰，據釋奠器物、行禮次序，合行詳定。夫兖國公，親承教者也；鄒國公，功扶聖教者也，當於宣聖像左右列之。今孟子以燕服在後堂，宣聖像側，還虚一位，禮宜遷孟子像于宣聖右，與顔子相對，改塑冠冕，粧飾法服，一遵舊制。」

禮官參酌唐《開元禮》，定擬釋奠儀數：文宣王、兖國公、鄒國公每位籩豆各十、犧尊一、象尊一、簠簋各二、俎二、祝版各一，皆設案。七十二賢、二十一先儒，每位各籩一、豆一、爵一，兩廡各設象尊二。總用籩、豆各二百二十三，簠、簋各六，俎六，犧尊三，象尊七，爵九十四。其樽皆有坫。罍二，洗二，篚、勺各二，幂六。正位并從祀籍尊、罍、俎、豆席，約用三十幅，尊席用葦，俎豆席用莞。牲用羊、豕各三，酒二十瓶。

禮行三獻，以祭酒、司業、博士充。分獻官二，讀祝官一，太官令一，捧祝官二，罍洗官一，爵洗官一，巾篚官二，禮直官十一，學生以儒服陪位。

樂用登歌，大樂令一員，本署官充，樂工三十九人。

迎神，三奏姑洗宮《來寧》之曲　上都隆化，廟堂作新。神之來格，威儀具陳。穆穆凝旒，巍然聖真。斯文伊始，羣方所視。❶

初獻盥洗，姑洗宮《静寧》之曲　偉矣素王，風猷至粹。垂二千年，斯文不墜。涓辰維良，爰修祀事。沃盥于庭，嚴禋禮備。

升階，南呂宮《肅寧》之曲　巍乎聖師，道全德隆。修明五常，垂教無窮。增崇儒宫，遹追遺風。嚴祀申虔，登降有容。

奠幣，姑洗宮《和寧》之曲　天生聖人，賢于堯舜。仰之彌高，磨而不磷。新廟告成，宫墻數仞。遣使陳詞，斯文復振。

降階，姑洗宮《安寧》之曲　禀靈尼丘，垂芳闕里。生民以來，孰如夫子？新祠歸然，四方所視。酹觴告成，祗循典禮。

兖國公酌獻，姑洗宮《輯寧》之曲　聖師之門，顔惟居上。其殆庶幾，是宜配享。桓圭衮衣，有嚴儀象。載之神祠，增光吾黨。

鄒國公酌獻，姑洗宮《泰寧》之曲　有周之衰，王綱既墜。是生真儒，宏才命世。言而爲經，醇乎仁義。力扶聖功，同垂萬祀。

亞、終獻，姑洗宮《咸寧》之曲　於昭聖能，與天立極。有承其流，皇仁帝德。豈伊立言，訓經王國。焕我文明，典祀千億。

送神，姑洗宮《來寧》之曲　吉蠲爲饎，孔

❶「視」字不韻，《闕里文獻考》卷二三作「親」，疑是。

惠孔時。正辭嘉言，神之格思。是饗是宜，神保聿歸。惟時肇祀，太平極致。

【《闕里志》】大定十四年，釋奠先聖，詔依禮官議，依《開元禮》合行祭器禮料，羊二、豕三、酒二十瓶，奏登歌雅奏。

【《春明夢餘録》】是年，加宣聖像十二旒十二章。

【《金史・世宗本紀》】大定二十三年二月戊申，以尚書右丞張汝弼攝太尉，致祭于至聖文宣王廟。

【《章宗本紀》】明昌二年五月戊辰，詔諸郡邑文宣王廟隳廢者復之。

三年四月壬寅朔，定先聖廟春秋釋奠三獻官，以祭酒、司業、博士充。祝詞稱「皇帝謹遣」。及登歌，改用太常樂工。其獻官并執事與享者，並法服陪位。學官公服，學生儒服。十月壬子，有司奏增修曲阜宣聖廟畢，勑：「党懷英撰碑文，朕將親行釋奠之禮。其檢討故事以聞。」

明昌三年十一月丙子，詔周公、孔子之名，令回避。

【《禮志》】明昌四年八月，釋奠孔子廟，北面再拜，親王、百官、太學生陪位。

【《闕里志》】明昌四年，親釋奠宣聖，諭旨宣徽院曰：「朕以宣聖萬世帝王之師，恐汝等未諭，可備拜禂，朕將拜焉。」

【《章宗本紀》】明昌五年閏十月戊寅，上問輔臣：「孔子廟諸處何如？」平章政事守貞曰：「諸縣見議建立。」上因曰：「僧徒修飾廟宇，像甚嚴，道流次之，惟儒者於孔子廟最爲滅裂。」守貞曰：「儒者不能長居學校，非若僧、道久處寺觀。」上曰：「僧道以佛老營利，故務在莊嚴閎侈，起人施利自多，所以爲觀美也。」

蕙田案：章宗所見，曲盡後世之弊。

【《禮志》】承安二年春丁，章宗親祀，以親王攝亞、終獻，皇族陪祀，文武羣臣助奠。上親爲贊文。舊封公者升爲國公，侯者爲國侯，郕國以下皆封侯。

【《章宗本紀》】泰和四年二月癸丑，詔刺史：「州郡無宣聖廟學者，並增修之。」

五年三月甲戌，諭有司，進士名有犯孔子諱者，避之。仍著爲令。

【《禮志》】宣宗遷汴，建廟會朝門内，歲祀如儀。宣聖、顔、孟各羊一、豕一，餘同小祀，共用羊八，無豕。其諸州釋奠，並遵唐儀。

【《哀宗本紀》】天興元年八月丁巳，釋奠孔子。

右金。

【《元史·祭祀志》】宣聖廟，太祖始置於燕京。

【《選舉志》】國初，燕京始平，宣撫王楫請以金樞密院爲宣聖廟。

【王圻《續通考》】内翰王文康公鶚，元初，自保定應聘。北行時，故人馬雲漢以宣聖畫像爲贈。既達北庭，值秋，公奏行釋奠禮。世祖悅，即命舉其事。公爲祝文，行三獻禮。禮畢，進胙于上。上飲福，熟其胙，命左右均霑所賜。自是春秋二仲，歲以爲常。蓋元之所以尊師重道者，實公有以啟之。

【《世祖本紀》】中統二年六月乙卯，詔宣聖廟及管内書院，有司歲時致祭，月朔釋奠。禁諸官員使臣軍馬毋得侵擾褻瀆，違者加罪。八月丁酉，命開平守臣釋奠于宣聖廟。

中統三年春正月癸亥，修宣聖廟成。閏九月辛卯，嚴忠範奏請補東平路學廟太常樂工。從之。

【王圻《續通考》】至元元年，始行宣聖釋奠禮。

【《世祖本紀》】至元四年五月丁亥，勅上都重建孔子之廟。

【《祭祀志》】至元十年三月，中書省命春秋釋奠，執事官各公服，如其品，陪位諸儒，襴衫唐巾行禮。

【《闕里志》】至元十年，中書省判送御史中丞：「至聖文宣王用王者禮樂，御王者衣冠，南面當坐。天子供祠。其于萬世之絶尊，千載之通祀者，莫如吾夫子也。竊見外路官員、提學教授，每遇春秋二丁，不變常服，以供執事，于禮未宜。又照得漢、唐以來，祭文廟及社稷，無非具公服，執手板。且鄉人儺，孔子猶朝服而立于阼階，先聖、先師，安得不備禮儀？故詔。」

【王圻《續通考》】至元二十三年，命雲南諸路皆建學以祀先聖。

【《元史·成宗本紀》】至元三十一年秋七月壬戌，詔中外崇奉孔子。

【《祭祀志》】成宗即位，詔：「曲阜林廟，上都、大都、諸路府州縣邑廟學、書院，贍學土地及貢士莊田，❶以供春秋二丁、朔望祭祀，修完廟宇。」自是天下郡邑廟學，無不完葺，釋奠悉如舊儀。

丘氏濬曰：「案寧獻王所著《通鑑博論》，於至元十八年有云：『帝信桑門之惑，盡焚中國道藏，闢儒、道二教爲外學，貶孔子爲中賢，尊桑門爲正道。』又爲世祖斷云：『聽妖僧祥逼之誘，作妖書以毀昊天上帝，貶孔子爲邪道，擬爲中賢，不足稱

❶「田」，原脱，依校點本《元史·祭祀志五》據《通制條格》卷五、《元典章》卷三一補。

聖。』及考《元史》，止於是年焚毀道書，而不見所謂貶孔子之實。惟《成宗本紀》世祖正月崩，成宗即位。是年秋七月，即詔中外崇奉孔子。夫孔子自唐宋以來，天下學校通祀之，已非一日，又何待今日始詔中外崇奉之哉？噫！當時必有所施行，如《博論》所云者。元史臣爲世祖諱，故略去之耳。」

【《闕里志》】大德初，勑到任先謁先聖廟拜謁，方許以次詣神廟，著爲令。

蕙田案：此後世到任謁廟之始。

【《成宗本紀》】大德六年六月甲子，建文宣王廟於京師。

【《哈剌哈孫傳》】京師久闕孔子廟，而國學寓他署，乃奏建廟學，選名儒爲學官，采近臣子弟入學。

大德十年八月丁巳，京師文宣王廟成。行釋奠禮，牲用太牢，樂用登歌，製法服三襲，命翰林院定樂名、樂章。

【《樂志》】宣聖樂章：

迎神，奏《文明》之曲　天縱之聖，集厥大成。立言垂教，萬世準程。廟庭孔碩，尊俎既盈。神之格思，景福來并。

盥洗，奏《昭明》之曲　神既寧止，有孚顒若。罍洗在庭，載盥載濯。匪惟潔脩，亦新厥德。對越在茲，敬恭惟則。

升殿，奏《景明》之曲降同。　大哉聖功！薄海內外。禮降秩宗，光垂昭代。陟降在庭，攝齊委佩。莫不肅雝，洋洋如在。

奠幣，奏《德明》之曲　圭袞尊崇，佩紳列侑。籩豆有楚，樂具和奏。式陳量幣，駿奔左右。天睠斯文，緊神之祐。

文宣王酌獻，奏《誠明》之曲　惟聖監格，享于克誠。有樂在縣，有碩斯牲。奉醴以告，嘉薦惟馨。綏以多福，永底隆平。

究國公酌獻，奏《誠明》之曲　潛心好學，不違如愚。用舍行藏，乃與聖俱。千載景行，企厥步趨。廟食作配，祀典弗渝。

郕國公酌獻。闕。

沂國公酌獻。闕。

鄒國公酌獻，奏《誠明》之曲　洙泗之傳，學窮性命。力拒楊、墨，以承三聖。遭時之季，孰識其正？高風仰止，莫不肅敬。

亞獻，奏《靈明》之曲終獻同。　廟成奕奕，祭祀孔時。三爵具舉，是享是宜。於昭聖訓，示我民彝。紀德報功，配于兩儀。

送神，奏《慶明》之曲　禮成樂備，靈馭其旋。濟濟多士，不懈益虔。文教茲首，儒風是宣。佑我。闕。

蕙田案：《元史·樂志》所載祀宣聖樂章，共二十有七，前十六章則釋奠所用者也，後十一章則當時擬譔而未及用者也。但十六章中，內十四章則全用宋時大晟樂府擬譔釋奠之詞，其郕國公、沂國公酌獻二章，係宋無而元增入者。後十一章中九章存而二章亡，所亡即郕、沂二公酌獻之詞，何增於前而缺於後耶？蓋顔、曾、思、孟並配，始於宋度宗咸淳三年。當大晟擬譔時，郕、沂二公尚未入配位，故無其樂章。元既襲而用之，則少此二配樂章，不得不增入以充其數，因於擬譔十一章之內取而用之。夫是以前之所增，即後之所缺也。今十四章詞已見宋代，不重出，而郕國公、沂國公酌獻二章，則録之如左，以志其增入之由，又以見此詞之終未嘗闕云。

郕國宗聖公酌獻，奏《成安》之曲南吕宮。

心傳忠恕，一以貫之。爰述《大學》，萬世訓彝。惠我光明，尊聞行知。繼聖迪後，是享是宜。

沂國述聖公酌獻，奏《成安》之曲南吕宮。

公傳自曾，孟傳自公。有嫡緒承，允得其宗。提綱開藴，乃作《中庸》。侑于元聖，億載是崇。

【《武宗本紀》】大德十一年七月辛巳，加封至聖文宣王爲大成至聖文宣王。

【王圻《續通考》】大德十一年，詔曰：「蓋聞先孔子而聖者，非孔子無以明；後孔子而聖者，非孔子無以法。所謂祖述堯舜，憲章文武，儀範百王，師表萬世者也。朕纂承丕緒，敬仰休風，循治古之良規，舉追封之盛典，加號爲大成至聖文宣王，遣使闕里，祀以太牢。於戲！父子之親，君臣之義，永惟聖教之尊；天地之大，日月之明，奚罄名言之妙！尚資神化，祚我皇元。」

丘氏濬曰：「案自古謚號必加以實字，未有用譬喻之語者。成之言出于《尚書》，大成之言出于《孟子》。成者，樂之一終也。孟子以樂之始終兼聖智之全，譬喻孔子之聖兼伯夷、伊尹、柳下惠之清、任、和而時出之。蓋假設之辭，非真實之德也。加此二字于『至聖文宣王』之上，固于聖德無所增益也。」

【《元史·武宗本紀》】至大二年春正月丙午，定制大成至聖文宣王，春秋二丁，釋奠用太牢。

【《虞集傳》】集爲助教，除博士。監祭殿上，有劉生者，被酒失禮俎豆間，集言諸監，請削其籍。大臣有爲劉生謝者，集持不可，曰：「國學，禮義之所出也，此而不治，何以爲教！」仁宗在東宮，傳旨諭集，勿竟其事。集以劉生失禮狀上之，移詹事院，竟黜劉生，仁宗更以集爲賢。大成殿新賜登歌樂，其師世居江南，樂生皆河北田里之人，情性不相能。集親教之，然後成曲。復請設司樂一人掌之，以俟考正。仁宗即位，責成監學，拜臺臣爲祭酒，除吴澄司業。皆欲有所更張，以副帝意。集力贊其説。有爲異論以沮之者，澄投檄去，集亦以病免。

【《李邦寧傳》】邦寧，宋故小黄門也。世祖命給事内庭，歷大司徒。仁宗即位，國學將釋奠，敕遣邦寧致祭于文宣王。點視畢，至位立，殿户方闢，忽大風起殿上及兩廡，燭盡滅，燭臺底鐵鐏入地尺餘，無敢拔者。邦寧悚息伏地，諸執事者皆伏。良久，風定，乃成禮。邦寧因慚悔累日。

胡氏粹中曰：「祭祀所以交神明，故將有事焉，必先射以觀德；及期，則齋以告虔，戒以告潔。刑罪喪疾之人，不敢以與執役，况敢主其祭乎？邦寧閹腐餘醜，其爲刑疾孰甚焉？而使之釋奠，曾爲仲尼不如林放乎？神不享非禮，大風之變，吾先聖豈可誣哉！仁宗既不知此，李孟以平章兼領國學，而致其以非禮事先聖，罪蓋不容揜矣。」

【《仁宗本紀》】皇慶二年六月，以宋儒周敦頤、程顥、顥弟頤、張載、邵雍、司馬光、朱熹、張栻、吕祖謙及故中書左丞許衡，從祀孔子廟庭。

【明沈氏佳《辨〈大學衍義補〉元儒許魯齋不宜從祀議》】魯齋先生有扶世教之大功，有衛道統之實學，涵養深邃，踐履篤實。其言明白純粹，光輝日新，真有合於孔孟之學，得統於伊洛之傳者。真西山之後，一人而已。觀其仕元，勸世祖不宜伐宋；臨終惓惓，猶以不得行道爲歎。此其出處之正，志概之大，亦可想見矣。

故明儒薛瑄屢極稱之，以之從祀孔廟，詎其有遺議焉？丘氏妄肆譏詆，謬矣。

延祐三年六月乙亥，制封孟軻父爲邾國公，母爲邾國宣獻夫人。

【《祭祀志》】延祐三年秋七月，詔春秋釋奠于先聖，以顏子、曾子、子思、孟子配享。

【《仁宗本紀》】延祐六年二月丁亥朔，日有食之，改釋奠于中丁。

【《祭祀志》】又追封周敦頤、蘧瑗，並從祀。

【王圻《續通考》】延祐六年，追封周敦頤爲道國公，又封蘧瑗爲内黄侯，從祀孔子。

【《元史・文宗本紀》】天曆二年六月，賜鳳翔府岐陽書院額。書院祀周文憲王，仍命學官春秋釋奠，如孔子廟儀。

【《祭祀志》】周公廟在鳳翔府岐山之陽，春秋釋奠。凡有司致祭先代聖君、名臣，皆有牲無樂。

【《文宗本紀》】天曆二年秋七月，遣使以上尊、腊羊、鈔十錠至大都國子監，助仲秋上丁釋奠。

至順元年七月戊申，加封孔子父齊國公叔梁紇爲啟聖王，母魯國太夫人顏氏爲啟聖王夫人；顏子，兖國復聖公；曾子，郕國宗聖公；子思，沂國述聖公；孟子，鄒國亞聖公；河南伯程顥，豫國公；伊陽伯程頤，洛國公。

【《祭祀志》】至順三年，加封兖國復聖公，制曰：「朕惟得孔氏之門，入聖人之域，顏子一人而已。觀其不遷怒，不貳過，已成復禮之功；無伐善，無施勞，益著爲仁之效。蓋將不日而化矣，惜乎天不假之以年也。朕緬懷哲人，留心聖學，將大彰於風教，故特示於褒嘉。於戲！用之則行，舍之則藏，雖潛德一時之不顯；吾見其進，未見其止，顧聖言百世而彌彰。尚服寵光，丕隆文治。可加封兖國復聖公。」

沂國述聖公，制曰：「昔曾子得聖人之傳，而子思克承厥統，稽夫《中庸》之一書，實開聖學於千載。朕自臨御以來，每以嘉惠後學爲念。萬幾之暇，覽觀載籍，至中和而天地位、萬物育，雅留意焉。夫爵秩之榮，既隆於升配；景行之懿，可後於褒加？於戲！有仲尼作於前，孰儷世家之美？得孟氏紹其後，益昌斯道之傳。渥命言承，茂隆丕緒。可加封沂國述聖公。」

郕國宗聖公，制曰：「朕惟孔子之道，曾氏獨得其宗，蓋本於誠身而已也。觀其始於三省之功，繼聞一貫之妙，是以友於顔淵而無愧，授之思、孟而不湮者與？朕仰慕休風，景行先哲，爰因舊爵，崇以新稱。於戲！聖神繼天立極以來，道統之傳遠矣；國家化民成俗之效，《大學》之書具焉。其相予之修、齊，茲式彰於褒顯。可加封郕國宗聖公。」

鄒國亞聖公，制曰：「孟子，百世之師也。方戰國之縱橫，異端之充塞，不有君子，孰任斯文？觀夫七篇之書，惓惓乎致君澤民之心，凜凜乎拔本塞源之論，黜伯功而行王道，距詖行而放淫辭，可謂有功聖門，追配神禹者矣。朕遠稽聖學，祗服格言，乃著新稱，益彰渥典。於戲！誦《詩》、《書》而尚友，緬懷鄒魯之風；非仁義則不陳，期底唐虞之治。英風千載，蔚有耿光。可加封鄒國亞聖公。」

殿左東哲五位，爲費公閔損、薛公冉雍、黎公端木賜、衛公仲由、魏公卜商。殿右西哲五位，爲鄆公冉耕、齊公宰予、徐公冉求、吴公言偃、陳公顓孫師。

蕙田案：四配「復聖」、「宗聖」、「述聖」、「亞聖」之號定於此，但《志》作「三年」，與《紀》互異。考危太樸《記》又稱「二年」，未知孰是。

至順元年冬十一月己酉，以董仲舒從祀孔子廟，位列七十子之下。

【王褘《孔子廟庭從祀議》】孔子廟庭從祀者，凡百有五人。自澹臺滅明至孔鯉七十一人，皆受業聖人之門而承聖人之教者也。自左丘明至許衡三十四人，皆傳註聖經、尊崇聖學而有功于聖人之道者也。蓋自唐貞觀二十一年，始以左丘明至范甯等二十一人從祀廟庭。及宋元豐七年，復增荀况、揚雄、韓愈，以世次先後從祀左丘明二十一人之間。淳祐元年，乃以周敦頤、程顥、程頤、張載、朱熹列於從祀。景定二年又增張栻、吕祖謙。咸淳三年，又增邵雍、司馬光。及元皇慶二年，乃以許衡繼宋九儒，居從祀之列，所謂三十四人者也。

以今論之，漢儒之從祀者十四人，而猶闕者一人，董仲舒是也。唐之從祀者一人，而猶闕者一人，孔穎達是也。宋之從祀者九人，而猶闕者四人，范仲淹、歐陽修、真德秀、魏了翁是也。元之從祀者一人，而猶闕者一人，吴澄是也。

自夫孟軻既往，聖學不明，邪説盛行，異端並起。歷秦至漢，諸儒繼作，然完經翌傳，局于顓門之學，而于聖人之道，莫或有聞。唯董仲舒于其間號稱醇儒，其學博通諸經，于《春秋》之義尤精。所以告其君者，如天人性命、仁義禮樂，以及勉强遵行、正誼明道之論，皆他儒之所不能道。至其告時君罷黜百家，表章六經，以隆孔子之教，使道術有統，異端息滅，民到于今賴之，則所以尊崇聖學者，其功殆不在孟子下。以荀况之言性惡，揚雄之事新莽，猶獲從祀，而仲舒顧在所不取，何也？

秦火之後，聖經缺逸，漢儒收拾散忘，各爲箋、傳，而偏學異説各自名家。晉、宋以來，爲説滋蔓，去聖既遠，莫可攷證，學者茫昧，不知所歸。唐初，孔穎達受詔撰定諸經之疏，號曰《正義》。自是以來，著爲定論。凡不本于《正義》者，謂之異端，誠學者之宗師，百世之取信也。是其所以傳註聖經者，較之馬融、鄭康成輩，功無所與遜，且何休註《公羊》而黜周王魯，王弼註《易》而專尚清虚，害道已甚，然在祀列，胡獨至于穎達而遺之也？

聖人之道，或著之事功，或載之文章，用雖不同，而實則一致。三代以下，人才莫盛于宋東都。其間慨然以聖人之道爲己任，而著之行事者，范仲淹而已。其言以爲士當先天下之憂而憂，後天下之樂而樂，雖伊尹之任，無以尚之。况當其時天下學術未知所宗尚，而仲淹首以《中庸》授張載，以爲道學之倡。蓋其爲學本乎六經，而其議論無不主於仁義，雖勳業之就未究其志，而事功所及光明正大，實與司馬光相上下。自聖道不行，世儒徒知章句以爲事，而孰知聖人經世之志固不專在是也。歐陽修與仲淹同時，實倡明聖賢之學，而著之文章。其《易》、《春秋》諸説，《詩本義》等書，發揮經學爲精。至其欲删諸經正義讖緯之説，一歸于正，尤有功于聖道。其爲言，根乎仁義，而達之政理，所以羽翼六經，而載之于萬世。至于《本論》等篇，比之韓愈之《原道》，夫復何愧！而世之淺者，每目之爲文人。夫文以載道，道因文而乃著，雖經天緯地者亦謂之文，而顧可少之哉？然則如范仲淹之立功，歐陽修之立名，皆可謂有功于聖人之道者。韓愈、司馬光既列從祀，則此二人固決在所當取者也。

自周敦頤接聖賢千載不傳之緒，而程頤兄弟承之，道統于是有所傳。迨朱熹有作，五經四子皆有傳註論述，統宗會元，集聖賢大成，紹程氏之傳。其中更學禁，其道不行。于是真德秀、魏了翁並作，力以尊崇朱學爲己任，而聖賢之學乃復明。真氏所著，有《大學衍義》、《讀書記》，魏氏所著，有《九經要義》。大抵皆黜異端，崇正理，質諸聖人而不謬，其于聖人之道，可謂有功，而足以纘朱氏所傳之緒矣。是則此二人者，固又當繼朱氏而列於從祀者也。

及元興，許衡起於北方，尊用朱氏之學以教人。既有以任斯道之重，而其時吴澄起于南方，能有見于前儒之所未及，《孝經》、《大學》、《中庸》、《易》、《詩》、《書》、《春秋》、《禮》皆有傳註，隱括古今諸儒之説而折衷之。其于禮經，尤多所删正。凡以補朱氏之未備，而其真修實踐，蓋無非聖賢正大之學，則其人又可謂有功聖人之道，固宜與許衡同列于從祀，而不可以或遺也。

案《祀法》有功于聖道則祀之，是七人者，其有功于聖人之道如此，而從祀缺焉，此甚不可。蒐累代之曠典，昭萬世之公議，舉而明之，固于今日矣。

又案：聖孫孔伋故列孔鯉之下，而曾參

亦在曾晳後。咸淳三年，始升，配享于顏、孟，爲四侑，東坐而西面。父以從祀，立廡下，而子以配享，坐堂上，尊卑舛逆，莫此爲甚。聖人之道，在于明人倫，而先自廢亂，何以詔後世？借曰：「曾子、子思，以傳道爲重。」然子必當爲父屈。昔魯祀僖公，躋之閔公之上，傳者謂「子雖齊聖，不先父食」，以爲逆祀。今孔氏、曾氏父子之失序，非逆祀乎？是故曾參、孔伋今當降居于曾晳、孔鯉之下。

又司馬光于程顥、程頤爲先進，張載于二程爲表叔，而位次皆在下，其先後次序亦不可不明。咸淳之定從祀，徒依朱子六《贊》，以周、二程、邵、張、司馬爲序，而不知朱子之《贊》，特以形容六君子道德之盛，初未嘗定其先後之次，胡可遂據以爲準乎？是故司馬光、張載今當陞居于程顥、程頤之上。

若夫荀況、揚雄、何休、王弼之徒，有不當與于從祀者，兹又未敢以遽數也。嗟乎！天下之禮，有似緩而實急，似輕而實重者，以其有關于名教也。公議所在，孰得而廢之？況乎禮文之事自儒者出，則於有功聖道之人，禮所宜祀，與祀而未稱于禮者，固不得置之而不之議也。是用疏其爲名教所係，而公議之不可廢者，列之如右，庶幾議禮之君子有所采擇云。

蕙田案：忠文此議，必在江都未從祀之先。今以無年代可考，姑列于此，而其所議，頗爲折衷有理。

許氏約曰：「自唐祀夫子配以顏子，至宋升孟子，與顏子並配，然當時未知道統之傳也。自伊洛之學興，性理之説明，始以顏、曾、思、孟並列于夫子之左，蓋得夫子之傳者，顏、曾、子思也，得曾、思之傳者，孟子也。故江南諸路學廟，皆以四子並配，以子張居七十二子之首，自兩廡升於十哲，補曾子之闕。此當因而不當革者也。今京師學廟與河北諸路府學，並循亡金之舊，左顏右孟，與夫子並居南面，有是理哉？孟子學於子思，子思學於曾子，是知孟子乃曾子門人之弟子，曾子乃孟子師之師也。今屈曾子於從祀之中，降子思於廊廡之末，師之師不過一籩一豆，門人弟子牲牢、幣帛，一與先聖等，又豈有是理哉？況今天下一家，豈容南北之禮各異？或謂學校所以明人倫，路、點皆父也，回、參皆子也，子先父食，于理安乎？竊以爲不然。廟學乃國家通祀，猶朝廷之禮也。父爲庶僚，子爲宰職，各以其德與勳也。如遇朝會，殿廷班列，則父雖尊，安能超於子之上哉？蓋抑私親而昭公道，尊道統以崇正學，乃所以明人倫也。如今序傳道之配，使顏、曾、思、孟並列於夫子之左，虛其右隅，以避古者神位之方；自兩廡升子張於十哲，以補曾子之闕，不惟先儒師弟之禮不廢，使南北無二制，天下無異禮，亦可以見我朝明道統，得禮之中，足以垂世無窮矣。」

丘氏濬曰：「案熊禾謂宜別設一室，以齊國公叔梁紇居中，南面；顏路、曾晳、孔鯉、孟孫氏侑食，西嚮。春秋二祀，當先聖酌獻之時，以齒、德之尊者爲分獻官，行禮於齊國公之前，其配位亦如此如此，則亦可以示有尊而教民孝矣。然臣以爲今天下州縣皆有祭，處處皆設，恐至於煩瀆。説者謂泗水侯孔林自有廟；曲阜侯宜祀於其子顏子之廟而以顏子配；萊蕪侯無後，今嘉祥有曾子墓，當有祠，宜於此祀萊蕪侯，而以曾子配；否則特立一廟于曲阜，特祀三子，而以顏子、曾子、子思配。熊禾謂有王者作，禮當損益，祀不可瀆也。姑誌于此。」

蕙田案：孔鯉、曾點、顏路之祀，王氏、許氏所言，皆有依據，然不如熊氏議爲是。

至順二年正月，勅建孔子廟于後衛。七月乙未，立閔子書院于濟南。八月，賜上都孔子廟碑。

三年春正月，封孔子妻鄆國夫人亓官氏爲大成至聖文宣王夫人。五月，追封顏子父無繇爲杞國公，謚文裕；母齊姜氏杞國夫人，謚端獻；妻宋戴氏兗國夫人，謚貞素。

【《祭祀志》】至順元年冬十一月，曲阜兗國復聖公新廟落成。元統二年，改封顏子考妣，又割益都鄒縣牧地三十頃，徵其歲入，以給常祀。

至順三年，封先聖夫人，制曰：「我國家惇典禮以彌文，本閨門以成教。迺睠素王之廟，尚虛元媲之封，有其舉之，斯爲盛矣。大成至聖文宣王妻亓官氏，來嬪聖室，垂裕世家，籩豆出房，因流風於殷禮；琴瑟在御，存燕樂於魯堂。功言邈若於遺聞，儀範儼乎其合德，作爾褘衣之象，稱其命鼎之銘。噫！秩秩彝倫，吾欲廣《關雎》、《鵲巢》之化；皇皇文治，天其興河圖、鳳鳥之祥。可特封大成至聖文宣王夫人。」

【危素《尼山大成殿四公配享記略》】案顏子之侑坐，肇於唐太宗貞觀二年冬，尚書左僕射房玄齡、國子博士朱子奢之所建議也。宋神宗元豐七年夏，復增孟子侑坐，禮部郎中林希之所奏議也。度宗咸淳三年春，增升曾子、子思。我朝延祐二年，仁宗皇帝在位，崇學右文，御史中丞趙公世延始言南北祭禮不宜有異，當升曾、思如典故，制曰「可」。先是，四公列坐兩旁，禮部以爲翼承道統，述明聖經，作則萬世，以立人極，論德定名，列次配侑，東坐西鄉，于禮爲稱。至順二年，進封顔爲復聖公，曾爲宗聖公，思爲述聖公，孟爲亞聖公，仍命詞臣爲制書，一代之典可謂備矣。

至正十九年十一月，江浙行省據杭州路申備本路經歷司呈，准提控案牘兼照磨承發架閣胡瑜牒：「我朝崇儒重道，加封先聖大成之號，又追崇宋儒周敦頤等封爵。然有司討論未盡，尚遺先儒楊時等五人，未列從祀。惟故宋龍圖閣直學士、謚文靖、龜山先生楊時，親得程門道統之傳，排王氏經義之謬，南渡後，朱、張、吕氏之學，其原委脉絡，皆出於時者也。故宋處士、延平先生李侗，傳河洛之學，以授朱熹，凡《集註》所引師説，即其講論之旨也。故宋中書舍人、謚文定胡安國，聞道伊洛，志在《春秋》，纂爲《集傳》，羽翼正經，❶明天理而扶世教，有功于聖人之門者也。故宋處士、贈太師榮國公、謚文正、九峯先生蔡沈，從學朱子，親承指授，著《書集傳》，發明先儒之所未及，深有功於聖經者也。故宋翰林學士、參知政事、謚文忠、西山先生真德秀，博學窮經，踐履篤實，當時立僞學之禁，以錮善類，德秀晚出，獨以斯文爲己任，講習躬行，黨禁解而正學明。此五人者，學問接道統之傳，著述

❶「羽」，原作「用」，據庫本及《元史·祭祀志六》改。

發儒先之秘，其功甚大。況科舉取士，已將胡安國《春秋》、蔡沈《尚書集傳》，表章而尊用之，真德秀《大學衍義》亦備經筵講讀，是皆有補於國家之治道者矣。各人出處，詳見《宋史》本傳，俱應追錫名爵，從祀先聖廟庭，可以敦厚儒風，激勸後學。如聞奏施行，以補闕典，吾道幸甚。」

至正二十一年七月，行移翰林、集賢、太常三院會議，俱准所言。二十二年八月，奏准送禮部，定擬五先生封爵謚號，俱贈太師。楊時追封吴國公，李侗追封越國公，胡安國追封楚國公，蔡沈追封建國公，真德秀追封福國公。各給詞頭宣命，遣官齎往福建行省，訪問各人子孫給付，如無子孫者，于其故所居鄉里郡縣學，或書院祠堂内，安置施行。

二十二年十二月，追謚朱熹父爲獻靖。其制詞云：「考德而論時，灼見風儀之俊；觀子而知父，追聞《詩》、《禮》之傳。久閟幽堂，丕昭公論。故宋左丞議郎、守尚書吏部員外郎、兼史館校勘、累贈通議大夫朱松，仕不躁進，德合中行。遡鄒魯之淵源，式開來學；闢圖書之蕴奥，妙契玄機。奏對雖忤于權姦，嗣續篤生于賢哲。化民成俗，著書滿家。既繼志述事之光前，何節惠易名之孔後。才高弗展，嗟沉滯于下僚；道大莫容，竟昌明于永世。神靈不昧，休命其承。可謚獻靖。」

其改封熹爲齊國公，制詞云：「聖賢之藴載諸經，義理實明于先正；風節之勵垂諸世，褒崇豈間于異時？不有鉅儒，孰膺寵數？故宋華文閣待制、累贈寶謨閣直學士、太師、追封徽國公、謚文朱熹，挺生異質，蚤擢科名。試用於郡縣，而善政孔多；迴翔于館閣，而直言無隱。權姦屢挫，志慮不回。

著書立言，嘉乃簡編之富；愛君憂國，負其經濟之長。正學久達于中原，涣號申行于仁廟。詢諸僉議，宜易故封。國啟營丘，爰錫太公之境土；壤鄰洙泗，尚觀尼父之宫墻。緬想英風，載欽新命。可追封齊國公，餘並如故。」

【金賁亨《請從祀羅豫章李延平疏》】臣聞孔子纘述堯、舜、禹、湯、文、武、周公之道，以詔萬世，是以享有王祀，久而彌尊。當時從遊之士，與夫後儒推明其道以傳示來學者，皆得從祀于其庭。後世膠于著述之説而或不計其德之醇疵，則固有幸而入者，至於道足以續聖人之緒而不偏，言足以發聖人之藴而有助，功足以定後學之趨而不惑，如宋儒羅從彦、李侗者，而不得入焉，此則盛典之有待，而公論之不容已者也。

臣嘗溯其淵源。侗，宋儒朱熹之師也。侗學於從彦，從彦學於龜山楊時，時學於河南程顥兄弟。顥常送時南歸，謂人曰：「吾道南矣。」夫顥豈輕許可者？而獨以此稱時，是時所傳于顥而以授從彦者，即濂洛諸儒所以繼孔孟之緒者也。從彦聽時語三日，驚汗浹背，曰：「幾枉過了一生。」由是潛思力行，任重詣極。侗嘗稱其「性明而修，行完而潔，擴之以廣大，體之以仁恕，精深微妙，各極其至，不言而飲人以和，與人並立而使人化，如春風發物，蓋亦莫知其所以然也」。觀侗之言，則從彦所得于時者可知矣。侗親受從彦《春秋》、《中庸》、《語》、《孟》之説，從容潛玩，有會于心，盡得其所傳之奥。熹狀其行曰：「充養完粹，無復圭角。精純之氣，達于面目，色温言厲，神定氣和，語默動静，端詳閒泰，自然之中，若有成法。」又曰：「精明純一，觸處洞然。泛應曲酬，發必中節。」又述鄧迪之言曰：「愿中如冰壺秋月，瑩徹無瑕。」觀熹之言，則侗所得於從彦者可知矣。此其道足以續聖人之緒而不偏者也。從彦少著述，而熹所編録遺事，皆其平日傳授切要之言，熹所常尊信而服行者，則亦侗之著述也。熹又每引二家之言以訓釋經傳，彰彰具存，其心得獨見，有非漢唐以來諸儒所及者，此其言足以發聖人之藴而有助者也。從彦常令侗静中觀喜怒哀樂未發時作何氣象，蓋謂程氏「敬而無失，便是喜怒哀樂未發之中」之語，互相發明，而深得子思《中庸》之旨，使學者有所主宰，而不流於禪。侗深領而亟稱之，嘗謂熹曰：「學問之道，不在多言，但默坐澄心，沉潛體認。天理若見，雖一毫人欲之發，亦退聽矣。久用力于此，庶幾漸明講學，始有力耳。」與從彦之教實出一轍。熹皆尊信發揚，以示學者。是其師弟子相傳之的，至正至明，至精至約，異世同符，愈久不變。是故從彦之功在于侗，侗之功在于熹，無從彦則無侗，無侗則無熹，而濂洛之所傳者泯矣。雖有豪傑之士，亦何所從受而保其不謬也哉！此其功足以定後學之趨而不惑者也。今之學者無不知熹之功，而不知從彦與侗之功，是猶人知有父而不知其祖也。

嘗觀漢儒，若馬融、劉向、賈逵、戴聖之徒，考其素行，皆背吾聖人之道，止以著述微勞，皆得從祀。其所著述，又豈能得聖人之旨，如二儒者哉？以二儒之賢，而不得與融等並列，此誠公論之不容已者也。夫吾道之明晦有時，賢哲之遭逢豈偶？熹祀于宋。祀時之議，屢興屢寢，至我孝宗皇帝，用儒臣之言，特勅從祀。而羅、李二儒，猶所未及，豈非有待于今日也哉？恭惟陛下潛心聖學，敦崇孔子之道，作《敬一箴》及發明宋儒程頤四箴、范浚《心箴》，以頒賜學校，天下儒流，莫不感激興起，此正吾道大明而賢哲所由以表章之日。伏望陛下准臣所奏，勅下大臣，討論故事，錫與二儒封爵，從祀孔子廟庭，則吾道幸甚。

蕙田案：此疏卓然不磨，不知上於何時？要在延平未從祀之前。故附于此，蓋二十二年從祀五先生，未及豫章也。

其祝幣之式：祝版三，各一尺二寸，廣八寸。木用楸梓栢。文曰：「維年月日，皇帝敬遣某官等，致祭於大成至聖文宣王。」先師曰：「維年月日，某官等致祭於某國公。」幣三，用絹，各長一丈八尺。

其牲齊器皿之數：牲用牛一、羊五、豕五。以犧尊實泛齊，象尊實醴齊，皆三，有上尊，加冪，有杓，設堂上。太尊實泛齊，山罍實醴齊，有上尊。著尊實盎齊，犧尊實醴齊，象尊實沈齊，壺尊實三酒，皆有上尊。設堂下盥洗位，在阼階之東。以象尊實醴齊，有上尊，加冪，有勺，設於兩廡近北。盥洗位在階下近南。籩十，豆十，簠二，簋二，登三，鉶三，俎三，有毛血豆，正配位同。籩豆皆二，簠一，簋一，俎一，從祀皆同。凡銅之器六百八十有一，宣和爵坫一，豆二百四十有八，簠、簋各一百一十有五，登六，犧尊、象尊各六，山尊二，壺尊六，著尊、太尊各二，罍二，洗二，龍杓二十有七，坫二十有八，爵一百一十有八。竹木之器三百八十有四，籩二百四十有八，篚三，俎百三十有三。陶器三，瓶二，香爐一。籩巾二百四十有八，簠簋巾二百四十有八，俎巾百三十有三，黄巾蒙單十。其樂用登歌。其日用春秋二仲月上丁，有故改用仲丁。

其釋奠之儀：省牲，前期一日晡時，三獻官，監祭官各具公服，詣省牲所阼階，東西向立，以北爲上。少頃，引贊者引三獻官、監祭官巡牲一匝，北向立，以西爲上。待禮牲者折身曰「充」，贊者曰「告充」畢，禮牲者又折身曰「腯」，贊者曰「告腯」畢，贊者復引三獻官、監祭官詣神厨，視滌溉畢，還齋所，釋服。　釋奠，是日丑前五刻，初獻官及兩廡分奠官二員，各具公服於幕次，諸執事者具儒服，先於神門外西序東向立，以北爲上。明贊、承傳贊先詣殿庭前，再拜畢，明贊升露階東南隅，西向立，承傳贊立於神門階東南隅，西向立。掌儀先引諸執事者各司其事，引贊者引初獻官、兩廡分奠官點視陳設。引贊者進前，曰「請點視陳設」。至階，曰「升階」，至殿簷下，曰「詣大成至聖文宣王神位前」，至位，曰「北向立」。點視畢，曰「詣兖國公神位前」。至位，曰「東向立」。點視畢，曰「詣鄒國公神位前」。至位，曰「西向立」。點視畢，曰「詣東從祀神位前」。至位，曰「東向立」。點視畢，曰「詣西從祀神位前」。至位，曰「西向立」。點視畢，曰「詣酒尊所」，曰「西向立」。點視畢，曰「詣三獻爵洗位」。至階，曰「降階」，至位，曰「北向立」。點視畢，曰「詣三獻官盥洗位」。至位，曰「北向立」。點視畢，曰「請就次」。方所獻點視時，引贊二人各引東西廡分奠官曰「請詣東西廡神位前」，至位東曰東，西曰西。向立，❶點視畢，曰「詣先儒神位前」。至位，曰「南向立」。點視畢，曰「退詣酒尊所」。至酒尊所，東西向立。點視畢，曰「退詣分奠官爵洗位」。至位，曰「南向立」。點視畢，曰「請就次」。兩廡分奠官點視畢，引贊曰「請詣望瘞位」。至位，曰「北向立」。點視畢，曰「請就次」。初獻官釋公服，司鐘者擊鐘，初獻已下各服其服，齊班於幕次。掌儀點視班齊，詣明贊報知，引禮者引監祭官、監禮官就位。進前，曰「請就位」，至位，曰「就位，西向立」。明贊唱曰「典樂官以樂工進，就位」，承傳贊曰「典樂官以樂工進，就位」。明贊唱曰「諸執事者就位」，承傳贊曰「諸執事者就位」。明贊唱曰「諸生就位」，承傳贊曰「諸生就位」，引班者引諸生就位。明贊唱曰「陪位官就位」，承傳贊曰「陪位官就位」，引班者引陪位官就位。明贊唱曰「獻官就位」，承傳贊曰「獻官就位」，引贊者進前，曰「請就位」，至位，曰「西向立」。明贊唱曰「闢户」，俟户闢，迎神之曲九奏。樂止，明贊唱曰「初獻官以下皆再拜」，承傳贊曰「鞠躬，拜，興，拜，興，平身」。明贊唱曰「諸執事者各司其事」。俟執事者立定，明贊唱曰「初獻官奠幣」。引贊者進前，曰「請詣盥洗位」。盥洗之樂作，至位，曰「北向立」，搢笏，盥手，帨手，出笏，樂止。及階，曰「升階」，升殿之樂作。樂止，入門，曰「詣大成至聖文宣王神位前」，至位，曰「就位，北向立，稍前」，奠幣之樂作。搢笏，跪，三上香。奉幣者以幣授初獻，初獻受幣，奠訖，出笏，就拜，興，平身。少退，再拜，鞠躬，拜，興，拜，興，平身。曰「詣究國

❶「至位」，原脱，據《元史·祭祀志五》補。

公神位前」，至位，曰「就位，東向立」，奠幣如上儀。曰「詣鄒國公神位前」，至位，曰「就位，西向立」，奠幣如上儀。樂止，曰「退復位」。及階，降殿之樂作。樂止，至位，曰「就位，西向立」。

俟立定，明贊唱曰「禮饌官進俎」。奉俎之樂作，乃進俎，樂止，進俎畢。明贊唱曰「初獻官行禮」，引贊者進前，曰「請詣盥洗位」。盥洗之樂作，至位，曰「北向立」，搢笏，盥手，帨手，出笏。「請詣爵洗位」，至位，曰「北向立」，搢笏，執爵，滌爵，拭爵，以爵授執事者。如是者三。出笏，樂止，曰「請詣酒尊所」。及階，升殿之樂作。曰「升階」，樂止。至酒尊所，曰「西向立」，搢笏，執爵，舉冪，司尊者酌犧尊之泛齊，以爵授執事者。如是者三。出笏，曰「詣大成至聖文宣王神位前」，至位，曰「就位，北向立」。酌獻之樂作，稍前，搢笏，跪，三上香，執爵，三祭酒，奠爵，出笏，樂止。祝人東向跪讀祝，祝在獻官之左。讀畢，興，先詣左配位，南向立。引贊曰「就拜」，興，平身，少退，再拜，鞠躬，拜，興，拜，興，平身。曰「詣兖國公神位前」，至位，曰「就位，東向立」，酌獻之樂作。樂止，讀祝如上儀。曰「詣鄒國公神位前」，至位，曰「就位，西向立」，酌獻之樂作。樂止，讀祝如上儀。曰「退復位」。至階，降殿之樂作。樂止，至位，曰「就位，西向立」。

俟立定，明贊唱曰「亞獻官行禮」，引贊者進前，曰「請詣盥洗位」。至位，曰「北向立」，搢笏，盥手，帨手，出笏。請詣爵洗位，至位，曰「北向立」，搢笏，執爵，滌爵，拭爵，以爵授執事者。如是者三，出笏。請詣酒尊所，曰「西向立」，搢笏，執爵，舉冪，司尊者酌象尊之醴齊，以爵授執事者。如是者三，出笏。曰「詣大成至聖文宣王神位前」，至位，曰「就拜，北向立」，酌獻之樂作。稍前，搢笏，跪，三上香，執爵，三祭酒，奠爵，出笏，就拜，興，平身。少退，鞠躬，拜，興，拜，興，平身。曰「詣兖國公神位前」，至位，曰「東向立」，酌獻如上儀。曰「詣鄒國公神位前」，至位，曰「西向立」，酌獻如上儀。樂止，曰「退復位」。及階，曰「降階」，至位，曰「就位，西向立」。

明贊唱曰「終獻官行禮」，引贊者進前，曰「請詣盥洗位」。至位，曰「北向立」，搢笏，盥手，帨手，出笏。請詣爵洗位，至位，曰「北向立」，搢笏，執爵，滌爵，拭爵，以爵授執事者。如是者三，出笏。請詣酒尊所，至階，曰「升階」，至酒尊所，曰「西向立」，搢笏，執爵，舉冪，司尊者酌象尊之醴齊，以爵授執事者。如是者三，出笏。曰「詣大成至聖文宣王神位前」，至位，曰「就位，北向立」。稍前，酌獻之樂作，搢笏，跪，三上香，執爵三，祭酒，奠爵，出笏，就拜，興，平身。少退，鞠躬，拜，興，拜，興，平身。曰「詣兖國公神位前」，至位，曰「東向立」，酌獻如上儀。曰「詣鄒國公神位前」，至位，曰「西向立」，酌獻如上儀。樂止，曰「退復位」。及階，曰「降階」，至位，曰「就位，西向立」。

俟終獻將升階，明贊唱曰「分獻官行禮」，引贊者分引東西從祀分獻官進前，曰「詣盥洗位」。至位，曰「北向立」，搢笏，盥手，帨手，出笏。詣爵洗位，至位，曰「北向立」，搢笏，執爵，滌爵，拭爵，以爵授執事者，出笏。詣酒尊所，至階，曰「升階」。至酒尊所，曰「西向立」，搢笏，執爵，舉冪，司尊者酌象尊之醴齊，以爵授執事者，出笏。詣東從祀神位前，至位，曰「就位，東向立」。稍前，搢笏，跪，三上香，執爵，三祭酒，奠爵，出笏，就拜，興，平身。少退，鞠躬，拜，興，拜，興，平身，退復位。至階，曰「降階」。至位，曰「就位，西向立」。

引西廡分奠官同上儀，唯至神位前，東向立作西向立。俟終獻十哲，兩廡分奠官同時復位。明贊唱曰「禮饌徹籩豆」，徹饌之樂作。禮饌者跪，移先聖前籩豆，略離席。樂止，明贊唱曰「諸執事者退復位」。俟諸執事者至板位，立定，送神之樂作。明贊唱曰「初獻官以下皆再拜」，承傳贊曰「鞠躬，拜，興，拜，興，平身」。樂止，明贊唱曰「祝人取祝，幣人取幣，詣瘞次」。俟徹祝幣者出殿門，北向立，望瘞之樂作。明贊唱曰「三獻官詣望瘞位」，引贊者進前，曰「請詣望瘞位」，至位，曰「就位，北向立」，曰「可瘞埋」。畢，曰「退復位」。至殿庭前，候樂止，明贊唱曰「典樂官以樂工出就位」，明贊唱曰「闔户」，又唱曰「初獻官以下退詣圓揖位」，引贊者引獻官退詣圓揖位。至位，初獻在西，亞、終獻及分獻以下在東，陪位官東班在東，西班在西。俟立定，明贊唱曰「圓揖」。禮畢，退復位。引贊者各引獻官詣幕次更衣。

其飲福、受胙，除國學外，諸處仍依常制。

【元張翥《釋奠儀注序》】❶《禮》曰：「皮弁祭菜，示敬道也。」禮書殘缺，釋奠、釋菜，名義徒存，儀文無考。唐《開元禮》彷彿《儀禮》饋食篇，節文爲詳。朱文公謂《政和新儀》差錯，獨於《開元禮》有取，申明至于再三，竟格不下。身没之後，郡邑放而行之，能通其義者尠矣。中原文物肇

❶「翥」，原作「顏」，據《元文類》卷三二所收此文改。

開，四方取則，舍魯奚適？闕里昔罹兵革，宫室荆榛，蓋二十年。牲殺、器皿、衣服不備，勢使然也，而儀章度數，固多可議者。象設，非古也，《開元禮》猶云「設席」，是無象也。高臺巍坐，而席地之禮不可見。帶劍，秦漢冠服之飾也，《開元禮》朝會猶有解劍之席。冕服挾劍，未之有聞。二者之失，所從來久矣。神位西坐東向，尸位也；配位東坐西向，主人位也。自尸禮廢，禮家謂自内出者無匹不行，自外至者無主不止，故立神以配而爲主焉。開元以後，遷神位南面，配位猶故也；進顔、孟南向，參列如浮圖、老子宫者，孔氏《祖庭廣記》謂金大定十四年所行，何所稽乎？楹間兩階，五齊三酒，以四代之器爲備物之享也，列數瓦缶，果爲何説？尸尊不就洗，禮也，登罍爵於牀，洗者以尸尊自居，犧象不錯諸地，主人遂不坐實爵，簡亦甚矣。幣之未薦，置諸神位之左，示不敢褻，陳之階戺，❶與主人俱升，則不嚴矣。蓋事由草創，未之備也。予典教于兹，思有以正之。顧不學雜服，不能安禮，而雖善無徵，無徵不信，乃取朱文公所考訂，自《儀禮》、《開元禮》而下，裒爲一編，命學徒肄習，且與講説義數，使之入耳著心，既知義理之安，將不期改而自改。併附社稷、風、雨、雷之祀，庶幾好禮者有取焉。抑禮有本有文，是書所載，文也，習禮之士，因文而究其本，知交於神明者，不徒籩豆之事，微之顯，誠不可揜也。如此則可謂知禮矣。若夫器樂冠服之度，則有博採諸家之説，從其

❶「戺」，原作「起」，據《元文類》卷三二所收此文改。

是者，訂其失者，與此編并藏孔氏，俾後來之文獻有足徵云。

蕙田案：禮文儀注，精意所存，凡屬薦享，不可不慎，況行于聖人之廟者乎？張顏宗朱子之意，❶集爲一書，而序之如此，可謂知禮矣。惜其書不得而見也。

右元。

五禮通考卷第一百十九

淮陰吴玉搢校字

❶「張顏」，據前校記可知當作「張㲟」。

五禮通考卷第一百二十

内廷供奉禮部右侍郎金匱秦蕙田編輯
太子太保總督直隸右都御史桐城方觀承同訂
兩淮都轉鹽運使德水盧見曾
按察司副使元和宋宗元 參校

吉禮一百二十

祭先聖先師

【《明史·太祖本紀》】洪武元年二月丁未，以太牢祀先師孔子於國學。

【《禮志》】洪武定制，每歲仲春秋上丁，皇帝降香，遣官祀於國學。以丞相初獻，翰林學士亞獻，國子祭酒終獻。先期，皇帝齋戒。獻官、陪祀執事官皆散齋二日，致齋一日。前祀一日，皇帝服皮弁服，御奉天殿降香。至日，獻官行禮。

【王圻《續通考》】洪武二年夏四月丙戌，詔天下通祀孔子，遂賜學糧，增師生廩膳。上諭禮部尚書劉仲質曰：「孔子明帝王之道，以教後世，使君君，臣臣，父父，子子，綱常以正，彝倫攸敘，其功參乎天地。今天下郡縣廟學並建，而報祀之禮止行京師，豈非闕典？卿與儒臣其定釋奠禮儀，頒之天下學校，令每歲春秋仲月，通祀孔子。」乃有是詔。初定制以春秋上丁，皇帝御奉天殿，傳制遣大臣以太牢祭至聖先師孔子於太學，遣祭酒禮三獻，樂六奏，文舞六佾。司府州縣衛學，各提調官行事，用少牢禮，樂如太學樂，不能備則已。京府及附府縣行釋菜禮。

【《明史・禮志》】洪武三年，詔革諸神封號，惟孔子封爵仍舊。且令曲阜廟廷歲官給牲幣，俾衍聖公供祀事。

【王圻《續通考》】洪武三年五月，上如江淮府。先謁文廟幸學，至南昌亦如之。

【《明史・禮志》】洪武四年，禮部奏定儀物，改初制，籩豆之八爲十，籩用竹，其簠簋登鉶及豆初用木者，悉易以瓷，牲易以熟。樂生六十人，舞生四十八人，引舞二人，凡一百一十人。禮部請選京民之秀者充樂舞生。太祖曰：「樂舞乃學者事，況釋奠所以崇師，宜擇國子生及公卿子弟在學者，豫教肄之。」

【《明會典》】洪武四年，令進士釋謁，詣國學行釋菜禮。

熊氏禾曰：「道者，天下通行之道，其所以爲教者，自天子至于庶人，一也。先王建學，必祀先聖、先師，自古至今，未有以異。獨五學之説不同，禮家謂《詩》、《書》、《禮》、樂各有其師，所以爲祀亦異，則疑出於漢儒專門之附會。三代以上，大道未分，必不至此。夫京師首善之地，莫先於天子之太學。天子太學祀典，宜自伏羲、神農、黄帝、堯、舜、禹、湯、文、武。其道、德、功、言，載之六經，傳在萬世。若以伏羲爲道之祖，神農、黄帝、堯、舜、禹、湯、文、武，各以其次而列焉。皋陶、伊尹、太公望皆見而知者。周公不惟爲法於天下，而《易》、《詩》、《書》所載，與夫《周禮》、《儀禮》之書，皆可傳於後世。至若稷之立極陳常，契之明倫敷教，夷之降典，益之贊德，傳説之論學，箕子之陳範，是皆可以與享於先王者。以此秩祀天子之學，禮亦宜之。若夫孔子兼祖述、憲章之任，其爲天下萬世通祀，則自天子下達矣。」

四年，國子司業宋濂上孔子廟堂議，曰：「世之言禮者，咸取法於孔子，不以古之禮祀孔子，褻祀也。褻祀不敬，不敬則無福，奈何今之人與古異也？古者主人西面，几筵在西也。漢章帝幸魯，祠孔子，帝西面再拜。《開元禮》先聖東向，先師南向，三獻官西向，猶古意也。今襲開元二十七年之制，遷神南面，非神道尚右之義矣。古者木主棲神，天子諸侯廟皆有主，大夫束帛，士結茅爲菆，無像設之事。《開元禮》設先聖神座於堂上兩楹間，先聖東北皆莞席，尚掃地而祭也。今因開元八年之制，摶土而肖像焉，❶失神而明之之義矣。古者灌鬯焫蕭，求神於陰陽也。今用熏薌代之，非簡乎？古者朝覲會同，郊廟祭饗，皆設庭燎，司烜共之，火師監之，示嚴敬也。今以秉炬當之，非瀆乎？古之有道有德者使教焉，死則以爲樂祖，祭於瞽宗，謂之先師。若漢禮有高堂生，樂有制氏，《詩》有毛公，《書》有伏生也。又凡始立學者，必釋奠於先聖、先師，釋奠必有合，謂國無先聖、先師，則所釋奠者，當與鄰國合。若唐虞有夔、伯夷，周有周公，魯有孔子，則不合也。當是時，學者各祭其先師，非其師弗學，非其學弗祭。學校既廢，天下莫知所師。孔子集羣聖之大成，顔、曾、思、孟，實傳其道，尊之以爲先聖、先師，而通祀於天下，固宜。若七十二子止於國學設之，庶幾弗悖禮意。《開元禮》國學祀先聖孔子，以顔子等七十二賢配，諸州惟配顔子。今以荀况之言性惡，揚雄之事王莽，王弼之宗莊老，賈逵之忽細行，杜預之建短喪，馬融之黨附勢家，亦厠其中，吾不知其何説也。古者立學，專以明倫，子雖齊聖，不先父食，久矣。故禹不先鯀，湯不先契，文王不先不窋。宋祖帝乙，鄭祖

❶「摶」，原作「搏」，據庫本改。

厲王，猶尚祖也。今回、參、伋坐饗堂上，而其父列食於廡間，顛倒彝倫，莫此爲甚，吾不知其何説也。古者士見師，以菜爲贄，故始入學者必釋菜，以禮其先師，其學官時祭皆釋奠。今專用春秋，非矣。釋奠有樂無尸，釋菜無樂，是二釋之重輕，以樂有無也。今襲用魏漢津所製《大晟》樂，乃先儒所謂亂世之音，可乎哉？古者釋奠、釋菜，名義雖存，而儀注皆不可考。《開元禮》彷彿《儀禮·饋食篇》，節文爲詳，所謂三獻，獻後各飲福，即尸酢主人、主婦及賓之義也。今憚其煩，唯初獻得行之，可乎哉？他如廟制之非宜，冕服之無章，器用雜乎雅俗，升降昧乎左右，此類甚多，雖更僕不可盡。若乃建安熊氏欲以伏羲爲道統之宗，神農、黄帝、堯、舜、禹、湯、文、武，次而列焉；皋陶、伊尹、太公、周公暨稷、契、夷、益、傅説、箕子，皆天子公卿之師式，宜秩祀天子之學；若孔子實兼祖述、憲章之任，其爲通祀，則自天子下達。苟如其言，則道統益尊，三皇不汨於醫師，太公不辱於武夫矣。昔周立四代之學，學有先聖，虞庠以舜，夏學以禹，殷學以湯，東膠以文王。復各取當時左右四聖成其德業者，爲之先師，以配享焉，此固天子立學之法也。」上不喜，謫濂安遠知縣。

蕙田案：潛溪此議，謂先聖不宜肖像，荀、揚、王、賈、杜、馬，不宜從祀；顔、曾、思之父不當列於兩廡，及以古聖皇爲先聖，其臣爲先師，皆爲嘉靖時張孚敬等竊取，實先生之卓見也。至謂先聖宜東向，用薰薌爲簡，秉炬爲瀆，七十子當止於國學，《大晟》樂爲亂世之音，則泥古而失禮時爲大之義矣。

【《兖州府志》】洪武五年，作文廟成，上遂視學釋菜。

【《春明夢餘録》】是年，罷孟子配享。雷震謹身殿。

【王圻《續通考》】洪武六年，上曰：「我聞孟子辨異端，闢邪説，發明孔子之道，宜配享如故。」

【《明史·錢唐傳》】洪武二年，詔孔廟春、秋釋奠，止行於曲阜，天下不必通祀。唐伏闕上疏言：「孔子垂教萬世，天下共尊其教，故天下得通祀孔子。報本之禮不可廢。」侍郎程徐亦疏言：「古今祀典，獨社稷、三皇與孔子通祀天下。民非社稷、三皇，則無以生；非孔子之道，則無以立。堯、舜、禹、湯、文、武、周公，皆聖人也，然發揮三綱五常之道，載之於經，儀範百王，師表萬世，使世愈降而人極不墜者，孔子力也。孔子以道設教，天下祀之，非祀其人，祀其教也，祀其道也。今使天下之人讀其書，由其教，行其道，而不得舉其祀，非所以維人心、扶世教也。」皆不聽。久之，乃用其言。帝嘗讀《孟子》，至「草芥」、「寇讎」語，謂「非臣子所宜言」，議罷其配享。詔有諫者，以「大不敬」論。唐抗疏入諫，曰：「臣爲孟軻死，死有餘榮。」時廷臣無不爲唐危。帝鑒其誠懇，不之罪。孟子配享亦旋復，然卒命儒臣修《孟子節文》云。

【《明史·樂志》】洪武六年，定祀先師孔子樂章：迎神，《咸和》之曲；奠帛，《寧和》之曲；初獻，《安和》之曲；亞、終獻，《景和》之曲；徹饌，《咸和》之曲；送神，《咸和》之曲。

蕙田案：六章皆襲宋《大晟》樂府之詞，已見前。

《明會典》洪武七年仲春上丁，日食，改用仲丁。

《明史・太祖本紀》洪武十五年四月丙戌，詔天下通祀孔子。五月乙丑，太學成，釋奠于先師孔子。

《禮志》洪武十五年，新建太學成。廟在學東，中大成殿，左右兩廡，前大成門，門左右列戟二十四，門外東爲犧牲厨，西爲祭器庫，又前爲靈星門。自經始以來，駕數臨視。至是落成，遣官致祭。帝既親詣釋奠，又詔天下通祀孔子，并頒釋奠儀注。凡府、州、縣學，籩豆以八，器物牲牢皆殺於國學，三獻禮同，十哲兩廡一獻。其祭各以正官行之，有布政司則以布政司官。分獻則以本學儒職及老成儒士充之。每歲春秋仲月上丁日行事。初，國學主祭遣祭酒，後遣翰林院官。然祭酒初到官，必遣一祭。

《圖書編》天下各布政司、府、州、縣學釋奠儀注：各布政司及府、州、縣長官一員，行三獻禮，或提調官及儒學教授等官行一獻禮。

齋戒：正祭前三日，獻官并陪祭官、執事人等沐浴更衣，散齋二日，致齋一日。

省牲：正祭前一日，執事者設香案于宰牲房外，贊引引獻官常服詣省牲所，贊省牲。執事者牽牲，從香案前過，入宰牲房宰之。遂以毛血少許，盛於盤，贊引唱「省牲」畢，其餘毛血以净器盛貯，待祭畢埋之。

正祭：每歲春、秋二仲月上丁日，將行禮。起鼓初嚴，遍燃庭燎香燭。鼓再嚴，樂舞生、執事者各序立於丹墀兩旁。鼓三嚴，贊引引各獻官至廟門下立。通贊唱「樂舞生各就位」，樂舞生各以序立于廟庭奏樂之所，司節者分引至丹墀陛東西兩旁，各序立于舞佾之位。司節在東，則退至東三班舞生之首，相向；在西，則退至西三班舞生之首，相向。通執事者各司其事，各執事亦各以序進。就位訖，通贊唱「分獻官各就位」，各贊引引各分獻官至拜位。各贊引退立于東西訖，通贊唱「獻官就位」，贊引引獻官至拜位。贊引退立於獻官東西兩傍，相向立。訖，通贊唱「瘞毛血」，執事者奉毛血，由廟中門出。四配東西哲由左右門出，兩廡隨之。瘞於坎，遂啟俎蓋。通贊唱「迎神」，舞生橫執其籥，麾生舉麾，唱「迎神」，樂奏《咸和》之曲，擊柷作樂。通贊唱「鞠躬，拜，興，拜，興，拜，興，拜，興，平身」，獻官以下俱拜。訖，麾生偃麾，樂止櫟敔。通贊唱「奠帛」。

行初獻禮，奉帛者各奉帛，執爵者各執爵。贊引詣獻官前，唱「詣盥洗所」，引獻官至盥洗所。司盥者酌水，贊引唱「搢笏」，獻官搢笏。盥畢，進巾。贊引唱「出笏」，獻官出笏。贊引唱「詣酒鐏所」，引獻官至酒鐏所。贊引唱「司鐏者舉冪酌酒」，執爵者以爵受酒。同捧帛者在獻官前行。先師帛、爵由中門入，四配帛、爵由左門進，各於神案之側朝上立。贊引隨引獻官亦由左門入，唱「詣至聖先師孔子神位前」，麾生舉麾，唱「初獻」，樂奏《寧和》之曲，擊柷作樂。贊引引獻官至神位前，唱「跪」，獻官跪；唱「搢笏」，獻官搢笏。捧帛者轉身，西向跪，進帛於獻官右。獻官接帛，贊引唱「奠帛」，獻官奠帛，以帛授接帛者，奠於神位前案上。執爵者轉身，西向跪，進爵于獻官右。獻官接爵，贊引唱「獻爵」，獻官獻爵，以爵授接爵者，奠於神位前。贊引唱「出笏」，獻官出笏。贊引唱「俯伏，興，平身，詣讀祝位」，讀祝者位設於堂中香案前，贊引引獻官至祝位。麾生偃麾，樂暫止。讀祝者跪取祝文，退立於獻官之左。贊引唱，獻官并讀祝者皆跪。通贊隨唱，衆官皆跪，陪祭者皆跪。訖，贊引唱「讀祝」，讀祝者讀畢，仍將祝文跪置於祝案上，退堂西朝上立。贊引與通贊同唱「俯伏，興，平身」，麾生舉麾，不唱，樂生接奏在先未終之樂。

贊引唱「詣復聖顔子神位前」，引獻官至神位前，唱「跪搢笏」，獻官搢笏，捧帛者跪於獻官右，進帛於獻官。獻官接帛，贊引唱「奠帛」，獻官奠帛，以帛授接帛者，奠於神位案上。執爵者跪於獻官右，進爵於獻官。獻官接爵，贊引唱「獻爵」，獻官獻爵，以爵授接爵者，奠於神位前。贊引唱「出笏」，獻官出笏。贊引唱「俯伏，興，平身」。贊引唱「詣宗聖曾子神位前」，儀同復聖位。通贊隨唱，行分獻禮。各贊引詣各分獻官前，同唱「詣盥洗所」，各贊引引各分獻官至洗所。司盥者酌水，贊引同唱「搢笏」，各分獻官搢笏。盥洗畢，進巾。贊引同唱「出笏」，各分獻官出笏。贊引同唱「詣酒罇所」，引各分獻官詣罇所。同唱「司罇者舉冪，酌酒」，各執爵者以虚爵受酒，與捧帛者俱在分獻官前行，至堂及兩廡神案之側朝位立，俟正廟贊引唱「詣述聖子思子神位前」，各贊引隨唱，詣東哲神位前。各贊引引分獻官，東哲由左門進，詣神位前，同唱跪。同唱「搢笏」，獻官并分獻官搢笏。東哲捧帛者轉跪於分獻右進帛，獻官、分獻官俱接帛。贊引同唱「奠帛」，獻官、分獻官獻帛，以帛授接帛者，奠於神位前案上。捧爵者轉身進爵，如進帛儀。餘儀俱同前。贊引唱「詣亞聖孟子神位前」，各贊引隨唱，詣西哲東廡西廡神位前。各贊引引各分獻官，西哲東廡西廡，各詣神位前，同唱跪，同唱「搢笏」，獻官并各分獻官搢笏。東廡捧帛者轉身，跪于分獻官右。亞聖、十哲，兩廡捧帛者跪於獻官、分獻官左，進帛，獻官、分獻官接帛。贊引同唱「奠帛」，獻官、分獻官奠帛，以帛授接帛者，奠於神位前案上。捧爵者轉身進爵，如進帛儀。獻官、分獻官接爵。贊引同唱「獻爵」，獻官、分獻官獻爵，以爵授接爵者，奠於各神位前。贊引同唱「出笏」，各分獻官出笏。贊引同唱「俯伏，興，平身」，贊引同唱「復位」，麾生偃麾，櫟敔樂止。各贊引引各獻官至原拜位立，執事者亦隨至罇所立俟。

通贊唱「行亞獻禮」，贊引詣獻官前，唱「詣酒罇所」，引獻官至酒罇所。贊引唱「司罇者舉冪，酌酒」，各執爵以虚爵受酒，前行至廟門，如初獻儀。贊引引獻官由左門入，唱「詣至聖先師孔子神位前」，麾生舉麾，唱亞獻，樂奏《安和》之曲，擊柷作樂。贊引引獻官至神位前，如初獻爵之儀。行禮訖，贊引引獻官如前出，至原位。麾生偃麾，櫟敔樂止。

通贊唱「行終獻禮」，贊引引獻官并執事者，儀同亞獻。麾生舉麾，唱終獻，樂奏《景和》之曲，擊柷作樂。行禮復位，俱如初，惟執爵者不必出廟外，俱在廟兩旁立俟。

徹饌：麾生偃麾，櫟敔樂止。通贊唱「飲福受胙」，進福酒者捧爵，進福胙者捧盤，立於神位之東。又令一執事取正壇羊肩胙置於盤。贊引唱「詣飲福位飲福」，乃讀祝位也。又令二執事先立於廟内西旁。贊引引獻官至飲福位，捧福酒，捧福胙，轉身向西，立于獻官旁。前廟内二執事行于獻官西，與捧爵者、捧胙者相對立。贊引唱「跪搢笏」，獻官跪搢笏，進福酒者跪於獻官右，進爵于獻官。贊引唱「飲福酒」，獻官接酒，飲訖，西旁接福酒者跪於獻官左接爵，捧福胙者跪於獻官右，進胙于獻官。贊引唱「受胙」，獻官接胙。訖，兩旁接福胙者跪於獻官之左，接胙，由中門出。贊引唱「出笏」，獻官出笏。贊引唱「俯伏，興，平身，復位」，贊引引獻官至原拜位。訖，通贊唱「鞠躬，拜，興，拜，興，平身」，各官拜訖，通贊唱「徹饌」，麾生舉麾，唱徹饌，樂奏《咸和》之曲，擊柷作樂。執事各于神位前，將籩豆稍移動，復立於原位。舞生直執其籥與翟，同司節在東者進立於東一班舞生之首，舉節朝上，分引舞生於角道東西序立，相向。樂止，麾生偃麾，櫟敔舞止。通贊唱「送神」，麾生舉麾，唱送神，奏《咸和》之曲，擊柷作樂。通贊唱「鞠躬，拜，興，拜，興，拜，興，拜，興，平身」，各官拜。訖，通贊唱「讀祝者捧祝，進帛者捧帛」，執事各詣神位前，待讀祝者先跪取祝文，捧帛者跪取帛，轉身向外立。通贊唱「各詣瘞所」，捧帛、祝者過。訖，贊引唱「詣望瘞位」，各贊引引獻官、陪祭官至瘞所。贊引唱「祝版」，一帛一段，數至九段。待焚訖，樂盡，麾生偃麾，櫟敔樂止，贊引、通贊同唱「禮畢」。

月朔釋菜儀：

其日清晨，執事者各司其事，分獻官各官分列于大成門内，監生排班，俟獻官至。通贊唱「排班」，獻官以下各就位。通贊唱「班齊，鞠躬，拜，興，拜，興，平身」，引贊詣獻官前，唱「詣盥洗所」，獻官盥手，帨手。訖，引贊唱「詣酒罇所」，司罇者舉冪，酌酒。訖，引贊唱「詣至聖先師孔子神位前」，跪獻爵，俯伏，興，平身。執事者行事並同。引贊唱「詣復聖顔子神位前」、「宗聖曾子神位前」、「述聖子思子神位前」、「亞聖孟子神位前」，儀並同。十哲兩廡，分獻官一同行禮畢，引贊同唱「復位」，引贊導獻官、分獻官至原拜位立。通贊唱「鞠躬，拜，興，拜，興，平身」，禮畢。

【王圻《續通考》】是年十二月，復幸學。先是，五月丁巳，上謂禮部尚書劉仲質曰：「國學新成，朕將釋菜，令諸儒議禮。議者曰：『孔子雖聖人，臣也，禮宜一奠而再拜。』朕以爲孔子明道德以教後世，豈可以職位論哉？昔周太祖入孔子祠，將拜，左右曰：『孔子陪臣，不宜拜。』周太祖曰：『百世帝王之師，敢不拜乎？』遂再拜。朕深嘉其明斷，不惑于左右之言。今朕有天下，敬禮百神，于先師之禮，宜加尊重。」仲質乃與儒臣定議，上服皮弁服，執圭，詣先師再拜獻爵後，又再拜退，易服，詣彝倫堂。祭酒、司業、博士、助教進講賜坐，侍臣以次坐於東西。講畢，宣諭學官、諸生而還。明日祭酒率學官上表謝恩。己未，遣官祭先師孔子，以太牢。禮畢，祭酒吴顒等升堂，諸生受業。乙丑，上幸國子監，謁先師孔子。釋菜禮成，退御講筵。祭酒吴顒等以次講畢，上謂之曰：「中正之道，無踰於儒。上古聖人不以儒名，而德行實儒；後世儒之名立，雖有儒名，或無其實。孔子生于周末，身儒道，行儒行，立儒教，率天下後世之人，皆欲其中正，惜乎魯國君臣無能用之者。當時獨一公父文伯之母，知其賢，責其子之不能從，則一國君臣可愧矣！卿等爲師表，正當以孔子之道爲教，使諸生咸趨乎正，則朝廷得人矣！」復命取《尚書·大禹》、《皋陶謨》、《洪範》，親爲講説，反覆開諭。羣臣聞者，莫不悚悦。遂賜宴，竟日而還。丙寅，祭酒吴顒率博士龔斆上表謝，各賜羅衣二襲，官民生許恒等四百三十人，各賜春夏布衣。

【《闕里志》】洪武十五年，太學成，孔子以下去塑像，設木主。

蕙田案：此國學去塑像，尚未行之天下也，故嘉靖間復行之。

【《明史·禮志》】洪武十七年，勅每月朔、望，祭酒以下行釋菜禮，郡縣長以下詣學行香。

【王圻《續通考》】洪武十七年，議《大成》樂。

【《春明夢餘録》】洪武二十年，罷武廟，獨尊孔子。

蕙田案：太公之功，焉得與孔子並？太祖此舉，可破千年黷祀之典。

【《明史·禮志》】洪武二十六年，頒《大成》樂於天下。

【《明會典》】洪武二十六年，頒《大成》樂器於天下府學，令州縣如式製造。

釋奠儀：

一、齋戒。與祀帝王同。

一、省牲。牛一，山羊五，豕九，鹿一，兔五。

一、陳設。正壇，犢一，羊一，豕一，登一，鉶二，籩豆各十，簠簋各二，帛一，白色，禮神制帛。共設酒尊三，爵三，篚一，于壇東南，西向，祝文案於壇西。四配位，每位羊一，豕一，登一，鉶二，籩豆各十，簠簋各一，爵三，帛一，篚一。十哲位，東五壇，豕一分五，帛一，篚一，爵三，每位鉶一，籩豆各四，簠簋各一，酒盞一；西五壇，陳設同。東廡五十三位，共十三壇，共豕一，帛一，篚一，爵一，每壇籩豆各四，簠簋各一，酒盞四；西廡五十二位，共十三壇，陳設同。

一、正祭。典儀唱，舞生就位。執事官各司其事，分獻官、陪祀官各就位。贊引引獻官至盥洗所，贊詣盥洗位，搢笏，出笏。引至拜位，贊就位。典儀唱「迎神」，奏樂，樂止，贊四拜。通贊陪祭官同。典儀唱「行初獻禮」，奏樂。執事官捧帛、爵，詣各神位前。贊引導遣官，贊詣大成至聖文宣王神位前，贊搢笏，贊獻帛。執事以帛進奠訖，執事以爵進。贊引贊獻爵，出笏，贊詣讀祝位。樂暫止，跪，傳贊衆官皆跪。贊讀祝，讀祝官取祝，跪於獻官左。讀訖，贊俛伏，興，平身。贊詣兖國復聖公神位前，搢笏，獻爵，出笏。詣郕國宗聖公神位前、沂國述聖公神位前、鄒國亞聖公神位前，儀並同前。贊復位，樂止。典儀唱「行亞獻禮」，奏樂。執事以爵獻於神位前，樂止。典儀唱「行終獻禮」，奏樂，儀同亞獻。樂止，典儀唱「飲福，受胙」，贊詣飲福位，跪搢笏。執事以爵進，贊飲福酒。執事以胙進。贊受胙，出笏，俛伏，興，平身，復位，贊兩拜，傳贊陪祀官同。典儀唱，讀祝官捧祝，掌祭官捧帛饌，各詣瘞位。典儀唱「望瘞」，奏樂，贊引官贊詣望瘞位，樂止。贊禮畢。

一、分獻官儀注。分獻以翰林院修撰等官二員、國子博士等官二員。典儀唱，分獻官、陪祭官各就位，各二拜。候讀祝訖，唱，分獻官行禮。贊引贊詣盥洗所，贊搢笏，贊出笏，贊升壇，贊詣神位前，贊搢笏。執事以帛進於分獻官，執事以爵進於分獻官。獻訖，贊出笏，贊復位。亞獻、終獻同。典儀唱「望瘞」，各詣瘞位，樂止，贊禮畢。

一、祝文：「維洪武某年歲次某月朔越某日：❶皇帝遣具官某，致祭於大成至聖文宣王：惟王德配天地，道冠古今，删述六經，垂憲萬世。謹以牲帛醴齊，粢盛庶品，祇奉舊章，式陳明薦。以兖國復聖公、郕國宗聖公、沂國述聖公、鄒國亞聖公配。尚享！」

【《明會典》】❷洪武二十九年，駕幸太學，行釋菜禮，黜揚雄從祀，進漢董仲舒。

【《明史·禮志》】洪武二十八年，以行人司副楊砥言，罷漢揚雄從祀，益以董仲舒。

蕙田案：《會典》及《禮志》年月不符，存以俟考。

【《明史·太祖本紀》】洪武三十年十月乙未，重建國子監先師廟成。

【《禮志》】三十年，以國學孔子廟隘，命工部改作，其制皆帝所規畫。大成殿門各六楹，靈星門三，東西廡七十六楹，神厨庫皆八楹，宰牲所六楹。

【《春明夢餘録》】京師文廟在城北國學之左。元太祖置先聖廟于燕京，以舊樞密院爲之。成宗大德十年，京師廟成。明太祖改爲北平府學，廟如故。

【《明史·禮志》】永樂初，建廟于太學之東。

【《春明夢餘録》】永樂元年八月，遣官釋奠，仍改稱國子監孔子廟。尋建新廟於故址，

❶「某月朔越某日」，原作「□月朔□□日」，據庫本補。《明會典》卷八四作「某甲子月日」，《禮部志稿》卷二九作「某月某朔某日」。

❷上條引文出自《明會典》，依據秦氏體例，此條不應再列書名。據文中二十九年，此或與下條《明史·禮志》顛倒而致誤也。

中爲廟，南向，東西兩廡，丹墀。西爲瘞所。正南爲廟門，門東爲宰牲亭、神厨；西爲神庫、持敬門。門正南爲外門。正殿初名大成殿。

【《明史·成祖本紀》】永樂四年三月辛卯朔，釋奠於先師孔子。

【王圻《續通考》】永樂四年，幸學。禮部尚書鄭賜言：「宋制，謁孔子，服靴袍，再拜。」上曰：「見先師，禮不可簡，必服皮弁，行四拜禮。」于是，進《視學儀注》，即洪武中所定也。

【《明會典》】永樂八年，正文廟聖賢繪塑衣冠，令合古制。

蕙田案：《闕里志》稱洪武五年去南京塑像，此仍舊未毁故也。

十九年，北京國子監既定，其南監春祭，命祭酒行禮，稱「皇帝謹遣」。

【《明史·禮志》】宣德三年，以萬縣訓導李譯請，命禮部考正從祀先賢名位，頒示天下。

【《明會典》】正統元年，刊定從祀名爵位次，頒行天下。

【《明史·英宗前紀》】正統二年六月乙亥，以宋胡安國、蔡沈、真德秀從祀孔子廟庭。

【《禮志》】正統二年，禁天下祀孔子于釋、老宮。

【《明史·禮志》】孔、顔、孟三氏子孫、教授裴侃言：「天下文廟，惟論傳道，以列位次。闕里家廟，宜正父子，以叙彝倫。顔子、曾子、子思，子也，配享殿庭。無繇、子皙、伯魚，父也，從祀廊廡。非惟名分不正，抑恐神不自安。况叔梁紇元已追封啟聖王，創殿於大成西崇祀，而顔、孟之父俱封公，惟伯魚、子皙仍侯，乞追封公爵，偕顔、孟父俱配啟聖王殿。」帝命禮部行之，仍議加伯魚、子晳封號。

蕙田案：此止行之家廟，未及國學及府、州、縣也。

【《明會典》】正統八年，追封元吴澄爲臨川郡公，從祀。

【《明史・禮志》】正統八年，慈利教諭蔣明請祀元儒吴澄，大學士楊士奇等言當從祀，從之。

蕙田案：吴澄之祀，罷於嘉靖九年。

【《英宗前紀》】正統九年三月辛亥朔，新建太學成，釋奠於先師孔子。

【《景帝本紀》】景泰二年二月辛未，釋奠於先師孔子。

【《明會典》】景泰六年，奏准以兩廡祭品儉薄，增豕四，棗、栗各五十斤，黍、稷各一斗，形鹽五十斤。南京國子監一體增設。成化二年，封董仲舒爲廣川伯，胡安國建寧伯，蔡沈崇安伯，真德秀浦城伯。

【王圻《續通考》】成化四年，彭時奏謂：「漢晉之時，道統無傳，所幸有專門之師，講誦聖經，以詔學者，斯文賴以不墜，此馬融、范甯諸人，雖學行未純，亦不得而廢。」

【《明史・禮志》】成化十二年，從祭酒周洪謨言，增樂舞爲八佾，籩豆各十二。

祭酒周洪謨於成化十二年七月奏請加孔子封號：「先儒羅從彦嘗曰：『唐既封先聖爲王，襲其舊號可也，加之帝號而褒崇之亦可也。』所封乃當時天王之王，既正南面之位，宜服冕十二旒，衣十二章，十籩十豆各增爲十二，六佾之舞增爲八佾之舞。且古者鳴球琴瑟，堂上之樂，笙鏞柷敔，堂下之樂，而干羽舞于兩階。今舞羽居上而樂器居下，非古制也，宜令典樂者改正。」上命禮官議之。於是尚書鄒幹言：「洪武中新建南京太學，止用神主，不設塑像。故當時祭酒宋訥奉勅撰文，有『像不土繪，祀以神主，百年夷習乃革』之語。今北監所有塑像，皆因元舊，不忍撤毁耳。以此觀之，冕旒蓋因塑像之舊，而籩豆、佾舞之數，則祖宗斟酌，已有定式，俱當仍舊。惟佾舞居下，則行太常寺考正之。」九月，周洪謨又言：「孔子封號、冕服、籩豆、佾舞等事，禮部稱洪武年間太學止用神主，塑像非聖朝之制。臣以爲孔子之道，不外禮樂，今欲體孔子之道，亦莫先乎禮樂。唐開元中，封孔子爲文宣王，被以衮冕，樂用宫縣。樂既用天子之宫縣，服必用天子之衮冕。是唐之奉孔子者，已用天子之禮樂矣。今冕服既用天子禮，而佾舞則用諸侯之樂，以禮論樂則樂不備，以樂論禮則禮爲僭。孔子周人，當用周制。其所封乃當時天王之王，非後世國王之王，合無將十籩十豆增爲十二籩十二豆，六佾之舞增爲八佾之舞。器數既加，則佾舞與冕服相稱，而樂不爲缺矣。」准奏，籩豆增爲十二，六佾增爲八佾，通行天下。

【《春明夢餘録》】成化十三年閏二月丁丑，釋奠。初用八佾，籩豆各十二。

【《明會典》】成化二十二年二月朔，當釋菜，值上丁，令以次日釋菜。

【《闕里志》】弘治元年，孝宗皇帝登極，駕幸太學，釋奠孔子。以吏部尚書王恕言，詔先師位加幣，用太牢，改分獻爲分奠。

學士程敏政於弘治元年《考正祀典疏》

略：❶「先師孔子有功德於天下萬世，其廟庭之間侑食之人，必得文與行兼，名與實副，有功於聖門而無疵於公議者，庶足以稱崇德報功之意。若侑食者非其人，則豈惟先師臨之神不顧歆，將使典模範者莫知所教，爲弟子者莫知所學。世教不明，人心不淑，通於天下，而施及後世，其爲關繫，豈特一時一方之可比哉！謹畫一條陳，上瀆聖覽：

一、唐貞觀二十一年，始以左丘明等二十二人從祀孔子廟庭。當時聖學不明，議者無識，拘於註疏，謂釋奠先師，如《詩》有毛公，《禮》有高堂生，《書》有伏生之類，遂以專門訓詁之學爲得聖道之傳，而并及馬融等。臣考歷代正史，馬融初應鄧隲之召爲祕書，歷官南郡太守，以貪濁免官，髡徙朔方。自刺不殊，又不拘儒者之節，前授生徒，後列女樂，爲梁冀草奏，殺忠臣李固，作《西第頌》以美冀，爲正直所羞。即是觀之，則衆醜備於一身，五經爲之掃地。後世乃以其空言，目爲經師，使侑坐於孔子之庭，臣不知其何説也。劉向初以獻賦進，嘉誦神仙方術，❷嘗上言黄金可成，鑄作不驗，下吏當死，其兄陽城侯救之獲免。所著《洪範五行傳》最爲舛駁，使箕子經世之微言，流爲陰陽術家之小技。賈逵以獻頌爲郎，不修小節，專以附會圖讖以至貴顯，蓋左道亂政之人也。王弼與何晏倡爲清談，所註《易

❶ 程敏政此疏，《篁墩文集》卷一〇作「奏考正祀典」，《名臣經濟録》卷三〇與此同，《欽定國子監志》卷五五作「從祀孔子疏」。秦氏此處未標明書名，當出自《名臣經濟録》，依文義，「略」下當有「云」字。

❷ 「嘉」，庫本作「喜」。

傳》祖老莊，而范甯追究晉室之亂，以爲王、何之罪深於桀紂。何休則止有《春秋解詁》一書，黜周王魯，又註風角等書，班之於《孝經》、《論語》，蓋異端邪說之流也。戴聖爲九江太守，治行多不法，懼何武劾之而自免。後爲博士，毀武於朝。及子賓客爲盜繫獄，而武平心決之，得不死，則又造謝不慙。先儒謂聖禮家之宗，而身爲贓吏，子爲賊徒，可爲世鑒。王肅在魏，以女適司馬昭。當是時，昭簒魏之勢已成，肅爲世臣，封蘭陵侯，官至中領軍，乃坐觀成敗。及毌邱儉、文欽起兵討賊，肅又爲司馬師畫策，以濟其惡。若好人佞己，乃其過之小者。杜預所著，亦止有《左氏經傳集解》。其大節蓋無可稱，如守襄陽則數饋遺洛中要人，曰『懼其爲害耳，非以求益也』；伐吳之際，因斫癭之譏，盡殺江陵之人。以吏則不廉，以將則不義。凡此諸人，其於名教得罪非小，而議者爲能守其遺經，轉相授受，以待後之學者，不爲無功。臣竊以爲不然。夫守其遺經，若左丘明、公羊高、穀梁赤之於《春秋》，伏勝、孔安國之於《書》，毛萇之於《詩》，高堂生之於《儀禮》，后蒼之於《禮記》，杜子春之於《周禮》，可以當之。蓋秦火之後，惟《易》以卜筮僅存，而餘經非此九人，則幾乎熄矣。此其功之不可泯者，以之從祀可也。若融等又不過訓詁此九人所傳者耳，況其書行於唐，故唐得以備經師之數祀之。今當理學大明之後，《易》用程、朱，《詩》用朱子，《書》用蔡氏，《春秋》用胡氏，又何取於漢魏以來駁而不正之人，使安享天下之祀哉？夫所以祀之者，非徒使學者誦其詩，讀其書，亦將識其人，而使之尚友也。臣恐學者習其訓詁之文，於身心未必有補，而考其奸諂淫邪、貪墨怪妄之迹，將自甘於效尤之地，曰『先賢亦若此哉』，其禍儒害道，將有不可勝言者。至於鄭衆、盧植、鄭玄、服虔、范甯五人，雖若無過，然其所行，亦未能以窺聖門，所著亦未能以發聖學。若五人者，得預從祀，則漢唐以來當預者尚多。臣愚乞將戴聖、劉向、賈逵、馬融、何休、王肅、王弼、杜預八人，褫爵罷祀；鄭衆、盧植、鄭玄、服虔、范甯，各祀於其鄉。后蒼在漢初説禮數萬言，號《后氏曲臺記》，戴聖等皆受其業，蓋今《禮記》之書，非后氏則不復傳於後矣，乞加封爵，與左丘明等一體從祀，則僞儒免欺世之名，賢者受專門之祀，而情文兩得矣。

一、孔子弟子見於《家語》，自顔回而下七十六人。《家語》之書，出於孔氏，當得其實。而司馬遷《史記》所載，多公伯寮、秦冉、顔何三人。文翁成都廟壁所畫，又多蘧瑗、林放、申棖三人。先儒謂後人以所見增益，殆未可據。臣考宋邢昺《論語註疏》，申棖，孔子弟子，在《家語》作申續，《史記》作申黨，其實一人也。今廟庭從祀，申棖封文登侯，在東廡，申黨封淄川侯，在西廡，重復無稽，一至于此。且公伯寮愬子路以阻孔子，乃聖門之蟊螣，而孔子稱瑗爲夫子，決非及門之士，林放雖嘗問禮，然《家語》、《史記》、邢昺《註疏》、朱子《集註》俱不載諸弟子之列，秦冉、顔何疑亦爲字畫相近之誤，如申棖、申黨者，但不可考耳。臣愚以爲申棖、申黨位號宜存其一，公伯寮、秦冉、顔何、蘧瑗、林放五人，既不載於《家語》七十子之數，宜罷其祀。若瑗、放二人不可無祀，則乞祀瑗於衛，祀放於魯，或附祭於本處鄉賢祠，仍其舊爵，以見優崇賢者之意，亦庶乎名實相符而不舛於禮也。

一、❶洪武二十九年，行人司司副楊砥建議，請黜揚雄，進董仲舒，太祖高皇帝嘉納其言而行之。主張斯道，以淑人心，可謂大矣。然荀況、揚雄實相伯仲，而況以性爲惡，以禮爲僞，以子思、孟子爲亂天下，以子張、子夏、子游爲賤儒，故程子有『荀卿過多，揚雄過少』之説。今言者欲并黜況之祀，宜也。然臣竊以爲漢儒莫若董仲舒，唐儒莫若韓愈，而尚有可議者一人，文中子王通是也。通之言行，先儒之語已多，大約以爲僭經而不得比於董、韓云爾。臣請斷之以程、朱之説。程子曰：『王通，隱德君子也。論其粹處，殆非荀、揚所及。若續經之類，皆非其作。』然則程子豈私於通哉？正因其言之粹者，而知其非僭經之人耳。朱子曰：『文中子論治體處，高似仲舒而本領不及，爽似仲舒而純不及。』又曰：『韓子《原道》諸篇，若非通所及者，然終不免文士之習，利達之求。若覽古今之變，措諸事業，恐未若通之致懇惻而有條理也。』至於河汾師道之立，出於魏晉佛老之餘，迨今人以爲盛，則通固豪傑之士也。今董、韓並列從祀而通不預，疑爲闕典。臣又案宋儒自周子以下九人，同列從祀，而尚有可議者一人，安定胡瑗是也。瑗之言

❶「一」，原脱，據《篁墩文集》卷一〇、《名臣經濟録》卷三〇、《欽定國子監志》卷五五補。

行，先儒之論已詳，大約以爲少著述而不得比於濂、洛云爾。臣亦請斷之以程、朱之説。程子《看詳學制》曰：『宜建尊賢堂，以延天下道德之士，如胡瑗、張載、邵雍，使學者得以矜式。』朱子《小學書》亦備載瑗事，以爲百世之法。臣以爲自秦漢以來，師道之立，未有過瑗者，矧程子於瑗之生也，欲致其與張、邵並居於尊賢之堂，其没也，乃不得與張、邵並侑於宣聖之廟，其爲闕典，或又甚矣。况宋端平二年議增十賢從祀，以瑗爲首。若以爲瑗無著述之功，則元之許衡亦無著述，但其身教之懿，與瑗相望，誠有不可偏廢者。臣考之禮，有道有德，教於學者，死則爲樂祖，祭於瞽宗。鄉老先生殁，則祭於社。若通、瑗兩人之師道，百世如新，得加封爵，使與衡得並列祀于學官，最得禮意。」

是年，禮科右給事中張九功奏言：「孔子之道，大同天地，從祀諸賢，豈容或苟？如荀况、馬融、王弼、揚雄，皆在所當黜。今之儒臣，禮部侍郎兼翰林學士薛瑄在所當入。」命禮部會議。於是尚書周經等僉言：「揚雄已黜於洪武時，而薛瑄嘗與元儒劉因並欲從祀，以大學士楊廷和謂其無所著述而止。自餘皆有羽翼聖經之功，宜仍舊從祀。」

蕙田案：此疏當時雖未允行，嘉靖九年所定，實本於此。

四年南京國子監祭酒謝鐸奏：「十哲、七十二子以及左氏以下二十二人，其所當黜陟者，先儒程子與熊去非已有定論，但此外猶有不能無疑者。有若龜山先生楊時，程門高弟，伊洛正傳，息邪放淫，以承孟氏，不愧南軒所稱『繼往開來，吾道南矣』，實演晦翁之派。雖其晚節一出，不克盡從其言，而新經之闢，誠足以衛吾道如是。而不預從祀之列，臣竊惑焉。又若臨川郡公吴澄，著述雖不爲不多，行檢則不無可議。生長於淳祐，貢舉於咸淳，受宋之恩者已如此；其久爲國子司業，爲翰林學士，歷元之官者乃如彼。其榮迹，其所爲，曾不及洛邑之頑民，何敢望首陽之高士？昔人謂其專務聖賢之學，卓然進退之際，不識聖賢之於進退，果如是否乎？如是而猶在從祀之列，臣固不能以無惑。乞勅陛時以上祔宋諸賢之位，斥澄以下從莽大夫之列，不惟天下之公論允愜，而於世道教化，亦不爲無補矣。」

【《明史·孝宗本紀》】弘治八年七月丁亥，封宋儒楊時爲將樂伯，從祀孔子廟庭。

【《禮志》】八年，楊時從祀，位司馬光之次。大學士徐溥等言：❶「諸儒從祀孔門，非有功斯道不可，然必取證于大儒之説，斯可以合人心之公。考程氏《遺書》及朱子《伊洛淵源録》所載龜山楊氏行狀、墓誌等文，俱稱其造養深遠，踐履純固，温然無疾言遽色，與明道程子相似。方其學成而歸，程子目送之，曰『吾道南矣』。然則是道也，豈易言哉？自兩程子嗣孔孟不傳之統，及門之士得以道見許者，龜山一人而已。蓋龜山一傳爲豫章羅氏，再傳爲延平李氏，以授朱子，號爲正宗。文定胡氏親承指授，而《春秋》之傳作。南

❶ 案：此疏亦出自程敏政之手，參見《篁墩文集》卷一〇、《名臣經濟録》卷三〇、《欽定國子監志》卷五五。

軒張氏上遡淵源，而太極之義闡。心學所漸，悉本伊洛。使天下之人，曉然知虚寂之非道，訓詁之非學，詞華之非藝，則龜山傳道之功不可誣矣。崇、宣之世，京、黼柄國，躋王安石於配享，位次孟子，而頌其新經以取士，僭聖叛經，凡數十年。龜山入朝，首請黜其配享，不令厠宣聖之廟庭，廢其新經，不令蠹學者之心術。使天下之人，知邪説之當息，詖行之當距，淫祠之當放，則龜山衛道之功亦不可掩。或有疑其出處之際，而少其著述之功，則朱子謂龜山之出，惟文定公之言最公，曰：『當時若能聽用，决須救得一半。』胡文定亦曰：『蔡氏焉能浼之。』然則以出處見疑者，未考之過也。龜山值洛學黨禁之餘，指示學者以大本所在，體驗之功，轉相授受，而朱子得聞其指訣，則見於何鎬之書。朱子於『理一分殊』之論，稱其年高德盛而所見益精，則見於《西銘》之跋。要之，無龜山則無朱子，而龜山之道，非知德者殆未可輕議。然則以著述見少者，亦未考之過也。又案《元史》至正二十一年，因杭州路照磨胡瑜建言，已將龜山與延平李氏、文定胡氏、九峯蔡氏、西山真氏，俱加封爵，列于從祀，以世變不及徧行天下。此殆近於禮，所謂『有其舉之，莫敢廢』者。然則親講於龜山，若文定，私淑於龜山，若朱、張，咸在侑食。近私淑於朱子，若蔡、真，遠私淑於朱子，若許、吴，亦在侑食。獨其師有傳道衛道之功，可以繼往開來，抑邪與正者，反不預焉。揆之人心，誠爲闕典。考大儒之定論，參前代之故實，伸弟子從師之義，慰後學向道之心，以龜山躋于從祀，宜合公論。」奉旨允行。

蕙田案：此議最爲允協。

弘治九年，增樂舞爲七十二人，如天子之制。

【王圻《續通考》】弘治十四年，國子監管祭酒事、禮部右侍郎謝鐸言：「學校之設，皆所以明人倫也。顏、曾、思三子配享堂上，而其父則皆列祀廡下，冠履倒置，有是理哉？爲今之計，莫若於闕里立廟，祀叔梁紇，以顏路、曾皙、孔鯉諸賢配享，如先儒熊去非之論，庶幾各全其尊，而神靈安妥也。吴澄親爲有宋之遺臣，靦顏食元之官禄，名節掃地，正宜律以《春秋》大義，罷黜從祀。此前一事，人雖屢言而未見施行；此後一事，臣亦嘗言，而未蒙俞允。每當奉祀對越之際，輒起嚬顣不安之心。心所不安，又不得不發之言耳。」

蕙田案：兩議俱至嘉靖時行。

【《武宗本紀》】正德元年三月甲申，釋奠於先師孔子。

【《闕里志》】嘉靖元年，世宗登極，駕幸太學。

【《世宗本紀》】嘉靖九年六月癸亥，立曲阜孔、顏、孟三氏學。冬十一月辛丑，更正孔廟祀典，定孔子謚號曰至聖先師孔子。

【《禮志》】嘉靖九年，大學士張璁言：「先師祀典，有當更正者。叔梁紇乃孔子之父，顏路、曾皙、孔鯉乃顏、曾、子思之父，三子配享廟庭，紇及諸父從祀兩廡，原聖賢之心豈安？請於大成殿後，别立室祀叔梁紇，而顏路、曾皙、孔鯉配之。」帝以爲然。因言：「聖人尊天與尊親同。今籩豆十二，牲用犢，全用祀天儀，亦非正禮。其謚號、章服悉宜改正。」璁緣帝意，言：「孔子宜稱先聖先師，不宜稱王。祀宇宜稱廟，不稱殿。祀宜用木主，其塑像宜毁。籩豆用十，樂用六佾。配位公侯伯之號宜削，止稱先賢先儒。其從祀申黨、公伯寮、秦冉等十二人宜罷，林放、蘧瑗等六人宜各祀於其鄉，后蒼、王通、歐陽修、胡瑗、蔡元定宜從祀。」帝命禮部會翰林諸臣議。編修徐階疏陳易號、毁像之不可。帝怒，謫階官。乃御製《正孔子祀典説》，大略謂孔子以魯僭王爲非，寧肯自僭天子之禮。復爲《正孔子祀典申記》，俱付史館。璁因作《正孔子廟祀典或問》，奏之。帝以爲議論詳正，并令禮部集議。於是御史黎貫等言：「聖祖初正祀典，天下嶽瀆諸神皆去其號，惟先師孔子如故，良有深意。陛下疑孔子之祀，上擬祀天之禮。夫子之不可及也，猶天之不可階而升，雖擬諸天，亦不爲過。自唐尊孔子爲文宣王，已用天子禮樂。宋真宗嘗欲封孔子爲帝，或謂周止稱王，不當加帝號。而羅從彦之論，則謂加帝號亦可。至周敦頤則以爲萬世無窮，王祀孔子，邵雍則以爲仲尼以萬世爲王。其辨孔子不當稱王者，止吴澄一人而已。伏望博考羣言，務求至當。」時貫疏中言：「莫尊於天地，亦莫尊於父師。陛下敬天尊親，不應獨疑孔子王號爲僭。」帝因大怒，疑貫借此以斥其追尊皇考之非，詆爲奸惡，下法司會訊，褫其職。給事中王汝梅等亦極言不宜去王號，帝皆斥爲謬論。於是，禮部會諸臣議：「人以聖人爲至，聖人以孔子爲至。宋真宗稱孔子爲至聖，其意已備。今宜於孔子神位題至聖先師孔子，去其王號及大成、文宣之稱。改大成殿爲先師廟，大成門爲廟門。其四配稱復聖顔子、宗聖曾子、述聖子思子、亞聖孟子。十哲以下凡及門弟子，皆稱先賢某子。左丘明以下，皆稱先儒某子。不復稱公侯伯。遵聖祖首定南京國子監規制，製木爲神主，仍擬大小尺寸，著爲定式。其塑像即令屏撤。春秋祭祀，遵國初舊制，十籩十豆。天下各學，八籩八豆。樂舞止六佾。凡學别立一祠，中叔梁紇題啟聖公孔氏神位，以顔無繇、曾點、孔鯉、孟孫氏配，俱稱先賢某氏。至從祀之賢，不可不考其得失。申黨即申棖，鼇去其一。公伯寮、秦冉、顔何、荀況、戴聖、劉向、賈逵、馬融、何休、王肅、王弼、杜預、吴澄罷祀。林放、蘧瑗、盧植、鄭衆、鄭玄、服虔、范甯各祀於其鄉。后蒼、王通、歐陽修、胡瑗宜增入。」命悉如議行。又以行人薛侃議，進陸九淵從祀。

初，洪武時，司業宋濂請去像設主，禮儀樂章，多所更定，太祖不允。成、弘間，少詹程敏政嘗謂馬融等八人當斥。給事中張九功推言之，并請罷荀況、公伯寮、蘧瑗等，而進后蒼、王通、胡瑗，爲禮官周洪謨所却而止。至是，以璁力主，衆不敢違。毁像蓋用濂説，先賢去留，略如九功言。其進歐陽修，則以濮議故也。

明年，國子監建啟聖公祠成，從尚書李時言，春秋祭祀，與文廟同日。籩豆牲帛視四配，東西配位視十哲，從祀先儒程晌、朱松、蔡元定視兩廡。輔臣代祭文廟，則祭酒祭啟聖祠。南京，祭酒於文廟，司業於啟聖祠。遂定制，殿中先師南向，四配東西向。稍後十哲：閔子損、冉子雍、端木子賜、仲子由、卜子商、冉子耕、宰子予、冉子求、言子偃、顓孫子師皆東西向。兩廡從祀：先賢澹臺滅明、宓不齊、原憲、公冶長、南宮适、高柴、漆雕開、樊須、司馬耕、公西赤、有若、琴張、申棖、陳亢、巫馬施、梁鱣、公晳哀、商瞿、冉孺、顔辛、伯虔、曹恤、冉季、公孫龍、漆雕哆、秦商、漆雕徒父、顔高、商澤、壤駟赤、任不齊、石作蜀、公良孺、公夏首、公肩定、后處、鄡單、奚容蒧、罕父黑、顔祖、榮旂、秦祖、左人郢、句井疆、鄭國、公祖句兹、原亢、縣成、廉潔、燕伋、叔仲噲、顔之僕、邽巽、樂欬、公西輿如、狄黑、孔忠、公西蒧、步叔乘、施之常、秦非、顔噲，先儒左丘明、公羊高、穀梁赤、伏勝、高堂生、孔安國、毛萇、董仲舒、后蒼、杜子春、王通、韓愈、胡瑗、周敦頤、程顥、歐陽修、邵雍、張載、司馬光、程頤、楊時、胡安國、朱熹、張栻、陸九淵、吕祖謙、蔡沈、真德秀、許衡，凡九十一人。

【王圻《續通考》】嘉靖九年，釐正祀典，撤去塑像。至聖先師孔子神位，木主高二尺三寸七分，闊四寸，厚七分，座高四寸，長七寸，厚三寸四分，朱地金書。四配神位木主，各高一尺五寸，闊三寸二分，厚五分，座高四寸，長六寸，厚二寸八分。十哲以下凡及門弟子皆止稱先賢某子，神位木主各高一尺四寸，闊二寸六分，厚五分，座高二寸六分，長四寸，厚二寸。左丘明以下稱先儒某子，神位木主各高一尺三寸四分，闊二寸三分，厚四分，座高二寸六分，長四寸，厚二寸。俱赤地黑書。

【《明會典》】嘉靖九年，令南京國子監祭用十籩十豆，樂舞各止六佾。凡六品以下官不陪祭者，先一日赴廟瞻拜。其内臣降香亦罷。

【明世宗《正孔子祀典説》】朕惟孔子之道，王者之道也；德，王者之德也；功，王者之功也；事，王者之事也，特其位，非王者之位焉。昨輔臣少傅張璁再疏，請正其號稱、服章等事。已命禮部集翰林諸臣議正外，惟號與服章二事所關者重，不得不爲言之。孔子當周家衰時，知其不能行王者之道，乃切切以王道望於魯、衛二國，二國之君竟不能明孔子之道。孔子既逝，後世至唐玄宗，乃薦謚曰文宣，加以王號。至元，又益其謚爲大成。夫孔子之於當時諸侯有僭王者，皆筆削而心誅之，故曰「孔子作《春秋》而亂臣賊子懼」。孔子生如是，其死乃不體聖人之心，漫加其號，雖曰尊崇，其實自爲亂賊之徒，是何心哉！又我聖祖當首定天下之時，命天下崇祀孔子於學，不許祀於釋、老之宫，又除去塑像，止令設主，樂舞用六佾，籩豆以十。可謂尊崇孔子，極其至矣，無以加矣。特存其號，豈無望於後人哉？亦或當時創制未暇歟？至我皇祖文皇帝，始建北京國學，因元人之舊塑像猶存，蓋不忍毁之也。又至我皇祖考，用禮官之議，增樂舞用八佾，籩豆用十二，牲用熟，而上擬乎祀天之禮也。夫孔子設或在今，肯安享之？昔不觀魯僭王之禮，寧肯自僭祀天之禮乎？果能體聖人之心，決當正之也。至於稱王，賊害聖人之甚。孔子昔曰「名不正則言不順，言不順則事不成」，何其不幸，身遭之哉！夫既以王者之名而横加於孔子，故使顔回、曾參、孔伋，以子而並配於堂上；顔路、曾皙、孔鯉，以父而從列於下，安有子坐堂上而父食於下乎？此所謂名不正者焉。皆由綱領一紊，而百目因之以隳耳。今也不正，滋來世之非道，將見子不父其父，臣不君其君，内離外叛，可勝言哉！

【《正祀典申説》】朕惟爲人臣，盡臣道，盡之云者，終始生死以之，非有所私也。孔子曰「三年無改於父之道」，朱子釋之曰「祖父所行之事，不但三年，雖萬世亦不可改也」。少有可變，豈可待之三年？大抵成法，固不可改，其于一切事務，不可不急於正之也。朕又惟天子不可與匹夫相争辨，斯世斯時，却不得不辨也。昨所命議正孔子之祀典，朕不知典籍，且以易明者言之。孔子之謚號，自唐玄宗、李林甫之君臣始。夫孔子已逝在秦漢之前，此間豈無賢明之君，如漢高祖、唐太宗，皆創業垂統者，何不加王號於孔子？則不敢擁虚名以示尊崇之意可知矣。林甫之請，玄宗之加，意必有爲。林甫之爲臣，何等臣也！其意或假尊崇師道，以欺玄宗歟？玄宗之所加也，何其巧乎！自秦而後，王天下者稱皇帝，漢方以王號封臣下。玄宗之封謚孔子，何不以皇帝加之？是不欲與之齊也。特一王號，猶封拜臣下耳，尊崇之意何在哉？蓋此王字，非王天下之王，實後世王公之王也。由是武宗假托之而加謚，宋徽宗薦十二章服。徽宗之加，欲掩其好道教而設此以尊崇耳，况以諸侯王而薦天子之服章，誣之甚也！至于雕塑之像，不知孔門弟子即孔子死時而造之，且如一人自是一人貌色，不知可增損乎？抑不可乎？以一聖人而信工肆意雕塑，曰此是孔子像也，殊不知其實是土木之靈耳，孔子肯依之、享之？推己之心，則知孔子之心也。又至於八佾之舞，十二俎豆，又僭禮之甚也。決所當正。

【《日知録》】顧氏炎武曰：「理宗寶慶三年，進朱熹。淳祐元年，進周敦頤、張載、程顥、程頤。景定二年，進張栻、吕祖謙。度宗咸淳三年，進邵雍、司馬光。以今論之，惟程子之《易傳》、朱子之《四書章句集註》、《易本義》、《詩傳》及蔡氏之《尚書集傳》、胡氏之《春秋傳》、陳氏之《禮記集説》，是所謂『代用其書，垂於國胄』者爾。南軒之《論語解》、東萊之《讀書記》，抑又次之。而《太極圖》、《通書》、《西銘》、《正蒙》，亦羽翼六經之作也。至有明嘉靖九年，欲以制禮之功，蓋其豐昵之失，而逞私妄議，輒爲出入，殊乖古人之旨。夫以一事之瑕，而廢傳經之祀，則宰我之短喪，冉有之聚斂，亦不當列於十哲乎？棄漢儒保殘守缺之功，而奬末流論性談天之學，於是《語録》之書日增月益，而五經之義委之榛蕪，自明人之議從祀始也。有王者作，必遵貞觀之制乎？」又云：「嘉靖之從祀，進歐陽修者，爲大禮也，出於在上之私意也。進陸九淵者，爲王守仁也，出於在下之私意也。與宋人之進荀、楊、韓三子，而安石封舒王配享，同一道也。」

【《明會典》】啟聖祠。嘉靖九年，令兩京國子監并天下學校各建啟聖公祠。中祀叔梁紇，題稱啟聖公孔氏之位，以顔無繇、曾點、孔鯉、孟孫氏配，俱稱先賢某氏之位。程珦、朱松、蔡元定從祀，俱稱先儒某氏之位。每歲仲春、秋上丁日，遣國子監祭酒行禮，南監司業行禮。

【劉蒞《四賢從祀奏》】浙江布政使司、金華府知府等官劉蒞等奏：昔孟軻氏殁，吾道絶學，周、程、張、朱，始續其傳。朱熹之門，黄榦乃其巨擘也。熹臨終，悉以深衣幅巾及平生遺書付之，曰：「吾道之托，盡在子矣。」若然，則繼朱熹者，非黄榦乎？榦爲臨川令，婺州金華人何伯慧適爲縣丞，因命其子何基師事焉。告以聖賢之學，悚惕受命。于是因黄榦之言，明朱熹之旨，精義新意，愈出不窮。然則繼黄榦者，非何基乎？一傳而得同郡王栢，盡探何基之祕，而師道爲之再盛。然則繼何基者，非王栢乎？再傳而得同郡金履祥，造詣益邃，盎然春融，怡然冰釋，訓迪後學，誨切無倦。觀其所充拓、所論著，蓋親得何、王之傳而並擴之。然則繼王栢者，金履祥也。又傳而得同郡許謙，致遠鉤深，以聖人爲準的，旁搜博採，以義理爲折衷，蓋盡得何、王、金之藴而益充之。然則繼履祥者，許謙也。是四子者，皆親接黄榦之傳，以上續朱熹之統。寥寥三百年餘，未從孔門之祀。成化間，按察司僉事辛訪亦嘗具奏，未蒙准行。議者曰：「羽翼斯道，莫如著述。」何基所著，《大學中庸發揮》、《大傳易啟蒙》、《發揮》、《通書近思録發揮》。王栢所著，《讀易記》、《涵古易説》、《大象衍義》、《涵古圖書》、《書疑》、《詩解説》、《讀春秋記》、《論語衍義》、《太極衍義》、《伊洛精義》、《研几圖》、《魯經章句》、《論語孟子通旨》、《朱子指要》、《詩可言》、《天文地理考》、《墨林考》、《帝王曆數》等書。金履祥所著，有《論孟考證》，補《集註》之所未備；《通鑑前編》，多先儒之所未發。其他如天文、地理、典章、制度、食貨、刑法、字學、音韻等書，皆發明聖道，裨益程朱不少。臣又嘗聞之，朱子翼道之功，李侗實啟之，從彦實傳之。今楊時既列從祀，而從彦、李侗不與，則是曾玄享祀而祖禰不與也。臣望陛下隆重儒先，紹續道統，乞勅多官會議，將羅從彦、李侗、黄榦、何基等七人加其封爵，俾之從祀，使其不至淪没，則聖道有光，治道增重。

蕙田案：此疏上而不行，故無年月可稽。考《蒞傳》，知金華時，適當劉瑾敗後，則亦嘉靖初年也，而九年釐正祀典，竟未之及。觀其所議，於朱子之後，學脉源流，最有關係，附見於此，以俟論定。

【《明史·禮志》】聖師之祭，始於世宗，奉皇師伏羲氏、神農氏、軒轅氏，帝師陶唐氏、有虞氏，王師夏禹王、商湯王、周文王、武王，九聖南向。左先聖周公，右先師孔子，東西向。每歲春秋開講前一日，皇帝服皮弁，拜跪，行釋奠禮，用羹酒果脯帛祭於文華殿東室。初，東室有釋像，帝以其不經，撤之，乃祀先聖先師。自爲祭文，行奉安神位禮。輔臣、禮卿及講官俟行禮訖，入拜。先是，洪武初，司業宋濂建議，欲如建安熊氏之説，以伏羲爲道統之宗，神農、黄帝、堯、舜、禹、湯、文、武，以次列焉。秩祀天子之學，則道統益尊，太祖不從。至是，世宗倣其意行之。十六年，移祀於永明殿後，行禮如初。其後，常遣官代祭。隆慶初，仍於文華殿東室行禮。

【《明會典》】嘉靖九年，初祀伏羲、神農、黄帝、堯、舜、禹、湯、文、武、周公、孔子，凡十一位：

一、前期一日。太常博士捧祝版於文華殿，上塡御名訖，捧出。

一、正祭。日早，太常寺進籩豆祝帛，陳設畢，候上至行禮。

一、陳設。每位鉶一，籩、豆各二，禮神制帛一。白色。

一、正祭。是日，上具皮弁服，由文華殿出，内贊對引官導上至拜位。奏「就位」，上就御拜位。内贊導上至伏羲氏前，奏「搢圭」，奏「上香」。訖，詣各神位前，俱奏「上香」。訖，奏「出圭」，奏「復位」，上復位。奏「再拜」。訖，讀祝官啟祝，跪，内贊奏「跪」，上跪。贊讀祝。訖，奏「俯伏、興、平身」，讀祝官安祝退。奏「再拜」。訖，贊焚祝帛，上退拜位之東，立。捧祝帛官出門，奏「禮畢」，内贊對引導上出，還宫。

一、祝文：「維年月朔日，皇帝御名，謹告於先聖先師暨周公、孔子曰：予惟後學之資，必賴先聖遺集，以爲進修，兹於明日春、秋開講學。伏惟默運神機，覺我後學，俾誠正之功不替，庶治平之至可臻，而聖道永有霑民之惠矣。特用奠告，惟聖師鑒焉。」

【《春明夢餘録》】嘉靖十年，以釐正祀典，服皮弁謁廟，用特，奠帛，行釋奠禮，迎神、送神，各再拜。樂三奏，文舞六佾，配享從祀。及啟聖祠分奠用酒脯，亦遣官致祭於南監及闕里。從大學士張璁議也。

【《明史·世宗本紀》】嘉靖十二年三月丙辰，釋奠於先師孔子。

【《世宗實録》】嘉靖十九年，禮部覆薛瑄從祀議：「從祀之典，崇德報功。自漢以來，大儒從祀，代不乏人。正統間，以宋胡安國、蔡沈、真德秀、元吴澄從祀。弘治間，以宋楊時從祀。嘉靖九年，又以宋陸九淵從祀。而累朝諸臣，俱嘗請以本朝禮部侍郎薛瑄從祀。案瑄山西河津縣人，年甫幼學，一見濂洛之書，歎曰『此學道之正脉也』，即焚棄詞賦，以程門居敬窮理爲學之法，以孟子復性爲學之功。由壯至老，造詣純篤。蓋見于大學士李賢、尚書彭韶、國子監丞閻禹錫等所撰行狀、碑文者如此。瑄所著有《讀書録》十卷。今觀其書，格言要論，發明理道，每有新得，非體認密切，踐履真實者不能。至於立朝行己，風概卓絶，有功名教，可謂豪傑之崛興，聖門之宗裔矣。若朝廷特加褒顯，進之從祀，誠足以慰衆論之公，彰聖朝之美也。然或者之論，以爲前代所定從祀，必求傳釋六經之人。先年亦嘗下儒臣議薛瑄從祀，然卒鮮有成議者，以罕所著述疑之也。臣等切惟，求士於漢唐之世，聖學榛塞，固當專録其釋經之功。自有宋諸儒繼出，理學大明之後，世之儒者雖論述罕傳，似當特取其履行之實。惟是侑坐孔庭，受職嘉享，事重禮殷，其選不得不慎。臣等謹案漢法，有大事，中朝逮文學掌故皆以其議上，號爲近古。今祀典重事，必下廷議，集衆思，斯於事體爲得。」奉旨：「着翰林院、詹事府左右春坊、司經局、國子監堂官，人各上議。」諸臣議上，謂當祀者二十三人，謂姑緩者二人，謂不必祀者郭希賢一人。禮部覆議：「薛瑄從祀，始見請於臺章，繼詳延於廷議。集衆之詞，無或疵議。而庶子童承敘謂程朱高弟，如羅從彦、李侗、尹焞、黄榦，尚未得祀，近時儒者，如吴與弼、胡居仁、陳獻章，亦應從祀。舍彼取此，似爲未徧。贊善浦應麒亦曰『俟之後世』。二臣之言，無非以論必久而後定。故聚訟之議，不嫌異同，此慎重祀典之意也。臣等惟薛瑄之造詣，其視宋儒雖若有間，然實爲本朝理學之倡。必若從祀，無以踰瑄。若與弼諸人，亦皆爲一時士論之所推許。但時同地近，臣等難以軒輊決擇於其間矣。夫衆言折諸聖人，議禮本諸天子。伏乞特賜睿斷，以垂式萬世。又看得尚書霍韜奏内，欲將宋臣司馬光、陸九淵議黜從祀。夫司馬光平生所學，惟是濮王之議失父子之倫，委爲昧禮，若其公忠鯁亮，勳業偉俊，爲宋一代名臣，無問賢不肖，皆知尊信，似未可以一眚病之。陸九淵資禀高明，見道超悟，據其學術論議，當在薛瑄之右。今議進瑄，則九淵似難遽罷。臣等又看得司直呂懷奏内，欲將道統正傳，皆欲進廟堂，系四配之下。夫十哲四科之賢，親受聖教者也。濂、洛諸儒，似難越居其上。合照舊祀。」嘉靖十九年三月初五日，奉旨：「聖賢道學不明，士習趨流俗，朕深有感焉。薛瑄能自振起，誠可嘉尚。但公論久而後定，宜俟將來。司馬光、陸九淵從祀，與四配等位次，具歷代秩祀，又經太祖欽定，照舊不許妄議。」

蕙田案：霍韜議黜温公，爲大禮也，其心術無往而非私矣。

【《穆宗本紀》】隆慶元年三月癸未朔，釋奠於先師孔子。

【《禮志》】隆慶五年，以薛瑄從祀。

【王圻《續通考》】先是，户科給事中魏時亮於隆慶元年十月請録真儒，以彰道化。薛瑄、陳獻章、王守仁均得聖學真傳，宜從祀孔廟。先是，給事中趙軏、御史周弘祖請以故禮部侍郎薛瑄從祀，御史耿定向亦請以故新建伯、兵部尚書王守仁從祀。下禮部議覆。五年，十三道御史馬三樂等交章請以薛瑄從祀。於是命瑄從祀，神主序于先儒呂祖謙之下。祭酒馬自强以從祀告於先師孔子，行釋菜禮，通行天下學校。

【《神宗本紀》】萬曆四年八月壬戌，釋奠於先師孔子。

【《禮志》】萬曆中，以羅從彦、李侗從祀。十二年，又以陳獻章、胡居仁、王守仁從祀。

【沈鯉《議從祀疏》】臣等裒集衆論，較量其間，預廷議者，共四十一人。除註有原疏外，内註胡居仁從祀者二十五人，註王守仁、陳獻章者俱十五，蔡清五人，羅倫、二吕一人。居仁則仍有專舉，且無疵議。及臣等考其生平與其論著，亦大都淵源孔孟，純粹篤實，一時名士皆極口稱，上比於薛瑄而次，其論著與瑄之《讀書録》，並傳焉。斯其爲孔子之徒，已彰明較著，有歸一之論矣。至如守仁之學在致良知，獻章之學在于主静，皆所謂豪傑之士。但預議諸臣與之者僅十三四，不與者已十六七，甲可乙否，殊未有歸一之論，以稱上意指。臣等請暫緩之，以少俟公論之定，而徐議於後，似亦未晚。至如蔡清、羅倫、章懋、黄仲昭、陳真晟、吕柟、羅欽順、鄒守益，中間或未有專祀者，亦望推廣德意，專祀於鄉，通候論定之日，另議從祀。

萬曆二十三年，以宋周敦頤父輔成從祀啟聖祠。又定每歲仲春、秋上丁日，御殿傳制，遣大臣祭先師及配位。其十哲以翰林官，兩廡以國子監官，各二員，分獻。每月朔及每科進士行釋菜禮，司府州縣衛學各提調官行禮，牲用少牢，樂如太學。京府及附府縣學止行釋菜禮。

【《明會典》】配哲從祀牌位　四配，復聖顔子、宗聖曾子、述聖子思子、亞聖孟子。十哲，先賢閔子、先賢冉子、先賢端木子、先賢仲子、先賢卜子、先賢冉子、先賢宰子、先賢冉子、先賢言子、先賢顓孫子。東廡，先賢澹臺滅明、原憲、南宫适、商瞿、漆雕開、司馬耕、有若、巫馬施、顔辛、曹卹、公孫龍、秦商、顔高、壤駟赤、石作蜀、公夏首、后處、奚容蒧、顔祖、句井疆、秦祖、縣成、公祖句兹、燕伋、樂欬、狄黑、孔忠、公西蒧、顔之僕、施之常、秦非、申棖、顔噲，先儒穀梁赤、高堂生、毛萇、后蒼、杜子春、韓愈、程顥、邵雍、司馬光、胡安國、楊時、張栻、陸九淵、許衡。舊有堂邑侯顔何、蘭陵伯荀況、彭城伯劉向、司空王肅、司徒杜預，今黜。中牟伯鄭衆、良鄉伯盧植、滎陽伯服虔，今改祀於鄉。萊蕪侯曾點、泗水侯孔鯉改入啟聖祠從祀。

西廡，先賢宓不齊、公冶長、公晳哀、高柴、樊須、公西赤、梁鱣、冉孺、伯虔、冉季、漆雕徒父、漆雕哆、商澤、任不齊、公良孺、公肩定、鄡單、罕父黑、榮旂、左人郢、鄭國、原亢、廉潔、叔仲會、公西輿如、邽巽、陳亢、琴張、步叔乘，先儒左丘明、公羊高、伏勝、孔安國、董仲舒、王通、周敦頤、歐陽修、張載、程頤、胡瑗、朱熹、呂祖謙、蔡沈、真德秀、薛瑄、王守仁、陳獻章、胡居仁。舊有壽張侯公伯寮、新息侯秦冉、考城伯戴聖、岐陽伯賈逵、扶風伯馬融、任城伯何休、偃師伯王弼，今黜。內黃侯蘧伯玉、長山侯林放、高密侯鄭玄、新野伯范甯、臨川郡公吴澄，今改祀於鄉。曲阜侯顔無繇改入啟聖祠從祀。淄川侯申黨，即申棖，今革，存棖。

蕙田案：配享從祀，代有損益，必各隨時世編輯，乃便稽考。此《會典》所載神位，蓋嘉靖釐正以後，隆慶復增薛文清，萬曆復增陽明、白沙、康齋，《會典》綜其全局，載于洪武二十六年釋奠儀之下，而王圻《續通考》承用之。於是有先得列名，後復議祀者，有前本無名，後復議黜者。四配之父先列之啟聖祠，而後復有以明倫爲言者，甚則薛、王、陳、胡，俱見諸洪武祀典，不已舛乎？

【王圻《續通考》】萬曆四十一年，提學僉事熊尚文請祀宋儒羅從彦、李侗。禮部覆以程朱擬孔孟，謂孔有曾、思，而後孟子接其傳，程得羅、李而後朱子衍其緒，羅、李之功，與曾、思等，宜將二賢列宋儒楊時之下，入廟從祀。詔從之。

【《明史·熹宗本紀》】天啟五年三月甲寅，釋奠於先師孔子。

【《莊烈帝紀》】崇禎二年春正月丙子，釋奠於先師孔子。

【《春明夢餘録》】崇禎六年辛巳八月，復行釋奠禮。

十四年八月諭：「朕覽我聖祖命儒臣纂輯《五經四書大全》，其中作述、傳註、引證等項，惟宋儒周子、兩程子、朱子、張子、邵子爲多，可見理學大明于宋，而周、程諸子大有功於聖門。然與周、秦、漢、唐諸儒並稱先儒，竊爲不安。」部議：「周、程六子宜稱先賢，並請漢儒董仲舒、隋儒王通俱稱先賢。且宋從祀至十八人，今止四人，爲大少，宜以吴與弼、羅倫、蔡清、陳真晟、陳琛、吕柟、王艮、章懋、羅洪先、鄧元錫、顧憲成等從祀。」議上，帝令候旨行。❶

【《明史·莊烈帝紀》】崇禎十四年八月辛酉，重建太學成，釋奠於先師孔子。

【《表忠記》】十四年，國學新修，帝再臨視。時真人張應京從，請坐大學士蔣德璟議，斥不許。

【《禮志》】崇禎十五年，以左丘明親授經於聖人，改稱先賢，并改宋儒周、二程、張、朱、邵六子亦稱先賢，位七十子下、漢唐諸儒之上。然僅國學更置之，闕里廟廷及天下學宫未遑頒行也。

❶ 此段文字與《春明夢餘録》卷二一差别較大，與孔繼汾《闕里文獻考》卷一四文字差近。「從祀議上帝」五字，原脱，今據《闕里文獻考》卷一四補。

右明。

蕙田案：孔廟配享之典，顏子定於三國魏正始二年，曾子定於唐睿宗太極元年，子思定於宋度宗咸淳三年，孟子定於宋神宗元豐七年。其從祀七十子，定於後漢明帝永平五年，左、公、穀及漢魏以後釋經諸人，定於唐太宗貞觀二年。周、程、張先賢，定於宋理宗端平二年。其間進退升降，遞有遷改，求其義旨，大約有二：一曰傳道，一曰傳經。然有經與道合者，有經與道分者。夫由堯、舜、禹、湯、文、武、周公至於我孔子，孔子删定纂修，集羣聖之大成。聖人之門，若曾子之《大學》，子思之《中庸》，孟子之七篇，皆經與道合者也。自七十子没而微言絶，大義乖，先王之道幾於墜地，賴有伏生、高堂、毛、鄭、孔、賈諸儒，抱殘守缺，以傳于後，其功不可泯没。而其間如董江都、文中子、韓昌黎，則又能稍窺大道之要，皆得並列祀典，此則經與道分矣。夫道與經無可分之理，然當時會遷流，亦出於勢之不得不然。逮乎前朝，或以真儒碩學不見著作爲疑，或以註疏專家不修實行被黜，其意似欲强而合之，然不如明嘉靖時禮臣之議，謂「求士於漢唐之世，聖學榛蕪，固當專録其釋經之功；自有宋諸儒出，理學大明，雖議論罕傳，自當特取其履行之實」，爲篤論也。今據其説而詳考宋、元、明諸儒，其不愧傳道之列者，宋則周元公崛興數千載之後，上接鄒魯，而二程、張、邵、朱子相繼而興。其淵源所在，程子之門則由楊龜山、時。羅仲素、從彦。李延平侗。而遞傳於朱子，朱子之門由黄勉齋、榦。何文定、基。王文憲、栢。金文安、履祥。許文懿謙。而遞傳於方正學，孝孺。皆一線之宗派。若夫薛文清瑄。振起於河汾，王文成守仁。倡道于姚江，顧端文、憲成。高忠憲攀龍。集成於東林，皆真修實悟，以道統爲己任，而詣極最高。其他宋之胡安定、瑗。陸文安、九淵。張南軒、栻。吕成公、祖謙。真西山、德秀。蔡元定仲默，沈。元之許魯齋，衡。明之曹靖修、端。吴康齋、與弼。胡敬齋、居仁。陳白沙、獻章。❶羅文恭、洪先。劉念臺，宗周。皆一代真儒，潛心正學。今觀祀典所載，精求博議，蓋亦極其矜慎。然或以代近而公議未孚，或以後起而推崇未及，蓋有之矣。若夫名臣，如司馬、歐陽，固當酹祀於帝王之廟，而不必以頖宫之俎豆爲定論也。

五禮通考卷第一百二十

淮陰吴玉搢校字

❶「獻」，原作「憲」，據庫本改。

鳴謝

《儒藏》精華編惠蒙善助，共襄斯文；謹列如左，用伸謝忱。

本煥法師　壹佰萬元

智海企業集團董事長　馮建新先生　壹佰萬元

NE・TIGER 時裝有限公司董事長　張志峰先生　壹佰萬元

張貞書女士　壹佰萬元

北京大學《儒藏》編纂與研究中心

本册审稿人　方向东　王锷
本册责任编委　沙志利

圖書在版編目(CIP)數據

儒藏.精華編.六五/北京大學《儒藏》編纂與研究中心編.—北京：北京大學出版社，2020.7

ISBN 978-7-301-11783-5

Ⅰ.①儒… Ⅱ.①北… Ⅲ.①儒家 Ⅳ.①B222

中國版本圖書館CIP數據核字（2020）第027478號

書　　名	儒藏（精華編六五） RUZANG（JINGHUABIAN LIUWU）
著作責任者	北京大學《儒藏》編纂與研究中心　編
責任編輯	周　粟
標準書號	ISBN 978-7-301-11783-5
出版發行	北京大學出版社
地　　址	北京市海淀區成府路205號　100871
網　　址	http://www.pup.cn　　新浪微博：@北京大學出版社
電子信箱	dianjiwenhua@126.com
電　　話	郵購部 010-62752015　發行部 010-62750672　編輯部 010-62756449
印 刷 者	北京中科印刷有限公司
經 銷 者	新華書店 787毫米×1092毫米　16開本　62.25印張　726千字 2020年7月第1版　2020年7月第1次印刷
定　　價	1200.00元

ISBN 978-7-301-11783-5

9 787301 117835 >

定價:1200.00元